《最高人民法院知识产权要案典丛》编辑委员会

最高人民法院
知识产权要案典丛

ZUIGAO RENMIN FAYUAN
ZHISHI CHANQUAN YAOAN DIANCONG

·商标卷·

| 上册 |

最高人民法院知识产权审判庭◎编

中国法制出版社
CHINA LEGAL PUBLISHING HOUSE

编辑说明

为充分发挥典型案件的示范和指引作用，从2008年起，最高人民法院每年对审结的知识产权典型案件进行分析、梳理和归纳，形成《最高人民法院知识产权案件年度报告》。作为最高人民法院发布的知识产权和竞争领域重大、疑难和新类型案件审判标准、司法政策和裁判方法的重要文件，年度报告是知识产权案件指导体系的重要平台和载体，对于推进法律适用统一、促进法律有效实施具有重要意义。在此基础上形成的《最高人民法院知识产权审判案例指导》系列书籍，自出版以来受到知识产权从业人员的普遍好评。

作为向2020年“4·26”世界知识产权日的献礼，我们对过去11年的年度报告进行了重新编排，形成专利、商标、著作权、综合类四卷本。从某种意义上说，本书并不是对以往年度报告的简单整合，更重要的是，从更长时域、更宽视角鸟瞰最高人民法院在知识产权各主要领域裁判标准的沿革与缘由，从更高层面、更深层次体会最高人民法院知识产权法官对法律精神的坚守、对规则要义的探究、对行业指引的前瞻。

目 录

Contents

上 册

一、商标民事案件

（一）商标近似的判断

（十二）其他

下　册

二、商标行政案件

（一）商标授权确权案件中不得损害他人在先权利、不得抢先注册的判断

一、商标民事案件

（一）商标近似的判断

1. 判断商标近似时对注册商标未实际使用因素的考虑

——再审申请人云南城投置业股份有限公司与被申请人山东泰和世纪投资有限公司、济南红河饮料制剂经营部侵犯商标专用权纠纷案

【裁判要旨】

根据《最高人民法院关于审理商标民事纠纷案件适用法律若干问题的解释》第九条第二款、第十条的规定，商标近似是指被控侵权的商标与原告的注册商标相比较，其文字的字形、读音、含义或者图形的构图及颜色，或者其各要素组合后的整体结构相似，或者其立体形状、颜色组合近似，易使相关公众对商品的来源产生误认或者认为其来源与原告注册商标的商品有特定的联系；在认定商标近似时，应以相关公众的一般注意力为标准，既要进行对商标的整体比对，又要进行对商标主要部分的比对，比对应当在比对对象隔离的状态下分别进行，还应当考虑请求保护注册商标的显著性和知名度。在本案中，最高人民法院进一步细化了判断商标近似时需要考虑的因素。主要体现在，判断侵权意义上的商标近似，除要比较相关商标在字形、读音、含义等构成要素上的近似性外，还应关注是否足以造成市场混淆，因此应考虑相关商标的实际使用情况、显著性、是否有不正当意图等因素进行综合判断。

【关键词】

商标近似　注册商标　实际使用

【案号】

最高人民法院（2008）民提字第 52 号

【基本案情】

在再审申请人云南城投置业股份有限公司（以下简称云南城投公司）与被申请人山东泰和世纪投资有限公司（以下简称泰和投资公司）、济南红河饮料制剂经营部（以下简称济南红河经营部）侵犯商标专用权纠纷案中，案外人大兴安岭北奇神保健品有限公司1997年6月7日经核准注册了“红河”文字商标，核准使用商品为啤酒、饮料制剂。2000年11月28日，中国商标局核准该商标转让给济南红河经营部。济南红河经营部成立于2000年11月14日，注册资金为2万元，登记经营范围为啤酒、饮料批发零售，啤酒花销售，啤酒饮料添加剂的开发销售。泰和投资公司成立于2001年4月20日，注册资本500万元，经营范围为高新技术、环境保护投资，常温保存酒水、饮料的销售等。济南红河经营部许可泰和投资公司在全国独家使用“红河”商标，2002年8月商标局对该商标使用许可合同予以备案。云南城投公司的前身是1982年成立的云南省红河饮料厂，1992年5月更名为开远光明啤酒厂，经行政机关批准改制后设立云南光明股份有限公司，1998年10月23日该公司更名为云南红河光明股份有限公司（以下简称为云南红河公司）。该公司于1999年通过上海证券交易所公开发行股票并上市，企业类型变更为上市公司。云南红河公司在2001年以前将“红河”作为其啤酒的商品名称及未注册商标使用，在2002年以后将“红河红”作为啤酒的商品名和未注册商标使用。2001年7月24日，该公司向商标局申请注册“红河红”商标，商标局对该商标予以初步审定公告后，泰和投资公司在异议期内向商标局提出了异议。2007年10月，云南红河公司进行重大资产重组，更名为云南城投公司。2004年3月，泰和投资公司在广东省佛山市禅城区一家便利店公证购买了云南红河公司生产的“红河红”啤酒，随即与济南红河经营部共同向广东省佛山市中级人民法院提起诉讼，请求判令云南红河公司停止侵犯其“红河”商标专用权的行为并赔偿经济损失1000万元。一审法院认为，云南红河公司在其产品及宣传广告上突出使用的“红河红”文字与济南红河经营部的“红河”商标构成近似商标，足以误导公众，使相关公众对商品的来源产生误认，侵犯了原告的商标专用权。云南红河公司销售部内悬挂的一条广告挂旗上印有啤酒一瓶及“红河啤酒”四个红字，该行为也属于商标侵权行为。基于现有证据可以认定云南红河公司侵权期间至少为两年，根据云南红河公司公布的年度报告计算，侵权期间“红河红”啤酒产品的毛利为2200余万元，原告主张的赔偿额处于合理范围之内。一审法院遂判决云南红河公司停止侵权，向两原告支付赔偿金1000万元。云南红河公司向广东省高级人民法院提起上诉后，二审法院判决维持一审判决。云南城投公司向最高人民法院申请再审。最高人民法院于2008年10月21日裁定提审本案。在本案再审审查及再审程序中，最高人民法院要求两被申请人提交其真实使用“红河”商标生产、销售产品的有关证据以及能够反映其商誉的证据，但两被申请人一直没有提交。最高人民法院认为，“红河红”与“红河”不构成商标侵权意义上的近似商标，云南红河公司使用“红河红”商标的行为未侵犯被申请人的商标专用权，因此于2009年4月8日判决撤销原审判决，依法改判驳回泰和投资公司和济南红河经营部的全部诉讼请求。

【裁判意见】

最高人民法院再审审理认为：判断是否构成侵犯商标专用权意义上的商标近似，不仅要比较相关商标在字形、读音、含义等构成要素上的近似性，还要考虑其近似是否达到足以造成市场混淆的程度。为此，要根据案件具体情况，综合考虑相关商标的实际使用情况、显著性、是否有不正当意图等因素，进行近似性判断。本案被申请人的注册商标文字“红河”是县级以上行政区划名称和知名度较高的河流名称，作为商标，其固有的显著性不强，且没有证据证明该商标因实际使用获得较强的显著性。由于被申请人的商标尚未实际发挥识别作用，消费者也不会将“红河红”啤酒与被申请人相联系。“红河红”商标经过云南红河公司较大规模的持续性使用，已经具有一定的市场知名度，已形成识别商品的显著含义，应当认为已与“红河”商标产生整体性区别。以一般的注意力标准判断，消费者容易辨别“红河红”啤酒的来源，应认为不足以产生混淆或误认。从云南红河公司实际使用在其产品的瓶贴及外包装上的“红河红”商标的情况来看，云南红河公司主观上也不具有造成与被申请人的“红河”注册商标相混淆的不正当意图。综合考虑上述因素，应认定二者不构成近似商标，云南红河公司使用“红河红”商标的行为未侵犯被申请人的商标专用权。

中华人民共和国最高人民法院民事判决书

（2008）民提字第52号

申请再审人（一审被告、二审上诉人）：云南城投置业股份有限公司。住所地：云南省昆明市民航路400号。

法定代表人：许雷，该公司董事长。

委托代理人：龙翔，北京市尚公律师事务所昆明分所律师。

被申请人（一审原告、二审被上诉人）：山东泰和世纪投资有限公司。住所地：山东省济南高新区华龙路1825号。

法定代表人：吴亮，该公司董事长。

委托代理人：陈红，山东高信律师事务所律师。

被申请人（一审原告、二审被上诉人）：济南红河饮料制剂经营部。住所地：山东省济南市天桥区北园林家桥97号。

法定代表人：林辉，该经营部总经理。

委托代理人：林建军，北京金之桥知识产权代理有限公司职员。

申请再审人云南城投置业股份有限公司（简称云南城投公司）因与被申请人山东泰和世纪投资有限公司（简称山东泰和公司）、济南红河饮料制剂经营部（简称济南红河经营部）侵犯商标权纠纷一案，不服广东省高级人民法院（2006）粤高法民三终字第121号民事判决，向本院申请再审。本院于2008年10月21日作出（2008）民申字第344号民事裁定，提审本案。本院依法组成合议庭，公开开庭审理了本案。云南城投公司的委托代理人龙翔、山东泰和公司的委托代理人陈红及济南红河经营部的法定代表人林辉到庭参加诉讼。本案现已审理终结。

2004年3月19日，山东泰和公司、济南红河经营部向广东省佛山市中级人民法院起诉称，云南红河光明股份有限公司（简称云南红河公司，二审判决后更名为云南城投公司）、佛山市禅城区“大家好便利店”业主郑容娟生产销售红河红啤酒，侵犯其“红河”注册商标专用权，请求法院判令：（一）云南红河公司停止侵犯“红河”注册商标专用权的行为，郑容娟停止销售“红河红”啤酒；（二）云南红河公司赔偿经济损失1000万元；（三）云南红河公司在《人民日报》、《中国证券报》上连续三次以不小于10cm×10cm的版面公开向原告赔礼道歉；（四）云南红河公司承担因本案所发生的调查取证费用及本案诉讼费、律师代理费。

云南红河公司辩称，其2002年2月取得了红河红啤酒瓶贴的外观设计专利权，其使用该瓶贴是依法行使自己的外观设计专利权；其于2001年7月24日向国家工商行政管理总局商标局（简称商标局）申请注册在饮料、啤酒等商品上的“红河红”商标，申请号为第1956111号，商标局于2002年8月28日进行了初步审定公告，2002年11月28日公告核准该商标注册，说明其享有“红河红”商标专用权；“红河红”商标与“红河”商标并不近似，其使用行为不构成侵权。

广东省佛山市中级人民法院一审查明：大兴安岭北奇神保健品有限公司（简

称北奇神公司）1997 年 6 月 7 日被核准注册了“红河”文字商标，注册证号为第 1022719 号，核准使用商品为第 32 类的啤酒、饮料制剂。2000 年 11 月 28 日，商标局核准该注册商标转让给济南红河经营部。2002 年 3 月 2 日，济南红河经营部与山东泰和公司签订商标使用许可合同，许可山东泰和公司在全国独家使用“红河”啤酒商标，许可期限自 2002 年 1 月 1 日至 2004 年 12 月 31 日，每年商标使用费为 90 万元。山东泰和公司支付了 2002 年的商标使用费 90 万元。2002 年 8 月 12 日，商标局对该商标使用许可合同予以备案。

云南红河公司成立于 1997 年 4 月 21 日，企业类型为股份有限公司（上市），经营范围包括啤酒、酒、饮料、矿泉水、饲料等。2001 年 7 月 24 日，该公司向商标局申请注册“红河红”商标。2002 年 8 月 28 日商标局对“红河红”商标予以初步审定。

2002 年 4 月 16 日，山东省济南市中级人民法院（简称济南中院）干警在昆明购得云南红河公司生产的“红河红”啤酒一箱，并取得销售发票一张。2004 年 3 月 17 日，山东泰和公司的法定代表人张建国以消费者身份，在佛山市禅城区置业陶瓷批发市场的“大家好便利店”购买了云南红河公司于 2004 年 1 月 29 日生产的“红河红”啤酒十支，并取得收据一张，佛山市禅城区公证处公证人员对购物过程进行了现场监督，对所购物品进行了拍照，并对所购啤酒随机抽样二支封存。

云南红河公司生产的“滇泉”牌红河红啤酒，其瓶颈瓶贴的中央印有“滇泉”商标，左侧有“红河红”三个字，右侧有“啤酒”二字。在主瓶体瓶贴右上侧印有“滇泉”商标，中间有放大的“红河红”三个字，三个字下方有略小的“啤酒”二字。在外包装盒上，正面有放大使用的红色的“红河红”三个字，侧面有红色的“红河红”三个字及略小的黄色的“啤酒”二字，顶部有“红河红啤酒”五个大小相同的字，“红河红”三字的字体均为行楷体。

2004 年 2 月 10 日，济南中院干警在昆明拍摄的云南红河公司的两幅宣传画和车体广告照片显示，两幅宣传画上均印有两种规格不同的瓶装啤酒，啤酒的瓶贴上均使用了放大的“红河红”字样，宣传画上均印有“云南红河光明股份有限公司出品”字样。其中一幅宣传画上与啤酒并列放置了一个有红色“红河红”字样的啤酒杯。另一幅宣传画有“醇美生活从红河红开始”字样，其中“红河红”字样以红色突出使用。车体广告照片显示，一辆白色小货车的车厢上有大幅车体广告，内容与前述宣传画基本相同。2004 年 4 月 2 日，本案一审法院立案庭干警到云南红河公司进行送达和执行证据保全，在其销售部购得“滇泉”牌红河红啤酒一箱，并对销售部的现场环境进行了拍摄。拍摄的照片显示，云南红河公司销售部内悬挂的一条广告挂旗上印有啤酒一瓶及“红河啤酒”四个红字，其中“红河”两字是放大使用。

2005 年 4 月 15 日，山东泰和公司与济南红河经营部均撤回对郑容娟的诉讼请求，一审法院裁定予以准许。此外，一审庭审时山东泰和公司与济南红河经营部明确其诉讼请求中的调查取证费为 2 万元，并放弃律师费的主张。

一审法院认为，云南红河公司产品上使用的行楷体“红河红”文字与济南红河经营部的“红河”商标上楷体的“红河”文字字形、含义相似，两商标构成近似。云南红河公司在其产品瓶贴及外包装上均将“红河红”字样放大突出使用，足以误导公众，使相关公众对“红河红”啤酒的来源产生误认。云南红河公司使用“红河红”商标侵犯了济南红河经营部的“红河”注册商标专用权。云南红河公司没有向法院提供其外观设计的专利公告图片，无法证明其啤酒产品的瓶贴是否与外观设计专利一致。即使啤酒瓶贴与外观设计专利一致，根据我国专利法第二十三条规定，外观设计专利不得与他人在先取得的合法权利相冲突，该外观设计专利的专利申请日是 2001 年 8 月 6 日，晚于“红河”商标注册的时间，云南红河公司行使自己的外观设计专利权不得与在先商标权相冲突。云南红河公司未提供“红河红”商标的注册证，不能证明其取得了商标专用权。云南红河公司在宣传画和车体广告上使用的“红河红”商标与“红河”商标字形相似、含义相近；广告挂旗上的“红河”商标与“红河”商标文字完全相同。上述宣传行为均属于商标侵权行为。

云南红河公司在一审庭审过程中自认 2002 年一直使用“红河红”商标，结合 2002 年 4 月 16 日及 2004 年 4 月 2 日购买“红河红”啤酒的发票，其侵权期间至少为两年。山东泰和公司与济南红河经营部提交了云南红河公司 2002 年、2004 年年度报告作为计算侵权期间所获利益的依据。云南红河公司作为上市公司有义务保证其公告的年度报告的真实、准确、完整，在一审法院干警进行证据保全时其拒绝提供其财务资料，因此，对 2002 年、2004 年年度报告予以采信。根据云南红河公司 2002 年、2004 年年度报告计算，2002 年至 2004 年啤酒产品主营业务收入减去主营业务成本后的利润分别如下：2002 年啤酒利润 30622034. 36 元，2003 年啤酒利润 20680267. 80 元，2004 年啤酒利润 16402370. 79 元。法院查明的侵权期间为 2002 年 4 月 16 日至 2004 年 4 月 2 日，因此，侵权期间啤酒产品的总毛利应包括 2002 年啤酒产品利润的三分之二、2003 年啤酒产品的全部利润和 2004 年啤酒产品利润的四分之一，即侵权期间啤酒产品总毛利约为 45195550 元。云南红河公司在侵权期间曾同时生产"红河红"和"光明"两种啤酒，由于双方均不能举证证明"红河红"和"光明"两种啤酒在生产的啤酒中所占的份额，且云南红河公司阻止一审法院进行有关的证据保全，故以侵权期间啤酒产品总毛利的一半作为"红河红"啤酒的毛利，约为 22597775 元。山东泰和公司与济南红河经营部主张的赔偿额处于合理范围之内，因此，云南红河应支付损害赔偿金 1000 万元。对于山东泰和公司与济南红河经营部主张的调查取证费用，由于其未能提供支出单据，不予支持。

佛山市中级人民法院于 2005 年 8 月 29 日作出（2004）佛中法民三初字第 98 号民事判决，判令云南红河公司在判决发生法律效力后停止生产、销售和宣传侵权的"红河红啤酒"，支付赔偿金 1000 万元，在《中国证券报》上书面赔礼道歉；驳回山东泰和公司与济南红河经营部的其他诉讼请求。案件受理费 61010 元，由云南红河公司负担。

云南红河公司不服一审判决，向广东省高级人民法院提起上诉称，商标局发布了"红河红"商标注册公告，其使用自己有专用权的"红河红"商标不构成侵权；"红河红"与"红河"商标不构成近似；一审判决推定其侵权获利没有科学依据。请求撤销一审判决，驳回山东泰和公司、济南红河经营部的诉讼请求。山东泰和公司与济南红河经营部答辩称，云南红河公司没有取得"红河红"商标权，国家商标局在 2005 年 5 月 7 日的商标更正公告中已宣布"红河红"商标的注册公告无效；"红河红"与"红河"商标构成近似，易使消费者产生误认和混淆，已构成商标侵权，一审法院认定的赔偿数额正确。

二审法院经审理确认了一审法院查明的事实，另查明 2006 年 8 月 30 日商标局以（2006）商标异字第 02660 号裁定书裁定：山东泰和公司对云南红河公司申请注册的第 1956111 号"红河红"商标异议成立，该商标在啤酒商品上的注册申请不予核准。二审法院认为，云南红河公司主张其有"红河红"商标专用权，不构成侵权的理由不能成立，不予支持。广东省高级人民法院于 2007 年 10 月 22 日作出终审判决，根据与一审基本相同的理由，判决驳回上诉，维持原判。

云南城投公司（云南红河公司 2007 年 10 月 24 日更名）不服二审判决，向本院申请再审。其申请再审的主要理由包括：（一）申请再审人使用"红河红"商标的行为没有侵犯被申请人的商标权。2002 年 11 月 28 日申请再审人的"红河红"商标被商标局公告予以注册，2005 年被撤销，这个期间不应该认定侵权。申请再审人原来的所在地在云南省红河州，"红河"对申请人来讲有特别含义；申请再审人在啤酒上使用“红河”商标的时间早于被申请人的“红河”商标申请注册日期；“红河红”与“红河”商标并不近似；被申请人的“红河”商标没有真实使用，在啤酒市场上没有影响和消费群，不存在消费者混淆误认的可能。申请再审人没有侵权的故意，也未给被申请人造成损失。（二）原判决认定的基本事实缺乏证据证明。申请再审人当时生产多个品牌的啤酒，被申请人并没有提供“红河红”啤酒销售数量及获利的证据，原判决认定侵权期间至少为两年，且估算侵权期间所获毛利，这些事实缺乏证据证明。被申请人向一审法院提供的主要证据均是由非本案司法人员的济南中院干警越权收集的，取证方式不符合法律规定，因而无效。（三）有新证据足以推翻原判决。申请再审人提交的新证据《2002 年 4 月至 2004 年 4 月红河红啤酒销售统计汇总表》证明，2002 年 4 月至 2004 年 4 月红河红啤酒销售毛利为 166 万余元，申请再审人书面申请最高人民法院指定有资质的审计机构进行审计；商标法规定的赔偿是以侵权利润计算，不是以毛利来计算。（四）原判决适用法律错误。根据估算的侵权获利判决巨额赔偿，没有法律依据。即使认定侵权，对于侵权获利难以确定的，应按商标法第五十六条规定的法定赔偿处理。

山东泰和公司、济南红河经营部答辩称，原判决认定事实清楚，证据确凿，适用法律正确；申请再审人提交的新证据不属于“新发现的证据”，内容也不可信，且该证据内容不完整，只有昆明分公司的数据，没有其他分公司的数据；被申请人的取证方式合法有效，济南中院出具了书面证据证明该证据的合法来源；商标局没有核准申请再审人的“红河红”商标注册。在商标初审公告后的 3 个月异议期内我们提出了异议。申请再审人也没有合法的在先权利。

本院经再审审理查明，云南红河公司生产的红河红啤酒瓶贴及外包装上的“滇泉”图文组合商标及注册标志和“云南红河光明股份有限公司”字样均比较突出，清晰可见。产品及宣传广告上实际使用的“红河红”商标字体是行楷体的圆润偏肥的书写体，而“红河”注册商标的字体为楷体的标准印刷体。原审法院查明的关于云南红河公司生产销售“红河红”啤酒、在产品宣传时使用“红河红”及“红河”商标的其他事实基本属实，本院予以确认。

本院另查明：云南城投公司的前身是开远市国营华光工业公司，下设开远光明啤酒厂、开远市民族塑料厂等分支机构，主要生产经营啤酒及农用薄膜。开远光明啤酒厂的前身是 1982 年 9 月成立的云南省红河饮料厂，1992 年 5 月更名为开远光明啤酒厂。1992 年经云南省体制改革委员会批准，以开远市国营华光工业公司为主要发起人，以定向募集方式改制设立云南光明股份有限公司，开远市国营华光工业公司全部资产投入股份公司。股份公司于 1993 年 1 月 30 日在开远市工商局登记，经营范围包括啤酒、酒、饮料、矿泉水、饲料等。该公司在按照公司法的规定进行规范化后，于 1997 年 4 月 21 日办理了重新注册登记，登记名称为云南光明（啤酒）股份有限公司，1998 年 10 月 23 日更名为云南红河光明股份有限公司。1999 年 9 月 1 日该公司通过上海证券交易所公开发行股票，同年 12 月 2 日其股票在上海证券交易所挂牌交易，企业类型变更为上市公司。该公司的“滇泉”商标是云南省重点保护商标。该公司进行重大资产重组后，2007 年 10 月 24 日更名为云南城投置业股份有限公司，注册地由开远市迁移至昆明市，主业变更为房地产开发。开远市为红河州所辖的县级市，红河州是云南省红河哈尼族彝族自治州的简称。

2000 年 11 月 11 日，北奇神公司出具证明称，自“红河”商标注册之日起，该商标所产生的一切权益全部归林辉及其投资的企业。同年 11 月 14 日，济南红河经营部成立，注册资金为 2 万元，是林辉投资的个人独资企业，登记经营范围为啤酒、饮料批发零售，啤酒花销售，啤酒饮料添加剂的开发销售。同年 11 月 28 日，商标局核准北奇神公司将其注册的“红河”商标转让给济南红河经营部。

山东泰和公司成立于 2001 年 4 月 20 日，注册资本 500 万元，经营范围为：高新技术、环境保护投资，计算机网络工程技术服务，对知识产权的投资，常温保存酒水、饮料的销售等。对云南红河公司申请注册的第 1956111 号“红河红”商标，山东泰和公司在异议期内向商标局提出了异议，商标局于 2002 年 11 月 4 日通知山东泰和公司受理了其异议申请，2003 年 3 月 13 日商标局书面通知云南红河公司答辩。

在本案再审审查程序中，本院要求两被申请人提交其使用“红河”商标生产、销售产品的有关证据以及能够反映其商誉的证据，但两被申请人一直没有提交任何与此有关的证据材料；在本院提审本案后的再审审理期间，两被申请人提交了复印自另案济南中院卷宗的下列证据：两被申请人之间 2001 年 7 月 26 日签订的合作协议；济南红河经营部 2001 年 5 月 28 日与山东华狮啤酒有限公司签订的定作承揽合同；2001 年 6 月 1 日潍坊长虹彩印厂开具给济南红河经营部的销售发票，销售商品为啤酒包装箱、瓶贴，金额为 2200 元；济南红河经营部委托生产的红河啤酒瓶贴及红河啤酒产品照片，但没有提交销售红河啤酒产品的证据。济南红河经营部还指出，其在一审提交的证据 10，可以证明两被申请人有对红河商标的合法使用行为。经查本案一审案卷材料，被申请人向一审法院提交的证据

10是济南中院2003年10月10日作出的（2001）济知初字第45号民事判决书。该判决书记载，2001年10月5日，济南红河经营部向济南中院起诉称，云南红河公司生产销售“红河”啤酒侵犯其商标权，以云南红河公司1999年、2000年年度报告及2001年中期报告披露的经营数据请求判令赔偿499万元。在该案中，济南红河经营部除向济南中院提交了前述委托生产红河啤酒的证据之外，还提交了2001年6月15日销售一箱红河啤酒的发票。在该案中云南红河公司对这些证据的真实性提出异议，指出济南红河经营部2001年7月才找到投资方，2001年6月15日就有产品销售，前后矛盾；委托加工啤酒的合同涉及金额为1888万元，而济南红河经营部的注册资金仅为2万元；照片显示的其委托生产的红河啤酒生产于2001年11月19日，是起诉后生产的；济南红河经营部受让和持有红河商标的目的是谋取不正当利益，既没有使用该商标，也没有因商标侵权而产生经济损失。（2001）济知初字第45号判决依据商标法第五十六条第二款的规定，判令云南红河公司赔偿50万元。云南红河公司没有提起上诉。在本院庭审过程中，对被申请人提交的前述证据，申请再审人质证称，从包装材料的数量来看，可生产的啤酒数量极少，是为诉讼炮制的，不是真实的使用，其他意见与（2001）济知初字第45号判决书记载的质证意见基本相同。本院在开庭审理时，要求两被申请人提交能证明其商誉及实际使用“红河”商标的其他证据，但两被申请人一直没有提交。

本院再审认为：本案的争议焦点问题有两个，一是云南红河公司在啤酒商品上使用“红河红”商标是否侵犯被申请人的“红河”注册商标专用权问题；二是侵权责任承担问题。

（一）关于云南红河公司是否侵犯“红河”注册商标专用权问题

鉴于商标局已裁定云南红河公司申请注册的“红河红”商标在啤酒商品上的注册申请不予核准，云南红河公司没有依法获得过在啤酒商品上的“红河红”注册商标专用权。因此，申请再审人称其在被控侵权期间拥有“红河红”注册商标专用权的再审理由不能成立。

商标法第五十二条第（一）项规定，未经商标注册人的许可，在同一种商品或者类似商品上使用与其注册商标相同或者近似的商标的行为，属于侵犯注册商标专用权。云南红河公司使用“红河红”商标的行为是否侵犯“红河”注册商标专用权，需要判断“红河红”商标与“红河”注册商标是否构成侵犯注册商标专用权意义上的近似商标。《最高人民法院关于审理商标民事纠纷案件适用法律若干问题的解释》第九条第二款规定，“商标法第五十二条第（一）项规定的商标近似，是指被控侵权的商标与原告的注册商标相比较，其文字的字形、读音、含义或者图形的构图及颜色，或者其各要素组合后的整体结构相似，或者其立体形状、颜色组合近似，易使相关公众对商品的来源产生误认或者认为其来源与原告注册商标的商品有特定的联系”；第十条规定，“人民法院依据商标法第五十二条第（一）项的规定，认定商标相同或者近似按照以下原则进行：（一）以相关公众的一般注意力为标准；（二）既要进行对商标的整体比对，又要进行对商标主要部分的比对，比对应当在比对对象隔离的状态下分别进行；（三）判断商标是否近似，应当考虑请求保护注册商标的显著性和知名度”。据此，**判断是否构成侵犯注册商标专用权意义上的商标近似，不仅要比较相关商标在字形、读音、含义等构成要素上的近似性，还要考虑其近似是否达到足以造成市场混淆的程度。为此，要根据案件具体情况，综合考虑相关商标的显著性、实际使用情况、是否有不正当意图等因素，进行近似性判断。**

就本案而言，被申请人的“红河”注册商标中的“红河”是县级以上行政区划名称和知名度较高的河流名称，不是臆造词语，作为商标其固有的显著性不强，且被申请人始终未能提交其持续使用“红河”商标生产销售商品的证据及能够证明该商标信誉的证据，没有证据证明该商标因实际使用取得了较强的显著性。“红河红”商标经过云南红河公司较大规模的持续性使用，已经具有一定的市场知名度，已形成识别商品的显著含义，应当认为已与“红河”商标产生整体性区别。以一般消费者的注意力标准判断，容易辨别“红河红”啤酒的来源，应认为不足以产生混淆或误认，而且，由于被申请人的商标尚未实际发挥识别作用，消费者也不会将“红河红”啤酒与被申请人相联系。此外，由于云南红河公司的住所地在云南省红河州，在其使用的商标中含有“红河”文字有一定的合理性；从云南红河公司实际使用在其产品的瓶贴及外包装上的“红河红”商标的情况来看，云南红河公司主观上不具有造成与被申请人的“红河”注册商标相混淆的不正当意图。鉴此，综合考虑本案中“红河红”商标与“红河”注册商标的字形、读音、含义以及二者的显著性程度和知名度、商标实际使用情况等相关因素，本院认定二者不构成近似商标，云南红河公司使用“红河红”商标的行为未侵犯被申请人的“红河”注册商标专用权。申请再审人提出的该项再审理由成立，本院予以支持。

云南红河公司在广告挂旗上使用“红河啤酒”字样的行为，是未经许可在同一种商品上将与注册商标相同的文字作为未注册商标使用的行为，属于商标法第五十二条第（一）项规定的侵犯注册商标专用权的行为。申请再审人称其在被申请人的“红河”注册商标申请注册之前在先使用了红河商标，但是证据不足，而且在其申请撤销被申请人的“红河”注册商标的行政争议程序及行政诉讼程序中，商标评审委员会的裁定及人民法院的生效判决并未支持其主张；申请再审人提出被申请人向一审法院提供的主要证据是非本案司法人员越权收集的，但是一审法院2004年4月调查取得的证据也能够证明云南红河公司使用“红河红”、“红河”商标的事实，因此，对申请再审人提出的该两项再审理由，本院不予支持。

（二）关于侵权责任问题

对于云南红河公司在销售部的广告挂旗上使用“红河啤酒”字样的侵权行为，申请再审人应当承担停止该侵权行为的民事责任。**对于不能证明已实际使用的注册商标而言，确定侵权赔偿责任要考虑该商标未使用的实际情况。**被申请人没有提交证据证明其“红河”注册商标有实际使用行为，也没有举证证明其因侵权行为受到的实际损失，且被申请人在一审时已经明确放弃了其诉讼请求中的律师代理费的主张，对于其诉讼请求中的调查取证费未能提供相关支出的单据，但是被申请人为制止侵权行为客观上会有一定的损失，本院综合考虑本案的情况，酌定申请再审人赔偿两被申请人损失共计2万元。本案云南红河公司在销售部的广告挂旗上使用“红河啤酒”字样的侵权行为，不符合适用赔礼道歉民事责任的条件，对于两被申请人要求申请再审人公开赔礼道歉的诉讼请求，本院不予支持。

综上所述，原审判决在认定事实和适用法律方面均存在错误，应予纠正。依照《中华人民共和国商标法》第五十二条第（一）项、第五十六条第一款、第二款，《最高人民法院关于审理商标民事纠纷案件适用法律若干问题的解释》第九条第二款、第十条，《中华人民共和国民事诉讼法》第一百八十六条第一款、第一百五十三条第一款第（二）项之规定，判决如下：

一、撤销广东省高级人民法院（2006）粤高法民三终字第121号民事判决及广东省佛山市中级人民法院（2004）佛中法民三初字第98号民事判决。

二、云南城投置业股份有限公司在本判决生效之日起停止侵犯“红河”注册商标专用权的行为。

三、云南城投置业股份有限公司在本判决生效之日起十日内向山东泰和世纪投资有限公司、济南红河饮料制剂经营部支付赔偿款共计人民币2万元。前述赔偿款可以从云南城投置业股份有限公司已被执行的款项中扣除。

四、驳回山东泰和世纪投资有限公司、济南红河饮料制剂经营部的其他诉讼请求。

一、二审案件受理费各61010元，共计122020元，由山东泰和世纪投资有限公司、济南红河饮料制剂经营部共同负担85000元，云南城投置业股份有限公司负担37020元。

本判决为终审判决。

审　判　长　于晓白
审　判　员　夏君丽
审　判　员　殷少平
二〇〇九年四月八日
书　记　员　包　硕

2. 判断商标近似时对商标实际使用情况的考虑

——再审申请人泸州千年酒业有限公司、四川诸葛酿酒有限公司、四川诸葛亮酒业有限公司与被申请人四川江口醇酒业（集团）有限公司及原审被告周文、言德权侵犯商标专用权纠纷案

【裁判要旨】

在本案中，最高人民法院在认定商标是否近似时，考虑了商标实际使用情况，尤其是在先使用、具体使用方式等因素。

【关键词】

商标近似　实际使用　在先使用

【案号】

最高人民法院（2007）民三监字第37－1号

【基本案情】

在再审申请人泸州千年酒业有限公司（以下简称千年酒业公司）、四川诸葛酿酒有限公司（以下简称诸葛酿酒公司）、四川诸葛亮酒业有限公司（以下简称诸葛亮酒业公司）与被申请人四川江口醇酒业（集团）有限公司（以下简称江口醇集团）及原审被告周文、言德权侵犯商标专用权纠纷案中，千年酒业公司1999

年11月12日登记成立，并于2002年6月受让“诸葛亮”注册商标。“诸葛亮”商标为字体从左到右横列的普通黑体字的文字商标，核定使用商品为第33类酒精饮料（啤酒除外）、米酒、酒（饮料）、黄酒、葡萄酒、食用酒精、开胃酒、白兰地、烧酒、果酒（含酒精）。2002年10月28日，千年酒业公司开始使用该商标，并于2003年6月15日与诸葛亮酒业公司签订商标使用许可合同，许可诸葛亮酒业公司使用“诸葛亮”商标（工商登记资料反映，诸葛亮酒业公司于2003年9月28日登记成立）。2003年8月1日，诸葛酿酒公司登记成立，正式生产诸葛酿酒。2003年11月20日，千年酒业公司与诸葛酿酒公司签订商标使用许可合同，许可诸葛酿酒公司使用“诸葛亮”商标。1999年4月25日，江口醇集团（原名四川省平昌县酒厂）与案外人签订了《产品开发协议书》，决定共同开发“诸葛酿”酒，并在产品上使用“诸葛酿”标识。1999年6月5日，江口醇集团正式生产“诸葛酿”酒，随后在广东市场上销售。2002年至2004年，江口醇集团生产的诸葛酿酒主要在广东、四川、湖南等地销售，销售量较好，该酒在我国南方局部地区具有一定的影响力和知名度。江口醇集团在商品上作为商品名称使用的“诸葛酿”为文字组合，“诸葛酿”三个字为采用古印体为主，融合魏体和隶书特点的字体，在字体周边外框加上印章轮廓的式样。2004年9月24日，千年酒业公司、诸葛亮酒业公司、诸葛酿酒公司向湖南省长沙市中级人民法院起诉江口醇集团等被告，要求判令被告立即停止商标侵权行为，并赔偿损失。江口醇集团以“诸葛亮”商标的使用侵犯其“诸葛酿”知名商品特有名称构成不正当竞争为由提起反诉。一审法院认为，“诸葛酿酒”具有知名商品的特有名称权，而“诸葛亮”本身是一位历史名人，不具有独创性，其作为商标的显著性要弱一些。一般公众只要施以一般注意力，就不易对被告的“诸葛酿酒”产品与原告的“诸葛亮”注册商标商品误认为系原告所生产和销售，不会对商品的来源产生混淆和误认。江口醇集团使用“诸葛酿”不构成侵犯千年酒业公司等三公司“诸葛亮”注册商标专用权。千年酒业公司等三公司正当、合法使用“诸葛亮”注册商标的行为，不构成对江口醇集团“诸葛酿酒”特有名称的侵害，不构成不正当竞争行为。故判决驳回双方当事人各自的诉讼请求。千年酒业公司、诸葛亮酒业公司、诸葛酿酒公司、江口醇集团不服一审判决，提起上诉。湖南省高级人民法院二审判决驳回上诉，维持一审判决。千年酒业公司、诸葛酿酒公司、诸葛亮酒业公司不服二审判决，向最高人民法院申请再审。最高人民法院于2009年1月16日裁定驳回其再审申请。

【裁判意见】

最高人民法院审查认为：认定“诸葛酿”是否与“诸葛亮”注册商标构成侵犯注册商标专用权意义上的近似，需要综合相关因素进行认定。首先，从二者的音、形、义上进行比较。“诸葛亮”与“诸葛酿”在读音和文字构成上确有相近之处。但在字形上，“诸葛亮”注册商标为字体从左到右横向排列的普通黑体字的文字商标；作为商品名称使用的“诸葛酿”三个文字为从上到下的排列方式，字体采用古印体为主，融合魏体和隶书特点，在字体周边外框加上印章轮廓，在具体的使用方式上与“诸葛亮”商标存在较为显著的不同。在文字的含义上，“诸葛亮”既是一位著名历史人物，又具有足智多谋的特定含义；“诸葛酿”非单独词汇，是由“诸葛”和“酿”结合而成，用以指代酒的名称，其整体含义与“诸葛亮”不同。就本案而言，“诸葛亮”所固有的独特含义使得二者含义的不同在分析比较“诸葛亮”注册商标和“诸葛酿”商品名称的近似性时具有重要意义，这种含义上的差别，使相关公众较易于将二者区别开来。其次，需要考虑“诸葛亮”注册商标的显著性及二者的实际使用情况。“诸葛亮”因其固有的独特含义，在酒类商品上作为注册商标使用时，除经使用而产生了较强显著性外，一般情况下其显著性较弱。在千年酒业公司受让前，“诸葛亮”注册商标尚未实际使用和具有知名度。千年酒业公司等也未提供证据证明“诸葛亮”注册商标经使用后取得了较强的显著性。在此种情况下，“诸葛亮”注册商标对相近似标识的排斥力较弱。虽然“诸葛酿”商品名称与其在读音和文字构成上近似，但不足以认定构成侵犯注册商标专用权意义上的近似。而且，在“诸葛亮”商标申请注册前，江口醇集团已将“诸葛酿”作为商品名称在先使用，不具有攀附“诸葛亮”注册商标的恶意。在“诸葛亮”商标核准注册前，“诸葛酿”酒已初具规模，在广东省、四川省、湖南省等地享有较高的知名度，为相关公众所知晓，具有一定的知名度和显著性，经使用获得了独立的区别商品来源的作用。结合上述“诸葛酿”商品名称字体特点和具体使用方式，以及“诸葛亮”注册商标的显著性较弱，相关公众施以一般的注意力，不会导致混淆和误认。

中华人民共和国最高人民法院民事裁定书

(2007) 民三监字第37－1号

申请再审人（一审原告、反诉被告，二审上诉人）：泸州千年酒业有限公司，住所地：四川省泸州市江阳区邻玉交机厂技校内。

法定代表人：李德军，该公司总经理。

委托代理人：戴福堂，北京市润禾律师事务所律师。

申请再审人（一审原告、反诉被告，二审上诉人）：四川诸葛亮酒业有限公司，住所地：四川省泸州市江阳区治平路4号。

法定代表人：李德军，该公司总经理。

委托代理人：戴福堂，北京市润禾律师事务所律师。

申请再审人（一审原告、反诉被告，二审上诉人）：四川诸葛酿酒有限公司，住所地：四川省泸州市江阳区邻玉镇。

法定代表人：彭万秀，该公司总经理。

委托代理人：戴福堂，北京市润禾律师事务所律师。

被申请人（一审被告、反诉原告，二审上诉人）：四川江口醇酒业（集团）有限公司，住所地：四川省平昌县江口镇小桥街西段2号。

法定代表人：张超先，该公司董事长。

委托代理人：温旭，广东三环汇华律师事务所律师。

委托代理人：董咏宜，广东三环汇华律师事务所律师。

原审被告：周文，男，1969年5月12日出生，汉族，湖南省长沙市芙蓉区长湘惠酒家业主，住湖南省长沙市车站北路××1门401号。

原审被告：言德权，男，1972年1月25日出生，汉族，长沙市雨花区福旺顺自选商场业主，住长沙市雨花区××14栋5房。

申请再审人泸州千年酒业有限公司（简称千年酒业公司）、四川诸葛酿酒有限公司（简称诸葛酿酒公司）、四川诸葛亮酒业有限公司（简称诸葛亮酒业公司）因与被申请人四川江口醇酒业（集团）有限公司（简称江口醇集团）及原审被告周文、言德权侵犯商标权纠纷一案，不服湖南省高级人民法院（2006）湘高法民三终字第30号民事判决，向本院申请再审。本院依法组成合议庭进行了调卷审查，并于2008年4月7日组织当事人进行了听证。千年酒业公司、诸葛酿酒公司、诸葛亮酒业公司的委托代理人戴福堂、江口醇集团委托代理人温旭、董咏宜到庭参加了听证。原审被告周文、言德权经本院通知未到庭参加听证。本案现已审查终结。

千年酒业公司、诸葛酿酒公司、诸葛亮酒业公司申请再审称，被申请人的“诸葛酿”商品名称缺乏显著性，不是在先使用，不是知名商品的特有名称，原审法院对此认定事实不清；“诸葛亮”与“诸葛酿”构成近似，原审法院认为不会导致相关公众混淆，判决不构成侵犯商标权，属于适用法律错误；“诸葛酿”

是以恶意侵权为前提，不能获得法律的保护。请求本院撤销原审判决，认定被申请人的行为构成侵犯商标专用权，赔偿申请再审人损失50万元。

被申请人江口醇集团称，“诸葛酿”是知名商品的特有名称。商标的保护范围与其显著性有关，“诸葛酿”与“诸葛亮”商标不构成近似，原审法院认定事实清楚，适用法律正确。请求本院维持原审判决，驳回申请再审人的再审请求。

原审法院查明，1999年6月18日，武汉同和实业有限公司向国家商标局申请注册“诸葛亮”商标。2000年12月21日，国家商标局核准该商标注册，注册号为第1494413号，核定使用商品为第33类酒精饮料（啤酒除外）、米酒、酒（饮料）、黄酒、葡萄酒、食用酒精、开胃酒、白兰地、烧酒、果酒（含酒精），商标注册有效期限自2000年12月21日至2010年12月20日止。

1999年11月12日，千年酒业公司登记成立。2002年6月，武汉同和实业有限公司将“诸葛亮”注册商标转让给千年酒业公司，并于2002年10月28日经国家商标局核准，千年酒业公司开始使用该商标。2003年6月15日，千年酒业公司与诸葛亮酒业公司签订商标使用许可合同，许可诸葛亮酒业公司使用“诸葛亮”商标（工商登记资料反映，2003年9月28日诸葛亮酒业公司登记成立）。2003年8月1日，诸葛酿酒公司登记成立，正式生产诸葛酿酒。2003年11月20日，千年酒业公司与诸葛酿酒公司签订商标使用许可合同，许可诸葛酿酒公司使用“诸葛亮”商标。上述商标使用合同经国家商标局登记备案。

1999年4月25日，江口醇集团（原名四川省平昌县酒厂）与广东省顺德市大良镇华军宇贸易有限公司签订了《产品开发协议书》，决定共同开发“诸葛酿”酒，并在产品上使用“诸葛酿”。1999年6月5日，江口醇集团正式生产“诸葛酿”酒，随后在广东市场上销售。江口醇集团生产的诸葛酿系列产品1999年销售数量52686瓶，金额671477元；2000年销售数量40968瓶，金额478587元；2001年销售数量526174瓶，金额4658639元；2002年销售数量4387952瓶，金额38623168元；2003年销售数量6530594瓶，金额142786198元。2002年江口醇集团获中国商业联合会颁发的中国商业名牌产品，2003年又获国家工商行政管理总局颁发的全国守合同重信用企业等称号。2002年至2004年江口醇集团生产的诸葛酿酒主要在广东、四川、湖南等地销售，销售量较好，该酒在我国南方局部地区具有一定的影响力和知名度。2003年1月起，江口醇集团多次请求四川省、广东省工商部门对生产仿冒“诸葛酿”酒的行为进行查处。

2001年12月27日，江口醇集团向国家商标局申请注册“诸葛酿加诸葛亮人像图形”商标，因该商标与已在先注册的“诸葛亮”商标相近似被驳回。2002年7月22日，千年酒业公司向国家商标局申请注册“诸葛酿”商标。2004年1月28日，该商标初步审定公告。江口醇集团于2004年4月13日向国家商标局提出了异议，同年7月8日，国家商标局受理了此案。

千年酒业公司受让取得的第1494413号“诸葛亮”商标为字体从左到右横列的普通黑体字的文字商标（即诸葛亮）。江口醇集团在商品上作为商品名称使用的“诸葛酿”也为文字组合，但“诸葛酿”三个字为采用古印体为主，融合魏体和隶书特点的字体，在字体周边外框加上印章轮廓的式样。

2004年9月24日，千年酒业公司、诸葛亮酒业公司、诸葛酿酒公司向一审法院湖南省长沙市中级人民法院起诉被告江口醇集团、周文，要求判令被告立即停止商标侵权行为，并由江口醇集团赔偿损失1万元。2004年11月1日，变更诉讼请求，增加被告言德权并变更诉讼标的为50万元。2005年1月26日，江口醇集团以“诸葛亮”商标的使用侵犯其“诸葛酿”知名商品特有名称构成不正当竞争为由，向一审法院提起反诉。

一审法院认为，江口醇集团使用的“诸葛酿”与千年酒业公司“诸葛亮”商标二者的标识均有“诸葛”二字，“酿”与“亮”的发音在我国北方地区发音区别明显，但在我国南方极其近似，而“诸葛酿酒”主要在南方几个省生产、销售。因“诸葛”一词在中国不仅为一个姓氏，而且由于“三国演义”的巨大影响，其已经具备了“足智多谋”的后天含义，“诸葛”二字成为标识的要部，所以，本案中，“诸葛酿”与“诸葛亮”构成要部相同，可以视“诸葛酿”近似“诸葛亮”。由于“诸葛酿酒”在“诸葛亮”文字商标申请注册前，已经开发、使用并生产、销售；在“诸葛亮”文字商标核准注册前，“诸葛酿酒”已具规模；在2002年6月原告千年酒业公司受让“诸葛亮”商标前，“诸葛亮”商标未被使用过；2002年10月，千年酒业公司才开始生产、销售“诸葛亮”酒，而此时“诸葛酿酒”已成为“中国名牌产品”，销售达到了三千多万元，在广东省、四川省、湖南省等地享有较高知名度，为相关公众所知晓。可以认定“诸葛酿酒”具有知名商品的特有名称权。“诸葛酿”是一个新创专用名称，具有显著性，而“诸葛亮”注册商标是一个历史名人，不具有独创性，显著性要弱一些。一般公众只要施以一般注意力，就不易对被告的“诸葛酿酒”产品与原告的“诸葛亮”注册商标商品误认为系原告所生产和销售，不会对商品的来源产生混淆和误认。

江口醇集团于1999年6月正式生产“诸葛酿”酒产品，首创“诸葛酿”作为酒名使用，有在先使用行为。江口醇集团在长期持续使用过程中，通过极大努力以及大量广告宣传和投入，其“诸葛酿酒”在我国南方局部地区销量逐年增加、销售范围不断扩大、相关消费者增多。从“诸葛酿酒”系列产品历年销售数量和金额分析，诸葛酿酒从 2002 年起具有一定影响力和知名度。千年酒业公司受让的“诸葛亮”商标于 2000 年 12 月 21 日核准注册，于 2002 年 10 月才开始生产和销售产品。对普通消费者来说，对商品标识的认知是通过产品来实现的，应是先认识产品，再认可商品标识，所以，普通消费者施以一般注意力，就不会对“诸葛酿酒”系列商品与“诸葛亮”注册商标的商品产生误认。

综上，一审法院认为江口醇集团使用“诸葛酿酒”不构成对千年酒业公司等三公司“诸葛亮”注册商标的侵权。千年酒业公司“诸葛亮”文字商标已经我国商标管理机关核准注册，且尚在有效期内，应受到法律保护。千年酒业公司等三公司正当、合法使用“诸葛亮”注册商标的行为，没有构成对江口醇集团“诸葛酿酒”特有名称的侵害，不构成不正当竞争行为。依照《中华人民共和国商标法》第五十一条、第五十二条、第五十六条，《中华人民共和国商标法实施条例》第五十条，《最高人民法院关于审理商标民事纠纷案件适用法律若干问题的解释》第四条、第九条、第十条，《中华人民共和国反不正当竞争法》第五条，《中华人民共和国民法通则》第九十六条、第一百一十八条以及《中华人民共和国民事诉讼法》第一百三十条之规定，于 2006 年 4 月 14 日以（2004）长中民三初字第 359 号民事判决书，判决驳回千年酒业公司、诸葛亮酒业公司、诸葛酿酒公司的诉讼请求；驳回江口醇集团的反诉请求。各自承担案件受理费和反诉费。千年酒业公司、诸葛亮酒业公司、诸葛酿酒公司、江口醇集团均不服一审判决，向湖南省高级人民法院提起上诉。

二审法院认为，知名商品是指在市场上具有一定知名度，为相关公众所知悉的商品。根据本案的相关事实，江口醇集团生产并投放市场的“诸葛酿”酒先于“诸葛亮”商标的申请，使用在先，并且在“诸葛亮”商标核准注册前，“诸葛酿”酒已具规模，至 2003 年 8 月后，已成为中国名牌产品，在广东省、四川省、湖南省等地享有较高的知名度，为相关公众所知晓。依据现有证据，千年酒业公司生产“诸葛亮”商标的白酒应为 2003 年 8 月后。有证据证明在千年酒业公司使用“诸葛亮”商标生产白酒前，市场上已经大量出现仿冒“诸葛酿”酒的行为并被查处，更有 2003 年 9 月 28 日注册成立的诸葛酿酒公司生产“诸葛亮”商标的“诸葛酿”酒，也与江口醇集团生产的“诸葛酿”酒的包装盒外观和商品名称字体相近似，足以证明江口醇集团生产的“诸葛酿”酒作为商品在市场上具有一定的知名度，属于为相关公众所知悉的商品。“诸葛酿”作为酒名使用为江口醇集团首创，具有显著性，没有证据证明在江口醇集团使用前，有过“诸葛酿”的结合使用。“诸葛酿”之所以能够成为知名商品的特有名称，与其大量广告宣传和投入，历年销售数量增加，在市场上具有一定影响力和知名度密不可分，属于江口醇集团作为经营者的市场成果，故可以认定“诸葛酿”为江口醇集团商品的特有名称。由于“诸葛酿”是属于商品名称，而不是作为商标使用，故不属于《中华人民共和国商标法》第五十二条第（一）项规定的行为。

注册商标和商品专用名称都属于商业标记，其基本目的都是使自己的商品或者服务区别于其他人的商品或者服务，都应当受到相应的法律保护，注册商标的保护主要依靠《中华人民共和国商标法》，而商品专用名称的保护则主要依靠《中华人民共和国反不正当竞争法》，在一个案件中，同时适用《中华人民共和国商标法》和《中华人民共和国反不正当竞争法》并不违反法律适用的规定。“诸葛亮”作为著名历史人物，其显著性不强。“诸葛酿”在先使用，在“诸葛亮”注册商标核准前，在市场上就已经具有一定影响力，在千年酒业公司受让前，已为相关公众所知悉，并具有一定的知名度，一般消费者施以一般注意力不会对“诸葛酿”酒系列商品与“诸葛亮”注册商标的商品产生误认。因此，江口醇集团使用“诸葛酿”作为商品名称不构成对千年酒业公司“诸葛亮”商标的侵权。千年酒业公司“诸葛亮”文字商标为核准注册的商标，依法享有受让注册商标的专用权，正确、合法使用该商标也不构成对“诸葛酿”特有名称的侵害，亦不构成对江口醇集团的不正当竞争行为。根据《中华人民共和国民事诉讼法》第一百五十三条第一款第（一）项、第一百五十八条之规定，于2006年10月18日以（2006）湘高法民三终字第30号民事判决，判决驳回上诉，维持一审判决。

本院审查查明，原审法院认定的事实基本属实，本院予以确认。

本院认为，根据本案当事人争议焦点，认定江口醇集团使用“诸葛酿”商品名称是否构成侵犯“诸葛亮”注册商标专用权行为的关键，是认定二者是否构成侵犯注册商标专用权意义上的近似。根据《中华人民共和国商标法》第五十二条第（一）项、《最高人民法院关于审理商标民事纠纷案件适用法律若干问题的解释》第九条、第十条的规定以及本案的具体情况，认定“诸葛酿”是否与“诸葛亮”注册商标构成侵犯注册商标专用权意义上的近似，需要综合相关因素进行认定。

首先，从二者的音、形、义上进行比较。千年酒业公司受让的注册商标“诸葛亮”与江口醇集团作为商品名称使用的“诸葛酿”在读音和文字构成上确有相近之处。但是，在字形上，“诸葛亮”注册商标为字体从左到右横向排列的普通黑体字的文字商标；江口醇集团作为商品名称使用的“诸葛酿”三个文字为从上到下的排列方式，字体采用古印体为主，融合魏体和隶书特点，在字体周边外框加上印章轮廓，在具体的使用方式上，与“诸葛亮”商标存在较为显著的不同。而且，在文字的含义上，“诸葛亮”既是一位著名历史人物，又具有足智多谋的特定含义；“诸葛酿”非单独词汇，是由“诸葛”和“酿”结合而成，用以指代酒的名称，其整体含义与“诸葛亮”不同。就本案而言，由于“诸葛亮”所固有的独特含义，使得二者含义的不同在分析比较“诸葛亮”注册商标和“诸葛酿”商品名称的近似性时具有重要意义，即这种含义上的差别，使相关公众较易于将二者区别开来。

其次，认定“诸葛亮”与“诸葛酿”是否构成侵犯注册商标专用权意义上的近似，需要考虑“诸葛亮”注册商标的显著性及二者的实际使用情况。“诸葛亮”因其固有的独特含义，在酒类商品上作为注册商标使用时，除经使用而产生了较强显著性以外，一般情况下其显著性较弱。在千年酒业公司受让前，“诸葛亮”注册商标尚未实际使用和具有知名度。千年酒业公司等也未提供证据证明“诸葛亮”注册商标经使用后取得了较强的显著性。在此种情况下，“诸葛亮”注册商标对相近似标识的排斥力较弱，“诸葛酿”商品名称与其在读音和文字构成上的近似，并不足以认定构成侵犯注册商标专用权意义上的近似。而且，在“诸葛亮”商标申请注册前，江口醇集团已将“诸葛酿”作为商品名称在先使用，不具有攀附“诸葛亮”注册商标的恶意。在“诸葛亮”商标核准注册前，“诸葛酿”酒已初具规模。至2003年8月标有“诸葛亮”注册商标的产品进入市场后，“诸葛酿”白酒已多次获得中国名牌产品等荣誉称号，在广东省、四川省、湖南省等地享有较高的知名度，为相关公众所知晓，具有一定的知名度和显著性，经使用获得了独立的区别商品来源的作用。结合上述“诸葛酿”商品名称字体特点和具体使用方式，以及“诸葛亮”注册商标的显著性较弱，原审法院认定相关公众施以一般的注意力，不会导致混淆和误认并无不当。

综上，江口醇集团使用的“诸葛酿”商品名称与“诸葛亮”注册商标不构成侵犯注册商标专用权意义上的近似。千年酒业公司、诸葛酿酒公司、诸葛亮酒业公司的再审申请不符合《中华人民共和国民事诉讼法》第一百七十九条的规定，依据《中华人民共和国民事诉讼法》第一百八十一条第一款之规定，裁定如下：

驳回申请再审人泸州千年酒业有限公司、四川诸葛酿酒有限公司、四川诸葛亮酒业有限公司的再审申请。

审 判 长　于晓白
审 判 员　殷少平
审 判 员　夏君丽
二〇〇九年一月十六日
书 记 员　包　硕

3. 标识使用者的使用意图和使用行为对其获得未注册商标保护的影响

——再审申请人辉瑞有限公司、辉瑞制药有限公司与被申请人上海东方制药有限公司破产清算组、原审被告北京健康新概念大药房有限公司、广州威尔曼药业有限公司不正当竞争及侵犯未注册驰名商标权纠纷案

【裁判要旨】

对于未注册的商标标识，可以基于使用产生的商标知名度获得一定程度的法律保护。但是，对该标识主张权利的人必须有实际使用该标识的行为并具有将该标识作为其商标的意图。在本案中，最高人民法院认为，在再审申请人明确认可其从未在中国境内使用某一标识的情况下，他人对该标识所做的相关宣传等行为，由于未反映其将该标识作为商标的真实意思，不能认定该标识构成未注册商标，更不能认定其构成未注册驰名商标。

【关键词】

未注册商标　使用意图　使用行为

【案号】

最高人民法院（2009）民申字第313号

【基本案情】

在再审申请人辉瑞有限公司（以下简称辉瑞公司）、辉瑞制药有限公司（以下简称辉瑞制药公司）与被申请人上海东方制药有限公司（以下简称东方公司）破产清算组、原审被告北京健康新概念大药房有限公司（以下简称新概念公司）、广州威尔曼药业有限公司（以下简称威尔曼公司）不正当竞争及侵犯未注册驰名商标权纠纷案中，1997年11月28日，辉瑞公司的第1130739号“VIAGRA”文字商标在中国获得注册。2001年1月28日，该商标经核准转让给辉瑞产品有限公司（Pfizer Products Inc.）。1998年9月29日，《健康报》报道伟哥（Viagra）是枸橼酸西地非尔的商品名，1998年10月16日至2003年9月28日，《海口晚报》等二十几家报刊的26份报道摘录中多将“Viagra”称为“伟哥”，将“伟哥”（VIAGRA）的生产者称为辉瑞公司或辉瑞制药厂，报道的主要内容为媒体对“Viagra”的药效、销售情况、副作用的介绍以及评论。《新时代汉英大词典》2000年版第1601页和2002年版第1232页对“伟哥”词条的解释为：伟哥，也称“威尔刚”Viagra、“万艾可”Viagra，用于治疗男性功能障碍的美国药品商标。2001年1月28日，辉瑞公司将“VIAGRA”文字商标转让给辉瑞产品有限公司。2005年3月17日，中国国际贸易促进委员会专利商标事务所的代理人邱某在新概念公司经公证购买了“伟哥”药品4盒。该“伟哥”产品系东方公司生产，新概念公司销售。东方公司系经威尔曼公司授权使用“伟哥”商标。2005年10月11日，辉瑞公司、辉瑞制药公司以不正当竞争及侵犯未注册驰名商标权为由，向北京市第一中级人民法院提起诉讼。一审庭审中，二原告承认其在中国内地未使用过“伟哥”商标。北京市第一中级人民法院一审认为，二原告无法证明“伟哥”为其未注册驰名商标，对该商标不享有商标法规定的合法权益，故判决驳回其全部诉讼请求。二原告不服，提出上诉。北京市高级人民法院二审认同一审的判决理由，维持了一审判决。辉瑞公司、辉瑞制药公司不服该判决，向最高人民法院申请再审。最高人民法院于2009年6月24日裁定驳回其再审申请。

【裁判意见】

最高人民法院审查认为：由于辉瑞公司已于2001年1月28日将“VIAGRA”文字商标转让给辉瑞产品有限公司，在本案一审起诉时及整个诉讼过程中，辉瑞公司均不是“VIAGRA”文字商标的商标权人，因此辉瑞公司对“VIAGRA”文字商标以及其所主张的“VIAGRA”文字商标的中文翻译“伟哥”不享有任何权益。尽管多家媒体在相关报道中将“伟哥”与“Viagra”相对应，但上述报道均系媒体所为而并非辉瑞公司和辉瑞制药公司对自己商标的宣传，且辉瑞制药公司也明确声明“万艾可”为其正式商品名，并承认其在中国内地未使用过“伟哥”商标，因此，不能认定媒体将“Viagra”称为“伟哥”反映了辉瑞公司和辉瑞制药公司当时将“伟哥”作为商标使用的真实意思。现有证据不足以证明“伟哥”为未注册商标，也无法证明其为未注册驰名商标。

中华人民共和国最高人民法院民事裁定书

（2009）民申字第313号

申请再审人（一审原告、二审上诉人）：辉瑞有限公司（Pfizer Inc.），住所地：美利坚合众国纽约州纽约市东42街235号（235E. 42nd St.，New York，NY10017，USA）。

法定代表人：迪芙妮 · 特朗克（Tiffany Trunko），副总法律顾问。

委托代理人：艾宏，北京市正见永申律师事务所律师。

委托代理人：徐洁，北京市正见永申律师事务所律师。

申请再审人（一审原告、二审上诉人）：辉瑞制药有限公司，住所地：中华人民共和国辽宁省大连市经济技术开发区大庆路22号。

法定代表人：艾德（Ahmet Esen），董事长。

委托代理人：艾宏，北京市正见永申律师事务所律师。

委托代理人：徐洁，北京市正见永申律师事务所律师。

被申请人（一审被告、二审被上诉人）：上海东方制药有限公司破产清算组，住所地：中华人民共和国上海市江西中路181号3楼。

负责人：雷道茂，清算组组长。

委托代理人：汪军，江苏联环药业股份有限公司法律顾问。

二审被上诉人（一审被告）：北京健康新概念大药房有限公司，住所地：中华人民共和国北京市海淀区花园东路36号。

法定代表人：刘丽亚，总经理。

二审被上诉人（一审被告）：广州威尔曼药业有限公司，住所地：中华人民共和国广东省广州市天河区沙河上元岗。

法定代表人：孙明杰，董事长。

委托代理人：戴锦良，广东胜伦律师事务所律师。

申请再审人辉瑞有限公司（简称辉瑞公司）、辉瑞制药有限公司（简称辉瑞制药公司）与被申请人上海东方制药有限公司（简称东方公司）破产清算组及二审被上诉人（一审被告）北京健康新概念大药房有限公司（简称新概念公司）、广州威尔曼药业有限公司（简称威尔曼公司）因不正当竞争、侵犯未注册驰名商标权纠纷一案，北京市高级人民法院于2008年3月20日作出（2007）高民终字第1684号民事判决，已经发生法律效力。2009年3月16日，辉瑞公司、辉瑞制药公司向本院申请再审。本院依法组成合议庭对本案进行了审查，并于2009年5月6日举行听证，新概念公司经通知未参加听证。本案现已审查终结。

辉瑞公司与辉瑞制药公司申请再审称，早在威尔曼公司于1998年6月2日申请注册“伟哥”商标之前，相关公众已经使用“伟哥”一词指称Viagra产品。在相关公众心目中，“伟哥”商标唯一对应Viagra产品，是Viagra的中文名称（别名）。“伟哥”在事实上成为了标识Viagra产品来源的商标，成为了申请再审人的商标，申请再审人对“伟哥”享有合法的在先权利。威尔曼公司申请注册、使用“伟哥”商标，具有明显的恶意。因为相关公众约定俗成的使用，“伟哥”同样也已经构成申请再审人的Viagra产品这一知名商品的特有名称，根据《反不正当竞争法》第五条第（二）项的规定，东方公司擅自在其生产的“甲磺酸酚妥拉明分散片”上使用“伟哥”商标，使相关公众产生混淆误认，构成不正当竞争。二审法院没有正确认定申请再审人的正当权利及被申请人的不正当竞争行为，在事实认定及法律适用上均存在错误，请求判令：1. 撤销北京市高级人民法院（2007）高民终字第1684号民事判决；2. 认定威尔曼公司申请注册“伟哥”商标的行为是非法抢注行为，构成不正当竞争；3. 威尔曼公司立即停止对“伟哥”商标进行许可和广告宣传等不正当竞争行为；4. 东方公司、新概念公司立即停止生产、销售带有“伟哥”商标药品的不正当竞争行为；5. 威尔曼公司、东方公司立即停止印制和使用“伟哥”商标的不正当竞争行为，并销毁全部“伟哥”商标标识及用于印制“伟哥”商标标识的工具；6. 东方公司、新概念公司、威尔曼公司共同赔偿经济损失及与本案有关的合理支出人民币50万元；7. 东方公司、新概念公司、威尔曼公司发布经其同意、澄清事实的公告等有效措施消除影响，并在《中国医药报》、《法制日报》和《人民日报》（海外版）等媒体上向申请再审人赔礼道歉。

东方公司辩称，申请再审人“Viagra”产品的商品名是“万艾可”，威尔曼公司是最早申请和使用“伟哥”商标的权利人。申请再审人从未使用过“伟哥”

商标，其对“伟哥”商标不享有任何权益。相关公众并未将“伟哥”商标唯一对应申请再审人的“Viagra”产品，申请再审人在媒体上发布的《律师声明》也声称“Viagra”药品的商品名是“万艾可”，中国商标法适用“注册在先”原则，威尔曼公司申请“伟哥”文字商标的行为符合法律规定，不是非法抢注。申请再审人关于“威尔曼公司申请注册‘伟哥’商标的行为是非法抢注行为，构成不正当竞争”的请求属于新的诉讼请求，已超出本案原审的审理范围。申请再审人没有任何证据证明“伟哥”构成申请再审人的知名商品的特有名称，且基于知名商品特有名称的不正当竞争指控也已超出本案原审的审理范围。

威尔曼公司辩称，其与东方公司的意见相同。

新概念公司没有辩称意见。

本院审查查明，1997 年 11 月 28 日，辉瑞公司的第 1130739 号“VIAGRA”文字商标在中国获得注册，指定使用的商品为第 5 类人用药、医用制剂，有效期经续展至 2017 年 11 月 27 日止。2001 年 1 月 28 日，该商标经核准转让予辉瑞产品有限公司（Pfizer Products Inc.）。

1998 年 9 月 29 日，《健康报》报道伟哥（Viagra）是枸橼酸西地非尔的商品名；1998 年 10 月 8 日，《南方都市报》登载的《IT 大亨染指壮阳药》一文中提及“伟哥”（VIAGRA）；1998 年 10 月 22 日，《浙江经济日报》登载的《诺贝尔奖与“伟哥”》一文称 Viagra（伟哥）是美国辉瑞药厂制造；1998 年 10 月 26 日，《南方日报》登载的《“伟哥”，想说爱你不容易》一文称“伟哥”（Viagra）原是美国辉瑞制药公司 1992 年开发的用于治疗心绞痛的新药；1998 年 11 月 7 日，《重庆晚报》登载的《伟哥：笑傲江湖》一文称“伟哥”的英文名称 VIAGRA 由 VIGOR（活力）与 NIAGARA（尼亚加拉瀑布）两字合成；1998 年 11 月 21 日，《信息时报》登载的《也谈“伟哥”》一文中提及“伟哥”（Viagra）；1998 年 11 月 25 日，《中国青年报》登载的《“伟哥”是什么，怎么样?》一文称“伟哥”是英文 Viagra 的音译，化学名称是枸橼酸西地非尔；珠海出版社出版了名称为《伟哥报告－蓝色精灵 Viagra》的出版物；1998 年 10 月 16 日至 2003 年 9 月 28 日，《海口晚报》、《青年报》、《参考消息》、《经济日报》、《羊城晚报》、《法制日报》、《人民日报》、《南方都市报》、《北京青年报》等二十几家报刊的 26 份报道摘录中多将“Viagra”称为“伟哥”、称“伟哥”（VIAGRA）的生产者为辉瑞公司或辉瑞制药厂、主要内容为媒体对“Viagra”的药效、销售情况、副作用的介绍以及评论性的文章。

《新时代汉英大词典》2000年版第1601页和2002年版第1232页对“伟哥”词条的解释为：也称“威尔刚”Viagra、“万艾可”Viagra，用于治疗男性功能障碍的美国药品商标。

国家药监局国药管市〔1999〕72号文件“关于查处假药‘伟哥’的紧急通知”（简称第72号文件），载有如下内容：“近来，国内一些省市出现了销售‘伟哥’（英文名：VIAGRA）的情况，并有不断扩大的趋势，一批未经审批的药品‘伟哥’进入了市场……‘伟哥’为美国辉瑞制药有限公司生产的药品，该药品在我国正处于临床研究阶段……目前，国内除有关医院正用于临床实验的该药品外，市场销售的‘伟哥’均为假药……”

中国药科大学、威尔曼国际新药开发中心和威尔曼公司致国家药监局“请求国家药品监督管理局澄清有关药名的请示报告”，内容为询问第72号文件中所说的“伟哥”是否指当时“西地那非”的商品名或通用名。

国家药监局药管市函〔2000〕19号文件“关于对请求国家药品监督管理局澄清有关药名的请示的复函”，其主要内容为：在第72号文件中采用了以带引号的“伟哥”和英文名“VIAGRA”的标注等指当时在中国市场上出现的此种假药，以便于各地药品监督管理部门的查处，并非对美国辉瑞制药有限公司“西地那非”通用名或商品名的认定。

辉瑞公司为支持“伟哥”系其在中国未注册的驰名商标的主张，还提交了1998年4月30日美国《世界日报》、1998年6月8日香港《天天日报》、1998年6月8日香港《东方日报》的报道摘要，上述报道中均提及“伟哥”（Viagra）、生产商为美国辉瑞药厂等。

辉瑞制药公司发布的《律师声明》，主要内容有：“由美国辉瑞制药公司研发生产的药品Viagra已由国家药品监督管理局批准，正式进入市场，万艾可为正式的商品名。万艾可是经国家工商行政管理局商标局批准注册的商标。辉瑞制药有限公司是万艾可商标的拥有者……”

2005年3月17日，中国国际贸易促进委员会专利商标事务所的代理人邱某在新概念公司经公证购买了“伟哥”药品4盒。该购买过程由长安公证处进行了证据保全公证。“伟哥”药品的包装盒、药品说明书、药片包衣上均标有“伟哥”字样和东方公司企业名称，药片上亦标有“伟哥”字样。该“伟哥”产品系东方公司生产，新概念公司销售。东方公司系经威尔曼公司授权使用“伟哥”商标。

威尔曼公司于1998年6月2日向商标局提出“伟哥”商标的注册申请，并于2002年6月22日获得初步审定公告，初步审定号为1911818，指定使用商品为人用药、生化药品等。2002年9月20日，辉瑞公司就威尔曼公司申请注册的“伟哥”商标向商标局提出商标异议申请。2004年4月7日，商标局核准该“伟哥”商标转让注册，受让人为广州威尔曼新药开发中心有限公司（简称威尔曼新药公司）。

2003年8月20日，东方公司与广东药之星医药有限公司、威尔曼公司订立《【伟哥】药品区域总经销协议》，约定：【伟哥】药品，指甲磺酸酚妥拉明分散片，由威尔曼公司独家研制开发并由东方公司生产；东方公司系威尔曼公司【伟哥】药品的授权生产单位；合同有效期至2005年9月30日止。

1998年8月12日，辉瑞公司向商标局提出“伟哥”文字商标的注册申请，该商标申请被驳回，后进入商标驳回复审阶段。2005年7月28日，辉瑞公司与辉瑞制药公司订立《商标授权协议第三次修订案》，授权辉瑞制药公司使用其在中国申请的“伟哥”商标。

东方公司于2005年7月19日被中华人民共和国上海市南汇区人民法院裁定宣告破产，2005年7月20日成立破产清算组进行破产清算。

辉瑞制药公司系1989年10月7日经核准登记成立的中外合资经营企业，其生产经营范围为化学药品原料药、制剂药等。

2005年10月11日，辉瑞公司、辉瑞制药公司以不正当竞争及侵犯未注册驰名商标权为由，向北京市第一中级人民法院提起诉讼。一审庭审中，辉瑞公司、辉瑞制药公司承认其在中国内地未使用过“伟哥”商标。

本院另查明，2008年12月17日，商标局在（2008）商标异字第10226号及10227号商标异议裁定书中认为，“VIAGRA”是辉瑞公司研制生产的一种专治男性阳痿的药品名称，并作为商标在我国进行了注册。经多年宣传使用，“伟哥”已实际成为与该药品及商标所对应的中文标识，且为社会公众所知晓。在（2008）商标异字第10226号商标异议裁定中，商标局裁定对威尔曼新药公司的第1911818号“伟哥”商标不予核准注册。

本院认为，国家药监局的第72号文件中，采用“伟哥”和“VIAGRA”的标注，并非是对美国辉瑞制药有限公司“西地那非”通用名或商品名的认定。《新时代汉英大词典》中对“伟哥”词条的解释不足以证明“Viagra”即为“伟哥”。辉瑞制药公司在其发布的《律师声明》中声称其研发生产的药品“Viagra”的正式商品名为“万艾可”。因此，辉瑞公司关于“伟哥”商标唯一对应 Viagra 产品，是 Viagra 的中文名称，成为标识 Viagra 产品来源的再审理由无事实依据。且由于“VIAGRA”文字商标（即申请再审人主张的 Viagra 文字商标）已于2001 年1 月 28 日转让给辉瑞产品有限公司，在本案一审起诉时及整个诉讼过程中，辉瑞公司均不是“VIAGRA”文字商标的商标权人。故辉瑞公司对“VIAGRA”文字商标以及其所主张的“VIAGRA”文字商标的中文翻译“伟哥”不享有任何权益。在此情形下，2005 年 7 月 28 日，辉瑞公司与辉瑞制药公司订立《商标授权协议第三次修订案》，授权辉瑞制药公司使用“伟哥”商标，亦没有法律效力，故辉瑞制药公司也不能依据该授权对“伟哥”主张权利。

商标法第十三条第一款规定，就相同或者类似商品申请注册的商标是复制、摹仿或者翻译他人未在中国注册的驰名商标，容易导致混淆的，不予注册并禁止使用。《最高人民法院关于审理商标民事纠纷案件适用法律若干问题的解释》第二条规定，根据商标法第十三条第一款的规定，复制、摹仿、翻译他人未在中国注册的驰名商标或其主要部分，在相同或者类似商品上使用，容易导致混淆的，应当承担停止侵害的民事法律责任。根据本案查明的事实，1998 年 9 月 29 日《健康报》等七篇报道、珠海出版社出版的《伟哥报告 – 蓝色精灵 Viagra》以及《海口晚报》等 26 份媒体的报道中虽然多将“伟哥”与“Viagra”相对应，但因上述报道均系媒体所为而并非两申请再审人所为，并非两申请再审人对自己商标的宣传，且媒体的报道均是对“伟哥”的药效、销售情况、副作用的一些介绍、评论性文章。**辉瑞制药公司也明确声明“万艾可”为其正式商品名，并承认其在中国内地未使用过“伟哥”商标。故媒体在宣传中将“Viagra”称为“伟哥”，亦不能确定为反映了两申请再审人当时将“伟哥”作为商标的真实意思。故申请再审人所提供的证据不足以证明“伟哥”为未注册商标。**原审法院对“伟哥”是辉瑞公司的未注册驰名商标的事实主张不予支持，并据此认定东方公司和新概念公司生产、销售使用“伟哥”商标药品的行为，并未构成上述法律所规定的应当承担停止侵害的民事法律责任的情形，并无不当。

关于申请再审人在本案审查期间提交的商标局商标异字第 10226 号、第 10227 号商标异议裁定书，是商标局针对案外人威尔曼新药公司第 1911818 号“伟哥”商标及其他商标是否应予注册的认定。该裁定的认定结论并不影响本案民事诉讼中法院依据查明的相关事实作出的相关认定。

另外，申请再审人在本案原审中并未主张“伟哥”是其知名商品的特有名称，“伟哥”是否是申请再审人的知名商品特有名称以及被申请人是否擅自使用了申请再审人所主张的知名商品特有名称“伟哥”，不属于本案的审理范围。

综上，申请再审人辉瑞公司与辉瑞制药公司的再审申请不符合《中华人民共和国民事诉讼法》第一百七十九条规定的情形。依照《中华人民共和国民事诉讼法》第一百八十一条第一款之规定，裁定如下：

驳回辉瑞有限公司、辉瑞制药有限公司的再审申请。

审　判　长　夏君丽
代理审判员　王艳芳
代理审判员　张晓都
二〇〇九年六月二十四日
书　记　员　张　博

4. 判断商标近似时对被诉侵权人的主观意图、相关标识使用的历史和现状等因素的考虑

——上诉人（法国）拉科斯特股份有限公司（LACOSTE）与被上诉人（新加坡）鳄鱼国际机构私人有限公司（CROCODILE INTERNATIONAL PTE LTD）、上海东方鳄鱼服饰有限公司北京分公司侵犯商标专用权纠纷案

【裁判要旨】

侵犯注册商标专用权意义上的商标近似应当是指混淆性近似，即足以造成市场混淆的近似；由于不同案件诉争标识涉及情况的复杂性，认定商标近似除通常要考虑其构成要素的近似程度外，还可以根据案件的具体情况，综合考虑被诉侵权人的主观意图、注册商标与诉争标识使用的历史和现状等其他相关因素，在此基础上认定诉争商标是否构成混淆性近似。

【关键词】

商标近似　主观意图　标识使用

【案号】

最高人民法院（2009）民三终字第3号

【基本案情】

在上诉人（法国）拉科斯特股份有限公司（以下简称拉科斯特公司）与被上诉人（新加坡）鳄鱼国际机构私人有限公司（以下简称鳄鱼国际公司）、上海东方鳄鱼服饰有限公司北京分公司（以下简称上海东方鳄鱼公司）侵犯商标专用权纠纷案中，拉科斯特公司创办于1933年，同年在法国注册“鳄鱼图形”商标。1980年至1999年，拉科斯特公司在中国注册了第141103号、第879258号、第1318589号“鳄鱼图形”商标及第940231号“鳄鱼图形+LACOSTE”商标，前述注册商标分别核定使用在第25类和第18类相关商品上。拉科斯特公司产品于1984年正式进入中国，1994年在中国上海设立第一个专柜。鳄鱼国际公司前身系陈贤进于1943年在新加坡创办的利生民公司，1983年更名为现名称。利生民公司于1949年申请并于1951年在新加坡获准注册了“crocodile+鳄鱼图形”商标。1951年，利生民公司在第25类商品上分别在新加坡、中国香港注册了鳄鱼图形商标。1952年至1954年，利生民公司在第25类商品上分别在印度、沙捞越、沙巴（洲）、马来西亚等国家和地区注册了鳄鱼图形商标。1959年，利生民公司在日本注册了鳄鱼图形商标。1961年至2003年，鳄鱼国际公司分别在文莱、印度尼西亚、斯里兰卡、韩国、中国台湾、泰国、蒙古、尼泊尔、朝鲜、摩洛哥、沙特阿拉伯、斐济等国家和地区在第25类商品上注册了鳄鱼图形商标。鳄鱼国际公司于1994年在中国上海开设第一个专卖店，于1993年、1994年向中国大陆申请注册“CARTELO及鳄鱼图形”商标，使用商品分别为第25类和第18类，该两商标已经于2007年被生效判决核准注册。利生民公司曾于1969年在日本大阪提起民事诉讼，指控拉科斯特公司的销售商侵犯其商标权。1973年双方在大阪高等法院达成和解，利生民公司同意拉科斯特公司在日本注册“鳄鱼图形”商标。1983年6月17日，双方还签订了和解协议。1995年，拉科斯特公司发现鳄鱼国际公司在中国建立了多家店面，其招牌上印有写实风格的鳄鱼图形，销售标有“鳄鱼图形”商标的服装产品。2000年5月11日，拉科斯特公司以鳄鱼国际公司侵犯其注册商标权为由提起诉讼。北京市高级人民法院一审认为，根据本案查明的事实，鳄鱼国际公司之行为不同于刻意仿冒名牌奢侈品的假冒行为，其在主观上并无利用拉科斯特公司的品牌声誉，造成消费者混淆、误认之故意；鳄鱼国际公司的系列商标标识经过在中国大陆市场上的大规模、长时间使用后，客观上也已经建立起特定的商业声誉。而且，被诉侵权产品标示的并非仅为“鳄鱼图形”，还标有“CARTELO”及“CARTELO及鳄鱼图形”，所有这些作为一个整体，使得被诉侵权产品具有了整体识别性，能够有效地与其他标有鳄鱼形象的商品相区别。有鉴于此，根据整体比对、综合判断的原则，拉科斯特公司与鳄鱼国际公司的系列商标标识作为整体，二者之间已经形成了显著性的区别特征。两者无论在实际购买商品时还是在商品售出后使用中均不会导致消费者的混淆和误认。鳄鱼国际公司在被诉侵权产品上单独使用“鳄鱼图形”的行为，亦不侵犯拉科斯特公司的注册商标专用权。遂判决驳回拉科斯特公司的诉讼请求。拉科斯特公司不服一审判决，提起上诉。最高人民法院于2010年12月29日作出二审判决，驳回上诉，维持原判。

【裁判意见】

最高人民法院二审认为：2001年修订前的商标法第三十八条第（一）项规定，“未经注册商标所有人的许可，在同一种商品或者类似商品上使用与其注册商标相同或者近似的商标的”，构成侵犯注册商标专用权行为。《最高人民法院关于审理商标民事纠纷案件适用法律若干问题的解释》第九条第二款规定，商标法第五十二条第（一）项规定的商标近似，是指被控侵权的商标与原告的注册商标相比较，其文字的字形、读音、含义或者图形的构图及颜色，或者其各要素组合后的整体结构相似，或者其立体形状、颜色组合近似，易使相关公众对商品的来源产生误认或者认为其来源与原告注册商标的商品有特定的联系。参照该司法解释规定并根据审判实际，认定被诉标识与原告请求保护的注册商标是否构成修订前的商标法第三十八条第（一）项规定的近似商标，通常要根据诉争标识文字的字形、读音、含义或者图形的构图及颜色等构成要素的近似性进行判断，且将是否造成混淆作为重要判断因素。因此，侵犯注册商标专用权意义上的商标近似应当是指混淆性近似，即足以造成市场混淆的近似。由于不同案件诉争标识涉及情况的复杂性，认定商标近似除通常要考虑其构成要素的近似程度外，还可以根据案件的具体情况，综合考虑其他相关因素，在此基础上认定诉争商标是否构成混淆性近似。诉争商标虽然在构成要素上具有近似性，但综合考量其他相关因素，仍不能认定其足以造成市场混淆的，不认定其构成侵犯注册商标专用权意义上的近似商标。本案中，鳄鱼国际公司使用的被诉标识鳄鱼图形与拉科斯特公司的系列注册商标相比，其均为鳄鱼图形，具有一定的近似性，但鳄鱼国际公司使用的被诉标识鳄鱼头部朝向、体型、鳞片、颜色均与拉科斯特公司主张权利的鳄鱼图形不同。特别是，双方之间的诉争商标在相关市场中具有特殊的形成历史和发展历程，有特殊的使用和共存状况，在本案中认定诉争商标是否构成侵犯注册商标专用权意义上的近似商标，既不能割裂各自形成和发展的历史，又不能无视相互之间的共存过程和使用状态，否则难以作出公平合理的裁判。就本案诉争商标具体情况而言，认定其是否近似仅仅比对标识本身的近似性是不够的，还必须综合考量鳄鱼国际公司的主观意图、双方共存和使用的历史与现状等因素，结合相关市场实际，进行公平合理的判断。首先，本案事实足以表明，鳄鱼国际公司进入中国市场后使用相关商标，主要是对其已有商标的沿用，且在实际使用中也有意区分诉争标识。其次，从相关国际市场看，双方诉争标识在亚洲部分国家和地区已经形成长期共存和使用的国际市场格局。最后，从诉争标识在中国市场的共存和使用情况看，两者在中国市场内已拥有各自的相关公众，在市场上均已形成客观的划分，已成为可区别的标识。综上，鳄鱼国际公司使用的被诉标识与拉科斯特公司请求保护的注册商标不构成侵犯注册商标专用权意义上的混淆性近似，不足以对拉科斯特公司的注册商标造成损害。

中华人民共和国最高人民法院民事判决书

(2009) 民三终字第3号

上诉人（一审原告）：（法国）拉科斯特股份有限公司（LACOSTE），住所地：法国巴黎卡斯蒂格利奥勒大街8号（8，RUE DE CASTIGLIONE 75001 PARIS）。

法定代表人：米歇尔·拉科斯特（Michel Lacoste），该公司董事长。

委托代理人：黄义彪，北京市万慧达律师事务所律师。

委托代理人：高超，北京市汉鼎联合律师事务所律师。

被上诉人（一审被告）：（新加坡）鳄鱼国际机构私人有限公司（CROCODILE INTERNATIONAL PTE LTD），住所地：新加坡乌美三道三号鳄鱼大厦。

法定代表人：洪文展，该公司董事长。

委托代理人：陶鑫良，北京市大成律师事务所上海分所律师。

被上诉人（一审被告）：上海东方鳄鱼服饰有限公司北京分公司，住所地：中华人民共和国北京市朝阳区工体东路18号B座首层。

负责人：严仲良，该公司总经理。

委托代理人：陶鑫良，北京市大成律师事务所上海分所律师。

上诉人（法国）拉科斯特股份有限公司（LACOSTE）（简称拉科斯特公司）因与被上诉人（新加坡）鳄鱼国际机构私人有限公司（CROCODILE INTERNATIONAL PTE LTD）（简称鳄鱼国际公司）以及被上诉人上海东方鳄鱼服饰有限公司北京分公司（简称上海东方鳄鱼公司）侵犯商标专用权纠纷一案，不服中华人民共和国北京市高级人民法院（简称原审法院）（2000）高民初字第29号民事判决，向本院提起上诉。本院依法组成由民事审判第三庭审判员夏君丽任审判长、审判员殷少平、代理审判员王艳芳参加的合议庭，书记员包硕担任法庭记录，公开开庭审理了本案。上诉人拉科斯特公司的委托代理人黄义彪、高超律师，被上诉人鳄鱼国际公司及上海东方鳄鱼公司的共同委托代理人陶鑫良律师到庭参加了诉讼。本案现已审理终结。

原审法院经审理查明，拉科斯特公司创办于1933年，同年在法国注册“鳄鱼图形”商标，此后其产品主要在欧洲销售。20世纪60年代，拉科斯特公司开始将其产品推向亚洲。70年代末，其产品进入香港。1980年，拉科斯特公司在中国大陆注册了“鳄鱼图形”商标，其产品于1984年正式进入中国，但数量有限，1994年正式开设专柜或专卖店。2000年5月11日，拉科斯特公司向原审法院起诉称，自1980年以来，其先后在中国注册了一系列“鳄鱼图形”商标，根据中国的法律规定，其公司对注册的“鳄鱼图形”商标享有专用权。1995年，其公司发现鳄鱼国际公司在中国建立了多家店面，其招牌上印有写实风格的鳄鱼图形，销售标有“鳄鱼图形”商标的服装产品。其公司分别于1995年和1998年向鳄鱼国际公司提出警告。此外，鳄鱼国际公司及其在北京的代理商上海东方鳄鱼公司至今仍在北京地区销售带有“鳄鱼图形”商标的服装和其他相关产品。二被告使用的“鳄鱼图形”商标与其公司的“鳄鱼图形”注册商标构成近似，侵犯了其在第25类服装及其他相关类别商品上的注册商标专用权，违反了《中华人民共和国商标法》的有关规定。故请求：（1）判令二被告停止侵害，即停止在相同或类似商品上使用与其公司之注册商标近似的商标标识；（2）判令二被告赔偿经济损失人民币300万元；（3）判令二被告消除影响；（4）判令二被告承担本案全部诉讼费用。

鳄鱼国际公司前身系陈贤进于1943年在新加坡创办的利生民公司，该公司于1949年申请并于1951年在新加坡获准注册了“crocodile + 鳄鱼图形”商标。利生民公司产品于1953年进入香港，主要在东南亚地区销售。1983年，利生民公司更名为鳄鱼国际公司。1993年，鳄鱼国际公司在中国大陆申请注册“CARTELO及图”商标，其产品于1994年进入中国市场。利生民公司曾于1969年在日本大阪向法院提起民事诉讼，指控拉科斯特公司侵犯其商标权。1973 年双方在大阪高等法院达成和解：利生民公司同意拉科斯特公司在日本注册“鳄鱼图形”商标。1983 年 6 月 17 日，双方还签订协议，意图在于：（1）结束并最终解决双方之间未决的所有法律纠纷、法律行为、分歧、争议和请求；（2）开发其自己的业务；（3）合力反对第三方侵权人；（4）双方希望在本协议第一条所列国家开展合作；（5）拉科斯特公司愿意付给利生民公司过去支付“鳄鱼”商标保护和防御费用的补偿金；（6）双方同意表 A 和表 B（见附件一）所示其各自徽标，可在相关市场中共存不致混淆；（7）双方还打算如有可能在世界其他地方进行合作。此外，双方约定的地域包括中国台湾、新加坡、印度尼西亚、马来西亚、文莱。

又查明，拉科斯特公司于 1980 年 10 月 30 日在中国注册了第 141103 号“鳄鱼”图形商标，核定使用商品为第 25 类衣服；于 1996 年 10 月 7 日在中国注册了第 879258 号“鳄鱼”图形商标，核定使用商品为第 25 类腰带；于 1997 年 2 月 7 日在中国注册了第 940231 号“鳄鱼图形 + LACOSTE”商标，核定使用商品为第 18 类皮革及仿皮革，及其制品，包括皮包、钱包等；于 1999 年 9 月 28 日在中国注册了第 1318589 号“鳄鱼”图形商标，核定使用商品为第 25 类领带、鞋等（以上商标图形见附件二）。鳄鱼国际公司于 1993 年 12 月 24 日向中华人民共和国国家工商行政管理总局商标局（简称商标局）申请了第 1331001 号“CARTELO 及图”商标，使用商品为第 25 类服装、西装、夹克、大衣、皮衣（服装）、皮质长外衣、裘皮衣服、内衣、内裤、汗衫、裙子、裤子、运动衫、针织品（服装）；于 1994 年 6 月 29 日申请了第 1343051 号“CARTELO 及图”商标，使用商品为第 18 类皮革、旅行包、钱包、包装用皮袋（包、小袋）、伞。上述两商标已于 2007 年 12 月 14 日经北京市高级人民法院（2007）高行终字第 178、277 号行政判决认定，予以核准注册，现判决已经生效。北京市高级人民法院（2007）高行终字第 178 号行政判决认定，鳄鱼国际公司申请的第 1331001 号“CARTELO 及图”商标与拉科斯特公司合法拥有的第 141103 号“鳄鱼图形”商标相比较，二者图形部分近似，但主要部分及各要素组合后的整体结构并不相同或近似。以相关公众的一般注意力在隔离状态下观察，并考虑第 141103 号“鳄鱼图形”商标的显著性和知名度，二者之间可能会产生某种联想，但不会产生混淆和误认。北京市高级人民法院（2007）高行终字第 277 号行政判决认定，鳄鱼国际公司申请的第 1343051 号“CARTELO 及图”商标与拉科斯特公司合法拥有的第 213407 号“鳄鱼图形 + LACOSTE”商标，二者图形部分近似，但主要部分及各要素组合后的整体结构并不相同或近似。以相关公众的一般注意力在隔离状态下观察并考虑拉科斯特公司第213407号“鳄鱼图形＋LACOSTE”商标的显著性和知名度，二者之间可能会产生某种联想，但不会产生混淆和误认。

再查明，2000年4月25日，拉科斯特公司在北京购买了鳄鱼国际公司和上海东方鳄鱼公司出品的“卡帝乐鳄鱼T恤”一件，单价为人民币886元（下称被诉侵权产品1）。本案诉讼发生后，其又于2002年7月29日在北京购买了“卡帝乐白色衬衫”（下称被诉侵权产品2）、“卡帝乐黑色皮包”（下称被诉侵权产品3）、“卡帝乐夹克”（下称被诉侵权产品4）、“卡帝乐T恤”（下称被诉侵权产品5）、“卡帝乐裤子”（下称被诉侵权产品6）、“卡帝乐礼盒”，内含领带、钱包、皮带（下称被诉侵权产品7）、“卡帝乐女鞋”（下称被诉侵权产品8）。被诉侵权产品1—8在其外包装及产品吊牌上均使用了“CARTELO及图”商标。被诉侵权产品1、2、4、5、6在衣领或后腰处、被诉侵权产品7礼盒中的领带背面以及被诉侵权产品8女鞋鞋底内面均使用了“CARTELO及图”商标；被诉侵权产品3皮包正面、被诉侵权产品7礼盒中的钱包正面及皮带扣正面均使用了“CARTELO”字样。此外，被诉侵权产品1、2、4、5、6均在前胸或后腰上单独使用了“鳄鱼图形”商标；被诉侵权产品3及被诉侵权产品7礼盒中的钱包均在产品正面单独使用了“鳄鱼图形”商标；被诉侵权产品7礼盒中的领带正面及被诉侵权产品8的产品正面或鞋面、鞋底均单独使用了“鳄鱼图形”商标；被诉侵权产品7礼盒中的皮带在产品正面和背面单独使用了“鳄鱼图形”商标。

另外，分别于2005年10月22日、2005年12月20日、2006年4月20日发生法律效力的中华人民共和国吉林省长春市中级人民法院（2005）长民三初字第94号、中华人民共和国湖北省高级人民法院（2005）鄂民三终字第9号、北京市高级人民法院（2006）高民终字第169号民事判决认定，长春市新百信商贸有限责任公司、武汉武商集团股份有限公司世贸广场购物中心、北京西单赛特商城有限责任公司销售的单独标示“鳄鱼图形”的相关商品侵犯了拉科斯特公司第141103、879258、1318589号“鳄鱼图形”注册商标专用权。

本案中，拉科斯特公司主张，被诉侵权产品1、2、4、5、6侵犯了其第141103号“鳄鱼图形”注册商标；被诉侵权产品3及被诉侵权产品7礼盒中的钱包侵犯了其第940231号“鳄鱼图形＋LACOSTE”注册商标；被诉侵权产品7礼盒中的领带及被诉侵权产品8侵犯了其第1318589号“鳄鱼图形”注册商标；被诉侵权产品7礼盒中的皮带侵犯了其第879258号“鳄鱼图形”注册商标。

原审法院经审理认为，已经发生法律效力的北京市高级人民法院（2007）高行终字第178、277号行政判决确认，鳄鱼国际公司于1993年12月24日、1994年6月29日申请的第1331001、1343051号“CARTELO及图”商标予以核准注册，并且认定“CARTELO及图”商标与“鳄鱼图形”、“鳄鱼图形+LACOSTE”商标之间不会产生混淆和误认，故本案被诉侵权产品1—8在实际销售时其外包装及产品吊牌上均使用的“CARTELO及图”商标，与拉科斯特公司主张权利的第141103、940231、1318589、879258号注册商标不会造成消费者的混淆和误认，也就是说，鳄鱼国际公司、上海东方鳄鱼公司出品的被诉侵权产品1—8在外包装及产品吊牌上使用“CARTELO及图”商标，并未侵犯拉科斯特公司的商标专用权。同样，被诉侵权产品3皮包正面、被诉侵权产品7礼盒中的钱包正面及皮带扣正面使用的“CARTELO”字样与拉科斯特公司主张权利的四个注册商标也不会造成消费者的混淆和误认，未侵犯拉科斯特公司的注册商标专用权。

拉科斯特公司主张，被诉侵权产品1—8均在不同部位单独使用了“鳄鱼图形”，与原告据以主张权利的四个注册商标中的鳄鱼图形相比，仅仅是“鳄鱼身体朝向相反”，但鳄鱼姿态相同，互为镜像，足以导致潜在消费者在被诉侵权产品售出后使用中造成混淆和误认。对此，原审法院认为利生民公司与拉科斯特公司1983年6月27日达成的商标共存协议，其目的在于相互区分各自的产品，系双方真实意思表示，且并不违反中国法律规定，亦未损害他人及公共利益，应当确认有效。其中约定协议附件1、2所列之系列商标在中国台湾、新加坡、印度尼西亚、马来西亚、文莱区域内“不致混淆”。本案中，鳄鱼国际公司之行为不同于刻意仿冒名牌奢侈品的假冒行为，其在主观上并无利用拉科斯特公司的品牌声誉，造成消费者混淆、误认之故意；鳄鱼国际公司的系列商标标识经过在中国大陆市场上大规模、长时间使用后，客观上也已经建立起特定的商业声誉。而且，被诉侵权产品1V8标示的并非仅为“鳄鱼图形”，还标有“CARTELO”及“CARTELO及图”，所有这些作为一个整体，使得被诉侵权产品1—8具有了整体识别性，能够有效地与其他标有鳄鱼形象的商品相区别。有鉴于此，根据整体比对、综合判断的原则，拉科斯特公司与鳄鱼国际公司的系列商标标识作为整体，二者之间已经形成了显著性的区别特征。两者无论在实际购买商品时还是在商品售出后使用中均不会导致消费者的混淆和误认。鳄鱼国际公司在被诉侵权产品1—8上单独使用“鳄鱼图形”的行为，亦不侵犯拉科斯特公司的注册商标专用权。中华人民共和国吉林省长春市中级人民法院（2005）长民三初字第94号、中华人民共和国湖北省高级人民法院（2005）鄂民三终字第9号、北京市高级人民法院（2006）高民终字第169号民事判决与本案所涉及的诉讼主体不同，且商品外包装、产品吊牌及产品本身上标示的鳄鱼国际公司第1331001、1343051号“CARTELO及图”商标于上述判决生效后的2007年12月14日经北京市高级人民法院判决准予注册，所涉及的具体案情亦不相同，故上述三判决并不影响本案审理。

原审法院依照《中华人民共和国商标法》第五十二条第（一）项、《最高人民法院关于审理商标民事纠纷案件适用法律若干问题的解释》第十条之规定，于2008年12月12日判决驳回拉科斯特公司的诉讼请求。案件受理费25010元，由拉科斯特公司负担。

拉科斯特公司不服前述判决，向本院上诉称：被诉侵权商标中的“单独鳄鱼图形”与上诉人的鳄鱼商标构成相同，被上诉人擅自使用带有鳄鱼图形的组合商标与上诉人的注册商标构成近似，属于商标侵权行为，两被上诉人在同一种商品上使用与上诉人注册商标相同和近似的商标是典型的商标侵权行为，原审判决认定不侵权明显有误。具体理由为：1. 被诉标识仅是在鳄鱼图形上方加了“CARTELO”外文。在实际使用中，相关公众显然更容易记住其中熟悉的“鳄鱼”部分，并以此来记忆和呼叫。由于CARTELO是一个外文词汇且无任何含义，对于不熟悉外文的中国公众而言，在看到由CARTELO文字和鳄鱼图形的组合符号时，自然会将鳄鱼图形作为该商标的记忆部分也就是认读要部，“鳄鱼”的称谓显然更便于中国公众记忆和呼叫。被诉标识与上诉人享有注册商标专用权的鳄鱼商标为近似商标，原审法院认定被诉标识与上诉人享有注册商标专用权的鳄鱼商标不近似违背了商标近似判断的一般准则。2. 被诉侵权商标中的“单独鳄鱼图形”与上诉人的鳄鱼商标构成相同。当事人双方1983年在境外达成的“共存”协议仅适用于五个国家和地区，不能成为被上诉人在中国大陆合法使用鳄鱼商标的理由，且中国法律不承认商标共存，原审判决曲解了该协议的内容和法律效力。上诉人指控侵权的商标是“单独鳄鱼图形”和带有鳄鱼图形的组合标识，并没有主张被诉侵权商品的整体包装形式构成商标侵权。判断商标是否侵权应当以上诉人的注册商标图样与被诉侵权商标图样逐一比对，将“其他标识”与侵权商标同时使用在被诉侵权商品上不能产生合法使用鳄鱼标识的后果。原审判决认为不侵权的理由是被诉侵权商品上存在多个商标标识再结合其包装的整体能够和上诉人的“鳄鱼”商标相区别，这个理由从逻辑上至多也仅仅涉及消费者实际购买商品之时，而消费者购买服装等商品后是不会带着包装、吊牌穿着的，实际购买时单条鳄鱼十分明显，售出以后的使用则更加突出。此外，商标侵权行为不因侵权行为规模大、时间长就成为合法行为，原审判决所谓的被上诉人“客观上也已经建立其特定的商业声誉”恰恰是借用上诉人商标知名度恶意搭车的结果。上诉人认为原审判决明显存在重大错误，且严重损害了上诉人的合法权利，请求本院依法改判并支持其原审全部诉讼请求。

被上诉人鳄鱼国际公司、上海东方鳄鱼公司答辩称：1. 已经生效的北京市高级人民法院（2007）高行终字第178号、第277号行政终局判决书中明确认定，鳄鱼国际公司的“CARTELO及图”商标与拉科斯特公司的“鳄鱼图形”、“鳄鱼图形+LACOSTE”商标相比较，二者图形部分近似，但主要部分及各要素组合后的整体结构并不相同或近似，以一般公众的一般注意力在隔离状态下观察，并考虑拉科斯特公司之鳄鱼图形商标的显著性和知名度，二者之间可能会产生某种联想，但不会产生混淆和误认。上诉人此上诉理由不能成立。2. 关于被诉侵权商标中的“单独鳄鱼图形”与上诉人的鳄鱼商标是否构成相同标识的问题。本案不同于一般的侵犯商标权案件，本案的纠纷有其特定历史背景。具体为：拉科斯特公司系列商标约于二十世纪三四十年代在法国启用，并逐步使用和知名于欧洲；鳄鱼国际公司系列商标于二十世纪四五十年代在新加坡等地启用，逐步使用和知名于亚洲。在经贸活动全球化的历史进程中，自二十世纪六十年代起，拉科斯特公司系列商标率先谋求东进亚洲，随之与在亚洲相关国家与地区内早已注册、早已使用并且早已知名的鳄鱼国际公司系列商标之间，屡屡引发纠纷和冲突，但是最终达成了双方鳄鱼系列商标和平共处的和解。1983年6月17日鳄鱼国际公司与拉科斯特公司签署了一揽子和解协议。协议中双方认同拉科斯特公司系列商标和鳄鱼国际公司系列商标“可在相关市场中共存不致混淆”，不但明确“在本协议第一条所列国家开展合作”，而且明确“如有可能在世界其他地方进行合作”；和解协议开宗明义“双方结束并最终解决双方之间未决的所有法律纠纷、法律行动、分歧、争议和请求”。该和解协议签订后二十多年来，不但在该协议第一条所列的我国台湾和新加坡、印度尼西亚、马来西亚、文莱这五个国家及地区实现了鳄鱼国际公司系列商标与拉科斯特公司系列商标各自注册、和平共处，而且在鳄鱼国际公司注册在先的其他国家（例如韩国、印度、巴基斯坦等），也已经实现了鳄鱼国际公司系列商标与拉科斯特公司系列商标共存共荣、相辅相成的局面。因为双方各自的知名商标“可在相关市场中共存不致混淆”，双方各自实际拥有自己的商业信誉和商品声誉，鳄鱼国际公司不存在“利用拉科斯特公司的品牌声誉，造成消费者混淆、误认”的主观故意，因此单独使用鳄鱼国际公司单条鳄鱼图形不会构成对拉科斯特公司单条鳄鱼图形商标的侵权，即“仅为鳄鱼图形”也不侵权；再加上与“CARTELO”文字以及“CARTELO及图”商标结合使用，则更加彰显其区别显著性。综上，在图文上，鳄鱼国际公司商标标识与拉科斯特公司商标标识之间存在“不致混淆”之事实；在历史上，鳄鱼国际公司商标标识与拉科斯特公司商标标识已有“不致混淆”之共识；在使用中，鳄鱼国际公司商标标识与拉科斯特公司商标标识之间更有“不致混淆”之现实。在中国市场上，经过大规模、长时间、对比性共同使用后，拉科斯特公司系列商标和鳄鱼国际公司系列商标之间已经形成并且仍在日益强化各自获得的区别显著性，两者越来越具有不致混淆的显著区别特征。请求本院维持原审判决，驳回上诉人上诉。

在本院审理过程中，拉科斯特公司为证明其上诉请求，向本院提交了澳大利亚商标注册处2008年10月31日作出的对鳄鱼国际公司在该国提起的第1005106号、第1017333号商标申请的驳回裁定，拉科斯特公司和鳄鱼国际公司相关代表人部分往来邮件，《驰名商标和中国的驰名商标保护制度》一书的摘录，中华人民共和国国家工商行政管理总局商标评审委员会（简称商标评审委员会）商评字（2009）第15729号商标异议复审裁定书及公告、商标局（2005）商标异字第0430号商标异议裁定书、（2008）商标异字第10236号商标异议裁定书及公告等证据。之后又向本院提供了其同（香港）鳄鱼恤有限公司、浙江中大鳄鱼服饰有限公司在另案中的调解协议，其“鳄鱼图形”在部分国家注册的情况以及中华人民共和国北京市第一中级人民法院（2009）一中行初字第736号、第732号行政判决书，中华人民共和国北京市第二中级人民法院（2009）二中民初字第08129号民事判决书、中华人民共和国广东省广州市中级人民法院（2008）穗中法民三终字第116号民事判决书、中华人民共和国浙江省高级人民法院（2009）浙知终字第15号民事判决书等供法庭在审理本案时参考。

鳄鱼国际公司为证明其答辩意见，向本院提交了日本大阪地方法院1971年判决书及1973年日本大阪高等法院1973年调解书、2006年法国巴黎大审法院判决书、鳄鱼国际公司法国代理人就法国巴黎大审法院案件进展的汇报信件，鳄鱼国际公司在部分国家及地区拥有单条鳄鱼商标的商标注册数量及其类别统计摘要及相关国家颁发的商标注册证，1982—1983年拉科斯特公司认可双方商标可以共存的信函、1985—1995年拉科斯特公司出具的7份认同信以及1985年鳄鱼国际公司前身利生民公司出具的2份认同信，1983年和解协议签订后两者鳄鱼商标在协议列明的五个国家及地区依据协议未列明的部分国家和地区共存的统计表，毛里求斯共和国工业产权局 2007 年 12 月 21 日出具的确认双方商标可以共存的裁决，鳄鱼国际公司与香港鳄鱼的历史渊源说明及香港鳄鱼公司与拉科斯特公司的历史渊源说明等文件。

针对拉科斯特公司提交的证据，鳄鱼国际公司发表质证意见为：1. 针对澳大利亚商标注册处的裁定，对其真实性、合法性、关联性均不予认可，认为澳大利亚与中国的背景情况恰恰相反。澳大利亚与欧洲、与法国存在血缘或者亲缘关系，受欧洲及法国的影响大而受亚洲及新加坡影响小，拉科斯特公司鳄鱼品牌进入时间长而使用广。中国与之相反，受亚洲及新加坡影响大而受欧洲及法国的影响小。在中国，拉科斯特公司鳄鱼商标 1980 年注册后长期未投入商业规模使用，相反首先商业化、规模化使用和知名在先的是鳄鱼国际公司商标。鳄鱼国际公司在世界各国申请“CROCODILE 及图”注册商标多获批准，即使在澳大利亚未批准，也不能以偏概全，以一否多。2. 针对两公司相关代表人之间的往来邮件，认为拉科斯特公司当庭不能出示原件，无法确认其真实性，并因往来邮件不全和该邮件中存在对关键事实日期陈述错误等问题而认为该证据有明显造假痕迹，且未办理相应的公证手续和认证手续而对其真实性、合法性、关联性均不予认可。3. 对拉科斯特公司提供的《驰名商标和中国的驰名商标保护制度》摘录，对该书及其第 497 页在形式上的真实性予以认可，认为该证据不足以证明拉科斯特公司商标在当时已经驰名而对其待证事实的真实性、合法性、关联性均不予认可。4. 对拉科斯特公司提交的（2008）商标异字第 10236 号商标异议裁定书及商标公告、（2008）商标异字第 10236 号商标异议裁定书，（2005）商标异字第 00430 号“尼罗鳄鱼 NI LU YU 及图”商标异议裁定书和商评字（2009）第 15729 号“关于第 1653330 号‘尼罗鳄鱼 NI LU YU 及图’商标异议复审裁定书”以及相关商标查询信息及公告等证据，认为前述裁定书中涉及的案件事实与本案属于完全不同的背景和情况，两案没有可比性，因此该证据与本案没有关联性。

针对鳄鱼国际公司提交的证据材料，拉科斯特公司发表质证意见为，1983 年和解协议与本案无关。具体理由为：第一，协议在地域上不适用中国大陆。1983 年，拉科斯特公司为了进入亚洲市场，与鳄鱼国际公司前身利生民公司签订了一份和解协议，以支付 150 万美元的价格进入其在先抢注的五个亚洲国家、地区，包括新加坡、马来西亚、文莱、中国台湾等。该协议的出发点是以尊重在先注册商标权为前提的，只有在通过协商取得权利人同意的基础上才不会导致侵权。第二，协议的前提是商标近似情况下的和解。该协议中约定的“不致发生混淆”是针对双方自身而言的，其实质是出于权利人的认可和同意。公众是否混淆作为一项客观事实是不能由他人以合同来约定的。第三，协议解决的是鳄鱼国际公司取得注册国家、地区的共存问题，与拉科斯特公司的商标注册范围无关。第四，协议中提及的合作意向仅是针对商标打假事务而言的，不涉及商标共存问题。关于鳄鱼国际公司在协议之外的部分国家和地区注册了单条鳄鱼商标的事实，拉科斯特公司认为，在 1983 年和解协议之后双方有关鳄鱼商标的纠纷仍然是个案解决原则。从国际范围看，拉科斯特公司的“单独鳄鱼图形”商标早在鳄鱼国际公司首次商标申请前几十年即在包括中国在内的多个国家取得注册，而鳄鱼国际公司仅仅是在亚洲的少部分国家地区获得注册。双方在鳄鱼商标注册使用的问题上从来都是根据具体情形采取不同的解决方式。而且，在本案诉讼之前，无论是中国还是外国，鳄鱼国际公司从未根据 1983 年和解协议提出过鳄鱼商标全球共存的主张。在以往不同国家的诉讼中，也都是按照商标地域性原则并根据双方在特定国家的具体商标情况进行裁判，并未受国外因素的影响。

对以上证据及相关证据材料，除对拉科斯特公司提交澳大利亚商标注册处的裁定和两公司相关代表人之间的往来邮件，鳄鱼国际公司否认其真实性外，拉科斯特公司和鳄鱼国际公司均未对其他证据及相关证据材料的真实性提出异议，但均对上述证据及相关证据材料与本案的关联性提出了异议。因该关联性主要涉及本院对拉科斯特公司鳄鱼商标的驰名度、双方鳄鱼图形商标在相关国家和地区已经注册的情形及双方达成的 1983 年和解协议对本案相关事实和法律问题的认定等问题，本院将在查明事实及判理部分综合予以认定。

本院经审查查明，原审法院查明的事实基本属实，本院予以确认。根据双方当事人提交的原审证据及向本院补充的证据及相关文件，本院另查明以下事实：1933 年，拉科斯特公司在法国注册了鳄鱼图形商标。1951 年 12 月 13 日，利生民公司在第 25 类商品上在新加坡注册了鳄鱼图形商标。同年 10 月 26 日，利生民公司在第 25 类商品上在中国香港注册了鳄鱼图形商标。1952 年、1953 年、1954 年，利生民公司在第 25 类商品上分别在印度、沙捞越、沙巴（洲）、马来西亚等国家和地区注册了鳄鱼图形商标。1959 年 4 月 27 日，利生民公司在日本注册了鳄鱼图形商标（利生民公司相关鳄鱼图形商标见附件一中 1983 年协议新加坡“鳄鱼”A 系列标识一、标识二）。

1994 年 9 月，拉科斯特公司在上海徐家汇太平洋设立第一个专柜，1995 年 6

月在上海北京路友谊商店设立第二个专柜，1996年8月在上海设立了第一家专卖店即上海万里专卖店。1997年在杭州、南京、昆明、西安等地开设了7家专卖店或专柜。之后，拉科斯特公司在上海、北京、青岛、大连等地陆续设立了专柜、专卖店，至1999年6月30日，共设有专卖店13个，专柜43个、零售店1个。1994年鳄鱼国际公司在上海陕西南路靠近淮海路路口开设第一个专卖店，1995年在上海淮海路茂名路口、武汉解放大道358号武汉广场三楼、广州市天河路208号天河城广场二楼天贸南、江西、新疆、山东、浙江、江苏、云南、福建等地开设了85个专卖店或专柜，1996年在辽宁、河北、江苏、山东、安徽等地开设了89个专卖店或专柜。至1997年，鳄鱼国际公司在全国共设有专卖店或专柜250个。

利生民公司于1969年向日本大阪法院提起民事诉讼，指控拉科斯特公司的销售商三共生兴株式会社侵犯其商标权。在该案中，利生民公司的商标构成内容为："在长与宽比例为3∶8的长方形外框内，从左下方开始向右朝上方向写了意为'鳄鱼'的英文〔Crocodile〕字样，同时画了一个与字母几乎平行的鳄鱼图形，其头部朝下、尾部朝上、嘴巴微张。"其指控的被告的侵权行为为："被告所进口和销售的Lacoste衬衣上有如附图（A）〔（い）号附图〕所示的标识——以下简称标识（A）。在左胸部使用的标识如附图（B）所示——以下简称标识（B）。标识（B）〔（う）号附图〕上画有一条绿色的鳄鱼，头部朝右，身上有黑色的Lacoste字样。在标识（A）的上部有〔CHEMISE LACOSTE〕字样，和图形结合在一起，而并非仅为鳄鱼图形。"利生民公司要求禁止"被告使用标识（A）、（B）和（C），支付1000000日元的赔偿费，并从1969年5月15日起加收年5%的迟延利息，直到上述金额付清为止"。1971年2月24日，日本大阪法院作出1969年第2333号判决。在该判决中，日本大阪地方法院认为："确实，如原告主张的那样，在本案商标中鳄鱼图形十分突出，〔CROCODILE〕文字只是该图形的名称。但是，在上述（1）~（8）个商标已经存在而本案商标是后来的情况下，为了与上述商标区别，仅仅有鳄鱼图形是不够的，这基本上是明确的。不管你如何考虑，为了实现商标的识别功能，鳄鱼图形有必要与文字结合起来，使本案商标具有显著性。尽管存在着上述（1）~（8）个商标，本案商标仍然得以注册。这并不是表明其单纯产生了'鳄鱼'牌的名称和观念，而是图形与文字结合的整体使得其具有了识别性，能够与具他也使用鳄鱼形象的商标相区别。""现在让我们对本案商标的构成与标识（A）、（B）和（C）〔日文原文附图（ｨ）、（ロ）、（ハ），英文译文附图（ｨ）、（ロ）缺少〕进行比较。标识（A）设计的是一条头朝右的鳄鱼图形（身体为绿色、张开的嘴巴为红色），在身体部位嵌入了黑色〔LACOSTE〕字样。标识（B）设计的是一条头朝右的鳄鱼图形（身体为黄色、张开的嘴巴为红色）。标识（C）设计的是一条头朝右的鳄鱼图形，尾巴向上，嘴巴张开。被告并不是单独地使用标识（A）、（B）、（C），而是与文字结合使用。即便被告如原告主张的那样使用了标识（A）、（B）、（C），不用说也是与本案商标不同的。此外，本案商标只是在将鳄鱼图形与文字组成一个整体的时候才具有显著性。在标识（A）、（B）、（C）中并没有鳄鱼字样，而且在外观、名称和观念上与本案商标也不相近似。因此，可以得出结论：被告使用上述标识并没有侵害本案商标的任何权利。构成原告诉讼请求基础的所谓标识（A）、（B）、（C）的使用侵害了原告商标权的前提并不成立，应予以驳回。"

1973 年 11 月 28 日，双方在大阪高等法院达成和解，利生民公司同意拉科斯特公司在日本注册"鳄鱼图形"商标。

1982 年 6 月 1 日，拉科斯特公司当时的董事会主席米歇尔·拉科斯特（Michel Lacoste）先生在其给鳄鱼国际公司创始人陈贤进的信件中提到："……基本上，我方不同意我们各自的商标在这些国家有混淆的实质风险。因为它们在这些市场中的长期使用，各自已经获得显著性。事实上，如你所知，日本和中国台湾地区的法院在多年前已经持这一观点，我方相信在那些诉讼悬而未决的国家（法院）也会接纳这一观点。"

1983 年 1 月 21 日，拉科斯特公司的贝尔纳·拉科斯特（Bernard Lacoste）先生在其给鳄鱼国际公司创始人陈贤进的信件中提到："……在亚洲国家，我们不同的鳄鱼商标共存在商业上是可行的，像在日本一样……"

1983 年 6 月 17 日，双方签订和解协议。和解协议签订后，1985 年 8 月 22 日，鳄鱼国际公司应拉科斯特公司的要求，出具承诺书，承诺拉科斯特公司在韩国、孟加拉共和国、印度和巴基斯坦四国申请注册相关鳄鱼图形商标时，不提出商标异议、无效和撤销，并出具合适的认同信件。

1985 年 8 月 7 日，拉科斯特公司总经理贝尔纳·拉科斯特（Bernard Lacoste）为鳄鱼国际公司出具同意书同意其在韩国在第 45 类商品上注册鳄鱼图形商标（商标图形见附件一中 1983 年协议新加坡"鳄鱼"A 系列标识一、标识二）。1993 年 1 月 22 日，拉科斯特公司总经理贝尔纳·拉科斯特出具同意书同意其在韩国在第 25 类商品上注册鳄鱼图形商标（商标图形见附件一中 1983 年协议新加坡"鳄鱼"A 系列标识一）。1993 年 9 月 16 日、1994 年 1 月 18 日，拉科斯特公司总经理贝尔纳·拉科斯特分别出具同意书同意其在巴基斯坦在第 14 类、第 9 类、第 18 类、第 28 类商品上注册鳄鱼图形商标（商标图形见附件一中 1983 年协议新加坡“鳄鱼” A 系列标识一）。

鳄鱼国际公司 1951 年 10 月 26 日在中国香港、1961 年 9 月 21 日在文莱、1970 年 4 月 28 日在印度尼西亚、1979 年 8 月 31 日在斯里兰卡、1982 年 11 月 13 日在韩国、1982 年 11 月 16 日在中国台湾、1985 年 8 月 13 日在泰国、1996 年 6 月 14 日在蒙古、1995 年 10 月 31 日在尼泊尔、1995 年 11 月 27 日在朝鲜、2003 年 6 月 24 日在摩洛哥、2003 年 4 月 8 日在沙特阿拉伯、2003 年 9 月 1 日在斐济在第 25 类商品上注册了单条鳄鱼商标。

此外，拉科斯特公司曾于 1994 年在法国将 1983 年协议中鳄鱼国际公司的两个鳄鱼图形（法国注册号 94541293、94541290）以及拉科斯特鳄鱼朝左的图形（法国注册号 94541291）申请注册商标。2005 年鳄鱼国际公司向法国巴黎大审法院提起诉讼。2006 年 3 月 29 日，该院作出判决。该判决认为：“拉科斯特公司在充分知情的情况下，模仿鳄鱼国际公司使用的两个商标，并进行了注册（注册号为 94541293 和 94541290），意欲在法国以外的一个国家造成其商标先存在的错觉，与后者进行抗衡。这一行为构成了非法注册行为，因为这些注册背离了商标的法律作用，违背了 1983 年双方签署的协议中约定的合作，而这一协议并不局限于其中所指的五个国家和地区。”该判决认为“拉科斯特公司模仿 1983 年 6 月 17 日协议中列入的鳄鱼国际公司的商标图案”的行为“构成了非法注册行为”。该法院判决：“宣布驳回鳄鱼国际公司作出的将号码为 94541290 及 94541293 商标判为注册无效和商标无效的请求，鉴于上述两个商标自 2004 年 11 月 23 日起失效，宣布受理其其余请求。说明拉科斯特公司模仿 1983 年 6 月 17 日协议中列入的鳄鱼国际公司的商标图案，并进行了注册（注册号为 94541293 和 94541290），这一行为构成了非法注册罪。判处拉科斯特公司支付鳄鱼国际公司 1 欧元作为损害赔偿金。准许鳄鱼国际公司选择三种报纸或杂志刊登本次裁决内容，费用由拉科斯特公司支付，最高金额为税后 4500 欧元。说明注册号为 94541291 的商标注册不违法。宣布受理鳄鱼国际公司作出的判处此号码为无效的请求。”拉科斯特公司提起了上诉。

1994 年 10 月 19 日，拉科斯特公司在法国申请鳄鱼头部朝向左的商标。1995 年 3 月 23 日，其就该商标向中国申请领土延伸保护，其申请号为 G638122，指定使用在第 25 类服装、鞋、帽等商品。1996 年 6 月 26 日，商标局以（香港）鳄鱼恤公司的鳄鱼图形商标被公众熟知，香港“鳄鱼”与法国“鳄鱼”之间的不同已被消费者所接受，根据修改前的商标法第八条第一款第（九）项的规定，申请商标因其他不良影响，予以驳回。1996 年 8 月 30 日，拉科斯特公司向商标评审委员会申请复审，理由是拉科斯特公司作为在世界上最先设计鳄鱼图形商标的公司以及在中国最先注册鳄鱼图形商标的公司，理所应当是鳄鱼商标的在先权利人。引证商标持有人鳄鱼恤公司虽亦使用鳄鱼图形商标多年，但其商标使用及注册均从五十年代开始，无论是在国际上的注册还是在中国的注册均晚于拉科斯特公司，且其已与鳄鱼恤公司达成相互谅解备忘录。请求商标评审委员会核准申请商标的注册。2009 年 1 月 12 日，商标评审委员会作出评审决定，将该商标在中国的领土延伸保护申请予以驳回。2009 年 2 月 12 日，拉科斯特公司向北京市第一中级人民法院提起行政诉讼，2009 年 12 月 29 日，该院作出一审判决，撤销商标评审委员会前述决定。现该案及相关系列案件正在北京市高级人民法院二审审理之中。

1999 年，四川省成都市工商行政管理局作出（1999）148 号关于鳄鱼图形商标案结案处理结果的通知，认定四川东方鳄鱼公司单独使用鳄鱼图形商标构成对拉科斯特公司鳄鱼图形商标的侵犯。

本院另查明，拉科斯特公司因与商标评审委员会、陆丰市碣石锦港制衣厂商标行政纠纷一案，不服北京市高级人民法院（2008）高行终字第 12 号行政判决，向本院申请再审。本院（2009）知行字第 10 号驳回再审申请通知认定：“从现有证据看，证明引证商标在争议商标申请日的知名度的证据仅有 1984 年赞助戴维斯杯网球赛的宣传材料和商标局（89）商标异字第 116 号裁定，虽然后者提到鳄鱼商标有一定的知名度，但综合上述证据无法认定引证商标在争议商标申请日（1991 年 3 月 26 日）之前的中国境内为相关公众广为知晓，成为驰名商标。”拉科斯特公司因与商标评审委员会、鳄鱼国际公司商标异议复审行政纠纷一案，不服北京市高级人民法院于 2007 年 12 月 20 日作出的（2007）高行终字第 277 号行政判决及（2007）高行终字第 108 号行政判决，向本院申请再审。本院（2009）行监字第 121 号驳回再审申请通知、（2009）行监字第 107 号驳回再审申请通知认定：“本案现有证据无法证明各引证商标在被异议商标申请注册之时已经在中国境内为相关公众广为知晓，原审法院在比对被异议商标和各引证商标整体结构的基础上，以相关公众的一般注意力并考虑引证商标显著性和知名度，认定被异议商标与各引证商标不构成近似商标并无不当。”据此，于 2009 年 10 月 30 日以拉科斯特公司申请再审理由不能成立为由驳回了其再审申请。

以上事实，有鳄鱼国际公司、拉科斯特公司提交的各自的专卖店或专柜统计表、日本大阪法院作出的1969年第2333号判决翻译件、新加坡鳄鱼与法国鳄鱼1983年和解协议翻译件、各自出具的同意书、来往信函、鳄鱼国际公司在相关国家的商标注册证、法国巴黎大审法院编号为05/01245号判决书翻译件、澳大利亚商标注册处2008年10月31日作出的对鳄鱼国际公司在该国提起的第1005106号、第1017333号商标申请的驳回裁定翻译件、北京市第一中级人民法院（2009）一中行初字第736号、第732号行政判决书、四川省成都市工商行政管理局成工商函（1999）148号关于鳄鱼图形商标案结案处理的通知书、本院（2009）知行字第10号驳回再审申请通知书、（2009）行监字第121号驳回再审申请通知书、（2009）行监字第107号驳回再审申请通知书等证据在案佐证。

经审理，本案的争议焦点归纳为：1. 关于本案应否适用2001年10月27日修订的商标法问题；2. 在被诉标识一、二（见附件三）与拉科斯特公司请求保护的注册商标（见附件二）是否近似问题；3. 被诉标识三、四与拉科斯特公司请求保护的注册商标是否近似的问题。

对于以上争议焦点，本院认为：

（一）关于本案应否适用2001年10月27日修订的商标法问题。

因本案上诉人在一审中起诉时间为2000年5月11日，其指控的被上诉人侵权行为发生时间为1995年，一审法院于2001年10月27日修订的商标法修改决定施行之前受理本案，根据《最高人民法院关于审理商标民事案件有关管辖和法律适用范围问题的解释》第八条、第九条的规定，本案应适用的是修订前的商标法，赔偿问题可以参照修订后的商标法第五十六条的规定，原审法院适用修订后的商标法不当，本院予以纠正。

（二）关于被诉标识一、二（见附件三）与拉科斯特公司请求保护的注册商标（见附件二）是否构成近似商标的问题。

修订前的商标法第三十八条第（一）项规定，“未经注册商标所有人的许可，在同一种商品或者类似商品上使用与其注册商标相同或者近似的商标的”，构成侵犯注册商标专用权行为。《最高人民法院关于审理商标民事纠纷案件适用法律若干问题的解释》第九条第二款规定：商标法（指2001年10月27日修订的商标法－引注）第五十二条第（一）项规定的商标近似，是指被控侵权的商标与原告的注册商标相比较，其文字的字形、读音、含义或者图形的构图及颜色，或者其各要素组合后的整体结构相似，或者其立体形状、颜色组合近似，易使相关公众对商品的来源产生误认或者认为其来源与原告注册商标的商品有特定的联系。参照该司法解释规定及根据审判实际，认定被诉标识与原告请求保护的注册商标是否构成修订前的商标法第三十八条第（一）项规定的近似商标，通常要根据诉争标识文字的字形、读音、含义或者图形的构图及颜色等构成要素的近似性进行判断，且将是否造成混淆作为重要判断因素。因此，**侵犯注册商标专用权意义上的商标近似应当是指混淆性近似，即足以造成市场混淆的近似。由于不同案件诉争标识涉及情况的复杂性，认定商标近似除通常要考虑其构成要素的近似程度外，还可以根据案件的具体情况，综合考虑其他相关因素，在此基础上认定诉争商标是否构成混淆性近似。诉争商标虽然在构成要素上具有近似性，但综合考量其他相关因素，仍不能认定其足以造成市场混淆的，不认定其构成侵犯注册商标专用权意义上的近似商标。**就本案而言，在拉科斯特公司主张权利的注册商标中，其鳄鱼头朝右，嘴巴大张，躯干及尾部上布满块状鳞片或装饰有横向条纹，其中第213407号注册商标鳄鱼图形下还显著标有LACOSTE文字；鳄鱼国际公司使用的被诉标识一、二中的鳄鱼头朝左，被诉标识一中的鳄鱼图形躯干上的鳞片呈立体状，被诉标识二中的鳄鱼图形整体颜色为黄绿色或黄色，嘴巴张开露出红色，躯干上有斜向排列的条纹。**被诉标识一、二与拉科斯特公司的系列注册商标相比，其均为鳄鱼图形，具有一定的近似性，但被诉标识一、二中的鳄鱼头部朝向、体型、鳞片、颜色均与拉科斯特公司主张权利的鳄鱼图形不同。特别是，双方之间的诉争商标在相关市场中具有特殊的形成历史和发展历程，有特殊的使用和共存状况，在本案中认定诉争商标是否构成侵犯注册商标专用权意义上的近似商标，既不能割裂各自形成和发展的历史，又不能无视相互之间的共存过程和使用状态，否则，就难以作出公平合理的裁判。因此，就本案诉争商标具体情况而言，在认定其是否近似时，仅仅比对标识本身的近似性是不够的，还必须综合考量鳄鱼国际公司的主观意图、双方共存和使用的历史与现状等因素，结合相关市场实际，进行公平合理的判断。**

首先，根据本案已经查明的事实，鳄鱼国际公司前身系陈贤进于1943年在新加坡创办的利生民公司，该公司于1949年申请并于1951年在新加坡获准注册了"crocodile + 鳄鱼图形"及"鳄鱼图形"商标。利生民公司产品于1953年进入中国香港，主要在东南亚地区销售。根据现有证据并考虑1949年的国际经济情况及拉科斯特公司20世纪60年代始进入亚洲市场等事实，不足以认定当时的利生民公司系抄袭模仿拉科斯特公司申请注册的相关商标而申请注册的“crocodile +鳄鱼图形”商标。进入中国市场后，鳄鱼国际公司继续使用与其在亚洲相关国家业已注册商标相应的有关鳄鱼标识。而且，根据原审法院查明的事实，鳄鱼国际公司在其被诉侵权产品1—8在其外包装及产品吊牌上均使用了“CARTELO及图”商标；被诉侵权产品1、2、4、5、6在衣领或后腰处、被诉侵权产品7礼盒中的领带背面以及被诉侵权产品8女鞋鞋底内面均使用了“CARTELO及图”商标；被诉侵权产品3皮包正面，被诉侵权产品7礼盒中的钱包正面及皮带扣正面均使用了“CARTELO”字样。被诉标识这种使用环境和状态，足以使其双方的相关产品区别明显。上述事实足以表明，**鳄鱼国际公司进入中国市场后使用相关商标，主要是对其已有商标的沿用，且在实际使用中也有意区分诉争标识**。因此，原审法院认定鳄鱼国际公司之行为不同于刻意模仿名牌奢侈品的假冒行为，其主观上并无利用拉科斯特公司的品牌声誉，造成消费者混淆、误认之故意，并无不当，上诉人的相应主张无证据支持。

其次，**从相关国际市场看，双方诉争标识在亚洲部分国家和地区已经长期形成共存和使用的国际市场格局**。从本案已经查明的事实看，鳄鱼国际公司的前身利生民公司于1951年12月13日在25类商品上在新加坡注册了相关鳄鱼图形商标。同年10月26日，利生民公司在25类商品上在中国香港注册了相关鳄鱼图形商标，并于1953年进入中国香港市场。1959年4月27日，利生民公司在日本注册了相关鳄鱼图形商标。1969年，鳄鱼国际公司在日本大阪地方法院诉拉科斯特公司侵犯其鳄鱼图形商标专用权，后两公司在日本高等法院和解后达成1983年和解协议。该和解协议确认，两公司相关标识（见附件一）在相关国家和地区共存而不致混淆。因鳄鱼国际公司的被诉标识一、二在本案诉讼之前，在相关国家和地区已经注册多年，且已与拉科斯特公司达成了包括被诉标识一、二在内的标识与拉科斯特公司鳄鱼图形文字系列标识（见附件一）共存不致混淆的1983年和解协议，且在该协议未明确列明的韩国、巴基斯坦等国家，拉科斯特公司亦就被诉标识在该两国家相关类别的注册上出具了同意注册的同意函。鉴此，本院认为，无论是从双方当事人的相关认同和共识还是从相关国际市场实际看，双方诉争标识在亚洲部分国家和地区已经不至于产生市场混淆而可以共存，这足以表明诉争商标在构成要素上的近似性并不必然构成混淆性近似，并不必然导致其不能共存。因双方当事人签订的1983年和解协议列明的适用地域不涉及中国境内，原审判决直接确认其效力不当，但将其作为认定诉争标识可以共存的重要考量因素，亦无不可。

最后，**从诉争标识在中国市场的共存和使用情况看，两者在中国市场内已拥有各自的相关公众，在市场上均已形成客观的划分，已成为可区别的标识。**本案中，拉科斯特公司产品自1984年始正式进入中国，但数量有限。两公司均是从1994年开始在中国开设专柜或专卖店。根据本案已查明的事实，拉科斯特公司的鳄鱼商标当时在中国并不具有较高的知名度，而鳄鱼国际公司进入中国市场后，其经营规模迅速扩大，仅1995年在上海、武汉、广州、江西、新疆、山东、浙江、江苏、云南、福建等地已开设了85个专卖店或专柜，1996年在辽宁、河北、江苏、山东、安徽等地又开设了89个专卖店或专柜，其知名度和影响力迅速提高，拥有了相对固定的消费群体。与此相比，至1996年底拉科斯特公司在中国仅有三家专卖店（柜）。此外，鳄鱼国际公司的产品价格与拉科斯特公司产品的价格差距比较明显，两者各自有其不同的消费群体，且两公司商品的销售渠道均为专卖店或专柜且被诉标识一、二在实际使用中还与其他相关标识共同标识其所用商品，由此形成了便于区分商品来源的独特使用状态。这些因素足以表明，被诉标识在其相关市场内已与其各自所标识的商品形成固定的联系，已足以独立地指示其商品来源，不会导致拉科斯特公司的市场份额被不正当地挤占。争议双方在相关市场内已形成相互独立的市场格局，这是足以认定诉争商标能够区别开来的客观基础。综合考虑以上因素，在鳄鱼国际公司使用被诉标识不具有恶意抄袭模仿意图的前提下，这种经市场竞争形成的客观区别，是鳄鱼国际公司在中国境内商业成功的结果，对此应给予法律上的认可和肯定。因此，应当认为被诉标识一、二与拉科斯特公司的注册商标相比虽有近似之处，但相关公众已在客观上将两公司诉争标识区别开来，其共存不足以使相关公众对其商品的来源产生混淆，此其一。其二，商标的实际价值在于区分商品来源，而不是让商标权人简单地独占特定标识符号。在能够实际区分商品来源的情况下，即便被诉标识或其主要构成要素与注册商标具有一定程度的近似性，亦不应当认定其构成侵犯注册商标专用权意义上的近似商标，否则与商标法保护商标权的立法意图相背离。正是基于鳄鱼国际公司的产品已经形成自身的相关消费群体，相关公众已在客观上将两公司的相关商品区别开来的市场实际，本院认为被诉标识一、二与拉科斯特公司请求保护的注册商标不构成近似商标。其三，在侵犯注册商标专用权的具体判断中，将是否足以产生市场混淆作为认定商标近似的重要考量因素，主要是要求相关标识具有不产生市场混淆的较大可能性，并不要求达到任何人在任何情况下均绝对不会误认的程度，认定因复杂的历史渊源和现实状态而具有一定近似因素的相关商业标识是否近似时更应如此。因此，尽管因本案被诉标识一、二在呼叫、图形上具有某些近似元素而不排除某些消费者会产生误认的可能性，但不妨碍其标识本身因上述因素而形成的整体区别性。

综上，根据被诉标识一、被诉标识二与拉科斯特公司请求保护的注册商标在构成要素上的比对，以及双方的发展历史和共存状况及其他相关因素，本院亦认定被诉标识一、被诉标识二与拉科斯特公司请求保护的注册商标不构成侵犯注册商标专用权意义上的混淆性近似，不足以对拉科斯特公司的注册商标造成损害。因此原审法院关于"鳄鱼国际公司在被诉侵权产品1—8 上单独使用'鳄鱼图形'的行为，亦不侵犯拉科斯特公司的注册商标专用权"的认定结论并无不当。上诉人关于上述商标构成相同商标的主张不能成立。

当然，鉴于本院是在综合考量诉争标识在构成要素上的差别，特别是相关使用历史和共存现状等因素的基础上，对于诉争商标近似性问题作出的认定，而被诉标识一、二在构成要素上毕竟与拉科斯特公司相关注册商标具有一定程度的近似性，故鳄鱼国际公司在使用被诉标识一、二时，应保持其与拉科斯特公司注册商标有明显区分的相关使用环境和状态，尽可能避让该公司的注册商标。

（三）关于被诉标识三、四与拉科斯特公司请求保护的注册商标是否近似的问题。

本案中，被诉标识三、四由单条鳄鱼与 CARTELO 文字组合而成，与拉科斯特公司请求保护的注册商标相比，两者在文字构成、呼叫、整体外观上区别明显，且在本院已经审结的（2009）行监字第 107 号、（2009）行监字第 121 号及（2009）知行字第 10 号商标行政纠纷案中，本院已经查明拉科斯特公司请求保护的注册商标在 1994、1995 年时尚未在中国驰名，并认定了被异议商标与拉科斯特公司请求保护的注册商标不构成近似商标。鉴此，本院认为，被诉标识三、四与拉科斯特公司请求保护的注册商标具有显著区别，不能认定为侵犯注册商标专用权意义上的近似商标，原审法院关于"认定'CARTELO 及图'、'鳄鱼图形'商标与'鳄鱼图形 + LACOSTE'商标之间不会产生混淆和误认……被诉侵权产品1—8在外包装及产品吊牌上使用'CARTELO 及图'商标，并未侵犯拉科斯特公司的注册商标专用权"并无不当，拉科斯特公司关于两者应认定为近似商标的上诉理由亦不能成立。

综上，拉科斯特公司的上诉理由不能成立，原审判决认定事实基本清楚，虽然其适用修订前的《中华人民共和国商标法》裁判本案适用法律错误，部分判理有所不当，但并不影响本案的裁判结果，本院予以维持。依据《中华人民共和国民事诉讼法》第一百五十三条第（一）项、第（二）项之规定，判决如下：

驳回上诉，维持原判。

一、二审案件受理费各25010元，由（法国）拉科斯特股份有限公司负担。

本判决为终审判决。

审　判　长　夏君丽

审　判　员　殷少平

代理审判员　王艳芳

二〇一〇年十二月二十九日

书　记　员　包　硕

附件一：1983年协议中双方商标图形

新加坡“鳄鱼”A系列商标标识	法国“鳄鱼”B系列商标标识
	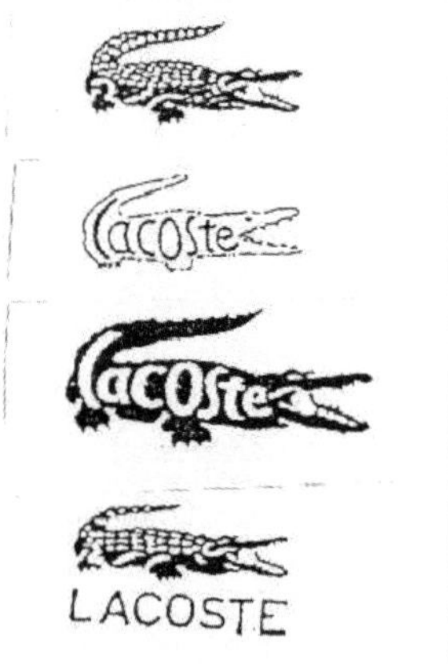

附件二：

第141103、879258号

第1318589号

第940231号

附件三：鳄鱼国际公司使用的被诉标识

被诉标识一

被诉标识二

被诉标识三

被诉标识四

5. 判断商标近似时对注册商标的显著性和知名度等因素的考虑

——再审申请人湖南省华光机械实业有限公司、湖南省嘉禾县华光钢锄厂与被申请人湖南省嘉禾县锻造厂、郴州市伊斯达实业有限责任公司侵害商标权纠纷案

【裁判要旨】

根据《最高人民法院关于审理商标民事纠纷案件适用法律若干问题的解释》第九条和第十条的规定，在商标侵权纠纷案件中，认定被诉侵权标识与主张权利的注册商标是否近似，应当视所涉商标或其构成要素的显著程度、市场知名度等具体情况，在考虑和对比文字的字形、读音和含义，图形的构图和颜色，或者各构成要素的组合结构等基础上，对其整体或者主要部分是否具有市场混淆的可能性进行综合分析判断。

【关键词】

商标近似　显著性　知名度

【案号】

最高人民法院（2010）民提字第 27 号

【基本案情】

在再审申请人湖南省华光机械实业有限公司（以下简称华光机械公司）、湖南省嘉禾县华光钢锄厂（以下简称华光钢锄厂）与被申请人湖南省嘉禾县锻造厂（以下简称嘉禾县锻造厂）、郴州市伊斯达实业有限责任公司（以下简称伊斯达公司）侵犯商标权纠纷案中，嘉禾县锻造厂成立于 1997 年 11 月，经营范围为钢锄等。伊斯达公司成立于2000年11月，经营范围为五金工具、农具生产等产品的批发零售、自营和代理各类商品和技术的进出口。嘉禾县锻造厂于2001年以"雉鸡"中文文字和鸡图案组合作为商标向国家工商行政管理总局商标局（以下简称商标局）申请注册商标并获得核准，商标注册号为第1641855号，核定使用商品第8类锄头等。2002年1月1日，嘉禾县锻造厂与伊斯达公司签订合同，许可伊斯达公司使用第1641855号商标。嘉禾县锻造厂、伊斯达公司均生产钢锄并使用"雉鸡"中文文字和雉鸡图案组合商标，其产品出口销往非洲和东南亚等国家。华光钢锄厂成立于1997年，经营范围为钢锄等生产及销售。华光机械公司经营范围为工具等生产及销售。华光钢锄厂于1999年开始使用"银鸡"中英文和鸡图案组合商标。华光钢锄厂于2000年2月以"银鸡"中文和拼音"YINJI"组合作商标，向商标局申请注册并获得核准，商标注册号为第1364633号，核定使用商品第8类锄头等。嘉禾县锻造厂、伊斯达公司和华光机械公司、华光钢锄厂均生产农用钢锄，其外形、尺寸基本相同。嘉禾县锻造厂、伊斯达公司在其生产的钢锄上使用"雉鸡"中文文字和鸡（鸡头向右，鸡尾朝左）图案，并标有英文"JOGOOBRAND"及"中国制造"中英文加棱形图案商标。华光钢锄厂、华光机械公司在其生产的钢锄上使用"银鸡"和鸡（鸡尾朝右，鸡头向左并反向向右）图案，并标有英文"SILVERCOCK"及"中国制造"中英文加棱形图案商标。嘉禾县锻造厂2002年至2006年出口钢锄价值分别为47万美元、14万美元、45万美元、7万美元、401万美元。伊斯达公司2002年至2005年出口钢锄价值分别为101万美元、153万美元、151万美元、389万美元。华光钢锄厂2002年至2005年出口钢锄价值分别为63万美元、64万美元、73万美元、73万美元。华光机械公司2006年出口钢锄价值为282万美元。2007年1月12日，嘉禾县锻造厂、伊斯达公司以华光钢锄厂、华光机械公司生产和出口的"银鸡"牌钢锄侵犯其"雉鸡"牌注册商标专用权为由提起诉讼。湖南省郴州市中级人民法院一审认为，华光钢锄厂、华光机械公司使用的"银鸡"中文文字加鸡图案商标，与嘉禾县锻造厂拥有的"雉鸡"中文文字加鸡图案的注册商标从文字、图案、颜色、图形相比较，二者在视觉上基本无差别，容易使相关公众对商品的来源产生误认或者认为其来源与嘉禾县锻造厂注册商标的商品有特定的联系，侵犯了嘉禾县锻造厂注册商标专用权，遂判决华光钢锄厂、华光机械公司停止侵权并赔偿人民币50万元。华光钢锄厂、华光机械公司不服一审判决，提起上诉。湖南省高级人民法院经审理，对华光钢锄厂称其早在1999年就开始使用"银鸡"中英文和鸡图案商标的事实不予认定，认为一审判决基本正确，判决驳回上诉，维持一审判决。华光钢锄厂、华光机械公司不服二审判决，向最高人民法院申请再审。最高人民法院提审后于2010年6月24日作出再审判决，撤销一、二审判决，驳回嘉禾县锻造厂、伊斯达公司的诉讼请求。

【裁判意见】

最高人民法院再审认为：根据民事优势证据原则，对一审法院查明的华光钢锄厂早在1999年就开始使用“银鸡”中英文和鸡图案商标的事实予以确认。嘉禾县锻造厂的注册商标与华光钢锄厂、华光机械公司使用的银鸡标识均由鸡图形和相关鸡文字组成。经比对，两者鸡图形从视觉上看有明显不同，“雉鸡”“银鸡”文字在视觉及呼叫上亦有明显区别，被诉侵权标识主色调为绿白两色，且有菱形边框，从整体上比较，也与嘉禾县锻造厂的注册商标有明显的区别。此外，根据最高人民法院查明的事实，在生产锄头等产品的行业内，以“鸡”图形＋文字的商标被较广泛地注册、使用。嘉禾锻造厂也未提交其第1641855号“雉鸡及图”注册商标在1999年以前具有较高知名度的相关证据，且在嘉禾锻造厂的第1641855号“雉鸡及图”商标注册之前，华光钢锄厂已经在其生产、销售的钢锄上使用了银鸡中英文和鸡图案商标，根据本案现有证据难以认定华光钢锄厂有借用嘉禾锻造厂的注册商标声誉的主观故意。此外，根据原审法院查明的事实，在嘉禾县锻造厂提起本案诉讼之前，华光钢锄厂、华光机械公司与嘉禾县锻造厂、伊斯达公司在其各自生产、销售的钢锄上对相关商标均进行了大规模的使用，仅本案诉讼发生之前6年各自的出口产值均已超过数百万美元。因此，华光钢锄厂、华光机械公司和嘉禾县锻造厂、伊斯达公司虽然处于同一地区，双方的锄头等产品均多数销往国外市场，相关公众已经将两者的商标区别开来，已经形成了各自稳定的市场。综合考虑以上因素，华光钢锄厂、华光机械公司使用的银鸡中英文及鸡图案商标和嘉禾县锻造厂享有注册商标专用权的第1641855号“雉鸡及图”商标不构成近似商标。

中华人民共和国最高人民法院民事判决书

（2010）民提字第27号

申请再审人（一审被告、二审上诉人）：湖南省华光机械实业有限公司，住所地：湖南省嘉禾县塘村镇工业大道西。

法定代表人：周安保，该公司执行董事。

委托代理人：张少军，广东华盈律师事务所律师。

委托代理人：赵蓓，女，汉族，1970年8月23日出生，住广州市×路×街25号。

申请再审人（一审被告、二审上诉人）：湖南省嘉禾县华光钢锄厂，住所地：湖南省嘉禾县塘村镇工业大道西。

负责人：周安保，该厂厂长。

委托代理人：张少军，广东华盈律师事务所律师。

委托代理人：赵蓓，女，汉族，1970年8月23日出生，住广州市×路×街25号。

被申请人（一审原告、二审被上诉人）：湖南省嘉禾县锻造厂，住所地：湖南省嘉禾县塘村镇集贸路。

负责人：周志祥，该厂厂长。

委托代理人：桂庆凯，北京市集佳律师事务所律师。

委托代理人：景灿，北京市集佳律师事务所律师。

被申请人（一审原告、二审被上诉人）：郴州市伊斯达实业有限责任公司，住所地：湖南省郴州市同新小区（望湖花园9栋601号）。

法定代表人：周志祥，该公司董事长。

委托代理人：桂庆凯，北京市集佳律师事务所律师。

委托代理人：景灿，北京市集佳律师事务所律师。

申请再审人湖南省华光机械实业有限公司（简称华光机械公司）、湖南省嘉禾县华光钢锄厂（简称华光钢锄厂）与被申请人湖南省嘉禾县锻造厂（简称嘉禾县锻造厂）、郴州市伊斯达实业有限责任公司（简称伊斯达公司）侵犯商标权纠纷一案，湖南省高级人民法院于2007年11月19日作出（2007）湘高法民三终字第44号民事判决，已经发生法律效力。2008年3月24日，华光机械公司、华光钢锄厂向湖南省高级人民法院申请再审，2009年5月5日，湖南省高级人民法院以（2008）湘高法民监字第49号民事裁定驳回了其再审申请。2009年9月3日，华光机械公司、华光钢锄厂向本院申请再审。本院于2009年12月7日作出（2009）民监字第553号民事裁定，提审本案。本院依法组成合议庭，公开开庭审理了本案。华光机械公司、华光钢锄厂的法定代表人周安保、委托代理人张少军、赵蓓及嘉禾县锻造厂、伊斯达公司的法定代表人周志祥、委托代理人桂庆凯、景灿到庭参加诉讼。本案现已审理终结。

2007年1月12日，一审原告嘉禾县锻造厂、伊斯达公司以华光钢锄厂、华光机械公司生产和出口的“银鸡”牌钢锄侵犯其“雉鸡”牌注册商标专用权为由，诉至湖南省郴州市中级人民法院，请求判令华光钢锄厂、华光机械公司立即停止侵犯其注册商标专用权行为、赔礼道歉并赔偿其经济损失50万元。华光钢锄厂、华光机械公司答辩称，其从1999年开始使用“银鸡文字+鸡图形”商标，其使用的商标图形与嘉禾县锻造厂的注册商标存在显著差别，不相近似，其产品和嘉禾县锻造厂、伊斯达公司的产品在市场上存在多年，不会混淆，不构成侵犯嘉禾县锻造厂的注册商标专用权。请求一审法院驳回嘉禾县锻造厂、伊斯达公司的起诉。

湖南省郴州市中级人民法院一审查明，嘉禾县锻造厂成立于1997年11月，为周志祥个人独资企业。经营范围为钢锄、钳子、甘蔗刀、其他农具、五金工具自产自销。伊斯达公司成立于2000年11月，法定代表人为周志祥。经营范围为五金工具、农具生产等产品的批发零售、自营和代理各类商品和技术的进出口。嘉禾县锻造厂于2001年以“雉鸡”中文文字和鸡图案组合作为商标向国家工商行政管理总局商标局（简称国家商标局）申请注册商标并获得核准。商标注册号为第1641855号。核定使用商品第8类：锄头（手工具）、钳、镰刀、扳手（手工具）。注册有效期限为2001年9月28日至2011年9月27日止。2002年1月1日，嘉禾县锻造厂与伊斯达公司签订注册商标使用许可合同，许可伊斯达公司使用“雉鸡”中文文字和雉鸡图案组合商标。嘉禾县锻造厂、伊斯达公司均生产钢锄并使用“雉鸡”中文文字和雉鸡图案组合商标，其产品出口销往非洲和东南亚等国家。

华光钢锄厂成立于1997年，为周安保个人独资企业。经营范围为钢锄、五金工具、农具等生产及销售。华光机械公司成立于2005年4月，法定代表人周安保。经营范围：工具、农具、园林工具、小五金、建筑材料的生产及销售。华光钢锄厂于1999年开始使用“银鸡”中英文和鸡图案组合商标。华光钢锄厂于2000年2月以“银鸡”中文和拼音“YINJI”组合作商标，向国家商标局申请注册并获得核准。商标注册号为第1364633号。核定使用商品第8类：锄头（手工具）；农业器具（手动的）。注册有效期限自2000年2月14日至2010年2月13日。

嘉禾县锻造厂、伊斯达公司和华光机械公司、华光钢锄厂均生产农用钢锄，其外形、尺寸基本相同。嘉禾县锻造厂、伊斯达公司在其生产的钢锄上使用“雉鸡”中文文字和鸡（鸡头向右，鸡尾朝左）图案，并标有英文“JOGOOBRAND”及“中国制造”中英文加棱形图案商标。华光钢锄厂、华光机械公司在其生产的钢锄上使用“银鸡”和鸡（鸡尾朝右，鸡头向左并反向向右）图案，并标有英文“SILVERCOCK”及“中国制造”中英文加棱形图案商标。

另查明，嘉禾县锻造厂出口钢锄价值为：2002 年 47 万美元，2003 年 14 万美元，2004 年 45 万美元，2005 年 7 万美元，2006 年 401 万美元。伊斯达公司出口钢锄价值为：2002 年 101 万美元，2003 年 153 万美元，2004 年 151 万美元，2005 年 389 万美元。华光钢锄厂出口钢锄价值为：2002 年 63 万美元，2003 年 64 万美元，2004 年 73 万美元，2005 年 73 万美元。华光机械公司出口钢锄价值为：2006 年 282 万美元。

湖南省郴州市中级人民法院一审认为，嘉禾县锻造厂、伊斯达公司和华光钢锄厂、华光机械公司均为生产出口钢锄的企业。嘉禾县锻造厂、伊斯达公司和华光钢锄厂、华光机械公司所生产的钢锄外形、尺寸基本相同，属相同产品。华光钢锄厂、华光机械公司使用的“银鸡”中文文字加鸡图案商标，与嘉禾县锻造厂拥有的“雉鸡”中文文字加鸡图案的注册商标从文字、图案、颜色、图形相比较，二者在视觉上基本无差别。华光钢锄厂、华光机械公司使用的“银鸡”中文文字加鸡图案商标，与嘉禾县锻造厂拥有的“雉鸡”中文文字加鸡图案的注册商标具有相似性，容易使相关公众对商品的来源产生误认或者认为其来源与嘉禾县锻造厂注册商标的商品有特定的联系。华光钢锄厂、华光机械公司未经嘉禾县锻造厂同意，在其生产的钢锄上使用与嘉禾县锻造厂注册商标相近似的商标，符合《中华人民共和国商标法》第五十二条第（一）项规定的“在同一种商品或者类似商品上使用与其注册商标相同或者近似的商标”的情形，侵犯了嘉禾县锻造厂注册商标专用权，应承担停止侵害、赔偿损失的民事法律责任。湖南省郴州市中级人民法院于 2007 年 7 月 12 日作出（2007）郴民三初字第 2 号民事判决，判令华光钢锄厂、华光机械公司停止侵犯嘉禾县锻造厂、伊斯达公司注册商标专用权的行为并赔偿人民币 50 万元；驳回嘉禾县锻造厂、伊斯达公司其他诉讼请求。案件受理费 10010 元、其他诉讼费 5000 元，由华光钢锄厂、华光机械公司负担。

华光钢锄厂、华光机械公司不服一审判决，向湖南省高级人民法院提起上诉称，其使用的商标与嘉禾县锻造厂的注册商标不构成近似、更不构成相同，其使用商标的行为并不侵犯嘉禾县锻造厂的注册商标专用权。请求：1. 撤销（2007）郴民三初字第 2 号民事判决；2. 依法驳回嘉禾县锻造厂、伊斯达公司的全部诉讼请求；3. 判令嘉禾县锻造厂、伊斯达公司承担本案全部诉讼费用。嘉禾县锻造厂、伊斯达公司答辩称，一审法院认定事实清楚，适用法律恰当，应予维持，华光钢锄厂、华光机械公司在商品上使用的商标构成了对嘉禾县锻造厂注册商标的侵犯。

湖南省高级人民法院二审查明，嘉禾县锻造厂、伊斯达公司均生产钢锄并使用其于一审期间提交的证据 10 上所显示的商标，如图：（产品上使用）（外包装上使用）；华光钢锄厂、华光机械公司在其生产的钢锄上所使用的商标是原告于一审期间提交的证据 11 所显示的图案，如图：（产品上使用）（外包装上使用）。

华光钢锄厂、华光机械公司虽然在一审期间提交了证据 10—17，用以证明其早在 1999 年就开始使用“银鸡”中英文和鸡图案商标的事实，但这些证据除证据 14、15 外，都是证人证言，这些证人证言都只是证实这一事实的存在，但并没有相应的证据予以佐证，不能充分证明其早在 1999 年就开始使用“银鸡”中英文和鸡图案商标的事实。对一审法院认定的该事实不予确认。对一审法院认定的其他事实，双方当事人均未提出异议，经审查后予以确认。

湖南省高级人民法院二审认为，将被控侵权产品上所使用的商标与嘉禾县锻造厂的注册商标相比，二者虽不构成相同，但就嘉禾县锻造厂的注册商标而言，该商标突出的显著特征在于鸡图形与“雉鸡”文字的组合；而在被控侵权产品上，华光钢锄厂、华光机械公司亦在商标的显著位置上突出使用了鸡图形与“银鸡”文字的组合商标，其中，文字与嘉禾县锻造厂的注册商标有一字不同，但均使用了繁体字并位于鸡图形的左右两端，鸡图形中鸡的朝向不同，形状有改变，但二者在整体视觉效果上相近似。结合双方当事人同处嘉禾县，钢锄产品具有相同的产地，产品的销售范围均在国外相同区域，其产品的消费者及与营销有密切关系的其他经营者对于中文的识辨能力有限等因素，应当认定，以相关公众的一般注意力为标准，在比对对象隔离的状态下，考虑嘉禾县锻造厂的注册商标的显著性，被控侵权产品上所使用的商标与嘉禾县锻造厂的注册商标构成近似，容易使相关公众对产品的来源产生误认和混淆。华光钢锄厂、华光机械公司关于其行为不构成商标侵权的上诉理由不能成立。关于赔偿数额问题，一审法院依法综合考虑到了侵权行为的各方面因素，根据本案侵权行为的情节适用法定赔偿原则，确定本案赔偿数额，符合本案实际情况，并无不当。湖南省高级人民法院于 2007 年 11 月 19 日作出（2007）湘高法民三终字第 44 号民事判决，驳回上诉，维持原判。

华光钢锄厂、华光机械公司不服二审判决，向湖南省高级人民法院申请再审。湖南省高级人民法院于 2009 年 5 月 5 日作出（2008）湘高法民监字第 49 号民事裁定，驳回其再审申请。

华光机械公司、华光钢锄厂不服湖南省高级人民法院（2007）湘高法民三终字第 44 号民事判决及（2008）湘高法民监字第 49 号民事裁定，向本院申请再审称，其未侵犯嘉禾县锻造厂的商标专用权，一、二审判决及驳回再审申请的裁定认定事实及适用法律均存在错误。华光机械公司、华光钢锄厂使用的“银鸡及图”标识使用在先且与嘉禾县锻造厂的第1641855号注册商标不相同亦不近似。根据商标法及最高人民法院的司法解释，商标近似是在被控侵权标识与权利人的注册商标之间进行比较，而原审判决是将华光机械公司、华光钢锄厂使用的标识与嘉禾县锻造厂、伊斯达公司实际使用的标识相对比，该对比方式违反了商标相似判断的基本准则。请求本院撤销一、二审判决，重新审理本案。

嘉禾县锻造厂、伊斯达公司答辩称，被控侵权标识与华光机械公司、华光钢锄厂的第141855号注册商标近似，华光机械公司、华光钢锄厂关于二者不近似的申请再审理由不能成立。原审判决认定事实清楚，适用法律正确。请求本院依法驳回华光机械公司、华光钢锄厂的再审申请。

本院审理查明，除关于华光钢锄厂于1999年开始使用“银鸡”中英文和鸡图案商标的事实双方当事人有争议外，原审查明的事实基本属实。华光钢锄厂为证明其于1999年开始使用“银鸡”中英文和鸡图案商标，在一审中提供了如下证据：1. 嘉禾县工商局提供的证明，该局证明华光钢锄厂自1999年开始在其产品上使用“银鸡”中英文和鸡图案商标；2. 证人丁秀兰出具的1999年华光钢锄厂要求其帮忙设计“银鸡”中英文和鸡图案的证言，证实该标识是其请郴州市美印厂厂领导及设计员设制的；3. 证人杨文忠出具的其于1999年开始代理印刷“银鸡”中英文和鸡图案的证言；4. 郴州远大广告包装发展公司于2007年1月25日出具的其于1999年为华光钢锄厂设计制作产品宣传资料册的证明，证明该资料册封第2页使用了“银鸡”中英文和鸡图案；5. 证人杨文景等四人出具的证言，证明华光钢锄厂自1999年开始使用“银鸡”中英文和鸡图案商标。其中证人李学亮、杨文景、郴州远大广告包装发展公司法定代表人张建国出庭作证并经嘉禾县锻造厂、伊斯达公司质证，嘉禾县锻造厂、伊斯达公司未提出反驳意见。一审法院对李学亮、杨文景、张建国的证言予以认定。

在本院主持的庭审中，华光机械公司、华光钢锄厂提供了郴州远大广告包装发展公司1999年为华光钢锄厂设计制作的产品宣传资料册原件。嘉禾县锻造厂、伊斯达公司对其质证意见为该宣传册印制时间不符合实际，与其内容矛盾。本院认为，虽然嘉禾县锻造厂、伊斯达公司对该宣传册原件提出异议，但其并未提出足以反驳该原件的相反证据。综合考虑经一审庭审质证的李学亮、杨文景、郴州远大广告包装发展公司法定代表人张建国的证人证言及华光机械公司、嘉禾县工商局出具的证明等证据，根据民事优势证据原则，可以认定华光钢锄厂自1999年开始使用“银鸡”中英文和鸡图案商标的事实。二审法院以“这些证人证言都只是证实这一事实的存在，但并没有相应的证据予以佐证，不能充分证明上诉人早在1999年就开始使用‘银鸡’中英文和鸡图案商标的事实”为由，对该事实不予认定，属于认定事实错误，本院予以纠正。

在本院审查过程中，嘉禾县锻造厂、伊斯达公司为证明其在1999年之前已经使用了其注册商标，提供了衡阳砂轮厂出具的送货清单、湖南学院彩色印刷厂出具的证明、1997年其同广东机械进出口公司、1997年其同辽宁机械进出口股份有限公司及1998年同山东五金矿产进出口公司的合同及部分铁路货运单和发票。华光机械公司、华光钢锄厂认为前述证据并未说明使用的商标是什么，且与本案无关，对其真实性亦不予认可。本院经审查认为，前述证据除湖南学院彩色印刷厂出具的证明外，均未表明嘉禾县锻造厂使用商标的具体形态。且在其与辽宁机械进出口公司日期为1997年3月14日签订的收购合同、其与山东省五金矿产进出口公司日期为1998年11月13日签订的工矿产品购销合同中，其中的“雉鸡”二字与其他字迹颜色明显不同，湖南学院彩色印刷厂出具的证明本质上属于证人证言，并未经庭审质证，本院对以上证据不予认定。此外，即使能够认定嘉禾县锻造厂在1999年之前已经使用了其注册商标，根据嘉禾县锻造厂、伊斯达公司提供的证据，亦难以认定华光钢锄厂使用的诉争标识是有复制、模仿嘉禾县锻造厂第1641855号“雉鸡及图”注册商标之意。

本院另查明，嘉禾锻造厂的第1641855号“雉鸡及图”注册商标主色调为黑白色，由鸡图案及雉鸡文字组成，其中鸡图案中鸡头位于商标右方，鸡尾朝下位于图案左方，鸡尾为黑色，其鸡的羽毛层次不清晰，左脚提起呈行走状。华光机械公司、华光钢锄厂使用的被控侵权标识、主色调为绿白两色，由鸡图案及“银鸡”中英文文字组成，有菱形边框。其中鸡图案鸡头位于图案左方，呈回头张望姿势，鸡尾为银色，全身羽毛层次清晰，两脚为分立状。此外，华光机械公司、华光钢锄厂向一审法院提交了部分与嘉禾县锻造厂注册商标相同类组带有“鸡”图形及文字已经核准注册的商标公告（一审被告证据18、19），以证明在相关商品类别和行业领域内，以“鸡”图形+文字的商标被较广泛地注册、使用。嘉禾县锻造厂、伊斯达公司在一审中对该证据质证意见为“对其真实性予以确认，但与本案无关联”。该证据表明，1990年9月10日，案外人天津机械进出口有限公司向国家商标局申请注册“雄鸡及图”商标，注册证号为565627，核定使用商品为第 8 类锄头等商品。此后，1999 年 6 月、2003 年 11 月案外人滦南县农具制造行业协会、白会勇等数十家企业和自然人经国家商标局核准，相继在第 8 类锄头等商品上注册了“乌鸡及图”、“金鸡及图”、“彩鸡及图”、“鸣鸡及图”“神鸡及图”等含有“鸡”图形的商标。

本院认为，华光机械公司、华光钢锄厂在其生产、销售的钢锄上使用的及标识与嘉禾县锻造厂第 1641855 号“雉鸡及图”注册商标是否构成侵犯注册商标专用权意义上的近似是本案的焦点问题。**根据本院《关于审理商标民事纠纷案件适用法律若干问题的解释》第九条和第十条的规定，在商标侵权纠纷案件中，认定被控侵权标识与主张权利的注册商标是否近似，应当视所涉商标或其构成要素的显著程度、市场知名度等具体情况，在考虑和对比文字的字形、读音和含义，图形的构图和颜色，或者各构成要素的组合结构等基础上，对其整体或者主要部分是否具有市场混淆的可能性进行综合分析判断。**本案诉争商标嘉禾锻造厂的第 1641855 号“雉鸡及图”注册商标和华光机械公司、华光钢锄厂使用的被控侵权标识均由鸡图案及相关鸡文字组成。嘉禾锻造厂的第 1641855 号“雉鸡及图”注册商标由鸡图形和“雉鸡”文字构成，其中鸡头位于该商标右方，鸡尾朝下位于图案左方；被控侵权标识由鸡图形和“银鸡”文字构成，其中鸡图案鸡头位于图案左方，呈回头张望姿势，其羽毛层次清晰。经比对，两者鸡图形从视觉上看有明显不同，“雉鸡”、“银鸡”文字在视觉及呼叫上亦有明显区别，被控侵权标识主色调为绿白两色，且有菱形边框，从整体上比较，也与嘉禾县锻造厂的注册商标有明显的区别。根据本院查明的事实，在生产锄头等产品的行业内，以“鸡”图形 + 文字的商标被较广泛地注册、使用，嘉禾锻造厂也未提交其第 1641855 号“雉鸡及图”注册商标在 1999 年以前具有较高知名度的相关证据，且在嘉禾锻造厂的第 1641855 号“雉鸡及图”商标注册之前，华光钢锄厂已经在其生产、销售的钢锄上使用了银鸡中英文和鸡图案商标，根据本案现有证据难以认定华光钢锄厂有借用嘉禾锻造厂的注册商标声誉的主观故意。此外，根据原审法院查明的事实，在嘉禾县锻造厂提起本案诉讼之前，华光钢锄厂、华光机械公司与嘉禾县锻造厂、伊斯达公司在其各自生产、销售的钢锄上对相关商标均进行了大规模的使用，仅本案诉讼发生之前 6 年各自的出口产值均已超过数百万美元。因此，华光钢锄厂、华光机械公司和嘉禾县锻造厂、伊斯达公司虽然处于同一地区，双方的锄头等产品均多数销往国外市场，相关公众已经将两者的商标区别开来，已经形成了各自稳定的市场。综合考虑以上因素，本院认为华光钢锄厂、华光机械公司使用的银鸡中英文及鸡图案商标和嘉禾县锻造厂享有注册商标专用权的第1641855号“雉鸡及图”商标不构成近似商标，原审法院认定两者为近似商标，认定事实、适用法律均有不当，本院予以纠正。

综上，湖南省高级人民法院（2007）湘高法民三终字第44号民事判决认定事实部分有误，适用法律错误。华光机械公司、华光钢铆厂申请再审理由成立，应予支持。根据《中华人民共和国商标法》第五十二条第（一）项、《中华人民共和国民事诉讼法》第一百八十六条第一款、第一百五十三条第一款第（二）、（三）项之规定，判决如下：

一、撤销湖南省高级人民法院（2007）湘高法民三终字第44号民事判决及湖南省郴州市中级人民法院（2007）郴民三初字第2号民事判决；

二、驳回湖南省嘉禾县锻造厂、郴州市伊斯达实业有限责任公司诉讼请求。

一、二审案件受理费各10010元，其他诉讼费5000元，由湖南省嘉禾县锻造厂、郴州市伊斯达实业有限责任公司负担。

本判决为终审判决。

审　判　长　夏君丽
代理审判员　王艳芳
代理审判员　周云川
二〇一〇年六月二十四日
书　记　员　张　博

6. 商标权的保护强度应当与其显著性和知名度相适应

——再审申请人杭州奥普卫厨科技有限公司与被申请人浙江现代新能源有限公司、浙江凌普电器有限公司、杨艳侵害商标权纠纷案

【裁判要旨】

商标权的保护强度，应当与其显著性和知名度相适应。如果使用行为并未损害涉案商标的识别和区分功能，亦未因此而导致市场混淆的后果，即不为法律所禁止。

【关键词】

商标　侵权　显著性　知名度

【案号】

最高人民法院（2016）最高法民再216号

【基本案情】

在再审申请人杭州奥普卫厨科技有限公司（以下简称奥普卫厨公司）与被申请人浙江现代新能源有限公司（以下简称新能源公司）、浙江凌普电器有限公司（以下简称凌普公司）、杨艳侵害商标权纠纷案中，1995年2月起，奥普卫厨公司的关联企业即开始在第11类“照明器材”等商品上申请并获准注册多个“奥普”文字及图文组合商标。2001年6月起，“奥普”系列商标先后被评为杭州市及浙江省著名商标，“奥普”商号被认定为浙江省知名商号。2005年9月，核定使用在第11类商品上的“奥普”商标被司法机关认定为驰名商标。第1737521号aoøu 奥普商标（即涉案商标）于2002年3月28日被核准注册，核定使用在第6类的“金属建筑材料、家具用金属附件”等商品上。2009年8月7日，涉案商标经核准转让于新能源公司，凌普公司为涉案商标的被许可使用人。2009年11月18日，新能源公司通过公证程序，在杨艳经营的“奥普I+N浴顶”商店内，购买了由奥普卫厨公司生产、标注有“AUPU奥普®”字样的“浴顶”十四箱。在被诉侵权产品的外包装上，除标注有“产品名称：普通扣板”外，还清晰地标明了生产商奥普卫厨公司企业名称的全称、奥普卫厨公司经许可使用的“1+N浴顶”“浴顶”的商标图样。新能源公司、凌普公司遂以奥普卫厨公司生产、杨艳销售的被诉侵权产品侵害涉案商标权为由，提起诉讼。请求法院判令：奥普卫厨公司、杨艳立即停止侵权行为；连带赔偿经济损失500万元；在全国媒体上发表声明消除影响。江苏省苏州市中级人民法院一审认为，奥普卫厨公司在金属扣板产品上显著标注了“AUPU奥普”标识，“AUPU奥普”与“aoøu 奥普”两者应属于近似，容易造成消费者的混淆和误认。遂判决奥普卫厨公司、杨艳停止侵权行为；奥普卫厨公司赔偿经济损失10万元等。新能源公司、凌普公司、奥普卫厨公司、杨艳均不服，提起上诉。后凌普公司在二审阶段放弃其全部诉讼请求。江苏省高级人民法院二审认为，奥普卫厨公司、杨艳在其生产、销售的金属扣板商品上使用“AUPU奥普”标识的行为，构成对涉案商标权的侵害。奥普卫厨公司的“奥普”商标知名度较高，新能源公司合法行使其涉案商标专用权受到的压制及所受损失必然较大，一审法院赔偿数额偏低，遂改判奥普卫厨公司赔偿经济损失30万元。奥普卫厨公司不服，向最高人民法院申请再审。最高人民法院裁定提审本案，并于2016年6月25日判决撤销一审、二审判决，驳回新能源公司的全部诉讼请求。

【裁判意见】

最高人民法院提审认为：商标法所要保护的，是商标所具有的识别和区分商品及服务来源的功能，而并非仅以注册行为所固化的商标标识本身。商标权的保护强度，应当与其应有的显著性和知名度相适应。商标标识本身的近似不是认定侵权行为是否成立的决定性因素，如果使用行为并未损害涉案商标的识别和区分功能，亦未因此而导致市场混淆的后果，该种使用行为即不在商标法所禁止的范围之中。具体到本案而言，涉案商标中的中文文字“奥普”为臆造词，具有较强的固有显著性，且与奥普卫厨公司及其关联企业的商号完全一致。至涉案商标申请日之前，经奥普卫厨公司及其关联企业的使用，“奥普”系列商标已经具有了较高的知名度。与此相比，经新能源公司的许可，凌普公司在对涉案商标进行使用的过程中，多次因不规范或突出使用“奥普”文字的行为，受到行政处罚或被司法机关认定为不正当竞争行为。其商誉攀附的对象，正是在市场中已经具有较高知名度的奥普电器产品。因此，涉案商标中“奥普”文字的显著性和知名度，实际上来源于奥普公司及其关联企业的使用行为。涉案商标虽然在“金属建筑材料”上享有注册商标专用权，但对该权利的保护范围和保护强度，应当与新能源公司对该商标的显著性和知名度所作出的贡献相符。本案中，被诉侵权产品的销售地点为奥普公司的正规销售门店，门店之上突出标注了奥普公司的字号及注册商标。被诉侵权产品的外包装和产品本身清晰标注了奥普卫厨公司企业名称的全称及其关联企业在第6类商品上拥有的“1 + N 浴顶”等注册商标。结合奥普卫厨公司的在先权利基础，一般消费者凭借奥普卫厨公司在销售场所和被诉侵权商品上标注的上述信息，已足以实现对商品来源的清晰区分，不会导致误认被诉侵权产品来源于新能源公司的结果，亦不会产生攀附涉案商标商业信誉的损害后果。因此，奥普卫厨公司、杨艳生产、销售使用“AUPU 奥普®”及“AUPU”标识的被诉侵权商品的行为，不构成对涉案商标权的侵害。

中华人民共和国最高人民法院民事判决书

（2016）最高法民再216号

再审申请人（一审被告、二审上诉人）：杭州奥普卫厨科技有限公司。住所地：浙江省杭州经济技术开发区21号大街210号。

法定代表人：方杰，该公司董事长。

委托代理人：孙君慈，北京市天昱律师事务所律师。

被申请人（一审原告、二审上诉人）：浙江现代新能源有限公司。住所地：浙江省海盐百步工业区南A区。

法定代表人：盛林君，该公司董事长。

被申请人（一审原告、二审上诉人）：浙江凌普电器有限公司。住所地：浙江省嘉兴市南湖区凤桥镇工业功能区莲花路北侧。

法定代表人：林珠，该公司董事长。

一审被告、二审上诉人：杨艳，系苏州工业园区娄葑镇福鑫卫厨经营部业主，住江苏省张家港市×镇×6幢401室。

再审申请人杭州奥普卫厨科技有限公司（以下简称奥普卫厨公司）因与被申请人浙江现代新能源有限公司（以下简称新能源公司）、浙江凌普电器有限公司（以下简称凌普公司）及一审被告、二审上诉人杨艳侵害商标权纠纷一案，不服江苏省高级人民法院（2011）苏知民终字第0143号民事判决（简称二审判决）向本院申请再审。本院于2015年12月26日作出（2015）民申字第428号民事裁定，决定提审本案。提审后，本院依法组成合议庭对本案进行了审理。现已审理终结。

新能源公司、凌普公司向江苏省苏州市中级人民法院（以下简称一审法院）共同提起诉讼称：新能源公司系注册号为1737521、核定使用在第6类的“金属建筑材料、家具用金属附件”等商品之上的“aopu 奥普”（以下简称涉案商标）的权利人，涉案商标核定使用于2002年3月28日。凌普公司为被许可使用人。涉案商标由新能源公司和凌普公司使用于其生产销售的金属集成吊顶等产品上。经新能源公司的大力宣传，“奥普集成吊顶”已成为广大消费者知晓的知名产品，与新能源公司和凌普公司形成了固定的联系和指向。新能源公司和凌普公司于2009年在杨艳的经营场所中发现标有“AUPU奥普”商标的金属吊顶，产品上标注的生产者为奥普卫厨公司。另外，杨艳在经营场所的装潢和广告宣传中还大量使用了“奥普1+N浴顶”和“AUPU奥普”等文字宣传。奥普卫厨公司和杨艳未经新能源公司许可，擅自在第6类金属建筑材料上使用与新能源公司涉案商标相近似的“AUPU奥普”，违反了《中华人民共和国商标法》（以下简称商标法）第五十二条第（一）项的规定，侵害了新能源公司的注册商标专用权，损害了新能源公司和凌普公司的合法权益。请求法院判令杨艳和奥普卫厨公司：1. 立即停止在金属吊顶等产品上使用“AUPU奥普”商标；2. 立即停止在经营场所、网站或其他相关媒体上进行有关“奥普浴顶”的广告宣传；3. 连带赔偿新能源公司和凌普公司经济损失人民币500万元（包括合理费用）；4. 在全国范围的报纸、电视、网站等相关媒体上发表声明消除影响。

一审法院查明：

新能源公司成立于2004年5月，经营范围为生产销售太阳能热水器、玻璃制品、小家电及集成天花板，注册资本1008万元人民币。2002年，国家工商行政管理总局商标局（简称商标局）核准注册涉案商标，商标注册号为1737521，核定使用商品为第6类，包括金属毛巾架、金属固定毛巾分配器，金属建筑材料，家具用金属附件，金属锁（非电），五金家具，窗用金属附件，钉子，保险柜和金属箱，注册有效期自2002年3月28日至2012年3月27日。后新能源公司受让成为该商标专用权人。2009年11月17日，商标局备案号为200917245的商标使用许可合同备案通知书载明：新能源公司许可现代（中国）投资有限公司使用第1737521号商标，许可期限为2009年11月1日至2012年3月27日。2009年12月12日，现代（中国）投资有限公司与凌普公司签订商标使用许可合同，约定现代（中国）投资有限公司许可凌普公司使用第1737521号商标，许可期限自2009年12月1日至2012年3月27日，该合同经商标局备案。诉讼中，新能源公司提交了实际使用涉案注册商标的产品实物。

1995年2月21日，杭州奥普斯照明器材有限公司经核准注册“奥普”商标，注册号为730979，核定使用商品为第11类：照明器材；取暖器；排气扇；照明；取暖；排风一体机。1998年6月28日，杭州奥普斯照明器材有限公司经核准注册“奥普”商标，注册号为1187759，核定使用商品为第11类：热气沐浴装置；浴用加热器；沐浴单间等。杭州奥普斯照明器材有限公司后更名为杭州奥普电器有限公司。2001年6月，“奥普”注册商标被评为杭州市著名商标。2002年3月，使用在“浴霸、通风扇”上的“奥普”商标被评为浙江省著名商标。2004年1月，杭州奥普电器有限公司的奥普企业商号被认定为浙江省知名商号。2002

年7月7日，杭州奥普斯照明器材有限公司经核准注册“AUPU”商标，注册号为1803772，核定使用商品为第11类：冰箱；厨房炉灶；排气风扇；取暖器；浴室装置等。2005年1月，杭州奥普电器有限公司使用在第11类浴霸、通风扇上的“ 奥普”商标被认定为浙江省著名商标。2005年9月8日，湖北省武汉市中级人民法院（2005）武知初字第25号民事判决书认定杭州奥普电器有限公司注册并使用在第11类商品上的“奥普”商标为驰名商标。

2004年3月21日，杭州奥普电器有限公司经核准注册“奥普”商标，注册号为3338892，核定使用商品为第6类：未加工或半加工普通金属；铁路金属材料；金属绳索等。2006年12月21日，杭州奥普电器有限公司经核准注册取得“AUPU”商标，注册号为4217092，核定使用商品为第6类：非电气金属缆绳；非电气金属电缆接头；金属标志牌；铜焊金属焊条；金属风标；树木金属保护器；普通金属艺术品等。2009年4月14日，杭州奥普电器有限公司经核准注册“1+N”商标，注册号为5244151，核定使用商品为第6类：铝；金属隔板（建筑）；建筑用金属板；建筑用金属盖板；金属片和金属板；金属建筑物等。2009年5月25日，杭州奥普电器有限公司与奥普卫厨公司签订商标使用许可合同，约定杭州奥普电器有限公司将5244151号商标许可奥普卫厨公司使用，许可方式为普通许可，许可期限至一审开庭日尚未届满。2009年8月21日，杭州奥普电器有限公司经核准注册“1+N浴顶及图”商标，注册号为5244152，核定使用商品同5244151号注册商标。

奥普卫厨公司成立于2004年9月9日，经营范围为研发、生产：家用、工业新型通风置换产品，照明电器，其他卫厨，家用电器；销售：本公司生产的产品；从事上述商品的零售、批发业务和售后服务，注册资本2061万美元。奥普卫厨公司和杭州奥普电器有限公司均系奥普集团控股有限公司下属的子公司。

2008年4月29日，杭州奥普电器有限公司与奥普卫厨公司签订商标使用许可合同，约定杭州奥普电器有限公司将注册号为730979、1187759、1803772、3338892、4217092的商标许可奥普卫厨公司使用，许可方式为普通许可，许可期限至一审开庭日尚未届满。2009年9月30日，杭州奥普电器有限公司与奥普卫厨公司签订商标使用许可合同，约定杭州奥普电器有限公司将5244152号商标许可奥普卫厨公司使用，许可方式为普通许可，许可期限至一审开庭日尚未届满。

杨艳系苏州工业园区娄葑镇福鑫卫厨经营部业主，该经营部成立于2007年12月4日，经营类型为个体经营，专营“奥普电器1+N浴顶”，工商登记经营范围为卫厨、电器、扣板辅材的零售。

2009年11月6日，杭州奥普电器有限公司向国家工商行政管理总局商标评审委员会提出注册商标争议裁定申请书，要求注销商标号为1737521的涉案注册商标，商标评审委员会于2009年11月16日受理了该申请。

2009年11月18日，经新能源公司申请，浙江省海盐县公证处公证人员周雁虹、袁奇峰随同新能源公司的委托代理人俞召军来到坐落于江苏省苏州市华东装饰城综合区9号的“奥普1+N浴顶”商店，俞召军向该店购买了相同型号规格的“浴顶”十四箱，并取得编号为0057860的收据一张。公证人员对购买过程进行了现场监督，拍摄了照片20张，并将照片制成了光盘两份，分别进行封存，其中一份交由申请人保存。2009年11月21日，浙江省海盐县公证处就上述证据保全过程出具了（2009）盐证内字第3514号公证书。

庭审中，奥普卫厨公司确认（2009）盐证内字第3514号公证书中涉嫌侵权产品为其向杨艳提供。公证购买的“浴顶”外包装箱注明为AF002钛空银，普通扣板（300×300），浴顶通用组件，产品型号为TKB－01，外包装下方标明杭州奥普卫厨科技有限公司以及相应的地址和电话，打开外包装的扣板上显著位置标注了“AUPU奥普®”。经一审法院当庭拆封公证实物查验，金属扣板的整体覆膜印有“AUPU奥普®”商标，在“AUPU奥普®”商标上方又加贴条线半透明膜，透过覆膜仍可以较为清晰地看到“AUPU奥普”，金属扣板侧面则压印有“AUPU”标志，侧面覆膜上“AUPU奥普®”商标也未有任何覆盖。

另查明，2010年6月28日，嘉兴市工商行政管理局在处理凌普公司不规范使用注册商标案件中作出嘉工商2010责字01号责令改正通知书，该通知书中明确：杭州奥普电器有限公司在第11类商品上已注册拥有了“奥普”商标。在第6类“金属毛巾架；金属固定毛巾器；金属建筑材料”等商品上，新能源公司注册了涉案注册商标。通过与新能源公司签订《商标使用许可合同》，凌普公司有权在第6类商品上使用涉案注册商标，但凌普公司实际使用中在产品的内外包装、各种广告以及经销场所的店牌、招牌上却将涉案注册商标自行改变为“奥普”文字，在引导消费者指向凌普公司的金属建筑材料的同时，更多地指向在市场上具有较高知名度的奥普电器产品，使消费者产生误认、混淆，凌普公司的行为构成不正当竞争，故责令凌普公司规范使用涉案注册商标，立即停止在产品的内外包装、各种广告以及经销场所的店牌、招牌上笼统地使用“奥普集成吊顶”名称的行为。

再查明，中国建筑装饰装修材料协会在《关于“集成吊顶”产品相关问题的解释》中明确："集成吊顶"是一种用于建筑装饰装修方面的装修材料的集成，是基于其自身的材质、结构和安装特点而具有集成其他符合其标准的功能模块的吊顶产品。集成吊顶强调的是该产品具有集成符合其规格和标准的其他功能性模块的集成能力，其本身仍然是一种顶部装修材料，金属天花板、金属吊顶是金属建筑装饰材料的一种。在集成吊顶产品的实际销售中，是否需要在吊顶产品上加装电器模块、加装哪些电器模块、加装何种品牌的电器模块、加装哪个企业生产的电器模块完全取决于消费者的选择。

一审认为：根据最高人民法院《关于审理商标民事纠纷案件适用法律若干问题的解释》（以下简称商标民事案件司法解释）第四条第二款的规定，普通使用许可合同的被许可人经商标注册人明确授权，可以提起诉讼。本案中，新能源公司作为注册商标权人，有权提起侵权诉讼。凌普公司作为涉案商标的被许可使用人，与新能源公司一起提起诉讼，应视为得到授权，其与新能源公司一并作为原告提起诉讼符合法律规定。关于第一项争议焦点，一审法院认为，根据商标法第三条规定，经商标局核准注册的商标为注册商标，商标注册人享有商标专用权，受法律保护。奥普卫厨公司以申请撤销注册商标为由，提出中止审理缺乏法律依据，一审法院不予支持。关于第二项争议焦点，一审法院认为，被控侵权金属扣板的保护覆膜通体印制有"AUPU 奥普"，该标识虽由奥普卫厨公司在产品包装中另行加贴半透明塑料条覆盖，但依然可辨别，且产品上还有未覆盖的"AUPU 奥普"标识清晰可见。奥普卫厨公司在被控侵权产品上标注"AUPU 奥普®"的行为，应当视为商标使用。关于第三项争议焦点，一审法院认为，涉案商标核定使用商品类别包含了金属建筑材料，而被控侵权产品系金属扣板，应归属于金属建筑材料。对于奥普卫厨公司抗辩认为在集成吊顶产品中的金属扣板附属于电器产品销售的主张，一审法院认为，集成吊顶是一种包含电器和金属建筑材料的组合体，其所集成的商品各有其商品类别归属，应当分别归于其所属类别，故对奥普卫厨公司该项抗辩，不予支持。关于奥普卫厨公司提出的涉案金属扣板属于注册商标分类中第 6 类中金属半制品的观点，没有依据，不能成立。被控侵权商品属金属建筑材料，属新能源公司涉案注册商标的核定使用商品范围内。根据商标民事案件司法解释第九条、第十条的规定，奥普卫厨公司在金属扣板产品上显著标注了"AUPU 奥普"标识，与涉案商标相比，其中的汉字"奥普"完全相同，英文字母"AUPU"与涉案注册商标中的"aopu"仅一个字母之差，从商标呼叫功能判断，均为"奥普"，相同；从字形来看，"AUPU 奥普"与"aopu 奥普"两者应属于近似，以一般消费者的注意力往往容易造成混淆和误认，故杨艳和奥普卫厨公司在金属扣板商品上使用“AUPU 奥普®”，商标标识的行为构成对新能源公司涉案注册商标专用权的侵犯。关于第四项争议焦点，一审法院认为，根据商标法第五十六条第三款的规定，销售者要免除承担赔偿经济损失的责任，就必须证明其已提供了合法来源，即通过合法的进货渠道、以正常的买卖关系、合理的价格，从他人处购买的被控侵权商品，且主观上不知道其销售的是侵权商品。本案中，杨艳主张系经销商，却未能提交其经销商品的采购和发货凭证。但考虑到杨艳本身系奥普卫厨公司专营经销商，被控侵权产品系在经销场所取证获得，同时被控侵权产品的来源又得到了生产商奥普卫厨公司的确认，而奥普卫厨公司作为规模化企业，其对自身产品来源的陈述具有较高的证明力。一审法院对杨艳系经销商并有合法来源的抗辩予以采信。杨艳依法应当承担停止销售侵权商品但免除赔偿损失的民事责任。

关于奥普卫厨公司的赔偿责任，奥普卫厨公司及其关联公司杭州奥普电器有限公司在其经营中通过对其电器类奥普注册商标的长期营销宣传已产生较高的知名度。本案中，新能源公司对其涉案注册商标是否享有较高知名度，举证不足。考虑以上因素，以消费者的一般注意力判断并进行合理的逻辑推论，将涉案奥普卫厨公司生产、杨艳销售的被控金属扣板误认为来源于新能源公司和凌普公司的可能性较小。因此，对新能源公司主张以奥普卫厨公司在金属扣板产品中所获得的所有利润作为侵权所得赔偿的观点，不予支持。同时，从现有证据来看，奥普卫厨公司在拓展进入金属扣板商品领域时，理应知道注册商标类别第 6 类中的金属扣板产品与电器不属于同类商品，且有证据推定奥普卫厨公司知晓在金属材料商品类别中已经存在新能源公司的涉案商标，奥普卫厨公司利用自身在电器中的“奥普”、“AUPU”品牌知名度，强行将该商标使用至金属扣板产品中的行为，侵犯他人的注册商标专用权，其行为足以致使新能源公司所拥有的注册商标失去基本的标识功能，割断涉案商标与新能源公司产品的联系，压制了其经营空间，将新能源公司寄予该注册商标谋求市场声誉，拓展企业发展空间，提升企业品牌信誉的期望受到抑制。就此而言，新能源公司因涉案侵权行为受到损失是确定的。奥普卫厨公司对涉案商标的所有权人构成实质性损害，其赔偿责任应当以消除这一损害并结合注册商标权利人为制止涉案侵权的合理支出费用为标准，依法酌定。对于新能源公司主张的赔偿过高部分，因与侵权行为之间缺乏因果关系且缺乏合理性，对此不予支持。对于新能源公司提出的要求奥普卫厨公司在全国性媒体上刊登声明消除影响的诉讼请求，有利于消除侵权影响，恢复注册商标合法权利，一审法院予以支持。据此，依照商标法第三条第一款、第五十二条第（一）项、第五十六条第三款、商标民事案件司法解释第九条第二款、第十条，《中华人民共和国民事诉讼法》（以下简称民事诉讼法）第六十四条之规定，一审法院判决：一、杨艳和奥普卫厨公司立即停止侵犯涉案商标专用权的行为；二、奥普卫厨公司赔偿新能源公司和凌普公司损失人民币 10 万元；三、奥普卫厨公司就本案所涉侵权事项在《中国消费者报》刊登启事一次，消除影响；四、驳回新能源公司和凌普公司的其他诉讼请求。案件受理费 47040 元，由新能源公司承担 38240 元，奥普卫厨公司承担 880 元。

新能源公司、凌普公司、奥普卫厨公司、杨艳均不服一审判决，在法定期限内向江苏省高级人民法院提起上诉。

新能源公司、凌普公司的主要上诉理由为：一审判决有关商标侵权认定，以及停止侵权、消除影响的判决部分事实认定及适用法律正确，但是赔偿责任部分，适用法律不当，理由如下：1. 新能源公司和凌普公司所提供的证据足以证明其曾就奥普卫厨公司的商标侵权行为进行行政投诉，南京市工商行政管理机关也已责令奥普卫厨公司改正。但奥普卫厨公司仍然继续实施并扩大侵权行为，主观恶意明显，属于故意侵权。2. 奥普卫厨公司侵权时间长，销售范围广，侵权获利巨大，给新能源公司和凌普公司造成了严重的损失。故请求依法改判支持新能源公司和凌普公司关于损害赔偿的诉讼请求；一、二审诉讼费用均由奥普卫厨公司承担。

奥普卫厨公司、杨艳的主要上诉理由为：1. 被控侵权商标的使用不会造成相关公众的混淆误认，系合理、合法地使用，因此奥普卫厨公司和杨艳的行为并不构成商标侵权。2. 判决奥普卫厨公司和杨艳承担损害赔偿和消除影响的法律责任没有事实基础，奥普卫厨公司和杨艳并未侵害新能源公司和凌普公司的商标权，也未造成损害或影响其商誉。请求依法撤销一审判决，并判决依法驳回新能源公司和凌普公司的所有诉讼请求，或者将本案发回重审。

江苏省高级人民法院二审查明：

涉案商标仍处于有效期内；奥普卫厨公司、杨艳确认其在金属扣板上使用的“AUPU 奥普”标识与涉案注册商标近似；新能源公司为本案支付律师代理费人民币 20 万元。另查，凌普公司在二审法院审理过程中撤回上诉并放弃在本案中提出的全部诉讼请求，二审法院予以准许。

江苏省高级人民法院二审认为：

一、奥普卫厨公司在其生产和销售的金属吊顶扣板使用“AUPU 奥普”标识的行为、杨艳销售使用“AUPU 奥普”标识的金属吊顶扣板的行为构成对新能源公司涉案商标专用权的侵犯，其应当承担相应的民事责任。奥普卫厨公司、杨艳对其在金属扣板上使用了被控侵权标识以及被控侵权标识与涉案商标近似没有异议，但认为该行为并不构成侵权，理由是其在金属吊顶扣板上使用“AUPU 奥普”标识系合法使用，不会造成相关公众的混淆误认。二审法院认为，奥普卫厨公司、杨艳的该上诉理由不能成立，理由是：新能源公司对涉案商标在第 6 类“金属毛巾架，金属固定毛巾分配器，金属建筑材料，家具用金属附件，金属锁（非电），五金家具，窗用金属附件，钉子，保险柜和金属箱”等商品上享有专用权。尽管奥普卫厨公司对新能源公司涉案商标专用权提出异议，请求商标评审委员会撤销涉案商标，但该争议已近 5 年未果。目前涉案商标属于有效商标，应当获得法律保护。同时，随着集成吊顶技术的出现，双方分别在不同类别的商品上拥有涉及奥普文字的注册商标，各自不规范使用的结果，引发了相对恶性的市场竞争，同时亦已引发了系列诉讼。为规范市场竞争秩序，保护消费者利益，双方都应规范使用自己的注册商标，不得跨入对方注册商标的领地。在本案中，奥普卫厨公司明知“AUPU 奥普”标识与涉案商标近似，仍然在其生产和销售的金属扣板上予以使用，构成对涉案商标专用权的侵犯。与涉案商标相比，奥普卫厨公司的电器类“奥普”注册商标具有较高的知名度，消费者将奥普卫厨公司生产、杨艳销售的被控金属扣板误认为来源于新能源公司的可能性较小，但将新能源公司生产销售的金属扣板误认为来源于奥普卫厨公司或认为二者之间存在某种关联的可能性较大。这必然会降低乃至于消灭涉案注册商标在消费者心目中的影响，妨碍新能源公司合法行使涉案商标专用权，对其合法利益造成损害。因此，奥普卫厨公司和杨艳关于其在金属扣板上使用“AUPU 奥普”标识不会造成相关公众的混淆误认，其不应当承担侵权责任的主张没有依据。

二、一审判决确定的赔偿额过低。如前所述，奥普卫厨公司的被控侵权行为必然会给新能源公司造成损失，但由于奥普卫厨公司并不存在“搭便车”或“攀附”新能源公司涉案商标商誉的事实，以奥普卫厨公司生产销售的金属扣板利润作为侵权赔偿的基础，并不合理；而新能源公司亦未举证证明其因侵权所遭受的具体损失数额。因此，本案只能适用法定赔偿，由人民法院依据奥普卫厨公司侵权行为的具体情形予以酌定。由于奥普卫厨公司的电器类“奥普”商标的知名度较高，新能源公司合法行使其涉案商标专用权因此而受到的压制必然较大，其因被控侵权行为遭受的损失必然也较大。该因素在酌定奥普卫厨公司承担的赔偿额时应予考虑，一审法院在酌定赔偿数额时对此未予考虑；再参考新能源公司为本案支出的维权成本，二审法院认为，一审法院确定的赔偿数额较低，应予纠正。

综上，新能源公司的上诉理由有一定合理性，一审判决确定赔偿数额应予适当调高。奥普卫厨公司和杨艳的上诉理由不能成立，其上诉请求应予驳回。同时，鉴于准许凌普公司撤回上诉并放弃一审全部诉讼请求，二审法院据此对一审判决应予维持的部分做出相应的调整。依照商标法第五十六条，民事诉讼法第一百七十条第一款第（二）项的规定，判决：一、维持一审判决第一、三项；二、变更一审判决第二项为：奥普卫厨公司赔偿新能源公司损失人民币 30 万元；三、变更一审判决第四项为：驳回新能源公司的其他诉讼请求；四、驳回奥普卫厨公司和杨艳的上诉。二审案件受理费人民币 47040 元，由奥普卫厨公司承担。

奥普卫厨公司向本院申请再审称：（一）一审、二审判决认定侵权的基本事实缺乏证据证明。首先，奥普卫厨公司被许可使用的第 1803772 号“AUPU”商标核定使用商品包括“浴室装置”，第 3338907 号“奥普”商标核定使用商品包括“浴室装置”。因此，奥普卫厨公司将注册商标“AUPU 奥普”标识同时使用在“浴顶装置”上的行为是合法的。其次，双方注册商标核定使用的商品既不相同也不类似。奥普卫厨公司生产、销售的第 11 类“卫生设备”群内的“浴顶装置”商品与涉案商标核定使用的第 6 类金属建筑材料、可移动金属建筑物群内的商品比较，二者既不相同也不类似。奥普卫厨公司生产、销售的“浴顶扣板”与涉案商标核定使用的商品“金属建筑材料”比较，两者商品既不相同也不类似。最后，双方注册商标标识构成近似，但相互的使用行为并不构成侵权。奥普卫厨公司同时使用“AUPU 奥普”注册商标在“浴室装置”之“浴顶装置”商品上，其使用行为并没有超越注册商标核定使用的商标和商品范围。据此，一审、二审判决认定奥普卫厨公司侵犯涉案商标专用权是错误的。（二）二审法院判令奥普卫厨公司赔偿新能源公司 30 万元损失并刊登启事消除影响是错误的。新能源公司请求赔偿的经济损失与奥普卫厨公司的行为之间不存在法律上的因果关系，奥普卫厨公司被许可使用的“奥普”商标为驰名商标，其使用行为并无主观过错，不应承担相应的赔偿责任。（三）新能源公司对涉案商标的使用亦会造成相关公众对商品来源的误认。“奥普”商号经杭州奥普电器有限公司和奥普卫厨公司的宣传和使用，已经成为区分商品来源的标识，并在相关公众和消费者之中形成了极高的知名度和认同感。涉案商标与奥普卫厨公司的第730979号和第1187759号“奥普”商标构成类似商品上的近似商标，凌普电器公司的行为使相关公众认为涉案商标核定使用的商品与杭州奥普电器有限公司或者奥普卫厨公司存在相当程度的联系，损害了“奥普”驰名商标的显著性。有必要对新能源公司使用涉案商标的行为进行限制，以消除对“奥普”驰名商标的淡化。（四）一审、二审判决侵害了杭州奥普电器有限公司的合法权益。首先，杭州奥普电器有限公司是第730979号和第1187759号“奥普”、第1803772号“AUPU”以及第3338907号“奥普”商标的注册人。其次，一审、二审判决部分剥夺了再审申请人奥普卫厨公司在其销售的“浴顶装置”商品继续使用“AUPU”商标和“奥普”商标标识的权利，不当限制了杭州奥普电器有限公司驰名商标“奥普”的保护范围。最后，一审、二审判决给当事人从事市场公平竞争造成了消极影响和经济损失。综上，奥普卫厨公司请求本院撤销一审、二审判决，提审本案并依法驳回新能源公司的诉讼请求，并判决禁止新能源公司使用其所有的注册商标中的“奥普”文字。2016年5月31日，奥普卫厨公司向本院书面申请放弃再审请求事项的第三项，即“判决禁止新能源公司使用其涉案商标中的‘奥普’文字”。并补充意见认为，被诉侵权标识与涉案商标核定使用商品不同，标识区别明显，二者均可以合法使用。

被申请人新能源公司陈述意见称：（一）奥普卫厨公司在涉案商品之外取得注册或授权的商标，无论该商标与其在涉案商品上使用的商标是否相同或近似，只要核定使用商品项目不包括涉案商品，该注册商标即不能成为其在涉案商品上合法使用的依据。（二）奥普卫厨公司在“浴霸”或其他商品上取得授权的注册商标的知名度不能成为其在本案中侵权行为的抗辩依据。即使奥普卫厨公司在“浴霸”或其他商品上的注册商标具有极高的知名度，也不能对抗在其他商品上已经取得注册的商标，亦不能构成“合理使用”的情形。（三）奥普卫厨公司对涉案商标合法性的争议不属于本案审理的范围，应当通过其他法律程序予以解决。只要涉案商标仍是有效注册商标，就应当受到法律保护。（四）本案被诉侵权商品为“金属扣板”，并非成套的集成吊顶或奥普卫厨公司所称的“浴顶”或“浴顶装置”，奥普卫厨公司所称“集成吊顶”、“浴顶”或其结构特征、国家标准等因素均不是本案应当考虑的内容。（五）本案一审、二审判决认定事实清楚、审理程序和适用法律得当，不符合民事诉讼法规定的应当再审的情形。奥普卫厨公司生产、销售的被诉侵权“浴顶”产品所使用的商标，与涉案商标构成使用在类似商品上的近似商标。被诉侵权商品并不在奥普卫厨公司注册商标的保护范围之内，奥普卫厨公司应就其擅自使用侵权标识的行为承担相应的法律责任。综上，新能源公司请求本院依法驳回奥普卫厨公司的再审申请。

被申请人凌普公司、杨艳未向本院提交书面答辩意见。

本院经审理查明：

原审法院查明的事实基本属实，本院予以确认。

在本院再审审查及提审过程中，奥普卫厨公司补充提交了十七组证据材料，其具体内容及新能源公司的质证意见为：

第一组：奥普公司所有的第1803772、3338907、8028178、6820615、6820616、8028178号等商标注册信息、变更信息及续展信息共6页。新能源公司认可其真实性、合法性，但不认可其关联性，主要理由为上述商标核定使用的商品与本案被诉侵权商品“金属扣板”的商品范围不同。

第二组：新能源公司所有的第1737521号商标注册、续展、转让、许可使用信息共68页。新能源公司认可该组证据的真实性、合法性和关联性。

第三组：《类似商品和服务区分表》、《国家计委、财政部关于商标业务收费标准的通知》等共74页。新能源公司认可该组证据的真实性、合法性及关联性。

第四组：杭州奥普电器有限公司、奥普卫厨公司企业登记注册、变更等信息复印件共85页。新能源公司认可该组证据的真实性、合法性及关联性。

第五组：奥普卫厨公司及其关联企业质量体系认证证书、获奖证书等复印件共15页。新能源公司对该组证据的真实性、合法性及关联性均不予认可，并认为该组证据中的通风、取暖等商品与本案被诉侵权商品无关。

第六组：中国行业信息发布中心统计调查信息证明等复印件共24页。新能源公司对该组证据的真实性、合法性及关联性均不予认可，认为上述证据与本案不存在关联性。

第七组：第628339号、第851581号发明专利证书复印件共2页。新能源公司认可该组证据的真实性、合法性，但不认可关联性，认为奥普卫厨公司的产品是否获得专利授权与本案争议无关。

第八组：奥普卫厨公司“浴顶”产品宣传资料复印件共137页。新能源公司认可该组证据的真实性、合法性，但认为证明目的不明确。

第九组：其他品牌吊顶产品复印件共17页。新能源公司对该组证据的真实性、合法性及关联性均不认可，并认为案外人的产品宣传情况与本案无关。

第十组：新能源公司实际使用涉案第1737521号商标宣传材料复印件共61

页。新能源公司认可该组证据的真实性、合法性，但不认可关联性，并认为本案的争议焦点在于奥普卫厨公司的行为是否构成侵权，与新能源公司的使用和宣传行为无关。

第十一组：部分法院裁判文书复印件等材料共63页。新能源公司认可该组证据的真实性、合法性，但不认可其证明效力，并认为上述案件的争议情况与本案纠纷并无关联性。

第十二组：奥普浴顶销售服务商授权合同复印件共13页。新能源公司对该组证据的真实性、合法性及关联性均不予认可，认为该合同中的当事人非本案当事人，与本案纠纷无关。

第十三组：奥普卫厨公司于2010年以前部分广告合同及广告费发票复印件共645页。新能源公司认为该组证据的产生时间在本案终审判决作出之前，不应作为再审程序中的新证据。此外，该组证据同样是为了证明“奥普”商标在浴霸商品上的较高知名度，新能源公司对此并无异议，该组证据仅是进一步佐证了已经被原审法院认定的事实。

第十四组：北京零点市场调查有限公司的调查报告、奥普卫厨公司2006年、2008年及2009年年报部分材料共131页，为证明“奥普”商标具有的市场声誉及消费者的混淆可能性。新能源公司对该组证据的真实性、合法性及关联性均不予认可，认为该合同中的当事人非本案当事人，与本案纠纷无关。此外，根据调查报告的内容，恰好证明了反向混淆的成立。

第十五组：商评字（2015）第48255号裁定书、商评驰字（2015）22号通报、（2015）商标异字第9493号决定书，用以证明奥普卫厨公司的“奥普”系列商标具有较高的知名度，以及新能源公司另有核定使用在“金属天花板”商品上的“AOPU奥普”商标的事实。新能源公司对该组证据的真实性、合法性和关联性均予以认可。

第十六组：海盐县公证处（2009）盐证内字第4175号公证书，用以证明新能源公司在2006年5月使用“奥普”商标时，尚未取得注册商标专用权。新能源公司对上述证据的真实性、合法性及关联性均认可，认为可以证明新能源公司对涉案商标持续使用的事实。

第十七组：《家用和类似用途多功能吊顶装置》、《金属及金属复合材料吊顶板》等国家标准，用以证明金属吊顶板的定义。新能源公司对该组证据的真实性、合法性予以认可，但不认可其关联性，且认为该证据足以证明被诉侵权商品与“金属建筑材料”构成类似商品。

新能源公司在再审审查过程中提交了一份证据，内容为视频截图及网页打印件共13页。该视频的主要内容为中央电视台财经频道《经济半小时》栏目于2015年3月27日播出的关于中国行业企业信息发布中心贩卖虚假行业排名的报道，为证明奥普卫厨公司提供的由该信息中心发布的企业排名信息的来源不合法。

对于双方当事人补充提交的上述证据，本院认证意见如下：对于奥普卫厨公司提交的第一组、第二组、第四组证据，主要涉及奥普卫厨公司及其关联公司企业登记注册的相关情况、奥普卫厨公司“奥普”系列商标的注册情况，新能源公司对上述证据的真实性并无异议，且上述事实在原审判决中亦有涉及，本院对此予以采信。奥普卫厨公司提交的第三组、第十七组证据系国家有关部门的文件资料，本院对其真实性予以确认，在本案中具有参考作用。奥普卫厨公司提交的第五组至第九组证据，主要涉及奥普卫厨公司获得发明专利权、奥普卫厨公司的产品宣传资料、其他品牌的产品宣传资料等内容，上述证据与本案争议焦点问题缺乏必要的关联性，新能源公司亦对此提出异议，本院对此不再予以采信。第十组、第十六组证据涉及新能源公司对涉案商标的使用情况，第十二组至第十四组、第十六组涉及奥普卫厨公司的实际经营情况，上述证据与本案的争议焦点亦缺乏必要的关联性，本院不再予以采信。第十一组、第十五组证据为部分法院裁判文书及商标行政审查程序的相关文书，新能源公司对其真实性未予否认，在本案中具有参考作用。对于新能源公司补充提交的视频截图等相关证据，系作为奥普卫厨公司提交的第六组证据的反驳证据使用，因上述证据与本案均不具有关联性，故本院对此均不予采信。

本院另查明，涉案商标由瑞安市奇彩贸易有限公司于2001年3月27日申请注册，于2002年3月28日获准注册，经续展后的专用权期限至2022年3月27日，核定使用商品为第6类“金属建筑材料；金属毛巾架；金属固定毛巾分配器；家具用金属固件；金属锁（非电）；五金器具；窗用金属附件；钉子；保险柜；金属箱”。2004年12月28日，该商标经核准转让至涂秀平，2009年8月7日经核准转让至新能源公司，2013年6月13日经核准转让于云南奥普伟业金属材料有限公司与新能源公司共有，2015年5月28日经核准转让于新能源公司。2009年10月14日，迅捷传媒有限公司以连续三年停止使用为由，对第1737521号商标提出撤销注册申请。商标评审委员会经审查，于2014年12月10日作出商评字〔2014〕第0000097616号撤销复审决定书，决定维持复审商标在“金属建筑材料”一项商品上的注册，撤销复审商标在其余商品上的注册。杭州奥普电器有限公司2009年11月6日以第1737521号商标违反商标法第九条、第十条第一款第（八）项、第十三条、第四十一条第一、二款规定为由，请求商标评审委员会对该商标予以撤销。商标评审委员会于2015年7月14日作出商评字〔2015〕第0000048255号《关于第1737521号“奥普 aopu”商标无效宣告请求裁定书》，对争议商标的注册予以维持。目前该裁定仍在北京知识产权法院的司法审查程序当中，尚未有判决结论。2015年6月30日，商标评审委员会认定杭州奥普电器有限公司使用在第11类热气淋浴装置、浴用加热器商品上的“奥普”注册商标为驰名商标。

再查明，北京市第二中级人民法院于2011年12月20日作出的（2011）二中民初字第18727号判决中有如下认定：杭州奥普电器有限公司在第11类照明、取暖和排风一体机、浴用加热器等商品上注册的“奥普”商标为驰名商标。凌普公司在第6类金属扣板商品以及商品包装箱上使用“奥普集成吊顶”、“奥普AOPU”、aopu 奥普的行为，与其注册商标标识有较大变化，改变了商标的显著特征。虽然被控侵权商品金属扣板属于第6类，杭州奥普电器有限公司的商标核定使用在第11类商品上，但杭州奥普电器有限公司的“奥普”商标具有较强的显著性和较高的知名度，凌普公司在第6类金属扣板上使用与之相同、相近似的标识，仍然会吸引相关公众的注意力，使他们误认为该商品来自于杭州奥普电器有限公司或者与其具有相当程度的联系，从而削弱了“奥普”商标的显著性，误导了公众，侵犯了杭州奥普电器有限公司的注册商标专用权。据此，北京市第二中级人民法院判决凌普公司等立即停止侵权行为、消除影响并赔偿杭州奥普电器有限公司经济损失十五万元。

本院认为，本案的争议焦点问题是：二审判决认定奥普卫厨公司、杨艳的行为构成侵害新能源公司的注册商标专用权，并判决奥普卫厨公司承担赔偿经济损失和消除影响的民事责任是否正确。

根据已经查明的事实可知，涉案商标为新能源公司在本案中主张权利的基础，经商标撤销复审程序，目前仅保留“金属建筑材料”一项核定使用商品。新能源公司认为，由奥普卫厨公司生产、杨艳销售的金属扣板商品上标注有“AUPU奥普®”及“AUPU”标识，该行为构成对新能源公司涉案商标权的侵害。对此本院认为，商标法第五十二条规定，未经商标权人的许可，在同一种或者类似商品上使用与注册商标相同或者近似商标的，构成侵害商标权的行为。对于在被诉侵权产品之上使用“AUPU奥普®”及“AUPU”标识，是否构成对涉案商标权的侵害，本院评述如下：

首先，关于新能源公司在本案中主张权利的基础。基于知识产权保护激励创新的目的，知识产权的保护范围和强度要与特定知识产权的创新和贡献程度相适应。只有使保护范围、强度与创新贡献相适应、相匹配，才能真正激励创新、鼓励创造。对于商标权的保护强度，应当与其应有的显著性和知名度相适应。具体到本案而言，涉案商标由中文文字和拼音两部分组成，其中的中文文字“奥普”为臆造词，具有较强的固有显著性，且与杭州奥普电器有限公司、奥普卫厨公司的商号完全一致。根据原审法院查明的事实，“奥普”文字商标早在1995年即已由奥普卫厨公司的关联企业核准注册在第11类商品之上。2001年6月，“奥普”商标已经被评为杭州市著名商标。此后，“奥普”商号被认定为浙江省知名商号，“奥普”系列商标先后被评为浙江省著名商标，并被司法裁判认定为驰名商标。因此，至涉案商标申请日之前，经杭州奥普电器有限公司、奥普卫厨公司及其关联企业的使用，“奥普”系列商标已经在与涉案商标核定使用的“金属建筑材料”商品关联程度很高的浴霸等电器商品上具有了较高的知名度。而与此相比，新能源公司在受让涉案商标后，主要通过许可凌普公司使用的方式对涉案商标进行使用。但本案证据显示，凌普公司在对涉案商标进行使用的过程中，多次因不规范使用或突出使用“奥普”文字等行为，受到工商行政管理部门的处罚或被司法机关认定为不正当竞争行为，而其商誉攀附的对象，正是在市场中已经具有较高知名度的奥普电器产品。作为对凌普公司的使用行为负有监督职责，且与凌普公司作为共同原告提起本案诉讼的新能源公司，对凌普公司的上述行为应当是清楚的。因此，新能源公司在本案中并未提交证据证明，其已经通过正当的使用行为，使涉案商标产生了足以受到法律保护的显著性和知名度。由此可见，涉案商标中的“奥普”文字的显著性和知名度，实际上来源于奥普卫厨公司及其关联企业的使用行为。涉案商标虽然在“金属建筑材料”上享有注册商标专用权，但对该权利的保护范围和保护强度，应当与新能源公司对该商标的显著性和知名度所作出的贡献相符。

其次，关于被诉侵权标识的使用方式是否会导致市场混淆的后果。根据原审法院查明的事实，从杭州奥普电器有限公司享有在先权利的情况来看，除在第11类“浴室装置”等商品上拥有的“奥普”及“AUPU”注册商标之外，杭州奥普电器有限公司在第6类“建筑用金属板、金属隔板（建筑）”上还拥有“1+N”、“1+N浴顶”注册商标，在第11类“浴室装置”等商品上拥有“1+N”、“1+N

浴顶”、“浴顶”等注册商标。上述商标的核准注册日期均早于本案被诉侵权行为发生的时间。从被诉侵权产品的销售场所来看，新能源公司公证购买被诉侵权产品的行为发生在奥普卫厨公司经销商的门店之中。在该门店的招牌上，以突出的方式使用了“奥普”及“1+N浴顶”字样。从被诉侵权产品对标识的使用情况来看，在被诉侵权产品的外包装上，除标注有“产品名称：普通扣板”之外，还清晰地标明了生产商奥普卫厨公司企业名称的全称、“1+N浴顶”、“浴顶”的商标图样。在拆开外包装后，可看到扣板侧面同时标注有“AUPU奥普®”、“1+N浴顶”以及奥普卫厨公司企业名称的全称。由此可见，被诉侵权产品的销售地点为奥普卫厨公司的正规销售门店，该门店之上突出标注了奥普卫厨公司的字号及注册商标。被诉侵权产品的外包装和产品本身均清晰标注了奥普卫厨公司企业名称的全称及杭州奥普电器有限公司在第6类商品上拥有的“1+N浴顶”等其他注册商标，据此，一般消费者凭借奥普卫厨公司在销售场所和被诉侵权商品上标注的上述信息，已足以实现对商品来源的清晰区分，不会导致误认被诉侵权产品来源于新能源公司的结果，亦不会产生攀附新能源公司对涉案商标享有的商业信誉的损害后果。需要指出的是，商标法所要保护的，是商标所具有的识别和区分商品及服务来源的功能，而并非仅以注册行为所固化的商标标识本身。因此，商标标识本身的近似不是认定侵权行为是否成立的决定性因素，如果使用行为并未损害涉案商标的识别和区分功能，亦未因此而导致市场混淆的后果，该种使用行为即不在商标法所禁止的范围之中。据此，奥普卫厨公司使用被诉侵权标识的行为不构成对涉案商标权的侵害，在此基础上，杨艳销售被诉侵权产品的行为亦不构成侵权行为。一审、二审法院对此认定有误，本院予以纠正。

综上所述，综合考虑涉案商标的显著性和知名度、被诉侵权标识的使用引发市场混淆的可能性、被诉侵权标识在产品之上的实际使用情况等因素，奥普卫厨公司在被诉侵权产品之上使用“AUPU奥普®”及“AUPU”标识的行为不构成对涉案商标权利的侵害。在此基础上，杨艳销售带有被诉侵权标识产品的行为，亦不构成侵权行为。二审判决认定事实和适用法律均有错误，本院予以纠正。鉴于凌普公司在二审期间已经放弃其对本案的全部诉讼请求，二审法院亦已准许，故本院不再对其所提诉讼请求的部分予以审查和处理。依据《中华人民共和国商标法》第五十二条、第五十六条，《中华人民共和国民事诉讼法》第十三条、第一百七十条第一款第（二）项、第二百零七条之规定，本院判决如下：

一、撤销江苏省高级人民法院（2011）苏知民终字第0143号民事判决；

二、撤销江苏省苏州市中级人民法院（2010）苏中知民初字第0312号民事判决；

三、驳回浙江现代新能源有限公司的全部诉讼请求。

本案一审案件受理费47040元，二审案件受理费47040元，均由浙江现代新能源有限公司负担。

本判决为终审判决。

审 判 长 周 翔
审 判 员 秦元明
代理审判员 佟 姝
二〇一六年六月二十五日
书 记 员 张 博

7. 注册商标的保护与被诉侵权商品商标知名度的关系

——再审申请人曹晓冬与被申请人云南下关沱茶（集团）股份有限公司侵害商标权纠纷案

【裁判要旨】

注册商标作为一项标识性民事权利，商标权人不仅有权禁止他人在相同类似商品上使用该注册商标标识，更有权使用其注册商标标识，在相关公众中建立该商标标识与其商品来源的联系。相关公众是否会混淆误认，既包括将使用被诉侵权标识的商品误认为商标权人的商品或者与商标权人有某种联系，也包括将商标权人的商品误认为被诉侵权人的商品或者误认为商标权人与被诉侵权人有某种联系。

【关键词】

商标　侵权　知名度　商品来源　混淆误认

【案号】

最高人民法院（2017）最高法民再273号

【基本案情】

在再审申请人曹晓冬与被申请人云南下关沱茶（集团）股份有限公司（以下

简称下关沱茶公司）侵害商标权纠纷案中，曹晓冬起诉下关沱茶公司，称该公司生产的茶产品侵犯了曹晓冬注册取得的第5492697号“金戈铁马”注册商标专用权（即涉案商标）。下关沱茶公司在其生产的金印系列产品包装上使用了“甲午金戈铁马铁饼”字样，字体为简体字，其中“甲午”及“铁饼”字体较小，而“金戈铁马”四字字体较大，在“金戈铁马”四字旁边还配有一匹呈现奔跑状态的马的图案。同时，下关沱茶公司在其生产的上述茶饼的内、外包装上均标注有“松鹤延年”注册商标和“下关沱茶”字样，并在内、外包装上标注有下关沱茶公司名称。云南省昆明市中级人民法院一审判决下关沱茶公司停止侵权行为并赔偿经济损失20万元。下关沱茶公司不服，提起上诉。云南省高级人民法院二审认为：从商标的知名度和显著性来看，下关沱茶公司提交的一份“中华老字号”认定书可以证实，该公司在被诉侵权商品上使用的“下关沱茶”商标，已经被国家商务部认定为“中华老字号”；而曹晓冬没有提交任何证据证明涉案商标获得过能表示其知名度的国家权威机构的认证。二审法院由此推断，被诉侵权商品上所使用的“下关沱茶”商标的知名度，远远高于涉案商标的知名度，被诉侵权商品没有必要攀附涉案商标来提高自己的知名度。而且涉案商标所使用的“金戈铁马”四字，在文学作品中经常出现，相关公众即使注意到被诉侵权商品上的这四个字，也不会将被诉侵权商品当然地与涉案商标的商品联系在一起，更不会当然地误认为二者都是曹晓冬或者曹晓冬所授权的公司生产的商品。遂判决撤销一审判决，驳回曹晓冬的全部诉讼请求。曹晓冬不服，向最高人民法院申请再审。最高人民法院裁定提审，并于2017年9月20日判决撤销二审判决，维持一审判决。

【裁判意见】

最高人民法院提审认为：首先，商标作为一种区分商品或者服务来源的标识，其基本属性是其标识性。金戈铁马虽然是文学作品中的常见词汇，但其注册使用在第30类茶、蜂蜜、糖、咖啡等商品上具有显著性，能够发挥识别商品来源的作用。其次，人民法院认定事实应当是在审查当事人提供证据的基础上进行审查判定，而非进行简单推断。即使根据案件优势证据需要对当事人的相关意图进行推断时，也须结合相关证据认定的事实进行。根据一审法院查明的事实，曹晓冬第5492697号“金戈铁马”商标注册时间早于下关沱茶公司的“松鹤延年”（第6209882号）和“下关沱茶”商标（第12201774号）注册时间；曹晓冬于2009年8月16日许可云南金戈铁马茶业有限公司使用其注册商标，而下关沱茶公司生产被诉侵权商品系2014年，也晚于曹晓冬注册商标的使用时间；第5492697号

“金戈铁马”注册商标在多款茶叶上使用，并已形成了一定的市场份额，具有一定的消费群体。在没有证据证明“下关沱茶”商标具有更高知名度的情况下，原审此推断并无事实依据。最后，即使下关沱茶商标较本案诉争商标具有更高的知名度，原审法院认定被诉侵权商品没有必要攀附涉案商标来提高自己的知名度有一定的可能性，但该推断也忽视了注册商标作为一项标识性民事权利的权能和作用，商标权人不仅有权禁止他人在相同类似商品上使用该注册商标标识，更有权使用其注册商标标识其商品或者服务，在相关公众中建立该商标标识与其商品来源的联系。相关公众是否会混淆误认，既包括将使用被诉侵权标识的商品误认为商标权人的商品或者与商标权人有某种联系，也包括将商标权人的商品误认为被诉侵权人的商品或者误认为商标权人与被诉侵权人有某种联系，妨碍商标权人行使其注册商标专用权，进而实质性妨碍该注册商标发挥识别作用。因此，如果认为被诉侵权人享有的注册商标更有知名度即可以任意在其商品上使用他人享有注册商标的标识，将实质性损害该注册商标发挥识别商品来源的基本功能，对该注册商标专用权造成基本性损害。二审法院以被诉侵权商品自有商标知名度高为由认定不构成侵犯涉案商标专用权，认定事实和适用法律均有不当，予以纠正。

中华人民共和国最高人民法院民事判决书

（2017）最高法民再273号

再审申请人（一审原告、二审被上诉人）：曹晓冬，男，汉族，1962年10月31日生，住云南省昆明市五华区××××。

委托诉讼代理人：王静波，云南方中律师事务所律师。

被申请人（一审被告、二审上诉人）：云南下关沱茶（集团）股份有限公司。住所地：云南省大理市下关镇建设西路13号。

法定代表人：褚九云，该公司总经理。

委托诉讼代理人：陈夷，云南观唐律师事务所律师。

再审申请人曹晓冬因与被申请人云南下关沱茶（集团）股份有限公司（以下简称下关沱茶公司）侵害商标权纠纷一案，不服云南省高级人民法院（2016）云民终738号民事判决，向本院申请再审。本院于2017年6月28日作出（2017）最高法民申2069号民事裁定，提审本案。本院依法组成合议庭审理了本案。本案现已审理终结。

曹晓冬申请再审称，一、被申请人在其茶叶生饼不管是外包装盒上还是盒内的茶饼上均使用“金戈铁马”四个大字，字体粗黑并且均是在明显位置，字体排列为竖立，虽然再审申请人注册的“金戈铁马”为繁体字，字体为横向排列，被申请人使用的简体字，根据我国的文化传统，对其意的理解是没有任何的区别，特别是用在同一商品的包装上一般公众足以认为是商品的商标名称。二审法院认为公众能够予以区别显然是错误的。二、二审法院认为从被控侵权商品的包装装潢整体来看，该包装上的“金戈铁马”四字放大突出，在装潢中也比较显著，但该标志只是用在了包装正面，外包装侧面和后面明确标注了下关沱茶公司的公司名称、地址，而且正面左上角用显著的红色印有下关沱茶公司自己的“下关沱茶”商标，因此，整体而言，相关公众从被控侵权商品包装装潢上，不会将被控侵权商品误认为是涉案商标的商品或者与该商品有特定联系。再审申请人认为二审法院无视公众的一般判断能力和思维习惯，在一个商品包装装潢的正面显著位置使用显著“金戈铁马”标识，足以让公众认为此商品与“金戈铁马”的商标有密切联系甚至认为“金戈铁马”就是该商品的商标。更何况被申请人销售的侵权商品是整盒和单饼均可，特别是单饼的包装“金戈铁马”四个大字更为明显突出。在互联网各官方网站只要输入“金戈铁马茶叶”六个字均会显示被申请人销售的侵权商品茶饼。二审法院仅对被申请人销售侵权产品外包装盒进行审查对其包装盒内茶饼包装是否侵权没有审查，足以导致认定事实的依据不够全面、具体，虽然被申请人在其销售的商品上标注“下关沱茶”的商标和公司地址，均不是在明显位置且图样较小，一般公众均不会予以足够的注意，商品由谁生产和商标的使用是两个不同的法律关系，不是被申请人免责的法定理由。根据《中华人民共和国商标法实施条例》（以下简称商标法实施条例）第七十六条在同一种商品或者类似商品上将与他人注册商标相同或者近似的标志作为商品名称或者商品装潢使用，误导公众的，属于商标法第五十七条第二项规定的侵犯注册商标专用权的行为。三、二审法院以商标知名度的大小来衡量受法律保护的程度违背法律面前人人平等的原则。商标是区分商品的标识也是商品的身份证，依法受法律的保护，申请再审人合法注册的“金戈铁马”商标，一经注册就平等地受到法律保护，其在文学作品和生活中使用法律不会干涉和禁止，再审申请人已依法将其注册商标，在商品上使用任何人、任何企业都要遵守《商标法》及其他法律法规的规定，不管是主观故意还是过失一旦客观上造成侵权均应依法承担侵权责任。这和注册商标的知名度大小没有必然的因果关系。综上所述，二审法院认定错误，请求本院依法予以纠正。

下关沱茶公司辩称，第一点，关于被申请人使用这个金戈铁马，它不是单独使用这四个字，而是甲午金戈铁马铁饼这几个字连在一起使用的。而且金戈铁马它是我国的一个成语它不具备独创性和显著性，这种注册商标不能排斥其他人使用商标。第二点，云南高院在判决书中也阐述了尽管读音和含义上有近似但是商标是文字和图形的组合，而且印在商品包装上，对于相关公众而言，二者在视觉效果方面的区别，造成影响更大，能够抵消读音和含义相同可能造成的混淆。从相关公众来看，对于申请人和被申请人的商品，其实一眼就能看出区别，不会把它们混淆。第三点，被申请人拥有自己的注册商标“下关沱茶”还有“松鹤延年”，被申请人的这些商标在被申请人的商品上都是有突出显示的。包括下关沱茶，它是有显著的红色标志，还有下关沱茶公司的产品地址。另外被申请人的商标下关沱茶是中华老字号，也是驰名商标。而且松鹤延年商标是云南省的著名商标，而申请人的金戈铁马除了商标注册证并没有其他的国家权威部门认证的知名度。也就是说，被申请的商品是没有必要攀附涉案的商标来提高自己的知名度的。而且金戈铁马在文学作品中很常见，即使相关公众注意到这四个字，也不会将两者联系，更不会误认这两种商品都是曹晓冬或者曹晓冬授权生产的商品。综上所述，这两个商标不相同也不近似而且更不会误导公众。

曹晓冬向一审法院起诉请求：1. 被告立即停止对原告享有的第 5492697 号第 30 类注册商标“金戈铁马”商标专用权的侵害，停止销售标有“金戈铁马”字样的所有侵权产品；2. 被告在省级媒体（报纸或电台）刊登声明公开道歉、消除影响；3. 被告赔偿原告损失 1260000 元人民币；4. 被告赔偿原告律师代理费及其他合理费用共计 63990 元；5. 本案诉讼费由被告承担。一审法院认定事实：2009 年 6 月 14 日，原告曹晓冬注册取得第 5492697 号注册商标，该商标系文字与图形组合商标，文字“金戈铁马”系横向排列繁体中文，在“金戈铁马”文字下面有一个树叶的图案。该商标核定使用商品为第 30 类：茶；蜂蜜；糖；咖啡；谷类制品；面粉制品；糕点；调味品；膨化水果片、蔬菜片；食用淀粉产品（截止），注册有效期限为 2009 年 6 月 14 日至 2019 年 6 月 13 日。被告下关沱茶公司分别于 2010 年 1 月 21 日、2014 年 9 月 7 日通过注册取得第 6209882 号、第 12201774 号注册商标，该两项商标分别为文字“松鹤延年” + 圆形 + 鹤的图案组成的组合商标和“下关沱茶”文字商标，该两项商标核定使用商品均为包括茶在内的第 30 类商品。2014 年（农历马年），被告在其生产的金印系列产品包装上使用了“甲午金戈铁马铁饼”字样，字体为简体字，其中“甲午”及“铁饼”字体较小，而“金戈铁马”四字字体较大，且位于茶饼外包装及内包装的显著位置，在“金戈铁马”四字旁边还配有一匹呈现奔跑状态马的图案。同时，被告在其生产的上述茶饼的内、外包装上均标注有“松鹤延年”注册商标和“下关沱茶”字样，并在内、外包装上标注有被告下关沱茶公司名称。2015年2月，原告的委托代理人王静波曾向被告发出《律师函》，载明：被告生产销售的“甲午·金戈铁马·铁饼”侵犯了原告的“金戈铁马”商标专用权，要求被告立即停止侵权、赔偿损失、赔礼道歉。原告认为，被告在其生产、销售的产品上使用了“金戈铁马”标志侵犯了原告的注册商标专用权，遂诉至法院。庭审中，被告虽不认可原告提交的在昆明购买被控侵权商品的发票的真实性，但被告认可被控侵权商品实物系被告生产，并认可在昆明有销售。

另查明，被告下关沱茶公司系成立于1995年3月14日的非上市股份有限公司，该公司主要从事茶叶生产销售。原告曹晓冬系云南金戈铁马茶业有限公司法定代表人，该公司成立于2007年2月6日，主要从事茶叶、农副土特产品等销售。2009年8月16日，曹晓冬与云南金戈铁马茶业有限公司签订《商标许可使用合同》，约定曹晓冬许可云南金戈铁马茶业有限公司在茶叶上使用第5492697号注册商标，许可期限自2009年6月14日至2019年6月14日止。云南金戈铁马茶业有限公司在景迈古树茶、景迈沱茶等多款产品上使用了第5492697号“金戈铁马”注册商标。2015年3月13日，案外人韩永国向国家工商行政管理总局商标局申请撤销曹晓冬第5492697号第30类“金戈铁马”商标的注册，后商标局认为韩永国申请撤销理由不能成立，于2015年12月4日决定驳回韩永国的撤销申请。

一审法院认为：本案的争议焦点是：一、被控侵权商品是否侵犯了曹晓冬对涉案商标所享有的商标专用权；二、如果构成侵权，被告应如何承担法律责任。《中华人民共和国商标法》（以下简称商标法）第五十七条规定，有下列行为之一的，属侵犯注册商标专用权：（一）未经商标注册人的许可，在同一种商品上使用与其注册商标相同的商标的；（二）未经商标注册人的许可，在同一种商品上使用与其注册商标近似的商标，或者在类似商品上使用与其注册商标相同或者近似的商标，容易导致混淆的……本案中，原告主张被告在同一种商品上使用了与其注册商标相同的商标；被告则辩称，“甲午金戈铁马铁饼”只是被告生产的系列产品的名称，并不是作为商标使用。对于被告使用“甲午金戈铁马铁饼”标志是否系作为商标性使用，一审法院认为，根据商标法第四十八条规定，本法所称商标的使用，是指将商标用于商品、商品包装或者容器以及商品交易文书上，或者将商标用于广告宣传、展览以及其他商业活动中，用于识别商品来源的行为。因此，识别性是商标的基本特性。本案被告使用“甲午金戈铁马铁饼”标志系使用在被控侵权商品的内、外包装上，并配以一匹呈现奔跑状态马的图案，同时在被控侵权商品内、外包装上均标注有“松鹤延年”注册商标和“下关沱茶”字样，因此，被告的使用仅是作为商品装潢的使用，并不是商标性使用。根据《中华人民共和国商标法实施条例》第七十六条规定，在同一种商品或者类似商品上将与他人注册商标相同或者近似的标志作为商品名称或者商品装潢使用，误导公众的，属于商标法第五十七条第二项规定的侵犯注册商标专用权的行为。经审查，原告第5492697号注册商标核定使用商品为第30类，包括茶、蜂蜜、糖、咖啡等，而被控侵权商品为茶类，与原告的注册商标核定使用商品属于同种商品。同时，将被告使用的标志与原告注册商标进行视觉效果比对，从商标的构成要素来看，原告的注册商标系文字与图形组合商标，文字“金戈铁马”系横向排列繁体中文，在“金戈铁马”文字下面有一个树叶的图案；而被告使用的“金戈铁马”字样为简体中文，且并未使用树叶的图案，故原告注册商标与被告使用的标志不相同。但两者构成要素中存在一定相似要素，被告虽然主张其对“甲午金戈铁马铁饼”标志系整体使用，但经审查“甲午”及“铁饼”字体较小，而“金戈铁马”四字字体较大，而且位于茶饼外包装及内包装的显著位置，且原告虽是文字与图形组合商标，但该文字“金戈铁马”在原告注册商标构成元素中更为显著，而被告突出使用“金戈铁马”四字，虽然字体不一样，但读音和字意是相同的，故而两者构成近似。

然而视觉效果上存在相似要素，并不必然导致侵权成立，根据商标法实施条例第七十六条的规定，在同一种商品上使用与其注册商标的近似的标志作为商品装潢使用，误导公众的才属于侵犯注册商标专用权的行为。同时，在认定是否容易导致混淆、误导公众时，除了考虑近似因素之外，还应当根据主张权利的商标和被诉侵权的标志的实际使用状况、使用历史、相关公众的认知状态等因素综合予以判定。本案中，首先，原告早于2009年6月14日就已经注册了第5492697号“金戈铁马”注册商标，而被告的“松鹤延年”和“下关沱茶”商标，分别注册于2010年、2014年，均晚于原告商标注册时间；其次，原告于2009年8月16日许可云南金戈铁马茶业有限公司使用其注册商标，而被告生产被控侵权商品系2014年，也晚于原告注册商标的使用时间；最后，云南金戈铁马茶业有限公司在多款茶叶上使用了第5492697号“金戈铁马”注册商标，并已形成了一定的市场份额，具有一定的消费群体，被告在被控侵权商品上突出使用“金戈铁马”标志，容易使相关公众产生混淆、误导。综上，被告在同一种商品上使用与原告涉案注册商标近似的标志作为商品装潢使用，误导公众，且该使用行为未经原告许可，故侵犯了原告的第5492697号“金戈铁马”注册商标专用权。

关于被告应如何承担法律责任的问题，根据《最高人民法院关于审理商标民事纠纷案件适用法律若干问题的解释》（以下简称商标若干问题解释）第二十一条第一款的规定，侵权成立的，可以判决停止侵害、赔偿损失、消除影响等民事责任。本案中，原告认为被告存在生产及销售行为，但庭审时原告明确只主张停止销售，对于该主张符合法律规定，应当予以支持。对于原告诉请要求被告在省级媒体刊登声明公开道歉、消除影响的主张，因侵犯商标权的行为主要是侵犯财产权，而本案被告生产的该产品只是在2014年生产，目前已经没有生产，其影响范围极为有限，判决停止销售已经足以使不良影响得到制止，故对该项请求，不予支持。对于赔偿损失的诉讼请求，被告辩称，因原告多年未使用其注册商标，即使构成商标侵权，被告也不应承担赔偿责任。对此，一审法院认为，原告提交的《商标许可使用合同》、相关茶叶产品等，能够证实原告许可他人使用其注册商标，故被告的抗辩主张不能成立。原告在本案中主张赔偿损失为126万元，原告认为被告发行被控侵权商品的数量为252000饼，每饼按5元的利润计算，合计126万元，但该主张缺乏事实依据，不予采信。根据商标法第六十三条第三款之规定，权利人因侵权所受到的实际损失、侵权人因侵权获得的利益、注册商标许可使用费难以确定的，由人民法院根据侵权行为的情节判决给予三百万元以下的赔偿，本案原告未能提交证据证明其实际损失或侵权人的非法所得及商标许可使用费不能确定，综合考虑涉案商标的知名度、被告侵权行为的性质、情节及被告的经营规模、原告为维权而支付的合理费用等因素，酌定被告赔偿原告经济损失共计人民币20万元。对于原告要求赔偿律师代理费及其他合理费用63990元，因在判定赔偿经济损失时已经予以考虑，故对该项请求不予支持。

一审法院判决：

一、云南下关沱茶（集团）股份有限公司立即停止销售标有“金戈铁马”标志的侵权商品；

二、云南下关沱茶（集团）股份有限公司于判决生效后十日内赔偿曹晓冬经济损失20万元；

三、驳回曹晓冬的其他诉讼请求。

下关沱茶公司不服一审判决，向云南高院提起上诉，上诉请求：撤销一审判决。其上诉事实和理由为：1. 曹晓冬是以下关沱茶公司在2014年生产的金印系列产品“甲午金戈铁马铁饼”的包装上使用了与曹晓冬的第5492697号“金戈铁马”商标完全相同的标识而认为下关沱茶公司构成侵权，但一审只认定二者构成近似而非相同，并在此基础上认定下关沱茶公司侵权，此举违反了我国民事审判中“不告不理”的原则；2. 下关沱茶公司在其“甲午金戈铁马铁饼”产品上的显著位置以鲜明色彩标注了该公司自己的注册商标及生产厂家名称，且该商标本身就是著名商标，而曹晓冬的商标缺乏显著性和知名度，相关公众不会把该公司的“甲午金戈铁马铁饼”产品的出处与曹晓冬的注册商标所标识的产品的出处相混淆，也不会误导公众，根据我国商标法律的相关规定，下关沱茶公司的“甲午金戈铁马铁饼”产品没有对曹晓冬构成侵权；3. 即使下关沱茶公司构成侵权，曹晓冬也没有证据证实其在起诉前三年生产销售过其注册商标所标识的商品，根据商标法律的相关规定，下关沱茶公司也无须赔偿曹晓冬的经济损失。二审法院认定的事实：二审中，下关沱茶公司提交一份商标局于2016年4月11日出具的《撤销连续三年不使用注册商标申请受理通知书》复印件，欲证实涉案商标自起诉前三年都未曾使用。经质证，曹晓冬确认该复印件与原件一致，并认可其真实性、合法性，但认为不能证明下关沱茶公司的观点，因为该通知书仅仅能证明下关沱茶公司的申请被受理，但商标局并没有对曹晓冬的商标是否连续三年未使用这一事实作出认定。二审法院经审查认为，这份通知书确实只能证明下关沱茶公司的申请被受理，其关于涉案商标“连续三年不使用”的撤销理由尚未被商标局确认，据此，对该通知书的证明力不予认可。对一审判决认定的事实，除下关沱茶公司坚持认为涉案商标在曹晓冬提起本案诉讼前连续三年均未使用以外，双方当事人对一审判决认定的其他事实没有异议，对此二审法院予以确认。关于涉案商标是否存在连续三年未使用的情形，二审法院经审查认为，曹晓冬向一审法院提交的商标局于2015年12月4日出具的《关于第5492697号第30类“金戈铁马”注册商标连续三年不使用撤销申请的决定》可以证明，2015年3月13日，案外人韩永国就以曹晓冬的涉案商标连续三年不使用为由，向商标局申请撤销。商标局经审查认为，曹晓冬提交的商标使用证据有效，能够证明涉案商标在2012年3月13日至2015年3月12日期间被使用，韩永国关于涉案商标连续三年未使用的理由不能成立，并据此驳回了韩永国的撤销申请。二审法院认为，商标局的上述认定已经证明涉案商标自 2012 年 3 月 13 日至 2015 年 3 月 12 日期间被使用，下关沱茶公司关于涉案商标自本案起诉前三年，即 2013 年 2 月 23 日至 2016 年 2 月 22 日期间未使用的抗辩不成立。

二审法院经审理认为本案的争议焦点如下：一、一审判决是否违反“不告不理”原则？二审法院认为，“不告不理”这一法律原则在民事诉讼中，主要是指法院只能就当事人提出的诉讼请求进行审理和判决，而不能超出当事人诉请的范围，对当事人没有提出的诉讼请求进行审理和判决，因此，不告不理是指当事人的诉讼请求而言，并不是指当事人提出诉讼请求所依据的事实和理由。本案中，曹晓冬以涉案商标“金戈铁马”权利人的身份，并以下关沱茶公司的相关行为对该商标构成侵权为由提起了侵权诉讼并提出相关侵权责任的诉讼请求，一审法院根据本案具体情况和相关法律规定，以不同于曹晓冬主张下关沱茶公司侵权的理由认定下关沱茶公司对曹晓冬构成侵权，即以下关沱茶公司的被控侵权商品的包装装潢所用标志与曹晓冬的“金戈铁马”注册商标构成“近似”，而非曹晓冬主张的“相同”为由，认定下关沱茶公司构成侵权，这一认定并未超出曹晓冬基于侵权指控而提出的诉讼请求。据此，二审法院认为一审判决并未违反“不告不理”原则。

二、下关沱茶公司是否对曹晓冬享有的“金戈铁马”注册商标专用权实施侵权行为？一审是以下关沱茶公司的被控侵权商品包装装潢使用的“金戈铁马”标志与曹晓冬的“金戈铁马”涉案商标构成近似，并认为这种近似容易使相关公众将被控侵权商品与曹晓冬的商标混淆，误导公众，故根据商标法实施条例第七十六条的规定，认定下关沱茶公司构成侵权。而下关沱茶公司认为被控侵权商品包装装潢上所使用的“金戈铁马”标志，与涉案商标“金戈铁马”既不相同，也不相似，而且也不会误导公众，因此不构成侵权。

二审法院认为，在商标侵权案件中，如何判断被控侵权商品所使用的商标或标志与权利人的注册商标构成相似，商标若干问题解释第九条第二款和第十条已作了明确规定。该解释第九条第二款规定，“商标法第五十二条第（一）项规定的商标近似，是指被控侵权的商标与原告的注册商标相比较，其文字的字形、读音、含义或者图形的构图及颜色，或者其各要素组合后的整体结构相似，或者其立体形状、颜色组合近似，易使相关公众对商品的来源产生误认或者认为其来源与原告注册商标的商品有特定的联系。”而对于比对的原则，该解释第十条规定，“人民法院依据商标法第五十二条第（一）项的规定，认定商标相同或者近似按照以下原则进行：（一）以相关公众的一般注意力为标准；（二）既要进行对商标的整体比对，又要进行对商标主要部分的比对，比对应当在比对对象隔离的状态下分别进行；（三）判断商标是否近似，应当考虑请求保护注册商标的显著性和知名度。”具体到本案，首先，将被控侵权商品包装装潢上所使用的“金戈铁马”标志，与涉案商标“金戈铁马”相比，二者在读音和含义上没有区别，但在视觉效果方面存在以下区别：1. 排列上，前者的“金戈铁马”四字是竖向排列，而查阅了曹晓冬向法院提交的其产品实物图片，发现涉案商标中的“金戈铁马”四字基本上是横向排列；2. 构图上，前者的主体画面是竖向的“金戈铁马”四字旁边有一匹奔马，后者则是横向的“金戈铁马”四字下面加一片树叶；3. 字形字体上，前者是简体字，后者则是繁体字，字形也有明显区别。根据上述比对的结果，二者虽然在读音和含义上相同，但由于涉案商标属于文字和图形组合商标，而且是印在商品包装上，对于相关公众而言，二者在视觉效果方面的区别造成的影响更大，换言之，二审法院认为二者在视觉方面存在的上述区别，能够抵消读音和含义相同可能造成的混淆或误导公众。其次，从被控侵权商品的包装装潢整体来看，该包装上的“金戈铁马”四字虽然被放大突出，在装潢中也比较显著，但该标志只是用在了包装正面，外包装侧面和后面明确标注了下关沱茶公司的公司名称、地址，而且正面左上角用显著的红色印有下关沱茶公司自己的“下关沱茶”商标，因此，整体而言，相关公众从被控侵权商品包装装潢上，不会将被控侵权商品误认为是涉案商标的商品或者与该商品有特定联系。最后，从商标的知名度和显著性来看，下关沱茶公司提交的一份“中华老字号”认定书可以证实，该公司在被控侵权商品上使用的“下关沱茶”商标，已经被国家商务部认定为“中华老字号”，而曹晓冬没有提交任何证据，证明涉案商标除获得注册以外，还获得过其他能表示其知名度的国家权威机构的认证，二审法院由此推断，被控侵权商品上所使用的“下关沱茶”商标的知名度，远远高于涉案商标的知名度，被控侵权商品没有必要攀附涉案商标来提高自己的知名度，而且涉案商标所使用的“金戈铁马”四字，在文学作品中经常出现，相关公众即使注意到被控侵权商品上的这四个字，也不会将被控侵权商品当然地与涉案商标的商品联系在一起，更不会当然地误认为二者都是曹晓冬或者曹晓冬所授权的公司生产的商品。

有鉴于此，二审法院认为被控侵权商品包装装潢上所用的标志，与涉案商标既不相似，也不相同，更不会误导公众，下关沱茶公司在其“金戈铁马”系列茶饼的包装装潢上使用“金戈铁马”标志，不属于商标法第五十七条第（二）项规定的侵犯曹晓冬注册商标专用权的行为，一审关于二者构成相似并误导公众，并据此作出下关沱茶公司构成侵权的认定错误，予以纠正。由于下关沱茶公司对曹晓冬不构成侵权，因此曹晓冬基于该侵权指控而要求下关沱茶公司承担相关侵权责任的诉讼请求也不应当得到支持。二审判决：撤销一审判决，驳回曹晓冬的全部诉讼请求。

本院认为，根据一、二审法院查明的事实并结合当事人的申请再审理由和答辩意见，本案的争议焦点是：被控侵权商品是否侵犯了曹晓冬对涉案商标所享有的商标专用权。

商标法第五十七条规定，有下列行为之一的，均属侵犯注册商标专用权：（一）未经商标注册人的许可，在同一种商品上使用与其注册商标相同的商标的；（二）未经商标注册人的许可，在同一种商品上使用与其注册商标近似的商标，或者在类似商品上使用与其注册商标相同或者近似的商标，容易导致混淆的……本案中曹晓冬第5492697号注册商标核定使用商品为第30类，包括茶、蜂蜜、糖、咖啡等，而被控侵权商品为茶类，与曹晓冬的注册商标核定使用商品属于同种商品。同时，将下关沱茶公司使用的标志与曹晓冬注册商标进行视觉效果比对，从商标的构成要素来看，曹晓冬的注册商标系文字与图形组合商标，文字“金戈铁马”系横向排列繁体中文，在“金戈铁马”文字下面有一个树叶的图案；而下关沱茶公司使用的“金戈铁马”字样为简体中文，且并未使用树叶的图案，故曹晓冬注册商标与下关沱茶公司使用的标志不相同。但两者构成要素中存在一定相似要素，下关沱茶公司虽然主张其对“甲午金戈铁马铁饼”标志系整体使用，但经审查，“甲午”及“铁饼”字体较小，而“金戈铁马”四字字体较大，而且位于茶饼外包装及内包装的显著位置。曹晓冬的注册商标虽是文字与图形组合商标，但该文字“金戈铁马”在曹晓冬注册商标构成元素中更为显著，而下关沱茶公司突出使用“金戈铁马”四字，虽然字体不一样，但读音和字意是相同的，故而两者构成近似，使用在同一种茶叶商品上易使相关公众产生混淆。二审法院关于“被控侵权商品包装装潢上所用的标志，与涉案商标既不相似，也不相同，更不会误导公众”的认定有误，本院予以纠正。

此外，原审法院推断“被控侵权商品上所使用的下关沱茶商标的知名度，远远高于涉案商标的知名度，被控侵权商品没有必要攀附涉案商标来提高自己的知名度”。关于该推断，本院认为，首先，商标作为一种区分商品或者服务来源的标识，其基本属性是其标识性。金戈铁马虽然是文学作品中的常见词汇，但其注册使用在第30类茶、蜂蜜、糖、咖啡等商品上具有显著性，能够发挥识别商品来源的作用，曹晓冬对该商标享有的注册商标权并不因该词汇常出现在文字作品中而与一般注册商标有所不同。其次，人民法院认定事实应当是在审查当事人提供证据的基础上进行审查判定，而非进行简单推断。即使根据案件优势证据需要对当事人的相关意图进行推断时，也须结合相关证据认定的事实进行。根据一审法院查明的事实，曹晓冬于2009年6月14日就已经注册了第5492697号“金戈铁马”注册商标，而下关沱茶公司的“松鹤延年”（第6209882号）和“下关沱茶”商标（第12201774号），分别注册于2010年、2014年，均晚于原告商标注册时间；曹晓冬于2009年8月16日许可云南金戈铁马茶业有限公司使用其注册商标，而下关沱茶公司生产被控侵权商品系2014年，也晚于曹晓冬注册商标的使用时间；云南金戈铁马茶业有限公司在多款茶叶上使用了第5492697号“金戈铁马”注册商标，并已形成了一定的市场份额，具有一定的消费群体。在没有证据证明“下关沱茶”商标（第12201774号）具有更高知名度的情况下，原审此推断并无事实依据。最后，即使下关沱茶商标较本案诉争商标具有更高的知名度，原审法院认定被诉侵权商品没有必要攀附涉案商标来提高自己的知名度虽有一定的可能性，但该推断忽视了注册商标作为一项标识性民事权利的权能和作用，其不仅有权禁止他人在相同类似商品上使用该注册商标标识，更有权使用其注册商标标识其商品或者服务，在相关公众中建立该商标标识与其商品来源的联系。相关公众是否会混淆误认，既包括将使用被诉侵权标识的商品误认为商标权人的商品或者与商标权人有某种联系，也包括将商标权人的商品误认为被诉侵权人的商品或者误认商标权人与被诉侵权人有某种联系，妨碍商标权人行使其注册商标专用权，进而实质性妨碍该注册商标发挥识别作用。因此，如果认为被诉侵权人享有的注册商标更有知名度即可以任意在其商品上使用他人享有注册商标的标识，将实质性损害该注册商标发挥识别商品来源的基本功能，对该注册商标专用权造成基本性损害。二审法院以被诉侵权商品自有商标知名度高为由认定不构成侵犯涉案注册商标专用权，认定事实和适用法律均有不当，本院予以纠正。

综上，下关沱茶公司未经许可，在同一种商品上使用与曹晓冬涉案注册商标近似的标识，容易导致相关公众混淆，侵犯了曹晓冬对第5492697号“金戈铁马”注册商标享有的注册商标专用权。二审判决认定涉案行为不属于商标法第五十七条第（二）项规定的侵犯曹晓冬注册商标专用权的行为，认定事实和适用法律均有不当，本院依法予以撤销。一审判决认定下关沱茶公司未经曹晓冬许可，在同一种商品上使用与曹晓冬的涉案商标近似的标志作为商品装潢使用，误导公众，该行为侵犯了曹晓冬对涉案商标所享有的商标专用权，认定事实清楚，适用法律正确，本院予以维持。

本院认为，曹晓冬的再审申请符合《中华人民共和国民事诉讼法》第二百条规定的情形，应予支持。依照《中华人民共和国民事诉讼法》第二百零七条第一款、第一百七十条第一款第（二）项规定，判决如下：

一、撤销云南省高级人民法院（2016）云民终738号民事判决；

二、维持云南省昆明市中级人民法院（2016）云01民初246号民事判决。

一审案件受理费16715.91元、二审案件受理费4300元，共计21015.91元，由云南下关沱茶（集团）股份有限公司负担。

本判决为终审判决。

审　判　长　王艳芳
审　判　员　杜微科
代理审判员　何　鹏
二〇一七年九月二十日
书　记　员　胡　凯

（二）商标正当使用的判断

8. 判断商标正当使用时对历史因素的考虑

——再审申请人狗不理集团有限公司与被申请人济南市大观园商场天丰园饭店侵犯商标专用权纠纷案

【裁判要旨】

商标正当使用不仅是对商标权排斥范围的限制，也是正确划定商标权的权利边界和维护正当的公众利益的关键所在。2009年，最高人民法院在个案裁决中进一步发展了判断商标正当使用应考虑的因素，并细化了商标正当使用行为的判断标准。在本案中，最高人民法院认为，判断使用他人注册商标的行为是否构成正当使用时，应当充分考虑和尊重相关历史因素；同时应根据公平原则，对使用行为作出必要和适当的限制。

【关键词】

商标　正当使用　历史因素　公平原则

【案号】

最高人民法院（2008）民三监字第10-1号

【基本案情】

在再审申请人狗不理集团有限公司（以下简称狗不理集团）与被申请人济南市大观园商场天丰园饭店（以下简称天丰园饭店）侵犯商标专用权纠纷案中，狗不理集团的前身于1994年10月7日注册了“狗不理”文字商标，核定服务项目为第42类，即餐馆、备办宴席、快餐馆、自动餐馆。1999年12月29日，该商标被认定为驰名商标。天丰园饭店开业日期为1973年，主营猪肉灌汤蒸包，并于1986年9月、11月增加“狗不理”猪肉灌汤包等经营项目。自20世纪80年代至今，天丰园饭店一直持续经营“狗不理”风味猪肉灌汤包。2005年4月，天丰园饭店经营的“狗不理猪肉灌汤包”经济南市贸易服务局、济南市饮食业协会评比，被认定为“济南名优（风味）小吃”。同年，“狗不理猪肉灌汤包”入选济南市消费者协会的《济南消费指南》。1990年8月出版的《济南老字号》一书记载济南的“狗不理”包子从20世纪40年代初开始经营，到1948年济南解放，一直畅销不衰。特别是济南解放后，天丰园饭店门前天天顾客盈门。天丰园饭店一直在其门口悬挂经营“狗不理”猪肉灌汤包的牌匾，其主打品牌也是“狗不理”猪肉灌汤包，还曾在一楼楼道口悬挂“狗不理”黑色牌匾三个字。2006年10月16日，狗不理集团提起诉讼，认为天丰园饭店的行为侵犯其“狗不理”注册商标专用权，请求判令天丰园饭店停止侵权，消除影响并赔偿损失。山东省济南市中级人民法院一审认为，天丰园饭店在济南这一特定地域经营“狗不理猪肉灌汤包”的历史由来已久，其未超出原有地域和服务项目，也未使用狗不理集团对于“狗不理”商标的特定书写方式，其使用“狗不理”介绍和宣传其以天丰园饭店名义经营的“狗不理包子”的行为，不构成侵犯“狗不理”服务商标专用权，遂判决驳回狗不理集团的诉讼请求。狗不理集团提起上诉。山东省高级人民法院二审认为，天丰园饭店使用“狗不理”文字作为其提供的一种菜品的名称，并在济南这一特定地域经营“狗不理猪肉灌汤包”的历史由来已久。天丰园饭店提供“狗不理猪肉灌汤包”这一食品，并非在狗不理集团商标注册并驰名后为争夺市场才故意使用“狗不理”三字，没有违背市场公认的商业道德，也不存在搭车利用“狗不理”服务商标声誉的主观恶意，属于在先使用。但天丰园饭店将“狗不理”三字用于宣传牌匾、墙体广告和指示牌，并且突出使用“狗不理”三字或将“狗不理”三字与天丰园饭店割裂开来使用的行为，容易使消费者混淆。为规范市场秩序，体现对“狗不理”驰名商标的充分保护，天丰园饭店不得在企业的宣传牌匾、墙体广告中等使用“狗不理”三字，但仍可保留狗不理猪肉灌汤包这一菜品。遂判决撤销一审判决，判令天丰园饭店停止在宣传牌匾、墙体广告等其他广告形式中使用“狗不理”三字进行宣传；驳回狗不理集团的其他诉讼请求。狗不理集团不服二审判决，向最高人民法院申请再审。最高人民法院于2009年2月5日裁定驳回其再审申请。

【裁判意见】

最高人民法院审查认为：考虑在狗不理集团公司注册“狗不理”服务商标之前，天丰园饭店持续使用“狗不理猪肉灌汤包”这一菜品名称的历史因素，天丰园饭店仍可保留“狗不理猪肉灌汤包”这一菜品名称，但根据公平原则，天丰园饭店不得作其他扩张性使用。

中华人民共和国最高人民法院民事裁定书

（2008）民三监字第10－1号

申请再审人（一审原告、二审上诉人）：狗不理集团有限公司。住所地：天津市和平区和平路320号。

法定代表人：张彦森，该公司董事长。

委托代理人：米阿前，天津市天金商标事务所所长。

委托代理人：魏显波，狗不理集团有限公司法务部长。

被申请人（一审被告、二审被上诉人）：济南市大观园商场天丰园饭店。住所地：济南市经四路纬二路大观园商场内。

法定代表人：方祖德，该单位经理。

委托代理人：李志超，济南市大观园商场天丰园饭店职工。

申请再审人狗不理集团有限公司（简称狗不理集团公司）因与被申请人济南市大观园商场天丰园饭店（简称天丰园饭店）侵犯商标权纠纷一案，不服山东省高级人民法院（2007）鲁民三终字第70号民事判决，向本院申请再审。本院依法组成合议庭进行调卷审查，并于2008年10月28日组织双方当事人进行了听证。狗不理集团公司的委托代理人米阿前、魏显波，天丰园饭店的委托代理人李志超到庭参加。本案现已审查终结。

狗不理集团公司申请再审称，原审法院认定事实错误，“狗不理”是其具有百年历史的服务商标，于1994年才得以注册并不是其自身原因，因此作为服务商标使用在先，天丰园饭店不存在“商品名称”使用在先及合法使用。驰名商标为客观事实，不以是否经认定为前提，原审法院以“保护在先权利，诚实守信”等原则，保护天丰园饭店商品名称，适用法律错误。侵权认定不应以是否具有恶意为前提。请求本院撤销原审判决，判令天丰园饭店赔偿经济损失26.5万元，并承担原审诉讼费用。

天丰园饭店辩称，原审法院关于其狗不理猪肉灌汤包这一商品名称的使用是善意而且使用在先的认定正确，适用法律正确，请求本院驳回狗不理集团公司的再审请求。

原审法院查明，1994年10月7日，天津狗不理包子饮食（集团）公司在国家工商行政管理局商标局注册了“狗不理”文字商标，注册号为第769005号，核定服务项目为第42类，即餐馆、备办宴席、快餐馆、自动餐馆。1999年12月29日，“狗不理”商标被国家工商行政管理局认定为驰名商标。2004年8月24日，该商标进行了续展核准，有效期至2014年10月6日。2005年4月8日，天津狗不理包子饮食（集团）公司变更为天津狗不理集团有限公司，并于2005年10月7日核准受让上述第769005号“狗不理”服务商标。

天丰园饭店开业日期为1973年，为全民所有制企业，主营猪肉灌汤蒸包。济南大观园商场于1986年9月12日向济南市一商局提交附设旅馆申请开业的报告称，天丰园饭店经翻建后，拟将一、二楼以经营狗不理包子为主，加炒菜和包办酒席。1986年11月7日，该商场又就天丰园饭店增加经营项目向济南市一商局进行请示，报告中称拟将一楼经营“狗不理”猪肉灌汤包，应时炒菜、便餐、米饭、水饺等。

1990年8月，济南出版社出版了由山东省政协文史资料委员会、济南市政协文史资料委员会编写的《济南老字号》一书。该书涉及“天丰园狗不理包子铺”，对于“狗不理”包子的由来、“狗不理”包子如何定居济南历下、“狗不理”包子的制作方法以及天丰园饭店的发展进行了介绍。其中记载，1943年，商人魏子衡在济南当时最繁华的地带大观园开设了一家饭店，名字叫“天丰园”，专营“狗不理”包子。他从天津聘请了以李文志为首的10名厨师，他们制作包子的方法和天津的“狗不理”包子是一脉相承的，选料、配料、制作方法都和天津的“狗不理”包子相同，因此，天丰园开业不久，“狗不理”包子就在济南叫了响。久而久之，天丰园饭店的名字渐渐为济南人所忽略，“狗不理包子铺”的名字反而成为家喻户晓的了。济南的“狗不理”包子从40年代初开始经营，到1948年济南解放，一直畅销不衰。特别是济南解放后，天丰园饭店门前天天顾客盈门。1956年公私合营后，天丰园饭店营业面积扩大，从业人员增加，营业额大幅度上升。现在，又在它的原址上盖起了新的营业大厅，发展成为一家大型的饭店了。

天丰园饭店曾于1999年向济南市工商行政管理局申请企业免检，在呈报的申请中显示，该企业以经营“狗不理”猪肉灌汤包闻名，在饮食业中属老字号。2005年4月，天丰园饭店经营的“狗不理猪肉灌汤包”经由济南市贸易服务局、济南市饮食业协会评比，认定为“济南名优（风味）小吃”。同年，“狗不理猪肉灌汤包”入选济南市消费者协会的《济南消费指南》。上述牌匾在其经营的二楼店堂内悬挂。天丰园饭店经营狗不理猪肉灌汤包的营业面积为123平方米左右，并分别与一楼的美洲加州牛肉面大王连锁店以及在北侧一、二楼经营的济南米力乃餐饮有限公司（简称米力乃公司）毗邻。

一审期间，济南市市中区人民政府大观园街道办事处、济南市市中区商业贸易局、济南市贸易局、济南市饭店协会均在关于天丰园饭店自40年代初开始持续经营“狗不理”风味猪肉灌汤包以及多次被评为济南名优风味小吃的证明材料上加盖了公章，济南市饮食业协会亦出具证明称，自80年代至今，天丰园饭店一直持续经营“狗不理”风味猪肉灌汤包，是济南市消费者喜欢的小吃，并被评为2005年的名优小吃。米力乃公司作为天丰园的相邻单位，出具证明称：其二楼“钛空仓”与天丰园饭店对门，共用一个楼道。自米力乃公司1991年成立以来，天丰园饭店一直在其门口悬挂经营“狗不理”猪肉灌汤包的牌匾，其主打品牌也是“狗不理”猪肉灌汤包，还曾在一楼楼道口悬挂一黑色牌匾上面有书法家武中奇书写的“狗不理”三个字。

狗不理集团公司分别于2006年4月、9月、11月对天丰园饭店经营狗不理包子场所拍摄的照片显示，天丰园饭店在其二楼南侧经营狗不理包子，并在一楼楼梯口、楼梯过道、二楼门口以及二楼窗外悬挂了带有“中华老字号 狗不理包子”、“中华小吃 狗不理欢迎您光临”、“济南名吃 天丰园狗不理包子”、“天丰园狗不理包子”字样的宣传牌匾、墙体广告和指示牌，在饭店使用的名片和价格单上，也出现了“狗不理传统名吃”和“中华名吃狗不理包子”的文字。

狗不理集团在第二次庭审中提交证据证明，其在第42类“包子”、第30类茶及代用品等商品上拥有文字和图形组合的“狗不理”商标的事实。

2006年10月16日，狗不理集团公司向济南市中级人民法院提起诉讼，认为天丰园饭店的行为侵犯其“狗不理”注册商标专用权，请求法院判令天丰园饭店停止侵权，消除影响，赔偿经济损失26.5万元，承担本案诉讼费用。

一审法院认为，本案争议焦点在于天丰园饭店在经营中使用有关“狗不理包子”等标识并进行宣传的行为，是否侵犯了狗不理集团公司的“狗不理”服务商标专用权。关于服务商标的保护，国家工商行政管理局1993年5月24日发布了《关于受理服务商标注册申请的通知》。1993年7月28日发布的《中华人民共和国商标法实施细则》第四十八条规定：“连续使用至一九九三年七月一日的服务商标，与他人在相同或者类似的服务上已经注册的服务商标（公众熟知的服务商标除外）相同或者近似的，可以依照国家工商行政管理局有关规定继续使用。”1994年8月12日，国家工商行政管理局下发了《关于服务商标继续使用问题的通知》，规定服务商标继续使用人不得扩大该服务商标的使用地域、不得增加该服务商标使用的服务项目、不得改变该服务商标的图形、文字、色彩、结构、书写方式等内容，但以同他人注册的服务商标相区别为目的而进行的改变除外、不得将该服务商标转让或者许可他人使用。如使用人违反规定，视为侵犯他人商标专用权。另该通知规定，按本通知可以继续使用的服务商标连续三年停止使用的，原使用人不得再继续使用。2002年8月公布的《中华人民共和国商标法实施条例》第五十四条将有关规定修改为：“连续使用至1993年7月1日的服务商标，与他人在相同或者类似的服务上已注册的服务商标相同或近似的，可以继续使用；但是，1993年7月1日后中断使用3年以上的，不得继续使用。”

本案天丰园饭店在济南这一特定地域经营“狗不理猪肉灌汤包”的历史由来已久。从有关记载看，自20世纪40年代即已在济南扎根。在1993年7月开始受理服务商标注册申请以前，天丰园饭店一直持续经营猪肉灌汤包，并使用“狗不理”这一词汇，作为其猪肉灌汤包风味来源的宣传介绍。在1993年7月前乃至其后的一段时期，虽然经营效益不稳定，但一直维系着“天丰园狗不理”猪肉灌汤包这一餐饮服务项目和特色，并使用“天丰园狗不理”作为区别于天津的“狗不理”的招牌。狗不理集团公司虽拥有“狗不理”这一服务商标，并承继了“狗不理”文字和图形组合商标在包子商品上的专用权，并将该商标扩展至茶、糖果、面包、豆制品、饮用品、食盐、咖啡、酱油、醋等几十种商品上，赋予了与狗不理有关的商标以新的内涵，但众所周知，“狗不理”猪肉灌汤包是源自天津的特色名吃，在其发展过程中，也集合了有关经营者共同的努力。狗不理集团公司虽然成为了有关商标的权利人，但其不能阻断以前所形成的既定事实和经营状态。从前述介绍的我国保护服务商标的特定背景和相关法律规定，主张天丰园饭店构成服务商标侵权成立的前提事实是，狗不理集团公司应当证明自1993年7月1日后，天丰园饭店存在中断使用3年以上的情况。尽管狗不理集团公司未从这一角度提起诉讼，但本案在查明有关事实后，这一前提必须成立，方能支持其主张。从另一角度看，天丰园饭店提交的相关证据材料，其经营的狗不理猪肉灌汤包于2005年还被评为济南的“名优（风味）小吃”以及消费者协会推荐品牌，从一个侧面也说明其经营处于一种持续的状态，并且其经营地域以及经营方式未发生改变。对于“狗不理”三个字的书写方式也与狗不理集团公司注册的“狗不理”商标不同。天丰园饭店也未以“狗不理 ”标识标记其提供的服务或包子。综上，天丰园饭店未超出原有地域和服务项目，也未使用狗不理集团公司对于“狗不理”商标的特定书写方式，因此，其使用“狗不理”介绍和宣传其以天丰园饭店名义经营的“狗不理包子”的行为，不构成侵犯“狗不理”服务商标专用权。依照《中华人民共和国民事诉讼法》第六十四条第一款、《中华人民共和国商标法》第五十一条、《中华人民共和国商标法实施条例》第五十四条之规定，于2007年4月17日以（2006）济民三初字第229号民事判决，驳回狗不理集团公司的诉讼请求。案件受理费8372元，由狗不理集团公司负担。

狗不理集团公司不服一审判决向山东省高级人民法院提起上诉。

二审法院认为，1993年7月1日之前，天丰园饭店关于“狗不理”的使用是其提供的一种商品名称的使用。而服务商标又称为服务标志，是各种服务行业的经营者为了将自己提供的服务与他人提供的服务区别开来而使用的一种专用标志，本案中“狗不理”是天丰园饭店提供的一种菜品、一个服务项目，区别天丰园饭店与其他饭店服务的标志是“天丰园”三字，而不是“狗不理”三字。因此天丰园饭店关于“狗不理”的使用不是天丰园饭店的服务标识，而仅是其提供的一种菜品的名称。

狗不理集团公司的注册商标与天丰园饭店的猪肉灌汤包商品名称客观上存在权利冲突，一种权利是商标权，另一种权利是商品名称权。但权利冲突的产生有其特定的历史背景和原因。天丰园饭店在济南这一特定地域经营“狗不理猪肉灌汤包”历史由来已久。天丰园饭店开业以来提供“狗不理猪肉灌汤包”这一食品，并非是在狗不理集团公司商标注册并驰名后为争夺市场才故意使用“狗不理”三字，并没有违背市场公认的商业道德，不存在搭他人便车利用“狗不理”服务商标声誉的主观恶意。其使用狗不理猪肉灌汤包这一商品名称是善意的，而且属于在先使用。但天丰园饭店将“狗不理”三字用于宣传牌匾、墙体广告和指示牌，并且突出使用“狗不理”三字或将“狗不理”三字与天丰园饭店割裂开来使用。考虑到“狗不理”是狗不理集团公司的驰名商标，这一商标显著性强，知名度高，已经与狗不理集团公司建立了唯一、特定的联系，普通消费者一看到“狗不理”三字就会与狗不理集团公司提供的餐饮服务联系到一起。天丰园饭店在宣传牌匾等使用“狗不理”三字，容易使消费者（不应仅局限于济南的老食客）产生天丰园饭店与狗不理集团公司存在“联营或狗不理集团公司开设分店”等某种特定联系的混淆。这种混淆不仅淡化了或有可能淡化“狗不理”这一驰名商标的显著性，而且还可能误导普通的消费者。因此，应当在充分考虑和尊重相关历史因素的前提下，根据“保护在先权利、维护公平市场竞争、遵守商业道德、诚实守信”的原则，公平合理地解决本案争议。为规范市场秩序，体现对“狗不理”驰名商标的充分保护，天丰园饭店不得在企业的宣传牌匾、墙体广告中等使用“狗不理”三字，但仍可保留狗不理猪肉灌汤包这一菜品。

知识产权民事纠纷案件中，关于损害赔偿责任的承担应以侵权人存有主观恶意、故意侵权为前提。本案事实充分表明天丰园饭店使用“狗不理”三字有其历史渊源，不存在侵权的主观恶意，因此天丰园饭店只需承担停止侵权的责任即可，不必再承担损害赔偿的民事责任。依据《中华人民共和国民事诉讼法》第一百五十三条第三款、《中华人民共和国商标法》第五十二条第五款［应为第（五）项，本院注］之规定，二审法院于2007年10月10日以（2007）鲁民三终字第70号民事判决，撤销一审判决，判令天丰园饭店停止在宣传牌匾、墙体广告等其他形式中使用“狗不理”三字进行宣传；驳回狗不理集团公司的其他诉讼请求。

本院审查查明，原审法院查明的事实基本属实。

本院另查明，2007年11月26日，天津狗不理集团有限公司变更为狗不理集团有限公司。

本院认为，本案争议的焦点是天丰园饭店使用“狗不理”商品名称是否侵犯狗不理集团公司的“狗不理”服务商标专用权。根据原审查明的事实，天丰园饭店提供“狗不理猪肉灌汤包”食品，有历史承袭演变的过程。除《济南老字号》一书作出相关记载外，济南市市中区人民政府大观园街道办事处、济南市市中区商业贸易局、济南市贸易局、济南市饭店协会均提供了关于天丰园饭店自40年代初开始持续经营“狗不理”风味猪肉灌汤包以及多次被评为济南名优风味小吃的证明材料。济南市饮食业协会也出具了相关证明。济南市大观园商场在关于天丰园饭店附设旅馆申请开业的报告中提出“拟将一、二楼以经营狗不理包子为主，加炒菜和包办酒席”，是就天丰园饭店翻建后扩大经营范围所作的申请，不能仅据此否认天丰园饭店此前使用“狗不理包子”作为菜品名称的事实。原审法院结合上述事实认定天丰园饭店使用“狗不理包子”具有历史承袭演变的过程，没有违背市场公认的商业道德，不存在搭他人便车利用“狗不理”服务商标声誉的主观恶意，并无不妥。**原审法院根据本案具体情况，考虑狗不理集团公司注册“狗不理”服务商标前，天丰园饭店持续使用“狗不理猪肉灌汤包”这一菜品名称的历史因素，判决天丰园饭店仍可以保留“狗不理猪肉灌汤包”菜品名称，但禁止其作其他扩张性使用，符合公平原则，适用法律并无不当。**

综上，狗不理集团公司的再审申请不符合《中华人民共和国民事诉讼法》第一百七十九条的规定，依据《中华人民共和国民事诉讼法》第一百八十一条第一款之规定，裁定如下：

驳回申请再审人狗不理集团有限公司的再审申请。

审　判　长　于晓白
审　判　员　夏君丽
审　判　员　殷少平
二〇〇九年二月五日
书　记　员　包　硕

9. 对描述性商标的正当使用的判断

——再审申请人漳州市宏宁家化有限公司与被申请人漳州片仔癀药业股份有限公司侵犯商标专用权纠纷案

【裁判要旨】

描述性商标由于其商标词汇本身具有描述性，无法直接起到区别商标来源的作用，其禁止他人使用的权利范围就受到较大的限制。根据商标法实施条例第四十九条的规定，注册商标中含有的本商品的通用名称、图形、型号，或者直接表示商品的质量、主要原料、功能、用途、重量、数量及其他特点，或者含有地名，注册商标专用权人无权禁止他人正当使用。在本案中，最高人民法院认为，当注册商标具有描述性时，其他生产者出于说明或客观描述商品特点的目的，以善意方式在必要的范围内予以标注，不会导致相关公众将其视为商标而导致来源混淆的，构成正当使用；判断是否属于善意、是否必要，可以参考商业惯例等因素。

【关键词】

商标　正当使用　描述性商标　商业惯例

【案号】

最高人民法院（2009）民申字第1310号

【基本案情】

在再审申请人漳州市宏宁家化有限公司（以下简称宏宁公司）与被申请人漳州片仔癀药业股份有限公司（以下简称片仔癀公司）侵犯商标专用权纠纷案中，片仔癀公司拥有在第3类牙膏、化妆品及第5类药品上的“片仔癀”及“PIEN TZE HUANG”的注册商标。1999年，使用在药品商品上的“片仔癀 PIEN TZE HUANG”商标被认定为驰名商标。宏宁公司生产、销售的“荔枝牌片仔癀珍珠霜（膏）”“片仔癀特效牙膏”等27种化妆品及日化用品，均将“片仔癀”作为其产品名称组成部分，并在包装装潢上突出使用“片仔癀”“PIEN TZE HUANG”，且其字体与片仔癀公司的注册商标基本相同。2007年4月20日，片仔癀公司起诉，请求判令宏宁公司立即停止侵权行为、公开赔礼道歉并赔偿损失。福建省漳州市中级人民法院一审认为，宏宁公司的行为侵犯了片仔癀公司的注册商标专用权。上诉后，福建省高级人民法院维持一审判决。宏宁公司不服二审判决，向最高人民法院申请再审。最高人民法院于2009年10月27日裁定驳回其再审申请。

【裁判意见】

最高人民法院审查认为：片仔癀是一种药品的名称，如果被控产品中含有片仔癀成分，生产者出于说明或客观描述商品特点的目的，以善意方式在必要的范围内予以标注，不会导致相关公众将其视为商标而导致来源混淆的，可以认定为正当使用。判断是否属于善意、是否必要，可以参考商业惯例等因素。宏宁公司如果是为了说明其产品中含有片仔癀成分，应当按照商业惯例以适当的方式予以标注，但是本案中，宏宁公司是在其生产、销售商品的包装装潢的显著位置突出标明“片仔癀”“PIEN TZE HUANG”字样，该标识明显大于宏宁公司自己的商标及其他标注，并且所采用的字体与片仔癀公司的注册商标基本一致。该种使用方式已经超出说明或客观描述商品而正当使用的界限，其主观上难谓善意，在片仔癀公司注册商标已经具有很高知名度的情况下，客观上可能造成相关公众产生对商品来源的混淆。宏宁公司关于其属于正当使用的主张不能成立。

中华人民共和国最高人民法院民事裁定书
（2009）民申字第1310号

申请再审人（一审被告、二审上诉人）：漳州市宏宁家化有限公司，住所地：福建省漳州市南山街。

法定代表人：林天成，经理。

委托代理人：祁爱莉，北京市天理律师事务所律师。

委托代理人：许桂雄，漳州市宏宁家化有限公司副经理。

被申请人（一审原告、二审上诉人）：漳州片仔癀药业股份有限公司，住所地：福建省漳州市上街。

法定代表人：冯忠铭，董事长。

委托代理人：蔡丽石美，福建漳州泾渭明律师事务所律师。

委托代理人：吴海斌，漳州片仔癀药业股份有限公司职员。

漳州市宏宁家化有限公司（简称宏宁公司）与漳州片仔癀药业股份有限公司（简称片仔癀公司）侵犯注册商标专用权纠纷一案，福建省高级人民法院于2008年7月28日作出（2008）闽民终字第266号民事判决，已经发生法律效力。2009

年9月9日，宏宁公司向本院申请再审。本院依法组成合议庭对本案进行审查，并于2009年10月14日组织双方当事人进行了询问。现已审查完毕。

宏宁公司申请再审称：1. 根据《中华人民共和国商标法》的规定，仅有本商品的通用名称不得作为商标注册，而片仔癀公司将既是通用名称又是药品主要原料的“片仔癀”注册为商标，宏宁公司已经向国家工商行政管理总局商标局（简称商标局）提出商标撤销申请，并已经被受理。2. 宏宁公司的使用行为不是商标意义上的使用，而是正当使用。其一，通用名称被注册为商标，也不能禁止他人使用该通用名称，宏宁公司仅仅是为了说明商品的主要原料，是正当使用。其二，宏宁公司并没有将片仔癀作为商标使用，只是在作为商品名称一部分的同时，标注了自己的商标“荔枝牌”。公众对该商品的区别是通过商标来实现的，并不构成对消费者的误导。3. 宏宁公司的股东漳州市家用化学品厂（简称家化厂）依法享有在先权。早在“片仔癀”商标核准授权日之前，家化厂就将“片仔癀”作为商品名称的一部分使用在自己生产的系列家化产品上，并多次获得有关部门的奖项和称号，是知名商品特有名称，家化厂享有在先权。而且家化厂委托他人设计产品的外包装，享有“片仔癀”三个字的著作权并支付了设计费。宏宁公司也提交证据证明家化厂在“片仔癀”被注册为商标之前就开始使用与现在一致的包装、装潢。4. 根据备案于工商局的宏宁公司的新章程，家化厂是用包括工业产权的净资产出资，二审法院关于出资方式的认定错误。家化厂的生产经营业务由宏宁公司承接，宏宁公司继续生产荔枝牌片仔癀珍珠霜等产品是合法的。5. 原审法院依据宏宁公司提供的产销情况表而认定宏宁公司的收益是错误。该统计表是工商局办案人员自行编制，并诱导经办人员陈茂德签字，是违法取证。而且利润计算公式不符合财务规定。一审法院无视该报表的合法性，二审法院一方面对宏宁公司要求进行审计的申请不予认可，另一方面却以没有充分证据为由驳回，显然不公平。综上所述，请求撤销（2008）闽民终字第266号民事判决，提审或指定下级人民法院再审本案。

片仔癀公司答辩称：1. “片仔癀”是药品名称，但并非药品通用名称，国家工商行政管理总局商标评审委员会（简称商标评审委员会）已经认定“片仔癀”在消费者中享有很高知名度，已经起到区别商品来源的商标作用。2. 宏宁公司未经片仔癀公司许可，在其生产、销售的化妆品和日用品中，将注册商标“片仔癀”文字作为产品名称的组成部分，并将与注册商标“片仔癀”、“PIEN TZE HUANG”标识完全相同的标识作为其商标装潢使用，不是所谓的正当使用，而具有明显“搭便车的意图”，在客观上足以使相关公众混淆商品的来源，侵犯了片仔癀公司注册商标专用权。3. 家化厂不享有任何在先权，也没有证据证明在“片仔癀”被注册为商标之前，家化厂就开始使用与现有一致的包装、装潢。家化厂并没有将任何工业产权出资到宏宁公司，宏宁公司所谓承接家化厂的主张也不能成立。4. 原审法院认定宏宁公司侵权获利 805902.47 元是正确的。综上，片仔癀公司请求驳回宏宁公司的再审申请。

本院经审查查明：片仔癀公司于 1999 年 12 月成立，其前身漳州片仔癀集团公司于 1993 年成立，漳州片仔癀集团公司前身漳州市制药厂于 1957 年 12 月成立。“片仔癀”作为一种特殊的中成药由片仔癀公司独家生产。第 701403 号“片仔癀”商标 1994 年 8 月 14 日获准注册，注册人为漳州市制药厂，核定使用在第 3 类牙膏、口洁素、口香水、牙垢净、牙粉、牙皂、人造牙洗涤剂等商品上。2002 年 1 月 21 日，该商标转让给片仔癀公司，经续展该商标有效期至 2014 年 8 月 13 日。第 562754 号“片仔癀”商标 1991 年 8 月 30 日获准注册，注册人为漳州市制药厂，核定使用在第 3 类化妆品上。2002 年 1 月 21 日，该商标转让给片仔癀公司，经续展该商标有效期至 2011 年 8 月 29 日。第 358318 号“片仔癀”商标 1989 年 8 月 20 日获准注册，注册人为漳州市制药厂，核定使用在现第 5 类药品、中西成药等商品上，2002 年 1 月 21 日该商标转让给片仔癀公司，经续展该商标有效期至 2009 年 8 月 19 日。第 358317 号“PIEN TZE HUANG”商标 1989 年 8 月 20 日获准注册，注册人为漳州市制药厂，核定使用在现第 5 类药品、中西成药等商品上。2002 年 1 月 21 日该商标转让给片仔癀公司，经续展该商标有效期至 2009 年 8 月 19 日。1999 年 1 月 5 日国家商标局商标监（1999）45 号文认定片仔癀公司注册并使用在药品商品上的“片仔癀 PIEN TZE HUANG”商标为驰名商标。中华人民共和国商务部认证书（证书号 13001）认证片仔癀公司注册商标“片仔癀”为“中华老字号”。2004 年 2 月片仔癀公司许可其控股子公司漳州片仔癀皇后化妆品有限公司使用第 562754 号“片仔癀”注册商标，许可使用期限自 2003 年 11 月 1 日至 2011 年 10 月 31 日止；2000 年 7 月 11 日片仔癀公司许可注册商标“片仔癀”三字作为片仔癀公司控股子公司漳州片仔癀日化有限责任公司日化、牙膏产品名称的组成部分，许可使用期限自 2000 年 7 月 11 日至 2008 年 3 月 31 日止。商标评审委员会曾受理南京化妆品厂对漳州市制药厂在第 3 类化妆品商品上已注册的第 562754 号“片仔癀”商标提出注册不当一案，1997 年 6 月 10 日商标评审委员会作出商评综字（1997）第 591 号“片仔癀”商标注册不当案终局裁定，认为“片仔癀”确是漳州市制药厂最早使用及注册的商标，片仔癀虽然又是药品名，但长期为漳州市制药厂独家生产使用及国家重点保护药品，在消费者中享有很高知名度，已起到区别商品来源的商标作用，商标评审委员会终局裁定南京化妆品厂对漳州市制药厂在第3类注册的“片仔癀”商标所提注册不当理由不成立，该商标予以维持。

宏宁公司成立于1998年7月6日，系由家化厂、漳州市宏宁罐头食品厂合资成立的公司。家化厂于1979年成立，其生产的“荔枝牌片仔癀珍珠霜（膏）”产品在1988年12月荣获福建省优质产品称号，1993年2月被商业部规化调节司、信息中心评为全国大商场推荐市场名优商品，1993年在“93金鸡杯”全国国产最畅销商品评选活动中荣获“银杯奖”，1994年被省经济委员会、轻工业厅授予“福建省名优产品”称号；其所生产的“无比牌”片仔癀特效牙膏于1994年12月在省政府主办的福建省第二届工业品博览会上被评为银奖。1990年家化厂注册第525083号“荔枝牌”商标，注册有效期限自1990年7月30日至2000年7月30日止。1998年6月份，家化厂将其资产投资到合资公司即宏宁公司。1999年3月20日家化厂将其注册的第525083号“荔枝牌”商标转让给宏宁公司。

宏宁公司生产、销售的“荔枝牌片仔癀珍珠霜（膏）”、“荔枝牌片仔癀爽身粉”、“荔枝牌片仔癀保湿护手霜”、“荔枝牌片仔癀礼品盒”、“片仔癀特效牙膏”、“片仔癀洗发露”、“片仔癀滋润霜”等27种化妆品及日化用品，均将“片仔癀”作为其产品名称组成部分，并在包装装潢上突出使用“片仔癀”、“PIEN TZE HUANG”，且其字体与第562754号、第701403号、第358317号注册商标基本相同。2007年1月10日片仔癀公司向漳州市工商行政管理局投诉宏宁公司侵犯片仔癀公司注册“片仔癀”、“PIEN TZE HUANG”商标专用权，漳州市工商行政管理局于2007年5月16日作出漳工商检处〔2007〕23号行政处罚决定，决定对宏宁公司处罚：（1）责令立即停止侵权行为；（2）没收在扣350174瓶/包标注“片仔癀”字样的化妆品和牙膏；（3）没收在封13400个标注“片仔癀”字样的包装纸箱（盒）和105800支/个标注“片仔癀”字样的空包装瓶；（4）在封1台真空制膏机和1台自动灌装机予以解除封存；（5）处以罚款175000元。宏宁公司经办人员陈茂德提供给漳州市工商局“关于宏宁公司从2005年1月1日至2007年1月10日经营‘片仔癀’27种产品的产销情况统计表”上表明该统计表系根据宏宁公司的会计凭证和账簿的相关数据整理而成，是宏宁公司真实生产经营情况，并有陈茂德的签字。根据该统计表，2005年1月1日至2007年1月10

日宏宁公司非法生产上述 27 种“片仔癀”侵权产品共获利人民币 805902.47 元。片仔癀公司为本案支付律师费人民币 16518 元。

2007 年 4 月 20 日片仔癀公司向漳州市中级人民法院起诉，请求判令宏宁公司立即停止侵害片仔癀公司注册商标专用权的行为，在广东、广西、福建三省省级报刊及《厦门日报》、《闽南日报》、《闽西日报》公开赔礼道歉，并赔偿片仔癀公司经济损失合计人民币 822420.47 元。漳州市中级人民法院一审认为宏宁公司的行为侵犯了片仔癀公司的注册商标专用权，于 2007 年 12 月 30 日作出（2007）漳民初字第 18 号民事判决，判令：一、宏宁公司应立即停止在其产品上使用与片仔癀公司第 562754 号、第 701403 号、第 358317 号“片仔癀”、“PIEN TZE HUANG”注册商标相同或相近似的标识，即立即停止生产、销售“片仔癀珍珠霜”、“片仔癀特效牙膏”、“片仔癀洗发露”等 27 种侵权商品；二、宏宁公司应在判决生效之日起十日内赔偿片仔癀公司经济损失人民币 822420.47 元；三、宏宁公司应在判决生效之日起十日内在广东、广西、福建三省省级报刊及《厦门日报》、《闽南日报》、《闽西日报》刊登向片仔癀公司的道歉声明。宏宁公司和片仔癀公司均不服一审判决，向福建省高级人民法院提起上诉。福建省高级人民法院经过审理驳回上诉，维持原判。

本院认为，根据宏宁公司申请再审的主张和查明的事实，本案再审审查主要涉及以下三个问题：

一、关于宏宁公司是否是正当使用

《中华人民共和国商标法实施条例》第四十九条规定，注册商标中含有的本商品的通用名称、图形、型号，或者直接表示商品的质量、主要原料、功能、用途、重量、数量及其他特点，或者含有地名，注册商标专用权人无权禁止他人正当使用。**片仔癀是一种药品的名称，如果被控产品中含有片仔癀成分，生产者出于说明或客观描述商品特点的目的，以善意方式在必要的范围内予以标注，不会导致相关公众将其视为商标而导致来源混淆的，可以认定为正当使用。判断是否属于善意，是否必要，可以参考商业惯例等因素。**宏宁公司如果是为了说明其产品中含有片仔癀成分，应当按照商业惯例以适当的方式予以标注，但是本案中，宏宁公司却是在其生产、销售商品的包装装潢显著位置突出标明“片仔癀”、“PIEN TZE HUANG”字样，该标识明显大于宏宁公司自己的商标及其他标注，并且所采用的字体与片仔癀公司的注册商标基本一致。**该种使用方式已经超出说明或客观描述商品而正当使用的界限，其主观上难谓善意，在涉案商标已经具有**

很高知名度的情况下，客观上可能造成相关公众产生商品来源的混淆，因此宏宁公司关于其使用是正当使用的主张不能成立。

二、关于宏宁公司是否享有在先权

本案中，宏宁公司主张家化厂是以包括片仔癀知名商品特有名称等工业产权入股宏宁公司，因此宏宁公司承接了家化厂所享有的在先权。根据查明的事实，家化厂确实在涉案商标注册之前，生产、销售荔枝牌片仔癀珍珠霜（膏）等产品，并具有一定的知名度。但是，当时所获得的证书等并未载明其所使用的包装装潢，宏宁公司所提供的关于当时家化厂生产的荔枝牌片仔癀珍珠霜（膏）的包装装潢复印件有些无法证明实际使用时间，有些时间明显晚于涉案商标注册日，无法查明家化厂当时的标注方式，不能证明其在涉案商标注册之前就使用与现在被控产品一致的包装装潢，因此宏宁公司关于家化厂对现在所使用的包装装潢享有在先权的主张不能成立。由于家化厂不享有在先权，不管家化厂是否将工业产权入股宏宁公司，宏宁公司均不享有在先权。宏宁公司关于其享有在先权的主张没有事实和法律依据。

三、关于赔偿数额

宏宁公司经办人员提供给漳州市工商行政管理局的“关于宏宁公司从2005年1月1日至2007年1月10日经营‘片仔癀’27种产品的产销情况统计表”，上有宏宁公司经办人员陈茂德的签字，并表明该统计表系根据宏宁公司的会计凭证和账簿的相关数据整理而成，是宏宁公司真实生产经营情况。宏宁公司关于该统计表是违法取证的主张没有证据支持。原审法院据此计算宏宁公司侵权获利并以此判定宏宁公司的侵权损害赔偿数额并无不当。

综上，宏宁公司再审申请理由均不能成立，再审申请不符合《中华人民共和国民事诉讼法》第一百七十九条的规定，依据《中华人民共和国民事诉讼法》第一百八十一条第一款之规定，裁定如下：

驳回漳州市宏宁家化有限公司的再审申请。

审　判　长　夏君丽
代理审判员　王艳芳
代理审判员　周云川
二〇〇九年十月二十七日
书　记　员　包　硕

10. 不具有区分商品来源作用的描述性使用不构成商标侵权

——再审申请人陕西茂志娱乐有限公司与被申请人梦工场动画影片公司、派拉蒙影业公司、中国电影集团公司、北京华影天映影院管理有限公司侵害商标权纠纷案

【裁判要旨】

不具有区分商品或服务来源作用的描述性使用，不构成对商标权的侵害。

【关键词】

商标侵权　商标使用　描述性使用　区分来源

【案号】

最高人民法院（2014）民申字第1033号

【基本案情】

在再审申请人陕西茂志娱乐有限公司（以下简称茂志公司）与被申请人梦工场动画影片公司（以下简称梦工场公司）、派拉蒙影业公司（以下简称派拉蒙公司）、中国电影集团公司（以下简称中影公司）、北京华影天映影院管理有限公司（以下简称华影天映公司）侵害商标权纠纷案中，茂志公司于2010年6月28日获准注册第6353409号“功夫熊猫及图”商标（即本案商标），核定使用服务为第41类的图书出版、电影制作等。动画电影《KUNG FU PANDA》（中文名称为《功夫熊猫》）、《KUNG FU PANDA 2》（中文名称为《功夫熊猫2》）由梦工场公司制作、派拉蒙公司发行，先后于2008年6月和2011年5月在中国大陆地区首映。中影公司拥有《功夫熊猫2》中国大陆地区的电影发行权，华影天映公司经营的传奇时代影城宣传册中使用了“功夫熊猫2”字样。茂志公司以梦工场公司、派拉蒙公司、中影公司、华影天映公司的上述行为侵害本案商标权为由，提起诉讼。北京市第二中级人民法院一审认为，“功夫熊猫”作为该部电影作品的组成部分，系用以概括说明电影内容的表达主题，本身具有叙述性，而并非用以区分电影的来源，即电影的制作主体。电影名称不能起到商标所具

有的区分服务来源的功能。遂判决驳回茂志公司的诉讼请求。茂志公司不服，提起上诉，北京市高级人民法院二审判决驳回上诉、维持原判。茂志公司不服，向最高人民法院申请再审。最高人民法院于2014年11月27日裁定驳回茂志公司的再审申请。

【裁判意见】

最高人民法院审查认为：商标的基本特性是区别商品或者服务来源，构成侵害商标权的行为应当是在商业标识意义上使用相同或者近似商标的行为，即被诉侵权标识必须进行了商标意义上的使用。梦工场公司制作的《功夫熊猫》电影在本案商标获准注册前的2008年就已经在中国大陆地区公映，并自2005年起就在新闻报道、海报等宣传材料中以“功夫熊猫”作为电影名称进行了持续宣传。梦工场公司制作完成相关电影后，将其“DREAMWORKS”标识显著地使用于电影、电影海报及其他宣传材料中，用以表明其电影制作服务来源是“DREAMWORKS”。因《功夫熊猫2》使用“功夫熊猫”字样是对前述《功夫熊猫》电影的延续，且“功夫熊猫”表示的是该电影的名称，用以概括说明电影内容表达的主题，属于描述性使用，而并非用以区分电影的来源，故梦工场对“功夫熊猫”文字的使用并非商标意义上的使用，不构成对本案商标权的侵害。

中华人民共和国最高人民法院民事裁定书

（2014）民申字第1033号

再审申请人（一审原告、二审上诉人）：陕西茂志娱乐有限公司。住所地：中华人民共和国陕西省西安市曲江新区水厂路1号国际会展中心A馆二楼北厅2E－087号。

法定代表人：李五洲，该公司董事长。

委托代理人：仇昊，上海天闻世代律师事务所律师。

委托代理人：翁才林，上海天闻世代律师事务所律师。

被申请人（一审被告、二审被上诉人）：梦工场动画影片公司（DreamWorks Animation L. L. C）。住所地：美利坚合众国加利福尼亚州91201，格伦代尔，弗劳尔街1000号。

法定代表人：Cheryl Friedman，该公司商标法律顾问（Trademark Counsel）。

委托代理人：郑燕玲，北京市正见永申律师事务所律师。

委托代理人：王寒梅，北京市正见永申律师事务所律师。

被申请人（一审被告、二审被上诉人）：派拉蒙影业公司（Paramount Pictures Corporation）。住所地：美利坚合众国加利福尼亚州90038，洛杉矶梅罗路5555号。

法定代表人：黛博拉·S. 芬纳尔曼（Deborah S. Feinerman），该公司商务与法律部执行副总裁。

委托代理人：郑燕玲，北京市正见永申律师事务所律师。

委托代理人：王寒梅，北京市正见永申律师事务所律师。

被申请人（一审被告、二审被上诉人）：中国电影集团公司。住所地：中华人民共和国北京市海淀区新外大街25号。

法定代表人：焦宏奋，该公司董事长。

委托代理人：李尧，北京天驰洪范律师事务所律师。

委托代理人：张继志，北京天驰洪范律师事务所律师。

被申请人（一审被告、二审被上诉人）：北京华影天映影院管理有限公司。住所地：中华人民共和国北京市朝阳区朝阳公园路6号蓝色港湾SA－42。

法定代表人：赵军，该公司董事长。

委托代理人：牟晓娜，该公司员工。

再审申请人陕西茂志娱乐有限公司（简称茂志公司）因与被申请人梦工场动画影片公司（简称梦工场公司）、派拉蒙影业公司（简称派拉蒙公司）、中国电影集团公司（简称中影公司）、北京华影天映影院管理有限公司（简称华影天映公司）侵害商标权纠纷一案，不服中华人民共和国北京市高级人民法院（2013）高民终字第3027号民事判决，向本院申请再审。本院依法组成合议庭对本案进行了审查，现已审查终结。

茂志公司申请再审称：（一）茂志公司拥有在第41类电影制作等服务上的“功夫熊猫”注册商标专用权，一直从事电影制作工作并打算拍摄名为《功夫熊猫》的动画片，其为“功夫熊猫”商标权利人并享有在先权利。（二）梦工场公司的拍摄行为构成侵权。1. “功夫熊猫”第41类有关电影制作在中国的商标专用权属于茂志公司，被申请人在没有取得相应许可的前提下，擅自大量使用该商标，侵害了茂志公司的注册商标专用权。2. 梦工场公司、派拉蒙公司、中影公司、华影天映公司使用“功夫熊猫”作为电影名称构成商标性使用。（三）被申请人使用“功夫熊猫”标识的行为构成“反向混淆”，给茂志公司行使商标专用权造成了巨大的损害结果。一、二审判决适用法律和认定事实错误，请求本院依法撤销一、二审判决，判令被申请人停止侵害其商标专用权行为并承担相关诉讼费用。

梦工厂公司答辩称：梦工厂公司在电影《功夫熊猫 2》中用于表明其电影制作服务来源的是“DREAMWORKS”商标，其使用“功夫熊猫”系以说明其制作的电影的内容和特点，属于描述性使用，不属于表明服务来源的商标性使用，未构成对茂志公司商标权的侵犯。一、二审法院关于被申请人的涉案行为并非商标性使用行为的事实认定清楚正确，茂志公司的再审理由不能成立。

中影公司答辩称：（一）茂志公司于 2010 年 6 月 28 日获准注册的 6353409 号“功夫熊猫及图”商标，已经被中华人民共和国商标评审委员会（简称商标评审委员会）撤销其在“电影制作”服务上的注册，茂志公司亦无其他的在先权利，茂志公司已丧失请求权基础。（二）《功夫熊猫 2》使用“功夫熊猫”作为涉诉电影名称属于正当的、非商标性使用，不构成对茂志公司商标权的侵害。请求本院驳回茂志公司的再审申请。

派拉蒙公司对梦工厂公司在本案中针对茂志公司提出的答辩意见予以认可，不再另行提交书面答辩意见。请求本院驳回茂志公司的再审请求。

本院认为，根据一、二审法院查明的事实，结合当事人的再审申请理由和答辩意见，本案的争议焦点问题是：被申请人在其电影及相关宣传材料中使用“功夫熊猫”之行为是否属于商标法意义上的商标使用行为。

《中华人民共和国商标法》（2001 年修正）第五十二条第（一）项规定：未经商标注册人的许可，在同一种商品或者类似商品上使用与其注册商标相同或者近似的商标的，属于侵犯注册商标专用权的行为。由于商标是一种使用在商业上的标识，其基本特性是区别商品或者服务来源，因此构成侵犯注册商标专用权的基本行为是在商业标识意义上使用相同或者近似商标的行为，也就是说被诉侵权标识的使用必须是商标意义上的使用。鉴此，在本案中确定被申请人使用“功夫熊猫”的行为是否构成侵犯注册商标专用权，应当视其是否属于商标意义上的使用行为而定，即应当看被申请人使用“功夫熊猫”标识是否具有区分商品来源之作用。

本案中，根据一、二审法院查明的事实，梦工场公司制作的《功夫熊猫》电影在茂志公司第 6353409 号注册商标获准注册前的 2008 年就已经在中华人民共和国地区公映，并自 2005 年起就在新闻报道、海报等宣传材料中以“功夫熊猫”作为电影名称对上述电影进行了持续宣传。被申请人梦工厂公司制作完成相关电影后，将其“DREAMWORKS”标识显著地使用于其电影、电影海报及其他宣传材料中，用以表明其电影制作服务来源是“DREAMWORKS”。由于《功夫熊猫2》使用“功夫熊猫”字样是对前述《功夫熊猫》电影的延续，且该“功夫熊猫”表示的是该电影的名称，用以概括说明电影内容的表达主题，属于描述性使用，而并非用以区分电影的来源，因此一、二审法院认定被申请人涉案行为并非商标意义上的使用并无不当，茂志公司再审申请理由不能成立，本院不予支持。

综上，茂志公司的再审申请不符合《中华人民共和国民事诉讼法》第二百条第二项和第六项规定的情形，依照《中华人民共和国民事诉讼法》第二百零四条第一款之规定，裁定如下：

驳回陕西茂志娱乐有限公司的再审申请。

审　判　长　王艳芳
代理审判员　朱　理
代理审判员　佟　姝
二〇一四年十一月二十七日
书　记　员　刘海珠

11. 商标侵权案件中正当使用的认定

——再审申请人冯印与被申请人西安曲江阅江楼餐饮娱乐文化有限公司侵害商标权纠纷案

【裁判要旨】

被诉侵权人在其企业名称中及其他商业活动中使用相关符号的主要目的在于客观描述并指示其服务的特点，并且在其实际使用过程中，从未完整使用与涉案商标相同的图文组合形式，亦无证据显示被诉侵权人对相关符号文字的使用旨在攀附涉案商标的商业信誉，可以认定被诉侵权行为并不具有使相关公众混淆误认的可能性，进而不构成侵害涉案商标权。

【关键词】

商标　侵权　正当使用　客观描述

【案号】

最高人民法院（2017）最高法民申4920号

【基本案情】

在再审申请人冯印与被申请人西安曲江阅江楼餐饮娱乐文化有限公司（以下简称阅江楼公司）侵害商标权纠纷案中，冯印经国家工商行政管理总局商标局核准，于2011年3月27日从山东省淄博市临淄区桓公路小三峡川菜馆受让了2002年10月21日即被核准注册的第1962118号注册商标（即涉案商标），核定服务项目为第42类的“餐馆；餐厅；饭店；快餐馆；旅馆预订；提供食宿旅馆；自助餐馆（截止）”。阅江楼公司于2010年8月16日经西安市工商行政管理局登记成立，该公司企业法人营业执照登记的经营范围为餐饮服务。冯印起诉主张阅江楼公司在其经营场所正门悬挂有“阅江楼”三字的牌匾，且菜单、餐具等服务用具上均有“阅江楼”字样，阅江楼公司在网络上也对“阅江楼”进行宣传，相关行为构成了对其注册商标专用权的侵犯。陕西省西安市中级人民法院一审认为，首先，“阅江楼”作为中国名楼（位于南京市狮子山巅）及水边楼阁的常见称谓，弱化了其作为餐饮商标的显著性，且冯印未提供证据证明因其大量宣传和使用“阅江楼”与其餐饮服务和商品建立更为特定的联系，故其商标中的“阅江楼”文字保护强度很弱。其次，阅江楼公司虽将“阅江楼”文字作为企业字号在餐饮服务上突出使用，但其经营场所在陕西省西安市曲江，而冯印的经营场所位于山东省淄博市张店区，冯印未提交证据证明两者的经营地域产生交叉，也未证明阅江楼公司的使用使一般消费者认为二者的商品或服务是同一主体提供，或认为二者存在特定联系，阅江楼公司的使用行为并未使相关公众产生混淆、误认，故判决认定阅江楼公司使用“阅江楼”字号的行为不构成对涉案商标专用权的侵犯。冯印不服，提起上诉。陕西省高级人民法院二审判决驳回上诉、维持原判。冯印不服，向最高人民法院申请再审。最高人民法院于2017年12月13日裁定驳回冯印的再审申请。

【裁判意见】

最高人民法院审查认为：根据商标法第五十七条的规定，未经商标注册人的许可，在同一种商品上使用与其注册商标近似的商标，或者在类似商品上使用与其注册商标相同或者近似的商标并容易导致混淆的，构成侵犯注册商标专用权的行为。同时，根据商标法第五十九条第一款的规定，注册商标中含有的本商品的通用名称、图形、型号，或者直接表示商品的质量、主要原料、功能、用途、重量、数量及其他特点，或者含有地名，注册商标专用权人无权禁止他人正当使用。具体到本案而言，涉案商标由“阅江楼”文字及其上方的图形部分组合而成，冯印指称阅江楼公司实施的被诉侵权行为包括：将“阅江楼”文字作为其企业字号从事餐饮服务、在经营场所正门悬挂“阅江楼”巨幅招牌并在餐具、菜单等处突出使用“阅江楼”文字。对于上述主张，最高人民法院认为，注册商标专用权人有权制止他人未经许可，在相同或类似商品上使用相同或者近似商标并可能导致公众混淆的行为，但同时，商标权人应当遵循诚实信用原则，依法正当行使自身的权利。当注册商标中含有具有描述性质的文字，而他人使用的目的在于指示或描述客观事实时，权利人无权禁止该种使用行为。具体到本案被诉侵权行为而言，根据原审法院已经查明的事实，西安阅江楼为坐落于西安曲江池遗址公园内的一处景观。根据阅江楼公司与西安曲江文化（旅游）集团有限公司的协议，阅江楼公司获得了在阅江楼经营餐饮项目的权利。阅江楼公司的企业名称完整使用了“曲江阅江楼”字样，且根据阅江楼租赁合作协议，阅江楼及其相关场地、设备、设施、装饰、装修等附属资产，亦全部来自原有的阅江楼景观。因此，无论是阅江楼公司在其企业名称中选用“阅江楼”文字，还是在其经营场所及菜单、餐具上使用“阅江楼”文字的行为，主要目的仍在于客观描述并指示其经营场所所在地西安阅江楼。在其使用过程中，阅江楼公司从未完整使用与涉案商标相同的图文组合形式，亦无证据显示阅江楼公司对“阅江楼”文字的使用旨在攀附涉案商标的商业信誉。据此，一审、二审法院认定被诉侵权行为并不具有使相关公众混淆误认的可能性，进而不构成侵害涉案商标权的结论，具备事实与法律依据，予以支持。当然，也需要指出的是，市场经营者在开展经营活动的过程中，应当秉持诚实信用原则，尽量保持有关商业标识之间的足够距离。因此，阅江楼公司在今后的经营活动中，亦应合理、审慎地使用有关商业标识，避免引发不必要的纠纷。

中华人民共和国最高人民法院民事裁定书

(2017) 最高法民申4920号

再审申请人（一审原告、二审上诉人）：冯印，男，1976年10月19日出生，汉族，住重庆市云阳县××××。

被申请人（一审被告、二审被上诉人）：西安曲江阅江楼餐饮娱乐文化有限公司。住所地：陕西省西安市曲江新区曲江池遗址公园内阅江楼。

法定代表人：李湃，该公司董事长。

再审申请人冯印因与被申请人西安曲江阅江楼餐饮娱乐文化有限公司（以下简称阅江楼公司）侵害商标权纠纷一案，不服陕西省高级人民法院（2015）陕民三终字第00053号民事判决，向本院申请再审。本院依法组成合议庭对本案进行了审查。现已审查终结。

冯印向本院申请再审称，（一）原审判决关于被诉侵权行为是否容易使相关公众产生误认的认定，适用法律错误。（二）被诉侵权行为在事实上导致了相关公众对产品和服务来源的误认。涉案商标"阅江楼+图形"（以下简称涉案商标）的显著性识别部分为"阅江楼"文字而非图形，原审判决以涉案商标知名度不高为由，认定阅江楼公司使用"阅江楼"标识的行为不构成侵权，缺乏事实与法律依据。综上，冯印请求本院再审本案。

本院经审查认为，本案的争议焦点问题是：阅江楼公司使用"阅江楼"标识的行为是否侵害了涉案商标权。对此本院认为，根据《中华人民共和国商标法》（以下简称商标法）第五十七条的规定，未经商标注册人的许可，在同一种商品上使用与其注册商标近似的商标，或者在类似商品上使用与其注册商标相同或者近似的商标并容易导致混淆的，构成侵犯注册商标专用权的行为。同时，根据商标法第五十九条第一款的规定，注册商标中含有的本商品的通用名称、图形、型号，或名称、图形、型号，或者直接表示商品的质量、主要原料、功能、用途、重量、数量及其他特点，或者含有地名，注册商标专用权人无权禁止他人正当使用。具体到本案而言，涉案商标由"阅江楼"文字及其上方的图形部分组合而成，冯印指称阅江楼公司实施的被诉侵权行为包括：将"阅江楼"文字作为其企业字号从事餐饮服务、在经营场所正门悬挂"阅江楼"巨幅招牌并在餐具、菜单等处突出使用"阅江楼"文字。对于冯印的上述主张，本院认为，注册商标专用权人有权制止他人未经许可，在相同或类似商品上使用相同或者近似商标并可能导致公众混淆的行为，但同时商标权人应当遵循诚实信用原则，依法正当行使自身的权利。当注册商标中含有具有描述性质的文字，而他人使用的目的在于指示或描述客观事实时，权利人无权禁止该种使用行为。具体到本案被诉侵权行为而言，根据原审法院已经查明的事实，西安阅江楼为坐落于西安曲江池遗址公园内的一处景观。根据阅江楼公司与西安曲江文化（旅游）集团有限公司的协议，阅江楼公司获得了在阅江楼经营餐饮项目的权利。阅江楼公司的企业名称完整使用了"曲江阅江楼"字样，且根据阅江楼租赁合作协议，阅江楼及其相关场地、设备、设施、装饰、装修等附属资产，亦全部来自原有的阅江楼景观。因此，无论是阅江楼公司在其企业名称中选用“阅江楼”文字，还是在其经营场所及菜单、餐具上使用“阅江楼”文字的行为，主要目的仍在于客观描述并指示其经营场所所在地——西安阅江楼。在其使用过程中，阅江楼公司从未完整使用与涉案商标相同的图文组合形式，亦无证据显示阅江楼公司对“阅江楼”文字的使用旨在攀附涉案商标的商业信誉。据此，一审、二审法院认定被诉侵权行为并不具有使相关公众混淆误认的可能性，进而不构成侵害涉案商标权的结论，具备事实与法律依据，本院予以支持。当然，本院需要指出的是，市场经营者在开展经营活动的过程中，应当秉持诚实信用原则，尽量保持有关商业标识之间的足够距离。因此，阅江楼公司在今后的经营活动中，亦应合理、审慎地使用有关商业标识，避免引发不必要的纠纷。综上，冯印所提再审申请理由均不能成立，本院不予支持。

依照《中华人民共和国民事诉讼法》第二百零四条第一款，《最高人民法院关于适用〈中华人民共和国民事诉讼法〉的解释》第三百九十五条第二款规定，裁定如下：

驳回冯印的再审申请。

审 判 长 朱 理
审 判 员 毛立华
代理审判员 佟 姝
二〇一七年十二月十三日
法官助理 赵 钊
书 记 员 包 硕

12. 农作物品种名称的正当使用

——再审申请人福州米厂与被申请人五常市金福泰农业股份有限公司、福建新华都综合百货有限公司福州金山大景城分店、福建新华都综合百货有限公司侵害注册商标专用权纠纷案

【裁判要旨】

在存在他人在先注册商标权的情况下，经审定公告的农作物品种名称可以规范使用于该品种的种植收获物加工出来的商品上，但该种使用方式仅限于表明农作物品种

来源且不得突出使用。

【关键词】

商标　侵权　审定公告　品种来源

【案号】

最高人民法院（2016）最高法民再374号

【基本案情】

在再审申请人福州米厂与被申请人五常市金福泰农业股份有限公司（以下简称五常公司）、福建新华都综合百货有限公司福州金山大景城分店（以下简称大景城分店）、福建新华都综合百货有限公司（以下简称新华都公司）侵害注册商标专用权纠纷案中，福州米厂为第1298859号“稻花香DAOHUAXIANG”注册商标（即涉案商标）专用权人，涉案商标于1998年3月提出申请，于1999年7月28日获准注册，核定使用商品为第30类大米。2009年3月18日，黑龙江省农作物品种审定委员会出具的《黑龙江省农作物品种审定证书》记载：品种名称为“五优稻4号”，原代号为“稻花香2号”，推广区域为黑龙江省五常市平原自流灌溉区插秧栽培，该品种经区域试验和生产试验，符合推广优良品种条件，决定从2009年起定为推广品种。2014年2月18日，福州米厂经过公证程序，在大景城分店购买了一袋由五常公司生产、销售的“乔家大院稻花香米”。大米实物包装袋正面中间位置以大字体标注有“稻花香（字体中空，底色黑色）DAOHUAXIANG”。福州米厂以五常公司生产、销售、大景城分店、新华都公司销售的被诉侵权产品侵害其商标权为由，提起诉讼，请求法院判令：五常公司停止生产、销售行为，赔偿损失30万元；大景城分店、新华都公司停止销售行为，赔偿损失3万元。一审中，五常公司主张“稻花香”构成通用名称，并提供了五常市农业局、五常市龙凤山镇人民政府、育种人出具的证明材料和媒体的相关报道等证据。福建省福州市中级人民法院一审认为，五常公司未经许可，在产品包装袋上使用与涉案商标非常近似的标志，容易误导消费者，侵害了涉案商标权。“稻花香”不构成通用名称。遂判决五常公司停止生产、销售行为，赔偿经济损失97000元；大景城分店、新华都公司停止销售行为，支付合理费用3000元等。五常公司不服，提起上诉。福建省高级人民法院二审认为，黑龙江省农作物品种审定委员会所审定的“五优稻4号”，原代号为“稻花香2号”的水稻品种可以认定为法定的通用名称。五常这一特定地域范围内的相关种植农户、大米加工企业和消费者均普遍认为“稻花香”指代的是一类稻米品种。可以认定，基于五常市这一特定的地理种植环境所产生的“稻花香”大米属于约定俗成的通用名称。五常公司在其生产、销售的大米产品包装上使用“稻花香”文字及拼音以表明大米品种来源的行为，主观上出于善意，客观上也未造成混淆误认，应属于正当使用，并未构成商标侵权。遂改判撤销一审判决，驳回福州米厂的全部诉讼请求。福州米厂不服，向最高人民法院申请再审。最高人民法院裁定提审本案，并于2017年12月22日判决撤销二审判决，维持一审判决。

【裁判意见】

最高人民法院提审认为：本案的特殊之处在于，福州米厂申请注册涉案商标主观上并无恶意，注册商标专用权在全国范围内具有效力，应得到有效保护。根据现有证据，“稻花香2号”作为审定公告的品种，对于五常这一特定地域范围内的相关种植农户、大米加工企业和消费者而言，在以“稻花香2号”种植加工出的大米上使用“稻花香”主观上也并无攀附涉案商标的恶意。基于公平原则，考虑到双方的利益平衡，对于五常这一特定地域范围内的相关种植农户、大米加工企业和消费者而言，可以在以“稻花香2号”种植加工出的大米上规范标注“稻花香2号”，以表明品种来源。但需要在此特别强调，该种标注方式仅限于表明品种来源且不得突出使用。

中华人民共和国最高人民法院民事判决书

（2016）最高法民再374号

再审申请人（一审原告、二审被上诉人）：福州米厂。住所地：福建省福州市鼓山镇樟林路166号。

法定代表人：刘忠清，该厂厂长。

委托诉讼代理人：徐军，北京大成（福州）律师事务所律师。

委托诉讼代理人：钟彬，北京大成（福州）律师事务所律师。

被申请人（一审被告、二审上诉人）：五常市金福泰农业股份有限公司（原五常市金福粮油有限公司）。住所地：黑龙江省五常市杜家镇半截河子村（金福现代农业产业园）。

法定代表人：乔文志，该公司总经理。

委托诉讼代理人：张建文，黑龙江建文律师事务所律师。

委托诉讼代理人：孙德仁，黑龙江建文律师事务所律师。

被申请人（一审被告、二审被上诉人）：福建新华都综合百货有限公司福州金山大景城分店。住所地：福建省福州市仓山区金山大道589号金山大景城商业大楼1－4层。

法定代表人：尤雪君，该公司总经理。

被申请人（一审被告、二审被上诉人）：福建新华都综合百货有限公司。住所地：福建省福州市鼓楼区五四路162号。

法定代表人：陈志勇。

再审申请人福州米厂因与被申请人五常市金福泰农业股份有限公司（以下简称五常公司）、福建新华都综合百货有限公司福州金山大景城分店（以下简称大景城分店）、福建新华都综合百货有限公司（以下简称新华都公司）侵害注册商标专用权纠纷一案，不服福建省高级人民法院（2014）闽民终字第1442号民事判决，向本院申请再审。本院于2016年6月30日作出（2015）民申字第2472号民事裁定，提审本案。提审后，本院依法组成合议庭，公开开庭审理了本案。福州米厂委托诉讼代理人徐军、钟彬，五常公司委托诉讼代理人张建文、孙德仁到庭参加诉讼。本案现已审理终结。

福州米厂申请再审称：（一）二审法院将"稻花香"认定为涉案食用大米的法定通用名称，适用法律错误。1. 根据2014年施行的《主要农作物品种审定办法》（以下简称品种审定办法）第三十二条的规定，品种名称只能是审定公告公布的名称，禁止擅自更改。本案中，"五优稻4号"是法定的品种名称，二审判决以"稻花香2号"和"五优稻4号"存在关联为由，认定"稻花香2号"也是法定通用名称完全错误。2. 依据《类似商品和服务区分表》，水稻种子属于第3107大类"种子"，大米属于第3008大类"大米"。因此，水稻种子与大米分属不同类别，是完全不同的商品。种子的通用名称不同于大米的通用名称。二审判决将水稻种子的通用名称当作大米的通用名称进行认定，明显错误。3. 大米的国家标准和地方标准的分类中，"稻花香"并不是大米的名称，涉案食用大米的通用名称是"五常大米"。因此，从国家标准、行业标准来看，"稻花香"并不是大米的通用名称。（二）二审判决将"稻花香"认定为约定俗成的通用名称，没有事实和法律依据。1. 二审判决仅凭五常市农业局、镇政府、村委会、村民代表出具的《证明》就由此认定相关公众普遍认为"稻花香"能够指代一类大米，明显依据不足。约定俗成的通用名称一般以全国范围内相关公众的通常认识为判断标准。五常市农业部门和乡镇部门出具的《证明》不能代表普通消费者对"稻花香"这一名称的认识，上述文件均为当地政府从保护当地经济发展角度提出的意见陈述，不能证明“稻花香”是约定俗成的通用名称。个别媒体的报道本身就缺乏事实依据，也不能代表普通消费者的观点。五常公司并没有提供充分证据证明“稻花香”作为大米品种名称客观上达到广泛和普遍使用的程度。2. 实际上，“稻花香”并不具有与其他大米相区别的特征和品质，国家标准已经认定“五常大米”是该类大米的通用名称。3. 二审判决仅以五常市这一特定地区作为认定通用名称的标准，违反法律规定。涉案大米产品属于日常消费用品，流通非常之广，涉及的经营者以及消费者遍布全国，因此，涉案大米产品的相关市场以及相关公众的涉及面绝非特定的五常市可以概括。二审判决将“相关市场”限定为五常市地区，并以此限定范围将“稻花香”认定为通用名称，与相关法律规定相冲突。（三）二审判决认定五常公司对“稻花香”文字及其拼音未进行不当的商标性突出使用，缺乏证据证明。1. 五常公司在涉案商品包装中用特大号字体居中使用“稻花香 DAOHUAXIANG”字样，“稻花香”文字居上、拼音居下，与第 1298859 号“稻花香 DAOHUAXIANG”注册商标（以下简称涉案商标）完全一致，上述使用行为就是典型的商标性突出使用。2. 五常公司突出使用“稻花香 DAOHUAXIANG”字样不是用于说明或客观描述商品特点，不是以善意方式在必要范围内予以标注说明。在进行描述性正当使用时，根本不需要使用到汉语拼音，但五常公司却使用与涉案商标完全相同的汉语拼音。该种使用方式已经超出说明或客观描述商品的界限，其主观上明显为恶意攀附。涉案商标是福建省著名商标，五常公司使用已经具有较高知名度的商标，客观上可能造成相关公众对商品来源的混淆。因此，二审判决认定五常公司是正当使用，缺乏法律依据。（四）二审判决认为五常公司使用“稻花香 DAOHUAXIANG”商标客观上不会造成相关公众混淆误认，明显属于适用法律错误。（五）涉案商标自 1999 年 7 月 28 日注册以来，已合法使用近 20 年且被评为福建省著名商标，建立了较大的市场和较好的商誉，具有较强的显著性特征，相关公众能够识别商标的来源，且涉案商标中并未包含描述性词汇，“稻花香”也不是商品通用名称，因此，二审判决认为福州米厂的涉案商标显著特征淡化是完全错误的。（六）五常公司、大景城分店、新华都公司已构成商标侵权，理应承担相应民事责任。综上，请求本院撤销二审判决，依法再审，支持福州米厂一审诉讼请求。

五常公司提交意见称：（一）二审判决认定“稻花香”是法定通用名称正确。1. 黑龙江省农作物品种审定委员会对“五优稻 4 号”，原代号“稻花香 2 号”的审定，是官方的行政许可行为。两个名称并列，是同时公布了两个名称。不能片面因为“五优稻4号”在前，而否定在后的“稻花香2号”。2.“稻花香”既是种子的名称，也是稻米的名称。在育种、插秧、成熟、生产的一系列过程中，相关公众都会认为是“稻花香”，不存在以种子名称当作大米名称之说。“稻花香”本身就是大米的名称，是五常大米中的最优良品种。3. 福州米厂对有关大米分类的认识是错误的。（二）二审判决认定“稻花香”为大米约定俗成的通用名称正确。“稻花香”育种、插秧、生产在五常，知名度享誉国内外。由于五常气候、土壤等原因，“稻花香”品种质量优良，“稻花香”已经成为在五常乃至黑龙江市场上一个固定的约定俗成的通用名称。（三）福州米厂注册了涉案商标，但其包装中装的不是“稻花香”大米，损害消费者利益。综上，请求本院驳回福州米厂的再审申请。

福州米厂向福建省福州市中级人民法院（一审法院）起诉请求：五常公司立即停止生产侵犯涉案商标权的产品，支付侵权赔偿金300000元；大景城分店、新华都公司立即停止销售侵犯涉案商标权的产品，支付侵权赔偿金30000元；五常公司、大景城分店、新华都公司共同支付其为制止侵权行为所支出的合理开支15998元；五常公司、大景城分店、新华都公司共同承担本案的诉讼费用。

一审法院查明如下事实：福州米厂为第1298859号“稻花香DAOHUAXIANG”（文字与字母呈上下结构，即涉案商标）注册商标专用权人，核定使用商品为第30类大米，有效期自1999年7月28日至2009年7月27日。经国家工商行政管理总局商标局核准，续展注册有限期自2009年7月28日至2019年7月27日。

2011年1月31日，福州米厂与中粮国际（北京）有限公司签订《商标使用许可合同》，约定将涉案商标许可中粮国际（北京）有限公司使用，许可期限从2011年2月1日至2014年1月31日，许可费用及支付方式依相关协议另行约定。该合同于2011年6月29日经国家工商行政管理总局商标局审核予以备案。

2013年4月12日，福州米厂与福州恒丰米业有限公司签订《商标使用许可合同》，约定将涉案商标以普通许可使用方式授权福州恒丰米业有限公司使用，使用期限为2013年4月12日至2013年10月11日，许可使用费为3万元每半年。

2013年11月18日，福州金谷贸易有限公司通过中国工商银行向五常公司付款4930元。2013年12月6日，五常公司向福州金谷贸易有限公司出具增值税发票一张，货物名称为大米，含税金额为4930元。根据福州金谷贸易有限公司出具的《说明》，此系100袋“乔家大院稻花香米”的款项。

福州金谷贸易有限公司与新华都公司签订有《供需合同》，合同约定供方和需方之间有关出售和购买商品的整个协议由该合同及需方向供方发出的订单共同组成。2014 年 4 月 18 日，福州金谷贸易有限公司向新华都公司出具增值税发票一张，含税金额为 88292. 97 元。所附的销货清单中包括“乔家大院稻花香米”49 袋，单价 89. 84 元，含税金额为 4688. 33 元（折扣 6. 5%）。根据福州金谷贸易有限公司出具的《说明》，其从五常公司所购得的 100 袋“乔家大院稻花香米”中的 49 袋供应给新华都公司。

2014 年 2 月 18 日，福州米厂的委托代理人陈淑媛向福州市闽江公证处申请对大景城分店涉嫌出售侵权产品的行为进行证据保全。同日，该公证处的两位公证员与陈淑媛一同来到福州市仓山区新华都金山大景城店，由陈淑媛购买了一袋大米。2014 年 2 月 28 日，福州市闽江公证处出具了（2014）闽证内字第 00624 号公证书，对上述过程进行了公证。福州米厂为此支付公证费 900 元。上述公证书附新华都公司出具的发票一张，载明：商品名称为“乔家大院稻花香米”5kg，金额 98 元。公证的大米实物包装袋正面设计为：左上方标注有“金福”二字，上方居中位置标注有“乔府大院©”（字体呈竖向排列）和以较小字体标注“五常大米”四字，正面中间位置以大字体标注有“稻花香（字体中空，底色黑色）DAOHUAXIANG”，正面下方以较小字体标注有“五常市金福粮油有限公司［净含量：5kg］”字样。

2014 年 3 月 11 日，福州米厂与国浩律师（福州）事务所签订《委托代理合同》，该合同约定：国浩律师（福州）事务所指派王晨照、张志榕律师为福州米厂代理人，福州米厂于合同签订之日起三日内，支付律师代理费 15000 元。2014 年 3 月 12 日，国浩律师（福州）事务所向福州米厂出具了增值税发票，金额 15000 元。

2009 年 3 月 18 日，黑龙江省农作物品种审定委员会出具的《黑龙江省农作物品种审定证书》记载：编号为黑审稻 2009005，品种名称为“五优稻 4 号”，原代号为“稻花香 2 号”，选育单位为五常市利元种子有限公司，选育者为田永太等 7 人，推广区域为黑龙江省五常市平原自流灌溉区插秧栽培，该品种经区域试验和生产试验，符合推广优良品种条件，决定从 2009 年起定为推广品种。2013 年 4 月 1 日，五常市稻米产业商会出具《关于保护五常大米“稻花香”品牌的报告》。同日，又出具《致全市稻农朋友的呼吁书》，并附有村民的签名和村委会的盖章。

2011 年 12 月，项文秀的项目名称为长粒型“五优稻 4 号（稻花香 2 号）”的选育与推广，获得黑龙江省人民政府颁发的科学技术奖二等奖。

一审法院经审理认为：五常公司在其生产、销售的“乔家大院稻花香米”的包装袋上使用了“乔府大院”商标，其使用与涉案商标非常近似的标志系作为装潢使用，五常公司这种未经许可的擅自使用行为，以及大景城分店和新华都公司未经授权的销售行为，容易误导消费者，侵害了涉案商标权。对于五常公司关于“稻花香”既是大米又是种子的通用名称的主张不予支持。

由于双方当事人均未提供权利人因被侵权所受到的实际损失和侵权人因侵权所获得的利益的充分证据，且诉讼中福州米厂选择依据法定赔偿确定赔偿数额，因此，本案应适用法定赔偿计算方式，确定侵权损失赔偿数额。黑龙江省五常市是我国重要的产粮地，对稻米品种“五优稻”（原代号“稻花香 2 号”）的研究作出了贡献。从五常公司提交的证据看，造成侵权的原因主要是其对大米种子品种名称的标注和商标即品牌之间的关系区分不太清晰，大米品种名称标注不当导致侵害涉案商标权。考虑上述因素，并结合本案侵权行为的性质、期间、后果，商标的声誉等因素综合考量，酌定赔偿数额为 9 万元。福州米厂为制止侵权行为的合理开支包括律师费、购买产品费用和公证费等共计 15998 元，根据本案的具体情况，酌定合理费用为 1 万元较妥。大景城分店和新华都公司提供了侵权产品来源于福州金谷贸易有限公司的增值税发票和应税劳务清单，另外结合涉案商标的知名度，也无法认定大景城分店和新华都公司事先知道其所销售的“乔家大院稻花香米”在包装袋上使用的装潢涉及商标侵权，故依法认定大景城分店和新华都公司有合法来源，应承担停止侵权责任，无须承担侵权赔偿责任，但应承担合理费用中的 3000 元。五常公司作为生产商和销售商，应依法承担停止侵权、赔偿损失的法律责任。

一审法院依照 2001 年修正的《中华人民共和国商标法》（以下简称商标法）第五十六条第二款、2002 年施行的《中华人民共和国商标法实施条例》（以下简称商标法实施条例）第四十九条、第五十条之规定，判决：（一）五常公司于判决生效之日起立即停止侵害福州米厂享有的涉案商标权的行为，即停止生产、销售标注有与涉案商标近似标志的“乔家大院稻花香米”；（二）大景城分店和新华都公司于判决生效之日起立即停止侵害福州米厂享有的涉案商标权的行为，即停止销售标注有与涉案商标近似标志的“乔家大院稻花香米”；（三）五常公司于判决书生效之日起十日内支付福州米厂经济损失及合理费用共计人民币 97000 元；

（四）大景城分店和新华都公司于判决生效之日起十日内支付福州米厂合理费用人民币 3000 元；（五）驳回福州米厂的其他诉讼请求。案件受理费人民币 6490 元，由福州米厂负担 3990 元，大景城分店、新华都公司负担 500 元，五常公司负担 2000 元。

五常公司不服一审判决，向福建省高级人民法院（二审法院）上诉请求：撤销一审判决，改判驳回福州米厂的诉讼请求。

二审法院经审理查明，一审查明的事实基本属实。

二审法院认为，本案争议焦点在于五常公司在其生产销售的被诉侵权产品大米外包装上所使用的"稻花香"文字是否属于商品的通用名称以及五常公司对"稻花香"文字的使用是否属于正当使用。

（一）关于"稻花香"是否属于商品的通用名称的问题

根据五常公司提供的《黑龙江省农作物品种审定证书》可以证实，黑龙江省农作物品种审定委员会于 2009 年对品种名称为"五优稻 4 号"，原代号为"稻花香 2 号"的水稻品种予以了审定编号，并决定从当年起定为五常市区域内的推广品种。品种审定办法第三十二条规定，审定公告公布的品种名称为该品种的通用名称。禁止在生产、经营、推广过程中擅自更改该品种的通用名称。审定委员会作为省一级的地方专业审定机构，对其最终审定并决定推广的水稻品种应当认为具有法定确认的效力。因此，审定委员会所审定的"五优稻 4 号"，原代号为"稻花香 2 号"的水稻品种可以认定为法定的通用名称。

福州米厂提出该品种的审定名称是"五优稻 4 号"，而非"稻花香 2 号"，五常公司标注"稻花香"，属于违反品种审定办法第三十二条规定的擅自变更行为，不应认定"稻花香"为通用名称。对此二审法院认为，黑龙江省农作物品种审定委员会所审定的名称虽为"五优稻 4 号"，但该品种的原代号为"稻花香 2 号"，两个名称之间是具有关联性的。根据五常市农业局出具的《关于稻花香大米名称的使用证明》、五常市龙凤山镇人民政府出具的《证明》、五常市稻米商业商会提供的《关于五常市稻花香大米品牌维权的综合材料》中五常市部分稻农、村民代表的确认材料、"稻花香 2 号"主要育种人田永太出具的证明材料以及电视媒体对于"稻花香"大米的相关报道，上述证据材料互相印证，能够证明，"稻花香"的称谓无论在品种审定之前的研发育种、试种植阶段还是品种审定之后的大面积推广阶段，五常这一特定地域范围内的相关种植农户、大米加工企业和消费者均普遍认为其指代的是一类稻米品种。相关公众实际上只知"稻花香"，而不知

"五优稻4号"。因此，可以认定，基于五常市这一特定的地理种植环境所产生的"稻花香"大米品种能够反映出一类稻米与其他稻米的根本区别，具有了其他产区的大米商品所不具有的特定品质。"稻花香"大米属于较为固定的，约定俗成的通用名称。

福州米厂提出其拥有的涉案商标于1999年7月28日就已核准注册，远早于五常公司主张的"稻花香"通用名称的出现时间。对此二审法院认为，从本案来看，五常公司所提供的证据虽无法直接证明"稻花香"名称的出现并呈通用化的事实状态的时间早于涉案商标的注册申请时间，但可以证明在福州米厂提起本案诉讼时，"稻花香"实际上已经成为一类被相关公众普遍认为的稻米品种的通用名称。另外，根据福州米厂所提供的证据来看，其自身对"稻花香"商标的使用亦存在不规范之处。其生产的部分大米产品包装正面左上角印有"米"字图形商标，下半部印有"稻花香©"标识，并与"米"字连用。可见，福州米厂对涉案商标并未进行规范使用，而实际是将"稻花香"作为商品名称加以使用，这在客观上进一步淡化乃至消灭了"稻花香DAOHUAXIANG"文字作为商标的显著特征。

（二）关于五常公司对"稻花香"文字的使用是否正当的问题

对被诉侵权产品的外包装进行观察可见，该外包装正面左上角印有"金福"文字，系五常公司的企业字号，中间部分印有五常公司注册的"乔府大院"图文商标及"五常大米"文字。下半部印有"稻花香DAOHUAXIANG"文字和拼音及五常公司的企业名称全称。从使用的具件情况来看，五常公司已经在产品包装正面的醒目位置标注了自有商标及企业字号和全称。如上所述，由于"稻花香"属于五常特定产区的大米品种，而五常公司就是五常当地一家专门的制米企业，其对"稻花香"一词文字及拼音的使用只是为了说明品种来源，并未进行商标性的不当突出使用，亦符合大米产品一般会在其包装正面注明品种类别的行业惯例，故其使用目的并不是为了借助福州米厂的商标商誉进行"傍品牌、搭便车"。其使用具有客观合理性，主观上系出于善意。从福州米厂提供的相关证据来看，讼争的涉案商标经其自己使用及许可他人使用虽然已经具有一定的知名度，但并无证据证明涉案商标与福州米厂已经形成一一对应的关系。福州米厂也没有提供证据证明五常公司在产品包装上使用"稻花香"标识，造成了相关市场的经营者、消费者的混淆误认。

综上，由于"稻花香"属于商品的通用名称，五常公司在其生产销售的大米产品包装上使用"稻花香"文字及拼音以表明大米品种来源的行为，主观上出于善意，客观上也未造成混淆误认，应属于正当使用，并未构成商标侵权。大景城分店及新华都公司销售该大米产品亦不构成侵权。原审法院认定五常公司及大景城分店、新华都公司的行为构成商标侵权，属认定不当，依法予以纠正。

本案中，“稻花香”虽经认定属于通用名称，但是由于其种植加工仅限于黑龙江省五常市特定的稻米产区，仍具有较为明确的地理位置的指向性，指代一种大米特产，并非全国范围内所有的大米生产经营者都有权在其大米商品上使用“稻花香”文字。由于福州米厂所拥有的涉案商标目前仍是合法有效的注册商标，为保护合法权利、规范市场秩序，五常公司在后续对“稻花香”文字的使用过程中，仍应尽到合理审慎的注意义务，即在产品外包装上应尽量突出使用自己的商标和企业名称及字号，正当标注“稻花香”文字，防止突出性及超范围的使用。

据此，依照《中华人民共和国民事诉讼法》第一百七十条第（二）项、商标法实施条例第四十九条的规定，二审法院判决：撤销福州市中级人民法院（2014）榕民初字第481号民事判决；驳回福州米厂的全部诉讼请求。一审案件受理费人民币6490元，二审案件受理费人民币2300元，均由福州米厂负担。

福州米厂在向本院申请再审时提交了11份证据，其中证据5、9、10、11为新证据。证据5是涉案商标被评为福建省著名商标以及福州米厂所获相关荣誉的证据；证据9是《类似商品和服务区分表》，以证明种子和大米分属不同类别的商品；证据10是《中华人民共和国国家标准》GB1354－2009（大米），以证明大米分为籼米、粳米和糯米，“稻花香”不属于法定的大米通用名称；证据11是《中华人民共和国国家标准》GB/T19266－2008（地理标志产品 五常大米），以证明“五优稻4号”水稻种子在五常地区种植而得到的粳稻加工成的大米应称为五常大米，五常大米是该类大米的法定通用名称。五常公司认可上述四份证据的真实性，但不认可其与本案的关联性。本院对上述四份证据的真实性予以确认。

五常公司在本院再审开庭时提交8份新证据。证据1是五常市龙凤山长粒香水稻研究所关于稻花香水稻的简介，以证明“稻花香”早在1999年就已培育成功，“稻花香”适应区域为五常市平原自流灌溉区；证据2是2010年第29期《中国经济周刊》刊载的《东北“袁隆平”传奇》文章，以证明“稻花香”早在1993年开始培育，问世时间是1999年，及这种水稻被称为“稻花香”的原因；证据3是2010年8月8日哈尔滨生活报“‘饿出来’的神奇稻种”报道，证明内容与证据2相同；证据4为大米品牌排名，以证明五常大米的“稻花香”被评为全国最好的大米，已经被全国消费者认可；证据5为中国龙志网关于哈尔滨市通河县成功试种“稻花香”水稻的报道，以证明“稻花香”水稻已经在五常地区以外推广种植；证据6是（2016）闽民申985号民事裁定，以证明福州米厂已经服从法院对“稻花香”是商品通用名称的认定；证据7是2009年黑龙江审定水稻品种审定公告和目录，以证明“稻花香”水稻品种被审定公告；证据8是2016年10月15日五常市农业技术推广中心出具的《证明》，证明“稻花香”的研发、种植及推广的情况。福州米厂对上述证据质证认为，上述证据不属于新证据，且超过了举证时限，其中对证据1、证据2、证据3、证据4、证据5、证据7、证据8的真实性、关联性不认可；对证据6，认可其真实性，但该份裁定没有记载“稻花香”是通用名称，不能达到其证明目的。本院认为，证据1、证据4、证据5、证据7均为网页打印件，对真实性不予确认；证据2、证据3为杂志或报纸的复印件，在没有相反证据情况下，对真实性予以确认；对证据7真实性予以确认，但不能证明“稻花香”已经成为一类大米品种的通用名称；证据8盖有五常市农业技术推广中心印章，在没有相反证据情况下，对真实性予以确认。

五常公司在再审开庭时申请两位证人出庭作证，以证明“稻花香”构成通用名称。第一位证人是“稻花香”培育研制者之一项文秀，第二位证人是五常市农业技术推广中心主任宋德旭。上述证人在本院再审开庭时接受了法庭和双方当事人的询问。

本院再审认为，本案争议焦点问题为：“稻花香”是否属于法定的通用名称；“稻花香”是否属于约定俗成的通用名称；五常公司、大景城分店和新华都公司的行为是否构成侵害涉案商标专用权；民事责任如何承担。

（一）“稻花香”是否属于法定的通用名称

根据商标法实施条例第四十九条的规定，注册商标中含有的本商品的通用名称，注册商标专用权人无权禁止他人正当使用。

根据五常公司提供的《黑龙江省农作物品种审定证书》，黑龙江省农作物品种审定委员会于2009年对品种名称为“五优稻4号”、原代号为“稻花香2号”的水稻品种予以了审定编号，并决定从当年起定为五常市区域内的推广品种。二审法院认为品种审定办法第三十二条规定，审定公告公布的品种名称为该品种的通用名称。因此，黑龙江省农作物品种审定委员会所审定的“五优稻4号”、原代号为“稻花香2号”的水稻品种可以认定为法定的通用名称。对此，本院认为，首先，法律规定为通用名称的，或者国家标准、行业标准中将其作为商品通用名称使用的，应当认定为通用名称。本案中，五常公司并无证据证明“稻花香”依据法律规定或者国家标准、行业标准应认定为法定的通用名称。其次，品种审定办法规定的通用名称与商标法意义上的通用名称含义并不完全相同，不能仅以审定公告的名称为依据，认定该名称属于商标法意义上的通用名称。品种审定办法第三十二条第三款规定：“审定公告公布的品种名称为该品种的通用名称。禁止在生产、经营、推广过程中擅自更改该品种的通用名称。”此处规定的通用名称是指根据品种审定办法审定公告的主要农作物品种名称，用以指代该特定品种。该名称在生产、经营、推广过程中禁止擅自更改。商标法中的通用名称指代某一类商品，因该名称不能用于指代特定的商品来源，故相关公众都可以正当使用。最后，根据品种审定办法第三十二条的规定，审定公告的通用名称在实际的使用过程中不得擅自更改。审定公告的原代号为“稻花香 2 号”，并非“稻花香”，在在先存在涉案商标权的情况下，不能直接证明“稻花香”为法定的通用名称。

因此，现有证据不足以证明“稻花香”为法定的通用名称，二审判决以品种审定办法为依据认定“稻花香”为法定的通用名称，适用法律错误，本院予以纠正。福州米厂关于“稻花香”不属于法定的通用名称的申请再审理由成立，本院予以支持。

（二）“稻花香”是否属于约定俗成的通用名称

相关公众普遍认为某一名称能够指代一类商品的，应当认定该名称为约定俗成的通用名称。被专业工具书、辞典列为通用名称的，可以作为认定约定俗成的通用名称的参考。约定俗成的通用名称一般以全国范围内相关公众的通常认识为判断标准。对于由于历史传统、风土人情、地理环境等原因形成的相关市场较为固定的商品，在该相关市场内通用的称谓，可以认定为通用名称。

对于“稻花香”是否属于约定俗成的通用名称。二审法院认为，五常这一特定地域范围内的相关种植农户、大米加工企业和消费者均普遍认为“稻花香”指代的是一类稻米品种。可以认定，基于五常市这一特定的地理种植环境所产生的“稻花香”大米属于约定俗成的通用名称。可见，二审法院实际上认为稻米品种的通用名称也是大米商品的通用名称，同时认为“稻花香”大米属于由于五常市特定地理环境形成的在该相关市场内较为固定的商品，属于在该相关市场内的通用名称。

对此，本院认为，首先，关于稻米品种的通用名称是否可以作为大米商品的通用名称。根据水稻种植、收获、生产、销售的过程，水稻最终以大米这种商品的形式呈现给消费者。因此，如果“稻花香”为涉案特定稻米品种约定俗成的通用名称，对于用该稻米品种种植加工出来的大米，可以标注“稻花香”以表明大米品种来源，即稻米品种的通用名称可以延伸使用于以此品种种植加工出来的大米上。其次，关于“稻花香”是否属于涉案特定稻米品种约定俗成的通用名称。约定俗成的通用名称一般以全国范围内相关公众的通常认识为判断标准。当然，本院注意到，基于历史传统、风土人情、地理环境等原因，某些商品所对应的相关市场相对固定，如果不加区分地仍以全国范围相关公众的认知为标准，判断与此类商品有关的称谓是否已经通用化，有违公平原则。但是，适用不同评判标准的前提是，当事人应首先举证证明此类商品属于相关市场较为固定的商品。否则，是否构成约定俗成的通用名称，仍应当以全国范围内相关公众的通常认知作为判断依据。本案中，被诉侵权产品销售范围并不局限于五常地区，而是销往全国各地，在福州米厂的所在地福建省福州市的超市内就有被诉侵权产品销售。在这种情况下，被诉侵权产品相关市场并非较为固定在五常市地域范围内，应以全国范围内相关公众的通常认识为标准判断“稻花香”是否属于约定俗成的通用名称。为证明“稻花香”属于约定俗成的通用名称，五常公司先后提交了五常市农业局出具的《关于稻花香大米名称的使用证明》、五常市龙凤山镇人民政府出具的《证明》、五常市稻米商业商会提供的《关于五常市稻花香大米品牌维权的综合材料》、“稻花香 2 号”主要育种人田永太出具的证明材料、媒体的相关报道等证据，并申请证人出庭作证。上述证据多为五常市当地有关部门、稻农或育种人出具的证明材料，媒体报道数量有限，以全国范围内相关公众的通常认识为标准，现有证据不足以证明“稻花香”属于约定俗成的通用名称。二审判决认为“稻花香”属于五常地域范围内约定俗成的通用名称，未考虑被诉侵权产品已经销往全国，相关市场超出五常地域范围的实际情况，确有错误，本院予以纠正。福州米厂关于“稻花香”不属于约定俗成的通用名称的申请再审理由成立，本院予以支持。

（三）五常公司、大景城分店和新华都公司的行为是否构成侵害涉案商标专用权

根据商标法第五十二条规定，未经商标注册人的许可，在同一种商品或者类似商品上使用与其注册商标相同或者近似的商标的，属侵犯注册商标专用权。本案中，首先，涉案商标于 1998 年 3 月提出申请，于 1999 年 7 月 28 日获得注册。2009 年 3 月 18 日，黑龙江省农作物品种审定委员会出具《黑龙江省农作物品种审定证书》，审定公告了“五优稻 4 号”、原代号“稻花香 2 号”的水稻品种。从时间顺序上，涉案商标的申请日远远早于“稻花香 2 号”水稻的审定公告日，五

常公司现有证据也不能证明在涉案商标申请日之前“稻花香”作为一类稻米品种已经宣传推广并具有一定知名度，因此，福州米厂申请注册涉案商标主观上并无恶意。其次，被诉侵权产品系大米，涉案商标核定使用的商品也是大米，两者属于同一种商品。被诉侵权产品“乔家大院稻花香米”的包装袋正面居中位置以较大字体标注了“稻花香 DAOHUAXIANG”，将该标志与涉案商标进行比对，在文字和字母方面均相同，只是在文字的字体和背景颜色上稍有区别，构成近似商标。被诉侵权产品“乔家大院稻花香米”与涉案商标的商品共存于市场，容易造成相关公众的混淆误认。大景城分店和新华都公司对于被诉侵权产品“乔家大院稻花香米”系由大景城分店所销售的事实没有异议，五常公司对该产品系由其生产、供货给新华都公司，由大景城分店对外进行销售的事实亦无异议。因此，可以认定五常公司、大景城分店和新华都公司未经许可的行为，侵害了涉案商标专用权。二审法院关于“稻花香”属于通用名称，被诉侵权产品的标注方式属于正当使用不构成侵害涉案商标专用权的认定有误，本院予以纠正，福州米厂相应申请再审理由成立，本院予以支持。

本案的特殊之处在于，福州米厂申请注册涉案商标主观上并无恶意，注册商标专用权在全国范围内具有效力，应得到有效保护。根据现有证据，“稻花香 2 号”作为审定公告的品种，对于五常这一特定地域范围内的相关种植农户、大米加工企业和消费者而言，在以“稻花香 2 号”种植加工出的大米上使用“稻花香”主观上也并无攀附涉案商标的恶意。基于公平原则，考虑到双方的利益平衡，本院认为，对于五常这一特定地域范围内的相关种植农户、大米加工企业和消费者而言，可以在以“稻花香 2 号”种植加工出的大米上规范标注“稻花香 2 号”，以表明品种来源。但本院需要在此特别强调：该种标注方式仅限于表明品种来源且不得突出使用。

（四）民事责任如何承担

根据福州米厂的诉讼请求及本案的具体案情，五常公司应承担停止侵权、赔偿损失的民事责任。虽然大景城分店和新华都公司因销售涉案被诉侵权商品具有合法来源而无须承担赔偿责任，但其仍应承担停止销售以及分担福州米厂部分合理费用的民事责任。关于赔偿损失的具体数额及合理费用的分担，综合考虑本案案情，本院认为一审判决结果并无不妥，予以维持。

综上所述，二审判决认定“稻花香”属于通用名称，被诉侵权产品的标注方式属于正当使用不构成侵害涉案商标权错误，本院予以撤销。一审判决结论正确，本院予以维持。依照《中华人民共和国民事诉讼法》第二百零七条第一款、第一百七十条第一款第（二）项、2001 年修正的《中华人民共和国商标法》第五十二条第（一）项、第五十六条、2002 年施行的《中华人民共和国商标法实施条例》第四十九条规定，判决如下：

一、撤销福建省高级人民法院（2014）闽民终字第 1442 号民事判决；

二、维持福建省福州市中级人民法院（2014）榕民初字第 481 号民事判决。

一审案件受理费人民币 6490 元，由福州米厂负担 3990 元，福建新华都综合百货有限公司福州金山大景城分店、福建新华都综合百货有限公司负担 500 元，五常市金福泰农业股份有限公司负担 2000 元。二审案件受理费 2300 元，由五常市金福泰农业股份有限公司负担。

本判决为终审判决。

审　判　长　周　翔
审　判　员　罗　霞
代理审判员　佟　姝
二〇一七年十二月二十二日
书　记　员　张　博

（三）商标权与商号权、姓名权等权利的冲突判断

13. 企业字号与他人在先注册商标冲突的处理规则

——再审申请人王将饺子（大连）餐饮有限公司与
被申请人李惠廷侵犯注册商标专用权纠纷案

【裁判要旨】

在本案中，最高人民法院明确了企业字号与他人在先注册商标冲突案件的处理规则，指出停止使用企业名称与规范使用企业名称是两种不同的责任方式，并明确了适用这两种责任方式的具体情形。

【关键词】

商标　侵权　企业字号　权利冲突

【案号】

最高人民法院（2010）民提字第15号

【基本案情】

在再审申请人王将饺子（大连）餐饮有限公司（以下简称大连王将公司）与被申请人李惠廷侵犯注册商标专用权纠纷案中，2003年李惠廷获准在第43类饭店、快餐馆等服务上注册“王将”商标，并在其在哈尔滨市经营的餐馆中使用“王将”商标。2005年1月，日本王将株式会社投资成立的大连饺子的王将餐饮有限公司获批成立。同年11月，经核准变更名称为王将饺子（大连）餐饮有限公司。大连王将公司在其经营的餐馆招牌、店内筷子套等餐具包装、菜谱、茶具上使用了“王将”字样服务标识以及在菜谱、茶具及发票印鉴上使用了“王将”字样服务标识。李惠廷起诉认为大连王将公司的行为侵犯其商标专用权，请求判令大连王将公司停止侵权行为、变更企业名称、公开赔礼道歉并赔偿经济损失。辽宁省大连市中级人民法院一审认为，大连王将公司注册包含“王将”字号的企业名称在李惠廷“王将”文字商标注册之后，且其经营范围包含在李惠廷注册商标的核定服务项目范围之内，大连王将公司在同业经营中使用与李惠廷注册商标相同的文字，足以使相关消费者对餐饮服务的来源以及不同经营者之间是否具有关联关系等产生混淆误认，属于商标法规定的给他人注册商标专用权造成其他损害的行为。同时，大连王将公司使用与注册商标相同的“王将”文字和相近似的“王将”服务标识，构成商标侵权。遂判决大连王将公司在李惠廷“王将”商标注册证核定服务项目的范围内停止使用含有“王将”字样的企业名称、立即停止使用“王将”和“王将”字样的服务标识并赔偿李惠廷经济损失。大连王将公司不服一审判决，提起上诉，辽宁省高级人民法院二审维持一审判决。大连王将公司不服，向最高人民法院申请再审。最高人民法院提审本案后于2010年6月24日作出再审判决，撤销了原审判决关于大连王将公司停止使用含有“王将”字样的企业名称与停止使用“王将”和“王将”字样的服务标识的判项，改判大连王将公司规范使用其企业名称，停止突出使用“王将”和“王将”等侵犯李惠廷注册商标专用权的行为，并赔偿李惠廷经济损失等。

【裁判意见】

最高人民法院再审认为：注册商标和企业名称均是依照相应的法律程序获得

的标志权利，分属不同的标志序列，依照相应法律受到相应的保护。对于注册商标与企业名称之间的纠纷，人民法院应当区分不同的情形，按照诚实信用、维护公平竞争和保护在先权利等原则，依法处理。如果注册使用企业名称本身具有不正当性，如不正当地将他人具有较高知名度的在先注册商标作为字号注册登记为企业名称，即使规范使用仍足以产生市场混淆的，可以按照不正当竞争处理；如果是不规范使用企业名称，在相同或者类似商品上突出使用与他人注册商标相同或相近的企业的字号，容易使相关公众产生误认的，属于给他人注册商标专用权造成其他损害的行为，依法按照侵犯商标专用权的行为处理。相应地，人民法院应当依据《最高人民法院关于审理注册商标、企业名称与在先权利冲突的民事纠纷案件若干问题的规定》第四条的规定，根据原告的诉讼请求和案件具体情况，确定被告应当承担的民事责任。如果不正当地将他人具有较高知名度的在先注册商标作为字号注册登记为企业名称，注册使用企业名称本身即违法，不论是否突出使用均难以避免产生市场混淆的，可以根据当事人的请求判决停止使用或者变更该企业名称；如果企业名称的注册使用并不违法，只是因突出使用其中的字号而侵犯注册商标专用权的，判决被告规范使用企业名称、停止突出使用行为即足以制止被告的侵权行为，因此这种情况下不宜判决停止使用或者变更企业名称。规范使用企业名称与停止使用或变更企业名称是两种不同的责任承担方式，不能因突出使用企业名称中的字号从而侵犯商标专用权就一律判决停止使用或变更企业名称。本案中，虽然李惠廷的“王将”商标注册在先，但其仅在黑龙江省哈尔滨市实际使用，且在大连王将公司注册登记企业名称时并未具有较高知名度。同时，由于大连王将公司是日本王将株式会社投资成立的，大连王将公司以王将为字号注册其企业名称，具有一定合理性。大连王将公司在经营活动中规范使用其王将饺子（大连）餐饮有限公司的企业名称，不足以导致相关公众的混淆误认。因此，原审判决大连王将公司停止使用含有“王将”字样的企业名称，没有事实和法律依据。

中华人民共和国最高人民法院民事判决书

（2010）民提字第15号

申请再审人（一审被告、二审上诉人）：王将饺子（大连）餐饮有限公司，住所地：辽宁省大连市中山区青三街1号。

法定代表人：大东隆行，董事长。

委托代理人：敖其，北京市京翰律师事务所律师。

委托代理人：高桥义弘，王将饺子（大连）餐饮有限公司总经理。

被申请人（一审原告、二审被上诉人）：李惠廷，男，汉族，1963年8月8日出生，住黑龙江省哈尔滨市道外区×街33—1号。

委托代理人：关晶焱，北京市丹宁律师事务所律师。

王将饺子（大连）餐饮有限公司（简称大连王将公司）与李惠廷侵犯注册商标专用权纠纷一案，辽宁省高级人民法院于2009年4月8日作出（2009）辽民三终字第49号民事判决（简称原审判决），已经发生法律效力。2009年7月10日，大连王将公司向本院申请再审。本院经审查认为，申请再审人的申请符合《中华人民共和国民事诉讼法》第一百七十九条第一款第（六）项再审立案条件，于2009年11月18日，以（2009）民申字第423号民事裁定提审本案。本院依法组成合议庭，公开开庭审理了本案。申请再审人大连王将公司委托代理人高桥义弘、敖其，被申请人李惠廷及其委托代理人关晶焱到庭参加诉讼。本案现已审理终结。

2007年3月22日，一审原告李惠廷起诉至辽宁省大连市中级人民法院称，2003年李惠廷获准在第43类上注册第3192768号“王将”商标，大连王将公司于2005年将“王将”作为字号注册为企业名称，并在经营活动中使用“王将”等标识，大连王将公司的上述行为侵犯了李惠廷的商标专用权，请求判令大连王将公司停止侵犯“王将”商标专用权的行为，变更企业名称，公开赔礼道歉并赔偿李惠廷经济损失50万元及诉讼支出5000元等。大连王将公司辩称，本案应当中止审理，而且大连王将公司的企业名称是依法获得的，其正当使用企业名称、字号、招牌等行为不构成侵权。

辽宁省大连市中级人民法院一审查明，2002年5月29日，李惠廷向国家工商行政管理总局商标局（简称商标局）申请注册“王将”商标，商标局于2002年7月31日受理，并于2003年12月向李惠廷核发了第3192768号商标注册证，注册有效期限自2003年12月7日至2013年12月6日，核定服务项目为第43类，即住所（旅馆、供膳寄宿处）；养老院；咖啡馆；自助餐厅；饭店；日间托儿所；旅馆预订；快餐馆；鸡尾酒会服务；会议室出租。1999年9月9日，哈尔滨王将食品有限公司（简称哈尔滨王将公司）成立并领取营业执照，法定代表人系李惠廷；2001年11月28日、2003年6月17日，哈尔滨王将公司先后成立嵩山分店和大安分店，并领取了营业执照，其负责人均为李惠廷。前述哈尔滨王将公司及其分店使用了“王将”和“王将”字样的招牌。

2005年1月6日，日本王将株式会社投资成立的大连饺子的王将餐饮有限公司获得外商投资企业批准证书，并经审批增设分支机构大连饺子的王将餐饮有限公司开发区分店。2005年11月18日，大连饺子的王将餐饮有限公司经核准变更名称为现名称王将饺子（大连）餐饮有限公司，并领取了营业执照，经营范围为餐饮，注册资金为一亿五千万日元。2006年4月26日，大连经济技术开发区经济贸易局批准大连王将公司股东变更为日本王将株式会社。

2005年11月15日，哈尔滨市第二公证处分别在大连王将公司位于大连商场新玛特一楼的总店和位于大连经济技术开发区辽宁街52-7号的分店内，对大连王将公司的店外招牌、店内筷子套等餐具包装、菜谱、茶具上使用了“王将”字样服务标识以及在菜谱、茶具及发票印鉴上使用了“王将”字样服务标识的事实进行了公证拍照，并做出（2005）哈二证内民字第692号公证书。

吉林出版社出版的楷书字典中记载欧阳询、柳公权、赵孟頫、智永、蔡襄等书法家把“将”字写为“将”的写法。在实用汉日词典中“将”字在日语的汉字有写为“将”字。

2006年9月19日，大连王将公司和日本王将株式会社向国家工商行政管理总局商标评审委员会（简称商标评审委员会）提出撤销李惠廷“王将”注册商标的申请，其理由是日本王将株式会社在先成立、享有盛名，李惠廷明知而抢注了日本王将株式会社的商标和字号。商标评审委员会以大连王将公司和日本王将株式会社不能证明其在李惠廷“王将”商标注册之前，先在中国注册了“王将”商号，并在中国公众中具有一定的知名度，也不能证明其在中国境内在先使用“王将”商标为由，认为李惠廷注册“王将”商标的行为不构成不正当手段注册商标，并于2008年4月23日作出了维持李惠廷第3192768号“王将”商标的争议裁定书。大连王将公司和日本王将株式会社对该裁定书未在法定期限内提起行政诉讼。

在一审诉讼期间，大连王将公司又新设了人民路、金州、二七广场等三家分店。

辽宁省大连市中级人民法院一审认为，因本案李惠廷主张权利的基础是其持有的商标权，大连王将公司向商标评审委员会提出李惠廷以不正当手段取得注册商标应撤销的申请，业经商标评审委员会对商标争议作出裁定，维持李惠廷涉案的商标权，据此本案中止诉讼的原因已经消除，应当恢复诉讼。李惠廷的商标是否连续三年未使用是商标行政管理部门对注册商标使用过程中的具体行政管理问题，是商标法规定由商标行政管理部门责令商标权人限期改正或者撤销注册商标的情形，现商标局对李惠廷没有作出该行政处罚，故应以涉案商标现有的合法有效状态确认李惠廷的商标应受法律保护。

本案在实体方面有两个诉争的焦点：一是大连王将公司使用的企业字号是否侵犯了李惠廷的商标权；二是大连王将公司使用的服务标识是否侵犯了李惠廷的注册商标专用权。

企业字号是企业名称中用以区分不同市场主体的主要标志，大连王将公司注册包含“王将”字号的企业名称在李惠廷“王将”文字商标注册之后，大连王将公司的经营范围包含在李惠廷注册商标的核定服务项目范围之内，大连王将公司在同业经营中使用与李惠廷注册商标相同的文字，足以使相关消费者对餐饮服务的来源以及不同经营者之间是否具有关联关系等产生混淆误认，大连王将公司在企业名称中突出使用李惠廷文字注册商标的行为，属于商标法规定的给他人注册商标专用权造成其他损害的行为，构成侵犯商标权，应当承担相应的法律责任。大连王将公司虽经国外商标权人（其母公司）的许可使用，但一国取得的商标权具有地域性，在《巴黎公约》的成员国内享有国民待遇的人就同一商标所享有的商标权在不同成员国内互相独立，其效力限于该国范围；大连王将公司企业名称虽系有关行政部门核准登记后使用，但企业名称权利的形式合法性在与在先权利冲突的情况下，不能以其形式合法而认定其具备实质合法性，法院仍应依照有关的法律规则裁判其是否构成侵犯在先合法权利。

大连王将公司未经李惠廷许可，在与李惠廷注册商标核准服务项目相同的范围内使用与注册商标相同的“王将”文字服务标识，依法应认定构成商标侵权。“王将”服务标识与“王将”商标是否近似，是否构成混淆误认，应在隔离的状态下进行审查并在整体上进行对比，“将”字在楷书字典中已有记载是一些书法家对“将”字的另类写法，“将”字与“将”字在普通公众印象中的字形、读音、含义是近似的，容易引起混淆误认；从整体上比较，被控的“王将”标识与“王将”文字商标，以普通公众的一般注意力区分，二者的整体词义和读音是近似的，能够直接产生相似感，也容易引起市场消费者的误认。故大连王将公司在与李惠廷注册商标核准服务项目相同的范围内使用“王将”服务标识，亦侵犯了李惠廷的“王将”注册商标专用权。

李惠廷诉请大连王将公司赔礼道歉，因李惠廷享有的商标权系一种财产权利，不具有人身或精神权利的内容，且也没有证据证明大连王将公司前述侵权行为损害了李惠廷的人身或精神权利，故对李惠廷的该项请求，亦不予支持。关于本案的具体赔偿数额，鉴于李惠廷索赔请求数额偏高，其提交的相关证据亦不能确定李惠廷的具体损失数额和大连王将公司侵权获利的具体额度，综合考虑李惠廷涉案注册商标的公众认知程度、侵权行为的范围和持续时间及大连王将公司在诉讼期间增开多家分店存在明显主观过错等因素酌情确定。对李惠廷主张的制止侵权所支出的合理费用，予以支持。

辽宁省大连市中级人民法院于2008年4月18日作出（2007）大民知初字第20号民事判决，判令：一、大连王将公司于判决生效后十五日内在李惠廷“王将”商标注册证核定服务项目的范围内停止使用含有“王将”字样的企业名称；二、大连王将公司于判决生效后立即停止使用“王将”和“王将”字样的服务标识；三、大连王将公司于判决生效后十五日内赔偿李惠廷经济损失人民币25万元；四、大连王将公司于判决生效后十五日内赔偿李惠廷为制止侵权行为而支付的合理开支人民币5000元；五、驳回李惠廷其他诉讼请求。案件受理费10510元、财产保全费3020元，合计13530元，由大连王将公司承担6832元，由李惠廷自行承担6698元。

大连王将公司不服一审判决，向辽宁省高级人民法院提起上诉。辽宁省高级人民法院二审查明的事实与一审查明的事实一致。

辽宁省高级人民法院二审认为，大连王将公司注册包含“王将”字样的企业名称在李惠廷“王将”文字商标注册之后。大连王将公司的经营范围包含在李惠廷注册商标的核定服务项目范围之内。根据《最高人民法院关于审理商标民事纠纷案件适用法律若干问题的解释》第一条第一项“将与他人注册商标相同或相近的文字作为企业的字号在相同或者类似商品上突出使用，容易使相关公众产生误认的”的规定，大连王将公司企业名称虽经行政部门核准登记后使用，但与在先权利相冲突，属于给他人注册商标专用权造成损害的行为，侵犯了李惠廷的商标权。此外，在大连王将公司使用含有“王将”字样的服务标识中，“将”字是“将”字的另类写法，此点被中国大众所认同。二者字音、字义均相同，字形亦相近。大连王将公司在招牌、餐具包装、菜谱、茶具上使用了“王将”字样服务标识，极易使公众直接产生相似感，造成与李惠廷“王将”商标混淆和误认，构成对李惠廷商标权的侵犯。辽宁省高级人民法院于2009年4月8日作出（2009）辽民三终字第49号民事判决：驳回上诉，维持原判。

大连王将公司申请再审称，原审判决认定事实和适用法律均存在错误。1. 大连王将公司是日本王将株式会社在中国设立的全资子公司，根据相关规定，外商投资企业名称可以使用出资的外国企业的字号，大连王将公司通过合法的程序依法设立并取得企业名称权，该企业名称应受到法律保护。原审判决禁止使用含有“王将”字号的企业名称将使得日本“王将”这个拥有近50年发展历史的日本知名企业难以在中国市场继续发展。2. 大连王将公司使用经核准的企业名称和字号并没有侵害李惠廷“王将”注册商标的主观故意和过错，而且大连王将公司所使用的企业名称和字号与李惠廷的注册商标从文字、发音、形式、经营范围以及特色等方面均存在明显差异，何况日本“王将”已经具有近半个世纪的历史，有本质区别，不构成对李惠廷注册商标的侵犯。3. 李惠廷恶意抢注“王将”商标的行为违反诚实信用原则，侵犯了大连王将公司以及母公司的企业名称权，根据《中华人民共和国反不正当竞争法》和《保护工业产权巴黎公约》的规定，应禁止李惠廷继续使用“王将”商标。4. 李惠廷许可哈尔滨王将公司使用涉案商标的许可合同并未备案，该许可行为无效，涉案商标3年未使用，应予以撤销。综上，大连王将公司请求撤销原审判决，并依法作出判决。

李惠廷答辩称，李惠廷注册商标取得在先，大连王将公司企业名称中的字号不能与注册商标相同或近似，依据维护公平竞争及保护在先合法权利人利益原则，大连王将公司不得使用含有“王将”文字的企业名称。大连王将公司的投资人在日本对“王将”拥有的各项权利并不当然延续到中国，在中国，“王将”的注册商标专用权属于李惠廷，根据《中华人民共和国商标法》的规定，侵犯他人注册商标专用权并无需考虑主观意图，而且大连王将公司是知晓涉案商标的存在，大连王将公司的行为侵犯了涉案商标。涉案商标一直在经营中使用，从未间断，而且是否备案并不影响许可合同的效力。综上，李惠廷请求驳回大连王将公司的再审申请。

本院再审查明，原审法院查明的事实基本属实。另查明，根据（2005）哈二证内民字第692号公证书，大连王将公司在其经营的位于大连商场新玛特一楼的总店和位于大连经济技术开发区辽宁街52-7号的分店，在店外招牌、招贴、店内筷子套等上有“ぎょうざのGIAO ZA 王将”字样（日文部分译为“饺子的”），其中“王将”两字特别突出，在菜谱上有“王将冷麵”“饺子の王将”“王将拉面”等，在茶具上有明显的“王将”字样。李惠廷“王将”注册商标目前仅在黑龙江省哈尔滨市实际使用。

本院再审认为，《中华人民共和国商标法》对商标注册是否符合法律规定、应否撤销规定了相应的争议程序，如果商标所有人或者利害关系人认为已经注册的商标违反法律规定，可以请求商标评审委员会裁定撤销该注册商标。本案是侵犯商标专用权纠纷案件，审查的是被控行为是否侵犯了注册商标专用权。因此，关于涉案商标的注册是否符合法律规定，是否违反诚实信用原则抢注等，不属于本案审理范围，而且商标评审委员会已经就相关问题作出生效裁定，维持李惠廷“王将”商标的注册。至于涉案商标是否违反使用规定，连续三年未使用，同样不属于本案审理范围。故大连王将公司关于涉案商标不应予以保护，应予以撤销的主张不能成立。

注册商标和企业名称均是依照相应的法律程序获得的标志权利，分属不同的标志序列，依照相应法律受到相应的保护。对于注册商标与企业名称之间的纠纷，人民法院应当区分不同的情形，按照诚实信用、维护公平竞争和保护在先权利等原则，依法处理。如果注册使用企业名称本身具有不正当性，比如不正当地将他人具有较高知名度的在先注册商标作为字号注册登记为企业名称，即使规范使用仍足以产生市场混淆的，可以按照不正当竞争处理；如果是不规范使用企业名称，在相同或者类似商品上突出使用与他人注册商标相同或相近的企业的字号，容易使相关公众产生误认的，属于给他人注册商标专用权造成其他损害的行为，依法按照侵犯商标专用权行为处理。相应地，人民法院应当依据《最高人民法院关于审理注册商标、企业名称与在先权利冲突的民事纠纷案件若干问题的规定》第四条的规定，根据原告的诉讼请求和案件具体情况，确定被告应当承担的民事责任。如果不正当地将他人具有较高知名度的在先注册商标作为字号注册登记为企业名称，注册使用企业名称本身即是违法，不论是否突出使用均难以避免产生市场混淆的，可以根据当事人的请求判决停止使用或者变更该企业名称；如果企业名称的注册使用并不违法，只是因突出使用其中的字号而侵犯注册商标专用权的，判决被告规范使用企业名称、停止突出使用行为即足以制止被告的侵权行为，因此这种情况下不宜判决停止使用或者变更企业名称。规范使用企业名称与停止使用或变更企业名称是两种不同的责任承担方式，不能因突出使用企业名称中的字号从而侵犯商标专用权就一律判决停止使用或变更企业名称。

本案中，虽然李惠廷的“王将”商标注册在先，但其仅在黑龙江省哈尔滨市实际使用，且在大连王将公司注册登记企业名称时并未具有较高知名度。同时，由于大连王将公司是日本王将株式会社投资成立的，大连王将公司以王将为字号注册其企业名称，具有一定合理性。如果大连王将公司在经营活动中规范使用其王将饺子（大连）餐饮有限公司的企业名称，不足以导致相关公众的混淆误认。因此大连王将公司注册使用企业名称本身并不违法。原审判决以李惠廷的“王将”商标注册在先，认定大连王将公司的企业名称与李惠廷的注册商标相冲突、侵犯了注册商标专用权，并据此判决大连王将公司在李惠廷“王将”商标注册证核定服务项目的范围内停止使用含有“王将”字样的企业名称，没有事实和法律依据，本院予以纠正。

虽然大连王将公司注册使用企业名称本身并无不当，但是，大连王将公司没有规范使用其企业名称，而在其招牌、招贴和餐具等突出使用其字号，其所使用的标志“王将”与李惠廷在先核准注册的商标标志虽存在一些差异，但这种差异是细微的，以相关公众的一般注意力难以区分，使用在相同服务上，容易使相关公众产生误认，根据《最高人民法院关于审理商标民事纠纷案件适用法律若干问题的解释》第一条的规定，大连王将公司的上述行为侵犯了李惠廷的注册商标专用权，其应当停止相应侵权行为并赔偿李惠廷的经济损失。原审判决大连王将公司赔偿李惠廷经济损失 25 万元和诉讼合理开支 5000 元并无不妥，但原审判决大连王将公司停止使用“王将”和“王将”字样的服务标识的表述不尽准确，本院予以进一步明确。大连王将公司在以后的经营活动中应当规范使用其企业名称，停止突出使用“王将”和“王将”等侵犯李惠廷注册商标专用权的行为，采取必要的措施，避免混淆误认的发生。

综上，原审判决认定事实基本清楚，但适用法律存在错误之处，大连王将公司的再审申请部分理由成立，本院予以支持。依照《中华人民共和国民法通则》第一百一十八条，《中华人民共和国商标法》第五十二条第（五）项、第五十六条，《最高人民法院关于审理商标民事纠纷案件适用法律若干问题的解释》第一条第（一）项，《最高人民法院关于审理注册商标、企业名称与在先权利冲突的民事纠纷案件若干问题的规定》第四条，以及《中华人民共和国民事诉讼法》第一百八十六条第一款、第一百五十三条第一款第（二）项之规定，判决如下：

一、撤销辽宁省高级人民法院（2009）辽民三终字第 49 号民事判决。

二、维持辽宁省大连市中级人民法院（2007）大民知初字第 20 号民事判决第三、四、五项，即王将饺子（大连）餐饮有限公司于判决生效后十五日内赔偿李惠廷经济损失人民币 25 万元；王将饺子（大连）餐饮有限公司于判决生效后十五日内赔偿李惠廷为制止侵权行为而支付的合理开支人民币 5000 元；驳回李惠廷的其他诉讼请求。

三、撤销辽宁省大连市中级人民法院（2007）大民知初字第 20 号民事判决第一、二项，即王将饺子（大连）餐饮有限公司于判决生效后十五日内在李惠廷“王将”商标注册证核定服务项目的范围内停止使用含有“王将”字样的企业名称；大连王将公司于判决生效后立即停止使用“王将”和“王将”字样的服务标识。

四、王将饺子（大连）餐饮有限公司于判决生效后立即规范使用其企业名称，停止突出使用“王将”和“王将”等侵犯李惠廷注册商标专用权的行为。

如果未按本判决指定的期间履行给付金钱义务，应当依照《中华人民共和国民事诉讼法》第二百二十九条之规定，加倍支付迟延履行期间的债务利息。

一审案件受理费10510元、财产保全费3020元，合计13530元，由王将饺子（大连）餐饮有限公司负担6832元，由李惠廷负担6698元；二审案件受理费10510元，由王将饺子（大连）餐饮有限公司负担6510元，由李惠廷负担4000元。

本判决为终审判决。

审　判　长　夏君丽
代理审判员　王艳芳
代理审判员　周云川
二〇一〇年六月二十四日
书　记　员　张　博

14. 判断商标侵权行为应考虑相关公众混淆、误认的可能性

——再审申请人山东齐鲁众合科技有限公司与被申请人齐鲁证券有限公司南京太平南路证券营业部侵犯注册商标专用权纠纷案

【裁判要旨】

商标侵权原则上要以存在造成相关公众混淆、误认的可能性为基础；判断是否存在造成相关公众混淆、误认的可能性时，应该考虑商标的显著性和知名度。

【关键词】

商标侵权　混淆误认　显著性　知名度

【案号】

最高人民法院（2011）民申字第222号

【基本案情】

在再审申请人山东齐鲁众合科技有限公司（以下简称齐鲁众合公司）与被申请人齐鲁证券有限公司南京太平南路证券营业部（以下简称南京太平南路营业部）侵犯注册商标专用权纠纷案中，齐鲁众合公司成立于1995年5月31日，2006年企业法人营业执照记载经营范围为：软件开发与应用；网络工程施工；提供科技企业投资咨询服务。2009年4月2日，其经营范围变更为：软硬件开发及批发零售。同年7月16日，又变更经营范围为：证券、期货应用软件的开发及销售；硬件开发及销售；科技企业投资咨询（不含证券、期货咨询）。2001年7月14日，案外人山东省信达投资管理有限公司（以下简称信达公司）经国家工商行政管理总局商标局核准注册了第1603776号“齐鲁”文字商标，核定服务项目为第36类：资本投资、基金投资、金融分析、金融咨询、证券交易行情、期货经纪、信托、受托管理、金融信息。2008年4月20日，信达公司将第1603776号商标许可齐鲁众合公司独占使用。2000年7月25日，中国证券监督管理委员会向山东省人民政府下发证监函（2000）187号函，同意将齐鲁信托投资有限公司等联合组建证券经纪公司的方案，并于2001年4月27日向山东省齐鲁证券经纪有限公司筹建办公室下发《关于同意山东省齐鲁证券经纪有限公司开业的批复》文件。2001年12月9日，山东省齐鲁证券经纪有限公司经核准变更为齐鲁证券有限公司，其经营范围为：证券的代理买卖，代理还本付息、分红派息，证券代保管、鉴证，代理登记开户，证券的承销，证券的自营买卖，证券投资咨询（含财务顾问），证券资产管理业务等。南京太平南路营业部系齐鲁证券有限公司的分支机构。南京太平南路营业部在店面招牌上使用“齐鲁证券有限公司”文字及松树图形标识，在“齐鲁证券”“齐鲁证券业务介绍”等宣传册上除使用“齐鲁证券”文字及松树图形标识外，还使用了“真诚待客户满意在齐鲁”字样。齐鲁众合公司以南京太平南路营业部侵犯其“齐鲁”注册商标专用权为由提起诉讼，请求判令该营业部停止使用“齐鲁”字样的服务标识，停止在其企业名称中使用“齐鲁”文字，并赔偿其经济损失100万元。江苏省南京市中级人民法院一审认为，南京太平南路营业部使用“齐鲁”或“齐鲁证券”文字的行为是对其企业名称的简化使用行为，该营业部在企业名称中使用“齐鲁”文字及简化使用该企业名称的行为，不侵犯齐鲁众合公司的注册商标专用权。遂判决驳回齐鲁众合公司的诉讼请求。齐鲁众合公司不服，提起上诉。江苏省高级人民法院二审判决维持一审判决。齐鲁众合公司不服，向最高人民法院申请再审。最高人民法院于2011年7月13日裁定驳回其再审申请。

【裁判意见】

最高人民法院审查认为：本案中，南京太平南路营业部在简化使用其企业字号时，突出使用了“齐鲁”“齐鲁证券”文字，但是否构成侵犯齐鲁众合公司对涉案注册商标享有的被许可使用权，原则上要以是否存在造成相关公众混淆、误认的可能性为基础，而判断是否存在造成相关公众混淆、误认的可能性时，必须考虑涉案注册商标的显著性，特别是其知名度。因“齐鲁”系山东省的别称，故将其作为注册商标使用，本身显著性较弱。本案涉案商标虽然核定服务类别为第36类，但注册商标权人信达公司及其被许可使用人齐鲁众合公司经营范围与齐鲁证券有限公司及其南京太平南路营业部经营范围不同。鉴于国家对证券行业实行严格的市场准入制度，未取得经营证券业务许可证的企业，不得从事特许证券经营业务。信达公司及齐鲁众合公司不具备从事特许证券业务的资格，且二者也没有实际从事特许证券业务，故在该行业不存在知名度的问题，进而也就不可能使公众对齐鲁众合公司与南京太平南路营业部经营主体及经营范围产生混淆、误认。因此，原审法院认定南京太平南路营业部不构成商标侵权并无不当，应予维持。

中华人民共和国最高人民法院民事裁定书

（2011）民申字第222号

申请再审人（一审原告、二审上诉人）：山东齐鲁众合科技有限公司。住所地：山东省济南市阳光舜城中五区17号楼1－304室。

法定代表人：于慧东，该公司总经理。

委托代理人：刘道臣，北京市汉鼎联合律师事务所律师。

委托代理人：胡育，北京市汉鼎联合律师事务所律师。

被申请人（一审被告、二审被上诉人）：齐鲁证券有限公司南京太平南路证券营业部。住所地：江苏省南京太平南路333号1栋107室。

负责人：朱涛，该营业部总经理。

委托代理人：张杰，北京天昊联合知识产权代理有限公司商标代理人。

委托代理人：郑洪，北京天昊联合知识产权代理有限公司商标代理人。

山东齐鲁众合科技有限公司（简称齐鲁众合公司）为与齐鲁证券有限公司南京太平南路证券营业部（简称南京太平南路营业部）侵犯注册商标专用权纠纷一案，不服江苏省高级人民法院（2010）苏知民终字第12号判决，向本院申请再审。本院依法组成合议庭对本案进行了审查，现已审查终结。

齐鲁众合公司申请再审称，构成商标侵权不需要侵害者出于“恶意”这个要件，非“恶意”属正当使用行为的结论是对侵犯商标权行为的违法放纵；企业名称权和字号有联系但存在显著区别，南京太平南路营业部对“齐鲁”不享有专有权，二审法院认定南京太平南路营业部有权使用“齐鲁”是错误的；商品来源误认仅是“误认”的一种情况，让相关公众认为二者具有特定联系也属于误认的一种，二审法院仅凭二者不存在服务来源误认就断定没有误认的可能错误。请求撤销原审法院判决，支持其一审诉讼请求。

南京太平南路营业部提交意见认为，齐鲁证券有限公司企业名称和字号取得日期早于齐鲁众合公司“齐鲁”注册商标取得时间。证券行业属于国家特别审批的行业，实行市场准入制度，南京太平南路营业部作为齐鲁证券有限公司的分支机构，在经营活动中使用“齐鲁证券”以及“齐鲁”是对公司名称和字号的合理使用。齐鲁证券有限公司投入了较大的人力、物力和财力对其字号“齐鲁证券”进行宣传，该字号在同行业内具有较高的知名度。由于双方实际经营范围不同，不存在造成公众混淆误认的可能性。原审法院判决正确，请求驳回齐鲁众合公司的再审申请。

南京市中级人民法院一审查明，齐鲁众合公司成立于 1995 年 5 月 31 日，2006 年企业法人营业执照记载经营范围为：软件开发与应用；网络工程施工；提供科技企业投资咨询服务。2009 年 4 月 2 日，其经营范围变更为：软硬件开发及批发零售；同年 7 月 16 日，又变更经营范围为：证券、期货应用软件的开发及销售；硬件开发及销售；科技企业投资咨询（不含证券、期货咨询）。

山东省信达投资管理有限公司（简称信达公司）成立于 2000 年 11 月 6 日，经营范围为：投资、管理咨询（不得经营金融业务）；证券行情报价系统软件研发；担保业务；汽车、钢材、建材的销售。2001 年 7 月 14 日，信达公司经国家工商行政管理总局商标局（简称商标局）核准注册了“齐鲁”文字商标，商标注册证号为第 1603776，核定服务项目为第 36 类：资本投资、基金投资、金融分析、金融咨询、证券交易行情、期货经纪、信托、受托管理、金融信息。2008 年 4 月 20 日，信达公司将第 1603776 号商标许可齐鲁众合公司独占使用。

齐鲁众合公司为证明其一直实际使用上述注册商标，提供了下列证据：《财富时报》2003 年 6 月 23 日《报考特刊》刊登了信达公司齐鲁投资部宣传“齐鲁投资”及“齐鲁”注册商标的广告，载明其主要业务为：国有企业改制、企业并购、管理层收购、债权管理、资产管理、不良资产处置、项目投资、房地产投资、融资服务。该报2003年7月21日－27日周刊亦刊登了上述广告内容。此外，《新晨报》2008年4月24日也刊登了近似的广告内容。

2000年7月25日，中国证券监督管理委员会（简称证监会）向山东省人民政府下发证监函（2000）187号函，名称为《关于原则同意山东省8家信托投资公司所属证券营业部联合组建证券经纪公司的函》载明：原则同意你省将齐鲁信托投资有限公司、山东国际信托投资公司及淄博市、泰安市、烟台市、威海市、济宁市、德州市信托投资有限公司所属证券营业部联合组建证券经纪公司的方案。2001年4月27日，证监会向山东省齐鲁证券经纪有限公司筹建办公室下发《关于同意山东省齐鲁证券经纪有限公司开业的批复》文件。2001年12月9日，山东省齐鲁证券经纪有限公司经核准变更为齐鲁证券有限公司。

齐鲁证券有限公司2009年的营业执照记载，经营范围为：证券的代理买卖，代理还本付息、分红派系，证券代保管、鉴证，代理登记开户，证券的承销，证券的自营买卖，证券投资咨询（含财物顾问），证券资产管理业务，经证监会批准的其他业务。南京太平南路营业部系齐鲁证券有限公司的分支机构。

2009年3月6日，信达公司的代理人杨晔隽在公证人员的陪同下到南京太平南路营业部，对营业厅大门进行了拍照，照片显示，营业部店面招牌上使用“齐鲁证券有限公司”文字及松树图形标识；杨晔隽从营业大厅内取得封面名称分别为“齐鲁证券”、“齐鲁证券业务介绍”5份。南京市钟山公证处对以上过程进行了公证，并于当日出具（2009）苏宁钟证内经字第1346号公证书。以上宣传册上使用了“齐鲁证券”文字及松树图形标识，还使用了“真诚待客户满意在齐鲁”字样。

2009年3月31日，齐鲁众合公司以南京太平南路营业部侵犯其“齐鲁”注册商标专用权为由，向南京市中级人民法院提起诉讼，请求判令该营业部停止使用“齐鲁”字样的服务标识；停止在其企业名称中使用“齐鲁”文字；赔偿其经济损失100万元。

南京市中级人民法院一审认为：

（一）南京太平南路营业部使用“齐鲁”或“齐鲁证券”文字的行为是对其企业名称的简化使用行为

南京太平南路营业部是齐鲁证券有限公司的分支机构，“证券”是其所从事服务行业的名称，“齐鲁”是后者的字号。齐鲁众合公司指控该营业部在经营活动中将“齐鲁”、“齐鲁证券”文字作为商标使用，对此，该营业部在使用“齐鲁”文字时的语境是“真诚待客户满意在齐鲁”，此处的“齐鲁”显然是指某个服务提供者，也即本案南京太平南路营业部企业名称的简称；该营业部在使用“齐鲁证券”文字时，均与“松树”图形同时使用，而“松树”图形是齐鲁证券公司在第36类服务类别上正在申请注册的商标，齐鲁证券有限公司在使用时均将“松树图形”与“齐鲁证券”文字横向并列使用，是对企业名称的简化使用行为。

（二）南京太平南路营业部在企业名称中使用“齐鲁”文字及简化使用该企业名称的行为，不侵犯齐鲁众合公司的注册商标专用权

1. 信达公司是涉案“齐鲁”商标的注册人，齐鲁众合公司系信达公司授权的该商标独占许可使用人，其享有的商标专用权应受法律保护。齐鲁证券有限公司的企业名称权是经工商行政管理部门核准登记的合法权利，在一定区域范围内亦受法律保护。当两项权利不发生冲突时，各权利人均有权在法律规定的范围内行使各自的权利。

2. 齐鲁众合公司在第36类服务类别上注册了“齐鲁”商标，齐鲁证券公司所从事的金融服务属于第36类服务类别，故齐鲁证券有限公司提供的服务与涉案商标类别属于类似服务。但是，齐鲁众合公司未提供证据证明其作为被许可人在核定服务范围内实际使用涉案注册商标，其曾多次变更经营范围，直到2009年7月16日本案诉讼期间才增加“证券、期货应用软件的开发及销售”的经营范围，而该经营范围所涉及的商品或服务的类别与第36类服务类别并不相同。同时，因证券服务行业属于国家规定的特许经营行业，获许可经营的民事主体具有特定性和限制性，其所提供的服务具有较强的可识别性，与其他普通市场主体相混淆的可能性较小，相关公众容易识别其服务来源。现有证据不足以证明齐鲁证券有限公司在企业名称中使用“齐鲁”文字的行为可能导致相关公众对其服务来源产生错误认识，或产生与齐鲁众合公司有关的不恰当的联想。

3. 齐鲁证券有限公司及其分支机构使用“齐鲁”字号不具有攀附涉诉商标的侵权故意。齐鲁证券有限公司最初筹建的时间可以追溯到2000年7月25日证监会发函同意其组建之时，2001年4月27日，证监会又发函同意其开业，则可以推定齐鲁证券有限公司开始筹划并拟定字号的时间应早于涉案商标公告时间。齐鲁证券有限公司的企业名称中的“行政区划”、“经营范围”等部分内容虽然经过变更，但其字号“齐鲁”自成立时起至今未经变更并一直处于使用状态，齐鲁证券有限公司投入了较大的财力、物力对字号进行宣传，使其字号在同行业内具有一定的知名度和影响力，现有证据不足以证明涉案商标因齐鲁众合公司的使用行为而具有知名度。由于齐鲁证券有限公司始终致力于树立自己的企业形象，而

非故意攀附涉案商标，其主观上不具有侵权故意。

4. 南京太平南路营业部作为齐鲁证券有限公司的分支机构，有权在其经营活动中合理使用其企业字号，该营业部在经营活动中单独使用“齐鲁”或“齐鲁证券”文字虽属于对其企业字号的突出使用，但这种使用行为是市场主体开展经营和进行宣传的合理行为，是正常经营的需要，符合市场经济的规律和消费者的需求。鉴于该营业部所从事行业的特殊性及齐鲁众合公司未在类似服务领域实际使用涉案商标，故不会导致相关公众对两者的服务来源产生混淆和误认，该营业部合理简化使用其企业名称的行为不侵犯齐鲁众合公司的注册商标专用权。

据此，依照《中华人民共和国民事诉讼法》第一百二十八条、《中华人民共和国商标法》第五十一条、第五十二条第（五）项、《最高人民法院关于审理商标民事纠纷案件适用法律若干问题的解释》第一条第（一）项的规定，判决驳回齐鲁众合公司的诉讼请求。

齐鲁众合公司不服一审判决，上诉至江苏省高级人民法院。

江苏省高级人民法院二审认为，南京太平南路营业部没有侵犯齐鲁众合公司的商标专用权。（一）商标专用权和企业名称（字号）权属于不同的民事权利，系当事人依据不同的法定程序取得，如果企业名称（字号）的使用不是出于攀附他人商标商誉等恶意，则属正当使用行为。本案中，根据证监会于2001年4月27日《关于同意山东省齐鲁证券经纪有限公司开业的批复》的内容，可以证明在涉案“齐鲁”商标尚未公告时，齐鲁证券有限公司就已筹划并拟定使用“齐鲁”字号。齐鲁众合公司亦未能提供证据证明涉案商标在经核准注册之前，作为其使用的商业标识已具有较高知名度。故齐鲁证券有限公司在经工商行政管理机关核准后取得并使用“齐鲁”字号，客观上显然不存在攀附涉案商标商誉的故意，应属正当使用。作为其分支机构的南京太平南路营业部亦当然有权使用“齐鲁”字号，对齐鲁众合公司要求该营业部在企业名称中停止使用“齐鲁”文字的请求不予支持。（二）南京太平南路营业部在其经营场所、宣传资料等处使用“齐鲁”和“齐鲁证券”文字的行为不构成侵权。齐鲁众合公司认为，该营业部使用“齐鲁”文字行为系商标使用行为，故侵犯其注册商标专用权。对此，商标侵权必须具备两个构成要件：一是在相同或类似商品上使用相同或近似的商标；二是容易使消费者产生误认。本案中，南京太平南路营业部在简化使用其企业字号过程中，虽然突出使用了“齐鲁”、“齐鲁证券”文字，但其对企业字号的突出使用行为并不会使相关公众对两者的服务来源产生混淆和误认。首先，齐鲁是山东省的一种别称，广为人知，其作为注册商标，显著性较弱，而显著性越弱的商标，其被混淆、被借用的可能性就越小。其次，该营业部从事的证券业务属于国家规定的特许经营行业，有其特殊的服务方式，其在进行宣传时使用企业字号代替企业全称也是证券行业的习惯做法，仅此不足以使相关公众将其与齐鲁众合公司产生混淆或误认两者有特定关系。最后，涉案“齐鲁”商标核定服务项目虽然是第36类，但齐鲁众合公司实际使用涉案商标范围与南京太平南路营业部服务领域并不相同，而且本案中没有证据表明齐鲁众合公司或“齐鲁”商标具有一定知名度，该营业部作为南京地区提供服务的企业，在使用“齐鲁”字号时，相关公众就更不会对两者产生混淆和误认。因此，南京太平南路营业部的突出使用行为不侵犯齐鲁众合公司的注册商标专用权。判决驳回上诉，维持原判。

本院认为，本案齐鲁众合公司对“齐鲁”注册商标享有被许可使用权，该商标核定使用范围为第36类服务类别，齐鲁证券有限公司及其南京太平南路营业部经营范围属于涉案“齐鲁”注册商标核定服务范围。但齐鲁众合公司主张南京太平南路营业部侵犯其享有的涉案注册商标许可使用权应否予以支持，需要进行综合判断。

一、关于南京太平南路营业部在经营活动中使用“齐鲁”、“齐鲁证券”是否具有正当性问题

首先，“齐鲁”是齐鲁证券有限公司的字号，“证券”代表的是其从事的经营行业，齐鲁证券有限公司及其分支机构南京太平南路营业部，在经营活动中使用“齐鲁”、“齐鲁证券”属于对企业名称的简化使用，不违反相关法律规定。其次，“齐鲁”系山东省的别称，南京太平南路营业部设在南京市，其在广告语“真诚待客户满意在齐鲁”中使用了“齐鲁”文字，具有区分特定的经营者之寓意，该行为并无不正当性。齐鲁众合公司以其享有“齐鲁”注册商标被许可使用权为由，禁止他人合理使用“齐鲁”文字没有法律依据，不应予以支持。

二、关于南京太平南路营业部是否侵犯齐鲁众合公司对涉案注册商标享有的被许可使用权的问题

本案中，**南京太平南路营业部在简化使用其企业字号时，突出使用了“齐鲁”、“齐鲁证券”文字，但是否构成侵犯齐鲁众合公司对涉案注册商标享有的被许可使用权，原则上要以是否存在造成公众混淆、误认的可能性为基础，而判断**

是否存在造成公众混淆、误认的可能性时，必须要考虑涉案注册商标的显著性，特别是其知名度。由于“齐鲁”系山东省的别称，故将其作为注册商标使用，本身显著性较弱。本案涉案商标虽然核定服务类别为第36类，但注册商标权人信达公司及其被许可使用人齐鲁众合公司经营范围与齐鲁证券有限公司及其南京太平南路营业部经营范围不同。鉴于国家对证券行业实行严格的市场准入制度，未取得《中华人民共和国经营证券业务许可证》的企业，不得从事特许证券经营业务。由于信达公司及齐鲁众合公司不具备从事特许证券业务的资格，且二者也没有实际从事特许证券业务，故在该行业不存在知名度的问题，进而也就不可能使公众对齐鲁众合公司与南京太平南路营业部经营主体及经营范围产生混淆、误认。为此，一审、二审法院认定南京太平南路营业部未侵犯齐鲁众合公司对涉案注册商标享有的被许可使用权并无不当，应予维持。

综上，齐鲁众合公司的再审申请不符合《中华人民共和国民事诉讼法》第一百七十九条规定的情形。依照《中华人民共和国民事诉讼法》第一百八十一条第一款的规定，裁定如下：

驳回山东齐鲁众合科技有限公司的再审申请。

审　判　长　于晓白
审　判　员　骆　电
代理审判员　王艳芳
二〇一一年七月十三日
书　记　员　崔丽娜

15. 特殊历史背景下商标与字号共存的考量因素

——申诉人太原大宁堂药业有限公司与被申诉人山西省药材公司商标侵权、不正当竞争纠纷案

【裁判要旨】

在特殊历史背景下，对于使用与他人商标相同的字号是否构成商标侵权和不正当竞争，应当从历史传承、现实情况、法律适用和社会效果等方面综合考量。

【关键词】

商标　不正当竞争　字号　共存

【案号】

最高人民法院（2015）民提字第46号

【基本案情】

在申诉人太原大宁堂药业有限公司（以下简称大宁堂药业）与被申诉人山西省药材公司商标侵权、不正当竞争纠纷案中，2000年10月7日，山西省药材公司在国家工商管理局商标局注册了第1455748号“大宁堂”文字及图商标（即涉案商标），核定服务项目为第35类，即推销（替他人），注册有效期限为“自2000年10月7日至2010年10月6日止”。《山西通志》第四十一卷记载，太原中药厂前身为大宁堂药铺，建于明末清初，1956年经过公私合营，隶属太原药材公司中药总店领导，之后中药店厂分设，在大宁堂制药生产的基础上建立了太原中药厂。1999年4月9日，经太原中药厂第一届职工代表大会专题会议通过，“太原大宁堂药业有限公司”成立，该公司为股份合作制公司，注册资金50万元，经营方式为制造、销售中西成药，公司租用太原中药厂厂房、设备、有偿使用或受让太原中药厂的生产技术。山西省药材公司主张大宁堂药业将与其注册商标完全相同的“大宁堂”登记为企业名称中的字号，该行为构成对其注册商标专用权的侵犯，并构成不正当竞争。山西省太原市中级人民法院一审认为，早在山西省药材公司申请注册商标之前大宁堂药业已经合法登记并使用了现在继承使用的企业名称，因此，其完全有权利在自己的企业名称中使用“大宁堂”字号。遂判决驳回山西省药材公司的诉讼请求。山西省药材公司不服，提起上诉。山西省高级人民法院二审认为，大宁堂药业称其由太原中药厂改制而来，但二者之间并无法律上的承继关系。大宁堂药业将与他人注册商标相同的文字登记为企业名称中的字号，属于侵犯商标专用权的行为，同时也是不正当竞争行为。遂判决撤销一审判决，大宁堂药业立即停止侵权。大宁堂药业不服，向最高人民法院申请再审，最高人民法院裁定驳回其再审申请。最高人民检察院就本案向最高人民法院提起抗诉，最高人民法院裁定提审，并于2017年9月20日判决撤销二审判决，维持一审判决。

【裁判意见】

最高人民法院提审认为：大宁堂药业与太原中药厂之间存在历史承继关系，对“大宁堂”字号享有在先权利。第一，从历史传承看，太原中药厂的前身大宁堂药铺采“前店后厂”模式，其于1956年公私合营后店厂分设，前店（包括匾牌）归山西药材公司，后厂（包括生产批件和大宁堂秘制药方）归太原中药厂，太原中药厂后来又历经分立、破产并改制成大宁堂药业。因此，大宁堂药业与太原中药厂乃至山西药材公司之间存在历史传承关系。大宁堂药业是因历史原因而使用大宁堂字号，与通常那种恶意搭车攀附而做大做强的情形不同。在太原中药厂破产前对其所承载的大宁堂商誉如何处置没有明确约定的情况下，可以认定大宁堂药业承继了相应的商誉。第二，从现实情况看，山西省药品监督管理局的批复、山西省中药厂和山西太原中药厂工会委员会共同做出的“关于设立太原大宁堂药业有限公司的决议”以及纠纷出现后山西省经贸委多次协调等事实均表明，该企业分立是主管部门批准的企业自救行为，原厂的领导班子和绝大多数职工均进入大宁堂药业。这种自救行为在二十世纪八九十年代比较常见，一方面通过分立或破产来解决外部债务问题，另一方面通过设立新的股份制企业来解决职工安置和企业转型问题。现实情况是，大宁堂药业拥有大宁堂药铺传统配方秘制中药的生产批件并一直在生产，而山西省省药材公司只拥有“大宁堂”商标和牌匾，因此为了承继和弘扬大宁堂药铺商誉，两者善意共存较为合理。第三，从法律适用看，太原中药厂在分立改制时并没有现代企业的知识产权观念和意识，该企业及其上级主管部门最关心的不是商誉问题，而是企业如何生存、职工如何安置的问题。因此，若以现行商标法的规则和理念去认定和解决20多年前的问题，实质是适用市场经济时代的法律去解决计划经济下形成的法律关系，不仅违反“法不溯及既往”原则，也有悖公平合理之精神。第四，从社会效果看，如果不认可大宁堂药业享有在先权利，就会导致大宁堂药铺秘方药和商誉得不到传承，因为大宁堂传统秘制中药药方的实际传承人大宁堂药业将不得不停止使用大宁堂字号，其已经注册的商标亦将被撤销；而山西省药材公司只有“大宁堂”商标和牌匾，却一直没有生产和销售大宁堂药铺的传统秘方药。综上，比较公平合理的解决方式应当是允许两者善意共存，大宁堂公司继续使用大宁堂字号并生产大宁堂传统秘方药品，山西省药材公司可销售大宁堂药业生产的药品。如此，前店后厂的历史传承关系能够被继续维系，大宁堂的商誉亦可以由两家共同弘扬。

中华人民共和国最高人民法院民事判决书

（2015）民提字第46号

抗诉机关：中华人民共和国最高人民检察院。

申诉人（一审被告、二审被上诉人）：太原大宁堂药业有限公司。住所地：山西省太原市经济技术开发区医药园区唐明路39号。

法定代表人：马里贵，该公司董事长。

委托诉讼代理人：乔利刚，山西决疑律师事务所律师。

被申诉人（一审原告、二审上诉人）：山西省药材公司。住所地：山西省太原市双塔东街56号。

法定代表人：惠建荣，该公司总经理。

委托诉讼代理人：苏慧春，该公司法务部长。

委托诉讼代理人：王冬青，山西黄河律师事务所律师。

申诉人太原大宁堂药业有限公司（以下简称大宁堂药业）因与被申诉人山西省药材公司商标侵权、不正当竞争纠纷一案，不服山西省高级人民法院（2006）晋民终字第00331号民事判决，向检察机关申诉。最高人民检察院作出高检民抗〔2014〕11号抗诉书，向本院提起抗诉。本院于2014年5月29日作出（2014）民抗字第37号民事裁定，提审本案。本院依法组成合议庭，公开开庭审理了本案。最高人民检察院指派该院助理检查员滕艳军、苏彦来出庭。申诉人大宁堂药业的委托诉讼代理人乔利刚，被申诉人山西省药材公司的委托诉讼代理人苏慧春、王冬青到庭参加诉讼。本案现已审理终结。

最高人民检察院抗诉认为：（一）大宁堂药业企业名称中的“大宁堂”字号未侵犯山西省药材公司注册商标权，二审判决认定大宁堂药业构成商标侵权及不正当竞争缺乏事实和法律依据。大宁堂药业作为药品生产企业，与山西省药材公司注册的服务商标所属服务类别并非相同或类似，而山西省药材公司因其注册的“大宁堂”商标不属于驰名商标，不能对其进行跨类保护，故二审判决判令作为生产企业的大宁堂药业禁止使用“大宁堂”作为企业字号，缺乏事实和法律依据。

服务商标又称服务标志，是服务行业的经营者为了将自己提供的服务与他人提供的服务区别开来而使用的一种专用标志，只有驰名商标才拥有商标专用权。

《中华人民共和国商标法》（以下简称商标法）第十三条规定："就相同或者类似商品申请注册的商标是复制、摹仿或者翻译他人未在中国注册的驰名商标，容易导致混淆的，不予注册并禁止使用。就不相同或者不相类似商品申请注册的商标是复制、摹仿或者翻译他人已经在中国注册的驰名商标，误导公众，致使该驰名商标注册人的利益可能受到损害的，不予注册并禁止使用。"即是说，申请注册商标的商标不管是否相同或者类似，构成商标侵权的前提是被侵权的商标必须是驰名商标。2010 年，山西省药材公司 1455748 号商标"大宁堂"文字及图商标续展，有效期自 2010 年 10 月 7 日至 2020 年 10 月 6 日。但山西省药材公司注册的"大宁堂"商标不属于驰名商标，且该商标属服务类，与作为企业名称中的字号非同一类别，对此一、二审法院均予以确认。根据商标法第五十一条"注册商标的专用权，以核准注册的商标和核定使用的商品为限"的规定，山西省药材公司只能在被核定使用的服务类范围对其商标享有独家使用的权利。

（二）二审判决认定大宁堂药业"将与他人注册商标相同的文字登记为企业名称中的字号，引起相关公众对商标注册人与企业名称所有人的误认和误解，属于侵犯商标专用权的行为，同时也是不正当竞争行为"，属认定案件的基本事实缺乏证据证明。1. 虽然山西省药材公司注册的"大宁堂"商标在一定范围内享有禁止他人使用与其注册商标相同或相类似的文字的权利，但大宁堂药业作为药品生产企业，不提供服务，显然与作为药品经营企业的山西省药材公司所注册的第三十五类服务商标所服务类别并非相同或类似，且因山西省药材公司的注册商标已经被生效判决认定为非驰名商标，依法不能被跨类保护，故其只能在其所注册的第三十五类服务商标所属服务类别相同或类似的商品类别上受到保护，即山西省药材公司不能禁止大宁堂药业作为制成品类商品生产者使用与其注册商标相同或近似的文字作为字号。况且，大宁堂药业在所生产商品包装上使用的是其注册商标（其商标是由傅山肖像与傅山文字组合而成），而并非"大宁堂"字号，山西省药材公司作为药品经营流通企业，也从未生产过"大宁堂"药品。因此，"大宁堂"作为企业字号不会"引起相关公众对商标注册人与企业名称所有人的误认和误解"。2. 因山西省药材公司名下所属大宁堂连锁药店已经被全部注销或吊销，大宁堂药业使用"大宁堂"作为企业字号不可能使相关公众产生误认和误解，大宁堂药业不具备构成商标侵权的必要条件。山西省药材公司曾于 2002 年 7 月 4 日向省工商行政管理局出具关于山西省药材公司变更所属药品零售企业名称情况的说明，内容为该公司将其原所属的药品零售药店统一变更为大宁堂连锁大药房一至十五部。在该说明所附的《山西省药材公司零售企业更名对照情况》中，仅有连锁一部原名为“山西省药材公司大宁堂零售部”，并且标注有七部、十部、十一部、十五部四个连锁药店待申报或申验。依据山西省工商行政管理局出具的企业档案信息卡和山西省药材公司 2002 年至 2010 年的年检报告表明，山西省药材公司的分支机构中，未见上述待申报或待申验的四个连锁药店，该四个连锁药店并未成立。而依据山西省工商行政管理局出具的营业单位基本情况表明，截止到 2005 年 12 月 29 日，包括连锁一部在内已成立的十一个连锁药店全部被省工商行政管理局注销或吊销。依据山西省药材公司的工商年检报告，该公司名下至今依然没有使用其服务类“大宁堂”商标的药品销售单位。在此情形下，大宁堂药业恢复使用“大宁堂”作为企业字号不可能使相关公众产生误认或误解。故二审判决认定大宁堂药业的行为侵犯了山西省药材公司的商标专用权，缺乏事实和法律依据。3. 大宁堂药业在山西省药材公司申请商标之前已经合法登记并使用过“大宁堂”作为企业字号，其在先权利应受保护。大宁堂药业恢复使用“大宁堂”作为企业字号不存在故意假冒他人注册商标行为，不构成不正当竞争。大宁堂药铺创建于明末清初，由三晋名士傅山坐堂行医，并秘制和合丸、二仙丸等特效中成药，形成前铺后厂、互为依存的格局。1956 年公私合营，在大宁堂药铺制药生产基础上成立了太原中药厂。1999 年 4 月 9 日太原中药厂第一届职工代表大会专题会议通过了“关于设立太原大宁堂药业有限公司的决议”，决定采取职工自愿入股的形式，组建若干职工合股基金会，职工合股基金会作为股东发起人创立公司，并于 1999 年 4 月 21 日经山西省药品监督管理局批准，在工商行政管理部门登记注册成立了“太原大宁堂药业有限公司”，除太原中药厂的债权债务外，所有该厂的文号、生产批文、商标等均由大宁堂药业承继使用。而该公司成立时，山西省药材公司尚未申请注册服务类“大宁堂”商标。根据商标法第三十一条关于申请商标注册不得损害他人现有在先权利的规定，大宁堂药业有权继续使用“大宁堂”作为字号。同时，太原中药厂是以“大宁堂药铺”的后厂涉及的秘方、传统工艺及生产为基础所成立，太原中药厂改制后，大宁堂药业承继“大宁堂药铺”祖传名药“和合丸”“二仙丸”等秘方及太原中药厂 100 余个药品生产批文和“傅山”牌注册商标，表明大宁堂药业与太原中药厂有法律上的承继关系。山西省经贸委于 1999 年 6 月 17 日给山西省药品监督管理局出具了协调意见函，认为大宁堂药业和山西省药材公司大宁堂药店均与“大宁堂”字号有历史渊源，前者为生产企业，后者为商业（流通）企业，建议维持双方状况，同意大宁堂药业使用“大宁堂”字号。本案事实表明，对于“大宁堂药铺”历史商誉的传承，其核心的秘方及生产工艺已由大宁堂药业继承并发展，该公司与“大宁堂药铺”具有历史渊源，其使用“大宁堂”字号作为企业字号具有合理性。因此，保护大宁堂药业使用“大宁堂”字号符合保护在先权利原则，既有利于传承传统中药，也有利于企业发展。故大宁堂药业恢复使用“大宁堂”作为企业字号不存在故意假冒他人注册商标的行为，不构成不正当竞争行为。故依据民事诉讼法第二百条第二项、第六项及二百零八条第一款的规定，提出抗诉，请求依法对本案进行再审。

大宁堂药业同意抗诉意见。

山西省药材公司答辩称：1. 抗诉书混淆概念，适用法律错误。《中华人民共和国商标法实施条例》（以下简称商标法实施条例）(2002) 第五十三条规定：“商标所有人认为他人将其驰名商标作为企业名称登记，可能欺骗公众或者对公众造成误解的，可以向企业名称登记主管机关申请撤销该企业名称登记。企业名称登记主管机关应当依照《企业名称登记管理规定》处理。”2013 年修改的商标法第五十八条规定：“将他人注册商标、未注册的驰名商标作为企业名称中的字号使用，误导公众，构成不正当竞争的，依照《中华人民共和国反不正当竞争法》处理。”所谓跨类保护是指同一商标在不同类别的商品和服务上，是否受法律保护的问题，而本案是将他人注册商标用在生产企业上，是不正当竞争。2. 大宁堂药业作为生产企业，使用山西省药材公司的注册商标，足以使相关公众对商标注册人与企业名称所有人的误解，系不正当竞争。3. 大宁堂商标依法在续展注册期间，商标权依法不受侵害。4. 山西省药材公司使用“大宁堂”在先，大宁堂药业对大宁堂字号无承继权利。故请求维持二审判决。

2006 年 3 月 7 日，山西省药材公司向太原市中级人民法院起诉称，其于 2000 年 10 月经国家工商行政管理局核准，注册“大宁堂”商标，有效期为“2000 年 10 月 7 日至 2010 年 10 月 6 日”。原“太原中药厂”于 2005 年 4 月将与其注册商标完全相同的“大宁堂”登记为企业名称中的字号，该注册行为构成对其注册商标专用权的侵犯，并构成不正当竞争。请求：1. 依法认定“大宁堂”商标为驰名商标；2. 大宁堂药业立即停止使用（变更或销毁）“大宁堂”字号进行经营；3. 大宁堂药业立即停止使用（拆除或销毁）任何带有“大宁堂”的标识、招牌、宣传条幅、标语、海报、广告牌进行经营；4. 大宁堂药业赔偿山西省药材公司经济损失 2 万元。

太原市中级人民法院一审查明：1. 山西省药材公司是1955年1月经山西省人民政府成立的国有企业，其下属有十个分公司及山西中药厂和太原中药厂等，包括“太原大宁堂药店”。2.《山西通志》第四十一卷记载，太原中药厂前身为大宁堂药铺，建于明末清初，1956年经过公私合营，隶属太原药材公司中药总店领导，之后中药店厂分设，在大宁堂制药生产的基础上建立了太原中药厂，其所生产中药以和合丸、二仙丸著名。3. 1999年4月9日经太原中药厂第一届职工代表大会专题会议通过，以山西太原中药厂和山西太原中药厂工会委员会共同出文“关于设立太原大宁堂药业有限公司的决议”，成立“太原大宁堂药业有限公司”，该公司为股份合作制公司，注册资金50万元，经营方式为制造、销售中西成药，公司租用太原中药厂厂房、设备、有偿使用或受让太原中药厂的生产技术。经山西省药品监督管理局同意，于1999年4月21日在太原市工商行政管理局领取了“太原市大宁堂药业有限公司”营业执照。注册资金人民币100万元，企业类型为有限责任公司，住所地为太原市龙堡街29号。但山西省药材公司对“太原大宁堂药业有限公司”使用“大宁堂”字号提出异议。经山西省经贸委等部门多次协调，山西省经贸委提出了解决方案，但鉴于两者之间存在着行政隶属关系，“太原大宁堂药业有限公司”因此变更企业名称为山西泰源药业有限公司。注册资金人民币65970300元，企业类型为有限责任公司，住所地为太原经济技术开发区医药园区唐明路19号，经营范围为：丸剂、散剂、膏药、酒剂、片剂、胶囊剂、软胶囊剂、颗粒剂、口服液、煎膏剂的生产。4. 1994年4月12日，中华人民共和国国内贸易部认证“太原大宁堂药店”为“中华老字号”。5. 2000年10月7日，山西省药材公司在国家工商管理局商标局注册了“大宁堂”文字及图商标，注册证号为第1455748号，核定服务项目为第35类，即推销（替他人），注册有效期限为“自2000年10月7日至2010年10月6日止”。6. 2001年12月20日，太原中药厂经太原市中级人民法院宣告破产，2005年6月终结破产程序。7. 山西省药材公司对“大宁堂”商标没有进行宣传，也未进行广告投入。

太原市中级人民法院一审认为：根据山西省药材公司提交的商标注册证，可以认定山西省药材公司对“大宁堂”文字及图商标享有专用权。山西省药材公司于2000年10月注册“大宁堂”商标后，没有对该商标作过任何宣传工作，也没有投入任何资金在任何地方作过任何保护工作。依照商标法第十四条的规定，山西省药材公司请求认定“大宁堂”商标为驰名商标，没有事实依据，依法不予支持。

山西省药材公司与大宁堂药业曾存在行政隶属关系，双方对“大宁堂”品牌的形成均作出了贡献，双方有一定历史渊源。纠纷发生后，经过其共同的上级主管山西省经贸委等部门多次协调，山西省经贸委也提出了解决方案。故对于本案的处理，应当适用维护公平竞争和保护在先合法权利人利益原则。大宁堂药业有限公司于1999年4月21日领取了“太原市大宁堂药业有限公司”营业执照，1999年7月7日变更为“山西泰源药业有限公司”，2005年3月10日，变更为太原大宁堂药业有限公司。山西省药材公司的“大宁堂”商标于2000年10月注册。大宁堂药业关于其“早在山西省药材公司申请注册商标之前已经合法登记并使用了现在继承使用的企业名称”，因此，其“完全有权利在自己的企业名称中使用‘大宁堂’字号”的答辩理由，应予采信。

由于山西省药材公司的“大宁堂”商标不能被认定为驰名商标，故不能进行跨类保护。山西省药材公司是药品经营企业，大宁堂药业是药品生产企业，属于不同的种类，故大宁堂药业使用“大宁堂”字号，不构成对山西省药材公司的不正当竞争。太原市中级人民法院依照《中华人民共和国民事诉讼法》（以下简称民事诉讼法）第六十四条、第一百二十八条的规定，判决：驳回山西省药材公司的诉讼请求。

山西省药材公司不服一审判决，向山西省高级人民法院提起上诉请求：依法改判支持其一审诉讼请求。

山西省高级人民法院二审查明：双方当事人对一审查明的第1、2、4、5、6项事实没有异议，二审予以确认。二审另查明，关于太原中药厂变更改制过程。1999年4月9日，太原中药厂第一届职工代表大会专题会议通过，以山西省中药厂和山西太原中药厂工会委员会共同出文“关于设立太原大宁堂药业有限公司的决议”，设立股份合作制公司“太原大宁堂药业有限公司”，采取职工自愿入股的形式，组建若干职工合股基金会，以其作为股东发起创立公司，注册资金50万元，经营方式为制造、销售中西成药，公司租用太原中药厂厂房、设备，有偿使用或受让太原中药厂的生产技术。经山西省药品监督管理局批复：特困企业可以分立自救，同意成立“太原大宁堂药业有限公司”，并鉴于省医药总公司已撤销，可按特事特办的原则办理开办企业的有关证照，进行注册登记。1999年4月21日“太原市大宁堂药业有限公司”在太原市工商行政管理局领取了营业执照，注册资金人民币100万元，企业类型为有限责任公司，公司股东为三个自然人，住所地为太原市龙堡街29号。后山西省药材公司对“太原大宁堂药业有限公司”使用“大宁堂”字号提出异议。1999年5月24日，山西省药监局核发“关于变更大宁堂药业为泰源药业的通知”，期间山西省经贸委等部门多次协调，1999 年 6 月 17 日还给省药品监督局出具了协调意见函，认为太原大宁堂药业有限公司和山西省药材公司大宁堂药店均与“大宁堂”字号有历史渊源，前者为生产企业，后者为商业企业，建议暂时维持双方状况。但“太原大宁堂药业有限公司”仍于 1999 年 7 月 15 日变更企业名称为山西泰源药业有限公司。2005 年 3 月 10 日，山西泰源药业有限公司又变更名称为原来的“太原大宁堂药业有限公司”，注册资金人民币 5297.03 万元，企业类型为有限责任公司，住所地为太原经济技术开发区医药园区唐明路，经营范围为丸剂、散剂、膏药、酒剂、片剂、胶囊剂、软胶囊剂、颗粒剂、口服液、煎膏剂的生产。

山西省高级人民法院二审认为：关于驰名商标的认定问题。《最高人民法院关于审理商标民事纠纷案件适用法律若干问题的解释》第二十二条第一款确认了人民法院在审理商标纠纷案件中，有权根据当事人的请求和案件的具体情况，对涉及的注册商标是否驰名依法作出认定，该条第二款同时规定，认定驰名商标应当依照商标法第十四条的规定进行。该条还规定了认定驰名商标应当考核的标准：1. 相关公众对该商标的知晓程度；2. 该商标使用的持续时间；3. 该商标的任何宣传工作的持续时间、程度和地理范围；4. 该商标作为驰名商标受保护的记录；5. 该商标驰名的其他因素。对照以上五点，“大宁堂”本身作为字号的历史源远流长，1994 年 4 月还被国内贸易部认定为中华老字号，但字号不能等同于商标，“大宁堂”作为商标是药材公司 2000 年在工商部门注册后才享有注册商标专用权的，这样来看，从该商标使用的持续时间、该商标宣传的持续时间、程度和地理范围以及该商标作为驰名商标受保护的记录等方面考察，“大宁堂”商标还不符合驰名商标的认定标准。

关于大宁堂药业公司使用“大宁堂”作为企业名称是否构成对药材公司“大宁堂”注册商标的侵犯以及是否构成不正当竞争的问题。本案涉及“商标与企业名称之间的权利冲突”问题。商标是区别不同商品生产者或服务提供者的标记，即使用在商品或者服务上的一个记号，它主要由商标法调整。而企业名称是区别一个企业与其他企业或社会组织的标志，商标专用权与企业名称权属于不同性质的权利，二者的取得均应遵循《中华人民共和国民法通则》（以下简称民法通则）和《中华人民共和国反不正当竞争法》（以下简称反不正当竞争法）中的诚实信用原则。山西药材公司的“大宁堂”商标为合法取得，其注册商标专用权受商标法保护，未经其许可，在同类商品或服务上使用与其注册商标相同的标识的行为都应视为侵权行为。大宁堂药业称其由太原中药厂改制而来，但二者之间并无法律上的承继关系。太原中药厂已于2005年破产终结。大宁堂药业最早是由几个自然人于1999年4月登记设立，后由于山西省药材公司提出异议经政府有关部门协调变更名称为山西泰源药业有限公司，至2005年3月10日山西泰源药业公司又变更为大宁堂药业公司，其主观上明显具有借助“大宁堂”的商誉发展本企业的故意，虽然其与太原中药厂有着某种联系，但毕竟法律上没有承继关系，特别是对“大宁堂”这一品牌的使用没有合法依据。再者，从普通消费者的角度看，“大宁堂”药店是由傅山传下来的有着良好信誉、有一定知名度的品牌药店，特别是同一区域，又属于同一行业，消费者对“大宁堂”的任何招牌都很容易产生商品及服务来源的混淆。所以，将与他人注册商标相同的文字登记为企业名称中的字号，引起相关公众对商标注册人与企业名称所有人的误认和误解的，属于侵犯商标专用权的行为，同时也是不正当竞争行为。大宁堂药业辩称其有在先使用的情形不能成立。综上，一审法院认定事实清楚，但适用法律错误，实体处理明显不当，应予改判。故依照民事诉讼法第一百五十三条第二款、民法通则第一百一十八条、商标法第五十二条第一款第一项、反不正当竞争法第五条第一项之规定，判决：一、撤销太原市中级人民法院（2006）并民初字第66号民事判决；二、本判决生效之日起大宁堂药业立即停止使用与山西省药材公司注册的“大宁堂”文字和商标相同的商业标志；三、本判决生效之日起三个月内大宁堂药业有限公司停止使用含有“大宁堂”的企业名称。四、驳回山西省药材公司的其他诉讼请求。

大宁堂药业不服二审判决，于2009年9月23日向本院申请再审，本院于2010年3月18日作出（2009）民申字第1491号民事裁定驳回了其再审申请。本院认为，大宁堂药业和太原中药厂是两个不同法律主体，大宁堂药业是由三个自然人新设立的公司，太原中药厂已破产终结，大宁堂药业与太原中药厂没有法律上的继受关系。1956年公私合营及店厂分设后，传统“大宁堂”字号商誉的承载者仅是药店，而非后来设立的太原中药厂，太原中药厂只是太原中药厂设立后使用传统大宁堂制药秘方生产传统中成药新产生商誉的承载者。由于我国在商品零售服务项目上尚不能获得商标注册，山西药材公司在第35类的推销（替他人）服务项上注册涉案“大宁堂”图文商标，目的是在其提供的药品销售服务中使用该注册商标。大宁堂药业并不否认“大宁堂”药店是由傅山传下来的有着良好信誉、有一定知名度的品牌药店，山西药材公司是传统“大宁堂”字号商誉的拥有者，“大宁堂”老字号的权益应归山西药材公司享有。

因最高人民检察院提出抗诉而本院提审本案后，在再审期间，大宁堂药业提交了下列新证据：

1. 山西省著名商标证书、山西省名牌产品证书、山西省守合同重信用企业证书、山西省质量信誉等级证书和优秀民营企业证书。用以证明大宁堂药业为公众认可、具有商誉的企业；2. 山西省食品药品监督管理局《关于停止64家药品经营企业药品经营活动的通知》及山西省到期未申报批发企业名称。用以证明山西省药材公司无药品经营活动资质；3. 国家工商行政管理总局商标局于2012年12月14日发布的《关于申请注册新增零售或批发服务商标有关事项的通知》。山西华元医药集团有限公司在第35类商品/服务上注册有大宁堂文字加图形商标，指定服务为：药品零售或批发服务；药品制剂零售或批发服务。用以证明大宁堂药业不存在注册商标侵权和不正当竞争行为。

经当庭质证，山西省药材公司对上述证据真实性、关联性不予认可，但未提供反证。本院对上述证据的真实性予以认可。

山西省药材公司提交了拍摄于2015年11月10日的店铺门面照片3张，用以证明其仍在使用大宁堂商标。经当庭质证，大宁堂药业对照片的真实性不予认可。

另查明，山西省太原中药厂晋药厂（1999）办字第8号"关于设立'太原大宁堂药业有限公司'实行改组转制，分立扭亏的请示报告"内容如下："1. 公司名称：太原大宁堂药业有限公司；经济性质：股份合作制。2. 资金来源：太原中药厂为主要发起人，太原中药厂成立几个合股基金会，作为股东。3. 组织机构：公司依法成立股东大会、董事会、监事会，制定公司章程，聘用经理层管理人员，建立严格的法人治理结构。4. 生产条件：公司租用太原中药厂的厂房、生产设备及配套设施，有偿使用或受让太原中药厂的生产技术（包括药品批准文件），依法开展生产经营。5. 人员组成：除管理人员、技术人员和营销人员外，优先聘用太原中药厂下岗职工，通过考核择优上岗并依据劳动法签订劳动合同。""二、太原中药厂改组转制及运作办法。1. 太原中药厂保持独立法人主体不变，保持资产产权关系不变，保持债权、债务关系不变。由生产经营型向资产经营型转变。2. 坚持债务不悬空的原则，太原中药厂经营方式转变后，其债权债务关系并没有改变。资产租赁、技术转让和清欠变现收入，除用于保证下岗职工基本生活和交纳社会保险费外，优先偿还税金、贷款和利息，归还其他债务。3. 太原中药厂实行全员下岗后，根据资产经营管理的实际需要，按照效能、节约的原则，保留或设置必要的职能科室，通过竞争择优上岗。4. 集中力量抓好清理应收账款和其他债权的工作，采取有效措施，责任、指标到人，务求实效。5. 认真抓好职工下岗分流和再就业服务工作，创造条件，创办以社会服务业为主的经济实体，保障职工的基本生活，维护社会安定。”

太原中药厂第一届职工代表大会于1999年4月9日关于设立“太原大宁堂药业有限公司”的决议内容如下：一、采取职工自愿入股形式，组建若干职工合股基金会；二、职工合股基金会作为股东，发起、创立“太原大宁堂药业有限公司”；三、公司依法建立独立的法人治理结构，独立核算，自主经营，自负盈亏；四、公司租用太原中药厂厂房、设备，有偿使用或受让太原中药厂的生产技术。

山西省药品监督管理局于1999年4月14日批复同意成立“太原大宁堂药业有限公司”，该公司于1999年4月20日成立，股东为宋守财、胡原平和王景云。1999年7月6日名称变更为山西泰源药业有限公司。山西泰源药业有限公司于2002年3月11日召开第十次股东会议决议将公司股东由原来的宋守财等3人变更为宋守财等18人。

国家工商总局于2004年8月13日作出的《关于国际分类第35类是否包括商场、超市服务问题的批复》内容如下：商场、超市属于销售商品的企业，其主要活动是批发、零售。《商标注册用商品和服务国际分类》第35类的注释明确说明，该类别服务的主要目的在于“对商业企业的经营或管理进行帮助”，或者“对工商企业的业务活动或者商业职能的管理进行帮助”，且“尤其不包括：其主要职能是销售商品的企业，即商业企业的活动”。因此，《商标注册用商品和服务国际分类》第35类的服务项目不包括“商品的批发、零售”，商场、超市的服务不属于该类的内容。该类“推销（替他人）”服务的内容是：“为他人销售商品（服务）提供建议、策划、宣传、咨询等服务。”

国家工商行政管理总局商标局于2012年12月14日下发《关于申请注册新增零售或批发服务商标有关事项的通知》，在《类似商品和服务区分表》3509类似群中设立“药用、兽医用、卫生用制剂和医疗用品的零售或批发服务”、“药品零售或批发服务”、“药用制剂零售和批发服务”、“卫生制剂零售和批发服务”、“医疗用品零售或批发服务”、“兽药零售或批发服务”和“兽医用制剂零售或批发服务”共7个新增服务项目。新增服务商标注册所保护的对象不是上述具体商品，而是为销售该商品提供的综合便利服务行为。

山西华元医药集团有限公司在第35类商品/服务上被核准注册了大宁堂文字加图形商标，指定服务为：药品零售或批发服务；药品制剂零售或批发服务。

此外，大宁堂药业于2008年~2012年分别在第5类中药成药、人用药和第30类非医用营养胶囊上被核准注册了大宁堂文字加图形以及大宁堂文字加拼音商标。其中，于2008年7月14日被核准注册在第5类中药成药等商品上的第4570166号“大宁堂及图”商标已经被北京高级人民法院（2011）高行终字第339号行政判决撤销。大宁堂药业就此判决向本院申请再审，本院于2014年2月27日以（2013）知行字第62号裁定驳回了其再审申请。上述判决和裁定理由均为大宁堂药业不享有“大宁堂”字号的在先权利，大宁堂药业申请注册涉案商标损害了山西省药材公司的在先字号权，而且上述判决和裁定在理由中均引用了本院（2009）民申字第1491号民事裁定。

本院再审认为，基于最高人民法院的抗诉意见以及当事人的申辩意见，本案的争议焦点是：大宁堂药业使用“大宁堂”字号是否构成对山西省药材公司“大宁堂”注册商标专用权的侵害和不正当竞争。该焦点可以细化为三个问题：1. 涉案“大宁堂”商标是否应受法律保护；2. 涉案商标核定使用的商品或服务与大宁堂药业的药品生产是否属于同种或类似商品（服务）；3. 大宁堂药业和太原中药厂是否存在历史传承关系以及大宁堂药业是否拥有对“大宁堂”字号的在先使用权。

（一）关于涉案“大宁堂”商标是否应受法律保护问题

依照商标法第三条的规定，经商标局核准注册的商标为注册商标，商标注册人享有注册商标专用权，受法律保护。即注册商标无论驰名与否，其商标专用权都依法受到保护。涉案“大宁堂”商标于2000年10月经国家工商管理局商标局核准注册，经续展后现仍在有效期内，虽然一、二审法院均认为涉案“大宁堂”商标不能构成驰名商标，但是作为注册商标依法应当受到保护。

（二）关于涉案商标核定使用的商品或服务与大宁堂药业的药品生产是否属于同种或类似商品（服务）问题

依照商标法第五十一条的规定，注册商标的专用权，以核准注册的商标和核定使用的商品为限。涉案“大宁堂”商标于2000年10月被核定使用在第35类推销（替他人）服务上。按照当时的《类似商品和服务区分表》（第七版），“推销（替他人）”服务的内容主要是指为他人销售商品（服务）提供建议、策划、宣传、咨询等服务，即涉案“大宁堂”商标受保护的范围应当是为他人销售商品（服务）提供建议、策划、宣传、咨询等服务项目。虽然涉案“大宁堂”图文商标不构成驰名，不能获得跨类保护，但是由于2012年12月以前我国法律不允许在商品零售服务项目上注册商标，山西药材公司在第35类的推销（替他人）服务项上注册涉案“大宁堂”图文商标，依据常理其目的应当是在其提供的药品销售服务中使用该注册商标。大宁堂药业本案中所提供的国家工商行政管理总局商标局《关于申请注册新增零售或批发服务商标有关事项的通知》以及山西华元医药集团有限公司注册服务商标的情形均发生在本案二审判决生效之后，对本案的事实认定和法律适用不产生影响。

（三）关于大宁堂药业和太原中药厂是否存在历史传承关系以及大宁堂药业是否拥有对“大宁堂”字号的在先使用权问题

本院认为，大宁堂药业与太原中药厂之间存在历史承继关系，享有在先权利。一是从历史传承看，太原中药厂的前身大宁堂药铺采“前店后厂”模式，其于1956年公私合营后店厂分设，前店（包括匾牌）归山西药材公司，后厂（包括生产批件和大宁堂秘制药方）归太原中药厂，太原中药厂后来又历经分立、破产并改制成大宁堂药业，因此，大宁堂药业与太原中药厂乃至山西药材公司之间存在历史传承关系。大宁堂药业是因历史原因而使用大宁堂字号，与通常那种恶意搭车攀附而做大做强的情形不同。在太原中药厂破产前对其所承载的大宁堂商誉如何处置没有明确约定情况下，可以认定大宁堂药业承继了相应的商誉。二是从现实情况看，山西省药品监督管理局的批复、山西省中药厂和山西太原中药厂工会委员会共同做出的“关于设立太原大宁堂药业有限公司的决议”以及纠纷出现后山西省经贸委多次协调等事实均表明，该企业分立是主管部门批准的企业自救行为，原厂的领导班子和绝大多数职工均进入大宁堂药业。这种自救行为在二十世纪八九十年代比较常见，一方面通过分立或破产来解决外部债务问题，另一方面通过设立新的股份制企业来解决职工安置和企业转型问题。现实情况是，大宁堂药业拥有大宁堂药铺传统配方秘制中药的生产批件并一直在生产，而山西省省药材公司只拥有“大宁堂”商标和牌匾，因此为了承继和弘扬大宁堂药铺商誉，两者善意共存较为合理。三是从法律适用看，太原中药厂在分立改制时并没有现在企业的知识产权观念和意识，该企业及其上级主管部门最关心的不是商誉问题，而是企业如何生存、职工如何安置的问题。因此，若以现行商标法的规则和理念去认定和解决20多年前的问题，实质是适用市场经济时代的法律去解决计划经济下形成的法律关系，不仅违反“法不溯及既往”原则，也有悖公平合理之精神。四是从社会效果看，如果不认可大宁堂药业享有在先权利，就会导致大宁堂药铺秘方药和商誉得不到传承，因为大宁堂传统秘制中药药方的实际传承人大宁堂药业将不得不停止使用大宁堂字号，其已经注册的商标亦将被撤销；而山西省药材公司只有“大宁堂”商标和牌匾，却一直没有生产和销售大宁堂药铺的传统秘方药。综上，比较公平合理的解决方式应当是允许两者善意共存，大宁堂公司继续使用大宁堂字号并生产大宁堂传统秘方药品，山西省药材公司可销售大宁堂药业生产的药品。如此，前店后厂的历史传承关系能够被继续维系，大宁堂的商誉亦可以由两家共同弘扬。

综上所述，大宁堂药业的再审申请理由成立，二审判决认定事实错误，适用法律不当，依法应予撤销。经审判委员会讨论决定，本院依照《中华人民共和国民事诉讼法》第二百零七条第一款、第一百七十条第一款第二项，判决如下：

一、撤销山西省高级人民法院（2006）晋民终字第00331号民事判决；

二、维持山西省太原市中级人民法院（2006）并初字第66号民事判决。

本判决为终审判决。

审　判　长　王　闯
审　判　员　秦元明
代理审判员　马秀荣
二〇一七年九月二十日
书　记　员　王　晨

16. 姓名的商业使用不能与他人合法的在先权利相冲突

——再审申请人北京庆丰包子铺与被申请人山东庆丰餐饮管理有限公司侵害商标权与不正当竞争纠纷案

【裁判要旨】

公民享有合法的姓名权，并有权合理使用自己的姓名，但不得违反诚实信用原则，侵害他人的在先权利。明知他人的注册商标或字号具有较高的知名度，仍以攀附他人知名度为目的，将相同文字注册为字号并突出使用，即使该字号中含有与姓名相同的文字，亦不属于对姓名的合理使用，而构成侵害他人注册商标专用权及不正当竞争。

【关键词】

商标　侵权　不正当竞争　姓名

【案号】

最高人民法院（2016）最高法民再238号

【基本案情】

在再审申请人北京庆丰包子铺（以下简称庆丰包子铺）与被申请人山东庆丰餐饮管理有限公司（以下简称庆丰餐饮公司）侵害商标权与不正当竞争纠纷案中，北京市西城区饮食公司庆丰包子铺于1986年6月3日取得营业执照，经营范围为面食，营业执照中记载的开业时间为1956年。2007年7月24日，经核准变更名称为庆丰包子铺。庆丰包子铺月坛店于2007年被北京市商务局认定为“中国风味特色餐厅”。2007年至2009年6月，庆丰包子铺在北京广播电台、北京电视台等媒体投入广告费用共计450余万元。后庆丰包子铺先后取得核定使用在第42类（现第43类）餐馆服务项目上的第1171838号“慶豐”商标，以及核定使用在第30类包子等商品上的第3201612号“老庆丰+laoqingfeng”商标。2009年6月24日，庆丰餐饮公司经核准登记成立，法定代表人徐庆丰，经营范围为餐饮管理及咨询。庆丰包子铺以庆丰餐饮公司明知庆丰包子铺商标及字号的知名度，仍使用“庆丰”字号成立餐饮公司，并在其官网、店面门头、菜单、广告宣传上使用“庆丰”或“庆丰餐饮”标识，侵害庆丰包子铺的商标权并构成不正当竞争为由，提起诉讼。山东省济南市中级人民法院一审认为，庆丰餐饮公司使用“庆丰”与其使用环境一致，且未从字体、大小和颜色方面突出使用，属于对其字号的合理使用。庆丰包子铺在庆丰餐饮公司注册并使用其字号时，其经营地域和商誉并未涉及或影响到济南和山东，不能证明相关公众存在误认的可能，故不构成对庆丰包子铺商标权的侵害，遂判决驳回庆丰包子铺的诉讼请求。庆丰包子铺不服，提起上诉。山东省高级人民法院二审判决驳回上诉、维持原判。庆丰包子铺仍不服，向最高人民法院申请再审。最高人民法院裁定提审本案，并于2016年9月29日判决撤销一审、二审判决，判令庆丰餐饮公司立即停止侵害商标权的行为及停止使用“庆丰”字号，赔偿庆丰包子铺经济损失及合理费用5万元。

【裁判意见】

最高人民法院提审认为：庆丰包子铺采用全国性连锁经营的模式，经过多年诚信经营和广告宣传，其商标及字号取得了较高的显著性和知名度。庆丰包子铺在餐馆服务上注册的“慶豐”商标及在方便面、糕点、包子等商品上注册的“老庆丰+laoqingfeng”商标，在全国具有较高的知名度和影响力。“慶豐”与“庆丰”是汉字繁体与简体的一一对应关系，其发音相同；“老庆丰+laoqingfeng”完全包含了“庆丰”文字。庆丰餐饮公司将“庆丰”文字商标性使用在与庆丰包子铺的上述两注册商标核定使用的商品或服务类似的餐馆服务上，容易使相关公众对商品或服务的来源产生误认或者认为其与庆丰包子铺之间存在某种特定的联系，可能导致相关公众的混淆和误认。庆丰餐饮公司的法定代表人为徐庆丰，其姓名中含有“庆丰”二字，徐庆丰享有合法的姓名权，当然可以合理使用自己的姓名。但是，徐庆丰曾在北京餐饮行业工作，应当知道庆丰包子铺商标的知名度和影响力，却仍在其网站、经营场所突出使用与庆丰包子铺注册商标相同或相近似的商标，明显具有攀附庆丰包子铺注册商标知名度的恶意，容易使相关公众产生误认，属于给他人注册商标专用权造成其他损害的行为，不属于对该公司法定代表人姓名的合理使用。此外，庆丰包子铺自 1982 年 1 月 5 日起开始使用“庆丰”企业字号，至庆丰餐饮公司注册之日止已逾 27 年，属于具有较高的市场知名度、为相关公众所知悉的企业名称中的字号，庆丰餐饮公司擅自将庆丰包子铺的字号作为其字号注册使用，经营相同的商品或服务，具有攀附庆丰包子铺企业名称知名度的恶意，其行为构成不正当竞争。

中华人民共和国最高人民法院民事判决书

（2016）最高法民再 238 号

再审申请人（一审原告、二审上诉人）：北京庆丰包子铺。住所地：北京市西城区新街口南大街 178 号。

法定代表人：高文慧，该公司总经理。

委托诉讼代理人：马翔，北京天驰君泰律师事务所律师。

委托诉讼代理人：刘艳锋，北京天驰君泰律师事务所律师。

被申请人（一审被告、二审被上诉人）：山东庆丰餐饮管理有限公司。住所地：山东省济南市高新区天辰路 2000 号院内 101 室。

法定代表人：徐庆丰，该公司总经理。

委托诉讼代理人：贾明君，山东德衡（济南）律师事务所律师。

再审申请人北京庆丰包子铺（以下简称庆丰包子铺）因与被申请人山东庆丰餐饮管理有限公司（以下简称庆丰餐饮公司）侵害商标权与不正当竞争纠纷一案，不服山东省高级人民法院（以下简称二审法院）（2014）鲁民三终字第 43 号民事判决，向本院申请再审。本院于 2015 年 12 月 28 日作出（2015）民申字第

205号民事裁定，提审本案。本院依法组成合议庭，开庭审理了本案。再审申请人庆丰包子铺的委托诉讼代理人马翔、刘艳峰律师，被申请人的法定代表人徐庆丰、委托诉讼代理人贾明君律师到庭参加诉讼。本案现已审理终结。

庆丰包子铺申请再审称，1. “庆丰”系庆丰包子铺在先的企业字号及注册商标，具有较强的显著性，应受法律保护。北京市西城区饮食公司宣内饮食基层店庆丰包子铺于1956年创立于北京西长安街122号，名称先后变更为“北京市西城区饮食公司庆丰包子铺”、“北京市西城区庆丰包子铺”，于2007年7月24日变更为现名，地址变更为北京市西城区新街口南大街178号，企业性质始终为国有全民所有制，主要经营面食、包子、炒肝等北京传统小吃。庆丰包子铺的第1171838号“慶豐”商标于1998年1月28日核准注册，指定使用在第42类（现为第43类）服务项目上；其第3201612号“老庆丰 + laoqingfeng”商标于2003年7月21日核准注册，指定使用在第30类商品上。庆丰餐饮公司于2009年6月24日成立，经营范围为餐饮管理及咨询。“庆丰”作为庆丰包子铺的企业字号及注册商标具有较强显著性，其登记及注册远早于庆丰餐饮公司成立日，在先权应受法律保护。2. 庆丰包子铺系北京传统小吃的代表、全国热门旅游景点，“庆丰”已经成为我国驰名老字号，具有较高知名度和美誉度，为相关公众所广为知晓。“庆丰”从开业始就在门头上使用至今已有58年，2014年5月被北京老字号协会认定为“北京老字号”。庆丰包子铺始终经营北京传统小吃，积极探索“传统小吃”的发展，投巨资最早建立北京小吃工厂，设立科技研发中心，实现了北京小吃标准化、规范化、工厂化，成为最早通过ISO9001质量管理体系和ISO22000食品安全管理体系认证的北京小吃餐饮企业。庆丰包子铺还积极通过连锁及加盟方式，在北京及北京以外地区开设庆丰包子铺，截至2009年6月24日庆丰餐饮公司成立时，已开设超过100家，目前已达267家分店。地域包括北京、河北、内蒙古、黑龙江、吉林、辽宁、山东、天津等省、自治区、直辖市。2007—2009年，庆丰包子铺营业额8亿元，2007年至2013年营业额30亿元，2009年至2013年年均营业额、市场占有率位居全国第二，成为我国规模最大的传统小吃企业之一。庆丰包子铺先后荣获“中国十佳连锁餐饮企业”、“中国风味特色餐厅”、“北京餐饮企业50强”、“北京诚信经营企业”、“早餐工程示范店”、“最受吃货喜爱的十大餐厅”等荣誉。庆丰包子铺、庆丰包子以其悠久的历史，良好的品质，北京特色，分布广泛密集，成为首都北京小吃的代表、外地游客北京旅行的特色小吃及“全国热门的旅游景点”。庆丰包子铺还注重品牌宣传，每年投入大量广告费，在庆丰餐饮公司成立前已经具有较高的知名度。2007—2009 年，北京市工商行政管理局认定“庆丰”为著名商标；2011 年“庆丰”被评为“北京餐饮十大品牌”；2012 年、2014 年“庆丰”被评为“中国包子文化节最受消费者欢迎品牌”；2010 年、2013 年“庆丰”两次被认定为“北京市著名商标”。北京交通发达，辐射范围遍及全国，尤其在互联网时代，信息传播已没有地域限制，山东的相关公众可以通过各种途径知晓“庆丰”字号及商标，山东每年有大量在庆丰包子铺用餐的消费者。山东媒体对“庆丰”也进行了宣传报道，庆丰包子铺的服务地域早已不限于北京，“庆丰”已被消费者广为知晓，其影响已经及于庆丰餐饮公司注册地山东。二审法院以注册商标核定服务具有地域性限定商标权的保护范围，违反商标法对注册商标在全国范围保护的原则。3. 庆丰餐饮公司成立前，其法定代表人徐庆丰长期在北京从事餐饮服务，经营北京工业大学餐厅。北京工业大学附近开设有三家庆丰包子铺，分别为 2008 年 6 月 13 日开业的武圣店、2008 年 11 月 23 日开业的大望路店、2009 年 1 月 1 日开业的垡头店。庆丰包子铺在行业中具有较强影响力，徐庆丰不可能不知晓庆丰包子铺的商标及字号的知名度情况，却使用“庆丰”字号成立餐饮公司，并摹仿庆丰包子铺的商标，在其官方网站、店面门头、菜单、广告宣传上突出使用，主观上具有搭便车的恶意，其使用“庆丰”或“庆丰餐饮”标识的行为属于商标性使用，二审法院认定其属于对企业名称简称或字号的非突出使用错误。庆丰餐饮公司突出使用“庆丰”商标及字号的行为容易造成相关公众的混淆和误认，构成商标侵权；其将“庆丰”作为企业字号登记使用，经营相同或类似的服务，构成不正当竞争。请求法院判令：1. 撤销一审、二审判决；2. 庆丰餐饮公司立即停止侵权行为，包括且不限于销毁任何带有“庆丰”标识的门头招牌、牌匾、价格单、名片、海报等广告，删除网页上“庆丰”标识等；3. 庆丰餐饮公司立即停止使用含有“庆丰”文字的企业名称，并责令限期变更企业名称；4. 庆丰餐饮公司在《济南日报》上刊登声明，消除影响；5. 庆丰餐饮公司赔偿庆丰包子铺经济损失及合理开支 50 万元；6. 庆丰餐饮公司负担一审、二审诉讼费。

庆丰餐饮公司未提交书面答辩意见。

庆丰包子铺向山东省济南市中级人民法院（以下简称一审法院）起诉请求判令庆丰餐饮公司：1. 立即停止侵害商标权的行为，包括拆除销毁含有“庆丰”标识的牌匾、招牌、价格单、名片等材料及删除网上“庆丰”标识的宣传；2. 立即停止使用含有“庆丰”字号的企业名称；3. 在《济南日报》上发表声明，消除影响；4. 赔偿庆丰包子铺经济损失50万元及律师费、公证费及调查取证费9万元。

一审法院认定事实：1986年6月3日，北京市工商行政管理局颁发给北京市西城区饮食公司庆丰包子铺的营业执照载明，经营地址西长安街122号，经济性质全民，核算形式独立核算，开业日期1956年，经营方式零售，经营范围面食。2000年5月15日，北京市工商行政管理局西城分局颁发给北京市西城区庆丰包子铺的企业法人营业执照载明，经营地址西安门大街85号，经济性质全民所有制，成立时间1982年1月5日，经营范围面食（含流质食品、冷荤、凉菜），零售酒、饮料。2007年7月24日，北京市西城区庆丰包子铺经核准变更名称为庆丰包子铺。北京华天饮食集团公司为庆丰包子铺的企业管理部门。

1998年1月28日，北京华天饮食集团公司经核准注册取得"慶豐"商标，商标注册证第1171838号，核定服务项目第42类（现为第43类）：餐馆，临时餐室，自助餐室，快餐馆和咖啡馆。2008年8月14日，上述商标经核准变更注册人名义为庆丰包子铺，经续展注册有效期自2008年4月28日至2018年4月27日。

2003年7月21日，北京市西城区庆丰包子铺经核准注册取得"老庆丰+laoqingfeng"商标，商标注册证第3201612号，核定使用商品第30类：方便面，糕点，面包，饺子，大饼，馒头，元宵，豆沙，包子，肉泡馍。2008年11月13日，上述商标经核准变更注册人名义为庆丰包子铺，经续展注册有效期自2013年7月21日至2023年7月20日。

庆丰包子铺月坛店于2007年被北京市商务局认定为"中国风味特色餐厅"。2007年，庆丰包子铺在北京广播电台、北京电视台投入广告费用1316604元。2008年至2009年6月20日，庆丰包子铺在上述媒体投入广告费用3222500元。2006年7月7日，《新京报》欢娱·饭局版曾对庆丰包子铺作过介绍。2009年2月4日，庆丰包子铺与王娜签订特许经营合同，经营地点北京市朝阳区管庄西里1楼1层，经营店铺名称北京管庄庆丰包子铺，一次性加盟费10万元，庆丰品牌使用费每年6万元。2009年12月22日，庆丰包子铺与杨军签订特许经营合同，经营地点北京市海淀区车道沟甲8号1层，经营店铺名称北京军乐庆丰包子铺，一次性加盟费10万元，庆丰品牌使用费每年6万元。

2009年6月24日，庆丰餐饮公司经核准登记成立，法定代表人徐庆丰，注册资本50万元，公司类型为有限责任公司（自然人投资或控股），经营范围为餐饮管理及咨询，公司股东为三自然人，其中徐庆丰出资35万元，占70%。2013年7月23日，北京市中信公证处应庆丰包子铺申请，登录庆丰餐饮公司的网站

www. qingfengcanyin. com 进行证据保全，出具了（2013）京中信内经证字 18419 号公证书。上述公证书记载，庆丰餐饮公司网站设有“走进庆丰”、“庆丰文化”、“庆丰精彩”、“庆丰新闻”等栏目，自 2009 年 7 月 15 日至 2012 年 8 月 26 日，庆丰餐饮公司开办了吉利餐厅等八家企业内设餐厅。2010 年 6 月 4 日，济南吉利汽车有限公司餐厅开业，庆丰餐饮公司打出“庆丰餐饮全体员工欢迎您”横幅。

一审法院认为，在中国传统商业文化中，商家喜欢选择使用带有喜庆祥和含义的词汇作为企业的字号或者商标。而从字号或商标的商业标识性权利属性来看，这类字号或者商标的自有显著性并不明显，有赖于商家后天的使用和维护，以赋予其特定的含义，并与商家建立特定的联系。本案庆丰包子铺起诉庆丰餐饮公司的侵权行为包括两类：1. 庆丰餐饮公司注册并使用“济南庆丰餐饮管理有限公司”企业名称侵害庆丰包子铺的注册商标专用权；2. 庆丰餐饮公司在其网站设立“走进庆丰”等栏目，在经营场所打出“庆丰餐饮全体员工欢迎您”横幅侵害庆丰包子铺的注册商标专用权。对于庆丰包子铺起诉的第二类侵权行为，因庆丰餐饮公司使用“庆丰”二字时与其使用环境一致，并未从字体、大小和颜色等方面突出使用，是对企业名称简称或字号的合理使用。故本案的焦点在于庆丰包子铺起诉的第一类侵权行为是否成立，即庆丰餐饮公司注册并使用“济南庆丰餐饮管理有限公司”企业名称是否侵害庆丰包子铺的注册商标专用权。商标是区分商品或服务来源的商业标识，由文字、图形等组成要素构成，注册商标由国家工商行政管理总局商标局核准，注册商标专用权的效力及于全国。企业名称是区别市场主体的标志，依次由企业所在地的行政区划、字号、行业或者经营特点、组织形式等四部分组成。其中字号是区别不同企业的主要标志。企业对其企业名称和字号的专用权受限于其企业名称核准的行政区划和行业或者经营特点。基于注册商标与企业名称核准主体和核准程序的不同，注册商标中的文字与企业名称中的字号产生冲突在所难免，这种冲突是否合法，须依法具体判断。就本案而言，庆丰餐饮公司注册并使用“济南庆丰餐饮管理有限公司”企业名称始于 2009 年 6 月 24 日，其经营地域为济南。两涉案商标分别核准于 1998 年 1 月 28 日和 2003 年 7 月 21 日，庆丰包子铺受让两涉案商标的时间分别为 2008 年 8 月 14 日和 2008 年 11 月 13 日，庆丰包子铺无证据证明在庆丰餐饮公司注册并使用被诉企业名称时，其经营地域和商誉已经涉及或影响到济南和山东，亦无证据证明庆丰餐饮公司注册并使用被诉企业名称有假借庆丰包子铺商标商誉的可能。同时，庆丰包子铺提供的现有证据也不能证明相关公众有将庆丰包子铺与庆丰餐饮公司误认或存在误认的可能，故庆丰餐饮公司注册并使用“济南庆丰餐饮管理有限公司”企业名称具有合理性，并未侵害庆丰包子铺的注册商标专用权。

一审法院判决：依照《中华人民共和国商标法》第五十一条，《最高人民法院关于民事诉讼证据的若干规定》第二条，《企业名称登记管理规定》第三条的规定，判决如下：驳回庆丰包子铺的诉讼请求。一审案件受理费 9700 元，由庆丰包子铺负担。

庆丰包子铺不服一审判决，向二审法院提起上诉，请求撤销一审判决，依法改判。主要理由为：一审法院认定事实不清，适用法律错误。1. 庆丰餐饮公司将庆丰字号在经营场所和网站单独使用的行为构成对庆丰的突出使用，侵害了涉案注册商标专用权。2. 庆丰餐饮公司将与涉案注册商标相同的庆丰文字作为企业字号并使用的行为，具有主观恶意，构成不正当竞争。3. 一审法院认为庆丰包子铺无证据证明其经营地域和商誉影响到山东，庆丰餐饮公司的行为不会造成相关公众的混淆误认不当。4. 本案应当适用《中华人民共和国商标法》、《中华人民共和国反不正当竞争法》及《最高人民法院关于审理商标民事纠纷案件适用法律若干问题的解释》等法律及司法解释，一审法院适用《企业名称登记管理实施办法》不当。庆丰餐饮公司答辩称，一审法院认定事实清楚，适用法律正确，请求驳回上诉，维持原判。

二审中，庆丰包子铺为证明涉案商标在山东及全国具有较高知名度，提交如下证据：1. 北京烹饪协会证；2. 2009—2013 年庆丰包子铺审计报告；3. 庆丰包子铺连锁店历年网点开发情况附图；4. 庆丰包子铺与加盟商签订的特许经营合同；5. 外省市预加盟庆丰意向表；6. 申请者资料表；7. 加盟咨询记录；8.《济南时报》、《齐鲁晚报》、《生活日报》等对庆丰包子铺的报道情况；9. 庆丰商标被侵权信息记录；10. 工商部门主动执法案例。庆丰餐饮公司质证称，对证据 1、3、5、6、7、10 的真实性有异议，对证据 2 的真实性无异议，但认为与本案无关，对证据 4 的真实性无异议，但仅能证明在北京地区的加盟情况，无法证明山东的情况，对证据 8 的真实性无异议，但报道时间为 2013 年之后，与本案无关，对证据 9 中被诉侵权照片的真实性无异议，但与本案无关。二审法院认为，证据 1、4 仅能证明庆丰包子铺在北京地区的知名度，未能证明涉案商标在山东及全国的知名度；证据 2 与涉案商标的知名度无关；证据 3、5、6、7、10 均系庆丰包子铺自行制作，对其真实性无法确认；证据 8 形成时间均为被诉侵权行为发生之后，无法证明被诉侵权行为发生时涉案商标的知名度情况；证据 9 仅表明案外人使用庆丰作为字号的情况，与本案无关。综上，庆丰包子铺提交的上述证据对其证明对象均缺乏证明力，二审法院不予采信。

二审法院认定事实：二审法院查明的事实与一审法院查明的一致。

二审法院认为，本案当事人争议的焦点问题为：庆丰餐饮公司的被诉侵权行为是否侵害庆丰包子铺涉案商标权；庆丰餐饮公司的被诉侵权行为是否构成不正当竞争。

关于庆丰餐饮公司的被诉侵权行为是否侵害庆丰包子铺涉案商标权的问题。庆丰包子铺主张庆丰餐饮公司的被诉侵权行为是：在网站宣传上使用“庆丰餐饮”、“走进庆丰”、“庆丰文化”等字样、在经营场所使用“庆丰餐饮全体员工欢迎您”字样、在员工服装及名片上使用“庆丰餐饮”字样等行为，庆丰包子铺认为庆丰餐饮公司的上述行为侵害其涉案商标权。《中华人民共和国商标法》第五十二条第（一）项规定，未经商标注册人的许可，在同一种商品或者类似商品上使用与其注册商标相同或者近似的商标的属于侵犯注册商标专用权的行为。《最高人民法院关于审理商标民事纠纷案件适用法律若干问题的解释》第九条第二款规定，商标近似，是指被控侵权的商标与原告的注册商标相比较，其文字的字形、读音、含义或者图形的构图及颜色，或者其各要素组合后的整体结构等相似，易使相关公众对商品的来源产生误认或者认为其来源与原告注册商标的商品有特定的联系。该解释第十条规定，判断商标是否近似应当考虑请求保护注册商标的显著性和知名度。本案中，庆丰包子铺主张保护的商标有两个，即繁体庆丰文字商标和简体老庆丰文字拼音商标。二审法院认为，首先，庆丰餐饮公司使用“庆丰”二字时并未从字体、大小和颜色等方面突出使用，是对企业名称简称或字号的合理使用。其次，将被诉侵权标识“庆丰”与繁体庆丰文字商标比对来看，二者差别较大，不构成相同商标；将被诉侵权标识“庆丰”与简体老庆丰文字拼音商标比对来看，被诉侵权标识仅与涉案商标文字部分的“庆丰”二字相同，与其他的文字拼音部分也不相同。最后，从庆丰包子铺提交的证据来看，涉案商标知名度主要限于北京地区，其未能证明涉案商标在被诉侵权行为发生时在山东及济南地区具有较高的知名度。综上，被诉侵权标识与涉案商标不构成相同或近似，不会使相关公众对商品的来源产生误认或者认为其来源与涉案注册商标的商品有特定的联系，庆丰餐饮公司的被诉侵权行为不侵害庆丰包子铺的涉案商标权。

关于庆丰餐饮公司的被诉侵权行为是否构成不正当竞争的问题。《中华人民共和国反不正当竞争法》第二条第一款规定，经营者在市场交易中，应当遵循自愿、平等、公平、诚实信用的原则，遵守公认的商业道德。二审法院认为，首先，涉案商标为繁体庆丰文字商标及简体老庆丰文字拼音商标，庆丰餐饮公司的企业字号“庆丰”与涉案商标并不相同。其次，庆丰包子铺未能提供证据证明其涉案商标在庆丰餐饮公司使用庆丰作为企业字号时在山东及济南具有较高的知名度。所以，庆丰餐饮公司在主观上没有攀附庆丰包子铺商标商誉的意图，客观上不会造成相关公众的混淆误认，不违反诚实信用等原则，不构成不正当竞争。另外，一审法院在判决中未适用《中华人民共和国反不正当竞争法》欠妥，二审法院予以纠正。

二审法院判决：驳回上诉，维持原判。二审案件受理费 9700 元，由庆丰包子铺负担。

本院再审查明：庆丰餐饮公司 2009 年 6 月 24 日核准登记成立时名称为济南庆丰餐饮管理有限公司，2014 年 9 月 3 日变更为现名。

围绕当事人的再审请求，本院对有争议的证据和事实认定如下：

再审期间，庆丰包子铺提交了如下证据：1. 特许经营合同，用以证明庆丰包子铺自 2008 年起许可袁贵斌等人在北京工业大学附近使用“庆丰”标识开设庆丰包子铺；2. 北京德众会计师事务所出具的庆丰包子铺专项审计报告，用以证明 2009 年至 2013 年，庆丰包子铺营业额分别为 2. 0068 亿元、2. 7852 亿元、3. 6487 亿元、4. 3641 亿元、5. 1929 亿元；“庆丰”直营及加盟店共计 293 家。分布在北京、天津、河北、山东、山西等地；媒体宣传范围覆盖全国，广告宣传额合计 1043 万元；3. 商标档案，用以证明庆丰餐饮公司于 2013 年 9 月 16 日分别在第 30 类“包子”等商品及第 43 类“饭店、餐厅、快餐馆”等服务上申请注册包含“庆丰”文字的商标，其搭便车的行为具有一贯性；4. 商标档案，用以证明 2007 年 8 月 7 日，庆丰包子铺申请注册了“Q”图形商标，庆丰餐饮公司使用的图形商标同样是对庆丰包子铺图形商标的摹仿；5. 新华网刊登《浪潮投资 12 亿元在济南建科技园》文章，用以证明北京浪潮集团在济南设立济南浪潮公司，庆丰餐饮公司在济南浪潮公司内经营“庆丰”餐饮店，其中很多员工来自北京，容易导致相关公众的混淆误认。

庆丰餐饮公司对上述证据发表如下质证意见：证据 1，徐庆丰的餐厅开设在北京工业大学的另一校区，且仅在北京待了三四个月；证据 2，认可审计报告的真实性；证据 3，认可真实性；证据 4，庆丰餐饮公司可以注册其他商标，庆丰包子铺认为与其商标相似，超出本案的审理范围；证据 5，浪潮集团并非在北京注册，不能达到证明目的。

本院对庆丰包子铺提交的上述证据认证如下：对证据1—5的真实性均予认可。证据1可以证明庆丰包子铺在北京工业大学附近开设了分店；证据2可以证明庆丰包子铺自2009年至2013年的经营情况；证据3—4，可以证明商标的注册情况，但与本案无关；证据5，与本案不具有关联性，不能证明庆丰餐饮公司在济南浪潮公司内经营“庆丰”餐饮店、部分员工来自北京的事实。

庆丰餐饮公司在再审期间提交了一份山东松乔餐饮管理有限公司的证明，显示：徐庆丰2007年11月进入该公司工作，后被派往北京工业大学耿丹学院学习餐厅管理，该学院位于北京市顺义区。该公司于2008年4月安排其回济南，派驻济南工程职业技术学院进行餐厅管理。2008年10月10日离开该公司。庆丰包子铺质证称：认可真实性，关联性不予认可。该证据是公司出具的证明，非出自行政机关，属于证人证言，不能达到证明目的。对此，本院认为，庆丰餐饮公司提交的上述证据结合庆丰餐饮公司针对庆丰包子铺提交证据所发表的质证意见，可以证明徐庆丰曾在北京学习餐饮并从事过与餐饮领域相关的工作。

本院再审认为，本案再审期间双方当事人的主要争议焦点为：（一）庆丰餐饮公司在其网站、经营场所使用“庆丰”文字的行为是否侵害庆丰包子铺的涉案注册商标专用权；（二）庆丰餐饮公司将“庆丰”文字作为其企业字号注册并使用的行为，是否构成不正当竞争；（三）庆丰餐饮公司应如何承担民事责任的问题。

一、关于庆丰餐饮公司在其网站、经营场所使用“庆丰”文字的行为是否侵害庆丰包子铺涉案注册商标专用权的问题

《商标法》第五十二条第（一）项规定：未经商标注册人的许可，在同一种商品或者类似商品上使用与其注册商标相同或者近似的商标，属于侵犯注册商标专用权的行为。《最高人民法院关于审理商标民事纠纷案件适用法律若干问题的解释》第一条第一款规定，将与他人注册商标相同或者相近似的文字作为企业的字号在相同或者类似商品上突出使用，容易使相关公众产生误认的，属于商标法第五十二条第（五）项规定的给他人注册商标专用权造成其他损害的行为。

首先，关于庆丰餐饮公司对“庆丰”文字的使用状况。庆丰餐饮公司在其公司网站上开设“走进庆丰”、“庆丰文化”、“庆丰精彩”、“庆丰新闻”等栏目，在经营场所挂出“庆丰餐饮全体员工欢迎您”的横幅，相关公众会将“庆丰”文字作为区别商品或者服务来源的标识，庆丰餐饮公司的使用行为属于对“庆丰”商标标识的突出使用，其行为构成商标性使用。

其次，关于庆丰包子铺涉案注册商标的知名度情况。根据一审、二审法院查

明的事实，庆丰包子铺的“慶豐”商标自1998年1月28日核准注册至庆丰餐饮公司2009年6月24日成立，已经十多年的时间；庆丰包子铺的“老庆丰+laoqingfeng”商标的核准注册时间也比庆丰餐饮公司成立时间早近六年。庆丰包子铺的连锁店于2007年被北京市商务局认定为“中国风味特色餐厅”。庆丰包子铺于2007年在北京广播电台、电视台投入的广告费用为131万余元，2008年至庆丰餐饮公司成立之前，其在上述媒体上投入的广告费用为322万余元。庆丰包子铺采用全国性连锁经营的模式，经过多年诚信经营和广告宣传，取得了较高的显著性和知名度。

再次，关于庆丰餐饮公司使用的“庆丰”文字与涉案注册商标的近似性判断。庆丰包子铺在餐馆服务上注册的“慶豐”商标及在方便面、糕点、包子等商品上注册的“老庆丰+laoqingfeng”商标，在全国具有较高的知名度和影响力。“慶豐”与“庆丰”是汉字繁体与简体的一一对应关系，其呼叫相同；“老庆丰+laoqingfeng”完全包含了“庆丰”文字。庆丰餐饮公司将“庆丰”文字商标性使用在与庆丰包子铺的上述两注册商标核定使用的商品或服务类似的餐馆服务上，容易使相关公众对商品或服务的来源产生误认或者认为其来源庆丰餐饮公司与庆丰包子铺之间存在某种特定的联系，可能导致相关公众的混淆和误认。

最后，关于庆丰餐饮公司使用“庆丰”文字的合理性判断。庆丰餐饮公司主张其对“庆丰”文字的使用属于合理使用其企业字号，且系对其公司法定代表人徐庆丰名字的合理使用。对此，本院认为，庆丰餐饮公司的法定代表人为徐庆丰，其姓名中含有“庆丰”二字，徐庆丰享有合法的姓名权，当然可以合理使用自己的姓名。但是，徐庆丰将其姓名作为商标或企业字号进行商业使用时，不得违反诚实信用原则，不得侵害他人的在先权利。徐庆丰曾在北京餐饮行业工作，应当知道庆丰包子铺商标的知名度和影响力，却仍在其网站、经营场所突出使用与庆丰包子铺注册商标相同或相近似的商标，明显具有攀附庆丰包子铺注册商标知名度的恶意，容易使相关公众产生误认，属于前述司法解释规定的给他人注册商标专用权造成其他损害的行为，其行为不属于对该公司法定代表人姓名的合理使用。因此，庆丰餐饮公司的被诉侵权行为构成对庆丰包子铺涉案注册商标专用权的侵犯，一审、二审法院关于庆丰餐饮公司的被诉行为属于合理使用、不构成侵权的认定错误，本院予以纠正。

需要指出的是，我国商标法鼓励生产者、经营者通过诚实经营保证商品和服务质量，建立与其自身商业信誉相符的知名度，不断提升商标的品牌价值，同时保障消费者和生产者、经营者的利益。庆丰餐饮公司可以注册其独有的具有识别性的商标，通过其自身的生产经营和广告宣传，创建和强化自己的品牌，建立与其品牌相符的商业信誉，提升企业竞争力，促进企业的长远发展。

二、关于庆丰餐饮公司将“庆丰”文字作为其企业字号注册并使用的行为是否构成不正当竞争的问题

《反不正当竞争法》第五条第（三）项规定：擅自使用他人的企业名称或者姓名，引人误以为是他人的商品的行为属于不正当竞争行为。《最高人民法院关于审理不正当竞争民事案件应用法律若干问题的解释》第六条规定：“……具有一定的市场知名度、为相关公众所知悉的企业名称中的字号，可以认定为反不正当竞争法第五条第（三）项规定的‘企业名称’……”

根据一审、二审法院查明的事实，庆丰包子铺自1956年开业，1982年1月5日起开始使用“庆丰”企业字号，至庆丰餐饮公司注册之日止已逾二十七年，属于具有较高的市场知名度、为相关公众所知悉的企业名称中的字号，庆丰餐饮公司擅自将庆丰包子铺的字号作为其字号注册使用，经营相同的商品或服务，具有攀附庆丰包子铺企业名称知名度的恶意，其行为构成不正当竞争。二审法院认定庆丰餐饮公司的行为不构成不正当竞争错误，本院予以纠正。

三、关于庆丰餐饮公司民事责任的承担问题

庆丰餐饮公司的被诉侵权行为构成侵害庆丰包子铺注册商标专用权的行为和不正当竞争，应当承担停止上述行为并赔偿损失的民事责任。因庆丰包子铺未提供因庆丰餐饮公司上述侵权行为所遭受的损失或庆丰餐饮公司所获利润的证据，故本院结合侵权行为的性质、程度及庆丰餐饮公司上述侵权行为的主观心理状态等因素，酌定庆丰餐饮公司赔偿庆丰包子铺经济损失及合理费用人民币5万元。因庆丰包子铺未举证证明其商标商誉及企业信誉因庆丰餐饮公司的侵权和不正当竞争行为受到的损害，本院对其要求庆丰餐饮公司在《济南日报》上发表声明消除影响的诉讼请求不予支持。

综上所述，庆丰包子铺的再审申请符合《中华人民共和国民事诉讼法》第二百条规定的情形。依照《中华人民共和国民事诉讼法》第二百零七条第一款、第一百七十条第一款第（二）项之规定，判决如下：

一、撤销山东省高级人民法院（2014）鲁民三终字第43号民事判决；

二、撤销山东省济南市中级人民法院（2013）济民三初字第716号民事判决；

三、山东庆丰餐饮管理有限公司于本判决生效之日起立即停止使用“庆丰”标识的侵害北京庆丰包子铺注册商标专用权的行为；

四、山东庆丰餐饮管理有限公司于本判决生效之日起立即停止在其企业名称中使用“庆丰”字号的不正当竞争行为；

五、自本判决生效之日起十日内，山东庆丰餐饮管理有限公司赔偿北京庆丰包子铺经济损失及合理费用5万元；

六、驳回北京庆丰包子铺的其他诉讼请求。

如果未按本判决指定的期间履行上述金钱给付义务，应当依照《中华人民共和国民事诉讼法》第二百五十三条之规定，加倍支付迟延履行期间的债务利息。

一审、二审案件受理费各9700元，合计19400元，由北京庆丰包子铺负担1400元，山东庆丰餐饮管理有限公司负担18000元。

本判决为终审判决。

审 判 长 骆 电
代理审判员 李 嵘
代理审判员 马秀荣
二〇一六年九月二十九日
书 记 员 王 晨

（四）通用名称的认定

17. 独家经营和使用的具有产品和品牌混合属性的商品名称不应认定为通用名称

——再审申请人佛山市合记饼业有限公司与再审申请人珠海香记食品有限公司侵犯注册商标专用权纠纷案

【裁判要旨】

由于特定的历史起源、发展过程和长期唯一的提供主体以及客观的市场格局，保持着产品和品牌混合属性的商品名称，仍具有指示商品来源的意义，不能认定为通用名称。

【关键词】

商标名称　通用名称　历史起源

【案号】

最高人民法院（2011）民提字第55号

【基本案情】

在再审申请人佛山市合记饼业有限公司（以下简称合记公司）与再审申请人珠海香记食品有限公司（以下简称香记公司）侵犯注册商标专用权纠纷案中，盲公饼是佛山市土特产名产品之一，其创制于清嘉庆年代后期，由一盲人的儿子何豫斋创制，并因此得名。盲公饼出名后创号为“合记”。建国初期，佛山市饼干、糕点、糖果几个行业实行公私合营，组成佛山市合记饼干糖果食品厂，盲公饼为其生产的食品种类之一。后佛山市合记饼干糖果食品厂先后改名为佛山市糖果厂、佛山嘉华食品公司（以下简称嘉华公司）。1999年12月8日，成立有限责任公司，取为现名“佛山市合记饼业有限公司”，盲公饼是其生产的食品之一。合记公司在第30类饼干商品上拥有1982年获准注册的第166967号“盲公牌”商标以及2002年获准注册的第1965555号“盲公”商标。香记公司成立于2000年4月6日。香记公司生产销售被诉侵权产品的饼身及其包装盒上均印有明显的“盲公饼”字样。合记公司以香记公司侵犯其“盲公”注册商标专用权为由，提起诉讼。广东省佛山市中级人民法院一审认为，“盲公”是特有名称而非饼类商品的通用名称，香记公司构成侵犯合记公司的两项商标权，故判令香记公司立即停止侵权并赔偿损失。香记公司不服，提起上诉。广东省高级人民法院二审认为，盲公饼为在佛山地区使用近200年的商品概念，被诉侵权盲公饼饼身所刻阳文“盲公餅”与合记公司的商标字体不同，差别显著，结合产品的外包装显著位置关于生产源的明确、突出标记，足以使一般公众区分其为不同生产源的“盲公饼”，不致发生混淆，不构成侵犯合记公司商标权。被诉侵权产品外包装盒使用的“盲公饼”商品标记侵犯了合记公司第1965555号“盲公”文字商标专用权。据此改判香记公司停止侵犯合记公司第1965555号注册商标专用权的行为并赔偿损失。合记公司和香记公司均不服，向最高人民法院申请再审。合记公司的申请再审理由为，二审判决认定“盲公饼是商品名称”没有事实根据和理由。香记公司的申请再审理由为，盲公饼是一种饼类的通称，合记公司无权禁止香记公司正当使用“盲公饼”作为商品名称。最高人民法院经过审查后裁定提审本案，并于2011年8月24日改判香记公司停止侵犯合记公司第166967号及第1965555号注册商标专用权的行为。

【裁判意见】

最高人民法院审理认为：香记公司生产和销售的产品与合记公司注册商标核定使用商品相同，虽然被诉产品饼身标注的“盲公饼”字体与合记公司第166967号和第1965555号注册商标的字体存在一些差异，外包装盒标贴“盲公饼”与第166967号注册商标也存在一些不同，但这些差别是细微的，构成在同一种商品上使用与注册商标近似商标的行为。盲公饼是有着200多年历史的一种佛山特产，有着特定的历史渊源和地方文化特色。虽然“盲公饼”具有特殊风味，但“盲公”或者“盲公饼”本身并非此类饼干的普通描述性词汇。从其经营者传承看，虽然经历了公私合营、改制等过程，但有着较为连续的传承关系，盲公饼是包括合记饼店、佛山市合记饼干糖果食品厂、佛山市糖果厂、嘉华公司、合记公司等在内的数代经营者独家创立并一直经营的产品。而且在我国商标法施行不久，“盲公饼”的经营者即申请了“盲公”商标，并且积极维护其品牌，其生产的“盲公饼”具有较高的知名度。虽然香记公司主张“盲公饼”是通用名称，但未能举出证据证明在我国内地还有其他厂商生产“盲公饼”，从而形成多家主体共存的局面。虽然有些书籍介绍了“盲公饼”的做法，我国港澳地区也有一些厂商生产各种品牌的“盲公饼”，这些客观事实有可能使得某些相关公众会认为“盲公饼”可能是一类产品的名称。但是，由于特定的历史起源、发展过程和长期唯一的提供主体以及客观的市场格局，我国内地的大多数相关公众会将“盲公饼”认知为某主体提供的某种产品。因此，在被诉侵权行为发生时，盲公饼仍保持着产品和品牌混合的属性，具有指示商品来源的意义，并没有通用化，不属于通用名称。对于这种名称给予较强的保护，禁止别人未经许可使用，有利于保持产品的特点和文化传统，使得产品做大做强，消费者也能真正品尝到产品的风味、了解产品背后的文化；相反，如果允许其他厂家生产制造“盲公饼”，一方面权利人的权益会受到损害，另一方面也可能切断了该产品所承载的历史、传统和文化，破坏了已有的市场秩序。因此，“盲公饼”并非商品通用名称，香记公司关于其正当使用的抗辩不能成立。

中华人民共和国最高人民法院民事判决书

（2011）民提字第55号

申请再审人（一审原告、二审被上诉人）：佛山市合记饼业有限公司。住所地：广东省佛山市市东上路67号。

法定代表人：冯治英，该公司董事长。

委托代理人：高劲松，广东文迪律师事务所律师。

申请再审人（一审被告、二审上诉人）：珠海香记食品有限公司。住所地：广东省珠海市福溪村上冲园艺研究所综合楼一楼。

法定代表人：杨冠中，该公司总经理。

委托代理人：赵连玉，广东玉成律师事务所律师。

委托代理人：练李生，广东玉成律师事务所律师。

佛山市合记饼业有限公司（简称合记公司）与珠海香记食品有限公司（简称香记公司）侵犯注册商标专用权纠纷一案，广东省高级人民法院于2009年7月13日作出（2007）粤高法民三终字第36号民事判决（简称二审判决），已经发生法律效力。2009年11月和12月，香记公司和合记公司分别向本院申请再审。本院经审查认为，合记公司的申请符合《中华人民共和国民事诉讼法》第一百七十九条第一款第（二）、（六）项再审立案条件，于2010年11月11日，以（2009）民申字第1733号民事裁定提审本案。本院依法组成合议庭进行审理。现已审理终结。

2004年8月9日，合记公司以香记公司未经许可，在生产销售的饼类商品外包装上注明“盲公饼”，并且在饼身上印有“盲公饼”，侵犯其“盲公”注册商标专用权为由，向广东省佛山市中级人民法院提起诉讼，请求判令香记公司停止侵权行为，销毁生产侵权产品的模具及带有“盲公饼”字样的包装纸（盒），在《南方日报》上公开向合记公司赔礼道歉，消除影响，并赔偿合记公司经济损失25万元。香记公司辩称“盲公饼”是一种饼类食品的通用名称，香记公司使用“盲公饼”不构成侵权，而且香记公司享有香港香记公司授予的生产工艺、配方、包装装潢等在先权利，可正当使用，因此请求驳回合记公司的诉讼请求。

广东省佛山市中级人民法院一审查明：据公开出版发行的文献资料记载，盲公饼是佛山市土特产名产品之一，其创制于清嘉庆年代后期（1796—l820年），由一盲人的儿子何豫斋创制，并因而得名。盲公饼出名后创号为合记，店址为佛山市鹤园街。建国初期，佛山市饼干、糕点、糖果几个行业实行公私合营，以利群、和平两厂为骨干，组成佛山市合记饼干糖果食品厂，盲公饼为其生产的食品种类之一。后佛山市合记饼干糖果食品厂先后改名为佛山市糖果厂、佛山嘉华食品公司（简称嘉华公司），地址为现佛山市禅城区市东上路67号。1999年12月8日，成立有限责任公司，命名为现有名称“佛山市合记饼业有限公司”，经营饼干、糖果、糕点等的加工、制造和销售，盲公饼亦是生产的食品之一。

1982 年 12 月 15 日，佛山市糖果厂经国家工商行政管理总局核准注册了“盲公牌”商标，“牌”不在专用范围内，注册证号为 166967 号，核定使用商品为第 38 类色饼，后经核准使用商品转为国际商品分类第 30 类。1988 年 12 月 30 日，该商标注册人经国家工商行政管理局商标局（简称商标局）核准变更为嘉华公司，有效期续展至 2013 年 2 月 28 日。2000 年 3 月 28 日，经商标局核准，合记公司受让第 166967 号“盲公牌”注册商标。2002 年 12 月 28 日，商标局核准合记公司注册“盲公”商标，注册证号为第 1965555 号，核定使用商品第 30 类冰糖、饼干、糕点、糖果等，注册有效期限自 2002 年 12 月 28 日至 2012 年 12 月 27 日止。

香记公司成立于 2000 年 4 月 6 日，是杨新投资成立的独资（澳资）企业，经营范围为生产、销售自产的猪、牛、鱼肉干、肉丸及其他肉类加工品、蛋卷及各类饼食制品等。

2004 年 7 月 14 日，合记公司的委托代理人李莉以普通消费者的身份，在佛山市锦华东路 5 号东方广场德胜一楼“香记食品系列”专柜，购买了以“珠海（澳门）香记食品有限公司”的名义生产的“盲公饼”四盒，单价 10 元，并取得佛山市金达游乐发展有限公司的销售单及发票各一张，佛山市禅城区公证处现场公证了该交易过程。庭审中，香记公司对合记公司公证购买的产品系其生产销售无异议。该被控侵权产品的饼身及其包装盒上均印有“盲公饼”字样。

2004 年 7 月 29 日，佛山市中级人民法院曾就他案作出（2004）佛中法民三初字第 32 号判决，认定“盲公饼”为合记公司知名商品特有名称，该判决已生效。

从 1998 年开始，合记公司就保存有其针对盲公饼的打假维权及广告维护费的记录。2003 年 9 月，合记公司创制的盲公饼在佛山美食节上荣获佛山市八大优秀传统食品第一名。

广东省佛山市中级人民法院经过审理认为香记公司在其生产的饼身及包装盒上使用“盲公饼”的行为构成对合记公司注册商标的侵犯，因此于 2004 年 12 月 20 日作出（2004）佛中法民三初字第 283 号民事判决（简称第 283 号判决），判令香记公司停止生产销售侵犯合记公司第 166967 号、第 1965555 号注册商标的产品，销毁制造侵权产品的模具和印有“盲公饼”字样的包装纸（盒），并赔偿合记公司 5 万元。香记公司不服第 283 号判决，上诉至广东省高级人民法院。广东省高级人民法院于 2006 年 7 月 4 日作出（2005）粤高法民三终字第 47 号民事裁定，以“原审法院认定事实不清，证据不足”为由，发回重审。

重审后，广东省佛山市中级人民法院于2006年12月25日作出（2006）佛中法民三重字第2号民事判决（简称重第2号判决），认为：一、合记公司受让的盲公牌商标经商标局依法核准，且在有效的续展期内，该注册商标应受法律保护。香记公司向商标评审委员会提出撤销申请并不影响法院对注册商标专用权侵权纠纷的审理，其要求法院中止审理没有法律依据。二、商品通用名称是指为国家或某一行业中所共用的，反映一类商品与另一类商品之间根本区别的规范化称谓，其源于社会的约定俗成，主要用来区别不同种类的商品。本案涉讼的“盲公”商标并不是饼类商品的通用名称，“盲公”不是区别饼类商品与其他类商品的称谓。从历史沿革来看，盲公饼首创于佛山，具有深远的历史渊源和浓厚的地方文化特色。盲公饼从创制至今，尽管其制造厂家多次更名，但都一直对“盲公”品牌倍加珍惜，悉心呵护。我国商标法刚一出台，佛山盲公饼的生产厂家就申请了商标注册，可见佛山盲公饼的生产厂家对“盲公”品牌的高度重视。并且盲公饼从创制至今近200年，其制造厂家不断改良、宣传，“盲公”的显著性在如此长的历史演变中愈显突出，其知名度亦随之不断提高，盲公饼早已成为相关公众所知悉的知名商品。“盲公”在其商标注册前已成为知名商标的特有名称。香记公司提供的互联网资料、《香港小吃》、《中国名点精品》、《各式中国糕点调制法》等书证、案外人的证明、其他企业生产的各类盲公饼实物等证据，只能证明盲公饼是一种深受广大消费者欢迎的知名商品，“盲公”是其特有名称，而非饼类商品的通用名称。根据国家工商行政管理局《关于禁止仿冒知名商品特有的名称、包装、装潢的不正当竞争行为的若干规定》第三条的规定，“知名商品特有的名称，是指知名商品独有的与通用名称有显著区别的商品名称，但该名称已经作为商标注册的除外”。即知名商品的特有名称是可以被权利人用来注册商标的，在其未注册前受反不正当竞争法的保护，在其注册后受商标法的保护。故香记公司认为合记公司“盲公”注册商标中含有商品通用名称的抗辩没有事实依据，亦与法律的规定不符。三、香记公司是否享有盲公饼商标的在先使用权。香记公司提供的证据主要有澳门中华商会证明书、澳门香记公司纳税凭单、澳门香记公司员工林生的证言、澳门香记公司盲公饼标识贴纸、盲公饼、凤凰卷等包装袋、澳门香记公司委任书及授权书等。上述证据证明的内容即使是客观存在的事实，也只能证明香记公司投资人在澳门生产、销售盲公饼的情况。我国商标法实行的是注册主义，即只有注册商标才能取得商标专用权，不存在在先使用权的问题。大陆和澳门属于不同的法域，香记公司投资人在澳门生产销售盲公饼，其商标没有在大陆注册，在大陆不享有“盲公”商标的使用权。再者，从盲公饼的起源及其演变看，佛山盲公饼远远早于香记公司盲公饼的生产，合记公司是佛山盲公饼的合法承继者，就生产先后的客观事实而言，香记公司的在先使用权亦不成立。香记公司作为与盲公饼没有任何文化渊源的企业，其在中国大陆生产、销售“盲公饼”的行为，如果发生在权利人的商标注册前则构成侵犯知名商品特有名称；如果发生在权利人注册商标后则构成商标侵权。本案中香记公司的商标侵权行为显而易见。基于香记公司的上述抗辩理由均不成立，且其未经合记公司许可在其生产销售的部分饼干的饼身及其包装盒上使用了合记公司注册的“盲公”商标字样，足以造成消费者的误认。依照《中华人民共和国商标法》（简称《商标法》）第五十二条第（五）项、《中华人民共和国商标法实施条例》（简称《商标法实施条例》）第五十条第（一）项的规定，香记公司的前述行为构成了对合记公司注册商标专用权的侵犯，应承担相应的民事责任。合记公司要求香记公司停止侵权、销毁有关模具及包装纸（盒）、赔偿损失合法，予以支持。对于赔偿数额，合记公司没有提供香记公司获利情况的有关证据，也没有提供其因侵权行为所受损失的证据，故根据合记公司商标的知名度、香记公司侵权行为的情节、时间及本案诉讼成本等各方面综合考虑，酌定香记公司赔偿合记公司经济损失 20 万元。至于赔礼道歉，合记公司没有提供因香记公司的侵权行为给其商誉造成影响的相关证据，故对合记公司的该项诉讼请求不予支持。综上，一审法院于 2006 年 12 月 25 日作出重第 2 号判决，判令：一、香记公司在判决发生法律效力之日起立即停止侵犯合记公司第 166967 号及第 1965555 号注册商标专用权的行为；二、香记公司在判决发生法律效力之日起 10 日内销毁生产侵权产品的模具及带有“盲公”字样的包装纸（盒）；三、香记公司在判决发生法律效力后 10 日内赔偿合记公司经济损失 20 万元。逾期履行，按银行同期商业贷款利率加倍支付迟延履行期间的债务利息；四、驳回合记公司的其他诉讼请求。

香记公司不服重第 2 号判决，向广东省高级人民法院提起上诉。广东省高级人民法院另查明：香记公司在二审中提交珠海市餐饮协会《关于“盲公饼”是一种食品的通用和共用名称的查证意见》，该意见称：经查，在我国广东省和港澳地区、东南亚某些国家和地区有众多食品生产企业生产、销售一种以米粉、花生、糖为基本原料、烘烤压制成为饼状，可直接食用，通用“盲公饼”作为食品名称销售的干粮；各家生产的标记为“盲公饼”的这类食品在原材料配方、烘制方法、口感外形、包装等方面稍有区别，但大同小异，并皆称“盲公饼”，与市场上流行的杏仁饼、老婆饼、曲奇饼等以示区别；“盲公饼”是上述食品的共用和通用名称。合记公司质证认为，该证据为证人证言证据种类，证人应当出庭作证；该证内容是意见而非对通用名称的认可，没有出证依据，不真实；协会没有权利出具这样的证明，没有证明力；该证不是新证据，不能作为定案依据。此外，《佛山市志》记载：佛山市在200年前已有闻名的“合记”盲公饼；建国初期，佛山有专营盲公饼的店；外销饼中，盲公饼用盲公牌。

广东省高级人民法院二审认为：一、关于香记公司“盲公饼”是否侵犯合记公司商标专用权的问题。根据《商标法》、《商标法实施条例》及司法解释的规定，注册商标授权、确权均是商标局或者商标评审委员会的职权范围，非人民法院司法职能范围，对于当事人提出的注册商标效力的异议，当事人应向商标评审委员会申请处理，人民法院在民事纠纷案件中不予审查商标的授权争议。合记公司依法受让取得的本案第166967号“盲公牌盲公”商标和经商标局核准注册的第1965555号“盲公”文字商标，现均为有效的商标，应受商标法保护。根据《商标法》第五十二条第（五）项、《商标法实施条例》第五十条第（一）项的规定，在同一种或者类似商品上，将与他人注册商标相同或者近似的标志作为商品名称或者商品装潢使用，误导公众的，属于侵犯注册商标专用权的行为。香记公司在同一种商品的外包装标贴和产品本身使用了“盲公饼”文字。其中，盲公饼正面被均分为三个区域，每个区域分别刻有“盲”、“公”、“餅”三字，与饼身同色，为阳文、宋体。产品外包装标贴“盲公饼”三个汉字为艺术字体，整齐均匀横向排列，居于被控侵权产品标贴中央上方显著位置，两侧纵向标明“驰名特产”、“传统饼食”，标贴下方中央标明“澳门鲜烤肉干”。显然，香记公司被控侵权产品上的“盲公饼”三字均是作为商品名称使用的。将香记公司的被控侵权“盲公饼”标记与合记公司的本案两商标在隔离的状态下分别相比较，香记公司被控侵权盲公饼饼身所刻阳文“盲公餅”与合记公司第166967号“盲公牌盲公”文字、图形组合商标和第1965555号“盲公”文字商标，仅“盲公”两汉字相同，但字体不同，差别显著。由于盲公饼为在佛山地区使用近200年的商品概念，结合产品的外包装显著位置关于生产源的明确、突出标记，足以使一般公众区分其为不同生产源的“盲公饼”，不致发生混淆。因此，被控侵权盲公饼饼身所刻“盲公餅”阳文，没有侵犯合记公司本案商标权。同理，香记公司被控侵权产品外包装的标贴与合记公司本案第166967号“盲公牌盲公”注册商标相比较，二者相同之处在于均含汉字“盲公”二字，但两者“盲公”二字字体不同，书写方式也有明显区别，以相关公众的一般注意力容易分辨，不致发生混淆或者产生二者商品来源密切相关的联想。因此，香记公司被控侵权产品外包装使用的“盲公饼”商品标记没有侵犯合记公司第166967号“盲公牌盲公”商标专用权。但是，香记公司被控侵权产品外包装使用的“盲公饼”商品标记包含了合记公司第1965555号“盲公”文字商标的全部文字内容，且两者均使用不常见的艺术字体，两者字体、书写方式高度近似，不易区分。由于合记公司生产的盲公饼为知名盲公饼，相关公众容易认为香记公司该“盲公饼”与合记公司有密切关系，是合记公司生产的“盲公”牌盲公饼，从而发生商品来源的混淆。香记公司该行为，属于在同一种商品上，将与合记公司第1965555号注册商标相近似的标志作为商品名称使用，误导公众的行为。因此，香记公司被控侵权产品外包装盒使用的“盲公饼”商品标记侵犯了合记公司第1965555号“盲公”文字商标专用权。需要特别指出的是，盲公饼是商品名称，而非“盲公”是商品名称，合记公司的第1965555号注册商标“盲公”是商标标识而非商品名称，一审判决对这两者未作区分，导致对本案部分事实认定发生偏差。本案的被控侵权产品标贴上使用的“盲公饼”系使用特定字体、书写方式独特且突出使用，其视觉效果独特，给人印象深刻，其实际效果类似于使用商标，使人容易产生联想和造成混淆，已非一般意义上对“盲公饼”商品名称的正常使用，其全面包含了合记公司第1965555号注册商标标识特征，且与之高度近似，这是认定香记公司侵犯合记公司第1965555号注册商标专用权的重要事实依据。二、关于香记公司是否享有在先权利从而不构成侵犯合记公司商标专用权的问题。香记公司未能提供证据证明其在我国大陆地区就被控侵权“盲公饼”三字或者附有该三字的产品标贴、外包装等享有商标权、著作权、外观设计专利权、企业名称权等权利。本案合记公司第1965555号注册商标于2002年12月28日获准注册，在获取香记公司被控侵权“盲公饼”日期2004年7月14日之前。香记公司提交的“在先权利”依据为澳门中华商会证明书、澳门香记公司纳税凭单、澳门香记公司员工林生的证言、澳门香记公司盲公饼标识贴纸、盲公饼、凤凰卷等包装袋、澳门香记公司委任书及授权书等，证明的是香记公司投资人在澳门生产、销售盲公饼的情况。知识产权具有地域性，大陆和澳门属于不同的法域，在澳门使用的商品名称和标识，不能当然地可以在国内使用，更不能当然地在国内构成合法的权利。我国商标法实行的是注册制度，即注册商标享有商标专用权，获得在我国法域内的排他性保护，在澳门使用的商品名称、标识，如未在祖国大陆获得在先的商标权、著作权、外观设计专利权、企业名称权等，仍然可能构成对在祖国大陆注册的商标专用权之侵害。香记公司不能证明其被控侵权商品名称“盲公饼”在合记公司第1965555号注册商标之先享有合法的权利，香记公司提出其享有在先权利的上诉理由不成立。三、关于一审法院判决20万元赔偿是否有依据的问题。一审法院对本案作出的最初判决，即第283号判决，判决香记公司赔偿合记公司5万元经济损失，合记公司并未上诉。在二审法院发回一审法院重审本案后，合记公司也没有提交新的证据证明其增加了损失，一审法院作出重第2号判决，判决香记公司赔偿合记公司20万元，依据不足。鉴于本案香记公司关于其未侵犯合记公司第166967号“盲公牌盲公”商标专用权的上诉理由得到支持，综合考虑本案实际情况，二审法院将香记公司的赔偿额调整为5万元。此外，由于香记公司的被控侵权包装盒系因粘附产品标贴而侵权，产品标贴系印刷品，无须生产模具，本案合记公司亦无证据证明该标贴需要模具生产。故亦不支持合记公司要求销毁侵权模具的诉讼请求。综上，广东省高级人民法院于2009年7月13日作出（2007）粤高法民三终字第36号民事判决，判令：一、维持重第2号判决第（四）项；二、变更重第2号判决第（一）项为香记公司立即停止侵犯合记公司第1965555号注册商标专用权的行为；三、变更重第2号判决第（二）项为香记公司自本判决发生法律效力之日起十日内销毁生产侵犯合记公司第1965555号注册商标专用权的包装盒；四、变更重第2号判决第（三）项为香记公司自本判决发生法律效力之日起十日内赔偿合记公司经济损失5万元。香记公司如未按本判决指定的期间履行给付金钱义务，应当依照《中华人民共和国民事诉讼法》第二百二十九条之规定，加倍支付迟延履行期间的债务利息。

合记公司申请再审称：1. 二审判决认定“盲公饼是商品名称”没有事实根据和理由。“盲公”饼名称具有历史原创性，它完全是包括合记公司在内的数代经营者独家创立的品牌，其权利理应由合记公司单独享有，不可能成为公众可以随意使用的商品名称。“盲公”饼在成为注册商标之前属于一种特有名称，一直为独家使用；成为注册商标后，显著性越来越强，是不折不扣的知名品牌。国内并无其他合法使用“盲公”饼的生产厂家。香记公司提供的证据不足以说明“盲公”饼是商品名称。二审判决认定“盲公饼是商品名称”没有任何事实依据，相反会严重影响合记公司的权益，请求予以改正。2. 本案中，合记公司的盲公品牌历史悠久，具有很高的市场知名度。香记公司在其生产的饼干的饼身及外包装上使用“盲公饼”标记，足以使相关公众对两者的关系产生误认。二审判决在对比香记公司的“盲公饼”与合记公司的注册商标时，忽视合记公司商标的市场知名度，简单地认定香记公司产品饼身的“盲公饼”与合记公司的两注册商标不同，不构成侵权；外包装上的“盲公饼”也仅侵犯了合记公司的第1965555号“盲公”注册商标。二审判决的这一认定明显不当，香记公司的行为同时侵犯了合记公司第166967号及第1965555号商标专用权。3. 香记公司应赔偿合记公司20万元。合记公司没有对第283号判决提起上诉，并不代表合记公司接受该赔偿数额。本案中合记公司的两注册商标知名度较高，历史悠久，而香记公司侵权时间较长，赔偿数额如重第2号判决确定为20万元较为合理。综上，合记公司请求撤销二审判决，改判维持重第2号判决。

香记公司申请再审称：1. 合记公司起诉仅主张香记公司使用“盲公”作为同类商品名称的行为侵犯了其商标权，从未提及外包装使用“盲公饼”构成侵权。在庭审过程中也未将此问题作为争议焦点由双方当事人进行质证和辩论，但原审法院却认定香记公司外包装使用“盲公饼”标记的行为侵犯了合记公司的商标权，明显违反了民事诉讼法“不告不理”的基本原则，并剥夺了香记公司答辩的权利。2. 盲公饼是在我国广东省和港澳地区、东南亚某些地区和国家流行的一种饼类的通称。合记公司将“盲公牌”注册为商标，首先违反了通用名称不得作为商标注册的法律规定。其次，根据《商标法实施条例》第四十九条的规定，合记公司无权禁止香记公司正当使用“盲公饼”作为商品名称。况且，本案中香记公司将“盲公饼”字体作为外包装，只是为了说明或者描述自己生产销售的商品是“盲公饼”而已，这样的使用并不会造成相关公众的误认和混淆，因此二审判决以容易导致相关公众误认为由判决香记公司侵权属于适用法律错误。3. 香记公司提交的证据表明澳门香记食品公司早在1975年成立之初就开始生产盲公饼，并使用“盲公饼”艺术字体作为包装标识沿用至今。澳门香记食品公司对“盲公饼”标识享有著作权。2000年以后，澳门香记食品公司在珠海设厂生产香记“盲公饼”并采用与澳门香记食品公司相一致的外包装装潢。香记公司享有在先权利。合记公司将香记公司使用的这一艺术字体申请商标，并于2002年12月28日才获准注册，有抢注商标的嫌疑。综上，香记公司请求撤销二审判决，并依法驳回合记公司的诉讼请求。

本院再审查明，原审法院查明的事实基本属实。另查明，在再审期间，香记公司提交了合记公司和嘉华公司的工商档案，主张合记公司是私营企业，并非由嘉华公司（全民所有）改制而来，不是盲公饼的继受人。经查，合记公司1999年经有关部门批准成立，最初有3个股东，2003年变更为40名自然人股东，大多是嘉华公司原职工。再查，在嘉华公司申请“盲公牌盲公”和“盲公”商标前，目前没有证据证明在大陆地区还有其他厂商生产盲公饼；在这之后，除了香记公司以及1998年佛山市技术监督局曾对南海市一家生产盲公饼的食品厂进行了行政处罚外，也没有其他厂商生产盲公饼的证据。

本院再审认为，根据双方当事人申请再审的理由和查明的事实，本案主要有以下三个争议问题：

一、关于原审法院是否违反不告不理的原则

香记公司提出合记公司起诉仅主张香记公司使用“盲公”作为同类商品名称的行为侵犯了其商标权，从未提及外包装使用“盲公饼”构成侵权。经查，合记公司一审起诉状明确指出香记公司外包装上注明“盲公饼”，并且在饼身上印有“盲公饼”三字的行为侵犯了合记公司的注册商标专用权，并请求判令香记公司销毁带有“盲公饼”字样的包装纸（盒）。由此可见，合记公司所诉的侵权行为既包括饼身上印有“盲公饼”的行为，也包括外包装上注明“盲公饼”的行为，一、二审法院也对该两行为进行了审理。因此香记公司关于原审法院违反了民事诉讼法“不告不理”的基本原则，并剥夺了香记公司答辩的权利的主张不能成立。

二、关于香记公司的行为是否侵犯了合记公司的注册商标专用权

合记公司拥有第166967号“盲公牌盲公”商标和第1965555号“盲公”商标，依法应受保护。根据《商标法》第五十二条的规定，未经商标注册人的许可，在同一种商品或者类似商品上使用与其注册商标相同或者近似的商标的，属侵犯注册商标专用权的行为。本案中，香记公司生产和销售的产品与合记公司注册商标核定使用商品相同，虽然被控产品饼身标注的“盲公饼”字体与合记公司第166967号和第1965555注册商标的字体存在一些差异，外包装盒标贴“盲公饼”与第166967号注册商标也存在一些不同，但这些差别是细微的，构成在同一种商品上使用与注册商标近似商标的行为。

香记公司抗辩主张盲公饼是通用名称，其标注“盲公饼”是正当使用。对此，本院认为，本案中，**根据查明的事实可以看出，盲公饼是有着200多年历史的一种佛山特产，有着特定的历史渊源和地方文化特色。虽然“盲公饼”具有特殊风味，但“盲公”或者“盲公饼”本身并非此类饼干的普通描述性词**

汇。从其经营者传承看，虽然经历了公私合营、改制等过程，但有着较为连续的传承关系，盲公饼是包括合记饼店、佛山市合记饼干糖果食品厂、佛山市糖果厂、嘉华公司、合记公司等在内的数代经营者独家创立并一直经营的产品。而且在我国《商标法》施行不久，“盲公饼”的经营者即申请了“盲公”商标，并且积极维护其品牌，其生产的“盲公饼”具有较高的知名度。**虽然香记公司主张“盲公饼”是通用名称，但未能举出证据证明在我国内地还有其他厂商生产“盲公饼”，从而形成多家主体共存的局面。**虽然有些书籍介绍“盲公饼”的做法，我国港澳地区也有一些厂商生产各种品牌的“盲公饼”，这些客观事实有可能使得某些相关公众会认为“盲公饼”可能是一类产品的名称，但**由于特定的历史起源、发展过程和长期唯一的提供主体以及客观的市场格局，我国内地的大多数相关公众会将“盲公饼”认知为某主体提供的某种产品。因此，在被诉侵权行为发生时，盲公饼仍保持着产品和品牌混合的属性，具有指示商品来源的意义，并没有通用化，不属于通用名称。对于这种名称，给予其较强的保护，禁止别人未经许可使用，有利于保持产品的特点和文化传统，使得产品做大做强，消费者也能真正品尝到产品的风味和背后的文化；相反，如果允许其他厂家生产制造“盲公饼”，一方面权利人的权益受到损害，另一方面也可能切断了该产品所承载的历史、传统和文化，破坏了已有的市场秩序。**

综上，“盲公饼”并非商品通用名称，香记公司关于其正当使用的抗辩不能成立。香记公司未经合记公司许可，在与注册商标核定使用商品相同的商品上使用与注册商标近似商标的“盲公饼”的行为，易使得相关公众误认为该产品来自合记公司或者其提供主体与合记公司之间存在特定关系，侵犯了合记公司第166967号和第1965555号注册商标专用权，应当承担相应的民事责任。二审判决关于香记公司饼身“盲公饼”的行为未侵犯合记公司注册商标专用权，包装上“盲公饼”仅侵犯第1965555号注册商标，未侵犯第166967号注册商标的认定不妥，本院予以纠正。

此外，香记公司主张其在先使用艺术字体“盲公饼”，因而不构成侵权。但是香记公司提交的证据大多证明的是其投资人在澳门生产、销售盲公饼的情况，现有证据不足以认定香记公司已经在内地在先使用被控艺术字体“盲公饼”。知识产权，尤其是商业标识类知识产权具有地域性，内地和澳门属于不同的法域，在合记公司拥有“盲公”注册商标，且香记公司的使用行为可能误导公众的情况下，香记公司投资人在澳门使用的商品名称和标识，不能当然可以在内地使用，更不能当然地构成合法的权利。因此香记公司的主张没有事实和法律依据，不能成立。

三、关于赔偿数额及其他民事责任

一审法院对本案作出的最初判决（即第283号判决）判令香记公司赔偿合记公司5万元经济损失，合记公司并未上诉。在二审法院发回一审法院重审本案后，合记公司没有提交新的证据证明其增加了损失，重第2号判决判令香记公司赔偿合记公司经济损失20万元缺乏事实和法律依据。二审判决虽然在侵权认定上存在需要纠正之处，但综合考虑本案实际情况，将香记公司的赔偿额确定为5万元并无不妥。合记公司要求赔偿20万元的主张没有依据，不能成立。由于被控产品饼身以及包装纸（盒）上标注盲公饼侵犯了合记公司注册商标专用权，而且在饼身刻上“盲”、“公”、“餅”三字需要专门的模具，因此合记公司关于销毁生产侵权产品的模具及带有“盲公”字样的包装纸（盒）的诉讼请求应予以支持。

综上，二审判决认定事实和适用法律存在错误之处，合记公司的再审申请部分理由成立，本院予以支持。依照《中华人民共和国民法通则》第一百一十八条、第一百三十四条第一款第（一）、（七）项，《中华人民共和国商标法》第五十二条第（一）项、第五十六条，《最高人民法院关于审理商标民事纠纷案件适用法律若干问题的解释》第十六条，以及《中华人民共和国民事诉讼法》第一百八十六条第一款、第一百五十三条第一款第（二）、（三）项之规定，判决如下：

一、维持广东省高级人民法院（2007）粤高法民三终字第36号民事判决第一、四项，即：驳回佛山市合记饼业有限公司的其他诉讼请求；珠海香记食品有限公司在判决生效之日起十日内赔偿佛山市合记饼业有限公司经济损失五万元。如果未按本判决指定的期间履行给付金钱义务，应当依照《中华人民共和国民事诉讼法》第二百二十九条之规定，加倍支付迟延履行期间的债务利息。

二、变更广东省高级人民法院（2007）粤高法民三终字第36号民事判决第二项为：珠海香记食品有限公司在判决发生法律效力之日起立即停止侵犯佛山市合记饼业有限公司第166967号及第1965555号注册商标专用权的行为。

三、变更广东省高级人民法院（2007）粤高法民三终字第36号民事判决第三项为：珠海香记食品有限公司在判决发生法律效力之日起十日内销毁生产侵权产品的模具及带有“盲公”字样的包装纸（盒）。

一、二审案件受理费各7260元，共计14520元，由珠海香记食品有限公司负担12000元，佛山市合记饼业有限公司负担2520元。

本判决为终审判决。

审　判　长　夏君丽
代理审判员　王艳芳
代理审判员　周云川
二〇一一年八月二十四日
书　记　员　曹佳音

18. 商品通用名称的认定与正当使用

——再审申请人山西沁州黄小米（集团）有限公司与被申请人山西沁州檀山皇小米发展有限公司、山西沁县檀山皇小米基地有限公司确认不侵害商标权及侵害商标权纠纷案

【裁判要旨】

因历史传统、风土人情、地理环境等原因形成的相关市场较为固定的商品，其在该相关市场内的通用称谓可以认定为通用名称；注册商标权人不能因其在该商品市场推广中的贡献主张对该商品的通用名称享有商标权，其无权禁止他人使用该通用名称来表明商品品种来源。

【关键词】

通用名称　商标侵权　正当使用

【案号】

最高人民法院（2013）民申字第1642号

【基本案情】

在再审申请人山西沁州黄小米（集团）有限公司（以下简称沁州黄公司）与被申请人山西沁州檀山皇小米发展有限公司（以下简称檀山皇发展公司）、山西沁县檀山皇小米基地有限公司（以下简称檀山皇基地公司）确认不侵害商标权及

侵害商标权纠纷案中，沁州黄公司享有第 606790 号“沁州”注册商标专用权。该商标于 1992 年被核准注册，核定使用商品为第 30 类小米。2003 年和 2006 年，该商标先后被认定为长治市知名商标和山西省著名商标、驰名商标。檀山皇发展公司享有第 1368854 号“檀山皇 + 图形 + 拼音”商标、第 1368856 号“檀山 + 图形 + 拼音”注册商标专用权。该商标于 2000 年被核准注册，核定使用商品为第 30 类谷类制品、米。2006 年 3 月，“檀山皇”商标被认定为山西省著名商标。2006 年 2 月，山西省长治市工商局根据沁州黄公司的投诉，对四伟檀山皇名优特产经销部涉嫌侵犯“沁州”注册商标专用权的产品进行了查处。檀山皇发展公司不服，向山西省长治市中级人民法院提起行政诉讼。该院一审认定檀山皇发展公司的行为构成侵权。檀山皇发展公司不服，提起上诉。山西省高级人民法院二审判决驳回上诉，维持一审判决。2008 年，山西省太原市工商行政管理局在处理山西省工商行政管理局转来的沁州黄公司投诉材料时，就小米商品上使用“沁州黄”等字样是否侵权，请示山西省工商行政管理局。山西省工商行政管理局批复依法保护“沁州”商标专用权，对涉嫌侵权行为依法进行查处。檀山皇发展公司等企业不服，针对该批复向国家工商行政管理总局提起行政复议。国家工商行政管理总局复议认为，司法机关已认定“沁州黄”不是小米品种的通用名称，复议申请人的行为侵害了“沁州”商标专用权。2008 年 11 月，檀山皇发展公司、檀山皇基地公司以沁州黄公司为被告向山西省太原市中级人民法院提起本案诉讼，要求确认其有权在小米商品上以非商标形式使用“沁州黄”，不侵犯“沁州”商标专用权。沁州黄公司提出管辖权异议后，本案被移送至山西省长治市中级人民法院审理。一审法院审理认为，在先生效裁判文书已确认“沁州黄”不是商品通用名称，檀山皇发展公司在相同商品包装上突出使用“沁州黄”等字样的行为构成侵权。双方当事人均不服，提出上诉。山西省高级人民法院二审认为，“沁州黄”是谷物类中小米特产的通称，檀山皇发展公司、檀山皇基地公司在商品包装上使用“沁州黄”属正当使用，不侵犯“沁州”注册商标专用权。沁州黄公司不服，向最高人民法院申请再审。2013 年 12 月 30 日，最高人民法院裁定驳回沁州黄公司的再审申请。

【裁判意见】

最高人民法院审查认为：依据本案事实，根据 1959 年山西省农业建设厅编辑的《山西省农作物品种志》以及 1987 年商业部粮食购销司编著的《粮食商品手册 · 名优品种》等文献，“沁州黄”小米是小米品种名称，且列为 5 个小米名优品种之一。2004 年 7 月 1 日实施的中华人民共和国国家标准《原产地域产品沁州黄小米》（GB 19503－2004）及2008年11月1日实施的中华人民共和国国家标准《地理标志产品沁州黄小米》（GB/T 19503－2008），对“沁州黄小米”的定义均为：源于古沁州，即现今山西省长治市所辖沁县、武乡、襄垣及屯留县境内特定的小米产区，选用沁州黄等优质品种，按照特定生产技术规程种植的谷子加工而成的粳性小米。约定俗成的通用名称一般以全国范围内相关公众的通常认识为判断标准。对于由于历史传统、风土人情、地理环境等原因形成的相关市场较为固定的商品，在该相关市场内通用的称谓，可以认定为通用名称。“沁州黄”能够反映出一类谷子（米）与其他谷子（米）的根本区别，符合通用名称的要求。“沁州黄”不是沁州黄公司最初使用并创造的名称。作为谷物品种的名称，“沁州黄”符合通用名称对广泛性和规范性的要求。在“沁州”商标申请注册前，“沁州黄”已经成为通用的谷物品种名称，沁州黄公司对沁州黄小米品种提纯复壮、产业化及商品化的贡献，不能成为其垄断“沁州黄”这一通用名称的理由。沁州黄公司没有提交证据证明“沁州黄”已经与其形成一一对应关系。“沁州”注册商标虽然具有较高知名度，但是无权禁止其他企业将“沁州黄”文字使用在以“沁州黄”谷子加工而成的小米商品上，以表明其小米的品种来源。檀山皇发展公司、檀山皇基地公司在包装上使用“沁州黄”文字以表明小米品种来源的行为，属于正当使用。

中华人民共和国最高人民法院民事裁定书

（2013）民申字第1642号

再审申请人（一审被告、反诉原告、二审上诉人）：山西沁州黄小米（集团）有限公司。

法定代表人：石耀武，该公司董事长。

委托代理人：夏志泽，北京市万慧达律师事务所律师。

委托代理人：卢敏，北京市万慧达律师事务所律师。

被申请人（一审原告、反诉被告、二审上诉人）：山西沁州檀山皇小米发展有限公司。

法定代表人：刘贵清，该公司董事长。

委托代理人：田若澂，山西晋商律师事务所律师。

被申请人（一审原告、反诉被告、二审上诉人）：山西沁县檀山皇小米基地有限公司。

法定代表人：常胜，该公司董事长。

委托代理人：田若溆，山西晋商律师事务所律师。

再审申请人山西沁州黄小米（集团）有限公司（简称沁州黄公司）因与被申请人山西沁州檀山皇小米发展有限公司（简称檀山皇发展公司）、山西沁县檀山皇小米基地有限公司（简称檀山皇基地公司）确认不侵害商标权、侵害商标权纠纷一案，不服山西省高级人民法院于2010年10月11日作出的（2010）晋民终字第17号民事判决（简称二审判决），向本院申请再审。本院依法组成合议庭对本案进行了审查，现已审查终结。

沁州黄公司申请再审称：（一）二审判决关于“沁州黄”是小米商品通用名称的认定缺乏证据证明。沁州黄公司提供了充分证据证明“沁州黄”不是通用名称，不符合通用名称对广泛性和规范性的要求。“沁州黄”是沁州黄公司经广泛使用和大力宣传形成的知名品牌，是沁州黄公司具有较高知名度的未注册商标和企业字号，已经和沁州黄公司形成唯一对应关系。“沁州黄”作为贡米和特产的说法没有事实依据。（二）二审判决认定檀山皇发展公司、檀山皇基地公司使用“沁州黄”等字样，不侵犯沁州黄公司“沁州”注册商标专用权，属认定事实不清，适用法律错误。“沁州”是显著性极强的驰名商标，应予以强保护，不能因其曾为古地名而受到弱保护。檀山皇发展公司、檀山皇基地公司在商品包装正中显著位置使用“沁州黄”字样，属商标性使用，且傍名牌、搭便车主观恶意明显，不属于正当使用。人民法院已生效判决已经认定在商品包装上使用“沁州黄”文字的行为构成侵犯“沁州”注册商标专用权。在檀山皇发展公司、檀山皇基地公司没有提供充分相反证据的前提下，二审判决作出相反认定，与已生效判决矛盾。檀山皇发展公司、檀山皇基地公司的行为构成《中华人民共和国商标法》（简称商标法）第五十二条第（一）项、第（五）项和《中华人民共和国商标实施条例》（简称商标法实施条例）第五十条第（一）项规定的侵权行为。二审判决适用商标法第三条第一款、第九条第一款、第五十一条、第五十五条第一款第（四）项的规定，属适用法律错误。（三）二审审理程序违法。1. 认定事实的主要证据未经质证。国家工商行政管理总局商标局于2010年3月11日和2010年4月7日作出的两份《商标驳回通知书》，时间晚于二审开庭时间，未经质证。2. 归纳争议焦点不正确，对新证据未予评述，存在漏审。二审判决未将双方庭审中争议的沁州黄谷子品种提纯复壮、产业化和商品化由谁完成列为争议焦点，却错将“沁州黄”名称形成过程列为第一个争议焦点。而且对于沁州黄公司提供的新证据未予评述。综上，沁州黄公司依据2007年修正的《中华人民共和国民事诉讼法》（简称民事诉讼法）第一百七十九条第一款第（二）项、第（四）项、第（六）项，第二款之规定，请求本院撤销二审判决；维持一审判决第一、三项；改判一审判决第二项赔偿数额为50万元人民币；檀山皇发展公司、檀山皇基地公司承担本案全部诉讼费用。

檀山皇发展公司、檀山皇基地公司共同提交意见称：（一）沁州黄公司申请再审时间已超出民事诉讼法规定的申请再审期限，应予驳回。沁州黄公司以完全相同的再审事由第二次申请再审，违反“一事不再理”原则，应予驳回。（二）二审判决认定事实清楚，适用法律正确。1. 二审判决关于通用名称的认定有证据证明。“沁州黄”符合通用名称对广泛性和规范性的要求。檀山皇发展公司、檀山皇基地公司提交了大量证据证明“沁州黄”为通用名称。沁州黄小米在计划经济时代就已经成为具有较高价格的流通商品。山西省革命委员会晋革发（1979）72号《关于调整粮食和油脂油料统购价格的通知》规定：少数地方生产的粮食品种，如沁县的沁州黄谷子（米）……在不高出表列同类品种价格百分之十五的幅度内（明确产地、不要扩大范围），由有关地、市具体安排。沁州黄公司未能准确界定相关公众，两次申请“沁州黄”商标均被驳回后仍将其视为自己未注册的知名商标。2. 二审判决关于不侵权的认定正确。“沁州”在历史上长期作为地名使用，目前沁县、长治市内许多单位仍在其名称中使用“沁州”二字。“沁州”注册商标虽然被认定为驰名商标，但其仍是地名商标，显著性较弱，无权禁止他人对地名的正当使用。“沁州黄”是沁州的特产，其知名度早已具有，并非沁州黄公司首先使用后取得。在沁州黄产区，人们长期广泛地将“沁州黄”作为商品名称使用，与其他小米相区别。“檀山皇”注册商标显著性和知名度非常高，使用“沁州黄”是作为商品名称使用，没有傍名牌、搭便车的主观恶意。3. 二审判决关于不侵权的认定与已生效判决并不矛盾。后者是对行政强制措施合法性的认定，不是对行政相对人是否侵权的认定。4. 二审判决适用法律正确。（三）二审审理程序合法。1. 二审法院依职权查明的已经发生法律效力的两份《商标驳回通知书》的真实性、合法性和关联性毋庸置疑，且不是本案主要证据。2. 沁州黄谷子品种提纯复壮、产业化和商品化由谁完成不是本案争议焦点。“沁州黄”名称的形成过程是认定通用名称的一个方面，列为争议焦点是判决书写方式。二审判决虽未列出每一项证据名称，但已通过大量文字进行了评述。综上，请求本院驳回沁州黄公司的再审申请。

本院审查查明：山西省质量技术监督局于2013年2月26日向晋中、吕梁、长治市质量技术监督局发出了晋质监局函［2013］38号《关于核准山西老香醇食品有限公司等企业使用地理标志保护产品专用标志的通知》，山西老香醇食品有限公司等四家企业提出的专用标志使用申请，经山西省质量技术监督局组织初审，并经国家质量监督检验检疫总局（简称国家质检总局）审查合格后予以注册登记并发布公告（公告［2013］22号），自2013年2月1日起核准上述企业使用其申请的地理标志保护产品专用标志。附件所列被核准使用地理标志产品专用标志的企业包括檀山皇基地公司，核准使用的地理标志保护产品为"沁州黄小米"。

本院认为，沁州黄公司于2011年6月23日向本院申请再审，并于2011年11月5日本院再审审查期间提出撤回再审申请，本院于2011年11月24日作出（2011）民申字第922号民事裁定，准许沁州黄公司撤回再审申请。鉴于沁州黄公司于2012年9月27日第二次申请再审，未超出2007年修正的民事诉讼法第一百八十四条规定的申请再审期限，本院对其再审申请应予受理并依法进行审查。

本院归纳本案争议焦点为：（一）二审判决认定"沁州黄"为通用名称是否有事实和法律依据；（二）檀山皇发展公司、檀山皇基地公司使用"沁州黄"文字是否属于正当使用，是否侵犯"沁州"注册商标专用权；（三）二审审理程序是否违反法律规定。

关于二审判决认定"沁州黄"为通用名称是否有事实和法律依据的问题。依据原审法院查明的事实，1959年山西省农业建设厅编辑的《山西省农作物品种志》记载：谷子品种"沁州黄"分布在山西省晋东南专区的沁县、晋北专区的岚县、太原市及太谷县等地。1987年商业部粮食购销司编著的《粮食商品手册·名优品种》一书，将"沁州黄"小米列为5个小米名优品种之一。2004年7月1日实施的中华人民共和国国家标准《原产地域产品沁州黄小米》（GB 19503－2004）及2008年11月1日实施的中华人民共和国国家标准《地理标志产品沁州黄小米》（GB/T 19503－2008），对"沁州黄小米"的定义均为：源于古沁州，即现今山西省长治市所辖沁县、武乡、襄垣及屯留县境内特定的小米产区，选用沁州黄等优质品种，按照特定生产技术规程种植的谷子加工而成的粳性小米。约定俗成的通用名称一般以全国范围内相关公众的通常认识为判断标准。对于由于历史传统、风土人情、地理环境等原因形成的相关市场较为固定的商品，在该相关市场内通用的称谓，可以认定为通用名称。虽然在沁州黄公司再审审查期间提交的中国国家图书馆古籍馆收藏的康熙版、乾隆版及光绪版沁州志中，未见"沁州黄”为皇家贡米和传统地方名米的记载，且在《中国参与巴拿马太平洋博览会纪实》中，未见“沁州黄”小米参加博览会并获奖的记录，但并不能因此否定“沁州黄”作为一种谷物品种名称的事实。“沁州黄”能够反映出一类谷子（米）与其他谷子（米）的根本区别，符合通用名称的要求。

“沁州黄”并非沁州黄公司最初使用并创造的名称。沁州黄公司对沁州黄小米品种提纯复壮、产业化及商品化的贡献，不能成为主张“沁州黄”不构成通用名称的理由。沁州黄公司也未提交相关证据证明“沁州黄”已经与其形成了一一对应关系。

依据原审法院查明的事实，国家质检总局2005年第210号公告，通过了对沁州黄公司提出的沁州黄小米地理标志产品专用标志使用申请的审核，并给予注册登记。依据本案再审审查阶段查明的事实，国家质检总局2013年第22号公告，通过了对檀山皇基地公司提出的沁州黄小米地理标志产品专用标志使用申请的审核，并给予注册登记。“沁州黄小米”作为地理标志产品进行保护，意味着任何符合该标准的企业和个人都可获得平等准入和保护，并不能为任何企业和个人所专有。与此同时，被核准使用的企业和个人可以通过地理标志产品的保护寻求救济，禁止未经核准企业和个人使用该专用标志，或者使用与该专用标志近似，易使相关消费者将该产品误认为地理标志产品的行为。沁州黄公司关于二审判决认定“沁州黄”为通用名称不当的再审理由不能成立，本院不予支持。

关于檀山皇发展公司、檀山皇基地公司使用“沁州黄”是否属于正当使用，是否会造成相关公众混淆和误认的问题。商标法实施条例第四十九条规定：“注册商标中含有的本商品的通用名称、图形、型号，或者直接表示商品的质量、主要原料、功能、用途、重量、数量及其他特点，或者含有地名，注册商标专用权人无权禁止他人正当使用。”“沁州黄”是一种谷物品种的通用名称。沁州黄小米是选用“沁州黄”等优质品种，按照特定生产技术规程种植的谷子加工而成的粳性小米。在此基础上，沁州黄公司的“沁州”注册商标虽然具有较高知名度，但是无权禁止其他企业将“沁州黄”文字使用在以“沁州黄”谷子加工而成的小米商品上，以表明其小米的品种来源。檀山皇发展公司、檀山皇基地公司在其生产销售的小米商品包装明显位置使用了自己的注册商标，其在包装上使用“沁州黄”文字以表明小米品种来源的行为，属于正当使用，并无不当。檀山皇发展公司、檀山皇基地公司没有突出使用“沁州”文字，也没有证据证明其攀附“沁州”注册商标商誉的主观恶意。因此，二审判决关于檀山皇发展公司、檀山皇基地公司使用“沁州黄”文字属于正当使用，不侵犯“沁州”注册商标专用权的认定正确，适用法律并无不当。沁州黄公司相关再审理由不能成立。

关于沁州黄公司主张其在二审审理期间提交的山西省长治市中级人民法院（2006）长行初字第012号行政判决和山西省高级人民法院（2006）晋行终字第92号行政判决已经认定“沁州黄”不构成通用名称，且在商品包装上使用“沁州黄”文字的行为已构成侵犯沁州黄公司“沁州”注册商标专用权的问题。本院认为，二审法院及本院对“沁州黄”是否属于通用名称以及在商品包装上使用“沁州黄”文字的行为是否侵犯“沁州”注册商标专用权的认定，是基于双方提交的相关证据和商标法的相关规定。山西省长治市中级人民法院（2006）长行初字第012号行政判决和山西省高级人民法院（2006）晋行终字第92号行政判决审理的是关于行政强制措施合法性问题，其中的适用法律问题对本案并不当然具有约束力。

关于二审审理程序是否违反法律规定的问题。本院认为，二审判决本院另查明事实部分列明的两份《商标驳回通知书》虽然未在本案二审开庭审理过程中进行质证，但在关联案件中进行了质证，且该两份《商标驳回通知书》不是认定本案事实的主要证据，不影响本案正确审理。沁州黄公司对沁州黄小米品种提纯复壮、产业化及商品化的贡献不影响“沁州黄”是否构成通用名称的认定，二审判决未将其列为争议焦点并无不当。二审判决归纳的关于“沁州黄”名称形成过程及是否属于谷物类商品通用名称两个争议焦点，亦不影响案件的审理及评述。因此，沁州黄公司相关再审理由不能成立。

综上，沁州黄公司的再审申请不符合《中华人民共和国民事诉讼法》第二百条规定的再审条件，依据《中华人民共和国民事诉讼法》第二百零四条第一款之规定，裁定如下：

驳回山西沁州黄小米（集团）有限公司的再审申请。

审　判　长　夏君丽
审　判　员　殷少平
代理审判员　董晓敏
二〇一三年十二月三十日
书　记　员　曹佳音

19. 法定通用名称的认定

——再审申请人福州米厂与被申请人五常市金福泰农业股份有限公司、福建新华都综合百货有限公司福州金山大景城分店、福建新华都综合百货有限公司侵害注册商标专用权纠纷案

【裁判要旨】

农作物品种审定办法规定的通用名称与商标法意义上的通用名称含义并不完全相同，不能仅以审定公告的品种名称为依据，认定该名称属于商标法意义上的法定通用名称。

【关键词】

商标　侵权　法定　通用名称

【案号】

最高人民法院（2016）最高法民再374号

【基本案情】

在再审申请人福州米厂与被申请人五常市金福泰农业股份有限公司（以下简称五常公司）、福建新华都综合百货有限公司福州金山大景城分店（以下简称大景城分店）、福建新华都综合百货有限公司（以下简称新华都公司）侵害注册商标专用权纠纷案中，福州米厂为第1298859号“稻花香DAOHUAXIANG”注册商标（即涉案商标）专用权人，涉案商标于1998年3月提出申请，于1999年7月28日获准注册，核定使用商品为第30类大米。2009年3月18日，黑龙江省农作物品种审定委员会出具的《黑龙江省农作物品种审定证书》记载：品种名称为“五优稻4号”，原代号为“稻花香2号”，推广区域为黑龙江省五常市平原自流灌溉区插秧栽培，该品种经区域试验和生产试验，符合推广优良品种条件，决定从2009年起定为推广品种。2014年2月18日，福州米厂经过公证程序，在大景城分店购买了一袋由五常公司生产、销售的“乔家大院稻花香米”。大米实物包装袋正面中间位置以大字体标注有“稻花香（字体中空，底色黑色）DAOHUAXIANG”。福州米厂以五常公司生产、销售，大景城分店、新华都公司销售的被诉侵权产品侵害其商标权为由，

提起诉讼，请求法院判令：五常公司停止生产、销售行为，赔偿损失300000元；大景城分店、新华都公司停止销售行为，赔偿损失30000元。一审中，五常公司主张“稻花香”构成通用名称，并提供了五常市农业局、五常市龙凤山镇人民政府、育种人出具的证明材料和媒体的相关报道等证据。福建省福州市中级人民法院一审认为，五常公司未经许可，在产品包装袋上使用与涉案商标非常近似的标志，容易误导消费者，侵害了涉案商标权。“稻花香”不构成通用名称。遂判决五常公司停止生产、销售行为，赔偿经济损失97000元；大景城分店、新华都公司停止销售行为，支付合理费用3000元等。五常公司不服，提起上诉。福建省高级人民法院二审认为，黑龙江省农作物品种审定委员会所审定的“五优稻4号”，原代号为“稻花香2号”的水稻品种可以认定为法定的通用名称。五常这一特定地域范围内的相关种植农户、大米加工企业和消费者均普遍认为“稻花香”指代的是一类稻米品种。可以认定，基于五常市这一特定的地理种植环境所产生的“稻花香”大米属于约定俗成的通用名称。五常公司在其生产、销售的大米产品包装上使用“稻花香”文字及拼音以表明大米品种来源的行为，主观上出于善意，客观上也未造成混淆误认，应属于正当使用，并未构成商标侵权。遂改判撤销一审判决，驳回福州米厂全部诉讼请求。福州米厂不服，向最高人民法院申请再审。最高人民法院裁定提审本案，并于2017年12月22日判决撤销二审判决，维持一审判决。

【裁判意见】

最高人民法院提审认为：首先，法律规定为通用名称的，或者国家标准、行业标准中将其作为商品通用名称使用的，应当认定为通用名称。本案中，五常公司并无证据证明“稻花香”依据法律规定或者国家标准、行业标准应认定为法定的通用名称。其次，农作物品种审定办法规定的通用名称与商标法意义上的通用名称含义并不完全相同，不能仅以审定公告的名称为依据，认定该名称属于商标法意义上的通用名称。《主要农作物品种审定办法》第三十二条第三款规定，“审定公告公布的品种名称为该品种的通用名称。禁止在生产、经营、推广过程中擅自更改该品种的通用名称”。此处规定的通用名称是指根据农作物品种审定办法审定公告的主要农作物品种名称，用以指代该特定品种。该名称在生产、经营、推广过程中禁止擅自更改。商标法中的通用名称指代某一类商品，因该名称不能用于指代特定的商品来源，故相关公众都可以正当使用。最后，根据《主要农作物品种审定办法》第三十二条的规定，审定公告的通用名称在实际的使用过程中不得擅自更改。审定公告的原代号为“稻花香2号”，并非“稻花香”，在先存在涉案商标权的情况下，不能直接证明“稻花香”为法定的通用名称。综上，现有证据不足以证明“稻花香”为法定的通用名称。

中华人民共和国最高人民法院民事判决书

（2016）最高法民再374号①

20. 约定俗成通用名称的认定

——再审申请人福州米厂与被申请人五常市金福泰农业股份有限公司、福建新华都综合百货有限公司福州金山大景城分店、福建新华都综合百货有限公司侵害注册商标专用权纠纷案

【裁判要旨】

产品的相关市场并不限于特定区域而是涉及全国范围的，应以全国范围内相关公众的通常认识为标准判断是否属于约定俗成的通用名称。

【关键词】

商标　侵权　约定俗成　通用名称

【案号】

最高人民法院（2016）最高法民再374号

【基本案情】

在再审申请人福州米厂与被申请人五常市金福泰农业股份有限公司（以下简称五常公司）、福建新华都综合百货有限公司福州金山大景城分店（以下简称大景城分店）、福建新华都综合百货有限公司（以下简称新华都公司）侵害注册商标专用权纠纷案中，福州米厂为第1298859号“稻花香DAOHUAXIANG”注册商标（即涉案商标）专用权人，涉案商标于1998年3月提出申请，于1999年7月28日获准注册，核定使用商品为第30类大米。2009年3月18日，黑龙江省农作物品种审定委员会出具的《黑龙江省农作物品种审定证书》记载：品种名称为

① 参见案例12裁判文书。

“五优稻4号”，原代号为“稻花香2号”，推广区域为黑龙江省五常市平原自流灌溉区插秧栽培，该品种经区域试验和生产试验，符合推广优良品种条件，决定从2009年起定为推广品种。2014年2月18日，福州米厂经过公证程序，在大景城分店购买了一袋由五常公司生产、销售的“乔家大院稻花香米”。大米实物包装袋正面中间位置以大字体标注有“稻花香（字体中空，底色黑色）DAOHUAXIANG”。福州米厂以五常公司生产、销售、大景城分店、新华都公司销售的被诉侵权产品侵害其商标权为由，提起诉讼，请求法院判令：五常公司停止生产、销售行为，赔偿损失300000元；大景城分店、新华都公司停止销售行为，赔偿损失30000元。一审中，五常公司主张“稻花香”构成通用名称，并提供了五常市农业局、五常市龙凤山镇人民政府、育种人出具的证明材料和媒体的相关报道等证据。福建省福州市中级人民法院一审认为，五常公司未经许可，在产品包装袋上使用与涉案商标非常近似的标志，容易误导消费者，侵害了涉案商标权。“稻花香”不构成通用名称。遂判决五常公司停止生产、销售行为，赔偿经济损失97000元；大景城分店、新华都公司停止销售行为，支付合理费用3000元等。五常公司不服，提起上诉。福建省高级人民法院二审认为，黑龙江省农作物品种审定委员会所审定的“五优稻4号”，原代号为“稻花香2号”的水稻品种可以认定为法定的通用名称。五常这一特定地域范围内的相关种植农户、大米加工企业和消费者均普遍认为“稻花香”指代的是一类稻米品种。可以认定，基于五常市这一特定的地理种植环境所产生的“稻花香”大米属于约定俗成的通用名称。五常公司在其生产、销售的大米产品包装上使用“稻花香”文字及拼音以表明大米品种来源的行为，主观上出于善意，客观上也未造成混淆误认，应属于正当使用，并未构成商标侵权。遂改判撤销一审判决，驳回福州米厂全部诉讼请求。福州米厂不服，向最高人民法院申请再审。最高人民法院裁定提审本案，并于2017年12月22日判决撤销二审判决，维持一审判决。

【裁判意见】

最高人民法院提审认为：约定俗成的通用名称一般以全国范围内相关公众的通常认识为判断标准。当然，基于历史传统、风土人情、地理环境等原因，某些商品所对应的相关市场相对固定，如果不加区分地仍以全国范围相关公众的认知为标准，判断与此类商品有关的称谓是否已经通用化，有违公平原则。但是，适用不同评判标准的前提是，当事人应首先举证证明此类商品属于相关市场较为固定的商品。否则，是否构成约定俗成的通用名称，仍应当以全国范围内相关公众的通常认知作为判断依据。本案中，被诉侵权产品销售范围并不局限于五常地区，而是销往全国各地，在福州米厂的所在地福建省福州市的超市内就有被诉侵权产品销售。在这种情况下，被诉侵权产品相关市场并非较为固定在五常市地域范围内，应以全国范围内相关公众的通常认识为标准判断“稻花香”是否属于约定俗成的通用名称。为证明“稻花香”属于约定俗成的通用名称，五常公司先后提交了五常市农业局出具的《关于稻花香大米名称的使用证明》、五常市龙凤山镇人民政府出具的《证明》、五常市稻米商业商会提供的《关于五常市稻花香大米品牌维权的综合材料》、“稻花香2号”主要育种人田永太出具的证明材料、媒体的相关报道等证据，并申请证人出庭作证。上述证据多为五常市当地有关部门、稻农或育种人出具的证明材料，媒体报道数量有限，以全国范围内相关公众的通常认识为标准，现有证据不足以证明“稻花香”属于约定俗成的通用名称。

中华人民共和国最高人民法院民事判决书

（2016）最高法民再374号①

（五）授权经销商或成员企业合理使用商标的判断

21. 商标侵权判定中对授权经销商合理使用商标的认定

——再审申请人四川省宜宾五粮液集团有限公司与被申请人济南天源通海酒业有限公司侵犯商标专用权及不正当竞争纠纷案

【裁判要旨】

授权经销商为指明其授权身份、宣传推广商标权人的商品而善意使用商标，未破坏商标的识别功能的，不构成侵犯商标权。

① 参见案例12裁判文书。

【关键词】

商标侵权　授权经销　合理使用

【案号】

最高人民法院（2012）民申字第887号

【基本案情】

在再审申请人四川省宜宾五粮液集团有限公司（以下简称五粮液公司）与被申请人济南天源通海酒业有限公司（以下简称天源通海公司）侵犯商标专用权及不正当竞争纠纷案中，五粮液公司是五粮液文字、图形和拼音注册商标的权利人。上述商标核定使用商品均为第33类的含酒精饮料（不包括啤酒）、酒、酒精饮料（啤酒除外）。天源通海公司成立于2010年8月17日。2010年5月28日，宜宾五粮液酒类销售有限责任公司（由宜宾五粮液股份有限公司与四川省宜宾五粮液集团有限公司共同出资设立）为上海锦绣前程酒业有限公司（以下简称锦绣前程公司）出具《经销商身份证明书》，证明锦绣前程公司系宜宾五粮液酒类销售有限责任公司2010年度锦绣前程品牌在全国的经销商，有效期限为2010年6月1日至2010年12月31日。2010年6月20日，锦绣前程公司与天源通海公司签订《锦绣前程酒购销协议》，天源通海公司成为五粮液锦绣前程系列酒山东省营运商，授权有效期限至2010年12月31日。天源通海公司在网页中使用了五粮液文字、图形及拼音商标以及五粮液公司的企业名称，并在网站中称其为五粮液山东运营机构。2010年9月16日和11月3日，天源通海公司分别在《齐鲁晚报》广告版刊登的《五粮液新品区域独家开店总经销权竞标公告》和“五粮液新品招商”广告中使用了五粮液文字和图形商标，同时称品牌制造商为宜宾五粮液股份有限公司，品牌运营商为天源通海公司。天源通海公司在其制作的五粮液连锁店加盟手册封面及文中使用了五粮液图形和文字商标，并有五粮液集团简介内容，称制造商为宜宾五粮液股份有限公司，运营商为天源通海公司。天源通海公司在其制作的五粮液品牌授权经销合同书封面中使用了五粮液图形和文字商标及中国四川宜宾五粮液集团有限公司企业名称，在合同正文中称是五粮液股份有限公司出品的五粮液锦绣前程酒、五粮液金谷春酒、五粮液万事如意酒山东省的唯一合法的总经销商。天源通海公司所销售的锦绣前程酒系宜宾五粮液股份有限公司生产，酒产品外包装显著位置标有五粮液图形商标。五粮液公司认为天源通海公司的上述行为侵犯了其注册商标专用权，同时构成不正当竞争，遂提起本案诉讼，请求判令天源通海公司停止侵犯原告注册商标专用权和不正当竞争行为，赔偿五粮液公司经济损失并消除影响。山东省济南市中级人民法院一审判决驳回五粮液公司的诉讼请求。五粮液公司不服，提起上诉。山东省高级人民法院二审判决驳回上诉，维持原判。五粮液公司向最高人民法院申请再审。最高人民法院于2012年11月30日裁定驳回其再审申请。

【裁判意见】

最高人民法院审查认为：天源通海公司是五粮液公司生产的“锦绣前程”系列酒的山东运营商，其在上述经营活动中使用五粮液文字、图形和拼音商标虽未经五粮液公司许可，但其使用上述商标的意图是指明“锦绣前程”系列酒系五粮液公司所生产、其为五粮液公司“锦绣前程”系列酒的山东运营商，且五粮液三字既是五粮液公司的商标，又是五粮液公司的字号，“锦绣前程”系列酒本身标注五粮液图形商标。同时，天源通海公司在经营活动中使用涉案商标是为了更好地宣传推广和销售“锦绣前程”系列酒，亦无主观恶意，这种使用行为并没有破坏商标识别商品来源的主要功能，未侵犯五粮液公司的涉案商标专用权。

中华人民共和国最高人民法院民事裁定书

（2012）民申字第887号

申请再审人（一审原告、二审上诉人）：四川省宜宾五粮液集团有限公司。住所地：四川省宜宾市岷江西路150号。

法定代表人：唐桥，该公司董事长。

委托代理人：高波，山东圣义律师事务所律师。

委托代理人：王芳，山东圣义律师事务所律师。

被申请人（一审被告、二审被上诉人）：济南天源通海酒业有限公司。住所地：山东省济南市山大路236号大舜天成2号楼1－302。

法定代表人：樊亚利，该公司经理。

申请再审人四川省宜宾五粮液集团有限公司（简称五粮液公司）因与被申请人济南天源通海酒业有限公司（简称天源通海公司）侵犯商标专用权及不正当竞争纠纷一案，不服山东省高级人民法院（2011）鲁民三终字第205号民事判决，向本院申请再审。本院依法组成合议庭对本案进行了审查，现已审查终结。

五粮液公司申请再审称：1. 一、二审判决认定天源通海公司是经合法授权的“锦绣前程”系列酒的山东运营商与事实不符。天源通海公司是经上海锦绣前程酒业有限公司授权的锦绣前程系列酒除济南市超市、酒店、流通渠道外的运营商，授权期限至2010年12月31日。由于天源通海公司违反约定，上海锦绣前程酒业有限公司于2010年8月23日通知天源通海公司停止侵权，并于2010年10月10日通知天源通海公司终止履行双方的协议，天源通海公司自此已经不再是上海锦绣前程酒业有限公司的合法运营商。2. 二审法院不采信其提交的证据与一审查明的事实矛盾，且违反法律规定。(1) 二审中，为了证明天源通海公司的获利情况，其提交的天源通海公司与部分加盟商签订的品牌授权经销合同书复印件四份，系在相关商标侵权案件诉讼过程中被告为证明其使用五粮液商标系天源通海公司的授权而提交的，且与一审中证据6的内容完全一致，并有相关法律文书佐证。二审法院却以该证据系复印件不予采信，违反了民事诉讼的禁反言原则和证据规则的相关规定。(2) 加盟商在门头及店面装修中使用涉案“五粮液”及图形商标系天源通海公司的授权，侵犯了其商标专用权。二审法院以调解书系非生效裁判文书、案外人的行为与天源通海公司无关等为由不采信，违反了证据规则第六十四条的规定。3. 一、二审判决认定天源通海公司不具有主观恶意，不会造成相关消费者对商品来源的混淆和误认，从而认定天源通海公司不构成商标侵权在认定事实和适用法律上均有错误。首先，其主张的类似商品是指服务与商品类似，但原审法院却认为“天源通海公司并未在其经销的其他厂家的酒类商品上使用五粮液公司的涉案注册商标”，显然是曲解其诉讼请求。其次，天源通海公司在网站、连锁店加盟手册、招商广告、加盟店、品牌授权合同书等经营活动中大量使用涉案商标，该使用方式属于在服务中使用五粮液公司的商标，属于《商标注册用商品和服务国际分类表》第35类3503小类中规定的“推销（替他人）”行为，根据《中华人民共和国商标法》（简称商标法）第五十二条第（一）项及《最高人民法院关于审理商标民事纠纷案件适用法律若干问题的解释》第十一条的规定，天源通海公司系在类似商品（销售服务中）上使用相同商标，侵犯了涉案商标的注册商标专用权。最后，天源通海公司与其加盟商签订合同的时间为2011年年底，最早的也是11月份，远远超出其被授权时间。另外，通过天源通海公司在《齐鲁晚报》2011年4月20日A02版、2011年6月3日A24版刊登的广告和致歉声明中可以看出，天源通海公司明知其侵权行为的性质，且其所经营的产品也不仅仅限于五粮液公司的产品，还有拉菲系列红酒、茅台公司的系列产品等等。另外，“五粮液”商标仅在高端优质白酒上使用，锦绣前程酒虽为其子公司生产，但在包装和销售宣传中，均不得使用“五粮液”商标。4. 一、二审判决认定天源通海公司不构成不正当竞争证据不足。天源通海公司在其网站中标明“五粮液集团有限公司版权所有”、“五粮液山东运营机构 济南天源通海公司酒业有限公司”等字样，品牌授权经销合同书封面上、连锁店加盟手册的落款处、授权经销证书上使用了五粮液公司的企业名称，故意使社会公众误认为天源通海公司的经营行为是代表五粮液公司所为，根据《中华人民共和国反不正当竞争法》（简称反不正当竞争法）第五条第（三）项和《最高人民法院关于审理不正当竞争民事案件应用法律若干问题的解释》第七条的规定，天源通海公司的行为构成不正当竞争。此外，天源通海公司在连锁店加盟手册的第一页中，将五粮液公司厂区的大幅照片作为背景和主要画面，把五粮液公司的企业简介与天源通海公司的介绍并列放在一起；在《齐鲁晚报》所做的招商广告中使用“宜宾五粮液股份有限公司”、“五粮液集团有限公司”等字样，采用了较大篇幅宣传五粮液酒及五粮液公司，并宣称品牌制造商是“宜宾五粮液股份有限公司”，品牌运营商是天源通海公司，却只字未提“品牌运营商”的含义是什么，更未提其仅仅是“锦绣前程”系列酒的山东代理商的事实。按照通常理解，会使人认为加盟了天源通海公司，就是加盟了五粮液公司。这种故意使用歧义性语言的行为，根据反不正当竞争法第九条第一款和《最高人民法院关于审理不正当竞争民事案件应用法律若干问题的解释》第七条、第八条第一款第（三）项的规定，天源通海公司的上述行为也构成不正当竞争。依据《中华人民共和国民事诉讼法》第一百七十九条第一款第（二）项、第（六）项之规定，请求撤销一、二审判决，依法改判支持其所有的诉讼请求。

本院经审查认为，本案争议焦点为：1. 天源通海公司是否系合法授权的“锦绣前程”系列酒的山东运营商。2. 天源通海公司在网站、连锁店加盟手册、招商广告、品牌授权经销合同书等经营活动中使用“五粮液”及“WULIANGYE”商标是否侵犯了五粮液公司的商标专用权。3. 天源通海公司在网站、连锁店加盟手册、招商广告、品牌授权经销合同书等经营活动中使用五粮液公司的企业名称以及进行其他宣传行为是否构成不正当竞争。

1. 关于天源通海公司是否系合法授权的“锦绣前程”系列酒的山东运营商的问题。根据原审查明的事实，2010 年 5 月 28 日，宜宾五粮液酒类销售有限责任公司为上海锦绣前程酒业有限公司出具《经销商身份证明书》。2010 年 6 月 20 日，上海锦绣前程酒业有限公司与天源通海公司签订《锦绣前程酒购销协议》，该协议约定：天源通海公司为山东省总运营商……天源通海公司进货款每达到 100 万元，上海锦绣前程酒业有限公司返其实物 5 万元（用于广告费用，乙方必须出示广告报纸报甲方备案），授权期限至2010年12月31日。在原审中，五粮液公司对上述事实予以确认。虽然五粮液公司主张上海锦绣前程酒业有限公司于2010年8月23日通知天源通海公司停止侵权，并于2010年10月10日通知天源通海公司终止履行双方的协议，自此天源通海公司不再是“锦绣前程”系列酒的山东运营商，但天源通海公司不予认可，且上海锦绣前程酒业有限公司亦未出庭作证，故天源通海公司系合法授权的“锦绣前程”系列酒的山东运营商，五粮液公司的再审理由无事实和法律依据，本院不予支持。

2. 关于天源通海公司在网站、连锁店加盟手册、招商广告、品牌授权经销合同书等经营活动中使用“五粮液”及“WULIANGYE”商标是否侵犯了五粮液公司的商标专用权的问题。五粮液公司是涉案商标“五粮液”及“WULIANGYE”的权利人，根据商标法的相关规定，其享有注册商标专用权，未经许可任何人不得在相同或类似商品上使用其注册商标。天源通海公司是五粮液公司生产的“锦绣前程”系列酒的山东运营商，其在上述经营活动中使用“五粮液”及“WULIANGYE”商标，虽未经五粮液公司的许可，但其使用“五粮液”及“WULIANGYE”商标的意图是指明“锦绣前程”系列酒系五粮液公司所生产、其为五粮液公司“锦绣前程”系列酒的山东运营商，且五粮液三字既是五粮液公司的商标亦为五粮液公司的字号，“锦绣前程”系列酒本身标注着商标。同时，天源通海公司在经营活动中使用涉案商标是为了更好地宣传推广和销售“锦绣前程”系列酒，亦无主观恶意，这种使用行为并没有破坏商标识别商品来源的主要功能，故天源通海公司未侵犯五粮液公司的涉案商标专用权。五粮液公司主张天源通海公司在经营活动中使用涉案商标是在推广销售酒类的服务中使用涉案商标，故构成商标法第五十二条第（一）项规定的在类似商品上使用涉案商标的情形。本院认为，根据《中华人民共和国商标法实施条例》第三条的规定，商标的使用不仅包括在商品、商品包装或者容器以及商品交易文书上的使用，也包括在广告宣传、展览以及其他商业活动中的使用，因此五粮液公司将天源通海公司在经营活动中使用涉案商标的行为理解为仅在服务中使用，系对商标使用行为理解不全面，二审法院并未曲解五粮液公司的诉讼请求。五粮液公司申请再审理由不能成立，本院不予支持。

3. 关于天源通海公司在网站、连锁店加盟手册、招商广告、品牌授权经销合同书等经营活动中使用五粮液公司的企业名称以及进行其他宣传行为是否构成不正当竞争的问题。本案中，五粮液公司主张天源通海公司构成不正当竞争的行为主要有两类：一是反不正当竞争法第五条第（三）项关于“擅自使用他人的企业名称或者姓名，引人误认为是他人的商品”的行为；二是反不正当竞争法第九条第一款以及《最高人民法院关于审理不正当竞争民事案件应用法律若干问题的解释》第八条第一款第（三）项关于“引人误解的虚假宣传”的行为。

关于第一类擅自使用他人企业名称或者姓名、引人误认为是他人的商品的不正当竞争问题。本案中，五粮液公司主张天源通海公司构成不正当竞争的行为主要有：在网站上标明“五粮液集团有限公司版权所有”、“五粮液山东运营机构济南天源通海酒业有限公司”等字样；在品牌授权经销合同书、连锁店加盟手册、授权经销证书上使用了“五粮液集团”、“宜宾五粮液酒类销售有限责任公司”等。本院认为，反不正当竞争法第五条第（三）项旨在规制引人误认为是他人的商品的行为。本案中，锦绣前程系列酒本身为五粮液公司所生产，天源通海公司在经营活动中使用五粮液公司的企业名称，主要是为了指明锦绣前程系列酒的生产商和来源以及宣传推广锦绣前程系列酒，使用五粮液公司的企业名称并不存在引人误认为是他人的商品的问题，故上述行为并不违反反不正当竞争法第五条第（三）项的规定，未构成不正当竞争。五粮液公司申请再审理由不能成立，本院不予支持。

关于第二类引人误解的虚假宣传的不正当竞争问题。五粮液公司主张天源通海公司构成不正当竞争的行为主要有：天源通海公司在连锁店加盟手册的第一页中，将五粮液公司厂区的大幅照片作为背景和主要画面，把五粮液公司的企业简介与天源通海公司的介绍并列放在一起；在《齐鲁晚报》所做的招商广告中使用“宜宾五粮液股份有限公司”、“五粮液集团有限公司”等字样，采用了较大篇幅宣传五粮液酒及五粮液公司，并宣称品牌制造商是“宜宾五粮液股份有限公司”，品牌运营商是天源通海公司，却未提其仅仅是“锦绣前程”系列酒的山东代理商的事实，等等。本院认为，从整个经营活动来看，天源通海公司作为锦绣前程系列酒的山东运营商，采取上述宣传方式的目的是推广和销售五粮液公司生产的锦绣前程系列酒，而且在宣传中其也表明是五粮液新品的山东运营商，天源通海公司主观上不存在不正当竞争的故意，客观上也没有损害五粮液公司的整体利益。尽管在宣传中用语有不妥之处，但也难以构成引人误解的虚假宣传。故天源通海公司不构成不正当竞争，五粮液公司申请再审理由不能成立，本院不予支持。

此外，关于二审法院不予采纳证据是否违法问题。本院认为，二审法院以天源通海公司在二审中提交的品牌授权经销合同书等证据系复印件，证明加盟商使用涉案商标系天源通海公司授权等证据或系调解书或与本案无关联性或涉及案外人为由，不予采纳上述证据未有不妥。

综上，五粮液公司的再审申请不符合《中华人民共和国民事诉讼法》第一百七十九条第一款第（二）项、第（六）项规定的情形。依照《中华人民共和国民事诉讼法》第一百八十一条第一款之规定，裁定如下：

驳回四川省宜宾五粮液集团有限公司的再审申请。

审　判　长　夏君丽
代理审判员　钱小红
代理审判员　董晓敏
二〇一二年十一月三十日
书　记　员　曹佳音

22. 成员企业在经营活动中合理规范使用集团标识不构成商标侵权

——再审申请人江苏迈安德食品机械有限公司与被申请人江苏牧羊集团有限公司侵害注册商标专用权、不正当竞争纠纷案

【裁判要旨】

集团公司的成员企业为彰显其集团公司成员企业身份而在经营活动中合理规范使用集团标识，不构成侵犯商标权。

【关键词】

成员企业　规范使用　商标侵权

【案号】

最高人民法院（2012）民提字第61号

【基本案情】

在再审申请人江苏迈安德食品机械有限公司（以下简称迈安德公司）与被申请人江苏牧羊集团有限公司（以下简称牧羊集团公司）侵害注册商标专用权、不

正当竞争纠纷案中，牧羊集团公司系粮食机械类设备经营企业。2003年1月9日，牧羊集团公司聘请徐斌任公司常务副总裁，聘期为2003年1月9日至2003年12月31日。牧羊集团公司享有“牧羊MUYANG及图”商标及图形商标的注册商标专用权。迈安德公司设立于2002年11月，其前身为江苏润扬线缆制造有限公司，经营范围亦包括粮食机械类设备。2003年7月15日，徐斌出任该公司董事长。2003年4月19日，牧羊集团公司董事徐有辉、徐斌、范天铭、李敏悦、许荣华共同签署《上岛协议》，约定：允许董事中任何一名投资注册公司，新创设公司注册资本的10%股份无偿分配给本协议项下五位董事。另约定：新创设公司可以有偿使用“牧羊”注册商标及在公司名称中使用“牧羊”二字，也可以为牧羊集团公司的成员单位。经牧羊集团公司董事批准，由牧羊集团公司与新设公司签订商标许可使用合同。2004年2月28日，牧羊集团公司董事签署了《江苏牧羊集团大股东之间的共同事业创业股委托代管协议》。同日，徐有辉与徐斌签订《“牧羊”注册商标许可使用合同》。2003年10月31日，牧羊集团公司市场部与《中国油脂》杂志签订合同，委托该杂志为迈安德公司发布广告。迈安德公司在经营活动中，使用了带有“牧羊”及其图形商标的相关标识，2009年1月，牧羊集团公司提起诉讼，认为迈安德公司在其企业网站、宣传画册、生产的产品、信封及销售合同文本显著位置突出使用牧羊集团公司的注册商标，侵犯了其注册商标专用权；在对外宣传时均标注牧羊集团公司的企业名称与牧羊集团公司的商标组合使用，误导公众，是不正当竞争行为。请求判令迈安德公司停止商标侵权行为及不正当竞争行为，向牧羊集团公司赔礼道歉并赔偿经济损失。江苏省扬州市中级人民法院一审认为，迈安德公司作为牧羊集团公司成员企业在经营过程中为彰显成员身份而使用牧羊集团标识，不构成侵权。由于牧羊集团公司许可迈安德公司使用“牧羊”字号为无偿不定期许可，牧羊集团公司可随时取消许可。牧羊集团公司在本次诉讼中已明确表示不再许可迈安德公司使用“牧羊”字号，且不再承认迈安德公司企业集团成员身份，在此情况下迈安德公司应在合理期限内停止使用相关标识。在迈安德公司不能提供证据证明商标许可使用合同已经牧羊集团公司董事会批准，且牧羊集团公司拒绝追认的情况下，该合同为无效合同。迈安德公司未经牧羊集团公司有效许可而在对外经营过程中以多种形式使用牧羊集团公司图形商标，侵犯了牧羊集团公司的注册商标专用权，同时构成不正当竞争。遂判令迈安德公司停止使用与牧羊集团公司图形商标相同的标识；停止使用“牧羊集团”字样及“江苏牧羊迈安德食品机械有限公司”中的“牧羊”

字号；消除影响并赔偿牧羊集团公司经济损失。迈安德公司不服，提起上诉。江苏省高级人民法院二审维持一审判决。迈安德公司不服，向最高人民法院申请再审。最高人民法院裁定提审本案，并于2012年7月20日改判驳回牧羊集团公司的诉讼请求。

【裁判意见】

最高人民法院提审认为：关于迈安德公司使用牧羊集团公司的集团标识是否具有正当性问题，虽然《上岛协议》没有就牧羊集团公司成员企业作出界定，但根据牧羊集团公司董事会会议纪要等相关证据，可以证明迈安德公司系牧羊集团公司的成员企业。牧羊集团公司为了规范使用其集团标识，制作了相关企业视觉识别系统，且有多种表现形式。从牧羊集团公司公开使用的不同的集团标识看，整体上都含有图形注册商标及牧羊集团公司企业名称及其字母组合；涉及分（子）公司的，对图形商标与文字及字母如何排列有严格的要求。鉴于牧羊集团公司对其分（子）公司及其成员企业是否均有权使用牧羊集团公司的集团标识没有限制性规定，因而迈安德公司作为牧羊集团公司的成员企业，为彰显其牧羊集团公司成员企业的身份，在经营活动中使用牧羊集团公司的集团标识符合常理，且无不正当性。根据查明的事实，迈安德公司在经营活动中系按照与其他分（子）公司或成员企业相同的方式使用牧羊集团公司的集团标识，没有在其产品上单独使用牧羊集团公司的图形注册商标，也不存在不规范使用牧羊集团公司的集团标识的行为。对于迈安德公司使用牧羊集团公司的集团标识的行为，牧羊集团公司非但没有禁止，反而在长达一年的时间内，主动在公开发行的杂志上让迈安德公司使用集团标识，该事实亦证明牧羊集团公司认可迈安德公司有权使用集团标识。牧羊集团公司关于迈安德公司无权使用其集团标识的主张证据不足。

中华人民共和国最高人民法院民事判决书

（2012）民提字第61号

申请再审人（一审被告、二审上诉人）：江苏迈安德食品机械有限公司。住所地：江苏省扬州市邗江工业园。

法定代表人：徐斌，该公司董事长。

委托代理人：王涌，北京市隆安律师事务所律师。

委托代理人：卞鹏萱，江苏致邦律师事务所律师。

被申请人（一审原告、二审上诉人）：江苏牧羊集团有限公司。住所地：江苏省扬州市邗江区工业园牧羊路1号。

法定代表人：李敏悦，该公司董事长。

委托代理人：马东晓，国浩律师（北京）事务所律师。

委托代理人：韦之，国浩律师（北京）事务所律师。

江苏迈安德食品机械有限公司（简称迈安德公司）因与江苏牧羊集团有限公司（简称牧羊公司）侵犯注册商标专用权、不正当竞争纠纷一案，不服江苏省高级人民法院（2010）苏知民终字第26号民事判决，向本院申请再审。本院于2012年3月20日作出（2011）民申字第1428号裁定，提审本案。本院依法组成合议庭于2012年5月14日对本案进行了公开开庭审理，迈安德公司的法定代表人徐斌及委托代理人王涌、卞鹏萱，牧羊公司的法定代表人李敏悦及委托代理人马东晓、韦之到庭参加诉讼，本案现已审理终结。

扬州市中级人民法院（简称一审法院）查明，牧羊公司设立于1996年1月，其经营范围为：粮油、食品、饲料、仓储机械制造及工程等。2003年1月9日，牧羊公司聘请徐斌任公司常务副总裁，聘期自2003年1月9日至2003年12月31日。牧羊公司分别于1999年3月7日、1999年3月14日、2006年4月21日、2006年6月21日经核准注册了第1253437号、第1255640号、第3867365号“牧羊 MUYANG 及ⓟ”商标及第3962804号“ⓟ”商标，核定使用商品均为第7类（饲料加工成套机器设备……干燥机、搅拌机……输送机、提升机……）。2005年6月22日，注册号为第1253437号的“牧羊 MUYANG 及ⓟ”商标，被国家工商行政管理总局商标局（简称商标局）认定为驰名商标。

第1253437号、第1255640号、第3867365号注册商标

第3962804号注册商标

迈安德公司设立于2002年11月，其前身为江苏润扬线缆制造有限公司，于2003年8月更名为迈安德公司。其经营范围为油脂、淀粉、植物蛋白加工及综合利用成套设备的制造、安装、销售；食品机械、农业机械、农副产品加工设备、

干燥设备的研究、制造等。2003 年 7 月 15 日，江苏润扬线缆制造有限公司召开股东会，同意增加徐斌为公司新股东，徐斌在该公司出资额为 1000 万元，参股比例为 50%，并出任该公司董事长。2003 年 8 月 18 日，牧羊公司向江苏省工商行政管理局出具证明一份，确认经牧羊公司董事会决定同意“江苏润扬线缆制造有限公司”名称变更时可以使用“江苏牧羊迈安德食品机械有限公司”的名称。迈安德公司成立初期其经营场所设在牧羊公司内，直至 2004 年 7 月才搬迁新址。

2003 年 4 月 19 日，牧羊公司董事会的全部五名董事徐有辉、徐斌、范天铭、李敏悦、许荣华于扬州市上岛咖啡馆商议达成了《上岛协议》，该协议于 2004 年 2 月 28 日经五名董事签字生效。协议第三条第二项约定：“共同事业创业股：指本协议项下五名董事为了共创牧羊事业增进相互友谊，全面提升江苏牧羊集团公司品牌的经营价值，允许五名董事中任何一名董事可以投资注册公司（包括独资及与他人合资、合作设立公司），由创设新公司的董事将其投资新创设公司注册资本的 10% 股份无偿分配给包括其在内的本协议项下五位董事，即每一董事拥有其中的 2%，并签订《共同事业创业股委托代管协议》。”协议第四条第七项约定：“如本协议项下董事因有违反本协议行为，对牧羊集团造成了损害的，该董事仍应对牧羊的利益给予相应赔偿”，第八项约定：“如本协议项下董事设立的公司可以有偿使用‘牧羊’注册商标及在公司名称中使用‘牧羊’二字，也可以为牧羊公司的成员单位，但必须同时满足：①根据商标法的规定，并经牧羊公司董事会批准，由牧羊公司与新设公司签订商标许可使用合同，许可新设公司使用‘牧羊’商标。新设公司在使用商标过程中应注意事项及有关义务由《‘牧羊’注册商标许可使用合同》中约定。②为加强对董事投资公司使用‘牧羊’冠名权或‘牧羊’注册商标行为的监督和管理，有效防止损害牧羊公司商业信誉的现象发生，该公司应当设立共同事业创业股。”该协议附件包含《“牧羊”注册商标许可使用合同》文本和《共同事业创业股委托代管协议》。

2004 年 2 月 28 日，牧羊公司当时的五位董事（徐有辉、范天铭、李敏悦、许荣华为甲方，徐斌为乙方）共同签署了《江苏牧羊集团大股东之间的共同事业创业股委托代管协议》，约定乙方将其注册公司（迈安德公司）注册资本的 8%（剔除乙方 2% 外）作为共同事业创业股给甲方享有股东的受益权。同日，徐有辉与徐斌签订《“牧羊”注册商标许可使用合同》，合同约定，牧羊公司准许迈安德公司使用的商标名称、注册证号：1. 商标名称为“牧羊”牌；2. “牧羊”牌注册证号：1253437；3. “牧羊”牌注册图案为：注册证号为 125343（7）中的图案；4. “牧羊”字号。对于许可使用的商品及期限均未明确约定（相关栏目均为空白）。合同第四条还约定：鉴于迈安德公司借助“牧羊”品牌优势，旨在减少进入新领域新市场的阻力和成本，迅速拓展所经营产品的市场空间，同时提升了江苏牧羊集团品牌的经营价值，因此不需要向牧羊公司支付“牧羊”注册商标许可使用费。

2004 年 2 月 26 日和 2004 年 5 月 4 日，牧羊公司召开了两次董事会会议。2004 年 2 月 26 日董事会会议纪要载明：“1. 根据‘上岛’协议，董事成立公司一年后，应主动辞去在集团公司担任的行政职务；5. 因牧羊发展需要，目前办公面积较为紧张，同意要求迈安德公司加快新区建设速度，于 6 月底前全部搬离工程技术中心。”2004 年 5 月 4 日牧羊公司董事会会议纪要载明：“三、关于董事价值及平台使用问题：2. 迈安德、隆的公司界定为集团成员企业，相关资源的使用在保证集团利益不受损害的前提下优先使用，公司对使用相关资源制定程序，定价在核算基础上交董事会讨论。3. 对公司能够生产的迈安德与隆的公司需求的定型产品的结算价格按公司产品定价的 75% 执行……四、董事提出的其他问题：4. 关于金洋公司搬迁问题，先在迈安德公司车间间隔一块用于强电柜的生产……”

2004 年 9 月 6 日，《扬州日报》和《扬州网》均发布了对时任牧羊公司董事长徐有辉的采访报道，题为《牧羊集团公司的“牧”人之道》。徐有辉在报道中提及，“凡创业者，集团给予 500 万元的创业启动资金，分三年还清。但新企业必须冠牧羊之名，成为集团的松散型企业”。

为了规范牧羊公司及其成员企业对企业标识的使用，牧羊公司自 1998 年开始使用视觉识别系统，并在 2003 年进行了完善，集团公司内部按照该系统要求使用集团标识。其中：1. PART A \ 4，企业简称、中英文组合：上面是“牧羊集团”，下面是“MUYANG GROUP”，字体由方正综艺体演变而来；2. PART A ·，标识、企业简称组合，左为羊头图形，右上为“牧羊集团”，右下为“MUYANG GROUP”；3. PART A \ 10，标识、企业简称、子公司全称组合：羊头图形在左，右边分为上下两排，上排左为“牧羊集团”和右为“MUYANG”，下排企业中文全称在上和企业英文名称全称在下。牧羊公司下属的牧羊粮食机械工程公司、牧羊仓储工程有限公司等均按该规定规范使用企业标识。

2003 年 10 月 31 日，牧羊公司市场部代表迈安德公司与《中国油脂》杂志签订广告发布合同，委托该杂志于 2003 年 12 月 20 日至 2004 年 12 月 31 日为迈安德公司发布广告，广告采用客户提供的样稿。2004 年第 3 期、第 7 期刊登的广告文字内容为："江苏牧羊迈安德食品机械有限公司是牧羊集团公司在油脂机械、工程领域的专业公司……"广告中的图片为牧羊公司厂房。其中2004年第7期上还刊有牧羊公司子公司扬州牧羊仓储工程有限公司的广告。在广告中企业标识上，迈安德公司和扬州牧羊仓储工程有限公司的格式均按照VI视觉识别系统要求，图形商标在左，右边分上下两排，上排为"牧羊集团公司"和"MUYANG GROUP"，下排为企业名称汉字全称和英文全称。2006年5月6日的《牧羊通讯》中缝中，牧羊公司刊载了其下属部门及成员企业的联系方式，迈安德公司也名列其中。

在牧羊公司网站主页"牧羊新闻"栏目下，有一则标题为《牧羊3个项目获"2006年度中国粮油学会科学技术奖"》的新闻："……牧羊集团有3个项目入围，分别是'YJCX型箱链式浸出器'……此次牧羊有3个项目从众多的申报项目中脱颖而出，实属不易，再次证明了牧羊集团强大的科技创新能力……"而"YJCX型箱链式浸出器"生产技术为迈安德公司所有。

迈安德公司在经营活动中，使用了带有"牧羊"和"Ⓓ"的相关标识，具体如下：在企业宣传画册（油脂工程及淀粉机械）中使用了"Ⓓ"（左）+牧羊集团及MUYANG GROUP（右上）+迈安德公司的企业名称（右下）组合及"牧羊·迈安德"（下面对应各自汉语拼音）和"Ⓓ"（左）+牧羊集团（右上）+MUYANG GROUP（右下）组合；在迈安德公司网站的网页上及信封上使用"Ⓓ"（左）+牧羊集团及MUYANG GROUP（右上）+迈安德公司的企业名称（右下）组合。

迈安德公司曾为江西万载酒业有限公司制作玉米预处理生产线，其中"脉冲布筒滤尘器"的铭牌上标有"Ⓓ"+R标识及牧羊公司的企业名称；"牧羊水滴王968粉碎机"、"自动振动筛"、"TDTGK系列斗式提升机"上的铭牌上标有"Ⓓ"+R标识、牧羊公司的企业名称及江苏牧羊集团。2008年3月8日，迈安德公司与金赛德公司签订设备产品买卖合同一份，合同标的包括提升机、分级筛、刮板运输机、输送绞笼等。一审庭审中，迈安德公司提供了其自2007年1月至2009年5月向牧羊公司购买包括前述设备在内的《购销合同》，证明上述设备购自牧羊公司处。

2009年1月5日，牧羊公司向迈安德公司发函两份，《警示函》认为迈安德公司未经牧羊公司许可在其宣传画册中使用了牧羊公司的厂容厂貌图片、企业荣誉和资质、设备图片、集团成员标识，宣称为牧羊公司的专业品牌，侵犯了牧羊公司的知识产权，要求迈安德公司立即停止侵权行为。另一份函则认为牧羊公司并未许可迈安德公司使用其字号，要求迈安德公司在2009年3月10日前停止使用“牧羊”字号。

2009年1月20日，牧羊公司向一审法院提起诉讼，称其对第1253437号、第1255640号、第3867365号“牧羊MUYANG及Φ”商标及第3962804号“Φ”商标享有注册商标专用权，且“牧羊MUYANG及Φ”商标已被认定为驰名商标，其商品具有极高的市场美誉度。迈安德公司的经营范围与其存在重合，双方之间有竞争关系。迈安德公司在其企业网站、宣传画册、生产的产品、信封及销售合同文本显著位置突出使用牧羊公司的第3962804号“Φ”商标及“牧羊”字样，足以使相关公众产生误认，侵犯了其注册商标专用权。同时迈安德公司在对外宣传时均标注牧羊公司的企业名称与牧羊公司的商标组合使用，误导公众，是不正当竞争行为。请求判令：迈安德公司立即停止侵犯牧羊公司注册商标专用权的行为，立即停止不正当竞争行为，公开向牧羊公司赔礼道歉、消除影响，在全国性报刊上刊登致歉声明，赔偿牧羊公司50万元并负担本案诉讼费用。

在一审过程中，牧羊公司于2009年4月28日再次致函迈安德公司，要求迈安德公司在2009年5月10日前停止使用“牧羊”字号。2009年4月29日，迈安德公司回函牧羊公司，称其使用“牧羊”字号是根据《上岛协议》的约定且经牧羊公司许可，牧羊公司要求其停止使用“牧羊”字号须以其公司高管放弃公共事业股为前提。牧羊公司于2009年5月16日再次致函迈安德公司，认为牧羊公司可以许可迈安德公司使用“牧羊”字号，亦可以要求迈安德公司停止使用“牧羊”字号，迈安德公司附条件停止使用“牧羊”字号无法律依据，要求迈安德公司立即停止使用“牧羊”字号。

一审法院认为：

一、牧羊公司对第1253437号、第1255640号、第3867365号“牧羊MUYANG及Φ”商标及第3962804号“Φ”商标享有注册商标专用权

经商标局核准，牧羊公司获准注册了第1253437号、第1255640号、第3867365号“牧羊MUYANG及Φ”商标及第3962804号“Φ”商标，核定使用商品均为第7类，依据商标法第五十一条的规定，牧羊公司在核定使用的商品或服务上就相关注册标识拥有专用权，有权禁止他人未经许可、擅自在相同或类似商品或服务上以及在域名、商号上使用与其注册商标相同或近似标识，第1253437号商标作为驰名商标有权禁止他人在不相类似的商品服务的范围使用。

二、迈安德公司在经营过程中使用“牧羊”字号已经牧羊公司许可，其作为牧羊公司成员企业在经营过程中为彰显成员身份而使用“牧羊集团”标识，并不

构成侵权

由于牧羊公司许可迈安德公司使用“牧羊”字号，未收取对价，且未约定使用期限，该许可为无偿不定期许可，牧羊公司可随时取消许可，但须给予迈安德公司合理期限。牧羊公司在本次诉讼中已明确表示不再许可迈安德公司使用“牧羊”字号，且不再承认迈安德公司企业集团成员身份，在此情况下迈安德公司应在合理期限内停止使用相关标识。

三、迈安德公司在经营活动中使用“”标识，侵犯了牧羊公司的注册商标专用权，同时构成不正当竞争

董事会是公司的经营决策和业务执行机构，2003 年 4 月 19 日牧羊公司董事会的全部五名董事徐有辉、徐斌、范天铭、李敏悦、许荣华达成了《上岛协议》。该协议主要围绕董事个人新设公司涉及与牧羊公司现有产品、工程业务的关系，及“牧羊”品牌的使用等事项。由于该协议的署名人为牧羊公司当时的全体董事会成员，故该协议的本质是牧羊公司的董事会决议，在未有其他股东或相关权利人申请认定其无效，其本身亦未违反法律规定的情况下，该协议有效，其效力及于所有董事。该协议第四条第八项约定：“如本协议项下董事设立的公司可以有偿使用‘牧羊’注册商标及在公司名称中使用‘牧羊’二字，也可以为牧羊公司的成员单位，但必须同时满足：①根据商标法的规定，并经牧羊公司董事会批准，由牧羊公司与新设公司签订商标许可使用合同，许可新设公司使用‘牧羊’商标。新设公司在使用商标过程中应注意事项及有关义务由《“牧羊”注册商标许可使用合同》中约定。”

虽然迈安德公司提供了其法定代表人徐斌与当时牧羊公司法定代表人徐有辉签订的《“牧羊”注册商标许可使用合同》，合同约定牧羊公司准许迈安德公司使用其商标名称。但是徐有辉和徐斌作为牧羊公司董事，均应受《上岛协议》的约束。徐有辉作为董事长，无权未经董事会讨论，单方与同样作为董事会成员的徐斌签订商标许可使用合同，许可迈安德公司无偿使用牧羊公司商标，其行为是对公司最高执行机构董事会决议的违反，亦损害公司及其他股东的权益。而迈安德公司法定代表人徐斌同时兼任牧羊公司董事的身份，对于《上岛协议》所载明的，使用“牧羊”商标的条件是明知的。在迈安德公司不能提供证据证明商标许可使用合同已经牧羊公司董事会批准，且牧羊公司也拒绝追认的情况下，《“牧羊”注册商标许可使用合同》为无效合同。牧羊公司、迈安德公司均为粮食机械类经营企业，迈安德公司未经牧羊公司有效许可而在对外经营过程中以多种形式

使用牧羊公司“Ⓓ”商标，侵犯了牧羊公司的注册商标专用权，同时也构成不正当竞争。

综上，一审法院根据《中华人民共和国合同法》第五十一条、《中华人民共和国商标法》第五十二条第（五）项、《最高人民法院关于审理商标民事纠纷案件适用法律若干问题的解释》第二十一条第一款、《中华人民共和国反不正当竞争法》第二条、第九条之规定，判决：一、迈安德公司于判决生效之日起立即停止使用与牧羊公司“Ⓓ”相同的标识；二、迈安德公司于判决生效之日起六个月内停止使用“牧羊集团”字样及“江苏牧羊迈安德食品机械有限公司”中的“牧羊”字号；三、迈安德公司应于判决生效之日起三十日内在《中国油脂》上就其侵权行为刊登声明以消除影响，声明的内容须经法院审核；四、迈安德公司于判决生效之日起十五日内赔偿牧羊公司20万元；五、驳回牧羊公司的其他诉讼请求。

牧羊公司和迈安德公司均不服一审判决，向江苏省高级人民法院（简称二审法院）提起上诉。牧羊公司的上诉请求为，撤销一审判决第四项，改判迈安德公司赔偿牧羊公司损失50万元。迈安德公司的上诉请求为，撤销一审判决，依法驳回牧羊公司的全部诉讼请求，并由牧羊公司负担一审、二审诉讼费用。

在二审审理中，迈安德公司对企业名称进行了变更，将原“江苏牧羊迈安德食品机械有限公司”更名为“江苏迈安德食品机械有限公司”。

二审法院另查明：1. 江苏润扬线缆制造有限公司于2003年8月更名为迈安德公司后，迈安德公司利用牧羊公司下属中宏公司的场地进行生产，其办公场所亦设在牧羊公司内，2004年生产场所和办公场所均搬离原址。2. 2001年扬州市邗江县粮食局（简称粮食局）与牧羊公司签订关于商标等无形资产使用协议，协议约定粮食局同意牧羊公司继续使用“牧羊”商标及“江苏牧羊集团有限公司”自身形成的其他无形资产，牧羊公司须依法保全和使用“江苏牧羊集团有限公司”、“牧羊”商标及其他无形资产，如需变更、转让必须征得粮食局同意等。2006年5月30日，粮食局与牧羊公司和扬州市邗江区发展和改革委员会签订协议，粮食局将“牧羊”商标及“江苏牧羊集团有限公司”自身形成的其他无形资产一次性作价转让给牧羊公司。3. 迈安德公司在其宣传画册和公司网站上使用的厂房图片系牧羊公司厂房，在宣传画册上使用的“国家重点高新技术企业”、“全国专利工作先进单位”、“中国驰名商标（牧羊）”、“中国名牌”等荣誉称号均系牧羊公司所有。

二审法院认为：一、关于迈安德公司是否存在侵犯牧羊公司注册商标专用权

及不正当竞争侵权行为的问题

1. 迈安德公司对“ ”的使用行为，侵犯了牧羊公司的注册商标专用权。牧羊公司制定企业视觉识别系统时，将其注册商标“ ”与“牧羊集团”文字及字母组合后作为集团标识使用，由于集团标识中的“ ”能够起到识别产品来源的作用，故迈安德公司在宣传画册、合同、信封及企业产品等处对“ ”标识的使用，是一种商标性使用行为。因此，对迈安德公司辩称其使用的是带“ ”的企业形象标识，而非对“ ”注册商标使用的意见，不予支持。牧羊公司作为“ ”商标的注册人，有权禁止他人未经许可、擅自在相同或类似商品或服务上使用与其注册商标相同或近似的标识。2004 年 2 月签订的《上岛协议》，其目的包括规范牧羊公司董事在投资设立公司过程中的经营行为。其中在规范牧羊公司董事设立的公司使用牧羊公司相关知识产权时，《上岛协议》对注册商标的使用提出了高于其他知识产权使用的条件，不仅要求商标使用需要签订有偿许可使用合同，而且还要求商标许可使用合同需经牧羊公司董事会批准等条件。现迈安德公司提供的商标许可使用合同，虽然有时任牧羊公司法定代表人徐有辉的签名，但并没有证据表明徐有辉的签约行为已得到牧羊公司董事会的批准，由于牧羊商标许可使用合同约定的内容，违反了《上岛协议》有关董事设立公司使用牧羊商标时所需要的条件，因此，迈安德公司仅依据该商标许可使用合同，不能取得涉案商标的使用权。2004 年 5 月 4 日，牧羊公司召开董事会。根据会议记录，在该次董事会会议中，迈安德公司与“隆的公司”同时被界定为牧羊公司的集团成员企业，并被许可优先使用相关资源。由于该次董事会未对相关资源内容进行明确，且相关资源的使用仍要求交公司董事会讨论，因此，该次董事会决议，不能证明是对《上岛协议》中关于商标许可使用条件进行变更，或对 2004 年 2 月 8 日商标许可使用合同的追认。由于迈安德公司在未能取得牧羊公司许可情况下，对羊头图形商标进行使用，其行为侵犯了牧羊公司的注册商标专用权。迈安德公司上诉称商标许可使用合同是与《上岛协议》同一天签订，应认定许可合同已经牧羊公司董事会讨论同意。对此，二审法院认为，两份协议虽然标注时间为同一天，但没有证据表明许可使用合同是与《上岛协议》同时签订，也没有证据证明牧羊公司的其他董事当时知晓该份许可使用合同的签订，且不表示反对，故对迈安德公司此项上诉意见不予支持。迈安德公司还辩称其使用牧羊品牌的同时也提升了牧羊品牌价值，因此商标许可使用合同并非无偿使用。因该意见与《上岛协议》对有偿使用约定的本意不符，故亦不予采信。

2. 迈安德公司使用牧羊公司企业名称、牧羊公司质量标志、将牧羊公司的荣誉和厂房外景作为其公司场所进行宣传的行为不构成不正当竞争。首先，根据牧羊公司2004年5月4日董事会纪要内容，迈安德公司在该次董事会中被界定为牧羊公司的集团成员企业，有权使用相关资源。牧羊公司辩称迈安德公司不是其集团成员企业，无权使用相关资源。对此，二审法院认为，迈安德公司在设立共同事业创业股，满足了《上岛协议》对董事新设公司成为集团成员企业的主要条件后，其集团成员企业身份不仅得到牧羊公司董事会确认，而且牧羊公司在经营和管理中，也将迈安德公司作为其成员企业对待，如在牧羊公司委托发布的广告，以及牧羊公司主办的牧羊通讯中，均明确表述迈安德公司为其下属公司，并在牧羊公司的董事会会议中，讨论迈安德公司的搬迁和生产车间使用等问题。行政法规对集团成员企业条件的规定，是判定成员企业在对外行为中合法性的依据，但并不能据此得出迈安德公司通过与牧羊公司以协议方式享受集团成员企业待遇的行为，构成对牧羊公司不正当竞争的结论。故对牧羊公司的此项辩解意见不予采信。其次，迈安德公司在成立之初就与牧羊公司在一起办公和生产，牧羊公司也曾经委托《中国油脂》杂志为迈安德公司发布宣传广告。因此，牧羊公司应当对其指控迈安德公司的不正当竞争行为知晓，但牧羊公司直至起诉前才对迈安德公司的上述行为提出异议，故应当认为迈安德公司的上述行为事实上已经得到牧羊公司的许可。最后，牧羊公司在自己公司网站及广告宣传中，不仅称迈安德公司为其下属部门或成员企业，而且将迈安德公司的科技成果作为自己公司科技成果进行报道宣传，可见，牧羊公司对由此可能造成公众对两企业间存在特定联系的误认也是持放任态度，因此，即使迈安德公司的宣传行为存在不妥之处，该行为并没有损害牧羊公司的合法权益。牧羊公司辩称其网站误用迈安德公司科技成果作为牧羊公司科技成果，是因为有关报社从邗江科技局获得不真实的新闻内容登载后，牧羊公司员工未认真审核而转载所致。对此，即使报社刊登的新闻内容存在不实，但其在转载时明知该报道中反映的科技成果不是牧羊公司所有，仍长时间放在牧羊公司网站主页中予以转载使用，该转载行为应认定是牧羊公司所同意，对牧羊公司的上述辩解意见不予采信。

综上，迈安德公司的行为对牧羊公司不构成不正当竞争。但牧羊公司许可迈安德公司使用公司企业名称等资源，是基于迈安德公司为集团成员企业的身份，且未收取费用，虽然迈安德公司之前的使用行为不构成不正当竞争，但牧羊公司有权不再认可迈安德公司的集团成员企业身份，并有权要求迈安德公司停止对牧羊公司相关资源的使用。

二、关于一审判决确定的责任是否适当的问题

迈安德公司未经涉案注册商标权人许可使用“Φ”商标，构成商标侵权，应当承担停止侵害、赔偿损失的责任，但迈安德公司的商标侵权行为并未损害牧羊公司企业声誉，因此，对牧羊公司诉请要求迈安德公司向其赔礼道歉、消除影响、在全国性报刊上刊登致歉声明的请求不应予以支持；迈安德公司使用牧羊公司企业名称、牧羊公司质量标志、将牧羊公司的荣誉和厂房外景作为其公司场所进行宣传的行为不构成不正当竞争，不应承担赔偿责任，因此，一审判决迈安德公司基于商标侵权行为和不正当竞争行为赔偿牧羊公司损失20万元的数额应予调整。关于迈安德公司经牧羊公司许可，在其企业名称中使用的“牧羊”字号，因迈安德公司在二审审理期间已经自行变更了企业名称，不再使用“牧羊”字号，因此，对双方争议的“牧羊”字号使用问题本案不再理涉。

综上，一审判决认定事实清楚，但关于迈安德公司构成不正当竞争的认定有误，应予以纠正。二审法院依照《中华人民共和国民事诉讼法》第一百五十三条第一款第（一）、（三）项，《中华人民共和商标法》第五十二条第（五）项，《最高人民法院关于审理商标民事纠纷案件适用法律若干问题的解释》第二十一条第一款，《中华人民共和国反不正当竞争法》第二条第二款之规定，判决：一、维持一审判决第一项、第五项；二、撤销一审判决第二项、第三项；三、变更一审判决第四项为：迈安德公司于判决生效之日起十五日内赔偿牧羊公司12万元。

迈安德公司申请再审称：1. 二审法院认定迈安德公司使用“Φ”图形的行为是商标性使用行为，并认定迈安德公司构成商标侵权是错误的。首先，迈安德公司是对含有“Φ”图形的牧羊公司集团标识的使用，而非对“Φ”注册商标的使用。“Φ”单独使用时，发挥识别商品来源的作用；“Φ”组合使用时，它只是牧羊公司集团标识中的一个图形元素，与其他文字元素融合为一个完整的视觉形象，在经营活动中以区别其他不同类型的企业。迈安德公司作为牧羊公司的成员企业，有权使用集团标识。其次，迈安德公司在企业宣传画册、网站、信封中一直规范使用牧羊公司的集团标识，从未在任何产品上单独使用“Φ”图形标识，以混淆商品来源。2. 迈安德公司是牧羊公司的成员企业，有权使用集团标识，以彰显其成员企业的身份。相关事实在牧羊公司董事会纪要、《牧羊通讯》、牧羊公司网站等可以得到印证。无论迈安德公司是否取得了“Φ”图形注册商标的使用权，均有权使用含“Φ”图形的集团标识。另外，《上岛协议》项下牧羊公司董

事设立的公司可以有偿使用该注册商标，所给付的对价是向其他董事无偿分配共同事业创业股。迈安德公司按照“共同事业创业股委托代管协议”实际给付了商标使用的对价。《“牧羊”注册商标许可使用合同》事实上已经得到了牧羊公司董事会的批准，徐有辉作为牧羊公司的法定代表人和董事长，其签字无论是否经过牧羊公司董事会的批准，都合法有效。即便徐有辉未获得牧羊公司董事会的批准，其内部程序不能产生对外效力，迈安德公司系善意相对方，该合同仍然有效。请求撤销二审判决第一项、第三项，驳回牧羊公司的全部诉讼请求。

牧羊公司答辩称：1. 迈安德公司使用牧羊公司集团标识的行为构成商标意义上的使用。带有“Ф”的商标组合，是牧羊公司使用商标的表现形式之一，该使用方式凸显了“Ф”图案及“牧羊”文字的商标属性。迈安德公司在其业务活动中大量使用这种商标组合，是对牧羊公司商标的使用。无论迈安德公司是否属于牧羊公司的成员企业，其均无权使用牧羊商标和所谓的“集团标识”，其使用行为构成商标侵权。2.《“牧羊”注册商标许可使用合同》与《上岛协议》的内容互相矛盾，系事后伪造。第一，该合同仅有牧羊公司徐有辉一人签字，没有其他董事签字，且没有加盖公章，即便该合同存在，至今也未生效。第二，该合同签订时，商标所有权人为扬州市邗江区粮食局，故牧羊公司无权许可迈安德公司使用牧羊商标。即便该合同存在，也属于无效合同。第三，共同事业创业股不是迈安德公司商标许可使用的对价，且所谓“共同事业创业股”的承诺从来就没有兑现过。综上，迈安德公司对牧羊公司商标的使用不具有正当性，请求驳回迈安德公司的再审申请。

本院经审查，对一审、二审法院查明的事实予以确认。

本院认为，根据迈安德公司申请再审的理由及牧羊公司的答辩意见，本案再审审查的争议焦点为：迈安德公司是否侵犯牧羊公司注册商标专用权。而分析迈安德公司是否构成侵犯牧羊公司注册商标专用权，则需从《“牧羊”注册商标许可使用合同》是否有效，迈安德公司在经营活动中使用牧羊公司的集团标识是否具有正当性方面予以分析认定。

一、《“牧羊”注册商标许可使用合同》是否有效的问题

首先，《“牧羊”注册商标许可使用合同》是否有效，取决于该合同是否符合《上岛协议》的要求。鉴于牧羊公司与迈安德公司对《上岛协议》的效力均不持异议，因而作为规范牧羊公司董事行为的《上岛协议》，对其相关各方而言，均有约束力。《上岛协议》就牧羊公司的董事新设立公司，在经营活动中使用牧羊

公司注册商标事宜，作了限制性的规定，即除有偿使用并签订书面许可使用合同外，还要求该合同需经牧羊公司董事会批准等。作为牧羊公司的各位董事应知悉《上岛协议》的上述规定，但迈安德公司提交的《“牧羊”注册商标许可使用合同》，只有迈安德公司的法定代表人徐斌与牧羊公司法定代表人徐有辉的签名，没有牧羊公司的印章，也没有徐有辉的签约行为已得到牧羊公司董事会批准的证据，在牧羊公司否认该合同真实性，并对合同内容（有否对价等）提出质疑的情况下，二审法院认定《“牧羊”注册商标许可使用合同》约定的内容，违反《上岛协议》有关董事设立公司使用牧羊商标时所需要的条件，迈安德公司仅依据该商标许可使用合同，不能取得涉案商标的使用权。该认定并无不当。迈安德公司以“该合同事实上已经得到了牧羊公司董事会批准，迈安德公司按照‘共同事业创业股委托代管协议’实际给付了商标使用的对价，迈安德公司有权使用牧羊商标”作为申请再审的理由，因缺乏证据证明，本院不予支持。

二、迈安德公司在经营活动中使用牧羊公司的集团标识是否具有正当性问题

1. 迈安德公司与牧羊公司的关系。由于《上岛协议》没有就何谓“成员企业”予以界定，导致双方当事人对迈安德公司是否属于牧羊公司的成员企业说法不一。本院认为，虽然《上岛协议》没有就牧羊公司成员企业作出界定，但根据牧羊公司董事会会议纪要等相关证据，可以证明迈安德公司系牧羊公司的成员企业。2004 年 2 月 26 日牧羊公司董事会会议纪要证明，迈安德公司成立之初曾在牧羊公司所属“工程技术中心”办公，其搬离该办公地点，是因牧羊公司发展需要，要求迈安德公司加快新区建设速度。2004 年 5 月 4 日牧羊公司董事会会议纪要中，明确将迈安德公司界定为集团成员企业。所以，迈安德公司的成员企业身份，是经牧羊公司董事会确认的。牧羊公司还曾委托《中国油脂》杂志及在牧羊公司的网站上，为迈安德公司作广告宣传，称迈安德公司为牧羊公司的下属部门或成员企业，并将迈安德公司的科技成果作为牧羊公司的科技成果进行宣传报道。2004 年 7 月至 2007 年 2 月期间，牧羊公司还在其内部刊物《牧羊通讯》中，刊登其下属部门及成员企业的联系方式，迈安德公司也在其中。上述事实，足以证明迈安德公司系牧羊公司的成员企业。牧羊公司对此予以否认缺乏证据支持。

2. 迈安德公司是否有权使用牧羊公司的集团标识。牧羊公司为了规范使用其集团标识，制作了相关企业视觉识别系统，且有多种表现形式。从牧羊公司公开使用的不同的集团标识看，整体上都含有“”注册商标及牧羊公司企业名称及其字母组合；涉及分（子）公司的，“”与文字及字母如何排列也有严格的要求。

本案中，迈安德公司是否有权使用牧羊公司的集团标识，是双方当事人争议的核心问题。鉴于牧羊公司对其分（子）公司及其成员企业是否均有权使用牧羊公司的集团标识没有限制性规定，因而迈安德公司作为牧羊公司的成员企业，为彰显其牧羊公司成员企业的身份，在经营活动中使用牧羊公司的集团标识符合常理，且无不正当性。根据查明的事实，迈安德公司在经营活动中，系按照与其他分（子）公司或成员企业相同的方式使用牧羊公司的集团标识，没有在其产品上单独使用牧羊公司的“Φ”注册商标，或存在不规范使用牧羊公司的集团标识的行为。对于迈安德公司使用牧羊公司的集团标识的行为，牧羊公司非但没有禁止，反而代表迈安德公司与《中国油脂》杂志签订广告发布合同，委托该杂志为迈安德公司发布广告，并约定广告采用客户提供的样稿。牧羊公司在长达一年的时间内，主动在公开发行的杂志上为迈安德公司使用集团标识的事实，亦证明牧羊公司认可迈安德公司有权使用集团标识。牧羊公司辩称迈安德公司无权使用其集团标识证据不足。

综上所述，迈安德公司对牧羊公司的集团标识的使用行为具有正当性，不构成对牧羊公司注册商标专用权的侵犯。二审法院认定迈安德公司侵犯牧羊公司的注册商标专用权事实依据与法律依据不足，本院予以纠正。依照《中华人民共和国商标法》第五十二条、《中华人民共和国民事诉讼法》第一百五十三条第（三）项、第一百八十六条之规定，判决如下：

一、撤销江苏省高级人民法院（2010）苏知民终字第26号民事判决及扬州市中级人民法院（2009）扬民三初字第0019号民事判决；

二、驳回江苏牧羊集团有限公司全部诉讼请求。

一审案件受理费9600元，二审案件受理费9600元，合计19200元，由江苏牧羊集团有限公司负担。

本判决为终审判决。

审 判 长 于晓白

代理审判员 王艳芳

代理审判员 李 嵘

二〇一二年七月二十日

书 记 员 王 晨

23. 商标侵权意义上的商标使用的含义

——再审申请人辉瑞产品有限公司、辉瑞制药有限公司与被申请人江苏联环药业股份有限公司、原审被告广州威尔曼药业有限公司等侵犯商标专用权纠纷案

【裁判要旨】

商标法第五十二条规定，未经商标注册人的许可，在同一种商品或者类似商品上使用与其注册商标相同或者近似商标的，属于侵犯注册商标专用权行为。但是，侵犯商标专用权意义上的商标使用应以起到标识来源和生产者的作用为必要条件。在本案中，最高人民法院认为，对于不能起到标识来源和生产者作用的使用，不能认定为商标法意义上的使用，他人此种方式的使用不构成使用相同或者近似商标，不属于侵犯注册商标专用权的行为。

【关键词】

商标侵权　商标使用

【案号】

最高人民法院（2009）民申字第268号

【基本案情】

在再审申请人辉瑞产品有限公司、辉瑞制药有限公司与被申请人江苏联环药业股份有限公司（以下简称联环公司）、原审被告广州威尔曼药业有限公司（以下简称威尔曼公司）等侵犯商标专用权纠纷案中，2003年5月28日，辉瑞产品公司向中国商标局申请的指定颜色为蓝色的菱形立体商标经核准获得注册，核定使用商品为第5类医药制剂等。2005年3月10日，辉瑞产品公司许可辉瑞制药公司使用该立体商标。1998年6月2日，威尔曼公司向商标局申请注册“伟哥”文字商标，使用商品包括人用药。2002年，该商标经商标局初步审定公告。2004年4月，该商标转让给广州威尔曼新药开发中心有限公司。2005年1月5日，广州威尔曼新药开发中心有限公司与联环公司签订商标使用许可合同，许可联环公司在甲磺酸酚妥拉明分散片上使用“伟哥TM”商标。联环公司生产的甲磺酸酚

妥拉明分散片使用包装盒包装，盒内药片的包装为不透明材料，其上印有“伟哥”“TM”“江苏联环药业股份有限公司”字样，药片为浅蓝色、近似于指南针形状的菱形，并标有“伟哥”和“TM”字样。2005 年 10 月 11 日，辉瑞产品公司、辉瑞制药公司以前述行为侵犯其注册商标专用权为由提起诉讼，请求判令新概念公司立即停止销售，联环公司和威尔曼公司立即停止制造和销售侵权商品的行为以及制造涉案商标标识的行为并承担其他民事责任。北京市第一中级人民法院一审认定联环公司、新概念公司的行为构成侵犯辉瑞产品公司商标专用权，并判决两公司承担侵权责任。联环公司不服，提起上诉。北京市高级人民法院二审认为，涉案被控侵权药品虽然与涉案立体商标构成近似，但消费者在购买该药品时并不会与涉案立体商标相混淆，亦不会认为该药品与二原告存在某种联系进而产生误认，联环公司等的涉案行为并未构成对辉瑞产品公司商标专用权的侵害，也未损害辉瑞制药公司的利益。遂判决撤销一审判决、驳回二原告的诉讼请求。二原告不服该判决，向最高人民法院申请再审。最高人民法院于 2009 年 6 月 24 日裁定驳回其再审申请。

【裁判意见】

最高人民法院审查认为：本案中虽然联环公司生产的“甲磺酸酚妥拉明分散片”药片的包装有与药片形状相应的菱形突起、包装盒上“伟哥”两字有土黄色的菱形图案作为衬底，但消费者在购买该药品时并不能据此识别该药片的外部形态。由于该药片包装于不透明材料内，其颜色及形状并不能起到标识其来源和生产者的作用，不能认定为侵犯注册商标专用权意义上的使用。即便该药片的外部形态与辉瑞产品公司的涉案立体商标相同或相近似，消费者在购买该药品时也不会与辉瑞产品公司的涉案立体商标相混淆，亦不会认为该药品与辉瑞产品公司、辉瑞制药公司存在某种联系进而产生误认。

中华人民共和国最高人民法院民事裁定书

（2009）民申字第 268 号

申请再审人（一审原告、二审被上诉人）：辉瑞产品有限公司（Pfizer Products Inc.），住所地：美利坚合众国康涅狄格州格鲁顿东点路（Eastern Point Road，Groton，GT06340，USA）。

法定代表人：迪芙妮·特朗可（Tiffany Trunko），副总法务顾问。

委托代理人：艾宏，北京市正见永申律师事务所律师。

委托代理人：徐洁，北京市正见永申律师事务所律师。

申请再审人（一审原告、二审被上诉人）：辉瑞制药有限公司，住所地：中华人民共和国辽宁省大连市经济技术开发区大庆路22号。

法定代表人：艾德（Ahmet Esen），董事长。

委托代理人：艾宏，北京市正见永申律师事务所律师。

委托代理人：徐洁，北京市正见永申律师事务所律师。

被申请人（一审被告、二审上诉人）：江苏联环药业股份有限公司，住所地：中华人民共和国江苏省扬州市文峰路21号。

法定代表人：姚兴田，董事长。

委托代理人：汪军，江苏联环药业股份有限公司法律顾问。

委托代理人：李德成，北京市金诚同达律师事务所律师。

原审被告：北京健康新概念大药房有限公司，住所地：中华人民共和国北京市海淀区花园东路36号。

法定代表人：刘丽亚，总经理。

原审被告：广州威尔曼药业有限公司，住所地：中华人民共和国广东省广州市天河区沙河上元岗。

法定代表人：孙明杰，董事长。

委托代理人：戴锦良，广东胜伦律师事务所律师。

申请再审人辉瑞产品有限公司（简称辉瑞产品公司）、辉瑞制药有限公司（简称辉瑞制药公司）与被申请人江苏联环药业股份有限公司（简称联环公司）、原审被告北京健康新概念大药房有限公司（简称新概念公司）、原审被告广州威尔曼药业有限公司（简称威尔曼公司）因侵犯商标权纠纷一案，北京市高级人民法院于2008年4月21日作出（2007）高民终字第1686号民事判决，已经发生法律效力。2009年3月10日，辉瑞产品公司、辉瑞制药公司向本院申请再审。本院依法组成合议庭对本案进行审查，并于2009年5月5日举行听证，原审被告新概念公司经通知未参加听证。本案现已审查终结。

辉瑞产品公司与辉瑞制药公司申请再审称，北京市高级人民法院仅以被控侵权产品包装于不透明材料之中，包装上注明的生产厂家和其他标识已明显起到表明商品来源的作用，而否认涉案立体商标所具有的独立的区别商品来源的功能，是对商标法律的明显曲解。该院将混淆可能性判断仅限于购买环节，排除了售前混淆与售后混淆，是对商标功能和价值的错误理解，是对商标法的错误适用。该院在商标近似判断过程中，完全没有考虑涉案立体商标的显著性和知名度，亦未考虑被申请人的明显侵权恶意。请求本院撤销二审法院的判决，支持一审法院的判决结果。

联环公司辩称，涉案立体商标并不具有指示商品来源的独立功能。被控侵权产品的外形与涉案立体商标的形状和颜色存在重大区别，无论在购买环节，还是使用、广告与媒体报道环节以及其他消费环节，均不存在混淆的可能性。二审法院认定事实清楚，适用法律正确。

威尔曼公司辩称，其同意联环公司的意见，并同时认为，威尔曼公司从未监督指导联环公司生产涉案产品，二审法院关于威尔曼公司不承担法律责任的判决是正确的。

新概念公司没有辩称意见。

本院审查查明，2003 年 5 月 28 日，辉瑞产品公司向国家工商行政管理总局商标局（简称商标局）申请的指定颜色为蓝色的菱形立体商标（即涉案立体商标）经核准予以注册，该商标注册号为第 3110761 号，核定使用商品为第 5 类医药制剂、人用药、抗生素、医用营养品、净化剂、兽医用制剂等，注册有效期限自 2003 年 5 月 28 日至 2013 年 5 月 27 日止。2005 年 3 月 10 日，辉瑞产品公司许可辉瑞制药公司使用涉案立体商标。

2005 年 7 月 21 日，辉瑞产品公司的委托代理人在新概念公司购买了药品一盒，单价为 50 元，该药品包装盒上载明药品名称为“甲磺酸酚妥拉明分散片”，用于男性勃起功能障碍。包装盒正、反面标有“伟哥”和“TM”字样，“伟哥”两字有土黄色的菱形图案作为衬底、生产厂家为“江苏联环药业股份有限公司”、生产日期为 2005 年 4 月 14 日；盒内药片的包装为不透明材料，其上亦印有“伟哥”和“TM”、“江苏联环药业股份有限公司”字样，药片的包装有与药片形状相应的菱形突起。药片为浅蓝色、近似于指南针形状的菱形，并标有“伟哥”和“TM”字样。中华人民共和国长安公证处对上述购买过程进行了公证，并出具了（2005）长证内经字第 80873 号公证书。

1998 年 6 月 2 日，威尔曼公司向商标局申请注册“伟哥”文字商标，使用商品包括人用药。2002 年该商标经商标局初步审定公告。2004 年 4 月，该商标转让给广州威尔曼新药开发中心有限公司。2005 年 1 月 5 日，广州威尔曼新药开发中心有限公司与联环公司签订商标使用许可合同，许可联环公司在甲磺酸酚妥拉明分散片上使用“伟哥 TM”商标。

辉瑞产品公司、辉瑞制药公司主张赔偿数额按照法定赔偿 50 万元计算。就本案诉讼支出的合理费用的情况，该两公司未提交证据，也未说明诉讼支出的数额。

本院认为，根据我国商标法第五十二条第（一）项规定，未经商标注册人的许可，在同一种商品或者类似商品上使用与其注册商标相同或者近似的商标的，属侵犯注册商标专用权的行为。本案中，联环公司生产的“甲磺酸酚妥拉明分散片”药片的包装有与药片形状相应的菱形突起、包装盒上“伟哥”两字有土黄色的菱形图案作为衬底，但消费者在购买该药品时并不能据此识别该药片的外部形态。由于该药片包装于不透明材料内，其颜色及形状并不能起到标识其来源和生产者的作用，不能认定为商标意义上的使用，因此，不属于使用相同或者近似商标的行为。二审法院关于即便该药片的外部形态与辉瑞产品公司的涉案立体商标相同或相近似，但消费者在购买该药品时不会与辉瑞产品公司的涉案立体商标相混淆，亦不会认为该药品与辉瑞产品公司、辉瑞制药公司存在某种联系进而产生误认的认定，并无不当。

综上，申请再审人辉瑞产品公司与辉瑞制药公司的再审申请不符合《中华人民共和国民事诉讼法》第一百七十九条规定的情形。依照《中华人民共和国民事诉讼法》第一百八十一条第一款之规定，裁定如下：

驳回辉瑞产品有限公司、辉瑞制药有限公司的再审申请。

审　判　长　夏君丽
代理审判员　王艳芳
代理审判员　张晓都
二〇〇九年六月二十四日
书　记　员　张　博

（六）定牌加工中的商标使用行为

24. 涉外委托加工中商标使用行为的判断

——再审申请人浦江亚环锁业有限公司与被申请人莱斯防盗产品国际有限公司侵害商标权纠纷案

【裁判要旨】

商标法所保护的商标基本功能是其识别性。判断在相同或类似商品上使用相同或近似商标的行为是否容易导致混淆，要以商标发挥或者可能发挥识别功能为前提。在全部用于出口的委托加工产品上贴附的标志，既不具有区分所加工商品来源的意义，也不能实现识别该商品来源的功能，该标志不具有商标的属性，该贴附行为不构成商标意义上的使用行为。

【关键词】

商标　侵权　委托加工　商标使用

【案号】

最高人民法院（2014）民提字第38号

【基本案情】

在再审申请人浦江亚环锁业有限公司（以下简称亚环公司）与被申请人莱斯防盗产品国际有限公司（以下简称莱斯公司）侵害商标权纠纷案中，许浩荣于2003年5月21日在第6类的“家具用金属附件、五金锁具、挂锁、金属锁（非电）”等商品上获准注册第3071808号“PRETUL及椭圆图形”商标（即本案商标）。2010年3月27日，本案商标经核准转让给莱斯公司。亚环公司于2010年与案外人墨西哥TRUPER HERRAMIENTAS S. A. DE C. V.（以下简称储伯公司）签订售货确认书若干，约定由亚环公司向储伯公司供给挂锁。后宁波海关分两次查获亚环公司自该海关出口至墨西哥的228箱684打和3411箱10233打被诉侵权挂锁。挂锁的锁体、钥匙及所附的产品说明书上均带有“PRETUL”商标，挂锁包装盒上标有“PRETUL及椭圆图形”商标，并以西班牙文标明“进口商：储伯公司”和“中国制造”，但并未标注亚环公司的相关信息。储伯公司在墨西哥等多个国家和地区拥有第6类、第8类商品类别上的“PRETUL”或“PRETUL及椭圆图形”商标权，其出具声明称，亚环公司生产的标有“PRETUL”商标的所有型号的挂锁均是根据该公司的授权而生产，并全部出口墨西哥。莱斯公司以亚环公司的前述行为构成侵害其商标权为由，提起诉讼。浙江省宁波市中级人民法院一审认为，莱斯公司是本案商标的合法权利人，亚环公司在挂锁锁体、钥匙及产品说明书上标注“PRETUL”等标识，属于商标法意义上的使用行为。储伯公司在墨西哥取得的商标权不受我国法律保护。亚环公司在其加工的产品上标注的“PRETUL”商标与本案商标不相同，产品不在中国境内销售，消费者没有发生混淆的可能，故“PRETUL”商标未侵害本案商标权。但包装盒上标注的“PRETUL及椭圆图形”商标与本案商标相同，亚环公司对该商标的使用行为构成对本案商标权的侵害。遂判决亚环公司停止侵权并承担相应的民事责任。莱斯公司、亚环公司均不服一审判决，向浙江省高级人民法院提起上诉。浙江省高级人民法院二审认为，亚环公司在同类商品上使用“PRETUL”商标的行为构成对本案商标权的侵害。遂撤销一审判决，判令亚环公司立即停止侵权行为并赔偿莱斯公司经济损失8万元。亚环公司仍不服，向最高人民法院申请再审。最高人民法院裁定提审本案，并于2015年11月26日判决撤销一审、二审判决，驳回莱斯公司的诉讼请求。

【裁判意见】

最高人民法院提审认为：商标作为区分商品或者服务来源的标识，其基本功能在于商标的识别性。亚环公司依据储伯公司的授权使用“PRETUL”标志，在中国境内仅属物理贴附行为，为储伯公司在享有商标专用权的墨西哥国使用其商标提供了必要的技术性条件，在中国境内并不具有识别商品来源的功能。因此，亚环公司在委托加工产品上贴附的标志，既不具有区分所加工商品来源的意义，也不能实现识别该商品来源的功能，其所贴附的标志不具有商标的属性，在产品上贴附标志的行为亦不能被认定为商标意义上的使用行为。在商标不能发挥识别作用，并非商标法意义上的商标使用的情况下，判断是否在相同商品上使用相同的商标，或者判断在相同商品上使用近似的商标，或者判断在类似商品上使用相同或近似的商标是否容易导致混淆，都不具实际意义。

中华人民共和国最高人民法院民事判决书

（2014）民提字第38号

再审申请人（一审被告、二审上诉人）：浦江亚环锁业有限公司。住所地：中华人民共和国浙江省浦江县火车站站区。

法定代表人：寿学英，该公司董事长。

委托代理人：姚晓洪，上海锦天城律师事务所律师。

委托代理人：俞则刚，浙江和义律师事务所律师。

被申请人（一审原告、二审上诉人）：莱斯防盗产品国际有限公司（FOCKER SECURITY PRODUCTS INTERNATIONAL LIMITED）。住所地：ROOM A，21/F.，GAYLORD COMMERCIAL BUILDING，114－118 LOCKHART ROAD，WANGCHAI HONG KONG（中华人民共和国香港特别行政区湾仔骆克道114－118号嘉洛商业大厦21楼A室）。

法定代表人：关毅华，该公司董事长。

委托代理人：高恽，北京纬文律师事务所律师。

再审申请人浦江亚环锁业有限公司（简称亚环公司）因与被申请人莱斯防盗产品国际有限公司（简称莱斯公司）侵害商标权纠纷一案，不服浙江省高级人民法院（2012）浙知终字第285号民事判决，向本院申请再审。经审查后，本院于2014年1月2日作出（2013）民申字第1644号裁定，提审本案。本院依法组成合议庭，于2014年4月11日公开开庭审理了本案。亚环公司委托代理人姚晓洪、俞则刚，莱斯公司委托代理人高恽到庭参加诉讼，本案现已审查终结。

亚环公司申请再审称：（一）二审判决未认定亚环公司是依据墨西哥“PRETUL”商标的合法使用人的委托从事涉外定牌加工的行为，属认定事实错误。涉外定牌加工是《中华人民共和国合同法》第251条规定的加工承揽关系，而不是销售合同关系。本案中，亚环公司系受案外人墨西哥TRUPER HERRAMIENTAS S. A. DE C. V.（简称储伯公司）委托，按照其要求生产挂锁，在挂锁上标注“PRETUL”商标标识，并全部返销到墨西哥。而储伯公司在墨西哥系“PRETUL”商标的权利人，亚环公司生产挂锁的行为是严格根据储伯公司的特定订单，按照订单上所载的设计方案、数量和期限进行的，属于加工承揽行为。一审判决认定亚环公司与储伯公司之间为定牌加工合同关系是正确的。但是，二审判决回避了这个基本事实。涉外定牌加工贸易在我国经济、尤其是对外贸易关系中具有重要地位，是我国目前重要的一种生产经营形态，忽视这个事实，将无法对这一社会经济现象做出正确的法律判断，更无以实现法律规范对经济活动的价值指引。（二）二审判决对许浩荣恶意抢注“PRETUL及椭圆图形”商标的事实不予审查，属认定事实错误。储伯公司在墨西哥等多个国家和地区在第6类、第8类等类别上注册了“PRETUL”“PRETUL及椭圆图形”商标，其中第6类的“PRETUL”商标注册时间为2002年11月27日。许浩荣原系中山市泰星锁业制造有限公司（简称泰星公司）的股东、副董事长，2003年许浩荣注册了第3071808号“PRETUL及椭圆图形”商标，并于2010年3月27日转让给莱斯公司。自2001年4月起，储伯公司就与泰星公司建立业务往来，泰星公司接受储伯公司委托，在中国生产大量“PRETUL及椭圆图形”“PRETUL”商标的挂锁并返销给储伯公司。2006年6月，储伯公司还与泰星公司签订了独家协议。亚环公司主张在本案中判断商标侵权问题应该审查莱斯公司取得涉案商标是否具有主观恶意，并未超出本案的审理范围。（三）亚环公司在涉外定牌加工行为中，按照国外定作方的要求在产品上贴附其在国外注册的商标的行为，并非商标法意义上的商标使用行为。二审判决未能正确认定，适用法律错误。1. 二审判决援引《中华人民共和国商标法实施条例》（以下简称商标法实施条例）第三条的规定，认为亚环公司的行为构成商标使用行为，系对商标法相关条文的表面理解，未能准确把握法条的实质含义。商标法、商标法实施条例以及相关司法解释所列明的商标侵权行为，仅仅是对某种商业行为的外在描述，是作为判定其是否构成商标侵权的一种参考，仅仅是一种形式，而非实质。正确的法律适用方法，应该是在形式要件符合的情况下，还要再去探究该行为是否就是立法目的意图要去规制的行为。在本案中，亚环公司在涉案产品上标注“PRETUL及椭圆图形”“PRETUL”商标，是附着于储伯公司的订单的，对亚环公司来说，这些标识与产品订单上的数量、规格、尺寸、材质一样，都只是订单的一部分，并无特殊含义（至于其系储伯公司的注册商标这一特殊含义，亚环公司已经履行了合理审查的义务）。亚环公司在加工生产涉案货物的时候，并没有企图或者事实上利用这些商标来获取额外的利益，而商标法意义上的商标使用行为的本意恰恰在于此。因此，亚环公司的行为尽管有“使用”商标的表象，但不具备使用该商标的主观意图和实质内涵，不是商标法意义上的商标使用行为。2. 商标的基本功能在于区别商品的来源，因此商标只有在商品的流通环节中才能发挥其功能。亚环公司根据境外商标权人的委托加工产品且全部出口墨西哥，未在中国市场实际销售，在其加工出口的产品上标注“PRETUL”商标的行为在中国境内并不起到标识产品来源的作用，不会引起中国境内消费者的混淆和误认，因此没有侵害莱斯公司的商标权。二审判决认为《最高人民法院关于审理商标民事纠纷案件适用法律若干问题的解释》第九条第二款并未对“相关公众”作地域限制，是对法律条文的字面解读。司法解释对于“相关公众”虽然未作地域限制，但这个“相关公众”并非虚构的概念，而是一个法律上的必然存在，特指“相关市场”，则必定有地域限制。所以，简单地说司法解释未对“相关公众”作地域限制是错误的，此其一。其二，在定牌加工的情况下，因为产品全部出口至境外，其产品只有墨西哥的经营者或者消费者才能接触到该产品，而他们都不会把涉案产品与莱斯公司相联系。3. 涉案产品包装盒及产品说明书用西班牙文标明“进口商：储伯公司”字样，更是区分了商品来源，墨西哥的相关公众完全可以识别该商品来源于储伯公司，即使有中国的相关公众，亦不会将该商品与莱斯公司相联系。（四）二审判决认定亚环公司加工涉案产品构成商标侵权，适用法律错误。根据《中华人民共和国侵权责任法》第六条规定，其构成要件有四：（1）有违法行为，（2）有损害事实，（3）违法行为与损害后果之间有因果关系，（4）行为人主观上有过错。本案中，亚环公司是受储伯公司的委托生产加工涉案产品，不具有违法性；亚环公司生产的涉案产品全部出口到墨西哥，根本不在中国市场流通，不会造成中国消费者的混淆误认，因而不会损害莱斯公司的合法利益；亚环公司已经尽到了加工承揽人的注意义务，主观上不存在过错。因此，亚环公司加工涉案产品未侵犯莱斯公司的商标权，不应承担侵权责任。最高人民法院已经在（2012）行提字第2号行政判决中明确了境外商标权人委托中国大陆境内厂家生产加工产品不属于“商标使用行为”，按照同样的理解，在本案莱斯公司是抢注国外客户的商标后反过来制约原先的合法使用人的情况下，更不应认定构成商标侵权行为。考察涉外定牌加工行为是否构成商标侵权，应当审查涉案商标的取得是否遵循了诚实信用的基本法律原则。非基于诚实信用原则而取得的商标权，不能对抗与之相关的利害关系方，例如该商标的原始所有人。综上，请求对本案进行再审，撤销原审判决，改判驳回莱斯公司的诉讼请求。

莱斯公司答辩称：1. 关于涉外定牌加工这一概念并非法律上的规范概念，目前没有法律法规给予明确规定，亚环公司关于其行为属于定牌加工的主张不影响本案的审理，其提出的与此相关的申请再审理由没有法律依据。2. 认定一个商标使用行为是否构成商标侵权与该行为是否为定牌加工行为没有关系，即使亚环公司的涉案行为属于定牌加工，也同样应该认定属于商标侵权行为。3. 涉案商标原注册人许浩荣注册涉案商标是否构成抢注，不属于本案的审理范围。

莱斯公司与亚环公司侵害商标权纠纷一案，于2011年1月30日向浙江省宁波市中级人民法院起诉。一审法院2011年1月31日作出（2011）浙甬知初字第56-1号证据保全裁定，于2011年2月14日作出（2011）浙甬知初字第56-2号财产保全裁定，并分别采取了证据保全和财产保全措施。

莱斯公司诉称：该公司是第3071808号“PRETUL及椭圆图形”注册商标的权利人，2010年12月31日、2011年1月6日，莱斯公司获悉亚环公司有两批次挂锁使用了“PRETUL”商标正通过宁波海关出口至墨西哥，申请宁波海关对上述侵权产品采取了扣留措施。亚环公司未经许可擅自生产销售带有“PRETUL”商标挂锁的行为，侵害了莱斯公司的商标专用权。请求判令：（一）亚环公司立即停止对莱斯公司商标专用权的侵权行为，即停止在其生产销售的五金锁具上使用莱斯公司的注册商标；（二）收缴甬关法（2010）804号、甬关法（2011）007号两案扣留的侵权产品及库存的侵权产品、亚环公司用于生产侵权产品的专用模具以及带有侵权商标的包装物；（三）亚环公司赔偿莱斯公司经济损失45万元（除特别标明其他币种者外，涉及的货币均指人民币）。

亚环公司答辩称：（一）涉案带有“PRETUL”商标的产品系接受墨西哥TRUPER HERRAMIENTAS S. A. DE C. V.（简称储伯公司）委托所生产的涉外定牌加工产品，完全出口墨西哥，未在中国市场销售，不会引起中国境内消费者的混淆和误认，没有侵害莱斯公司的商标权；（二）涉案商标原注册人许浩荣作为泰星公司的股东、副董事长，在泰星公司受托加工储伯公司“PRETUL”商标产品期间，在中国恶意抢注了该商标，莱斯公司受让该商标权，其诉讼请求有违诚实信用和公平原则。请求驳回莱斯公司的诉讼请求。

莱斯公司提供了以下证据：

1. 第3071808号“PRETUL及椭圆图形”商标注册证、核准商标转让证明，拟证明莱斯公司受让取得了该商标。

2. 莱斯公司注册证书，拟证明其主体资格。

3. 甬关法（2010）804号、甬关法（2011）007号采取知识产权海关保护措施通知书，拟证明亚环公司侵权事实。

4. 增值税发票，拟证明莱斯公司使用涉案注册商标的事实。

5. 委托代理协议及代理费发票，拟证明莱斯公司为制止亚环公司侵权，支付了律师代理费5万元。

6. 收据，拟证明莱斯公司为本案诉讼等办理委托公证支付了13700元港币。

7. 食宿费发票，拟证明莱斯公司为办理立案手续支出了食宿费490元。

8. 交通费支出票据，拟证明莱斯公司为办理立案手续支付了交通费用共计3891元。

9. 办理海关知识产权退还担保金委托书公证单据，拟证明莱斯公司为办理该项公证支付了195元。

10. （2011）高行终字第636号行政判决书，拟证明储伯公司在中国大陆未实际使用“PRETUL”商标，不存在许浩荣抢注该商标的事实。

11. 《商标转让合同》《商标使用许可合同》、收款收据及收条，拟证明莱斯公司从许浩荣处受让涉案商标并支付转让费45万元；原商标权人许浩荣许可泰星公司使用涉案商标及许可费用；莱斯公司许可中山市曼克五金制造有限公司（简称曼克公司）使用涉案商标及费用。

12. 发票及《订购合同》，拟证明涉案商标被大量使用的事实。

13. 被控侵权产品包装盒上的西班牙文及中文译本，拟证明包装盒上的西班牙文“Importador”中文意思为“进口商”，说明亚环公司为销售出口商而非来料定点加工转出口企业。

14. 翻译费付款票据、交通费票据及食宿票据，拟证明莱斯公司为制止亚环公司侵权，委托律师第一次开庭支付了交通费5299元，食宿费1955元及翻译费200元。

应莱斯公司申请，一审法院从宁波海关调取了（2010）甬关法804号、（2011）甬关法007号两案项下的被扣留的被控侵权挂锁12把、报关单两份及亚环公司报关时提交的相关销售合同、发票、装箱单。

亚环公司提供了以下证据：

1. 售货确认书及商标使用授权书，拟证明储伯公司向亚环公司订购涉案挂锁以及储伯公司将“PRETUL”商标授权给亚环公司使用。

2. 储伯公司注册文件，拟证明储伯公司系一家根据墨西哥法律注册并存续的公司。

3. 商标注册登记证，拟证明2001年11月27日，储伯公司的“PRETUL”商标在墨西哥工业产权协会登记注册，类别为第6类。

4. 泰星公司的工商登记材料，拟证明关桂泰为该公司的股东和法定代表人；

2000 年 8 月该公司设立时，许浩荣、关桂泰为其发起人。

5. 邮件，拟证明自 2001 年 4 月起，储伯公司与泰星公司建立业务往来。

6. 编号为 0000093034 的订单，拟证明 2001 年 7 月 25 日，储伯公司向泰星公司订购锁类产品。

7. 付款凭证，拟证明 2002 年 5 月 8 日，储伯公司向泰星公司支付了编号为 0000093034 的订单项下的货款。

8. 付款凭证，拟证明 2004 年 1 月 13 日，储伯公司向泰星公司支付了发票号为 SCI1206 项下的货款。

9. 分销协议、销售协议及独家协议，拟证明 2003 年 1 月，储伯公司与泰星公司签订了分销协议；2004 年 5 月，储伯公司与泰星公司签订了销售协议；2006 年 6 月，储伯公司与泰星公司签订了独家协议。

10. “TRUPER”商标注册登记资料，拟证明泰星公司在中国注册了数个“TRUPER”商标并将其转让给了储伯公司。

11. 商标网资料，拟证明许浩荣、关就泰、关元泰、泰星公司抢注了其他商标。

12. 邮件，拟证明泰星公司承认在中国注册了储伯公司的商号“TRUPER”。

13. 储伯公司商标授权声明，拟证明储伯公司授权亚环公司使用“PRETUL”商标，并仅限于货物出口至墨西哥。

14. 储伯公司 2000 年产品目录，拟证明在泰星公司注册“PRETUL”商标以前，储伯公司已在墨西哥及世界其他国家和地区大量使用“PRETUL”商标。

15. “PRETUL”商标注册证，拟证明在许浩荣申请涉案注册商标之前，储伯公司已经在墨西哥及世界其他国家和地区大量注册了“PRETUL”商标。

16. 93034 号订单转账记录及公证书，拟证明储伯公司支付了 93034 号订单下的款项。

17. 与 93034 号订单相对应的发票、装箱单、提单、入关记录，拟证明储伯公司于 2001 年 7 月 25 日下订单给泰星公司后，泰星公司完成交货、出口及入关的事实。

18. 上海市高级人民法院（2009）沪高民三（知）终字第 65 号民事判决书，拟证明单纯的定牌加工出口行为不构成商标侵权。

19. 曼克公司工商登记材料，拟证明曼克公司是泰星公司的关联企业，曼克公司负责人关毅华与泰星公司负责人关桂泰是父子关系。

20. 域名“zhongshan. gd. cn”注册信息，拟证明该域名注册商为厦门三五互联科技股份有限公司。

21. 售货确认书、发票及装箱单，拟证明亚环公司被宁波海关扣留货物的数量及金额。

对莱斯公司提供的前述证据，亚环公司质证认为：对证据1的真实性无异议，但认为涉案注册商标系许浩荣恶意抢注。对证据2无异议。对证据3的真实性无异议，但认为亚环公司的行为不构成侵权。对证据4的真实性有异议。对证据5～9的真实性无异议，但认为因亚环公司的行为不构成侵权，故该部分证据与本案无关。对证据10的真实性无异议，但认为该判决书可以支持亚环公司关于涉外定牌加工行为不属于商标法上的商标使用行为的观点。对证据11，认为相关合同的当事人有利害关系，七张收款收据的号码基本上是连号，认为该合同、收款收据及收条系莱斯公司在同一时间所制作，对其真实性有异议，要求对其形成时间予以鉴定。对证据12中的发票的真实性无异议，但对其关联性有异议，认为不能证明涉案商标被大量使用；对其中的合同的真实性有异议，要求对其形成时间进行鉴定。对证据13的真实性无异议，但对莱斯公司的证明内容有异议，认为该包装盒上所标注的西班牙文并不能否定亚环公司系涉外定牌加工企业的事实。对证据14的真实性无异议，但认为不构成侵权，故该部分证据与本案无关。

对法院调取的上述证据，莱斯公司无异议，亚环公司对其中的报关单无异议，但认为销售合同、发票、装箱单显示的商标与本案无关，故对其真实性、关联性有异议。

对亚环公司提供的上述证据，莱斯公司质证认为：对证据1中售货确认书的真实性无异议，但认为该两份合同项下的货物与本院从宁波海关调取的报关单等单据项下的货物不是同批货物；对其中的商标使用授权书，认为未经公证、认证，且系在宁波海关扣留货物之后所出具，对其真实性、关联性均有异议。对证据2的真实性无异议，但认为与本案无关。对证据3，认为未经公证、认证，对其真实性、关联性均有异议。对证据4的真实性无异议，但认为与本案无关。对证据5，认为相关邮件往来是储伯公司自行制作，邮箱名“lock@ pub. zhongshan. gd. cn”也不是泰星公司的对外业务邮箱，对其真实性、关联性均有异议。对证据6，认为亚环公司未提供原件，从形式上来看，属境外形成的证据，未经公证、认证，对其真实性、关联性均有异议。对证据7，认为系储伯公司自行制作，对其真实性、关联性均有异议。对证据8，认为亚环公司未提供原件，对其真实性、关联性均有异议。对证据9形式上的真实性无异议，但认为与本案无关。对证据

10、11，认为系网上下载的材料，网页也特别标明“仅供参考，无任何法律效力”，故对其真实性、合法性、关联性均有异议。对证据12，认为相关邮件系存储于储伯公司的员工电脑中，对其真实性、关联性均有异议。对证据13，认为该份《商标授权证明》系在本案纠纷产生后，由亚环公司利害关系人储伯公司事后补的授权书，该份授权书与亚环公司提供的证据1中的授权书相比，只是内容增加了一条，即授权亚环公司使用“PRETUL”商标的产品不得在中国境内销售，对其真实性、关联性均有异议。对证据14，认为该份产品目录系由储伯公司自行制作并提供给公证机关，公证机关也明确表示不对其内容的真实性负责，对该证据的真实性、关联性均有异议。对证据15，认为系境外形成的证据，对其真实性不予认可，并认为无一个商标注册地在中国，对其关联性有异议。对证据16，认为公证的证据并非原始的纸质凭证，而是存储于储伯公司的个人电脑资料，该份转账清单无相应银行签字确认，也无泰星公司确认回传，对其真实性、关联性均有异议。对证据17的真实性不予认可，并认为即使是真实的，涉及委托生产销售的货物并不包括带有涉案注册商标的挂锁，对其关联性也有异议。对证据18，认为亚环公司未提供原件，即使属实，因我国并非判例法国家，该案的事实与本案也不同，故对其真实性、关联性均有异议。对证据19、20的真实性无异议，但认为与本案无关。对证据21，认为亚环公司提供的四份销售确认书系不同的合同，而非亚环公司所谓的证据1中的两份售货确认书被新提供的两份售货确认书所取代，并认为侵权货物的总货值应按四份合同的金额来计算。

一审法院经审查认为，莱斯公司提供的证据1～3，因亚环公司对其真实性无异议，且该部分证据也与本案有关，予以认定。对证据4，亚环公司对其真实性虽有异议，但因莱斯公司已提供了原件，故对其真实性予以认定。对证据5～9、14，因亚环公司对其真实性无异议，予以认定，至于该部分费用应否支持，将另行作出认定。对证据10，因亚环公司对其真实性无异议，可予认定，至于该证据能否证明莱斯公司的主张，将另行认定。对证据11、12，因莱斯公司已提供了相关销售发票的原件，亚环公司也未能提供反证，故对这些发票的真实性予以认定，且这些发票能够证明泰星公司和曼克公司在锁具产品上使用了涉案商标的事实，对其中的销售合同及收款收据，无需再作认定，故对亚环公司要求对其中的销售合同及收款收据的形成时间进行鉴定的申请不予准许。对证据13，因亚环公司对其真实性无异议，可予认定，至于该证据能否证明莱斯公司的主张，将另行认定。

对一审法院调取的上述证据，因莱斯公司对其真实性无异议，亚环公司对其中的报关单的真实性无异议，亚环公司虽对其中的销售合同、发票、装箱单的真实性、关联性有异议，认为显示的商标与本案无关，但因相关的发票、装箱单已特别注明了系“TRUPER”标识，其数量与相关的报关单及莱斯公司证据3相印证，该部分证据也与本案有关，予以认定。

对亚环公司提供的证据1和证据21，因法院已从宁波海关调取了相关的报关单、售货确认书、发票和装箱单，对该部分证据已作了认定，故亚环公司通过宁波海关申报出口的被控侵权挂锁的数量应以法院调取的证据为准；对证据1中的商标使用授权书，因系境外形成的证据，未经公证、认证，莱斯公司也不予认可，故不予认定。对证据3，因已包含在亚环公司补充提供的证据15中，对该证据将另行认定。对证据4，因莱斯公司对其真实性无异议，该证据与本案也有一定的关联，故对该证据予以认定。对证据5～12、16、17，因该部分证据主要涉及许浩荣等是否恶意抢注储伯公司的“PRETUL”商标等，根据《中华人民共和国商标法》（以下简称商标法）第四十一条的规定，已经注册的商标，如果系通过不正当手段取得注册的，相关单位或者个人可以请求商标评审委员会裁定撤销，故该部分证据不属本案审理范围，不予认定。对证据13，因系境外形成，并已经公证、认证，且莱斯公司也未能提供反证，故对该证据予以认定。对证据14，因系储伯公司自行制作，非正式出版物，莱斯公司对其真实性也不予认可，故不予认定。对证据15，因系境外形成，并已经公证、认证，且莱斯公司也未能提供反证，故对该证据予以认定。对证据18，因非法律意义上的证据，故与本案无关，不予认定。对证据19，因莱斯公司对其真实性无异议，故对该证据予以认定。对证据20，因与本案无关，不予认定。

根据以上证据，一审法院认定如下事实：

2003年5月21日，经商标局核准，许浩荣注册了第3071808号“PRETUL及椭圆图形”商标，核定使用商品为第6类的家具用金属附件、五金锁具、挂锁、金属锁（非电）等。2010年3月27日，商标局核准该商标转让给莱斯公司。

2010年8月10日，亚环公司与储伯公司签订编号为HYY100810A－3的售货确认书一份，约定亚环公司供给储伯公司挂锁684打，总金额为3069.79美元。此外，双方还签订过编号为HYY101028A的售货确认书一份，约定亚环公司供给储伯公司挂锁10233打，总金额为61339.03美元。2010年12月31日、2011年1月6日，宁波海关分别查获亚环公司自该海关出口至墨西哥的228箱684打和

3411 箱 10233 打被控侵权挂锁（申报金额分别为 3069.79 美元和 61339.03 美元）。经莱斯公司申请并提交了担保金，宁波海关于2011 年1 月13 日扣留了该两批货物。法院于 2011 年 2 月 10 日从宁波海关调取了该两批货物中的被控侵权挂锁各 12 把（其代码和型号分别为 23522、CAHI－30 和 23519、CAHI－50）。从法院调取的挂锁来看，该两批挂锁的锁体、钥匙及所附的产品说明书上均带有“PRETUL”商标，而挂锁包装盒上则均标有“PRETUL 及椭圆图形”商标。该产品包装盒及产品说明书还用西班牙文特别标明：“进口商：储伯公司”和“中国制造”以及储伯公司的地址、电话、传真等内容，相关的包装盒及产品说明书上未标注亚环公司的名称、地址、电话等信息。2011 年 2 月 16 日，一审法院赴宁波海关查封上述货物时，该两批货物已被放行。

亚环公司成立于2000 年9 月13 日，注册资本为500 万元，工商登记的经营范围为：锁具铸造、五金工具、链条、锯条、工艺品的制造、加工、销售等。

另查明，泰星公司成立于2000 年8 月4 日，该公司成立时的股东为许浩荣及关桂泰二人，许浩荣曾担任该公司的副董事长。2003 年 12 月 28 日，该公司的股东变更为关桂泰、胡贤珊（系关桂泰之妻）和关就泰三人。曼克公司成立于2007 年8 月 20 日，其股东为胡贤珊一人。莱斯公司系关桂泰、胡贤珊之子关毅华一人在香港投资设立的公司，其现任董事为关毅华、关桂泰。许浩荣曾将涉案商标许可给泰星公司使用，莱斯公司在受让该商标后，也曾将该商标许可给曼克公司使用。

储伯公司系设立于墨西哥的一家公司。该公司在墨西哥等多个国家和地区在第6 类、第 8 类等类别上注册了“PRETUL”或“PRETUL 及椭圆图形”商标，其中注册号为770611、注册类别为第6 类的“PRETUL”商标于2002 年11 月27日在墨西哥注册。2011 年3 月24 日，储伯公司出具一份商标授权申明，称该公司系墨西哥注册商标“PRETUL”的合法所有人，该公司申明亚环公司生产的标有“PRETUL”商标的所有型号的挂锁（代码和型号为：23518，CAHI－40；23519，CAHI－50；23520，CAHI－40B；23512，CAHI－50B；23522，CAHI－30；23523，CAHI－30B）均是根据该公司的授权而生产，并全部出口墨西哥。亚环公司承认并同意：1. 上述产品不得在中国境内销售；2. 所有相关商标及知识产权属于储伯公司；3. 不得直接或间接向全世界范围内任何商标注册机构或版权登记机构申请注册或登记；4. 储伯公司有权随时撤销上述授权。

莱斯公司为制止亚环公司侵权，支付了一定的律师费、交通费等费用。

一审法院认为：本案系涉港侵害商标权纠纷，根据有关规定，应参照涉外侵害商标权纠纷处理。根据《最高人民法院关于审理商标民事纠纷案件适用法律若干问题的解释》第六条之规定，一审法院作为侵权商品查封扣押地的法院对本案有管辖权。因被请求保护地在中国大陆，根据《中华人民共和国涉外民事关系法律适用法》第五十条之规定，本案应适用中华人民共和国的法律。本案争议的焦点主要是：（一）亚环公司与储伯公司是否存在涉外定牌加工合同关系；（二）亚环公司的行为是否构成侵权。

关于亚环公司与储伯公司是否存在涉外定牌加工合同关系，莱斯公司认为，从法院调取及亚环公司提供的售货确认书来看，已明确载明卖方为亚环公司，买方为储伯公司；被控侵权挂锁包装盒及产品说明书还用西班牙文特别标明“进口商：储伯公司”；莱斯公司享有的第3071808号“PRETUL及椭圆图形”注册商标和储伯公司在墨西哥注册的第770611号“PRETUL”注册商标并不完全相同，而亚环公司在被控侵权挂锁的包装盒上恰恰使用了与莱斯公司的注册商标完全相同的商标，而非储伯公司的该注册商标；也没有有效证据排除亚环公司在中国境内销售被控侵权挂锁。综合以上情形，双方应为涉外买卖合同关系，而非涉外定牌加工合同关系。亚环公司认为，亚环公司与储伯公司的行为符合涉外定牌加工合同关系的法律特征，售货确认书、包装盒及产品说明书上记载的前述内容并不能否认双方实际系定牌加工合同关系，莱斯公司也无证据证明被控侵权产品在中国境内有销售，故亚环公司与储伯公司应为定牌加工合同关系。

一审法院认为：所谓涉外定牌加工，一般指国内加工方接受境外委托方的委托，按境外委托方指定的商标生产产品，并将产品全部交付境外委托方并由其在境外销售，境外委托方向境内加工方支付加工费的一种贸易方式，其性质实为承揽合同关系。就本案而言，虽然储伯公司与亚环公司签订的售货确认书载明储伯公司为买方，亚环公司为卖方，被控侵权挂锁包装盒及产品说明书还用西班牙文特别标明“进口商：储伯公司”，但因莱斯公司并未提供涉案产品在中国大陆境内销售的证据，亚环公司也已提供了储伯公司在墨西哥注册的第770611号“PRETUL”商标证书，亚环公司加工生产的挂锁的锁体、钥匙及所附的产品说明书上均带有“PRETUL”商标，储伯公司对亚环公司按其要求定牌生产涉案产品也予以认可，故可认定亚环公司与储伯公司存在涉外定牌加工合同关系。

关于亚环公司的行为是否构成侵权，亚环公司认为其仅仅实施了定牌加工行为，且所有加工的产品均出口至储伯公司享有商标权的墨西哥市场，未在中国境内市场流通，其定牌加工行为不属于商标法意义上的使用行为，既不会造成相关公众对商品来源产生混淆的可能性，也不会对莱斯公司注册商标的识别功能造成损害，故亚环公司的行为不构成侵权。莱斯公司认为亚环公司的行为完全符合商标法实施条例第三条关于商标使用行为的规定，构成商标法第五十二条第（一）项规定的商标侵权行为。

一审法院认为：根据商标法实施条例第三条的规定："商标法和本条例所称商标的使用，包括将商标用于商品、商品包装或者容器以及商品交易文书上，或者将商标用于广告宣传、展览以及其他商业活动中"。亚环公司在其加工的挂锁锁体、钥匙及所附的产品说明书上标注"PRETUL"商标，在挂锁包装盒上标注"PRETUL及椭圆图形"商标，属于商标法意义上的商标使用行为。

地域性是知识产权的基本特征之一，其基本含义是依据不同国家产生的知识产权是相互独立的，没有域外效力。在商标权领域，则体现为商标权人依据各国法律规定，分别取得独立的商标权，同一商标在各国取得商标权的效力仅在各国法律所及的范围内得到承认，即商标权没有域外效力。储伯公司虽在墨西哥在第6类商品上取得了第770611号"PRETUL"商标权，但因该商标未在我国注册，其在墨西哥取得的该商标权不受我国法律保护。而莱斯公司现依法在我国受让取得了第3071808号"PRETUL及椭圆图形"注册商标，该商标现仍在有效期内，应受我国法律保护。因莱斯公司的第3071808号"PRETUL及椭圆图形"注册商标系文字加图形组合商标，根据《最高人民法院关于审理商标民事纠纷案件适用法律若干问题的解释》第九条、第十条之规定，亚环公司在其加工的挂锁的锁体、钥匙及所附的产品说明书上标注的"PRETUL"商标，因该商标与莱斯公司的该注册商标不相同，且定牌产品均出口至墨西哥，不在中国境内销售，中国境内的消费者也没有发生混淆的可能，故应认定该"PRETUL"商标与莱斯公司的该注册商标不构成近似，其行为不构成侵权。亚环公司在其加工的挂锁包装盒上标注的"PRETUL及椭圆图形"商标，与莱斯公司的该注册商标构成相同，亚环公司未经莱斯公司许可，在同类商品上使用与莱斯公司享有的注册商标相同的商标构成对莱斯公司商标专用权的侵犯，应承担停止侵权及赔偿损失的民事责任。至于亚环公司应承担的赔偿数额，由于莱斯公司未提供其因亚环公司侵权所受到的损失或亚环公司因侵权所获得的利益的确切依据，莱斯公司选择法定赔偿，法院综合考虑到：根据莱斯公司提供的证据，其涉案注册商标知名度不高；亚环公司仅在挂锁的包装盒上使用了与莱斯公司涉案注册商标相同的商标；亚环公司被宁波海关两次扣留的侵权产品数量较多、货值较大，且该两批货物已被放行，亚环公司虽辩称已将涉案商标消除，但未能提供证据；亚环公司注册资本达500万元，其生产经营规模较大；莱斯公司为制止侵权支付了一定的合理开支等因素，酌定赔偿数额为5万元。对莱斯公司要求收缴甬关法（2010）804号、甬关法（2011）007号两案扣留的货物及亚环公司库存的侵权产品、亚环公司用于生产侵权产品的专用模具以及带有侵权商标的包装物，因莱斯公司未能举证证明该两案扣留的货物现仍被亚环公司持有，也未能举证证明亚环公司有用于生产侵权产品的专用模具、现仍有库存的侵权产品以及带有侵权商标的包装物，故对莱斯公司的该部分诉讼请求不予支持。

据此，一审法院作出（2011）浙甬知初字第56号民事判决，判决如下：（一）亚环公司立即停止对莱斯公司享有的第3071808号“PRETUL及椭圆图形”注册商标专用权的侵害，即立即停止在其加工的挂锁的包装盒上使用“PRETUL及椭圆图形”商标；（二）亚环公司赔偿莱斯公司经济损失5万元（包括莱斯公司为制止侵权支付的合理开支）；（三）驳回莱斯公司的其他诉讼请求。案件受理费8050元，财产保全费3020元，合计11070元，由莱斯公司负担4920元，亚环公司负担6150元。

莱斯公司、亚环公司均不服一审判决，分别向浙江省高级人民法院提起上诉。

莱斯公司上诉称：（一）亚环公司使用“PRETUL”商标通过宁波海关出口墨西哥的挂锁、钥匙、包装盒已被其从宁波海关取回，在亚环公司未举证证明涉案产品下落的情况下，应推定涉案产品在国内进行了销售。储伯公司出具的两份商标使用授权声明都不是与亚环公司下订单时出具的，而是应本案诉讼所需补办的。因此原判认定上述出口墨西哥的产品为涉外定牌加工，属认定事实错误。（二）莱斯公司的“PRETUL及椭圆图形”注册商标的核心部分是“PRETUL”文字，原判认定涉案产品上使用的“PRETUL”商标与莱斯公司的上述注册商标不构成近似属认定事实错误。（三）中国目前无任何法律或司法解释明确规定涉外定牌加工的产品使用国内近似商标不构成侵权。原判一方面认定涉案产品上标注“PRETUL”商标属于商标法意义上的商标使用，另一方面却不适用商标法第五十二条第（一）项的规定，适用法律错误。（四）原判仅判令亚环公司赔偿损失5万元，不足以弥补莱斯公司为制止侵权所付的必要支出，显失公平。（五）原判不支持莱斯公司销毁侵权产品、生产侵权产品的专用模具及带有侵权商标的包装物的诉讼请求，是适用法律错误。请求撤销一审判决，依法改判支持莱斯公司的诉讼请求。

亚环公司上诉称：（一）亚环公司在定牌加工产品的包装盒上标注商标，不构成商标的使用。定牌加工产品未在中国销售，不会引起中国国内消费者的混淆和误认，也不会对莱斯公司的商标权构成实际损害。因此带有“PRETUL及椭圆图形”的包装盒没有侵害莱斯公司的商标权。（二）许浩荣在中国注册商标前，储伯公司的“PRETUL”商标已使用并已有一定影响。许浩荣对“PRETUL及椭圆图形”商标的注册构成恶意抢注。请求二审法院撤销一审判决，依法改判。

针对亚环公司的上诉，莱斯公司答辩称：亚环公司的行为不属于定牌加工，其与储伯公司签订的是销售合同，储伯公司属于进口商；目前无任何法律或司法解释规定涉外定牌加工的产品使用国内近似商标不构成侵权；许浩荣不是本案的诉讼主体，与本案没有关联，亚环公司如果认为属恶意抢注可以按照商标法规定进行维权。

针对莱斯公司的上诉，亚环公司答辩观点与其上诉观点相同。

双方当事人在二审中均未提交新的证据，二审查明的事实与一审判决认定一致。

二审法院认为，商标法第五十二条第（一）项规定了“未经商标注册人的许可，在同一种商品或者类似商品上使用与其注册商标相同或者近似的商标的”行为属侵犯注册商标专用权的行为。亚环公司未经莱斯公司的许可，在挂锁的包装盒上使用“PRETUL及椭圆图形”商标，在挂锁产品、钥匙及所附的产品说明书上使用“PRETUL”商标，根据商标法实施条例第三条的规定，均属于商标使用行为。

莱斯公司依法在中国受让取得了第3071808号“PRETUL及椭圆图形”注册商标，该注册商标现仍在有效期内，应受中国法律保护。而案外人储伯公司虽在墨西哥等国注册了“PRETUL”或“PRETUL及椭圆图形”商标，但因上述商标未在我国注册，其在墨西哥取得的商标权不受我国法律保护。一审法院认为亚环公司未经莱斯公司许可，在同类商品上使用与莱斯公司的注册商标相同的“PRETUL及椭圆图形”商标，构成对莱斯公司商标权的侵犯，符合商标法第五十二条第（一）项的规定。至于亚环公司在挂锁产品、钥匙及所附的产品说明书上使用“PRETUL”商标的行为，首先，商标法第五十二条第（一）项规定了商标侵权的法律要件，只要符合上述法律要件，即构成商标侵权。综观我国现行法律、法规及司法解释，未见有类似本案亚环公司行为的例外规定。其次，关于亚环公司提出的被诉侵权产品完全出口墨西哥，未在中国市场实际销售，不会引起中国境内消费者的混淆和误认，没有侵害莱斯公司商标权的主张，《最高人民法院关于审理商标民事纠纷案件适用法律若干问题的解释》第九条第二款并未对“相关公众”作地域限制，《中华人民共和国知识产权海关保护条例》第三条第一款明确规定“国家禁止侵犯知识产权的货物进出口”。因此，亚环公司的前述抗辩缺乏法律依据，亚环公司在挂锁产品、钥匙及所附的产品说明书上使用的“PRETUL”商标与莱斯公司的涉案注册商标相比较，作为两者主要部分的“PRETUL”文字的字形、读音完全相同，易使相关公众对商品的来源产生误认或者认为其来源与莱斯公司“PRETUL及椭圆图形”注册商标的商品有特定的联系。亚环公司的上述商标使用行为亦侵犯了莱斯公司享有的第3071808号注册商标专用权，应当承担停止侵权、赔偿损失的民事责任。由于莱斯公司未提供其因亚环公司侵权所受到的损失或亚环公司因侵权所获得的利益的确切依据，莱斯公司选择法定赔偿，综合考虑亚环公司被宁波海关两次扣留的侵权产品数量、货值，且该两批货物已被放行，亚环公司虽辩称已将涉案商标消除，但未能提供证据；亚环公司注册资本达500万元，其生产经营规模较大；莱斯公司为制止侵权支付了一定的合理开支等因素，酌定赔偿数额为8万元。至于莱斯公司要求收缴甬关法（2010）804号、甬关法（2011）007号两案扣留的货物及亚环公司库存的侵权产品、亚环公司用于生产侵权产品的专用模具以及带有侵权商标的包装物，一审法院因莱斯公司未能举证证明上述两案扣留的货物现仍被亚环公司持有，也未能举证证明亚环公司有用于生产侵权产品的专用模具、现仍有库存的侵权产品以及带有侵权商标的包装物，故对莱斯公司的该部分诉讼请求不予支持并无不当。

在亚环公司的两种商标使用行为中，其在挂锁包装盒上使用的“PRETUL及椭圆图形”商标与莱斯公司的涉案注册商标相比较，两者在视觉上无差别，构成商标法第五十二条第（一）项规定的商标相同。其在挂锁产品、钥匙及所附的产品说明书上使用的“PRETUL”商标与莱斯公司的涉案注册商标相比较，作为两者主要部分的“PRETUL”文字的字形、读音完全相同，区别仅在于围绕该文字的椭圆图形，两者构成近似商标。

综上，亚环公司未经商标权人莱斯公司的许可，在同种商品上使用与其注册商标相同、近似的商标，侵犯了莱斯公司的商标专用权，应承担相应的侵权责任。莱斯公司有关侵权认定的上诉理由成立，予以支持，但其提出的诉讼请求，部分成立，故酌定判决。亚环公司有关侵权认定的上诉理由不能成立，其提出的许浩荣对“PRETUL及椭圆图形”商标的注册构成恶意抢注的上诉理由不属于本案审理范围，不予支持。一审判决认定亚环公司在同类商品上使用与莱斯公司享有的第 3071808 号商标相同的“PRETUL 及椭圆图形”商标，构成商标侵权，事实清楚，但认定亚环公司在同类商品上使用“PRETUL”商标，不构成商标侵权及部分实体处理不当，应予纠正。本案经二审法院审判委员会讨论决定，判决如下：1. 撤销一审判决；2. 亚环公司立即停止对莱斯公司享有的第 3071808 号“PRETUL 及椭圆图形”注册商标专用权的侵害；3. 亚环公司赔偿莱斯公司经济损失 8 万元（包括莱斯公司为制止侵权支付的合理开支），于本判决生效后十日内付清；4. 驳回莱斯公司的其他诉讼请求。

在本院审查过程中，双方当事人均无新证据向法院提交，对原审法院认定事实亦无争议。

本院认为，根据当事人的再审申请及答辩意见，本案的争议焦点是亚环公司之行为是否构成侵犯莱斯公司“PRETUL”商标专用权，以及亚环公司之行为是否属于商标法意义上的商标使用行为。

本院认为，《中华人民共和国商标法》（2001 年修订，以下简称 2001 年商标法）第八条规定，任何能够将自然人、法人或者其他组织的商品与他人的商品区别开的可视性标志，包括文字、图形、字母、数字、三维标志和颜色组合，以及上述要素的组合，均可以作为商标申请注册。《中华人民共和国商标法》（2013 年修订，以下简称 2013 年商标法）第四十八条规定，本法所称商标的使用，是指将商标用于商品、商品包装或者容器以及商品交易文书上，或者将商标用于广告宣传、展览以及其他商业活动中，用于识别商品来源的行为。虽然前述商标法第四十八条规定之“用于识别商品来源的行为”系 2013 年商标法修改时新增加，但并不意味着商标法对商标法关于商标的使用有了本质的变化，而是对商标的使用进行了进一步的澄清，避免将不属于识别商品来源的使用行为纳入商标使用范畴，进而导致商标法第五十二条的扩大适用。因此，虽然本案应当适用 2001 年商标法，但前述 2013 年商标法第四十八条关于商标的使用之规定对于理解《中华人民共和国商标法实施条例》（2002 年修订）第三条之规定具有重要参照意义。

本案中，根据原审法院查明的事实，储伯公司系墨西哥“PRETUL”或“PRETUL 及椭圆图形”注册商标权利人（第 6 类、第 8 类）。亚环公司受储伯公司委托，按照其要求生产挂锁，在挂锁上使用“PRETUL”相关标识并全部出口至墨西哥，该批挂锁并不在中国市场上销售，也就是该标识不会在我国领域内发挥商标的识别功能，不具有使我国的相关公众将贴附该标志的商品，与莱斯公司生产的商品的来源产生混淆和误认的可性能。商标作为区分商品或者服务来源的标识，其基本功能在于商标的识别性，亚环公司依据储伯公司的授权，上述使用相关“PRETUL”标志的行为，在中国境内仅属物理贴附行为，为储伯公司在其享有商标专用权的墨西哥国使用其商标提供了必要的技术性条件，在中国境内并不具有识别商品来源的功能。因此，亚环公司在委托加工产品上贴附的标志，既不具有区分所加工商品来源的意义，也不能实现识别该商品来源的功能，故其所贴附的标志不具有商标的属性，在产品上贴附标志的行为亦不能被认定为商标意义上的使用行为。

商标法保护商标的基本功能，是保护其识别性。判断在相同商品上使用相同的商标，或者判断在相同商品上使用近似的商标，或者判断在类似商品上使用相同或者近似的商标是否容易导致混淆，要以商标发挥或者可能发挥识别功能为前提。也就是说是否破坏商标的识别功能，是判断是否构成侵害商标权的基础。在商标并不能发挥识别作用，并非商标法意义上的商标使用的情况下，判断是否在相同商品上使用相同的商标，或者判断在相同商品上使用近似的商标，或者判断在类似商品上使用相同或者近似的商标是否容易导致混淆，都不具实际意义。本案中，一、二审法院以是否相同或者近似作为判断是否构成侵犯商标权的要件，忽略了本案诉争行为是否构成商标法意义上的商标使用之前提，适用法律错误，本院予以纠正。

此外，亚环公司还申请再审称许浩荣恶意抢注“PRETUL及椭圆图形”商标。本院认为，储伯公司系墨西哥“PRETUL”或“PRETUL及椭圆图形”注册商标权利人（第6类、第8类），许浩荣是否构成恶意抢注，取决于储伯公司是否向其主张权利及是否有恶意抢注的事实和法律依据等前提条件。本案中，亚环公司虽经储伯公司委托加工相关挂锁，亦举证证明许浩荣所在公司与储伯公司曾有相关贸易关系，但在储伯公司未参加本案诉讼，亚环公司亦未举证证明储伯公司是否向许浩荣主张权利的情况下，原审法院对其上诉理由不予支持并无不当。

综上，亚环公司根据储伯公司委托，在其生产的挂锁上使用“PRETUL”相关标识的行为，不属于商标法意义上的商标使用，不构成对莱斯公司“PRETUL及椭圆图形”商标权的侵犯，一、二审法院适用法律错误，本院予以纠正。亚环公司部分再审申请理由成立，本院予以支持。依照《中华人民共和国商标法》（2001年修订）第五十二条第（一）项、《中华人民共和国商标法实施条例》（2002年修订）第三条以及《中华人民共和国民事诉讼法》第二百条、第二百零七条规定，判决如下：

一、撤销浙江省高级人民法院（2012）浙知终字第285号民事判决；

二、撤销浙江省宁波市中级人民法院（2011）浙甬知初字第56号民事判决；

三、驳回莱斯防盗产品国际有限公司的诉讼请求。

本案一审案件受理费8050元人民币，财产保全费3020元人民币，二审案件受理费8050元人民币，由莱斯防盗产品国际有限公司负担。

本判决为终审判决。

审　判　长　王艳芳
代理审判员　佟　姝
代理审判员　何　鹏
二〇一五年十一月二十六日
书　记　员　刘海珠

（七）诚实信用原则在商标民事案件中的运用

25. 恶意取得并行使商标权的行为不受法律保护

——再审申请人深圳歌力思服饰股份有限公司、再审申请人王碎永及一审被告杭州银泰世纪百货有限公司侵害商标权纠纷案

【裁判要旨】

诚实信用原则是一切市场活动参与者所应遵循的基本准则，民事诉讼活动同样应当遵循诚实信用原则。任何违背法律目的和精神，以损害他人正当权益为目的，恶意取得并行使商标权的行为均属于权利滥用，相关主张不能得到法律的保护和支持。

【关键词】

商标侵权　诚实信用　恶意　权利滥用

【案号】

最高人民法院（2014）民提字第24号

【基本案情】

在再审申请人深圳歌力思服饰股份有限公司（以下简称歌力思公司）、再审申请人王碎永及一审被告杭州银泰世纪百货有限公司（以下简称杭州银泰公司）侵害商标权纠纷案中，深圳市歌力思服饰设计有限公司（以下简称歌力思设计公司）成立于1996年11月18日，为本案歌力思公司的股东（发起人）之一。第1348583号“歌力思”商标由歌力思设计公司提出注册申请，核定使用于第25类的服装等商品之上，核准注册于1999年12月，现商标权人为歌力思公司。第4225104号“ELLASSAY”商标的注册人为深圳歌力思服装实业有限公司，核定使用在第18类的钱包、手提包等商品上。第7925873号“歌力思”商标（以下简称“歌力思”商标）核准注册于2011年6月，注册人王碎永，核定使用商品为第18类的钱包、手提包等。第4157840号“歌力思及图”商标（以下简称“歌力思及图”商标）于2004年7月7日提出注册申请，经初步审定公告后，歌力思设计公司在法定异议期内提出异议申请。北京市高级人民法院于2014年4月2日二审认定第4157840号商标损害了歌力思投资管理有限公司享有的在先商号权，不应予以核准注册。自2011年9月起，王碎永先后在杭州、南京、上海、福州等地的“ELLASSAY”专柜，通过公证程序购买了带有“品牌中文名：歌力思，品牌英文名：ELLASSAY”字样吊牌的皮包。2012年3月7日，王碎永以歌力思公司及杭州银泰公司生产、销售上述皮包的行为构成对王碎永拥有的“歌力思”商标、“歌力思及图”商标权的侵害为由，提起诉讼。浙江省杭州市中级人民法院一审认为，歌力思公司及杭州银泰公司生产、销售被诉侵权商品的行为侵害了王碎永的注册商标专用权。遂判决歌力思公司、杭州银泰公司承担停止侵权行为、赔偿王碎永经济损失及合理费用共计10万元及消除影响等法律责任。歌力思公司不服，提起上诉。浙江省高级人民法院二审判决驳回上诉，维持原判。歌力思公司及王碎永均不服，向最高人民法院申请再审。最高人民法院裁定提审本案，并于2014年8月14日判决撤销一审、二审判决，驳回王碎永的全部诉讼请求。

【裁判意见】

最高人民法院提审认为：“歌力思及图”商标迄今为止尚未被核准注册，王碎永无权据此对他人提起侵害商标权之诉。对于歌力思公司、杭州银泰公司的行为是否侵害“歌力思”商标权的问题，首先，歌力思公司拥有合法的在先权利基础。歌力思公司及其关联企业最早将“歌力思”作为企业字号使用的时间为1996年，最早在服装等商品上取得“歌力思”注册商标专用权的时间为1999年。经长期使用和广泛宣传，作为企业字号和注册商标的“歌力思”已经具有了较高的市场知名度，歌力思公司对前述商业标识享有合法的在先权利。其次，歌力思公司在本案中的使用行为系基于合法的权利基础，使用方式和行为性质均具有正当性。从销售场所来看，歌力思公司对被诉侵权商品的展示和销售行为均完成于杭州银泰公司的歌力思专柜，专柜通过标注歌力思公司的“ELLASSAY”商标等方式，明确表明了被诉侵权商品的提供者。在歌力思公司的字号、商标等商业标识已经具有较高的市场知名度，而王碎永未能举证证明其“歌力思”商标同样具有知名度的情况下，歌力思公司在其专柜中销售被诉侵权商品的行为，不会使普通消费者误认该商品来自王碎永。从歌力思公司的具体使用方式来看，被诉侵权商品的外包装、商品内的显著部位均明确标注了“ELLASSAY”商标，而仅在商品吊牌之上使用了“品牌中文名：歌力思”的字样。由于“歌力思”本身就是歌力思公司的企业字号，且与其“ELLASSAY”商标具有互为指代关系，歌力思公司在被诉侵权商品的吊牌上使用“歌力思”文字来指代商品生产者的做法并无明显不妥，不具有攀附王碎永“歌力思”商标知名度的主观意图，亦不会为普通消费者正确识别被诉侵权商品的来源制造障碍。在此基础上，杭州银泰公司销售被诉侵权商品的行为亦不为法律所禁止。最后，王碎永取得和行使“歌力思”商标权的行为难谓正当。“歌力思”商标由中文文字“歌力思”构成，与歌力思公司在先使用的企业字号及在先注册的“歌力思”商标的文字构成完全相同。“歌力思”本身为无固有含义的臆造词，具有较强的固有显著性，依常理判断，在完全没有接触或知悉的情况下，因巧合而出现雷同注册的可能性较低。作为地域接近、经营范围关联程度较高的商品经营者，王碎永对“歌力思”字号及商标完全不了解的可能性较低。在上述情形之下，王碎永仍在手提包、钱包等商品上申请注册“歌力思”商标，其行为难谓正当。王碎永以非善意取得的商标权对歌力思公司的正当使用行为提起的侵权之诉，构成权利滥用。

中华人民共和国最高人民法院民事判决书

（2014）民提字第24号

再审申请人（一审被告、二审上诉人）：深圳歌力思服饰股份有限公司。住所地：广东省深圳市福田区车公庙天安创新科技广场A栋1901－1905。

法定代表人：夏国新，该公司董事长。

委托代理人：徐进，该公司法律顾问。

再审申请人（一审原告、二审被上诉人）：王碎永，住浙江省瑞安市东山街道×村××路9号。

委托代理人：应振芳，浙江君安世纪律师事务所律师。

委托代理人：胡尊峰，北京市京师律师事务所律师。

一审被告：杭州银泰世纪百货有限公司。住所地：浙江省杭州市江干区景昙路18－26号。

法定代表人：沈国军，该公司董事长。

委托代理人：亢楠楠，该公司法务部总经理助理。

委托代理人：王莉，该公司法务部助理。

再审申请人深圳歌力思服饰股份有限公司（简称歌力思公司）、再审申请人王碎永及一审被告杭州银泰世纪百货有限公司（简称杭州银泰公司）因侵害商标权纠纷一案，不服浙江省高级人民法院（2013）浙知终字第222号民事判决，向本院申请再审。本院于2013年11月30日作出（2013）民申字第1320号民事裁定，决定提审本案。本院依法组成合议庭，于2014年2月12日对本案公开开庭进行了审理。再审申请人歌力思公司的委托代理人徐进，再审申请人王碎永及其委托代理人应振芳、胡尊峰，一审被告杭州银泰公司的委托代理人亢楠楠、王莉到庭参加诉讼。本案现已审理终结。

2012年3月7日，王碎永向杭州市中级人民法院提起诉讼称：王碎永长期从事女包生产和销售，一直使用“歌力思”作为女包的品牌。歌力思公司明知王碎永拥有第4157840号“”商标（简称第4157840号商标）、第7925873号“歌力思”商标（简称第7925873号商标），仍在女包等商品上使用王碎永的上述注册商标，其侵权范围广、数量大，严重损害了王碎永的合法权益。杭州银泰公司销售了侵犯注册商标专用权的商品。综上，歌力思公司与杭州银泰公司的行为构成对王碎永享有的第4157840号、第7925873号商标权的侵害，请求法院判令：一、歌力思公司与杭州银泰公司停止侵权；二、歌力思公司与杭州银泰公司消除影响并负担费用在《中国企业报》和歌力思公司网站首页上连续15日刊登声明，声明内容为：使用在手提包等商品上的“歌力思”商标属于王碎永所有，歌力思公司在手提包等商品上使用“歌力思”商标属侵权行为；三、歌力思公司赔偿王碎永人民币600万元；四、歌力思公司承担王碎永维权的合理费用人民币11万元；五、本案诉讼费由歌力思公司与杭州银泰公司承担。

歌力思公司辩称：一、歌力思公司是注册于第 25 类商品上的第 1348583 号“歌力思”商标权人，歌力思公司取得上述权利的时间早于第 7925873 号商标核准注册的时间，且王碎永公证购买被诉侵权商品的歌力思公司店铺的开设时间均在王碎永申请注册涉案商标之前。二、歌力思公司在第 18 类女式手袋上使用的是第 4225104 号“ELLASSAY”注册商标，在吊牌上标注中文品牌“歌力思”并不是作为商标使用，且在被诉侵权商品的显著位置（内壁、外壁、拉链头、扣丁）均没有使用“歌力思”标识而只是使用“ELLASSAY”注册商标。三、歌力思公司从 1995 年起从事女装设计、生产和销售，在全国各地大中型城市均有专卖店、专柜或加盟店，这些店铺将“ELLASSAY”商标作为主商标使用，均以女装销售为主，其中有少量商品是作为配饰商品用于服装搭配，相关公众不可能对此与王碎永销售的商品产生混淆或误认。四、王碎永恶意抄袭、复制歌力思公司已有十六年历史并为相关公众广为知晓的、享有较高声誉的第 1348583 号“歌力思”商标，其恶意注册和使用第 7925873 号商标的行为将直接误导公众，致使歌力思公司的合法权益受到损害。王碎永恶意提起本案诉讼，侵犯了歌力思公司的注册商标专用权等合法利益。综上，请求法院驳回王碎永的全部诉讼请求。

杭州银泰公司辩称：杭州银泰公司与歌力思公司签订联营专柜合同，并提供场地给歌力思公司设置专柜经营商品。杭州银泰公司一直遵守合同并履行合同项下义务，并未侵害王碎永的商标权，其诉讼主张没有事实和法律依据。理由如下：一、歌力思公司使用“歌力思”商标的行为不构成侵权。二、杭州银泰公司没有实施侵权行为且无过错。杭州银泰公司与歌力思公司之间为联营关系，杭州银泰公司并未销售被诉侵权商品，销售者是歌力思公司，且杭州银泰公司已经对歌力思公司销售的商品尽到了合理的注意和审查义务。三、即使歌力思公司的侵权行为成立，承担侵权责任的也应为歌力思公司。四、王碎永要求杭州银泰公司承担停止侵权、消除影响的法律责任于法无据。综上，请求法院驳回王碎永的诉讼请求。

浙江省杭州市中级人民法院一审查明：

一、第 7925873 号商标的注册人为王碎永，注册有效期自 2011 年 6 月 21 日至 2021 年 6 月 20 日，核定使用商品（第 18 类）：仿皮；钱包；手提包；旅行包（箱）；护照夹（皮革制）；兽皮（动物皮）；皮带（马具）；背包；公文包。

第 4157840 号商标的注册人亦为王碎永，注册有效期自 2008 年 6 月 28 日至 2018 年 6 月 27 日，核定使用商品（第 18 类）：手提袋；钱包；公文包；公文箱；

皮帽盒；卡片盒；（动物）皮；乐谱盒；背包。2012 年 8 月 16 日，国家工商行政管理总局商标评审委员会（简称商标评审委员会）就申请人深圳市歌力思服饰设计有限公司对该商标的异议复审申请发出商标评审申请受理通知书。

二、根据浙江省杭州市钱塘公证处出具的（2011）浙杭钱证民字第 7318 号、第 7317 号、第 7316 号公证书，应王碎永申请，该公证处公证员李冰与工作人员王宇航会同王碎永的委托代理人应振芳于 2011 年 9 月 26 日上午，进行了如下证据保全事项：在杭州市银泰百货庆春店三楼标有“ELLASSAY”字样的专柜，应振芳以 2682 元的价格购包一个，并取得货物名称为歌力思包、盖有“杭州银泰世纪百货有限公司发票专用章”的机打发票一张；在杭州市银泰百货武林店三楼标有“ELLASSAY”字样的专柜，应振芳以 1881 元的价格购包一个，并取得货物名称为 ELLASSAY 包、盖有“浙江银泰百货有限公司发票专用章”的机打发票一张；在杭州市银泰百货西湖店 A 区四楼标有“ELLASSAY”字样的专柜，应振芳以 3116 元的价格购包一个，并取得货物名称为箱包、盖有“杭州银泰百货有限公司发票专用章”的机打发票一张。上述所购之包均为女式手提包，吊牌上均显示“品牌中文名：歌力思，品牌英文名：ELLASSAY”。王碎永支付公证费 5700 元。

根据江苏省南京市钟山公证处（2011）宁钟证经内字第 5762 号公证书，2011 年 10 月 11 日下午，该公证处公证员李建、公证人员刘琨现场监督王碎永实施了如下证据保全行为：王碎永在南京市东方商城三楼标有“ELLASSAY”字样区域，以 2534 元的价格购得一只皮包，并取得品名为歌力思包的盖有“南京东方商城有限责任公司发票专用章”的机打发票一张。该皮包吊牌上显示“品牌中文名：歌力思，品牌英文名：ELLASSAY”。王碎永于同日支付公证费 2000 元。

根据上海市东方公证处（2011）沪东证字第 21029 号公证书，应王碎永的申请，2011 年 10 月 12 日上午，该公证处公证员黄欣、工作人员虞颖超与王碎永在位于上海市肇家浜路 1000 号的汇金百货三楼以 1980 元的价格购包一个，并取得盖有“上海汇金百货有限公司发票专用章”的发票一张。该皮包吊牌上显示“品牌中文名：歌力思，品牌英文名：ELLASSAY”。王碎永于同日支付公证费 2500 元。

根据福建省福州市公证处（2011）榕公证内民字第 13012 号公证书，2011 年 10 月 19 日上午，该公证处公证员梁国华、陈莉莉及王碎永在位于福州市八一七北路福州东百百货四楼歌力思女装专柜，以 2682 元的价格购买一款女式手提包，并取得品名为包、盖有“福建东百集团股份有限公司发票专用章”的商业零售普通发票。该皮包吊牌上显示“品牌中文名：歌力思，品牌英文名：ELLASSAY”。

王碎永于同日支付公证费900元。

根据湖南省长沙市长沙公证处（2011）湘长证民字第6315号公证书，2011年10月24日，该公证处公证员祖千里、工作人员陈姿颖及王碎永在位于长沙市黄兴中路27号王府井百货三楼一间悬挂ELLASSAY字样的门店内，以2412元的价格购买一女士皮包，并取得品名为歌力思包、盖有“长沙王府井百货有限责任公司发票专用章”的机打发票一张。该皮包吊牌上显示“品牌中文名：歌力思，品牌英文名：ELLASSAY”。王碎永于同日支付公证费1500元。

根据湖北省武汉市洪兴公证处（2011）鄂洪兴内证字第4648号公证书，2011年10月25日下午，该公证处公证员李安枝、工作人员刘齐及王碎永在位于武汉市洪山区珞瑜路6号群光广场3楼的歌力思专柜以2592元的价格购买了女式手提包一个，并取得商品名称为歌力思包、盖有“群光实业（武汉）有限公司发票专用章”的机打发票一张。该皮包吊牌上显示“品牌中文名：歌力思，品牌英文名：ELLASSAY”。同日，王碎永支付公证费900元。

根据北京市海诚公证处（2011）京海诚内民证字第07274号公证书，2011年10月26日，该公证处公证员李戈苏、工作人员王洋现场监督王碎永实施了如下证据保全行为：王碎永从北京市海淀区北三环西路38号双安商场二层歌力思专柜以1512元的价格购买了“歌力思”女士皮包一个，并取得盖有“北京王府井百货集团双安市场有限责任公司发票专用章”的手工发票一张。皮包吊牌上显示“品牌中文名：歌力思，品牌英文名：ELLASSAY”。同日，王碎永支付公证费2600元。一审庭审中，打开该公证处封存的被诉侵权产品，可见该被诉侵权产品的外包装袋、产品内部及其中的一吊牌显示的标识均为ELLASSAY加三撇图形。

根据广东省广州市南方公证处（2011）南公证内字第46459号公证书，2011年11月14日，该处公证员高怡南、公证员助理李舒及王碎永在位于广州市越秀区北京路295号广百百货新翼三楼歌力思专柜，以2682元的价格购买了皮包一个，并取得品名为包、盖有“广州市广百股份有限公司发票专用章”的机打发票一张。王碎永支付公证费2600元。

根据广东省深圳公证处（2012）深证字第20103号公证书，2012年2月16日，该处公证员成熙、工作人员苏鹏在位于深圳市福田区华强茂业百货二楼歌力思专柜，以2356元的价格购买皮包一个，并取得商品名称为歌力思包、盖有“深圳市茂业东方时代百货有限公司发票专用章”的机打发票一张。王碎永于同日支付公证费2000元。

三、2007 年 4 月 17 日，王碎永以个体工商户的身份，成立广州市白云区三元里休歌皮具商行，该企业的经营范围：批发、零售皮革制品。该企业因经营不善于 2011 年 6 月 17 日注销。

四、深圳市歌力思服饰设计有限公司成立于 1996 年 11 月 18 日，2011 年 5 月 9 日，该公司更名为深圳市歌力思投资管理有限公司。深圳歌力思服装实业有限公司成立于 1999 年 6 月 8 日，2011 年 11 月 4 日，该公司更名为歌力思服饰股份有限公司（即本案中的歌力思公司）。深圳市歌力思服饰设计有限公司为本案歌力思公司的股东（发起人）之一。

第 1348583 号"歌力思"商标的注册人为深圳市歌力思服饰设计有限公司，核定使用商品为第 25 类的衬衣；服装；皮衣（服装）；裤子；裙子；内衣；童装；大衣；睡衣；外套，有效期限自 1999 年 12 月 28 日至 2009 年 12 月 27 日。2008 年 12 月 18 日，深圳歌力思服装实业有限公司受让取得第 1348583 号"歌力思"商标。2009 年 11 月 19 日，该商标经核准续展注册有效期自 2009 年 12 月 28 日至 2019 年 12 月 27 日。2012 年 3 月 1 日，该商标经核准变更后的注册人为歌力思公司。

第 4225104 号"ELLASSAY"商标注册人为深圳歌力思服装实业有限公司，核定使用商品为第 18 类的（动物）皮；钱包；旅行包；文件夹（皮革制）；皮制带子；裘皮；伞；手杖；手提包；购物袋。注册有效期限自 2008 年 4 月 14 日至 2018 年 4 月 13 日。

广东省服装服饰行业协会出具给商标评审委员会的证明载明：歌力思公司是中国服装协会副会长单位，是一家集设计、生产、营销为一体的大型企业。其品牌"ELLASSAY（歌力思）"在行业中具有较高知名度和影响力。2008 年入选中国 500 最具价值品牌排行榜，品牌价值达 8.9 亿元；2010 年，在《福布斯》中国潜力企业榜中首度上榜列 22 位，成为唯一入选榜单的女装品牌。

五、歌力思公司与杭州银泰公司自 2008 年 11 月起即存在联营专柜合同关系，歌力思公司在杭州银泰公司设专柜经营其生产的注册商标为"歌力思"与"ELLASSAY"的女装。歌力思公司向杭州银泰公司提供了其经营产品的相关商标证明，并在双方签订的合同中承诺确保其专柜销售商品的质量、计量、物价及标识等符合我国产品质量法、商标法等国家有关法律、法规及各类标准的要求。2012 年 4 月，歌力思公司向银泰百货（集团）有限公司出函承诺：如本案导致杭州银泰公司承担赔偿责任或遭受任何其他损失均由其承担。

一审庭审中，杭州银泰公司称歌力思公司在其商场专柜中的包只是作为摆设，在摆放商场的一年多时间里，仅王碎永购买了 1 只，没有第 2 只销售记录，歌力思公司认可杭州银泰公司销售的被诉侵权商品系其提供。

六、2011 年 9 月 14 日，王碎永为本案诉讼支付浙江君安世纪律师事务所律师费 5 万元。

浙江省杭州市中级人民法院一审认为：根据各方当事人的诉讼主张，本案争议焦点在于：一、歌力思公司与杭州银泰公司是否侵害王碎永的商标权；二、如歌力思公司侵权事实成立，其应赔偿王碎永经济损失及维权合理费用的数额。

关于焦点一。王碎永系本案所涉第 7925873 号、第 4157840 号商标注册人，现该两商标尚在注册有效期限内，根据 2013 年修正前的《中华人民共和国商标法》（简称商标法）第三条第一款之规定，王碎永享有的商标专用权应受法律保护。歌力思公司在其手提包商品的吊牌上标注“品牌中文名：歌力思”标识的行为应认定为将该标识作为商标在商品上的使用，歌力思公司关于被诉侵权商品吊牌上的“歌力思”字样是作为字号使用而不是作为商标使用的抗辩主张不能成立。经庭审比对，被诉侵权商品使用的“歌力思”商标与王碎永第 7925873 号商标的中文文字完全一致，为相同商标，被诉侵权商品所使用的“歌力思”商标与王碎永第 4157840 号商标构成近似商标。因本案被诉侵权的女式手提包与王碎永第 7925873 号、第 4157840 号商标核定使用的手提包、手提袋属相同种类商品，被诉侵权商标“歌力思”与第 7925873 号商标相同、与第 4157840 号商标相近似，极易造成相关公众混淆，且歌力思公司与杭州银泰公司无法证明在生产、销售的被诉侵权商品上使用“歌力思”商标已经获得王碎永的许可或授权，歌力思公司未经许可擅自使用与第 7925873 号商标相同、与第 4157840 号商标近似商标的行为侵害了王碎永的注册商标专用权，杭州银泰公司销售上述商品的行为亦构成对上述商标专用权的侵害。王碎永的诉讼请求具有事实依据并符合法律规定，应当予以支持。歌力思公司关于王碎永恶意注册和使用涉案商标的抗辩主张依据不足，不能成立。

关于焦点二。根据商标法第五十六条第一款、第二款之规定，因王碎永没有提供其因侵权所受损失或歌力思公司因侵权所获利益的相关证据，且其主张的计算方式并无依据，故一审法院根据歌力思公司侵权行为的性质、主观过错程度，并结合被诉侵权商品的销售数量、价格以及涉案商标知名度等因素，对歌力思公司应赔偿王碎永经济损失及维权合理费用的金额酌情予以确定，对其中的合理部分予以支持。同时，一审法院还注意到与确定本案赔偿金额相关的如下事实：一、歌力思公司为第1348583号“歌力思”商标的注册人，该商标经歌力思公司及其关联企业在长期经营使用中所累积的商誉和品牌知名度远高于王碎永请求保护的涉案注册商标；二、被诉侵权商品除吊牌上标注“品牌中文名：歌力思”外，在商品的外包装、商品内的醒目位置及其他吊牌上均标注了歌力思公司在该类商品上享有注册商标专用权的“ELLASSAY”商标；三、杭州银泰公司关于歌力思公司在其商场专柜中的包仅作为专柜摆设，在摆放一年多时间里只有一只销售记录的陈述；四、王碎永在本案中仅提供了使用涉案商标的实物样品，并未提供其他实际使用的证据；五、王碎永为本案诉讼支付的律师代理费、公证保全等相关费用。

综上，一审法院依据《中华人民共和国侵权责任法》第十五条，商标法第三条第一款，第五十一条，第五十二条第（一）项、第（二）项，第五十六条第一款、第二款，《中华人民共和国商标法实施条例》（2002年施行，简称商标法实施条例）第三条，《最高人民法院关于审理商标民事纠纷案件适用法律若干问题的解释》第九条第二款、第十条、第十六条，《中华人民共和国民事诉讼法》（2007年修订，简称民事诉讼法）第六十四条之规定，判决：一、歌力思公司、杭州银泰公司立即停止侵害王碎永享有的第7925873号、第4157840号商标专用权的行为，即歌力思公司立即停止使用侵害王碎永商标专用权的商标标识、杭州银泰公司立即停止销售侵害王碎永商标专用权商品的行为；二、歌力思公司于判决生效之日起十日内赔偿王碎永经济损失及维权合理费用共计10万元；三、歌力思公司于判决生效之日起三十日内在《中国企业报》刊登声明消除影响（声明内容须经该院审核确定），费用由歌力思公司负担；四、驳回王碎永的其他诉讼请求。案件受理费54570元，由王碎永负担22647元，歌力思公司负担31923元。

歌力思公司不服一审判决，向浙江省高级人民法院提起上诉称：一、歌力思公司在被诉侵权商品及其包装袋、宣传册上使用的均系该公司注册商标“ELLASSAY”，仅在女式手提包的吊牌上标注“中文品牌：歌力思”，作为英文商标“ELLASSAY”的补充表述，并非商标使用，且歌力思公司的商品全部在具有显著标志“ELLASSAY”的专卖店或专柜销售，不可能发生消费者误认误购的情形。歌力思公司并没有使用王碎永的涉案商标，不构成侵权。二、歌力思公司的企业名称登记注册在先，应当受法律保护。经过长期的使用和宣传，“歌力思”在公众眼中已具有较高的知名度和美誉度。王碎永以牟取不正当利益为目的，恶意抄袭、复制作为知名商号、著名服装商标及知名商品特有名称的“歌力思”，误导公众，构成不正当竞争，侵犯了歌力思公司的合法利益，一审判决歌力思公司赔偿其经济损失10万元明显不当；三、王碎永没有任何广告宣传投入和实体门店销售，其网店经销的商品没有知名度，歌力思公司没有给其造成声誉及商誉损害，一审判决歌力思公司在《中国企业报》上刊登声明以消除影响不当；四、一审程序不当。商标评审委员会于2012年8月29日作出的《商标评审申请受理通知书》表明，第4157840号商标并未授权，但一审法院对王碎永在超出举证期限后就该商标提出的诉讼请求变更申请仍予准许，不仅违反了民事诉讼程序规定，而且出现“两案合一”及“司法越权”的程序错误。一审法院对歌力思公司提出的调查取证申请未作调查也无回复，属于程序不当。请求二审法院改判驳回王碎永的诉讼请求，并由王碎永负担本案诉讼费用。

王碎永辩称：在商品吊牌上使用“歌力思”标识属于商标使用，歌力思公司未经商标注册人许可，在相同的商品上使用与王碎永的注册商标相同或近似的标识，构成商标侵权。此外，一审程序并无不当。歌力思公司的上诉请求缺乏事实依据，请求二审法院驳回上诉。

二审中，各方当事人均无新证据提交。二审判决认定事实与一审判决一致。

浙江省高级人民法院二审认为：

一、关于是否构成侵权。权利人享有权利是侵权之诉的基础和前提。本案中，王碎永提供了第7925873号、第4157840号商标注册证等证据，用以证明其享有商标专用权。歌力思公司对第7925873号商标注册证并无异议，但认为第4157840号商标仍在异议复审中并未确权，商标证书系误发。二审法院认为，商标注册证作为由国家商标行政主管部门依照商标法的有关规定颁发给商标注册人用以证明商标专用权范围的法律文书，是注册商标的法定凭证。歌力思公司虽称该商标尚未确权，但对商标注册证的真实性并无异议，其亦未举证证明该证书已被确认无效或撤销，故该商标注册证可以证明王碎永享有第4157840号注册商标专用权的事实。歌力思公司在二审中申请就第4157840号商标是否授权的事实进行调查取证，其理由不能成立，对此不予准许。歌力思公司所称商标注册证系误发的实质是对第4157840号商标的授权存在争议，该问题应当通过行政程序予以解决，不属于本案的审理范围。王碎永享有的第7925873号、第4157840号注册商标专用权受法律保护，未经许可，任何人均不得擅自使用。首先，歌力思公司在商品吊牌上的“歌力思”文字之前标明“中文品牌名”，是将“歌力思”作为商标使用的明确意思，歌力思公司所称该标注系对英文商标的补充表述，理由显然不能成立。其次，根据商标法实施条例第三条的规定，在吊牌上印刷的企业名称、地址、电话等，可以起到识别商品或服务来源的作用，故在吊牌上标注商标标识亦属商标的使用行为。综上，被诉侵权商品吊牌上标注的“歌力思”文字与第7925873号注册商标“歌力思”相同、与第4157840号注册商标近似，易使相关公众对商品的来源产生误认或认为与使用上述商标的商品有特定联系，侵犯了王碎永的注册商标专用权。歌力思公司关于王碎永恶意抄袭、复制“歌力思”知名商号、著名服装商标及知名商品特有名称，已构成不正当竞争的主张，并非本案的审查范围，对此不予审理。

二、关于侵权责任承担。歌力思公司的被诉侵权行为构成商标侵权，应当承担停止侵害、消除影响、赔偿损失等民事责任。歌力思公司作为一家大型服装生产、销售企业，其侵权行为在较大范围内给王碎永造成了影响，一审判决其在《中国企业报》上刊登声明以消除影响，并无不当。因侵权获利及权利人所受损失均难以确定，一审法院根据侵权行为的性质、主观过错程度，并考虑到歌力思公司的商标使用情况等因素，酌定赔偿数额为10万元亦为合理。

三、关于一审程序问题。国家工商行政管理总局商标局对第4157840号商标已核准注册，一审法院在权利人提供商标注册证的前提下保护其注册商标专用权符合法律的规定，歌力思公司称一审司法越权的主张显然与事实不符。王碎永就该注册商标提出的主张与此前就第7925873号商标提起的侵权之诉，系由同一侵权行为在相同主体间引起的法律关系相同的诉讼，可一并审理，且一审法院在王碎永提出变更诉讼请求申请后，曾当庭询问歌力思公司的意见，并应该公司要求再次给予一个月的举证期限，已充分保障了当事人的诉讼权利和实体权利，不存在民事诉讼法规定的严重违反法定程序的情形，歌力思公司与此有关的上诉理由不能成立。对歌力思公司所称一审法院对其申请调查取证申请未予回应的问题，经查，歌力思公司所提申请系为支持其反诉主张，由于歌力思公司已于其后撤回反诉，无需再对该问题单独作出处理。

综上，二审法院判决驳回上诉，维持原判。二审案件受理费2300元，由歌力思公司负担。

歌力思公司向本院申请再审称：一、一审、二审法院程序违法，具体表现在：对于歌力思公司因客观原因不能自行收集，书面申请人民法院调查收集的证据未予调查收集；王碎永在一审庭审过程中增加关于第4157840号商标的诉讼请求，违反了民事诉讼法关于变更诉讼请求的明确规定。而且，第4157840号商标并未获得授权，一审、二审法院以此作为权利基础并进行相应的侵权判定也是错误的。二、王碎永在本案中主张权利的依据，是侵犯歌力思公司在先字号权及在服装商品上的知名商标而获得的商标权，王碎永的恶意注册行为是一种典型的不正当竞争行为，应当根据与权利冲突有关的法律规定，以诚实信用、保护在先权利、禁止混淆为原则进行处理。歌力思公司没有对王碎永造成任何损害，一审、二审法院判决歌力思公司承担相应的法律责任明显不当。三、歌力思公司在服饰商品吊牌上使用“歌力思”字样是正当行使自身权利的行为，不构成对他人权利的侵犯。“歌力思”是歌力思公司独创并在先使用的知名字号，已经持续使用十七年。歌力思公司在被诉侵权商品上使用“ELLASSAY”商标的同时使用“歌力思”字样，是为了方便消费者以中文称呼，也是对歌力思字号的正当使用，不构成对王碎永商标权的侵害。歌力思公司所有的销售行为均在自己的专卖店或专柜内完成，统一使用了自己的注册商标，不会造成消费者混淆。综上，一审、二审判决认定事实有误，适用法律错误，程序违法，请求本院依法撤销一审、二审判决，驳回王碎永的全部诉讼请求。

王碎永辩称：一、一审、二审判决认定事实基本正确。王碎永是第7925873号、第4157840号商标的权利人，歌力思公司未经许可在手提包等商品上使用“歌力思”商标，构成对王碎永权利的侵犯。二、一审、二审判决适用法律有误，赔偿数额明显偏低。三、一审、二审判决不存在重大程序问题。请求驳回歌力思公司的再审申请。

王碎永向本院申请再审称：一审、二审判决认定事实基本正确，但在确定赔偿数额的过程中存在错误。王碎永主张按照侵权人获利计算赔偿数额，考虑到歌力思公司的侵权时间、销售额及王碎永的维权成本，一审、二审判决确定的赔偿数额明显偏低，请求改判歌力思公司赔偿王碎永经济损失600万元。

歌力思公司辩称：一审、二审判决认定事实不清，适用法律错误，歌力思公司未侵犯王碎永的商标权，故本案中不存在赔偿数额明显偏低的问题，请求驳回王碎永全部诉讼请求。

杭州银泰公司述称：杭州银泰公司根据与歌力思公司签订的《联营专柜合同》，提供场地给歌力思公司设置专柜并经营商品，自身不涉及商品销售行为，且杭州银泰公司已经对歌力思公司的资质及所售商品质量进行了严格的审查，没有主观过错，亦不应承担赔偿责任。

本院经审理查明：第4157840号商标于2004年7月7日提出注册申请，指定使用在第18类的手提袋、钱包、公文包、皮帽盒、卡片盒、书包、（动物）皮、乐谱盒、背包等商品上。经初步审定公告后，深圳市歌力思服饰设计有限公司（系深圳市歌力思投资管理有限公司的前身）在法定异议期内提出异议。2011年3月2日，国家工商行政管理总局商标局作出（2011）商标异字第03817号商标异议裁定（简称第3817号裁定），对被异议商标予以核准注册。深圳市歌力思服饰设计有限公司不服该裁定，于2011年4月11日向商标评审委员会提出异议复审申请。商标评审委员会于2013年8月13日作出商评字［2013］第34678号《关于第4157840号“歌力思GLEAS及图”商标异议复审裁定书》（简称第34678号裁定），对被异议商标予以核准注册。深圳市歌力思投资管理有限公司不服该裁定，于2013年10月11日向北京市第一中级人民法院提起行政诉讼。北京市第一中级人民法院于2013年12月13日作出（2013）一中知行初字第3609号行政判决书，该判决认为：第4157840号商标与引证的第1348583号“歌力思”商标构成类似商品上的近似商标，违反了商标法第二十八条的规定，不应予以核准注册。此外，第4157840号商标指定使用在与服装密切相关的钱包、公文包等类似商品上，损害了歌力思投资管理有限公司针对“歌力思”所享有的在先商号权。据此，判决撤销第34678号裁定，并责令商标评审委员会针对第4157840号商标重新作出裁定。王碎永不服该判决，向北京市高级人民法院提起上诉，北京市高级人民法院于2014年4月2日作出（2014）高行终字第466号行政判决书，认为：“歌力思”品牌服装早在第4157840号商标申请日之前即已开始广泛宣传，并已具有一定知名度，此后仍进行长期、持续的宣传，且“歌力思”品牌所指向的服装商品与第4157840号商标指定使用的“手提袋、（动物）皮、钱包”等商品之间关联程度较高，构成类似商品。一审法院认定第4157840号商标损害了歌力思投资管理有限公司享有的在先商号权并无不当。据此，该院判决：驳回上诉，维持原判。

本案由本院提审后，于2014年1月14日向王碎永发出《受理通知书》，其中载明：你方应当自收到受理通知书之日起十五日内提交书面意见、证据材料。王碎永于2014年1月18日签收该通知书。

另查，在本院再审审查及提审审理过程中，歌力思公司为证明第4157840号商标权利状况及歌力思公司的经营情况和品牌知名度，向本院补充提交了三组共10份证据。王碎永为证明其实际经营情况、商标注册情况等，当庭向本院提交了九组共 23 份证据。对于当事人提交的上述证据，结合对方当事人的质证意见，本院认证意见如下：

歌力思公司提交的第一组证据为证据 1—6，用以证明第 4157840 号商标未被核准注册。分别为：证据 1 即第 3817 号裁定；证据 2 即《商标评审申请受理通知书》；证据 3 即《商标评审案件证据交换通知书》；证据 4 即第 34678 号裁定；证据 5 即北京市第一中级人民法院（2013）一中知行初字第 3609 号行政判决书；证据 6 即北京市高级人民法院（2014）高行终字第 466 号行政判决书。王碎永对上述六份证据的真实性未提出异议，但认为与本案缺乏关联性。杭州银泰公司认为上述六份证据与其无关，故不发表质证意见。

歌力思公司提交的第二组证据为证据 7—9，用以证明“歌力思”商标及字号的知名度。分别为：证据 7 即中国服装协会中服协函〔2013〕068 号《关于推荐“ELLASSAY/歌力思”商标为中国驰名商标的函》；证据 8 即歌力思公司宣传图册复印件，《现代服装》、《深圳特区报》等媒体对其商品进行宣传报道的复印件以及“歌力思”品牌获“第九届中国服装品牌年度价值大奖”奖杯照片复印件；证据 9 即深圳市福田区地方税务局和国家税务局出具的《纳税证明》复印件。对于上述三份证据，王碎永陈述质证意见称：对证据 7 的出具机构不了解，不认可其真实性、关联性；对证据 8 中宣传图册的真实性、关联性不予认可，对《现代服装》的真实性予以认可，但不认可与本案的关联性，亦不能证明歌力思公司使用行为的正当性；对《深圳特区报》复印件及奖杯照片的真实性、关联性均不予认可。对证据 9 的真实性无异议，但不足以证明歌力思公司的主张。对于上述三份证据，杭州银泰公司认为与其无关，故不发表质证意见。

歌力思公司于庭审后向本院补充提交的第三组证据为证据 10，即（2012）深中法知民初字第 976 号民事判决书，用以证明歌力思公司对作为商业标识的“歌力思”享有合法的在先权利。对于该份证据，王碎永提交质证意见称，认可上述判决的真实性，但该判决因王碎永提出上诉而尚未发生法律效力，且判决内容不能证明歌力思公司的主张。杭州银泰公司认为该判决的内容与其无关，故不发表质证意见。

关于歌力思公司提交的第一组证据，本院认为，当事人提交此组证据的目的是为证明第 4157840 号商标未被核准注册这一事实，由于该事实直接关系到本案中的部分权利基础是否存在，且各方当事人未对其真实性提出异议，因此本院对该组证据予以采信。关于歌力思公司提交的第二组证据，本院认为，中国服装协会出具的函件、《现代服装》等媒体的宣传报道以及深圳市福田区地方税务局和国家税务局出具的《纳税证明》等内容，王碎永已当庭核对了证据原件，且上述证据与“歌力思”品牌的使用情况具有关联性，本院对此予以采信。歌力思公司提交的“第九届中国服装品牌年度价值大奖”奖杯照片复印件及部分宣传图册复印件，因无原件核对，其真实性无法确认，本院对此不予采信。关于歌力思公司提交的第三组证据，本院认为，鉴于各方当事人并无异议，故本院对其真实性予以确认。由于该判决内容尚未发生法律效力，不能直接作为认定事实的依据，本院对其不予采信。

王碎永提交的第一组证据为证据1—3，用以证明第4157840号、第3903043号商标系王碎永受让取得，而非抢注。分别为：证据1即《注册商标转让合同》；证据2即（2006）穗花证内经字第5338号公证书；证据3即转让申请受理通知书、注册申请受理通知书。第二组证据为：证据4即《厂房租赁合同》，用以证明王碎永进行生产经营活动的情况。第三组证据为证据5—7，用以证明王碎永从事“歌力思”品牌皮具的生产销售活动。分别为：证据5即中通、韵达、宅急送等多家公司的快递单，寄件人为叶S，其上标明的产品信息为“歌力思皮具”；证据6即产品销售清单、送货单、出货单等；证据7即广东省地方税收通用发票多张，付款方为王碎永，收款方为广州市白云区圣嘉皮具商贸中心，开票项目为租金、水电费、综合服务费等。第四组证据为证据8即广州市白云区三元里宝玉皮具商行工商登记信息，用以证明王碎永从事“歌力思”品牌皮具的生产销售活动。第五组证据为证据9—13，用以证明王碎永申请、注册其他商标的情况。分别为：证据9即第4157840号“歌力思及图”商标注册信息；证据10即第5669816号“歌力思及图”商标注册信息；证据11即第6524306号“GLEAS”商标注册信息；证据12即第7925873号“歌力思”商标注册信息；证据13即第9911786号“歌力思及图”商标申请信息；第9911785号“歌力思GELEASAY”商标申请信息。第六组证据为证据14即法国歌力思（香港）国际有限公司档案信息，用以证明王碎永从事“歌力思”皮具的生产销售情况。第七组证据为证据15即第5812634号“张曼玉ZHANGMANYU”商标注册信息，用以证明国家工商行政管理总局商标局认可此种商标注册形式。第八组证据为证据16—22，用以证明歌力思公司的生产经营状况不佳。分别为：证据16即深圳东华会计师事务所验资报告；证据17即股权转让见证书；证据18即股权转让协议书；证据19即2006年股东会决议；证据20即深圳市歌力思服饰设计有限公司企业法人营业执照复印件；证据21即2011年股东会决议；证据22即深圳市歌力思投资管理有限公司营业执照复印件。第九组证据为：证据23即佛山歌力思陶瓷有限公司及霸州歌力思家具有限公司基本情况打印页，用以证明“歌力思”商号并非歌力思公司所独有。

对王碎永当庭提交的上述九组证据，歌力思公司表示，因上述证据的提交时间超出举证期限，且不属于可被再审程序采信的新证据，故拒绝对此发表质证意见。杭州银泰公司认为上述证据与其无关，故不发表质证意见。本院对王碎永提交的上述九组证据的原件进行了核对，除证据23无原件外，其他证据的复印件与原件相符。

对于王碎永提交的九组证据，本院认为，第一，就提交证据的时间而言，根据《最高人民法院关于民事诉讼证据的若干规定》第三十四条的规定，当事人应当在举证期限内向人民法院提交证据材料，当事人在举证期限内不提交的，视为放弃举证权利。此外，《最高人民法院关于适用〈中华人民共和国民事诉讼法〉审判监督程序若干问题的解释》第十条规定，再审程序中的新证据是指原审庭审结束前已客观存在庭审结束后新发现的证据，或者原审庭审结束前已经发现，但因客观原因无法取得或在规定的期限内不能提供的证据。本院认为，当事人在民事诉讼活动中应当遵循诚实信用原则，善意、审慎地行使自己的诉讼权利。王碎永当庭提交的上述23份证据，均属于由其自行保存或经简单查询即可获得的资料，且上述证据在形式上记载的形成时间多远远早于一审判决的作出时间。作为提起本案诉讼的原告，王碎永既不在一审、二审法院审理期间提交，亦未在本院明确指定的举证期限内提交上述证据，而是在庭审当日进行证据突袭，根据上述司法解释的规定，对于这种违反诚实信用原则、滥用诉讼权利的行为，本院不予支持。第二，就提交证据的内容而言，第一组证据中第4157840号商标的申请和转让文件虽可以证明第4157840号商标申请权的转让过程，但不足以证明该商标的注册行为具有合法性基础或已被核准注册。第3903043号商标的注册情况与本案无关，本院对其真实性、合法性不再予以评述。第二组证据的《厂房租赁合同》未显示与本案有关的内容。第三组证据中的快递单、产品销售清单、送货单、出货单中或未显示使用人的具体情况，或未显示商标或其他商业标识的使用情况。第四组证据中的工商登记信息未显示与“歌力思”商标使用有关的内容。第五组证据中第5669816号、第6524306号、第9911785号、第9911786号商标的申请或注册情况与本案无关。第六组证据未显示与王碎永及涉案商标使用有关的信息，且根据北京市高级人民法院（2014）高行终字第466号判决查明的内容，该公司已于2008年11月7日根据《香港公司条例》的规定，从登记册中删除并于当日解散。第七组证据的“张曼玉”商标注册情况与本案无关。第八组证据中歌力思公司关联企业进行的股权转让等经营活动的情况与本案无关。综上，王碎永提交的第一组证据中与第3903043号商标有关的内容，第二组至第四组证据，第五组证据中的证据10、证据11、证据13以及第八组证据因均与本案缺乏关联性，故本院对其真实性、合法性不再予以评述。第五组证据中的证据9即第4157840号商标注册证，王碎永虽然提供了证据原件，但由于该注册证的内容与北京市高级人民法院（2014）高行终字第466号行政判决的内容存在明显矛盾，故本院对其合法性、关联性均不予认可。第九组证据因王碎永未能提供原件予以核对，本院对其真实性、合法性、关联性均不予确认。

本院认为，根据当事人申请再审的理由、对方当事人的答辩意见以及查明的事实，本案争议焦点如下：

一、关于一审、二审法院的行为是否违反法定程序

首先，关于一审、二审法院对歌力思公司调查收集证据的申请未予准许的做法是否违反法定程序。根据《最高人民法院关于民事诉讼证据的若干规定》第十七条的规定，相关证据属于国家有关部门保存并须人民法院依职权调取的档案材料，或涉及国家秘密、商业秘密、个人隐私的材料以及当事人因客观原因不能自行收集的其他材料，当事人及其诉讼代理人可以申请人民法院调查收集证据。经查明，歌力思公司在一审、二审诉讼过程中申请法院收集的证据主要涉及两方面内容：一是关于第4157840号商标的注册情况。由于第4157840号商标是否获准注册的事实关系到本案中的部分权利基础是否存在，在歌力思公司已经对此提出异议且提交了初步证据的情况下，一审、二审法院未根据歌力思公司的申请进一步调查核实的做法确有不当，本院予以纠正。二是关于王碎永在淘宝网店销售情况的证据。经查明，歌力思公司申请调查王碎永销售情况的证据，系为支持其原在本案中提出的反诉主张，在歌力思公司已经撤回反诉的情况下，一审、二审法院对与本案事实无关的调查取证申请不予支持的做法并无不当。其次，在庭审过程中，一审法院对王碎永增加第4157840号商标作为权利基础的主张予以受理和审理的做法是否违反法定程序。经查明，王碎永在一审庭审过程中确曾提出增加第4157840号商标作为权利基础，但并未变更诉讼请求，且一审法院对此曾当庭询问歌力思公司的意见，并根据其要求重新指定了举证期限。上述做法已经充分

保障了当事人的诉讼权利，歌力思公司所提一审法院违反法定程序的再审理由不能成立，本院不予支持。

二、关于歌力思公司、杭州银泰公司在本案中的行为是否构成侵害商标权

根据商标法第五十二条的规定，未经商标注册人的许可，在同一种或者类似商品上使用与其注册商标相同或者近似商标的，或者销售侵犯注册商标专用权商品的，属于侵犯注册商标专用权的行为。本案中，王碎永主张，第 4157840 号、第 7925873 号商标为其在本案中的权利基础，歌力思公司、杭州银泰公司生产、销售未经许可使用上述注册商标的女士皮包为其在本案中主张的侵权行为。结合法律明确规定以及当事人的诉辩主张，本院认为，本焦点问题可具体分解为以下两个问题。

第一，关于歌力思公司、杭州银泰公司的行为是否侵害第 4157840 号商标权的问题。根据商标法第三十七条的规定，注册商标的有效期自核准注册之日起计算。第 4157840 号商标经初步审定公告后，即因歌力思公司的关联企业提出异议申请而进入商标确权行政和司法审查程序。2014 年 4 月 2 日，北京市高级人民法院作出（2014）高行终字第 466 号判决，认定第 4157840 号商标违反了商标法第二十八条和第三十一条的规定，判决维持北京市第一中级人民法院（2013）一中知行初字第 3609 号行政判决，即：撤销商标评审委员会对第 4157840 号商标予以核准注册的异议复审裁定，并责令其针对第 4157840 号商标重新作出异议复审裁定。由此可见，第 4157840 号商标迄今为止尚未被核准注册，无从产生注册商标专用权，王碎永持有的商标注册证显然系商标行政管理机关误发，王碎永无权据此对他人提起侵害商标权之诉。一审、二审法院在未查明第 4157840 号商标真实权利状态的情况下认定歌力思公司、杭州银泰公司的行为构成对该商标权的侵害，属于认定事实不清，本院予以纠正。对王碎永与第 4157840 号商标有关的诉讼请求，本院不予支持。

第二，关于歌力思公司、杭州银泰公司的行为是否侵害第 7925873 号商标权的问题。本院认为，诚实信用原则是一切市场活动参与者所应遵循的基本准则。一方面，它鼓励和支持人们通过诚实劳动积累社会财富和创造社会价值，并保护在此基础上形成的财产性权益，以及基于合法、正当的目的支配该财产性权益的自由和权利；另一方面，它又要求人们在市场活动中讲究信用、诚实不欺，在不损害他人合法利益、社会公共利益和市场秩序的前提下追求自己的利益。民事诉讼活动同样应当遵循诚实信用原则。一方面，它保障当事人有权在法律规定

的范围内行使和处分自己的民事权利和诉讼权利；另一方面，它又要求当事人在不损害他人和社会公共利益的前提下，善意、审慎地行使自己的权利。任何违背法律目的和精神，以损害他人正当权益为目的，恶意取得并行使权利、扰乱市场正当竞争秩序的行为均属于权利滥用，其相关权利主张不应得到法律的保护和支持。

有鉴于此，对于歌力思公司、杭州银泰公司的行为是否构成侵害第7925873号商标权的问题，本院认为：首先，歌力思公司拥有合法的在先权利基础。根据已经查明的事实可知，歌力思公司及其关联企业最早将“歌力思”作为企业字号使用的时间为1996年，歌力思公司最早在服装等商品上取得“歌力思”注册商标专用权的时间为1999年。此后，经歌力思公司及其关联企业的长期使用和广泛宣传，“歌力思”品牌于2008年即已入选中国500最具价值品牌，作为企业字号和注册商标的“歌力思”已经具有了较高的市场知名度，对前述商业标识享有合法的在先权利。其次，歌力思公司在本案中的使用行为系基于合法的权利基础，使用方式和行为性质均具有正当性。王碎永认为，歌力思公司在被诉侵权商品的吊牌上使用“品牌中文名：歌力思”字样的行为构成对第7925873号商标权的侵害。本院认为，商标的基本功能是区分商品和服务的来源。本案中，从销售场所来看，歌力思公司对被诉侵权商品的展示和销售行为均完成于杭州银泰公司的歌力思专柜，专柜通过标注歌力思公司的“ELLASSAY”商标等方式，明确表明了被诉侵权商品的提供者。在歌力思公司的字号、商标等商业标识已经具有较高的市场知名度，而王碎永未能举证证明其申请注册的第7925873号商标同样具有知名度的情况下，歌力思公司在其专柜中销售被诉侵权商品的行为，不会使普通消费者误认该商品来自王碎永。从歌力思公司的具体使用方式来看，歌力思公司在被诉侵权商品的外包装、商品内的显著部位均明确标注了歌力思公司在第18类女士手袋等商品上享有商标专用权的“ELLASSAY”商标，而仅是在商品吊牌之上使用了“品牌中文名：歌力思”的字样。由于“歌力思”本身就是歌力思公司的企业字号，且与其“ELLASSAY”商标具有互为指代关系，故歌力思公司在被诉侵权商品的吊牌上使用“歌力思”文字来指代商品生产者的做法并无明显不妥，不具有攀附第7925873号商标知名度的主观意图，亦不会为普通消费者正确识别被诉侵权商品的来源制造障碍。在此基础上，杭州银泰公司销售被诉侵权商品的行为亦不为法律所禁止。最后，王碎永取得和行使第7925873号商标权的行为难谓正当。第7925873号商标由中文文字“歌力思”构成，与歌力思公司在先使用的企业字号以及在先于服装商品上注册的“歌力思”商标的文字构成完全相同。“歌力思”本身为无固有含义的臆造词，具有较强的固有显著性，依常理判断，在完全没有接触或知悉的情况下，因巧合而出现雷同注册的可能性较低。歌力思公司地处广东省深圳市，王碎永曾长期在广东省广州市经营皮具商行，作为地域接近、经营范围关联程度较高的商品经营者，王碎永对“歌力思”字号及商标完全不了解的可能性较低。在上述情形之下，王碎永仍于 2009 年在与服装商品关联性较强的手提包、钱包等商品上申请注册第 7925873 号商标，其行为难谓正当。据此，王碎永以非善意取得的商标权对歌力思公司的正当使用行为提起的侵权之诉，构成权利滥用，其与此有关的诉讼请求不应得到法律的支持。综上所述，综合考虑歌力思公司的在先权利状况、使用行为的正当性以及王碎永取得和行使权利的正当性等因素，对王碎永所提歌力思公司、杭州银泰公司侵害其第 7925873 号商标权的诉讼主张，本院不予支持。

三、关于王碎永所提赔偿数额明显偏低的再审理由能否成立

鉴于本院已经认定歌力思公司、杭州银泰公司的行为不构成侵害商标权，歌力思公司、杭州银泰公司亦无需在本案中承担相应的法律责任，故对王碎永所提赔偿数额明显偏低的再审理由，本院不予支持。

综上，一审、二审判决认定事实和适用法律均有错误，歌力思公司再审申请的理由成立，本院予以支持。依据 2013 年修正前的《中华人民共和国商标法》第五十二条、《中华人民共和国民事诉讼法》第十三条、第一百七十条第一款第（二）项、第二百零七条之规定，判决如下：

一、撤销浙江省杭州市中级人民法院（2012）浙杭知初字第 362 号民事判决；

二、撤销浙江省高级人民法院（2013）浙知终字第 222 号民事判决；

三、驳回王碎永的全部诉讼请求。

本案一审案件受理费 54570 元，二审案件受理费 2300 元，均由王碎永负担。

本判决为终审判决。

审　判　长　王艳芳
代理审判员　朱　理
代理审判员　佟　姝
二〇一四年八月十四日
书　记　员　刘海珠

26. 缺乏合法性基础的注册商标专用权不能对抗他人的正当使用行为

——再审申请人宁波广天赛克思液压有限公司与被申请人邵文军侵害商标权纠纷案

【裁判要旨】

违反诚实信用原则恶意取得的注册商标专用权，对他人的正当使用行为提起的侵害商标权之诉，不应得到法律的支持和保护。

【关键词】

商标　侵权　诚实信用　正当使用

【案号】

最高人民法院（2014）民提字第168号

【基本案情】

在再审申请人宁波广天赛克思液压有限公司（以下简称广天赛克思公司）与被申请人邵文军侵害商标权纠纷案中，邵文军原系宁波市工商行政管理局江北分局的工作人员，2003年辞去公职。2006年2月10日，邵文军向国家工商行政管理总局商标局申请注册第5154071号“赛克思 SAIKESI”商标（即本案商标），该商标于2009年3月21日被核准注册，核定使用商品为第7类：泵膜片；机器、发动机和引擎的液压控制器；液压滤油器；泵（机器）；加热装置用泵；液压泵；液压元件等。邵文军以广天赛克思公司使用与本案商标相同的文字作为企业字号，并在本案商标核定使用的商品上突出使用，构成对本案商标权的侵害为由，提起诉讼。浙江省宁波市中级人民法院一审认为，广天赛克思公司的使用行为具有合法的在先权利基础，且不具有攀附邵文军商标声誉的恶意，客观上也不会使相关公众对商品的来源产生混淆、误认，不构成对本案商标权的侵害。据此，一审法院判决驳回邵文军的诉讼请求。邵文军不服，提出上诉。浙江省高级人民法院二审认为，广天赛克思公司在先使用了“赛克思”“SAIKESI”“saikesi”等标识，有权继续规范使用其企业名称。但是，我国实行的是商标注册制度，商标一旦获准注册，不论该商标实际使用的情况如何，注册商标专用权均应受到法律保护。广天赛克思公司对与本案商标相近似的标识进行了商标法意义上的使用，容易导致相关公众混淆误认，其行为构成侵权。但因本案商标并未进行实际使用，广天赛克思公司亦不存在侵权的主观故意，邵文军并无实际损失，故赔偿数额仅限于合理开支部分。据此，二审法院判决撤销一审判决，并判令广天赛克思公司立即停止侵权行为，赔偿邵文军经济损失两万元。广天赛克思公司不服，向最高人民法院申请再审。最高人民法院裁定提审本案，并于2015年10月30日判决撤销二审判决，维持一审判决。

【裁判意见】

最高人民法院提审认为：广天赛克思公司对由其字号“赛克思”拼音首字母组成的“SKS”商标享有在先的注册商标专用权以及合法的在先字号和域名权益，其在本案商标申请注册前，对合法拥有的商标、企业字号文字、拼音以及企业名称简称的文字、拼音的使用行为不具有恶意。从本案商标注册申请日起，至二审判决作出时，邵文军都未能提交对本案商标进行实际使用并产生知名度的证据，故广天赛克思公司的被诉侵权行为不具有攀附本案商标知名度的主观恶意。广天赛克思公司将“SKS”“赛克思液压”“SKS HYDRAULIC”“赛克思厂”组合在一起，经过长期使用，已具有较高的知名度，不会导致相关公众的混淆和误认，其使用行为具有正当性。此外，邵文军在辞职时亦有条件知悉广天赛克思公司及其关联企业的商标注册情况、字号及企业名称简称的实际使用状况等信息，其辞职后在与广天赛克思公司经营范围相同的商品类别上，申请注册与广天赛克思公司企业字号主要部分的文字及拼音相同的商标，直至本案二审程序结束亦未实际使用，却对在先权利人提起侵权之诉，其行为有违诚实信用原则，不应当受到法律保护。据此，邵文军以非善意取得的商标权对广天赛克思公司的正当使用行为提起侵权之诉，属于对其注册商标专用权的滥用，其诉讼请求不应得到支持。

中华人民共和国最高人民法院民事判决书

（2014）民提字第168号

再审申请人（一审被告、二审被上诉人）：宁波广天赛克思液压有限公司。住所地：浙江省宁波市江北区华业街195号。

法定代表人：吴赛珍，该公司董事长。

委托代理人：吴宗建，浙江正甬律师事务所律师。

被申请人（一审原告、二审上诉人）：邵文军，住浙江省宁波市海曙区中山西路×弄×号×室。

委托代理人：徐国强，上海市南星律师事务所律师。

再审申请人宁波广天赛克思液压有限公司（简称广天赛克思公司）因与被申请人邵文军侵害商标权纠纷一案，不服浙江省高级人民法院（2012）浙知终字第306号民事判决，向本院申请再审。本院于2014年5月27日作出（2013）民申字第557号民事裁定，提审本案。提审后，本院依法组成合议庭，对本案进行了公开开庭审理。广天赛克思公司的委托代理人吴宗建律师，邵文军的委托代理人徐国强律师到庭参加诉讼。本案现已审理终结。

2011年2月9日，邵文军向浙江省宁波市中级人民法院起诉称：邵文军于2009年3月21日从国家工商行政管理局商标局（简称商标局）取得第5154071号《商标注册证》，获得"赛克思SAIKESI"（简称涉案商标）的商标专用权，核定使用商品为第7类：泵膜片；机器、发动机和引擎的液压控制器；液压滤油器；泵（机器）；加热装置用泵；液压泵；液压元件（不包括车辆液压系统）；泵（机器、发动机或马达部件）。在邵文军申请注册涉案商标过程中，广天赛克思公司曾提出商标异议，被商标局驳回。广天赛克思公司使用与邵文军商标相同的文字作为企业字号，并在与邵文军涉案商标核定使用商品相同的商标上突出使用，构成侵害商标权。广天赛克思公司的侵权行为如下：1. 在其公司所在地设置印有"赛克思液压"字样的巨幅广告牌，悬挂印有"赛克思液压"字样的旗帜；2. 在其产品宣传册的封面以大号字体标注"赛克思液压"字样，内页中印有"赛克思"中文和拼音字样；3. 使用含有"saikesi"拼音的网络域名并在公司网站上使用有"赛克思"中文字样和拼音的标识进行宣传，且在产品铭牌上使用"saikesi"字样。为此，邵文军请求判令：1. 广天赛克思公司立即停止侵害邵文军享有的"赛克思SAIKESI"注册商标专用权的行为，具体包括停止在广告牌、宣传旗帜、产品宣传册、公司网站中使用含有"赛克思"中文字样和拼音的标识，停止使用含有"赛克思"中文和拼音字样的网络域名，停止在其产品上使用含有"赛克思"中文和"saikesi"拼音的标识；2. 广天赛克思公司赔偿邵文军损失50万元。

广天赛克思公司辩称：1. 广天赛克思公司未侵害邵文军的注册商标专用权，未使用邵文军的"赛克思SATKESI"中文加拼音商标。广天赛克思公司系正当使用自己的企业字号，且使用在先，广天赛克思公司使用"赛克思"三个字最早从宁波赛克思液压泵厂（简称赛克思厂）开始，一直沿用至今。广天赛克思公司所在地的广告牌是公司厂房奠基时就已经竖立，将其注册商标“SKS”和“赛克思液压”共同使用，与邵文军的注册商标不构成近似，是邵文军恶意抢注了涉案商标。广天赛克思公司在涉案商标注册之前就注册域名，故不存在侵权行为；2. 邵文军要求广天赛克思公司向其赔偿50万元损失没有事实和法律依据，邵文军的商标已经连续三年未曾实际使用，邵文军也未将该商标使用在任何产品上；3. 邵文军已知晓广天赛克思公司的上述使用行为，其诉讼请求已经超过诉讼时效。请求驳回邵文军的诉讼请求。

浙江省宁波市中级人民法院审理查明：邵文军原系宁波市工商行政管理局江北分局工作人员，于2003年辞去公职。2006年2月10日，邵文军向商标局申请注册涉案商标，初审号为第5154071号，拟使用在第7类商品“泵膜片；机器、发动机和引擎的液压控制器；液压滤油器；泵（机器）；加热装置用泵；液压泵；液压元件（不包括车辆液压系统）；泵（机器、发动机或马达部件）”上。在初审公告期间，广天赛克思公司就邵文军申请注册的涉案商标提起了异议申请，其理由是：“赛克思”商标系广天赛克思公司独创，该公司在先使用且已经具有一定知名度，邵文军的行为属恶意抢注，且涉案商标与广天赛克思公司的“SKS”商标及申请中的“赛克思SKS”商标构成近似。2011年6月12日，商标局作出（2011）商标异字第18774号《“赛克思SAIKESI”商标异议裁定书》，裁定：“异议人所提异议理由不成立，第5154071号‘赛克思SAIKESI’商标予以核准注册。”商标局向邵文军颁发了第5154071号涉案商标注册证，注册有效期限自2009年3月21日至2019年3月20日。

赛克思厂于1997年6月11日成立，企业类型为个人独资企业，负责人为吴赛珍，住所地为宁波市鄞州区中河街道周东桥，该厂至今仍存在，其经营范围为：液压泵、液压泵配件、五金冲件、塑料件、机械配件、汽车配件、金属制品的制造、加工。2005年4月22日，高志明、吴赛珍、宁波建工集团股份有限公司、赛克思厂投资成立了宁波建工赛克思液压有限公司（简称建工赛克思公司）。2006年6月15日，建工赛克思公司更名为广天赛克思公司，企业类型为有限责任公司，注册资本3000万元，其后，注册资本增至8500万元，法定代表人为吴赛珍，住所地为宁波市江北区华业街195号，经营范围为：液压和气动机械及元件的开发、制造、加工；液压和气动机械及元件的批发、零售和维修服务；自营和代理各类货物和技术的进出口，但国家限定或禁止进出口的货物和技术除外；热处理加工（限分支机构经营）。

2000 年 1 月 31 日，赛克思厂注册了域名“saikesi. com”，到期时间为 2013 年 1 月 30 日。2007 年 6 月 16 日，广天赛克思公司委托铭万信息技术有限公司、北京铭万智达科技有限公司注册了域名“赛克思 . cn”，注册年限为十年。2000 年 7 月 21 日，商标局向赛克思厂颁发了第 1423908 号“SKS”商标注册证，系在椭圆形中排列字母“SKS”，该商标核准使用的商品为第 7 类“液压泵、液压阀”，注册有效期限至 2010 年 7 月 20 日。2009 年 9 月 14 日，该商标转让给广天赛克思公司，2010 年 6 月 2 日，该商标经续展，注册有效期至 2020 年 7 月 20 日。2006 年 4 月 24 日，赛克思厂向商标局申请注册“SKS 赛克思”商标，拟使用商品为第 7 类，该申请被驳回。宁波美达柯式印刷有限公司一直以来为赛克思厂、广天赛克思公司印刷产品宣传册，在其 2004～2005 年印刷的小开本产品宣传册封面的左上角处印有广天赛克思公司的注册商标“SKS”，系在红色椭圆形中排列字母“SKS”，旁边标有“SAIKESI”字样，在宣传册封面的右侧纵向印刷“赛克思液压”字样，宣传册内页标有“厂名：赛克思厂”“厂址：中国浙江省宁波市潘火周东桥”。在其印刷的三种大开本样式的产品宣传册的封面下端，均为左边的“SKS”商标加上“赛克思液压”字样组成，其中两本宣传册在“赛克思液压”字样之下还标有“SKS HYDRAULIC”字样。在一本较厚的大开本产品宣传册的封面左上方有“赛克思液压泵配件”的字样，在该本产品宣传册的第 4 页上端印有“赛克思牌产品”，该页的左上角处，在“SKS”商标旁边标有“SAIKESI”字样。在较薄的两本产品宣传册内页的左上角，其上方为“SKS”商标，下方为“赛克思液压”字样或“SAIKESI”字样。在三种大开本产品宣传册的产品图片上，均显示液压泵产品的铭牌上刻有“SAIKESI”标识。在广天赛克思公司的住所地，大门上刻有“SKS”商标和“赛克思液压”字样，其中“SKS”商标系在红色为底色的椭圆形内排列金色的字母“SKS”，右边为金色的“赛克思液压”字样，下面为“SKS HYDRAULIC”和“华业街 195 号”字样。在广天赛克思公司厂房上方的广告牌上，左边为“SKS”商标，右边为“赛克思液压”字样。在广天赛克思公司大门上方悬挂的旗帜上印有“SKS”商标和“赛克思液压”字样，在大门右侧的销售部玻璃上也印有“SKS”商标和“赛克思液压”字样。

2011 年 12 月 21 日，邵文军来到浙江省宁波市天一公证处，在公证员任伟元和公证员助理许静的监督下，邵文军使用该处计算机，打开 Internet Explorer 浏览器，删除浏览的历史记录，在地址栏中输入网址“cn. saikesi. com”，页面打开后，左上角为“SKS”商标和“赛克思液压”字样；点击页面上的“公司信息”，新页面打开后，显示有“赛克思企业视频”字样以及关于广天赛克思公司和赛克思厂的简介；点击页面上的“销售网络”，新页面打开后，有一张产品图片，系液压泵产品，在产品铭牌上刻有“SAIKESI”字样，网页上有“About Saikesi”“关于赛克思”“赛克思液压售后服务维修中心”“赛克思液压”各地代理商等字样或信息；点击页面上的“联系我们”，新页面打开后，有一张产品图片，系液压泵产品，在产品铭牌上刻有“SAIKESI”字样，联系的网址为“http：//www. saikesi. com”，地图上标识的目标地址为“赛克思”。上述过程经截屏、打印并制作了光盘，由浙江省宁波市天一公证处出具（2011）浙甬天证民字第7906号《公证书》。

2012年2月16日，邵文军来到浙江省宁波市天一公证处，在公证员任伟元和公证员助理杜兵的监督下，邵文军使用该处计算机，打开Internet Explorer浏览器，删除浏览的历史记录，在地址栏中输入网址“cn. saikesi. com”，页面打开后，左上角为“SKS”商标和“赛克思液压”字样，页面中间有一张液压泵产品图片，在产品铭牌上刻有“SAIKESI”字样；点击“产品展示”下链接“液压泵、马达元件”，页面打开后左上角为“SKS”商标和“赛克思液压”字样，页面中间有一张液压泵产品图片，在产品铭牌上刻有“SAIKESI”字样；点击“SAlV0（SA10VS0）18/028/045/071/100/140”上方的图片链接，页面打开后显示有“赛克思液压 版权所有”“SAIKESI All Rights Reserved”等字样；点击“SA2V（SPVB）005、006、010、015、020、029”上方的图片链接，页面打开后左上角为“SKS”商标和“赛克思液压”字样，页面中间有一张液压泵产品图片，在产品铭牌上刻有“SAIKESI”字样。上述过程经截屏、打印并制作了光盘，由浙江省宁波市天一公证处出具（2012）浙甬天证民字第479号《公证书》。

2006年，广天赛克思公司在其对外发放的开幕典礼的邀请书中自称“赛克思”，并在邀请书的左上角组合使用“SKS”商标和“赛克思液压”字样。2006年1月1日，中国液压气动密封件工业协会向广天赛克思公司颁发了会员证；2006年8月上海液压气动密封行业协会向广天赛克思公司颁发了会员单位证书；2006年12月的国际工程机械协会国际中文版杂志记载广天赛克思公司为该协会理事单位；2002年，浙江日报报业集团等单位向赛克思厂颁发了浙江省机械行业优质产品证书；2007年8月8日，宁波市科技局向广天赛克思公司颁发高新技术企业认定证书；同年，中国国际保护消费者权益促进会向广天赛克思公司颁发了浙江省行业质量信用单位证书；同年12月，科学技术部火炬高技术产业开发中心向广天赛克思公司颁发了国家火炬计划项目证书；2008年2月，浙江省科技厅颁发给广天赛克思公司高新技术企业认定证书。此外，广天赛克思公司在技术创新方面被有关部门颁发多项荣誉证书，并获得各级政府的资金扶持。广天赛克思公司提交的资产负债表及审计报告显示，2006 年年初，广天赛克思公司的资产总计 34277736.37 元，年末资产总计 59627072. 99 元；2007 年，年末资产总计 111254019.79 元；2008 年，年末资产总计 161388046.66 元；2009 年，年末资产总计 215172192.92 元；2010 年，年末资产总计 288165999.27 元。

邵文军与浙江铭远泵业有限公司（简称铭远公司）于 2011 年 12 月 23 日订立了《商标使用许可合同》，约定：邵文军将涉案商标许可给铭远公司使用，许可期限自 2012 年 1 月 1 日起至 2014 年 12 月 31 日止；许可使用费为 500000 元，于 2012 年 2 月 29 日前一次性付清。该合同尚未实际履行。邵文军为本案诉讼支付了公证费 1800 元，并与上海市南星律师事务所的徐国强、刘斌律师签订《聘请律师合同》，约定律师费为 30000 元。

一审法院审理认为：本案主要涉及商标专用权和企业名称权的权利冲突纠纷，审理该类纠纷应遵循诚实信用、维护公平竞争和保护在先权利等原则。本案中，邵文军享有的涉案商标专用权和广天赛克思公司享有的企业名称权均是经法定程序确认的权利，分别受商标法律、法规和企业名称登记管理法律、法规保护。商标是区别不同商品和服务来源的标志，由文字、图形或者其组合构成；企业名称是区别不同市场主体的标志，由行政区划、字号、行业或者经营特点、组织形式构成，其中字号是区别不同企业的主要标志，也起着区别不同商品和服务来源的重要作用。本案争议的焦点是广天赛克思公司的行为是否侵害了邵文军的商标权，广天赛克思公司关于其是在先使用企业字号，享有在先权利的抗辩理由能否成立。

一、广天赛克思公司使用域名“saikesi. com”的行为是否侵害了邵文军的注册商标专用权

广天赛克思公司认为，“saikesi. com”由赛克思厂早在 2000 年 1 月 31 日注册，并已在国际顶级域名数据库中记录，该域名系赛克思厂的字号“赛克思”的拼音，赛克思厂注册该域名具有正当的理由，在广天赛克思公司成立后，也一直沿用该域名作为官方网站介绍其公司经营状况。一审法院认为“saikesi. com”域名注册的时间早于邵文军申请注册商标的时间，广天赛克思公司与赛克思厂具有一脉相承的历史渊源，二者具有相同的法定代表人或负责人，广天赛克思公司使用该域名具有正当理由，广天赛克思公司及赛克思厂就该域名的注册、使用并无

恶意。广天赛克思公司一直以来使用域名“saikesi. corn”作为其网站进行对外宣传，已经使相关公众将该域名与广天赛克思公司对应起来，故“saikesi”与涉案商标比对，即使二者在音、形、义等因素上构成近似，也不会造成相关公众的混淆和误认，广天赛克思公司使用在先合法注册的域名，可认为其享有在先权利，并不构成《中华人民共和国商标法》（简称商标法）意义上的侵权行为。据此，邵文军主张广天赛克思公司使用域名“saikesi. com”的行为侵害了其注册商标专用权，一审法院不予支持，广天赛克思公司的该项抗辩理由成立。

二、广天赛克思公司在对外广告宣传中使用中文“赛克思”、拼音“SAIKESI”、“saikesi”字样以及在液压泵商品铭牌上使用“SAIKESI”标识的行为是否侵害了邵文军的注册商标专用权

邵文军认为，广天赛克思公司的行为侵害了其就涉案商标享有的专用权。广天赛克思公司则辩称，其使用“赛克思”中文及拼音字样是使用其企业字号的行为，且其使用在先，享有在先权利，其将自有的“SKS”注册商标与“赛克思液压”字样组合使用的方式，与邵文军的注册商标不构成近似，广天赛克思公司未侵害邵文军的商标权。一审法院认为，早在1997年，赛克思厂就已成立，生产、经营液压泵等产品，并基于其企业字号在对外广告宣传中使用“赛克思液压”“赛克思”及“SAIKESI”等字样，在广天赛克思公司成立后，也一直沿用至今，广天赛克思公司和赛克思厂对外一并宣传，并自称“新厂”和“老厂”的关系，从其渊源来考量，广天赛克思公司的行为具有正当性和历史因素，遵循了诚实信用原则。广天赛克思公司在长期的使用过程中，已经使“赛克思液压”“赛克思”“SAIKESI”“saikesi”和广天赛克思公司以及广天赛克思公司生产、经营的产品紧密联系，由于广天赛克思公司具有较大的生产规模和在技术创新领域取得的突出成绩及获得的行业广泛认可，更进一步扩大了企业字号及其商标“SKS”的知名度，使其在行业内具有一定的影响力，为相关公众所知悉，“赛克思”“SAIKESI”“saikesi”，客观上已具有一定的知名度，因此，广天赛克思公司长期的在先使用行为，使其无论从具有一定知名度的企业字号还是具有一定知名度的未注册商标的角度来看，都具有合法在先权利，虽然邵文军享有注册商标专用权，但并不能绝对否定在先产生的其他知识产权。由于邵文军的商标自核准注册已满三年，尚未实际投入使用，也不具有知名度，广大赛克思公司在对外广告宣传中使用中文“赛克思”、拼音“SAIKESI”、“saikesi”字样的行为以及在液压泵商品铭牌上使用“SAIKESI”标识的行为客观上不会使相关公众对广天赛克思公司商品

的来源产生混淆和误认，主观上广天赛克思公司也不具有攀附邵文军商标声誉的恶意。故，广天赛克思公司在对外广告宣传中使用中文“赛克思”、拼音“SAIKESI”、“saikesi”字样的行为以及在液压泵商品铭牌上使用“SAIKESI”标识的行为并未侵害邵文军的注册商标专用权。

综上，考虑到历史因素和现实的使用情况，从诚实信用原则和保护公民、法人的合法民事权益出发，为维护公平竞争，应依法保护在先权利人享有继续使用相关诉争标识的合法民事权益，邵文军要求广天赛克思公司停止侵权并赔偿损失的诉讼请求，一审法院不予支持，对广天赛克思公司的辩称该院予以采纳。依照《中华人民共和国民法通则》第四条、第五条，《中华人民共和国民事诉讼法》（2007 年修正）第六十四条第一款，《最高人民法院关于民事诉讼证据的若干规定》第二条之规定，一审法院于 2012 年 9 月 10 日判决：驳回邵文军的诉讼请求。案件受理费 8800 元，由邵文军负担。

邵文军不服一审判决，向浙江省高级人民法院提起上诉称：1. 邵文军享有涉案商标的专用权，广天赛克思公司使用与该注册商标完全相同的文字作为企业字号，并在该注册商标核定使用的商品上突出使用，且与广天赛克思公司自身拥有的“SKS”注册商标捆绑使用，同时违法使用“R”注册标记，使相关公众对商品来源产生误认，明显产生混淆，依法构成侵权；2. 一审法院认定广天赛克思公司就“赛克思”及“SAIKESI”企业字号享有在先使用权，故不构成对邵文军涉案注册商标专用权的侵害，理由不能成立。首先，广天赛克思公司的企业字号为“广天赛克思”，“赛克思”及拼音“SAIKESI”等均非其字号，亦非企业简称；其次，广天赛克思公司与案外人赛克思厂系相互独立的企业，并非新厂与老厂的关系，即使赛克思厂具有“赛克思”字号，广天赛克思公司的字号也不能用“赛克思”予以替代；最后，因我国实行的系商标注册原则，除驰名商标外，只有注册商标才享有专用权，广天赛克思公司也未提供证据证明“赛克思”及“SAIKESI”、“saikesi”等标识的知名度，故一审法院认定前述标识为具有一定知名度的企业字号或未注册商标以及广天赛克思公司对此享有合法在先权利，显属错误；3. 商标局虽于 2006 年 2 月受理邵文军的涉案注册商标申请，但因广天赛克思公司在公告期内向商标局提出异议，邵文军于 2011 年 6 月才实际取得涉案注册商标专用权，一审法院认定涉案注册商标自核准注册已满三年尚未实际投入使用，与事实不符，况且注册商标一旦获得注册，不论其是否实际使用，均应受法律保护；4. 一审法院认定广天赛克思公司主观上不具有攀附涉案注册商标声誉的恶意，但行为人的主观故意并非认定商标侵权的要件，何况广天赛克思公司早在2009年1月5日就涉案商标向商标局提出过异议并遭驳回，其实施涉案被诉行为的恶意明显；5. 邵文军在2011年6月实际取得商标专用权后，半年内即对涉案商标进行了授权许可，正是广天赛克思公司的侵权行为导致邵文军无法正常行使注册商标专用权，并因此遭受经济损失。综上，请求二审法院撤销一审判决，依法判令广天赛克思公司停止侵害邵文军涉案注册商标专用权的行为，并赔偿邵文军50万元及合理支出71800元（律师费、公证费），承担本案全部诉讼费用。二审中，邵文军放弃对广天赛克思公司的包含“赛克思”中文和拼音字样的网络域名主张权利。另经二审法院释明，邵文军变更其请求赔偿总额为50万元（含维权的合理支出）。

广天赛克思公司辩称：1. 广天赛克思公司具有当然的在先使用权。广天赛克思公司的前身是赛克思厂，该厂的全部业务以及“SKS”商标、字号等完全由广天赛克思公司承继，广天赛克思公司的企业名称中也包含有“赛克思液压”，而产品的介绍亦沿用了赛克思厂宣传时的一贯风格，且并未单独使用“赛克思”字样，现时的“SKS”商标与“赛克思液压”结合的使用方式早于邵文军涉案注册商标的申请日期，并不违反企业名称登记管理的相关规定；2. 广天赛克思公司在业界的宝贵声誉和知名度是前身赛克思厂和现公司经多年自身努力所取得，并未假借邵文军涉案商标的声誉，而邵文军原系宁波市工商行政管理系统中从事商标工作的公务人员，其利用工作之便注册涉案商标，该商标未实际使用，也未作任何宣传，广天赛克思公司并无利用涉案商标谋取利益的必要。综上，请求二审法院依法保护在先权利人的合法权益，驳回上诉，维持原判。

二审法院另查明：邵文军为本案诉讼实际支付了一定的律师代理费和公证费，其涉案注册商标至今未实际使用。二审法院查明的其他事实与一审法院认定的事实一致。

二审法院审理认为：根据邵文军的上诉请求和理由以及广天赛克思公司的答辩意见，本案二审的争议焦点为：广天赛克思公司的被诉行为是否侵害了邵文军第5154071号注册商标专用权及其可能承担的责任。二审法院分析认定如下：

首先，邵文军原系宁波市工商行政管理局江北分局的工作人员，其于2006年将与位于宁波市江北区的广天赛克思公司的字号相同的“赛克思”及对应的拼音“SAIKESI”申请注册商标，并获得商标局核准。该注册商标虽经商标异议程序，但至今仍维持有效，邵文军就涉案注册商标享有商标专用权，仍可依法行使诉权以使其权利不受侵害，二审法院依法予以保护。

其次，综合邵文军的主张和一审判决罗列的广天赛克思公司的被诉侵权形态，二审法院归纳广天赛克思公司的涉案被诉侵权行为主要包括：1. 在厂房的大幅招牌、旗帜、门面等处使用“赛克思液压”字样；2. 在各种产品宣传册、网站上使用“赛克思液压”“SAIKESI”“saikesi”等字样，有少量“赛克思牌产品”“赛克思产品”“赛克思”“赛克思厂”“赛克思企业”等表述；3. 在产品铭牌上使用“SAIKESI”字样等。《企业名称登记管理规定》第二十条规定：“企业的印章、银行账户、牌匾、信笺所使用的名称应当与登记注册的企业名称相同。从事商业、公共饮食、服务等行业的企业名称牌匾可适当简化，但应当报登记主管机关备案。”本案中，广天赛克思公司作为生产型企业，并未规范使用其企业全称，在较大范围内醒目使用“赛克思”字样，相对独立于背景版式设计，虽然有与其自有的“SKS”注册商标共同使用的情形，但仍均属对字号的突出使用。另外，广天赛克思公司对“SAIKESI”“saikesi”的使用方式亦起到标示商品来源的功用，其单独或与“SKS”注册商标共同使用的形态，均可认为系商标意义上的使用。

再次，依据商标法第五十二条第（一）项规定，未经商标注册人的许可，在同一种商品或者类似商品上使用与其注册商标相同或者近似的商标，属侵犯注册商标专用权的行为；《最高人民法院关于审理商标民事纠纷案件适用法律若干问题的解释》第一条第（一）项规定，将与他人注册商标相同或者相近似的文字作为企业的字号在相同或者类似商品上突出使用，容易使相关公众产生误认的，亦属于侵害注册商标专用权的行为。本案中，广天赛克思公司系在液压泵等产品上使用被诉侵权标识，与邵文军的涉案商标核定使用的商品相同；“赛克思”“SAIKESI”均为邵文军涉案注册商标的重要组成部分，广天赛克思公司突出使用与邵文军涉案注册商标相近似的“赛克思”字号及“SAIKESI”“saikesi”等标识，易使相关公众产生误认，已构成对邵文军涉案注册商标专用权的侵害。

最后，诚然，相对于邵文军涉案注册商标的申请，广天赛克思公司对“赛克思”“SAIKESI”“saikesi”等标识的使用属在先使用，其有权继续规范使用其企业名称，但由于我国实行的是商标注册制度，在商标专用权的获得上采用注册原则和申请在先原则，商标一旦获准注册，不论该商标实际使用的情况如何，注册商标专用权均应受法律保护，注册商标权人对注册商标依法享有积极的使用权和消极的禁止权。广天赛克思公司提供的现有证据不足以证明“赛克思”“SAIKESI”“saikesi”等标识在邵文军申请涉案商标注册时已经驰名或已具有一定的影响，广天赛克思公司的相关荣誉也均系2006年之后陆续获得，都在邵文军申请商标注册之后，故在未注册商标层面对“赛克思”“SAIKESI”“saikesi”等标识也难以予以保护。广天赛克思公司有关在先使用、邵文军系恶意抢注、有违诚信等抗辩主张，尚不足以在民事侵权诉讼中对抗邵文军的涉案权利诉求，广天赛克思公司在本案审理中对邵文军涉案注册商标提出的效力质疑亦不属本案的审查范围之列。

综前所述，广天赛克思公司的被诉商标侵权行为侵害了邵文军涉案注册商标专用权，应承担相应的民事责任。因本案中邵文军的涉案注册商标至今未实际使用，广天赛克思公司的被诉侵权行为未给邵文军造成直接现实的经济损失，邵文军也未能提交因广天赛克思公司突出使用“赛克思”，字号及其拼音“SAIKESI”“saikesi”等字样而给其造成实际损失和其他损害的证据，广天赛克思公司在本案中亦不存在侵权的主观故意。据此，赔偿额应仅限于邵文军为制止侵权行为所支付的合理律师代理费及其他合理开支，一审法院酌情确定赔偿额为2万元。

综上，二审法院认为，邵文军提出的部分上诉理由成立，对其相应的上诉请求应予支持。一审法院适用法律不当，依法应予纠正。依照《中华人民共和国民事诉讼法》第一百七十条第一款第（二）项，商标法第五十二条第（一）项、第（五）项、第五十六条第一款，《最高人民法院关于审理商标民事纠纷案件适用法律若干问题的解释》第一条第（一）项、第十七条之规定，判决如下：1. 撤销一审判决；2. 广天赛克思公司立即停止侵害邵文军所享有的涉案商标的注册商标专用权的行为，即立即停止突出使用“赛克思”“SAIKESI”“saikesi”等字样；3. 广天赛克思公司赔偿邵文军为制止侵权行为所支付的合理律师代理费及其他合理开支2万元，于判决送达之日起十日内履行完毕。4. 驳回邵文军的其他诉讼请求。如果未按本判决指定的期间履行给付金钱义务，应当按照《中华人民共和国民事诉讼法》第二百五十三条之规定，加倍支付迟延履行期间的债务利息。二审案件受理费各8800元，均由邵文军各负担4220元，广天赛克思公司各负担4580元。

广天赛克思公司向本院申请再审称：1. 二审法院认定的基本事实缺乏证据证明，其不存在突出使用涉案商标的事实。广天赛克思公司的创始人即法定代表人吴赛珍早在上世纪九十年代就开办了赛克思厂，后因经营需要，与他人合办现在的公司，该公司从新建厂房开始，在公司的大门墙中镶嵌的就是“赛克思液压”这五个字。广天赛克思公司从成立以后，一直对外简称赛克思液压公司，故在设立网站时使用的域名就是赛克思的汉语拼音，这也不存在突出使用平时广告中使用的“SKS”加“赛克思液压”五个字，邵文军当时还在工商局商标管理科工作，其商标还没有注册。二审法院认为广天赛克思公司没有规范使用企业名称全称是错误的。广天赛克思公司在广告中从来没有单独使用过涉案商标，广告及宣传中均是使用“SKS”商标加上“赛克思液压”字样的标识，在广告杂志中的使用不属于商标意义上的使用。邵文军申请的商标注册后三年多从没有使用过，一审、二审法院均查明，邵文军原系宁波市工商行政管理局从事商标管理的工作人员，利用职务之便，在广天赛克思公司以“赛克思”三个字的第一个拼音注册了“SKS”商标的情况下，注册了“赛克思”商标，其不可能也不存在利用涉案商标从事商标法意义上的侵权行为，二审法院改判系适用法律错误。广天赛克思公司提交的证据足以证明，该公司从成立到今天的发展均是通过自主经营才在我国最高端领域取得了一定荣誉和声誉，有相当一部分是在涉案商标注册前就取得的。二审法院认为其产品不具有一定影响系认定事实错误。2. 二审法院适用法律错误。依据商标法第四十四条、《中华人民共和国商标法实施条例》第三十九第二款的规定，商标注而不用，不应受到法律保护。广天赛克思公司从未将涉案商标在商品中突出使用，故不应适用商标法第五十二条第（一）项和《最高人民法院关于审理商标民事纠纷案件适用法律若干问题的解释》第一条第（一）项的规定。请求依法撤销二审判决，改判维持一审判决，驳回邵文军的诉讼请求。

邵文军提交意见认为：广天赛克思公司称其不存在突出使用涉案商标的行为与事实不符。广天赛克思公司使用与涉案商标完全相同的文字作为企业字号；在与该涉案商标核定使用的商品相同的商品上突出使用，甚至与广天赛克思公司自身拥有的“SKS”注册商标捆绑使用，并违法使用注册商标专用的“R”注册标记，明显产生混淆，使相关公众对商品来源产生误认，构成侵权。广天赛克思公司称其对“赛克思”及“SAIKESI”企业字号具有在先使用权，故不构成对涉案商标的侵害，理由不能成立。“赛克思”汉字及拼音“SAIKESI”并非其字号，亦并非其企业简称。案外人赛克思厂系个人独资企业，而宁波广天赛克思液压有限公司系国有企业与私人合资的有限责任公司，是两个独立的企业法人。即便赛克思厂享有赛克思字号，也不代表广天赛克思公司的字号“广天赛克思”就能够以“赛克思”来代替。此外，“赛克思”是具有一定知名度的企业字号，也没有充分的事实依据。截至2011年，浙江省已认定知名商号企业1003家，广天赛克思公司和赛克思厂都不在其中。广天赛克思公司陈述“广告中从来没有单独使用过涉案商标”与事实不符。广天赛克思公司的侵权行为体现在其产品上、企业字号以及广告宣传上。在广告上使用也属于商标意义上的使用。广天赛克思公司称涉案商标注册三年多没有使用与事实不符。涉案商标申请受理日期是2006年2月，初步审定公告日期是2008年12月20日，由于在公告期内广天赛克思公司向商标局提出异议，故邵文军实际取得注册商标专用权的日期是2011年6月。邵文军在宁波市江北区工商行政管理局工作，2003年辞职，2006年申请涉案商标，而当时广天赛克思公司才注册登记，不存在恶意抢注的问题。请求法院依法驳回广天赛克思公司的申请再审。

本院经审理查明：一审、二审法院查明的事实属实，本院予以确认。另查明：

邵文军在本院庭审中提交如下证据：1. 邵文军邀请中国政法大学四位学者出具的《专家法律意见书》复印件，用以证明广天赛克思公司的行为侵害邵文军的注册商标专用权；2. 商标局于2014年2月20日出具的《商标使用许可合同备案通知书》，显示：邵文军的涉案商标许可上海启庞机电有限公司使用，使用期限自2013年8月15日至2015年8月15日；3. 上海启庞机电有限公司使用涉案商标的照片；4. 宁波市海曙盛涛汽车配件供应站使用涉案商标的照片及发票，开票日期为2014年10月27日；证据2～4均用以证明涉案商标的使用情况；5. 广天赛克思公司于2014年1月在代理商年会上使用涉案商标的照片，用以证明广天赛克思公司的侵权行为仍在继续进行；6. 宁波市公司工商行政管理局江北分局于2003年8月18日印发的《关于同意邵文军同志辞职的批复》，用以证明邵文军注册涉案商标并非利用职务便利。广天赛克思公司当庭发表如下质证意见：1.《专家法律意见书》为复印件，不能证明其真实性，且专家意见不能作为证据使用；2～4. 均系邵文军在本案一审、二审结束后为本案的再审复查去做的证据，不能证明本案涉案商标的使用情况；5. 广天赛克思公司是将赛克思与“SKS”组合使用，该证据反而能证明广天赛克思公司使用商标的行为不侵害邵文军的注册商标专用权；6. 邵文军的确是2003年8月18日从工商局辞职，但此后在宁波唯一的商标事务所工作，该事务所系隶属于工商局的事业单位，不能排除邵文军注册涉案商标未利用其职务便利。

本案对邵文军提交的上述证据认证如下：证据1即《专家法律意见书》复印件，对该证据的真实性不予确认，且专家意见不能作为本案认定事实和适用法律的依据，本院不予采信；证据2~4均形成于本案二审判决之后，不能证明邵文军提起本案诉讼前已经使用涉案商标；证据5可以证明广天赛克思公司以“SKS”+“赛克思液压”+“SKS HYDRAULIC”组合的形式使用其注册商标及企业名称中文、拼音简称，不能证明广天赛克思公司使用邵文军的涉案商标；证据6可以证明邵文军的辞职时间为2003年8月18日，该证据与邵文军的证明目的之间不具有关联性。

又查明：邵文军在一审庭审中确认，涉案商标至一审庭审时未实际生产过相关产品。

2009年11月24日，域名“saikesi. com”已由赛克思厂变更注册至广天赛克思公司名下。

本院认为，本案双方当事人再审期间的争议焦点为广天赛克思公司的被诉行为是否侵害邵文军涉案商标的商标专用权。

商标法第五十二条规定，未经商标注册人的许可，在同一种商品或者类似商品上使用与其注册商标相同或者近似的商标的，或者销售侵犯注册商标专用权商品的，属于侵犯注册商标专用权的行为。本案中，邵文军主张广天赛克思公司的侵权行为包括：在广天赛克思公司所在地设置印有“赛克思液压”字样的巨幅广告牌及悬挂印有上述字样的旗帜；在其产品宣传册的封面以大号字体标注“赛克思液压”字样，内页印有“赛克思”中文及拼音；在其网站上使用“赛克思”中文和拼音标识进行宣传；在生产的产品铭牌上印有“saikesi”标识。广天赛克思公司提出的抗辩理由为其享有在先企业字号及域名，且该公司将其注册商标“SKS”与“赛克思液压”组合使用，不会导致相关公众的混淆和误认。

一、关于广天赛克思公司是否享有合法的在先权利。从一审、二审法院查明的事实看，首先，赛克思厂系1997年6月11日成立的个人独资企业，负责人为吴赛珍，其经营范围为液压泵及其配件等。该公司申请的“SKS”商标于2000年7月21日被商标局核准注册，核定使用的商品为第7类“液压泵、液压阀”。2005年4月22日，高志明、吴赛珍、宁波建工集团股份有限公司和赛克思厂投资成立了建工赛克思公司。建工赛克思公司于2006年6月15日更名为广天赛克思公司，法定代表人为吴赛珍，经营范围为液压和气动机械及元件的开发、制造、加工、批发、零售和维修服务。赛克思厂于2009年9月14日将其“SKS”

商标转让给广天赛克思公司。邵文军于2006年2月10日申请注册涉案商标。由上述事实可知，赛克思厂使用“赛克思”作为企业字号的时间早于邵文军申请注册涉案商标近九年；广天赛克思公司的前身建工赛克思公司成立并将“赛克思”作为其企业字号主要部分的时间亦早于邵文军申请注册涉案商标一年多的时间。广天赛克思公司与赛克思厂虽然属于不同的主体，但从两家企业的经营范围、投资结构及法定代表人看，二者存在一定的渊源关系，且“赛克思”字号从赛克思厂一直延续沿用到广天赛克思公司，广天赛克思公司只是在“赛克思”前加了“广天”二字，以跟其前身建工赛克思公司区别。赛克思厂与广天赛克思公司两家企业还一并使用其字号（或字号主要部分）“赛克思”、字号的拼音“SAIKESI”及企业名称简称“赛克思液压”对外进行广告宣传，经营同样的产品，取得了一定的知名度。赛克思厂字号的知名度已经辐射到广天赛克思公司。因此，可以认定广天赛克思公司享有合法的在先字号权。其次，域名是互联网上识别和定位计算机的层次结构式的字符标识，与该计算机的互联网协议ip地址相对应。域名属于当事人的一种民事权益，受法律的保护。域名是全球性的，商标则有严格的地域性。因此，域名所有人注册域名之后，商标注册人才对该域名具有标识性部分申请注册商标并取得商标权的，其商标专用权不能延及该域名。赛克思厂于2000年1月31日将其字号的拼音注册为域名“saikesi. com”，该域名已在国际顶级域名数据库中记录。广天赛克思公司成立后便一直使用赛克思厂的域名“saikesi. com”作为其官方网站进行对外宣传，具有了一定的知名度。其后，赛克思厂的域名“saikesi. com”变更注册至广天赛克思公司名下。尽管邵文军的涉案商标中也含有“赛克思”及其拼音“SAIKESI”，但赛克思厂注册并使用其域名“saikesi. com”的时间早于邵文军申请注册涉案商标六年，邵文军的涉案商标不能阻却赛克思厂的域名权，故可以认定赛克思厂享有在先的域名权。如前所述，广天赛克思公司与赛克思厂存在一脉相承的历史渊源关系，且赛克思厂的在先域名已变更注册至广天赛克思公司名下，因此，可以认定广天赛克思公司享有合法的在先域名权。

二、关于广天赛克思公司注册商标、字号、企业名称简称的使用状况及知名度情况。首先，宁波美达柯式印刷有限公司一直以来为赛克思厂、广天赛克思公司印刷产品宣传册。在2004～2005年赛克思厂印刷的宣传册封面及其他宣传册、广天赛克思公司住所地的大门、悬挂的旗帜、销售部玻璃、厂房上方的广告牌、大门右侧及其公司网站上，分别或同时标注“SKS”“赛克思液压”“SKS HY-

DRAULIC”“赛克思厂”“厂址：中国浙江省宁波市潘火周东桥”“赛克思液压泵配件”“赛克思牌产品”及“华业街195号”等字样。从上述事实看，赛克思厂、广天赛克思公司的主要使用状况是将其以企业字号拼音首字母注册的商标“SKS”、字号（或字号主要部分）的拼音“SAIKESI”、企业名称中文简称“赛克思液压”“赛克思厂”及企业名称英文简称“SKS HYDRAULIC”甚至公司地址组合在一起使用，相关公众完全能够区分。其次，赛克思厂自设立起就生产和销售液压泵等产品，赛克思厂、赛克思厂的负责人与其他企业合资成立新的公司广天赛克思公司后，其企业规模不断壮大。目前，广天赛克思公司注册资本已达8500万元。该公司资产总额从2006年年初的3428千万元逐年递增至2010年年末的2.882亿元。广天赛克思公司还获得有关部门颁发的多项荣誉证书：2007年8月8日被宁波市科技局认定为高新技术企业；2008年2月被浙江省科技厅认定为高新技术企业；2007年12月科技部火炬高技术产业开发中心向广天赛克思公司颁发了国家火炬计划项目证书等等。经过多年的生产、销售以及宣传，“赛克思”“SAIKESI”和“saikesi”字样已经与广天赛克思公司以及相关产品联系起来，赛克思厂在字号与注册商标上的知名度也均已辐射至广天赛克思公司。因此，可以认定广天赛克思公司在行业内已经具有较高的影响力和知名度。

三、关于广天赛克思公司被诉行为是否具有正当性的问题。首先，广天赛克思公司对由其字号“赛克思”拼音首字母组成的“SKS”商标享有在先的注册商标专用权，同时该公司还享有合法的在先字号权和域名权。广天赛克思公司在邵文军申请注册涉案商标前，先于邵文军对其合法拥有的商标、企业字号中文、拼音以及企业名称简称的中文、拼音的使用不具有恶意；在邵文军申请注册涉案商标后，从邵文军2006年申请注册涉案商标“赛克思 SAIKESI”起，至本案二审法院于2013年2月20日作出二审判决时止，邵文军未提交证明其使用涉案商标使用的证据，其涉案商标因未使用而不具有知名度，故广天赛克思公司的被诉行为亦不具有攀附邵文军涉案商标知名度的主观恶意。其次，从广天赛克思公司的具体使用方式看，“赛克思”本身就是其企业字号的主要部分，“赛克思”与其拼音“SAIKESI”具有互相指代关系。广天赛克思公司将“SKS”“赛克思液压”“SKS HYDRAULIC”“赛克思厂”组合在一起，经过长期使用，已具有较高的知名度，相关公众已经能将上述标识与广天赛克思公司经营范围内的产品联系起来。因此，广天赛克思公司的使用行为不会导致相关公众的混淆和误认，其被诉行为具有正当性。即便邵文军对涉案商标享有商标专用权，但其商标专用权的排斥力因其商标不具知名度而应受到一定的限制，其亦无权禁止广天赛克思公司在原有的范围内继续使用。

四、邵文军注册涉案商标是否具有正当性的问题。对于利用职务上的便利或业务上的优势，恶意注册商标，损害他人在先权利，为自己谋取不正当利益的行为，属于违反诚实信用的行为，不应受法律的保护。本案中，邵文军原系宁波市工商行政管理局江北分局的工作人员，于2003年辞去公职。因赛克思厂的企业字号“赛克思”、注册商标“SKS”及域名“saikesi. com”在2003年邵文军辞职之前均已注册使用，作为与赛克思厂、广天赛克思公司同处一地的工商部门工作人员，邵文军在辞职时应当知悉赛克思厂、广天赛克思公司商标的实际注册情况、字号（或字号主要部分）及企业名称简称的实际使用状况等相关信息资料，于辞职后在与广天赛克思公司经营范围同类的商品上，注册与广天赛克思公司企业字号主要部分中文及拼音相同的商标，直至本案二审结束未使用，却针对在先权利人提起侵权之诉，其行为有违诚实信用，不具有正当性，不应受法律保护。因此，邵文军以非善意取得的商标权对广天赛克思公司的正当使用行为提起侵权之诉，属于对其注册商标专用权的滥用，其诉讼请求不应得到支持。

综上，二审法院适用法律错误，本院予以纠正；一审法院认定事实清楚，适用法律正确，本院予以维持。广天赛克思公司的再审理由成立，本院予以支持。依据商标法第五十二条、《中华人民共和国民事诉讼法》第十三条、第一百七十条第一款第（二）项、第二百零七条之规定，判决如下：

一、撤销浙江省高级人民法院（2012）浙知终字第306号民事判决；

二、维持浙江省宁波市中级人民法院第（2012）浙甬知初字第41号民事判决。

本案一审、二审受理费各8800元，共计17600元，均由邵文军负担。

本判决为终审判决。

审　判　长　于晓白
审　判　员　骆　电
代理审判员　李　嵘
二〇一五年十月三十日
书　记　员　王　晨

27. 恶意取得并行使商标权的行为不受法律保护

——再审申请人优衣库商贸有限公司与被申请人广州市指南针会展服务有限公司、广州中唯企业管理咨询服务有限公司、一审被告优衣库商贸有限公司上海月星环球港店侵害商标权纠纷案

【裁判要旨】

诚实信用原则是一切市场活动参与者均应遵循的基本准则。对违反诚实信用原则，恶意注册商标，并借用司法资源以商标权谋取不正当利益的行为，依法不予保护。

【关键词】

商标侵权　恶意注册　诚实信用　权利滥用

【案号】

最高人民法院（2018）最高法民再396号

【基本案情】

在再审申请人优衣库商贸有限公司（以下简称优衣库公司）与被申请人广州市指南针会展服务有限公司（以下简称指南针公司）、广州中唯企业管理咨询服务有限公司（以下简称中唯公司），一审被告优衣库商贸有限公司上海月星环球港店侵害商标权纠纷案中，指南针公司与中唯公司为涉案商标的共有人，该商标核定使用商品为第25类，注册有效期自2013年6月21日始。优衣库公司与迅销（中国）商贸有限公司（以下简称迅销公司）系株式会社迅销在中国设立的子公司，共同经营“优衣库”品牌，两者均采用自有品牌服饰专营的模式，分别在中国各地设有专营店。2012年11月3日，株式会社迅销向国家工商行政管理总局商标局（以下简称商标局）就G1133303号“”商标提出领土延伸保护申请（该商标的优先权日期为2012年8月2日，后期指定日期为2013年8月13日），指定使用商品为第25类（服装等）。优衣库公司销售的高级轻型羽绒系列服装上使用了标识ULTRA LIGHT DOWN。指南针公司、中唯公司依据涉案商标，在北京、

上海、广东、浙江四地针对优衣库公司或迅销公司和不同门店提起了42起商标侵权诉讼。中唯公司和指南针公司还分别持有其他注册商标2600余个，其中部分商标与他人知名商标在呼叫或者视觉上高度近似。指南针公司、中唯公司还曾在华唯商标转让网上公开出售涉案商标，并向迅销公司提出涉案商标转让费800万元。上海市第二中级人民法院一审判决优衣库公司停止侵权，驳回其他诉讼请求。指南针公司、中唯公司、优衣库公司均不服，提起上诉。上海市高级人民法院二审判决驳回上诉，维持原判。优衣库公司不服，向最高人民法院申请再审。最高人民法院审理查明，2014年4月11日迅销公司就涉案商标向国家工商行政管理总局商标评审委员会提出了无效宣告请求。2018年8月6日，商标局发布第1610期商标公告，显示涉案商标在全部商品类别上被宣告无效。最高人民法院裁定提审，并于2018年12月28日判决撤销一、二审判决，驳回指南针公司和中唯公司的全部诉讼请求。

【裁判意见】

最高人民法院再审认为：民法基本原则在整个民事法律体系中发挥基础性和全局性的作用，商标领域也不例外。诚实信用原则是一切市场活动参与者均应遵循的基本准则。一方面，它鼓励和支持人们通过诚实劳动积累社会财富和创造社会价值，并保护在此基础上形成的财产性权益，以及基于合法、正当的目的支配该财产性权益的自由和权利；另一方面，它又要求人们在市场活动中讲究信用、诚实不欺，在不损害他人合法利益、社会公共利益和市场秩序的前提下追求自己的利益。民事诉讼活动同样应当遵循诚实信用原则。一方面，它保障当事人有权在法律规定的范围内行使和处分自己的民事权利和诉讼权利；另一方面，它又要求当事人在不损害他人合法权益和社会公共利益的前提下，善意、审慎地行使自己的权利。任何违背法律目的和精神，以损害他人正当权益为目的，恶意取得并行使权利、扰乱市场正当竞争秩序的行为均属于权利滥用，其相关主张不应得到法律的保护和支持。本案中，根据查明的事实，指南针公司、中唯公司以不正当方式取得商标权后，目标明确指向优衣库公司等，意图将该商标高价转让。在未能成功转让该商标后，又分别以优衣库公司、迅销公司及其各自门店侵害该商标专用权为由，以基本相同的事实提起系列诉讼，在每个案件中均以优衣库公司或迅销公司及作为其门店的一家分公司作为共同被告起诉，利用优衣库公司或迅销公司门店众多的特点，形成全国范围内的批量诉讼，请求法院判令优衣库公司或迅销公司及其众多门店停止使用并索取赔偿，主观恶意明显，其行为明显违反诚实信用原则。对其借用司法资源以商标权谋取不正当利益之行为，依法不予保护；优衣库公司关于指南针公司、中唯公司恶意诉讼的抗辩成立，予以支持。二审法院虽然考虑了指南针公司、中唯公司之恶意，判令不支持其索赔请求，但对其是否诚实信用行使商标权，未进行全面考虑，适用法律有所不当，予以纠正。

中华人民共和国最高人民法院民事判决书

（2018）最高法民再396号

再审申请人（一审被告、二审上诉人）：优衣库商贸有限公司。住所地：上海市静安区南京西路969号6层。

法定代表人：冈崎健（OKAZAKI TAKESHI），该公司董事长。

委托诉讼代理人：刘一舟，上海市华诚律师事务所律师。

委托诉讼代理人：余梦菲，上海市华诚律师事务所律师。

被申请人（一审原告、二审上诉人）：广州市指南针会展服务有限公司。住所地：广东省广州市海珠区石榴岗路3号15层1521号。

法定代表人：郭小斌，该公司总经理。

委托诉讼代理人：官选斌，广东诺臣律师事务所律师。

委托诉讼代理人：李伟哲，广东诺臣律师事务所律师。

被申请人（一审原告、二审上诉人）：广州中唯企业管理咨询服务有限公司。住所地：广东省广州市天河区天河北路86号405房。

法定代表人：黄义辉，该公司总经理。

委托诉讼代理人：董文长，男，该公司员工。

一审被告、二审被上诉人：优衣库商贸有限公司上海月星环球港店。营业场所：上海市普陀区中山北路3300号B1层141－147，B2层107－115。

负责人：西村昌巳。

再审申请人优衣库商贸有限公司（简称优衣库公司）与被申请人广州市指南针会展服务有限公司（简称指南针公司）、广州中唯企业管理咨询服务有限公司（简称中唯公司），一审被告优衣库商贸有限公司上海月星环球港店（简称优衣库月星店）侵害商标权纠纷，不服上海市高级人民法院（2015）沪高民三（知）终字第45号民事判决，向我院申请再审。本院作出（2018）最高法民申4603号民事裁定，裁定提审本案。提审后本院依法组成合议庭审理了本案，现已审理终结。

指南针公司、中唯公司一审共同诉称，其系涉案注册商标的共有人，共同享有注册商标专用权。该注册商标的核定使用商品为第25类的服装、鞋、帽等，使用期限自2013年6月21日至2023年6月20日。优衣库公司与优衣库月星店未经许可，在相同商品上及相关网络推广宣传中使用与涉案注册商标相同的标识，侵犯了指南针公司、中唯公司享有的注册商标专用权，故诉至一审法院，请求判令优衣库公司、优衣库月星店：1. 立即停止侵犯商标专用权的行为；2. 共同赔偿经济损失以及为制止侵权所支付的合理费用共计163197元。

优衣库公司、优衣库月星店一审共同辩称，1. 首先，两被告使用的被诉侵权标识（见附图一）属于对产品特性介绍的文字说明，并非用来表明产品的来源，不属于商标性使用；其次，涉案注册商标与上述被诉侵权文字说明标识之间在视觉感知、读音、含义等方面均具有显著区别，两者不构成相同或近似；最后，两原告从未实际使用过涉案注册商标，相关消费者对使用涉案注册商标的商品也不会产生任何认知。而“优衣库”品牌采取的是“SPA”（即自有品牌服饰专营商店）经营模式，即企业全程参与商品的企划（设计）、生产、物流、销售等产业环节的一体化模式。该种经营模式下所有“优衣库”品牌商品仅通过直营店或者网络专卖店进行销售。而所有直营店、网络专卖店均统一并突出使用了“优衣库”商标。鉴于“优衣库”品牌在国内享有的较高知名度、美誉度，消费者在进入店内进行消费时，已经认知店内商品均来源于第3002206号注册商标（见附图四）、第3012401号“优衣库”商标的权利人。因此，即使被诉侵权标识与涉案注册商标构成相似，相关消费者也不会产生涉案商品来源于两原告的混淆和误认。2. 本案属于两原告利用涉案注册商标恶意索赔的案件，就相同的事实理由两原告已在全国各地启动多个诉讼程序，其行为对两被告的正常经营产生了重大影响。3.《中华人民共和国商标法》的立法宗旨在于鼓励商标的注册、使用。而两原告持有的注册商标达2600多件，完全不是正常经营所需，而是将商标作为商品买卖。且两原告在与被告协商涉案注册商标转让事宜时要求高额转让费，现两原告通过诉讼对被告施压以转让商标获利。其行为完全不符合商标法的立法目的。综上所述，两被告请求驳回两原告的全部诉讼请求。

一审法院审理查明：指南针公司成立于2004年7月20日，注册资本人民币50万元，经营范围包括：展览活动策划、设计、室内装饰设计、文化交流活动策划、展具租赁、电脑平面设计、批发和零售贸易。

中唯公司成立于2005年4月27日，注册资本50万元，经营范围包括：企业管理咨询、企业形象设计、商标代理、展览策划、商品信息咨询、投资咨询、财务咨询、货物进出口。该公司股东为林伟璇、黄雄伟。

指南针公司、中唯公司系涉案注册商标的共有人。该注册商标的核定使用商品为第25类，包括：游泳衣、足球鞋、鞋、童装、帽、袜、服装、皮带（服饰用）、婚纱、领带。商标注册有效期自2013年6月21日至2023年6月20日止。

优衣库公司成立于2010年3月30日，其股东为株式会社迅销，注册资本3000万美元，从事服装、配件、装饰品等的经营。

优衣库公司与迅销（中国）商贸有限公司（简称迅销公司）系株式会社迅销在中国设立的子公司，共同经营“优衣库”品牌，两者均采用“SPA”（即自有品牌服饰专营商店）经营模式，分别在中国各地设有专营店。

2012年11月3日，株式会社迅销向国家工商行政管理总局商标局（简称商标局）申请G1133303号商标（见附图三）领土延伸（该商标的优先权日期为2012年8月2日，专用期限为2012年8月13日至2022年8月13日），申请注册商品为第25类。该商标领土延伸申请于2014年4月15日被商标局驳回。

2014年3月，指南针公司委托北京盈科（广州）律师事务所向优衣库公司、迅销公司发出律师函，称在“天猫商城”及各地经营的“优衣库”专卖店销售的涉案商品突出使用G1133303号标识，侵犯了其享有的涉案注册商标专用权，要求优衣库公司、迅销公司立即停止侵权并作出合理赔偿。之后，指南针公司、中唯公司以优衣库公司及其下属分公司，迅销公司及其下属分公司侵害指南针公司、中唯公司涉案注册商标专用权为由，分别向全国多家法院提起诉讼。

一审法院另查明：根据商标局网站查询记录，指南针公司、中唯公司分别持有注册商标共计2600余个。

2013年10月13日的网页截屏资料显示，华唯商标转让网曾出现转让涉案注册商标的相关信息。华唯商标转让网的主办单位为北京华唯环球国际知识产权代理有限公司。黄雄伟为该公司法定代表人、股东及该网站负责人。

（2013）沪徐证经字第9620号公证书显示，www.job168.com、黄页88等网站对中唯公司的介绍称：“华唯商标转让网是香港易普桑集团有限公司、北京华唯环球国际知识产权代理有限公司、中唯公司设立的行业门户网站。华唯公司是商标行业知名的企业，全国较早成立的商标代理机构，特别是在商标转让领域，盘活闲置商标几千例，所拥有的待转让商标资源全国第一、商标交易量全国第一，是全国最大最全的商标转让网……”相关网站信息中，原告中唯公司的联系地址为广州市天河区体育西路111号建和中心29层（全层）。

（2013）沪徐证经字第9621号公证书显示，华唯商标转让网称："华唯商标转让网是由华唯环球（武汉）科技有限公司、华唯环球国际设立的行业门户，旗下华唯知识产权、中唯企业是商标行业知名的企业，全国较早成立的商标代理机构，特别是在商标转让领域，盘活闲置商标几千例。目前，华唯商标所拥有的待转让商标资源全国第一、商标交易量全国第一，是全国最大最全的商标转让网……"该网站信息显示，华唯商标转让网广州联系地址为广州市天河区体育西路111号建和中心29层（全层）。

2013年12月17日、18日，上海市华诚律师事务所代理人柯晓军与上海市黄浦公证处公证员共同前往广州市天河区体育西路111号建和中心29楼北京华唯环球国际知识产权代理有限公司、中唯公司经营场所，与中唯公司的黄雄伟、王丽娜洽谈涉案注册商标转让事宜。上海市黄浦公证处对上述洽谈过程出具（2013）沪黄证经字第14546号公证书。该公证书显示：在洽谈过程中，柯晓军询问涉案注册商标从原来商定的8万元提高到800万元的原因。黄雄伟表示转让价格不能低于800万元，其目标是要将该商标作为某日方企业的附属品牌，卖给该企业。该商标适合日方企业和投资者，不适合一般的使用者。之后，王丽娜带柯晓军参观了上述日方企业位于广州市天河区天河路383号太古汇商场的"优衣库"专卖店。参观完后，黄雄伟表示上述日方企业即是"优衣库"的经营者。

一审法院认为，本案应适用《中华人民共和国商标法》（2001年修正，简称商标法）。根据商标法的规定，指南针公司、中唯公司系涉案注册商标的专用权人，对该注册商标享有的合法权利应受商标法的保护。

一审中，双方当事人的争议焦点集中在两个方面：一、优衣库公司、优衣库月星店使用G1133303号标识是否侵犯指南针公司、中唯公司涉案注册商标专用权；二、如果构成侵权，优衣库公司、优衣库月星店应承担怎样的民事责任。

一、优衣库公司、优衣库月星店使用G1133303号标识是否侵犯指南针公司、中唯公司涉案注册商标专用权

优衣库公司、优衣库月星店未经指南针公司、中唯公司许可，在互联网宣传中使用了与原告注册商标相同的被诉侵权标识，并销售带有该标识的商品，其行为均属于侵害指南针公司、中唯公司注册商标专用权的行为，依法应承担相应的民事责任。

二、如果构成侵权，优衣库公司、优衣库月星店应承担怎样的民事责任

本案中，首先，虽然两原告向一审法院提供了用以证明其已实际使用涉案注

册商标的证据，但是该些证据中：1. 两原告提供的样衣吊牌上没有用中文标明生产厂家和产地，无成分标签、价格标签等，明显不符合一般产品所具备的标示要素。因此，在无其他相关证据予以佐证的情况下，仅凭上述样衣尚不足以证明两原告确实已在商品上实际使用了涉案注册商标。2.（2014）粤广海珠第 8861 号、第 8862 号公证书的公证时间均为 2014 年 4 月 25 日，上述公证针对的“www. ul－fashion. com”和“www. ulqj. com”网站上所有显示信息上传时间均为 2014 年 4 月 24 日，其中“www. ul－fashion. com”网站注册时间为 2014 年 4 月 23 日。况且两被告提供的（2014）沪徐证经字第 4458 号公证书证实，至 2014 年 7 月 8 日，“www. ulqj. com”网站上显示的内容已完全与两原告无关，也未再出现涉案注册商标。因此，上述公证网站的内容明显存在为诉讼而刻意安排的可能。3.（2014）粤广海珠第 8863 号公证书中，两原告与瑞逸公司签订的商标许可使用合同中约定的许可使用费高达每月 30 万元，对于一个在合同签订前才核准注册的商标而言明显不合理，且两原告并没有证据证明瑞逸公司已经实际履行了该份合同，生产、销售了使用涉案注册商标的商品。因此，该份证据亦无法证明涉案注册商标已被实际使用。4. 两原告与林伟璇之间的商标许可授权使用合同、商标使用许可备案通知书、商标使用费支付凭证（中国银行对公客户收款通知书）中，同样存在商标许可费用明显不合理的情况，且林伟璇系原告中唯公司的股东，其与两原告之间显然存在关联关系，两原告也没有提供证据证明林伟璇已实际使用了涉案注册商标。因此，该份证据亦无法证明涉案注册商标已被实际使用。5. 两原告与爱琴鸟公司之间的商标许可授权使用合同中存在与上述两份商标许可使用合同许可期限重叠、商标许可使用费明显过高等，不符合一个合同签订前才核准注册商标的正常情况，且也没有证据证明爱琴鸟公司已实际使用了涉案注册商标。因此，该份证据亦无法证明涉案注册商标已被实际使用。综上，一审法院对于两原告提供的上述证据的真实性和关联性存疑，该些证据均不足以证明两原告已经实际使用了涉案注册商标。

其次，虽然两原告对于两被告提供的华唯商标转让网相关网页截屏、（2013）沪黄证经字第 14546 号公证书等证据真实性、合法性、关联性提出异议，但是（2013）沪黄证经字第 14546 号公证书中公证保全的录音并未损害社会公共利益，且该录音内容本身与两被告提供的两原告工商登记信息、两原告所持有商标的查询列表、转让列表、华唯商标转让网 IP 备案信息、（2013）沪徐证经字第 9620 号、第 9621 号公证书等证据，以及该公证书所附照片、黄雄伟、王丽娜名片等可以互相印证。因此，一审法院对于该份证据的真实性、合法性、关联性予以确认，该份证据具有证明效力。而华唯商标转让网相关网页截屏的内容与（2013）沪徐证经字第9620号、第9621号公证书、（2013）沪黄证经字第14546号公证书等证据内容可以互相印证，可以证明华唯商标转让网确实出现过转让涉案注册商标的相关信息。一审法院对于两原告的相关质证意见不予采纳。一审法院认为，两被告在本案中向一审法院提供的证据可以证明如下事实：1. 两原告分别持有注册商标2600多个，且原告中唯公司实际经营的华唯商标转让网以商标转让为其主营业务。2. 华唯商标转让网曾出现转让涉案注册商标的相关信息。3. 原告中唯公司法定代表人黄雄伟在洽谈涉案注册商标的转让过程中，提出了巨额的商标转让费用，且明显涉及两被告经营的“优衣库”品牌。4. 两原告以被告优衣库公司及其下属分公司，迅销公司及其下属分公司侵害两原告涉案注册商标专用权为由，就同一事实分别向全国多个法院提起了诉讼，仅一审法院就受理了四起相关纠纷。该些事实结合两原告上述实际使用涉案注册商标证据中存在的明显不合理之处，一审法院认为，作为涉案商标的注册人，两原告并无实际使用涉案注册商标的意图，而是欲通过诉讼达到将涉案注册商标转让给“优衣库”经营者的目的，从而获取巨额赔偿或商标转让费用。考虑到两被告的涉案注册商标侵权行为并未给两原告造成实际的经济损失，且两原告上述诉讼行为明显不符合鼓励商标使用、激活商标资源的原则，而是属于利用注册商标不正当地投机取巧、将注册商标作为索赔的工具，因此，一审法院对于两原告要求两被告在本案中承担赔偿责任的诉讼请求，不予支持。

一审法院判决：一、优衣库公司停止侵权行为。二、驳回指南针公司、中唯公司其他诉讼请求。一审案件受理费3563.94元，由指南针公司、中唯公司共同负担1781.97元，由优衣库公司负担1781.97元。

一审判决后，指南针公司、中唯公司、优衣库公司均不服，向二审法院提起上诉。

指南针公司、中唯公司共同提起上诉，请求撤销一审判决，改判支持其一审诉请或发回重审，本案一、二审诉讼费用由优衣库公司、优衣库月星店承担。其主要上诉理由为：一审法院认定事实错误。一、一审法院对商标使用标准过严，使用不仅包括实际使用，还包括使用意图。其已有证据表明对涉案注册商标进行了实际使用。二、一审法院认定其欲通过诉讼获取巨额赔偿或商标转让费，属事实认定错误，其进行的是维权行动。三、其因优衣库公司、优衣库月星店的行为遭受了实际损失，涉案注册商标价值遭贬损，应得到损害赔偿。四、优衣库公司、优衣库月星店明知其为涉案注册商标的权利人，仍进行恶意侵权，应承担赔偿责任。

优衣库公司、优衣库月星店答辩认为，指南针公司、中唯公司目前持有 2600 多件商标，显非经营所需，其一贯有注册商标高价转让的行为，并无实际使用的意图和实际使用；由于指南针公司、中唯公司对涉案注册商标并未进行过实际使用，不会发生实际损失，因而无需赔偿损失；优衣库公司、优衣库月星店的使用属于对商品进行文字说明，并非恶意侵权。

优衣库公司、优衣库月星店的上诉请求为，撤销一审判决第一项，改判驳回指南针公司、中唯公司全部诉讼请求。其主要上诉理由为：一、一审判决以人人网优衣库公共主页认定互联网上关于被诉侵权标识的宣传信息均由优衣库公司发布，属事实认定错误。二、一审判决将用于表明产品特性的被诉侵权标识文字说明认定为识别商品来源的商标，与客观事实不符。三、被诉侵权标识与涉案注册商标既不相同也不近似，指南针公司、中唯公司仅诉请认定两者近似，一审法院却认定相同，违反民事诉讼“不告不理”原则。

指南针公司、中唯公司答辩认为，一、人人网发布信息需要后台认证，该网上的相关主页确由优衣库公司开办，相关信息由优衣库公司发布。二、一审判决认定被诉侵权标识的使用属商标使用正确。三、被诉侵权标识与涉案注册商标对比，其核心是变形的 U，被诉侵权标识是由变形的 U 和文字“ULTRA、LIGHT、DOWN”构成，其变形的 U 部分完全相同，因此一审法院认定两者相同符合客观实际。

二审程序中，指南针公司、中唯公司提交了部分新证据，二审法院经过认定，均不予采纳。二审中，优衣库公司、优衣库月星店未向二审法院提交新的证据材料。二审法院经审理查明，一审法院查明的事实属实。

二审法院认为，本案主要有以下争议焦点：一、优衣库公司、优衣库月星店是否在互联网宣传中使用了被诉侵权标识，以及在产品上使用该标识是否属于商标性使用。二、被诉侵权标识与涉案注册标识是否相同或近似。三、指南针公司、中唯公司是否实际使用了涉案注册商标，优衣库公司、优衣库月星店是否应承担赔偿责任。

一、一审法院关于优衣库公司、优衣库月星店使用被诉侵权标识属于商标性使用的认定，二审法院予以认同。

二、基于被诉侵权标识与涉案注册标识的变形 U 部分相同，从而认定两标识相同，于法不悖，一审法院认定无误，二审法院予以认同。

三、关于指南针公司、中唯公司是否实际使用了涉案注册商标。

二审法院认为，指南针公司、中唯公司在原审中提供的实际使用证据材料以及其在二审中提交的关于其实际使用涉案注册商标的证据材料，均不符合商业活动中使用商标的惯常做法，查明的事实也足以表明指南针公司、中唯公司的经营模式系注册商标转让牟利，或意图通过诉讼获取赔偿，其本身既无使用的意图，亦未曾实际使用，且指南针公司、中唯公司关于使用意图也应认定为商标使用的意见，并无法律依据。鉴于指南针公司、中唯公司没有实际使用涉案注册商标，其不存在实际损失，一审法院要求优衣库公司、优衣库月星店停止使用被诉侵权标识，已足以保护指南针公司、中唯公司对涉案注册商标标识享有的商标权，一审法院依法判决优衣库公司、优衣库月星店不承担赔偿责任，于法不悖。

因此，二审法院判决：驳回上诉，维持原判。二审案件受理费3563.94元，由指南针公司、中唯公司共同负担1781.97元，由优衣库公司负担1781.97元。

优衣库公司申请再审称，1. 涉案注册商标已被宣告无效，原审生效判决据以认定侵权的权利基础暨主要事实依据被依法撤销，符合法定再审的情形。2. 本案二审判决结果与国内其他地区法院的生效判决存在明显区别。包括本案在内，被申请人对申请人提出了完全相同的42件诉讼。在本案二审判决作出之前，已有部分法院作出生效判决。其中多数法院认为申请人使用被诉侵权标识的行为，不侵犯被申请人享有的涉案注册商标专用权。3. 即使被申请人权利商标有效，申请人使用的被诉侵权标识也与涉案注册商标不构成相同或近似。应将被诉侵权标识文字整体作为比对对象与被申请人注册商标进行比对，两者在音、形、义上存在差异，不会使相关公众对商品的来源产生混淆或者误认。请求本院撤销一、二审判决，驳回指南针公司、中唯公司全部诉讼请求，诉讼费用全部由指南针公司、中唯公司承担。

本院经审理查明：

2014年4月11日，迅销公司就涉案注册商标向国家工商行政管理总局商标评审委员会（简称商标评审委员会）提出了无效宣告申请。商标评审委员会于2016年1月11日作出商评字〔2016〕第1610号关于第10619071号“UL”商标无效宣告请求裁定，认定：诉争商标不属于商标法第十条第一款第（四）项、第（八）项规定的情形。指南针公司、中唯公司提交了有关诉争商标使用情况的证据，而优衣库公司并未提交大量使用“UL”商标的证据，综合考量，本案尚难以认定诉争商标注册行为扰乱了正常的商标注册管理秩序并有损于公平竞争的市场秩序，故并未构成商标法第四十一条第一款所指“以其他不正当手段取得注册”的情形。裁定：维持涉案商标注册。

迅销公司不服上述裁定，提起行政诉讼。北京知识产权法院作出（2016）京73行初909号行政判决，认为，“中唯公司申请注册了1931件商标，指南针公司申请注册了706件商标，其中部分商标与他人知名商标在呼叫或者视觉上高度近似……指南针公司、中唯公司曾在华唯商标转让网上公开出售诉争商标，并向迅销公司提出诉争商标转让费800万元”“指南针公司、中唯公司超出经营范围，非以使用为目的且无合理或正当理由大量申请注册并囤积包括诉争商标在内的注册商标，还通过商标转让、诉讼等手段实现牟利，其行为严重扰乱了商标注册秩序、损害了公共利益，并不当占用了社会公共资源，构成商标法第四十一条第一款规定的‘以其他不正当手段取得注册’的情形”，判令商标评审委员会重新作出裁定。

中唯公司不服一审判决，提起上诉。北京市高级人民法院于2018年1月26日作出（2017）京行终5603号判决：驳回上诉，维持原判。

2018年2月27日，商标评审委员会作出商评字［2016］第1610号重审第309号裁定（简称第309号裁定），对北京市高级人民法院的判决予以确认，并对涉案注册商标予以无效宣告。

2018年8月6日，商标局发布第1610期商标公告，该期公告显示涉案注册商标在全部商品上宣告无效。

本院另查明，指南针公司、中唯公司依据涉案注册商标专用权，在北京、上海、广东、浙江四地针对优衣库公司或迅销公司和不同门店提起了42起商标侵权诉讼。

本院认为，根据原审法院查明的事实及本院查明的事实，本案的争议焦点为：指南针公司、中唯公司是否滥用其商标权。

商标法第四条规定：“自然人、法人或者其他组织对其生产、制造、加工、拣选或者经销的商品，需要取得商标专用权的，应当向商标局申请商品商标注册。”根据本院查明的事实，北京市高级人民法院（2017）京行终5603号判决认定“中唯公司申请注册了1931件商标，指南针公司申请注册了706件商标，其中部分商标与他人知名商标在呼叫或者视觉上高度近似……指南针公司、中唯公司曾在华唯商标转让网上公开出售诉争商标，并向迅销公司提出诉争商标转让费800万元”“指南针公司、中唯公司超出经营范围，非以使用为目的且无合理或正当理由大量申请注册并囤积包括诉争商标在内的注册商标，还通过商标转让、诉讼等手段实现牟利，其行为严重扰乱了商标注册秩序、损害了公共利益，并不当占用了社会公共资源，构成商标法第四十一条第一款规定的‘以其他不正当手段取得注册’的情形”。2018年2月27日，商标评审委员会作出第309号裁定，对北京市高级人民法院的判决予以确认，并对涉案注册商标予以无效宣告。2018年8月6日，商标局发布第1610期商标公告，该期公告显示涉案注册商标在全部商品上宣告无效。

此外，原审法院已经查明指南针公司、中唯公司未能成功转让涉案注册商标，即分别以优衣库公司、迅销公司及其各自门店侵害该商标专用权为由，就基本相同的事实展开系列诉讼，指南针公司、中唯公司在每个案件中均以优衣库公司或迅销公司及作为其门店的一家分公司作为共同被告起诉，利用优衣库公司或迅销公司门店众多的特点，形成全国范围内的批量诉讼。

《中华人民共和国商标法》（2013年修正）第七条第一款规定：“申请注册和使用商标，应当遵循诚实信用原则。”虽然前述商标法于2014年5月1日方施行，但作为民事基本法，《中华人民共和国民法通则》早在1986年即已规定“民事活动应当遵循自愿、公平、等价有偿、诚实信用的原则”。民法基本原则在整个法律体系中发挥基础性和全局性的作用，商标领域也不例外。诚实信用原则是一切市场活动参与者均应遵循的基本准则。一方面，它鼓励和支持人们通过诚实劳动积累社会财富和创造社会价值，并保护在此基础上形成的财产性权益，以及基于合法、正当的目的支配该财产性权益的自由和权利；另一方面，它又要求人们在市场活动中讲究信用、诚实不欺，在不损害他人合法利益、社会公共利益和市场秩序的前提下追求自己的利益。民事诉讼活动同样应当遵循诚实信用原则。一方面，它保障当事人有权在法律规定的范围内行使和处分自己的民事权利和诉讼权利；另一方面，它又要求当事人在不损害他人合法权益和社会公共利益的前提下，善意、审慎地行使自己的权利。任何违背法律目的和精神，以损害他人正当权益为目的，恶意取得并行使权利、扰乱市场正当竞争秩序的行为均属于权利滥用，其相关主张不应得到法律的保护和支持。

本案中，根据查明的事实，指南针公司、中唯公司以不正当方式取得商标权后，目标明确指向优衣库公司等，意图将该商标高价转让，在未能成功转让该商标后，又分别以优衣库公司、迅销公司及其各自门店侵害该商标专用权为由，以基本相同的事实提起系列诉讼，在每个案件中均以优衣库公司或迅销公司及作为其门店的一家分公司作为共同被告起诉，利用优衣库公司或迅销公司门店众多的特点，形成全国范围内的批量诉讼，请求法院判令优衣库公司或迅销公司及其众多门店停止使用并索取赔偿，主观恶意明显，其行为明显违反诚实信用原则，对其借用司法资源以商标权谋取不正当利益之行为，本院依法不予保护；优衣库公司关于指南针公司、中唯公司恶意诉讼的抗辩成立，予以支持。二审法院虽然考虑了指南针公司、中唯公司之恶意，判令不支持其索赔请求，但对其是否诚实信用行使商标权，未进行全面考虑，适用法律有所不当，本院予以纠正。

综上，优衣库公司的再审申请符合《中华人民共和国民事诉讼法》第二百条规定的情形，应予支持。依照《中华人民共和国民事诉讼法》第一百七十条第一款第（二）项、第二百零七条第一款规定，判决如下：

一、撤销上海市高级人民法院（2015）沪高民三（知）终字第45号民事判决；

二、撤销上海市第二中级人民法院（2014）沪二中民五（知）初字第149号民事判决；

三、驳回广州市指南针会展服务有限公司、广州中唯企业管理咨询服务有限公司全部诉讼请求。

一审案件受理费3563.94元，二审案件受理费3563.94元，均由广州市指南针会展服务有限公司、广州中唯企业管理咨询服务有限公司共同负担。

本判决为终审判决。

审　判　长　王　闯
审　判　员　王艳芳
审　判　员　杜微科
二〇一八年十二月二十八日
法官助理　宾岳成
书　记　员　张栗萌

（八）回收利用行为是否构成商标侵权的判断

28. 足以导致混淆、误认的回收利用行为构成商标侵权

——再审申请人浙江喜盈门啤酒有限公司与被申请人百威英博（中国）销售有限公司、一审被告浙江蓝堡投资有限公司、抚州喜盈门啤酒有限公司、黑龙江北国啤酒集团有限公司侵害商标权及不正当竞争纠纷案

【裁判要旨】

符合国家政策导向的回收利用行为亦不能损害他人的合法利益。使用回收容器的行为未合理避让他人的商标权或其他合法权利，并足以导致消费者对商品或服务的来源产生混淆、误认的，构成商标侵权行为。

【关键词】

商标侵权　回收利用　混淆　误认

【案号】

最高人民法院（2014）民申字第1182号

【基本案情】

在再审申请人浙江喜盈门啤酒有限公司（原浙江汾湖啤酒有限公司，以下简称喜盈门公司）与被申请人百威英博（中国）销售有限公司（以下简称百威英博公司）、一审被告浙江蓝堡投资有限公司（以下简称蓝堡公司）、抚州喜盈门啤酒有限公司（以下简称抚州喜盈门公司）、黑龙江北国啤酒集团有限公司（以下简称北国公司）侵害商标权及不正当竞争纠纷案中，安海斯—布希公司于2011年8月7日经核准注册了“百威英博”文字商标，核定使用商品为第32类的啤酒等。2012年7月，安海斯—布希公司（许可人）与百威英博公司（被许可人）签订《商标使用维权许可协议》，许可百威英博公司使用“百威英博”商标、以自身名义提起维权之诉及获得赔偿。2012年5月至6月期间，百威英博公司的委

托代理人先后通过公证程序取得了喜盈门冰纯啤酒和哈啤冰纯啤酒若干。上述啤酒瓶的瓶体下部均有“百威英博”或“百威英博专用瓶”浮雕字样。百威英博公司以蓝堡公司、喜盈门公司、北国公司、抚州喜盈门公司在其共同生产、销售的啤酒商品上，擅自使用“百威”“百威英博”商标和“百威英博”字号的行为构成商标侵权及不正当竞争为由，提起诉讼。上海市第一中级人民法院一审认为，蓝堡公司等在啤酒瓶上使用“百威英博”或者“百威英博专用瓶”浮雕文字的行为，属于商标使用。现有证据不足以证明蓝堡公司等使用的带有“百威英博”浮雕文字的啤酒瓶系回收瓶。且即使使用回收瓶，亦不能妨碍他人行使商标权。被诉侵权商品的背贴上虽将上述四家公司均列为生产商，但瓶盖上的生产商编号与喜盈门公司对应，喜盈门公司也认可该啤酒由其生产、销售，故蓝堡公司、北国公司、抚州喜盈门公司与喜盈门公司不构成共同侵权行为。据此判令喜盈门公司立即停止侵权行为、消除影响并赔偿百威英博公司经济损失及合理费用10万元。喜盈门公司不服，提起上诉。上海市高级人民法院二审判决驳回上诉、维持原判。喜盈门公司仍不服，向最高人民法院申请再审。最高人民法院于2014年11月28日裁定驳回喜盈门公司的再审申请。

【裁判意见】

最高人民法院审查认为：回收并重复利用符合安全标准的啤酒瓶为国家环保政策所提倡，也是我国啤酒行业多年来的通行做法。啤酒生产企业应使用符合安全标准的啤酒瓶（包括回收并重复利用），是国家对公共利益保护的具体要求。啤酒生产企业在生产、销售产品的过程中，应遵守国家的相关法律规定，不损害他人权益，不侵害他人的知识产权，也是其应尽的法律义务。一般情况下，如果仅仅是将回收的其他企业的专用瓶作为自己的啤酒容器使用，且在啤酒瓶的瓶身粘贴自己的商标和企业名称的瓶贴（包括包装装潢），与其他企业的瓶贴存在明显区别，使消费者通过不同的瓶贴即可区分啤酒的商标和生产商，不会产生混淆误认的，该使用方式应属于正当使用，不构成侵权。但在本案中，百威英博公司经公证购买的整箱被诉侵权商品的酒瓶下部均有“百威英博”“百威英博专用瓶”浮雕文字，这与一般回收行业混杂回收各种啤酒瓶的客观事实不相吻合，喜盈门公司未对此作出合理的解释。喜盈门公司实施的系列行为明显具有傍名牌、搭便车的主观故意，构成对“百威英博”商标权的侵害。

中华人民共和国最高人民法院民事裁定书

（2014）民申字第1182号

再审申请人（一审被告、二审上诉人）：浙江喜盈门啤酒有限公司。住所地：浙江省嘉善县西塘镇环镇北路79号。

法定代表人：蔡付弟，该公司总经理。

被申请人（一审原告、二审被上诉人）：百威英博（中国）销售有限公司。住所地：湖北省武汉市汉阳区琴断口上首。

法定代表人：邓明潇（Michel Doukeris），该公司董事长。

一审被告：抚州喜盈门啤酒有限公司。住所地：江西省抚州市临川大道17号。

法定代表人：张建辉，该公司总经理。

一审被告：黑龙江北国啤酒集团有限公司。住所地：黑龙江省绥滨县绥滨镇松滨街东段北侧。

法定代表人：孙乃奇，该公司总经理。

一审被告：浙江蓝堡投资有限公司。住所地：浙江省杭州市文二路391号西湖国际C座813室。

法定代表人：杨姁狄，该公司董事长。

再审申请人浙江喜盈门啤酒有限公司（原浙江汾湖啤酒有限公司，简称喜盈门公司）因与被申请人百威英博（中国）销售有限公司（简称百威英博公司）、一审被告浙江蓝堡投资有限公司、抚州喜盈门啤酒有限公司、黑龙江北国啤酒集团有限公司侵害商标权及不正当竞争纠纷一案，不服上海市高级人民法院（2013）沪高民三（知）终字第111号民事判决，向本院申请再审。本院依法组成合议庭对本案进行了审查，现已审查终结。

喜盈门公司申请再审称：1. 涉案啤酒瓶确系申请人从市场上回收所得。一审、二审法院认为申请人提供的证据不足以证明其使用的“百威英博”啤酒瓶是回收瓶属于事实认定错误。2. 根据啤酒企业的行业惯例和国家对啤酒行业的相关规定要求，啤酒企业可以使用回收的啤酒瓶用于瓶装啤酒。3. 申请人使用回收啤酒瓶并非商标使用。被申请人将“百威英博”字样烙在啤酒瓶上是作为公司名使用，而非商标使用。被申请人从未使用“百威英博”商标生产商品，却在“百威英博”瓶身上粘贴“哈尔滨啤酒”商标，证明其自己也认定“百威英博”瓶仅作为容器使用，瓶贴上印着的“哈尔滨啤酒”才是被申请人要宣传的商标。4. 申请人使用回收啤酒瓶系合理使用。申请人用被申请人的啤酒瓶来灌装其部分“喜盈门啤酒”，是使用啤酒瓶作为容器的功能，而非使用被申请人的商标。虽然涉案啤酒瓶底部有“百威英博”、“百威英博专用瓶”文字，但其并非是由申请人刻意标注，该文字在所回收的旧瓶上客观存在，且为与瓶身连为一体的玻璃浮雕，申请人在技术上无法消除。5. 回收瓶上的“百威英博”文字未发挥商标识别功能，不会造成消费者误认。申请人生产、销售的“喜盈门啤酒”瓶盖上标记了“HeiMenBeer”、瓶颈标记了“HEIMEN” “喜盈门啤酒”、瓶贴上明显标记“HEIMEN”“喜盈门啤酒”。申请人利用回收酒瓶生产的啤酒，贴有本公司注册的商标，有自己的商标名称、图案、厂址、厂名。可见申请人主动阻断自己产品与瓶身原有特定文字的联系。普通消费者在购买啤酒产品时，主要是根据啤酒瓶面标上标明的商标来区别其所选购的商品，并不会因为“百威英博”、“百威英博专用瓶”文字的存在而对其选购的啤酒的来源产生错误认识。并且，申请人在啤酒瓶上特别注明“瓶体字样与本产品无关”。6. 被申请人预见到啤酒瓶可能会被回收合理利用，但并未采取特殊措施，故对于烙有“百威英博”、“百威英博专用瓶”文字的啤酒瓶被他人使用的情形，被申请人起诉他人侵权，既不合情理，也缺乏事实和法律依据。7. 全国有多家法院均作出了啤酒企业使用回收具有他人原厂标识啤酒瓶的行为并不属于侵犯原生产厂家商标权的判决。综上，申请人认为本案一审、二审法院事实认定错误，法律适用不当，应予撤销，并予再审。

百威英博公司、浙江蓝堡投资有限公司、抚州喜盈门啤酒有限公司及黑龙江北国啤酒集团有限公司未提交意见。

本院对二审法院查明的事实予以确认。

本院认为：根据一审、二审判决和喜盈门公司申请再审的理由，本案的主要争议焦点是，喜盈门公司在其生产、销售的啤酒的酒瓶上使用含有“百威英博”、“百威英博专用瓶”的浮雕文字是否属于正当使用。

本案中，案外人安海斯－布希公司系“百威英博”文字注册商标的权利人，该商标核定使用商品为第 32 类啤酒等。

百威英博公司根据其与安海斯－布希公司签订的《商标使用维权许可协议》，有权以被许可人的名义提起诉讼。商标法（2001 年第二次修正）第五十二条规定，未经商标注册人的许可，在同一种商品或者类似商品上使用与其注册商标相同或者近似的商标的属于侵犯注册商标专用权的行为。商标法实施条例第三条规定：“商标法和本条例所称商标的使用，包括将商标用于商品、商品包装或者容器以及商品交易书上，或者将商标用于广告宣传、展览以及其他商业活动中。”喜盈门公司系啤酒生产企业，其生产、销售的啤酒的酒瓶上含有“百威英博”、“百威英博专用瓶”浮雕文字，各方当事人对此没有异议。喜盈门公司主张，其使用回收的啤酒瓶灌装部分“喜盈门啤酒”，该啤酒瓶上的“百威英博”、“百威英博专用瓶”文字是以透明浮雕形式显示，因该文字无法消除，故喜盈门公司对上述文字的使用不是商标性使用，不构成侵权。本院认为，判断喜盈门公司的上述使用行为究竟属于正当使用，还是属于商标性使用，进而侵害“百威英博”注册商标专用权，需要根据本案的具体情况综合分析。

首先，回收并重复利用符合安全标准的啤酒瓶是国家环保政策所提倡的，也是我国啤酒行业多年来的通行做法。实践中，由于回收企业在回收的玻璃啤酒瓶中同时含有相关企业的专用瓶，而专用瓶上一般刻有相关企业的标识印记，从而导致其他啤酒企业因使用回收的“专用瓶”而引发的纠纷时有发生。本院认为，作为啤酒生产企业应使用符合安全标准的啤酒瓶（包括回收并重复利用）是国家对公共利益保护的具体要求。啤酒生产企业在生产、销售产品的过程中，同时应遵守国家的相关法律规定，不损害他人权益，不侵害他人的知识产权，也是其应尽的法律义务。一般情况下，如果仅仅是将回收的其他企业的专用瓶作为自己的啤酒容器使用，且在啤酒瓶的瓶身粘贴自己的商标和企业名称的瓶贴（包括包装装潢），与其他企业的瓶贴存在明显区别，使消费者通过不同的瓶贴即可区分啤酒的商标和生产商，不会产生混淆误认的，那么，该使用方式应属于以区分商品来源为目的正当使用，不构成侵权。但啤酒生产企业未采取正当方式使用回收啤酒瓶，侵害他人相关权利的，则应承担相应的法律责任。根据一审、二审法院查明的事实，喜盈门公司生产的被诉侵权产品，除了啤酒瓶下部显示“百威英博”、“百威英博专用瓶”浮雕文字以外，喜盈门公司还在酒瓶上同时粘贴了与百威英博哈尔滨啤酒有限公司知名商品哈尔滨啤酒（冰纯系列）相近似的包装装潢（包括酒瓶上的冰块浮雕和瓶贴的颜色、图案等要素组合而成的统一整体），该等事实已被上海市高级人民法院（2013）沪高民三（知）终字第110号民事判决确认，并认定喜盈门公司构成不正当竞争。据此，二审法院在本案中认为喜盈门公司的上述使用行为，使得啤酒瓶上的“百威英博”文字发挥商标识别功能的可能性显著提高，加之“百威英博”与百威英博哈尔滨啤酒有限公司具有密切的关联度，将浮雕文字与包装装潢同时使用相互作用，共同起到了商品识别功能。虽然喜盈门公司在被诉侵权产品包装上还使用了“HEIMEN”“喜盈门”等商标标识，但考虑到“百威英博”商标在行业内所具有的较高知名度及其旗下拥有不同啤酒品牌（包括哈尔滨啤酒）等事实，消费者在注意到喜盈门公司在其啤酒瓶上使用的“百威英博”、“百威英博专用瓶”文字时，仍然会对该产品的来源产生混淆或误认。二审法院将喜盈门公司在被诉侵权产品的酒瓶上使用“百威英博”、“百威英博专用瓶”文字的行为，认定为商标性使用行为，构成对“百威英博”注册商标专有使用权的侵害并无不当。

关于喜盈门公司使用的是否回收的啤酒瓶的问题。根据一审、二审法院查明的事实，百威英博公司经公证购买的整箱被诉侵权产品的酒瓶下部均有“百威英博”、“百威英博专用瓶”浮雕文字，这与一般回收行业混杂回收各种啤酒瓶的客观事实不相吻合，喜盈门公司未对此作出合理的解释。据此，二审法院认为根据现有证据尚不能完全证明上述啤酒瓶系喜盈门公司从市场上回收所得的事实，并认为即使上述啤酒瓶系喜盈门公司从市场上回收所得，该事实也不能成为喜盈门公司不构成商标侵权的抗辩理由，该认定亦无不当。鉴于喜盈门公司实施的一系列行为，明显具有傍名牌、搭便车的主观故意，已构成对“百威英博”注册商标专用权的侵害，一审、二审法院判令其承担相应的法律责任，适用法律正确。

关于喜盈门公司提供其他法院相关案件的判决，以证明其不构成侵权的问题。因喜盈门公司提供的其他法院判决涉及的案件事实与本案案件事实不同，且不同案件之间不具关联性，所以，本案二审判决结果与其他法院相关案件判决结果并不矛盾，亦不存在裁判标准不一致的问题，喜盈门公司的该项主张于法无据，本院不予支持。

综上，喜盈门公司的再审申请不符合《中华人民共和国民事诉讼法》第二百条规定的情形。依照《中华人民共和国民事诉讼法》第二百零四条第一款之规定，裁定如下：

驳回浙江喜盈门啤酒有限公司的再审申请。

审 判 长　于晓白
审 判 员　骆　电
代理审判员　李　嵘
二〇一四年十一月二十八日
书 记 员　王　晨

（九）商标侵权案件中在先使用的判断

29. 商标侵权案件中对是否构成在先使用的审查判断

——再审申请人梁或、卢宜坚与被申请人安徽采蝶轩蛋糕集团有限公司、合肥采蝶轩企业管理服务有限公司、一审被告、二审被上诉人安徽巴莉甜甜食品有限公司侵害商标权及不正当竞争纠纷案

【裁判要旨】

主张在先使用权益的一方当事人，应当举证证明其使用时间早于注册商标的申请日，且通过使用行为使未注册商标产生了一定影响。

【关键词】

商标　侵权　在先使用　一定影响

【案号】

最高人民法院（2015）民提字第38号

【基本案情】

在再审申请人梁或、卢宜坚与被申请人安徽采蝶轩蛋糕集团有限公司（以下简称采蝶轩集团公司）、合肥采蝶轩企业管理服务有限公司（以下简称采蝶轩服务公司）、一审被告、二审被上诉人安徽巴莉甜甜食品有限公司（以下简称巴莉甜甜公司）侵害商标权及不正当竞争纠纷案中，卢宜坚、梁或先后通过受让或自行申请注册的方式，获得核定使用在第30类的“咖啡；茶；糖浆；蛋糕面粉”等商品上的第1328994号、核定使用在第42类“餐馆”等服务上的第1344787号、核定使用在第30类“糖果；蛋糕；面包”等商品上的第3422492号“

”商标，以及核定使用在第30类“蛋糕；面包”等商品上的第4640785号图形商标；核定使用在第43类“面包店”等服务上的第4502639号

和第4502638号“采蝶軒”商标；核定使用在第30类“蛋糕”等商品上的第4640787号商标。后梁或、卢宜坚将第1344787号、第3422492号、第1328994号、第1329111号注册商标许可给中山市采蝶轩食品有限公司使用，并在国家工商行政管理总局商标局备案。2010年，第3422492号注册商标被广东省工商行政管理局认定为广东省著名商标。梁或、卢宜坚提供的其他获奖证书均为中山市采蝶轩食品有限公司获得。合肥采蝶轩食品有限责任公司成立于2000年6月8日，经营范围包括糕点生产、销售等。后其企业名称相继变更为合肥采蝶轩蛋糕有限公司、安徽采蝶轩蛋糕有限公司和安徽采蝶轩蛋糕集团有限公司(即本案中的采蝶轩集团公司)。梁或、卢宜坚以采蝶轩集团公司、采蝶轩服务公司和巴莉甜甜公司擅自在其店面、宣传广告和产品上使用“”“采蝶轩CAIDIEXUAN”和“采蝶轩图形”商标，并将前述注册商标以企业字号的形式突出使用，侵害了梁或、卢宜坚的商标专用权并构成不正当竞争为由，提起诉讼。安徽省合肥市中级人民法院一审认为，相对于本案梁或、卢宜坚取得涉案商品商标权而言，采蝶轩集团公司将“采蝶轩”标识作为非注册商标用于产品使用在先。采蝶轩集团公司“采蝶轩”商品商标在合肥地区的知名度和影响力系由其独创，而梁或、卢宜坚商品商标和服务商标的使用范围和影响力并未延及合肥地区。因此采蝶轩集团公司、采蝶轩服务公司和巴莉甜甜公司将“采蝶轩”标识作为商品商标使用，并未造成相关公众的混淆、误认。但为规范市场竞争秩序，采蝶轩集团公司、采蝶轩服务公司和巴莉甜甜公司应停止以组合或拆分的方式将“”作为商品商标使用。采蝶轩服务公司在店面门头上使用“采蝶轩”标识，系对自身享有的服务商标权的行使，未侵害梁或、卢宜坚的商标专用权。对于不正当竞争部分的诉讼主张，一审法院认为，梁或、卢宜坚与采蝶轩集团公司、采蝶轩服务公司和巴莉甜甜公司之间不存在特定、具体的竞争关系，不符合提起不正当竞争之诉的主体要件。一审法院遂判决驳回梁或、卢宜坚的诉讼请求。梁或、卢宜坚不服，提起上诉。安徽省高级人民法院二审判决驳回上诉、维持原判。梁或、卢宜坚仍不服，向最高人民法院申请再审。最高人民法院裁定提审本案，并于2016年6月7日判决撤销一审、二审判决，判令采蝶轩集团公司、采蝶轩服务公司、巴莉甜甜公司立即停止侵权行为，并赔偿梁或、卢宜坚经济损失544511元（含合理费用）及消除影响。

【裁判意见】

最高人民法院提审认为：关于采蝶轩集团公司、采蝶轩服务公司和巴莉甜甜公司对“采蝶轩”字号和“采蝶轩”标识的使用是否构成在先使用问题。本案被诉侵权行为发生在现行商标法修正前，因此应适用2001年修正的商标法，该法并未对先使用抗辩问题作出明确规定。即使参照现行商标法关于先用权抗辩问题的规定，采蝶轩集团公司、采蝶轩服务公司和巴莉甜甜公司对被诉侵权标识的使用，也不构成在先使用。理由在于，第1344787号和第1328994号“”注册商标的申请日分别是1998年7月3日和1998年7月6日，均早于采蝶轩集团公司的前身合肥采蝶轩公司成立的2000年6月8日，也即采蝶轩集团公司、采蝶轩服务公司对于被诉侵权标识的使用，晚于前述两个注册商标的申请日；即使如原审法院所认定的前述两个注册商标与被控侵权标识不构成类似商品和服务，即不考虑前述两个注册商标对在先使用判断的影响，在第3422492号“”注册商标的申请日，即2002年12月31日前，采蝶轩集团公司当时也只有5家门店，且2003年的销售额只有7.58万元，难言具有一定影响。同理，采蝶轩集团公司对于其企业字号的商标性使用也没有在先使用的权利。因此，原审法院认定采蝶轩集团公司、采蝶轩服务公司和巴莉甜甜公司具有在先使用的权利，没有事实根据，依法予以纠正。

中华人民共和国最高人民法院民事判决书

（2015）民提字第38号

再审申请人（一审原告、二审上诉人）：梁或，住广东省中山市×街11幢504房。

委托代理人：刘艳锋，北京天驰洪范律师事务所律师。

委托代理人：骆林，北京天驰洪范律师事务所律师。

再审申请人（一审原告、二审上诉人）：卢宜坚，住广东省中山市×区20幢401房。

委托代理人：刘艳锋，北京天驰洪范律师事务所律师。

委托代理人：骆林，北京天驰洪范律师事务所律师。

被申请人（一审被告、二审被上诉人）：安徽采蝶轩蛋糕集团有限公司。住所地：安徽省合肥市包河区马鞍山南路新都会环球广场6－1101。

法定代表人：董剑，该公司总经理。

委托代理人：陶鑫良，北京大成（上海）律师事务所律师。

委托代理人：潘娟娟，北京大成（上海）律师事务所律师。

被申请人（一审被告、二审被上诉人）：合肥采蝶轩企业管理服务有限公司。住所地：安徽省合肥市西七里塘十里庙11号9幢。

法定代表人：董剑，该公司总经理。

委托代理人：陶鑫良，北京大成（上海）律师事务所律师。

委托代理人：潘娟娟，北京大成（上海）律师事务所律师。

一审被告、二审被上诉人：安徽巴莉甜甜食品有限公司。住所地：安徽省合肥市双凤工业区双凤大道。

法定代表人：董莲国，该公司总经理。

委托代理人：陶鑫良，北京大成（上海）律师事务所律师。

委托代理人：潘娟娟，北京大成（上海）律师事务所律师。

再审申请人梁或、卢宜坚因与被申请人安徽采蝶轩蛋糕集团有限公司（以下简称采蝶轩集团公司）、合肥采蝶轩企业管理服务有限公司（以下简称采蝶轩服务公司）及一审被告、二审被上诉人安徽巴莉甜甜食品有限公司（以下简称巴莉甜甜公司）侵害商标权、不正当竞争纠纷一案，不服安徽省高级人民法院（2013）皖民三终字第00072号民事判决，向本院申请再审。本院经审查后，于2014年12月26日作出（2014）民申字第1672号民事裁定，提审本案。本院依法组成合议庭，于2015年10月20日公开开庭审理了本案。梁或、卢宜坚的委托代理人刘艳锋、骆林，采蝶轩集团公司、采蝶轩服务公司、巴莉甜甜公司的委托代理人陶鑫良、潘娟娟到庭参加诉讼。本案现已审理终结。

梁或、卢宜坚向安徽省合肥市中级人民法院（以下简称一审法院）起诉称：梁或、卢宜坚系第30类、第43类“采蝶轩 CAIDIEXUAN”、“采蝶轩图形”注册商标的商标权人。近年来，梁或、卢宜坚发现被申请人和巴莉甜甜公司擅自在其店面、宣传广告和产品上使用“采蝶轩 CAIDIEXUAN”和“采蝶轩图形”商标，并将前述注册商标以企业字号的形式突出使用，严重侵害了梁或、卢宜坚的商标专用权，构成不正当竞争，故诉至法院，请求：1. 判令被申请人和巴莉甜甜公司立即停止侵犯梁或、卢宜坚享有的“采蝶轩文字及图、蝴蝶”商标专用权的行为；2. 判令被申请人立即停止使用（变更或注销）“采蝶轩”在企业名称中、

“采蝶轩文字及图、蝴蝶”在网站中进行经营及不正当竞争行为；3. 判令被申请人和巴莉甜甜公司立即拆除、销毁任何带有“采蝶轩文字及图、蝴蝶”的标识、招牌、海报、广告牌等宣传资料和产品外包装等；4. 判令被申请人和巴莉甜甜公司公开向梁或、卢宜坚赔礼道歉、消除影响；并在采蝶轩集团公司网站（http：//www. cakeking. cn）及各子公司网站的主页、《安徽日报》、《安徽商报》、《新安晚报》上登载致歉声明；5. 判令被申请人和巴莉甜甜公司赔偿梁或、卢宜坚经济损失1500万元和为制止侵权行为所花费的合理开支44511元；6. 判令本案所有诉讼费（含保全费）由被申请人和巴莉甜甜公司承担。

一审法院经审理查明：1999年10月28日，中山市饮食总公司采蝶轩经国家工商行政管理总局商标局核准注册“”商标，商标注册证号为第1328994号，核定使用的商品为第30类：咖啡；茶；糖浆；蛋糕面粉；面条；米乐；豆浆；含淀粉食品油脂面团；冰淇淋；各种调味酱，有效期限自1999年10月28日至2009年10月27日止。2001年4月14日，该注册商标经核准转让，受让人为中山市石岐区宏基食品厂。2003年9月14日，该注册商标经核准转让，受让人为卢宜坚、梁或。2009年10月27日，该注册商标经核准续展，注册有效期自2009年10月28日至2019年10月27日。

1999年12月14日，中山市饮食总公司采蝶轩经国家工商行政管理总局商标局核准注册“”商标，商标注册证号为第1344787号，核定使用的商品为第42类：餐馆；快餐馆；咖啡馆；备办宴席；鸡尾酒会服务；自助餐馆；临时餐室；自助食堂，有效期限自1999年12月14日至2009年12月13日止。2001年4月14日，该注册商标经核准转让，受让人为中山市石岐区宏基食品厂。2003年9月14日，该注册商标经核准转让，受让人为卢宜坚、梁或。2009年10月27日，该注册商标经核准续展，注册有效期自2009年12月14日至2019年12月13日。

2004年11月14日，卢宜坚、梁或经国家工商行政管理总局商标局核准注册“”商标，商标注册证号为第3422492号，核定使用的商品为第30类：糖果；南糖；饼干；蛋糕；面包；糕点；月饼；年糕；莲茸；粽子，有效期限自2004年11月14日至2014年11月13日止。

2008年2月21日，卢宜坚、梁或经国家工商行政管理总局商标局核准注册“CAIDIEXUANCATE”商标，商标注册证号为第4640786号，核定使用的商品为第 30 类：咖啡；茶饮料；糖果；蛋糕；面包；月饼；年糕；粽子；豆浆；调味酱，有效期限自 2008 年 2 月 21 日至 2018 年 2 月 20 日止。

2008 年 2 月 28 日，卢宜坚、梁或经国家工商行政管理总局商标局核准注册“ ”图形商标，商标注册证号为第 4640785 号，核定使用的商品为第 30 类：咖啡；茶饮料；糖果；蜂蜜；蛋糕；面包；糕点；月饼；年糕；粽子；面粉；面条；米果；豆浆；食品淀粉；冰淇淋；食盐；酱油；调味酱；酵母；食用香料；搅稠奶油制剂，有效期限自 2008 年 2 月 28 日至 2018 年 2 月 27 日止。

2008 年 9 月 7 日，卢宜坚、梁或经国家工商行政管理总局商标局分别核准注册“ ”商标和“采蝶軒”商标，商标注册证号分别为第 4502639 号和第 4502638 号，核定的服务项目均为第 43 类：面包店；面包连锁店；餐馆；酒吧；旅游房屋出租；养老院；日间托儿所；为动物提供食宿；出租椅子、桌子、桌布和玻璃器皿，有效期限均为自 2008 年 9 月 7 日至 2018 年 9 月 6 日止。

2010 年 2 月 21 日，卢宜坚、梁或经国家工商行政管理总局商标局核准注册“ ”商标，商标注册证号为第 4640787 号，核定使用的商品为第 30 类：咖啡；糖果；蛋糕；面包；月饼；年糕；粽子；豆浆；调味酱，有效期限自 2010 年 2 月 21 日至 2020 年 2 月 20 日止。

中山市饮食总公司采蝶轩成立于 1987 年，法定代表人卢宜坚，系全民所有制企业，主营饮食业、面包西饼，兼营零售饮料、水果、糕点。该企业于 2003 年被吊销企业法人营业执照。中山市石岐区宏基食品厂系个体工商户，于 2000 年 2 月 28 日被注销。中山市采蝶轩食品有限公司成立于 2002 年 8 月 7 日，法定代表人梁或，许可经营项目：生产糕点、饼干、豆制品；销售中式糕点、西式糕点、饼干、饮料、豆浆。

梁或、卢宜坚将第 1344787 号、第 3422492 号、第 1328994 号、第 1329111 号注册商标（第 29 类）许可给中山市采蝶轩食品有限公司使用，并在国家工商行政管理总局商标局备案。2010 年，第 3422492 号注册商标被广东省工商行政管理局认定为广东省著名商标。梁或、卢宜坚提供的其他获奖证书均为中山市采蝶轩食品有限公司获得。

2012 年 9 月 4 日，梁或、卢宜坚的委托代理人谢华新来到合肥市长江东路与明光路交口、清溪路与合作化北路交口、寿春路与含山北路交口等地，对位于上述地点的三间店铺的外观分别进行拍照，并进入店铺内分别购买了十种食品，取得了购物发票和销售单。安徽省合肥市衡正公证处对上述过程进行了监督，并分别出具了（2012）皖合衡公证字第 11989 号、（2012）皖合衡公证字第 11990 号、（2012）皖合衡公证字第 11991 号公证书。根据上述公证书记载，上述店铺的门头均标有“采蝶轩”字样。将公证处封存的实物打开，内为梁或、卢宜坚公证保全购买的食品。经查验，大部分食品外包装上标有组合图案“”，另有一部分食品外包装上标有“采蝶轩”文字和“蝴蝶”部分，还有个别食品外包装上标有“采蝶轩”文字和拼音部分。在上述食品的外包装背面印有“安徽采蝶轩蛋糕集团有限公司出品”的字样，部分印有“安徽巴莉甜甜食品有限公司生产”，“合肥采蝶轩企业管理服务有限公司总代理”的字样。上述公证保全涉及的门店均为采蝶轩服务公司设立的分公司。

2012 年 9 月 7 日，梁或、卢宜坚向广东省中山市石岐公证处申请对采蝶轩集团公司网站（http：//www. cakeking. cn/）上发布的信息进行证据保全。具体保全证据过程：1. 梁或、卢宜坚的委托代理人打开计算机，通过中山市政务外网接入互联网，启动屏幕录像专家 V7. 5，点击“开始录像”按钮；2. 点击 internet explorer 浏览器，在地址栏输入“安徽采蝶轩蛋糕集团有限公司”的网址（ht-tp：//www. cakeking. cn/），进入该网站；3. 在上述页面内，点击“ENTER 进入网站”，进入相关页面，浏览相关信息；4. 在上述页面内，点击“关于采蝶轩”，进入相关页面，浏览相关信息。相关页面显示：合肥采蝶轩慕斯蛋糕上有“采蝶轩及蝴蝶”标识。该公证处对上述保全行为出具（2012）粤中石岐第 12807 号公证书。

一审法院在巴莉甜甜公司处进行证据保全拍摄的照片显示，巴莉甜甜公司生产的产品多数外包装盒上标注的是“巴莉甜甜”和“采蝶轩集团”的字样，少数产品外包装上标注图案“”，此图案有的是纵向排列，有的是横向排列。

合肥采蝶轩食品有限责任公司（以下简称合肥采蝶轩公司）成立于 2000 年 6 月 8 日，经营范围：糕点生产、销售；企业管理咨询服务、酒店管理咨询服务、物业管理、仓储服务、商务信息咨询；百货、服装、鞋帽销售。其企业名称相继变更为合肥采蝶轩蛋糕有限公司、安徽采蝶轩蛋糕有限公司和采蝶轩集团公司。采蝶轩集团公司目前的法定代表人为董剑，股东为董剑、蔡叔平、曹文秋。

采蝶轩服务公司成立于 2005 年 11 月 22 日，经营范围：企业管理咨询服务、酒店管理咨询、物业管理、仓储服务、商务信息咨询、中介服务；设计、制作、代理发布国内广告；食品、饮料、酒水销售、化妆品、百货、服装、鞋帽销售；预包装（散装）食品、裱花类食品制作销售。该公司法定代表人为董剑，股东为董剑、蔡叔平、采蝶轩集团公司。

巴莉甜甜公司成立于2005年5月20日，经营范围：糕点、炒货食品及坚果制品、糖果制品生产、销售；食品技术研发；百货、服装、鞋帽销售；企业管理咨询服务、酒店管理咨询服务、商务信息咨询服务、酒店信息咨询服务、物业管理；仓储服务。该公司法定代表人为董莲国，股东为樊国美、董莲国、董剑、采蝶轩集团公司。

合肥采蝶轩公司于2003年10月28日在第35类（注册证号为第3176274号）上申请注册取得"采蝶轩"（隶书字体）文字服务商标，服务项目为：广告；广告设计；广告策划；饭店管理；商业行情代理；推销（替他人）；拍卖；进出口代理；职业介绍所；替他人作中介（替其他企业购买商品或服务）。2006年5月7日，采蝶轩服务公司经国家工商行政管理总局商标局核准受让该注册商标。

2002年8月、2003年9月，安徽省质量检验协会两次向合肥采蝶轩公司颁发荣誉证书，证书记载合肥采蝶轩公司生产的"采蝶轩"牌面包、蛋糕经审核检验合格，获"安徽省市场质量放心产品"荣誉。2003年8月4日，合肥市质量协会批准合肥采蝶轩公司为合肥市质量协会会员单位并向该公司颁发了《质量放心月饼证书》，证书记载该公司经销的"采蝶轩"月饼，经评议、考核，被评为"质量放心月饼"。2004年3月，合肥市消费者协会向合肥采蝶轩公司颁发证书，记载该公司生产的蛋糕、面包、月饼，在2003年经营活动中，被评为消费者信得过产品。2004年7月，中国食品工业协会等单位向合肥采蝶轩蛋糕企业颁发《荣誉证书》，授予该企业"最佳创新月饼奖"。2004年8月5日，中国食品工业协会向合肥采蝶轩公司颁发《荣誉证书》，授予该公司生产的莲蓉月饼"2004年中国著名月饼品牌评议推举活动知名月饼"称号。2006年9月，中国烘焙食品糖制品工业协会、商业技能鉴定与饮食服务发展中心向合肥采蝶轩公司颁发《荣誉证书》，授予该公司"采蝶轩"纯莲蓉月饼"2006（第十二届）中国月饼节优质月饼"称号。

2008年12月，安徽省工商行政管理局认定采蝶轩服务公司使用在"推销（替他人）"上的"采蝶轩"服务商标为"安徽省著名商标"（有效期四年）。2009年1月，合肥市工商行政管理局认定上述商标为"合肥市著名商标"（有效期三年)。此外，2008 年以来，合肥采蝶轩公司、采蝶轩集团公司、采蝶轩服务公司等单位因产品优质、热心社会公益事业等原因获其他多项表彰。

在百度分别搜索“安徽采蝶轩”、“中山采蝶轩”、“香港采蝶轩”，出现的搜索结果均是各自的信息。

诉讼过程中，采蝶轩集团公司、采蝶轩服务公司、巴莉甜甜公司称：三公司自 1999 年创业以来，虽一直持续地在产品上使用采蝶轩文字及图案，拥有在先使用的权利，但鉴于中山采蝶轩在后已经在第 30 类商品上注册了“采蝶轩”商标，为避免消费者混淆和误认两家的产品，不利于三公司今后业务的发展，三公司决定全面停止在此类产品上使用“采蝶轩”文字和图案。

梁或、卢宜坚为本案支出公证费 3770 元、工商查询费 146 元、差旅费 20000 元、律师费 20000 元，购买侵权产品 595 元，合计支出 44511 元。

一审法院认为：根据双方当事人的诉辩事由，本案的争议焦点为：1. 梁或、卢宜坚对涉案的多个商标权是否享有权利，哪些商标与本案有关联，能够作为定案依据；2. 采蝶轩集团公司、采蝶轩服务公司、巴莉甜甜公司将“采蝶轩”标识作为商品商标使用，是否侵犯了梁或、卢宜坚的注册商标专用权；3. 采蝶轩集团公司、采蝶轩服务公司、巴莉甜甜公司在经营场所店面门头上使用“采蝶轩”标识，是否构成商标侵权；4. 采蝶轩集团公司、采蝶轩服务公司使用“采蝶轩”字号作为企业名称是否构成不正当竞争。

针对争议焦点一，一审法院认为，梁或、卢宜坚在本案中主张“采蝶轩文字”、“采蝶轩文字及图”、“蝴蝶图形”等在第 30 类和第 43 类（原第 42 类）商品或服务上注册的商标共八件，并提供了商标注册证及其原始取得或继受取得上述商标权的凭证，均真实合法。结合查明的事实可以看出，梁或、卢宜坚原始取得商标权且与本案争议有关的是 2004 年 11 月 14 日取得的第 30 类第 3422492 号注册商标；2008 年 2 月 21 日、2 月 28 日、9 月 7 日取得的第 30 类第 4640786 号、第 4640785 号注册商标和第 43 类第 4502639 号、第 4502638 号注册商标及 2010 年 2 月 21 日取得的第 30 类第 4640787 号注册商标共计六件。对于 1999 年的第 30 类第 1328994 号注册商标、第 42 类第 1344787 号注册商标，原始商标权人是中山市饮食总公司采蝶轩，梁或、卢宜坚 2003 年受让取得该两件注册商标。但第 1328994 号商标核定使用的商品与本案系争的蛋糕、面包商品不属同一种商品或类似商品，因此，该注册商标与本案无关。第 1344787 号商标核定的服务项目与本案系争的面包店、蛋糕店也不构成同一种或类似服务，因此也与本案无关。综上，本案可以作为定案依据的是第 3422492 号、第 4640785 号、第 4640786 号、第 4640787 号四件商品商标和第 4502638 号、第 4502639 号两件服务商标。

针对争议焦点二，一审法院认为，首先，梁或、卢宜坚的商品商标最早注册于 2004 年 11 月，采蝶轩集团公司的前身合肥采蝶轩公司成立于 2000 年 5 月，成立后即使用“采蝶轩”字号，持续进行面包、蛋糕等食品的生产、销售。结合合肥采蝶轩公司 2004 年之前由安徽省质量协会等单位授予的多项荣誉的内容分析，该公司在使用“采蝶轩”字号从事经营活动的同时，“采蝶轩”标识已与该公司经营的蛋糕、面包等商品相联系，起到了区分商品来源的作用，发挥了未注册商品商标的功能，即相对于本案梁或、卢宜坚取得涉案商品商标权而言，采蝶轩集团公司将“采蝶轩”标识作为非注册商标用于产品使用在先。在此前提下，采蝶轩集团公司作为产品出品单位，联合与其具有一定关联关系的采蝶轩服务公司、巴莉甜甜公司将“”标识中的构成要素或结合或拆分使用在产品上，并无主观过错。其次，蛋糕、面包等烘焙食品的生产、销售具有明显的地域性特点，本案梁或、卢宜坚商品商标和服务商标的使用地域也主要局限于珠三角部分地区。采蝶轩集团公司的前身合肥采蝶轩公司及采蝶轩集团公司自成立以来持续使用“采蝶轩”标识，经营烘焙产品十余年，经营规模和影响力不断扩大，应当说，采蝶轩集团公司“采蝶轩”商品商标在合肥地区的知名度和影响力系由其独创，而梁或、卢宜坚商品商标和服务商标的使用范围和影响力并未延及合肥地区。因此，被申请人和巴莉甜甜公司将“采蝶轩”标识作为商品商标使用，并未造成相关公众的混淆、误认。

综上，被申请人和巴莉甜甜公司将“”标识作为商品商标使用，未侵犯梁或、卢宜坚涉案注册商标专用权。但考虑到梁或、卢宜坚现为第 3422492 号、第 4640785 号、第 4640786 号和第 4640787 号四件注册商标的权利人，为规范市场竞争秩序，避免今后双方经营范围发生重叠可能引起的市场竞争秩序的紊乱，同时也考虑被申请人和巴莉甜甜公司在诉讼过程中主动作出让步，同意放弃使用“”标识的情节，被申请人和巴莉甜甜公司应停止以组合或拆分的方式将“”标识作为商品商标使用。

针对争议焦点三，一审法院认为，梁或、卢宜坚进行公证保全在店面门头上使用“采蝶轩”标识的企业为采蝶轩服务公司，故梁或、卢宜坚基于此节事实针对采蝶轩集团公司、巴莉甜甜公司的指控不能成立。采蝶轩服务公司于2006年5月7日在第35类上受让取得了“采蝶轩”（隶书字体）服务商标，该商标包含“推销（替他人)”这一服务项目。依照国家工商行政管理总局商标局《关于保护服务商标若干问题的意见》的规定，服务商标可在服务场所和服务招牌上使用，采蝶轩服务公司正是在该两种情形下使用其服务商标，表明其作为商品推销企业提供的服务品牌。同时，采蝶轩服务公司取得上述商标权的时间早于梁或、卢宜坚第4502638号和第4502639号注册商标取得时间的2008年，并且前一商标与后两件商标核定使用的类别不同，标识的表现形式也不同，故采蝶轩服务公司在店面门头上使用“采蝶轩”标识，系对自身享有的服务商标权的行使，未侵犯梁或、卢宜坚的商标专用权。

关于梁或、卢宜坚对被申请人和巴莉甜甜公司构成不正当竞争的指控，一审法院认为，不正当竞争是指经营者违反反不正当竞争法的规定，损害其他经营者的合法权益，扰乱社会经济秩序的行为。存在竞争关系是认定不正当竞争成立的条件之一。首先，竞争关系的主体应当限于市场经营者之间，非市场经营者之间不存在竞争关系；其次，竞争关系一般是指经营者经营同类商品或服务；最后，有权提起不正当竞争诉讼的人须与被告之间存在特定、具体的竞争关系。而本案中，梁或、卢宜坚是作为自然人持有商标权，其并不是直接经营食品烘焙行业的市场主体，即与作为法人的被申请人和巴莉甜甜公司之间并不具有经营同类商品或服务的关系，并不存在特定、具体的竞争关系，故梁或、卢宜坚不符合提起不正当竞争之诉的主体要件，一审法院对于梁或、卢宜坚此节指控不予支持。据此，一审法院依照《中华人民共和国民事诉讼法》第六十四条第一款之规定，于2013年6月3日作出（2012）合民三初字第00163号民事判决，判决驳回梁或、卢宜坚的诉讼请求。案件受理费112067元、财产保全费5000元，由梁或、卢宜坚负担。

梁或、卢宜坚不服一审判决，向安徽省高级人民法院（以下简称二审法院）提起上诉称：1. 一审法院认定梁或、卢宜坚受让取得的第1328994号、第1344787号“”商标核定使用的商品和服务，与被申请人和巴莉甜甜公司经营使用的商品和服务不构成相同或类似，与本案系争的蛋糕、面包商品以及服务不构成相同或类似，与本案无关，属于认定事实错误。一审法院故意剥离上述两注册商标，目的在于给予被申请人和巴莉甜甜公司在先使用创造合理的解释。一审法院认定采蝶轩集团公司将“采蝶轩”标识作为非注册商标用于商品使用在先，从而认定不构成对梁或、卢宜坚涉案所有商标的侵权，属于认定事实错误。被申请人和巴莉甜甜公司未经许可的使用行为构成对梁或、卢宜坚“采蝶轩”商品商标和服务商标的相同或近似的侵权。2. 一审法院认为被申请人和巴莉甜甜公司的行为不构成不正当竞争，属于认定事实和适用法律错误。被申请人和巴莉甜甜公司作为从事蛋糕、月饼等食品行业的经营者，明知梁或、卢宜坚“采蝶轩”商标的知名度，却违法将梁或、卢宜坚的企业字号及注册商标登记在企业名称中并突出使用，同时将梁或、卢宜坚的注册商标在自己生产、销售的食品当中进行广泛宣传，使消费者对商品或服务的来源以及不同经营者之间具有关联关系产生混淆误认，被申请人和巴莉甜甜公司的行为明显构成不正当竞争。综上，请求二审法院撤销一审判决，查清事实后依法改判。

二审法院对一审法院查明的事实予以确认。另查明，鹤岗市弘达食品厂于1995年1月3日向国家工商行政管理总局商标局申请在面包、糕点等商品上注册“采蝶轩”商标，1996年被核准注册，商标编号为902806，后因无正当理由连续三年不使用，于2004年5月19日被国家工商行政管理总局商标局撤销商标注册。

二审法院认为，综合各方举证、质证及诉辩意见，本案二审争议焦点为：（一）被申请人和巴莉甜甜公司是否构成对卢宜坚、梁或涉案八件商标的侵权。与之有关的问题是：1. 第1344787号、第1328994号的“”注册商标所核定的商品与服务是否与被申请人和巴莉甜甜公司经营的商品或服务构成相同或近似；2. 被申请人和巴莉甜甜公司使用的相关商业标识与梁或、卢宜坚的注册商标是否构成相同或近似；3. 采蝶轩集团公司是否享有对“采蝶轩”相关标识的在先使用权；4. 采蝶轩服务公司在店面门头上使用“采蝶轩”标识是否构成侵权。（二）被申请人和巴莉甜甜公司是否构成不正当竞争。（三）若侵权成立，其民事责任应如何确定。

（一）关于被申请人和巴莉甜甜公司是否构成对卢宜坚、梁或涉案商标的侵权问题

《中华人民共和国商标法》（以下简称商标法）第五十二条第一项规定，未经商标注册人的许可，在同一种商品或者类似商品上使用与其注册商标相同或者近似的商标的，属于侵犯注册商标专用权。《最高人民法院关于审理商标民事纠纷案件适用法律若干问题的解释》（以下简称商标案件适用法律解释）第一条第一项规定，将与他人注册商标相同或者相近似的文字作为企业的字号在相同或者类似商品上突出使用，容易使相关公众产生误认的，属于侵害他人注册商标专用

权的行为。本案中，梁或、卢宜坚主张被申请人和巴莉甜甜公司侵害其八个商标的专用权，该八个商标分别是：梁或、卢宜坚于2003年9月14日受让中山市饮食总公司采蝶轩于1999年分别在第30类、第42类商品上取得的第1328994号和第1344787号“ ”商标，梁或、卢宜坚于2004年11月14日在第30类商品上取得的第3422492号“ ”商标、2008年2月21日在第30类商品上取得的第4640787号“CAIDIEXUAN CATE”商标、2008年2月28日在第30类商品上取得的4640785号“ ”商标、2008年9月7日在第43类服务项目上分别取得的第4502639号“ ”商标、第4502638号“采蝶軒”商标、2012年2月21日在第30类商品上取得的第4640787号“ ”商标。上述八个商标的权利仍处于合法有效状态，梁或、卢宜坚对上述注册商标享有专用权，依法应受到保护。梁或、卢宜坚认为被申请人和巴莉甜甜公司在门头、商品及外包装或宣传手册上使用“采蝶轩”、“采蝶轩 CAIDIEXUAN”、“caidie Bakery”、“ ”标识及“ ”标识侵犯了其注册商标专用权。二审法院认为，判定涉案商标是否构成侵权，应判定梁或、卢宜坚第1328994号注册商标、第1344787号注册商标核定使用的商品和服务与被申请人和巴莉甜甜公司经营的面包、蛋糕及服务是否构成相同或近似。商标案件适用法律解释第十一条第一款规定：“商标法第五十二条第（一）项规定的类似商品，是指在功能、用途、生产部门、销售渠道、消费对象等方面相同，或者相关公众一般认为其存在特定联系、容易造成混淆的商品。”因此，判断商品与服务是否类似应考虑以下因素：商品与服务在性质上的相关程度，在用途、用户、通常效用、销售渠道及消费习惯等方面的一致性，即在商品和服务中使用相同或近似商标，是否足以造成相关公众的混淆、误认。《类似商品和服务区分表》可以作为判断商品是否类似的参考，但并非位于同一大类下的所有商品均构成类似商品，梁或、卢宜坚认为其受让的第30类第1328994号注册商标核定使用的商品，如蛋糕面粉、含淀粉食品油脂面团粉与本案系争的蛋糕、面包商品属于类似商品。首先，本案系争的蛋糕、面包商品属于第3006类，蛋糕面粉属于第3008类，含淀粉食品油脂面团粉属于第3009类。说明这三者并不构成相同商品。其次，在实际生活中，蛋糕、面包商品是成品，而面粉、面团系制作蛋糕、面包的原料，属于中间产品，两者的性质、用途、销售渠道、销售对象等均不相同。况且，中山市饮食总公司采蝶轩在申请商标注册时，《类似商品和服务区分表》存在蛋糕和面包商品的分类，属于第3006类，因鹤岗市弘达食品厂于1996年在第30类面包、糕点等商品上注册了证号为第902806号“采蝶轩”商标，梁或、卢宜坚无法在第30类面包、糕点类商品上注册“采蝶轩”商标，由此，也说明第1328994号商标核定使用的商品与本案系争的蛋糕、面包商品不构成同一种商品或类似商品。因此，一审判决对此认定并无不当。根据商标案件适用法律解释第十一条第二款“类似服务，是指在服务的目的、内容、方式、对象等方面相同，或者相关公众一般认为存在特定联系、容易造成混淆的服务”的规定，梁或、卢宜坚认为其受让的第1344787号商标核定服务的项目“餐馆、快餐馆、咖啡馆、备办宴席、鸡尾酒会服务、自助餐馆、临时餐室、自助食堂”与被申请人和巴莉甜甜公司经营的“蛋糕、面包店”服务项目属于类似服务。对此，二审法院认为，中山市饮食总公司采蝶轩在申请该商标时，《类似商品和服务区分表》并无“面包店”这一具体服务项目，说明“餐馆”与“面包店、面包连锁店”存在较大区别，且在实际生活中，“餐馆”与被申请人和巴莉甜甜公司经营的“面包、蛋糕店”在服务目的、内容、方式、对象、消费习惯等方面均大相径庭，因此，第1344787号商标核定服务项目与被申请人和巴莉甜甜公司的面包、蛋糕店不构成类似服务。由于第1328994号注册商标、第1344787号注册商标“”与本案被申请人和巴莉甜甜公司经营的面包、蛋糕以及相关的服务不构成相同或类似，故不符合商标侵权的构成要件，且梁或、卢宜坚于2003年9月14日受让第1328994号和第1344787号注册商标，受让人自商标转让公告之日起享有该商标专用权和禁止他人在相同或类似商品或者服务中使用该商标的权利。因此，被申请人和巴莉甜甜公司的行为不构成对梁或、卢宜坚第1328994号和第1344787号注册商标专用权的侵犯。

关于被申请人和巴莉甜甜公司使用的商业标识是否与梁或、卢宜坚的涉案的其他六件商标构成相同或近似的问题。依据本案查明的事实，梁或、卢宜坚原始取得商标权与本案争议有关的是2004年11月14日取得的第3422492号注册商标“”；2008年2月21日取得的第4640786号注册商标“CAIDIEXUAN-CATE”、2008年2月28日取得的第4640785号“”图形商标、2008年9月

7 日取得的第 4502638 号注册商标“”、第 4502639 号注册商标“采蝶轩”，以及 2010 年 2 月 21 日取得的第 4640787 号注册商标“”共计六件。根据商标案件适用法律解释第九条的规定，商标法第五十二条第一项规定的商标相同，是指被诉侵权的商标与注册商标相比较，二者在视觉上基本无差别。商标法第五十二条第一项规定的商标近似，是指被诉侵权的商标与注册商标相比较，其文字的字形、读音、含义或者图形的构图及颜色，或者其各要素组合后的整体结构相似，或者其立体形状、颜色组合近似，易使相关公众对商品的来源产生误认或者认为其来源与注册商标的商品有特定的联系。本案中，被申请人和巴莉甜甜公司使用的“caidieBakery”标识与梁或、卢宜坚“CAIDIEXUANCATE”注册商标相比，前者是“caidie”（采蝶）和“Bakery”（烘焙）组成，后者是由“CAIDIEXUAN”（采蝶轩）和“CATE”（美食）组成，无论在拼音字母的内容、形式、读音、含义等方面均不相同，故两者不构成近似商标。被申请人和巴莉甜甜公司使用的“”标识与梁或、卢宜坚的注册商标“”相比，前者系组合商标，由蝴蝶图形“”、“caidieBakery”及汉字“采蝶轩”组成，而后者则是单独的蝴蝶图形，两者构成要素、整体结构均不同，因而不构成近似商标。被申请人和巴莉甜甜公司使用的“”标识与梁或、卢宜坚的注册商标“”相比，两者差别明显，不仅蝴蝶朝向不同，而且图形的构图不同，前者为线条白描图形，后者系线条和着色相结合的图形，因而不构成近似商标。根据上述分析认定，因被申请人和巴莉甜甜公司使用的“caidieBakery”、“”及“”与梁或、卢宜坚的注册商标不构成相同或近似，故不构成对梁或、卢宜坚第 4640786 号注册商标“CAIDIEXUANCATE”、第 4640785 号“”图形商标的侵权。被申请人和巴莉甜甜公司在其经营场所使用的“采蝶轩”标识，与梁或、卢宜坚分别在第 43 类、第 30 类商品上取得的第 4502639 号“采蝶軒”商标、第 4640787 号“”商标相比，两者在文字、读音、字义上均相同，仅是字体不同，构成商标近似。被申请人和巴莉甜甜公司使用的“”标识最为显著的实质部分亦即主要认读部分是汉字“采蝶轩”，梁或、卢宜坚的注册商标“”主要认读部分系汉字“采蝶轩”，因而“”标识与梁或、卢宜坚的“采蝶轩”文字商标、“”组合商标构成近似。被申请人和巴莉甜甜公司使用的“采蝶轩 CAIDIEXUAN”标识主要认读部分为汉字“采蝶轩”，因而与梁或、卢宜坚的“采蝶軒”、“”、“”注册商标构成近似。至于被申请人和巴莉甜甜公司使用上述与梁或、卢宜坚注册商标相近似的商标，是否构成商标侵权，主要审查其是否具有正当抗辩事由。

关于采蝶轩集团公司是否享有“采蝶轩”字号在先使用的权利问题。商标是区别不同商品或者服务来源的标志，商标权是商标所有人依法对其使用的商标所享有的权利。企业名称是区别不同市场主体的标志，一般由行政区划、字号、行业或者经营特点、组织形式构成，其中字号是区别不同企业的主要标志。市场经营主体对依法取得的企业名称在一定地域范围内享有独占使用权。梁或、卢宜坚的涉案商标专用权和采蝶轩集团公司、采蝶轩服务公司的企业名称权，均是经法定程序确认的权利，分别受商标法和《企业名称登记管理规定》等法律、法规的保护。《企业名称登记管理规定》第三条规定，企业名称经核准登记注册后方可使用，在规定的地域和行业范围内享有排他使用的企业名称专用权。商标法第九条规定，申请注册的商标不得与他人在先取得的合法权利相冲突；第三十一条规定，申请商标注册不得损害他人现有的在先权利，也不得以不正当手段抢先注册他人已经使用并有一定影响的商标。对于注册在先的字号权和他人已经使用并有一定影响的未注册商标与注册在后的注册商标专用权发生冲突时，应遵循诚实信用、保护在先权利和禁止混淆原则。保护在先权利原则是解决知识产权权利冲突的最基本的原则，它要求任何一项知识产权的取得必须以不侵害他人在先权利为前提条件。保护在先权利原则要求在后权利的设立与行使不得侵犯或妨碍他人在先已经存在并受法律保护的权利。

企业名称或企业字号是用于识别商品或者服务提供者身份，商标是用来识别商品来源，两者作为商业标识，同样能发挥识别商品来源的作用。企业字号是企业名称的核心内容，是区别不同企业的主要标识。虽然商标法未将企业字号纳入商标的范畴，企业字号的直接意义与商标有所不同，但最终亦可以发挥区分商品或者服务的作用，因而仍然属于商业标识的范畴。企业字号作为商业标识在商品上使用，实际上就是“未注册商标”的使用，涉案被控侵权“采蝶轩”字样具有标识商品或服务来源的作用，是一种商标法意义上的商标使用行为。梁或、卢宜坚于 2004 年 11 月 14 日才开始在蛋糕、面包等类食品上享有“采蝶轩”商标民事权利，本案中，采蝶轩集团公司的前身合肥采蝶轩公司成立于 2000 年 6 月 8 日，该公司成立后即开始在蛋糕、面包等烘焙食品上使用“采蝶轩”未注册商标和字号，持续进行面包、蛋糕等食品的生产、销售，相对于梁或、卢宜坚于 2004 年 11 月 14 日在蛋糕、面包等第 30 类食品上注册的“采蝶轩”商标来说，采蝶轩集团公司对“采蝶轩”字号和与“采蝶轩”有关的商业标识具有在先使用权。结合合肥采蝶轩公司 2004 年之前由安徽省质量协会等单位授予的多项荣誉的内容分析，截至本案诉讼前，采蝶轩集团公司在合肥区域的“采蝶轩”直营门店已经达 184 家，应该说，在本案系争的安徽省合肥地区，采蝶轩集团公司的“采蝶轩”标识品牌已具有较高的知名度和美誉度，在梁或、卢宜坚于 2004 年 11 月注册涉案“采蝶轩”商标之前已经具有一定影响。经过多年的经营活动，“采蝶轩”字号和标识已与该公司经营的蛋糕、面包等烘焙食品相联系，起到了区分商品来源的作用，发挥了未注册商标的功能。

本案中，采蝶轩集团公司的营业场所在安徽合肥地区，其通过持续多年的经营活动和广告投入，在合肥地区享有一定的知名度。梁或、卢宜坚的“采蝶轩”商标通过授权他人使用，虽在广东省被评定为著名商标，但梁或、卢宜坚在安徽合肥区域并没有经营活动，亦无任何使用其涉案“采蝶轩”注册商标的行为，更未进行过任何广告宣传等投入，其商标在合肥地区没有任何知名度，而采蝶轩集团公司自核准成立以来，没有在合肥区域以外的地区营业。面包、蛋糕烘焙行业的特性，决定了其具有明显的区域性。梁或、卢宜坚没有提交证据证明其在安徽合肥区域的面包蛋糕行业开展了经营活动，并已有相关公众对两者提供的服务产生了误认。相对于梁或、卢宜坚的注册商标来说，采蝶轩集团公司使用的与“采蝶轩”有关的商业标识及企业字号“采蝶轩”属于在先使用。基于保护在市场中已经确立的由商业信誉带来的利益，商标法确立保护已经使用并有一定影响的未注册商标，即他人已经在同一种商品或者类似商品上先于商标注册人使用与注册商标相同或者近似并有一定影响的商标的，注册商标专用权人无权禁止该使用人在原使用范围内继续使用该商标，但可以要求其附加适当区别标识。依此，未注册商标权系一种民事权利，商标在先使用人可以商标使用在先来对抗在后注册的商标专用权人。商标在先使用人在他人申请商标注册前已经在相同或者类似商品上使用与注册商标相同或近似商标，当他人申请注册的商标被核准注册后，该在先使用人享有在原有的范围内（仅限于原来使用的商品和服务，不得扩大到类似的商品和商标上，也不能超出原来的特定地区）继续使用其未注册商标标识的权利。因此，被申请人和巴莉甜甜公司可在原有范围内继续使用，不受注册商标专用权的拘束，梁或、卢宜坚无权禁止被申请人和巴莉甜甜公司继续使用“采蝶轩”商业标识。至于梁或、卢宜坚认为采蝶轩集团公司的企业名称的注册时间迟于中山市饮食总公司采蝶轩企业名称的注册时间，但鉴于梁或、卢宜坚与中山市饮食总公司采蝶轩系不同的法律人格主体，其并未提供证据证明其享有中山市饮食总公司采蝶轩的相关权利，亦未提交证据证明其涉案商品商标和服务商标的使用范围和影响力已延及合肥地区，且被申请人和巴莉甜甜公司使用与“采蝶轩”有关的字号和商业标识时标注其企业名称，故被申请人对“采蝶轩”字号及与“采蝶轩”有关的商业标识的使用没有明显的不正当竞争的意图，也不会引起相关公众对服务来源产生混淆误认。因此，采蝶轩集团公司对“采蝶轩”字号、“采蝶轩 CAIDIEXUAN”及未注册商标“ ”标识享有在先使用的合法权益，并不构成对梁或、卢宜坚的有关“采蝶轩”注册商标专用权的侵犯。在此前提下，采蝶轩服务公司、巴莉甜甜公司作为采蝶轩集团公司的关联公司，经营、销售采蝶轩集团公司生产的标有与“采蝶轩”相关商业标识的产品，或将“ ”标识中的构成要素或结合或拆分使用在门头、宣传册上，完全是基于采蝶轩集团公司对“采蝶轩”字号的在先使用权，并无刻意将其产品与梁或、卢宜坚的有关“采蝶轩”商标相混淆的主观故意。

同时，根据《最高人民法院关于充分发挥知识产权审判职能作用推动社会主义文化大发展大繁荣和促进经济自主协调发展若干问题的意见》第 19 条关于“要妥善处理最大限度划清商业标识之间的边界与特殊情况下允许构成要素近似商标之间适当共存的关系。相关商标均具有较高知名度，或者相关商标的共存是特殊条件下形成时，认定商标近似还应根据两者的实际使用状况、使用历史、相关公众的认知状态、使用者的主观状态等因素综合判定，注意尊重已经客观形成的市场格局，防止简单地把商标构成要素近似等同于商标近似，实现经营者之间的包容性发展”的规定，即使存在被申请人和巴莉甜甜公司使用的商业标识构成要素与梁或、卢宜坚的注册商标构成近似，但鉴于被申请人和巴莉甜甜公司使用与“采蝶轩”相关的标识没有“傍名牌”的主观恶意，本案系争的面包、蛋糕门店经营模式，具有较强的地域性，采蝶轩集团公司持续十多年使用“采蝶轩”标识，已经具有较高的知名度，梁或、卢宜坚“采蝶轩”商标注册在后，在安徽合肥区域没有开展经营活动、且没有任何知名度，梁或、卢宜坚的注册商标被许可人经营活动主要集中在广东省中山市，合肥区域的消费者不会对被申请人和巴莉甜甜公司“采蝶轩”标识与梁或、卢宜坚“采蝶轩”注册商标产生混淆和误认。因此，在考虑上述历史和现实情况的基础上，允许被申请人和巴莉甜甜公司与“采蝶轩”有关的商业标识与梁或、卢宜坚“采蝶轩”商标共存，不会损害梁或、卢宜坚的权利和利益，也可以尊重和维持被申请人和巴莉甜甜公司在合肥区域多年规模化发展已经客观形成的市场格局，符合利益平衡原则。

关于采蝶轩服务公司在店铺门头使用“采蝶轩”标识是否构成侵权问题。合肥采蝶轩公司于2003年10月28日在第35类（注册证号为第3176274号）上取得“采蝶轩”（隶书字体）文字服务商标，该商标包含“推销（替他人）”这一服务项目。2006年5月7日，采蝶轩服务公司经国家工商行政管理总局商标局核准受让该注册商标专用权。采蝶轩集团公司对“采蝶轩”字号及未注册商标享有在先使用权，其有权在店面门头使用与“采蝶轩”相关的标识。同时，根据国家工商行政管理总局商标局《关于保护服务商标若干问题的意见》第七条第二款的规定，他人正常使用服务行业惯用标志，以及以正常方式使用商号（字号）、姓名、地名、服务场所名称，表示服务特点，对服务事项进行说明等不构成侵犯服务商标专用权行为，但具有明显不正当竞争意图的除外。依照《关于保护服务商标若干问题的意见》的规定，服务商标可在服务场所和服务招牌上使用。采蝶轩服务公司正是在该两种情形下使用其服务商标，表明其作为商品推销企业提供的服务品牌。采蝶轩服务公司于2006年5月7日在第35类上受让取得“采蝶轩”服务商标，早于梁或、卢宜坚在第43类上第4502638号和第4502639号注册商标取得时间的2008年9月7日，故其在店面门头上使用“采蝶轩”标识，系对自身享有的服务商标权的正当行使，不构成侵犯梁或、卢宜坚的商标专用权。

综上，采蝶轩集团公司对“采蝶轩”标识具有在先使用的权利，被申请人将“采蝶轩”注册为企业字号并在经营中使用与“采蝶轩”有关的商业标识，主观上不存在攀附他人商标及商誉的意图，亦不存在“搭便车”、“傍名牌”的主观恶意情形，双方在各自的区域内长期开展经营活动，客观上也没有造成消费者对被申请人和巴莉甜甜公司与梁或、卢宜坚经营的商品、服务来源的混淆、误认的事实。被申请人和巴莉甜甜公司以其在先使用并有一定影响的商业标识来进行抗辩的理由成立，二审法院予以支持。

（二）关于被申请人是否构成不正当竞争问题

采蝶轩集团公司对“采蝶轩”字号及与“采蝶轩”有关的商业标识享有在先使用权，且采蝶轩服务公司对服务商标“采蝶轩”享有专用权，其在店面门头标注“采蝶轩”标识属于正当使用。同时，不正当竞争是指经营者违反反不正当竞争法的规定，损害其他经营者的合法权益，扰乱社会经济秩序的行为。不正当竞争诉讼主要侧重保护市场竞争秩序的公权益，存在竞争关系是认定不正当竞争成立的条件之一。首先，竞争关系的主体应当限于市场经营者之间，非市场经营者之间不存在竞争关系；其次，竞争关系一般是指经营者经营同类商品或服务；最后，依据反不正当竞争法的规定，向人民法院请求保护权利的，只能是经营者。依此，有权提起不正当竞争诉讼的人须与被告之间存在特定、具体的竞争关系，而本案中，梁或、卢宜坚作为涉案注册商标权人，其实际并不使用涉案注册商标，亦并非系直接经营食品烘焙行业的市场主体，而是将涉案注册商标许可给中山市采蝶轩食品有限公司使用，中山市采蝶轩食品有限公司才是涉案注册商标的实际使用者和经营者，即梁或、卢宜坚与作为法人的被申请人之间并不具有经营同类商品或服务的关系，并不存在特定、具体的竞争关系，故梁或、卢宜坚不符合提起不正当竞争之诉的主体要件，一审法院认定梁或、卢宜坚作为不正当竞争诉讼的主体不适格，并无不当。

综上，梁或、卢宜坚的上诉理由均不能成立，其上诉请求应予驳回。一审判决认定事实清楚，适用法律正确，审判程序合法，应予维持。依照《中华人民共和国民事诉讼法》第一百七十条第一款第一项、第一百七十五条之规定，二审法院于 2013 年 11 月 20 日作出（2013）皖民三终字第 00072 号民事判决，判决驳回上诉，维持原判。二审案件受理费 112067 元，由梁或、卢宜坚负担。

梁或、卢宜坚不服二审判决，向本院申请再审称：（一）卢宜坚是中山市饮食总公司采蝶轩的实际拥有人和经营人，从 1981 年 12 月 13 日，卢宜坚以挂靠全民所有制企业中山市饮食总公司的方式登记成立中山市饮食总公司采蝶轩，在中山开设第一家“采蝶轩”面包店，至 2002 年 8 月 7 日卢宜坚成立中山市采蝶轩食品有限公司，其始终在从事糕点、面包的生产销售及面包店等餐饮服务，并持续使用“采蝶轩”商标。原审判决否定上述事实，人为割裂卢宜坚与各经营主体之间的法定关系，否定卢宜坚的经营者身份，认定其 2004 年后才开始使用“采蝶轩”商标，显属事实认定错误，应予纠正。（二）原审判决错误认定第1328994号、第1344787号“采蝶轩”商标与被申请人和巴莉甜甜公司生产销售的商品或从事的服务不构成类似，应予纠正。（三）采蝶轩服务公司在面包店门头及装饰中使用“采蝶轩”商标的行为，不属于商业及法律意义上的“推销替他人”服务及使用字号行为，而是典型的共同商标侵权行为。采蝶轩服务公司是采蝶轩集团公司的全资子公司，其设立目的就是为了生产、销售“采蝶轩”侵权商品，且采蝶轩服务公司在经营面包店时，并非仅销售“采蝶轩”面包、糕点，还实际参与了制造行为，已经构成直接侵权。（四）原审判决对先用权认定错误。本案先用权的起算日应为1981年12月13日，最晚也应为1999年。原审法院未考虑卢宜坚实际拥有和经营中山市食品总公司采蝶轩，以及卢宜坚合法受让“采蝶轩”商标，承继商标所有权和商誉的事实，错误认定1999年“采蝶轩”注册商标与本案无关，导致错误认定先用权起算日为2004年，进而错误认定被申请人和巴莉甜甜公司在先使用。实际上，“采蝶轩”系卢宜坚在先使用的字号、未注册商标及注册商标，梁或、卢宜坚自1981年以来一直以字号、标识、非注册商标、注册商标持续使用采蝶轩至今，使用行为明显早于被申请人和巴莉甜甜公司。（五）原审判决违法采用被申请人和巴莉甜甜公司伪造的证据或无证推定，错误认定被申请人和巴莉甜甜公司“采蝶轩”商标在先使用并具有一定影响。在“糕点、面包”等商品上，被申请人和巴莉甜甜公司未提供任何2000年在先使用“采蝶轩”商标的证据，即便是2000年后的证据也非直接证据，不能证明实际使用情况。（六）被申请人和巴莉甜甜公司在“糕点、面包”等商品及“面包店”餐饮服务上使用“采蝶轩”必然导致消费者混淆误认。本案不存在共存的法律及事实基础，原审判决人为在注册商标权基础上赋予被申请人和巴莉甜甜公司未注册商标权，不仅损害了梁或、卢宜坚的权益，还冲击了我国基本的商标注册制度，违反商标法的规定。被申请人存在明显的侵权恶意。“ ”商标LOGO之中的“采蝶轩”字体，是非普通字体，被申请人在第35类注册“采蝶軒”商标的字体与上述注册商标中的字体完全相同，是复制和抄袭行为。被申请人和巴莉甜甜公司在使用商标标识方面，不但使用“采蝶轩”商标字样，而且也模仿了梁或、卢宜坚注册和使用的蝴蝶图形“ ”商标。被申请人及其股东在第30类面包、第43类面包店上都申请过“采蝶轩”商标，但因梁或、卢宜坚注册在先而被驳回，被申请人从相关商标驳回的信息之中，必然会了解到“采蝶轩”商标注册信息。梁或、卢宜坚在2006年对被申请人在第32类注册“采蝶轩”商标提出异议时，就提供了在第30类、第43类注册“采蝶轩”商标信息等文件给被申请人，这更充分证明其是明知的。被申请人还将涉案采蝶轩商标作为字号登记为企业名称，并突出使用，恶意明显。原审法院认定梁或、卢宜坚怠于行使权利导致商标共存，与法律规定相悖。（七）被申请人和巴莉甜甜公司已经自认其行为会导致消费者混淆误认，并放弃在“面包、糕点”等商品上使用“采蝶轩”商标，以利于企业发展和纠纷解决。二审法院判决两者共存，属于人为制造矛盾。（八）梁或、卢宜坚作为企业法定代表人、实际经营者及商标权人，属于法律上的经营者，原审判决认定其不正当竞争之诉主体不适格，明显错误。被申请人将“采蝶轩”登记为企业字号用于宣传，其行为已构成不正当竞争。综上，依照《中华人民共和国民事诉讼法》第二百条第二、三、六项的规定，梁或、卢宜坚请求本院撤销原审判决，依法改判支持其诉讼请求。

采蝶轩集团公司、采蝶轩服务公司、巴莉甜甜公司提交意见称：（一）被申请人和巴莉甜甜公司生产、销售的带有自身采蝶轩品牌的蛋糕、面包商品以及经营的面包店，未侵犯梁或、卢宜坚的涉案注册商标专用权。本案被控蛋糕、面包商品和面包店与第1328994号和第1344787号商标不构成类似商品和服务。梁或、卢宜坚的其余6件涉案商标与被控侵权标识不构成相同，也不构成混淆性近似。被申请人和巴莉甜甜公司对“采蝶轩”字号和“采蝶轩”标识的使用构成在先使用。采蝶轩服务公司在店铺门头使用“采蝶轩”标识既是对其注册在第35类的商标的合理使用，也是对字号的合理使用，因此不构成商标侵权。（二）梁或、卢宜坚在本案系争时间和地域范围内没有任何知名度和影响力，鉴于被申请人登记和使用“采蝶轩”字号没有恶意，也不会造成消费者混淆，因此不构成不正当竞争。（三）被申请人和巴莉甜甜公司在安徽省合肥市的发展没有给梁或、卢宜坚造成任何损害，且鉴于其怠于行使权利等因素，其在本案中主张的高额索赔没有任何根据，不应予以支持。

本院经审理查明，原审法院查明的事实基本属实，本院予以确认。

另查明，第1344787号、第1328994号和第3422492号采蝶轩文字及图商标的申请注册日分别是1998年7月3日、1998年7月6日、2002年12月31日。2002年采蝶轩集团公司在安徽省合肥市设立5家门店，2003年的销售收入是7.48万元。截至2012年10月，被申请人在安徽省合肥市共设立184家门店。

本院认为：本案争议问题是，被申请人和巴莉甜甜公司生产、销售的带有相关标识的产品以及提供的服务是否侵犯了涉案注册商标专用权；被申请人注册“采蝶轩”字号是否构成不正当竞争；本案侵权责任的承担问题。

一、关于被申请人和巴莉甜甜公司生产、销售的带有相关标识的产品以及提供的服务是否侵犯了涉案注册商标专用权问题

（一）关于被申请人和巴莉甜甜公司生产、销售的带有相关标识的商品以及提供的服务，是否与梁或、卢宜坚的涉案注册商标构成相同或类似商品或服务上的相同或近似商标问题

梁或、卢宜坚认为被申请人和巴莉甜甜公司在店铺门头、生产、销售的商品及外包装和宣传手册上使用“采蝶轩”、“采蝶轩 CAIDIEXUAN”、“caidie Bakery”、“”、“”、“采蝶轩及蝴蝶”标识侵犯了其涉案注册商标专用权。原审法院认定被申请人和巴莉甜甜公司使用的“caidie Bakery”标识与涉案第4640786号“CAIDIEXUAN CATE”注册商标、“”及“”标识与涉案第4640785号“”注册商标不构成近似商标，该使用行为未侵犯梁或、卢宜坚的上述两个注册商标专用权，认定正确，本院予以支持。

关于被申请人和巴莉甜甜公司生产、销售的带有相关标识的商品以及提供的服务，是否与梁或、卢宜坚的涉案其余六件注册商标构成相同或类似商品或服务上的相同或近似商标问题。

首先，关于被申请人和巴莉甜甜公司生产、销售的被控侵权商品和提供的服务与涉案第1328994号、第1344787号“”注册商标是否构成类似商品和服务问题。所谓类似商品，是指在功能、用途、生产部门、销售渠道、消费对象等方面相同，或者相关公众一般认为其存在特定联系、容易造成混淆的商品；所谓类似服务，是指在服务的目的、内容、方式、对象等方面相同，或者相关公众一般认为存在特定联系、容易造成混淆的服务。认定商品或服务是否类似，应当以相关公众对商品或服务的一般认识综合判断。本案中，第1328994号“”注册商标核定使用的商品是第30类：咖啡；茶；糖浆；蛋糕面粉；面条；米乐；豆浆；含淀粉食品油脂面团；冰淇淋；各种调味酱。第1344787号“”注册商标核定使用的商品是第42类：餐馆；快餐馆；咖啡馆；备办宴

席；鸡尾酒会服务；自助餐馆；临时餐室；自助食堂。本院认为，面包与咖啡在《类似商品或者服务区分表》中均属于第30类，且均属于西式食品和饮品，经常一起售卖，消费者也会将其搭配食用，二者在销售渠道、消费对象等方面重合度高，相关公众一般认为其存在特定联系，容易造成混淆，故面包与咖啡构成类似商品。面包店和咖啡馆在《类似商品或者服务区分表》中均属于第43类，且在服务内容、服务对象、所售商品上有重合，相关公众一般认为其存在特定联系，容易造成混淆，故面包店和咖啡馆属于类似服务。原审法院认定面包与咖啡不属于类似商品，面包店与咖啡店不属于类似服务，系适用法律错误，本院予以纠正。被申请人和巴莉甜甜公司关于梁或、卢宜坚没有实际使用第1344787号注册商标，其禁用权范围应以核定使用商品的组群为限；对于被控侵权商品和服务与前述两个注册商标是否属于类似商品和服务的比对，应以当事人具体主张的商品类别为限；被控侵权商品和服务与前述两个注册商标不类似等答辩意见，没有法律依据，本院不予采信。

其次，关于被申请人和巴莉甜甜公司生产、销售的被控侵权商品与涉案第4502639号和第4502638号注册商标是否构成类似商品和服务问题。所谓商品和服务类似，是指商品和服务之间存在特定联系，容易使相关公众混淆。本案中，第4502639号和第4502638号注册商标核定的服务中包括面包店。面包店作为销售面包、蛋糕等商品的服务场所，与面包、蛋糕之间具有特定联系，被申请人和巴莉甜甜公司生产、销售的面包、蛋糕商品与第4502639号和第4502638号注册商标核定的面包店服务构成类似商品和服务。

最后，关于被申请人和巴莉甜甜公司使用的被控侵权标识与涉案第1328994号、第3422492号、第4640787号、第1344787号、第4502639号、第4502638号注册商标是否构成相同或近似商标问题。所谓商标相同，是指被控侵权的商标与原告的注册商标相比较，二者在视觉上基本无差别；所谓商标近似，是指被控侵权的商标与原告的注册商标相比较，其文字的字形、读音、含义或者图形的构图及颜色，或者其各要素组合后的整体结构相似，或者其立体形状、颜色组合近似，易使相关公众对商品的来源产生误认或者认为其来源与原告注册商标的商品有特定的联系。判断商标是否近似，既要对商标的整体进行比对，也要对商标的主要部分进行比对；既要考虑商标标志构成要素及其整体的近似程度，也要考虑相关商标的显著性和知名度，以是否容易导致混淆作为判断标准，在综合考虑各种因素的基础上作出认定。本案中，被申请人和巴莉甜甜公司使用的“采蝶轩”标识与第4502638号“采蝶轩”注册商标在文字、读音、含义上相同，仅是字体不同，二者在视觉上基本无差别，构成相同商标；该标识与第 4640787 号“ ”注册商标和第 1328994 号、第 3422492 号、第 1344787 号、第 4502639 号“ ”注册商标相比较，这五个注册商标的主要识别部分是“采蝶轩”文字，该主要识别部分与“采蝶轩”被控侵权标识在文字、呼叫和含义上相同，不同之处仅在于字体，故二者构成近似商标。

被申请人和巴莉甜甜公司使用的“采蝶轩及蝴蝶”标识与第 4640787 号“ ”注册商标在文字、读音和含义以及图案上基本无差别，构成相同商标；该标识与第 4502638 号“采蝶轩”注册商标相比较，在文字、读音和含义上相同，仅在有无蝴蝶图案上不同，故二者构成近似商标；该标识与第 1328994 号、第 3422492 号、第 1344787 号、第 4502639 号“ ”注册商标相比较，在文字、呼叫和含义上均相同，不同之处仅在于图案和有无拼音上，故二者构成近似商标。

被申请人和巴莉甜甜公司使用的“采蝶轩 CAIDIEXUAN”标识与第 4502638 号“采蝶轩”注册商标在文字、读音和含义上均相同，不同之处仅在于字体和有无拼音上，故二者构成近似商标；该标识与第 4640787 号“ ”注册商标和第 1328994 号、第 3422492 号、第 1344787 号、第 4502639 号“ ”注册商标相比较，这五个注册商标的主要识别部分是“采蝶轩”文字，该主要识别部分与“采蝶轩 CAIDIEXUAN”被控侵权标识在文字、呼叫和含义上相同，不同之处仅在于字体和有无拼音方面，故二者构成近似商标。

被申请人和巴莉甜甜公司使用的“ ”标识的主要识别部分是“采蝶轩”文字，将该标识与第 4502638 号“采蝶轩”注册商标相比较，二者在文字以及文字的读音和含义上均相同，故二者构成近似商标；将该标识与第 4640787 号“ ”注册商标和第 1328994 号、第 3422492 号、第 1344787 号、第 4502639 号“ ”注册商标相比较，两者的主要识别部分均是“采蝶轩”文字，故二者构成近似商标。

被申请人和巴莉甜甜公司认为，被控侵权的“ ”标识与“ ”

和“”注册商标从构成要素整体比对上，不构成相同或近似，也不构成商标侵权意义上的混淆性近似。本院认为，如上所述，在商标近似的判断上，不仅要进行对商标整体的比对，也要进行对商标主要部分的比对，同时也应考虑请求保护注册商标的显著性和知名度。本案的“”和“”注册商标的主要识别部分是“采蝶轩”文字，而商标中的蝴蝶图案和“采蝶”文字的含义是对应的，“caidiexuan”拼音与“采蝶轩”文字也是一一对应的。被控侵权标识的主要识别部分也是“采蝶轩”文字，而“Caidie Bakery”和蝴蝶图案与“采蝶”文字也是对应的。综上，前述被控侵权标识与注册商标的主要识别部分均是“采蝶轩”文字，以相关公众的一般注意力为标准，易使其对商品的来源产生误认或者认为其来源与前述六个注册商标的商品有特定的联系。特别是第3422492号注册商标于2010年被认定为广东省著名商标，具有一定的知名度，在本案的商标相同或者近似判断中，应考虑该知名度对上述判断所带来的影响。据此，被申请人和巴莉甜甜公司的上述理由不能成立，本院不予支持。

商标法第五十二条第一项、第二项规定，未经商标注册人的许可，在同一种商品或者类似商品上使用与其注册商标相同或者近似的商标的；销售侵犯注册商标专用权的商品的，均属于侵犯注册商标专用权的行为。被申请人和巴莉甜甜公司在生产、销售的被控侵权产品和提供的服务上使用与涉案六个注册商标相同或近似的标识，侵犯了涉案六个注册商标专用权，依法应承担相应的民事责任。

（二）关于被申请人和巴莉甜甜公司对“采蝶轩”字号和“采蝶轩”标识的使用是否构成在先使用问题

本案被诉侵权行为发生在现行商标法修正前，因此应适用2001年修正的商标法。2001年修正的商标法对于商标侵权诉讼中的在先使用抗辩问题并未作出明确规定。2013年修正的商标法在第五十九条第三款中，对于在先使用问题作出了具体规定，即商标注册人申请商标注册前，他人已经在同一种商品或者类似商品上先于商标注册人使用与注册商标相同或者近似并有一定影响的商标的，注册商标专用权人无权禁止该使用人在原使用范围内继续使用该商标，但可以要求其附加适当区别标识。从上述规定来看，构成在先使用的条件是先于商标注册人使用并具有一定影响，因此即使参照现行商标法的规定，被申请人和巴莉甜甜公司对被控侵权标识的使用，也不构成在先使用。因为，第1344787号和第1328994号“”注册商标的申请日分别是1998年7月3日和1998年7月6日，这两个注册商标的申请日均早于采蝶轩集团公司的前身合肥采蝶轩公司成立的2000年6月8日，也即被申请人对于被控侵权标识的使用，晚于前述两个注册商标的申请日；即使如原审法院所认定的前述两个注册商标与被控侵权标识不构成类似商品和服务，也即不考虑前述两个注册商标对在先使用判断的影响，在第3422492号“”注册商标的申请日，即2002年12月31日前，采蝶轩集团公司当时只有5家门店，且2003年的销售额只有7.58万元，也难言具有一定影响。同理，采蝶轩集团公司对于其企业字号的商标性使用也没有在先使用的权利。故此，原审法院认定被申请人和巴莉甜甜公司具有在先使用的权利，没有事实根据，本院依法予以纠正。

（三）关于采蝶轩服务公司在店铺门头使用“采蝶轩”标识和被申请人对企业名称的使用是否构成侵权问题

原审法院认定采蝶轩服务公司在面包店铺门头使用采蝶轩标识是对其于2006年5月7日受让的注册在第35类“推销（替他人）”的“采蝶轩”服务商标的正当使用，不构成侵权。本院认为，在《类似商品和服务区分表》中，面包店的服务类别属于第43类，采蝶轩服务公司在面包店铺门头上使用“采蝶轩”标识，不是对于其注册在第35类的“推销（替他人）”的服务商标的使用，因而不能构成正当使用。采蝶轩服务公司认为其在店铺门头上使用“采蝶轩”标识，是对于其在先注册的企业名称中的“采蝶轩”字号的合理使用。本院认为，如前所述，安徽采蝶轩公司的成立时间晚于第1344787号和第1328994号注册商标申请日，因此不存在其在先注册“采蝶轩”企业名称问题。商标案件适用法律解释第一条第一项规定，将与他人注册商标相同或者相近似的文字作为企业的字号在相同或者类似商品上突出使用，容易使相关公众产生误认的，属于商标法第五十二条第五项规定的给他人注册商标专用权造成其他损害的行为。采蝶轩服务公司虽然注册了“安徽采蝶轩服务有限公司”的企业名称，但在实际使用中并没有规范使用，而是突出使用了“采蝶轩”字样，并使用在与涉案注册商标相同或类似的服务上，容易导致相关公众的混淆误认，因此采蝶轩服务公司突出使用其企业字号的行为侵犯了涉案六个注册商标专用权，依法应承担相应的民事责任。

同理，采蝶轩集团公司在与涉案注册商标相同或类似的商品和服务上使用“采蝶轩集团”字样，采蝶轩服务公司使用“合肥采蝶轩”字样，不是对企业名称的规范使用，系突出使用了“采蝶轩”字样，容易导致相关公众的混淆误认，该行为亦侵犯了涉案六个注册商标专用权，被申请人依法应承担相应的民事责任。

二、关于被申请人和巴莉甜甜公司是否构成不正当竞争问题

梁或、卢宜坚主张被申请人在企业名称中使用采蝶轩商标，被申请人和巴莉甜甜公司将采蝶轩商标在网站中进行宣传构成不正当竞争。本院认为，《中华人民共和国反不正当竞争法》第二条第二款、第三款规定，本法所称的不正当竞争，是指经营者违反本法规定，损害其他经营者的合法权益，扰乱社会经济秩序的行为。本法所称的经营者，是指从事商品经营或者营利性服务的法人、其他经济组织和个人。梁或、卢宜坚是涉案注册商标权人，其认为被申请人和巴莉甜甜公司的行为侵害了涉案注册商标专用权，构成不正当竞争，即可以据此提起诉讼，其诉讼主体资格的有无，不能仅据其是否系具体的涉诉商标产品的实际经营者来判断。原审法院认定梁或、卢宜坚与被申请人和巴莉甜甜公司不具有竞争关系，不符合提起不正当竞争之诉的主体要件，没有法律依据，本院予以纠正。

关于被申请人将“采蝶轩”注册为企业字号是否构成不正当竞争问题。本院认为，正当的市场竞争必须是竞争者通过付出劳动而进行的诚实竞争，竞争者不付出劳动而不正当地利用他人已经取得的市场成果，获取竞争优势的行为，就是不正当竞争。判断被申请人将“采蝶轩”注册为企业字号是否构成不正当竞争，关键在于判断其在注册企业名称时是否具有攀附涉案商标的意图，在这一判断过程中，需要考虑涉案商标在被申请人注册企业名称时是否具有知名度。从本案查明的事实来看，在合肥采蝶轩公司于2000年注册企业名称时，第1344787号“采蝶轩”商标获得注册仅半年有余，尚没有知名度，因此被申请人注册“采蝶轩”企业名称的行为没有攀附涉案注册商标的意图，也即不构成不正当竞争。梁或、卢宜坚的该项主张不能成立，本院不予支持。

《中华人民共和国反不正当竞争法》第九条第一款规定，经营者不得利用广告或者其他方法，对商品的质量、制作成分、性能、用途、生产者、有效期限、产地等作引人误解的虚假宣传。本案中，被申请人和巴莉甜甜公司在网站中使用“采蝶轩”标识进行宣传，是一种商标性的使用行为，而不属于虚假宣传行为，该行为侵犯了涉案注册商标专用权，但不构成不正当竞争，梁或、卢宜坚关于该行为构成不正当竞争的主张不能成立，本院不予支持。

三、关于本案侵权责任的承担问题

如上所述，被申请人和巴莉甜甜公司在生产、销售的商品、提供的服务和网站上使用被控侵权标识，采蝶轩服务公司在店铺门头上使用“采蝶轩”标识的行为，侵犯了涉案六个注册商标专用权，按照《中华人民共和国侵权责任法》第十

五条的规定，应承担停止侵害、消除影响、赔偿损失的民事责任。

关于侵权损害赔偿问题，商标法第五十六条第一款、第二款规定："侵犯商标专用权的赔偿数额，为侵权人在侵权期间因侵权所获得的利益，或者被侵权人在被侵权期间因被侵权所受到的损失，包括被侵权人为制止侵权行为所支付的合理开支。前款所称侵权人因侵权所得利益，或者被侵权人因被侵权所受损失难以确定的，由人民法院根据侵权行为的情节判决给予五十万元以下的赔偿。"本案中，梁或、卢宜坚主张按照被申请人和巴莉甜甜公司分别从2002年和2005年起至起诉时止的侵权获利来计算损害赔偿额，并据此提出了1500万元的赔偿额。本院认为，关于侵权损害赔偿时间的计算，商标案件适用法律问题解释①第十八条规定："侵犯注册商标专用权的诉讼时效为二年，自商标注册人或者利害关系人知道或者应当知道侵权行为之日起计算。商标注册人或者利害关系人超过二年起诉的，如果侵权行为在起诉时仍在持续，在该注册商标专用权有效期限内，人民法院应当判决被告停止侵权行为，侵权损害赔偿数额应当自权利人向人民法院起诉之日起向前推算二年计算。"本案中，梁或、卢宜坚于2012年9月17日向一审法院提起诉讼时，侵权行为仍在持续，故本案的损害赔偿计算时间，应从梁或、卢宜坚提起本案诉讼之日起向前推算两年计算，梁或、卢宜坚主张从2002年和2005年起计算损害赔偿数额没有法律依据。关于被申请人和巴莉甜甜公司的侵权获利，梁或、卢宜坚主张按照其销售收入与中山市采蝶轩食品有限公司的销售利润率的乘积计算。本院认为，被申请人和巴莉甜甜公司的销售收入与其生产经营规模、广告宣传、商品质量等是密切相关的，不仅仅来源于对涉案商标的使用以及涉案商标的知名度，故对梁或、卢宜坚的前述主张本院不予支持。对于本案的损害赔偿数额，本院根据被申请人和巴莉甜甜公司实施侵权行为的性质、期间、后果以及涉案商标的声誉等情况，酌情确定被申请人和巴莉甜甜公司赔偿梁或、卢宜坚50万元。梁或、卢宜坚为制止侵权行为，支出公证费、差旅费、律师费等合计44511元，该合理开支由被申请人和巴莉甜甜公司承担。

关于消除影响问题，本院认为，消除影响是侵害人在其侵权行为不良影响范围内承担消除对受害人不利后果的民事责任方式。涉案商标经过多年使用，在相关公众中具有一定的知名度，被申请人和巴莉甜甜公司的行为足以使相关公众混淆被控侵权标识与涉案商标，并误认为被申请人和巴莉甜甜公司与涉案商标所提

---

① 《最高人民法院关于审理商标民事纠纷案件适用法律若干问题的解释》。

供的服务具有特定联系，给涉案商标造成了损害。鉴于被申请人和巴莉甜甜公司的侵权行为主要集中在安徽地区，故梁或、卢宜坚要求其在安徽地区消除影响，并无不当。对于消除影响的方式，本院认为，由被申请人和巴莉甜甜公司在其网站和《安徽日报》上登载声明，即足以达到消除影响的目的，对于梁或、卢宜坚关于同时在《安徽商报》、《新安晚报》上登载声明的诉讼请求，本院不予支持。

关于赔礼道歉问题，本院认为，赔礼道歉系针对人身权的一种责任承担方式，本案被申请人和巴莉甜甜公司对涉案商标专用权的侵害，不属于人身权范畴，故对梁或、卢宜坚关于赔礼道歉的主张，本院不予支持。

综上，原审判决认定事实基本清楚，但适用法律错误，本院予以纠正。梁或、卢宜坚的部分申请再审理由成立，本院予以支持。依照 2001 年修正的《中华人民共和国商标法》第五十二条第一项、第二项、第五项、第五十六条第二款、《中华人民共和国侵权责任法》第十五条、《最高人民法院关于审理商标民事纠纷案件适用法律若干问题的解释》第一条第一项、第九条、第十条、第十一条、第十二条、第十六条第一款、第二款、《中华人民共和国民事诉讼法》第二百零七条第一款、《最高人民法院关于适用〈中华人民共和国民事诉讼法〉的解释》第四百零七条第二款之规定，判决如下：

一、撤销安徽省高级人民法院（2013）皖民三终字第 00072 号民事判决；

二、撤销安徽省合肥市中级人民法院（2012）合民三初字第 00163 号民事判决；

三、安徽采蝶轩蛋糕集团有限公司、合肥采蝶轩企业管理服务有限公司、安徽巴莉甜甜食品有限公司自本判决生效之日起立即停止侵犯梁或、卢宜坚第 1328994 号、第 3422492 号、第 4640787 号、第 1344787 号、第 4502639 号、第 4502638 号注册商标专用权的行为；

四、安徽采蝶轩蛋糕集团有限公司、合肥采蝶轩企业管理服务有限公司、安徽巴莉甜甜食品有限公司于本判决生效之日起十日内赔偿梁或、卢宜坚 544511 元（包括合理费用）；

五、安徽采蝶轩蛋糕集团有限公司、合肥采蝶轩企业管理服务有限公司、安徽巴莉甜甜食品有限公司于本判决生效之日起十日内在其网站和《安徽日报》上登载声明，消除影响（声明内容需经本院审核）；如安徽采蝶轩蛋糕集团有限公司、合肥采蝶轩企业管理服务有限公司、安徽巴莉甜甜食品有限公司未按本判项消除影响，本院将采取公告、登报等方式，将判决的主要内容和有关情况公布于众，费用由安徽采蝶轩蛋糕集团有限公司、合肥采蝶轩企业管理服务有限公司、安徽巴莉甜甜食品有限公司承担；

六、驳回梁或、卢宜坚的其他诉讼请求。

如未按本判决指定的期间履行给付金钱义务，应当依照《中华人民共和国民事诉讼法》第二百五十三条之规定，加倍支付迟延履行期间的债务利息。

一审案件受理费 112067 元、财产保全费 5000 元、二审案件受理费 112067 元，由梁或、卢宜坚负担 114567 元，由安徽采蝶轩蛋糕集团有限公司、合肥采蝶轩企业管理服务有限公司、安徽巴莉甜甜食品有限公司负担 114567 元（于本判决生效之日起七日内交纳）。

本判决为终审判决。

审 判 长 周 翔
审 判 员 朱 理
代理审判员 宋淑华
二〇一六年六月七日
书 记 员 周睿隽

（十）商标侵权案件中损害赔偿数额的计算

30. 损害赔偿数额的计算应当遵循比例原则

——再审申请人梁或、卢宜坚与被申请人安徽采蝶轩蛋糕集团有限公司、合肥采蝶轩企业管理服务有限公司、一审被告、二审被上诉人安徽巴莉甜甜食品有限公司侵害商标权及不正当竞争纠纷案

【裁判要旨】

销售收入与生产经营规模、广告宣传、商品质量等密切相关，而不仅仅来源于对商标的使用及其知名度。当事人主张以全部销售收入与销售利润率为基础计算侵权获利的，不应予以支持。

【关键词】

商标侵权　损害赔偿　关联性

【案号】

最高人民法院（2015）民提字第38号

【基本案情】

在再审申请人梁或、卢宜坚与被申请人安徽采蝶轩蛋糕集团有限公司（以下简称采蝶轩集团公司）、合肥采蝶轩企业管理服务有限公司（以下简称采蝶轩服务公司）、一审被告、二审被上诉人安徽巴莉甜甜食品有限公司（以下简称巴莉甜甜公司）侵害商标权及不正当竞争纠纷案中，卢宜坚、梁或先后通过受让或自行申请注册的方式，获得核定使用在第30类的“咖啡；茶；糖浆；蛋糕面粉”等商品上的第1328994号、核定使用在第42类“餐馆”等服务上的第1344787号、核定使用在第30类“糖果；蛋糕；面包”等商品上的第3422492号“”商标，以及核定使用在第30类“蛋糕；面包”等商品上的第4640785号图形商标；核定使用在第43类“面包店”等服务上的第4502639号和第4502638号“采蝶軒”商标；核定使用在第30类“蛋糕”等商品上的第4640787号商标。后梁或、卢宜坚将第1344787号、第3422492号、第1328994号、第1329111号注册商标许可给中山市采蝶轩食品有限公司使用，并在国家工商行政管理总局商标局备案。2010年，第3422492号注册商标被广东省工商行政管理局认定为广东省著名商标。梁或、卢宜坚提供的其他获奖证书均为中山市采蝶轩食品有限公司获得。合肥采蝶轩食品有限责任公司成立于2000年6月8日，经营范围包括糕点生产、销售等。后其企业名称相继变更为合肥采蝶轩蛋糕有限公司、安徽采蝶轩蛋糕有限公司和安徽采蝶轩蛋糕集团有限公司（即本案中的采蝶轩集团公司）。梁或、卢宜坚以采蝶轩集团公司、采蝶轩服务公司和巴莉甜甜公司擅自在其店面、宣传广告和产品上使用“”“采蝶轩CAIDIEXUAN”和“采蝶轩图形”商标，并将前述注册商标以企业字号的形式突出使用，侵害了梁或、卢宜坚的商标专用权并构成不正当竞争为由，提起诉讼。安徽省合肥市中级人民法院一审认为，相对于本案梁或、卢宜坚取得涉案商品商标权而言，采蝶轩集团公司将“采蝶轩”标识作为非注册商标用于产品使用在先。采蝶轩集团公司“采蝶轩”商品商标在合肥地区的知名度和影响力系由其独创，而梁或、卢宜坚商品商标和服务商标的使用范围和影响力并未延及合肥地区。因此采蝶轩集团公司、采蝶轩服务公司和巴莉甜甜公司将“采蝶轩”标识作为商品商标使用，并未造成相关公众的混淆、误认。但为规范市场竞争秩序，采蝶轩集团公司、采蝶轩服务公司和巴莉甜甜公司应停止以组合或拆分的方式将“”作为商品商标使用。采蝶轩服务公司在店面门头上使用“采蝶轩”标识，系对自身享有的服务商标权的行使，未侵害梁或、卢宜坚的商标专用权。对于不正当竞争部分的诉讼主张，一审法院认为，梁或、卢宜坚与采蝶轩集团公司、采蝶轩服务公司和巴莉甜甜公司之间不存在特定、具体的竞争关系，不符合提起不正当竞争之诉的主体要件。一审法院遂判决驳回梁或、卢宜坚的诉讼请求。梁或、卢宜坚不服，提起上诉。安徽省高级人民法院二审判决驳回上诉、维持原判。梁或、卢宜坚仍不服，向最高人民法院申请再审。最高人民法院裁定提审本案，并于2016年6月7日判决撤销一审、二审判决，判令采蝶轩集团公司、采蝶轩服务公司、巴莉甜甜公司立即停止侵权行为，并赔偿梁或、卢宜坚经济损失544511元（含合理费用）及消除影响。

【裁判意见】

在前述“采蝶轩”侵害商标权及不正当竞争案中，最高人民法院还在损害赔偿计算的过程中贯彻了比例原则。最高人民法院提审认为：关于侵权损害赔偿问题，根据商标法（2001年修正）第五十六条第一款、第二款的规定，梁或、卢宜坚主张按照采蝶轩集团公司、采蝶轩服务公司和巴莉甜甜公司分别从2002年和2005年起至起诉时止的侵权获利来计算损害赔偿额，并据此提出了1500万元的赔偿请求。对此最高人民法院认为，关于侵权损害赔偿时间的计算，根据《最高人民法院关于审理商标民事纠纷案件适用法律若干问题的解释》第十八条的规定，梁或、卢宜坚于2012年9月17日向一审法院提起诉讼时，侵权行为仍在持续，故本案的损害赔偿计算时间，应从梁或、卢宜坚提起本案诉讼之日起向前推算两年计算，梁或、卢宜坚主张分别从2002年和2005年起计算损害赔偿数额没有法律依据。关于采蝶轩集团公司、采蝶轩服务公司和巴莉甜甜公司的侵权获利，梁或、卢宜坚主张按照其销售收入与中山市采蝶轩食品有限公司的销售利润率的乘积计算。采蝶轩集团公司、采蝶轩服务公司和巴莉甜甜公司的销售收入与其生产经营规模、广告宣传、商品质量等是密切相关的，不仅仅来源于对涉案商标的使用以及涉案商标的知名度，故对梁或、卢宜坚的前述主张不予支持。对于本案的损害赔偿数额，应当根据被申请人和巴莉甜甜公司实施侵权行为的性质、期间、后果以及涉案商标的声誉等情况，酌情确定采蝶轩集团公司、采蝶轩服务公司和巴莉甜甜公司赔偿梁或、卢宜坚50万元。梁或、卢宜坚为制止侵权行为，支出公证费、差旅费、律师费等合计44511元，该合理开支由采蝶轩集团公司、采蝶轩服务公司和巴莉甜甜公司承担。

中华人民共和国最高人民法院民事判决书

（2015）民提字第38号①

（十一）商标侵权案件中销售商赔偿责任的确定

31. 销售侵犯注册商标专用权商品销售商的赔偿责任的确定

——再审申请人鲁道夫·达斯勒体育用品波马股份公司与被申请人北京六里桥广客宇商贸有限责任公司侵犯注册商标专用权纠纷案

【裁判要旨】

销售商在未与制造者构成共同侵权、需要承担连带责任时，仅就其销售行为承担相应的责任，不应一并承担制造者应当承担的责任，更不能由其赔偿权利人因侵权而受到的所有损失。

① 参见案例29裁判文书。

【关键词】

商标侵权　销售商责任　赔偿数额

【案号】

最高人民法院（2009）民申字第1882号

【基本案情】

在再审申请人鲁道夫·达斯勒体育用品波马股份公司（以下简称波马公司）与被申请人北京六里桥广客宇商贸有限责任公司（以下简称广客宇公司）侵犯注册商标专用权纠纷案中，波马公司拥有在运动鞋等商品上的第76559号豹子图形的注册商标专用权。2007年，波马公司在广客宇公司购买到“足奇威”牌运动鞋一双，价格为96元。该款鞋的鞋帮外侧有一豹子图案，鞋的吊牌上有“ZUQIWEI”、“美国足奇威体育用品发展有限公司（授权）”字样以及生产厂商福建省晋江市钱鹏鞋塑有限公司的厂名、厂址、电话。经比对，该款鞋的鞋帮外侧的豹子图案与涉案商标相比，除后腿被截去小部分外，其余基本相同。2008年7月，波马公司以广客宇公司侵犯注册商标专用权为由提起诉讼，请求判令广客宇公司停止侵权、赔偿波马公司经济损失10万元及为制止侵权行为发生的费用700元。广客宇公司在诉讼中提交了晋江市钱鹏鞋塑有限公司企业法人营业执照、税务登记证、组织机构代码证、卫生许可证、中华人民共和国香港特别行政区政府“足奇威”品牌商标证明书、福建省鞋服质量检测中心出具的检验报告的复印件，用以证明销售的涉案产品均是正规合格的商品。北京市第二中级人民法院一审认为，波马公司所购买“足奇威”鞋的外侧鞋帮上有豹子图案，该图案与涉案商标相近似，因此该款鞋是侵犯涉案商标专用权的侵权商品。虽然广客宇公司提交了说明涉案商品的生产来源的证据，但其作为销售单位，应知晓涉案商标的知名度，主动审查商品的进货手续，现其未能提供证据证明所售商品的进货渠道，不属于法律上规定的主观上不知情的法定情形，因此广客宇公司还应承担赔偿波马公司经济损失的法律责任。遂判决广客宇公司立即停止销售侵犯涉案商标专用权的涉案鞋类商品，赔偿波马公司经济损失人民币1000元及合理诉讼支出人民币700元。波马公司不服一审判决，提起上诉。北京市高级人民法院二审认为，广客宇公司作为销售者，虽有一定主观过错，但其销售侵权商品的数量较小，并且提供了制造者的有关材料，故应在其侵权行为情节、性质、程度范围内承担相应的责任。一审法院根据本案具体情况酌情确定的赔偿数额并无不当，因此判决驳回上诉，维持一审判决。波马公司不服二审判决，认为赔偿数额太低，向最高人民法院申请再审。最高人民法院于2010年5月21日裁定驳回其再审申请。

【裁判意见】

最高人民法院审查认为：本案的争议焦点在于如何确定赔偿数额。根据查明的事实，广客宇公司是销售商，而非制造者，在未与制造者构成共同侵权、需要承担连带责任的情况下，广客宇公司仅就其销售行为承担相应的责任，而不一并承担制造者应当承担的责任，更不能由某一销售商赔偿权利人因侵权而受到的所有损失。销售侵犯商标专用权商品，并需要承担赔偿责任的某一销售商的赔偿数额，同样需要根据《商标法》第五十六条第一、二款的规定确定，即该销售商销售期间因销售所获得的利益，或者被侵权人在被侵权期间因该销售商的销售行为所受到的损失，包括被侵权人为制止侵权行为所支付的合理开支。如果销售商因销售侵权产品所得利益或者被侵权人的损失难以确定的，由人民法院根据销售行为的情节确定赔偿数额。在确定销售商的赔偿数额时，要综合考虑注册商标的知名度、侵权行为人的主观恶意、销售侵权商品的数量、价格以及销售持续时间等因素。本案中，被控侵权产品上已经标注了产品的制造者，广客宇公司也提交了制造者的营业执照等相关证据，在该种情况下，波马公司完全可以另行向制造者主张权利，获得相应的救济。因此，原审判决广客宇公司赔偿波马公司经济损失1000元和诉讼合理支出700元并无不妥。

中华人民共和国最高人民法院民事裁定书

(2009) 民申字第1882号

申请再审人（一审原告、二审上诉人）：鲁道夫·达斯勒体育用品波马股份公司，住所地：德意志联邦共和国巴伐利亚州赫左根奥拉克。

法定代表人：克劳斯·鲍尔、约翰·雷得希尔格，该公司授权代表。

委托代理人：杨洪波，北京市洪范广住律师事务所律师。

委托代理人：孙哲丹，北京市洪范广住律师事务所律师。

被申请人（一审被告、二审被上诉人）：北京六里桥广客宇商贸有限责任公司，住所地：中华人民共和国北京市丰台区太平桥西里甲1号塔楼东。

法定代表人：张大兵，该公司总经理。

委托代理人：郭玉东，该公司经理。

委托代理人：魏健忠，该公司经理。

鲁道夫·达斯勒体育用品波马股份公司（简称波马公司）与北京六里桥广客宇商贸有限责任公司（简称广客宇公司）侵犯注册商标专用权纠纷一案，北京市高级人民法院于2009年3月20日作出（2009）高民终字第1568号民事判决（简称原审判决），已经发生法律效力。2009年12月22日，波马公司向本院申请再审。本院依法组成合议庭对本案进行了审查，并于2010年4月16日就相关事实询问了双方当事人，现已审查完毕。

波马公司申请再审称，原审判决认定广客宇公司销售侵权商品数量较小的事实缺乏证据支持且逻辑错误。原审证据售货单仅能证明广客宇公司2007年10月30日的购销量，并不能证明广客宇公司的全部侵权过程和在侵权期间全部的购销量及波马公司因侵权行为遭受的损失。广客宇公司是一家专业鞋城，营业面积近5000平方米，原审判决认定其销售侵权商品数量较小，不符合常理。赔偿数额的确定，要综合考虑侵权情节、侵权后果、注册商标知名度等因素。广客宇公司存在重大主观过错，所获利润较大，波马公司因侵权遭受的损失惨重。原审判决没有依法确定赔偿数额。波马公司彪马品牌系十大国际运动品牌之一，在消费者中享有极高知名度。综上，波马公司请求撤销原审判决，并依法判决广客宇公司承担与其侵权行为相当的赔偿责任。

广客宇公司答辩称，广客宇公司并非专业鞋城，经营规模小。自收到波马公司的律师函后，立即停止销售被控商品。经查被控商品库存为3双、进货为4双，仅销售了1双。销售者为公司的租户，经营面积较小。广客宇公司已经提供了进货渠道，且被控商品的价格不足百元，不会造成消费者混淆误认。原审判决认定正确，请求予以维持。

北京市第二中级人民法院一审查明，波马公司是依据德意志联邦共和国法律注册成立的公司法人。1978年12月2日，经中华人民共和国国家工商行政管理局商标局核准，鲁道夫·达斯勒美洲狮运动鞋公司取得了国际商品分类第25类豹子图形的注册商标专用权，商标注册证号第76559号。1991年12月30日，经核准，该商标注册人名义从鲁道夫·达斯勒美洲狮运动鞋公司变更为波马公司。该商标核定使用商品为运动衣、运动裤、运动袜、便鞋、运动鞋等商品，该注册商标专用权目前尚处于有效期内。

2007年11月12日，波马公司在位于北京市丰台区六里桥的亿客隆商场购买到“足奇威”牌运动鞋一双，价格为96元，获得发票一张，该发票上加盖有“北京六里桥广客宇商贸有限责任公司”的发票专用章，发票上记载的商品名称是“鞋”。该款鞋的鞋帮外侧有一豹子图案，鞋的吊牌上有“ZUQIWEI”、“美国足奇威体育用品发展有限公司（授权）”字样以及生产厂商福建省晋江市钱鹏鞋塑有限公司的厂名、厂址、电话。经比对，该款鞋的鞋帮外侧的豹子图案与涉案商标相比，除后腿被截去小部分外，其余基本相同。

广客宇公司提交了其与张涛签订的《租赁协议》，用以证明销售涉案商品的3018柜台由张涛承租。该协议第七条中约定，张涛在经营过程中，售后服务统一由广客宇公司负责；张涛不得在场内私自经营、私自收款。广客宇公司还提交了晋江市钱鹏鞋塑有限公司企业法人营业执照、税务登记证、组织机构代码证、卫生许可证、中华人民共和国香港特别行政区政府“足奇威”品牌商标证明书、福建省鞋服质量检测中心出具的检验报告的复印件，用以证明3018柜台所销售的涉案产品均是正规合格的商品。

另查明，波马公司为本案诉讼支付公证费人民币700元。

2008年7月，波马公司以侵犯注册商标专用权为由向北京市第二中级人民法院提起诉讼，请求判令广客宇公司停止侵权行为，赔偿波马公司经济损失10万元及为制止侵权行为发生的费用700元。

北京市第二中级人民法院一审认为，波马公司所购买“足奇威”鞋的外侧鞋帮上有豹子图案，该图案与涉案商标相近似，因此该款鞋是侵犯涉案商标专用权的侵权商品。广客宇公司作为涉案侵权鞋的销售主体，应承担停止销售侵权产品的法律责任。虽然广客宇公司提交了说明涉案商品的生产来源的证据，但其作为销售单位，应知晓涉案商标的知名度，主动审查商品的进货手续，现其未能提供证据证明所售商品的进货渠道，不属于法律上规定的主观上不知情的法定情形，因此广客宇公司还应承担赔偿波马公司经济损失的法律责任。波马公司所提赔偿数额过高，不予全额支持。其为本案诉讼所支付的合理开支予以支持。故作出（2008）二中民初字第12326号民事判决，判令广客宇公司立即停止销售侵犯涉案商标专用权的涉案鞋类商品，赔偿波马公司经济损失人民币1000元及合理诉讼支出人民币700元，驳回波马公司其他诉讼请求。

波马公司不服一审判决，向北京市高级人民法院提起上诉。北京市高级人民法院二审认为，波马公司享有的注册商标专用权受我国法律保护。依据《中华人民共和国商标法》（简称《商标法》）规定，未经商标注册人的许可，在同一种商品或者类似商品上使用与其注册商标相同或者近似的商标的，或者销售侵犯注册商标专用权的商品的，均属于侵犯注册商标专用权的行为。波马公司所购买的

“足奇威”鞋的外侧鞋帮上有豹子图案，该图案与涉案注册商标相近似，因此，该款鞋是侵犯涉案注册商标专用权的侵权商品。广客宇公司销售侵犯涉案注册商标专用权的商品的行为，侵犯了波马公司享有的注册商标专用权，应承担停止销售侵权产品的法律责任。如果销售者销售不知道是侵犯注册商标专用权的商品，并且能证明该商品是自己合法取得的并说明提供者的，不承担赔偿责任。本案中，涉案注册商标在我国具有一定的知名度，广客宇公司经营鞋类商品，应当对其有一定的了解，虽然其提交了制造者的相关材料，但未能提供证据证明所售商品的进货渠道，故还应承担赔偿波马公司经济损失的法律责任。广客宇公司作为销售者，虽有一定主观过错，但其销售侵权商品的数量较小，并且提供了制造者的有关情况材料，故应在其侵权行为情节、性质、程度范围内承担相应的责任。一审法院根据本案具体情况酌情确定的赔偿数额并无不当。综上，判决驳回上诉，维持原判。

本院审查查明，原审法院认定的事实属实。另查明，波马公司并未向本案被控产品的制造者主张权利。

本院认为，根据《商标法》第五十二条第（二）项的规定，销售侵犯注册商标专用权的商品属于侵权行为。对于销售侵犯商标专用权商品的侵权行为，行为人一般应当承担停止侵权、赔偿损失等民事责任，但根据《商标法》第五十六条第三款的规定，销售不知道是侵犯注册商标专用权的商品，能证明该商品是自己合法取得的并说明提供者的，不承担赔偿责任。

本案中，广客宇公司销售的被控商品上使用了与波马公司注册商标相近似的图形，在注册商标具有较高知名度的情况下，原审法院认定广客宇公司的行为不符合《商标法》第五十六条第三款规定的不承担赔偿责任的情形，判定其承担赔偿责任并无不妥，且广客宇公司也并未提出异议。本案的争议焦点在于如何确定赔偿数额。**根据查明的事实，广客宇公司是销售商，而非制造者，在未与制造者构成共同侵权、需要承担连带责任时，广客宇公司仅就其销售行为承担相应的责任，而不一并承担制造者应当承担的责任，更不能由某一销售商赔偿权利人因侵权而受到的所有损失。**销售侵犯商标专用权商品，并需要承担赔偿责任的某一销售商的赔偿数额，同样需要根据《商标法》第五十六条第一、二款的规定确定，即为该销售商销售期间因销售所获得的利益，或者被侵权人在被侵权期间因该销售商的销售行为所受到的损失，包括被侵权人为制止侵权行为所支付的合理开支。如果销售商因销售侵权产品所得利益，或者被侵权人的损失难以确定的，由人民法院根据销售行为的情节确定赔偿数额。**在确定销售商的赔偿数额时，要综合考虑注册商标的知名度，侵权行为人的主观恶意，销售侵权商品的数量、价格以及销售持续时间等因素。**本案中，波马公司虽主张广客宇公司销售规模较大，但没有提供相应的证据，相反广客宇公司提交了进货单等证明及销售情况说明，证明其销售行为规模小、数量少。同时，被控商品使用了与注册商标相近似的标志，广客宇公司的此种销售行为与销售假冒注册商标商品不同，其主观过错较小。而且本案中，被控侵权产品上已经标注了产品的制造者，广客宇公司也提交了制造者的营业执照等相关证据，在该种情况下，波马公司完全可以另行向制造者主张权利，获得相应的救济。因此，原审判决广客宇公司赔偿波马公司经济损失1000元和诉讼合理支出700元并无不妥。

综上，波马公司的再审申请不符合《中华人民共和国民事诉讼法》第一百七十九条的规定，依据《中华人民共和国民事诉讼法》第一百八十一条第一款之规定，裁定如下：

驳回鲁道夫 · 达斯勒体育用品波马股份公司的再审申请。

审 判 长 夏君丽

代理审判员 王艳芳

代理审判员 周云川

二〇一〇年五月二十一日

书 记 员 包 硕

（十二）其他

32. 被错误注销后重新恢复的注册商标应视为一直存续

——再审申请人青岛海洋焊接材料有限公司与被申请人青岛鑫源焊接材料有限公司、烟台市鑫源焊条有限公司侵犯商标权纠纷案

【裁判要旨】

被错误注销后重新恢复的注册商标应视为一直存续，他人未经许可使用该商标构成侵权，但因相信该商标被注销而进行使用的善意第三人除外。

【关键词】

错误注销　注册商标　存续

【案号】

最高人民法院（2012）民提字第9号

【基本案情】

在申请再审人青岛海洋焊接材料有限公司（以下简称海洋公司）与被申请人青岛鑫源焊接材料有限公司（以下简称青岛鑫源公司）、烟台市鑫源焊条有限公司（以下简称烟台鑫源公司）侵犯商标权纠纷案中，第140236号“海洋”牌注册商标及标识原系山东省机械设备进出口公司注册享有。1998年8月28日，该商标转让给海洋公司。2003年4月22日，该商标有效期续展至2013年2月28日。2000年3月2日，海洋公司与青岛鑫源公司签订《商标实施许可合同》，许可青岛鑫源公司自2000年3月2日至2003年2月28日在其生产的电焊条产品包装上使用第140236号“海洋”牌商标，许可使用费每年5万元；青岛鑫源公司有权在青岛、烟台（即烟台鑫源公司）两厂生产的电焊条及相关资料上使用“海洋”牌商标及标识。2001年3月1日，海洋公司与青岛鑫源公司又签订一份《商标实施许可合同》，该合同约定，海洋公司许可青岛鑫源公司自2001年3月2日

至2004年3月1日在其生产的电焊条产品包装上使用第140236号“海洋”牌商标，许可使用费每年3万元。2005年1月12日，海洋公司以青岛鑫源公司、烟台鑫源公司在许可合同到期后仍然使用海洋牌商标为由，提起本案诉讼。青岛鑫源公司在一审审理期间提交了一份补充协议，该补充协议载明，经双方协商，对2000年3月2日的《商标实施许可合同》及补充协议做如下补充：该合同的“海洋”牌商标许可使用期限延长到2008年3月1日；自2004年2月29日开始，使用费变更为每年3万元，青岛鑫源公司于每年3月1日支付给海洋公司；本协议自2004年2月29日起生效。补充协议盖有海洋公司和青岛鑫源公司的公章。山东省青岛市中级人民法院以补充协议上海洋公司公章为真实为由认定该协议有效，判决驳回海洋公司诉讼请求。山东省高级人民法院二审维持一审判决。最高人民法院指令山东省高级人民法院再审本案。再审查明，2003年10月10日，陈刚代理海洋公司委托北京集佳专利商标事务所申请注销第140236号和第1929583号注册商标。2007年，海洋公司以注销不是其真实意思表示为由提起诉讼，请求确认注销第140236号、第1729583号注册商标的行为系无效行为。北京市朝阳区人民法院于2007年9月24日判决支持了海洋公司的诉讼请求。陈刚、李庆森上诉至北京市第二中级人民法院，该院于2008年6月20日判决维持一审判决。2008年8月26日商标局作出通知，撤销了核准第140236号、第1729583号“O-CEAN”注册商标注销决定。再审法院认为，涉案注册商标专用权自2003年10月16日（商标局收到注销申请之日）起至2008年8月26日（撤销核准注销决定之日）终止，在此期间海洋公司对原涉案商标不再享有注册商标专用权，青岛鑫源公司、烟台鑫源公司在此期间使用涉案商标标识，不构成侵权，故判决维持原二审判决。海洋公司不服，向最高人民法院申请再审。最高人民法院裁定提审本案，并于2012年12月20日判决撤销原一、二审判决和再审判决，判令青岛鑫源公司、烟台鑫源公司停止侵权并共同赔偿海洋公司经济损失。

【裁判意见】

最高人民法院提审认为：自2003年10月16日海洋公司第140236号注册商标被申请注销，至2008年8月26日撤销该核准注销决定，其商标权应视为一直存续。当然，对于因相信该商标被注销而进行使用的善意第三人，可以不认定为构成对该商标权的侵犯。但本案中青岛鑫源公司、烟台鑫源公司并非这样的善意第三人。两公司在本案一审、二审时的委托代理人陈刚是申请注销商标的具体经办人，其在本案一审、二审中从未提及该商标已被注销的事实，也未以该商标被注销为由进行抗辩，且在一审中明确承认海洋公司享有商标权。青岛鑫源公司、烟台鑫源公司对海洋牌商标的使用均是在明知海洋公司系商标权人的基础上进行的，且其2004年3月13日之后的使用未获得海洋公司的许可，故其行为构成对海洋公司商标权的侵犯。再审判决以被注销期间海洋公司不享有商标权为由认定不构成商标侵权，属于适用法律不当，予以纠正。

中华人民共和国最高人民法院民事判决书

（2012）民提字第9号

申请再审人（一审原告、二审上诉人）：青岛海洋焊接材料有限公司。住所地：山东省青岛胶南市临港产业加工区。

法定代表人：李勇，该公司董事长。

委托代理人：陈宝瑞，山东慧泉律师事务所律师。

委托代理人：马海峰，山东淄明律师事务所律师。

被申请人（一审被告、二审被上诉人）：青岛鑫源焊接材料有限公司。住所地：山东省青岛市四方区大沙路19号。

法定代表人：崔玉仁，该公司董事长。

委托代理人：赵德基，山东北极之星律师事务所律师。

委托代理人：王瑞杰，山东北极之星律师事务所律师。

被申请人（一审被告、二审被上诉人）：烟台市鑫源焊条有限公司。住所地：山东省栖霞市松山经济园区C区。

法定代表人：衣明顺。

申请再审人青岛海洋焊接材料有限公司（以下简称海洋公司）因与被申请人青岛鑫源焊接材料有限公司（以下简称青岛鑫源公司）、烟台市鑫源焊条有限公司（以下简称烟台鑫源公司）侵犯商标权纠纷一案，不服山东省高级人民法院（2008）鲁民再字第5号民事判决，向本院申请再审。本院于2011年11月8日作出（2011）民监字第313号民事裁定，提审本案。本院依法组成合议庭，并于2012年2月29日公开审理了本案，申请再审人海洋公司的委托代理人陈宝瑞、马海峰，被申请人青岛鑫源公司的委托代理人赵德基、王瑞杰到庭参加诉讼；被申请人烟台鑫源公司经本院合法送达开庭传票，未到庭参加诉讼，本院依法缺席审理。本案现已审理终结。

青岛市中级人民法院一审经审理查明：

第140236号“海洋”牌注册商标及标识原系山东省机械设备进出口公司注册享有，1998年8月28日，该商标转让给海洋公司。2003年4月22日，该商标有效期续展至2013年2月28日。

2000年3月2日，海洋公司与青岛鑫源公司签订《商标实施许可合同》，该合同约定，海洋公司许可青岛鑫源公司自2000年3月2日至2003年2月28日在其生产的电焊条产品包装上使用海洋公司注册的第140236号“海洋”牌商标，许可使用费每年五万元；合同还约定，青岛鑫源公司有权在青岛、烟台（即烟台鑫源公司）两厂生产的电焊条、包装物、产品说明和质量合格证等相关资料上使用“海洋”牌商标及标识。

2001年3月1日，海洋公司与青岛鑫源公司又签订一份《商标实施许可合同》，该合同约定，海洋公司许可青岛鑫源公司自2001年3月2日至2004年3月1日在其生产的电焊条产品包装上使用海洋公司注册的第140236号“海洋”牌商标，许可使用费每年三万元；合同还约定，青岛鑫源公司有权在自己公司及烟台鑫源公司两厂生产的电焊条、包装物、产品说明和质量合格证等相关资料上使用“海洋”牌商标及标识。

另查明，青岛鑫源公司在一审审理期间提交了一份《〈商标实施许可合同〉补充协议》（简称补充协议），该补充协议载明的主要内容包括：经双方协商，对2000年3月2日的《商标许可合同》及补充协议做如下补充：1. 该合同的“海洋”牌商标许可使用期限延长到2008年3月1日；2. 自2004年2月29日开始，使用费变更为每年三万元，青岛鑫源公司于每年3月1日支付海洋公司；3. 2000年3月2日双方签订的合同与本协议相抵触的条款以本协议为准。本协议2004年2月29日起生效。补充协议盖有海洋公司和青岛鑫源公司的公章。

还查明，青岛鑫源公司、烟台鑫源公司在一审庭审中承认其至今仍在其生产的电焊条包装材料上继续使用“海洋”商标及标识。

2005年1月12日，海洋公司向青岛市中级人民法院起诉称：2001年3月，海洋公司与青岛鑫源公司签订了商标实施许可合同，许可青岛鑫源公司、烟台鑫源公司有偿使用海洋公司的“海洋”牌商标和标识，有效期为2001年3月至2004年3月。合同到期后，青岛鑫源公司、烟台鑫源公司在没有征得海洋公司同意的情况下，擅自继续使用“海洋”牌商标和标识生产和销售电焊条。青岛鑫源公司、烟台鑫源公司的行为构成了侵犯海洋公司商标专用权的行为。请求依法判令：青岛鑫源公司、烟台鑫源公司立即停止侵犯海洋公司“海洋”牌商标专用权行为，赔偿海洋公司经济损失 50 万元。

青岛市中级人民法院一审认为：本案双方当事人争议焦点是，青岛鑫源公司、烟台鑫源公司在其生产的电焊条包装材料上继续使用“海洋”商标及标识是否侵犯了海洋公司的商标专用权，具体而言，就是如何认定青岛鑫源公司出具的补充协议的效力。1. 从该补充协议盖有的海洋公司印章真实性来分析。首先，双方对补充协议上加盖的“青岛海洋焊接材料有限公司”印章的真实性均予认可，该印章是真实的。海洋公司认为，该印章并非海洋公司自己加盖，很可能是青岛鑫源公司利用盖有海洋公司印章的空白纸张编造的该补充协议，对此，海洋公司未提出相关证据，亦未提供青岛鑫源公司盗用其公章的有关证据，故对海洋公司的此种解释，不予采信。2. 从该补充协议的内容来分析。海洋公司认为，该补充协议的内容系青岛鑫源公司自己编造的，与青岛鑫源公司陈述的合同签订过程及 2000 年 3 月 2 日生效的《商标实施许可合同》的内容相矛盾。从内容上看，该系争的补充协议是对 2000 年 3 月 2 日的《商标实施许可合同》及补充协议所做的补充，不仅是对 3 月 2 日的《商标实施许可合同》所做的补充。从查明的事实看，海洋公司、青岛鑫源公司双方除了在 2000 年 3 月 2 日签订一份《商标实施许可合同》外，双方在 2001 年 3 月 1 日还签订过一份《商标实施许可合同》，该合同的到期日为 2004 年 3 月 1 日。虽然该系争的补充协议在有关商标使用期限等内容的表述上与 2001 年 3 月 1 日签订的《商标实施许可合同》中的有关内容相重合，但仍不能否认该补充协议的真实性。综上，涉案的两份《商标实施许可合同》及补充协议均为有效，对双方均具有法律约束力。依据补充协议的内容，青岛鑫源公司、烟台鑫源公司有权在约定的期限内继续使用“海洋”商标及标识。海洋公司对青岛鑫源公司、烟台鑫源公司的诉讼请求，理由不充分，不予支持。判决驳回海洋公司的诉讼请求。

海洋公司不服一审判决，向山东省高级人民法院提起上诉。

山东省高级人民法院二审经审判委员会研究认为：本案争议的焦点问题是，青岛鑫源公司在一审期间向一审法院提交的补充协议是否真实有效。如补充协议真实有效，该协议正在履行期间，青岛鑫源公司、烟台鑫源公司使用“海洋”牌注册商标和标识不构成侵权。如补充协议不具有真实性，是无效协议，青岛鑫源公司继续使用“海洋”牌注册商标则构成侵权。海洋公司上诉主张补充协议是伪造的、虚假的，提出了补充协议与以前双方几次签订协议的做法不同，存有很多疑点。尽管补充协议与双方当事人以前所签订的合同相比，该补充协议不符合双方以前签订合同的习惯做法和正常签订合同的习惯盖章做法，对存在的多处疑点和不正常签订协议的做法，青岛鑫源公司也不能作出合理的解释，但该补充协议的公章是真实的，对此海洋公司也认可。二审期间，海洋公司也未提供新的有效证据证明补充协议是伪造的。因此，海洋公司的上诉理由不成立，不予支持。判决驳回上诉，维持原判。

海洋公司不服，向检察机关提起申诉，山东省人民检察院提请最高人民检察院抗诉，最高人民检察院向本院提起抗诉。

最高人民检察院抗诉认为，(2005）鲁民三终字第54号民事判决认定涉案的两份《商标实施许可合同》及《补充协议》真实有效，认定事实的主要证据不足。主要理由如下：一、合同本身存在瑕疵。2005年5月23日，山东省青岛市中级人民法院对该补充协议进行了鉴定，结论为检材上“青岛鑫源焊接材料有限公司”印文不是2003年底、2004年初盖印；检材是先有“青岛海洋焊接材料有限公司”印文后有打印字迹。以上事实均可证明补充协议存在瑕疵。二、补充协议与双方签订若干份合同习惯不符且青岛鑫源公司无合理解释。青岛鑫源公司在诉讼中提供的补充协议是对其在2000年3月2日与海洋公司签订的《商标实施许可合同》的补充，该补充协议的效力要依附于双方在2000年3月2日所签《商标实施许可合同》的效力。从双方先后签订的几份《商标实施许可合同》的内容来看，2000年4月28日双方所签《商标实施许可合同》与双方在2000年3月2日所签《商标实施许可合同》在内容和履行上相互冲突，由于2000年4月28日所签《商标实施许可合同》在后，因此应理解为双方对在前合同的一种变更，又由于两份合同在履行内容上具有冲突性，只有视为对在前合同的解除才能保证在后合同的履行。至此，双方在2000年4月28日所签《商标实施许可合同》的效力已经取代了双方之前签订的《商标实施许可合同》的效力，即双方在2000年3月2日签订的《商标实施许可合同》已经解除。特别是从随后双方在2000年11月1日及其后签订的两份《商标实施许可合同》来看，明确解除了双方在前签订的《商标实施许可合同》。因此，无论该补充协议的真伪如何，鉴于其依据的主合同已经失去效力，其补充协议也当然失去效力，青岛鑫源公司依据一份没有任何效力的所谓补充协议而长期使用海洋公司的注册商标构成侵权。三、青岛鑫源公司举证不能应承担不利后果。青岛鑫源公司在诉讼中出具补充协议，拟证明双方合同未到期，因而其不构成侵权。但其在诉讼中并未对签订补充协议的时间、方法、地点、情节等继续举证，故其应承担举证不能的不利后果。四、海洋公司多次发函可侧面印证。合同到期后，青岛鑫源公司、烟台鑫源公司仍继续使用“海洋”牌商标，海洋公司多次函告青岛鑫源公司、烟台鑫源公司，要求其停止使用“海洋”牌商标，青岛鑫源公司、烟台鑫源公司不予理睬也未拿出补充协议予以说明。

本院于2008年6月8日作出（2008）民抗字第10号民事裁定，指令山东省高级人民法院再审本案。

山东省高级人民法院再审查明：2000年4月28日，经当事人双方协商签订《商标实施许可合同》，合同约定海洋公司许可青岛鑫源公司自2000年5月1日至2003年4月30日在其生产的电焊条产品包装上使用海洋公司注册的第140236号“海洋”牌商标。青岛鑫源公司付给海洋公司许可使用费300万元，其中第一年交120万元，第二年交100万元，第三年交80万元。

2000年11月1日，海洋公司与青岛鑫源公司经协商签订了《商标实施许可合同》，在该合同中，双方约定终止2000年4月28日签订的《商标实施许可合同》及相关的补充合同及协议的执行。又约定海洋公司许可青岛鑫源公司自2000年11月1日起至2001年3月1日，在其生产的电焊条产品包装上使用海洋公司注册的第140236号“海洋”牌商标。青岛鑫源公司每月付海洋公司商标使用费3万元，合同签订后，青岛鑫源公司欠海洋公司的租赁费由青岛电焊条厂所欠的货款抵顶。并对合同履行期间双方的权利义务，变更和解除合同的条件及违约责任进行了约定。

另查明，2003年10月16日，海洋公司委托北京集佳专利商标事务所向国家工商行政管理总局商标局（简称商标局）申请注销第140236号注册商标，在《商标代理委托书》和《商标注销申请书》上加盖有海洋公司的印章，经商标局核准于2004年3月28日被公告注销。2008年6月20日北京市第二中级人民法院作出（2008）二中民终字第1064号民事判决，认定注销第140236号注册商标的行为未经过海洋公司股东会同意，不是海洋公司真实意思表示，系无效民事法律行为，确认海洋公司为第140236号注册商标的商标专用权人。2008年8月26日商标局做出商标变字［2008］第166号关于撤销核准第140236号、第1729583号“OCEAN”注册商标注销决定的通知，撤销了核准第140236号、第1729583号“OCEAN”注册商标注销决定。

山东省高级人民法院再审认为：本案当事人争议的焦点问题是，青岛鑫源公司、烟台鑫源公司是否侵犯了海洋公司涉案注册商标专用权。《中华人民共和国商标法实施条例》第四十六条第二款规定，商标注册人申请注销其注册商标或者注销其商标在部分指定商品上的注册的，该注册商标专用权或者该注册商标专用权在该部分指定商品上的效力自商标局收到其注销申请之日起终止。2003 年 10 月 16 日，海洋公司委托北京集佳专利商标事务所向商标局申请注销第 140236 号注册商标，经商标局核准于 2004 年 3 月 28 日被公告注销。2008 年 8 月 26 日商标局做出商标变字［2008］第 166 号关于撤销核准第 140236 号注册商标注销决定的通知，撤销了核准第 140236 号注册商标注销决定。因此，涉案注册商标专用权自 2003 年 10 月 16 日（商标局收到注销申请之日）至 2008 年 8 月 26 日（撤销核准注销决定之日）期间终止，在此期间海洋公司对原涉案商标不再享有注册商标专用权，他人在此期间使用涉案商标标识，不构成侵权。而青岛鑫源公司、烟台鑫源公司的被控侵权期间（2004 年 3 月 2 日至 2005 年 1 月 6 日）包含在上述涉案商标专用权终止期间之内，因此，无论青岛鑫源公司在一审期间向原审法院提交的补充协议是否有效，青岛鑫源公司、烟台鑫源公司在被控侵权期间使用涉案商标标识的行为，均不构成侵权。二审判决驳回海洋公司的诉讼请求，并无不当。判决维持山东省高级人民法院作出的（2005）鲁民三终字第 54 号民事判决。

海洋公司申请再审称：1. 再审判决违反法定程序，严重影响公正判决。本案是一起最高人民检察院抗诉的案件。原二审判决系经山东省高级人民法院审判委员会决定作出的，根据修改后的民事诉讼法及相关司法解释规定，本案应由最高人民法院再审或者交由其他人民法院再审，不得指令原审人民法院再审。2. 再审判决片面认定事实、适用法律错误。再审判决认定 140236 号商标在 2003 年 10 月 16 日至 2008 年 8 月 26 日期间被注销，海洋公司不再享有注册商标专用权，他人在此期间使用涉案商标标识不构成侵权，是对事实的片面认定。海洋公司共拥有 140236、1729583、1725501 号三个“海洋”牌注册商标。第 140236、1729583 号“海洋”牌注册商标曾在 2003 年 10 月 16 日被他人假借海洋公司的名义秘密恶意注销，第 1725501 号商标也曾秘密被非法转让。海洋公司发现后提起诉讼。北京市第二中级人民法院作出的（2008）二中民终字第 1064 号判决认定非法注销行为无效，非法转让行为无效。因为无效的民事行为从行为开始起就没有法律约束力，该商标专用权人始终应是海洋公司，且第 1725501 号“海洋”牌商标权始终存续，青岛鑫源公司、烟台鑫源公司擅自使用“海洋”牌注册商标标识，依法应当认定为侵权行为。再审判决援引《中华人民共和国商标法实施条例》第四十六条，认定不构成侵权，明显违法。事实上，一、二审期间，当事人双方对海洋公司合法拥有海洋牌注册商标专用权从无争议。而再审判决跳过双方争议焦点（补充协议的真伪），径直认定海洋公司不再享有商标权，故而认定青岛鑫源公司、烟台鑫源公司不构成侵权，维持原判，导致所判非所诉。综上所述，（2008）鲁民再字第5号民事判决违反法定程序，片面认定事实，适用法律错误，请求：依法撤销（2008）鲁民再字第5号民事判决，再审本案，判令青岛鑫源公司、烟台鑫源公司承担“海洋”牌商标的侵权责任以及承担本案诉讼费用。

青岛鑫源公司提交意见认为：海洋公司申请再审所依据的北京市第二中级人民法院（2008）二中民终字第1064号判决，已被最高人民法院作出的（2010）民监字第466号裁定予以撤销，并指定青岛市中级人民法院再审，现该案正在审理中。由于海洋公司当前尚不具备主张青岛鑫源公司侵权的主体资格，请求依法驳回再审申请。

本院再审查明，海洋公司除拥有第140236号“海洋牌”商标外，还拥有第1729583号“OCEAN及图”注册商标，第1725501号“海洋及图”注册商标。2002年4月12日，陈刚作为孔繁绪（当时系海洋公司法定代表人）的代理人委托北京集佳专利商标事务所办理第1725501号注册商标转让事宜，海洋公司在转让人处加盖公章。2004年3月16日，陈刚又代理李庆森办理该商标由孔繁绪转让给李庆森的申请。两次商标转让申请书上孔繁绪的签名均是陈刚签署。2003年10月10日，陈刚代理海洋公司委托北京集佳专利商标事务所申请注销第140236号和第1729583号注册商标。

2007年，海洋公司以陈刚、李庆森、北京集佳知识产权代理有限公司为被告提起商标转让纠纷诉讼，称上述转让和注销不是其公司真实意思表示，请求确认海洋公司为第1725501号注册商标的权利人，确认注销第140236号、第1729583号注册商标的行为系无效行为。北京市朝阳区人民法院于2007年9月24日作出（2007）朝民初字第10239号民事判决，支持了海洋公司的诉讼请求。陈刚、李庆森上诉至北京市第二中级人民法院，该院于2008年6月20日作出（2008）二中民终字第1064号民事判决，维持了一审判决。李庆森向北京市高级人民法院申请再审，该院于2010年1月15日以（2009）高民申字第1402号裁定驳回了李庆森的再审申请。李庆森再次向本院申诉，本院于2010年11月22日作出（2010）民监字第466号民事裁定，撤销北京市高级人民法院（2009）高民申字第1402号民事裁定，将本案指定山东省青岛市中级人民法院再审。2012年11月27日，该院作出（2011）青民再终字第53号民事判决，认为关于第140236号和第1729583号注册商标注销事宜不属于该再审案件的审理范围，确认海洋公司为该两个注册商标专用权人。

另查明，海洋公司2005年提起本案诉讼，陈刚为青岛鑫源公司一审及二审的代理人，烟台鑫源公司二审代理人。李庆森与陈刚有亲属关系。2005年6月22日，在青岛市中级人民法院一审庭审过程中，海洋公司出具了包括注册商标证等在内的证据以证明其享有第140236号“海洋牌”注册商标权，青岛鑫源公司、烟台鑫源公司明确表示没有异议。

在本院提审后开庭审理过程中，海洋公司陈述据其了解，青岛鑫源公司、烟台鑫源公司已不再使用海洋牌商标。本院要求青岛鑫源公司提交履行商标实施许可合同的相关证据，青岛鑫源公司庭审后提交“山东省社会保险费专用收款票据”复印件十余份，称其通过为青岛电焊条厂职工交纳保险费用的方式来履行2000年3月2日的合同，海洋公司是青岛电焊条厂设立的，二者实为一体。所提交复印件上显示单位名称为青岛鑫源公司，无法证明该复印件与青岛电焊条厂有何关系。

本院再审认为，本案涉及三个焦点问题：其一为补充协议的真伪问题；其二为海洋公司注册商标曾被注销的事实对本案的影响问题；其三为青岛鑫源公司和烟台鑫源公司的民事责任问题。

一、关于补充协议的真伪问题

青岛鑫源公司以涉案补充协议证明其使用海洋牌商标系获得许可的行为，故不侵犯海洋公司商标权。该补充协议上加盖有海洋公司和青岛鑫源公司的公章，虽然海洋公司承认该公章的真实性，但否认该补充协议的真实性，并提出一系列质疑，主要包括：1. 从形式上看，海洋公司和青岛鑫源公司先后签订的几份商标实施许可合同格式都基本一致，即均为打印纸打印，甲方为海洋公司，青岛鑫源公司为乙方，在双方公章之后还有法定代表人印章。而该补充协议系打印在信笺纸上，青岛鑫源公司为甲方，海洋公司为乙方，且没有双方法定代表人印章。2. 从内容上看，补充协议签订时双方有效且正在履行的应为2001年3月1日所签合同，而该补充协议称对2000年3月2日签订合同进行补充与常理不符。

对于海洋公司提出的上述质疑，青岛鑫源公司均未能做出合理解释，并且对于该补充协议签订的时间、地点等情节的说明前后并不一致。青岛市中级人民法院一审时对该补充协议委托鉴定，结论为：海洋公司印章为真实，但该补充协议系先有公章后有打印字迹，青岛鑫源公司公章盖印时间并非2003年底、2004年初。综合考虑上述因素，本院认为，补充协议存在明显瑕疵，海洋公司对事实过程的陈述比较符合常理，且因双方之前存在的多项许可、诉讼等情况使得青岛鑫源公司有取得海洋公司公章的可能性。在海洋公司提出质疑的情况下，青岛鑫源公司既未能进行合理解释，亦未能提交诸如合同履行的证据等进一步佐证该补充协议的真实性，其提交的关于履行2000年3月2日合同的证据更无法采信，故青岛鑫源公司应承担未能充分证明该补充协议真实性的不利后果。本案争议发生在补充协议的双方当事人之间，不涉及善意第三人的问题，原一、二审判决仅以公章真实为由即认定该补充协议系当事人真实意思表示依据不足。因海洋公司认可双方商标许可合同最后期限至2004年3月13日，故青岛鑫源公司、烟台鑫源公司在该日期之后的使用系没有得到海洋公司许可的侵权行为。

二、关于海洋公司注册商标曾被注销这一事实对本案的影响

本院认为，海洋公司第140236号注册商标曾于2003年10月16日被申请注销，至2008年8月26日撤销该核准注销决定，其商标权应视为一直存续。当然，对于因相信该商标被注销而进行使用的善意第三人，可以不认定为构成对该商标权的侵犯。但必须指出的是，本案中的青岛鑫源公司、烟台鑫源公司并非这样的善意第三人。两公司在本案一审、二审时的委托代理人陈刚是申请注销商标的具体经办人，但其在本案一审、二审中从未提及该商标已被注销的事实，也未以该商标被注销为由进行抗辩，且在一审中明确承认海洋公司享有商标权。青岛鑫源公司、烟台鑫源公司对海洋牌商标的使用均是在明知海洋公司系商标权人的基础上进行的，且其2004年3月13日之后的使用未获得海洋公司的许可，故其行为构成对海洋公司商标权的侵犯。山东省高级人民法院再审判决以被注销期间海洋公司不享有商标权为由认定青岛鑫源公司、烟台鑫源公司不侵权，属于适用法律不当，本院予以纠正。

三、关于青岛鑫源公司、烟台鑫源公司应承担的民事责任

本院认为，海洋公司虽然陈述青岛鑫源公司、烟台鑫源公司目前已不再使用海洋商标，但并未明确放弃停止侵权的诉讼请求，故本院仍需判决两公司停止侵权行为。因一审庭审中（2005年6月22日）青岛鑫源公司、烟台鑫源公司陈述还在使用，故山东省高级人民法院认定的侵权期间（2004年3月2日－2005年1月6日）与事实不符。本院参照双方之前所签订许可合同的许可费用，考虑青岛

鑫源公司、烟台鑫源公司的侵权使用时间、主观故意程度等因素，酌情判决其赔偿海洋公司经济损失 25 万元。

此外，本院《关于适用〈中华人民共和国民事诉讼法〉审判监督程序若干问题的解释》第二十九条规定，原判决系经原审人民法院审判委员会讨论作出的，不得指令原审人民法院再审。海洋公司以此主张本案原再审判决违反程序。因上述司法解释自 2008 年 12 月 1 日起施行，而本院指令山东省高级人民法院再审本案是 2008 年 6 月 8 日，尚不适用该司法解释，故对于海洋公司该项再审申请不予支持。

综上，依照《中华人民共和国商标法》第五十二条第（一）项、第五十六条以及《中华人民共和国民事诉讼法》第一百三十条、第一百五十三条第一款第（二）项、第一百八十六条第一款的规定，判决如下：

一、撤销（2008）鲁民再字第 5 号民事判决、（2005）鲁民三终字第 54 号民事判决以及（2005）青民三初字第 405 号民事判决；

二、青岛鑫源焊接材料有限公司、烟台市鑫源焊条有限公司立即停止侵犯青岛海洋焊接材料有限公司注册商标专用权的行为；

三、自本判决生效之日起十日内，青岛鑫源焊接材料有限公司、烟台市鑫源焊条有限公司共同赔偿青岛海洋焊接材料有限公司经济损失二十五万元；

四、驳回青岛海洋焊接材料有限公司的其他诉讼请求。

如果未按本判决指定的期间履行给付金钱义务，应当依照《中华人民共和国民事诉讼法》第二百二十九条之规定，加倍支付迟延履行期间的债务利息。

一、二审案件受理费各 10010 元，鉴定费 1200 元，由青岛鑫源焊接材料有限公司、烟台市鑫源焊条有限公司负担（于本判决生效之日起 7 日内交纳）。

本判决为终审判决。

审　判　长　夏君丽
审　判　员　殷少平
代理审判员　董晓敏
二〇一二年十二月二十日
书　记　员　曹佳音

33. 销售发票指向非侵权商品的商标使用行为不构成侵权

——再审申请人无锡小天鹅股份有限公司与被申请人内蒙古包头百货大楼集团股份有限公司及内蒙古包头百货大楼集团股份有限公司昆区海威超市侵害商标权及不正当竞争纠纷案

【裁判要旨】

销售发票上的商标使用行为是否合法，需要根据其指向的商品或服务本身是否构成侵权作出判断。

【关键词】

商标　侵权　销售发票　使用

【案号】

最高人民法院（2016）最高法民申2216号

【基本案情】

在再审申请人无锡小天鹅股份有限公司（以下简称小天鹅公司）与被申请人内蒙古包头百货大楼集团股份有限公司（以下简称包头百货公司）及内蒙古包头百货大楼集团股份有限公司昆区海威超市（以下简称海威超市）侵害商标权及不正当竞争纠纷案中，小天鹅公司为核定使用在第7类“洗衣机、洗衣机甩干机”商品上的第788582号“小天鹅”商标（即涉案商标）的注册商标专用权人。小天鹅公司以海威超市销售的洗衣机（即被诉侵权商品）外包装盒及洗衣机面板、使用说明书均标注“海南三金小天鹅电器有限公司”，包头百货公司开具的发票中载明“小天鹅洗衣机”的行为侵害涉案商标权并构成不正当竞争为由，提起诉讼。内蒙古自治区包头市中级人民法院一审认为，被诉侵权商品并未在企业名称中突出使用其字号，不构成对涉案商标权的侵害。在被诉侵权商品本身不侵害涉案商标权的基础上，不能单独凭借发票中对该商品的文字标注即认定该商品构成侵权。据此，包头百货公司销售被诉侵权商品的行为亦不构成侵权。遂判决驳回小天鹅公司的诉讼请求。小天鹅公司不服，提起上诉。内蒙古自治区高级人民法院二审判决驳回上诉，维持原判。小天鹅公司仍不服，向最高人民法院申请再审。最高人民法院于2016年9月18日裁定驳回小天鹅公司的再审申请。

【裁判意见】

最高人民法院审查认为：被诉侵权商品在面板及商品外包装上，标注有生产商的企业名称全称，并未突出使用“小天鹅”字样，故被诉侵权商品未侵害涉案商标权。关于包头百货公司在发票上标注“小天鹅”字样的行为是否构成侵权的问题，最高人民法院认为，商标是用以区分商品或服务来源的标识，独立的标识无法构成商标法意义上的商标。作为商品交易文书的一种，发票使用属于一种商标使用行为，但在实际使用中，发票对商标的使用必然是与特定商品或服务的结合性使用。因此，在判断该使用行为是否侵犯他人权利时，仍然需要结合其指向的商品或服务本身予以综合判断。具体到本案而言，按交易惯例，购买洗衣机一般均是在先查看商品，了解功能、价格、来源等之后，再决定购买、付款，销售者在款项收讫的情况下出具发票，发票出具是商品交易过程中的一个环节。包头百货公司在发票上的标注属于对商标的使用，但该行为所指向的对象仍是被诉侵权商品本身。在被诉侵权商品本身不构成侵权的情况下，仅凭发票标注“小天鹅”字样，尚不足以认定该行为构成侵害商标权。

中华人民共和国最高人民法院民事裁定书

（2016）最高法民申2216号

再审申请人（一审原告、二审上诉人）：无锡小天鹅股份有限公司。住所地：江苏省无锡市国家高新技术开发区长江南路18号。

法定代表人：方洪波，该公司董事长。

委托诉讼代理人：丰红霞，内蒙古静叶律师事务所律师。

被申请人（一审被告、二审被上诉人）：内蒙古包头百货大楼集团股份有限公司。住所地：内蒙古自治区包头市昆区钢铁大街67号。

法定代表人：曹智勇，该公司董事长。

一审被告：内蒙古包头百货大楼集团股份有限公司昆区海威超市。住所地：内蒙古自治区包头市昆区昆北路与兵工路交汇处西南角（海威小区十区）。

负责人：贾元峰，该超市总经理。

再审申请人无锡小天鹅股份有限公司（简称小天鹅公司）因与被申请人内蒙古包头百货大楼集团股份有限公司（简称包百大楼）及一审被告内蒙古包头百货

大楼集团股份有限公司昆区海威超市（简称海威超市）侵害商标权及不正当竞争纠纷一案，不服内蒙古自治区高级人民法院（2015）内民知终字第25号民事判决书，向本院申请再审。本院依法组成合议庭进行了审查，现已审查终结。

小天鹅公司申请再审称，《商标法》和《商标法实施条例》所称商标的使用，包括将商标用于商品、商品包装或者容器以及商品交易文书上，或者将商标用于广告宣传、展览以及其他商业活动中。包百大楼在发票上标注“小天鹅”字样的行为，足以引起消费者的混淆，已经构成商标侵权行为，同时也证明了其在引导消费者的过程中存在误导的言行。

被诉侵权商品在面板上使用企业名称不符合洗衣机标注的惯例。“小天鹅”是驰名商标，被诉侵权商品在面板上尽管使用了企业全称，但依然会造成消费者的混淆，因此被诉商品属于侵害商标权的商品。包百大楼销售侵犯商标权的商品未提供合法来源的证据，应当承担相应的侵权责任。

被诉侵权产品的生产者使用小天鹅作为字号，属于不正当竞争行为，包百大楼销售该产品的行为也同样构成不正当竞争。

请求撤销二审判决，再审本案。

本院经审查认为，根据一审、二审判决和小天鹅公司申请再审的理由，本案的主要焦点为：1. 包百大楼销售被诉侵权商品的行为是否构成侵害商标权行为以及承担何种侵权责任。2. 包百大楼在发票上标注“小天鹅”的行为是否构成侵害商标权。3. 包百大楼的行为是否构成不正当竞争。

1. 关于包百大楼销售被诉侵权商品的行为是否构成侵害商标权的行为以及承担何种侵权责任的问题。

判断商品是否属于侵害他人商标权的商品，应当首先判断商品是否存在使用或突出使用他人注册商标的行为。被诉侵权商品在面板上标注有自身的注册商标，标注有生产商的企业名称全称，并无突出“小天鹅”字样的情形，在商品外包装上，也无突出使用行为。被诉侵权商品并不存在如小天鹅公司所主张的商标使用行为。

至于小天鹅公司主张被诉侵权商品使用企业名称，与洗衣机面板一般标注商标的惯例不符，属于侵害商标权的商品的理由。首先，被诉侵权商品在洗衣机面板上标注有注册商标。其次，被诉侵权商品在面板上使用企业全称，尽管与多数洗衣机产品面板仅标注商标的情况不同，但该行为不属于被禁止的行为。最后，尽管规范使用企业名称也可能存在对消费者误导的可能，但规范使用企业名称情形下的问题，一般应受反不正当竞争法的约束，而不属于商标法调整的行为。综上，小天鹅公司关于被诉侵权商品系侵害其注册商标权商品的主张不能成立。一审、二审法院认定包百大楼的行为不构成商标侵权，在认定事实和适用法律上并无不当。

2. 关于包百大楼在发票上标注小天鹅的行为是否构成侵害商标权的问题。

商标是用以区分商品或服务来源的标识，独立的标识无法构成商标法意义上的商标。作为商品交易文书的一种，发票使用属于一种商标使用行为，但在实际使用中，发票对商标的使用必然是与特定商品或服务的结合性使用。因此，在判断该使用行为是否侵犯他人权利时，仍然需要结合其指向的商品或服务本身予以综合判断。

具体到本案中，按交易惯例，购买洗衣机一般均是在先察看商品、了解功能价格来源等情况下，再决定购买、付款，销售者在款项收讫的情况下出具发票，发票出具是商品交易过程中的一个环节。包百大楼在发票上的标注属于对商标的使用，但该行为所指向的对象仍是被诉侵权商品本身。在被诉侵权商品本身不侵权的情况下，仅凭发票标注“小天鹅”字样，尚不足以认定其行为构成侵害商标权的行为。

3. 关于包百大楼的行为是否构成不正当竞争的问题。

如上所述，生产商使用含有“小天鹅”字样的企业名称，并在商品上标注该企业名称，是否属于反不正当竞争法规范的不正当竞争行为，小天鹅公司可起诉生产商予以解决。对于销售者而言，判断其销售商品的生产商的企业名称是否存在不正当竞争问题，超出了销售者的审查义务和能力范围。小天鹅公司的主张没有法律根据，一审、二审判决均未支持其该项主张于法有据，应予维持。

依照《中华人民共和国民事诉讼法》第二百零四条第一款，《最高人民法院关于适用〈中华人民共和国民事诉讼法〉的解释》第三百九十五条第二款规定，裁定如下：

驳回无锡小天鹅股份有限公司的再审申请。

审　判　长　骆　电
代理审判员　马秀荣
代理审判员　李　嵘
二〇一六年九月十八日
书　记　员　王　晨

34. 商标权共有人行使权利的一般规则

——再审申请人张绍恒与被申请人沧州田霸农机有限公司、朱占峰侵害商标权纠纷案

【裁判要旨】

在商标权共有的情况下，商标权的行使应遵循当事人意思自治原则，由共有人协商一致行使；不能协商一致，又无正当理由的，任何一方共有人不得阻止其他共有人以普通许可的方式许可他人使用该商标。

【关键词】

商标　侵权　权利共有　权利行使

【案号】

最高人民法院（2015）民申字第3640号

【基本案情】

在再审申请人张绍恒与被申请人沧州田霸农机有限公司（以下简称田霸公司）、朱占峰侵害商标权纠纷案中，张绍恒与朱占峰于2009年4月共同成立沧州科丰农机有限公司（以下简称科丰公司）。2010年9月14日，科丰公司获准注册“田霸”商标（即涉案商标）。2012年3月28日，科丰公司将涉案商标转让给田霸公司。2012年5月8日，张绍恒与朱占峰在河北省河间市人民法院就科丰公司的清算问题达成了调解协议，河北省河间市人民法院出具了（2011）河民清字第1452号民事调解书。该调解书中明确约定：涉案商标归张绍恒和朱占峰共同所有，田霸公司归朱占峰所有；张绍恒承诺不再以任何方式追究朱占峰的任何责任或以任何方式再向其提出任何主张等。2013年1月4日，张绍恒以“朱占峰利用曾任科丰公司法定代表人的便利条件，将‘田霸’商标擅自转让给田霸公司，田霸公司的行为严重损害了其合法权益”为由，提起诉讼，请求确认转让行为无效。该案经河北省沧州市中级人民法院、河北省高级人民法院和最高人民法院审理，认定朱占峰擅自转让涉案商标的行为无效。张绍恒认为，朱占峰未经商标权共有人的同意，擅自将涉案商标转让给田霸公司使用至今，侵害了张绍恒的商标权。基于此，张绍恒提

起本案诉讼。河北省沧州市人民法院一审认为，根据（2011）河民清字第1452号调解书第三条的约定，张绍恒不得再向朱占峰主张“协议约定之外的任何权利”，现张绍恒提起本案诉讼违反了上述约定，故对张绍恒的诉讼请求不予支持。张绍恒不服，提起上诉。河北省高级人民法院二审认为，张绍恒在二审开庭时明确其主张的是调解协议之后田霸公司使用涉案商标的侵权行为。根据（2011）河民清字第1452号调解书第二条的约定，涉案商标归张绍恒和朱占峰共同所有。张绍恒在没有合理理由的情况下，不能阻止朱占峰许可田霸公司使用涉案商标，田霸公司的行为不构成侵权。二审法院遂判决驳回上诉、维持原判。张绍恒不服，向最高人民法院申请再审。最高人民法院于2016年3月31日裁定驳回张绍恒的再审申请。

【裁判意见】

最高人民法院审查认为：本案关键问题在于作为涉案商标权共有人之一的朱占峰是否有权以普通许可的方式单独许可田霸公司使用该商标。首先，商标只有用于生产经营活动中，与商品或者服务结合起来，才能起到区分商品或者服务来源的作用，体现商标的真正价值。如果因为商标权共有人难以协商一致导致注册商标无法使用，不仅难以体现出注册商标的价值，有悖于商标法的立法本意，也难以保障共有人的共同利益。其次，商标权共有人单独以普通许可方式许可他人使用该商标，一般不会影响其他共有人利益，其他共有人可以自己使用或者以普通许可方式许可他人使用该商标，该种许可方式原则上应当允许。商标权共有人如果单独以排他许可或者独占许可的方式许可他人使用该商标，则对其他共有人的利益影响较大，原则上应禁止。再次，根据商标法的规定，许可人应当监督被许可人使用其注册商标的商品质量，被许可人应当保证使用该注册商标的商品质量。因此，从保证商品质量和商标商誉的角度来看，商标权共有人单独进行普通许可，对其他共有人的利益一般也不会产生重大影响。退一步而言，即便商标权共有人单独进行普通许可造成了该商标商誉的降低，损害到了其他共有人的利益，也是商标权共有制度自身带来的风险。在商标权共有人对权利行使规则没有作出约定的情况下，共有人应对该风险有所预期。最后，要求商标权共有人全部同意才可进行普通许可，无疑会增加商标许可使用的成本，甚至导致一些有价值的商标因共有人不能达成一致而无法使用。据此，最高人民法院认为，商标权作为一种私权，在商标权共有的情况下，其权利行使的规则应遵循意思自治原则，由共有人协商一致行使；不能协商一致，又无正当理由的，任何一方共有人不得阻止其他共有人以普通许可的方式许可他人使用该商标。按照上述规则，涉案商标共有人朱占峰有权单独以普通许可方式许可田霸公司使用该商标，田霸公司使用该商标的行为不构成侵权。

中华人民共和国最高人民法院民事裁定书

(2015) 民申字第3640号

再审申请人（一审原告、二审上诉人）：张绍恒，住河北省河间市米各庄镇×村。

委托代理人：李成道，河北衡泰律师事务所律师。

委托代理人：陈伟，河北衡泰律师事务所律师。

被申请人（一审被告、二审被上诉人）：沧州田霸农机有限公司。住所地：河北省河间市米各庄镇张曹村。

法定代表人：朱占仓，该公司董事长。

被申请人（一审被告、二审被上诉人）：朱占峰，住河北省河间市米各庄镇×村。

再审申请人张绍恒因与被申请人沧州田霸农机有限公司（以下简称田霸公司）、朱占峰侵害商标权纠纷一案，不服河北省高级人民法院作出的（2015）冀民三终字第79号民事判决，向本院申请再审。本院依法组成合议庭对本案进行了审查，现已审查终结。

张绍恒申请再审称：（一）二审法院认定基本事实缺乏证据证明。1. 张绍恒与朱占峰于2009年4月共同成立沧州科丰农机有限公司（以下简称科丰公司），由于双方产生矛盾，公司无法继续经营，双方对科丰公司进行清算。在科丰公司清算纠纷中，经河北省河间市人民法院主持调解，张绍恒和朱占峰达成了调解协议，法院出具了（2011）河民清字第1452号民事调解书。调解书中明确约定“田霸”商标归张绍恒和朱占峰共同所有。在科丰公司清算之后，张绍恒才得知朱占峰在科丰公司清算之前，在张绍恒毫不知情的情况下，利用其担任科丰公司法定代表人的职务便利，擅自将“田霸”商标转让给了朱占峰成立的田霸公司。为此张绍恒就朱占峰擅自转让商标行为向法院提起诉讼，要求确认转让行为无效。该案经沧州市中级人民法院、河北省高级人民法院和最高人民法院裁判，认定朱占峰擅自转让“田霸”商标无效。由于朱占峰未经商标权共有人的同意，擅自将“田霸”商标转让给田霸公司使用至今，侵害了张绍恒的合法权益。基于此，张绍恒提起本案诉讼，要求朱占峰和田霸公司停止侵权行为，并赔偿损失，该请求应得到支持。2. 一审、二审法院根据调解书第三条认定张绍恒不得向朱占峰主张“协议约定之外的任何权利”，故对张绍恒的诉讼请求不予支持，实属主观臆断。（二）二审法院适用法律错误。作为商标权共有人，朱占峰无权单独许可田霸公司使用“田霸”商标。如果商标权共有人可以随意许可他人使用其注册商标，容易造成被许可的商标的滥用，最终导致商标商誉价值损失殆尽，不利于保护其他商标权共有人的利益。因此，限制商标权共有人随意许可他人使用其商标，从长远看符合商标权共有人的共同利益。所以无论是张绍恒还是朱占峰都无权单独许可他人使用“田霸”商标。退一步讲，即使商标权共有人有权单独许可他人使用其注册商标，也必须经商标权人的许可，签订许可使用合同，并办理备案。本案中，张绍恒有理由相信田霸公司使用“田霸”商标的行为没有得到任何商标权人的许可，属于侵权行为，应当承担侵权责任。综上，张绍恒请求本院依法撤销一二审判决，再审本案，改判支持其一审诉讼请求。

被申请人朱占峰和田霸公司提交意见称：（一）河北省河间市人民法院民事调解书明确载明朱占峰支付给张绍恒的1800万元，包括科丰公司成立以来的所有经营收益，以及新成立的田霸公司至协议签订之日的全部经营收益。该调解书对科丰公司的财产和田霸公司的财产均做了分割，实际上把田霸公司也作为朱占峰与张绍恒经营的公司来处理。（二）调解书第三条约定“张绍恒对朱占峰的任何经营行为均表示谅解，并放弃本协议约定之外的任何权利，张绍恒承诺不再以任何方式追究朱占峰的任何责任或以任何方式再向其提出任何主张”。既然张绍恒在调解书中已经承诺不再以任何方式追究朱占峰的任何责任，张绍恒再主张朱占峰和田霸公司商标侵权并赔偿损失，不能成立。（三）田霸公司使用“田霸”商标不属于侵权行为。朱占峰作为“田霸”商标的共有人，有权使用该商标，朱占峰所有的田霸公司当然也有权使用“田霸”商标。事实上，张绍恒设立的河北圣牛农业机械有限公司也使用“田霸”商标。综上，请求本院驳回张绍恒的再审申请。

本院认为，张绍恒在二审开庭时已经明确其诉讼主张为，在张绍恒与朱占峰达成调解协议之后，田霸公司未经许可使用“田霸”商标构成侵权。因此，本案争议焦点问题为：（一）田霸公司的上述商标使用行为是否已经朱占峰的许可；（二）田霸公司的上述商标使用行为是否侵害张绍恒的注册商标专用权。

（一）关于张绍恒主张田霸公司使用“田霸”商标未经许可并备案的问题。

本院认为，法院生效裁判已经确认，朱占峰擅自将“田霸”商标转让至田霸公司名下的行为无效，“田霸”商标由张绍恒和朱占峰共同所有。田霸公司由朱占峰设立，朱占峰曾任田霸公司法定代表人；朱占峰作为“田霸”商标的共有人在诉讼过程中也已经申明其许可田霸公司使用“田霸”商标，朱占峰和田霸公司之间是否签订许可合同及备案并不能改变这一事实。而且，商标许可合同是否备案并不影响商标许可行为的效力，只是不能对抗善意第三人。因此，可以认定，田霸公司使用“田霸”商标，经过了商标权共有人朱占峰的许可，张绍恒此项再审申请主张不能成立，本院不予支持。

（二）田霸公司的上述商标使用行为是否侵害张绍恒的注册商标专用权。

如前所述，田霸公司使用“田霸”商标已经商标权共有人朱占峰的许可，因此，本案关键问题在于作为“田霸”商标共有人之一的朱占峰是否有权以普通许可的方式单独许可田霸公司使用该商标。

对于商标权共有，2001 年修正的《中华人民共和国商标法》（以下简称商标法）第五条规定，两个以上的自然人、法人或者其他组织可以共同向商标局申请注册同一商标，共同享有和行使该商标专用权。除此之外，商标法对于商标权共有人权利行使的一般规则没有作出具体规定。本院认为，商标权作为一种私权，在商标权共有的情况下，其权利行使的规则应遵循意思自治原则，由共有人协商一致行使；不能协商一致，又无正当理由的，任何一方共有人不得阻止其他共有人以普通许可的方式许可他人使用该商标。理由在于：

首先，商标只有用于生产经营活动中，与商品或者服务结合起来，才能起到区分商品或者服务来源的作用，体现商标的真正价值。如果因为商标权共有人难以协商一致导致注册商标无法使用，不仅难以体现出注册商标的价值，有悖于商标法的立法本意，也难以保障共有人的共同利益。其次，商标权共有人单独以普通许可方式许可他人使用该商标，一般不会影响其他共有人利益，其他共有人可以自己使用或者以普通许可方式许可他人使用该商标，该种许可方式原则上应当允许。商标权共有人如果单独以排他许可或者独占许可的方式许可他人使用该商标，则对其他共有人的利益影响较大，原则上应禁止。再次，根据商标法的规定，许可人应当监督被许可人使用其注册商标的商品质量，被许可人应当保证使用该注册商标的商品质量。因此，从保证商品质量和商标商誉的角度，商标权共有人单独进行普通许可，对其他共有人的利益一般也不会产生重大影响。退一步而言，即便商标权共有人单独进行普通许可造成了该商标商誉的降低，损害到了其他共有人的利益，这也是商标权共有制度自身带来的风险。在商标权共有人对权利行使规则没有作出约定的情况下，共有人应对该风险有所预期。最后，要求商标权共有人全部同意才可进行普通许可，无疑会增加商标许可使用的成本，甚至导致一些有价值的商标因共有人不能达成一致而无法使用。综上，商标权共有人在没有对权利行使规则作出约定的情况下，一般可以单独以普通许可的方式许可他人使用该商标。

按照上述规则，本案中“田霸”商标共有人朱占峰有权单独以普通许可方式许可田霸公司使用该商标，田霸公司使用该商标的行为不构成侵权。除此之外，结合本案的具体事实，同样可以得出上述结论。理由在于：首先，田霸公司与商标权共有人张绍恒和朱占峰之间均有密切的联系，在双方达成的调解协议中，明确将朱占峰设立的田霸公司至调解协议之前的经营收益纳入调解范围分配给张绍恒，并约定田霸公司归朱占峰所有，张绍恒不再持有任何股份，田霸公司之后的所有经营收益，均归朱占峰。也就是说，双方共同设立的科丰公司解散后，科丰公司的“田霸”商标归属双方共有，而调解协议也将田霸公司纳入到调解范围中，约定田霸公司归朱占峰所有。可以认为，张绍恒在签订调解协议时，应当预期到在科丰公司解散的情况下，田霸公司在以后的经营活动中可能会继续使用“田霸”商标，但在调解协议中却并未作出禁止的约定。其次，本案现有证据仅显示朱占峰许可田霸公司使用“田霸”商标，并无证据证明朱占峰许可其他人使用该商标。本案中并不存在朱占峰随意滥发许可的情况，也没有证据证明田霸公司的使用行为造成了该商标商誉的降低，从而损害到张绍恒的利益。最后，根据二审法院查明的事实，张绍恒为法定代表人的河北圣牛农业机械有限公司也在使用“田霸”商标。张绍恒在申请再审时提交了该公司的宣传页，证明该公司使用的是“德圣牛”商标。本院认为，即使可以确认该证据的真实性，但鉴于该宣传页上没有时间，不能排除河北圣牛农业机械有限公司曾经使用或者同时使用“田霸”商标的可能。因此，张绍恒提交的该份证据不能推翻二审法院的上述认定。综上，二审法院认定田霸公司在调解协议之后使用“田霸”商标的行为不构成侵权正确，张绍恒相关申请再审理由不能成立。

关于张绍恒主张一审、二审法院根据调解书第三条认定张绍恒不得向朱占峰主张“协议约定之外的任何权利”的问题，该理由是一审法院认定朱占峰和田霸公司不侵权的主要理由，二审法院对该理由已经进行纠正，本院对张绍恒的该主张不再评述。

综上，张绍恒的再审申请不符合《中华人民共和国民事诉讼法》第二百条规定的情形。依照《中华人民共和国民事诉讼法》第二百零四条第一款的规定，裁定如下：

驳回张绍恒的再审申请。

审 判 长 周 翔
审 判 员 郎贵梅
代理审判员 罗 霞
二〇一六年三月三十一日
书 记 员 张 博

35. 商标使用是否超出核定商品范围的认定

——再审申请人爱国者数码科技有限公司、爱国者电子科技有限公司与被申请人深圳市飞象未来科技有限公司、北京隆通科技有限公司侵害商标权纠纷案

【裁判要旨】

《类似商品和服务区分表》无法穷尽现实生活中的所有商品和服务类型，人民法院在判断商标使用是否超出核定商品范围时，应当考虑市场环境下商品类型的客观变化情况。

【关键词】

商标 侵权 商标使用 商品范围

【案号】

最高人民法院（2018）最高法民申3270号

【基本案情】

在再审申请人爱国者数码科技有限公司（以下简称爱国者数码公司）、爱国者电子科技有限公司（以下简称爱国者电子公司）与被申请人深圳市飞象未来科技有限公司（以下简称飞象未来公司）、北京隆通科技有限公司（以下简称隆通公司）侵害商标权纠纷案中，涉案商标系第1114515号“爱国者”商标，由北京

市华旗新技术开发公司于1996年9月6日申请注册，于1997年9月28日核准注册，核定使用商品为第9类“计算机、计算机键盘、计算机周边设备、计算机软件（录制好的）、监视器（计算机硬件）、计算机用打印机、输入控制器（数据加工设备）、文字处理机、显示器（电子）”。该商标于1998年2月28日经核准转让于北京华旗资讯科技发展有限公司，后商标注册人变更为爱国者数码公司。爱国者电子公司系爱国者数码公司的商标被许可使用人。2006年，涉案商标被国家工商行政管理总局商标局认定为第9类移动硬盘和闪存盘（计算机周边设备）商品上的驰名商标。飞毛腿电源（深圳）有限公司（以下简称飞毛腿公司）经受让取得的第1084577号“爱国者”商标，原由福州联亿电子有限公司于1996年7月16日申请注册，核定使用的商品为第9类“电池充电器、电池、太阳能电池、袖珍灯用电池、照明电池、蓄电池”，该商标于1997年8月21日被核准注册。对飞毛腿公司将1084577号“爱国者”商标使用在移动电源商品上的行为，爱国者数码公司、爱国者电子公司以侵害注册驰名商标专用权为由提起诉讼。北京知识产权法院一审认定构成侵权，遂判决两被告立即停止侵权行为，并由飞毛腿公司赔偿经济损失300万元。飞毛腿公司、隆通公司不服，提起上诉。北京市高级人民法院二审认为，飞毛腿公司将第1084577号商标使用在移动电源商品上，并未超过其核定使用的商品范围，本案属两个注册商标之间的纠纷，不属于人民法院民事诉讼的受案范围，遂判决撤销一审判决，驳回起诉。爱国者数码公司、爱国者电子公司不服，向最高人民法院申请再审。最高人民法院查明，2018年3月15日，飞毛腿公司的企业名称变更为飞象未来公司。最高人民法院于2018年11月22日裁定驳回两公司的再审申请。

【裁判意见】

最高人民法院审查认为：第1084577号“爱国者”商标核定注册的商品为第9类“电池充电器、电池、太阳能电池、袖珍灯用电池、照明电池、蓄电池”，商品项目中并不包括移动电源商品。但是，正如《类似商标和服务区分表》在其说明中所述，“商品和服务项目正不断更新、发展，市场交易的状况不断发生变化”，《类似商标和服务区分表》不能穷尽现实中出现的所有商品和服务，其会因市场的变化而不断调整。第1084577号“爱国者”商标在20世纪90年代申请注册时，市场上尚不存在移动电源商品，《类似商品和服务区分表》中亦没有移动电源商品。在移动电源商品面世后，基于尼斯分类第十版（2015）的《类似商品和服务区分表》中新增了“移动电源”商品，并将其划入0922群组，与电池、电池充电器为同一类似群组。并且，第8322472号“Patriot爱国者”商标由飞毛腿电池有限公司于2010年5月24日申请注册，核定使用的商品为第9类“衡器、电脑计量加油机、光导丝、避雷器、电池充电器、电池、移动电源(外挂电池或后备电池)”，专用期限为2011年11月21日至2021年11月20日。第8087759号“爱国者”商标经核准注册，其核定使用商品为国际分类第9类的“衡器、邮戳检验器、电脑计量加油机、电阻材料、电子管、荧光屏、光导丝(光学纤维)、避雷器、电池充电器、电池、移动电源（用于手机、手提电脑、MP3等电子产品的供电与充电)”。虽然前述第8322472号“Patriot爱国者”商标已经被撤销，但其与第8087759号“爱国者”商标被先后核准在第0922群组的事实从某种程度上也可以证明“移动电源”更接近于第0922群组而非第0901群组。因此，考虑到商品的变迁及市场实际，难以认定飞象未来公司第1084577号“”商标在移动电源商品上的使用超出其核定使用的商品范围。

中华人民共和国最高人民法院民事裁定书

(2018) 最高法民申3270号

再审申请人（一审原告、二审被上诉人)：爱国者数码科技有限公司。住所地：北京市海淀区中关村大街18号8层06-18。

法定代表人：冯军，该公司执行董事兼总经理。

委托诉讼代理人：陈绍平，北京隆安（湖州）律师事务所律师。

委托诉讼代理人：许艾，北京隆安（湖州）律师事务所律师。

再审申请人（一审原告、二审被上诉人)：爱国者电子科技有限公司。住所地：北京市海淀区上地九街9号北侧三层A区-9。

法定代表人：黄天路，该公司董事长。

委托诉讼代理人：陈绍平，北京隆安（湖州）律师事务所律师。

委托诉讼代理人：许艾，北京隆安（湖州）律师事务所律师。

被申请人（一审被告、二审上诉人)：深圳市飞象未来科技有限公司［曾用名：飞毛腿电源（深圳）有限公司］。住所地：深圳市宝安区福永街道办永和路恒光耀工业区厂房五、厂房六第2、4层。

法定代表人：黄石芳，该公司总经理。

委托诉讼代理人：吴荣第，女，该公司工作人员。

被申请人（一审被告、二审上诉人）：北京隆通科技有限公司。住所地：北京市海淀区增光路37号中海馥园1座3单元1A。

法定代表人：赵全红，该公司董事长。

再审申请人爱国者数码科技有限公司（以下简称爱国者数码公司）、爱国者电子科技有限公司（以下简称爱国者电子公司）因与被申请人深圳市飞象未来科技有限公司（以下简称飞象未来公司）、北京隆通科技有限公司（以下简称隆通公司）侵害商标权纠纷一案，不服北京市高级人民法院（2018）京民终23号民事判决，向我院申请再审。本院依法组成合议庭进行了审查，现已审查终结。

爱国者数码公司、爱国者电子公司向本院申请再审，请求撤销二审裁定，维持一审判决。具体事实和理由：1. 二审裁定存在漏审。申请人在一、二审中主张的飞象未来公司的侵权行为包括三类，一审判决亦对此进行了明确列举。但二审裁定却遗漏了申请人就飞象未来公司第二类侵权行为提起的指控，即飞象未来公司在电子商务平台使用简体“爱国者”标志销售、宣传其移动电源的行为。2. 二审裁定认为飞象未来公司在移动电源商品上使用“爱国者”标志系对其第1084577号“爱国者”注册商标的使用，理由是该商标核定使用的商品虽然没有移动电源，但是移动电源是《类似商品和服务区分表》新增商品，在2015年被划入0922群组并与该注册商标核定使用的电池、电池充电器商品为类似商品。二审裁定的认定既没有证据支持，适用法律也明显错误。首先，这一认定将注册商标的使用从核定使用商品扩大到核定使用商品的类似商品。其次，二审裁定也完全没有考虑飞象未来公司盗取申请人“爱国者”品牌商誉的明显恶意，以及其在移动电源商品使用“爱国者”等侵权标志已经造成的大范围的相关公众的实际混淆的事实。3. 二审裁定认为本案是否认定侵权需待行政主管机关解决第1084577号商标与第1114515号商标之间的权利争议之后方能认定。二审裁定的这一认定不仅同样存在前述第2点所述的错误，并且还错误地认定“Patriot爱国者”标志与飞象未来公司的1084577号“爱国者”注册商标的标志没有显著差异，从而错误将注册商标的使用范围从核准注册的标志扩大到与之有显著区别的类似标志。并且，这一认定与（2016）最高法行申3829号行政裁定书的内容相冲突，在事实认定和适用法律上均存在明显错误。

飞象未来公司辩称：1. 二审法院不存在漏审情况。首先，二审裁定书中写明了飞象未来公司在移动电源上对“爱国者”商标的使用，就包含了飞毛腿对“爱国者”移动电源产品进行广告宣传的行为，销售和广告宣传本身就密不可分，不能割裂对待。其次，针对申请人指控的第二类侵权行为，二审裁定书中明确认为不属于法院民事诉讼的受案范围。2. 被申请人在移动电源上使用“爱国者”商标的行为，不构成侵权行为，不应承担赔偿责任。被申请人在 2014 年 6 月 17 日至 2015 年 6 月 26 日期间在移动电源上使用“爱国者”商标，是对第 1084577 号爱国者商标核定使用商品“电池、电池充电器”的合法使用。3. 被申请人爱国者商标申请日期、注册日期均在再审申请人驰名商标申请注册及认定之前，主观上不存在复制、模仿的意图。因此，再审申请人的再审请求不能成立，应予驳回。

本院经审查查明：

2018 年 3 月 15 日，经深圳市市场监督管理局核准，“飞毛腿电源（深圳）有限公司”的公司名称变更为“深圳市飞象未来科技有限公司”。

飞象未来公司在申请再审程序中补充提交了两份证据：1. 第 17355470 号爱国者商标注册证。2. 第 17355470 号爱国者商标异议裁定。证明被申请人使用爱国者商标的合法性，商标局再次认定被申请人在移动电源（可充电电池）上享有爱国者商标专用权。

爱国者数码公司、爱国者电子公司提交意见称，对两份证据的真实性认可，合法性、关联性、证明目的都不认可。对于证据 1，申请人已经依法对该商标向商标评审委员会提起了无效宣告申请。对于证据 2，申请人认为飞象未来公司的第 17355470 号商标的注册申请明显违反《中华人民共和国商标法》（2013 年修订）第三十条，不应注册，注册后也应无效。

本院认为，根据案件事实以及当事人申请再审理由及答辩意见，本案争议焦点是飞象未来公司在移动电源商品上对“”的使用是否超出了第 1084577 号“”商标的专用权范围。

《中华人民共和国商标法》（2001 年修订）第五十一条规定，注册商标的专用权，以核准使用的商标和核定使用的商品为限。

第 1114515 号“爱国者”商标与第 1084577 号“”商标相比，该两商标发音完全相同、文意相同，仅字体不同，属于近似商标。《最高人民法院关于审理涉及驰名商标保护的民事纠纷案件应用法律若干问题的解释》（以下简称驰

名商标保护司法解释）第十一条规定："被告使用的注册商标违反商标法第十三条的规定，复制、摹仿或者翻译原告驰名商标，构成侵犯商标权的，人民法院应当根据原告的请求，依法判决禁止被告使用该商标，但被告的注册商标有下列情形之一的，人民法院对原告的请求不予支持：（一）已经超过商标法第四十一条第二款规定的请求撤销期限的；（二）被告提出注册申请时，原告的商标并不驰名的。"

本案中，因飞象未来公司第1084577号"爱国者"商标的申请时间早于爱国者数码公司涉案商标的申请时间，故虽然涉案商标于2006年在移动硬盘和闪存盘（计算机周边设备）商品上被商标局认定为驰名商标，但是本案并不属于驰名商标保护司法解释第十一条规定的应予判决禁止使用的情形。因此，本案的关键在于诉争移动电源是否在飞象未来公司1084577号"爱国者"核定使用商品范围内。

第1084577号"爱国者"商标核定注册的商品为第9类"电池充电器、电池、太阳能电池、袖珍灯用电池、照明电池、蓄电池"，商品项目中并不包括移动电源商品。但是，正如《类似商标和服务区分表》在其说明中所述，"商品和服务项目正不断更新、发展，市场交易的状况不断发生变化"，《类似商标和服务区分表》不能穷尽现实中出现的所有商品和服务，其会因市场的变化而不断调整。第1084577号"爱国者"商标在20世纪90年代申请注册时，市场上尚不存在移动电源商品，《类似商品和服务区分表》中亦没有移动电源商品。在移动电源商品面世后，基于尼斯分类第十版（2015文本）的《类似商品和服务区分表》中新增了"移动电源"商品，并将其划入0922群组，与电池、电池充电器为同一类似群组。并且，第8322472号"Patriot 爱国者"商标由飞毛腿电池有限公司于2010年5月24日申请注册，核定使用的商品为第9类"衡器、电脑计量加油机、光导丝、避雷器、电池充电器、电池、移动电源（外挂电池或后备电池）"专用期限自2011年11月21日至2021年11月20日。第8087759号"爱国者"商标经核准注册，其核定使用商品为国际分类第9类的"衡器、邮戳检验器、电脑计量加油机、电阻材料、电子管、荧光屏、光导丝（光学纤维）、避雷器、电池充电器、电池、移动电源（用于手机、手提电脑、MP3等电子产品的供电与充电）"。虽然前述第8322472号"Patriot 爱国者"商标已经被撤销，但其与第8087759号"爱国者"商标被先后核准在第0922群组的事实从某种程度上也可以证明"移动电源"更接近于第0922群组而非第0901群组。因此，考虑到商品的变迁及市场实际，难以认定飞象未来公司第1084577号“ ”商标在移动电源商品上的使用超出其核定使用的商品范围。至于其在相关宣传中使用简体“爱国者”之行为，由于“爱国者”与“ ”构成近似，在飞象未来公司享有在电池等商品上对“ ”商标专用权的前提下，难以仅凭该使用行为认定其构成侵犯申请人在计算机周边设备等相关商品上的“爱国者”商标专用权，原审法院认定“第1084577号‘爱国者’商标在移动电源商品上的使用并未超出其核定使用的商品范围，亦未超出其注册商标专用权的保护范围，本案属于《最高人民法院关于审理注册商标、企业名称与在先权利冲突的民事纠纷案件若干问题的规定》第一条第二款所指两个注册商标之间的纠纷，不属于法院民事诉讼的受案范围，可以由爱国者数码公司和爱国者电子公司向有关行政主管机关申请解决”并无不当，本院予以维持。

综上，爱国者数码公司、爱国者电子公司的再审申请不符合《中华人民共和国民事诉讼法》第二百条规定的情形。依照《中华人民共和国民事诉讼法》第二百零四条第一款，《最高人民法院关于适用〈中华人民共和国民事诉讼法〉的解释》第三百九十五条第二款规定，裁定如下：

驳回爱国者数码科技有限公司、爱国者电子科技有限公司的再审申请。

审　判　长　王艳芳
审　判　员　毛立华
审　判　员　杜微科
二〇一八年十一月二十二日
法官助理　宾岳成
书　记　员　张栗萌

《最高人民法院知识产权要案典丛》编辑委员会

最高人民法院
知识产权要案典丛

ZUIGAO RENMIN FAYUAN
ZHISHI CHANQUAN YAOAN DIANCONG

·商标卷·

| 下册 |

最高人民法院知识产权审判庭◎编

中国法制出版社
CHINA LEGAL PUBLISHING HOUSE

目 录

Contents

下 册

二、商标行政案件

（一）商标授权确权案件中不得损害他人在先权利、不得抢先注册的判断

（三）商标共存的判断

（四）类似商品的判断

（五）驰名商标的认定

二、商标行政案件

（一）商标授权确权案件中不得损害他人在先权利、不得抢先注册的判断

36. 商标法第三十一条和第四十一条的理解与适用

——再审申请人常州诚联电源制造有限公司与被申请人国家工商行政管理总局商标评审委员会、常州市创联电源有限公司商标行政纠纷案

【裁判要旨】

商标法第四十一条第一款中“违反本法第十条、第十一条、第十二条规定”与“以欺骗手段或者其他不正当手段取得注册”的情形并列，涉及的是撤销商标注册的绝对事由，在涉及在先权利的注册商标争议中，不应将该条款中的“其他不正当手段”适用于涉及私权利的撤销商标争议案件，而应当适用商标法第四十一条第二款、第三款的规定。要解决违反诚实信用原则、抢注在先商标或者其他损害他人其他在先权利的问题，制止不正当竞争行为，正确理解和适用商标法第三十一条的规定就已足够；商标法第三十一条对未注册商标保护设定了三个条件，即在先使用、有一定影响、以不正当手段抢注，其中“有一定影响”和“不正当手段”本身是有弹性的；对商标有一定影响的要求标准不宜过高，并可以结合注册人的明知或恶意进行考虑。

【关键词】

商标　不正当手段　绝对事由　相对事由

【案号】

最高人民法院（2006）行监字第118－1号

【基本案情】

在再审申请人常州诚联电源制造有限公司（以下简称诚联公司）与被申请人国家工商行政管理总局商标评审委员会（以下简称商标评审委员会）、常州市创联电源有限公司（以下简称创联公司）商标行政纠纷案中，诚联公司成立于2001年9月18日，并于2001年9月29日在第9类电开关商品上申请注册“诚联及图形”（以下简称争议商标），2003年2月14日被核准注册。2004年，创联公司向商标评审委员会以诚联公司恶意抢注为由提出撤销争议商标申请。商标评审委员会认定创联公司对争议商标图形使用在先，诚联公司注册争议商标构成商标法第四十一条第一款所指的以“其他不正当手段取得注册”的情形，裁定撤销争议商标。诚联公司提起行政诉讼，北京市第一中级人民法院以商标评审委员会认定创联公司在先使用争议商标图形的证据不足为理由，判决撤销商标评审委员会的裁定。创联公司不服一审判决，提出上诉，北京市高级人民法院撤销一审判决、维持商标评审委员会的裁定。诚联公司向最高人民法院申请再审。最高人民法院于2008年9月24日通知驳回诚联公司的再审申请。

【裁判意见】

最高人民法院认为：在商标法第四十一条第一款中，“违反本法第十条、第十一条、第十二条规定”与“以欺骗手段或者其他不正当手段取得注册”的情形并列，涉及的是撤销商标注册的绝对事由，这些行为损害的是公共秩序或者公共利益，或者是妨碍商标注册管理秩序的行为，所以该款规定商标局可以直接依职权撤销商标注册，其他单位或者个人可以请求商标评审委员会裁定撤销该注册商标，而且没有规定时间限制。该条第二款的规定属于涉及商标注册损害特定权利人民事权利的相对撤销事由，为尊重权利人的意志和督促权利人及时维权，采取不告不理原则并规定了5年的时间限制（恶意抢注驰名商标的情形其撤销不受时间限制）；而且有权提出撤销请求的主体仅限于商标所有人或者利害关系人。在涉及在先权利的注册商标争议中，应当适用商标法第四十一条第二款、第三款的规定。诚联公司关于商标法第四十一条第一款的规定不能作为撤销争议商标的理由成立；本案应该适用商标法第三十一条及第四十一条第二款的规定，商标评审委员会的裁定及一、二审法院的判决适用法律有不当之处。

但是，创联公司申请撤销本案争议商标的依据之一就是商标法第三十一条，该公司提供了在先使用和其商标有一定影响的证据。诚联公司在商标评审阶段的答辩书中承认创联公司的经营状况很好，对创联公司的产品销售额也没有提出异议。

考虑到臧其准作为创联公司的投资人之一和高级管理人员，在明知创联公司使用争议商标的图形标志的情况下，创办经营同类业务的公司并在同类商品上抢注创联公司正在使用的商标及商标图形，诚联公司成立和抢注创联公司在先使用的商标时，臧其准仍然是创联公司的高级管理人员，因此诚联公司注册争议商标的不正当性是明显的。商标法第三十一条规定的“有一定影响”的商标，通常是指已经使用了一定时间，因一定的销售量、广告宣传等而在一定范围的相关公众中具有知名度，被视为区分商品或服务来源的未注册商业标志。根据本案的具体情况，应该认定创联公司在先使用的商标有一定影响，并适用商标法第三十一条和第四十一条第二款的规定撤销争议商标。鉴此，商标评审委员会撤销争议商标的裁定及终审判决虽然在适用法律上有不当之处，但是裁判结果正确，无需再启动审判监督程序予以纠正。

中华人民共和国最高人民法院驳回再审申请通知书

（2006）行监字第118－1号

常州诚联电源制造有限公司：

你公司因与再审被申请人国家工商行政管理总局商标评审委员会（以下简称商评委）、再审被申请人常州市创联电源有限公司（以下简称创联公司）商标撤销行政纠纷一案，不服北京市高级人民法院（2006）高行终字第283号行政判决，向本院申请再审。你公司申请再审的理由主要是：（一）终审判决认定事实不清。创联公司在二审提交的新证据依法不应采信；你公司的实际投资人、总经理臧其准是争议商标图形的创始人和在先使用人；（二）终审判决适用商标法第四十一条第一款错误，该款中的以“其他不正当手段取得注册”的行为主要适用于侵犯商标管理秩序或公共利益的行为，不能随意扩大适用范围；争议商标不属于以“其他不正当手段取得注册”的情形。

经调卷、听证审查查明：你公司2001年9月18日成立，并于2001年9月29日在第9类电开关商品上申请注册“诚联及图形”商标（以下简称争议商标），2003年2月14日被核准注册。2004年3月创联公司向商评委提出撤销争议商标的申请，理由是：1. 创联公司成立于2000年3月，是从事电源开关开发制造的企业，2001年6月被授予“江苏省新世纪质量计量信得过单位”荣誉称号，同年产品通过了ISO国际质量体系认证；2000年7月至2001年6月，产品销售即达322万元；2. 争议商标的图形部分是创联公司创意设计和使用在先，2000年4月创联公司即以与争议商标图形部分相同的商标印制了产品说明书和商标标识；3. 你公司的实际投资人、总经理臧其准原为创联公司市场部经理，臧其准的妻子原为创联公司的股东，均为创联公司的核心成员，熟知创联公司的商标，你公司注册争议商标属于恶意抢注行为。商评委认定创联公司对争议商标图形使用在先，你公司注册争议商标构成商标法第四十一条第一款所指的以“其他不正当手段取得注册”的情形，裁定撤销争议商标。你公司不服商评委的裁定，提起行政诉讼，北京市第一中级人民法院以商评委认定创联公司在先使用争议商标图形的证据不足为理由，判决撤销商评委的裁定。创联公司不服一审判决提出上诉，北京市高级人民法院撤销一审判决、维持商评委的裁定。

经调卷、听证审查，本院认为：

一、关于认定事实及新证据采信问题

创联公司在商标评审阶段以及本案一、二审程序中均提交了相关证据证明其在先使用争议商标图形的事实，其中证据一（该公司宣传材料）显示创联公司产品宣传册上使用了“创联及图形”标志，该标志中的图形与争议商标中的图形视觉印象完全相同，创联公司提交的前振印刷厂开具的发票及销货清单标注日期均为2000年4月25日，发票物品名称栏标注为印刷品，销货清单上商品或劳务名称栏标注为商标、信笺等，表明创联公司2000年4月已经印制了商标及宣传材料，虽然该发票及销货清单上未注明“创联及图形”的字样，但是你公司没有提供证据证明创联公司除了使用“创联及图形”标志之外，还使用过其他商标标识，因此，商评委综合各证据认定创联公司对争议商标图形使用在先并无不当。在一审法院对证据问题和案件事实出现了相反判断的情况下，创联公司在二审阶段提交新证据进一步证实在评审阶段已经提交的证据一至晚在2000年8月之前已经印制并使用，属于补强证据，二审法院对该证据予以采信并无不当。商评委及二审法院关于创联公司使用在先的认定是正确的。

你公司主张臧其准是争议商标图形的在先使用人，并提供了中亚公司出具的书面证言，证明2000年3月前该公司向臧其准采购了有与争议商标图形近似的“联创及图”标识的电源开关。商评委在裁定中认为，鉴于当时创联公司和你公司均未正式成立，因此该证据不能证明你公司或创联公司任何一方对争议商标中图形的合法使用。一、二审判决对商评委的此项认定均予以认可。本院认为：1. 你公司提供的证据只能说明近似图形在创联公司成立之前可能已经存在，不能证明臧其准在先使用了争议商标图形。虽然该图形与争议商标图形存在近似的一面，但是它们之间的区别也是很明显的，并非同一个图形。创联公司主张“联创电源”是其筹备时的拟用字号，臧其准向中亚公司销售开关电源的行为是代表筹备中的创联公司，并提供了该公司在成立前租用场地小批量生产产品的有关证据；你公司在商标评审时的书面答辩中承认，在创联公司设立登记时，由于拟用字号“联创”未能通过，临时将字号改作“创联”。2. 即使向中亚公司销售开关电源是臧其准的个人行为，由于没有证据表明臧其准对该图形进行了持续的具有商品识别意义的使用，因而还不能产生商标权利。3. 臧其准与你公司是两个不同的法律主体，臧其准个人使用并非你公司的使用。而本案是你公司与创联公司之间的商标争议，创联公司是否在你公司申请注册争议商标之前已经使用了争议商标图形才是需要认定的关键事实。

你公司主张臧其准是争议商标图形的创始人，拥有争议商标图形部分的著作权，并提供了证人证言用以证明自己的主张。商评委在裁定中认为，你方提供的证据不足以证明自己对争议商标图形部分拥有著作权；一审法院认为，你公司提供的证人蒋德新的书面证言，由于证人没有出庭作证，创联公司不认可该证据的效力，而且该书面证明没有其他的证据予以佐证，因此该书面证明不能采信，你公司关于争议商标图形的著作权属于臧其准的主张没有事实依据，法院不予支持；终审判决对商评委及一审法院关于争议商标图形的著作权的认定也不持异议。本院认为，你公司关于争议商标图形的著作权属于臧其准的主张没有充分的事实依据，该项申诉理由不能成立。

二、关于法律适用问题

本院认为，在商标法第四十一条第一款中，“违反本法第十条、第十一条、第十二条规定”与“以欺骗手段或者其他不正当手段取得注册”的情形并列，涉及的是撤销商标注册的绝对事由，这些行为损害的是公共秩序或者公共利益，或者是妨碍商标注册管理秩序的行为，所以该款规定商标局可以直接依职权撤销商标注册，其他单位或者个人可以请求商标评审委员会裁定撤销该注册商标，而且没有规定时间限制。该条第二款的规定属于涉及商标注册损害特定权利人民事权利的相对撤销事由，为尊重权利人的意志和督促权利人及时维权，采取不告不理原则并规定了5年的时间限制（恶意抢注驰名商标的情形其撤销不受时间限制）；而且有权提出撤销请求的主体仅限于商标所有人或者利害关系人。在涉及在先权利的注册商标争议中，应当适用商标法第四十一条第二款、第三款的规定。你公司关于商标法第四十一条第一款的规定不能作为撤销争议商标的理由成立；本案应该适用商标法第三十一条及第四十一条第二款的规定，商评委的裁定及一、二审法院的判决适用法律有不当之处。

但是，创联公司申请撤销本案争议商标的依据之一就是商标法第三十一条，该公司提供了在先使用和其商标有一定影响的证据。你公司在商标评审阶段的答辩书中承认创联公司的经营状况很好，对创联公司的产品销售额也没有提出异议。考虑到臧其准作为创联公司的投资人之一和高级管理人员，在明知创联公司使用争议商标的图形标志的情况下，创办经营同类业务的公司并在同类商品上抢注创联公司正在使用的商标及商标图形，你公司成立和抢注创联公司在先使用的商标时，臧其准仍然是创联公司的高级管理人员，因此你公司注册争议商标的不正当性是明显的。本院认为，商标法第三十一条规定的“有一定影响”的商标，通常是指已经使用了一定时间，因一定的销售量、广告宣传等而在一定范围的相关公众中具有知名度，被视为区分商品或服务来源的未注册商业标志。根据本案的具体情况，应该认定创联公司在先使用的商标有一定影响，并适用商标法第三十一条和第四十一条第二款的规定撤销争议商标。鉴此，商评委撤销争议商标的裁定及终审判决虽然在适用法律上有不当之处，但是裁判结果正确，本院无需再启动审判监督程序予以纠正。

综上所述，本院认为，你公司的再审申请不符合《中华人民共和国行政诉讼法》第六十三条第二款、《最高人民法院关于执行〈中华人民共和国行政诉讼法〉若干问题的解释》第七十二条规定的再审条件，依据《最高人民法院关于执行〈中华人民共和国行政诉讼法〉若干问题的解释》第七十四条的规定，予以驳回。

特此通知。

二〇〇八年九月二十四日

37. 主张权利者使用争议标志的意图、行为和效果对其受法律保护的影响

——再审申请人索尼爱立信移动通信产品（中国）有限公司与被申请人国家工商行政管理总局商标评审委员会、原审第三人刘建佳商标争议行政纠纷案

【裁判要旨】

本案中的争议商标“索爱”，无论是作为未注册商标的简称，还是作为企业名称

或知名商品特有名称的简称，其受法律保护的前提是，对该标识主张权利的人必须有实际使用该标识的行为，且该标识已能够识别其商品来源。

【关键词】

商标争议　使用意图　法律保护

【案号】

最高人民法院（2010）知行字第48号

【基本案情】

在再审申请人索尼爱立信移动通信产品（中国）有限公司（以下简称索尼爱立信公司）与被申请人国家工商行政管理总局商标评审委员会（以下简称商标评审委员会）、原审第三人刘建佳商标争议行政纠纷案中，2003年3月19日，刘建佳向国家工商行政管理总局商标局（以下简称商标局）提出“索爱”商标（以下简称争议商标）的注册申请，2004年8月7日该商标经核准注册，核定使用商品为第9类影碟机、扩音器、扬声器音箱、电话机等商品。互联网上关于索尼爱立信移动通讯公司（以下简称索尼爱立信通讯公司）和索尼爱立信公司的介绍如下：索尼爱立信通讯公司由爱立信公司与索尼公司于2001年共同创立；2002年3月推出首批合作产品；2002年，索尼爱立信公司销售的移动电话近2300万部。2002年8月，索尼爱立信公司成立。从2002年12月开始直至争议商标申请注册之前，多家网站上出现了对不同型号“索爱手机”以及其他“索爱”电子产品的报道、评论，且这些产品的生产者均指向“索尼爱立信通讯公司”或“索尼爱立信公司”。在争议商标申请注册前，索尼爱立信公司的手机均未在中国大陆生产和销售。时至2007年10月左右，索尼爱立信公司并不认同“索爱”是其公司简称或者是其手机及电子产品的简称。2007年12月17日，CNET科技资讯网登载题目为“索尼爱立信卢健生：请称我们‘索尼爱立信’”的文章，其中提到索尼爱立信集团副总裁兼中国区主管卢健生答：“长久以来，‘索尼爱立信’被非正式简称为‘索爱’，这是我们不可以接受的。‘索爱’并不能代表‘索尼爱立信’。索尼爱立信移动通信产品（中国）有限公司是经国家工商行政管理局核准注册的，品牌称谓是‘索尼爱立信’及‘Sony Ericsson’。把‘索尼爱立信’简称为‘索爱’，一方面不能充分体现两家母公司的品牌效应，另一方面也会使消费者失去理解‘索尼爱立信’背后含义的机会……只有‘索尼爱立信’才能最清楚地体现我们品牌的内涵……把‘索尼爱立信’简称为‘索爱’，就不能反映我们全称的优势与Walkman和Cyber－shot的关系，这无疑会影响消费者从我们的产品中获得丰富的体验……出于对品牌的尊重，请称我们‘索尼爱立信’。”2005年6月7日，索尼爱立信公司向商标评审委员会提起对争议商标撤销注册的申请，其主要理由是：“索爱”是其在中国拥有的驰名商标，刘建佳恶意注册争议商标将侵害索尼爱立信公司的合法权益，且违反商标法第十条第一款第（八）项和反不正当竞争法第五条第（二）项的规定。2007年11月28日，商标评审委员会作出第11295号裁定，维持争议商标。索尼爱立信公司不服该裁定，提起行政诉讼。北京市第一中级人民法院一审认为，“索爱”已被广大消费者和媒体认可并使用，具有了区分不同商品来源、标志产品质量的作用，这些实际使用效果、影响自然及于索尼爱立信通讯公司和索尼爱立信公司，其实质即等同于他们的使用。因此，尽管索尼爱立信公司认可其没有将“索爱”作为其未注册商标进行宣传，但消费者的认可和媒体的宣传共同作用，已经达到了索尼爱立信公司自己使用“索爱”商标的实际效果，故“索爱”实质上已经成为该公司在中国使用的商标。遂判决撤销第11295号裁定，判令商标评审委员会重新就争议申请作出裁定。刘建佳不服一审判决，提起上诉。北京市高级人民法院二审认为，被抢注的商标是指他人已经使用并有一定影响的商标。商标的使用，包括将商标用于商品、商品包装或者容器以及商品交易文书上，或者将商标用于广告宣传、展览以及其他商业活动中。因此，被抢注的商标应当由被抢注人自己在商业活动中予以了使用。由于索尼爱立信公司未将“索爱”作为商标进行商业性的使用，一审法院的认定缺乏法律依据。遂判决撤销一审判决，维持第11295号裁定。索尼爱立信公司不服二审判决，向最高人民法院申请再审。最高人民法院于2010年12月31日通知驳回其再审申请。

【裁判意见】

最高人民法院审查认为：商标法第三十一条规定，申请商标注册不得损害他人现有的在先权利，也不得以不正当手段抢先注册他人已经使用并有一定影响的商标。《最高人民法院关于审理商标授权确权行政案件若干问题的意见》第十七条第二款规定：“人民法院审查判断诉争商标是否损害他人现有的在先权利，一般以诉争商标申请日为准……”因此，在争议商标申请日前，索尼爱立信公司是否对其享有在先权利成为认定争议商标的注册是否违反了商标法第三十一条的前提。本案中，根据索尼爱立信公司提供的证据，不能证明争议商标“索爱”已经成为其企业名称的简称及其未注册商标“索尼爱立信”的简称，且根据原审法院查明的事实，在本案争议商标申请日前，索尼爱立信公司的相关手机均未在中国大陆生产和销售，其关于争议商标是其知名商品特有名称简称的主张亦不能成立。而且，无论是作为未注册商标的简称，还是作为企业名称或知名商品特有名称的简称，其受法律保护的前提是，对该标识主张权利的人必须有实际使用该标识的行为，且该标识已能够识别其商品来源。在本案争议商标申请日前，没有证据证明索尼爱立信公司将争议商标用作其产品来源的标识，亦未有证据证明其有将该争议商标用来标识其产品来源的意图。相反，根据法院查明的事实，直至2007年10月、12月，在争议商标已经被核准注册三年之后，索尼爱立信集团副总裁兼中国区主管卢健生仍多次声明“索爱”并不能代表“索尼爱立信”，认为“索尼爱立信”被非正式简称为“索爱”不可以接受。鉴此，最高人民法院认为，在争议商标申请日前，索尼爱立信公司并无将争议商标作为其商业标识的意图和行为，相关媒体对其手机产品的相关报道不能为其创设受法律保护的民事权益，因此索尼爱立信公司关于争议商标的注册损害其在先权利的再审理由不能成立。

中华人民共和国最高人民法院驳回再审申请通知书

（2010）知行字第48号

索尼爱立信移动通信产品（中国）有限公司：

你公司（简称索尼爱立信公司）与国家工商行政管理总局商标评审委员会（简称商标评审委员会）、刘建佳商标行政纠纷一案，北京市高级人民法院于2010年3月12日作出（2008）高行终字第717号行政判决，已经发生法律效力。2010年10月，索尼爱立信公司不服该判决，向本院申请再审。本院依法组成合议庭对本案进行了审查，现已审查终结。

索尼爱立信公司申请再审称：1. “索爱”商标与“索尼爱立信/ Sony Ericsson”商标/商号已经建立了唯一对应联系，且具有一定影响力，这是本案证据足以证明的事实，是考量争议商标注册是否正当的客观基础。2. “索爱”与“索尼爱立信/ Sony Ericsson”形成了唯一对应联系，在相关公众心目中，“索爱”商标所指示的手机及个人电子消费商品来源是索尼爱立信公司而不是被申请人刘建佳，允许被申请人刘建佳使用“索爱”商标必然会引起相关公众混淆的后果，根据商标法的立法宗旨，争议商标应被撤销以制止混淆、维护公共利益。3. 二审法院片面、机械地理解和适用商标法关于“使用”的规定，所作判决背离了商标法制止混淆的立法宗旨。4. 二审法院错误理解和认定索尼爱立信集团副总裁2007年10月的声明，索尼爱立信集团呼吁相关公众用索尼爱立信或Sony Ericsson来称呼其公司，但没有反映申请人或索尼爱立信集团不认同“索爱”是“索尼爱立信/Sony Ericsson”简称的事实。5. “索爱”无论是作为“索尼爱立信/Sony Ericsson”商标的简称还是作为申请人的企业名称简称，在争议商标申请日以前已经存在，二审法院忽视了权利人对商标法第三十一条中“不得损害他人现有的在先权利”的主张。6. 被申请人刘建佳申请注册争议商标“索爱”具有明显的恶意。请求本院：1. 裁定由原审法院重审或由最高人民法院提审本案；2. 撤销北京市高级人民法院（2008）高行终字第717号行政判决，维持北京市第一中级人民法院（2008）一中行初字第196号行政判决；3. 裁定由商标评审委员会重新就索尼爱立信公司对第3492439号“索爱”商标提出的争议申请作出“撤销争议商标注册”的裁定。

商标评审委员会答辩称，其作出的商评字〔2007〕第11295号《关于第3492439号索爱商标争议裁定书》（简称第11295号裁定）及二审判决认定事实清楚，程序合法，适用法律正确，应予维持。请求本院维持二审判决。

刘建佳答辩称，商标评审委员会作出的第11295号裁定认定事实和适用法律是否正确，主要涉及商标法第十条第一款第（八）项、第十三条第一款和第三十一条的适用问题。根据商标法申请在先的原则和最高人民法院有关审判文件精神，对索尼爱立信公司在先权利的审查，应当以争议商标申请日2003年3月19日为准。第11295号裁定和二审法院判决认定事实和适用法律正确，应予维持。其理由是：1. 争议商标申请日前，索尼爱立信公司从未将“索爱”字样作为未注册商标或企业简称使用，其所称媒体的使用，可产生归于其本身的权利的说法没有依据。2. 索尼爱立信公司的手机产品最早于2003年3月12日取得入网许可，被允许进入中国市场，其产品不可能在争议商标申请日前在相关公众中具有商标法意义上的“一定影响”。3. 与索尼爱立信公司的未注册商标“Sony Ericsson”相比较，被申请人刘建佳所持有的“索爱”商标具有显著性，相关公众能够以一般注意力将两者区分开来，其申请该商标，不具有恶意。4. 索尼爱立信公司是否享有在先的名称权，不属于本案审理范围，且索尼爱立信公司从未将“索爱”作为字号或者字号的简称使用，因此，不构成反不正当竞争法第五条第（三）项规定的受保护的企业名称的情形。5. 争议商标的申请与注册不违反商标法第十条第一款第（八）项和第十三条第一款的规定。争议商标实际用于商品已经五年多，被申请人刘建佳及广州市索爱数码科技有限公司为了“索爱”品牌付出了巨大的人力、物力和财力。请求本院驳回索尼爱立信公司的再审申请。

北京市第一中级人民法院查明，2003 年 3 月 19 日，刘建佳向国家工商行政管理总局商标局（简称商标局）提出“索爱”商标（简称争议商标）的注册申请，2004 年 8 月 7 日该商标经核准注册，核定使用商品为第 9 类影碟机、扩音器、扬声器音箱、电话机等商品，商标注册号为 3492439。2005 年 6 月 7 日，索尼爱立信公司向商标评审委员会提起对争议商标撤销注册的申请，其主要理由是：“索爱”是其在中国拥有的驰名商标，刘建佳恶意注册争议商标将侵害索尼爱立信公司的合法权益，且违反商标法第十条第一款第（八）项和反不正当竞争法第五条第（二）项的规定。为支持其撤销申请，索尼爱立信公司向商标评审委员会提交了相关证据材料，其中包括：1. 互联网上关于索尼爱立信移动通讯公司和索尼爱立信公司的介绍，主要内容有：索尼爱立信移动通讯公司（简称索尼爱立信通讯公司）由爱立信公司与索尼公司于 2001 年共同创立；2002 年 3 月推出首批合作产品；2002 年，索尼爱立信公司销售的移动电话近 2300 万部。2002 年 8 月，索尼爱立信公司成立。2.（2005）沪虹证经字第 2301 号、第 2302 号公证书，（2007）沪黄一证经字第 3747 号、第 5986 号公证书。（2005）沪虹证经字第 2301 号、第 2302 号公证书和（2007）沪黄一证经字第 5986 号公证书所附的网页打印页的内容表明，从 2002 年 12 月开始直至争议商标申请注册之前，在多家网站上陆续出现了较多对不同型号的手机称为“索爱手机”以及其他“索爱”电子产品的报道、评论。这些产品的生产者均指向“索尼爱立信通讯公司”或“索尼爱立信公司”；（2007）沪黄一证经字第 3747 号、第 5986 号公证书所附的网页打印页的内容表明，何洁曾为广州索爱数码科技有限公司作 MP4 产品代言人，有的消费者误以为何洁所代言的是“索尼爱立信公司”的产品，进而引发争议。3.（2004）沪黄一证经字第 11499 号、第 11500 号公证书。上述公证书对发放《有关“索爱”品牌认知度的市场调查》问卷以及对调查结果的统计事项进行了公证，调查结果统计显示，北京市、上海市的各 100 位被调查者均认为“索爱”品牌为索尼爱立信公司所有。4. 2004 年 10 月 1 日出版的《慧聪商情广告》。在该杂志中登载有争议商标的拍卖广告，底价为 200 万元，联系人为王生。5. 上海万亚信息咨询有限公司出具的其接受索尼爱立信公司的委托对刘建佳的走访调查报告及录音资料。

2007 年 11 月 28 日，商标评审委员会作出第 11295 号裁定，该裁定认定，1. 商标法第十条第一款第（八）项规定，有其他不良影响的标志不得作为商标使用。索尼爱立信公司提交的在案证据不足以证明“索爱”就是“索尼爱立信”的简称，故争议商标“索爱”应属于臆造词汇，无规范含义，目前尚无理由认为争议商标使用在影碟机等商品上会对社会公共利益和公共秩序产生不良影响。因此，争议商标不属于商标法第十条第一款第（八）项规定的标志。2. 在有关索尼爱立信公司“索爱”商标知名度的证据中，证据2由上海万亚信息咨询有限公司在北京、上海两个城市共发放228份调查问卷后出具，其余证据均取自互联网的搜索，以上证据无论从相关公众对该商标的知晓程度方面，还是该商标使用或宣传的持续时间、程度或覆盖的地理范围等方面，均不足以证明该商标已为中国的相关公众广为知晓并享有较高声誉。因此，不足以据此认定索尼爱立信公司的“索爱”商标在争议商标申请日前已成为未在中国注册的驰名商标，刘建佳注册争议商标的行为未构成商标法第十三条第一款规定的“复制、摹仿或者翻译他人未在中国注册的驰名商标”的情形。3. 索尼爱立信公司关于争议商标的注册构成不正当竞争行为的主张体现于商标法第三十一条的规定，即刘建佳是否构成“以不正当手段抢先注册他人已经使用并有一定影响的商标”的情形。如前所述，索尼爱立信公司提供的证据不能认定“索爱”商标为已经使用并有一定影响的商标；索尼爱立信公司提供的证明刘建佳具有恶意的证据中，证据3与本案无关；证据4为上海万亚信息咨询有限公司出具的其接受索尼爱立信公司的委托对刘建佳的走访调查报告及录音资料，属于以秘密手段获取的视听资料；证据5为商标拍卖广告，如无其他相关证据与之佐证，仅凭这些证据不足以证明刘建佳注册争议商标违反了诚实信用原则，具有不正当性。依据商标法第四十三条的规定，裁定争议商标予以维持。

索尼爱立信公司不服该裁定，向北京市第一中级人民法院提起诉讼，其主要理由是：1. 早在争议商标申请日之前，“索爱”已经约定俗成地成为相关公众熟知的“索尼爱立信”和“Sony Ericsson”商标的简称，并唯一而确定地指向包括索尼爱立信公司在内的索尼爱立信集团及其产品，并被各媒体广泛报道，在中国相关公众中具有较高的影响力，而刘建佳对其注册“索爱”商标来源的陈述，没有提供证据证明。2. 刘建佳注册争议商标具有明显的主观恶意，是出于不正当竞争目的的恶意抢注行为，违背了诚实信用原则。3. 争议商标的注册和使用将使消费者对商品的来源产生混淆或误认，扰乱公平的市场竞争秩序，侵害消费者的利益，也侵害了索尼爱立信公司的利益和商誉，造成不良影响。请求判决撤销第11295号裁定，并由商标评审委员会作出撤销争议商标的裁定。

北京市第一中级人民法院认为，争议商标不属于商标法第十条第一款第（八）项规定的具有其他不良影响的标志。而索尼爱立信公司所述商标评审委员会作出的其他裁定对本案不应产生影响。据此，索尼爱立信公司关于争议商标属于商标法第十条第一款第（八）项规定的具有其他不良影响的标志的主张缺乏法律依据。索尼爱立信公司并未依照法律规定提交能够充分证明在争议商标申请注册时“索爱”已经成为驰名商标的相关证据，故其关于“索爱”为未注册驰名商标的主张缺乏事实依据。

从索尼爱立信公司在评审阶段提交的（2005）沪虹证经字第 2301 号、第 2302 号公证书以及（2007）沪黄一证经字第 5986 号公证书所体现的网页内容可以看出，从 2002 年 12 月开始直至争议商标申请注册之前，曾先后在多家网站上出现了对不同型号“索爱手机”以及其他“索爱”电子产品的报道、评论，且这些产品的生产者均指向“索尼爱立信通讯公司”或“索尼爱立信公司”。从汉语的语言表达来看，“索尼爱立信”在呼叫上相对繁琐，根据汉语中广泛使用简称（或称之为缩略语）的语言习惯，在组成“索尼爱立信”的两家公司或品牌“索尼”和“爱立信”中各取一字构成对其简称是非常自然的。通过上述互联网上持续出现的内容也可以进一步佐证，在日常生活中，自索尼爱立信通讯公司和索尼爱立信公司成立以及其手机和电子产品面世后，“索爱”这一简称被中国相关公众、媒体采用并广泛使用，且这种称谓已被广大消费者感知并一致认同，成为“索尼爱立信”公认的简称，与之形成了唯一的对应关系，对刘建佳关于“索爱”商标已经能够使广大消费者意识到在手机和相关电子产品上还有其他“索爱”品牌的产品的主张不予支持。

“索爱”已被广大消费者和媒体认可并使用，具有了区分不同商品来源、标志产品质量的作用，这些实际使用效果、影响自然及于索尼爱立信通讯公司和索尼爱立信公司，其实质即等同于它们的使用。因此，尽管索尼爱立信公司认可其没有将“索爱”作为其未注册商标进行宣传，但消费者的认可和媒体的宣传共同作用，已经达到了索尼爱立信公司自己使用“索爱”商标的实际效果，故“索爱”实质上已经成为该公司在中国使用的商标。

索尼爱立信公司于 2002 年 8 月成立，在争议商标申请注册即 2003 年 3 月之前，已有相关媒体对索尼爱立信通讯公司和索尼爱立信公司的“索爱”手机和其他电子产品进行宣传、报道。而且，作为业内具有较高知名度的索尼公司和爱立信公司共同成立的索尼爱立信通讯公司以及在后成立的索尼爱立信公司，其知名度也高于其他同时间成立的一般企业。上述情况对于多年从事“电子行业”的刘建佳而言，其显然是应当知道的。因此，刘建佳在知道索尼爱立信通讯公司和索尼爱立信公司拥有的“索爱”商标及其影响力的情况下，仍然在电话机等商品上注册争议商标，其行为明显具有不正当性。刘建佳关于争议商标申请注册时，索尼爱立信公司成立只有半年，其不可能具有较高知名度的主张缺乏事实和法律依据。依照《中华人民共和国行政诉讼法》第五十四条第（二）项之规定，判决：一、撤销商标评审委员会作出的第 11295 号裁定；二、商标评审委员会重新就索尼爱立信公司对“索爱”商标提出的争议申请作出裁定。

刘建佳不服一审判决，向北京市高级人民法院提起上诉，请求撤销一审判决，改判维持商标评审委员会第 11295 号裁定。

北京市高级人民法院查明，一审法院查明的事实属实，予以确认。另查明，2008 年 9 月 10 日广东省广州市广州公证处出具的（2008）粤穗广证内经字第 97690 号公证书载明：自 2007 年 10 月起，搜狐 IT、科技资讯网、北青网、太平洋电脑网、人民网等登载有如下相关内容：索尼爱立信集团副总裁兼中国区主管卢健生称：……索尼爱立信是索尼集团跟爱立信集团两大公司的合资……我们不是索爱，我们是索尼爱立信……我请求大家称我们为索尼爱立信或 Sony Ericsson，而不是索爱等。2003 年 3 月 12 日争议商标申请注册前，索尼爱立信公司的手机均未在中国大陆生产和销售。

北京市高级人民法院认为，反不正当竞争法第五条第（二）项规定，经营者不得采用“擅自使用知名商品特有的名称、包装、装潢，或者使用与知名商品近似的名称、包装、装潢，造成和他人的知名商品相混淆，使购买者误认为是该知名商品”，损害竞争对手的行为。商标法第三十一条规定，申请商标注册不得损害他人现有的在先权利，也不得以不正当手段抢先注册他人已经使用并有一定影响的商标。知名商品的特有名称本质为已经使用并有一定影响的商标，因此索尼爱立信公司所提争议商标的注册构成反不正当竞争法第五条第（二）项规定的行为，体现于商标法第三十一条“以不正当手段抢先注册他人已经使用并有一定影响的商标”规定的情形。对此，索尼爱立信公司及刘建佳均无异议。根据商标法第三十一条的规定，被抢注的商标是指他人已经使用并有一定影响的商标。商标法实施条例第三条规定，商标的使用，包括将商标用于商品、商品包装或者容器以及商品交易文书上，或者将商标用于广告宣传、展览以及其他商业活动中。因此，被抢注的商标应当由被抢注人自己在商业活动中予以了使用。

索尼爱立信公司据以主张其已使用“索爱”的事实是在多家网站上出现的对不同型号“索爱手机”以及其他“索爱”电子产品的报道、评论，且这些产品的生产者均指向“索尼爱立信通讯公司”或“索尼爱立信公司”。但是，这些报道、评论均非索尼爱立信公司所为。在争议商标申请注册之前，索尼爱立信公司未进行任何有关“索爱”产品的生产、销售及宣传等商业活动，对此，索尼爱立信公司亦予以认可。此外，时至2007年10月左右，索尼爱立信公司并不认同“索爱”是其公司简称或者是其手机及电子产品的简称。根据前述商标法及商标法实施条例的规定，由于索尼爱立信公司未将“索爱”作为商标进行商业性的使用，一审判决关于“‘索爱’这一简称被中国相关公众、媒体采用并广泛使用，且这种称谓已被广大消费者感知并一致认同，成为‘索尼爱立信’公认的简称，与之形成了唯一的对应关系及‘索爱’已被广大消费者和媒体认可并使用，具有了区分不同商品来源、标志产品质量的作用，这些实际使用效果、影响自然及于索尼爱立信通讯公司和索尼爱立信公司，其实质即等同于他们的使用”的认定缺乏法律依据。刘建佳所提索尼爱立信公司未对“索爱”字样进行商标法意义上的使用，其注册争议商标不构成商标法第三十一条规定的“不得以不正当手段抢先注册他人已经使用并有一定影响的商标”的主张成立。商标评审委员会关于索尼爱立信公司提供的证据不能认定“索爱”商标为已经使用并有一定影响的商标的决定是正确的。

争议商标不属于有不良影响的标志，索尼爱立信公司亦未提交充分证据证明在争议商标申请注册时“索爱”已经成为驰名商标，故商标评审委员会关于争议商标不属于商标法第十条第一款第（八）项规定的标志，刘建佳注册争议商标亦未构成商标法第十三条第一款的情形的决定有事实和法律依据。第11295号裁定审理程序合法，认定事实及适用法律正确，应予维持。一审判决认定事实及适用法律错误，应予撤销。依照《中华人民共和国行政诉讼法》第六十一条第（二）项之规定，判决：一、撤销北京市第一中级人民法院（2008）一中行初字第196号行政判决；二、维持商标评审委员会第11295号裁定。

本院经审查，原审法院查明的事实基本属实。

本院另查明，本案争议商标核定使用范围为：影碟机；扩音器；扬声器音箱；与电视机连用的娱乐器具；振动膜（音响）；电话机；延时混响器；音响连接器；电视机；录像机。其中，电话机与手提电话、手提无线电话机均属《类似商品和服务区分表》（基于尼斯分类第九版）第九类0907通讯导航设备。

2007 年 12 月 17 日，CNET 科技资讯网登载题目为“索尼爱立信卢健生：请称我们‘索尼爱立信’”的文章，其中提到索尼爱立信集团副总裁兼中国区主管卢健生答：“长久以来，‘索尼爱立信’被非正式简称为‘索爱’，这是我们不可以接受的。‘索爱’并不能代表‘索尼爱立信’。索尼爱立信移动通信产品（中国）有限公司是经国家工商行政管理局核准注册的，品牌称谓是‘索尼爱立信’及‘Sony Ericsson’。把‘索尼爱立信’简称为‘索爱’，一方面不能充分体现两家母公司的品牌效应，另一方面也会使消费者失去理解‘索尼爱立信’背后含义的机会。……只有‘索尼爱立信’才能最清楚地体现我们品牌的内涵。……把‘索尼爱立信’简称为‘索爱’，就不能反映我们全称的优势与 Walkman 和 Cyber－shot 的关系，这无疑会影响消费者从我们的产品中获得丰富的体验。……出于对品牌的尊重，请称我们‘索尼爱立信’。”

本院认为，本案主要有以下争议焦点问题：1. 争议商标“索爱”是否属于商标法第十条第一款第（八）项规定的有其他不良影响的标志？2. 刘建佳注册“索爱”商标是否违反了商标法第三十一条的规定？

（一）关于争议商标“索爱”是否属于商标法第十条第一款第（八）项规定的有其他不良影响的标志的问题

商标法第十条第一款第（八）项规定，有害于社会主义道德风尚或者有其他不良影响的标志不得作为商标使用。《最高人民法院关于审理商标授权确权行政案件若干问题的意见》第 3 条规定：“人民法院在审查判断有关标志是否构成具有其他不良影响的情形时，应当考虑该标志或者其构成要素是否可能对我国政治、经济、文化、宗教、民族等社会公共利益和公共秩序产生消极、负面影响。”索尼爱立信公司申诉称因 2002 年 12 月开始曾先后在多家网站上出现了对不同型号“索爱手机”以及其他“索爱”电子产品的报道、评论，“索爱”与“索尼爱立信/Sony Ericsson”由此形成了唯一对应的联系，但根据其提交的证据，前述报道主要针对其手机产品，因本案争议商标核定使用范围并不包括手提电话及手提无线电话机，争议商标使用在手机产品上是否会导致欺骗公众等损害公共利益之后果，并不属于本案审理范围，本院对此不作评判。索尼爱立信公司并未提供其他证据证明争议商标及其构成要素足以对我国政治、经济、文化、宗教、民族等社会公共利益和公共秩序产生消极、负面影响。因此，原审法院认定争议商标不属于商标法第十条第一款第（八）项规定的有其他不良影响的标志并无不当。

（二）关于争议商标的注册是否违反了商标法第三十一条的规定的问题

商标法第三十一条规定，申请商标注册不得损害他人现有的在先权利，也不得以不正当手段抢先注册他人已经使用并有一定影响的商标。《最高人民法院关于审理商标授权确权行政案件若干问题的意见》第17条第2款规定："人民法院审查判断诉争商标是否损害他人现有的在先权利，一般以诉争商标申请日为准……"因此争议商标申请日前，索尼爱立信公司是否对其享有在先权利成为认定争议商标的注册是否违反了商标法第三十一条的前提。本案中，根据索尼爱立信公司提供的证据，不能证明争议商标"索爱"已经成为其企业名称的简称及其未注册商标"索尼爱立信"的简称，且根据原审法院查明的事实，在本案争议商标申请日前，索尼爱立信公司的相关手机均未在中国大陆生产和销售，其关于争议商标是其知名商品特有名称简称的主张亦不能成立。而且，**无论是作为未注册商标的简称，还是作为企业名称或知名商品特有名称的简称，其受法律保护的前提是，对该标识主张权利的人必须有实际使用该标识的行为，且该标识已能够识别其商品来源**。在本案争议商标申请日前，没有证据证明索尼爱立信公司将争议商标用作其产品来源的标识，亦未有证据证明其有将该争议商标用来标识其产品来源的意图。相反，根据原审法院及本院查明的事实，直至2007年10月、12月，在争议商标已经被核准注册三年之后，索尼爱立信集团副总裁兼中国区主管卢健生仍多次声明"索爱"并不能代表"索尼爱立信"，认为"索尼爱立信"被非正式简称为"索爱"不可以接受。鉴此，本院认为，**在争议商标申请日前，索尼爱立信公司并无将争议商标作为其商业标识的意图和行为，相关媒体对其手机产品的相关报道不能为其创设受法律保护的民事权益**，因此索尼爱立信公司关于争议商标的注册损害其在先权利的再审理由不能成立。

综上，索尼爱立信移动通信产品（中国）有限公司的再审申请不符合《中华人民共和国行政诉讼法》第六十三条第二款和《最高人民法院关于执行〈中华人民共和国行政诉讼法〉若干问题的解释》第七十二条规定的再审条件。依照《最高人民法院关于执行〈中华人民共和国行政诉讼法〉若干问题的解释》第七十四条的规定，予以驳回。

二〇一〇年十二月三十一日

38. 商标法第三十一条“以不正当手段抢先注册他人已经使用并有一定影响的商标”的适用及其例外

——再审申请人抚顺博格环保科技有限公司与被申请人国家工商行政管理总局商标评审委员会、营口玻璃纤维有限公司商标争议行政纠纷案

【裁判要旨】

依据商标法第三十一条主张争议商标应予撤销的当事人，应证明其在争议商标申请日之前，已经在相同或者类似产品上使用了与争议商标相同或者近似的商标并且在相关公众中具有了一定影响，而争议商标申请人申请注册争议商标具有抢占其商标商誉的恶意；一般情况下，商标申请人明知或者应知他人在先使用并有一定影响的商标而申请注册即可推定其具有利用他人商标商誉获利的意图，但不排除特殊情况下，在先商标虽然已经具有一定影响，但商标申请人并不具有抢占在先商标商誉的恶意。

【关键词】

商标　在先使用　一定影响　恶意

【案号】

最高人民法院（2013）行提字第11号

【基本案情】

在再审申请人抚顺博格环保科技有限公司（以下简称抚顺博格公司）与被申请人国家工商行政管理总局商标评审委员会（以下简称商标评审委员会）、营口玻璃纤维有限公司（以下简称营口玻纤公司）商标争议行政纠纷案中，第1994272号“氟美斯FMS”商标（即争议商标）由抚顺市工业用布厂于2001年5月31日向国家工商行政管理局商标局（以下简称商标局）提出注册申请，于2002年8月21日被核准注册，核定使用商品为第24类无纺布、过滤布、滤气呢、纺织品过滤材料、纺织用玻璃纤维织物、玻璃布等。2006年5月7日，经商标局核准，争议商标被转让给抚顺博格公司。2002年12月30日，营口玻纤公司

向商标评审委员会提出撤销争议商标的申请。2008 年 10 月 20 日，商标评审委员会作出商评字〔2008〕第 19498 号《关于第 1994272 号“氟美斯 FMS”商标争议裁定书》(以下简称第 19498 号裁定)，该裁定依据商标法第三十一条、第四十一条第一款和第四十三条的规定，撤销争议商标的注册。商标评审委员会认为：营口玻纤公司称“氟美斯 FMS”系多功能玻璃纤维复合滤料商品的通用名称，但营口玻纤公司未能提供相应的证据支持。营口玻纤公司主张争议商标在作为商品名称的同时，又作为商标使用，抚顺市工业用布厂违反诚实信用原则，属于恶意抢注行为。营口玻纤公司提交的证据可以证明，其将“FMS 氟美斯”指定使用于针刺滤料商品上早于抚顺市工业用布厂提出争议商标注册申请的时间。抚顺市工业用布厂与营口玻纤公司为同一地域的同行，理应知晓营口玻纤公司将“氟美斯 FMS”指定使用于针刺滤料商品上，仍将“氟美斯 FMS”作为商标指定使用于相同商品上进行申请注册，致使营口玻纤公司在先获得的新产品名称不能正常使用。同时，该行为也违反了商标法第三十一条“不得以不正当手段抢先注册他人已经使用并有一定影响的商标”的规定。抚顺博格公司不服，提起行政诉讼。北京市第一中级人民法院一审认为，根据抚顺博格公司在诉讼阶段提交的新证据，截至争议商标申请日之前，抚顺市工业用布厂在商业活动中已经大量使用了争议商标，并使之具有了一定的知名度。在抚顺博格公司与营口玻纤公司都使用争议商标的情况下，本案已经没有适用商标法第三十一条的必要，根据商标注册的先申请原则，抚顺博格公司申请注册争议商标并无不当。据此判决撤销第 19498 号裁定。商标评审委员会、营口玻纤公司不服，提出上诉。北京市高级人民法院二审认为，营口玻纤公司在先使用了“氟美斯 FMS”商标并在相关公众中已经具有一定影响，抚顺市工业用布厂申请注册争议商标属于商标法第三十一条规定的“以不正当手段抢先注册他人已经使用并有一定影响的商标”的情形，第 19498 号裁定据此撤销争议商标的注册并无不当。遂判决撤销一审判决，维持第 19498 号裁定。抚顺博格公司不服，向最高人民法院申请再审。最高人民法院裁定提审本案，并于 2013 年 9 月 26 日判决撤销二审判决，维持一审判决。

【裁判意见】

最高人民法院提审认为：营口玻纤公司依据商标法第三十一条“以不正当手段抢先注册他人已经使用并有一定影响的商标”的规定主张争议商标应予撤销，应证明其在争议商标申请日之前，已经在相同或者类似产品上使用了与争议商标相同或者近似的商标，并且在相关公众中具有了一定影响，同时抚顺博格公司申请注册争议商标具有抢占其商标商誉的恶意。本案证据可以证明，营口玻纤公司是氟美斯新产品的主要研发者，抚顺市工业用布厂仅提供了辅助性的帮助；该产品命名有从斯氟美（CFM）到氟美斯的变化过程，最终定名氟美斯（FMS）。营口玻纤公司作为氟美斯（FMS）产品的主要研发者和命名者，其在1998年即开始销售“氟美斯FMS”产品，并于2000年获得国家级新产品证书和国家级火炬计划项目证书及其他多项奖励。至争议商标申请日，营口玻纤公司已经使用“氟美斯FMS”商标近三年，有一定的市场规模，且获得了一定荣誉，可以认为该商标已经成为其在先使用并有一定影响的商标。虽然一般情况下，商标申请人明知他人在先使用并有一定影响的商标而申请注册即可推定其具有利用他人商标商誉获利的意图，但是本案事实显示，抚顺博格公司申请注册争议商标并不具有抢占营口玻纤公司在先使用并有一定影响的商标商誉的恶意。抚顺博格公司前身抚顺市工业用布厂与营口玻纤公司几乎同时开始使用“氟美斯FMS”商标，且在争议商标申请日前其销售规模大于营口玻纤公司。本案争议商标申请日前，营口玻纤公司和抚顺市工业用布厂同时在市场上销售“氟美斯FMS”商品且互相知晓，但双方对该标识的归属并无特别约定。我国商标法采用“先申请原则”，并未有类似“创作作品的人为作者”“对发明的技术方案作出实质性贡献的人为发明人”的规定。在缺乏其他法律或者合同依据的情况下，不能类比得出“共同使用商标者应为共有商标权人”的结论。本案中抚顺博格公司独自申请注册争议商标并不侵犯营口玻纤公司的合法权益，亦不违反诚实信用原则，不应依据商标法第三十一条的规定予以撤销。

中华人民共和国最高人民法院行政判决书

（2013）行提字第11号

再审申请人（一审原告、二审被上诉人）：抚顺博格环保科技有限公司。

法定代表人：刘书平，该公司董事长。

委托代理人：申健，北京市浩东律师事务所律师。

被申请人（一审被告、二审上诉人）：国家工商行政管理总局商标评审委员会。

法定代表人：何训班，该委员会主任。

委托代理人：刘佑启，该委员会干部。

被申请人（一审第三人、二审上诉人）：营口玻璃纤维有限公司。

法定代表人：胡长生，该公司总经理。

委托代理人：朱玉子，北京市浩天信和律师事务所律师。

委托代理人：王安忆，北京市浩天信和律师事务所律师。

再审申请人抚顺博格环保科技有限公司（简称抚顺博格公司）因与被申请人国家工商行政管理总局商标评审委员会（简称商标评审委员会）、营口玻璃纤维有限公司（简称营口玻纤公司）商标争议行政纠纷一案，不服北京市高级人民法院（2009）高行终字第1275号行政判决，向本院申请再审。本院于2012年12月25日作出（2012）知行字第21号行政裁定，提审本案。本院依法组成合议庭，并于2013年5月14日公开审理了本案，再审申请人抚顺博格公司的法定代表人刘书平，委托代理人申健，被申请人营口玻纤公司的委托代理人朱玉子、王安忆到庭参加诉讼，被申请人商标评审委员会向本院书面申请不参加开庭审理，本案现已审理终结。

北京市第一中级人民法院一审审理查明：

争议商标第1994272号“氟美斯FMS”商标由抚顺市工业用布厂于2001年5月31日向国家工商行政管理局商标局（简称商标局）提出注册申请，于2002年8月21日被核准注册，核定使用商品为第24类无纺布、过滤布、滤气呢、纺织品过滤材料、纺织用玻璃纤维织物、玻璃布、毡、纺织品挂毯（墙上挂帘帷）、纺织品印刷机垫、造纸毛毯（毛巾）等。2006年5月7日，经商标局核准，争议商标转让给抚顺博格公司。

2002年12月30日，营口玻纤公司向商标评审委员会提出撤销争议商标的申请。主要理由为：“氟美斯FMS”是营口玻纤公司应用特定专利技术生产的新型复合滤料产品的通用名称。营口玻纤公司于1998年开始使用“氟美斯”，“氟美斯FMS”系列产品已经被政府和主管部门认定并授予很高的荣誉，业内人士均广为知晓。“氟美斯”作为产品名称，同时具有商标的功能。抚顺市工业用布厂与营口玻纤公司过去是合作伙伴，一直保持业务往来，在“氟美斯”产品研制过程中，曾被列为共有专利权人。抚顺市工业用布厂违反诚信原则抢先注册争议商标，利用营口玻纤公司打击侵犯专利权行为的机会，迫使营口玻纤公司签订《承诺书》承认其抢注商标行为合法，其行为违反了商标法的规定。因此，争议商标作为指定商品的通用名称没有显著性；作为商标，营口玻纤公司使用在先，依据《中华人民共和国商标法》（简称商标法）第十一条、第三十一条、第四十一条的规定，争议商标应予撤销。

营口玻纤公司向商标评审委员会提交了如下证据材料：1. 1998 年 10 月 28 日申请并获得授权的 ZL98114419. 5 号“多功能玻璃纤维复合滤料及其制造方法”发明专利证书，专利权人为营口玻纤公司和抚顺市工业用布厂。2. 营口玻纤公司关于氟美斯复合滤料的简介。3. 新产品氟美斯针刺毡的鉴定材料。其中载明：生产日期为 1998 年 8 月，送检日期为 1999 年 3 月。鉴定材料中称，氟美斯复合滤料系营口玻纤公司于 1998 年 4 月立项，被列为省级 1998 年省市经委重点新产品开发项目，1998 年 8 月首批试制成功并批量投入市场的新产品。4. 1999 年 5 月 10 日“辽经科鉴字第 991017 号”氟美斯针刺毡《新产品鉴定证书》。5. 2000 年 5 月，原国家经济贸易委员会给营口玻纤公司颁发的“FMS – 氟美斯针刺滤料”被评定为 2000 年度国家级新产品的证书。6. 2001 年 9 月 9 日，辽宁省人民政府给营口玻纤公司颁发的“FMS – 氟美斯复合针刺滤料”荣获第四届辽宁省优秀新产品二等奖的证书。7. 2000 年 4 月，科学技术部火炬高技术产业开发中心颁发给营口玻纤公司关于其“FMS 复合过滤材料”项目获国家级火炬计划项目的证书。8. 氟美斯 FMS 产品鉴订会来宾名单。9. 1998 年 4 月 30 日至 2001 年 1 月 5 日，营口玻纤公司与抚顺市工业用布厂的往来账目。10. 氟美斯产品样本。11. 1999 年 3 月，营口玻纤公司氟美斯针刺毡过滤袋企业标准审定会议纪要及相应企业标准。12. 1998 年至 2000 年间，营口玻纤公司向各地钢铁企业销售氟美斯过滤材料的购销合同，其中最早的是 1998 年 6 月 12 日营口玻纤公司向韶关钢铁有限公司销售“氟美斯过滤毡 FMC”所签订的购销合同。13. 余国藩、徐宝余的证人证言。14. 营口玻纤公司与抚顺市工业用布厂往来传真以及 2003 年 7 月 21 日营口玻纤公司对抚顺市工业用布厂的《承诺书》，承诺“氟美斯”商标为后者的注册商标，营口玻纤公司承诺不使用“氟美斯”商标，否则抚顺市工业用布厂有权向营口玻纤公司主张商标使用权的侵权赔偿。

抚顺博格公司向商标评审委员会提交了以下证据材料：1. 2003 年 7 月 21 日营口玻纤公司对抚顺市工业用布厂的《承诺书》，承诺“氟美斯”商标为后者的注册商标，营口玻纤公司承诺不使用“氟美斯”商标，否则抚顺市工业用布厂有权向营口玻纤公司主张商标使用权的侵权赔偿。2. 抚顺博格公司的企业宣传册。3. 《2000 中国国际非织造布和产业用纺织品研讨会论文集》刊登的抚顺博格公司法定代表人刘书平等撰写的《FMS – 氟美斯耐高温集尘布袋用过滤毡系列产品的研制及应用》论文等。

2008 年 10 月 20 日，商标评审委员会作出商评字〔2008〕第 19498 号《关于第 1994272 号“氟美斯 FMS”商标争议裁定书》（简称第 19498 号裁定），该裁定认定：一、营口玻纤公司称“氟美斯 FMS”系多功能玻璃纤维复合滤料商品的通用名称，但营口玻纤公司未能提供相应的证据支持。虽然营口玻纤公司提交在案的检验报告、新产品鉴定证书、新产品证书、获奖证书、国家级火炬计划项目证书等证据均标注有“氟美斯”或“FMS 氟美斯”字样，但上列证据均不能证明“氟美斯 FMS”即“多功能玻璃纤维复合滤料”的通用名称，或系该商品的别称。营口玻纤公司称“FMS”来自“COMPOUND FILTER MATERIAL SYSTEM”的首字母，“氟美斯”是其音译。但“氟美斯”并非“FMS”唯一对应的音译，无证据证明“氟美斯”与“FMS”的对应关系在相关消费群体中已成为约定俗成的共识。因此，争议商标的注册不属于商标法第十一条第一款第（一）项所述仅有本商品通用名称的情形。二、营口玻纤公司主张争议商标在作为商品名称的同时，又作为商标使用，抚顺市工业用布厂违反诚实信用原则，属于恶意抢注行为。从营口玻纤公司上报有关部门的材料、检验报告等证据中获知，可以认定营口玻纤公司至迟于 1999 年 3 月即已开始将“氟美斯 FMS”使用于“多功能玻璃纤维复合滤料”商品上。并于 2000 年 5 月即已获得原国家经贸委颁发的国家级新产品证书，2000 年 4 月经原科技部批准，原科技部火炬高技术产业开发中心颁发的国家级火炬计划项目证书（指定产品为“FMS 复合过滤材料”），2001 年 9 月辽宁省人民政府颁发的第四届优秀新产品二等奖证书。上列证据可以证明，营口玻纤公司将“FMS 氟美斯”指定使用于针刺滤料商品上早于抚顺市工业用布厂提出争议商标注册申请的时间。抚顺市工业用布厂与营口玻纤公司为同一地域的同行，理应知晓营口玻纤公司将“氟美斯 FMS”指定使用于针刺滤料商品上，仍将“氟美斯 FMS”作为商标指定使用于相同商品上进行申请注册，致使营口玻纤公司在先获得的新产品名称不能正常使用；同时，也违反了商标法第三十一条“不得以不正当手段抢先注册他人已经使用并有一定影响的商标”的规定。尽管抚顺市工业用布厂与营口玻纤公司均系专利权共享人并存在合作关系，亦系“氟美斯”指定产品的生产与使用者之一，但其在未征得营口玻纤公司同意的情况下，单方将营口玻纤公司所创并在先使用、获奖的“氟美斯”注册为商标且独占使用，使营口玻纤公司的正当利益受到损害，违反了商业活动中应遵循的诚实信用原则。虽然营口玻纤公司于 2003 年 7 月 21 日与抚顺市工业用布厂签订了不使用“氟美斯”商标的《承诺书》，但营口玻纤公司称该承诺在特定背景下订立，系不得已所为之。营口玻纤公司于 1999 年 3 月即已开始将争议商标使用于“复合滤料”

商品上，且获得了国家级、省级多项证书，可以认定营口玻纤公司系争议商标的最早并连续使用者；营口玻纤公司在使用多年后突然宣布放弃使用，系当时因请求抚顺市工业用布厂共同参加专利维权诉讼的需要，应理解为该承诺只对签订时的目的事件负责，并不能以此否定营口玻纤公司在先使用并获奖的事实，与本案争议商标的注册是否合法无关，对本案的裁定也不产生约束力。抚顺博格公司称其自 1998 年即已批量生产“氟美斯 FMS”复合滤料商品，且产生了品牌效应，但未能提供证据加以证明。提供在案的企业宣传册缺少时间要素，且仅此单一证据也不能证明抚顺市工业用布厂系争议商标的最早使用者；抚顺博格公司提交的 2000 年刊登的论文复印件称“FMC 氟美斯已申请商标注册”，但争议商标的实际申请时间为 2001 年 5 月 31 日。因此，对抚顺博格公司提供的在案证据不予采信。综上，商标评审委员会依据商标法第三十一条、第四十一条第一款和第四十三条的规定裁定：对争议商标的注册予以撤销。

2008 年 12 月 25 日，抚顺博格公司针对第 19498 号裁定向北京市第一中级人民法院提起行政诉讼。在一审诉讼过程中，抚顺博格公司提供了八份证据，其中前三份证据为“氟美斯 FMS”耐高温滤材商品从 1998 年至 2000 年的销售发票。证据一包括：1. 1998 年 7 月 27 日，沈阳铝材厂从抚顺市工业用布厂购买“氟美斯高温滤布”的辽宁增值税专用发票，金额为 15359. 99 元；2. 1998 年 11 月 24 日，沈阳华顶滤料橡胶有限公司从抚顺市工业用布厂购买“氟美斯针刺毡”的辽宁增值税专用发票，金额为 461. 54 元；3. 1998 年 7 月 29 日，浙江省天台县滤料制品厂从抚顺市工业用布厂购买“氟美斯滤袋”的辽宁增值税专用发票，金额为 7300 元；4. 1999 年 1 月 2 日，太原东方金属硅厂从抚顺市工业用布厂购买“氟美斯过滤袋”的辽宁增值税专用发票，金额为 71766 元。证据二和证据三系 1999 年 4 月至 2000 年 12 月案外人从抚顺市工业用布厂购买“氟美斯过滤材料”、“氟美斯针刺毡”、“氟美斯滤袋”、“氟美斯滤布”等商品的辽宁增值税专用发票，共计金额数百万元。对于上述新证据，商标评审委员会和营口玻纤公司质证认为这些证据的复印件与原件核对一致，但不认可其真实性，另外这些证据在商标评审阶段没有提交过，不应作为评判第 19498 号裁定合法性的依据。

2008 年 5 月 19 日，中国环境保护产业协会出具情况说明，其中载明：“‘氟美斯（FMS）’商标是抚顺市工业用布厂投资人刘书平于 1997 年策划创意，并经抚顺市工业用布厂申请注册的辽宁省著名商标。刘书平及其公司为推广宣传‘氟美斯’品牌，多次在行业论坛发表相关论文。经过十余年的不懈推广宣传，已将

‘氟美斯’商标在除尘滤料制造行业打造成家喻户晓的知名品牌。在中国环保滤料生产领域内，抚顺博格公司的‘氟美斯’商标已被社会公认熟知。”2009年4月10日，中国环境保护产业协会袋式除尘委员会出具情况说明，其中载明“抚顺市工业用布厂投资人刘书平从1998年始即在各种学术研讨会及其他会议推广宣传‘氟美斯FMS’高温滤材。”2009年4月15日，中国环境保护产业协会出具情况说明，其中载明：“抚顺市工业用布厂投资人刘书平撰写的《耐高温过滤材料的扩展－FMS－氟美斯耐高温集尘布袋用过滤毡系列产品的研制及应用》专业论文，于1999年6月8日－1999年6月12日在北京，由中国国家环境保护总局主办、中国环境保护产业协会承办的中国国际环保展上宣读交流。”2009年4月16日，中国产业用纺织品行业协会出具情况说明，其中载明：“原抚顺市工业用布厂（现为抚顺博格公司）投资人刘书平先生，从1998年始将其开发研制的‘氟美斯（FMS）’品牌的高温滤料进行推广宣传。”

一审诉讼中，抚顺博格公司核对了营口玻纤公司在商标评审程序中提交证据的原件，并称：证据12中的1998年6月12日营口玻纤公司向韶关钢铁有限公司销售“氟美斯过滤毡FMC”所签订的购销合同原件中韶关钢铁有限公司的印章不清楚，因此对其真实性和证明力均不认可。

北京市第一中级人民法院认为：

根据抚顺博格公司和商标评审委员会的诉辩主张以及营口玻纤公司的陈述，本案涉及的焦点问题为抚顺博格公司申请注册争议商标是否属于抢先注册营口玻纤公司在先使用并有一定影响的商标。

商标法第三十一条规定，申请商标注册不得损害他人现有的在先权利，也不得以不正当手段抢先注册他人已经使用并有一定影响的商标。根据该条规定，判断“以不正当手段抢注商标”的前提条件有两个：一、商标注册人以外的其他人在先使用商标；二、前述使用行为已经使得该商标具有一定影响。

本案中，抚顺博格公司在诉讼阶段提交的新证据可以证明，抚顺市工业用布厂从1998年7月起就开始在高温滤布、针刺毡、过滤袋等商品的实际商业活动中使用“氟美斯”商标。并且，截至争议商标申请日之前，抚顺市工业用布厂在商业活动中已经大量使用了争议商标，并使争议商标具有了一定的知名度。相关行业协会出具的证明也可以佐证该事实。商标评审委员会和营口玻纤公司也并未提供相反证据否定上述证据的真实性。在此前提下，本案已经没有适用商标法第三十一条的必要，即抚顺博格公司不存在抢先注册营口玻纤公司在先使用并有一定影响的商标之情形。在抚顺博格公司与营口玻纤公司都使用争议商标的情况下，根据商标注册的“先申请”原则，抚顺博格公司申请注册争议商标并无不当。

综上，基于抚顺博格公司在诉讼阶段提交的新证据，第19498号裁定应予撤销。依照《中华人民共和国行政诉讼法》第五十四条第（二）项第1目之规定，判决如下：一、撤销商标评审委员会商评字〔2008〕第19498号《关于第1994272号“氟美斯FMS”商标争议裁定书》；二、商标评审委员会重新作出关于第1994272号“氟美斯FMS”商标争议裁定。

商标评审委员会、营口玻纤公司均不服一审判决，向北京市高级人民法院提起上诉，请求撤销一审判决，维持商标评审委员会第19498号裁定。商标评审委员会的主要上诉理由是：一、商标确权司法审查是人民法院对商标评审委员会所作裁决所依据的事实、采信的证据等进行审查，对行政相对人在诉讼阶段提交的新证据不应予以采信。一审法院违反司法审查的一贯原则采信抚顺博格公司向其提交的产生于上个世纪90年代的证据，而撤销第19498号裁定，破坏了既定制度，起到不良示范作用。二、营口玻纤公司在商标评审程序中提交了其与案外人韶关钢铁有限公司在1998年6月12日签订销售“氟美斯”滤料的合同，能够证明营口玻纤公司早于抚顺市工业用布厂使用争议商标，据此争议商标也应予以撤销。营口玻纤公司的主要上诉理由是：一、一审法院采信抚顺博格公司在一审诉讼中提交的新证据撤销第19498号裁定违反法定程序。二、一审法院关于争议商标由抚顺市工业用布厂在先使用的认定是错误的，营口玻纤公司才是争议商标的原始权利人和最早使用人，抚顺市工业用布厂申请注册争议商标具有恶意。三、一审判决没有适用商标法第三十一条和第四十一条第一款的规定撤销争议商标属于适用法律错误。四、“氟美斯”是营口玻纤公司在先使用的知名商品特有名称，应依据商标法第三十一条关于在先权利的规定予以保护，而且抚顺市工业用布厂注册争议商标也属于商标法第四十一条第一款“以欺骗手段或者其他不正当手段取得注册的”情形。

二审诉讼中，营口玻纤公司向二审法院提交了16份新证据，其中证据8辽宁增值税专用发票是1998年7月29日韶关钢铁有限公司付款给营口玻纤公司的发票记账联，其中载明的应税劳务名称、数量等与营口玻纤公司在商标评审程序中提交的证据12中的购销合同内容基本一致；证据9、10是与营口玻纤公司在商标评审程序中提交的证据12中的多份购销合同相对应的发票；证据11是中国玻璃纤维工业协会于2009年11月6日出具的证明，该证明称：营口玻纤公司于1997

年底，1998 年初研制、开发的“氟美斯（FMS）”多功能玻璃纤维复合滤料（针刺毡）通过产品投产鉴定后，于 1998 年 5 月正式投放市场。“氟美斯 FMS”是该产品的特有名称，也是商标。在 2001 年 5 月以前，营口玻纤公司是国内唯一具备“氟美斯 FMS”多功能玻璃纤维复合滤料（针刺毡）专利产品生产能力的企业。

北京市高级人民法院认为：我国商标法第三十一条规定，申请商标注册不得以不正当手段抢先注册他人已经使用并有一定影响的商标。第四十一条第二款规定，已经注册的商标，违反本法第三十一条规定的，自商标注册之日起五年内，商标所有人或者利害关系人可以请求商标评审委员会裁定撤销该注册商标。

本案中，营口玻纤公司在商标评审阶段提交了其与韶关钢铁有限公司在 1998 年 6 月 12 日签订的销售“氟美斯过滤毡 FMC”的购销合同；二审诉讼中，营口玻纤公司又提交了相应的增值税发票，两者可以相互印证。虽然抚顺博格公司主张购销合同上韶关钢铁有限公司的印章不清楚，但是综合全案证据能够证明营口玻纤公司于 1998 年 6 月 12 日使用“氟美斯”的事实。抚顺博格公司在一审诉讼中提交的其使用“氟美斯”的证据时间最早的是 1998 年 7 月 27 日，晚于营口玻纤公司的使用时间，因此营口玻纤公司在先使用了“氟美斯”商标。营口玻纤公司向商标评审委员会提交的“氟美斯”产品鉴定材料等证据可以证明，营口玻纤公司是“氟美斯”多功能玻璃纤维复合滤料的最早开发者和研制者，而且抚顺博格公司在商标评审阶段和诉讼中对此事实未持异议。“氟美斯”多功能玻璃纤维复合滤料系工业用产品，普通消费者无从了解其产品和商标等信息，而且营口玻纤公司在 1998 年 8 月才最终将其研制完成并批量投放市场，因此在 1998 年 8 月之前在多功能玻璃纤维复合滤料产品上使用“氟美斯”的行为并不广泛，基于此种情况，二审法院认定营口玻纤公司在先使用的“氟美斯”商标在相关公众中已经具有一定影响，抚顺市工业用布厂申请注册争议商标属于商标法第三十一条规定的“以不正当手段抢先注册他人已经使用并有一定影响的商标”的情形，第 19498 号裁定据此撤销争议商标的注册并无不当，商标评审委员会和营口玻纤公司的相应上诉主张成立，二审法院予以支持。一审判决关于争议商标的注册未违反商标法第三十一条规定的认定是错误的，二审法院对此予以纠正。

营口玻纤公司在商标评审阶段主张“氟美斯”是其产品的通用名称，其上诉关于“氟美斯”是其知名产品的特有名称、应依据商标法第三十一条关于在先权利的规定给予保护的理由未在商标评审阶段提出，二审法院对此不予审理。

商标法第四十一条第一款“以欺骗手段或者其他不正当手段取得注册”的规

定规范的是损害公共秩序或者公共利益的行为，原则上不适用于对民事权益的保护。因此营口玻纤公司关于争议商标的注册违反商标法第四十一条第一款规定的上诉主张，不能成立，二审法院不予支持。

综上，一审判决认定事实和适用法律均有错误，二审法院予以纠正。商标评审委员会和营口玻纤公司的上诉请求及其理由部分成立，二审法院予以支持。依照《中华人民共和国商标法》第三十一条和第四十一条第二款，《中华人民共和国行政诉讼法》第六十一条第（二）、（三）项之规定，判决如下：一、撤销一审判决；二、维持商标评审委员会商评字〔2008〕第19498号《关于第1994272号“氟美斯FMS”商标争议裁定书》。

抚顺博格公司不服二审判决，向本院申请再审称：1.“氟美斯”商标未注册时的所有人非营口玻纤公司。“氟美斯”源于“一种耐高温过滤材料”的商品名称，而该种商品的专利权由抚顺博格公司和营口玻纤公司共同享有。没有证据证明营口玻纤公司为未注册“氟美斯”商标的商标权人。2. 二审法院认定营口玻纤公司早于抚顺博格公司使用“氟美斯”商标与事实不符。二审法院认定上述事实的证据为营口玻纤公司提供的1998年6月12日签订的合同和1998年7月29日发票。抚顺博格公司对该证据提出多处质疑，其真实性存疑，不能作为定案依据。3. 营口玻纤公司提供的审计报告显示，该公司1998年销售“氟美斯”产品总计4万元。在1998年8月前，营口玻纤公司仅发生一笔使用“氟美斯”商标的销售行为，而抚顺博格公司发生了两笔使用“氟美斯”商标的销售行为。商标法三十一条的规定是为了保护未注册商标经过长期使用而建立起来的商誉，不是为商标的在先使用人预留商标，如果仅凭营口玻纤公司仅有的一次在先销售行为就认定具有“一定影响”，无疑会使未注册商标权人的权利范围过大，与我国商标法“先申请”原则产生冲突。4. 争议商标申请日前，营口玻纤公司共销售了383万元“氟美斯”产品，而抚顺博格公司截至2000年12月31日已完成“氟美斯”产品销售519万余元。2003年，“氟美斯”注册商标获得辽宁省著名商标称号，2004年8月“氟美斯”商标经评估，价值已达1061.39万元。抚顺博格公司在争议商标注册前已经在相关产品上大量使用“氟美斯”商标，并使其具有一定影响，在双方当事人均使用未注册商标且产生影响的情况下，已无适用第三十一条之必要，根据商标注册的“先申请”原则，抚顺博格公司申请注册争议商标并无不当。5. 2003年7月21日的《承诺书》是抚顺博格公司和营口玻纤公司对“氟美斯”商标权利的真实意思表示，营口玻纤公司在《承诺书》中明确表示放弃“氟美斯”商标权利，是当事人对私权的处分行为，合法有效。商标评审委员会是商标权利确定的行政机关，在双方当事人已就争议商标权属达成一致时，作出否定的评价，显属不当。二审法院对该《承诺书》的效力未作任何评价，属漏审情形，应予纠正。6. 抚顺博格公司使用“氟美斯”商标已达 13 年之久，已具有较高知名度和影响力，不宜轻率撤销。综上，请求判决：撤销二审判决；撤销第 19498 号裁定。

商标评审委员会坚持其第 19498 号裁定的意见，认为二审判决及商标评审委员会作出的裁定正确，应予维持。

营口玻纤公司提交意见认为，争议商标的注册违反了商标法第三十一条的规定，营口玻纤公司是“氟美斯”产品的最早且唯一的开发者和研制者，享有在先权利。由于在产品研制过程中需要由抚顺市工业用布厂代买少量化学纤维，当时两家关系很好，营口玻纤公司对专利法缺乏了解，因此在申请专利时，营口玻纤公司同意将抚顺市工业用布厂的法定代表人刘书平列为共同发明人。实际上整个新产品的研制开发及专利申请工作全由营口玻纤公司独立完成。事实上，抚顺博格公司不是合法的专利共有权人。自 1998 年 2 月开始，营口玻纤公司即将小批量试制产品交客户试用，1998 年 6 月宣布“氟美斯 FMS”为自行研制开发的复合滤料产品的特有名称，营口玻纤公司最先将文字组合“氟美斯 FMS”从公有领域选取出来作为自己产品的特有名称，并将其作为商品标志在商业活动中使用。营口玻纤公司提交 1998 年 6 月 12 日的合同和 1998 年 7 月 29 日的发票足以证明其在先使用“氟美斯 FMS”。抚顺博格公司再审时提交质疑营口玻纤公司与韶关钢铁公司合同真实性的证据不是新证据，也不能证明合同无效。黄志明、李祖奎的证人证言反而能证明合同的真实性。抚顺博格公司仅凭一张发票不能证明其完成产品制造销售全过程。商标法第三十一条规定“有一定影响”是相对的，本案中“有一定影响”应以其对同行业制造者、生产者、使用者等相关公众的影响为准。1998 年 8 月之前，营口玻纤公司多功能玻璃纤维复合滤料的研制成功在业内引起很大轰动，该新产品的影响力及商誉随之由“氟美斯”商标承载。营口玻纤公司与抚顺博格公司的前身抚顺市工业用布厂在 1998 年至 2001 年之间一直有业务往来，作为同行，该厂完全知晓“氟美斯 FMS”是营口玻纤公司最早研发并在先使用的产品名称和商标，抚顺博格公司采用了不正当手段进行抢注，本案中不应适用在先申请原则。营口玻纤公司签订《承诺书》并非其真实意思表示，且并未否定其对“氟美斯”商标享有在先权利，也未向商标评审委员会撤回对争议商标的撤销申请。抚顺博格公司多年使用“氟美斯”并不能使其抢注行为合法化。二审判决认定事实清楚，适用法律正确，请求驳回抚顺博格公司的再审申请，维持二审判决。

本院再审开庭审理时，营口玻纤公司在向商标评审委员会及一、二审法院提交证人证言的基础上，申请证人余国藩、胡长顺、孙艳敏出庭作证。余国藩作证称：其是复合滤料项目负责人，该项目是营口玻纤公司申报，从抚顺市工业用布厂采购部分原料，是其提议将抚顺市工业用布厂厂长刘书平写为共同专利权人，抚顺市工业用布厂从而成为共有专利权人，事实上抚顺市工业用布厂并未参与技术研发，也未提供研发资金等。研发成功后申报辽宁省新产品等都是由营口玻纤公司进行的。关于氟美斯 FMS 名称来源，余国藩称是其女儿由英文“compound filter material”建议取名“CFM”对应中文“斯氟美”，后经讨论定名“氟美斯 FMS”。刘书平参与了讨论，知晓该产品命名为氟美斯 FMS。

胡长顺为营口玻纤公司董事长，其证言内容亦为“氟美斯 FMS”命名过程，与余国藩所述相同。

孙艳敏曾任营口玻纤公司销售处处长、副总经理，其作证称其于专利侵权案件开庭前一天到抚顺博格公司，请其出具授权书，抚顺博格公司一位王厂长要求其签署《承诺书》，放弃氟美斯商标，否则不出具授权书。经请示公司，因情况紧急而同意签署《承诺书》，是不得已而为之。孙艳敏另称争议商标申请前，抚顺市工业用布厂与营口玻纤公司长期存在业务合作关系，2001 年 1 月之前，该厂出售的滤料商品均来源于营口玻纤公司。

抚顺博格公司提交了抚顺市计量测试所高级工程师韩志刚（曾任抚顺博格公司工程师）、中国产业用纺织品行业协会秘书长李桂梅的证人证言，并申请两人出庭作证。证人韩志刚出庭称“氟美斯 FMS”名称来源于该产品使用的“氟”原料以及“美塔斯”原料。美塔斯为杜邦公司产品商标。抚顺博格公司另提交美塔斯特约制造厂规范市场的会议纪要（2005 年 4 月 11 日）、商标使用许可协议（2005 年 4 月 1 日签署）等证据用以佐证。

证人李桂梅出庭作证称博格公司是集团企业，在该协会注册会员名称是上海博格工业用布有限公司，为该协会第二届、第三届理事会副会长单位。博格公司在 2012 年“中国纺织服装企业竞争力 500 强”评比中排名第 190 位，产业用纺织品行业过滤与分离用纺织品领域排名第 2 位。营口玻纤公司不是该协会会员。

抚顺博格公司另提交其法定代表人刘书平专利检索记录，以证明其具有较强研发能力。另提交署名为余国藩、胡长顺的一篇文章《氟美斯滤料的特征及其发展》，其中提到“营口特氟美滤材科技有限公司注册商标为特氟美”，用以证明营口玻纤公司自2001年起逐渐开始使用“特氟美”商标。文中提到氟美斯的命名是根据复合过滤材料的英文名字“compound filter material”命名的。该证据未显示来源及时间等，营口玻纤公司对该证据真实性、关联性均有异议。

本院再审认为，本案争议焦点为：1. 抚顺博格公司注册争议商标是否属于商标法第三十一条“以不正当手段抢先注册他人已经使用并有一定影响的商标”规定的情形；2. 抚顺博格公司与营口玻纤公司签订的《承诺书》对本案的影响问题。

1. 关于抚顺博格公司注册争议商标是否属于商标法第三十一条“以不正当手段抢先注册他人已经使用并有一定影响的商标”规定的情形。

商标法第三十一条规定，申请商标注册不得损害他人现有的在先权利，也不得以不正当手段抢先注册他人在先使用并有一定影响的商标。本案中，营口玻纤公司依据该条主张争议商标应予撤销，应证明其在争议商标申请日之前，已经在相同或者类似产品上使用了与争议商标相同或者近似的商标并且在相关公众中具有了一定影响，而抚顺博格公司申请注册争议商标具有抢占其商标商誉的恶意。

从营口玻纤公司提交的一系列产品投产鉴定材料及新产品证书等证据，结合该产品项目负责人余国藩的证言，可以证明营口玻纤公司是氟美斯新产品的主要研发者，抚顺市工业用布厂仅提供了辅助性的帮助。余国藩、胡长顺等的证言也证明了该产品命名有从斯氟美CFM到氟美斯的变化过程，最终定名氟美斯FMS。抚顺博格公司法定代表人刘书平及证人韩志刚关于氟美斯来源于“氟”和“美塔斯”的说法稍显牵强，且所提交的证据不能佐证。营口玻纤公司关于氟美斯产品名称来历的说法从提起商标争议至今基本一致，而抚顺博格公司到再审阶段才提出来自“氟”和“美塔斯”原料的说法。综合上述证据情况，本院认为营口玻纤公司一方关于产品研发过程和命名过程的陈述具有更强的证明优势，应予采信。营口玻纤公司作为氟美斯FMS产品的主要研发者和命名者，其在1998年即开始销售“氟美斯FMS”产品，并且于2000年获得国家级新产品证书和国家级火炬计划项目证书，2001年获得辽宁省人民政府颁发的第四届优秀新产品二等奖证书。至争议商标申请日，营口玻纤公司已经使用“氟美斯FMS”商标近三年，有一定的市场规模，且获得了一定荣誉，可以认为该商标已经成为其在先使用并有一定影响的商标。

虽然一般情况下，商标申请人明知他人在先使用并有一定影响的商标而申请注册即可推定其具有利用他人商标商誉获利的意图。但是，本案事实显示，抚顺博格公司申请注册争议商标并不具有抢占营口玻纤公司在先使用并有一定影响的商标商誉的恶意。抚顺博格公司前身抚顺市工业用布厂与营口玻纤公司几乎同时开始使用“氟美斯 FMS”商标，且在争议商标申请日前其销售规模大于营口玻纤公司。虽然营口玻纤公司主张抚顺市工业用布厂仅是从其公司购买产品再销售，但没有相关证据佐证，余国藩及孙艳敏等人的证言也仅显示，抚顺市工业用布厂生产氟美斯产品时相关生产原料或部分环节需要营口玻纤公司帮助，但不能否认最终产品是以抚顺市工业用布厂的名义对外销售的。本案争议商标申请日前，营口玻纤公司和抚顺市工业用布厂同时在市场上销售“氟美斯 FMS”商品且互相知晓，但双方对该标识的归属并无特别约定。我国商标法采用“先申请原则”，与专利法或者著作权法不同，商标法并未有类似“创作作品的人为作者”、“对发明的技术方案作出实质性贡献的人为发明人”的规定，故在缺乏其他法律或者合同依据的情况下，不能类比得出“共同使用商标者应为共有商标权人”的结论。所以本案中抚顺博格公司独自申请注册争议商标并不侵犯营口玻纤公司的合法权益，亦不违反诚实信用原则，不应依据商标法第三十一条的规定予以撤销。一审法院认为本案没有必要适用商标法第三十一条的理解是正确的。二审法院仅依据营口玻纤公司最早开始使用的事实，没有全面考虑商标法第三十一条的适用要件，适用法律有误，本院予以纠正。

2. 关于抚顺博格公司与营口玻纤公司签订的《承诺书》对本案的影响问题。

抚顺博格公司与营口玻纤公司对双方于 2003 年 7 月 21 日签订《承诺书》的事实均无异议，营口玻纤公司称其签订该《承诺书》是为得到抚顺博格公司的授权对外提起专利侵权诉讼，因此是被胁迫签订的。本院认为，即使营口玻纤公司出于该特定目的签署该《承诺书》，亦不能因此认定该合同系被胁迫签订。所谓胁迫，是指行为人以将要发生的损害或者以直接实施损害相威胁，使对方当事人产生恐惧而与之订立合同，本案中的情形并不构成民事法律意义上的胁迫或者乘人之危。营口玻纤公司作为完全行为能力人，理应知晓其签订相关协议的后果，其当时为达到特定目的而签订协议，事后又以胁迫、非真实意思表示为由不予认可，缺乏事实和法律依据。而且根据《中华人民共和国合同法》第五十四条第二款的规定，一方以欺诈、胁迫的手段或者乘人之危，使对方在违背真实意思的情况下订立的合同，受损害方有权请求人民法院或者仲裁机构变更或者撤销。第五十五条规定，具有撤销权的当事人自知道或者应当知道撤销事由之日起一年内没有行使撤销权的，撤销权消灭。可见，即使是被胁迫签订的合同并非当然无效，营口玻纤公司至今未提起撤销之诉，该《承诺书》是生效的。

营口玻纤公司在《承诺书》中表示："氟美斯"商标是抚顺市工业用布厂已注册商标，并承诺不使用"氟美斯"商标，否则抚顺市工业用布厂有权依法向其主张商标使用权的侵权赔偿。"氟美斯"是抚顺博格公司的注册商标，这是一个客观事实，如果双方当事人没有其他意图，不需要专门签订协议来确认这一事实。故对该《承诺书》应理解为营口玻纤公司承认了抚顺博格公司商标权利的合法性。商标评审委员会第19498号裁定关于该《承诺书》仅对签订时的目的事件负责，不影响本案裁定的认定有误；二审法院未对《承诺书》的效力进行评价亦为不当。鉴于营口玻纤公司签署《承诺书》认可了抚顺博格公司对争议商标的权利，争议商标亦不应予以撤销。

综上，抚顺博格公司的申请再审理由部分成立，二审法院适用法律错误，应予纠正。依照《中华人民共和国行政诉讼法》第五十四条第二项第二目、第六十一条第（二）项和《最高人民法院关于执行〈中华人民共和国行政诉讼法〉若干问题的解释》第七十六条第一款、第七十八条之规定，判决如下：

一、撤销北京市高级人民法院（2009）高行终字第1275号行政判决；

二、维持北京市第一中级人民法院（2009）一中行初字第8号行政判决。

一审案件受理费100元，由抚顺市博格环保科技有限公司负担（已交纳）。二审案件受理费100元，由国家工商行政管理总局商标评审委员会负担（已交纳）。

本判决为终审判决。

审　判　长　夏君丽
审　判　员　钱小红
代理审判员　董晓敏
二〇一三年九月二十六日
书　记　员　曹佳音

39. 判断诉争商标是否损害他人在先权利的时间界限

——再审申请人西南药业股份有限公司与被申请人国家工商行政管理总局商标评审委员会、被申请人拜耳消费者护理股份有限公司商标行政纠纷案

【裁判要旨】

商标法第三十一条规定，申请商标注册不得损害他人现有的在先权利，也不得以不正当手段抢先注册他人已经使用并有一定影响的商标。人民法院依据商标法第三十一条审查判断诉争商标是否侵害他人在先权利，一般应当以诉争商标申请日前是否存在在先权利为时间界限。

【关键词】

在先权利　时间界限　申请日

【案号】

最高人民法院（2009）行提字第1号

【基本案情】

在再审申请人西南药业股份有限公司（以下简称西南药业公司）与被申请人国家工商行政管理总局商标评审委员会（以下简称商标评审委员会）、被申请人拜耳消费者护理股份有限公司（以下简称拜耳公司）商标行政纠纷案中，1987年11月12日，西南药业公司与罗须公司签订合作生产协议，约定罗须公司给予西南药业公司以〈SARIDON〉“散利痛”中国市场商标名的使用权，由西南药业公司用中国原料在中国生产、推销、售卖和批发这种镇痛药。“散利痛”1988年被列入四川省药品标准，1995年被列为上海市药品标准。2001年9月20日，国家药品监督管理局发布的2001国药标字XG－013号国家标准颁布件规定，自2001年10月31日起，“复方对乙酰氨基酚片（Ⅱ）”的地方标准同时停止使用，该品种原药品名称“散利痛片”作为曾用名称过渡。1992年3月17日，西南药业公司申请注册“散列通”商标，1993年2月28日该商标获得注册。1999年7

月 30 日，罗须公司以该商标的注册侵犯其在先权利为由，对“散列通”商标提出撤销申请。商标评审委员会认为，“散列通”与“散利痛”文字构成存在明显区别，其文字含义及功效作用亦有明显区别，普通消费者一般不会将其识别为同一商标。罗须公司关于“散列通”会被消费者误认为“Saridon”的对应中文从而与“散利痛”发生混淆缺乏足够的事实依据，不能认定西南药业公司的注册行为违反了诚实信用原则。商标评审委员会于 2005 年 4 月 26 日作出商评字〔2005〕第 0675 号裁定，维持“散列通”商标的注册。罗须公司不服该裁定，提起诉讼。北京市第一中级人民法院一审认为，“散利痛”商标虽然当时没有在我国注册，但作为其英文注册商标 Saridon 的中文译名，却由罗须公司独创并长期使用，属于罗须公司已经使用并有一定影响的商标。“散列通”与“散利痛”标注的商品相同，均用于西药，两标识的文字组合顺序与形式相同，应认定构成近似商标。西南药业公司在明知“散利痛”商标属于罗须公司使用在先且有一定影响的情况下，注册与“散利痛”商标相近似的“散列通”商标，违背了商标法第三十一条之规定，同时违背了诚实信用原则，属于《商标法》第四十一条中规定的“以不正当手段取得注册的”行为。故判决撤销商标评审委员会的第 0675 号裁定。西南药业公司不服，提出上诉。北京市高级人民法院二审认为，本案争议商标“散列通”与“散利痛”构成近似商标；西南药业公司曾与罗须公司签订合作生产协议，并依据该协议于 1987 年至 1992 年使用“散利痛”作为商标或药品的商品名称；西南药业公司在明知“散利痛”标识归属的情况下，于双方所签合同期满后，将与“散利痛”标识相近似的“散列通”申请注册为商标，违反了诚实信用原则，已经构成注册不当行为。遂判决驳回上诉，维持一审判决。西南药业公司不服该判决，向最高人民法院申请再审。最高人民法院于 2009 年 1 月 14 日裁定提审本案，并于 2009 年 5 月 25 日作出再审判决，撤销一、二审判决，维持商标评审委员会的第 0675 号裁定。

【裁判意见】

最高人民法院审查认为：在 2001 年 10 月 31 日散利痛地方标准被修改之前，“散利痛”是一种以乙酰氨基酚为主，辅加咖啡因和异丙安替比林的解热、镇痛药的法定通用名称。由于我国商标法和药品管理法均禁止在药品上使用未注册商标，西南药业公司申请注册“散列通”商标及该商标被核准注册之时，“散利痛”在法律上不可能是“散利痛片”的未注册商标。罗须公司在与西南药业公司合作期间，在合作生产的“散利痛片”上对“散利痛”的使用，是根据药品管理法及药品说明书和标签管理等相关规定，对药品通用名称的标注，不能认定其为对未注册商标的使用。鉴于在西南药业公司提出“散列通”商标申请注册时，“散利痛”并非未注册商标，因此其不构成罗须公司提出争议的权利基础。虽然商标评审委员会第0675号裁定关于“散利痛”是罗须公司的未注册商标事实认定错误，但其关于维持“散列通”商标注册的结论正确，应予维持。

中华人民共和国最高人民法院行政判决书

(2009) 行提字第1号

申请再审人（一审第三人、二审上诉人）：西南药业股份有限公司，住所地：重庆市沙坪坝区天星桥21号。

法定代表人：李标，该公司总经理。

委托代理人：黄晖，北京市万慧达律师事务所律师。

委托代理人：黄义彪，北京市万慧达律师事务所律师。

被申请人（一审被告、二审上诉人）：中华人民共和国国家工商行政管理总局商标评审委员会，住所地：北京市西城区三里河东路8号。

法定代表人：许瑞表，该委员会主任。

委托代理人：何敏，该委员会干部。

被申请人（一审原告、二审被上诉人）：拜耳消费者护理股份有限公司，住所地：瑞士联邦巴塞尔4052彼得玛丽安大街84号。

法定代表人：帕斯卡·伯根，该公司法务总监。

法定代表人：尤斯特尔·伯里格，该公司副总裁兼第二欧洲区域总裁。

委托代理人：李静冰，北京市正见永申律师事务所律师。

申请再审人西南药业股份有限公司（简称西南药业公司）因与被申请人中华人民共和国国家工商行政管理总局商标评审委员会（简称商标评审委员会）、被申请人拜耳消费者护理股份有限公司（简称拜耳公司）商标行政纠纷一案，不服北京市高级人民法院（2006）高行终字第253号行政判决及北京市高级人民法院（2007）高行监字第293号驳回再审申请通知，向本院申请再审。本院经审查，于2009年1月14日以（2007）行监字第112-1号行政裁定决定对本案提审。本院依法组成由民事审判第三庭审判员夏君丽担任审判长，审判员殷少平、代理审判员王艳芳参加的合议庭，书记员包硕担任法庭记录，于2009年3月31日公开开庭审理了本案，申请再审人西南药业公司法定代表人李标及其委托代理人黄晖、黄义彪，被申请人拜耳公司的委托代理人李静冰到庭参加诉讼，被申请人商标评审委员会未参加庭审，但出具了书面意见。本案现已审理终结。

西南药业公司申请再审称，原审法院认定事实和适用法律错误，判断“散列通”商标是否应予撤销或维持，应当以该商标申请注册时的事实状态和法律规定为基础。1. 本案的一个基本事实是，在2001年以前，“散利痛”一直是药品的通用名称并描述药品的功能，在“散列通”商标申请注册前后的长时间内，（瑞士）豪夫迈－罗须控股公司（简称罗须公司）并未将“散利痛”作为商标使用，也明确认可其已经成为药品通用名称的事实。2. 法律适用方面，本案应适用争议商标注册时有效的1982年的商标法及1988年商标法实施细则等相关法律规定。即使考虑适用现行商标法，本案根本不存在该法第四十一条规定的事实，从中找不到撤销“散列通”商标的依据。3. 鉴于“散利痛”是药品通用名称而不是商标，申请人申请注册“散列通”商标并无不当，完全符合诚实信用原则，其注册也没有使用任何不正当手段。

被申请人商标评审委员会书面答辩表示服从原二审判决，并已于2008年6月18日重新作出撤销第631613号“散列通”商标的裁定。

第三人拜耳公司答辩称：1. 西南药业公司抢注“散列通”商标具有明显的恶意。2. 争议商标“散列通”与原审第三人的“散利痛”商标相近似。3. 我国商标法颁布后历经两次修改，诚实信用原则是其最基本的原则，无论是适用哪一时期的商标法，“散列通”商标作为典型的违反诚实信用原则恶意抢注的不当注册商标都应当被撤销。请求驳回申请再审人的再审申请。

北京市第一中级人民法院一审查明，西南药业公司经国家工商行政管理总局商标局（简称国家商标局）核准，于1993年2月28日注册了第631613号“散列通”商标。1999年7月30日罗须公司以注册不当为由，请求商标评审委员会撤销该商标。商标评审委员会经审查于2005年4月26日作出商评字（2005）第0675号裁定，维持了该商标的注册。罗须公司不服该裁定，在法定期限内向北京市第一中级人民法院提起诉讼。

一审法院经审理认为，根据罗须公司与西南药业公司的前身西南制药三厂签订的协议，其交易内容包括“散利痛”与“Saridon”商标标识的许可使用事项，即“散利痛”确已作为罗须公司的商标标识成为该合同关系客体的组成部分，并已得到西南制药三厂的认同。另外，商标评审委员会在已生效的商评字（1998）

第1415号“散利痛”商标异议复审终局裁定中审查认定了如下事实，即“散利痛”商标当时虽然没有在我国注册，但作为其英文注册商标“Saridon”的中文译名，却是罗须公司独创并长期使用的，作为罗须公司的生产合作者西南药业公司对该商标归属罗须公司一事是明知的。故应认定，“散利痛”商标在“散列通”商标申请注册之前即已存在，当时属于未在我国注册的商标；“散利痛”商标属于罗须公司已经使用并有一定影响的商标。“散列通”与“散利痛”标注的商品相同，均用于西药，两标识的文字组合顺序与形式相同，字音、字形上，“散”与“散”相同，“列”与“利”、“通”与“痛”相近，二者整体读音相近似，据此，应认定构成近似商标。西南药业公司在明知“散利痛”商标属于罗须公司使用在先且有一定影响的情况下，注册与“散利痛”商标相近似的“散列通”商标，主观上已具备了挤占罗须公司“散利痛”商标利益的恶意，西南药业公司的行为违背商标法第三十一条之规定，同时违背了诚实信用的民法基本原则，属于商标法第四十一条中规定的“以不正当手段取得注册的”行为。依照商标法第三十一条、第四十一条，《中华人民共和国行政诉讼法》第五十四条第（二）项第1、2目之规定，判决：1. 撤销商标评审委员会商评字（2005）第0675号裁定；2. 商标评审委员会在判决生效后作出撤销第631613号“散列通”商标的裁定。

西南药业公司和商标评审委员会均不服原审判决，分别向北京市高级人民法院提起上诉，请求撤销一审判决，维持商标评审委员会商评字（2005）第0675号裁定。

北京市高级人民法院二审审理查明，1987年11月12日，罗须公司与西南药业公司的前身西南制药三厂签订了包括商标许可使用在内的合作生产协议，即《关于“散利痛片”在中国生产、销售的协议》。该协议第9条规定，“商标使用权，在这协议下生产的产品，受以下第10条的约束，罗须公司无须现金补偿的给予西南制药三厂在中国市场商标名〈SARIDON〉‘散利痛’的使用权。在产品外包装上，注明〈SARIDON〉‘散利痛’是罗须公司委托制造。协议有效期三年，至1991年12月31日期满。”1992年3月17日，西南药业公司向国家商标局申请了“散列通”商标，该商标申请于1993年2月28日被核准注册，商标注册号为631613，核定使用商品为第5类西药。1993年11月3日罗须公司与西南药业公司签订会谈纪要，确认：1. 西南药业公司从1990年起在散利痛片的宣传与销售上投入了大量资金、人力，致使市场迅速扩大，罗须公司对此承认并表示满意；2. 西南药业公司要求继续合作，罗须公司不同意；3. 罗须公司要求西南药业公司不再使用“罗氏”、“Saridon”、“散利痛”。1993年11月9日西南药业公司向国家商标局申请在第5类西药上注册“散利痛”商标，1995年4月21日该商标申请被初审公告，审定号为756579。1995年6月28日罗须公司提出异议，国家商标局遂于1996年12月25日作出（1996）商标异字第568号异议裁定，裁定西南药业公司申请的第756579号“散利痛”商标不予核准注册。西南药业公司不服，请求商标评审委员会复审，商标评审委员会于1998年7月28日作出商评字（1998）第1415号终局裁定，裁定第756579号“散利痛”商标不予核准注册，理由是：罗须公司提供了充分的证据材料证明“散利痛”为其英文商标“Saridon”的中文译音，该“散利痛”文字为罗须公司独创并长期使用，西南药业公司与罗须公司曾因合作生产“散利痛片”而明知“散利痛”商标的归属却在双方合同结束后，违反诚实信用原则，申请注册了罗须公司独创的“散利痛”，已构成了《中华人民共和国商标法实施细则》第二十五条所指的注册不当行为。此后，罗须公司又于1999年7月30日请求商标评审委员会撤销西南药业公司的第631613号“散列通”商标，理由是“散利痛”是罗须公司的未注册商标，西南药业公司违背诚实信用原则将与“散利痛”相近似的“散列通”注册为商标，侵犯了罗须公司的在先权利。商标评审委员会经审查认为，“散利痛”不属于本商品的通用名称。罗须公司在1987年至1992年曾与西南药业公司合作生产“散利痛片”，产品使用的商标是“散利痛”及“Saridon”，“散列通”不是罗须公司在先使用的中文商标，也无证据证明“散利痛”作为“Saridon”的对应中文，申请日前已被消费者广泛接受并产生一定影响。“散利痛”、“散列通”在文字含义及产生的对功效的暗示作用也有明显区别，普通消费者一般不会将其识别为同一商标。西南药业公司注册“散列通”的行为不属于抢先注册他人商标的行为。“散列通”与“散利痛”文字构成存在明显区别，罗须公司关于“散列通”会被消费者误认为“Saridon”的对应中文从而与“散利痛”发生混淆缺乏足够的事实依据。故不能认定西南药业公司的注册行为违反了诚实信用原则。2005年4月26日，商标评审委员会作出商评字（2005）第0675号裁定，西南药业公司的第631613号“散列通”商标予以维持。

二审法院认为，罗须公司于1999年7月30日向商标评审委员会提出本案争议申请，其依据的是1993年2月22日修正的商标法第二十七条第一款及相应的商标法实施细则第二十五条的规定，上述争议理由也体现在现行的商标法第十三条、第三十一条及第四十一条的规定中。本案争议商标“散列通”与“散利痛”

在文字组合顺序及表现形式上相同，且读音近似，应认定为近似商标。西南药业公司曾与罗须公司签订有《关于“散利痛片”在中国生产、销售的协议》，并依据该协议于 1987 年至 1992 年使用“散利痛”作为商标或药品的商品名称。西南药业公司在明知“散利痛”标识归属的情况下，却在双方所签合同期满后，将与“散利痛”标识相近似的“散列通”申请注册为商标，违反了诚实信用原则，已经构成注册不当行为。西南药业公司的第 631613 号“散列通”商标应予撤销，商标评审委员会商评字（2005）第 0675 号裁定认为“散列通”与“散利痛”不构成近似，并维持西南药业公司的第 631613 号“散列通”商标有失妥当。综上，二审法院认为商标评审委员会商评字（2005）第 0675 号裁定认定事实、适用法律均有错误，应予撤销；西南药业公司及商标评审委员会的上诉理由均不能成立，判决驳回上诉，维持原判。

二审判决后，西南药业公司不服该判决向北京市高级人民法院申请再审。北京市高级人民法院经审理认为其再审申请理由不能成立，以（2007）高行监字第 293 号驳回再审申请通知书驳回了西南药业公司的再审申请。其理由是：1. “散利痛”商标当时虽然没有在我国注册，但作为罗须公司英文商标“Saridon”的谐音中文译名，却是罗须公司独创并长期使用的；“散利痛”虽被作为药品名称于 1988 年和 1995 年收入《四川省药品标准》和《上海市药品标准》，但“散利痛片”本质上仅系药品商品名称，其作为药品名称并不规范，也因此于 2001 年为新的国家标准所纠正取代，“散利痛”文字在客观上仍起的是区分商品来源的作用。2. 西南药业公司注册的“散列通”与罗须公司的“散利痛”在文字组合顺序及表现形式上相同，且读音近似，应认定为近似商标。西南药业公司曾与罗须公司合作，对“散利痛”标识归属罗须公司一事是明知的，而合作期满后，将与“散利痛”标识相近似的“散列通”申请注册为商标，违反了诚实信用原则，已经构成注册不当行为。

本院经审查，原审法院查明的事实基本属实。本院另查明，“散利痛片”为一种以乙酰氨基酚为主，辅加咖啡因和异丙安替比林的解热、镇痛药。1988 年被列入四川省药品标准，1995 年被列为上海市药品标准。1990 年卫生部卫药发（90）第 39 号《关于进一步加强药品标准及名称管理的通知》规定“国家药品标准和省、自治区、直辖市卫生厅（局）药品标准（包括制剂规范）中收载的药品名称即为法定名称，也是通用名称。根据我国《专利法》不授予药品专利权及《商标法》第八条第五款规定，药品通用名称不得作为商标注册”。2001 年 4 月

27日，国家药典委员会出具的《关于“散利痛片”名称问题的函》记载，“‘散利痛片’作为地方标准品种名称，情况属实。国家药品监督管理局国药管安（1999）85号文公布其已通过临床评价，名称亦为‘散利痛片’。根据卫药发（90）第39号文和卫药政发（91）第143号文规定，国家药品标准和省、自治区、直辖市卫生厅（局）药品标准中收载的药品名称即为法定名称，也是通用名称，不得作为商标或商品名注册”。2001年9月20日，国家药品监督管理局发布的2001国药标字XG-013号国家标准颁布件规定，自2001年10月31日起，复方对乙酰氨基酚片（Ⅱ）的地方标准同时停止使用，该品种原药品名称“散利痛片”作为曾用名称过渡。

原二审判决后，“散利痛”商标由罗须公司转让至拜耳公司，罗须公司向本院申请不再以其名义参加再审诉讼，并同意拜耳公司承继罗须公司在该案中的全部诉讼权利和义务。同时，拜耳公司向本院提交了以拜耳公司的名义参加本案再审诉讼的声明。商标评审委员会于2008年6月18日按照北京市高级人民法院（2006）高行终字第253号判决作出了撤销第631613号“散列通”商标的裁定。

本院认为，本案的焦点问题为：（一）本案涉及的新旧商标法的适用问题；（二）西南药业公司注册“散列通”商标是否违反了商标法第十三条及第三十一条的规定。

（一）本案涉及的新旧商标法的适用问题。本案诉争商标“散列通”于1992年3月17日由西南药业公司申请注册，于1993年2月28日被核准注册。1999年7月26日，罗须公司根据修改前的商标法第二十七条和商标法实施细则第二十五条的规定，向商标评审委员会申请撤销“散列通”注册商标，在其申请书中将该理由明确为“违反诚实信用原则，以复制、模仿、翻译等方式将他人已为公众熟知的商标进行注册的，侵犯了本申请人的合法的在先权利”。2005年4月26日，商标评审委员会作出商评字（2005）第0675号裁定维持“散列通”商标的注册。根据罗须公司在其注册不当申请理由中的表述，其申请撤销“散列通”的具体理由对应的法律条款应当是修改前的商标法实施细则第二十五条第一款第（2）项关于“违反诚实信用原则，以复制、模仿、翻译等方式，将他人已为公众熟知的商标进行注册的”规定和第（4）项关于“侵犯他人合法的在先权利”的规定，其在修改后的商标法中对应的法条应当是第十三条和第三十一条，并不涉及修改后的商标法第四十一条第一款的问题，且商标法第四十一条第一款中的“以欺骗手段或者其他不正当手段取得注册”的情形涉及的是撤销商标注册的绝对事由，因此商标评审委员会关于“上述争议理由体现在现行商标法第十三条关于驰名商标的保护、第三十一条关于禁止抢先注册他人已经使用并有一定影响的商标和第四十一条关于以欺骗或其他不正当手段注册商标的规定”的认定中，有关第四十一条的理解有误。因本案属于修改后商标法第十三条和第三十一条规定的情形，根据《最高人民法院关于审理商标案件有关管辖和法律适用范围问题的解释》第五条的规定，“除本解释另行规定外，对商标法修改决定施行前发生，属于修改后商标法第四条、第五条、第八条、第九条第一款、第十条第一款第（二）、（三）、（四）项、第十条第二款、第十一条、第十二条、第十三条、第十五条、第十六条、第二十四条、第二十五条、第三十一条所列举的情形，商标评审委员会于商标法修改决定施行后作出复审决定或者裁定，当事人不服向人民法院起诉的行政案件，适用修改后的商标法的相应规定进行审查；属于其他情形的，适用修改前商标法的相应规定进行审查”，本案应适用修改后的商标法第十三条、第三十一条进行审查。商标评审委员会及原审法院认为本案应适用修改后的商标法正确，但其适用商标法第四十一条的规定进行审查属于适用法律错误，本院予以纠正。

（二）西南药业公司注册“散列通”商标是否违反了商标法第十三条、第三十一条的规定。因拜耳公司在本院主持的庭审中明确放弃以商标法第十三条作为申请撤销“散列通”商标的理由，本院对此不再予以审查。

罗须公司申请撤销“散列通”商标的权利基础是“散利痛”商标，因此判定西南药业公司注册“散列通”商标是否违反了商标法第三十一条的规定，应首先分析“散列通”商标申请注册时，“散利痛”是否是罗须公司的在先未注册商标。

本院已查明，“散利痛片”1988年被列入四川省药品标准，1995年被列为上海市药品标准。2001年9月20日，国家药品监督管理局发布的2001国药标字XG－013号国家标准颁布件规定，自2001年10月31日起，复方对乙酰氨基酚片（Ⅱ）的地方标准同时停止使用，该品种原药品名称“散利痛片”作为曾用名称过渡。因此，在2001年10月31日上述地方标准被修改之前，“散利痛”是一种以乙酰氨基酚为主，辅加咖啡因和异丙安替比林的解热、镇痛药的法定通用名称。而且，《中华人民共和国药品管理法》（1984年）第四十一条规定：“除中药材、中药饮片外，药品必须使用注册商标；未经核准注册的，不得在市场销售。注册商标必须在药品包装和标签上注明。”1983年商标法实施细则第四条第一款亦明确规定“药品必须使用注册商标”。据此，**我国药品管理法禁止在药品上使用未注册商标，西南药业公司申请注册“散列通”商标及该商标被核准注册之时，“散利痛”从法律上也不可能是“散利痛片”的未注册商标。罗须公司在与西南药业公司合作期间，在合作生产的“散利痛片”上对“散利痛”的使用，是根据药品管理法及药品说明书和标签管理等相关规定，对药品通用名称的标注，不能认定其为对未注册商标的使用。**原审判决及商标评审委员会认定“散利痛”是罗须公司的未注册商标，属于认定事实错误，应予以纠正。

鉴于“散利痛”在西南药业公司注册“散列通”商标时，不是未注册的商标，因此其不构成罗须公司提出争议的权利基础，西南药业公司关于其注册“散列通”不违反商标法有关规定的申请再审理由成立，本院予以支持。虽然商标评审委员会商评字（2005）第0675号裁定关于“散利痛”是罗须公司的未注册商标事实认定错误，但其关于维持“散列通”商标注册的结论正确，应予维持。原审判决认定西南药业公司注册“散列通”商标构成注册不当行为，判决撤销商标评审委员会商评字（2005）第0675号裁定，认定事实及适用法律均有错误，应予撤销。根据《中华人民共和国行政诉讼法》第六十一条第（二）项、《最高人民法院关于执行〈中华人民共和国行政诉讼法〉若干问题的解释》第七十六条第一款、第七十八条之规定，判决如下：

一、撤销北京市高级人民法院（2006）高行终字第253号行政判决；

二、撤销北京市第一中级人民法院（2005）一中行初字第677号行政判决；

三、维持被申请人中华人民共和国国家工商行政管理总局商标评审委员会商评字（2005）第0675号裁定。

本案一审、二审案件受理费各1000元，共计2000元，由被申请人拜耳消费者护理有限公司承担。

本判决为终审判决。

审　判　长　夏君丽
审　判　员　殷少平
代理审判员　王艳芳
二〇〇九年五月二十五日
书　记　员　包　硕

40. 特殊历史背景下在先使用并有一定影响商标的认定

——再审申请人贵州赖世家酒业有限责任公司与被申请人国家工商行政管理总局商标评审委员会、一审第三人中国贵州茅台酒厂（集团）有限责任公司商标异议复审行政纠纷案

【裁判要旨】

判断被异议商标是否属于以不正当手段抢先注册他人在先使用并有一定影响的商标时，需考查在先商标的历史、申请注册情况，并结合在先商标在被异议商标申请日前是否为合法使用等因素综合判断。

【关键词】

商标　异议程序　在先使用　知名度

【案号】

最高人民法院（2015）知行字第115号

【基本案情】

在再审申请人贵州赖世家酒业有限责任公司（以下简称赖世家酒业公司）与被申请人国家工商行政管理总局商标评审委员会（以下简称商标评审委员会）、一审第三人中国贵州茅台酒厂（集团）有限责任公司（以下简称茅台酒厂有限公司）商标异议复审行政纠纷案中，1951年至1953年，贵州省仁怀县人民政府通过赎买、没收、接管等方式将仁怀茅台镇“成义酒房”“荣和酒房”“恒兴酒厂”三家私营酿酒烧房资产收归国有，成立贵州茅台酒厂，并将三家私营酿酒烧房所生产的“华茅”“王茅”“赖茅”酒产品整合，统一称为“茅台酒”。1988年12月29日，贵州茅台酒厂在酒商品上申请注册“赖茅”“王茅”“华茅”商标，“赖茅”商标（以下简称在先“赖茅”商标）于1996年6月27日获准注册，注册号为第627426号。2003年7月，深圳市赖永初酒业经销有限公司以连续三年停止使用为由，申请撤销在先“赖茅”商标。2005年3月16日，国家工商行政管理总局商标局（以下简称商标局）决定撤销在先“赖茅”商标，商标评审委员会维持上述撤销决定。2005年3月29日，茅台酒厂有限公司在酒（饮料）等商品上提出第4570381号“赖

茅”商标（即被异议商标）的注册申请。赖世家酒业公司及贵州赖永初酒业有限公司在法定期限内提出异议申请。2012 年 7 月 30 日，商标评审委员会作出商评字［2012］第 33395 号《关于第 4570381 号“赖茅”商标异议复审裁定》（以下简称第 33395 号裁定），对被异议商标予以核准注册。赖世家酒业公司不服，提起行政诉讼。北京市第一中级人民法院一审认为，被异议商标未构成商标法第三十一条所指以不正当手段抢先注册他人在先使用并有一定影响商标之情形，遂判决维持第 33395 号裁定。赖世家酒业公司不服，提起上诉，北京市高级人民法院二审判决驳回上诉、维持原判。赖世家酒业公司仍不服，向最高人民法院申请再审。最高人民法院于 2015 年 9 月 10 日裁定驳回赖世家酒业公司的再审申请。

【裁判意见】

最高人民法院审查认为：判断被异议商标的申请注册是否属于以不正当手段抢先注册赖世家酒业公司在先使用并有一定影响的在先“赖茅”商标，需考查在先“赖茅”商标的历史、申请注册情况，并结合赖世家酒业公司在被异议商标申请注册日前是否为合法使用等因素。首先，根据原审法院查明的事实，1951 年至 1953 年，贵州省仁怀县人民政府通过赎买、没收、接管等方式将仁怀茅台镇“成义酒房”“荣和酒房”和“恒兴酒厂”三家私营酿酒烧房资产收归国有，在此基础上成立贵州茅台酒厂，并将三家私营酿酒烧房所生产的“华茅”“王茅”“赖茅”酒产品整合，统一称为“茅台酒”。赖世家酒业公司在 20 世纪 50 年代后对“赖茅”商标并不享有商标权益。其次，从在先“赖茅”商标核准注册到该商标因三年不使用被撤销期间，茅台酒厂有限公司对在先“赖茅”商标享有注册商标专用权，任何人未经其许可，不得在与酒相同或者类似商品上使用“赖茅”标识。赖世家酒业公司在此期间的使用行为实为侵犯在先“赖茅”商标专用权的行为，并不能因违法行为而产生商标权益。赖世家酒业公司虽主张其在先使用“赖茅”商标且在原有范围内继续使用并不违法，但在先“赖茅”商标 20 世纪 50 年代后即归属贵州茅台酒厂，虽然我国商标法于 1982 年 8 月 23 日颁布，但并不表明此前商标权利人对商标没有权利。在在先“赖茅”商标 20 世纪 50 年代后已折价划归贵州茅台酒厂的情形下，即使如赖世家酒业公司所述，其前身于 20 世纪 80 年代开始生产“赖茅”酒，该行为难言正当，亦不能产生商标法意义上的在先使用权益。茅台酒厂有限公司于在先“赖茅”商标被撤销后十几日即申请注册被异议商标，赖世家酒业公司在短短十几日内使用“赖茅”商标亦难以达到一定影响。据此，被异议商标的申请注册并未违反商标法第三十一条的规定。

中华人民共和国最高人民法院行政裁定书

（2015）知行字第115号

再审申请人（一审原告、二审上诉人）：贵州赖世家酒业有限责任公司。住所地：贵州省贵阳市云岩区黔灵东路2栋A1单元8层53号。

法定代表人：赖世豪，该公司董事长。

委托代理人：孙玉华，北京恒都律师事务所律师。

委托代理人：张瑜，北京恒都律师事务所实习律师。

被申请人（一审被告、二审被上诉人）：国家工商行政管理总局商标评审委员会。住所地：北京市西城区茶马南街1号。

法定代表人：何训班，该委员会主任。

委托代理人：李俊青，该委员会审查员。

委托代理人：冯洪玲，该委员会审查员。

一审第三人：中国贵州茅台酒厂（集团）有限责任公司。住所地：贵州省贵阳市外环东路东山巷4号。

法定代表人：袁仁国，该公司董事长。

委托代理人：贾宏，浙江楷立律师事务所律师。

再审申请人贵州赖世家酒业有限责任公司（以下简称赖世家酒业公司）因与被申请人国家工商行政管理总局商标评审委员会（以下简称商标评审委员会）、一审第三人中国贵州茅台酒厂（集团）有限责任公司（以下简称茅台酒厂有限公司）商标异议复审行政纠纷一案，不服北京市高级人民法院（2013）高行终字第1823号行政判决，向本院申请再审。本院依法组成合议庭对本案进行了审查，现已审查终结。

赖世家酒业公司申请再审称：（一）商标评审委员会商评字〔2012〕第33395号《关于第4570381号“赖茅”商标异议复审裁定书》（以下简称第33395号裁定）和原审判决认定事实错误，应予撤销。1. 第33395号裁定和原审判决关于“推定赖茅商标作为无形资产，折价划归贵州茅台酒厂”这一认定错误。从历史沿革看，二审判决在没有证据证明五十年代恒兴酒厂收归国有时资产如何划分的情况下推定无形资产也一并转让，脱离客观事实，系主观臆断。从现实状况看，贵州茅台酒厂自1988年申请注册第627426号“赖茅”商标后从未进行使用，并于2005年因连续三年不使用被撤销而无效，表明贵州茅台酒厂对“赖茅”商标无真实使用意图，也意味着广大消费者无从知晓该商标与贵州茅台酒厂之联系，未形成任何识别效果，而原审判决并未考虑此“现实”。2. 第33395号裁定和原审判决关于“赖茅”商标八十年代的使用为非法使用，属认定事实错误。“赖茅”商标由赖氏家族创立，与其有着天然的联系，尽管五十年代赖氏家族经营的恒兴酒厂被收归国有，但赖氏家族从未在任何文件中声明放弃使用“赖茅”商标或转让该权利。贵州茅台酒厂于八十年代抢注了第627426号“赖茅”商标，但其一直使用在先，即使贵州茅台酒厂在一定时期内拥有“赖茅”商标的专用权，但其在原有范围内继续使用“赖茅”商标是完全合法的。（二）“赖茅”商标由赖氏家族所创立，并在长达半个世纪时间内一直为赖氏家族所使用，其商标权理应归属赖世家酒业公司。从“赖茅”品牌创立及发展看，“赖茅”品牌一直为赖氏家族所有，并经几代人的努力，已经享誉世界。从“赖茅”商标的申请注册情况看，其早于贵州茅台酒厂申请注册“赖茅”商标，由于人为因素未予核准注册，但贵州茅台酒厂核准注册“赖茅”商标后并未实际使用，并于2005年因连续三年停止使用被撤销。茅台酒厂有限公司随即申请了第4570381号“赖茅”商标（以下简称被异议商标），被异议商标并非第627426号“赖茅”商标的延续，而与其在先商标同为恶意抢注行为。从“赖茅”商标实际使用情况及市场影响力看，“赖茅”商标一直为赖氏家族实际使用，而茅台酒厂有限公司从未进行过任何实际使用，“赖茅”商标已经与赖世家酒业公司建立了唯一对应的联系，“赖茅”商标应归属赖世家酒业公司。综上，请求本院依法撤销原审判决和第33395号裁定，判令商标评审委员会重新作出裁定。

商标评审委员会提交意见认为：确认“赖茅”商标权的归属是判定被异议商标是否属于以不正当手段抢先注册的前提，而确定解放后“赖茅”商标权归属既要考虑历史同时也要兼顾现实。贵州茅台酒厂于解放后接管恒兴酒厂，将恒兴酒厂的全部资产折价划归其所有。商标局及商标评审委员会的既往裁定也认定此事实。同时，贵州茅台酒厂自1988年12月始，即在酒商品上申请注册第627426号“赖茅”商标。其间经过续展，至2005年3月第627426号“赖茅”商标被撤销，近二十年时间贵州茅台酒厂一直被作为“赖茅”商标申请人及注册人为公众所认知。即使贵州茅台酒厂在申请注册第627426号“赖茅”商标后并未使用该商标，但是其作为商标权人有权禁止他人使用“赖茅”商标，故赖世家酒业公司在此期间使用“赖茅”商标的行为实为侵犯注册商标专用权的违法行为，由此不能产生合法的商标权利。被异议商标是茅台酒厂有限公司在第627426号“赖茅”商标基础上的重新申请注册，且被异议商标申请日距第627426号“赖茅”商标因被撤销而丧失专用权之日仅十几日时间。在此期间，赖世家酒业公司使用“赖茅”商标亦难以达到一定影响。因此，茅台酒厂有限公司申请注册被异议商标未构成2001年修正的《中华人民共和国商标法》（以下简称商标法）第三十一条所指以不正当手段抢先注册他人在先使用并有一定影响商标的情形。请求本院依法驳回赖世家酒业公司的再审申请。

茅台酒厂有限公司提交意见认为：（一）五十年代贵州省仁怀县人民政府通过赎买、没收、接管等方式将恒兴酒厂资产收归国有，“赖茅”已作为无形资产折价划归贵州茅台酒厂。根据《仁怀县志》等文献记载，恒兴酒厂被接管前，一直由赖永初进行管理，与赖贵山无关，赖世家酒业公司的法定代表人赖世豪并非所谓传承人。（二）其于1988年12月29日在第33类酒上申请注册了第627426号“赖茅”商标，虽然赖氏酒厂对商标提出了异议，但商标评审委员会于1996年6月27日作出裁定，该商标予以注册。可见，“赖茅”商标归属是历史形成的事实，产权关系非常清晰。（三）其在第627426号“赖茅”商标基础上补充申请注册本案被异议商标，具有合理正当理由。被异议商标与第627426号“赖茅”商标图样一致、商品类别一致，只是扩大了注册商品的范围。（四）被异议商标的申请注册未侵犯任何人的在先权利，不属于抢先注册他人已经使用并有一定影响的商标。首先，赖世家酒业公司提供的赖氏酒厂有关调查笔录、批复、证书及自行制作的宣传材料等证据，并不能证明其已经真实、合法、有效地使用了“赖茅”商标，更不能证明其在被异议商标申请日之前获得了一定的影响。其次，赖世家酒业公司成立于2005年10月，而被异议商标申请日为2005年3月29日，在该商标申请日前，该公司并未成立，因此不存在通过赖世家酒业公司合法使用并获得一定影响的“赖茅”商标权益。最后，赖氏酒厂于1998年即已消亡，其于2005年通过协议将其资产全部转让给赖世家酒业公司。在此期间，第627426号“赖茅”商标专用权合法有效，任何人在酒类商品上使用“赖茅”商标的行为均系侵犯商标专用权的行为。（五）被异议商标核准注册后，其发布《商标声明》公布确权信息，启动了净化“赖茅”市场的维权行为。此外，2014年10月，其与中石化易捷销售有限公司等合资成立贵州赖茅酒业有限公司。2015年3月，“赖茅”上市发布会在成都举行，开启了“赖茅”上市回归之路。综上，请求本院依法驳回赖世家酒业公司的再审申请，维持原审判决。

在本院再审审查中，赖世家酒业公司提交了以下证据：1.《我国无形资产会计的演进与发展趋势》［刊登于《财会通讯》2010 年第 8 期（下）］，以证明在 1952 年商标作为无形资产纳入会计核算的概念和制度远未出现。2.《仁怀县志》中关于县酱香型酒的年生产量统计以及茅台镇 1988 年个体商贩的统计，以证明其在贵州茅台酒厂注册第 627426 号“赖茅”商标前（1984 年～1993 年）对“赖茅”商标持续使用并产生一定影响。商标评审委员会认可证据 1 的真实性，但对证据证明力不认可；认可证据 2 的真实性，但认为与本案没有关联性。茅台酒厂有限公司认可证据 1 的真实性，但不认可证据的证明目的；对证据 2，认为没有关联性，不能体现“赖茅”酒的销量，不能达到证明目的。

茅台酒厂有限公司提交了以下证据：1.“茅台酒酿工业遗产群”被认定为国务院第七批全国重点文物保护单位的相关资料，以证明生产“赖茅”的“衡昌酒坊”是“茅台酒酿酒工业遗产群”之一。2.“赖茅”产品照片及“赖茅”产品上市发布会新闻资料等，以证明被异议商标及产品的使用情况。3. 本案异议申请、异议复审请求书，以证明赖世家酒业公司关于“赖茅”起源有张冠李戴、恶意欺骗行为。赖世家酒业公司认可证据 1 的真实性，但不认可关联性和证明力，认为该证据仅能证明恒兴酒厂的厂房收归国有，不涉及“赖茅”商标和传统工艺。对证据 2，认为证据来源于互联网和茅台酒厂有限公司，真实性存疑，这些证据亦表明茅台酒厂有限公司直到 2014 年 10 月才开始使用“赖茅”商标，其具有在先使用权利。对证据 3，认可真实性，但当时其提出异议申请时，还有另一家公司，双方均委托了同一家代理公司，在提交申请书时发生错误。商标评审委员会对上述证据没有异议。

本院认为，本案争议焦点为：被异议商标的申请注册是否违反商标法第三十一条关于“不得以不正当手段抢先注册他人已经使用并有一定影响的商标”的规定。

商标法第三十一条规定，申请商标注册不得损害他人现有的在先权利，也不得以不正当手段抢先注册他人已经使用并有一定影响的商标。本案中，由于“赖茅”商标特殊的历史背景和现状，人民法院判断被异议商标的申请注册是否属于以不正当手段抢先注册赖世家酒业公司在先使用并有一定影响的“赖茅”商标，需考查“赖茅”商标的历史、申请注册情况，并结合赖世家酒业公司在被异议商标申请注册日前是否为合法使用等因素综合判断。首先，关于“赖茅”商标的历史。根据原审查明的事实，1951 年至 1953 年，贵州省仁怀县人民政府通过赎买、没收、接管等方式将仁怀茅台镇“成义酒房”“荣和酒房”“恒兴酒厂”三家私营酿酒烧房资产收归国有，在此基础上成立贵州茅台酒厂，并将三家私营酿酒烧房所生产的“华茅”“王茅”“赖茅”酒产品整合，统一称为“茅台酒”。赖世家酒业公司再审主张“赖茅”商标并未折价划归贵州茅台酒厂，但当时恒兴酒厂财产估价清单上记载有“商标”字样，虽未明确记载系何商标，基于当时中国特定的历史阶段，原审法院推定“赖茅”商标作为无形资产已折价划归贵州茅台酒厂并无不当，且赖世家酒业公司提交的证据亦不足以推翻上述认定，故赖世家酒业公司在五十年代后对“赖茅”商标并不享有商标权益。其次，关于第627426号“赖茅”商标申请注册、因三年不使用被撤销以及本案被异议商标申请注册的相关情况。根据原审查明的事实，1988年12月29日，贵州茅台酒厂在酒商品上申请注册第627426号“赖茅”商标，赖氏酒厂提出异议。1996年6月27日，商标评审委员会作出异议复审裁定，第627426号“赖茅”商标予以核准注册。2003年7月，深州市赖永初酒业经销有限公司以连续三年停止使用为由申请撤销第627426号“赖茅”商标。2005年3月16日，商标局撤销第627426号“赖茅”商标。2005年3月29日，茅台酒厂有限公司在酒（饮料）等商品上申请注册被异议商标。从第627426号“赖茅”商标核准注册到该商标因三年不使用被撤销期间，茅台酒厂有限公司对第627426号“赖茅”商标享有注册商标专用权，任何人未经其许可，不得在相同或者类似酒商品上使用“赖茅”标识。因此，赖世家酒业公司在此期间的使用行为实为侵犯“赖茅”商标专用权的行为，并不能因违法行为而产生商标权益。赖世家酒业公司主张其在先使用“赖茅”商标且在原有范围内继续使用并非非法使用，但如前所述，“赖茅”商标五十年代后即归属贵州茅台酒厂，虽然我国商标法于1982年8月23日颁布，但并不表明此前商标权利人对商标没有权利。在“赖茅”商标五十年代后已折价划归贵州茅台酒厂的情形下，即便如赖世家酒业公司所述其前身于八十年代开始生产“赖茅”酒，该行为难言正当，亦不能产生商标法意义上的在先使用权益。茅台酒厂有限公司在第627426号“赖茅”商标被撤销后十几日即申请注册被异议商标，赖世家酒业公司在短短十几日内使用“赖茅”商标亦难以达到一定影响。鉴此，赖世家酒业公司关于其在先使用“赖茅”商标并具有一定影响等再审理由不成立，本院不予支持。

此外，关于赖世家酒业公司主张茅台酒厂有限公司申请注册被异议商标具有主观恶意的问题。本院认为，五十年代后“赖茅”商标归属贵州茅台酒厂，此后贵州茅台酒厂虽未实际使用，但于我国商标法颁布后申请注册第627426号“赖茅”商标，并获得“赖茅”商标专用权。虽然该商标于2005年因三年不使用被撤销而丧失商标专用权，但茅台酒厂有限公司于十几日后即申请本案被异议商标。从上述茅台酒厂有限公司本身享有“赖茅”商标权利、申请注册第627426号“赖茅”商标及本案被异议商标情况看，茅台酒厂有限公司申请被异议商标并不具有主观恶意，并不能因其未实际使用“赖茅”商标而认定其具有主观恶意，故赖世家酒业公司该项申请再审理由无事实和法律依据，本院不予支持。

综上，赖世家酒业公司的再审申请不符合《中华人民共和国行政诉讼法》第九十一条规定的情形。依照《最高人民法院关于执行〈中华人民共和国行政诉讼法〉若干问题的解释》第七十四条的规定，裁定如下：

驳回贵州赖世家酒业有限责任公司的再审申请。

审　判　长　周　翔
审　判　员　钱小红
代理审判员　郎贵梅
二〇一五年九月八日
书　记　员　张　博

41. 以不正当手段抢先注册他人在先使用并有一定影响商标的判断标准

——再审申请人拉科斯特股份有限公司与被申请人卡帝乐鳄鱼私人有限公司、国家工商行政管理总局商标评审委员会商标争议行政纠纷案

【裁判要旨】

争议商标的申请注册构成以不正当手段抢先注册他人在先使用并有一定影响的商标需要同时满足下列要件：在先使用商标具有一定影响；争议商标构成以不正当手段抢先注册，即争议商标申请人具有主观恶意，其明知或者应知在先使用并有一定影响的商标而予以抢注，但其举证证明没有利用在先使用商标商誉的除外；对在先使用并有一定影响的商标的保护限于相同或者类似商品或者服务。

【关键词】

商标争议　在先使用　一定影响　抢先注册

【案号】

最高人民法院（2018）最高法行再134号

【基本案情】

在再审申请人拉科斯特股份有限公司（以下简称拉科斯特公司）与被申请人卡帝乐鳄鱼私人有限公司（鳄鱼国际机构私人有限公司的权利义务承受人，以下简称卡帝乐公司）、国家工商行政管理总局商标评审委员会（以下简称商标评审委员会）商标争议行政纠纷案中，争议商标系拉科斯特公司于1994年10月19日申请的国际注册第638122号鳄鱼图形商标，引证商标系鳄鱼国际机构私人有限公司（以下简称鳄鱼国际公司）于1993年12月24日申请的第1331001号"CARTELO及图"商标。鳄鱼国际公司于2012年6月13日向商标评审委员会申请撤销争议商标，主要理由为：争议商标构成对引证商标的恶意模仿，违反了2001年修正的商标法第二十九条的规定。争议商标构成对鳄鱼国际公司在先使用并有一定影响的系列头朝左鳄鱼商标的抢注，违反了商标法第三十一条规定。商标评审委员会作出第124819号裁定（以下简称被诉裁定）认为，争议商标与引证商标在构成元素、视觉效果等方面区别明显，相关公众施以一般注意力能够区分，两商标并存于市场不易使相关公众混淆。鳄鱼国际公司复审理由属于商标法第二十九条调整范围，不再适用商标法第三十一条进行评审。据此裁定争议商标予以维持。卡帝乐公司不服，提起行政诉讼。北京市第一中级人民法院认为，争议商标与引证商标在构成元素、整体视觉效果等方面差异较小，相关公众施以一般注意力不能够区分，且相关主体此前就市场划分达成的和解协议亦应得到尊重和遵守。故撤销被诉裁定，责令商标评审委员会重新作出裁定。拉科斯特公司不服，提起上诉。北京市高级人民法院维持一审判决。拉科斯特公司不服，向最高人民法院申请再审。最高人民法院查明，1983年6月17日，鳄鱼国际公司的前身利生民公司与拉科斯特公司签订和解协议（即1983年和解协议）。根据协议载明内容，双方希望在本协议第一条所列国家或者地区（中国台湾、新加坡、印度尼西亚、马来西亚、文莱）开展合作；拉科斯特公司愿意付给利生民公司过去支付鳄鱼商标保护和防御费用的补偿金；双方同意表A和表B中所示其各自徽标，可在相关市场共存不致混淆等。拉科斯特公司与鳄鱼国际公司就1983年和解协议在新加坡国际仲裁中心进行了仲裁，仲裁庭于2011年8月

15 日作出的仲裁裁决认为，1983 年和解协议并未要求协议任何一方同意对方在协议约定的五个国家或者地区之外的商标注册，且 1983 年和解协议本身也不构成这种同意。最高人民法院裁定提审本案，于 2018 年 11 月 29 日判决撤销一、二审判决，维持被诉裁定。

【裁判意见】

最高人民法院再审认为：争议商标的申请注册构成以不正当手段抢先注册他人在先使用并有一定影响的商标，需要同时满足下列要件：一是在先使用商标具有一定影响；二是争议商标构成以不正当手段抢先注册，即争议商标申请人具有主观恶意，其明知或者应知在先使用并有一定影响的商标而予以抢注，但其举证证明没有利用在先使用商标商誉的除外；三是对在先使用并有一定影响的商标的保护限于相同或者类似商品或者服务。本案中，争议商标的注册未违反 2001 年修正的商标法第三十一条关于不得以不正当手段抢先注册他人已经使用并有一定影响的商标的规定。首先，卡帝乐公司提交的使用证据不足以证明其主张的在先使用商标具有一定影响。1994 年仅开设了一家位于上海的卡帝乐鳄鱼品牌专卖店；卡帝乐公司主张 1995 年在中国境内开设了 85 家卡帝乐鳄鱼品牌专卖店，但仅提供了其自制的统计表，并没有其他证据予以佐证，即使开设 85 家专卖店属实，也不能保证上述专卖店是在争议商标向中国申请延伸保护即 1995 年 3 月 23 日之前开设；其他使用证据均是相关报纸上的广告宣传，而且基本是开设第一家卡帝乐鳄鱼品牌专卖店的广告。其次，拉科斯特公司申请争议商标没有利用卡帝乐公司主张的在先使用鳄鱼图形商标商誉的主观恶意。拉科斯特公司于 1979 年 5 月 12 日在中国申请、并于 1980 年 10 月 30 日获准注册第 141103 号鳄鱼图形商标，而且，拉科斯特公司在先注册的鳄鱼图形商标曾于 1994 年被认定为驰名商标。本案争议商标是对第 141103 号鳄鱼图形商标的基本水平镜像反转，符合在争议商标指定的服装、鞋等商品上注册和使用左右朝向不同的图形商标的惯常方式。争议商标与卡帝乐公司主张的在先使用未注册鳄鱼商标相比，虽然头部朝向相同，但具体形态并不一致，而且拉科斯特公司在先注册的第 141103 号鳄鱼图形商标知名度较高，卡帝乐公司主张的在先使用未注册商标未达到一定影响。在此情况下，拉科斯特公司申请注册争议商标不存在利用卡帝乐公司主张的在先使用未注册商标商誉的因素。最后，卡帝乐公司主张的在先使用未注册商标行为难谓善意正当。在争议商标申请日之前，鳄鱼国际公司的前身利生民公司与拉科斯特公司在日本已经因鳄鱼商标产生过争议，后来双方达成了不适用于中国大陆地区的1983年和解协议。1993年10月4日商标局作出（1993）标申驳字第3963号商标核驳通知书，鳄鱼国际公司在第25类鞋等商品上申请注册的“鳄鱼”商标因与拉科斯特公司在类似商品上已注册的第552436号“鳄鱼”商标文字相同，被通知驳回。1993年11月2日新民晚报关于开设在上海的第一家卡帝乐鳄鱼品牌专卖店的广告报道突出使用了“真正的‘鳄鱼’来了”的字样。上述事实表明鳄鱼国际公司明知或者至少应知拉科斯特公司在中国在先申请注册或者使用了鳄鱼图形商标。在这种情况下，鳄鱼国际公司仍然使用头朝左鳄鱼图形商标，其使用行为难谓善意正当。根据拉科斯特公司提交的卡帝乐公司近期使用鳄鱼商标的证据，卡帝乐公司在其阿里巴巴平台店铺和卡帝乐鳄鱼品牌专卖店使用头朝左鳄鱼图形商标以及使用与法国国旗颜色排列一致的蓝、白、红三色鳄鱼平面模型等行为，更加表明卡帝乐公司主观上具有使其鳄鱼商标与拉科斯特公司的鳄鱼商标相混淆或者产生特定联系的意图。

中华人民共和国最高人民法院行政判决书

（2018）最高法行再134号

再审申请人（一审第三人、二审上诉人）：拉科斯特股份有限公司。住所地：法兰西共和国巴黎市75001。

授权代表人：帕特里斯·乌德雷，该公司法务部执行副总裁。

委托诉讼代理人：王宇明，北京市万慧达律师事务所律师。

委托诉讼代理人：雷用剑，北京市万慧达律师事务所律师。

被申请人（一审原告、二审被上诉人）：卡帝乐鳄鱼私人有限公司（鳄鱼国际机构私人有限公司的权利义务承受人）。住所地：萨摩亚阿皮亚，离岸钱伯斯，P. 0. Box 217。

法定代表人：洪文展，该公司主席。

委托诉讼代理人：李伟华，北京大成（上海）律师事务所律师。

委托诉讼代理人：杨秀琴，上海市海华永泰律师事务所律师。

被申请人（一审被告）：国家工商行政管理总局商标评审委员会。住所地：中华人民共和国北京市西城区茶马南街1号。

法定代表人：赵刚，该委员会主任。

委托诉讼代理人：乔向辉，该委员会审查员。

再审申请人拉科斯特股份有限公司（以下简称拉科斯特公司）因与被申请人卡帝乐鳄鱼私人有限公司（以下简称卡帝乐公司）、国家工商行政管理总局商标评审委员会（以下简称商标评审委员会）商标争议行政纠纷一案，不服北京市高级人民法院（2015）高行（知）终字第3019号行政判决，向本院申请再审。本院依法于2018年5月28日作出（2016）最高法行申2317号行政裁定，提审本案。本院依法组成合议庭于2018年9月7日公开开庭审理本案，拉科斯特公司的委托诉讼代理人王宇明、雷用剑，卡帝乐公司的委托诉讼代理人李伟华、杨秀琴到庭参加诉讼，商标评审委员会经本院合法传唤以其已经充分发表法律意见为由未参加开庭审理。本案现已审理终结。

本案涉及的争议商标系拉科斯特公司申请的国际注册第638122号商标。鳄鱼国际机构私人有限公司（以下简称鳄鱼国际公司）于2012年6月13日向商标评审委员会申请撤销争议商标，理由为：1. 争议商标构成对鳄鱼国际公司所有的第1331001号“CARTELO及图”商标（以下简称引证商标）的恶意模仿，违反了2001年修正的《中华人民共和国商标法》（以下简称商标法）第二十八条、第二十九条、第四十一条规定。2. 争议商标构成对鳄鱼国际公司在先使用并有一定影响的系列头朝左鳄鱼商标的抢注，违反了商标法第三十一条规定。3. 争议商标侵犯了鳄鱼国际公司在先所有的系列头朝左鳄鱼商标的著作权，违反了商标法第三十一条规定。4. 中国广大消费者已经熟知鳄鱼国际公司的鳄鱼商标头朝左、拉科斯特公司的鳄鱼商标头朝右的显著区别特征，争议商标的注册使用会对社会经济秩序造成不良影响，违反了商标法第十条第一款第八项规定。商标评审委员会于2013年12月2日作出商评字〔2013〕第124819号关于国际注册第638122号图形商标争议裁定（以下简称第124819号裁定）。该裁定经过了一审、二审和再审程序的审理。在本院再审审理程序中，双方当事人的争议焦点是：争议商标的注册是否违反了商标法第二十九条和第三十一条后半段规定。对于争议程序和一、二审程序中的其他争议问题，当事人在本院再审审理程序中未提出异议，本院不再阐述。

第124819号裁定认定：争议商标与引证商标在构成元素、视觉效果等方面区别明显，相关公众施以一般注意力能够区分，两商标并存于市场不易使相关公众混淆，故争议商标与引证商标未构成商标法第二十九条所指的使用在同一种或类似商品上的近似商标。鉴于卡帝乐公司已经在与争议商标核定使用商品相同或类似商品上在先申请注册了引证商标，故其复审理由属于商标法第二十九条调整范围，不再适用商标法第三十一条进行评审。商标评审委员会裁定争议商标予以维持。

卡帝乐公司不服第124819号裁定，向北京市第一中级人民法院（以下简称一审法院）提起行政诉讼，请求撤销该裁定。其理由除了向商标评审委员会主张的理由之外还有：1. 第124819号裁定遗漏争议申请人。该争议申请的提出主体原为鳄鱼国际公司，我公司作为利害关系人参加评审后，商标评审委员会没有继续将鳄鱼国际公司作为共同争议申请主体加以认定。2. 我方提出在先使用并有一定影响的未注册商标的主张，商标评审委员会没有进行评审，属于程序错误。

一审法院经审理查明：

国际注册第638122号图形商标（即争议商标，见下附图）由拉科斯特公司于1994年10月19日申请注册，基础注册国为法兰西共和国，后向国家工商行政管理总局商标局（以下简称商标局）提出领土延伸保护申请，核定使用于第25类服装等商品上，注册商标专用期限至2015年3月23日。

第1331001号“CARTELO及图”商标（即引证商标，见下图）由卡帝乐公司于1993年12月24日向商标局提出注册申请，核定使用于第25类服装等商品，注册商标专用权期限至2019年11月6日。

争议商标

引证商标

争议商标经商标局初步审定公告并核准注册后，鳄鱼国际公司于2012年6月13日向商标评审委员会提出撤销申请。在评审期间，卡帝乐公司与鳄鱼国际公司于2013年11月15日共同提交了《权利继承声明》，明确卡帝乐公司于2012年3月27日受让引证商标，系该商标权利人；同时继承鳄鱼国际公司的各项权利，参与该案件评审程序，并保留鳄鱼国际公司作出的所有请求理由及主张。

卡帝乐公司在一审中还提交了包括最高人民法院（2009）民三终字第3号民事判决书在内的多份判决文书，其中对于卡帝乐公司与拉科斯特公司就鳄鱼商标的注册、使用、争议、和解情况进行详尽阐述。拉科斯特公司也提交了部分判决文书，用以证明两商标可以区分。

另查，卡帝乐公司在商标评审过程中，在其争议申请书第6页提出争议商标侵犯其在先使用并有一定影响未注册商标的主张时，引述了四件商标标志，其中一件与本案引证商标一致，其他三件不一致。

上述事实，有争议商标档案、引证商标档案、争议申请书、卡帝乐公司及拉科斯特公司在商标撤销复审以及本案诉讼阶段提交的证据、当事人陈述等证据在案佐证。

一审法院认为：卡帝乐公司已经继承了鳄鱼国际公司就争议纠纷的所有请求理由及主张，同时受让了引证商标。因此本案利害关系人仅限于卡帝乐公司，第124819号裁定并未遗漏主体。卡帝乐公司在评审中提出了争议商标对其在先使用并有一定影响未注册商标存在侵犯的主张，其引述的商标中除与引证商标一致的一件之外，其他三件并不一致。基于商标法第二十九条的审查，不能当然就此三件商标一并吸收评审。因此第124819号裁定就此部分存在遗漏审查事实的程序错误。争议商标与引证商标在构成元素、整体视觉效果等方面差异较小，相关公众施以一般注意力不能够区分，且相关主体此前就市场划分达成的和解协议亦应得到尊重和遵守。两商标核定使用商品具有较强关联性，属于类似商品。两商标并存于市场易导致相关公众混淆误认，争议商标的注册违反商标法第二十九条规定。

依照1990年施行的《中华人民共和国行政诉讼法》第五十四条第二项第1目、第2目之规定，一审法院于2014年12月10日作出（2014）一中知行初字第4497号行政判决：一、撤销第124819号裁定。二、责令商标评审委员会重新就卡帝乐公司对国际注册第638122号图形商标所提撤销注册申请作出裁定。

拉科斯特公司不服一审判决，向北京市高级人民法院（以下简称二审法院）提起上诉，请求撤销一审判决，维持第124819号裁定。其主要理由是：第124819号裁定并不存在遗漏审查事实的程序错误；争议商标的注册未违反商标法第二十九条规定。商标评审委员会及卡帝乐公司均服从一审判决。

二审法院经审理，对一审法院查明事实予以确认。另查明，在二审程序中，拉科斯特公司补充提交了包括1983年和解协议仲裁书、部分裁判文书以及拉科斯特公司在先基础商标信息等证据。二审法院以上述补充提交的证据并非第124819号裁定作出的依据为由不予采信。

二审法院认为：本案应适用2001年修正的商标法进行审理。卡帝乐公司在商标评审程序中提出了争议商标的注册系对其在先使用并有一定影响未注册商标存在侵犯的主张，其引述的商标共四件，有一件与引证商标一致，其他三件并不一致，商标评审委员会基于商标法第二十九条的审查，将其他三件商标一并吸收评审，存在遗漏。本案中，争议商标为“鳄鱼图形”商标，引证商标为组合商标，由字母“CARTELO”及“鳄鱼图形”构成，争议商标的“鳄鱼图形”与引证商标的“鳄鱼图形”几乎完全相同，二者构成近似商标，争议商标与引证商标同时使用在第25类服装等商品上，势必会造成相关公众的混淆误认，争议商标的注册违反了商标法第二十九条规定。

综上，依据1990年施行的《中华人民共和国行政诉讼法》第六十一条第一项之规定，二审法院于2015年12月18日作出（2015）高行（知）终字第3019号行政判决：驳回上诉，维持一审判决。

拉科斯特公司不服二审判决，向本院申请再审，请求撤销一、二审判决，维持第124819号裁定。主要理由如下：（一）争议商标系拉科斯特公司对其于1979年在中国申请注册的基础注册系列鳄鱼商标的延续性注册，并非对他人商标标识的模仿，且注册和使用左右朝向不同的图形商标是服装、眼镜等行业惯常做法。拉科斯特公司于1933年创始于法国，早在1979年5月12日，拉科斯特公司就在中国在第25类衣服商品上申请了头朝右鳄鱼图形商标，并于1980年10月30日获得注册；随后陆续在第9、18、28等类别商品上申请注册了鳄鱼商标。经过长期的使用和努力，拉科斯特公司的鳄鱼品牌获得了较高知名度。核定使用于第25类衣服等商品上的第141103号鳄鱼图形商标还被商标局于1994年认定为驰名商标。为了进一步制止他人以改变鳄鱼头部朝向的方式进行侵权的情况，拉科斯特公司于1994年10月19日在基础注册商标的基础上，进行水平镜像翻转，在法国申请了头朝左鳄鱼商标的国际注册，并随后于1995年3月23日在中国获得延伸保护，即本案争议商标。鳄鱼图形是拉科斯特公司上述鳄鱼商标的显著特征，鳄鱼头部朝向的细微变化，并不影响相关公众对拉科斯特公司鳄鱼商标的认知。他人以改变鳄鱼头部朝向而在相同或类似商品上使用鳄鱼商标，构成侵权性使用。长期以来，各地工商部门及法院对拉科斯特公司头朝右鳄鱼图形注册商标的保护，也基本遵循着该思路。（二）争议商标的申请注册不违反商标法第二十九条规定。一、二审判决关于争议商标与引证商标近似的认定与最高人民法院及北京市高级人民法院在引证商标异议程序中作出的在先生效行政裁判中关于引证商标与拉科斯特公司基础注册商标不相近似的认定相冲突，也与最高人民法院（2009）民三终字第3号民事判决的认定相矛盾。（三）对于原争议申请人即鳄鱼国际公司主张其使用头朝左鳄鱼商标属于对未注册商标使用的理由，第124819号裁定已进行审理，不存在漏审。而且，上述使用并未具有一定影响，在拉科斯特公司拥有于1979年申请注册且于1994年认定属于驰名商标的鳄鱼图形商标的情况下，上述使用属于侵犯拉科斯特公司商标权的情形，不应积累任何的法益。（四）商标保护应当坚持地域性的基本原则。拉科斯特公司与鳄鱼国际公司的前身利生民公司就特定商标签订的1983年和解协议，明确约定该协议只适用于中国台湾地区、新加坡、印度尼西亚、马来西亚、文莱五个国家或者地区，不包括中国大陆地区，而且是以拉科斯特公司向利生民公司支付补偿金为对价。拉科斯特公司领先利生民公司十多年于1979年在中国大陆申请并获准注册鳄鱼图形商标，没有必要与利生民公司就鳄鱼图形商标在中国大陆地区签订共存协议，事实上也不存在任何形式的共存协议。1983年和解协议对本案没有约束力，在判断争议商标与引证商标是否构成近似时不应考虑1983年和解协议。（五）卡帝乐公司对头朝左鳄鱼标识并不享有商标权，最高人民法院（2009）民三终字第3号民事判决关于不侵权的认定也未确认鳄鱼国际公司在任何环境下均可单独使用头朝左鳄鱼标识，更未跨越到行政法上进行商标授权确权。

卡帝乐公司辩称：（一）争议商标并非属于拉科斯特公司对其系列基础注册鳄鱼商标的延续性注册，而是对引证商标的恶意模仿、恶意注册。拉科斯特公司从未实际使用过头朝左鳄鱼商标，其一直实际使用头朝右鳄鱼商标。（二）一、二审判决关于争议商标与引证商标构成近似的认定与相关在先生效行政裁判并不矛盾。相关在先生效行政裁判认定的均是引证商标与拉科斯特公司在先注册的头朝右鳄鱼商标不近似，而非与争议商标即头朝左鳄鱼商标不近似。（三）商标评审委员会存在漏审，争议商标侵犯了卡帝乐公司在先使用并有一定影响的三件未注册商标。（四）拉科斯特公司与卡帝乐公司长期以来在全球各地包括中国申请注册和实际商业经营中使用鳄鱼商标，已经形成了前者鳄鱼头朝右、后者鳄鱼头朝左的严格区分标准。1983年和解协议更是明确了双方商标的上述区别特征，最高人民法院（2009）民三终字第3号民事判决也对此予以确认。在双方已经形成稳定的市场格局的情况下，拉科斯特公司申请注册与卡帝乐公司的鳄鱼商标头部朝向一样的争议商标违背诚实信用原则和基本的商业道德，具有明显的不正当目的。综上，对于争议商标与引证商标是否构成近似的判断，不能简单机械地只对商标构成要素进行比较，必须综合考虑双方的历史背景以及商标注册、使用、知名度情况等，必须考虑双方各自经过长期实际使用、宣传早已经形成的固定市场格局和市场秩序。

商标评审委员会提交意见称：（一）拉科斯特公司主张本案争议商标的基础注册商标已经被法国最高法院确认属于合法注册，但根据法国最高法院判决摘录可知，该判决未就基础注册商标是否属于合法注册予以明示。（二）拉科斯特公司主张争议商标在中国经历的驳回复审及诉讼结果表明，商标评审委员会认为争议商标与本案引证商标不近似，但商标评审委员会在争议商标驳回复审程序和相应的诉讼程序中未涉及争议商标与引证商标是否近似的问题。（三）其他案件与本案情况不同，不能作为本案争议商标是否应予以维持的依据。

本院经审理查明，一、二审法院查明的事实属实。另查明：

（一）拉科斯特公司在法国申请注册争议商标及在中国申请领土延伸保护的情况

1994 年 10 月 19 日，拉科斯特公司在法国同时申请注册三件头朝左鳄鱼图形商标。2005 年，鳄鱼国际公司针对该商标向法国巴黎大审法院提起诉讼。2006 年 3 月 29 日，该法院作出判决，以拉科斯特公司注册的 94541290 号和 94541293 号商标系模仿 1983 年和解协议中列入的鳄鱼国际公司的商标图案为由认定构成了非法注册行为，94541291 号商标注册不违法。拉科斯特公司不服，提起上诉。法国最高法院于 2014 年 5 月 20 日作出终审判决，驳回上诉。1995 年 3 月 23 日，拉科斯特公司就上述 94541291 号商标向中国申请领土延伸保护，申请号为国际注册第 638122 号，即本案争议商标。

以上事实有法国最高法院判决、争议商标注册档案和本院（2009）民三终字第 3 号民事判决等证据在案佐证。

（二）在先生效行政裁判情况

拉科斯特公司主张的在先生效行政裁判涉及本案引证商标异议程序及后续诉讼程序（以下简称前案）。鳄鱼国际公司于 1993 年 12 月 24 日在第 25 类服装、鞋等商品上向商标局申请第 1331001 号商标即本案引证商标（见下附表），本案引证商标由“CARTELO”和作为背景的绿、蓝、红三色长方形及一夹杂在文字之中的写实鳄鱼图形组成。商标局以本案引证商标与拉科斯特公司第 141103 号商标（见下附表）构成类似商品上的近似商标为由予以驳回。鳄鱼国际公司不服，向商标评审委员会申请复审。商标评审委员会以本案引证商标与第 141103 号商标不构成近似商标为由，准予本案引证商标初步审定公告并移交商标局办理。本案引证商标审定公告后，拉科斯特公司于 1999 年 11 月 5 日提出异议，商标局于 2003 年裁定核准本案引证商标注册。拉科斯特公司不服，请求复审，商标评审委员会于 2005 年裁定本案引证商标予以核准注册。拉科斯特公司不服，提起诉讼。北京市第一中级人民法院认为，前案被异议商标（即本案引证商标）与前案引证商标一、二中的鳄鱼图形，形态近似，仅头尾朝向不同，构成近似商标，判决撤销商标评审委员会裁定。商标评审委员会和鳄鱼国际公司不服，提起上诉。北京市高级人民法院于 2007 年 12 月 20 日作出（2007）高行终字第 178 号行政判决，撤销一审判决，维持商标评审委员会裁定。该判决认为：“本案中，被异议商标（本案引证商标，即第 1331001 号商标）为文字图形组合商标，且指定了颜色，其中文字‘CARTELO’为无含义臆造词，具有较强的显著性和独创性，是商标识别的主要要素，图形部分为一夹杂在文字中的写实鳄鱼图形。引证商标一、二（第 141103 号商标、第 213412 号商标）为单纯图形商标，亦为一写实鳄鱼图形。被异议商标与引证商标一、二相比较，二者图形部分近似，但主要部分及各要素组合后的整体结构并不相同或近似。以相关公众的一般注意力在隔离状态下观察，并考虑引证商标一、二的显著性和知名度，二者之间可能会产生某种联想，但不会产生混淆和误认。故引证商标一、二与被异议商标不构成近似商标，二者使用在相同或者类似商品上，不致造成消费者的混淆误认。”拉科斯特公司不服，向本院申请再审。本院作出（2009）行监字第 107 号驳回再审申请通知书，驳回拉科斯特公司的再审申请，该通知书认定，“原审法院在比对被异议商标和各引证商标整体结构的基础上，以相关公众的一般注意力并考虑引证商标显著性和知名度，认定被异议商标与各引证商标不构成近似商标并无不当。”

北京市高级人民法院（2007）高行终字第 178 号行政判决中的引证商标一即第 141103 号商标，由拉科斯特公司于 1979 年 5 月 12 日申请，于 1980 年 10 月 30 日获准注册，也是拉科斯特主张的基础注册商标。

以上事实有北京市高级人民法院（2007）高行终字第 178 号行政判决和本院（2009）行监字第 107 号驳回再审申请通知书在案佐证。

附表：前案与本案涉及的商标

前案引证商标一	前案被异议商标	
	本案引证商标	本案争议商标
拉科斯特公司申请	鳄鱼国际公司申请	拉科斯特公司申请
第 141103 号商标	第 1331001 号商标	第 638122 号商标
1979 年 5 月 12 日申请	1993 年 12 月 24 日申请	1994 年 10 月 19 日申请
		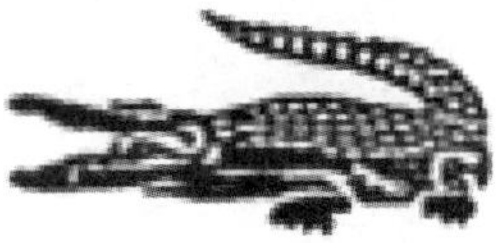

（三）本院在先民事判决情况

拉科斯特公司曾经以鳄鱼国际公司、上海东方鳄鱼服饰有限公司北京分公司为被告提起侵犯商标权诉讼，主张被告使用的被诉标识一至四（见下附图）侵犯其核定使用在第25类衣服、腰带、领带、鞋等商品和第18类皮革、皮包等商品上的注册商标专用权（见下附图）。拉科斯特公司在该案中请求保护的核定使用在第25类衣服等商品上的第141103号商标由该公司于1979年5月12日申请，于1980年10月30日获准注册。本院于2010年12月29日作出（2009）民三终字第3号民事判决，该判决对于被诉标识与拉科斯特公司请求保护的注册商标是否构成混淆性近似的问题认定如下："根据被诉标识一、被诉标识二（即头朝左鳄鱼图形）与拉科斯特公司请求保护的注册商标在构成要素上的比对，以及双方的发展历史和共存状况及其他相关因素，本院亦认定被诉标识一、被诉标识二与拉科斯特公司请求保护的注册商标不构成侵犯注册商标专用权意义上的混淆性近似，不足以对拉科斯特公司的注册商标造成损害。……当然，鉴于本院是在综合考量诉争标识在构成要素上的差别，特别是相关使用历史和共存现状等因素的基础上，对于诉争商标近似性问题作出的认定，而被诉标识一、二在构成要素上毕竟与拉科斯特公司相关注册商标具有一定程度的近似性，故鳄鱼国际公司在使用被诉标识一、二时，应保持其与拉科斯特公司注册商标有明显区分的相关使用环境和状态，尽可能避让该公司的注册商标。""被诉标识三、四由单条鳄鱼与CARTELO文字组合而成，与拉科斯特公司请求保护的注册商标相比，两者在文字构成、呼叫、整体外观上区别明显，……被诉标识三、四与拉科斯特公司请求保护的注册商标相比具有显著区别，不能认定为侵犯注册商标专用权意义上的近似商标。"

以上事实，有本院（2009）民三终字第3号民事判决在案佐证。

附图：在先民事判决中拉科斯特公司请求保护的注册商标

第141103、879258号　　第1318589号　　第940231号

附图：在先民事判决中鳄鱼国际公司使用的被诉标识

被诉标识一　　被诉标识二　　被诉标识三　　被诉标识四

（四）1983 年和解协议情况

1969 年，鳄鱼国际公司的前身利生民公司向日本大阪法院提起民事诉讼，指控拉科斯特公司的销售商侵犯其商标权，后于 1973 年在日本大阪高等法院达成和解。1983 年 6 月 17 日，利生民公司与拉科斯特公司签订和解协议（即 1983 年和解协议）。根据协议载明内容，协议的目的是结束并最终解决双方之间未决的所有法律纠纷、法律行动、分歧、争议和请求；双方希望在本协议第一条所列国家或者地区（中国台湾地区、新加坡、印度尼西亚、马来西亚、文莱）开展合作；拉科斯特公司愿意付给利生民公司过去支付鳄鱼商标保护和防御费用的补偿金；双方同意表 A 和表 B 中所示其各自徽标（见下附表），可在相关市场共存不致混淆；双方还打算如有可能在世界其他地方进行合作。协议第三条约定："为补偿利生民公司过去在该地域内支付的用于鳄鱼商标保护和防御的费用，自 1982 年以后的 15 年内，拉科斯特公司应给予协议所附列表 C 中列明的年度款项。"拉科斯特公司与鳄鱼国际公司就 1983 年和解协议在新加坡国际仲裁中心进行了仲裁，仲裁庭于 2011 年 8 月 15 日作出的仲裁裁决认为，1983 年和解协议并未要求协议任何一方同意对方在协议约定的五个国家或者地区之外的商标注册，且 1983 年和解协议本身也不构成这种同意。

以上事实，有本院（2009）民三终字第 3 号民事判决、1983 年和解协议和新加坡国际仲裁中心仲裁裁决等证据在案佐证。

附表：1983 年和解协议中利生民公司与拉科斯特公司各自商标

新加坡"鳄鱼"A 系列商标标识	法国"鳄鱼"B 系列商标标识
	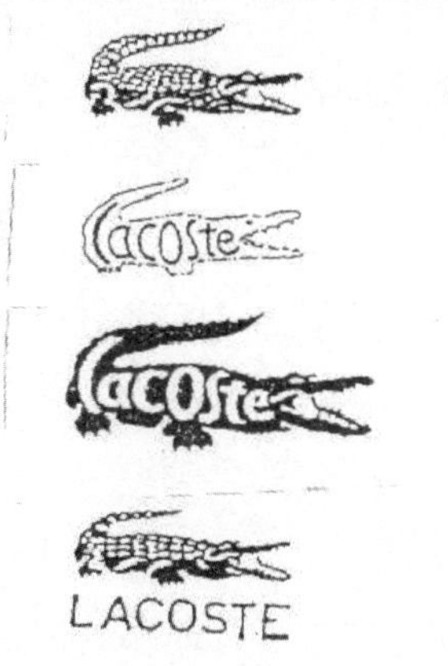

（五）卡帝乐公司在中国申请注册鳄鱼文字商标和头朝左鳄鱼图形商标情况

根据商标局于 1993 年 10 月 4 日作出的（1993）标申驳字第 3963 号商标核驳通知书，鳄鱼国际公司在第 25 类鞋等商品上申请注册的“鳄鱼”商标因与拉科斯特公司在类似商品上已注册的第 552436 号“鳄鱼”商标文字相同，被通知驳回。

卡帝乐公司于 2006 年 5 月 18 日在第 25 类服装等商品上申请注册了第 5358242 号头朝左鳄鱼图形商标（见下附图）。拉科斯特公司、（香港）鳄鱼恤有限公司提出异议。2017 年 1 月 23 日，商标评审委员会作出商评字（2017）第 6180 号关于第 5358242 号图形商标不予注册复审决定，该决定认为，经过长期使用而形成的市场划分及稳定的市场秩序理应得到尊重和保护，第 5358242 号图形商标与国际注册第 638122 号图形商标等四件引证商标不构成近似商标，予以核准注册。拉科斯特公司针对第 5358242 号图形商标已经向商标评审委员会申请宣告无效。

以上事实，有商标局（1993）标申驳字第 3963 号商标核驳通知书、商标评审委员会商评字（2017）第 6180 号关于第 5358242 号图形商标不予注册复审决定在案佐证。

卡帝乐公司申请注册的第 5358242 号商标

（六）卡帝乐公司使用本案引证商标和鳄鱼商标的情况

根据拉科斯特公司在再审程序中向本院提交的北京市东方公证处（2016）京东方内民证字第 15431 号公证书，通过在京东商城网站上搜索“卡帝乐鳄鱼 POLO 衫”，并点击打开搜索页面上的“卡帝乐鳄鱼 T 恤男短袖 T 恤男女情侣款翻领”进入下一页面，由此搜到众多含有 T 恤商品的图片。大部分图片左上角标有本案引证商标，但图片中 T 恤商品本身使用的是 CARTELO 文字加鳄鱼图形商标，CARTELO 文字与 T 恤颜色一致，鳄鱼图形为绿色，得以突出显示。

根据拉科斯特公司在再审程序中向本院提交的北京市海诚公证处（2017）京海诚内民证字第 17270 号公证书，进入 https：//fr. aliexpress. com 网站（全球速卖通，即阿里巴巴旗下面向全球打造的在线交易平台），搜索到 CARTELO 店铺，可搜索到如下网页：

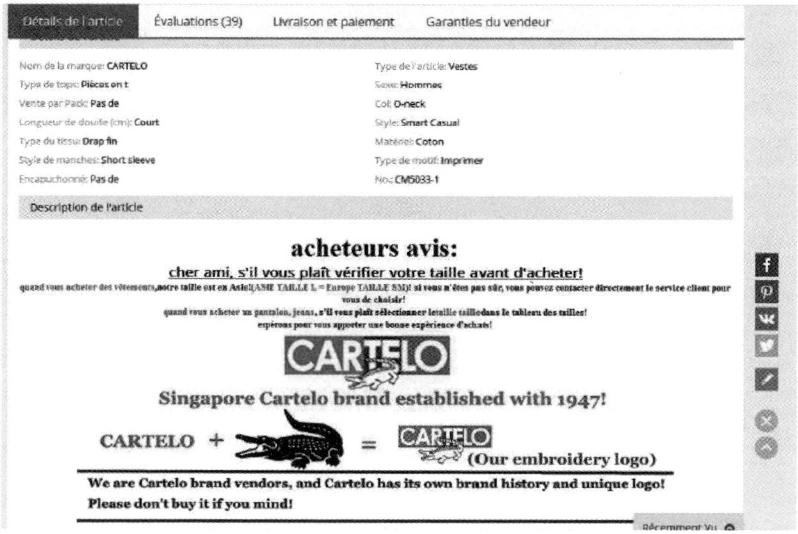

根据拉科斯特公司在再审程序中向本院提交的上海市徐汇公证处（2018）沪徐证经字第7171号公证书，在上海市松江区开元地中海商业广场1楼，在距离拉科斯特公司鳄鱼品牌专卖店不远处，有一招牌并列显示有“CARTELO”和头朝左鳄鱼图形标识的店铺，该店铺使用了网球拍和网球作为装饰；店内柜台上摆放有一绿色鳄鱼平面模型和一蓝、白、红三色鳄鱼平面模型，后者鳄鱼平面模型的三色排列方式与法国国旗的颜色排列方式（即从左至右蓝、白、红三色垂直排列）相同；店内的T恤、女式挎包等产品上使用了绿色鳄鱼商标，其中一件男式短袖T恤的标价为785元。相关图片如下：

拉科斯特公司主张，法国鳄鱼品牌的创始人拉科斯特是20世纪20年代法国著名的网球运动员，其提交上述证据用于证明，卡帝乐公司在引证商标的注册程序、实际使用及申请撤销争议商标程序中，违反诚实信用原则，使用网球作为装饰，使用单条鳄鱼图形商标和与法国国旗颜色排列一致的蓝、白、红三色鳄鱼平

面模型，误导消费者，使消费者以为其产品来自法国，且产品价格已经贴近拉科斯特公司的产品价格。卡帝乐公司认可上述证据的真实性，但主张其有多件商标，有权使用单条鳄鱼图形商标，并不存在攀附拉科斯特公司鳄鱼商标的问题，对为何使用网球作为装饰和与法国国旗颜色排列一致的蓝、白、红三色鳄鱼平面模型未提供合理解释。

以上事实，有三份公证书和拉科斯特公司、卡帝乐公司的陈述等证据在案佐证。

（七）本案争议商标使用情况

卡帝乐公司以连续三年不使用为由申请撤销拉科斯特公司的国际注册第638122号商标即本案争议商标，商标局于2016年11月25日作出商标撤三字（2016）第Y009777号决定，不予撤销本案争议商标。

（八）卡帝乐公司在商标评审阶段主张的在先使用未注册商标情况

卡帝乐公司在其向商标评审委员会提交的争议申请书中主张，争议商标侵犯了其在先使用并有一定影响的三件未注册商标（见下附图）。

卡帝乐公司请求保护的在先使用未注册商标

卡帝乐公司向商标评审委员会提交的1994年、1995年在中国境内使用上述未注册商标的证据有：

20世纪90年代中期在中国境内开设的卡帝乐鳄鱼品牌专卖店统计表，其中1994年有1家专卖店，即上海东方鳄鱼服饰有限公司在上海陕西南路靠近淮海路口开设的专卖店；1995年有85家专卖店。卡帝乐公司还主张，本院（2009）民三终字第3号民事判决已经认定上述事实。

上海东方鳄鱼服饰有限公司于1995年1月获得上海华联商厦股份有限公司94精品销售第一名的荣誉证书。

上海东方鳄鱼服饰有限公司1994年11月的主要税金应交明细表和损益表、1994年11月30日资产负债表、1994年10月销售表。销售表上列明的商品绝大部分是服装，还有很少部分是皮鞋、皮带、箱包、笔、夹等商品。

1993年9月26日解放日报、28日新民晚报、11月30日解放日报、10月6日新民晚报、11月2日新民晚报等关于鳄鱼专卖店开张的报道，基本是关于上海东方鳄鱼服饰有限公司举行鳄鱼专卖店开幕剪彩庆典活动的广告，很多报道突出使用了“鳄鱼来了”字样，并使用了头朝左鳄鱼图形结合文字 crocodile 的标识。其中，1993 年 11 月 30 日解放日报的报道载明：“本公司之‘鳄鱼商标’及‘卡帝乐’商标，已经向中华人民共和国及世界多国注册在案。……有意经销本公司国际驰名之‘鳄鱼’商标及‘卡帝乐’商标货品，敬请与东方鳄鱼服饰公司洽商。”11 月 2 日新民晚报的报道载明：“‘鳄鱼’服饰系列加入上海精品商厦‘大家族’开辟了上海商业第一家‘鳄鱼’卖品屋。”该报道突出使用了“真正的‘鳄鱼’来了”的字样。

拉科斯特公司对上述证据及主张发表意见称，卡帝乐鳄鱼品牌专卖店开设情况统计表以及上海东方鳄鱼服饰有限公司 1994 年的损益表、资产负债表和销售表等都属于自制证据，不认可其真实性；报纸宣传仅仅是宣传要开店；而且，在拉科斯特公司已经在第 25 类衣服等相同类别商品上在先注册了头朝右鳄鱼图形商标并被认定为驰名商标的情况下，上述使用属于侵权性使用，不应当受到保护。经查，商标局于 1994 年 11 月 21 日作出的（1994）商标异字第 368 号裁定中认定，拉科斯特公司注册在先的鳄鱼图形商标为驰名商标。在本院（2013）行提字第 9 号行政判决中，商标评审委员会对上述裁定的真实性表示认可，该判决也认定拉科斯特公司在第 25 类商品上的“鳄鱼图形”引证商标具有较高的知名度及影响力。

此外，卡帝乐公司还提交了卡帝乐鳄鱼品牌创始人陈贤进于 1994 年被北京某体育运动技术学校聘为北京东方鳄鱼网球队顾问的聘书、向中国人民大学捐款的证书以及在其他国家就上述鳄鱼标识申请商标的注册证。拉科斯特公司认为，上述聘书和证书都是针对陈贤进个人的，外国商标注册证也不属于商标使用证据。本院认为，聘书及证书不能反映在中国境内使用情况，外国商标注册证与在中国境内在先使用无关，对上述证据不予采纳。

本院认为，本案有两个争议焦点：争议商标是否与引证商标构成近似商标，其申请注册是否违反商标法第二十九条规定；争议商标是否侵犯卡帝乐公司主张的在先使用并有一定影响的未注册商标，其申请注册是否违反了商标法第三十一条后半段规定。

（一）关于争议商标是否与引证商标构成近似商标，其申请注册是否违反商标法第二十九条规定

商标法第二十九条规定：“两个或者两个以上的商标注册申请人，在同一种

商品或者类似商品上，以相同或者近似的商标申请注册的，初步审定并公告申请在先的商标；同一天申请的，初步审定并公告使用在先的商标，驳回其他人的申请，不予公告。”《最高人民法院关于审理商标民事纠纷案件适用法律若干问题的解释》第九条第二款规定：“商标法第五十二条第（一）项规定的商标近似，是指被控侵权的商标与原告的注册商标相比较，其文字的字形、读音、含义或者图形的构图及颜色，或者其各要素组合后的整体结构相似，或者其立体形状、颜色组合近似，易使相关公众对商品的来源产生误认或者认为其来源与原告注册商标的商品有特定的联系。”第十条规定：“人民法院依据商标法第五十二条第（一）项的规定，认定商标相同或者近似按照以下原则进行：（一）以相关公众的一般注意力为标准；（二）既要进行对商标的整体比对，又要进行对商标主要部分的比对，比对应当在比对对象隔离的状态下分别进行；（三）判断商标是否近似，应当考虑请求保护注册商标的显著性和知名度。”判断本案争议商标与引证商标是否构成近似商标，应当参照上述司法解释的相应规定。

本案中，争议商标为一写实鳄鱼图形，引证商标为文字图形组合商标，且指定了颜色，其中文字“CARTELO”为无含义臆造词，在文字中间嵌有一鳄鱼图形，鳄鱼身长大概占据了文字中的三个字母，身高大概占据了文字高度的三分之二。从整体来看，争议商标与引证商标差别较大；从主要识别部分来看，争议商标为一写实鳄鱼图形，引证商标虽然也在文字中间嵌有一鳄鱼图形，但相对于“CARTELO”文字来说，所占面积较少，不到文字所占面积的三分之一，“CARTELO”文字更容易引起相关公众注意，因此，“CARTELO”是引证商标的主要识别部分。争议商标与引证商标相比较，二者图形部分近似，但主要识别部分及各要素组合后的整体结构并不相同或者近似。以相关公众的一般注意力在隔离状态下观察，二者不会产生混淆和误认。因此，争议商标与引证商标不构成近似商标，争议商标的申请注册未违反商标法第二十九条规定。

二审判决认为：“争议商标为‘鳄鱼图形’商标，引证商标为组合商标，由字母‘CARTELO’及‘鳄鱼图形’构成，争议商标的‘鳄鱼图形’与引证商标的‘鳄鱼图形’几乎完全相同，二者构成近似商标。”在上述商标近似判断中，二审判决仅仅将两商标中的鳄鱼图形进行比对，违反了司法解释规定的整体比对和主要部分比对的商标近似判断方法。此外，根据本案查明的在先生效裁判情况，在本案引证商标申请注册的异议程序及其后续诉讼程序中，北京市高级人民法院（2007）高行终字第178号行政判决认为，文字“CARTELO”是本案引证商标识别的主要要素，本案引证商标与拉科斯特公司于1979年申请注册的头朝右鳄鱼图形商标即第141103号商标的主要部分及各要素组合后的整体结构并不相同或近似。该认定也被本院（2009）行监字第107号驳回再审申请通知书所认可。二审判决在判断本案争议商标与本案引证商标是否相近似时，未考虑本案引证商标获准注册的原因主要在于“CARTELO”是本案引证商标识别的主要要素以及本案引证商标的整体结构，判断方法有所不当。

卡帝乐公司主张，其与拉科斯特公司的系列鳄鱼商标长期以来在全球各地包括中国已经形成了前者鳄鱼头朝左、后者鳄鱼头朝右的划分标准，1983年和解协议更是明确了双方商标的上述区别特征。一审判决也认为，“相关主体此前就市场划分达成的和解协议亦应得到尊重和遵守”。本院认为，一方面，争议商标是否应予注册，应当按照中国商标法及其司法解释等规定进行判断，卡帝乐公司以其在其他国家和地区注册的鳄鱼图形商标、1983年和解协议等证据主张争议商标不应予以注册，缺乏法律依据。另一方面，商标权具有地域性。1983年和解协议中约定双方在中国台湾地区、新加坡、印度尼西亚、马来西亚、文莱五个国家或者地区开展合作，拉科斯特公司向鳄鱼国际公司的前身利生民公司支付补偿金，系基于双方合意。拉科斯特公司于1979年领先卡帝乐公司十四年之久在中国大陆地区申请注册了鳄鱼图形商标，这也是拉科斯特公司主张的1983年和解协议没有明确约定适用于中国大陆地区的原因。新加坡国际仲裁中心针对1983年和解协议作出的仲裁裁决也认为，1983年和解协议只适用于明确约定的五个国家或者地区。因此，1983年和解协议并不能成为判断本案争议商标是否与引证商标相近似以及是否应当注册的事实和依据。

此外，本院（2009）民三终字第3号民事判决也认定，被诉标识三、四与拉科斯特公司请求保护的注册商标相比具有显著区别，不能认定为侵犯注册商标专用权意义上的近似商标。该民事判决中的被诉标识三、四，系由鳄鱼图形和“CARTELO”文字、颜色组成。而被诉标识四即本案引证商标。对于鳄鱼国际公司使用的被诉标识一、二即头朝左鳄鱼图形商标，虽然该民事判决认为不构成侵犯拉科斯特公司系列鳄鱼图形商标，但该民事判决也认为，被诉标识一、二与拉科斯特公司请求保护的头朝右鳄鱼图形商标在构成要素上具有一定程度的近似性，并对其使用提出了要求，即，鳄鱼国际公司在使用被诉标识一、二时，应保持其与拉科斯特公司注册商标有明显区分的相关使用环境和状态，尽可能避让该公司的注册商标。因此，卡帝乐公司关于本院（2009）民三终字第3号民事判决确认其与拉科斯特公司鳄鱼商标头朝左与头朝右的区别的主张不能成立。

需要指出的是，根据在先生效行政裁判，在拉科斯特公司已经于1979年申请鳄鱼图形商标即前案引证商标的情况下，鳄鱼国际公司于1993年申请了前案被异议商标即本案引证商标，前案被异议商标得以注册的原因在于，其商标识别的主要要素是指定了颜色且在商标整体中所占面积较大的“CARTELO”文字，其主要部分及各要素组合后的整体结构与前案引证商标不相同或者近似。然而，鳄鱼国际公司及其权利义务承受人卡帝乐公司在使用本案引证商标（即前案被异议商标）的过程中，置1983年和解协议的适用不包括中国大陆地区的事实以及本院（2009）民三终字第3号民事判决关于保持其与拉科斯特公司注册商标有明确区分的相关使用环境和状态的要求于不顾，在其T恤产品上突出使用单条鳄鱼图形商标；在其开设于阿里巴巴平台的店铺中甚至使用了与拉科斯特公司于1979年注册的鳄鱼图形商标形态一致、仅头部朝向不同的鳄鱼图形标识，并宣称“CARTELO”文字加上前述鳄鱼图形标识即等于本案引证商标；特别是，在其开设于上海市松江区开元地中海商业广场1楼的专卖店中，还使用与法国国旗颜色排列方式一致的蓝、白、红三色鳄鱼平面模型，其在经营行为中使其鳄鱼品牌商品与拉科斯特公司的鳄鱼品牌商品相混淆的主观意图明显，容易造成消费者在购买相关商品时的混淆和误认或者认为存在特定联系。人民法院在审理双方因鳄鱼商标的注册和使用而引发的案件中，以事实和法律为依据，促使双方鳄鱼商标能够区分各自的商品来源。卡帝乐公司也应当依法正当使用核准注册的商标，避免造成相关公众的混淆和误认。

（二）关于争议商标是否侵犯卡帝乐公司主张的在先使用并有一定影响的未注册商标，其申请注册是否违反了商标法第三十一条后半段规定

商标法第三十一条规定：“申请商标不得损害他人现有的在先权利，也不得以不正当手段抢先注册他人已经使用并有一定影响的商标。”《最高人民法院关于审理商标授权确权行政案件若干问题的规定》第三十一条规定：“本规定从2017年3月1日起施行。人民法院依据2001年修正的商标法审理的商标授权确权行政案件可参照适用本规定。”《最高人民法院关于审理商标授权确权行政案件若干问题的规定》第二十三条规定：“在先使用人主张商标申请人以不正当手段抢先注册其在先使用并有一定影响的商标的，如果在先使用商标已经有一定影响，而商标申请人明知或者应知该商标，即可推定其构成‘以不正当手段抢先注册’。但商标申请人举证证明其没有利用在先使用商标商誉的恶意除外。在先使用人举证

证明其在先商标有一定的持续使用时间、区域、销售量或者广告宣传的，人民法院可以认定为有一定影响。在先使用人主张商标申请人在与其不相类似的商品上申请注册其在先使用并有一定影响的商标，违反商标法第三十二条规定的，人民法院不予支持。”参照上述规定，争议商标的申请注册构成以不正当手段抢先注册他人在先使用并有一定影响的商标，需要同时满足下列要件：一是在先使用商标具有一定影响；二是争议商标构成以不正当手段抢先注册，即争议商标申请人具有主观恶意，其明知或者应知在先使用并有一定影响的商标而予以抢注，但其举证证明没有利用在先使用商标商誉的除外；三是对在先使用并有一定影响的商标的保护限于相同或者类似商品或者服务。

本院认为，综合考虑以下因素，争议商标的注册未违反商标法第三十一条关于不得以不正当手段抢先注册他人已经使用并有一定影响的商标的规定。

首先，卡帝乐公司提交的使用证据不足以证明其主张的在先使用商标具有一定影响。1994 年仅开设了一家位于上海的卡帝乐鳄鱼品牌专卖店；卡帝乐公司主张 1995 年在中国境内开设了 85 家卡帝乐鳄鱼品牌专卖店，但仅提供了其自制的统计表，并没有其他证据予以佐证，即使开设 85 家专卖店属实，也不能保证上述专卖店是在争议商标向中国申请延伸保护即 1995 年 3 月 23 日之前开设；其他使用证据均是相关报纸上的广告宣传，而且基本是开设第一家卡帝乐鳄鱼品牌专卖店的广告。

其次，拉科斯特公司申请争议商标没有利用卡帝乐公司主张的在先使用鳄鱼图形商标商誉的主观恶意。拉科斯特公司于 1979 年 5 月 12 日在中国申请、并于 1980 年 10 月 30 日获准注册第 141103 号鳄鱼图形商标，而且，拉科斯特公司在先注册的鳄鱼图形商标曾于 1994 年被认定为驰名商标。本案争议商标是对第 141103 号鳄鱼图形商标的基本水平镜像反转，符合在争议商标指定的服装、鞋等商品上注册和使用左右朝向不同的图形商标的惯常方式。争议商标与卡帝乐公司主张的在先使用未注册鳄鱼商标相比，虽然头部朝向相同，但具体形态并不一致，而且拉科斯特公司在先注册的第 141103 号鳄鱼图形商标知名度较高，卡帝乐公司主张的在先使用未注册商标未达到一定影响。在此情况下，拉科斯特公司申请注册争议商标不存在利用卡帝乐公司主张的在先使用未注册商标商誉的因素。

最后，卡帝乐公司主张的在先使用未注册商标行为难谓善意正当。在争议商标申请日之前，鳄鱼国际公司的前身利生民公司与拉科斯特公司在日本已经因鳄鱼商标产生过争议，后来双方达成了不适用中国大陆地区的 1983 年和解协议。

1993 年 10 月 4 日商标局作出（1993）标申驳字第 3963 号商标核驳通知书，鳄鱼国际公司在第 25 类鞋等商品上申请注册的“鳄鱼”商标因与拉科斯特公司在类似商品上已注册的第 552436 号“鳄鱼”商标文字相同，被通知驳回。1993 年 11 月 2 日新民晚报关于开设在上海的第一家卡帝乐鳄鱼品牌专卖店的广告报道突出使用了“真正的‘鳄鱼’来了”的字样。上述事实表明鳄鱼国际公司明知或者至少应知拉科斯特公司在中国在先申请注册或者使用了鳄鱼图形商标。在这种情况下，鳄鱼国际公司仍然使用头朝左鳄鱼图形商标，其使用行为难谓善意正当。根据拉科斯特公司提交的卡帝乐公司近期使用鳄鱼商标的证据，卡帝乐公司在其阿里巴巴平台店铺和卡帝乐鳄鱼品牌专卖店使用头朝左鳄鱼图形商标以及使用与法国国旗颜色排列一致的蓝、白、红三色鳄鱼平面模型等行为，更加表明卡帝乐公司主观上具有使其鳄鱼商标与拉科斯特公司的鳄鱼商标相混淆或者产生特定联系的意图。

综上，第 124819 号裁定认定事实清楚，法律适用正确，应予以维持。一、二审判决认定事实不清，适用法律错误，本院予以纠正。依照《中华人民共和国行政诉讼法》第六十九条、第八十九条第一款第二项和《最高人民法院关于适用〈中华人民共和国行政诉讼法〉的解释》第一百一十九条第一款、第一百二十二条规定，判决如下：

一、撤销北京市高级人民法院（2015）高行（知）终字第 3019 号行政判决和北京市第一中级人民法院（2014）一中知行初字第 4497 号行政判决。

二、维持国家工商行政管理总局商标评审委员会商评字〔2013〕第 124819 号关于国际注册第 638122 号图形商标争议裁定。

一、二审案件受理费共二百元，均由卡帝乐鳄鱼私人有限公司负担。

本判决为终审判决。

审　判　长　夏君丽
审　判　员　郎贵梅
审　判　员　马秀荣
二〇一八年十一月二十九日
法官助理　李　丽
书　记　员　王沛泽

42. 以争议商标的注册侵犯在先著作权等为由提起申请撤销注册商标的时限

——再审申请人日本国株式会社双叶社与被申请人国家工商行政管理总局商标评审委员会、上海恩嘉经贸发展有限公司商标行政纠纷系列案

【裁判要旨】

依据商标法第三十一条等规定，以争议商标的注册侵犯在先著作权等为由申请撤销该注册商标，应当自该注册商标注册之日起五年内提出；关于商标法规定的五年期限应自2001年12月1日商标法生效之日起计算的认定没有法律依据。

【关键词】

商标　商标争议　期限　起算时间

【案号】

最高人民法院（2007）民三监字第25－1、26－1、27－1、28－1、29－1、30－1、31－1、32－1、33－1号

【基本案情】

在再审申请人日本国株式会社双叶社（以下简称双叶社）与被申请人国家工商行政管理总局商标评审委员会（以下简称商标评审委员会）、上海恩嘉经贸发展有限公司（以下简称恩嘉公司）商标行政纠纷系列案中，第1026605号“蜡笔小新”商标于1997年6月14日经核准注册，核定使用商品为第18类旅行袋、手提包、公文包等。2004年10月19日，恩嘉公司受让了该商标。2005年1月26日，双叶社以该商标的注册损害双叶社“蜡笔小新”文字及图形在先著作权等理由，向商标评审委员会提出撤销该商标的申请。商标评审委员会经审查，作出商评字〔2005〕第4644号《关于第1026605号“蜡笔小新”商标争议裁定书》，维持恩嘉公司第1026605号商标。双叶社不服商标评审委员会的裁定，向北京市第一中级人民法院提起诉讼。北京市第一中级人民法院经审理认为，双叶社提出撤销申请的时间已超过商标法规定的五年期限，商标评审委员会以超过法定期限为

由驳回双叶社的申请符合法律的规定，对双叶社关于适用修改前的商标法或者适用修改后的商标法应自该法实施之日起算的主张不予支持。双叶社不服一审判决，向北京市高级人民法院提起上诉。北京市高级人民法院判决驳回上诉，维持原判。双叶社向最高人民法院申请再审，最高人民法院通知驳回其再审申请。

【裁判意见】

最高人民法院审查认为：本案争议应当适用修改后的商标法的相关规定进行审查。修改后的商标法第四十一条第二款规定："已经注册的商标违反本法第十三条、第十五条、第十六条、第三十一条规定的，自商标注册之日起五年内，商标权人或者利害关系人可以请求商标评审委员会裁定撤销该注册商标。对恶意注册的，不受五年的时间限制。"据此，双叶社依据商标法第三十一条等规定，以争议商标的注册侵犯双叶社在先著作权等为由提起申请撤销该注册商标，应当自该注册商标注册之日起五年内提出。因双叶社于2005年1月26日提出撤销申请，距该注册商标的注册之日已逾7年，商标评审委员会和一审法院认定双叶社提出撤销申请的时间已超过商标法规定的法定期限，据此驳回双叶社的申请，符合法律的规定。

中华人民共和国最高人民法院驳回再审申请通知书

(2007) 民三监字第25-1号

日本国株式会社双叶社：

你社因与再审被申请人国家工商行政管理总局商标评审委员会（简称商标评审委员会）、原审第三人上海恩嘉经贸发展有限公司（简称恩嘉公司）商标行政纠纷一案，不服北京市高级人民法院（2006）高行终字第373号行政判决，向本院提起再审申请。你社申请再审的理由主要是：1. 原二审法院在认定一审法院和商标评审委员会对本案争议商标五年争议期限起算点认定有误，应予纠正的情况下，却脱离对本案事实和法律适用认定的结论，作出相反的裁判，适用法律有误；2. 本案应适用修改前的商标法，没有申请撤销期限的规定。即使适用新的商标法，也应从新的商标法生效之日起计算。你社以侵犯在先权利为由对1997年注册的争议商标提出撤销没有超出申请时限，商标评审委员会应当受理并依法予以裁决。

经审查查明：第1026605号"蜡笔小新"商标于1997年6月14日经核准注册，核定使用商品为第18类旅行袋、手提包、公文包等。2004年10月19日，恩嘉公司受让了该商标。2005年1月26日，你社以该商标的注册损害你社"蜡笔小新"文字及图形在先著作权等理由，向商标评审委员会提出撤销该商标的申请。商标评审委员会经审查，作出商评字〔2005〕第4644号《关于第1026605号“蜡笔小新”商标争议裁定书》，维持恩嘉公司第1026605号商标。你社不服商标评审委员会的裁定，向北京市第一中级人民法院提起诉讼。

北京市第一中级人民法院经审理认为，你社于2005年1月26日向商标评审委员会提出撤销争议商标申请是在商标法修改施行后提出的，故本案应适用修改后的商标法进行审理。你社提出撤销申请的时间已超过商标法规定的五年期限，商标评审委员会以超过法定期限为由驳回你社的申请符合法律的规定，对你社关于适用修改前的商标法或者适用修改后的商标法应自该法实施之日起算的主张不予支持。你社不服一审判决，向北京市高级人民法院提起上诉。

北京市高级人民法院认为，本案争议的商标于1997年6月14日注册，而商标法第三十一条（应为商标法第四十一条，本院注）中有关争议期限的规定则自2001年12月1日起生效实施。依照《最高人民法院关于审理商标案件有关管辖和法律适用范围问题的解释》第五条之规定，本案争议应当适用新商标法中五年争议期限的规定，但五年争议期限应当自2001年12月1日起算，否则对“享有在先权利的人”有失公平，同时也违背《中华人民共和国立法法》第八十四条规定的“法不溯及既往”的原则。商标评审委员会和一审法院对五年争议期限起算点的认定显然有误，应予纠正。商标评审委员会作出的裁定和一审判决对部分事实虽认定有误，但适用法律并无不当，你社的上诉理由不能成立，依照《中华人民共和国行政诉讼法》第六十一条第一款第（一）项之规定，判决驳回上诉，维持原判。

本院经审查认为，你社以争议商标的注册侵害你社著作权等为由，在商标法修改施行后向商标评审委员会提出撤销争议商标申请，依照《最高人民法院关于审理商标案件有关管辖和法律适用范围问题的解释》第五条之规定，本案争议应当适用修改后的商标法的相关规定进行审查。**修改后的商标法第四十一条第二款规定：“已经注册的商标，违反本法第十三条、第十五条、第十六条、第三十一条规定的，自商标注册之日起五年内，商标所有人或者利害关系人可以请求商标评审委员会裁定撤销该注册商标。对恶意注册的，驰名商标所有人不受五年的时间限制。”据此，你社依据商标法第三十一条等规定，以争议商标的注册侵犯你社在先著作权等为由提起申请撤销该注册商标，应当自该注册商标注册之日起五年内提出。**因你社于2005年1月26日提出撤销申请，距该注册商标的注册之日已逾七年，商标评审委员会和一审法院认定你社提出撤销申请的时间已超过商标法规定的法定期限，据此驳回你社的申请，符合法律的规定。原二审判决关于商标法规定的五年期限应自2001年12月1日商标法生效之日起计算的认定没有法律依据，但裁判结果正确，故本院无需再启动审判监督程序予以纠正。

综上所述，本院认为，你社的再审申请不符合《中华人民共和国行政诉讼法》第六十三条第二款和《最高人民法院关于执行〈中华人民共和国行政诉讼法〉若干问题的解释》第七十二条规定的再审条件。依照《最高人民法院关于执行〈中华人民共和国行政诉讼法〉若干问题的解释》第七十四条的规定，予以驳回。

特此通知。

二〇〇八年十二月九日

中华人民共和国最高人民法院驳回再审申请通知书

(2007) 行监字第26-1号

日本国株式会社双叶社：

你社因与再审被申请人国家工商行政管理总局商标评审委员会（简称商标评审委员会）、原审第三人响水县世福经济发展有限公司（简称世福公司）商标行政纠纷一案，不服北京市高级人民法院（2006）高行终字第374号行政判决，向本院提起再审申请。你社申请再审的理由主要是：1. 原二审法院在认定一审法院和商标评审委员会对本案争议商标五年争议期限起算点认定有误，应予纠正的情况下，却脱离对本案事实和法律适用认定的结论，作出相反的裁判，适用法律有误；2. 本案应适用修改前的商标法，没有申请撤销期限的规定。即使适用新的商标法，也应从新的商标法生效之日起计算。你社以侵犯在先权利为由对1997年注册的争议商标提出撤销没有超出申请时限，商标评审委员会应当受理并依法予以裁决。

经审查查明：第1033444号"蜡笔小新"商标于1997年6月21日经核准注册，核定使用商品为第25类服装等。2004年4月28日，世福公司受让了该商标。2005年1月26日，你社以该商标的注册损害你社"蜡笔小新"文字及图形在先著作权等理由，向商标评审委员会提出撤销该商标的申请。商标评审委员会经审查，作出商评字〔2005〕第4642号《关于第1033444号"蜡笔小新"商标争议裁定书》，维持世福公司第1033444号商标。你社不服商标评审委员会的裁定，向北京市第一中级人民法院提起诉讼。

北京市第一中级人民法院经审理认为，你社于2005年1月26日向商标评审委员会提出撤销争议商标申请是在商标法修改施行后提出的，故本案应适用修改后的商标法进行审理。你社提出撤销申请的时间已超过商标法规定的五年期限，商标评审委员会以超过法定期限为由驳回你社的申请符合法律的规定，对你社关于适用修改前的商标法或者适用修改后的商标法应自该法实施之日起算的主张不予支持。你社不服一审判决，向北京市高级人民法院提起上诉。

北京市高级人民法院认为，本案争议的商标于 1997 年 6 月 21 日注册，而商标法第三十一条（应为商标法第四十一条，本院注）中有关争议期限的规定则自 2001 年 12 月 1 日起生效实施。依照《最高人民法院关于审理商标案件有关管辖和法律适用范围问题的解释》第五条之规定，本案争议应当适用新商标法中五年争议期限的规定，但五年争议期限应当自 2001 年 12 月 1 日起算，否则对“享有在先权利的人”有失公平，同时也违背《中华人民共和国立法法》第八十四条规定的“法不溯及既往”的原则。商标评审委员会和一审法院对五年争议期限起算点的认定显然有误，应予纠正。商标评审委员会作出的裁定和一审判决对部分事实虽认定有误，但适用法律并无不当，你社的上诉理由不能成立，依照《中华人民共和国行政诉讼法》第六十一条第一款第（一）项之规定，判决驳回上诉，维持原判。

本院经审查认为，你社以争议商标的注册侵害你社著作权等为由，在商标法修改施行后向商标评审委员会提出撤销争议商标申请，依照《最高人民法院关于审理商标案件有关管辖和法律适用范围问题的解释》第五条之规定，本案争议应当适用修改后的商标法的相关规定进行审查。**修改后的商标法第四十一条第二款规定：“已经注册的商标，违反本法第十三条、第十五条、第十六条、第三十一条规定的，自商标注册之日起五年内，商标所有人或者利害关系人可以请求商标评审委员会裁定撤销该注册商标。对恶意注册的，驰名商标所有人不受五年的时间限制。”据此，你社依据商标法第三十一条等规定，以争议商标的注册侵犯你社在先著作权等为由提起申请撤销该注册商标，应当自该注册商标注册之日起五年内提出。**因你社于 2005 年 1 月 26 日提出撤销申请，距该注册商标的注册之日已逾七年，商标评审委员会和一审法院认定你社提出撤销申请的时间已超过商标法规定的法定期限，据此驳回你社的申请，符合法律的规定。原二审判决关于商标法规定的五年期限应自 2001 年 12 月 1 日商标法生效之日起计算的认定没有法律依据，但裁判结果正确，故本院无需再启动审判监督程序予以纠正。

综上所述，本院认为，你社的再审申请不符合《中华人民共和国行政诉讼法》第六十三条第二款和《最高人民法院关于执行〈中华人民共和国行政诉讼法〉若干问题的解释》第七十二条规定的再审条件。依照《最高人民法院关于执行〈中华人民共和国行政诉讼法〉若干问题的解释》第七十四条的规定，予以驳回。

特此通知。

二〇〇八年十二月九日

中华人民共和国最高人民法院驳回再审申请通知书

(2007) 行监字第 27 - 1 号

日本国株式会社双叶社：

你社因与再审被申请人国家工商行政管理总局商标评审委员会（简称商标评审委员会）、原审第三人响水县世福经济发展有限公司（简称世福公司）商标行政纠纷一案，不服北京市高级人民法院（2006）高行终字第 375 号行政判决，向本院提起再审申请。你社申请再审的理由主要是：1. 原二审法院在认定一审法院和商标评审委员会对本案争议商标五年争议期限起算点认定有误，应予纠正的情况下，却脱离对本案事实和法律适用认定的结论，作出相反的裁判，适用法律有误；2. 本案应适用修改前的商标法，没有申请撤销期限的规定。即使适用新的商标法，也应从新的商标法生效之日起计算。你社以侵犯在先权利为由对 1997 年注册的争议商标提出撤销没有超出申请时限，商标评审委员会应当受理并依法予以裁决。

经审查查明：第 1033450 号“蜡笔小新”商标于 1997 年 6 月 21 日经核准注册，核定使用商品为第 25 类服装等。2004 年 4 月 28 日，世福公司受让了该商标。2005 年 1 月 26 日，你社以该商标的注册损害你社“蜡笔小新”文字及图形在先著作权等理由，向商标评审委员会提出撤销该商标的申请。商标评审委员会经审查，作出商评字〔2005〕第 4641 号《关于第 1033450 号“蜡笔小新”商标争议裁定书》，维持世福公司第 1033450 号商标。你社不服商标评审委员会的裁定，向北京市第一中级人民法院提起诉讼。

北京市第一中级人民法院经审理认为，你社于 2005 年 1 月 26 日向商标评审委员会提出撤销争议商标申请是在商标法修改施行后提出的，故本案应适用修改后的商标法进行审理。你社提出撤销申请的时间已超过商标法规定的五年期限，商标评审委员会以超过法定期限为由驳回你社的申请符合法律的规定，对你社关于适用修改前的商标法或者适用修改后的商标法应自该法实施之日起算的主张不予支持。你社不服一审判决，向北京市高级人民法院提起上诉。

北京市高级人民法院认为，本案争议的商标于 1997 年 6 月 21 日注册，而商标法第三十一条（应为商标法第四十一条，本院注）中有关争议期限的规定则自2001年12月1日起生效实施。依照《最高人民法院关于审理商标案件有关管辖和法律适用范围问题的解释》第五条之规定，本案争议应当适用新商标法中五年争议期限的规定，但五年争议期限应当自2001年12月1日起算，否则对“享有在先权利的人”有失公平，同时也违背《中华人民共和国立法法》第八十四条规定的“法不溯及既往”的原则。商标评审委员会和一审法院对五年争议期限起算点的认定显然有误，应予纠正。商标评审委员会作出的裁定和一审判决对部分事实虽认定有误，但适用法律并无不当，你社的上诉理由不能成立，依照《中华人民共和国行政诉讼法》第六十一条第一款第（一）项之规定，判决驳回上诉，维持原判。

本院经审查认为，你社以争议商标的注册侵害你社著作权等为由，在商标法修改施行后向商标评审委员会提出撤销争议商标申请，依照《最高人民法院关于审理商标案件有关管辖和法律适用范围问题的解释》第五条之规定，本案争议应当适用修改后的商标法的相关规定进行审查。**修改后的商标法第四十一条第二款规定：“已经注册的商标，违反本法第十三条、第十五条、第十六条、第三十一条规定的，自商标注册之日起五年内，商标所有人或者利害关系人可以请求商标评审委员会裁定撤销该注册商标。对恶意注册的，驰名商标所有人不受五年的时间限制。”据此，你社依据商标法第三十一条等规定，以争议商标的注册侵犯你社在先著作权等为由提起申请撤销该注册商标，应当自该注册商标注册之日起五年内提出**。因你社于2005年1月26日提出撤销申请，距该注册商标的注册之日已逾七年，商标评审委员会和一审法院认定你社提出撤销申请的时间已超过商标法规定的法定期限，据此驳回你社的申请，符合法律的规定。原二审判决关于商标法规定的五年期限应自2001年12月1日商标法生效之日起计算的认定没有法律依据，但裁判结果正确，故本院无需再启动审判监督程序予以纠正。

综上所述，本院认为，你社的再审申请不符合《中华人民共和国行政诉讼法》第六十三条第二款和《最高人民法院关于执行〈中华人民共和国行政诉讼法〉若干问题的解释》第七十二条规定的再审条件。依照《最高人民法院关于执行〈中华人民共和国行政诉讼法〉若干问题的解释》第七十四条的规定，予以驳回。

特此通知。

二〇〇八年十二月九日

中华人民共和国最高人民法院驳回再审申请通知书

(2007) 行监字第28－1号

日本国株式会社双叶社：

你社因与再审被申请人国家工商行政管理总局商标评审委员会（简称商标评审委员会）、原审第三人上海恩嘉经贸发展有限公司（简称恩嘉公司）商标行政纠纷一案，不服北京市高级人民法院（2006）高行终字第379号行政判决，向本院提起再审申请。你社申请再审的理由主要是：1. 原二审法院在认定一审法院和商标评审委员会对本案争议商标五年争议期限起算点认定有误，应予纠正的情况下，却脱离对本案事实和法律适用认定的结论，作出相反的裁判，适用法律有误；2. 本案应适用修改前的商标法，没有申请撤销期限的规定。即使适用新的商标法，也应从新的商标法生效之日起计算。你社以侵犯在先权利为由对1997年注册的争议商标提出撤销没有超出申请时限，商标评审委员会应当受理并依法予以裁决。

经审查查明：第1044841号“蜡笔小新”商标于1997年7月7日经核准注册，核定使用商品为第16类墨水、印章、笔等。2004年10月19日，恩嘉公司受让了该商标。2005年1月26日，你社以该商标的注册损害你社“蜡笔小新”文字及图形在先著作权等理由，向商标评审委员会提出撤销该商标的申请。商标评审委员会经审查，作出商评字〔2005〕第4639号《关于第1044841号“蜡笔小新”商标争议裁定书》，维持恩嘉公司第1044841号商标。你社不服商标评审委员会的裁定，向北京市第一中级人民法院提起诉讼。

北京市第一中级人民法院经审理认为，你社于2005年1月26日向商标评审委员会提出撤销争议商标申请是在商标法修改施行后提出的，故本案应适用修改后的商标法进行审理。你社提出撤销申请的时间已超过商标法规定的五年期限，商标评审委员会以超过法定期限为由驳回你社的申请符合法律的规定，对你社关于适用修改前的商标法或者适用修改后的商标法应自该法实施之日起算的主张不予支持。你社不服一审判决，向北京市高级人民法院提起上诉。

北京市高级人民法院认为，本案争议的商标于1997年7月7日注册，而商标法第三十一条（应为商标法第四十一条，本院注）中有关争议期限的规定则自2001年12月1日起生效实施。依照《最高人民法院关于审理商标案件有关管辖和法律适用范围问题的解释》第五条之规定，本案争议应当适用新商标法中五年争议期限的规定，但五年争议期限应当自2001年12月1日起算，否则对“享有在先权利的人”有失公平，同时也违背《中华人民共和国立法法》第八十四条规定的“法不溯及既往”的原则。商标评审委员会和一审法院对五年争议期限起算点的认定显然有误，应予纠正。商标评审委员会作出的裁定和一审判决对部分事实虽认定有误，但适用法律并无不当，你社的上诉理由不能成立，依照《中华人民共和国行政诉讼法》第六十一条第一款第（一）项之规定，判决驳回上诉，维持原判。

本院经审查认为，你社以争议商标的注册侵害你社著作权等为由，在商标法修改施行后向商标评审委员会提出撤销争议商标申请，依照《最高人民法院关于审理商标案件有关管辖和法律适用范围问题的解释》第五条之规定，本案争议应当适用修改后的商标法的相关规定进行审查。**修改后的商标法第四十一条第二款规定："已经注册的商标，违反本法第十三条、第十五条、第十六条、第三十一条规定的，自商标注册之日起五年内，商标所有人或者利害关系人可以请求商标评审委员会裁定撤销该注册商标。对恶意注册的，驰名商标所有人不受五年的时间限制。"据此，你社依据商标法第三十一条等规定，以争议商标的注册侵犯你社在先著作权等为由提起申请撤销该注册商标，应当自该注册商标注册之日起五年内提出。**因你社于2005年1月26日提出撤销申请，距该注册商标的注册之日已逾七年，商标评审委员会和一审法院认定你社提出撤销申请的时间已超过商标法规定的法定期限，据此驳回你社的申请，符合法律的规定。原二审判决关于商标法规定的五年期限应自2001年12月1日商标法生效之日起计算的认定没有法律依据，但裁判结果正确，故本院无需再启动审判监督程序予以纠正。

综上所述，本院认为，你社的再审申请不符合《中华人民共和国行政诉讼法》第六十三条第二款和《最高人民法院关于执行〈中华人民共和国行政诉讼法〉若干问题的解释》第七十二条规定的再审条件。依照《最高人民法院关于执行〈中华人民共和国行政诉讼法〉若干问题的解释》第七十四条的规定，予以驳回。

特此通知。

二〇〇八年十二月九日

中华人民共和国最高人民法院驳回再审申请通知书

(2007) 行监字第29－1号

日本国株式会社双叶社：

你社因与再审被申请人国家工商行政管理总局商标评审委员会（简称商标评

审委员会)、原审第三人广州市诚益眼镜有限公司（简称诚益公司）商标行政纠纷一案，不服北京市高级人民法院（2006）高行终字第378号行政判决，向本院提起再审申请。你社申请再审的理由主要是：1. 原二审法院在认定一审法院和商标评审委员会对本案争议商标五年争议期限起算点认定有误，应予纠正的情况下，却脱离对本案事实和法律适用认定的结论，作出相反的裁判，适用法律有误；2. 本案应适用修改前的商标法，没有申请撤销期限的规定。即使适用新的商标法，也应从新的商标法生效之日起计算。你社以侵犯在先权利为由对1997年注册的争议商标提出撤销没有超出申请时限，商标评审委员会应当受理并依法予以裁决。

经审查查明：第1039978号“蜡笔小新”商标于1997年6月28日经核准注册，核定使用商品为第28类游戏机等。2004年10月19日，诚益公司受让了该商标。2005年1月26日，你社以该商标的注册损害你社“蜡笔小新”文字及图形在先著作权等理由，向商标评审委员会提出撤销该商标的申请。商标评审委员会经审查，作出商评字〔2005〕第4643号《关于第1039978号“蜡笔小新”商标争议裁定书》，维持诚益公司第1039978号商标。你社不服商标评审委员会的裁定，向北京市第一中级人民法院提起诉讼。

北京市第一中级人民法院经审理认为，你社于2005年1月26日向商标评审委员会提出撤销争议商标申请是在商标法修改施行后提出的，故本案应适用修改后的商标法进行审理。你社提出撤销申请的时间已超过商标法规定的五年期限，商标评审委员会以超过法定期限为由驳回你社的申请符合法律的规定，对你社关于适用修改前的商标法或者适用修改后的商标法应自该法实施之日起算的主张不予支持。你社不服一审判决，向北京市高级人民法院提起上诉。

北京市高级人民法院认为，本案争议的商标于1997年6月28日注册，而商标法第三十一条（应为商标法第四十一条，本院注）中有关争议期限的规定则自2001年12月1日起生效实施。依照《最高人民法院关于审理商标案件有关管辖和法律适用范围问题的解释》第五条之规定，本案争议应当适用新商标法中五年争议期限的规定，但五年争议期限应当自2001年12月1日起算，否则对“享有在先权利的人”有失公平，同时也违背《中华人民共和国立法法》第八十四条规定的“法不溯及既往”的原则。商标评审委员会和一审法院对五年争议期限起算点的认定显然有误，应予纠正。商标评审委员会作出的裁定和一审判决对部分事实虽认定有误，但适用法律并无不当，你社的上诉理由不能成立，依照《中华人民共和国行政诉讼法》第六十一条第一款第（一）项之规定，判决驳回上诉，维持原判。

本院经审查认为，你社以争议商标的注册侵害你社著作权等为由，在商标法修改施行后向商标评审委员会提出撤销争议商标申请，依照《最高人民法院关于审理商标案件有关管辖和法律适用范围问题的解释》第五条之规定，本案争议应当适用修改后的商标法的相关规定进行审查。**修改后的商标法第四十一条第二款规定："已经注册的商标，违反本法第十三条、第十五条、第十六条、第三十一条规定的，自商标注册之日起五年内，商标所有人或者利害关系人可以请求商标评审委员会裁定撤销该注册商标。对恶意注册的，驰名商标所有人不受五年的时间限制。"据此，你社依据商标法第三十一条等规定，以争议商标的注册侵犯你社在先著作权等为由提起申请撤销该注册商标，应当自该注册商标注册之日起五年内提出。**因你社于2005年1月26日提出撤销申请，距该注册商标的注册之日已逾七年，商标评审委员会和一审法院认定你社提出撤销申请的时间已超过商标法规定的法定期限，据此驳回你社的申请，符合法律的规定。原二审判决关于商标法规定的五年期限应自2001年12月1日商标法生效之日起计算的认定没有法律依据，但裁判结果正确，故本院无需再启动审判监督程序予以纠正。

综上所述，本院认为，你社的再审申请不符合《中华人民共和国行政诉讼法》第六十三条第二款和《最高人民法院关于执行〈中华人民共和国行政诉讼法〉若干问题的解释》第七十二条规定的再审条件。依照《最高人民法院关于执行〈中华人民共和国行政诉讼法〉若干问题的解释》第七十四条的规定，予以驳回。

特此通知。

二〇〇八年十二月九日

中华人民共和国最高人民法院驳回再审申请通知书

（2007）行监字第30－1号

日本国株式会社双叶社：

你社因与再审被申请人国家工商行政管理总局商标评审委员会（简称商标评审委员会）、原审第三人广州市诚益眼镜有限公司（简称诚益公司）商标行政纠纷一案，不服北京市高级人民法院（2006）高行终字第379号行政判决，向本院提起再审申请。你社申请再审的理由主要是：1. 原二审法院在认定一审法院和商标评审委员会对本案争议商标五年争议期限起算点认定有误，应予纠正的情况下，却脱离对本案事实和法律适用认定的结论，作出相反的裁判，适用法律有误；2. 本案应适用修改前的商标法，没有申请撤销期限的规定。即使适用新的商标法，也应从新的商标法生效之日起计算。你社以侵犯在先权利为由对1997年注册的争议商标提出撤销没有超出申请时限，商标评审委员会应当受理并依法予以裁决。

经审查查明：第1133301号“蜡笔小新”商标于1997年12月7日经核准注册，核定使用商品为第9类眼镜、眼镜盒、眼镜架等。2004年10月19日，诚益公司受让了该商标。2005年1月26日，你社以该商标的注册损害你社“蜡笔小新”文字及图形在先著作权等理由，向商标评审委员会提出撤销该商标的申请。商标评审委员会经审查，作出商评字〔2005〕第4647号《关于第1133301号“蜡笔小新”商标争议裁定书》，维持诚益公司第1133301号商标。你社不服商标评审委员会的裁定，向北京市第一中级人民法院提起诉讼。

北京市第一中级人民法院经审理认为，你社于2005年1月26日向商标评审委员会提出撤销争议商标申请是在商标法修改施行后提出的，故本案应适用修改后的商标法进行审理。你社提出撤销申请的时间已超过商标法规定的五年期限，商标评审委员会以超过法定期限为由驳回你社的申请符合法律的规定，对你社关于适用修改前的商标法或者适用修改后的商标法应自该法实施之日起算的主张不予支持。你社不服一审判决，向北京市高级人民法院提起上诉。

北京市高级人民法院认为，本案争议的商标于1997年12月7日注册，而商标法第三十一条（应为商标法第四十一条，本院注）中有关争议期限的规定则自2001年12月1日起生效实施。依照《最高人民法院关于审理商标案件有关管辖和法律适用范围问题的解释》第五条之规定，本案争议应当适用新商标法中五年争议期限的规定，但五年争议期限应当自2001年12月1日起算，否则对“享有在先权利的人”有失公平，同时也违背《中华人民共和国立法法》第八十四条规定的“法不溯及既往”的原则。商标评审委员会和一审法院对五年争议期限起算点的认定显然有误，应予纠正。商标评审委员会作出的裁定和一审判决对部分事实虽认定有误，但适用法律并无不当，你社的上诉理由不能成立，依照《中华人民共和国行政诉讼法》第六十一条第一款第（一）项之规定，判决驳回上诉，维持原判。

本院经审查认为，你社以争议商标的注册侵害你社著作权等为由，在商标法修改施行后向商标评审委员会提出撤销争议商标申请，依照《最高人民法院关于审理商标案件有关管辖和法律适用范围问题的解释》第五条之规定，本案争议应当适用修改后的商标法的相关规定进行审查。**修改后的商标法第四十一条第二款规定：“已经注册的商标，违反本法第十三条、第十五条、第十六条、第三十一**

条规定的，自商标注册之日起五年内，商标所有人或者利害关系人可以请求商标评审委员会裁定撤销该注册商标。对恶意注册的，驰名商标所有人不受五年的时间限制。”据此，你社依据商标法第三十一条等规定，以争议商标的注册侵犯你社在先著作权等为由提起申请撤销该注册商标，应当自该注册商标注册之日起五年内提出。因你社于2005年1月26日提出撤销申请，距该注册商标的注册之日已逾七年，商标评审委员会和一审法院认定你社提出撤销申请的时间已超过商标法规定的法定期限，据此驳回你社的申请，符合法律的规定。原二审判决关于商标法规定的五年期限应自2001年12月1日商标法生效之日起计算的认定没有法律依据，但裁判结果正确，故本院无需再启动审判监督程序予以纠正。

综上所述，本院认为，你社的再审申请不符合《中华人民共和国行政诉讼法》第六十三条第二款和《最高人民法院关于执行〈中华人民共和国行政诉讼法〉若干问题的解释》第七十二条规定的再审条件。依照《最高人民法院关于执行〈中华人民共和国行政诉讼法〉若干问题的解释》第七十四条的规定，予以驳回。

特此通知。

二〇〇八年十二月九日

中华人民共和国最高人民法院驳回再审申请通知书

(2007) 行监字第31－1号

日本国株式会社双叶社：

你社因与再审被申请人国家工商行政管理总局商标评审委员会（简称商标评审委员会）、原审第三人广州市诚益眼镜有限公司（简称诚益公司）商标行政纠纷一案，不服北京市高级人民法院（2006）高行终字第380号行政判决，向本院提起再审申请。你社申请再审的理由主要是：1. 原二审法院在认定一审法院和商标评审委员会对本案争议商标五年争议期限起算点认定有误，应予纠正的情况下，却脱离对本案事实和法律适用认定的结论，作出相反的裁判，适用法律有误；2. 本案应适用修改前的商标法，没有申请撤销期限的规定。即使适用新的商标法，也应从新的商标法生效之日起计算。你社以侵犯在先权利为由对1997年注册的争议商标提出撤销没有超出申请时限，商标评审委员会应当受理并依法予以裁决。

经审查查明：第1133375号“蜡笔小新”文字商标于1997年12月7日经核

准注册，核定使用商品为第 9 类，包括眼镜等。2004 年 10 月 19 日，诚益公司受让了该商标。2005 年 1 月 26 日，你社以该商标的注册损害你社“蜡笔小新”文字及图形在先著作权等理由，向商标评审委员会提出撤销该商标的申请。商标评审委员会经审查，作出商评字〔2005〕第 4645 号《关于第 1133375 号“蜡笔小新”商标争议裁定书》，维持诚益公司第 1133375 号商标。你社不服商标评审委员会的裁定，向北京市第一中级人民法院提起诉讼。

北京市第一中级人民法院经审理认为，你社于 2005 年 1 月 26 日向商标评审委员会提出撤销争议商标申请是在商标法修改施行后提出的，故本案应适用修改后的商标法进行审理。你社提出撤销申请的时间已超过商标法规定的五年期限，商标评审委员会以超过法定期限为由驳回你社的申请符合法律的规定，对你社关于适用修改前的商标法或者适用修改后的商标法应自该法实施之日起算的主张不予支持。你社不服一审判决，向北京市高级人民法院提起上诉。

北京市高级人民法院认为，本案争议的商标于 1997 年 12 月 7 日注册，而商标法第三十一条（应为商标法第四十一条，本院注）中有关争议期限的规定则自 2001 年 12 月 1 日起生效实施。依照《最高人民法院关于审理商标案件有关管辖和法律适用范围问题的解释》第五条之规定，本案争议应当适用新商标法中五年争议期限的规定，但五年争议期限应当自 2001 年 12 月 1 日起算，否则对“享有在先权利的人”有失公平，同时也违背《中华人民共和国立法法》第八十四条规定的“法不溯及既往”的原则。商标评审委员会和一审法院对五年争议期限起算点的认定显然有误，应予纠正。商标评审委员会作出的裁定和一审判决对部分事实虽认定有误，但适用法律并无不当，你社的上诉理由不能成立，依照《中华人民共和国行政诉讼法》第六十一条第一款第（一）项之规定，判决驳回上诉，维持原判。

本院经审查认为，你社以争议商标的注册侵害你社著作权等为由，在商标法修改施行后向商标评审委员会提出撤销争议商标申请，依照《最高人民法院关于审理商标案件有关管辖和法律适用范围问题的解释》第五条之规定，本案争议应当适用修改后的商标法的相关规定进行审查。**修改后的商标法第四十一条第二款规定：“已经注册的商标，违反本法第十三条、第十五条、第十六条、第三十一条规定的，自商标注册之日起五年内，商标所有人或者利害关系人可以请求商标评审委员会裁定撤销该注册商标。对恶意注册的，驰名商标所有人不受五年的时间限制。”据此，你社依据商标法第三十一条等规定，以争议商标的注册侵犯你社在先著作权等为由提起申请撤销该注册商标，应当自该注册商标注册之日起五**

年内提出。因你社于2005年1月26日提出撤销申请，距该注册商标的注册之日已逾七年，商标评审委员会和一审法院认定你社提出撤销申请的时间已超过商标法规定的法定期限，据此驳回你社的申请，符合法律的规定。原二审判决关于商标法规定的五年期限应自2001年12月1日商标法生效之日起计算的认定没有法律依据，但裁判结果正确，故本院无需再启动审判监督程序予以纠正。

综上所述，本院认为，你社的再审申请不符合《中华人民共和国行政诉讼法》第六十三条第二款和《最高人民法院关于执行〈中华人民共和国行政诉讼法〉若干问题的解释》第七十二条规定的再审条件。依照《最高人民法院关于执行〈中华人民共和国行政诉讼法〉若干问题的解释》第七十四条的规定，予以驳回。

特此通知。

二〇〇八年十二月九日

中华人民共和国最高人民法院驳回再审申请通知书

(2007)行监字第32－1号

日本国株式会社双叶社：

你社因与再审被申请人国家工商行政管理总局商标评审委员会（简称商标评审委员会)、原审第三人广州市诚益眼镜有限公司（简称诚益公司）商标行政纠纷一案，不服北京市高级人民法院（2006）高行终字第381号行政判决，向本院提起再审申请。你社申请再审的理由主要是：1. 原二审法院在认定一审法院和商标评审委员会对本案争议商标五年争议期限起算点认定有误，应予纠正的情况下，却脱离对本案事实和法律适用认定的结论，作出相反的裁判，适用法律有误；2. 本案应适用修改前的商标法，没有申请撤销期限的规定。即使适用新的商标法，也应从新的商标法生效之日起计算。你社以侵犯在先权利为由对1997年注册的争议商标提出撤销没有超出申请时限，商标评审委员会应当受理并依法予以裁决。

经审查查明：第1039928号“蜡笔小新”图形商标于1997年6月28日经核准注册，核定使用商品为第28类游戏机、积木等。2004年10月19日，诚益公司受让了该商标。2005年1月26日，你社以该商标的注册损害你社“蜡笔小新”文字及图形在先著作权等理由，向商标评审委员会提出撤销该商标的申请。商标评审委员会经审查，作出商评字〔2005〕第4640号《关于第1039928号图形商标争议裁定书》，维持诚益公司第1039928号商标。你社不服商标评审委员会的裁定，向北京市第一中级人民法院提起诉讼。

北京市第一中级人民法院经审理认为，你社于2005年1月26日向商标评审委员会提出撤销争议商标申请是在商标法修改施行后提出的，故本案应适用修改后的商标法进行审理。你社提出撤销申请的时间已超过商标法规定的五年期限，商标评审委员会以超过法定期限为由驳回你社的申请符合法律的规定，对你社关于适用修改前的商标法或者适用修改后的商标法应自该法实施之日起算的主张不予支持。你社不服一审判决，向北京市高级人民法院提起上诉。

北京市高级人民法院认为，本案争议的商标于1997年6月28日注册，而商标法第三十一条（应为商标法第四十一条，本院注）中有关争议期限的规定则自2001年12月1日起生效实施。依照《最高人民法院关于审理商标案件有关管辖和法律适用范围问题的解释》第五条之规定，本案争议应当适用新商标法中五年争议期限的规定，但五年争议期限应当自2001年12月1日起算，否则对“享有在先权利的人”有失公平，同时也违背《中华人民共和国立法法》第八十四条规定的“法不溯及既往”的原则。商标评审委员会和一审法院对五年争议期限起算点的认定显然有误，应予纠正。商标评审委员会作出的裁定和一审判决对部分事实虽认定有误，但适用法律并无不当，你社的上诉理由不能成立，依照《中华人民共和国行政诉讼法》第六十一条第一款第（一）项之规定，判决驳回上诉，维持原判。

本院经审查认为，你社以争议商标的注册侵害你社著作权等为由，在商标法修改施行后向商标评审委员会提出撤销争议商标申请，依照《最高人民法院关于审理商标案件有关管辖和法律适用范围问题的解释》第五条之规定，本案争议应当适用修改后的商标法的相关规定进行审查。**修改后的商标法第四十一条第二款规定：“已经注册的商标，违反本法第十三条、第十五条、第十六条、第三十一条规定的，自商标注册之日起五年内，商标所有人或者利害关系人可以请求商标评审委员会裁定撤销该注册商标。对恶意注册的，驰名商标所有人不受五年的时间限制。”据此，你社依据商标法第三十一条等规定，以争议商标的注册侵犯你社在先著作权等为由提起申请撤销该注册商标，应当自该注册商标注册之日起五年内提出。**因你社于2005年1月26日提出撤销申请，距该注册商标的注册之日已逾七年，商标评审委员会和一审法院认定你社提出撤销申请的时间已超过商标法规定的法定期限，据此驳回你社的申请，符合法律的规定。原二审判决关于商标法规定的五年期限应自2001年12月1日商标法生效之日起计算的认定没有法律依据，但裁判结果正确，故本院无需再启动审判监督程序予以纠正。

综上所述，本院认为，你社的再审申请不符合《中华人民共和国行政诉讼法》第六十三条第二款和《最高人民法院关于执行〈中华人民共和国行政诉讼法〉若干问题的解释》第七十二条规定的再审条件。依照《最高人民法院关于执行〈中华人民共和国行政诉讼法〉若干问题的解释》第七十四条的规定，予以驳回。

特此通知。

二〇〇八年十二月九日

中华人民共和国最高人民法院驳回再审申请通知书
（2007）行监字第33－1号

日本国株式会社双叶社：

你社因与再审被申请人国家工商行政管理总局商标评审委员会（简称商标评审委员会）、原审第三人上海恩嘉经贸发展有限公司（简称恩嘉公司）商标行政纠纷一案，不服北京市高级人民法院（2006）高行终字第379号行政判决，向本院提起再审申请。你社申请再审的理由主要是：1. 原二审法院在认定一审法院和商标评审委员会对本案争议商标五年争议期限起算点认定有误，应予纠正的情况下，却脱离对本案事实和法律适用认定的结论，作出相反的裁判，适用法律有误；2. 本案应适用修改前的商标法，没有申请撤销期限的规定。即使适用新的商标法，也应从新的商标法生效之日起计算。你社以侵犯在先权利为由对1997年注册的争议商标提出撤销没有超出申请时限，商标评审委员会应当受理并依法予以裁决。

经审查查明：第1026606号“蜡笔小新”商标于1997年6月14日经核准注册，核定使用商品为第18类旅行袋、手提包、公文包等。2004年10月19日，恩嘉公司受让了该商标。2005年1月26日，你社以该商标的注册损害你社“蜡笔小新”文字及图形在先著作权等理由，向商标评审委员会提出撤销该商标的申请。商标评审委员会经审查，作出商评字〔2005〕第4646号《关于第1026606号“蜡笔小新”商标争议裁定书》，维持恩嘉公司第1026606号商标。你社不服商标评审委员会的裁定，向北京市第一中级人民法院提起诉讼。

北京市第一中级人民法院经审理认为，你社于2005年1月26日向商标评审委员会提出撤销争议商标申请是在商标法修改施行后提出的，故本案应适用修改后的商标法进行审理。你社提出撤销申请的时间已超过商标法规定的五年期限，商标评审委员会以超过法定期限为由驳回你社的申请符合法律的规定，对你社关于适用修改前的商标法或者适用修改后的商标法应自该法实施之日起算的主张不予支持。你社不服一审判决，向北京市高级人民法院提起上诉。

北京市高级人民法院认为，本案争议的商标于 1997 年 6 月 14 日注册，而商标法第三十一条（应为商标法第四十一条，本院注）中有关争议期限的规定则自 2001 年 12 月 1 日起生效实施。依照《最高人民法院关于审理商标案件有关管辖和法律适用范围问题的解释》第五条之规定，本案争议应当适用新商标法中五年争议期限的规定，但五年争议期限应当自 2001 年 12 月 1 日起算，否则对“享有在先权利的人”有失公平，同时也违背《中华人民共和国立法法》第八十四条规定的“法不溯及既往”的原则。商标评审委员会和一审法院对五年争议期限起算点的认定显然有误，应予纠正。商标评审委员会作出的裁定和一审判决对部分事实虽认定有误，但适用法律并无不当，你社的上诉理由不能成立，依照《中华人民共和国行政诉讼法》第六十一条第一款第（一）项之规定，判决驳回上诉，维持原判。

本院经审查认为，你社以争议商标的注册侵害你社著作权等为由，在商标法修改施行后向商标评审委员会提出撤销争议商标申请，依照《最高人民法院关于审理商标案件有关管辖和法律适用范围问题的解释》第五条之规定，本案争议应当适用修改后的商标法的相关规定进行审查。**修改后的商标法第四十一条第二款规定：“已经注册的商标，违反本法第十三条、第十五条、第十六条、第三十一条规定的，自商标注册之日起五年内，商标所有人或者利害关系人可以请求商标评审委员会裁定撤销该注册商标。对恶意注册的，驰名商标所有人不受五年的时间限制。”据此，你社依据商标法第三十一条等规定，以争议商标的注册侵犯你社在先著作权等为由提起申请撤销该注册商标，应当自该注册商标注册之日起五年内提出。**因你社于 2005 年 1 月 26 日提出撤销申请，距该注册商标的注册之日已逾七年，商标评审委员会和一审法院认定你社提出撤销申请的时间已超过商标法规定的法定期限，据此驳回你社的申请，符合法律的规定。原二审判决关于商标法规定的五年期限应自 2001 年 12 月 1 日商标法生效之日起计算的认定没有法律依据，但裁判结果正确，故本院无需再启动审判监督程序予以纠正。

综上所述，本院认为，你社的再审申请不符合《中华人民共和国行政诉讼法》第六十三条第二款和《最高人民法院关于执行〈中华人民共和国行政诉讼法〉

若干问题的解释》第七十二条规定的再审条件。依照《最高人民法院关于执行〈中华人民共和国行政诉讼法〉若干问题的解释》第七十四条的规定，予以驳回。

特此通知。

二〇〇八年十二月九日

43. 著作权登记证书对在先著作权的证明效力

——再审申请人格里高利登山用品有限公司与被申请人鹤山三丽雅工艺制品有限公司、一审被告、二审被上诉人国家工商行政管理总局商标评审委员会商标异议复审行政纠纷案

【裁判要旨】

在商标申请日之前取得的著作权登记证书，在作品具有独创性、没有相反证据足以推翻的情况下，可以证明登记证书上记载的权利人享有在先著作权。申请日之后取得的著作权登记证书，不具有证明在先著作权的证明效力。

【关键词】

商标　异议程序　在先权利　著作权登记

【案号】

最高人民法院（2016）最高法行申 2154 号

【基本案情】

在再审申请人格里高利登山用品有限公司（以下简称格里高利公司）与被申请人鹤山三丽雅工艺制品有限公司（以下简称三丽雅公司）、一审被告、二审被上诉人国家工商行政管理总局商标评审委员会（以下简称商标评审委员会）商标异议复审行政纠纷案中，被异议商标系第 5636685 号“GREGORY 及图”商标，于 2006 年 9 月 28 日向国家工商行政管理总局商标局（以下简称商标局）提出注册申请，指定使用在第 9 类“计算器袋（套）、时钟、量具、假币检测器、传真机、电话机、光学品、麦克风、教学投影灯、教学仪器”等商品上。初步审定公告后，格里高利公司在法定期限内以被异议商标损害其在先著作权为由，提出异

议申请。商标局裁定对被异议商标予以核准注册。格里高利公司不服，向商标评审委员会提出复审申请。各方当事人对被异议商标与格里高利公司主张在先著作权的“GREGORY 山形图案”构成实质性近似这一事实并无异议。商标评审委员会于2013年10月28日作出商评字［2013］第94808号《关于第5636685号“GREGORY及图”商标异议复审裁定书》（以下简称第94808号裁定）认为：格里高利公司所述的“GREGORY 山形图案”标识属于我国著作权法保护的美术作品，其创作完成时间早于被异议商标申请注册日，格里高利公司对该作品享有在先著作权。三丽雅公司将格里高利公司在先享有著作权的作品作为被异议商标申请注册，构成对格里高利公司享有的在先著作权之损害，遂裁定对被异议商标不予核准注册。三丽雅公司不服，提起行政诉讼。北京市第一中级人民法院一审判决维持第94808号裁定。三丽雅公司不服，提起上诉。北京市高级人民法院二审认为，虽然格里高利公司主张其著作权最初来源于边奇公司的授权，并提供了边奇公司在美国申请注册相关商标的证据，但上述证据未经翻译和公证认证。此外，仅有商标申请注册文件不足以证明涉案作品的著作权归属。因此，格里高利公司提交的证据尚不足以证明其对涉案作品享有著作权。二审法院遂判决撤销一审判决及第94808号裁定，判令商标评审委员会重新作出复审裁定。格里高利公司不服，向最高人民法院申请再审。最高人民法院于2016年9月21日裁定驳回格里高利公司的再审申请。

【裁判意见】

最高人民法院认为：格里高利公司为证明其对“GREGORY 山形图案”享有在先著作权，在商标评审期间向商标评审委员会提交了2009年10月27日颁发的《著作权登记证书》，载明原格里高利公司经边奇公司转让，取得了美术作品“GREGORY 山形图案”在中国范围内的著作权，转让期间自1992年起至永久。首先，我国著作权登记采取自愿登记制，著作权登记机关仅进行形式审查，在注册商标申请日之前取得的著作权登记证书，在该作品具有独创性、没有相反证据足以推翻的情况下，可以证明登记证书上记载的权利人在先享有著作权。本案被异议商标于2006年9月28日申请注册，格里高利公司取得《著作权登记证书》晚于被异议商标注册申请日三年多，故在后取得的著作权登记证书，不足以证明其享有在先的著作权。其次，被异议商标于2009年5月21日予以初步审定公告，格里高利公司自公告之日起三个月内，向商标局提出异议申请，随后进行著作权登记，格里高利公司在商标异议申请后取得的著作权登记证书，不足以证明其享有在先的著作权。最后，三丽雅公司于2006年12月7日早于格里高利公司对与涉案“GREGORY山形图案”构成实质性近似的被异议商标图形亦进行了著作权登记，故格里高利公司在后取得的著作权登记证书，不足以证明其享有在先的著作权。

中华人民共和国最高人民法院行政裁定书

（2016）最高法行申2154号

再审申请人（一审第三人）：格里高利登山用品有限公司。住所地：美利坚合众国特拉华州纽卡斯尔县威明顿市森特维尔路2711号400室。

法定代表人：迪昂·高兹沃咨，该公司销售总监。

委托代理人：刘平，北京市德君律师事务所律师。

委托代理人：冯斐斐，北京市德君律师事务所律师。

被申请人（一审原告、二审上诉人）：鹤山三丽雅工艺制品有限公司。住所地：中华人民共和国广东省鹤山市沙坪镇凤亭路863号。

法定代表人：萧焯帆，该公司总经理。

委托代理人：张中辉，北京市鑫诺律师事务所律师。

一审被告、二审被上诉人：国家工商行政管理总局商标评审委员会。住所地：中华人民共和国北京市西城区茶马南街1号。

法定代表人：赵刚，该委员会主任。

委托代理人：马倩，该委员会审查员。

再审申请人格里高利登山用品有限公司（简称格里高利公司）因与被申请人鹤山三丽雅工艺制品有限公司（简称三丽雅公司）、一审被告、二审被上诉人国家工商行政管理总局商标评审委员会（简称商标评审委员会）商标异议复审行政纠纷一案，不服北京市高级人民法院（简称二审法院）（2015）高行（知）终字第823号行政判决，向本院申请再审。本院依法组成合议庭进行了审查，现已审查终结。

格里高利公司申请再审称，二审法院遗漏格里高利公司提交的“GREGORY山形图案”商标转让记录、载有上述图案的合法出版物及在先生效判决等大量核心证据及诉讼理由，违背行政诉讼法关于证据的采信标准，仅根据部分证据作出“GREGORY山形图案”的著作权并非由格里高利公司享有的错误认定。格里高利公司提交的证据包括：“GREGORY山形图案”著作权登记证书、创作说明书、商标注册及转让记录、公司刊物和产品宣传册等合法出版物。涉案“GREGORY山形图案”可同时受到《中华人民共和国著作权法》(简称《著作权法》)和《中华人民共和国商标法》(简称《商标法》)的保护。作为原始商标权人的边奇公司将符合著作权作品要件的“GREGORY 山形图案”申请注册为商标，其意图是对其进行包括商标权和著作权在内的全面保护。格里高利公司提交的商标注册和转让记录至少可证明在 1992 年该作品已创作完成且作为商标使用，最初的权利人为边奇公司，结合该作品在 1992 年至今在公开出版物中发表，在中国进行著作权登记及生效判决的认定，足以形成完整的证据链，证明“GREGORY 山形图案”著作权归格里高利公司享有。此外，格里高利公司提交的由边奇公司和格里高利公司自行创作并公开发表的“Professional Series/专业系列”产品宣传资料以及相关产品说明书，表明涉案作品早在 20 世纪 90 年代就已公开发表在出版物中，署名人均系边奇公司或格里高利公司。2007 年公开出版发行的《GREGORY SPECIFICATION（格里高利详述)》一书就 GREGORY 产品的历史进行了全面介绍；Outdoor 杂志在 1999 年 8 月发表“GREGORY 山形图案”时也标明其为格里高利公司所有；此外还有 20 世纪 90 年代以来 GREGORY 产品的广告。再审期间，格里高利公司提交了合法出版物和“GREGORY 山形图案”的创作说明书等证据，包括 2000 年至 2004 年间缓存的边奇公司及格里高利公司运营网站的页面，可以证明边奇公司或格里高利公司就“GREGORY 山形图案”享有权利。综上，本案现有证据足以认定“GREGORY 山形图案”的著作权最初由边奇公司享有，随后由格里高利公司通过受让和继受取得著作权。三丽雅公司提交的著作权登记证书的登记时间早于格里高利公司，但其记录的作品完成时间晚于格里高利公司。格里高利公司提供的在先合法出版物证明涉案作品创作完成时间为 1992 年，足以推翻三丽雅公司的在后著作权证据。三丽雅公司与格里高利公司处于相同领域，且长期向美国、日本等地提供知名登山包贴牌加工服务，应当知道格里高利公司的商标图案，属于恶意抄袭及抢注涉案作品。三丽雅公司违反了《商标法》第三十一条的规定，侵害了格里高利公司的在先著作权，被异议商标应不予注册。同时，三丽雅公司屡次将他人享有著作权的图案注册为商标，其注册的商标均未投入使用，抢注恶意十分明显，有碍商标注册秩序，违反《商标法》第四十一条第一款的规定。综上，请求：1. 撤销二审判决；2. 维持一审判决。

三丽雅公司答辩称，格里高利公司认为二审法院漏审证据的理由缺乏事实和法律依据。格里高利公司提交的美国专利商标局注册的商标注册信息未经翻译和公证认证；其提交的20世纪90年代的产品宣传资料、媒体报道及公司刊物，除少部分来自中国台湾地区外，其余都来自美国和日本，形成于中国台湾地区的证据未办理法定证明手续、形成于国外的证据未进行翻译和公证认证，上述证据不具合法性和真实性，不能作为认定案件事实的依据。格里高利公司提交上述证据用以证明其商标在中国具有较高知名度和影响力，而本案一审、二审仅针对商标评审委员会认定格里高利公司享有在先著作权进行合法性审查，不应采纳上述证据，不存在漏审的问题。格里高利公司提交的美国商标注册信息只能证明商标图形作品在先已经形成，不能证明其对该作品享有在先的著作权。格里高利公司的著作权登记证书仅能证明作品在登记时已创作完成，因其登记时间晚于被异议商标申请日，其在后的著作权登记证书不能证明其在先享有著作权。遗漏诉讼理由不属于行政诉讼法规定的再审法定事由。三丽雅公司提起本案行政诉讼，二审法院围绕格里高利公司是否享有在先著作权进行审理，格里高利公司提出三丽雅公司恶意抄袭"GREGORY山形图案"、抢注被异议商标损害社会公共利益的主张，与本案诉讼理由无关。综上，请求驳回格里高利公司的再审申请。

商标评审委员会提交意见称，商标评审委员会及一审法院认定格里高利公司对"GREGORY山形图案"享有在先著作权，属于认定事实清楚，适用法律正确，程序合法。格里高利公司的再审请求和理由应予以支持。请求撤销二审判决，维持商标评审委员会作出的裁定和一审判决。

本院审查查明，二审法院查明的事实属实，本院予以确认。

另查明，二审法院于2011年10月18日作出的（2011）高行终字第760号行政判决中认定：边奇公司在异议复审期间将其背包业务（包括但不限于格里高利知识产权）分立至格里高利登山用品有限责任公司（LLC）(简称原格里高利公司前身)，后边奇公司合并至三珐理兰公司并停止存续，原格里高利公司前身随后变更为格里高利登山用品有限公司（INC）（简称原格里高利公司)。2009年10月12日，商标评审委员会作出商评字［2009］第25735号裁定，被异议商标予以核准注册。该案被异议商标与本案被异议商标的"GREGORY山形图案"完全相同，但该案被异议商标核定使用的商品为第18类的"钱包、书包、帆布背包、带轮购物袋、购物袋、手提包、旅行包、公文包、用于装化妆用品的手提包（空的)、雨伞"。三丽雅公司在第18类上注册的"GREGORY山形图案"商标为主商标，另外在其他不同类别上分别注册了22个相同的"GREGORY山形图案"商标作为防御商标。

英文“GREGORY”，原为古代罗马教皇之名，现为常见男子名。

再审审查期间，格里高利公司明确表示，该公司在美国注册的“GREGORY 山形图案”最早于被异议商标申请日之后的2009年开始在中国使用。

格里高利公司再审期间提交如下证据：1. 格里高利公司品牌设计及高级开发副总裁的宣誓书。其中包括9个附件：附件①为三方协议书及创作说明书；附件②为格里高利公司名称变更证明；附件③为格里高利公司与珠穆朗玛联合Ⅱ公司合并证明；附件④为格里高利公司商标注册及转让信息；附件⑤为2000－2004年缓存的格里高利公司官方网站页面；附件⑥为格里高利公司发行物；附件⑦为边奇公司产品标签，包括2000年起受著作权保护的声明；附件⑧为格里高利公司报道列表及其相关页面；附件⑨为格里高利公司报道中的包含“GREGORY 山形图案”演变过程的具体页面。以上证据用以证明约翰 · 西尔斯于2002年在边奇公司设计部门工作，后加入格里高利公司，根据他进入边奇公司及格里高利公司后所掌握的情况，边奇公司、格里高利公司与创作者于2009年签署的三方协议、创作者 Pamela Beverly 出具的创作说明、“GREGORY 山形图案”在格里高利公司官方网站上公开发布并突出展示等均可证明格里高利公司的“GREGORY 山形图案”于1992年由边奇公司委托 Pamela Beverly 进行创作、后转让给格里高利公司。2. 创作者 Pamela Beverly 的宣誓书，在宣誓书中，Pamela Beverly 对其创作涉案作品进行说明，并确认其在三方协议书及创作说明书中签字的真实性（经公证认证），用以证明“GREGORY 山形图案”1992年由边奇公司委托 Pamela Beverly 为背包产品创作标识，该作品于1992年10月1日创作完成，边奇公司支付了创作费用，著作权归边奇公司享有，后转让给格里高利公司，创作者在三方协议书和创作说明书中的签名均为真实。3. 三丽雅公司工商登记记录，用以证明三丽雅公司系2000年成立于鹤山市的台港澳法人独资有限公司。4. GREGORY 文字商标注册证，用以证明 GREGORY 商标由格里高利公司或边奇公司早在1982年即在各国家地区注册为商标，核定使用在登山用品领域。5. 二审法院于2011年10月18日作出的（2011）高行终字第760号判决，用以证明格里高利公司更名及合并情况。

三丽雅公司针对格里高利公司再审提交的证据质证如下：1. 约翰 · 西尔斯提供的证言系自我陈述，未出庭作证，其与格里高利公司具有利害关系，且其出具的证言及附件超出其供职期间和职责范围，其证言不能作为定案依据；三方协议书和创作说明书均形成于域外，至二审期间均未经公证认证，不属于新的证据，二份证据均来自一个叫 Chiang Ling Li 的香港律师的临时文件夹，签名人未出庭作证，其是否存在、身份如何、陈述是否真实，无法审查；在审理第18类主商标案件的一审阶段，当三丽雅公司指出该证据系伪造时，格里高利公司当庭撤回该证据，该证据的真实性存疑；原格里高利的前身于2008年变更为原格里高利公司，已由生效判决确认；原格里高利公司与珠穆朗玛联合Ⅱ公司合并证明仅能证明两公司为合并达成一致，不能证明合同实际履行；格里高利公司商标注册及转让信息即使真实性没有问题，也仅能证明商标权发生了转移；2000－2004年格里高利公司官方网站页面未经公证认证，不具备合法性和真实性。2. Pamela Beverly－Quigley的宣誓书仅提供证言、未出庭作证；格里高利公司曾提交一份Pamela Beverly署名的创作说明书，两者是否为同一人、身份如何、陈述是否属实、与格里高利公司之间是否存在利害关系，无从审查。3－4. 三丽雅公司工商登记记录、格里高利公司或边奇公司在我国台湾地区、日本、韩国注册为GREGORY文字商标的注册证均不为新的证据。5. 二审法院（2011）高行终字第760号判决，仅能证明原格里高利公司前身变更为原格里高利公司。

本院对格里高利公司再审期间提交的上述证据认证如下：

1. 格里高利公司的品牌设计及开发副总裁约翰·西尔斯的宣誓书，包括九个附件，在美国犹他州办理的公证认证《证明》中载明："本证明仅正式签署所附文件官员的签字的真实性，官员行事之职权，及在适当情况下证明文件中印章或印戳所代表的身份。本证明并不表示所附文件内容真实，也不表示所附文件经犹他州核准。"从宣誓书的内容看，约翰·西尔斯自2002年起就职于边奇公司，不能证明十年前的"GREGORY山形图案"的创作情况。附件①三方协议书，该协议由边奇公司、Pamela Beverly和原格里高利公司签订，三方签署日期分别为2009年9月24日、9月19日、9月23日；附件②显示：原格里高利公司前身的成立时间为2008年3月3日，边奇公司将其背包业务分立至原格里高利公司前身的时间只可能是在2008年3月3日之后；附件②还显示原格里高利公司前身变更为原格里高利公司的时间是2008年8月22日。二审法院作出的（2011）高行终字第760号行政判决认定：边奇公司在异议复审期间将其背包业务分立至原格里高利公司前身，后边奇公司合并至三珐理兰公司并停止存续。原格里高利公司前身随后变更为原格里高利公司。格里高利公司未提交证据证明边奇公司合并至三珐理兰公司并停止存续的时间。从上述分立变更过程的时间顺序看，边奇公司合并至三珐理兰公司并停止存续的时间应在2008年3月3日至8月22日之间。边奇公司在三方协议书上签署的时间是2009年9月24日，此时边奇公司已经停止存续，三方协议书的真实性存疑。附件①中还有一份 Pamela Beverly 签名的创作说明书，该创作说明书英文件上没有签署时间，创作时间系手填写的“Oct 1, 1992”，该笔迹明显与“Pamela Beverly”签名笔迹不同，除以上两处外其余英文文字均为打印；中文翻译部分创作时间仅载明“1992 年”，而签署时间比英文部分多出一个“2009 年”。格里高利公司二审期间明确表示创作说明书非由创作者起草，系从香港传真到美国签名，该证据没有原件，没有经过公证认证。即使再审审查期间格里高利公司补充提交了公证认证手续，该公证认证并不表示所附文件内容真实，故该创作说明书上的签名人是否为创作者仍存疑；附件③系经过翻译并公证认证的原格里高利公司与珠穆朗玛联合Ⅱ有限公司于 2010 年 5 月 28 日签署的合并证明，该合并证明显示上述两公司于 2010 年 5 月 7 日签署《合并协议和计划》，合并后的实体为格里高利公司（由 INC 改为 LLC)。格里高利公司在本案二审期间提交了一份经过公证认证的由美国特拉华州州务卿 2014 年 5 月 5 日出具的证明文件，证明格里高利公司成立于 2010 年 4 月 23 日。原格里高利公司与珠穆朗玛联合Ⅱ有限公司签署《合并协议和计划》的目的是为成立合并实体格里高利公司。通常情况下应当先签署合并协议，后成立合并实体。从格里高利公司提交的上述证据看，合并后的实体格里高利公司于 2010 年 4 月 23 日先已成立，原格里高利公司与珠穆朗玛联合Ⅱ有限公司于 2010 年 5 月 7 日才签署《合并协议和计划》，不符合常理；附件④格里高利公司商标注册及转让信息，该证明经过翻译并公证认证，并能与其他证据印证，本院对其证明力予以确认；附件⑤⑥⑦⑧无翻译，本院对其证明力不予确认；附件⑨，从约翰·西尔斯的宣誓书中对附件⑨的介绍可以看出，格里高利公司报道中的包含“GREGORY 山形图案”演变过程的具体页面显示：1993 年之前的“GREGORY 山形图案”由一高一低两个并列的三角形 + GREGORY 英文字母组成，该图形与格里高利公司在本案中主张在先著作权的“GREGORY 山形图案”不相同；1993 年 – 1996 年的山形图案与格里高利公司主张著作权的图形作品比，少了“GREGORY”英文字母；1997 年至今，其山形图案演变为格里高利公司在本案中主张在先著作权的图形。格里高利公司在本案中主张著作权的山形图案的创作及使用时间为 1992 年，而格里高利公司提交的附件⑨中显示相同图案的时间是 1997 年，二者在时间上不相吻合。

2. 创作者 Pamela Beverly 就其创作“GREGORY 山形图案”作品进行说明的宣誓书。该宣誓书于 2016 年 3 月 7 日由 Pamela Beverly – Quigley 在美国犹他州所作并办理公证认证，公证认证的《证明》中显示：“本证明仅正式签署所附文件官员的签字的真实性，官员行事之职权，及在适当情况下证明文件中印章或印戳所代表的身份。本证明并不表示所附文件内容真实，也不表示所附文件经犹他州核准。”宣誓书中载明了“GREGORY 山形图案”的创作时间、转让情况及为著作权登记之目的签署了创作说明书及三方协议书。在创作说明书和三方协议书中，作为创作者签名的是 Pamela Beverly，而在该宣誓书上签名的为 Pamela Beverly－Quigley，二者是否为同一人，无法判断，且该宣誓书载明此前的三方协议书和创作说明书是为办理著作权登记签署。如前所述，三方协议书和创作说明书真实性存疑，该宣誓书的真实性亦存疑。

3. 三丽雅公司工商登记记录，显示三丽雅公司于 2000 年 9 月 27 日在广东鹤山成立，为台港澳法人独资有限责任公司，经营范围包括生产经营手袋、家庭日用品、文具用品、塑料制品、家用电器等。该证据系工商登记打印资料，本院对该证据的证明力予以确认。

4. “GREGORY”文字商标注册证，其中：1983 年 1 月 16 日在中国台湾地区注册了“GREGORY”文字商标，商标权人为卢森堡商山姆桑尼特 I. P 控股公司；1996 年 1 月 25 日，在日本申请注册商标，1997 年 4 月 15 日核准注册，商品类别为第 18 类包类、袋，专用使用权人为东京都新宿区大久保 1 丁目 1 番 9 号，该商标权于 2001 年 9 月 25 日转移给边奇国际公司，2014 年 7 月 30 日转移给格里高利公司，2014 年 12 月 2 日转移给位于卢森堡公国卢森堡 L－1931 自由大街 13－15 号的新秀丽知识产权控股责任有限公司；1982 年 8 月 18 日，在日本申请注册商标，核定使用的商品为第 24 类登山用背架、其他属于本类别的商品，经多次转移，于 2014 年 12 月 2 日转移给位于卢森堡公国卢森堡 L－1931 自由大街 13－15 号的新秀丽知识产权控股责任有限公司；1995 年 11 月 13 日，在韩国申请注册“GREGORY”文字商标，商标所有权人为新秀丽知识产权控股责任有限公司。上述商标注册证均未办理相关的认证手续，不具备合法的证据形式，本院对其证明力不予采信。

5. 二审法院于 2011 年 10 月 18 日作出的（2011）高行终字第 760 号判决，本院对该判决的真实性予以确认。

本院经审查认为，根据一审、二审判决和格里高利公司申请再审的理由，本案的主要争议焦点为：被异议商标的注册是否违反 2001 年《商标法》第三十一条的规定，损害了格里高利公司现有的在先著作权。鉴于本案各方当事人对涉案“GREGORY 山形图案”具有独创性，构成受著作权保护的作品，本案被异议商标与格里高利公司主张著作权的“GREGORY 山形图案”构成实质性近似等问题不存在争议，故本案的关键问题是判断“GREGORY 山形图案”的著作权是否归格里高利公司享有。对此，本院依照《著作权法》的相关规定作出认定。

《著作权法》第十一条规定：“著作权属于作者，本法另有规定的除外。创作作品的公民是作者。由法人或者其他组织主持，代表法人或者其他组织意志创作，并由法人或者其他组织承担责任的作品，法人或者其他组织视为作者。如无相反证明，在作品上署名的公民、法人或者其他组织为作者。”《最高人民法院关于审理著作权民事纠纷案件适用法律若干问题的解释》第七条规定：“当事人提供的涉及著作权的底稿、原件、合法出版物、著作权登记证书、认证机构出具的证明、取得权利的合同等，可以作为证据。在作品或者制品上署名的自然人、法人或者其他组织视为著作权、与著作权有关权益的权利人，但有相反证明的除外。”

本案中，格里高利公司主张涉案“GREGORY 山形图案”的著作权归其享有，主要理由是：Pamela Beverly 创作了“GREGORY 山形图案”，边奇公司享有该图形的著作权，边奇公司将该图形的著作权转让给原格里高利公司前身，原格里高利公司前身更名为原格里高利公司，原格里高利公司与珠穆朗玛联合Ⅱ有限公司合并成立格里高利公司，格里高利公司继受了原格里高利公司的所有知识产权，故格里高利公司对“GREGORY 山形图案”享有在先的著作权。格里高利公司为证明其上述主张提交了相应的证据。

关于商标注册证。格里高利公司提交了边奇公司于 1992 年 11 月 16 日向美国专利及商标局申请注册“GREGORY 山形图案”商标、1994 年 5 月 17 日获准注册的证据以证明其享有“GREGORY 山形图案”的在先著作权。首先，《著作权法》规定“在作品上署名的公民、法人或者其他组织为作者”，商标申请人及商标注册人信息仅仅能证明注册商标权的归属，不属于《著作权法》规定的表明作品创作者身份的署名行为，因此，格里高利公司提交的边奇公司在美国申请并核准注册“GREGORY 山形图案”商标的证据不足以证明该涉案作品的著作权最早归边奇公司享有。其次，被异议商标于 2006 年 9 月 28 日申请注册，原格里高利公司前身于 2008 年 3 月 3 日成立，格里高利公司字号最早的使用时间晚于被异议商标申请日，且“GREGORY 山形图案”中英文文字“GREGORY”是整个图案的组成部分，“GREGORY”系常见男子名，故格里高利公司商标注册证上显示的“GREGORY”不能视为格里高利公司的署名行为。最后，商标具有地域性，持有美国的商标注册证，仅能证明商标注册人从著作权人处获得了在美国申请注册该图形商标的权利，不能据此证明其当然享有在中国行使著作权的权利。

关于著作权登记证书。格里高利公司为证明其对“GREGORY 山形图案”享有在先著作权，在商标评审期间向商标评审委员会提交了 2009 年 10 月 27 日颁发的《著作权登记证书》，载明原格里高利公司经边奇公司转让，取得了美术作品“GREGORY 山形图案”在中国范围内的著作权，转让期间自 1992 年起至永久。首先，我国著作权登记采取自愿登记制，著作权登记机关仅进行形式审查，在注册商标申请日之前取得的著作权登记证书，在该作品具有独创性、没有相反证据足以推翻的情况下，可以证明登记证书上记载的权利人在先享有著作权。本案被异议商标于 2006 年 9 月 28 日申请注册，格里高利公司取得《著作权登记证书》晚于被异议商标注册申请日三年多，故在后取得的著作权登记证书，不足以证明其享有在先的著作权。其次，被异议商标于 2009 年 5 月 21 日予以初步审定公告，格里高利公司自公告之日起三个月内，向商标局提出异议申请，随后进行著作权登记，格里高利公司在商标异议申请后取得的著作权登记证书，不足以证明其享有在先的著作权。最后，三丽雅公司于 2006 年 12 月 7 日早于格里高利公司对与涉案“GREGORY 山形图案”构成实质性近似的被异议商标图形亦进行了著作权登记，故格里高利公司在后取得的著作权登记证书，不足以证明其享有在先的著作权。

关于边奇公司与格里高利公司权利转让。根据本院及一审、二审法院查明的事实，边奇公司 1992 年 11 月 16 日申请注册“GREGORY 山形图案”；原格里高利公司前身于 2008 年 3 月 3 日成立；边奇公司将其背包业务分立至原格里高利公司前身；原格里高利公司前身于 2008 年 8 月 22 日变更为原格里高利公司；虽然格里高利公司所提交的两次经过公证认证的证据存在不符合常理的情形，原格里高利公司与珠穆朗玛联合Ⅱ有限公司合并成立格里高利公司的时间无法确定，但不影响本院对上述两公司合并成立格里高利公司事实的认定。即便如此，仍不足以证明涉案作品的著作权归格里高利公司享有。理由如下：首先，格里高利公司再审期间提交了三方协议书以证明 Pamela Beverly 创作“GREGORY 山形图案”的著作权归边奇公司享有、边奇公司将该作品著作权转让给了原格里高利公司，因边奇公司在三方协议书签订之日已停止存续，该证据存疑，不能证明原格里高利公司通过三方协议书受让了涉案作品的著作权。其次，格里高利公司在商标评审期间提交了其自行出具的确认函，确认格里高利公司继受了原格里高利公司的所有权利和义务，包括但不限于原格里高利公司的所有知识产权，因该确认函系由格里高利公司自行出具，不具有证明效力，且在不能证明原格里高利公司通过受让取得“GREGORY 山形图案”的著作权情况下，格里高利公司无法从原格里高利公司处继受该作品的著作权。最后，格里高利公司提交了边奇公司将“GREGORY 山形图案”商标转让给原格里高利公司前身的证据，该证据具有证明商标权发生转移的效力，但不能证明“GREGORY 山形图案”著作权发生了转移，故格里高利公司提交的上述证据不能证明涉案“GREGORY 山形图案”作品的著作权归其享有。

如前所述，格里高利公司提交的宣誓书、创作说明书、三方协议书等证据均存在疑点；格里高利公司提交的缓存公司网站页面、公司发行物、产品标签上著作权声明及报道列表相关页面等证据，因未提供翻译，不具备合法的证据形式，本院不予采信。因此，格里高利公司提交的证据均不能证明涉案“GREGORY 山形图案”作品的著作权归其享有，二审法院认定被异议商标的注册未损害格里高利公司在先享有的著作权并无不当。商标评审委员会在针对被异议商标提出的异议复审申请重新进行评审时，可以对证据作进一步审查。

关于格里高利公司提出被异议商标的注册违反《商标法》第四十一条第一款的规定、属于以欺骗手段或者其他不正当手段取得注册商标的再审主张，鉴于本案被异议商标尚未获得注册，且格里高利公司未提交支持其上述主张的证据，本院对其该项主张不予支持。关于格里高利公司提出二审法院漏审证据的问题，因格里高利公司二审期间提交的域外证据未办理公证认证手续或未经翻译，缺乏证据的形式要件，不能作为证据使用，故格里高利公司关于二审法院漏审证据的再审主张不成立，本院不予支持。

综上，格里高利公司的再审申请不符合《中华人民共和国行政诉讼法》第九十一条规定的再审条件。本院依照《最高人民法院关于执行〈中华人民共和国行政诉讼法〉若干问题的解释》第七十四条之规定，裁定如下：

驳回格里高利登山用品有限公司的再审申请。

审 判 长 骆 电

代理审判员 李 嵘

代理审判员 马秀荣

二〇一六年九月二十一日

书 记 员 王 晨

44. 主张在先著作权适格主体的证明

——再审申请人温州市伊久亮光学有限公司与被申请人达马股份有限公司及二审被上诉人国家工商行政管理总局商标评审委员会商标权无效宣告请求行政纠纷案

【裁判要旨】

著作权人、著作权的利害关系人均可依据商标法第三十一条的规定主张在先著作权。诉争商标申请日之后的著作权登记证书不能单独作为在先著作权的权属证据。诉争商标申请日之前的商标注册证虽不能作为著作权权属证据，但可以作为确定商标权人为有权主张商标标志著作权的利害关系人的初步证据。

【关键词】

商标　无效程序　在先著作权　利害关系人

【案号】

最高人民法院（2017）最高法行申7174号

【基本案情】

在再审申请人温州市伊久亮光学有限公司（以下简称伊久亮公司）与被申请人达马股份有限公司（以下简称达马公司）及二审被上诉人国家工商行政管理总局商标评审委员会（以下简称商标评审委员会）商标权无效宣告请求行政纠纷案中，第1316126号鲨鱼图形商标（即诉争商标）于1998年5月4日被申请注册，于2008年3月26日被核准注册，注册人为伊久亮公司，核定使用的商品为第9类眼镜。第250160号“PAUL&SHARK YACHTING及图”商标（即引证商标）于1985年7月27日被申请注册，1986年5月15日被核准注册，注册人为达马公司，核定使用的商品为第25类服装。达马公司申请撤销伊久亮公司注册的诉争商标，其主要理由之一为诉争商标构成对达马公司在先著作权的侵害。商标评审委员会认为，达马公司提交的经过公证的作品登记证书的登记日期晚于诉争商标的申请注册日，在达马公司未能提交其他证据证明其在诉争商标申请注册前已创作完成或公开发表其美术作品的情况下，不能认定达马公司对鲨鱼图形作品享有著作权。达马公司主张撤销诉争商标的各项理由均不能成立。商标评审委员会作出商评字［2015］第66491号《关于第1316126号图形商标无效宣告请求裁定书》(以下简称被诉裁定)，维持了诉争商标。达马公司不服，提起行政诉讼。北京知识产权法院一审认为，在没有在先署名的情况下，仅凭在后作品上的署名及在先商标的申请注册，尚不具备推定其为在先著作权人的前提条件，更不能以此推定其为在先著作权人，故达马公司主张诉争商标的注册损害了其在先著作权依据不足。据此，判决驳回达马公司的诉讼请求。达马公司不服，提起上诉。北京市高级人民法院二审认为，在无相反证据的情况下，可以依据达马公司所提交的诉争商标申请日之后的著作权登记证书，认定其享有“鲨鱼”图形的著作权。该著作权登记证书所载创作完成时间与达马公司提交的意大利共和国商标注册证的登记时间互相印证，故可认定该作品创作完成的时间早于诉争商标申请日。综合考虑达马公司在诉争商标申请日前即在中国大陆申请注册含“鲨鱼”图形的引证商标的事实，以及诉争商标中“鲨鱼”图形与达马公司主张著作权的“鲨鱼”图形完全相同的事实，可以认定伊久亮公司申请注册诉争商标侵害了达马公司对该“鲨鱼”图形享有的在先著作权。据此，判决撤销了一审判决及被诉裁定，判令商标评审委员会重新作出裁定。伊久亮公司不服，向最高人民法院申请再审。最高人民法院于2017年10月27日裁定驳回伊久亮公司的再审申请。

【裁判意见】

最高人民法院审查认为：因我国实行作品自愿登记制度，著作权登记机关在制作、颁发著作权登记证书时不对所登记内容进行实质审查，故当著作权登记时间晚于诉争商标申请日时，仅凭著作权登记证书尚不足以认定登记的著作权人在诉争商标申请日之前即享有著作权。但除诉争商标申请日之后的著作权登记证书外，达马公司还提交了诉争商标申请日之前的意大利商标注册证和引证商标注册证，参照《最高人民法院关于审理商标授权确权行政案件若干问题的规定》第十九条第三款之规定，商标注册证可以作为确定商标申请人为有权主张商标标志著作权的利害关系人的初步证据。本案中，鉴于伊久亮公司、商标评审委员会均未提交相反证据，故应认定达马公司有权主张涉案“鲨鱼”图形的著作权。伊久亮公司关于达马公司无权主张该图形著作权的主张，缺乏依据，不能成立。

中华人民共和国最高人民法院行政裁定书

（2017）最高法行申7174号

再审申请人（一审第三人、二审被上诉人）：温州市伊久亮光学有限公司。住所地：中华人民共和国浙江省温州市瓯海经济开发区红梅路33号。

法定代表人：陈乃孙，该公司总经理。

委托诉讼代理人：王学芝，北京市玖典律师事务所律师。

被申请人（一审原告、二审上诉人）：达马股份有限公司。住所地：意大利共和国瓦雷泽，比埃蒙大街174号。

法定代表人：安德烈亚·迪尼，该公司首席执行官。

二审被上诉人（一审被告）：国家工商行政管理总局商标评审委员会。住所地：中华人民共和国北京市西城区茶马南街1号。

法定代表人：赵刚，该委员会主任。

再审申请人温州市伊久亮光学有限公司（以下简称伊久亮公司）因与被申请人达马股份有限公司（以下简称达马公司）及二审被上诉人国家工商行政管理总局商标评审委员会（以下简称商标评审委员会）商标权无效宣告请求行政纠纷一案，不服北京市高级人民法院（以下简称二审法院）（2016）京行终4949号行政判决（以下简称二审判决），向本院申请再审。本院依法组成合议庭对本案进行了审查，现已审查终结。

伊久亮公司申请再审称：（一）达马公司并非涉案“鲨鱼”图形的著作权人，其无权主张该图形著作权，且诉争商标的注册并未侵害涉案“鲨鱼”图形的著作权。1. 二审法院在达马公司未提供设计底稿、原件、取得权利的合同等证据的情况下，仅凭在先的商标注册证书和在后的著作权登记证书，认定达马公司享有涉案“鲨鱼”图形的著作权，缺乏依据，且与此前的判例不符。2. 达马公司并未提交诉争商标注册申请日之前引证商标及涉案“鲨鱼”图形的使用证据，伊久亮公司不存在接触涉案“鲨鱼”图形的可能性。二审法院仅仅以引证商标的注册申请日早于诉争商标的注册申请日为由，推定伊久亮公司具有接触涉案“鲨鱼”图形的可能性，没有事实和法律依据。（二）诉争商标自申请至今已有近二十年的时间，已经形成了特定的消费群体和稳固的市场秩序，相关公众不会发生混淆误认。综上，请求撤销二审判决，依法改判，判令商标评审委员会就达马公司针对诉争商标提出的无效宣告请求重新作出裁定。

本院经审查认为，根据伊久亮公司申请再审的理由，本案的主要争议焦点有两个：一是达马公司是否有权主张涉案“鲨鱼”图形的著作权，二是诉争商标的注册是否侵害了涉案“鲨鱼”图形的著作权。

（一）关于达马公司是否有权主张涉案“鲨鱼”图形著作权的问题

本案实体问题的审理应适用2001年修正的《中华人民共和国商标法》（以下简称商标法）。根据《最高人民法院关于审理商标授权确权行政案件若干问题的规定》（以下简称商标授权确权司法解释）第三十一条之规定，人民法院依据2001年修正的商标法审理的商标授权确权行政案件可参照适用该规定。参照商标授权确权司法解释第十九条第二款、第三款之规定，商标标志构成受著作权法保护的作品的，当事人提供的涉及商标标志的设计底稿、原件、取得权利的合同、诉争商标申请日之前的著作权登记证书等，均可以作为证明著作权归属的初步证据。商标公告、商标注册证等可以作为确定商标申请人为有权主张商标标志著作权的利害关系人的初步证据。

本案中，诉争商标申请日为1998年5月4日。达马公司为证明其系涉案“鲨鱼”图形的著作权人提交了登记时间为2015年1月4日的“鲨鱼”图形著作权登记证书，以及申请日为1984年12月19日的意大利商标注册证和申请日为1985年7月27日的引证商标注册证，该意大利商标和引证商标中均含有涉案“鲨鱼”图形。

因我国实行作品自愿登记制度，著作权登记机关在制作、颁发著作权登记证书时不对所登记内容进行实质审查，故当著作权登记时间晚于诉争商标申请日时，仅凭著作权登记证书尚不足以认定登记的著作权人在诉争商标申请日之前即享有著作权。但除诉争商标申请日之后的著作权登记证书外，达马公司还提交了诉争商标申请日之前的意大利商标注册证和引证商标注册证，参照商标授权确权司法解释第十九条第三款之规定，商标注册证可以作为确定商标申请人为有权主张商标标志著作权的利害关系人的初步证据。本案中，鉴于伊久亮公司、商标评审委员会均未提交相反证据，故应认定达马公司有权主张涉案“鲨鱼”图形的著作权。伊久亮公司关于达马公司无权主张该图形著作权的主张，缺乏依据，不能成立。

（二）关于诉争商标的注册是否侵害了涉案“鲨鱼”图形著作权的问题

达马公司含有涉案“鲨鱼”图形的引证商标申请于1985年7月27日，并于1986年5月15日核准注册。基于商标申请注册流程的公开性，应当认定伊久亮公司具有接触涉案“鲨鱼”图形的可能性。二审法院综合考虑上述接触可能性，以及诉争商标的“鲨鱼”图形与达马公司主张著作权的涉案“鲨鱼”图形完全相同的事实，认定诉争商标侵害了涉案“鲨鱼”图形的著作权，并无不当。伊久亮公司关于诉争商标的注册未侵害涉案“鲨鱼”图形著作权的主张，缺乏依据，不能成立。

至于伊久亮公司关于诉争商标已经通过长期使用形成了特定的消费群体和稳固的市场秩序，相关公众不会发生混淆误认的主张，本院认为，诉争商标是否已有特定的消费群体和稳固的市场秩序并非判断诉争商标是否构成对涉案“鲨鱼”图形著作权侵害的考虑因素。鉴于诉争商标的注册已因违反商标法第三十一条之规定而应予宣告无效，故对其是否已经通过使用形成了特定的消费群体和稳固的市场秩序，进而是否会导致相关公众的混淆误认的问题，无须再予评述。

依据《最高人民法院关于执行〈中华人民共和国行政诉讼法〉若干问题的解释》第七十四条的规定，裁定如下：

驳回温州市伊久亮光学有限公司的再审申请。

审　判　长　李　剑
审　判　员　张志弘
代理审判员　佟　姝
二〇一七年十月二十七日
法 官 助 理　廖继博
书　记　员　焦　媛

45. 对他人是否享有在先著作权的审查认定

——再审申请人杰杰有限公司与被申请人国家工商行政管理总局商标评审委员会、一审第三人金华市百姿化妆品有限公司商标异议复审行政纠纷案

【裁判要旨】

对于当事人是否享有在先著作权，需要综合考量相关证据予以认定。著作权登记证明晚于诉争商标申请日的，可以结合商标注册证、包含商标标志的网站页面、记载作品创作过程的报刊内容、产品实物、著作权转让证明等证据，在确认相关证据相互印证，已形成完整的证据链后，可以认定当事人对该商标标志享有在先著作权。

【关键词】

商标　异议程序　在先著作权　证据审查认定

【案号】

最高人民法院（2017）最高法行再35号

【基本案情】

在再审申请人杰杰有限公司（以下简称杰杰公司）与被申请人国家工商行政管理总局商标评审委员会（以下简称商标评审委员会）、一审第三人金华市百姿化妆品有限公司（以下简称百姿公司）商标异议复审行政纠纷案中，百姿公司于2006年2月20日申请注册第5165219号“TOOFACED及图”商标（即被异议商标），指定使用在第3类化妆品、清洁制剂、指甲油、香皂、香水成套化妆用具等商品上。经初步审定公告后，杰杰公司在法定异议期内对被异议商标提出异议，认为其在中国大陆地区对“ ”（ENVYDOTLOGO，以下简称羡慕标志）作品享有在先著作权，被异议商标侵犯了其在先著作权。国家工商行政管理总局商标局（以下简称商标局）裁定对被异议商标予以核准注册。杰杰公司不服，提出异议复审申请。商标评审委员会作出商评字（2013）第19020号《关于第5165219号“TOOFACED及图”商标异议复审裁定书》（以下简称被诉裁定），裁定被异议商标予以核准注册。杰杰公司不服，提起行政诉讼。北京市第一中级人民法院一审以杰杰公司提供的作品登记证书、登记证明、作品存档证明、著作权转让证明等证据均晚于被异议商标申请注册日，羡慕标志的美国商标注册证明等证据对于著作权而言证明力不足等理由，认定杰杰公司提供的证据不足以证明在被异议商标申请日之前，其在中国大陆地区对羡慕标志作品享有著作权。据此判决驳回杰杰公司的诉讼请求。杰杰公司不服，提起上诉。北京市高级人民法院二审判决驳回上诉、维持原判。杰杰公司不服，向最高人民法院申请再审。在再审审查及审理程序中，杰杰公司补充提交了羡慕标志作品前身“ENVY”系列作品的《美国著作权登记证书》、包含有杰杰公司网站（toofaced. com）过去特定时间页面的公证书、2004年12月6日美国《橘子郡商业报》、杰杰公司2005年部分产品实物及照片等证据。最高人民法院裁定提审本案，并于2017年12月21日判决撤销一审、二审判决及被诉裁定，商标评审委员会重新作出复审裁定。

【裁判意见】

最高人民法院审查认为：虽然杰杰公司在一审期间提交的作品登记证书、登记证明、作品存档证明、著作权转让证明等证据均形成于2014年，但杰杰公司向最高人民法院提交的羡慕标志作品前身“ENVY”系列作品的《美国著作权登记证书》，可以证明杰罗德·布兰丁于1997年将羡慕标志作品的前身ENVY作品向美国版权局进行登记。杰杰公司网站过去特定时间页面的相关内容表明，该公司至迟于2001年已使用涉案羡慕标志作品。2004年12月6日美国《橘子郡商业报》中关于杰罗德·布兰丁的采访报道，不仅提及杰罗德·布兰丁对羡慕标志作品的创作过程，包括设计了一个夸张的曲线型女性轮廓剪影，而且刊登了带有羡慕标志作品的TOO FACED品牌化妆品照片。杰杰公司2005年推出的部分产品实物表明，其多款化妆品包装盒上使用了羡慕标志作品。杰杰公司除在该公司网站及有关产品包装上就著作权保留作出声明外，还专门指明相关作品系杰罗德·布兰丁为杰杰公司独家创作。尽管前述著作权保留声明是笼统针对网页或产品包装，但羡慕标志作品作为其中的重要内容，应当包括在前述声明的内容之中。羡慕标志的美国商标注册证亦可明确表明，含有羡慕标志的涉案商标图形至迟于2005年11月前已形成。在没有相反证据的情况下，前述证据与杰杰公司在原审期间提交的羡慕标志作品《美国著作权登记证明》、作品存档证明、著作权转让证明等证据相结合，能够证明杰罗德·布兰丁为羡慕标志作品的作者，亦可以证明其在创作完成羡慕标志作品后将其依法享有的相关著作权让与杰杰公司进行商业使用的事实，发生在被异议商标2006年2月20日申请注册之前。杰杰公司关于被异议商标的申请注册损害其在先著作权的主张，具有事实和法律依据。

中华人民共和国最高人民法院行政判决书

（2017）最高法行再35号

再审申请人（一审原告、二审上诉人）：杰杰有限公司。住所地：美利坚合众国加利福尼亚州92614欧文阿姆斯壮大街17361号。

法定代表人：艾里克·霍尔，该公司财务总监。

委托诉讼代理人：罗正红，北京罗杰律师事务所律师。

委托诉讼代理人：丛林，北京罗杰律师事务所律师。

被申请人（一审被告、二审被上诉人）：国家工商行政管理总局商标评审委员会。住所地：中华人民共和国北京市西城区茶马南街1号。

法定代表人：赵刚，该委员会主任。

委托诉讼代理人：马君丽，该委员会审查员。

一审第三人：金华市百姿化妆品有限公司。住所地：中华人民共和国浙江省金华市金东区曹宅工业区。

法定代表人：洪霞，该公司董事长。

委托诉讼代理人：雷东，北京中知律师事务所律师。

委托诉讼代理人：李建芳，北京中知律师事务所律师。

再审申请人杰杰有限公司（原名非常面孔化妆品有限公司，以下简称杰杰公司）因与被申请人国家工商行政管理总局商标评审委员会（以下简称商标评审委员会）、一审第三人金华市百姿化妆品有限公司（以下简称百姿公司）商标异议复审行政纠纷一案，不服北京市高级人民法院（2015）高行（知）终字第3565号行政判决，向本院申请再审。本院于2016年7月19日作出（2016）最高法行申2038号行政裁定，提审本案。本院依法组成合议庭，公开开庭审理了本案。再审申请人杰杰公司的委托诉讼代理人罗正红、丛林，一审第三人百姿公司的委托诉讼代理人雷东、李建芳到庭参加诉讼，被申请人商标评审委员会未到庭参加诉讼。本案现已审理终结。

杰杰公司申请再审称，（一）杰杰公司在再审中提交的8份新证据，进一步补强证明其对羡慕标志作品享有在先著作权，再结合杰杰公司在原审诉讼期间提交的证据，足以初步证明其对“”（ENVYDOTLOGO，以下简称羡慕标志）作品享有在先著作权。（二）羡慕标志作品不仅满足著作权法规定的作品属性，也满足商标法规定的商标属性。杰杰公司提交的关于在先著作权的证据足以证明，在被异议商标申请日之前，非常面孔化妆品有限公司（TOO FACED COSMETICS，INC.，以下简称非常面孔公司）已在中国大陆使用了“羡慕标志”和“TOO FACED”两个商标，并在美国及中国具有一定影响。百姿公司以不正当手段抢注被异议商标，依法不应予以核准。（三）作为相关涉案作品和商标现在权利人的非常面孔化妆品有限责任公司（TOO FACED COSMETICS，LLC），与本案处理结果存在利害关系，应当追加其参加本案再审诉讼。综上，二审判决认定事实和适用法律错误，请求本院撤销二审判决及商评字（2013）第19020号《关于第5165219号“TOOFACED及图”商标异议复审裁定书》（以下简称被诉裁定），判令商标评审委员会对杰杰公司针对第5165219号“TOOFACED及图”商标提出的异议复审请求重新作出复审裁定。

商标评审委员会提交书面意见辩称，被诉裁定认定事实清楚，适用法律正确，作出程序合法，杰杰公司的再审申请理由不能成立，请求本院予以驳回。

百姿公司述称，（一）杰杰公司提交的新证据在被异议商标申请日之前形成，不属于《中华人民共和国行政诉讼法》（以下简称行政诉讼法）规定的新证据，不应予以采信。（二）杰杰公司提交的证据自相矛盾，不能证明其对羡慕标志作品享有在先著作权。（三）杰杰公司没有提交任何在相关产品上使用羡慕标志的证据，不能证明其在中国大陆地区在先使用“羡慕标志”及“TOO FACED”商标并具有一定影响。杰杰公司也没有证据证明百姿公司在被异议商标申请日之前已经接触到羡慕标志，其关于百姿公司以不正当手段抢注其在先使用并具有一定影响商标的主张，不能成立。（四）商标保护具有地域性，杰杰公司在其他国家或地区获得商标注册证的事实，并不能受到我国商标法的保护。综上，请求本院依法驳回杰杰公司的再审申请。

杰杰公司向北京市第一中级人民法院（以下简称一审法院）起诉请求：撤销被诉裁定，判令商标评审委员会重新作出复审裁定。

一审法院认定事实：被异议商标为第 5165219 号“TOOFACED 及图”商标，由百姿公司于 2006 年 2 月 20 日申请注册，指定使用在第 3 类化妆品、清洁制剂、指甲油、香皂、香水成套化妆用具等商品上。

在被异议商标初审公告期限内，杰杰公司提出注册异议。国家工商行政管理总局商标局（以下简称商标局）作出（2011）商标异字第 26280 号“TOOFACED 及图”商标异议裁定书，裁定杰杰公司所提异议理由不成立，被异议商标在指定商品上的注册申请予以核准。杰杰公司不服该裁定，于法定期限内向商标评审委员会申请复审，请求依据 2001 年修正的《中华人民共和国商标法》（以下简称商标法）第十三条、第三十一条、第十条第一款第（八）项以及第四十一条规定，不予核准被异议商标注册。杰杰公司向商标评审委员会提交了商标异议复审申请书及相关材料等证据。

2013 年 6 月 24 日，商标评审委员会经审查作出被诉裁定。该裁定认定：1. 结合杰杰公司提交的证据，证据 1 为杰杰公司在美国的商标注册证明；证据 2 为杰杰公司自行制作的图片且无法确定形成时间；证据 3、4 为外文证据，杰杰公司仅就少部分予以翻译，且均为杰杰公司自行制作并无其他证据佐证；证据 5 为杰杰公司罗列的商标注册信息。上述证据无法证明杰杰公司对被异议商标中所涉的图形享有在先著作权，故被异议商标的申请注册未构成商标法第三十一条所指损害他人现有在先权利之情形。2. 杰杰公司提交的证据不足以证明在被异议商标申请注册之前，杰杰公司在与被异议商标指定使用的化妆品、香水等商品为同一种或类似商品上，已经将与被异议商标相同或近似的标识作为商标使用并使之具有一定影响，故杰杰公司援引商标法第三十一条“不得以不正当手段抢先注册他人已经使用并有一定影响的商标”的规定，请求不予核准被异议商标的注册的主张缺乏依据。3. 结合杰杰公司提交的在案证据，尚不足以证明在被异议商标申请注册前，杰杰公司已将“TOOFACED”系列商标在中国市场在第3类化妆品等商品上进行使用，亦不足以证明“TOOFACED”商标在中国已成为相关公众广为知晓并享有较高声誉的驰名商标，故被异议商标的注册未构成商标法第十三条第一款所指的不予注册并禁止使用的情形。同时，鉴于杰杰公司在被异议商标申请注册前，未申请注册有“TOOFACED”商标，故本案不适用商标法第十三条第二款对已注册驰名商标保护的规定。4. 杰杰公司还主张被异议商标的注册违反了商标法第十条第一款第（八）项之规定，但该项规定的情形涉及的是公序良俗或公共利益，此条款适用的前提是该商标的使用造成了对公共利益的损害。杰杰公司所称被异议商标的注册使用对其权益的损害不属于该条款调整范畴，且被异议商标本身未构成对社会公共利益产生消极负面影响，故被异议商标不属于商标法第十条第一款第（八）项所指之情形。杰杰公司主张被异议商标违反了商标法第四十一条第一款“以欺骗手段或其他不正当手段取得注册的”情形亦缺乏事实依据。综上，商标评审委员会依据商标法第三十三条、第三十四条规定，裁定：被异议商标予以核准注册。

一审诉讼中，杰杰公司提交了中华人民共和国国家版权局的作品登记证书、美利坚合众国版权局登记证明、作品存档证明、著作权转让证明、美国商标注册证明、百度搜索材料等证据材料，以证明如下内容：美术作品羡慕标志（ENVYDOTLOGO）存档于美国版权局，著作权登记号为VA1－902－220，作品完成年份为1997年，首次发表日期为1998年11月9日，首次发表国为美国，作者为杰杰公司，通过2014年4月的书面转让协议转让给非常面孔化妆品有限责任公司，转让生效日为2011年12月22日。该作品于2014年4月18日在美国版权局进行登记，2014年8月28日在中华人民共和国国家版权局进行登记。羡慕标志作为商标于2005年11月29日在美国专利商标局注册，商标权人为非常面孔化妆品有限责任公司，有效期为10年；TOOFACED作为商标在2012年3月27日在美国专利商标局注册，商标权人为非常面孔化妆品有限责任公司，有效期为10年。

此外，杰杰公司明确其本案诉讼的实体法律依据为商标法第三十一条，其权利为在先著作权。杰杰公司另确认美术作品羡慕标志、羡慕标志商标和TOOFACED商标的权利人均为其关联公司非常面孔化妆品有限责任公司。

一审法院认为，本案应适用2001年商标法进行审理。关于被异议商标的注册是否违反了商标法第三十一条的规定。被异议商标于2006年2月20日申请注册，其商标主要图形与羡慕标志（ENVYDOTLOGO）图形较为相似。但就杰杰公司主张的在先著作权而言，虽然杰杰公司提供了作品登记证书、登记证明、作品存档证明、著作权转让证明等证据，但上述证据形成的日期均在2014年，在被异议商标申请注册日期之后，而美国商标注册证明等证据仅能证明商标注册的相关情况，对于著作权而言证明力不足。故杰杰公司提供的证据不足以证明在被异议商标申请日之前，其在中国大陆地区对羡慕标志享有著作权。商标评审委员会据此认定被异议商标未构成对杰杰公司在先著作权的侵犯，并无不当。杰杰公司主张百姿公司是出于主观恶意，违反诚实信用原则，以不正当手段抢注杰杰公司在先使用并有一定影响商标，但杰杰公司就此并未提交其在先使用及具有影响力的有效证据，该项主张不能成立。

一审法院于2015年6月18日作出（2014）一中知行初字第1430号行政判决：驳回杰杰公司的诉讼请求。案件受理费100元，由杰杰公司负担。

杰杰公司不服一审判决，向北京市高级人民法院（以下简称二审法院）上诉请求：撤销一审判决和被诉裁定，判决商标评审委员会重新作出复审裁定。

二审法院认定事实：二审期间，杰杰公司补充提交了杰罗德·布兰丁出具的《作品申明》，称杰杰公司主张著作权的羡慕标志作品系其于1997年创作完成。百姿公司对该证据不予认可。因杰罗德·布兰丁出具的《作品申明》仅相当于证人证言，鉴于杰罗德·布兰丁并未出庭作证、该证据系二审诉讼新提交的证据及行政诉讼的合法性审查原则等因素，二审法院对该证据不予采信。

二审法院认为，本案主要是审查被异议商标于2006年2月20日申请注册时是否损害了杰杰公司在异议复审程序中所主张的在先著作权，而根据杰杰公司的主张，在被异议商标申请注册时是杰杰公司而不是非常面孔化妆品有限责任公司系杰杰公司所主张的在先著作权的权利人，且杰杰公司针对被异议商标提出了注册异议，并于2011年9月12日提出了异议复审，故杰杰公司应当向商标局或者商标评审委员会提供其享有在先著作权的证据。同时，杰杰公司所主张的在先著作权系其转让给非常面孔化妆品有限责任公司，作为转让人的杰杰公司主张转让前的商标注册侵犯其在先著作权，其通常比作为受让人的非常面孔化妆品有限责任公司更便于提供被异议商标是否损害其著作权的相关证据。因此，杰杰公司是本案的适格主体，其作为原告提起本案诉讼有利于查明被异议商标是否损害其在先著作权的事实，一审法院未通知非常面孔化妆品有限责任公司作为本案当事人参加一审诉讼，尚不致对杰杰公司主张的在先著作权造成实质性损害，故不宜通知非常面孔化妆品有限责任公司作为第三人参加二审诉讼。

杰杰公司主张被异议商标的注册损害其在先著作权，其应举证证明在被异议商标的申请日之前其在中国大陆地区形成了合法的在先著作权。杰杰公司虽然提供了作品登记证书、登记证明、作品存档证明、著作权转让证明等证据，但上述证据形成的日期均在2014年，即均在被异议商标申请注册日期之后，而美国商标注册证明等证据仅能证明商标注册的相关情况，并不能证明杰杰公司享有在被异议商标申请注册时即对羡慕标志图形享有著作权。因此，一审法院认定杰杰公司提供的证据不足以证明在被异议商标申请日之前，其在中国大陆地区对羡慕标志作品享有著作权并无不当，商标评审委员会据此认定被异议商标未构成对杰杰公司在先著作权的侵犯亦属正确。在此基础上，由于杰杰公司主张其于2011年12月22日将羡慕标志图形的著作权转让给非常面孔化妆品有限责任公司，但鉴于杰杰公司在本案中无法证明其于被异议商标注册申请时对羡慕标志作品享有著作权，故杰杰公司有关被异议商标损害了非常面孔化妆品有限责任公司在先著作权的上诉理由不能成立。此外，杰杰公司虽主张被异议商标构成以不正当手段抢注其在先使用并有一定影响商标，但杰杰公司并未提交其在中国大陆地区在先使用被异议商标并具有影响力的有效证据，故一审法院对杰杰公司该主张不予支持亦无不当。

二审法院于2015年12月2日作出（2015）高行（知）终字第3565号行政判决：驳回上诉，维持一审判决。一、二审案件受理费各100元，均由杰杰公司负担。

在本院再审审查及审理程序中，杰杰公司向本院提交了以下三组证据：

第一组：证明杰杰公司对羡慕标志作品享有在先著作权的证据。包括：1. 登记号为VA 851－298《美国著作权登记证书》。拟证明，1997年12月22日，杰杰公司创始人兼董事杰罗德·布兰丁将其创作完成的羡慕标志作品前身“ENVY”系列作品在美国进行了著作权登记，著作权人和作者均为杰罗德·布兰丁。该系列作品为羡慕标志作品的前身。2. 1998年5月《VOGUE》杂志。拟证明羡慕标志作品的前身“ENVY”作品至迟于1998年5月通过《VOGUE》杂志进行公开发表。3. 下载有杰杰公司网站过去特定时间页面的（2016）京海诚内民证字第02295号公证书。拟证明杰杰公司的网站（toofaced. com）至迟于2001年开始持续使用羡慕标志作品。同时，网页下方明确声明著作权所有人是杰杰公司，保留所有权利，即“©2005 Too Faced Cosmetics, Inc. All Rights Reserved”。4. 2004年12月6日美国《橘子郡商业报》报纸以及从中国国家图书馆获取的对应馆藏文献。拟证明羡慕标志作品被再次发表在美国《橘子郡商业报》上。该报一篇对杰罗德·布兰丁的采访报道中提及了杰罗德·布兰丁对羡慕标志作品的创作过程，包括设计了一个夸张的曲线型女性轮廓剪影（即“an exaggerated curvy female silhouette known as Envy”），该报还刊登了带有羡慕标志作品的TOO FACED品牌化妆品照片。5. 杰杰公司2005年推出的部分产品实物及照片。拟证明杰杰公司推出的多款化妆品包装盒上印有羡慕标志作品，并在包装盒的背面标有杰罗德·布兰丁为杰杰公司独家创作，2005年著作权所有人杰杰公司，保留所有权利，即“Created Exclusively by Jerrod Blandino for Too Faced Cosmetics, Inc. , ©2005 Too Faced Cosmetics, Inc. All Rights Reserved”。6. 2005年9月的《COSMO GIRL》杂志。拟证明2005年9月的《COSMO GIRL》杂志中报道的杰杰公司的TOO FACED品牌化妆品上显示有羡慕标志作品，羡慕标志作品再次通过该杂志公开发表。7. 2006年1月的《ALLURE》杂志。拟证明2006年1月的《ALLURE》杂志中报道的杰杰公司的TOO FACED品牌化妆品上显示有羡慕标志作品，羡慕标志作品再次通过该杂志公开发表。8. 2006年1月的《ELLE》杂志。拟证明2006年1月的《ELLE》杂志中报道的杰杰公司的TOO FACED品牌化妆品上显示有羡慕标志作品，羡慕标志作品再次通过该杂志公开发表。

第二组：更正后的第3020605号美国商标注册证及更正后的杰罗德·布兰丁的作品声明，是对评审和原审证据的补强证据。拟证明经过杰罗德·布兰丁的仔细回想，确认杰罗德·布兰丁于1997年创作了羡慕标志作品，1999年将羡慕标志作品的著作权让与杰杰公司。羡慕标志作品于1998年11月9日首次发表于杰杰公司产品包装。羡慕标志商标的初次使用时间和用于商业时间均为1998年11月1日。

第三组：杰杰公司2005年发布的“Kissing Booth Gloss Set”化妆品照片、（2016）京海城内民证字第03484号公证书、（2016）京海城内民证字第03479－03482号公证书等证据。拟证明百姿公司具有抢注杰杰公司在先商标权的恶意。

商标评审委员会质证认为，除对第一组证据中（2016）京海诚内民证字第02295号公证书的内容真实性不予认可，对第一组其他证据的真实性予以认可，但认为不能实现其证明目的。百姿公司质证认为，对第一组证据的真实性、合法性、关联性都不认可；对第二组、第三组证据的证明内容不予认可。本院质证认为，杰杰公司提交的第一组证据的2、6、7、8涉及的《VOGUE》《COSMO GIRL》《ALLURE》和《ELLE》杂志均形成于国外，未依法办理公证认证手续，本院不予采信。杰杰公司提交的其他证据是对原审证据的补强证据，因当事人对真实性无异议或者虽有异议但未提交相反证据，故本院予以采信，并将结合争议焦点予以评述。

本院再审认为，本案的争议焦点问题是：（一）杰杰公司提交的证据是否属于行政诉讼法规定的新证据；（二）杰杰公司新提交的证据能否作为定案的依据；（三）被异议商标是否侵害了杰杰公司的在先著作权；（四）百姿公司是否构成以不正当手段抢先注册他人在先使用并有一定影响的商标；（五）非常面孔化妆品有限责任公司应否参加本案诉讼。

（一）杰杰公司提交的证据是否属于行政诉讼法规定的新证据

《最高人民法院关于行政诉讼证据若干问题的规定》第五十二条规定，本规定第五十条和第五十一条中的“新的证据”是指以下证据：(1）在一审程序中应当准予延期提供而未获准许的证据；(2）当事人在一审程序中依法申请调取而未获准许或者未取得，人民法院在第二审程序中调取的证据；(3）原告或者第三人提供的在举证期限届满后发现的证据。对于当事人在再审期间新提交的证据如何处理，行政诉讼法没有相关具体规定，但是参照《中华人民共和国民事诉讼法》的有关规定，除属于当事人因故意或者重大过失逾期提供的证据，人民法院不予采纳外，对于与案件基本事实有关的重要证据，人民法院都应当采纳，以免认定的基本事实发生偏差。

本案中，羡慕标志作品公开发表及使用行为不仅发生在国外，而且距今时日较长，当事人客观上收集证据的难度较大，且本案没有证据证明杰杰公司存在故意延迟举证的情形。相反，杰杰公司为了证明其主张，在评审、原审及再审阶段，不断提交相关证据予以补充。因此，本院对于杰杰公司二审之后新提交的证据予以采纳。

（二）杰杰公司新提交的证据能否作为定案的依据

杰杰公司新提交的证据中，（2016）京海诚内民证字第02295号公证书系在国内通过特定方式查询杰杰公司网站以往页面而形成。虽然商标评审委员会及百姿公司对该网站内容的真实性持有异议，但未提交相反证据支持其主张，故对相关异议本院不予采信。美国《橘子郡商业报》属于公开发行的报纸，在杰杰公司已经提交中国国家图书馆对应馆藏文献复印件的情况下，其作为证据的真实性、合法性及与本案的关联性亦与相关法律规定不悖；杰杰公司2005年部分产品实物及照片所注明的制造地为中国，在没有相反证据的情况下，应当认定这些产品作为证据形成于国内。更正后的杰罗德·布兰丁的作品声明，结合美国《橘子郡商业报》对杰罗德·布兰丁的采访报道内容，可以确认其内容的真实性。

（三）被异议商标是否侵害了杰杰公司的在先著作权

《最高人民法院关于审理商标授权确权行政案件若干问题的规定》第十九条第一款、第二款规定，当事人主张诉争商标损害其在先著作权的，人民法院应当依照著作权法等相关规定，对所主张的客体是否构成作品、当事人是否为著作权人或者其他有权主张著作权的利害关系人以及诉争商标是否构成对著作权的侵害等进行审查。商标标志构成受著作权法保护的作品的，当事人提供的涉及商标标志的设计底稿、原件、取得权利的合同、诉争商标申请日之前的著作权登记证书等，均可以作为证明著作权归属的初步证据。

著作权法第十条第二项规定，署名权，即表明作者身份，在作品上署名的权利。第十一条第四款规定，如无相反证明，在作品上署名的公民、法人或者其他组织为作者。上述规定表明，现行法律对于作品作者身份的认定，采用推定方式。一般来讲，在作品上署名的人即为作者。除法人作品或委托作品等特殊情形外，作者在作品完成之时即为著作权人，其有权将其依法享有的权利转让或者许可他人使用。在一些特殊情形下，作者行使署名权的方式并非在作品上直接署名，而可以采用其他适当方式表明其作者身份。他人对于其作者身份提出异议的，应当依法提供相反的证据。没有相反证据而仅持有异议的，对其异议依法不应采信。

本案中，各方当事人对于羡慕标志作品具有独创性不持异议，百姿公司认为杰杰公司提交的在先著作权证据不能证明系在被异议商标申请日以前，故下文将重点围绕上述问题予以评述。

虽然杰杰公司在一审期间提交的作品登记证书、登记证明、作品存档证明、著作权转让证明等证据均形成于2014年，但杰杰公司向本院提交了第一组证据，登记号为VA 851－298的《美国著作权登记证书》，证明杰罗德·布兰丁于1997

年将羡慕标志作品的前身 ENVY 作品向美国版权局进行登记。(2016)京海诚内民证字第 02295 号公证书中载明的杰杰公司网站(toofaced. com)相关内容表明，该公司至迟于 2001 年已使用涉案羡慕标志作品。2004 年 12 月 6 日美国《橘子郡商业报》中关于杰罗德·布兰丁的采访报道，不仅提及杰罗德·布兰丁对羡慕标志作品的创作过程，包括设计了一个夸张的曲线型女性轮廓剪影，而且该报还刊登了带有羡慕标志作品的 TOO FACED 品牌化妆品照片。杰杰公司 2005 年推出的部分产品实物表明，其多款化妆品包装盒上使用了羡慕标志作品。杰杰公司除在该公司网站及有关产品包装上就著作权保留作出声明之外，还专门指明相关作品系杰罗德·布兰丁为杰杰公司独家创作。尽管前述著作权保留声明是笼统针对网页或产品包装，但羡慕标志作品作为其中的重要内容，应当包括在前述声明的内容之中。第 3020605 号美国商标注册证亦可明确表明，含有羡慕标志的涉案商标图形至迟于 2005 年 11 月前已形成。

杰杰公司在本院再审期间提交的第二组证据，更正后的第 3020605 号美国商标注册证及更正后的杰罗德·布兰丁的作品声明。上述两份证据，与更正前向原审法院提交的证据相比，将羡慕标志商标的初次使用时间和用于商业使用的时间明确为 1998 年，而更正前的羡慕标志商标的初次使用时间和用于商业使用的时间分别为 1995 年及 1996 年。对上述两份补充证据，杰杰公司主张系基于诚信原则，对于作品创作时间及商标的初次使用时间经过反复核实后，请作者予以确认及向美国专利商标局申请予以更正。百姿公司质证认为该两份证据不能作为原审证据的补充，时间节点作为在先著作权的重要参考依据，不可随意更改及补正，更正后反而进一步证明羡慕标志作品及商标的时间的不稳定性。对上述两份证据，本院认为，无论是羡慕标志商标的初次使用时间，还是用于商业使用的时间，均是基于商标权人的自身陈述。虽然存在因更正而导致相关时间节点不确定的情形，但在无相反证据推翻及不侵害他人合法权益的情形下，上述两份证据相关时间节点的变更并不会影响对本案被异议商标申请日前在先著作权的认定。

综上，在没有相反证据的情况下，前述证据与杰杰公司在原审期间提交的登记号为 VA1 -902 -220《美国著作权登记证明》、登记证明、作品存档证明、著作权转让证明相结合，能够证明杰罗德·布兰丁为羡慕标志作品的作者，亦可以证明其在创作完成羡慕标志作品后将其依法享有的相关著作权让与杰杰公司进行商业使用的事实，发生在被异议商标 2006 年 2 月 20 日申请注册之前。因此，杰杰公司关于被异议商标的申请注册损害其在先著作权的主张，具有事实和法律依据，本院予以支持。二审法院关于杰杰公司在被异议商标申请日前对羡慕标志作品不享有在先著作权的认定有误，本院予以纠正。

（四）百姿公司是否构成以不正当手段抢先注册他人在先使用并有一定影响的商标

虽然杰杰公司所提交的关于在先著作权的证据，可以在一定程度上证明其将“羡慕标志”和“TOO FACED”作为商标在先使用的事实。但其提交的证据不足以证明上述商标在被异议商标申请日以前，已经在中国具有一定影响。在此情况下，杰杰公司有关百姿公司具有抢注杰杰公司在先商标恶意的主张，本院不再审查。杰杰公司向本院提交的关于证明百姿公司具有抢注杰杰公司在先商标恶意的第三组证据，本院亦不再予以认证。因此，杰杰公司关于百姿公司系以不正当手段抢先注册他人在先使用并有一定影响的商标的主张，本院不予支持。二审法院的相关认定正确，本院予以维持。

（五）非常面孔化妆品有限责任公司应否参加本案诉讼

本案系杰杰公司基于其在被异议商标申请日以前享有在先著作权，主张被异议商标损害其在先权利而不应核准注册。因此，本案的实体争议发生在杰杰公司与百姿公司之间。虽然在商标评审委员会审理本案期间，杰杰公司又将其在本案中所主张的羡慕标志作品的著作权等知识产权让与非常面孔化妆品有限责任公司，但本案所涉及的纠纷均系非常面孔化妆品有限责任公司受让相关权利之前形成，其受让相关权利的事实对本案的审理无直接影响。二审法院对于杰杰公司申请追加非常面孔化妆品有限责任公司的申请未予支持，不违反法律规定。杰杰公司的相关主张没有事实和法律依据，本院不予支持。

综上，二审判决关于被异议商标的申请注册未损害杰杰公司在先著作权的认定有误，本院予以纠正。杰杰公司相关再审申请理由成立，本院予以支持。依照2001年修正的《中华人民共和国商标法》第三十一条、《中华人民共和国行政诉讼法》第八十九条第一款第二项、《最高人民法院关于执行〈中华人民共和国行政诉讼法〉若干问题的解释》第七十六条第一款、第七十八条之规定，判决如下：

一、撤销北京市高级人民法院（2015）高行（知）终字第3565号行政判决；

二、撤销北京市第一中级人民法院（2014）一中知行初字第1430号行政判决；

三、撤销国家工商行政管理总局商标评审委员会商评字（2013）第19020号《关于第5165219号“TOOFACED及图”商标异议复审裁定书》；

四、国家工商行政管理总局商标评审委员会对杰杰有限公司针对第5165219号“TOOFACED及图”商标提出的异议复审请求重新作出复审裁定。

本案一审案件受理费100元、二审案件受理费100元，共计200元，由国家工商行政管理总局商标评审委员会负担。

本判决为终审判决。

审　判　长　夏君丽
审　判　员　郎贵梅
代理审判员　傅　蕾
二〇一七年十二月二十一日
书　记　员　石华亚

46. 损害他人在先著作权的认定标准

——再审申请人帝斯曼知识产权资产有限公司与被申请人国家工商行政管理总局商标评审委员会、第三人楼跃斌、楼跃群、楼照法、赖俊哲商标异议复审行政纠纷案

【裁判要旨】

判断申请商标注册是否损害他人的在先著作权，应当依照著作权法的相关规定，对所主张的客体是否构成作品、在先权利人是否为著作权人或者利害关系人、诉争商标是否构成对在先著作权的侵害等进行审查判断。

【关键词】

商标　异议程序　在先著作权　利害关系人

【案号】

最高人民法院（2017）最高法行再76号

【基本案情】

在再审申请人帝斯曼知识产权资产有限公司（以下简称帝斯曼公司）与被申请人国家工商行政管理总局商标评审委员会（以下简称商标评审委员会）、第三

人楼跃斌、楼跃群、楼照法、赖俊哲商标异议复审行政纠纷案中，第4115813号文字“Dyneema”和图形组成的组合商标（即被异议商标），于2004年6月14日申请注册，指定使用在第28类“游戏机、钓具”等商品上，商标权人为第三人楼跃斌、楼跃群、楼照法、赖俊哲。帝斯曼公司以被异议商标侵害其享有权益作品的在先著作权等理由向商标评审委员会提出异议复审申请。商标评审委员会作出第16436号裁定，对被异议商标予以核准注册。帝斯曼公司不服，提起行政诉讼。北京市第一中级人民法院认定被异议商标未违反2001年修正的商标法第三十一条等规定，对被异议商标的注册予以维持。帝斯曼公司不服，提起上诉。北京市高级人民法院二审判决驳回上诉、维持原判。帝斯曼公司不服，向最高人民法院申请再审。最高人民法院裁定提审，并于2018年9月29日判决撤销一审、二审判决和第16436号裁定，商标评审委员会重新作出复审裁定。

【裁判意见】

最高人民法院再审认为：著作权作为一项法定权利，属于商标法第三十一条规定的在先权利的一种。判断申请商标注册是否损害他人在先的著作权，应当遵循著作权法关于侵害著作权判断的原则，即应当从在先作品、权利归属及权利状态、第三人与作品间关系、侵权构成等几个方面予以判断。首先，关于帝斯曼公司主张的是否属于著作权法上的作品。帝斯曼公司主张的作品由“Dyneema”文字与曲线图形组合而成，其中曲线图形系对纤维线的图形表达，其与原创的“Dyneema”文字共同构成的图形与文字组合，具有独创性，构成著作权法上的美术作品。其次，关于帝斯曼公司是否有权主张他人侵害作品的著作权。我国著作权法规定，在作品上署名的人为作者，有相反证据的除外。帝斯曼公司提供的证人证言与荷兰商会林堡省工商会出具的登记簿及证明、帝斯曼集团与日本东洋纺TOYOBO管理层会晤照片、日本东洋纺的声明及商标许可使用合同、帝斯曼集团的宣传刊物、美国版权局“Innovation of a Superfiber”手册等证据，能够相互佐证，可以证明该作品至少于1986年被帝斯曼集团公开使用的事实，在公开使用文献中标注了Ten International B. V. 以及帝斯曼集团，帝斯曼公司关于Ten International B. V. 为作品作者的主张，没有相反证据推翻，且可以与其他证据印证，予以采信。关于作品的权利归属，依据我国著作权法及司法解释的规定，委托创作的作品著作权归属由合同约定，未约定的权利归受托人，委托人在合同约定的范围内具有使用权。本案并无证据证明委托人与受托人就著作权事项进行了明确的约定，著作权应当归属于受托人。鉴于受托人为法人，依据我国著作权法规定，该作品的权利保护期为作品发表之日起五十年，本案在先作品尚处于著作权有效期内，应当受到著作权法的保护。如前所述，依据现有证据，尚不能认定帝斯曼公司是作品的著作权人，但帝斯曼公司至少享有以商标方式使用该作品的权利。至于该权利是否属于专有权利，按照商标委托创作合同的目的，创作标的属于商业标识，一般情况下委托人具有排除包括受托人在内的使用商标的权利。因此，在没有相反约定的情况下，可以认定委托人帝斯曼集团享有以商标方式使用的专有权利。该专有权利自著作权产生之起即由委托人享有，该项权利不受受托人终止解散事项的影响。帝斯曼公司作为帝斯曼集团知识产权的管理人，其有权以利害关系人的身份依据商标法第三十一条的规定主张被异议商标损害在先著作权。最后，关于被异议商标是否使用了在先作品。本案事实显示，被异议商标与在先创作并发表的作品完全相同，第三人未给出合理解释，被异议商标属于未经许可擅自复制他人作品的情形。综上，被异议商标在全部指定商品上的注册属于商标法第三十一条规定的损害他人在先权利的情形。

中华人民共和国最高人民法院行政判决书

（2017）最高法行再76号

再审申请人（一审原告、二审上诉人）：帝斯曼知识产权资产有限公司。住所地：荷兰王国特海尔伦市海特欧弗龙1号。

法定代表人：彼得罗妮拉·克里斯蒂娜·玛利亚·赫库尔施奈德，该公司经理。

委托诉讼代理人：江理华，中国国际贸易促进委员会专利商标事务所商标代理人。

委托诉讼代理人：胡刚，中国国际贸易促进委员会专利商标事务所商标代理人。

被申请人（一审被告、二审被上诉人）：国家工商行政管理总局商标评审委员会。住所地：中华人民共和国北京市西城区茶马南街1号。

法定代表人：赵刚，该委员会主任。

第三人：楼跃斌。

第三人：楼跃群。

第三人：楼照法。

第三人：赖俊哲。

再审申请人帝斯曼知识产权资产有限公司（简称帝斯曼公司）因与被申请人国家工商行政管理总局商标评审委员会（简称商标评审委员会）、第三人楼跃斌、楼跃群、楼照法、赖俊哲商标异议复审行政纠纷一案，不服北京市高级人民法院（2014）高行（知）终字第912号行政判决，向本院申请再审。本院于2015年11月27日作出（2015）知行字第263号民事裁定，提审本案。本院依法组成合议庭，公开开庭进行了审理。现已审理终结。

北京市第一中级人民法院一审查明，被异议商标系文字“Dyneema”和图形组成的组合商标，于2004年6月14日向国家工商行政总局商标局（简称商标局）申请注册，指定使用在国际分类第28类的“游戏机、钓具”等商品上，商标注册号为4115813号，专用权期限至2018年1月13日止。目前商标权人为第三人楼跃斌、楼跃群、楼照法、赖俊哲。

Dyneema

被异议商标

帝斯曼公司在适用《中华人民共和国商标法》（2001年修订）（简称《商标法》）第十三条第二款和第二十八条时主张的商标系国际注册第666717号“DYNEEMA”文字商标（简称引证商标），核定使用在国际注册第17类“半加工塑料纤维及线”、第22类“纺织用纤维”、第23类“纺织用线和细线”、第24类“不属别类的工业用布料及纺织品”等商品上，专用期限自2006年11月28日至2016年11月28日，权利人为帝斯曼公司。

DYNEEMA

引证商标

原告主张适用《商标法》第三十一条规定的在先使用的商标为“Dyneema”和图形的组合商标（简称在先商标）。

Dyneema

在先商标

原告主张其享有著作权的图形系文字“Dyneema”和图形的组合（简称在先图形）。

Dyneema

在先图形

2010年12月17日，帝斯曼公司针对被异议商标向商标评审委员会提出了异议复审申请，并提交了帝斯曼中国公司网站及其他中国知名网站相关帝斯曼公司及其产品在中国知名度和影响力的信息摘页等21份证据。2011年3月21日，帝斯曼公司提交“中国知网”收录的1994—2000年有关“DYNEEMA”纤维钓鱼线的报道等8份证据；2011年12月19日提交商标许可使用合同复印件，并于2012年3月22日提交商标许可使用合同公证认证件等2份证据。

2012年4月23日商标评审委员会作出第16436号裁定，裁定对被异议商标予以核准注册。

帝斯曼公司不服第16436号裁定，在法定期限内向该院提起行政诉讼，并提交其中国公司网站及其他中国知名网站相关公司及其产品在中国知名度和影响力的信息摘页等30份证据，该30份证据均已经在异议复审程序中提交。在举证期限内，帝斯曼公司提交2份证据作为证据材料，其中证据一是“中国知网”收录的1994—2000年关于“DYNEEMA”纤维制成的钓鱼线相关的媒体报道，证据二包含60份附件，上述两份均未在异议复审阶段向商标评审委员会提交。

商标评审委员会收到应诉通知后，在法定答辩期内提交了答辩状和以下证据材料：1. 被异议商标电子档案打印件；2. 原告在异议复审程序中提交的理由书及证据复印件；3. 第三人在异议复审程序中提交的理由书及证据复印件。

第三人在诉讼程序中未提交证据材料。

庭审过程中，帝斯曼公司明确以下事项：1. 放弃对第16436号裁定中涉及的《商标法》第九条、《商标法》第十条第一款第八项、被异议商标侵害了原告商号权的主张。2. 主张享有在先著作权的证据包括异议复审阶段提交的证据10即其在《高科技纤维与应用》（2001年第一期）刊登的关于“DYNEEMA”品牌的宣传广告、第一次补充证据2即《高科技纤维与应用》关于“DYNEEMA”品牌的宣传广告、第二次补充证据1即《商标许可使用合同》公证认证件，诉讼阶段提交的证据二。3. 主张引证商标在“半加工塑料纤维及线、纺织用纤维”商品上构成驰名商标。

开庭审理后，帝斯曼公司向该院提交代理材料，明确表示适用《商标法》第十三条第二款时驰名商标的证据包括原告在异议复审阶段提交的证据一、证据二、证据四、证据六—证据十三、证据十五，补充证据一、补充证据二、补充证据三、补充证据七和补充证据八，诉讼阶段提交的补充证据一；适用《商标法》第三十一条时证明在先商标具有较高知名度的证据包括原告在评审程序中提交的证据一、十二、十五，补充证据一、补充证据二、补充证据三、补充证据七、补充证据八，诉讼阶段提交的补充证据一。

以上事实，有被异议商标档案、第 16436 号裁定、各方当事人在评审程序和诉讼程序中提交的证据及当事人陈述、庭后提交的证据清单等证据在案佐证。

北京市第一中级人民法院认为：

（一）关于被异议商标的注册是否违反《商标法》第十三条第二款的问题。

帝斯曼公司明确表示适用《商标法》第十三条第二款，有关驰名商标的证据包括其在异议复审阶段提交的证据一、证据二、证据四、证据六—证据十三、证据十五，补充证据一、补充证据二、补充证据三、补充证据七和补充证据八，诉讼阶段提交的补充证据一。证据一是关联公司网站及其他网页信息，这些证据可以显示帝斯曼公司及关联公司的情况，不能反映引证商标的知名度；证据二是国际注册第 666717 号“DYNEEMA”文字商标（简称引证商标）在世界各国注册情况列表及相关证明，这些证据无法证明引证商标在中国境内的知名度；证据四是中文网站对在华企业介绍的详细信息，未反映引证商标，不能证明引证商标的知名度；证据六、证据七、证据八、证据九是关联公司与中国公司间的买卖合同及支付、提货单据、包装清单、发票、报关单等证据，交易方包括中国技术进出口公司、中信集团技术有限公司、河南永威消防设备有限公司等，证据中显示了 Dyneema 标识，可以作为引证商标具有一定知名度的证据；证据十是广告，显示引证商标，证据十一为宣传画册，但没有证据显示画册的发放情况，不足以证明引证商标的影响力情况；证据十二系杂志刊登的产品发展情况介绍，反映了相关产品在国外的发展情况，不能证明在中国境内的知名度；证据十三是参加中国博览会情况，可以作为引证商标在警用设备商品上的知名度证据；证据十五是在中国的商标注册情况，无法证明引证商标的知名度；异议复审阶段提交的补充证据一是“中国知网”收录的 1994—2000 年有关“Dyneema”纤维制成的钓鱼线的相关报道，大部分是载于《高科技纤维与应用》《化工新型材料》等专业性较强的刊物，可以作为引证商标具有一定的知名度的证据；补充证据二是《高科技纤维与应用》中有关申请人的“Dyneema”品牌的宣传和介绍，可以作为引证商标在行业内具有一定知名度的证据；补充证据三是关联企业与生产钓鱼线产品的“贝克力”公司签订的产品供应和开发协议公证认证件及中文译文，不能证明引证商标在中国境内的知名度；补充证据七是关联企业网站钓鱼专栏介绍打印页，不能证明引证商标在相关公众中的知名度；补充证据八是进行打假活动时拍摄的图片打印件，仅仅是现场及产品图片，无法证明打假的事实，不足以证明引证商标在中国受保护的事实。

上述在异议复审阶段提交的证据可以证明引证商标在一定行业内具有一定的知名度，但不足以证明引证商标在被异议商标申请日之前在中国境内达到驰名商标的程度，商标评审委员会关于《商标法》第十三条第二款的适用正确，依法予以支持。

（二）关于被异议商标的注册是否违反《商标法》第二十八条的问题。

被异议商标指定使用的商品系国际分类第28类的“游戏机、钓具”等商品，引证商标核定使用的商品类别不包括国际分类第28类，且核定使用的商品在功能、用途、生产部门、销售渠道、消费对象等方面与被异议商标指定使用的商品差异较大，不能认定为类似商品。故被异议商标和引证商标未构成在同一种或者类似商品上相同或者近似的商标，第16436号裁定关于《商标法》第二十八条的认定结论正确。

（三）被异议商标的注册是否侵犯原告的在先著作权从而违反《商标法》第三十一条关于“申请商标注册不得损害他人现有的在先权利”的规定。

帝斯曼公司主张被异议商标的整体设计和其在先使用的图形构成实质性相似，侵犯其在先著作权，并明确其享有在先著作权的证据包括异议复审阶段提交的证据10即在《高科技纤维与应用》（2001年第一期）刊登的关于“DYNEEMA”品牌的宣传广告、第一次补充证据2即《高科技纤维与应用》关于“DYNEEMA”品牌的宣传广告、第二次补充证据1即《商标许可使用合同》公证认证件，诉讼阶段提交的证据二。上述证据显示对在先图形的商业使用，其中大部分是作为商标标识使用，不足以证明其对该图形享有著作权，故帝斯曼公司主张被异议商标侵害其在先著作权理由不成立，第16436号裁定对此认定正确。

（四）被异议商标的注册是否违反《商标法》第三十一条关于“不得以不正当手段抢先注册他人已经使用并有一定影响的商标”的规定。

帝斯曼公司主张在先商标在“钓具、渔具”上具有较高的知名度，明确表示在先商标的证据包括在异议复审阶段提交的证据一、证据十二、证据十五、补充证据一、补充证据二、补充证据三、补充证据七、补充证据八、诉讼阶段提交的补充证据一。上述证据中，大部分证据显示的商标并非在先商标及“Dyneema及图形”商标，故在异议复审阶段提交的证据不足以证明在先商标在“钓具、渔具”上具有一定影响，不足以证明被异议商标的注册属于《商标法》第三十一条规定的以不正当手段抢先注册他人已经使用并有一定影响的商标的情况，第16436号裁定关于此问题的认定正确。

帝斯曼公司在诉讼阶段提交的证据在异议复审程序中未提交且没有正当理由，不是第16436号裁定作出的依据，不能作为评判第16436号裁定是否正确的证据，故不予采信。

北京市第一中级人民法院于2012年12月19日作出（2012）一中知行初字第3579号行政判决，判决维持第16436号裁定。

帝斯曼公司不服一审判决，向北京市高级人民法院提起上诉。其主要上诉理由为：1. 帝斯曼公司的“DYNEEMA”品牌具有较高知名度，应当受《商标法》第十三条第二款的保护；2. 被异议商标与帝斯曼公司的“DYNEEMA”商标构成近似商标；3. 被异议商标使用的文字图形与帝斯曼公司在先享有著作权的“DYNEEMA”及图，标志完全相同，侵害了帝斯曼公司的在先著作权；4. 被异议商标的申请注册属于“以不正当手段抢先注册他人在先使用并具有一定影响的商标”，不应予以核准注册；5. 一审法院未采信帝斯曼公司在诉讼期间补充提交的证据，适用法律错误。综上，被异议商标不应予以核准注册，商标评审委员会、一审法院对此认定错误，应予纠正。

商标评审委员会、楼跃斌、楼跃群、楼照法、赖俊哲均服从一审判决。

北京市高级人民法院二审查明，在一审法院开庭审理后，帝斯曼公司向法院提交代理材料，明确表示适用《商标法》第十三条第二款，有关驰名商标的证据包括在异议复审阶段提交的证据1、证据2、证据4、证据6—证据13、证据15；补充提交的证据1—证据3，补充提交的证据7、8；诉讼阶段提交的补充证据一；适用《商标法》第三十一条时证明在先商标具有较高知名度的证据包括帝斯曼公司在评审程序中提交的证据1、12、15；补充提交的证据1—证据3，补充提交的证据7、8；诉讼阶段提交的补充证据一。

二审诉讼期间，帝斯曼公司补充提交了如下证据，用于证明被异议商标的申请注册损害了其对“Dyneema”及图在先享有的著作权：1. 帝斯曼公司全球商标中心经理证言；2. 荷兰林堡商会出具的有关DSM Dyneema B. V.（前身为DSM High Performance Fibers B. V.）《商业登记簿摘要》；3. 创作涉案作品的广告公司Ten International B. V.《商业登记簿摘要》；4. 国际注册第493053号“DYNEE-

MA”商标注册文件；5. 美国版权局版权登记证明，显示文字作品名称为《Innovation of a Superfiber》。商标评审委员会、楼跃斌、楼跃群、楼照法、赖俊哲对于上述证据不予认可。

二审诉讼期间，帝斯曼公司明确其主张引证商标在第17类“半加工塑料纤维及线”商品上为驰名商标。

其他事实与一审查明的事实一致。

北京市高级人民法院二审认为，《商标法》第二十八条规定：申请注册的商标，凡不符合本法有关规定或者同他人在同一种或者类似商品上已经注册的或者初步审定的商标相同或者近似的，由商标局驳回申请，不予公告。商品类似是指在功能、用途、生产部门、销售渠道、消费对象等方面相同，或者相关公众一般认为其存在特定联系、容易造成混淆的商品。虽然被异议商标的文字部分与引证商标“Dyneema”文字完全相同，但是引证商标核定使用的第17类“半加工塑料纤维及线”与被异议商标指定使用的“游戏机、钓具”等商品在功能、用途、生产部门、销售渠道、消费对象等方面与被异议商标指定使用的商品差异较大，不能认定为类似商品。因此商标评审委员会、原审法院认定被异议商标与引证商标不构成使用在相同或类似商品上的近似商标，结论正确，本院予以维持。帝斯曼公司的该项上诉理由不成立，本院不予支持。

根据《商标法》第十三条第二款、第十四条的规定，就不相同或者不相类似商品申请注册的商标是复制、摹仿或者翻译他人已经在中国注册的驰名商标，误导公众，致使该驰名商标注册人的利益可能受到损害的，不予注册并禁止使用。认定驰名商标应当考虑下列因素：（一）相关公众对该商标的知晓程度；（二）该商标使用的持续时间；（三）该商标的任何宣传工作的持续时间、程度和地理范围；（四）该商标作为驰名商标受保护的记录；（五）该商标驰名的其他因素。根据异议复审期间的证据，只有帝斯曼公司提交的其关联企业与中国技术进出口公司、中信集团技术有限公司、河南永威消防设备有限公司等中国公司之间的贸易往来、“中国知网”收录的1994年—2000年有关“Dyneema”纤维制成的钓鱼线的相关报道、《高科技纤维与应用》中有关“Dyneema”品牌的宣传和介绍，这些证据虽能够证明引证商标在行业内具有一定的知名度，但是不足以证明引证商标在被异议商标申请日之前在中国境内达到驰名商标的程度。因此，商标评审委员会、原审法院关于《商标法》第十三条第二款的适用结论正确，本院予以支持。帝斯曼公司的该项上诉理由，依据不足，本院不予支持。

《商标法》第三十一条规定：申请商标注册不得损害他人现有的在先权利，也不得以不正当手段抢先注册他人已经使用并有一定影响的商标。在先著作权作为一项法定权利，属于《商标法》第三十一条规定的在先权利。帝斯曼公司主张被异议商标的申请注册侵害了其对在先图形所享有的著作权，其应当举证证明其为该在先图形的著作权人或利害关系人。根据帝斯曼公司所提交的有关宣传册、合同等证据，其中大部分是作为商标标识使用，不足以证明在先图形的著作权归属。二审期间，帝斯曼公司又补充提交了相关企业商业信息、商标注册文件，但尚不足以佐证帝斯曼公司全球商标中心经理证言中有关在先图形的创作过程和权利归属的事实。美国版权局版权登记证明内容涉及的是显示文字作品名称为《Innovation of a Superfiber》的作品，并不能直接证明其中在先图形内容的著作权归属。综上，帝斯曼公司提交的在案证据不足以证明其对在先图形享有著作权或为利害关系人，因此商标评审委员会、原审法院的相关认定结论正确，帝斯曼公司主张被异议商标侵害在先著作权，依据不足，本院不予支持。帝斯曼公司还主张被异议商标的申请注册属于以不正当手段抢先注册帝斯曼公司在先在“钓具、渔具”商品上使用并有一定影响的“Dyneema”文字商标和“Dyneema”文字图形组合商标。但是其提交的在案证据多数标明其在纤维线商品上大量使用“Dyneema”商标，不足以证明该商标或“Dyneema”文字图形组合商标已经在“钓具、渔具”商品上经过大量使用在先具有一定的影响。因此，商标评审委员会、原审法院相关认定结论正确，本院予以维持。帝斯曼公司的该项上诉理由，依据不足，本院不予支持。

北京市高级人民法院于2014年3月12日作出（2013）高行终字第912号行政判决，判决：驳回上诉，维持原判。

帝斯曼公司申请再审称：

（一）引证商标在第17类项下的商品“半加工塑料纤维及线”与被异议商标项下的“钓具”商品属于类似商品。有充足证据可以证明引证商标通过在相关市场的大量使用所获得的知名度；引证商标项下的商品尤其是“半加工塑料纤维及线”知名度极高。引证商标项下的产品被广泛用于生产和制造钓线、捕鱼绳索、渔网、拖网、鱼竿等产品，是生产这些商品的重要原材料之一。第三人名下登记的相关企业均为钓具公司，其相关经营范围包括同属“钓具”范围内的钓线产品，“半加工塑料纤维及线”等产品是此类产品得以生产加工的主要原材料之一。综上，Dyneema“半加工塑料纤维及线”产品是用于生产钓鱼线、钓鱼竿产品不可或缺的优质基材，在钓具、渔具业广为人知，并且直接决定了钓鱼线、钓鱼竿产品在市场上的价格，引证商标项下的商品与“钓具”显然存在特定联系或密切关联，属于商标法上的类似商品。

（二）帝斯曼公司为在先作品著作权的利害关系人，被异议商标侵害了在先作品的著作权。1986 年，帝斯曼公司的关联公司 DSM Dyneema 成立伊始就通过广告设计公司 Ten International B. V. 完成对标识的设计。其中 Dyneema 文字部分是 1986 年时业已存在的注册商标、更是当时 DSM Dyneema 公司商号中的显著部分，其背景的“波纹图形”部分则是别具匠心的原创设计，是由“经特殊凝胶纺丝处理后的纱线形态”激发出来的灵感一蹴而就。帝斯曼公司提供的相关证据可以充分证明其关联公司早在被异议商标申请日之前就已完成并公开发表了作品，帝斯曼公司是在先作品著作权的利害关系人。帝斯曼公司在提交了众多证据的情形下，第三人既未对其选用与他人享有在先著作权的图文作品完全相同的标识加以注册做出任何合理解释，亦未提交任何相反证据证明帝斯曼公司及其关联公司与该作品的著作权益无关。因此，帝斯曼公司的该项主张应予支持。

（三）第三人申请注册被异议商标具有恶意，应当在适用《商标法》第二十八条和第三十一条时予以考虑。判定商标申请人是否有恶意，可综合考虑申请人与在先使用人曾有贸易往来或者合作关系；申请人与在先使用人曾发生过其他纠纷；申请人注册后具有以谋取不当利益为目的，利用在先使用人一定影响商标的声誉和影响力进行误导宣传等行为；他人商标具有较强独创性等因素。“DYNEEMA”系无含义词，具有极强的显著性；相关证据显示，赖俊哲从事纤维行业，对引证商标应当了解；楼跃群曾经购买过“DYNEEMA”纤维，而且楼跃群等人成立的时代钓具公司曾因在展销会上销售假冒“DYNEEMA”产品而被警告，楼跃群等人注册被异议商标时对引证商标是明知而抢注。现楼跃群等人已经销售标注有被异议商标的钓鱼线产品，并在包装上印有“100% super Dyneema”等明显误导消费者的文字，明显具有假冒引证商标的故意，且极易造成消费者混淆，已经给引证商标权利人和消费者带来损害，其商标注册应当被撤销。

商标评审委员会未提供答辩意见。

楼跃斌、楼跃群、楼照法、赖俊哲提供书面答辩意见称，被异议商标与引证商标指定使用的商品不同，不构成近似。在被异议商标申请注册前，引证商标在中国境内未达到驰名的程度。帝斯曼公司对涉案图形不享有著作权。第三人申请注册被异议商标没有恶意。

本院再审查明，一审、二审判决查明的事实清楚，本院予以确认。

另查：荷兰林堡省工商会证明帝斯曼迪尼玛有限公司 DSM Dyneema B. V. 的唯一股东为帝斯曼荷兰有限公司 DSM Nederland B. V. 。DSM Nederland B. V. 的唯一股东为皇家帝斯曼集团（Koninklijke DSM N. V. ），帝斯曼公司于 2003 年 5 月 8 日成立，旨在为其唯一股东帝斯曼集团办理一切知识产权事宜。

（一）关于引证商标与被异议商标核定使用商品间关系的事实

帝斯曼公司提供了 1993 年至 2010 年间的《渔具城》《纺织导报》《特种合成纤维应用简报》《现代渔业信息》《纺织信息周刊》《高科技纤维与应用》《特种合成纤维与复合材料简报》《产业用纺织品》等期刊文章，1986 年至 1995 年的品牌宣传刊物，帝斯曼公司关联公司 1995 年与美国贝克力公司签订的协议，日本 YGK 公司 1997 年、2002 年、2003 年的产品目录，2004 年的广告单，证明了“DYNEEMA”纤维被运用于制作渔网、拖网和渔线等渔业产品上，是知名的高品质原材料，帝斯曼公司的合作公司生产以“DYNEEMA”为原料的钓鱼线。同时，帝斯曼公司也提供了假冒产品的图片及实物等，证明 DYNEMEE 纤维在钓鱼线等钓具产品被假冒使用的情况。假冒产品包装上注有 worlds strongest super Dyneema braidee line，100% super Dyneema，made with high tenacity super strength Dyneema fibers from Holland，material from Holland 等文字。

（二）关于引证商标知名度的事实

帝斯曼公司提供了网站摘页、在华营业执照、中文网站、在华专卖合同、包装清单、发票、报关单、期刊文章等证据，以及前述期刊文章、品牌刊物、合作协议、产品目录、假冒产品等证据，综合证明帝斯曼公司所属的帝斯曼集团，在化学领域内拥有较高的知名度，其生产的特种纤维即“DYNEEMA”在同行业具有高知名度，该产品在中国进行销售并在公众中具有普遍认知度。

（三）与著作权有关的事实

1. 关于作品的创作过程。帝斯曼公司提供了帝斯曼集团全球商标中心经理 P. C. M. Herkul – Schneiders 出具的作品说明，该说明称：Dyneema 作品在 DSM Dyneema B. V. （前称 DSM high Performance Fibers B. V. ，以下简称 DSM）的委托下，由 Ten International B. V. 广告公司于 1986 年创作完成。作品描绘了当时已经存在的 Dyneema 商标标识与线条的结合，刻画出了经特殊凝胶纺丝处理后的纱线形态，以直线线条形态取代了混杂线条形态，反映了纤维的凝结样式。

帝斯曼公司还提供了 1986 年帝斯曼集团与日本东洋纺 TOYOBO 管理层之间就在先图形会晤的照片，照片显示在会议室桌面上摆放了六份带有在先图形的图样板，会晤人员在进行讨论。东洋纺公司进一步证明了其与帝斯曼集团 1984 年共同研发了高强度聚乙烯纤维，其中东洋纺负责纺纱技术，帝斯曼集团负责聚合技术。知晓帝斯曼集团附属公司 DSM Dyemma B. V. 通过雇佣创作了，并将其用于采用特殊凝胶纺丝技术的纤维产品中。1986 年，根据东洋纺与帝斯曼集团就上述凝胶纺丝技术所进行的已有合作，帝斯曼集团与东洋纺以涉及纤维产品的进一步合作和许可为重点，召开了一次会议。1990 年 12 月 20 日双方进一步达成商标许可使用合同，涉及的纤维产品。

帝斯曼公司提供的 THOMAS 的证言以及 1987 年至 1989 年帝斯曼集团全球发行的出版物“Dyneema SK60”，其中均载有，并注有 A Subsidiary of DSM and Toyobo 字样，以及于荷兰印刷 TEN Inc 1987/1988 字样，此处的 TEN Inc 为 Ten International B. V. 的简写，用以指明该图形的设计者。

国际注册显示，引证商标自 1984 年起注册，目前权利人为帝斯曼公司，前注册人为 DSM high Performance Fibers B. V. 。荷兰马斯特里赫特林堡商会出具证明，证明 DSM high Performance Fibers B. V. 名称变更为 DSM Dyneema B. V. 。该公司的唯一股东为 DSM Nederland B. V. 。Ten International B. V. 已经解散。美国版权局登记证书显示，《Innovation of a Superfiber》一书于 1986 年在荷兰出版，著作权人为 DSM high Performance Fibers B. V. ，该书联系页中有图形。

2. 关于在先图形使用的情况。1994 年 DSM high Performance Fibers 与瑞士 Tissu Rothrist wollweberei 的协议信函上注有图形。1995 年 DSM high Performance Fibers 与美国 Berkley Inc 签订协议，协议附件中有具体的不同规格图形的使用要求。2003 年 DSM high Performance Fibers 与中国技术进出口公司合同的订单确认函上注有。

2001 年第 1 期、2003 年第 2 期、第 6 期高科技纤维与应用杂志关于帝斯曼集团的介绍及广告中注有 Dyneema。

（四）与第三人主观恶意有关的情况

第三人出资成立的钓具公司工商信息、警告函的回复、传真信函、域名争议裁决、第三人公司购买 DYNEMEE 钓鱼线的证据等证据，显示第三人从事渔具钓具行业，知晓引证商标及在先图形，并曾经因假冒引证商标的行为受到警告。第三人投资的公司产品包装在显著位置注有被异议商标，并配有“正宗品牌”“商标持有人特许授权时代钓具使用”“PE 编织钓鱼线第一品牌”等文字，在文字中强调“此编织超级线由 100% 世界上最坚固的防弹衣纤维制成，是世界上最细、最坚固以及最敏感的钓鱼线之一”。

本院再审认为，本案的焦点是：被异议商标与引证商标指定的商品是否属于类似商品；被异议商标是否属于侵犯他人在先著作权的情形；被异议商标是否属于以不正当手段抢先注册他人已经使用并有一定影响的商标。

（一）关于被异议商标与引证商标指定的商品是否属于类似商品

《商标法》第二十八条规定：申请注册的商标，凡不符合本法有关规定或者同他人在同一种或者类似商品上已经注册的或者初步审定的商标相同或者近似的，由商标局驳回申请，不予公告。商品类似是指在功能、用途、生产部门、销售渠道、消费对象等方面相同，或者相关公众一般认为其存在特定联系、容易造成混淆的商品。判断商品是否类似，可以参考商标注册申请商品分类表，同时，更应当考虑在实际商业交易过程中，商品所属市场之间的关系，当功能、用途、生产部门、销售渠道、消费对象等方面存在市场重合时，应当认定为类似商品。另外，在涉及原材料与制成品关系时，当原材料直接影响制成品品质特别是价格，并且原材料的品质、价格、认知度足以影响到制成品制造、销售者的选择以及公众对制成品的选择和认知时，原材料产品与制成品属于在市场上存在竞争关系、在消费者选择时具有紧密关联的产品，属于商标法意义上的类似商品。本案中，引证商标核定使用于第 17 类“半加工塑料纤维及线”，与被异议商标核定使用的“游戏机、钓具”产品类别看似存在差异，但是帝斯曼公司提供的证据显示，引证商标实际使用的纤维产品，广泛使用于特种材料包括防弹产品、渔具产品的制作，是渔网、拖网和渔线等渔业产品知名的高品质原材料，在渔具行业、材料行业或钓鱼爱好者中具有较高的知名度，与被异议商标指定使用的“钓具”商品在性能、用途、销售渠道、消费对象等方面具有高度重合性。同时，相关证据及生活常识亦显示，作为渔业产品的原材料，纤维产品的性能决定了渔具、钓具产品的性能，通过介绍纤维材料的来源特点或者在相应产品上标注原材料来源，宣传介绍渔具等产品，是渔具产品的通常做法，二者属于存在特定联系，容易导致公众对来源产生混淆或者认为存在特定联系的商品。综上，被异议商标核定使用的“钓具”与引证商标核定使用的“半加工塑料纤维及线”属于商标法第二十八条规定的类似商品。在“钓具”商品上使用与引证商标相同的被异议商标，容易导致相关公众对商品来源及其关联性产生误认或联想。帝斯曼公司关于诉争商标在“钓具”产品上的注册违反了商标法第二十八条规定的主张，本院予以支持。

（二）关于被异议商标是否属于侵犯他人作品在先著作权的情形

《商标法》第三十一条规定：申请商标注册不得损害他人现有的在先权利，也不得以不正当手段抢先注册他人已经使用并有一定影响的商标。在先著作权作为一项法定权利，属于《商标法》第三十一条规定的在先权利。判断申请商标注册是否损害他人在先的著作权，应当遵循著作权法关于侵害著作权判断的原则，即应当从在先作品、权利归属及权利状态、第三人与作品间关系、侵权构成等几个方面予以判断。

首先，关于帝斯曼公司主张的是否属于著作权法上的作品。帝斯曼公司主张的作品由“Dyneema”文字与曲线图形组合而成，其中曲线图形系对纤维线的图形表达，其与原创的“Dyneema”文字共同构成的图形与文字组合，具有独创性，构成著作权法上的美术作品。

其次，关于帝斯曼公司是否有权主张他人侵害作品的著作权。我国著作权法规定，在作品上署名的人为作者，有相反证据的除外。帝斯曼公司提供的证人证言与荷兰商会林堡省工商会出具的登记簿及证明、帝斯曼集团与日本东洋纺TOYOBO管理层会晤照片、日本东洋纺的声明及商标许可使用合同、帝斯曼集团的宣传刊物、美国版权局“Innovation of a Superfiber”手册等证据，能够相互佐证，可以证明该作品至少于1986年被帝斯曼集团公开使用的事实，在公开使用文献中标注了Ten International B. V. 以及帝斯曼集团，帝斯曼公司关于Ten International B. V. 为作品作者的主张，没有相反证据推翻，且可以与其他证据印证，本院予以采信。关于作品的权利归属，依据我国著作权法及司法解释的规定，委托创作的作品著作权归属由合同约定，未约定的权利归受托人，委托人在合同约定的范围内具有使用权。本案并无证据证明委托人与受托人就著作权事项进行了明确的约定，著作权应当归属于受托人。鉴于受托人为法人，依据我国著作权法规定，该作品的权利的保护期为作品发表之日起五十年，本案在先作品尚处于著作权有效期内，应当受到著作权法的保护。

如前所述，依据现有证据，尚不能认定帝斯曼公司是作品的著作权人，但帝斯曼公司至少享有以商标方式使用该作品的权利。至于该权利是否属于专有权利，按照商标委托创作合同的目的，创作标的属于商业标识，一般情况下委托人具有排除包括受托人在内的使用商标的权利。因此，在没有相反约定的情况下，可以认定委托人帝斯曼集团享有以商标方式使用的专有权利。该专有权利自著作权产生之起即由委托人享有，该项权利不受受托人终止解散事项的影响。帝斯曼公司作为帝斯曼集团知识产权的管理人，其有权以利害关系人的身份依据商标法第三十一条的规定主张被异议商标损害在先著作权。

最后，关于被异议商标是否使用了在先作品。本案事实显示，被异议商标与在先创作并发表的作品完全相同，第三人未给出合理解释，被异议商标属于未经许可擅自复制他人作品的情形。

综上，被异议商标在全部指定商品上的注册属于商标法第三十一条规定的损害他人在先权利的情形。帝斯曼公司关于被异议商标违反了商标法第三十一条关于损害在先权利的主张，本院予以支持。

（三）关于楼跃群是否属于以不正当手段抢先注册他人具有一定影响的商标。

《商标法》第三十一条规定：申请商标注册不得损害他人现有的在先权利，也不得以不正当手段抢先注册他人已经使用并有一定影响的商标。鉴于帝斯曼公司关于被异议商标损害他人著作权的主张本院业已支持，被异议商标在核定使用产品上的注册均应被撤销，且在前述判断中本院已经考虑了引证商标实际使用的情况、知名度以及第三人申请被异议商标的主观状态，对其关于被异议商标属于以不正当手段抢注在先并有一定影响商标的主张，不再予以评述。

综上所述，帝斯曼公司的再审请求成立。依照2001年修订的《中华人民共和国商标法》第二十八条、第三十一条，依照《中华人民共和国行政诉讼法》第七十条、第八十九条第一款第二项和第三项、《最高人民法院关于适用〈中华人民共和国行政诉讼法〉的解释》第一百一十九条第一款、第一百二十二条的规定，判决如下：

一、撤销北京市高级人民法院（2013）高行终字第912号行政判决；

二、撤销北京市第一中级人民法院（2012）一中知行初字第3579号行政判决；

三、撤销国家工商行政管理总局商标评审委员会商评字〔2012〕第 16436 号商标异议复审裁定；

四、国家工商行政管理总局商标评审委员会就第 4115813 号商标重新作出商标异议复审裁定。

一审案件受理费一百元、二审案件受理费一百元，均由帝斯曼知识产权资产有限公司负担。

本判决为终审判决。

审 判 长 夏君丽
审 判 员 马秀荣
审 判 员 郎贵梅
二〇一八年九月二十九日
书 记 员 石华亚
书 记 员 王沛泽

47. 药品商品名称能否作为在先权利受到商标法的保护

——再审申请人山西康宝生物制品股份有限公司与被申请人国家工商行政管理总局商标评审委员会、原审第三人北京九龙制药有限公司商标争议行政纠纷案

【裁判要旨】

经实际使用并具有一定影响的药品商品名称，可以作为商标法第三十一条规定的在先权利受到法律保护。

【关键词】

商标　在先权利　药品商品名称

【案号】

最高人民法院（2010）知行字第 52 号

【基本案情】

在再审申请人山西康宝生物制品股份有限公司（以下简称康宝公司）与被申请人国家工商行政管理总局商标评审委员会（以下简称商标评审委员会）、原审第三人北京九龙制药有限公司（以下简称九龙公司）商标争议行政纠纷案中，1994年1月21日，原卫生部药政管理局批准九龙制药厂（九龙公司前身）生产的“磷酸苯丙哌林口服液”的商品名为“可立停”。2003年2月20日，国家食品药品监督管理局向九龙制药厂颁发了商品名为“可立停”的“磷酸苯丙哌林口服液”的《药品注册证》。2000年6月6日，康宝公司提出争议商标“可立停”注册申请，指定使用商品为第5类的医药制剂、医用药物等。2007年1月31日，商标评审委员会裁定争议商标予以核准注册。2007年8月8日，九龙公司向商标评审委员会提出撤销争议商标注册的申请，其主要理由为：九龙公司在先取得“可立停”药品的商品名称，其生产的“可立停”牌止咳糖浆在康宝公司申请注册争议商标前已生产销售多年，具有很高的知名度，康宝公司作为竞争者，应知该药品名称属于九龙公司，康宝公司注册争议商标侵犯其在先权利。2008年7月28日，商标评审委员会作出商评字［2008］第6757号裁定，裁定撤销争议商标。康宝公司不服上述裁定，提起行政诉讼。北京市第一中级人民法院一审认为，九龙公司所提交的现有证据无法证明争议商标的注册构成对于九龙公司享有的受法律保护的在先权益的损害，遂判决撤销第6757号裁定，并令商标评审委员会重新作出商标争议裁定。商标评审委员会和九龙公司均不服，提起上诉。北京市高级人民法院二审认为，九龙公司经审批获得的“可立停”药品商品名称的使用即使无法达到构成知名商品的特有名称的程度，仍能够构成一定的合法权益，此合法权益属于商标法第三十一条规定的在先权利，应当给予保护。遂判决撤销一审判决，维持第6757号裁定。康宝公司不服二审判决，向最高人民法院申请再审。最高人民法院于2010年12月24日通知驳回康宝公司的再审申请。

【裁判意见】

最高人民法院审查认为：关于商标法第三十一条规定的“在先权利”，《最高人民法院关于审理商标授权确权行政案件若干问题的意见》第十七条规定，“要正确理解和适用商标法第三十一条关于‘申请商标注册不得损害他人现有的在先权利’的概括性规定……商标法虽无特别规定，但根据民法通则和其他法律的规定属于应予保护的合法权益的，应该根据该概括性规定给予保护”。根据有关行政规章和行政规范性文件规定，国家对药品商品名称的使用实行相应的行政管理制度，但除依照其他法律取得民事权利外，经药品行政管理部门批准使用的药品商品名称是否产生民事权益，取决于其实际使用情况，经实际使用并具有一定影响的药品商品名称，可作为民事权益受法律保护。根据九龙公司提供的销售合同、生产记录、销售发票等证据，结合其两次获得药品行政管理部门批文的事实，可以认定九龙公司在争议商标注册之前进行了一定规模的使用。该药品商品名称经在先使用并具有一定影响，可以产生民事权益，即合法的在先权利。康宝公司与九龙公司均系药品生产企业，应知“可立停”是九龙公司经过批准使用的药品商品名称，却仍将其申请为注册商标并使用在止咳类药品上，二审法院以康宝公司违反商标法第三十一条的规定，侵犯了九龙公司的在先权利，并维持第6757号裁定并无不当。

中华人民共和国最高人民法院驳回再审申请通知书
（2010）知行字第52号

山西康宝生物制品股份有限公司：

你公司（简称康宝公司）与北京九龙制药有限公司（简称九龙公司）、国家工商行政管理总局商标评审委员会（简称商标评审委员会）商标争议行政纠纷一案，北京市高级人民法院于2010年4月20日作出（2009）高行终字第1455号行政判决，已经发生法律效力。2010年10月，你公司不服该判决，向本院申请再审。本院依法组成合议庭对本案进行了审查，现已审查终结。

康宝公司申请再审称：1. 药品商品名称不属于法定的“在先权利”范畴，商标评审委员会和二审法院错误地曲解商标法意义上“在先权利”的概念，错误认定九龙公司拥有“在先权利”。2. 没有任何证据证明九龙公司有在先使用“可立停”的行为，九龙公司对该商标不享有在先权利。3. 二审法院不应适用康宝公司申请商标注册日之后的法律法规，康宝公司对“可立停”商标的使用为正当且合法的在先使用。请求撤销二审法院（2009）高行终字第1455号判决及商标评审委员会商评字（2008）第06757号商标争议裁定，判令维持第1592518号“可立停”注册商标有效。

商标评审委员会答辩称，根据《中华人民共和国药品管理法实施条例》等法律法规的规定，药品商品名称的取得须经国家药品行政管理部门审批，国家药品行政管理部门还要审查该名称是否与他人已经使用的药品商品名称相同或近似；药品商品名称经审批获得后才能在药品上使用，并能够排斥他人在同一种药品上使用相同或近似的名称，药品名称申请人对经过审批获得的药品商品名称享有一定的合法利益。本案的证据能够证明九龙公司对其药品商品名称享有在先权利，药品生产制造行业较为专业化，本案中康宝公司和九龙公司同属于药品生产行业，其生产的“可立停”均为止咳类药品，药品商品名称须获药品行业行政主管部门批准才能使用，康宝公司在申请注册争议商标前应该知晓九龙公司“可立停”商品名称的存在，仍将与九龙公司药品商品名称完全相同的文字作为商标注册在同类商品上，损害了九龙公司的在先权利，应当被撤销。

九龙公司答辩称：1. 商标法意义上的在先权利不限于著作权、专利权和企业名称权的范围，也包括民事主体根据民法通则和其他法律规定应当获得保护的合法权益。2. 对于制药企业而言，使用商品名称需要得到国家食品药品监督管理局的批准，否则就是违法行为。九龙公司经原卫生部药政管理局和国家食品药品监督管理局批准使用“可立停”药品商品名称，九龙公司对该名称具有法定的独占使用权。3. 九龙公司先于康宝公司使用“可立停”商品名称，其在先权利应当受到保护。4. 山西省卫生厅违法批准康宝公司使用“可立停”商品名称，不能产生合法权利。请求驳回康宝公司的再审申请。

北京市第一中级人民法院查明，九龙公司原名北京九龙制药厂（简称九龙制药厂），2005 年 9 月经北京市工商行政管理局核准，变更企业名称为现名。1994 年 1 月 21 日，原卫生部药政管理局批准九龙制药厂生产的“磷酸苯丙哌林口服液”的商品名为“可立停”。2003 年 2 月 20 日，国家食品药品监督管理局向九龙制药厂颁发了商品名为“可立停”的“磷酸苯丙哌林口服液”的《药品注册证》。2000 年 6 月 6 日，康宝公司提出争议商标（图略）注册申请，指定使用商品为第 5 类的医药制剂、药用胶囊、原料药、各种丸、各种针剂、片剂、中药、成药、医用药物、维生素制剂。

争议商标经初审公告后，浙江南洋药业有限公司提出异议申请。国家工商行政管理总局商标局（简称商标局）作出（2004）商标异字第 512 号裁定，对本案争议商标予以核准注册。浙江南洋药业有限公司不服，向商标评审委员会提出复审申请。2007 年 1 月 31 日，商标评审委员会作出商评字〔2007〕第 90 号《关于第 1592518 号“可立停及图”商标异议复审裁定书》，裁定本案争议商标予以核准注册。争议商标被核准注册后，九龙公司于 2007 年 8 月 8 日向商标评审委员会提出撤销争议商标注册的申请。其主要理由为：一、九龙公司在先取得“可立停”药品的商品名称。根据原卫生部及国家食品药品监督管理局的相关规定，药品名称需要报国家药品行政部门批准后，方可申请注册商标。早在 1994 年 1 月 21 日卫生部药政管理局已经批准了九龙公司以“可立停”为止咳类药“磷酸苯丙哌林口服液”的商品名称。2003 年 2 月，九龙公司又按照国家新药品管理办法的规定，重新申请并取得了国家食品药品监督管理局颁发的包括“可立停”商品名的新的药品登记证书。九龙公司对“可立停”享有在先权利，康宝公司未获国家食品药品监督管理局批准使用“可立停”药品名并将其申请注册为商标，违反国家的相关法律法规。九龙公司获准“可立停”药品名后，即大量生产销售“可立停口服液”药品，并投入巨资对“可立停”药品进行宣传，使其成为具有很高知名度的品牌。二、九龙公司生产的“可立停”牌止咳糖浆在康宝公司申请注册争议商标前已生产销售多年，具有很高的知名度，康宝公司与九龙公司为同一行业的竞争者，不可能不知道九龙公司早已使用“可立停”药品名多年的事实，争议商标的注册是对九龙公司药品名的恶意模仿，是出于不正当竞争的目的，争议商标的使用会损害九龙公司的利益，造成消费者的混淆，不利于市场经济的发展。

九龙公司为证明其对“可立停”的使用情况，提交了其与经销商签订的销售协议书：1. 1995 年 1 月 12 日，九龙制药厂与黑龙江省北药技术开发总公司签订经销九龙制药厂产品（其中包括“可立停”口服液）的协议书，约定合同有效期限为五年。2. 1995 年 1 月 15 日，九龙制药厂与天津开发区太原出口商品基地有限公司签订委托销售“可立停”口服液的合同，合同期限为 1995 年 2 月 20 日至 1996 年 2 月 20 日。3. 1995 年 7 月 4 日，九龙制药厂与中国医药物资供销中南分公司武汉联营公司签订经销“可立停”口服液的协议书，协议书中未约定合同期限。4. 1996 年 1 月 9 日，九龙制药厂与安徽省医药卫生科技开发中心药品部签订“可立停”口服液的工矿产品的购销合同。其中前三份证据，在北京市第一中级人民法院审理的（2005）一中民初字第 3857 号九龙公司诉康宝公司不正当竞争纠纷案中九龙公司均已提交。针对“可立停”是否构成九龙公司的知名商品的特有名称，北京市第一中级人民法院在（2005）一中民初字第 3857 号判决中认定，“九龙制药厂（即现九龙公司）虽提供了大量的广告发布业务合同、口服液销售合同，但这些证据所显示的时间除前述 1995 年的三份销售合同外，均为 2001 年至 2005 年期间内签订的销售合同，故九龙制药厂的现有证据不能证明其‘可立停’口服液自获得商品名批准的 1994 年至 2000 年期间已通过在先销售成为全国的知名商品，由此，其‘可立停’药品名称不能被认定为知名商品的特有名称。”北京市高级人民法院（2006）高民终字第523号判决维持北京市第一中级人民法院（2005）一中民初字第3857号判决。

九龙公司还提交了两份销售发票付款方联的复印件及相关的公证书。发票开具时间分别是1994年9月19日及1994年11月24日，销售的商品名称为“可立停”口服液，付款方为延庆县医院，公证书载明：复印件与原件相符。九龙公司还提交了“可立停”口服液的相关生产记录，用以证明其在康宝公司使用“可立停”名称之前即已开始使用该名称。1999年3月17日，山西省卫生厅批准康宝公司生产的止咳糖浆增加商品名称为“可立停”。1999年至2005年期间，康宝公司就其“可立停”糖浆广告的画面及其文字内容多次向山西省药品监督管理局报批，并获得该局的广告投放批准。康宝公司自1999年11月起，投入大量资金在中央电视台CCTV－5《体育频道》和全国二十六家地方电视台对其“可立停”糖浆进行广告宣传。2001年9月12日，山西省政府办公厅发布晋政办发（2001）95号文件，对2001年山西省标志性名牌产品和山西省名牌产品及创名牌先进企业进行了公开的通报，康宝公司生产的晋康牌“可立停”糖浆（复方美沙芬糖浆）系其中之一。2003年9月2日，山西省名牌产品推荐委员会向康宝公司颁发山西省名牌产品证书。

2008年7月28日，商标评审委员会作出的商评字〔2008〕第6757号《关于第1592518号“可立停”商标争议裁定书》（简称第6757号裁定）认为，本案争议焦点问题主要是：一、康宝公司注册争议商标是否属于商标法第三十一条规定的损害他人现有在先权利的行为；二、争议商标是否违反商标法第四十一条第一款的规定，以不正当手段取得注册。针对焦点问题一，商标法第三十一条规定，“申请商标注册不得损害他人现有的在先权利”，旨在基于诚实信用原则，保护他人合法的在先权利。按照1990年8月29日卫生部发布的《进一步加强药品标准及名称管理的通知》、2000年3月17日国家药品监督管理局通过的《药口包装、标签和说明书管理规定》（暂行）、2001年11月7日国家药品监督管理局《药品包装、标签规范细则》（暂行）、2006年3月15日国家食品药品监督管理局发布的《药品说明书和标签管理规定》、《进一步规范药品商品名称的管理通知》中的规定，药品生产企业对本企业生产的药品，可以根据实际需要，在法定的通用名称之外，另行拟定商品名，报卫生部药政管理局批准后，方可向工商行政管理部门申请该商品名作为商标注册；药品商品名称须经国家药品监督管理局批准后方可在药品包装、标签及说明书上标注；药品说明书和标签中标注的药品名称必须符合国家药品监督管理局公布的药品通用名称和商品名称的命名原则，不得使用与他人使用的商品名称相同或近似的文字。根据上述药品名称管理规定，药品商品名称经主管部门批准后，获批企业对这一药品名称享有独占使用权和将其申请商标注册的权利，此项权利应属于商标法第三十一条保护的在先权利之一。据本案查明事实，九龙公司获准“可立停”口服液药品商品名符合国家医药行政管理部门相关规定，应认定为九龙公司自其核准之日起享有“可立停”药品商品名称权和注册商标申请权。药品生产制造行业较为专业化，其行业主体资格的要求相对严格，因此其行业主体的范围也相应较为狭窄。本案康宝公司与九龙公司同属于药品生产行业，两企业生产的“可立停”药品也均为止咳类药品；但是考虑到药品商品名称需获药品行业行政主管部门批准才能使用的特殊情况，康宝公司应该知晓九龙公司已在先获准“可立停”为其药品的商品名称。且九龙公司提交的证据可以证明在争议商标申请注册前，九龙公司对“可立停”口服液进行了一定的生产、销售，“可立停”实际上起着指示商品来源的作用。在此情况下，康宝公司将与九龙公司药品名称完全相同的文字作为商标注册在同类商品（药品）上，损害了九龙公司对“可立停”商品名称的独占使用权和注册商标申请权，已构成商标法第三十一条规定的损害他人现有在先权利的行为，故争议商标应予以撤销。针对焦点问题二，从九龙公司使用“可立停”药品名称的方式看，其在实际使用中起到区分商品来源的识别作用，可视为九龙公司未注册的商标。根据前述理由，康宝公司在注册争议商标时，应知晓九龙公司在类似商品上已在先使用“可立停”文字。康宝公司在明知他人已在先使用的情况下，其注册争议商标的行为违反了诚实信用原则，损害了九龙公司合法权益，属于商标法第四十一条第一款规定的以不正当手段取得注册的情形。至于康宝公司以其使用“可立停”得到过山西省卫生厅的批准为其辩护的理由，由于缺乏法律依据，商标评审委员会不予支持。而康宝公司关于争议商标对应的药名与九龙公司获准的药名不同，两者毫不相关的主张，由于不影响本案类似商品的认定，也不能成立。依据商标法第三十一条、第四十一条第一款、第二款和第四十三条的规定，商标评审委员会裁定撤销争议商标。

康宝公司不服商标评审委员会裁定，向北京市第一中级人民法院提起诉讼。

北京市第一中级人民法院认为，法定权利是指法律明确规定，并对其取得要件、保护内容等均作出相应明确规定的权利，法律未明确规定的权利均不被认定为法定权利。鉴于现有的法律中并未将药品的商品名称设定为一种法定权利，故九龙公司的药品商品名“可立停”不属于商标法第三十一条中所规定的在先权利中的法定权利。商标评审委员会在第6757号裁定中认定，药品的商品名称经主管部门批准后，获批企业对这一药品名称享有独占使用权和将其申请商标注册的权利，此项权利应属于商标法第三十一条保护的在先权利之一。但其所引用的相关规范性文件均为行政规章，并不具有设定法定权利的法定资格，且上述规章亦均未对药品的商品名称的法律属性作出明确规定，因此，商标评审委员会所引用的相关行政规章不能证明药品的商品名称为法定权利。虽然1990年8月29日卫生部发布的《进一步加强药品标准及名称管理的通知》规定：“药品生产企业对企业生产的药品，可以根据实际需要，在法定的通用名称之外，另行拟定商品名，报卫生部药政管理局批准后，方可向工商行政管理部门申请该商品名作为商标注册”，但鉴于该通知并非法律，其作用主要在于行政管理，既无权设定任何权利，亦无权对药品商标的注册设定法定条件。据此，在商标法中无相应规定的情况下，该通知不能在商标法的规定之外另行设定商标的注册条件。反不正当竞争法中所规定的知名商品特有的名称属于受法律保护的民事权益之一。药品的商品名称的注册者如果可以证明其对该名称通过使用已获得一定的知名度，则该药品名称可以作为法定权益获得保护，他人将与该名称相同或近似的标志申请注册为商标的行为属于商标法第三十一条规定的损害他人在先权利的情形。对于九龙公司在本案中所提交的前三份销售合同，北京市高级人民法院（2006）高民终字第523号判决中已认定，在九龙公司无相应的销售发票予以佐证的情况下，这三份合同不能证明其早在1995年就已经公开销售了“可立停”口服液产品，更不能证明其“可立停”口服液系知名商品的特有名称。鉴于该判决已发生法律效力，故其所认定的事实可以作为本案定案的依据。对于九龙公司与安徽省医药卫生科技开发中心药品部签订的销售合同，在无相应的销售发票予以佐证的情况下，亦无法认定九龙公司具有在先销售的行为。对于九龙公司所提交的销售发票，鉴于九龙公司是产品的销售方，因此其所应留存的发票不应是付款方联，在九龙公司未对其进行合理解释且亦无证据佐证的情况下，对于该发票的真实性不予认可。对于九龙公司提交的生产记录，因其仅是九龙公司内部的记录，故亦无法证明九龙公司具有在先销售的行为。综上，九龙公司所提交的现有证据无法证明其在康宝公司申请注册争议商标之前即已使用“可立停”这一商品名称，亦无法证明该名称系其知名商品的特有名称。据此，在九龙公司未主张对“可立停”商品名称享有其他民事权益的情况下，争议商标的注册不构成对于九龙公司享有的受法律保护的在先权益的损害。商标法第四十一条第一款规定的以“不正当手段”注册的商标，主要适用于侵犯商标管理秩序或公共利益的行为，对于违反诚实信用原则申请商标注册的行为不属于“不正当手段”的调整范围。鉴于此，商标评审委员会第6757号裁定中认定争议商标的注册违反诚实信用原则，属于商标法第四十一条第一款所规定的“不正当手段”的情形，为适用法律错误。鉴于九龙公司对于“可立停”名称既不享有法定权利，亦不享有受法律保护的权益，同时本案亦无证据证明康宝公司对于争议商标的注册不符合商标法其他条款的规定，故争议商标的注册亦未违反诚实信用原则，商标评审委员会认定争议商标的注册违反诚实信用原则，该认定错误，对其不予维持。北京市第一中级人民法院依据《中华人民共和国行政诉讼法》第五十四条第（二）项之规定，判决：一、撤销商标评审委员会第6757号裁定；二、商标评审委员会就九龙公司针对争议商标所提撤销申请重新作出商标争议裁定。

商标评审委员会和九龙公司均不服一审判决，向北京市高级人民法院提起上诉，请求撤销一审判决，维持商标评审委员会第6757号裁定。

北京市高级人民法院查明，一审法院查明的事实属实，予以确认。另查明，药品商品名称的审批管理原由卫生部负责。药品生产管理归口国家食品药品监督管理局后，药品商品名称的审批管理由国家食品药品监督管理局负责，相应的法律及行政规章有：1. 1990年8月29日颁布的卫生部《关于进一步加强药品标准及名称管理的通知》。该通知要求，药品名称是药品标准的首要内容。药品生产企业对本企业生产的药品，可以根据实际需要，在法定的通用名称之外，另行拟定商品名，报卫生部药政管理局批准后，方可向工商行政管理部门申请将该商品名作为商标注册。2. 2000年3月17日，国家药品监督管理局发布的《药品包装、标签和说明书管理规定》。该规定的第六条规定：药品商品名称须经国家药监局批准后方可在包装、标签上使用。3. 2001年1月1日执行的《药品包装、标签和说明书管理规定》（暂行）。该规定的第二条规定：药品包装、标签及说明书必须按照国家药品监督管理局规定的要求印制，其文字及图案不得加入任何未经审批同意的内容。第六条规定：药品商品名称必须经国家药品监督管理局批准后方可在药品包装、标签及说明书上标注。4. 2001年11月7日施行的国家食品药品监督管理局《药品包装、标签规范细则》（暂行）。该细则的第三条规定：药品的名称必须经国家食品药品监督管理局批准后方可在包装上使用。5. 2001年12月1日施行的《中华人民共和国药品管理法》。该法第五十四条规定：药品包装必须按照规定印有或者贴有标签并附有说明书。6. 2002 年 9 月 15 日施行的《中华人民共和国药品管理法实施条例》。该条例第四十六条第二款规定，药品商品名称应当符合国务院药品监督管理部门的规定。7. 2006 年 3 月 15 日，国家食品药品监督管理局颁发国食药监注（2006）99 号《关于进一步规范药品名称的通知》及所附《药品商品名称命名规则》。其中规定：药品商品名称应当符合《药品商品名称命名原则》的规定，并得到国家食品药品监督管理局批准后方可使用；药品广告宣传中不得使用未经批准作为商品名称使用的文字型商标；药品商品名称不得使用与他人使用的商品名称相同或者相近似的文字。

北京市高级人民法院认为，商标法第三十一条规定，申请商标注册不得损害他人现有的在先权利，也不得以不正当手段抢先注册他人已经使用并有一定影响的商标。本条所规定的“在先权利”应包括民法通则、商标法及其他法律规定的民事权利和民事权益。商标法或者其他法律虽无特别规定，但根据民法通则的一般规定属于应予保护的合法权益的，应当作为本条规定的“在先权利”予以保护。本案中，九龙公司主张其经过国家食品药品行政管理部门审批获得的“可立停”药品商品名称为其合法享有的在先权利。民法通则、商标法及其他法律虽然并未对经过国家食品药品行政管理部门审批获得的药品的商品名称属于一种民事权利作出明确规定。但是，药品商品名称的取得须经国家食品药品行政管理部门审批，国家食品药品行政管理部门还要审查该名称是否与他人已经使用的药品商品名称相同或相近似；而且药品商品名称经审批获得后才能在药品上使用，并能够排斥他人在同一种药品上使用相同或近似的名称。因此，对经过审批获得的药品商品名称，药品名称申请人享有一定的合法利益。根据（2006）高行终字第523 号判决的认定，虽然九龙公司（包括其前身九龙制药厂）的“可立停”口服液尚未通过使用在 2000 年之前成为知名商品，但是九龙公司在获得原卫生部药政管理局对其“可立停”药品商品名称的审批后在其口服液商品上已实际使用了“可立停”文字，而这种对其审批获得的“可立停”药品商品名称的使用即使无法达到构成知名商品的特有名称的程度，仍能够构成一定的合法权益。此合法权益属于商标法第三十一条规定的在先权利，应当给予保护。商标评审委员会和九龙公司关于其审批获得的药品商品名称构成在先权利的上诉主张成立，予以支持。一审判决关于药品商品名称不构成知名商品的特有名称的情况下不属于在先权利的认定不当，对此予以纠正。鉴于九龙公司经过审批获得的“可立停”

药品商品名称属于在先权利，而康宝公司与九龙公司同属于药品生产行业，两企业生产的“可立停”药品也均为止咳类药品，且北京市高级人民法院（2006）高行终字第523号判决已经认定，在争议商标申请注册前九龙公司对“可立停”口服液进行了一定的使用。虽然其尚未构成知名商品，但是据此可以认定，“可立停”实际上能够起到指示商品来源的作用。在此情况下，康宝公司将与九龙公司药品名称完全相同的文字作为商标注册在同类商品（药品）上，损害了九龙公司对“可立停”商品名称所享有的在先权利，已构成商标法第三十一条规定的损害他人现有在先权利的行为，故争议商标应予以撤销。商标评审委员会和九龙公司的此项上诉理由成立，予以支持。一审判决关于九龙公司的“可立停”药品商品名称不属于商标法第三十一条规定的在先权利的认定，缺乏依据，予以纠正。依照《中华人民共和国行政诉讼法》第六十一条第（二）项和第（三）项之规定，判决：一、撤销北京市第一中级人民法院（2008）一中行初字第1289号行政判决；二、维持商标评审委员会商评字〔2008〕第6757号裁定。

本院经审查，原审法院查明的事实基本属实。

本院认为，本案九龙公司在先经药品行政管理部门批准使用“可立停”药品商品名称的权利，是否属于商标法第三十一条规定的“在先权利”是本案争议的焦点。关于商标法第三十一条规定的“在先权利”，《最高人民法院关于审理商标授权确权行政案件若干问题的意见》第17条规定，“要正确理解和适用商标法第三十一条关于‘申请商标注册不得损害他人现有的在先权利’的概括性规定……商标法虽无特别规定，但根据民法通则和其他法律的规定属于应予保护的合法权益的，应该根据该概括性规定给予保护”。根据有关行政规章和行政规范性文件规定，国家对药品商品名称的使用实行相应的行政管理制度，但除依照其他法律取得民事权利外，经药品行政管理部门批准使用的药品商品名称是否产生民事权益，尚取决于其实际使用情况，**经实际使用并具有一定影响的药品商品名称，可作为民事权益受法律保护**。本案中，根据原审法院查明的事实，九龙公司早在1994年已经卫生部药政管理局批准使用“可立停”商品名称。虽然北京市高级人民法院（2006）高行终字第523号判决认为九龙公司生产可立停口服液在2000年之前未成为知名商品的特有名称，但根据九龙公司提供的销售合同、生产记录、销售发票等证据，结合其两次获得药品行政部门批文的事实，可以认定九龙公司在争议商标注册之前进行了一定规模的使用。**该药品商品名称经在先使用并**

具有一定影响，可以产生民事权益，即合法的在先权利。康宝公司与九龙公司均系药品生产企业，应知“可立停”是九龙公司经过批准使用的药品商品名称，却仍将其申请为注册商标并使用在止咳类药品上，二审法院以康宝公司违反商标法第三十一条的规定，侵犯了九龙公司的在先权利，并维持商标评审委员会第6757号裁定并无不当。

综上所述，二审法院认定事实清楚，适用法律正确。山西康宝生物制品股份有限公司的再审申请不符合《中华人民共和国行政诉讼法》第六十三条第二款和《最高人民法院关于执行〈中华人民共和国行政诉讼法〉若干问题的解释》第七十二条规定的再审条件。依照《最高人民法院关于执行〈中华人民共和国行政诉讼法〉若干问题的解释》第七十四条之规定，予以驳回。

特此通知。

二〇一〇年十二月二十四日

48. 长期停止使用的商业标识不能作为有一定影响的未注册商标或在先权利予以保护

——再审申请人余晓华与被申请人国家工商行政管理总局商标评审委员会、原审第三人成都同德福合川桃片食品有限公司商标争议行政纠纷案

【裁判要旨】

商标法第三十一条所称的“有一定影响”，应当是一种基于持续使用行为而产生的法律效果，“在先权利”应当是指至争议商标的申请日时仍然存在的现有权利；在长期停止使用的情况下，商业标识已经不具备商标法第三十一条所规定的未注册商标的知名度和影响力，不构成在先使用并有一定影响的商标或者在先权利。

【关键词】

商标　商业标识　停止使用　在先权利

【案号】

最高人民法院（2013）知行字第80号

【基本案情】

在再审申请人余晓华与被申请人国家工商行政管理总局商标评审委员会（以下简称商标评审委员会）、原审第三人成都同德福合川桃片食品有限公司（以下简称成都同德福公司）商标争议行政纠纷案中，第1215206号“同德福TONGDEFU及图”商标（即争议商标）由合川市桃片厂温江分厂于1997年8月4日提出注册申请，1998年10月14日经国家工商行政管理总局商标局（以下简称商标局）核准注册，指定使用在第30类桃片（糕点）等商品上。2000年11月7日该商标注册人名义经商标局核准变更为成都同德福公司。2003年4月24日，余晓华以争议商标违反了商标法第三十一条、第四十一条规定为由，申请对争议商标予以撤销。2010年5月4日，商标评审委员会作出商评字〔2010〕第9618号《关于第1215206号“同德福TONGDEFU及图”商标争议裁定》（以下简称第9618号裁定），对争议商标的注册予以维持。该裁定认为：根据余晓华提交的证据，“同德福”于20世纪20年代至50年代在桃片商品上在四川地区已形成一定商誉，具有较高知名度。但是1956年公私合营后，由于历史原因，余晓华父亲停止使用“同德福”四十余年。余晓华提交的证据不足以证明“同德福”作为商号经余晓华先辈使用所形成的商誉和商业价值在其停止使用该商号四十余年后仍得以延续至争议商标注册申请日。且余晓华重新启用“同德福”并以其为商号成立合川市老字号同德福桃片厂的时间为2002年，晚于争议商标注册申请日。故不能认定成都同德福公司在“同德福”停用四十余年后申请注册争议商标构成商标法第三十一条所指“损害他人现有的在先权利”之情形。此外，余晓华提交的证据不足以证明“同德福”作为商标经余晓华先辈使用所具有的影响力延续至争议商标注册申请日，亦不足以证明余晓华在争议商标注册申请日之前重新使用“同德福”商标并具有一定影响以及成都同德福公司系以不正当手段恶意抢注争议商标。故亦不能认定争议商标的注册构成商标法第三十一条所指“以不正当手段抢先注册他人已经使用并有一定影响的商标”之情形。余晓华不服第9618号裁定，于法定期限内提起行政诉讼。北京市第一中级人民法院一审判决维持第9618号裁定。余晓华不服，提出上诉。北京市高级人民法院二审判决驳回上诉、维持原判。余晓华仍不服，向最高人民法院申请再审。最高人民法院于2013年12月4日裁定驳回余晓华的再审申请。

【裁判意见】

最高人民法院审查认为：商标法第三十一条所称的“他人已经使用并有一定影响的商标”，是指已经使用了一定的时间、因一定的销售量、广告宣传等而在一定范围的相关公众中具有知名度，从而被视为区分商品来源的未注册商业标志。这里所称的“有一定影响”应当是一种基于持续使用行为而产生的法律效果，争议商标的申请日是判断在先商标是否有一定影响的时间节点。“同德福”商号确曾在余晓华先辈的经营下获得了较好的发展，于20世纪20年代至50年代期间，在四川地区于桃片商品上积累了一定的商誉，形成了较高的知名度。但自1956年起至争议商标的申请日，作为一个商业标识的“同德福”停止使用了近半个世纪的时间。在这种情况下，即使余氏家族曾经在先将“同德福”作为商业标识使用，但至争议商标的申请日，因长期停止使用，“同德福”已经不具备商标法第三十一条所规定的未注册商标的知名度和影响力，不构成“在先使用并有一定影响的商标”。虽然余晓华自2002年又开始使用“同德福”作为字号，成立了同德福桃片厂，但该行为的发生已经晚于争议商标的申请日。在成都同德福公司已经在先注册并实际使用争议商标，余晓华对此又不享有任何在先权益的情况下，不能以其在后的使用行为对抗第三人已经合法形成的注册商标专用权。成都同德福公司注册争议商标的行为，不构成抢注他人在先使用并有一定影响的商标，亦未违反诚实信用原则。同理，商标法第三十一条所称的“在先权利”应当是指至争议商标的申请日时仍然存在的现有权利。“同德福”作为商号的使用最早始于同德福京果铺，后经余家人接手经营而逐渐壮大，但至1956年公私合营之时停止使用。至争议商标的申请日，四十余年的时间中没有任何人将“同德福”作为商号使用。因此，在争议商标申请注册之时，“同德福”已不构成商标法所保护的、现有的在先权利，不符合阻却争议商标注册的法定事由。

中华人民共和国最高人民法院行政裁定书

（2013）知行字第80号

再审申请人（一审原告、二审上诉人）：余晓华。

委托代理人：商家泉，北京高文律师事务所律师。

被申请人（一审被告、二审被上诉人）：国家工商行政管理总局商标评审委员会。

法定代表人：何训班，该委员会主任。

委托代理人：卢榆，该委员会干部。

一审第三人：成都同德福合川桃片食品有限公司。

法定代表人：蒋世荣，该公司董事长。

余晓华因与国家工商行政管理总局商标评审委员会（简称商标评审委员会）、第三人成都同德福合川桃片食品有限公司（简称成都同德福公司）商标争议行政纠纷一案，不服北京市高级人民法院（2011）高行终字第375号行政判决（简称二审判决），向本院申请再审。本院于2013年9月13日立案后，依法组成合议庭对本案进行了审查。现已审查终结。

余晓华申请再审称：一、余晓华的“同德福”商标商誉及商业价值、影响力延续至今，一审、二审判决对此予以否定与事实不符，应予以撤销。首先，申请人提交的系列证据，包括但不限于非物质遗产的认定、央视在内媒体的报道、参展世博会等大型博览会的事实、获得领导人重视的事实等，均可以认定基于申请人先辈使用“同德福”所具有的影响力延续至本案争议商标的申请日，并足以证明“同德福”作为老字号的商业价值。其次，成都同德福公司对“同德福”的历史极为熟悉，其在与申请人前辈所使用的相同商品类别之上注册和使用争议商标的行为，引人误解、“搭便车”的主观意图明显，违反了诚实信用原则。最后，从申请人先辈使用“同德福”的区域与成都同德福公司经营活动的区域相同，再次印证了其注册争议商标的不正当性。二、关于申请人在争议商标申请日前使用行为的认定。对于老字号因历史原因造成的停业，应根据从宽原则处理，不应要求其使用是否发挥了识别功能，只要形式上符合《商标法实施条例》第三条所规定的商标使用形式即可视为使用。在本案中，申请人已经将争议商标用于商品、商品包装或者容器以及商品交易文书上，并将商标用于广告宣传、展览以及其他商业活动中，据此可以认定其在争议商标申请日之前对“同德福”进行了实际使用。三、老字号是我国宝贵的文化遗产，应严格制止恶意抢注行为，恢复现存老字号与历史的联系，并将其发扬光大。应赋予老字号传承人优先的商标注册权，在其未明确表示放弃前，任何抢注行为均应予以制止。综上所述，请求本院撤销二审判决，对本案予以再审。

被申请人商标评审委员会提交答辩意见称：申请人的再审申请理由不能成立，请求本院驳回再审申请，维持二审判决。

一审第三人成都同德福公司提交陈述意见称：一、申请人所谓“同德福”系由其先辈经营之说并不能成立，在历史上，“同德福”只是合川地区桃片商号中较有名的一家，并未作为商标使用；二、争议商标注册后成都同德福公司进行了持续的使用，并获得了一系列的荣誉；三、申请人余晓华及其前辈近五十年的时间都没有从事过桃片的生产经营活动，且曾经作为商号的“同德福”已经被弃用了五十年之久。在成都同德福公司已经注册并诚实使用的情况下，申请人请求撤销争议商标的做法违反了诚实信用的原则，也扰乱了正常的市场经济秩序。据此，请求本院驳回其再审申请。

本院认为，根据各方当事人的诉辩主张，本案的争议焦点问题是争议商标的注册是否违反了商标法第三十一条的规定。

首先，关于争议商标是否构成抢注他人在先使用并有一定影响商标的行为。商标法第三十一条所称的“他人在先使用并有一定影响的商标”，是指已经使用了一定的时间、因一定的销售量、广告宣传等而在一定范围的相关公众中具有知名度，被视为区分商品来源的未注册商业标志。这里所称的“有一定影响”，应当是一种基于持续使用行为而产生的法律效果，争议商标的申请日是判断在先商标是否有一定影响的时间节点。本案中，余晓华主张“同德福”是其在先使用并有一定影响的商标。对此本院认为，根据案件中查明的事实，“同德福”商号确曾在余晓华先辈的经营下获得了较好的发展，于20世纪20年代至50年代期间，在四川地区于桃片商品上积累了一定的商誉，形成了较高的知名度。但自1956年起至争议商标的申请日，作为一个商业标识的“同德福”停止使用近半个世纪的时间，各方当事人对在此期间内没有任何人将“同德福”进行商业使用的事实均无异议。在这种情况下，即使余氏家族曾经在先将“同德福”作为商业标识使用，但至争议商标的申请日，在没有相反证据的情况下，因长期停止使用，“同德福”已经不具备商标法第三十一条所规定的未注册商标的知名度和影响力，不构成“在先使用并有一定影响的商标”。虽然余晓华自2002年又开始使用“同德福”作为字号，成立了同德福桃片厂，但该行为的发生已经晚于争议商标的申请日。在成都同德福公司已经在先注册并实际使用争议商标，余晓华对此又不享有任何在先权益的情况下，不能以其在后的使用行为对抗第三人已经合法形成的注册商标专用权。成都同德福公司注册争议商标的行为，不构成抢注他人在先使用并有一定影响的商标，亦未违反诚实信用原则。

其次，关于争议商标是否构成损害他人在先权利的情形。本案中，余晓华主张其作为余家后人，对“同德福”字号享有在先权利。对此本院认为，这里所称的“在先权利”，应当是指至争议商标的申请日时仍然存在的现有权利。如前所述，同德福作为商号的使用最早始于同德福京果铺，后经余家人接手经营而逐渐壮大，但至1956年公私合营之时停止使用。至争议商标的申请日，四十余年的时间中没有任何人将“同德福”作为商号使用。因此，在争议商标申请注册之时，“同德福”已不构成商标法所保护的、现有的在先权利，不能成为阻却争议商标注册的法定事由。

最后，对于余晓华主张的争议商标的注册违反了诚实信用原则的再审理由，本院认为，违反诚实信用原则本身并不是商标法明确规定的、独立的撤销商标注册的法定事由，但在对争议商标是否违反了商标法第三十一条规定进行判断的过程中，必然涉及对诚实信用原则的考量。因此，在本院已经认定争议商标未违反商标法第三十一条规定的情况下，本案中也不存在第三人违反诚实信用原则的情形。余晓华的该再审主张不能成立，本院不予支持。

综上，余晓华的再审申请不符合《中华人民共和国行政诉讼法》第六十三条第二款和《最高人民法院关于执行〈中华人民共和国行政诉讼法〉若干问题的解释》第七十二条规定的再审条件。依照《最高人民法院关于执行〈中华人民共和国行政诉讼法〉若干问题的解释》第七十四条之规定，裁定如下：

驳回余晓华的再审申请。

审　判　长　王　闯
审　判　员　王艳芳
代理审判员　何　鹏
二〇一三年十二月十日
书　记　员　刘海珠

49. 商标法第三十一条规定中在先权利“利害关系人”的界定

——再审申请人采埃孚转向系统有限公司与被申请人中华人民共和国国家工商行政管理总局商标评审委员会、第三人台州汇昌机电有限公司商标争议行政纠纷案

【裁判要旨】

现行法律法规并未对“利害关系人”的范围作出明确界定，虽然利害关系人多以被许可使用人、合法继承人的形式体现，但其他有证据证明与案件具有利害关系的

主体，亦可依据商标法第三十一条的规定，以利害关系人的身份对争议商标提出撤销申请。

【关键词】

商标争议　在先权利　商号权　利害关系

【案号】

最高人民法院（2014）行提字第2号

【基本案情】

在再审申请人采埃孚转向系统有限公司（以下简称采埃孚公司）与被申请人中华人民共和国国家工商行政管理总局商标评审委员会（以下简称商标评审委员会）、第三人台州汇昌机电有限公司（以下简称汇昌机电公司）商标争议行政纠纷案中，汇昌机电公司于2002年1月4日向中华人民共和国国家工商行政管理总局商标局申请注册第3060409号“采埃孚”商标（即争议商标）。2003年7月28日，争议商标被核准注册在第7类液压泵、液压阀等商品上。2004年9月10日，采埃孚公司以争议商标违反商标法第三十一条等规定为由，向商标评审委员会提出撤销申请。2010年7月26日，商标评审委员会作出商评字（2010）第17687号《关于第3060409号“采埃孚”商标争议裁定书》（以下简称第17687号裁定），对争议商标的注册予以维持。采埃孚公司不服，提起行政诉讼。北京市第一中级人民法院一审判决维持第17687号裁定。采埃孚公司不服，向北京市高级人民法院提起上诉。北京市高级人民法院二审认为，商标法第四十一条第二款所规定的“利害关系人”应当主要包括相关权利的被许可使用人、合法继承人。采埃孚公司主张争议商标的注册侵犯了其在先商号权，但其提交的使用和宣传证据中均未显示该公司名称，也不能证明其与证据中显示的上海采埃孚转向机有限公司（以下简称上海采埃孚公司）、柳州采埃孚机械有限公司（以下简称柳州采埃孚公司）等单位存在商标权或商号权上的利害关系。且采埃孚公司亦无证据证明在争议商标申请日前，采埃孚公司或其商号权的利害关系人在争议商标核定使用的商品或类似商品上在先将“采埃孚”作为商号在中国大陆地区使用并具有一定的知名度，争议商标未构成商标法第三十一条规定的情形。遂判决驳回上诉、维持原判。采埃孚公司不服，向最高人民法院申请再审。最高人民法院裁定提审本案，并于2014年7月17日判决撤销第17687号裁定及一审、二审判决，责令商标评审委员会重新作出裁定。

【裁判意见】

最高人民法院提审认为：采埃孚公司明确主张以上海采埃孚公司、柳州采埃孚公司等国内企业对“采埃孚”字号的使用证据，作为“采埃孚”系在先商号权予以保护的证明。采埃孚公司为上海采埃孚公司、柳州采埃孚公司的发起人，且依超过50%的投资比例对上海采埃孚公司形成控股。上海采埃孚公司、柳州采埃孚公司等使用“采埃孚”字号的国内企业，均由采埃孚公司参与投资设立，上述企业对“采埃孚”字号的使用显然是基于投资关系而获得的采埃孚公司的授权或许可。采埃孚公司应有权根据上海采埃孚公司等企业对“采埃孚”字号的使用行为，提出将“采埃孚”作为在先商号权进行保护的法律上的利益。二审法院关于现有证据不能证明采埃孚公司与上海采埃孚公司等存在商标权或商号权上的利害关系的认定缺乏事实依据。至争议商标申请日即2002年1月4日，通过上海采埃孚公司等企业的使用，“采埃孚”已经成为在中国大陆境内具有一定市场知名度的商号，应当作为商标法第三十一条所称的“在先权利”予以保护。作为同业经营者的汇昌机电公司，应当知道采埃孚公司及上海采埃孚公司在先使用的“采埃孚”商号已经在转向机等汽车零配件等商品上具有一定知名度，却将与该商号完全相同的“采埃孚”文字作为商标注册在与上海采埃孚公司的实际经营范围联系紧密的液压泵、液压阀等商品上，损害了采埃孚公司及其关联公司对“采埃孚”字号享有的在先商号权，违反了商标法第三十一条的规定。

中华人民共和国最高人民法院行政判决书

（2014）行提字第2号

再审申请人（一审原告、二审上诉人）：采埃孚转向系统有限公司（ZF LENKSYSTEME GMBH）。住所地：德意志联邦共和国施瓦本格明德×街77号。

法定代表人：米夏埃尔·汉克尔，该公司首席执行官。

法定代表人：汉斯·弗里德里希·科伦贝格，该公司执行经理。

委托代理人：胡刚，中国国际贸易促进委员会专利商标事务所商标代理人。

委托代理人：邱静，中国国际贸易促进委员会专利商标事务所商标代理人。

被申请人（一审被告、二审被上诉人）：中华人民共和国国家工商行政管理总局商标评审委员会。住所地：中华人民共和国北京市西城区×街1号。

法定代表人：何训班，该委员会主任。

委托代理人：吴冬，该委员会审查员。

第三人：台州汇昌机电有限公司。住所地：中华人民共和国浙江省玉环县×街道。

法定代表人：叶会昌，该公司董事长。

委托代理人：朱治川，温州兴业商标事务所有限公司职员。

再审申请人采埃孚转向系统有限公司（简称采埃孚公司）因与被申请人中华人民共和国国家工商行政管理总局商标评审委员会（简称商标评审委员会）、第三人台州汇昌机电有限公司（简称汇昌机电公司）商标争议行政纠纷一案，不服北京市高级人民法院（2012）高行终字第899号行政判决，向本院申请再审。本院于2013年11月29日作出（2013）知行字第60号行政裁定，决定提审本案。本院依法组成合议庭，于2014年2月27日公开开庭审理了本案。采埃孚公司的委托代理人胡刚、邱静，汇昌机电公司的委托代理人朱治川到庭参加了诉讼。商标评审委员会经本院合法传唤未到庭参加诉讼，本院依法进行了缺席审理。本案现已审理终结。

北京市第一中级人民法院一审查明：2002年1月4日，汇昌机电公司向中华人民共和国国家工商行政管理总局商标局（简称商标局）申请注册第3060409号“采埃孚”商标（简称争议商标）。2003年7月28日，争议商标被核准注册在第7类“液压泵、液压阀，泵（机器）；真空泵（机器）；泵（机器、发动机或马达部件）；液压元件（不包括车辆液压系统）；润滑油泵”等商品上。2004年9月10日，采埃孚公司向商标评审委员会提出争议申请，请求撤销争议商标。

汇昌机电公司答辩认为：1. 争议商标为合法注册，采埃孚公司称汇昌机电公司抢注商标证据不足；2. 采埃孚公司称其拥有“采埃孚”商标的在先权利证据不足，“汽车转向机”商品属第12类，而争议商标指定使用的液压泵等商品属于第7类，未构成类似商品，争议商标未侵犯采埃孚公司的在先权利。综上，请求维持争议商标注册。

2010年7月26日，商标评审委员会作出商评字（2010）第17687号《关于第3060409号“采埃孚”商标争议裁定书》（简称第17687号裁定），该裁定认为：采埃孚公司称争议商标的注册是对其在先使用的“采埃孚”商标抢注，并且损害了采埃孚公司的在先商号权，争议商标的注册违反了2013年修正前的《中华人民共和国商标法》（简称商标法）第三十一条的规定。依据商标法第四十一条第二款的规定，采埃孚公司应举证证明其在争议商标申请注册前已在与争议商标核定使用商品相同或类似的商品上或其商品所属行业在中国大陆地区使用“采埃孚”商标或商号并产生一定影响。采埃孚公司提交的使用和宣传证据中未显示该公司名称，亦不足以证明该公司与上述证据中显示的上海采埃孚转向机有限公司（简称上海采埃孚公司）、柳州采埃孚机械有限公司（简称柳州采埃孚公司）等单位存在商标权或商号权上的利害关系。同时本案采埃孚公司提交的仅有商号权的使用证据，上述证据体现上海采埃孚公司、柳州采埃孚公司的经营范围主要为生产销售汽车转向机及相关汽车零部件，争议商标核定使用的液压泵、液压阀等商品所属行业与之分属不同的行业领域，且在案证据或为单方证据，或未显示证据形成时间或形成时间晚于争议商标申请日，不足以证明在争议商标申请日前，采埃孚公司或其利害关系人在中国在先使用“采埃孚”商号在争议商标核定商品所属行业中具有一定知名度，争议商标的注册使用应不致相关公众混淆。综上，争议商标的注册未构成商标法第三十一条规定的情形，争议商标予以维持。

采埃孚公司不服第17687号裁定，向一审法院诉称：商标评审委员会第17687号裁定并非建立在对采埃孚公司提交全部在案证据的整体分析之上，相关事实认定存在明显错误。采埃孚公司在评审阶段分三次提交相关证据。在第17687号裁定中未提及其第三次应要求补充提交的证据。由于上述证据有重要参考价值，商标评审委员会对于采埃孚公司第三次提交证据的忽略不利于查明事实，应当予以纠正。采埃孚公司认为在评审阶段提交证据三、证据四可以证明其与上海采埃孚公司、柳州采埃孚公司等单位存在商号权上的利害关系。证据四、证据五、证据二十三及2010年5月28日第三次提交的证据可以证明上海采埃孚公司、柳州采埃孚公司的经营范围与争议商标核定使用的液压泵、液压阀等商品属于同一行业领域。证据四、证据五、证据六、证据八至证据十二，证据十三至证据二十一，证据二十二以及2004年9月28日第二次提交的证据可以证明在争议商标申请日前，采埃孚公司或其利害关系人在中国在先使用的“采埃孚”商号在争议商标核定商品所属行业中具有一定知名度。采埃孚公司在庭审阶段提交的补强证据用于证明其与在中国的子公司存在商号权上的利害关系，各子公司经营范围与争议商标核定使用的液压泵、液压阀等商品属于同一行业领域及在争议商标申请日前采埃孚公司及其利害关系人在中国在先使用的“采埃孚”商号在争议商标核定商品所属行业中具有一定知名度。综上，第17687号裁定认定事实不清，适用法律错误，请求法院撤销该裁定。

商标评审委员会辩称：第17687号裁定认定事实清楚，适用法律正确，程序合法，请求人民法院依法予以维持。

第三人汇昌机电公司当庭述称：第17687号裁定认定事实清楚，适用法律正确，程序合法，采埃孚公司的诉讼请求没有事实和法律依据，请求法院依法予以维持。

一审法院另查明，在一审庭审过程中，采埃孚公司明确表示其主张的在先权利为商标法第三十一条规定的在先权利。

北京市第一中级人民法院一审认为：本案的焦点问题在于争议商标的注册是否侵犯了采埃孚公司的在先商号权。在采埃孚公司提交的证据中，或者为单方证据，不能确定其真实性；或者未涉及将中文“采埃孚”作为商号使用的内容；或者未标注日期；或者证据的产生日期晚于争议商标申请日。因此，在案证据均不能证明在争议商标申请日前，采埃孚公司或其商号权的利害关系人在争议商标核定使用的商品或类似商品上在先将中文“采埃孚”作为商号在中国大陆地区使用并具有一定的知名度。第 17687 号裁定关于争议商标注册未构成商标法第三十一条规定情形的认定正确。据此，一审法院判决维持第 17687 号裁定。

采埃孚公司不服一审判决，向北京市高级人民法院上诉称：第 17687 号裁定并非建立在对采埃孚公司提交的全部在案证据的整体分析之上，相关事实认定存在明显错误。商标评审委员会拒绝采纳采埃孚公司提交的证据，违反了优势证据原则且显失公平。

商标评审委员会、汇昌机电公司服从一审判决。

北京市高级人民法院二审认为：根据商标法第四十一条第二款规定，违反商标法第十三条、第十五条、第十六条、第三十一条规定的，自商标注册之日起五年内，商标所有人或者利害关系人可以请求商标评审委员会撤销该注册商标。这里的“利害关系人”应当主要包括相关权利的被许可使用人、合法继承人。本案中，采埃孚公司主张争议商标的注册侵犯了其在先商号权，但其提交的使用和宣传证据中均未显示该公司名称，同时也不能证明其与证据中显示的上海采埃孚公司、柳州采埃孚公司等单位存在商标权或商号权上的利害关系。且采埃孚公司提交的证据均不能证明在争议商标申请日前，采埃孚公司或其商号权的利害关系人在争议商标核定使用的商品或类似商品上在先将“采埃孚”作为商号在中国大陆地区使用并具有一定的知名度。故一审法院及第 17687 号裁定关于争议商标注册未构成商标法第三十一条规定情形的认定正确。据此，二审法院判决：驳回上诉，维持一审判决。

采埃孚公司向本院申请再审称：第一，二审判决将商标法第四十一条第二款中的“利害关系人”解释为仅限于“相关权利的被许可使用人、合法继承人”，系对法律的狭隘解释，基于此错误释义作出的判决应予撤销。商标法第四十一条第二款中涉及的相关权利并非仅包括商标权利，尤其是商标法第三十一条中的在先权利并不包括商标权，而是其他类型的合法权利。因此，商标法第五十三条规定的“利害关系人”与该法第四十一条第二款中的“利害关系人”不能等同。采埃孚公司在评审阶段及诉讼阶段提交的证据和理由，完全可以证实其是与本案有利害关系的主体。二审法院将采埃孚公司排除在与其主张的商号权存有利害关系的主体之外，属于认定事实不清、适用法律错误。第二，二审判决认定采埃孚公司提交的证据不能证明其与上海采埃孚公司等单位存在商标权或商号权上的利害关系，属于认定事实不清。首先，采埃孚公司主张争议商标注册侵犯了其在先商号权，应当包括其英文商号权和中文商号权。二审判决未对争议商标是否侵犯了采埃孚公司的英文商号权进行任何评述。采埃孚公司提交的证据充分证明，经过采埃孚公司及其中国子公司的宣传使用，其企业名称中的“ZF”与中文“采埃孚”已经形成了对应关系。争议商标与采埃孚公司的名称中的显著部分“ZF”对应的中文“采埃孚”相同，极易导致中国相关公众混淆，损害采埃孚公司的利益，已经构成对在先商号权的侵犯。其次，二审判决认为采埃孚公司提交的证据中均未显示其公司名称，与事实不符。采埃孚公司在评审程序及原审程序中提交了 37 份证据，其中多份证据显示了采埃孚公司的名称。因此，“采埃孚”作为采埃孚公司企业名称的显著部分在中国广泛宣传的事实毋庸置疑，二审判决对相关事实的认定存在错误。“采埃孚”应当作为在中国境内使用并且具有一定市场知名度的商号权给予充分保护。再次，二审法院认定采埃孚公司提交的证据不能证明其与上海采埃孚公司、柳州采埃孚公司等单位存在商标权或商号权上的利害关系，属认定事实不清。争议商标与上海采埃孚公司的商号完全相同，与采埃孚公司广泛使用的中文商号亦完全相同，采埃孚公司与上海采埃孚公司显然具有商号权上的利害关系，属于与案件有利害关系的主体，构成商标法第四十一条第二款中所指的“利害关系人”。最后，采埃孚公司在本案中主张争议商标侵犯了上海采埃孚公司的商号权，也是得到该公司的明确授权的。第三，二审判决认为在案证据不能证明“采埃孚”作为商号在争议商标核定使用商品或类似商品上使用已具有一定知名度，属于认定事实不清。争议商标“采埃孚”与采埃孚公司及其利害关系人在先使用的中文商号“采埃孚”完全相同，并且指定使用在采埃孚公司的主要商品或者类似商品项目上，在采埃孚公司的商号“采埃孚”已经在先使用并有较高知名度的情况下，争议商标的注册与使用极易导致相关公众产生混淆，侵犯了采埃孚公司及其子公司的在先商号权。综上，争议商标侵犯了采埃孚公司及其利害关系人的商号权，违反了商标法第三十一条关于申请商标注册不得损害他人现有的在先权利的规定，应当予以撤销。第17687号裁定及一审、二审判决认定事实不清，适用法律错误，请求再审判决予以撤销。

汇昌机电公司辩称：第一，第17687号裁定及一审、二审判决认定事实清楚，适用法律正确，程序合法，应予维持。争议商标经多年使用已经在同行业具有一定知名度，应当受到法律的保护。第二，争议商标与采埃孚公司主张在先使用的“采埃孚”字号核定使用的商品分属于分类表第7类和第12类，完全不同，两标识共存不会造成消费者混淆误认。第三，争议商标的注册未违反商标法第三十一条的规定，一审、二审判决并未对商标法上的利害关系人作狭隘解释，也未将采埃孚公司的利害关系人的相关证据作为无效证据处理，而是认定其提交的证据不能证明该公司或其利害关系人在争议商标核定使用的商品或者类似商品上在先将中文“采埃孚”作为商号在中国大陆地区使用并具有一定影响。采埃孚公司申请再审的理由不能成立，请求驳回其再审申请。

本院再审查明，采埃孚公司为一家成立于德国的企业，其中文名称为“采埃孚转向系统有限公司”，其主要经营范围为开发和生产汽车传动和底盘零部件。1994年11月13日，上海采埃孚公司成立。根据营业执照的记载，股东发起人为华城汽车系统股份有限公司、采埃孚转向系统有限公司，经营范围为开发、生产及组装汽车转向系统及其部件以及相关汽车零部件，汽车转向系统部件和相关汽车零部件的批发、进出口业务及相关配套服务等。根据上海采埃孚公司章程的记载，采埃孚公司的出资占注册资本总额的51%。1995年12月12日，柳州采埃孚公司成立。公司的发起人为采埃孚（中国）投资有限公司、广西柳工机械股份有限公司，其主要经营范围为工程机械变速箱和驱动桥及其零部件的生产、销售、维修服务。2001年5月28日，采埃孚转向泵金城（南京）有限公司（简称南京采埃孚公司）成立，股东为金城集团有限公司、采埃孚转向系统有限公司。主要经营范围为汽车叶片泵及相关产品的开发、制造与服务等。此外，根据采埃孚公司提供的采埃孚集团在中国的子公司及业务简介显示，中国大陆地区还成立有采埃孚（中国）投资有限公司、上海采埃孚变速器有限公司、上海采埃孚伦福德底盘技术有限公司、采埃孚传动技术（杭州）有限公司、十堰东风采埃孚减震器有限公司等多家以“采埃孚”为商号的分支机构。

上海采埃孚公司曾出具声明称：上海采埃孚公司是德国采埃孚转向系统有限公司的子公司，成立于1994年11月13日。在采埃孚公司对第3060409号商标

"采埃孚"所提争议一案中，采埃孚公司有权在争议程序及后续的诉讼程序中主张第3060409号商标不仅侵犯其中文商号权，同时也侵犯了我公司对"采埃孚"所享有的在先商号权。

汇昌机电公司成立于1998年1月8日，根据营业执照的记载，该公司的经营范围为：紧固件、摩托车配件、汽车配件、汽车变速箱齿轮制造、货物进出口、技术进出口。在汇昌机电公司网站中"企业介绍"栏目有如下文字介绍：转向泵，我们从技术改造入手，引进国外先进技术，专业生产汽车转向助力泵。

为证明"采埃孚"字号在中国大陆地区的使用情况，采埃孚公司在商标评审及诉讼程序中提交了以下证据：

证据8：中国机械网于2004年8月18日发布的题为"上海汽车零部件发展的成功之路"的摘页，介绍了如下事实：1. 上海采埃孚公司自制的液压动力转向机关键部件——转向控制阀获德国采埃孚认可，标志着整个动力转向机实现了国产化；2. 到2004年8月为止累计生产机械和液压动力转向机共220多万台，国内市场占有率70%以上；

证据9：原上海市经济委员会政府网站摘页，表明上海采埃孚公司在2004年位列上海工业500强第107位；

证据11：《重型汽车》1995年第1期总第26期题为《德国ZF公司》的文章；

证据12：《工程机械与维修》1998年第9期第23页题为《柳州采埃孚公司的传动部件》的文章；

证据13：《交通世界》2001年第9期第16－20页题为《迎世贸 论价值 装载机打响第一枪－柳工、康明斯、采埃孚联手打造中国品牌》的文章；

证据14：《汽车与配件》2002年第2期第34－35页题为《水到渠成－施纳德谈采埃孚萨克斯在中国的成功与发展》的文章；

证据15：《商用汽车》2010年11月刊第123页名为《采埃孚进一步巩固中国商用车市场地位》的文章，为证明采埃孚公司的"ZF"、"采埃孚"商号最晚至1999年在中国汽车行业已具有很高知名度；

证据16：《中国汽车报》2000年12月25日发布的关于上海采埃孚公司第100万台转向机下线的报道；

证据17：《上海汽车报》2000年12月17日关于上海采埃孚公司第100万台转向机下线的报道，其中有如下文字表述：占据中国汽车工业转向机行业半壁江山的上海采埃孚公司，12月15日立下一块新的里程碑，由该公司生产的第100

万台转向机正式下线。今年该公司销售额可望接近6亿元；

证据18：《解放日报》2000年12月27日关于上海采埃孚公司第100万台转向机下线的报道，其中有如下文字表述：上海采埃孚公司第100万台转向机日前下线。今年全公司的销售收入可接近6亿元。目前已经抢占国内市场半壁江山。“上海采埃孚”是上汽集团与德国采埃孚转向系统有限公司共同创办的；

证据19：《中华汽车信息》2000年12月25日关于上海采埃孚公司第100万台转向机下线的报道；

证据20：《上海英文星报》2000年12月19日关于上海采埃孚公司第100万台转向机下线的报道；

证据21：上海采埃孚公司在沪嘉浏高速公路路边广告照片及上海蓝梦广告有限公司有关此事的广告发布通知单，上海采埃孚公司在照片中使用了其企业名称的全称及“ZF及图”的标识。该证据为证明按照上海采埃孚公司的要求，上海蓝梦广告有限公司于1999年10月1日前在沪嘉浏高速公路两侧安置六块大型广告牌，上海采埃孚公司在早于争议商标申请日之前已经进行了广泛的广告宣传；

证据22：上海采埃孚公司在沪嘉浏高速公路路边广告照片，采埃孚公司自述的使用时间为2003年至2005年；

证据23、证据24：上海采埃孚公司于2000年12月17日、2002年3月10日在《上海汽车报》所做广告；

证据25：中国汽车报社于1999年11月16日向上海采埃孚公司开具的广告发布费发票；

证据26：上海东方杂志社有限公司于2000年4月17日、7月31日向上海采埃孚公司出具的广告费发票；

证据27：《上海企业》杂志社于2000年7月11日向上海采埃孚公司开具的广告费发票一份；

证据28：《上海汽车》杂志于2000年7月14日、11月12日向上海采埃孚公司开具的广告费发票；

证据29：上海汽车工业（集团）总公司自1999年12月2日至2000年12月26日期间向上海采埃孚公司开具的广告费收据共七份，其中载明的收费项目为“高速公路广告费”；

证据30：上海大众汽车有限公司及上海通用汽车有限公司出具的证明，主要内容为：上海采埃孚公司在1996年7月1日至2003年1月29日期间为上海大众汽车有限公司转向机等零部件的供应商；上海采埃孚公司在2001年3月1日至2003年1月29日期间为上海通用汽车有限公司的转向机等零部件的供应商。在此期间，上海采埃孚公司使用的品牌名称为以及“采埃孚”的产品，产品质量可靠。

另查明，在本院再审审查过程中，采埃孚公司认可其在评审程序中并未提出将其英文字号作为在先权利进行保护的主张。汇昌机电公司表示，对采埃孚公司提供证据的真实性以及采埃孚公司对上海采埃孚公司、柳州采埃孚公司等具有控股关系的事实没有异议，但认为采埃孚公司提交的部分证据的发生时间在争议商标申请日之后，不足以证明“采埃孚”字号的知名度。

本院再审认为：根据各方当事人的诉讼主张，并结合已经查明的案件事实，本案的争议焦点问题是争议商标的注册是否构成了商标法第三十一条所称的损害他人在先权利的商标。商标法第三十一条规定：“申请商标注册不得损害他人现有的在先权利，也不得以不正当手段抢先注册他人已经使用并有一定影响的商标。”本院认为，该条所规定的“他人现有的在先权利”，是指在商标注册申请人提出商标注册申请之前，他人已经取得的如外观设计权、著作权、企业名称权等权利。本案涉及如下法律问题：

一、关于采埃孚公司能否对“采埃孚”主张在先商号权

商标法第四十一条第二款规定，违反商标法第十三条、第十五条、第十六条、第三十一条规定的，自商标注册之日起五年内，商标所有人或者利害关系人可以请求商标评审委员会裁定撤销该注册商标。二审法院认为，该法条所称的“利害关系人”应当主要包括相关权利的被许可使用人、合法继承人。采埃孚公司主张争议商标的注册侵犯了其在先商号权，但采埃孚公司提交的使用和宣传证据中均未显示该公司名称，同时也不能证明采埃孚公司与上述证据中显示的上海采埃孚公司、柳州采埃孚公司等单位存在商标权或商号权上的利害关系。对此本院认为，第一，现行法律法规并未对商标法第四十一条第二款规定的“利害关系人”的范围作出明确界定，参照商标局和商标评审委员会颁布的《商标审查及审理标准》的规定，商标法第三十一条所称的“利害关系人”，是指在先权利的被许可人以及其他有证据证明与案件有利害关系的主体。司法实践中，虽然利害关系人多以被许可使用人、合法继承人的形式表现，但利害关系人的范围不应仅限于此，其他有证据证明与案件具有利害关系的主体，亦可依据商标法第三十一条的规定对争议商标提出撤销申请。第二，本案中，采埃孚公司明确主张以上海采埃孚公司、柳州采埃孚公司等国内企业对“采埃孚”商号的使用证据，作为“采

埃孚”系在先商号权予以保护的证明。根据再审程序中已经查明的事实，采埃孚公司为上海采埃孚公司的发起人，且依超过50%的投资比例对上海采埃孚公司形成控股。由此可见，上海采埃孚公司、柳州采埃孚公司等使用“采埃孚”商号的国内企业，均是由采埃孚公司参与投资而设立，上述企业对“采埃孚”商号的使用显然是基于采埃孚公司的投资而获得采埃孚公司的授权或许可。据此，采埃孚公司应有权根据上海采埃孚公司等企业对“采埃孚”商号的使用行为，提出将“采埃孚”作为在先商号权进行保护的法律上的利益。二审法院关于现有证据不能证明采埃孚公司与上海采埃孚公司等存在商标权或商号权上的利害关系的认定缺乏事实依据，本院对此予以纠正。

二、“采埃孚”是否为有一定知名度的商号

本院认为，具有一定的市场知名度、为相关公众所知悉的企业名称中的字号，可以认定为《中华人民共和国反不正当竞争法》第五条第（三）项规定的“企业名称”，作为商标法第三十一条所规定的“在先权利”予以保护。本案中，以“采埃孚”作为商号的上海采埃孚公司成立于1994年11月13日，经营范围包括生产和经销转向系统等汽车零部件。此后，同样以“采埃孚”作为企业字号并由采埃孚公司投资建立的柳州采埃孚公司、南京采埃孚公司等先后于1995年、2001年成立。自1999年10月起，上海采埃孚公司已经开始以在沪嘉浏高速公路两侧投放广告等形式对其公司和产品进行宣传。2000年12月，有多家新闻媒体对上海采埃孚公司第100万台转向机下线的新闻进行了报道。根据报道中的记载，上海采埃孚公司的转向机产品在当时的中国市场中已经占有较高的市场份额和取得近6亿元的销售收入。在上述新闻报道中，均清晰地显示了上海采埃孚公司的企业名称，且多处指明了采埃孚公司与上海采埃孚公司之间的投资关系。由此可见，至争议商标申请日即2002年1月4日，通过上海采埃孚公司等企业的使用，“采埃孚”已经成为在中国大陆境内具有一定市场知名度的商号，应当作为商标法第三十一条所称的“在先权利”予以保护。

三、关于争议商标的注册是否损害了“采埃孚”的在先商号权

“采埃孚”作为采埃孚公司及其关联企业上海采埃孚公司等在先使用并具有一定知名度的商号，本身为无中文含义的臆造词，具有较强的固有显著性。争议商标由中文文字“采埃孚”构成，与上海采埃孚公司等在先使用的商号“采埃孚”的文字构成、呼叫完全一致，为相同标识。争议商标核定使用在“液压泵、液压阀、泵（机器）；真空泵（机器）；泵（机器、发动机或马达部件）；液压元

件（不包括车辆液压系统）；润滑油泵”等商品上。因上述商品中的部分元件是构成转向机系统的重要零部件，其他核定使用商品也多为各类汽车零部件，故争议商标核定使用的商品与上海采埃孚公司生产和销售的转向系统以及汽车零部件等具有较为紧密的商品关联关系。据此，作为同业经营者的汇昌机电公司，应当知道采埃孚公司及上海采埃孚公司在先使用的“采埃孚”商号已经在转向机等汽车零配件等商品上具有一定知名度，却将与该商号完全相同的“采埃孚”文字作为商标注册在与上海采埃孚公司的实际经营范围联系紧密的液压泵、液压阀等商品上，损害了采埃孚公司及其关联公司对“采埃孚”享有的在先商号权，违反了商标法第三十一条的规定。一审、二审法院关于争议商标的注册使用未违反商标法第三十一条规定的认定缺乏事实与法律依据，本院予以纠正。

此外，对于采埃孚公司所称二审判决未对争议商标是否侵犯其在先英文商号权予以评述的理由，本院认为，尽管采埃孚公司在向一审法院提起诉讼时称，采埃孚公司或其利害关系人在中国在先使用“采埃孚”商号在争议商标核定使用商品所属行业中具有一定知名度，但现有证据不能证明采埃孚公司在评审过程中明确提出了争议商标侵犯其英文商号权的主张，各方当事人也并未就此陈述意见，加之采埃孚公司在再审程序中对上述事实予以认可，因此，在采埃孚公司并未明确提出相关主张的情况下，二审法院未对采埃孚公司与英文商号有关的事由予以评述的做法并无不当，采埃孚公司对此所提异议不能成立，本院不予支持。

综上，本院认为，争议商标侵犯了采埃孚公司及其关联公司对“采埃孚”享有的在先商号权，违反了商标法第三十一条的规定，争议商标应当予以撤销。采埃孚公司申请再审的理由成立，第17687号裁定、一审、二审判决认定事实不清，适用法律错误，应予撤销，商标评审委员会应当重新作出争议裁定。依据《中华人民共和国行政诉讼法》第五十四条第（二）项、第六十一条第（三）项、第六十三条第二款，《最高人民法院关于执行〈中华人民共和国行政诉讼法〉若干问题的解释》第七十六条第一款、第七十八条之规定，判决如下：

一、撤销北京市高级人民法院（2012）高行终字第899号行政判决及北京市第一中级人民法院（2011）一中知行初字第408号行政判决；

二、撤销中华人民共和国国家工商行政管理总局商标评审委员会商评字（2010）第17687号《关于第3060409号“采埃孚”商标争议裁定书》；

三、中华人民共和国国家工商行政管理总局商标评审委员会就第3060409号

“采埃孚”商标重新作出争议裁定。

一审案件受理费一百元、二审案件受理费一百元，共二百元，由中华人民共和国国家工商行政管理总局商标评审委员会负担。

本判决为终审判决。

审　判　长　王艳芳
代理审判员　朱　理
代理审判员　佟　姝
二○一四年七月十七日
书　记　员　刘海珠

50. 商标法第三十一条规定中“在先权利”的界定

——再审申请人帕克无形资产有限责任公司与被申请人中华人民共和国国家工商行政管理总局商标评审委员会、原审第三人戴均欢商标异议复审行政纠纷案

【裁判要旨】

中国境内具有一定市场知名度、为相关公众所知悉的企业名称中的字号，可以作为企业名称权的一种特殊情况对待，作为商标法第三十一条所规定的“在先权利”受到保护。

【关键词】

商标异议　在先权利　字号　企业名称权

【案号】

最高人民法院（2014）行提字第9号

【基本案情】

在再审申请人帕克无形资产有限责任公司（以下简称帕克公司）与被申请人中华人民共和国国家工商行政管理总局商标评审委员会（以下简称商标评审委员会）、原审第三人戴均欢商标异议复审行政纠纷案中，戴均欢于2004年9月8日

向中华人民共和国国家工商行政管理总局商标局（以下简称商标局）申请注册第4259661号“派克汉尼汾PARKERHANNIFIN”商标（即被异议商标），指定使用在第17类的密封环、PVC软管等商品上。经初步审定公告后，帕克公司向商标局提出异议申请。商标局裁定被异议商标予以核准注册。帕克公司不服，向商标评审委员会提出复审申请。商标评审委员会于2011年12月1日作出商评字（2011）第31393号《关于第4259661号“派克汉尼汾PARKERHANNIFIN”商标异议复审裁定书》（以下简称第31393号裁定），对被异议商标予以核准注册。帕克公司不服，提起行政诉讼。北京市第一中级人民法院、北京市高级人民法院先后作出一审、二审判决，维持第31393号裁定。帕克公司仍不服，向最高人民法院申请再审。最高人民法院裁定提审本案，并于2014年8月13日判决撤销第31393号裁定及一审、二审判决，责令商标评审委员会重新作出裁定。

【裁判意见】

最高人民法院提审认为：中国境内具有一定市场知名度、为相关公众所知悉的企业名称中的字号，可以作为企业名称权的一种特殊情况对待，作为商标法第三十一条所规定的“在先权利”受到保护。本案中，“Parker Hannifin”是两个名称的组合，其中Parker是派克公司的创始人的名字，Hannifin是其合并公司的名称，这种因为公司并购后以两家公司名称组合的字号有其特别的历史背景，作为商业标记具有较强的显著性。“派克汉尼汾”是其惯用音译，通过派克汉尼汾公司及其关联公司的使用及相关宣传报道，已成为“Parker Hannifin”对应音译。“PARKER HANNIFIN”“派克汉尼汾”作为派克汉尼汾公司及其子公司或关联公司的字号，在被异议商标申请日之前在中国已经使用多年，且在相关新闻报道及报纸杂志文章中，亦清晰地显示了派克汉尼汾公司及其关联公司的企业名称及其相关排名、销售额及市场情况。在被异议商标申请日之前，通过派克汉尼汾公司及其关联公司的使用，“派克汉尼汾”已经成为在中国大陆地区具有一定市场知名度的字号，可以作为商标法第三十一条所称的“在先权利”予以保护。现有证据证明，派克汉尼汾公司及其关联公司所生产经营的商品包括各种流体连接件、橡胶等60个大类的产品。被异议商标指定使用商品中的密封环、PVC软管等商品，与派克汉尼汾公司及其关联公司在中国生产和经营的部分产品明显具有类似性或较强的关联性。本案中，被异议商标与派克汉尼汾公司及其关联公司的中英文字号完全相同，并指定使用在类似商品上。戴均欢作为与产品具有密切关系的同业经营者，应当知道派克汉尼汾字号的知名度，却仍将与该中英文字号完全相同的文字申请注册为商标，难以认定巧合，具有明显攀附派克汉尼汾公司及其关联公司字号商誉的恶意，侵犯了该公司的在先字号权，争议商标不应予以核准注册。

中华人民共和国最高人民法院行政判决书

（2014）行提字第9号

再审申请人（一审原告、二审上诉人）：帕克无形资产有限责任公司。住所地：美利坚合众国俄亥俄州克利夫兰市×道6035号。

法定代表人：托马斯·A. 毕莱诺，该公司副总裁兼秘书。

委托代理人：傅凤喜，北京市永新智财律师事务所律师。

委托代理人：王红欣，永新专利商标代理有限公司商标代理人，住中华人民共和国北京市海淀区×小区10楼3门1001号。

被申请人（一审被告、二审被上诉人）：中华人民共和国国家工商行政管理总局商标评审委员会。住所地：中华人民共和国北京市西城区×街1号。

法定代表人：何训班，该委员会主任。

委托代理人：吴冬，该委员会审查员。

原审第三人：戴均欢，住中华人民共和国浙江省天台县洪畴镇×村1区217号，系江苏省昆山市浦江胶管公司总经理。

委托代理人：叶怀静，上海四维乐马（昆山）律师事务所律师。

再审申请人帕克无形资产有限责任公司（以下简称帕克公司）因与被申请人中华人民共和国国家工商行政管理总局商标评审委员会（以下简称商标评审委员会）、原审第三人戴均欢商标异议复审行政纠纷一案，不服中华人民共和国北京市高级人民法院（2012）高行终字第1920号行政判决，向本院申请再审。本院于2013年11月29日作出（2013）知行字第63号行政裁定，提审本案。本院依法组成合议庭，公开开庭审理了本案。帕克公司的委托代理人傅凤喜、王红欣，戴均欢及其委托代理人叶怀静到庭参加了诉讼，被申请人商标评审委员会经本院合法传唤，未到庭参加诉讼。本案现已审理终结。

北京市第一中级人民法院一审查明：2004年9月8日，戴均欢向中华人民共和国工商行政管理总局商标局（以下简称商标局）申请注册第4259661号“派克汉尼汾PARKERHANNIFIN”商标（以下简称被异议商标），指定使用商品为第17类：密封环、PVC软管、农用塑料膜、排水软管、非金属软管、消防水龙带、液压软管、橡胶软管、石棉石板、绝缘材料。被异议商标经商标局初步审定并公告后，帕克公司向商标局提出异议。商标局于2010年7月18日作出（2010）商标异字第14917号商标异议裁定，以帕克公司的证据不足为由，裁定被异议商标予以核准注册。

帕克公司不服该裁定，向商标评审委员会提出异议复审申请，并提交如下主要证据：1. 派克汉尼汾流体传动产品（上海）有限公司等三个公司的企业法人营业执照及Parker Hannifin Corporation香港登记资料；2. 帕克公司网站网页及名片、工作服照片等资料；3. 中国液压气动密封件工业协会网站网页；4. 获奖证明及资质证明；5. 参加展览会的相关资料；6. 相关媒体的报道资料；7. 销售合同及增值税发票；8. 派克汉尼汾公司官方网站域名注册信息。

商标评审委员会于2011年12月1日作出商评字（2011）第31393号《关于第4259661号"派克汉尼汾PARKERHANNIFIN"商标异议复审裁定书》（以下简称第31393号裁定）认定：帕克公司依据2013年修正前的《中华人民共和国商标法》（以下简称商标法）第三十一条，主张被异议商标侵犯派克汉尼汾公司及该公司在中国大陆的子公司的商号权，侵犯派克汉尼汾公司的域名权，并构成对其在先使用并有一定影响的"派克汉尼汾"、"PARKERHANNIFIN"商标的抢注。对此该委员会认为，帕克公司提交的证据1、8与知名度无关；证据2为其自制资料，证明力较弱；证据5涉及的展会展出时间晚于被异议商标申请日；证据3、4、6、7有些不能辨别时间，有些发生在被异议商标申请日之后。本案有效在案证据不足以证明派克汉尼汾公司及其在中国大陆的子公司的商号、域名在被异议商标申请注册之前，经过宣传使用在与被异议商标指定使用商品相同或类似的行业内已具有一定知名度，被异议商标的注册未构成商标法第三十一条所指损害他人在先权利的情形。另外，本案证据7涉及的商品为液压元件、流体连接件，且仅有部分销售发票在被异议商标申请注册之前，亦未显示商标，故在案证据不足以证明帕克公司"派克汉尼汾"、"PARKERHANNIFIN"商标在排水软管、消防水龙带等相同或类似商品上在先使用并具有一定影响。综上，帕克公司上述理由证据不足，不能成立。帕克公司认为被异议商标属于商标法第四十一条第一款所指以其他不正当手段取得注册的情形，但本案证据并不能支持其主张。据此，商标评审委员会裁定被异议商标予以核准注册。

帕克公司不服该裁定而向北京市第一中级人民法院起诉称：第31393号裁定认定事实不清，证据不足，应予撤销。（一）帕克公司提交的证据可以充分证明，其关联公司对“派克汉尼汾”、“PARKERHANNIFIN”拥有在先企业名称权和域名权，被异议商标侵犯该在先权利，应予撤销。1. 帕克公司的母公司于 1983 年就在中国成立合资公司，并至少从 1996 年起就在中国成立多家以“派克汉尼汾”、“PARKERHANNIFIN”为商号的合资公司。在进入中国市场的 30 年间，帕克公司的关联公司在中国大量生产和销售产品，并积极参加各种品牌推广活动，得到了中国专业人士和相关媒体的高度关注和认可，其商号也在中国相关领域享有极高的知名度和市场号召力。帕克公司在评审期间提交了大量证据，对于这些证据，商标评审委员会并没有认真分析和审查就简单地予以否定，该做法不合常理且违反法律规定，应该予以纠正。2. 帕克公司的母公司派克汉尼汾公司于 1996 年 2 月 25 日注册了 www. parkerhannifin. com 作为其官方网站的域名，被异议商标与该域名完全相同，该商标的使用会使消费者误认为该商标来自帕克公司或与帕克公司及其关联公司有关。（二）第三人是在明知帕克公司的商标的情况下，违反诚实信用原则，为牟取非法利益的目的以不正当手段申请注册被异议商标的，依照商标法第四十一条规定，不应核准注册。综上，请求法院依法撤销被诉裁定。

商标评审委员会答辩时坚持其在被诉裁定中的意见，请求法院维持被诉裁定。

第三人戴均欢述称：（一）帕克公司关联公司的商号所在之商业领域，与被异议商标指定使用商品不同。（二）帕克公司的关联公司不具有知名度。（三）我方不存在以不正当手段申请注册商标的事实。（四）帕克公司对法律条款和词语进行过分扩张的解释，以追求对其权利的过分保护。（五）被异议商标与帕克公司关联公司所使用的标识存在明显差异，不足以引起混淆。请求维持被诉裁定。

帕克公司向一审法院补充提交了如下证据：1. 帕克公司运营协议；2. 派克汉尼汾香港有限公司商业登记信息；3. 派克汉尼汾流体传动产品（上海）有限公司、派克汉尼汾液压系统（上海）有限公司工商档案；4. 昆山市浦江胶管有限公司工商档案；5. 派克汉尼汾公司在中国设立的办事处、分公司的工商登记信息；6. 上海海菁橡胶制品有限公司（以下简称上海海菁公司）的工商登记信息。上述证据未在评审期间提交。

帕克公司在庭审中明确其主要起诉理由为：被异议商标的注册申请违反商标法第三十一条的规定，损害了帕克公司的在先商号权和在先域名权，以及违反商标法第四十一条第一款规定。帕克公司明确其主张的在先商号是派克汉尼汾公司、派克汉尼汾公司在上海设立的两家子公司、派克汉尼汾香港有限公司的商号，主张的在先域名是 1996 年注册于美国的 www. parkerhannif-in. com 域名。

北京市第一中级人民法院经审理认为：（一）关于被异议商标是否违反了商标法第三十一条的规定，损害在先商号权和在先域名权。本案中，帕克公司主张的在先权利为商号权。该法律条文的适用要件为：1. 商号的登记、使用日应当早于系争商标注册申请日；2. 该商号在中国相关公众中具有一定的知名度；3. 系争商标的注册与使用容易导致相关公众产生混淆，致使在先商号权人的利益可能受到损害。帕克公司在本案中主张享有在先商号权的是派克汉尼汾公司、派克汉尼汾公司在上海设立的两家子公司、派克汉尼汾香港有限公司。经查，上述公司的成立时间均在被异议商标申请注册之前。帕克公司为证明其在先商号权提交的证据中，评审期间提交的证据 2、3 为网站网页打印件，其证明力较弱，且无法证明形成时间在被异议商标申请日之前；证据 4 获奖证书无法证明形成时间在被异议商标申请日之前；证据 5 涉及的展会展出时间晚于被异议商标申请日；证据 6 相关媒体的报道资料出处不明，且帕克公司无法证明该部分证据中的绝大部分系形成于被异议商标申请日之前；证据 7 销售合同及增值税发票部分发生在被异议商标申请注册之后，部分证据可以证明在被异议商标申请日前派克汉尼汾流体传动产品（上海）有限公司曾经在液压元件、气动元件、流体连接件、密封件、仪表等商品上出售过产品。由于上述商品均为第 7 类商品（密封件 0750），而被异议商标指定使用商品为第 17 类商品，被异议商标注册使用在非类似商品上，一般不易导致相关公众产生混淆，致使在先商号权人的利益可能受到损害。帕克公司在诉讼中提交的证据亦不足以证明被异议商标的申请注册损害了其在先商号权。综上，本案在案证据不足以证明帕克公司及其关联公司的商号在被异议商标申请注册之前，经过宣传使用在与被异议商标指定使用商品相同或相类似的行业内已具有一定知名度，被异议商标的申请注册未构成商标法第三十一条所指损害他人在先商号权的情形。帕克公司在本案中还主张在先域名权，并明确其主张构成在先域名权的域名 1996 年注册于美国。帕克公司用以证明该域名享有较高知名度的证据为评审期间提交的证据 2、8。上述证据均为网站网页打印件，属于自证性质，无法证明该域名在中国相关公众中享有较高知名度，故被异议商标的申请注册未构成商标法第三十一条所指损害他人在先域名权的情形。（二）商标法第四十一条第一款规定：已经注册的商标，如果是以欺骗或者其他不正当手段取得注册的，应当予以撤销。该条款规定是针对已注册商标的撤销程序作出的规范，而本案被异议商标尚未被核准注册；该条款所指的“以欺骗手段或者其他不正当手段取得注册”，涉及的是撤销商标注册的绝对事由，而被异议商标的申请注册并不属于上述情形。综上，一审法院判决维持商标评审委员会第31393号裁定。

帕克公司不服该一审判决，向北京市高级人民法院提起上诉称：（一）帕克公司在商标评审阶段提交的证据1、2、4、6、7以及一审中提交的证据5足以证明帕克公司关联公司在先商号的知名度，被异议商标违反商标法第三十一条。（二）被异议商标侵犯帕克公司关联公司在先域名权。（三）被异议商标系以不正当手段申请注册，违反商标法第四十一条第一款的规定。

北京市高级人民法院另查明：帕克公司系派克汉尼汾公司的全资子公司。1985年12月6日，派克汉尼汾公司在香港设立COMMERCIAL FILTERS INTERNATIONAL LIMITED公司，1989年3月7日，该公司更名为PARKER－HANNIFIN HONG KONG，LIMITED（派克汉尼汾香港有限公司）。派克汉尼汾流体传动产品（上海）有限公司成立于1996年12月11日，派克汉尼汾液压系统（上海）有限公司成立于1999年10月22日，上述企业均为台港澳法人独资，股东均系派克汉尼汾香港有限公司。二审诉讼中，帕克公司为证明相关商号在动力传动及液压领域有较高知名度，补充提交了派克汉尼汾香港有限公司在中国大陆设立的各子公司营业执照副本。戴均欢认为上述证据与本案缺乏关联性，不能证明帕克公司相关商号在中国的知名度。商标评审委员会对上述证据未发表质证意见。二审法院认为，公司营业执照与企业商号知名度无直接联系，故上述证据不予采信。

北京市高级人民法院经审理认为：商标法第三十一条规定，申请商标注册，不得损害他人现有的在先权利。该条规定的在先权利是指在先取得的，包括商号权、域名权在内的除商标权以外的其他民事权益。帕克公司主张在先商号的公司成立时间均在被异议商标申请注册之前，在先域名的注册时间亦在被异议商标申请注册之前，但从帕克公司在商标评审阶段提交的证据1、2、4、6、7以及在一审提交的证据5来看，证据1、5均为企业登记资料，与企业知名度没有直接联系；证据2为帕克公司网站网页及名片、工作服照片等资料，系帕克公司自制资料，证明力较弱；证据4为获奖证书，无法证明形成时间在被异议商标申请日之前；证据6为相关媒体的报道资料，大部分形成于被异议商标申请注册日之后；证据7为销售合同及增值税发票，仅有部分销售发票在被异议商标申请注册之前，但未显示商标。所以，在案证据不足以证明派克汉尼汾公司及其在中国大陆子公司的商号、域名在被异议商标申请注册之前，经过宣传使用在与被异议商标指定使用商品相同或相类似的行业内已具有一定知名度。一审法院和商标评审委员会认定被异议商标的注册未构成商标法第三十一条所指损害他人在先权利的情形并无不当。一审法院和商标评审委员会认定被异议商标的注册未构成商标法第四十一条第一款规定的情形并无不当。据此，二审法院判决驳回上诉，维持一审判决。

帕克公司申请再审称：（一）一审、二审法院未考虑第三人的主观恶意，适用法律错误。诚实信用原则是民法的基本原则，商标申请人是否违反诚实信用原则、是否有主观恶意是适用商标法第三十一条时应考虑的因素之一。第三人戴均欢在申请注册被异议商标时是否有主观恶意，与在先商号知名度这两个要素具有紧密的关联性，在商标申请人主观恶意明显的情况下，应当降低对在先商号知名度的要求，以实现平衡。原审法院没有考虑该因素，适用法律错误。（二）一审、二审法院认定事实有误。1. 戴均欢申请注册被异议商标具有明显的主观恶意，原审法院未查明该事实，认定事实错误。如下几点可以看出戴均欢有主观恶意：（1）“Parker Hannifin”是两个人名的组合，这种组合的产生是由于帕克公司的母公司在发展过程中出现了并购，并购后的新公司以两家公司创始人的名义命名。这种人名组合有其特别的历史背景，作为商号标记具有极强的显著性。戴均欢如果不是抄袭，难以想象他为何要使用这么少见的组合作为自己的商标。（2）派克汉尼汾是帕克公司的母公司为其英文商号选择的中文译文。根据音译原理，“Parker”还可以翻译为“帕克”，“Hannifin”可以翻译为“汉尼汾”（这两个翻译出现在众多翻译工具中，如金山词霸）。戴均欢给“Parker Hannifin”英文组合选取中文名字时，没有使用更容易查找到的中文名字“帕克汉尼汾”，这一事实恰恰也证明其申请注册被异议商标是对在先使用的知名商号的抄袭。（3）在被异议商标2004年9月8日申请注册前，帕克公司的关联公司派克汉尼汾香港有限公司早在1995年9月11日起就在北京设立了办事处，1995年该公司投资4661.39万美元设立了派克汉尼汾动力传动产品（无锡）有限公司，1996年该公司投资设立了派克汉尼汾流体传动产品（上海）有限公司，1997年该公司投资350万美元设立了派克汉尼汾空调制冷设备（无锡）有限公司，1998年该公司投资设立了派克汉尼汾液压系统（上海）有限公司，2001年投资900万美元设立了派克汉尼汾过滤系统（上海）有限公司。戴均欢申请注册被异议商标前，长期居住在上海，担任上海海菁公司的副经理职务，其申请注册被异议商标时使用的联系地址也是上海的地址。上海海菁公司的营业范围是“橡塑制品、五金交电、机电设备、胶带、管道配件、水暖器材、电线电缆、一般劳防用品、标准件、电动工具批发、零售”。这些产品中橡塑制品、胶带、管道配件、水暖器材等正是帕克公司的关联公司在中国生产和经营的产品。由此可见戴均欢不可能不知道帕克公司在上海和无锡的公司。(4) 更值得一提的是，戴均欢还在2003年8月28日设立了昆山市浦江胶管有限公司，该公司经营的产品是“橡胶板、管、带”，与帕克公司的关联公司经营的产品相同。这一事实进一步证实其对帕克公司的关联公司在先注册和使用的商号不可能不了解。从其抢注与这些商号完全相同的商标也可反推出他是明知的。一审、二审法院未考虑戴均欢的主观恶意，一味苛求帕克公司提供证明在先商号知名度的证据。2. 帕克公司提交的证据足以证明在先使用的商号在中国市场具有一定的知名度，应该受到保护。在被异议商标申请日前，“派克汉尼汾”和“PARKERHANNIFIN”作为帕克公司的关联公司的中英文商号已经在中国长期使用和宣传，具有很高的知名度，帕克公司在复审阶段提交了718页证据，向一审法院提交了11页新证据，向二审法院提交了8页新证据。商标评审委员会及原审法院都没有认真审核这些证据的内容，就轻率地认定证据不足。3. 原审法院未对帕克公司的关联公司生产的商品与被异议商标指定使用商品之间的关联性予以确认。商标评审委员会在第31393号裁定中对帕克公司的关联公司生产的商品与被异议商标指定使用商品之间具有关联性这一问题未提出质疑，仅仅是认为证明在先商号权的证据不足。在诉讼阶段，戴均欢提出帕克公司的关联公司生产的商品与被异议商标指定使用商品不属于同一类，不构成类似商品。帕克公司提供了大量证据证明其关联公司所提供的商品与被异议商标指定使用商品是相同或者是类似商品，具有关联性。但一审、二审法院未予采纳，明显错误。本案再审的关键理由是在先使用并且具有一定知名度的商号权应该得到商标法第三十一条的保护。综上，商标评审委员会的第31393号裁定和一审、二审法院的判决认定事实不清，适用法律错误，请求对本案进行再审，撤销一审、二审判决及商标评审委员会的第31393号裁定，判令商标评审委员会重新作出复审裁定。

商标评审委员会答辩称：(一) 帕克公司的证据不足以证明在被异议商标申请日之前，帕克公司的关联公司使用的字号系在先使用并有一定知名度的字号，故被异议商标未构成商标法第三十一条所指损害他人在先权利的情形。(二) 在案证据不足以证明帕克公司的关联公司的“派克汉尼汾”、“PARKERHANNIFIN”商标在排水软管、消防水龙带等相同或类似商品上在先使用并具有一定影响。综上，帕克公司申请再审的理由证据不足，不能成立。

原审第三人戴均欢答辩称：(一) 本案是行政案件，审理的范围是被诉行政行为的合法性，帕克公司在诉讼阶段提交的证据不能作为被诉行政行为作出的依据，不应该被采信。(二) 帕克公司的证据不足以证明在被异议商标申请日之前，其关联公司使用的字号系在先使用并有一定知名度。（三）被异议商标核定使用的商品与帕克公司的关联公司生产的产品不构成类似商品。一审、二审判决认定事实清楚，适用法律正确，应当予以维持。

本院再审审理期间，为证明“派克汉尼汾”字号由来及在中国大陆地区的使用情况，帕克公司向本院提交了派克汉尼汾公司的《历史手册》及其在商标评审程序及一审、二审诉讼程序中提交的全部证据。

本院经审理查明，一审、二审法院认定的事实基本属实，本院予以确认。另查明，1918年，工程师、企业家亚瑟·派克创建了派克公司（Parker Appliance Company），生产气动、液压元件。1954年，派克公司收购了汉尼汾公司（Hannifin Company）。汉尼汾公司以生产气缸和阀类产品闻名美国。收购完成后，新公司命名为Parker Hannifin Corporation。派克汉尼汾公司及其香港子公司派克汉尼汾香港有限公司于1996年12月11日成立了派克汉尼汾流体传动产品（上海）有限公司，1997年11月20日成立了派克汉尼汾空调制冷设备（无锡）有限公司，1999年10月22日成立了派克汉尼汾液压系统（上海）有限公司。派克汉尼汾液压系统（上海）有限公司被评为2004年全国外商投资双优企业。《润滑与密封》（2001年第1期）刊登的《专业化　科技化　优质化　规模化——派克汉尼汾密封集团圣地亚哥垫片O形圈部考察见闻及其他》一文记载：中国液压气动密封件工业协会……于2000年4月9日至23日对美国的液压、密封件的生产企业进行以技术和产品开发为主的综合考察。先后考察了……和派克汉尼汾（Parker Hannifin）两大公司总部和所属的9间生产工厂。派克汉尼汾公司总部设在美国俄亥俄州克利夫兰市，有遍及世界104个分部，世界工厂总数235个，共有员工44000人，产品有液压、气动系统用件、仪器仪表、电机、过滤、制冷设备、密封件、管路接管等共100000个品种。主要产品是液压件，并在世界产量排名第一。在全世界拥有1000个以上市场、7500个分销商、350000个用户，1999年销售收入55亿美元，产品使用于各行各业。《流体机械》（1996年4月）刊登的《国际动力传动与控制技术发展》一文记载：第三届中国国际动力传动与控制技术展览会（'95 PTC CHINA）于1995年9月4日至8日在北京国际贸易中心举行。……本届展览会精品荟萃。美国派克汉尼汾公司……展示了各种新型高压液压柱塞泵、控制阀……《橡塑技术与装备》（2005年第10期）刊登的《外资橡胶制品企业在中国的群聚发展》一文记载：美国派克-汉尼汾为世界最著名的密封制品生产厂家，尤以O形圈的独特生产技术闻名全球……早在1990年，当时的派克公司即在武汉建立了合资的武汉派克密封件有限公司，现在重新改组为派克－汉尼汾之后实力又进一步加强。2002 年，进而收购了意大利的埃迪亚塞亚公司，同时，将其与沈阳第四橡胶厂合资生产高压胶管的企业——埃迪亚塞亚（沈阳）橡胶有限公司也纳入帐下，成为派克－汉尼汾在华的一个合资企业。在此基础上，又成立派克（沈阳）橡胶有限公司生产橡胶密封件。2004 年派克－汉尼汾的全球销售额已增至 17.75 亿美元。……派克－汉尼汾在世界上排名第 8 位，在华生产的高压胶管、密封件深受市场欢迎。

本院认为，根据当事人再审申请理由及答辩意见，本案争议焦点是："派克汉尼汾"中英文名称是否是派克汉尼汾公司及其子公司在先使用并且具有一定知名度的字号，被异议商标的注册是否违反了商标法第三十一条的规定。

商标法第三十一条规定，申请商标不得损害他人现有的在先权利。《最高人民法院关于审理不正当竞争民事案件应用法律若干问题的解释》第六条第一款规定，具有一定的市场知名度、为相关公众所知悉的企业名称中的字号，可以认定为反不正当竞争法第五条第（三）项规定的"企业名称"。因此，在中国境内具有一定市场知名度、为相关公众所知悉的企业名称中的字号，可以作为企业名称权的一种特殊情况对待，作为商标法第三十一条所规定的"在先权利"受到保护。《最高人民法院关于审理商标授权确权行政案件若干问题的意见》第十七条第二款规定，人民法院审查判断诉争商标是否损害他人现有的在先权利，一般以诉争商标申请日为准。本案中，"Parker Hannifin"是两个名称的组合，其中 Parker 是派克公司的创始人的名字，Hannifin 是其合并公司的名称，这种因为公司并购后以两家公司名称组合的字号有其特别的历史背景，作为商业标记具有较强的显著性。"派克汉尼汾"是其惯用音译，通过派克汉尼汾公司及其关联公司的使用及相关宣传报道，已成为"Parker Hannifin"对应音译。"PARKER HANNIFIN"、"派克汉尼汾"作为派克汉尼汾公司及其子公司或关联公司的字号，在被异议商标申请日之前在中国已经使用多年，且在相关新闻报道及报纸杂志文章中，亦清晰地显示了派克汉尼汾公司及其关联公司的企业名称及其相关排名、销售额及相关市场情况。鉴此，本院认为，在被异议商标申请日即 2004 年 9 月 8 日前，通过派克汉尼汾公司及其关联公司的使用，"派克汉尼汾"已经成为在中国大陆地区具有一定市场知名度的字号，可以作为商标法第三十一条所称的"在先权利"予以保护。

此外，帕克公司提交的证据证明，派克汉尼汾公司及其关联公司所生产经营的商品包括各种流体连接件、橡胶和热塑软管、O形密封圈、密封件、液压和气动接头等60个大类的产品，其在评审程序中提交的证据7销售合同及增值税发票可以证明派克汉尼汾流体传动产品（上海）有限公司在液压元件、气动元件、流体连接件、密封件、仪表等商品上出售过产品。由于被异议商标指定使用商品为分类表第17类中的“密封环、PVC软管、农用塑料膜、排水软管、非金属软管、消防水龙带、液压软管、橡胶软管、石棉石板、绝缘材料”商品，其指定使用商品中的密封环、PVC软管、排水软管、非金属软管、消防水龙带、液压软管、橡胶软管、绝缘材料，与派克汉尼汾公司及其关联公司在中国生产和经营的部分产品明显具有类似性，或者有较强的关联性。

本案中，被异议商标为“派克汉尼汾PARKERHANNIFIN”，与派克汉尼汾公司及其关联公司中英文字号完全相同，指定使用在与派克汉尼汾公司及其关联公司生产的产品类似产品上。由于戴均欢所从事的行业与派克汉尼汾公司及其关联公司生产经营的产品有密切关系，其应当知道派克汉尼汾字号的知名度情况，仍将与该中英文字号完全相同的文字申请注册为商标，难以认定巧合，具有明显的攀附派克汉尼汾公司及其关联公司字号商誉的恶意，侵犯了该公司的在先字号权，不应予以核准注册。其在庭审中关于PARKERHANNIFIN系其合伙人英文名字的答辩意见不具有合理性，本院不予采信。一审、二审法院关于被异议商标的注册未构成商标法第三十一条禁止的情形的认定，缺乏事实和法律依据，本院予以纠正。

综上，本院认为，被异议商标侵犯了派克汉尼汾公司及其关联公司对“派克汉尼汾”、“PARKERHANNIFIN”享有的在先商号权，违反了商标法第三十一条的规定，不应予以核准注册。帕克公司申请再审的理由部分成立，第31393号裁定、一审、二审判决适用法律错误，应予撤销，商标评审委员会应当重新作出异议复审裁定。本院依据《中华人民共和国商标法》第三十一条，《中华人民共和国行政诉讼法》第五十四条第（二）项、第六十一条第（二）项、第六十三条第二款，《最高人民法院关于执行〈中华人民共和国行政诉讼法〉若干问题的解释》第七十六条第一款、第七十八条之规定，判决如下：

一、撤销北京市高级人民法院（2012）高行终字第1920号行政判决及北京市第一中级人民法院（2012）一中知行初字第1769号行政判决；

二、撤销中华人民共和国国家工商行政管理总局商标评审委员会（2011）第31393号《关于第4259661号“派克汉尼汾PARKERHANNIFIN”商标异议复审

裁定》;

三、中华人民共和国国家工商行政管理总局商标评审委员会就第 4259661 号“派克汉尼汾 PARKERHANNIFIN” 商标重新作出异议复审裁定。

一审案件受理费一百元、二审案件受理费一百元，共二百元，由中华人民共和国国家工商行政管理总局商标评审委员会负担。

本判决为终审判决。

审　判　长　王艳芳
代理审判员　朱　理
代理审判员　佟　姝
二〇一四年八月十三日
书　记　员　刘海珠

51. 姓名权构成商标法保护的“在先权利”

——再审申请人迈克尔·杰弗里·乔丹与被申请人国家工商行政管理总局商标评审委员会、一审第三人乔丹体育股份有限公司商标争议行政纠纷案

【裁判要旨】

姓名权是自然人对其姓名享有的重要人身权，姓名权可以构成商标法（2001 年修正）第三十一条规定的“在先权利”。

【关键词】

商标　争议程序　在先权利　姓名权

【案号】

最高人民法院（2016）最高法行再 27 号

【基本案情】

在再审申请人迈克尔·杰弗里·乔丹（以下简称乔丹）与被申请人国家工商行政管理总局商标评审委员会（以下简称商标评审委员会）、一审第三人乔丹体

育股份有限公司（以下简称乔丹公司）商标争议行政纠纷案中，第6020569号"乔丹"商标（以下简称争议商标）由乔丹公司于2007年4月26日提出注册申请，核定使用在国际分类第28类的"体育活动器械、游泳池（娱乐用）、旱冰鞋、圣诞树装饰品（灯饰和糖果除外）"商品上，专用权期限为2012年3月28日至2022年3月27日。2012年10月31日，乔丹以争议商标的注册损害了其在先权利等为由，提出撤销申请。2014年4月14日，商标评审委员会作出商评字〔2014〕第052058号《关于第6020569号"乔丹"商标争议裁定》（以下简称第52058号裁定），对争议商标的注册予以维持。乔丹不服，提起行政诉讼。北京市第一中级人民法院一审认为，本案证据尚不足以证明单独的"乔丹"明确指向乔丹。此外，争议商标指定使用的商品与乔丹具有影响力的篮球运动领域差别较大，相关公众不易将争议商标与乔丹相联系，现有证据不足以证明争议商标的注册与使用不当利用了乔丹的知名度，或可能对乔丹的姓名权造成其他影响。争议商标的注册未损害乔丹的姓名权。一审法院遂判决维持第52058号裁定。乔丹不服，提起上诉。北京市高级人民法院二审判决驳回上诉、维持原判。乔丹仍不服，向最高人民法院申请再审。最高人民法院裁定提审本案，并于2016年12月30日判决撤销第52058号裁定和一审、二审判决，判令商标评审委员会对争议商标重新作出裁定。

【裁判意见】

最高人民法院提审认为：商标法（2001年修正）第三十一条规定，"申请商标注册不得损害他人现有的在先权利"。对于商标法已有特别规定的在先权利，应当根据商标法的特别规定予以保护。对于商标法虽无特别规定，但根据民法通则、侵权责任法和其他法律的规定应予保护，并且在争议商标申请日之前已由民事主体依法享有的民事权利或者民事权益，应当根据该概括性规定给予保护。民法通则第九十九条第一款、侵权责任法第二条第二款均明确规定，自然人依法享有姓名权。故姓名权可以构成商标法（2001年修正）第三十一条规定的"在先权利"。争议商标的注册损害他人在先姓名权的，应当认定该争议商标的注册违反商标法（2001年修正）第三十一条的规定。姓名被用于指代、称呼、区分特定的自然人，姓名权是自然人对其姓名享有的重要人身权。随着我国社会主义市场经济不断发展，具有一定知名度的自然人将其姓名进行商业化利用，通过合同等方式为特定商品、服务代言并获得经济利益的现象已经日益普遍。在适用商标法（2001年修正）第三十一条的规定对他人的在先姓名权予以保护时，不仅涉及对自然人人格尊严的保护，而且涉及对自然人姓名，尤其是知名人物姓名所蕴含的经济利益的保护。未经许可擅自将他人享有在先姓名权的姓名注册为商标，容易导致相关公众误认为标记有该商标的商品或者服务与该自然人存在代言、许可等特定联系的，应当认定该商标的注册损害他人的在先姓名权，违反商标法（2001年修正）第三十一条的规定。

中华人民共和国最高人民法院行政判决书
（2016）最高法行再27号

再审申请人（一审原告、二审上诉人）：迈克尔·杰弗里·乔丹（Michael Jeffrey Jordan），男，1963年2月17日出生，美利坚合众国国籍，住美利坚合众国伊利诺伊州芝加哥市。

委托诉讼代理人：田甜，上海市方达（北京）律师事务所律师。

委托诉讼代理人：祁放，上海市方达（北京）律师事务所律师。

被申请人（一审被告、二审被上诉人）：国家工商行政管理总局商标评审委员会。住所地：中华人民共和国北京市西城区茶马南街1号。

法定代表人：赵刚，该委员会主任。

委托诉讼代理人：刘胤颖，该委员会审查员。

委托诉讼代理人：马岩岩，该委员会审查员。

一审第三人：乔丹体育股份有限公司。住所地：中华人民共和国福建省晋江市陈埭溪边工业区。

法定代表人：丁国雄，该公司董事长。

委托诉讼代理人：韦之，北京市中伦律师事务所律师。

委托诉讼代理人：马东晓，北京市中伦律师事务所律师。

再审申请人迈克尔·杰弗里·乔丹因与被申请人国家工商行政管理总局商标评审委员会（以下简称商标评审委员会）、一审第三人乔丹体育股份有限公司（以下简称乔丹公司）商标争议行政纠纷一案，不服北京市高级人民法院（2015）高行（知）终字第1915号行政判决，向本院申请再审。本院于2015年12月18日作出（2015）知行字第319号行政裁定，提审本案。本院依法组成合议庭，分别于2016年4月19日、4月26日公开开庭审理了本案。再审申请人迈克尔·杰弗里·乔丹的委托诉讼代理人田甜、祁放，被申请人商标评审委员会的委托诉讼代理人刘胤颖、马岩岩，一审第三人乔丹公司的委托诉讼代理人韦之、马东晓到庭参加诉讼。本案现已审理终结。

2012 年 10 月 31 日，再审申请人向商标评审委员会提出撤销申请，请求撤销乔丹公司的第 6020569 号“乔丹”商标（以下简称争议商标）。争议商标核定使用在国际分类第 28 类的“体育活动器械、游泳池（娱乐用）、旱冰鞋、圣诞树装饰品（灯饰和糖果除外）”商品上，于 2007 年 4 月 26 日申请注册，专用权期限自 2012 年 3 月 28 日至 2022 年 3 月 27 日。再审申请人申请撤销争议商标的主要理由为：（一）再审申请人是世界知名的美国篮球运动体育明星，在我国具有极高的知名度。相关公众看到与“乔丹”、“QIAODAN”相同或者相似的标志，就会将其与再审申请人关联在一起。乔丹公司及其关联公司在明知或应知再审申请人知名度的情况下，将包括“乔丹”、“QIAODAN”在内的大量与再审申请人相关的标志申请注册为商标，属于《中华人民共和国反不正当竞争法》（以下简称反不正当竞争法）第二条规定的违反诚实信用原则的行为，以及第五条第（三）项规定的“擅自使用他人的企业名称或者姓名，引人误认为是他人的商品”的不正当竞争行为。（二）争议商标的注册损害了再审申请人的在先权利。争议商标容易导致相关公众将之与再审申请人相关联。乔丹公司未经再审申请人许可，擅自将与再审申请人中文译名相同或近似的标志申请注册为商标，属于 2001 年修正的《中华人民共和国商标法》（以下简称商标法）第三十一条规定的“损害他人现有的在先权利”的情形。（三）乔丹公司的行为属于商标法第十条第一款第（八）项规定的“有其他不良影响”的情形，以及商标法第四十一条第一款规定的“以其他不正当手段取得注册”的情形。

再审申请人向商标评审委员会提交了以下 10 组主要证据：1. 有关再审申请人的媒体报道，用于证明再审申请人在我国的知名度；2. 有关再审申请人特定篮球运动形象的证据；3. 有关再审申请人参加商业活动，以及涉及再审申请人商业价值的报道；4. 用于证明乔丹公司与其他公司之间关联关系的证据；5. 乔丹公司及其关联公司的其他商标的注册资料；6. 其他用于证明乔丹公司恶意的证据；7. 再审申请人在上海市第二中级人民法院起诉乔丹公司等侵害再审申请人姓名权纠纷案件的有关证据，以及涉及该案的媒体报道、公众评论等；8. 有关案件判决；9. 关于相关公众对再审申请人的认知，以及对乔丹公司与再审申请人关系产生误认的调查报告、报道和评论等；10. 其他相关证据。

乔丹公司向商标评审委员会答辩称：1. “乔丹”为常见英文姓氏，在我国亦有公众将其用作姓名。“乔丹”、“QIAODAN”及有关运动图形并未与再审申请人形成唯一对应关系。2. “乔丹”是乔丹公司合法拥有的商号，争议商标等系列商标系合法注册，经乔丹公司多年宣传、使用，已形成相当的知名度和美誉度，并曾被认定为驰名商标。乔丹公司在其《招股说明书》中，已对乔丹公司关联公司情况及持有注册商标的情况作了详尽披露。乔丹公司出于正当商业使用的目的申请注册商标，并无不当。乔丹公司诚实经营，规范使用注册商标，没有误导公众以使其产生混淆的行为和故意，未违反诚实信用原则。3. 经乔丹公司大力宣传和广泛使用，争议商标已与该公司建立了一一对应的联系。乔丹公司注重产品质量，因而其产品获得广大消费者的信赖和选购。乔丹公司是“乔丹”等系列品牌价值的缔造者，是真正的合法所有权人。再审申请人提供的调查报告等证据缺乏证明力。4. 乔丹公司注册大量商标的行为属于保护知识产权的正常防御性注册，嗣后撤回或注销商标的行为亦属正当行使自身权利，并不属于扰乱商标注册秩序的情形。争议商标未构成商标法第十条第一款第（八）项、第四十一条第一款，以及反不正当竞争法规定的情形。5. 在乔丹公司已经巨额投入对“乔丹”等商标进行经营，并产生巨大商业利益时，再审申请人通过提起诉讼、申请撤销争议商标等手段，阻挠乔丹公司的正常经营，具有恶意。

乔丹公司向商标评审委员会提交了如下13组主要证据：1. 关于“乔丹”一词的解释，其他姓氏为“乔丹”的名人的报道，以及关于我国公民姓名为“乔丹”的统计资料；2. 与乔丹公司商标有关的另案裁判文书；3. 用于证明争议商标与再审申请人无对应关系的证据；4. 关于登记、使用乔丹公司商号的证据；5. 与乔丹公司注册商标有关的证据；6. 乔丹公司广告专项审计报告、广告合同、付款单据、投放报告等有关广告宣传的证据；7. 乔丹公司内部财务报表审计报告，以及乔丹公司开设品牌专卖店等证据；8. 乔丹公司赞助体育赛事、公益活动，以及获得的荣誉等证据；9. 与乔丹公司的商标及产品所获荣誉有关的证据；10. 乔丹公司的商标获得保护的证据，以及曾被认定为驰名商标的证据；11. 用于证明乔丹公司并未故意致使相关公众产生混淆的证据；12. 涉及其他商标的另案裁判文书；13. 关于乔丹公司在美国职业篮球联赛进行广告宣传，再审申请人的队友使用乔丹公司产品的证据，用于证明再审申请人早已知晓乔丹公司的商标，其申请撤销乔丹公司的商标存在恶意。

2014年4月14日，商标评审委员会作出商评字〔2014〕第052058号关于第6020569号“乔丹”商标争议裁定（以下简称被诉裁定），裁定维持争议商标。

其主要理由为：（一）关于商标法第三十一条。1. 再审申请人提供了我国媒体对其宣传报道的众多证据，能够证明其在我国以及篮球运动领域具有较高的知名度。但是，争议商标文字“乔丹”与“Michael Jordan”及其中文译名“迈克尔·乔丹”存在一定区别，并且“乔丹”为英美普通姓氏，难以认定这一姓氏与再审申请人之间存在当然的对应关系。2. 在宣传使用再审申请人的姓名及形象时，再审申请人及其商业合作伙伴耐克公司使用的是“Michael Jordan”或“迈克尔·乔丹”的全名，以及与再审申请人飞身扣篮动作形象相关的标志。3. 乔丹公司分别于2001年、2003年获准注册第1541331号“乔丹”商标（以下简称331号商标）、第3028870号 图形商标（以下简称870号商标），并曾受到驰名商标保护。乔丹公司对上述商标相关标志已进行长期、广泛的宣传使用，获得了较高的市场声誉，这一事实与再审申请人及耐克公司的商业活动并存市场已长达近二十年，双方已分别形成了各自的消费群体和市场认知。4. 尽管有部分媒体在有关篮球运动的报道中以“乔丹”指代再审申请人，但使用数量有限。不论是媒体报道，还是耐克公司，均未就这一指代称谓形成统一、固定的使用形式。相较于乔丹公司对争议商标相关标志的使用，从双方使用的广泛性、持续性、唯一对应性等方面综合考虑，本案尚不能认定“乔丹”与再审申请人之间的对应关系已强于乔丹公司。综上，争议商标的注册未损害再审申请人的姓名权。（二）争议商标的注册不属于商标法第十条第一款第（八）项、第四十一条第一款规定的情形。

再审申请人不服被诉裁定，向北京市第一中级人民法院（以下简称一审法院）提起行政诉讼，请求撤销被诉裁定。再审申请人向一审法院提交了20份证据，用以证明再审申请人在我国的知名度，以及乔丹公司申请注册争议商标时存在恶意。乔丹公司向一审法院提交了25份证据，用以证明经过使用，争议商标已具有极高的知名度，相关公众不会产生混淆误认。一审法院认为，上述证据与商标法第十条第一款第（八）项及第四十一条第一款无关，且上述证据并非商标评审委员会作出被诉裁定的依据，故对上述证据不予采信。

一审法院审理查明以下事实：

再审申请人作为篮球运动明星，自1984年起被《当代体育》、《体育博览》、《新体育》、《篮球》、《体育世界》、《中国新闻周刊》、《中学生百科》、《中国广告》、《经营与管理》等众多我国媒体所报道。其多被称为“迈克尔·乔丹”，在部分媒体的篮球运动相关报道中，也以“乔丹”指代。

2000 年 1 月 1 日至 2004 年 5 月 18 日，乔丹公司支出广告费用、赞助体育和公益事业的费用总计为 5317 万元。2010 年，乔丹公司在中央电视台的广告宣传费用支出近 7000 万元。除中央电视台外，乔丹公司还在山东卫视、贵州卫视等电视台进行广告宣传。乔丹公司 2008 年度、2009 年度、2010 年度及 2011 年截至 6 月 30 日止的 6 个月期间，营业收入分别为 51848 万元、78093 万元、286099 万元、171066 万元，净利润分别为 5281 万元、9294 万元、51047 万元、9669 万元。乔丹公司提交了其在全国 5700 余家经销商的具体地址、联系人姓名及联系电话。

除争议商标外，乔丹公司还申请注册有“侨丹”、“桥丹”、“乔丹王”、“飞翔动力”等近二百件其他商标。

另查明，乔丹公司于 2001 年 3 月 21 日获准注册 331 号商标，该商标曾在第 3208768 号商标异议案件中，被国家工商行政管理总局商标局（以下简称商标局）认定为“足球鞋、爬山鞋”等商品上的驰名商标。乔丹公司还于 2003 年 3 月 21 日获准注册第 870 号  图形商标，该商标曾于 2005 年 6 月被商标局认定为“运动鞋、运动服装”商品上的驰名商标。

一审法院认为，（一）关于商标法第三十一条。争议商标为“乔丹”。“乔丹”为美国人的姓氏，本案证据尚不足以证明单独的“乔丹”明确指向再审申请人。而且，争议商标指定使用的“体育活动器械”等商品与再审申请人具有影响力的篮球运动领域差别较大，相关公众不易将使用在“体育活动器械”等商品上的争议商标与再审申请人相联系。现有证据亦不足以证明争议商标的注册与使用不当利用了再审申请人的知名度，或可能对再审申请人的姓名权造成其他影响。因此，本案证据尚不足以证明争议商标的注册损害了再审申请人的姓名权。（二）关于商标法第十条第一款第（八）项、第四十一条第一款。乔丹公司对争议商标已进行了长期、广泛的宣传、使用，获得了较高的市场声誉，这一事实与再审申请人及耐克公司从事的商业活动并存市场已长达近二十年。通过各自较大规模的宣传、使用，双方已分别形成了各自的消费群体和市场认知，以及较为稳定的竞争秩序，故争议商标不应被撤销。因此，争议商标的注册未违反商标法第十条第一款第（八）项、第四十一条第一款的规定。综上，一审法院判决：维持被诉裁定。案件受理费 100 元由再审申请人负担。

再审申请人不服一审判决，向北京市高级人民法院（以下简称二审法院）提起上诉，请求撤销一审判决，依法改判撤销被诉裁定。其主要上诉理由为：（一）

争议商标的注册违反商标法第三十一条的规定。（二）争议商标的注册违反商标法第十条第一款第（八）项、第四十一条第一款的规定。

商标评审委员会、乔丹公司服从一审判决。

二审法院经审理查明，一审判决查明的事实清楚，二审法院予以确认。

二审法院审理期间，再审申请人向二审法院提交了以下7份证据：1. 北京零点市场调查有限公司（以下简称零点调查公司）于2015年4月10日作出的“乔丹”联想调查报告（北京）；2. 北京市长安公证处（2015）京长内经字第6291号公证书，内容为2012年2月24日中央电视台有关新闻专题节目；3. 新浪网关于2014年国家体育总局局长袁伟民会见再审申请人的网络报道；4. 人民网、光明网等网站关于再审申请人将于2015年访华的报道；5. “知产力”发布的“微信”案相关文章及判决；6. 最高人民法院（2012）知行字第11号行政裁定；7. 北京市高级人民法院（2010）高行终字第766号行政判决。以上证据用以证明再审申请人在我国以“乔丹”为相关公众熟知，具有极高知名度。争议商标已经导致了相关公众混淆误认。另案裁判已认定导致相关公众混淆误认时，可以适用商标法第十条第一款第（八）项的规定。

二审法院认为，各方当事人均认可上述证据1的真实性，经审查予以确认。但由于证据1与本案争议焦点不具有关联性，不是商标评审委员会作出被诉裁定的依据，故对证据1不予采信。证据2形成于2012年2月。证据3、4为网络打印件，无法确认其真实性。证据5、6、7为相关法院判决。上述证据材料均不属于新证据，二审法院不予采信。

二审法院认为，（一）关于商标法第十条第一款第（八）项。如果有关标志的注册仅损害特定民事权益，由于商标法已经另行规定了救济方式和相应程序，不宜认定其属于商标法第十条第一款第（八）项规定的“有其他不良影响”的情形。本案中，争议商标标志本身并不具有“有害于社会主义道德风尚或者有其他不良影响”的因素，商标评审委员会认定争议商标不属于“有害于社会主义道德风尚或者有其他不良影响的标志”并无不当。争议商标的使用是否会造成相关公众的混淆误认，不属于商标法第十条第一款第（八）项规定调整的范围。（二）关于商标法第四十一条第一款。本案证据不足以证明争议商标系以欺骗手段或者其他不正当手段取得注册。争议商标的使用是否会造成相关公众的混淆误认，亦不属于商标法第四十一条第一款规定调整的范围。二审法院判决：驳回上诉，维持原判。一、二审案件受理费各100元，均由再审申请人负担。

再审申请人不服二审判决，以二审判决认定事实和适用法律均有错误，且遗漏其有关商标法第三十一条的上诉理由为由，向本院申请再审，请求本院：撤销被诉裁定以及一、二审判决，判令商标评审委员会对争议商标重新作出裁定。其主要理由为：(一) 关于再审申请人主张保护姓名权的法律依据。1. 在2001年修正商标法之前，1993年修正的《中华人民共和国商标法实施细则》第二十五条第一款第（4）项已经规定了商标注册不得"侵犯他人合法的在先权利"。2.《最高人民法院关于审理商标授权确权行政案件若干问题的意见》第17条规定，商标法第三十一条中的"在先权利"包括根据商标法、《中华人民共和国民法通则》（以下简称民法通则）及其他法律应予保护的合法权益。商标评审委员会《商标审查及审理标准》中亦规定"在先权利"包括姓名权。因此，商标法第三十一条规定的"在先权利"包括姓名权。(二) 再审申请人对"乔丹"和"QIAODAN"享有姓名权。1. 姓名权的客体包括全名，以及其他能够与特定自然人建立对应关系的主体识别符号，例如笔名、艺名、雅号、绰号，且这种对应关系不需要达到"唯一"的绝对程度。2. 应当结合自然人的知名度，审查社会公众是否认为争议商标使用的标志指代该自然人，即是否存在"对应关系"。3. 外国人姓氏的中文译名也可以作为姓名标志获得保护。由于外国人的全名较长，我国社会公众习惯以其姓氏的中文译名或者别号称呼。我国社会公众一直称呼再审申请人为"乔丹"、"QIAODAN"，看到"乔丹"及"QIAODAN"时容易联想到再审申请人，并且"乔丹"、"QIAODAN"与再审申请人的联系明显强于与乔丹公司的联系。(三) 再审申请人具有超越篮球运动领域的广泛知名度。1. 在过去30年间，我国媒体对再审申请人进行了大量报道，有接近一半在没有提及其全名的情况下，仅以"乔丹"指代再审申请人。再审申请人不仅是体育明星，也是具有影响力的公众人物。2. 相关公众是否会将争议商标指向再审申请人的决定因素，是再审申请人的知名度以及再审申请人与争议商标之间是否建立了对应关系。在相关公众的认知中，"乔丹"已经与再审申请人建立了对应关系。(四) 再审申请人是否主动使用"乔丹"、"QIAODAN"对于其在本案中主张保护姓名权没有影响。再审申请人知悉并认可他人称呼其为"乔丹"、"QIAODAN"，并将"乔丹"视为其中文姓名。(五) 争议商标容易使相关公众联想到再审申请人，并认为标记有争议商标的商品与再审申请人有代言、许可等特定联系，损害了再审申请人的姓名权。1. 乔丹公司的主营业务为体育相关用品，而且在实际经营中，其将再审申请人的姓名和形象作为商标结合使用，使得消费者产生了乔丹公司与再审申请人有关的错误认识。争议商标的注册容易导致相关公众混淆误认，并已经发生了混淆误认。2. 乔丹公司在相关案件的庭审笔录以及《招股说明书》中承认存在消费者联想、混淆、误认的可能性。3. 相关调查报告显示，有七成左右的受访者误认为乔丹公司与再审申请人存在代言、许可等特定联系。4. 再审申请人作为公众人物，具有广泛而持续的知名度，其影响力远远超越体育领域，可能使相关公众产生联想的商品类别范围广泛。即使乔丹公司在与体育用品无关的商品上注册使用争议商标，也会导致相关公众混淆误认。5. 乔丹公司主张其他人名为“乔丹”，以及“Jordan”有多个中文翻译，均不能证明争议商标不会导致相关公众混淆误认。(六) 乔丹公司注册争议商标时存在明显的主观恶意。1. 乔丹公司明知再审申请人的知名度，却注册与其相关的商标，搭乘其良好声誉。2. 乔丹公司原名“福建省晋江市陈埭溪边日用品二厂”，却于 2000 年更名并以“乔丹”为企业字号进行经营活动。3. 乔丹公司协同其关联公司，注册与再审申请人密切相关的其他商标。4. 乔丹公司无法合理解释其申请注册争议商标，以及其他与再审申请人有关的注册商标的创意来源，其有关防御性注册的主张不能成立。(七) 乔丹公司的“知名度”是建立在相关公众混淆误认的基础上，获得了本不属于其的市场竞争地位和经济利益。其“知名度”并不是诚信经营的结果，不能使其恶意注册正当化。乔丹公司提交的《乔丹品牌区隔力调研报告》等证据不能证明已形成所谓的“稳定的市场秩序”。(八) 再审申请人并未怠于保护其姓名权。1. 再审申请人系在商标法第四十一条第二款规定的五年期限内提出撤销申请。2. 再审申请人在本案中主张姓名权，请求撤销争议商标，不受诉讼时效的限制。3. 再审申请人在知晓乔丹公司注册、使用争议商标以及其他相关商标后，立即采取了相关法律行动。(九) 二审判决遗漏了其有关商标法第三十一条的上诉理由。(十) 争议商标违反商标法第十条第一款第 (八) 项、第四十一条第一款的规定。

商标评审委员会辩称：(一) 关于再审申请人主张保护姓名权的法律依据。民法通则第九十九条对姓名权作出了规定。商标法第三十一条规定的“在先权利”包括姓名权。外国人的姓名权也可依法在我国受到保护，但应根据其在我国的知名情况来认定。(二) 关于再审申请人姓名权所保护的具体内容。1. 姓名权的保护客体是自然人的姓名，不限于在户籍机关正式登记的本名，也包括笔名、艺名、别名等。2. 姓名具有能够商品化的价值，商标法保护的即为这种商业价值或经济利益，其与姓名权人在我国的知名程度、知名领域密切相关。3. 姓名的保护应当以我国社会公众的认知为基础，以社会公众对争议商标文字与姓名权人之间已经形成唯一、固定的对应性认知为前提。4. 在确定姓名权的保护内容及保护范围时，应综合考虑权利人的知名程度、知名领域，以及争议商标指定的商品类别。（三）关于再审申请人在我国的知名度。再审申请人在我国具有较高的知名度，但“乔丹”并未唯一、固定地指向再审申请人。1. “乔丹”为英美普通姓氏，与再审申请人姓名“Michael Jordan”及其常用中文译名“迈克尔·乔丹”存在一定区别。2. 尽管有部分媒体以“乔丹”指代再审申请人，但其使用数量有限，并且要与“篮球”、“飞人”等其他关键词或上下文结合，才能确定性指向再审申请人。不论是媒体还是耐克公司，均未就再审申请人的指代称谓形成统一、固定的使用形式。3. 权利人主张的“姓名”与其本人的对应关系应当唯一、固定，明显强于该“姓名”与其他主体的联系。如果相关公众看到“姓名”后首先想到的不是权利人，或者知道有两个主体都与该“姓名”有密切联系，会进行进一步分辨，区分其所指示的商品来源，故难以认定损害了权利人的在先姓名权。4. 再审申请人的知名度主要集中在体育领域。在争议商标指定的商品上，综合考虑使用的广泛性、持续性、唯一对应性等因素，不能认定“乔丹”与再审申请人的联系已经明显强于与乔丹公司的联系。5. 再审申请人未主动使用“乔丹”，“乔丹”与再审申请人之间不具有当然的对应关系。6. 关于再审申请人提交的调查报告。首先，再审申请人、乔丹公司在诉讼阶段提交的证据均不符合《中华人民共和国行政诉讼法》关于新证据的规定，并非被诉裁定的依据，应当不予采信。其次，调查报告系由再审申请人委托作出，难谓客观、中立，调查方式亦难谓科学、严谨，调查结果证明力弱，应当不予采信。（四）本案证据不能证明再审申请人及耐克公司主动使用了“乔丹”或者“QIAODAN”，仅能证明再审申请人对于被称呼为“乔丹”并未提出异议。权利人是否主动使用对于判断社会公众的认知具有重要意义。在再审申请人未主动使用的情况下，再审申请人又未及时提出异议，使得“乔丹”与再审申请人之间的对应关系被削弱。（五）关于争议商标的具体情形是否会使相关公众误认其与再审申请人具有关联。1. 在十多年前，乔丹公司已经在服装、鞋等主营商品上获得“乔丹”系列商标的注册并持续使用，同一主体在相同或者近似的商业标志上累积的商誉具有延续性。2. 虽然争议商标指定的商品与再审申请人知名的领域及其商业价值均存在一定关联，但是，从双方使用的广泛性、持续性、唯一对应性等方面综合考虑，难以认定在争议商标指定的商品上使用“乔丹”或“QIAODAN”时，相关公众将之与再审申请人联系的可能性会强于乔丹公司。(六)关于乔丹公司对于争议商标的注册是否存在主观恶意。1. 虽然乔丹公司某些行为确有不当，但争议商标属于乔丹公司对其既已申请注册的其他商标的延续性注册。2. 恶意注册和权利人怠于保护自身权利都可能导致相关公众的合法权益受到损害，并对商标注册管理秩序和市场秩序造成损害。(七)乔丹公司对“乔丹”商标进行了长期、广泛的使用，取得较高的市场占有率和较大的影响力，与再审申请人及耐克公司的商业活动并存市场已长达近二十年，已分别形成了各自的消费群体和市场认知。本案并无证据证明在双方并存市场期间，客观上造成了混淆误认及竞争秩序混乱。“乔丹”商标已形成了较为稳定的市场认知和竞争秩序，所累积的商誉及相关利益应归属于商标实际使用者。撤销“乔丹”系列商标有失公平。(八)关于再审申请人是否具有怠于保护其姓名权的情形及其对本案的影响。1. 在再审申请人申请撤销争议商标之前，乔丹公司已有数十件“乔丹”系列商标的注册时间超过了商标法第四十一条第二款规定的五年期限。耐克公司曾对其中数件商标提出过异议、异议复审，但是没有提起行政诉讼。2. 在对争议商标提出撤销申请之前，再审申请人未对乔丹公司的“乔丹”系列商标提出过异议或争议。由于超过五年期限，再审申请人不能再依据商标法第三十一条的规定，主张在先的“乔丹”商标损害其姓名权。3. 再审申请人未积极主张权利，造成了目前的市场竞争秩序，使得“乔丹”分别与再审申请人和乔丹公司存在两组不同的对应关系，再审申请人应承担一定的不利后果。(九)争议商标的注册未违反商标法第十条第一款第(八)项、第四十一条第一款的规定。

乔丹公司述称：(一)商标法第三十一条虽规定了“在先权利”，但并未明确规定其中包括姓名权，不能用兜底条款或者通过扩大解释“在先权利”，事后限制他人获得商标注册的机会。(二)再审申请人不能就“乔丹”享有姓名权。1. 再审申请人的姓名是“Michael Jordan”，“乔丹”仅是英美常用姓氏“Jordan”的惯常翻译之一。单纯“姓氏”或其翻译不能成为姓名权的客体。2. 未经再审申请人本人决定，他人(包括新闻媒体)不能为再审申请人创设姓名权。仅凭对应关系将“乔丹”认定为再审申请人的姓名，没有法律依据。3. 我国有4200多位姓名为“乔丹”的公民，我国媒体也使用“乔丹”指代其他外国人，再审申请人有关“乔丹”系其姓名，或者“乔丹”、“QIAODAN”确定指向再审申请人的主张不能成立。4. 虽然再审申请人在篮球运动领域有杰出成就以及知名度，但并不当然地意味着他在某个领域(例如运动与休闲服装)拥有具体的商誉。(三)再审申请人并未实际使用“乔丹”并对其贡献过商誉，或者受到财产损失。再审申请人已经将其姓名的财产权益独家许可给耐克公司，无权以自己的名义再行主张姓名权中的财产权益。调查报告等证据并非认定侵害姓名权的依据。（四）乔丹公司基于信赖和防御目的申请注册争议商标，不违反法律规定。乔丹公司已经与再审申请人及耐克公司各自形成稳定的市场格局。再审申请人怠于行使权利，丧失了主张在先权利的机会。（五）乔丹公司对于争议商标的注册不存在主观恶意。1. 在2001年修正商标法之前，商标法中并无保护“在先权利”的规定，乔丹公司申请注册“乔丹”系列商标符合法律规定，并无明显恶意。2. 在多个商品类别上，乔丹公司已经长期、合法拥有“乔丹”商标，争议商标为延续性、防御性注册，具有正当性和合法性。（六）乔丹公司通过依法申请注册，有效地确立了与“乔丹”商标的具体联系。乔丹公司从最开始申请“乔丹”系列商标至今已逾二十四年，取得了巨大的商业成功，建立了稳定的消费者群体和较高的市场声誉，形成了稳定、可区分的市场秩序。争议商标对再审申请人的姓名权没有影响，也不会造成相关公众混淆误认。“乔丹”系列商标创造了巨大的商业价值，为社会作出了巨大贡献，不能由再审申请人侵占乔丹公司取得的成就。（七）我国商标制度采取的是“注册在先原则”，如果姓名权的效力过分扩张，会使商标注册制度在很大程度上成为多余，因此，本案应当严格解释商标法第三十一条中的“在先权利”。（八）争议商标的注册未违反商标法第十条第一款第（八）项、第四十一条第一款的规定。

围绕当事人的再审请求，本院结合当事人提交的有关证据，对有争议的证据和事实查明并认定如下：

（一）关于再审申请人的本名

再审申请人护照上记载的本名（全名）为“Michael Jeffrey Jordan”。再审申请人提交的由北京百嘉翻译服务有限公司出具的中文翻译中，将其翻译为“迈克尔·杰弗里·乔丹”，商标评审委员会和乔丹公司对其予以认可。因此，被诉裁定以及一、二审法院认定再审申请人本名（全名）为“迈克尔·乔丹（Michael Jordan）”有误，本院予以纠正。

（二）与我国部分报纸、期刊、网站上刊登的与再审申请人相关的文章，以及与再审申请人相关的书籍、专刊有关的事实

从1984年6月26日至2010年5月22日期间，在《人民日报》、《参考消息》、《经济日报》上先后刊登了《乔丹获“冠中冠”称号》、《乔丹迈入名人堂》

等有关再审申请人的文章282篇。在所述文章的标题中涉及再审申请人的，大多数以“乔丹”指代，其他分别以“飞人”、“飞人乔丹”等指代。

从1985年6月至2012年1月期间，在我国《当代体育》、《篮球》等体育类期刊，《瞭望》、《新闻周刊》等新闻类期刊，《经济世界》、《经济管理》等经营管理类期刊，以及《中学生百科》、《小读者》等学习、教育类期刊上，先后刊登了《业余球王乔丹》、《天王一对一乔丹VS科比》、《与乔丹的故事》等涉及再审申请人的文章1376篇。在所述文章的标题中涉及再审申请人的，多数以“乔丹”指代，其他分别以“飞人”、“飞人乔丹”、“迈克尔·乔丹”等指代。

2015年10月，针对再审申请人访华并出席有关商业活动，腾讯网、中国新闻网、上海热线、中国日报、网易等网站上先后刊登了《中国赛成神秘乔丹行 众人不惜血本只为朝圣》、《NBA中国赛乔丹成为主角 篮球之神让比赛成配菜》、《乔丹代表一代人青春 沪媒：这一夜只属于篮球之神》等有关再审申请人的文章。

从1984年至2011年期间，我国境内出版、发行了《乔丹写真集》、《最后的乔丹》等有关再审申请人的26种书籍、专刊。其中14种的书名或者刊名以“乔丹”指代再审申请人，另有7种以“迈克尔·乔丹”指代再审申请人。

综上，在我国有关报纸、期刊、网站上发表的有关再审申请人的文章中，以及有关再审申请人的书籍、专刊中，其标题或名称如有涉及再审申请人的，均主要以“乔丹”指代再审申请人。一审判决认定“其多被称为‘迈克尔·乔丹’”与事实不符，本院予以纠正。

（三）关于再审申请人代言有关产品的事实

在本案之前，再审申请人还先后代言了耐克公司的“AIR JORDAN”系列产品，以及“恒适（Hanes）”内衣、“Wheaties Box”麦片、“佳得乐”饮料等多种类型的产品。

（四）与再审申请人提交的调查报告有关的事实

再审申请人提交了两份零点调查公司于2012年完成的《Michael Jordan（迈克尔·乔丹）与乔丹体育品牌联想调查报告（全国、上海）》（以下统称两份调查报告）。两份调查报告的调查活动分别在北京、上海、广州、成都和常熟五个城市进行，以获得一般消费者对乔丹体育品牌和再审申请人之间关系的认知。两份调查报告的调查过程分别由北京市长安公证处、上海市东方公证处等公证机构进行了公证，两份调查报告后附有“技术说明”和“问卷”，以及问题“卡片”等。

两份调查报告显示，调查的对象为年龄在28－60周岁，在调查地居住2年以上的当地居民，过去半年没有接受过市场调查，非调查、咨询、广告、服装、体育等敏感行业从业人员，实际调查的人群人口学分布特征与“2010年第六次全国人口普查”的人口学分布特征基本一致。访问方式采用拦截访问的方式，采用读录式问卷进行访问。抽样方法为多阶段分层随机抽样方法。

两份调查报告显示，向受访者提问“提到‘乔丹’，您第一反应想到的是”时，分别有85%、63.8%的受访者回答想到的是再审申请人，分别有14.5%、24%的受访者回答想到的是“乔丹体育”。在问到再审申请人与“乔丹体育”之间的关系的时候，分别有68.1%、58.1%的受访者认为二者有关。在近两年（调查时）购买过乔丹体育品牌产品的受访者中，分别有93.5%、78.1%的受让者认为再审申请人与“乔丹体育”有关。关于再审申请人与乔丹公司的具体关系，由高到低不同比例的受访者认为二者为“代言人”、“授权使用”、“企业开办人”等关系。

本院认为，两份调查报告的调查过程由公证机关进行了公证，调查程序较为规范，调查结论的真实性、证明力相对较高，可以与本案其他证据结合后共同证明相关事实。关于采信两份调查报告的具体理由，本院在本案争议焦点问题的第二个具体问题中还将详细论述。

（五）与乔丹公司提交的《乔丹品牌辨识度研究报告》有关的事实

乔丹公司提交了大正市场研究2011年完成的《乔丹品牌辨识度研究报告》。其“研究目的”为：“了解我国消费者对各主要运动服装品牌的认知情况，并且针对性地了解在我国消费者的认知与消费行为中，‘乔丹’和‘AIR JORDAN’两个品牌之间的辨识程度。”

在标注时间为“2012.6”，名称为《乔丹品牌区隔力调研报告》的文件中，结论（2）为：“针对乔丹品牌与飞人迈克尔·乔丹的关系认知，只有7%的被访者认为乔丹体育‘QIAODAN’就是迈克尔·乔丹的品牌；有90%的乔丹品牌消费者觉得‘乔丹体育’是我国品牌，与再审申请人无关；另有3%的乔丹品牌消费者不认识再审申请人。”本院认为，由于该报告没有记载调查过程，也没有附调查问卷或具体问题，其相关调查数据的来源和调查结论的形成过程不明，真实性难以认定，本院不予采信。

（六）关于乔丹公司在本案及其他关联案件中的相关陈述

在一审法院针对本案，以及与本案相关的（2014）一中行（知）初字第

9102 号等 10 件关联案件的一审开庭笔录（以下统称一审庭审笔录）中，乔丹公司有如下陈述：1. “乔丹”与再审申请人有关联，但认为不是唯一的。我国的相关公众以“乔丹”称呼再审申请人，但并非提到“乔丹”二字，就一定指向再审申请人。2. 除了乔丹公司与再审申请人外，没有其他人使用“乔丹”并形成持续的影响力和知名度。3. 乔丹公司是在知晓再审申请人知名度的情况下注册有关争议商标。4. 确实会有没有购买过我方（乔丹公司）商品的公众会产生联系的可能，但在实际购买时不会产生混淆。

关于使用“乔丹”的理由，乔丹公司先后做出过三种不同的解释。其一，在上海市第二中级人民法院审理的再审申请人诉乔丹公司等侵害姓名权的（2012）沪二中民一（民）初字第 1 号案件一审庭审中，乔丹公司解释“乔丹”的含义为“南方之草木”。其二，在一审法院 2014 年 10 月 29 日进行的庭审中，其解释为“美好的意思”、“普通含义，美好意愿”。其三，在本院 2015 年 11 月 27 日对（2015）知行字第 299 号等案件进行的听证中，乔丹公司解释为“在 20 世纪 90 年代中期，他们还是村办企业的时候，曾经找到了晋江当地的商标事务所帮他们起名，就包括这个名字，就注册了”。

（七）关于乔丹公司《招股说明书》中记载的有关内容

《招股说明书》中记载：乔丹公司的主营业务为“运动鞋、运动服装和运动配饰的设计、生产和销售”。乔丹公司产品主要使用以下 4 件注册商标：2002 年 4 月 16 日申请的第 3148047 号“乔丹”商标、第 3148049 号“乔丹”商标、第 3148050 号“QIAODAN”商标，以及 2001 年 12 月 3 日申请的第 870 号商标。上述商标指定的商品类别均为第 25 类。

“需要特别关注的风险因素”中记载：“发行人（乔丹公司）商号及主要产品商标‘乔丹’与美国前职业篮球球星‘Michael Jordan’的中文音译名‘迈克尔·乔丹’姓氏相同，……可能会有部分消费者将发行人及其产品与迈克尔·乔丹联系起来从而产生误解或混淆，在此特提请投资者注意。”

（八）关于乔丹公司及其关联公司申请其他与再审申请人有关的商标的事实

2005 年 10 月 17 日，乔丹公司将再审申请人两个孩子的姓名“杰弗里·乔丹”、“马库斯·乔丹”及其拼音“JIEFULIQIAODAN”、“MAKUSIQIAODAN”，分别申请注册了 16 件商标。同日，乔丹公司的控股股东案外人福建百群公司将“杰弗里”、“马库斯”、“JIEFULI”、“MAKUSI”分别申请注册了 16 件商标。

乔丹公司的关联公司案外人晋江麦克鞋塑有限公司（以下简称麦克公司）申

请注册了第1407911号商标，该商标的标志由下方的“QIAODAN”与上方的图形组成。该图形与耐克公司申请的第643806、4932232号图形商标中的图形基本一致。

《美国职篮画刊（中文国际版）》第26期（1998.1.15－2.15）刊登了一张再审申请人比赛时的照片，该照片中再审申请人的身体轮廓与乔丹公司申请的870号商标等图形商标中的图形基本一致。870号商标曾于2005年6月被商标局以批复形式，认定为“运动鞋、运动服装”商品上的驰名商标。

2001年8月20日，乔丹公司的关联公司案外人福建湖人队体育用品有限公司申请注册第1905046、1967177、2009309号“LAKERS TEAM”商标，以及第1905050、1967878、1961198号“湖人队HURENDUI”商标。

（九）关于最高人民法院（2002）民三终字第9号民事判决的有关认定

2003年9月16日，本院曾就福建省乔丹体育用品有限公司与案外人晋江市阳新体育用品有限公司不正当竞争纠纷一案，作出（2002）民三终字第9号民事判决，认定：“本案可以认定福建乔丹在先使用的鞋盒所包装的运动鞋产品为知名商品，其鞋盒装潢亦为其知名商品的特有装潢。”

（十）与331号商标是否曾被认定为驰名商标有关的事实

针对案外人无锡好球体育用品有限公司（以下简称好球公司）与被上诉人麦克公司、一审被告商标评审委员会商标异议复审行政纠纷一案，北京市高级人民法院于2012年8月29日作出（2012）高行终字第1209号行政二审判决。

该案被异议商标为好球公司于2002年6月12日申请注册的第3208768号“乔丹”商标，引证商标一为乔丹公司的331号“乔丹”商标。引证商标二为麦克公司申请注册的第1629121号“QIAODAN及图”商标。

2009年，商标局作出〔2009〕商标异字第05650号商标异议裁定书，认定在“足球鞋、爬山鞋”等商品上的331号“乔丹”商标为驰名商标。2010年12月20日，商标评审委员会作出商评字〔2010〕第36887号异议复审裁定书（以下简称第36887号裁定），认为该案证据不足以证明在2002年6月12日之前，331号商标构成了驰名商标。商标评审委员会裁定被异议商标予以核准注册。

麦克公司不服提起行政诉讼。北京市第一中级人民法院一审认为，该案证据不足以证明331号“乔丹”商标已经构成驰名商标。被异议商标与引证商标二构成使用在相同或者类似商品上的近似商标，违反商标法第二十八条的规定，故判决撤销第36887号裁定，判令商标评审委员会重新作出裁定。北京市高级人民法院二审认为，被异议商标与引证商标二构成使用在相同或类似商品上的近似商标，判决驳回上诉，维持一审判决。据此，被诉裁定以及一审判决中有关331号“乔丹”商标曾获得驰名商标保护的认定与事实不符，本院予以纠正。

本院再审认为，本案争议焦点为争议商标的注册是否损害了再审申请人就“乔丹”主张的姓名权，违反商标法第三十一条关于“申请商标注册不得损害他人现有的在先权利”的规定。

该争议焦点分为以下八个具体问题：第一，再审申请人主张保护姓名权的法律依据是什么？第二，再审申请人主张的姓名权所保护的具体内容是什么？第三，再审申请人在我国具有何种程度和范围的知名度？第四，再审申请人及其授权的耐克公司是否主动使用“乔丹”，其是否主动使用的事实对于再审申请人在本案中主张的姓名权有何影响？第五，争议商标的具体情形是否会使相关公众误认为与再审申请人具有关联？第六，乔丹公司对于争议商标的注册是否存在明显的主观恶意？第七，乔丹公司的经营状况，以及乔丹公司对其企业名称、有关商标的宣传、使用、获奖、被保护等情况，对本案具有何种影响？第八，再审申请人是否具有怠于保护其主张的姓名权的情形，该情形对本案有何影响？围绕上述八个具体问题，本院逐一评述并认定如下：

（一）关于再审申请人主张保护姓名权的法律依据

首先，商标法第三十一条规定：“申请商标注册不得损害他人现有的在先权利”。因民事主体依法享有的民事权益多种多样，立法上难以穷尽地列举，故商标法第三十一条并未明确规定或者列举在先权利的任何具体类型，而是以“在先权利”作出概括性规定，以符合经济社会不断发展和保护民事主体合法权益的需要。本院认为，对于商标法已有特别规定的在先权利，应当根据商标法的特别规定予以保护。对于商标法虽无特别规定，但根据民法通则、《中华人民共和国侵权责任法》（以下简称侵权责任法）和其他法律的规定应予保护，并且在争议商标申请日之前已由民事主体依法享有的民事权利或者民事权益，应当根据该概括性规定给予保护。

其次，关于再审申请人在本案中主张的姓名权，民法通则第九十九条第一款规定：“公民享有姓名权，有权决定、使用和依照规定改变自己的姓名，禁止他人干涉、盗用、假冒。”侵权责任法第二条第二款规定：“本法所称民事权益，包括生命权、健康权、姓名权……人身、财产权益。”据此，姓名权可以构成商标法第三十一条规定的“在先权利”。争议商标的注册损害他人在先姓名权的，应当认定该争议商标的注册违反商标法第三十一条的规定。因此，对于乔丹公司关于“商标法第三十一条并未明确规定‘在先权利’包括姓名权，不能用兜底条款或者通过扩大解释‘在先权利’，事后限制他人获得商标注册的机会”的主张，本院不予支持。

最后，姓名被用于指代、称呼、区分特定的自然人，姓名权是自然人对其姓名享有的重要人身权。随着我国社会主义市场经济不断发展，具有一定知名度的自然人将其姓名进行商业化利用，通过合同等方式为特定商品、服务代言并获得经济利益的现象已经日益普遍。名人代言日益成为经营者提升品牌形象、推销商品或者服务、扩大知名度的一种重要的营销手段。《中华人民共和国广告法》第二条第五款即规定：“本法所称广告代言人，是指广告主以外的，在广告中以自己的名义或者形象对商品、服务作引荐、证明的自然人、法人或者其他组织。”侵权责任法第二十条关于侵害他人人身权益造成财产损失的赔偿的规定，亦充分体现了我国法律对包括姓名权在内的人身权益中所蕴含的经济利益的承认和保护。因此，在适用商标法第三十一条的规定对他人的在先姓名权予以保护时，不仅涉及对自然人人格尊严的保护，而且涉及对自然人姓名，尤其是知名人物姓名所蕴含的经济利益的保护。鉴于商标的主要作用在于区分商品或者服务的来源，故未经许可擅自将他人享有在先姓名权的姓名注册为商标的，不仅会损害该自然人的人格尊严，而且容易导致相关公众误认为标记有该商标的商品或者服务与该自然人存在代言、许可等特定联系。该行为在损害该自然人姓名权的同时，也损害了消费者的合法权益。

综上，依照民法通则第九十九条、侵权责任法第二条的规定，自然人依法享有姓名权。未经许可擅自将他人享有在先姓名权的姓名注册为商标，容易导致相关公众误认为标记有该商标的商品或者服务与该自然人存在代言、许可等特定联系的，应当认定该商标的注册损害他人的在先姓名权，违反商标法第三十一条的规定。

（二）关于再审申请人主张的姓名权所保护的具体内容

关于再审申请人在本案中主张的姓名权所保护的具体内容，其实质是再审申请人能否就“乔丹”享有姓名权。因“乔丹”系再审申请人英文姓名“Michael Jeffrey Jordan”中“Jordan”的中文译名，故本案涉及再审申请人能否就其外文姓名的部分中文译名享有姓名权的问题。本院认为，根据自然人姓名权保护的条件，再审申请人就“乔丹”享有姓名权。具体理由如下：

第一，自然人依据商标法第三十一条的规定，就特定名称主张姓名权保护时，应当满足必要的条件。

其一，该特定名称应具有一定知名度、为相关公众所知悉，并用于指代该自然人。针对反不正当竞争法第五条第（三）项中规定的“姓名”，《最高人民法院关于审理不正当竞争民事案件应用法律若干问题的解释》（以下简称不正当竞争民事案件解释）第六条第二款规定：“……具有一定的市场知名度、为相关公众所知悉的自然人的笔名、艺名等，可以认定为反不正当竞争法第五条第（三）项规定的‘姓名’。”虽然上述规定是针对“擅自使用他人的姓名，引人误认为是他人的商品”的不正当竞争行为的认定而作出的司法解释，但该不正当竞争行为本质上也是损害他人姓名权的侵权行为。认定该行为时所涉及的“引人误认为是他人的商品”，与本案中认定争议商标的注册是否容易导致相关公众误认为存在代言、许可等特定联系，是密切相关的。因此，在本案中可参照适用上述司法解释的规定，确定自然人姓名权保护的条件。

其二，该特定名称应与该自然人之间已建立稳定的对应关系。在适用商标法第三十一条有关“申请商标注册不得损害他人现有的在先权利”的规定时，涉及在先权利与注册商标权的权利冲突。在解决本案涉及的在先姓名权与注册商标权的权利冲突时，应合理确定在先姓名权的保护标准，平衡在先姓名权人与商标权人的利益。既不能由于争议商标标志中使用或包含有仅为部分人所知悉或临时性使用的自然人“姓名”，即认定争议商标的注册损害该自然人的姓名权；也不能如商标评审委员会所主张的那样，以自然人主张的“姓名”与该自然人形成“唯一”对应为前提，对自然人主张姓名权的保护提出过苛的标准。本院认为，根据民法通则第九十九条第一款的规定，自然人享有姓名权，有权决定、改变自己的姓名，但姓名权人并不能禁止他人善意、合法地“决定”起同样的名字。由于重名的原因，姓名与自然人之间难以形成唯一对应关系。而且，除本名外，自然人还可以有艺名、笔名、译名等其他名称。从历史传统来看，古人还可以有字、号等。在特定情况下，相关公众更熟悉并习惯以自然人本名之外的其他名称（例如艺名、笔名等）指代该自然人，其他名称的知名度可能比其本名的知名度更高。如果以商标评审委员会主张的“唯一”对应作为主张姓名权的前提条件，将使得与他人重名的人，或者除本名之外还有其他名称的人，不论其知名度或者相关公众认知情况如何，均无法获得姓名权的保护。因此，自然人所主张的特定名称与该自然人已经建立稳定的对应关系时，即使该对应关系达不到“唯一”的程度，也可以依法获得姓名权的保护。商标评审委员会主张的“唯一”对应标准过于严苛，本院不予支持。

综上，本院认为，在适用商标法第三十一条关于“不得损害他人现有的在先权利”的规定时，自然人就特定名称主张姓名权保护的，该特定名称应当符合以下三项条件：其一，该特定名称在我国具有一定的知名度、为相关公众所知悉；其二，相关公众使用该特定名称指代该自然人；其三，该特定名称已经与该自然人之间建立了稳定的对应关系。

第二，关于外国人能否就其外文姓名的部分中文译名主张姓名权保护的问题。本院认为，由于语言和文化等方面的差异以及为了便于称呼，我国相关公众通常习惯于以外国人外文姓名的部分中文译名来指代、称呼该外国人，而不会使用其完整姓名的中文译名，有时甚至对其完整姓名的中文译名不了解、不熟悉。因此，在判断外国人能否就其外文姓名的部分中文译名主张姓名权保护时，需要考虑我国相关公众对外国人的称谓习惯。本案中，不论是再审申请人主张的“乔丹”，抑或是商标评审委员会被诉裁定中错误认定为再审申请人全名的“迈克尔·乔丹”，实质上都是再审申请人完整英文姓名“Michael Jeffrey Jordan”的部分中文译名，但都被相关公众用于称呼和指代再审申请人。综上，再审申请人主张的“乔丹”如符合本院阐明的前述三项条件，可以依法主张姓名权的保护。对于乔丹公司有关“单纯‘姓氏’或其翻译不能成为姓名权的客体”的主张，本院不予支持。

第三，本案证据可以证明再审申请人主张的“乔丹”符合本院阐明的前述三项条件，再审申请人对“乔丹”享有姓名权。具体理由如下：

首先，根据再审申请人提交的证据，我国境内有关报纸、期刊、网站上刊登的大量关于再审申请人的文章，以及相关书籍、专刊中，多以“乔丹”指代再审申请人，可以证明我国相关公众、新闻媒体普遍以“乔丹”指代再审申请人，“乔丹”已经与再审申请人建立了稳定的对应关系。其一，从1984年6月26日至2010年5月22日，在我国具有较高权威性和广泛影响力的《人民日报》、《参考消息》、《经济日报》上，先后刊登了《乔丹获“冠中冠”称号》、《乔丹迈入名人堂》等282篇有关再审申请人的文章。从1985年6月至2012年1月，在我国境内有关体育、新闻、经营管理、学习、教育等各类期刊上，先后刊登了《天王一对一乔丹VS科比》、《与乔丹的故事》等1376篇有关再审申请人的文章。在上述文章的标题中若有涉及再审申请人的，多数以“乔丹”指代，其他分别以“飞人乔丹”、“迈克尔·乔丹”、“飞人”等指代。其二，从1984年至2011年，在我国境内出版、发行了《乔丹写真集》、《最后的乔丹》等26种涉及再审申请人的书籍、专刊。其中14种书名或者刊名以“乔丹”指代再审申请人，另有7种以“迈克尔·乔丹”指代再审申请人。其三，2015年10月，在腾讯网、中国新闻网（China News）、上海热线、中国日报（China Daily）、网易等国内具有较高知名度的网站上，先后发表了《中国赛成神秘乔丹行　众人不惜血本只为朝圣》、《NBA中国赛乔丹成为主角　篮球之神让比赛成配菜》、《乔丹代表一代人青春　沪媒：这一夜只属于篮球之神》等多篇有关再审申请人访华参加有关商业活动的文章，这些文章的标题也多以“乔丹”指代再审申请人。

其次，在一审庭审笔录中，乔丹公司认可“乔丹”与再审申请人有关联，但认为“不是唯一”的。乔丹公司亦认可我国相关公众是以“乔丹”称呼再审申请人，但主张“并非提到‘乔丹’二字，就一定指向原告（再审申请人）”。在回答一审法院有关“乔丹这两个字，除了原告（再审申请人）、乔丹公司在使用以外，在我国大陆是否有其他人使用？有没有在我国大陆形成持续的影响力和知名度？”的问题时，乔丹公司陈述：“我们提交的证据里面没有。我们注册之后不可能再有，争议之前也没有发现。”

再次，在乔丹公司《招股说明书》中的“品牌风险”中，特别注明：“特别提醒投资者‘可能会有部分消费者将发行人及其产品与迈克尔·乔丹联系起来从而产生误解或混淆，在此特提请投资者注意。’”表明乔丹公司亦认识到相关公众可能会将“乔丹”与再审申请人相互联系。

最后，两份调查报告可以进一步佐证相关公众以“乔丹”指代再审申请人，“乔丹”已经与再审申请人建立了稳定的对应关系。其一，关于本院采信两份调查报告的具体理由。因本案案件事实、法律适用与相关公众的认知状况密切相关，故通过客观、公正、规范、透明的市场调查，有助于人民法院进一步查明相关公众有关“乔丹”的认知情况。根据本院查明的事实，两份调查报告由零点调查公司完成，调查活动分别在北京、上海、广州、成都和常熟五个城市进行，以获得一般消费者对乔丹体育品牌和再审申请人之间关系的认知。两份调查报告的调查过程分别由北京市长安公证处、上海市东方公证处等公证机构进行了公证，对调查对象的构成、访问方式、抽样方法、调查结论的形成过程等均作出了详细的说明。调查报告后还附有详细的“技术说明”、“问卷”以及问题“卡片”，故调查结论的真实性、证明力相对较高，可以与本案其他证据结合后共同证明相关事实。商标评审委员会、乔丹公司虽对两份调查报告提出质疑，但既未提出充分的反证，也未提出合理的反对理由，故本院对其主张不予支持。其二，关于相关调查数据。两份调查报告显示，向受访者提问“提到乔丹，您第一反应想到的是”时，分别有85%、63.8%的受访者回答想到的是再审申请人，分别有14.5%、24%的受访者回答想到的是“乔丹体育”。该调查数据与本院认定的前述其他相关事实可以相互印证，可以证明我国相关公众通常以“乔丹”指代再审申请人，“乔丹”与再审申请人之间已经建立了稳定的对应关系。

综上，因本案现有证据足以证明“乔丹”在我国具有较高的知名度、为相关公众所知悉，我国相关公众通常以“乔丹”指代再审申请人，并且“乔丹”已经与再审申请人之间形成了稳定的对应关系，故再审申请人就“乔丹”享有姓名权。

乔丹公司认为，我国还有其他自然人叫作“乔丹”，我国新闻媒体也使用“乔丹”指代其他外国人，故再审申请人不能就“乔丹”享有姓名权。本院认为，虽然确有其他自然人的本名或者中文译名为“乔丹”，或者其中包括“乔丹”，但由于其在我国相关公众中的知名度相对有限，没有证据证明我国相关公众广泛知晓并以“乔丹”指代其他自然人。特别是，乔丹公司在一审庭审笔录中也主张除再审申请人和乔丹公司外，没有其他人“在我国大陆形成持续的影响力和知名度”，因此，对于乔丹公司的该项主张，本院不予支持。

乔丹公司还认为，再审申请人已将其姓名的财产权益独家许可给耐克公司，其无权以自己的名义再行主张姓名权中的财产权益。本院认为，姓名权为人身权，虽然姓名权可以含有经济利益，例如权利人可以将其姓名许可给他人进行商业利用，但姓名权本身既不能与权利人的人身完全分离，也不能完全转让。因此，即使再审申请人将其姓名独家许可给耐克公司商业使用，其本人仍然享有姓名权，有权单独就争议商标提出撤销申请，故本院对乔丹公司的该项主张不予支持。

（三）关于再审申请人在我国具有何种程度和范围的知名度

本案中，正确认定再审申请人在我国具有何种程度和范围的知名度，对于本院认定再审申请人能否就“乔丹”享有姓名权，乔丹公司对于争议商标的注册是否存在明显的主观恶意，以及相关公众是否会误认为标记有争议商标的商品与再审申请人具有关联等具体问题均具有重要影响。本院认为，本案证据可以证明在争议商标的申请日之前，直至2015年，再审申请人在我国一直具有较高的知名度，其知名范围已不仅仅局限于篮球运动领域，而是已成为具有较高知名度的公众人物。具体理由如下：

第一，如前所述，再审申请人提交了从1984年至2012年期间，在我国境内有关报纸、期刊上刊登的有关再审申请人的1658篇文章，以及有关再审申请人的26种书籍、专刊。虽然有关文章主要与再审申请人从事的篮球运动有关，但相关媒体类型并不仅仅局限于《当代体育》、《篮球》等体育类期刊，还包括新闻、经营管理、学习、教育等各类期刊。尤其是在我国具有较高权威性和广泛影响力的《人民日报》、《参考消息》、《经济日报》中，也对再审申请人进行了持续、大量的新闻报道。综合考量相关媒体的权威性、类型、受众范围及其年龄层次，相关文章的发表时间、数量和内容，以及有关再审申请人的大量书籍、专刊等，现有证据已经足以证明再审申请人在我国相关公众中长期具有较高的知名度，其知名范围已经不再局限于篮球运动领域。

第二，在2015年再审申请人访华前后，腾讯网、中国新闻网（China News）、网易等国内知名网站上先后发表了多篇有关再审申请人参与相关商业活动的文章，足以证明再审申请人目前在我国依然具有较高的知名度。尤其是从有关文章标题中所使用的“不惜血本只为朝圣”、“篮球之神”、“代表一代人青春”等感情色彩强烈的措辞来看，即使其中可能采取了相对夸张的修饰手法，也足以反映出再审申请人在相关公众中仍然具有较高的知名度。

第三，两份调查报告可以进一步佐证再审申请人的知名程度和范围。根据两份调查报告，调查的对象为年龄在28～60周岁、在调查地居住2年以上的当地居民，实际调查的人群人口学分布特征与“2010年第六次全国人口普查”的人口学分布特征基本一致。在被问到“提到乔丹，您第一反应想到的是”时，分别有85%、63.8%的受访者第一反应想到的是再审申请人。因此，两份调查报告的调查对象以及上述调查数据也可以进一步佐证再审申请人在我国相关公众中具有广泛的知名度，其知名范围并不仅仅限于篮球运动领域。

第四，再审申请人除了为耐克公司代言“AIR JORDAN”系列产品外，还先后代言了“佳得乐”饮料、“恒适”内衣、“Wheaties Box”麦片等多种与篮球运动没有直接关联的商品。代言活动一方面反映出再审申请人个人的形象和知名度已得到相关商品经营者的普遍认可，另一方面也使得相关公众在日常生活中更容易通过广告、媒体等媒介，有更多机会了解和接触到再审申请人，进一步增强和扩大了再审申请人在相关公众中的知名程度和范围。

（四）关于再审申请人及其授权的耐克公司是否主动使用“乔丹”，其是否主动使用的事实对于再审申请人在本案中主张的姓名权有何影响

本院认为，首先，民法通则第九十九条第一款规定：“公民享有姓名权，有

权决定、使用和依照规定改变自己的姓名，禁止他人干涉、盗用、假冒。”据此规定，“使用”是姓名权人享有的权利内容之一，并非其承担的义务，更不是姓名权人“禁止他人干涉、盗用、假冒”，主张保护其姓名权的法定前提条件。

其次，在适用商标法第三十一条的规定保护他人在先姓名权时，相关公众是否容易误认为标记有争议商标的商品或者服务与该自然人存在代言、许可等特定联系，是认定争议商标的注册是否损害该自然人姓名权的重要因素。因此，在符合本院阐明的有关姓名权保护的三项条件的情况下，自然人有权根据商标法第三十一条的规定，就其并未主动使用的特定名称获得姓名权的保护。这不仅有利于保护自然人的人格尊严及其姓名所蕴含的经济利益，也有利于防止相关公众误认，保护消费者的合法权益。

最后，本案再审申请人为美利坚合众国公民。对于在我国具有一定知名度的外国人，其本人或者利害关系人可能并未在我国境内主动使用其姓名；或者由于便于称呼、语言习惯、文化差异等原因，我国相关公众、新闻媒体所熟悉和使用的“姓名”与其主动使用的姓名并不完全相同。例如在本案中，我国相关公众、新闻媒体普遍以“乔丹”指代再审申请人，而再审申请人、耐克公司则主要使用“迈克尔·乔丹”。但不论是“迈克尔·乔丹”还是“乔丹”，在相关公众中均具有较高的知名度，均被相关公众普遍用于指代再审申请人，且再审申请人并未提出异议或者反对。故商标评审委员会、乔丹公司关于再审申请人、耐克公司未主动使用“乔丹”，再审申请人对“乔丹”不享有姓名权的主张，本院不予支持。

（五）关于争议商标的具体情形是否会使相关公众误认为与再审申请人具有关联

本案争议商标为第6020569号“乔丹”商标，指定使用的商品类别为第28类“体育活动器械、游泳池（娱乐用）、旱冰鞋、圣诞树装饰品（灯饰和糖果除外）”。其中，“体育活动器械、游泳池（娱乐用）、旱冰鞋”均属于体育运动中常见的商品，“圣诞树装饰品（灯饰和糖果除外）”则属于日常生活中常见的商品。本院认为，上述商品的相关公众容易误认为标记有争议商标的商品与再审申请人存在代言、许可等特定联系。具体理由如下：

首先，本案证据足以证明再审申请人及其姓名“乔丹”在我国具有长期、广泛的知名度，相关公众熟悉并普遍使用“乔丹”指代再审申请人。“乔丹”与再审申请人之间已经建立了稳定的对应关系。因争议商标标志仅为“乔丹”文字，故相关公众看到争议商标后，容易由此联想到再审申请人本人，进而容易误认为标记有争议商标的商品与再审申请人存在代言、许可等特定联系。

其次，乔丹公司在《招股说明书》之“品牌风险”中特别注明：“特别提醒投资者‘可能会有部分消费者将发行人及其产品与迈克尔·乔丹联系起来从而产生误解或混淆，在此特提请投资者注意。’”这表明其已经认识到相关公众容易将“乔丹”与再审申请人相互联系，可能导致相关公众误认。乔丹公司在一审庭审笔录中，亦认可“确实会有没有购买过我方商品的公众会产生联系的可能”。

最后，两份调查报告可以与其他证据结合，进一步证明相关公众容易误认为“乔丹”与再审申请人存在特定联系。两份调查报告显示，分别有 68.1%、58.1% 的受访者认为再审申请人与“乔丹体育”有关。在购买过乔丹体育品牌产品的受访者中，分别有 93.5%、78.1% 的受访者认为再审申请人与“乔丹体育”有关。对于二者的具体关系，由高到低不同比例的受访者认为二者具有代言人、姓名授权使用、企业开办人等关系。虽然上述调查数据针对的是相关公众对再审申请人与“乔丹体育”之间关系的认知，但由于“乔丹体育”为争议商标的商标权人，且“乔丹体育”中的“乔丹”起到主要的识别作用，而“体育”为普通词汇，难以起到区分商品来源的作用，故两份调查报告可以进一步佐证在争议商标指定使用的商品上，相关公众容易误认为标记有争议商标的商品与再审申请人存在特定联系。

（六）关于乔丹公司对于争议商标的注册是否存在明显的主观恶意

本案中，乔丹公司申请注册争议商标时是否存在主观恶意，是本院认定争议商标的注册是否损害再审申请人姓名权的重要考量因素。本院认为，本案证据足以证明乔丹公司是在明知再审申请人及其姓名“乔丹”具有较高知名度的情况下，并未与再审申请人协商、谈判以获得其许可或授权，而是擅自注册了包括争议商标在内的大量与再审申请人密切相关的商标，放任相关公众误认为标记有争议商标的商品与再审申请人存在特定联系的损害结果，使得乔丹公司无需付出过多成本，即可实现由再审申请人为其“代言”等效果。乔丹公司的行为有违民法通则第四条规定的诚实信用原则，其对于争议商标的注册具有明显的主观恶意。具体理由如下：

首先，自 1984 年起至 2015 年，再审申请人在我国具有长期、广泛的知名度。我国相关公众主要以“乔丹”指代再审申请人。乔丹公司原名“福建省晋江市陈埭溪边日用品二厂”，原本与“乔丹”没有任何联系，却于2000年6月更名为“晋江市乔丹体育用品有限公司”，又于2000年9月更名为“福建省乔丹体育用品有限公司”，后又于2009年12月更名为目前的名称。乔丹公司主要从事“运动鞋、运动服装和运动配饰的设计、生产和销售”，其主营业务与再审申请人的职业高度关联，理应对再审申请人及其知名度有相当程度的了解。事实上，乔丹公司在一审庭审笔录中也明确承认其是在“知晓他（再审申请人）的知名度的情况下注册（争议商标）的”。

其次，对于使用“乔丹”申请注册争议商标的缘由，乔丹公司在本院进行的听证、一审法院的庭审、以及在上海市第二中级人民法院审理的再审申请人诉乔丹公司等侵害姓名权纠纷案件的庭审中，先后作出过三种完全不同的解释。但无论是“南方的草木”，抑或是“美好的意思”、“普通含义、美好意愿”，又或是“在20世纪90年代中期，他们还是村办企业的时候，曾经找到了晋江当地的商标事务所帮他们起名，就包括这个名字”，均明显有悖于常理或者缺乏事实依据，难以令本院信服。因此，乔丹公司对于使用“乔丹”申请注册争议商标不能做出正当合理的解释。

最后，除申请注册争议商标外，乔丹公司及其关联公司还先后申请注册了一系列与再审申请人密切相关的其他商标，更加凸显其主观恶意。这些商标主要包括：1. 乔丹公司将再审申请人两个孩子的姓名“杰弗里·乔丹”、“马库斯·乔丹”及其汉语拼音申请注册了多件商标。其控股股东案外人福建百群公司将“杰弗里”、“马库斯”、“JIEFULI”、“MAKUSI”分别申请注册了16件商标。2. 针对1998年《美国职篮画刊（中文国际版）》上刊登的再审申请人比赛时的照片，乔丹公司将与再审申请人身体轮廓基本相同的图形作为构成要素，单独或者与“乔丹”、“QIAODAN”，再审申请人的球衣号码“23”等组合申请了多件注册商标。3. 其关联公司麦克公司使用耐克公司第643806、4932232号商标中的图形，另行申请注册第1407911号组合商标。4. 针对美国职业篮球联赛球队“湖人队”，乔丹公司的关联公司湖人队体育公司申请注册了第1905046、1967177、2009309号“LAKERS TEAM”商标，以及第1905050、1967878、1961198号“湖人队HURENDUI”商标，并将“湖人队”作为其企业名称中的字号使用。综上，乔丹公司使用“乔丹”申请注册争议商标并非孤立、偶然的事件，而是其和关联公司在明知再审申请人具有较高知名度的情况下，围绕再审申请人申请注册各相关商标的系列行为之一。乔丹公司对再审申请人的姓名“乔丹”，球衣号码“23”，尤其是再审申请人两个孩子的姓名均不享有合法的在先权益。乔丹公司、商标评审委员会关于乔丹公司的行为属于延续性注册、防御性注册的主张缺乏事实和法律依据，本院不予支持。

（七）关于乔丹公司的经营状况，以及乔丹公司对其企业名称、有关商标的宣传、使用、获奖、被保护等情况，对本案具有何种影响

本院认为，根据一审法院以及本院查明的事实，可以认定乔丹公司经过多年的经营，已具有较大的规模，占据了一定的市场份额，在相关行业具有一定的知名度。本院曾在（2002）民三终字第9号民事判决中，认定福建省乔丹体育用品有限公司“在先使用的鞋盒所包装的运动鞋产品为知名商品，其鞋盒装潢亦为其知名商品的特有装潢”。2005年6月，乔丹公司的870号商标曾被商标局认定为运动鞋、运动服装商品上的驰名商标。此外，乔丹公司还进行了大量的广告宣传、赞助体育赛事和公益事业等活动，投入巨大。然而，上述事实并不影响本院关于争议商标的注册损害再审申请人在先姓名权的认定。具体理由如下：

首先，从权利的性质以及损害在先姓名权的构成要件来看，姓名被用于指代、称呼、区分特定的自然人，姓名权是自然人对其姓名享有的人身权。而商标的主要作用在于区分商品或者服务来源，属于财产权，与姓名权是性质不同的权利。如前所述，在认定争议商标的注册是否损害他人在先姓名权时，关键在于是否容易导致相关公众误认为标记有争议商标的商品或者服务与姓名权人之间存在代言、许可等特定联系，其构成要件与侵害商标权的认定不同。因此，即使乔丹公司经过多年的经营、宣传和使用，使得乔丹公司及其“乔丹”商标在特定商品类别上具有较高知名度，相关公众能够认识到标记有“乔丹”商标的商品来源于乔丹公司，也不足以据此认定相关公众不容易误认为标记有“乔丹”商标的商品与再审申请人之间存在代言、许可等特定联系。事实上，乔丹公司将再审申请人球衣号码“23”，再审申请人两个孩子的姓名等与之密切相关的信息申请注册其他商标，在一定程度上体现了乔丹公司放任前述相关公众误认的损害后果。因此，对于商标评审委员会关于“不能认定‘乔丹’与再审申请人之间的对应关系已明显强于与乔丹公司的联系”，再审申请人对“乔丹”不享有姓名权，不会使相关公众误认等主张，本院不予支持。

其次，本案争议商标指定的商品为第28类“体育活动器械、游泳池（娱乐用）、旱冰鞋、圣诞树装饰品（灯饰和糖果除外）”。乔丹公司并未举证证明在上述商品上宣传、使用争议商标，使得争议商标具有较高的知名度或者显著性，上述商品与乔丹公司的主营业务“运动鞋、运动服装和运动配饰的设计、生产和销售”亦存在或多或少的差异。因此，本院难以认定在争议商标指定的商品类别上，争议商标已经具有较高的知名度或者显著性。

最后，民法通则第四条规定：“民事活动应当遵循……诚实信用的原则。”乔丹公司恶意申请注册争议商标，损害再审申请人的在先姓名权，明显有悖于诚实信用原则。商标评审委员会、乔丹公司主张的市场秩序或者商业成功并不完全是乔丹公司诚信经营的合法成果，而是在一定程度上建立于相关公众误认的基础之上。维护此种市场秩序或者商业成功，不仅不利于保护姓名权人的合法权益，而且不利于保障消费者的利益，更不利于净化商标注册和使用环境。

综上，本院认为，乔丹公司的经营状况，以及乔丹公司对其企业名称、有关商标的宣传、使用、获奖、被保护等情况，均不足以使得争议商标的注册具有合法性。

（八）关于再审申请人是否具有怠于保护其主张的姓名权的情形，该情形对本案有何影响

商标法第四十一条第二款规定：“已经注册的商标，违反本法……第三十一条规定的，自商标注册之日起五年内……可以请求商标评审委员会裁定撤销该注册商标……”本院认为，上述规定中的“自商标注册之日起五年内”是向商标评审委员会申请撤销争议商标的法定期限，立法者在规定该期限时已经充分考虑了在先权利人与商标权人之间的利益平衡。该期限可以督促权利人或者利害关系人及时主张权利，避免争议商标的法律效力在核准注册后的过长时期内仍处于可争议状态，从而影响商标权人对争议商标的宣传和使用，损害商标权人的合法权益。本案中，再审申请人在争议商标注册之日起五年内向商标评审委员会提出撤销申请，符合上述法律规定。因此，商标评审委员会、乔丹公司关于再审申请人怠于保护其姓名权的主张缺乏事实和法律依据，本院不予支持。

综上，商标法第三十一条规定的“在先权利”包括他人在争议商标申请日之前已经享有的姓名权。再审申请人对争议商标标志“乔丹”享有在先的姓名权。乔丹公司明知再审申请人在我国具有长期、广泛的知名度，仍然使用“乔丹”申请注册争议商标，容易导致相关公众误认为标记有争议商标的商品与再审申请人存在代言、许可等特定联系，损害了再审申请人的在先姓名权。乔丹公司对于争

议商标的注册具有明显的主观恶意。乔丹公司的经营状况，以及乔丹公司对其企业名称、有关商标的宣传、使用、获奖、被保护等情况，均不足以使得争议商标的注册具有合法性。因此，争议商标的注册违反商标法第三十一条的规定，依照商标法第四十一条第二款的规定应予撤销，应由商标评审委员会就争议商标重新作出裁定。

关于争议商标的注册是否属于商标法第十条第一款第（八）项规定的“有害于社会主义道德风尚或者有其他不良影响”的情形。本院认为，争议商标标志不存在可能对我国政治、经济、文化、宗教、民族等社会公共利益和公共秩序产生消极、负面影响的情形。因此，对于再审申请人关于争议商标的注册违反商标法第十条第一款第（八）项规定的申请再审理由，本院不予支持。

关于争议商标的注册是否属于商标法第四十一条第一款规定的“以欺骗手段或者其他不正当手段取得注册”的情形。本院认为，争议商标的注册不属于扰乱商标注册秩序、损害公共利益、不正当占用公共资源，或者以其他方式谋取不正当利益的行为，不属于商标法第四十一条第一款所规定的“其他不正当手段”。再审申请人亦未提供证据证明争议商标的注册系以欺骗手段或者其他不正当手段取得注册。因此，对于再审申请人关于争议商标的注册违反商标法第四十一条第一款规定的申请再审理由，本院亦不予支持。

综上所述，本院认为，被诉裁定、一审判决认定事实和适用法律均有错误，应予撤销；二审判决错误维持一审判决，对再审申请人关于争议商标违反商标法第三十一条规定的上诉理由未予审查，亦应予撤销。经本院审判委员会讨论决定，依照《中华人民共和国民法通则》第四条、第九十九条，《中华人民共和国侵权责任法》第二条、第二十条，2001 年修正的《中华人民共和国商标法》第十条第一款第（八）项、第三十一条、第四十一条，参照《最高人民法院关于审理不正当竞争民事案件应用法律若干问题的解释》第六条第二款，以及依照《中华人民共和国行政诉讼法》第七十条、第八十九条第一款第（二）项，《最高人民法院关于执行〈中华人民共和国行政诉讼法〉若干问题的解释》第七十六条第一款、第七十八条规定，判决如下：

一、撤销北京市第一中级人民法院（2014）一中行（知）初字第 9163 号行政判决；

二、撤销北京市高级人民法院（2015）高行（知）终字第 1915 号行政判决；

三、撤销国家工商行政管理总局商标评审委员会商评字〔2014〕第 052058

号关于第6020569号“乔丹”商标争议裁定；

四、国家工商行政管理总局商标评审委员会对第6020569号“乔丹”商标重新作出裁定。

一审案件受理费100元，二审案件受理费100元，均由国家工商行政管理总局商标评审委员会负担。

本判决为终审判决。

审　判　长　陶凯元
审　判　员　王　闯
审　判　员　夏君丽
审　判　员　王艳芳
代理审判员　杜微科
二〇一六年十二月七日
书　记　员　包　硕
书　记　员　张　博

52. 自然人可就其未主动使用的特定名称获得姓名权的保护

——再审申请人迈克尔·杰弗里·乔丹与被申请人国家工商行政管理总局商标评审委员会、一审第三人乔丹体育股份有限公司商标争议行政纠纷案

【裁判要旨】

“使用”是姓名权人享有的权利内容之一，并非其承担的义务，更不是姓名权人主张保护其姓名权的法定前提条件。在符合有关姓名权保护条件的情况下，自然人有权根据商标法（2001年修正）第三十一条的规定，就其并未主动使用的特定名称获得姓名权的保护。

【关键词】

商标　争议程序　姓名权　主动使用

【案号】

最高人民法院（2016）最高法行再27号

【基本案情】

在再审申请人迈克尔·杰弗里·乔丹（以下简称乔丹）与被申请人国家工商行政管理总局商标评审委员会（以下简称商标评审委员会）、一审第三人乔丹体育股份有限公司（以下简称乔丹公司）商标争议行政纠纷案中，第6020569号“乔丹”商标（以下简称争议商标）由乔丹公司于2007年4月26日提出注册申请，核定使用在国际分类第28类的“体育活动器械、游泳池（娱乐用）、旱冰鞋、圣诞树装饰品（灯饰和糖果除外）”商品上，专用权期限为2012年3月28日至2022年3月27日。2012年10月31日，乔丹以争议商标的注册损害了其在先权利等为由，提出撤销申请。2014年4月14日，商标评审委员会作出商评字〔2014〕第052058号《关于第6020569号“乔丹”商标争议裁定》（以下简称第52058号裁定），对争议商标的注册予以维持。乔丹不服，提起行政诉讼。北京市第一中级人民法院一审认为，本案证据尚不足以证明单独的“乔丹”明确指向乔丹。此外，争议商标指定使用的商品与乔丹具有影响力的篮球运动领域差别较大，相关公众不易将争议商标与乔丹相联系，现有证据不足以证明争议商标的注册与使用不当利用了乔丹的知名度，或可能对乔丹的姓名权造成其他影响。争议商标的注册未损害乔丹的姓名权。一审法院遂判决维持第52058号裁定。乔丹不服，提起上诉。北京市高级人民法院二审判决驳回上诉、维持原判。乔丹仍不服，向最高人民法院申请再审。最高人民法院裁定提审本案，并于2016年12月30日判决撤销第52058号裁定和一审、二审判决，判令商标评审委员会对争议商标重新作出裁定。

【裁判意见】

最高人民法院提审认为：首先，根据民法通则第九十九条第一款的规定，“使用”是姓名权人享有的权利内容之一，并非其承担的义务，更不是姓名权人“禁止他人干涉、盗用、假冒”，主张保护其姓名权的法定前提条件。其次，在适用商标法（2001年修正）第三十一条的规定保护他人在先姓名权时，相关公众是否容易误认为标记有争议商标的商品或者服务与该自然人存在代言、许可等特定联系，是认定争议商标的注册是否损害该自然人姓名权的重要因素。因此，在符合前述有关姓名权保护的三项条件的情况下，自然人有权根据商标法（2001年修正）第三十一条的规定，就其并未主动使用的特定名称获得姓名权的保护。最后，对于在我国具有一定知名度的外国人，其本人或者利害关系人可能并未在我国境内主动使用其姓名；或者由于称呼、语言习惯、文化差异等原因，我国相关公众、新闻媒体所熟悉和使用的“姓名”与其主动使用的姓名并不完全相同。商标评审委员会、乔丹公司关于乔丹、耐克公司未主动使用“乔丹”，故对“乔丹”不享有姓名权的主张不能成立。

中华人民共和国最高人民法院行政判决书

（2016）最高法行再27号[①]

53. 自然人就特定名称主张姓名权保护时应当满足的条件

——再审申请人迈克尔·杰弗里·乔丹与被申请人国家工商行政管理总局商标评审委员会、一审第三人乔丹体育股份有限公司商标争议行政纠纷案

【裁判要旨】

自然人就特定名称主张姓名权保护的，该特定名称应当符合三项条件：其一，该特定名称在我国具有一定的知名度、为相关公众所知悉；其二，相关公众使用该特定名称指代该自然人；其三，该特定名称已经与该自然人之间建立了稳定的对应关系。外国人外文姓名的中文译名如符合前述三项条件，可以依法主张姓名权的保护。

【关键词】

商标　争议程序　姓名权　特定名称

【案号】

最高人民法院（2016）最高法行再27号

---

① 参见案例51裁判文书。

【基本案情】

在再审申请人迈克尔·杰弗里·乔丹（以下简称乔丹）与被申请人国家工商行政管理总局商标评审委员会（以下简称商标评审委员会）、一审第三人乔丹体育股份有限公司（以下简称乔丹公司）商标争议行政纠纷案中，第6020569号“乔丹”商标（以下简称争议商标）由乔丹公司于2007年4月26日提出注册申请，核定使用在国际分类第28类的“体育活动器械、游泳池（娱乐用）、旱冰鞋、圣诞树装饰品（灯饰和糖果除外）”商品上，专用权期限为2012年3月28日至2022年3月27日。2012年10月31日，乔丹以争议商标的注册损害了其在先权利等为由，提出撤销申请。2014年4月14日，商标评审委员会作出商评字〔2014〕第052058号《关于第6020569号“乔丹”商标争议裁定》（以下简称第52058号裁定），对争议商标的注册予以维持。乔丹不服，提起行政诉讼。北京市第一中级人民法院一审认为，本案证据尚不足以证明单独的“乔丹”明确指向乔丹。此外，争议商标指定使用的商品与乔丹具有影响力的篮球运动领域差别较大，相关公众不易将争议商标与乔丹相联系，现有证据不足以证明争议商标的注册与使用不当利用了乔丹的知名度，或可能对乔丹的姓名权造成其他影响。争议商标的注册未损害乔丹的姓名权。一审法院遂判决维持第52058号裁定。乔丹不服，提起上诉。北京市高级人民法院二审判决驳回上诉、维持原判。乔丹仍不服，向最高人民法院申请再审。最高人民法院裁定提审本案，并于2016年12月30日判决撤销第52058号裁定和一审、二审判决，判令商标评审委员会对争议商标重新作出裁定。

【裁判意见】

最高人民法院提审认为：自然人依据商标法（2001年修正）第三十一条的规定，就特定名称主张姓名权保护时，应当满足必要的条件。其一，该特定名称应具有一定知名度、为相关公众所知悉，并用于指代该自然人。《最高人民法院关于审理不正当竞争民事案件应用法律若干问题的解释》第六条第二款是针对“擅自使用他人的姓名，引人误认为是他人的商品”的不正当竞争行为的认定作出的司法解释，该不正当竞争行为本质上也是损害他人姓名权的侵权行为。认定该行为时所涉及的“引人误认为是他人的商品”，与本案中认定争议商标的注册是否容易导致相关公众误认为存在代言、许可等特定联系是密切相关的。因此，在本案中可参照适用上述司法解释的规定，确定自然人姓名权保护的条件。其二，该特定名称应与该自然人之间已建立稳定的对应关系。在解决本案涉及的在先姓名权与注册商标权的权利冲突时，应合理确定在先姓名权的保护标准，平衡在先姓名权人与商标权人的利益。既不能由于争议商标标志中使用或包含仅为部分人所知悉或临时性使用的自然人“姓名”，即认定争议商标的注册损害该自然人的姓名权；也不能如商标评审委员会所主张的那样，以自然人主张的“姓名”与该自然人形成“唯一”对应为前提，对自然人主张姓名权的保护提出过苛的标准。自然人所主张的特定名称与该自然人已经建立稳定的对应关系时，即使该对应关系达不到“唯一”的程度，也可以依法获得姓名权的保护。综上，在适用商标法（2001 年修正）第三十一条关于“不得损害他人现有的在先权利”的规定时，自然人就特定名称主张姓名权保护的，该特定名称应当符合以下三项条件：其一，该特定名称在我国具有一定的知名度、为相关公众所知悉；其二，相关公众使用该特定名称指代该自然人；其三，该特定名称已经与该自然人之间建立了稳定的对应关系。在判断外国人能否就其外文姓名的部分中文译名主张姓名权保护时，需要考虑我国相关公众对外国人的称谓习惯。中文译名符合前述三项条件的，可以依法主张姓名权的保护。

中华人民共和国最高人民法院行政判决书

（2016）最高法行再 27 号①

54. 作为在先权利保护的“肖像”应当具有可识别性

——再审申请人迈克尔·杰弗里·乔丹与被申请人国家工商行政管理总局商标评审委员会、一审第三人乔丹体育股份有限公司商标争议行政纠纷案

【裁判要旨】

肖像权所保护的“肖像”应当具有可识别性，其中应当包含足以使社会公众识别其所对应的权利主体，即特定自然人的个人特征，从而能够明确指代该特定的权利主体。

---

① 参见案例 51 裁判文书。

【关键词】

商标　争议程序　肖像权　可识别性

【案号】

最高人民法院（2015）知行字第332号

【基本案情】

在再审申请人迈克尔·杰弗里·乔丹（以下简称迈克尔·乔丹）与被申请人国家工商行政管理总局商标评审委员会（以下简称商标评审委员会）、一审第三人乔丹体育股份有限公司（以下简称乔丹公司）商标争议行政纠纷案中，涉及乔丹公司的第6020570号“”图形商标（即涉案商标），核定使用在国际分类第28类的游戏机、木偶、玩具等商品上，商标注册号为6020570。迈克尔·乔丹主张该商标含有其特定篮球运动形象，易使相关公众将之与其相联系，损害了其在先肖像权，故依据商标法第三十一条的规定针对涉案商标提起撤销申请。商标评审委员会认为，涉案商标图形部分为运球人物剪影，动作形象较为普通，并不具有特定指向性，难以认定该图形与迈克尔·乔丹存在一一对应关系，故作出商评字〔2014〕第52052号《关于第6020570号图形商标争议裁定书》（以下简称第52052号裁定），裁定诉争商标予以维持。迈克尔·乔丹不服，提起行政诉讼。北京市第一中级人民法院一审判决驳回其诉讼请求。迈克尔·乔丹不服，提起上诉。北京市高级人民法院二审判决驳回上诉，维持原判。迈克尔·乔丹不服，向最高人民法院申请再审。迈克尔·乔丹提交了其在相关期刊上登载的其本人持球运动照片，并主张涉案商标标识“”与照片中其运动形象的身体轮廓基本一致，损害其肖像权。最高人民法院于2017年12月27日裁定驳回迈克尔·乔丹的再审申请。

【裁判意见】

最高人民法院审查认为：肖像权所保护的“肖像”是对特定自然人体貌特征的视觉反映，社会公众通过“肖像”识别、指代其所对应的自然人，并能够据此将该自然人与他人相区分。根据肖像权以及肖像的性质，肖像权所保护的“肖像”应当具有可识别性，其中应当包含足以使社会公众识别其所对应的权利主体，即特定自然人的个人特征，从而能够明确指代其所对应的权利主体。如果请求肖像权保护的标识不具有可识别性，不能明确指代特定自然人，则难以在该标识上形成依法应予保护，且归属于特定自然人的人格尊严或人格利益。从社会公众的认知习惯和特点来看，自然人的面部特征是其体貌特征中最为主要的个人特征，一般情况下，社会公众通过特定自然人的面部特征就足以对其进行识别和区分。如果当事人主张肖像权保护的标识并不具有足以识别的面部特征，则应当提供充分的证据，证明该标识包含了其他足以反映其所对应的自然人的个人特征，具有可识别性，使得社会公众能够认识到该标识能够明确指代该自然人。关于迈克尔·乔丹在本案中主张的肖像权，照片中的迈克尔·乔丹运动形象清晰反映了其面部特征、身体形态、球衣号码等个人特征，社会公众据此能够清楚无误地识别该照片中的自然人为迈克尔·乔丹，故迈克尔·乔丹就照片中的运动形象享有肖像权。关于涉案商标标识“”，虽然该标识与照片中迈克尔·乔丹运动形象的身体轮廓的镜像基本一致，但该标识仅仅是黑色人形剪影，除身体轮廓外，其中并未包含任何与迈克尔·乔丹有关的个人特征。并且，迈克尔·乔丹就该标识所对应的动作本身并不享有其他合法权利，其他自然人也可以作出相同或者类似的动作，该标识并不具有可识别性，不能明确指代迈克尔·乔丹。因此，迈克尔·乔丹不能就该标识享有肖像权，其有关涉案商标的注册损害其肖像权的主张不能成立。

中华人民共和国最高人民法院行政裁定书

(2015) 知行字第332号

再审申请人（一审原告、二审上诉人）：迈克尔·杰弗里·乔丹（Michael Jeffrey Jordan），男，1963年2月17日出生，美利坚合众国国籍，住美利坚合众国伊利诺伊州芝加哥市。

委托诉讼代理人：田甜，上海市方达（北京）律师事务所律师。

委托诉讼代理人：祁放，上海市方达（北京）律师事务所律师。

被申请人（一审被告、二审被上诉人）：国家工商行政管理总局商标评审委员会。住所地：中华人民共和国北京市西城区茶马南街1号。

法定代表人：赵刚，该委员会主任。

委托诉讼代理人：杨少文，该委员会审查员。

委托诉讼代理人：吴彤，该委员会审查员。

一审第三人：乔丹体育股份有限公司。住所地：中华人民共和国福建省晋江市陈埭溪边工业区。

法定代表人：丁国雄，该公司董事长。

委托诉讼代理人：马东晓，北京市中伦律师事务所律师。

委托诉讼代理人：韦之，北京市中伦律师事务所律师。

再审申请人迈克尔·杰弗里·乔丹因与被申请人国家工商行政管理总局商标评审委员会（以下简称商标评审委员会）、一审第三人乔丹体育股份有限公司（以下简称乔丹公司）商标争议行政纠纷一案，不服北京市高级人民法院（2015）高行（知）终字第965号行政判决，向本院申请再审。本院依法组成合议庭对本案进行了审查，现已审查终结。

迈克尔·杰弗里·乔丹申请再审称，(一)《中华人民共和国民法通则》（以下简称民法通则）第一百条对肖像权有明确规定，故肖像权可以构成2001年修正的《中华人民共和国商标法》（以下简称商标法）第三十一条规定的“在先权利”。(二）乔丹公司第6020570号“”图形商标（以下简称涉案商标）的注册损害了再审申请人的在先肖像权，不符合商标法第三十一条的规定。1.《美国职篮画刊（中文国际版)》中刊登了再审申请人的运动形象照片，该运动形象获得了广泛的传播和关注，再审申请人对其享有肖像权。2. 涉案商标标识“”使用了再审申请人的运动形象，容易导致相关公众联想到再审申请人并产生误认，侵犯了再审申请人的肖像权。3. 再审申请人提供了《Michael Jordan（迈克尔·乔丹）与乔丹体育商标认知调查报告（上海)》(以下简称调查报告1)，以及《Michael Jordan（迈克尔·乔丹）与乔丹体育商标认知调查报告（全国)》（以下简称调查报告2)，两份调查报告足以证明带有标识“”的商品容易使相关公众误以为乔丹公司与再审申请人之间存在代言、授权、许可、合作等特定关系，容易导致相关公众对商品来源产生混淆误认。可以证明在社会公众的认知中，标识“”已经与再审申请人建立了对应关系，而且这一对应关系明显强于该标识与乔丹公司之间的对应关系。4. 肖像权保护不应以再审申请人对其运动形象的主动使用为前提。5. 标识“”是否体现再审申请人的面部特征，并不是认定侵犯肖像权的必要条件。(三）一、二审判决对乔丹公司恶意注册涉案商标的事实未予认定错误。请求本院：1. 撤销商标评审委员会作出的商评字（2014）第52052号《关于第6020570号图形商标争议裁定书》(以下简称被诉裁定)；2. 撤销本案一、二审判决。

商标评审委员会提交意见认为，被诉裁定认定事实清楚，适用法律正确，作出程序合法，请求驳回再审申请。

乔丹公司提交意见认为，（一）再审申请人就标识“”不享有肖像权。1. 该标识与再审申请人的运动形象的身体轮廓并不完全相同，该图形对应的动作是篮球运动中的常见动作，没有表现出再审申请人的个人特征，与再审申请人无关。

2. 肖像应当清楚反映人物的容貌特征，使得社会公众能够将该肖像识别为肖像权人。标识“”不具有容貌特征，与再审申请人不能对应，不具有可识别性，不能获得肖像权的保护。（二）再审申请人提交的调查报告1、2不能证明其主张。1. 两份调查报告系由再审申请人单方委托案外人北京零点市场调查与分析公司（以下简称零点公司）完成，且由再审申请人支付相关费用，不具有中立性，不能作为认定案件事实的依据。2. 两份调查报告的调查对象样本不合格，所调查的问题具有提示性、诱导性，不具有客观性、科学性和合理性，不足以证明标识“”与再审申请人之间具有稳定的对应关系，不足以证明社会公众能够将该标识识别为再审申请人。（三）再审申请人主张的运动形象不具有知名度。乔丹公司对标识“”进行了大量的宣传和使用，具有较高的知名度，该标识与乔丹公司的对应关系明显强于与再审申请人的对应关系。（四）再审申请人提供的新证据与本案没有关联性。

围绕当事人的再审请求以及提交的有关证据，本院对与本案争议焦点有关的证据和事实查明并认定如下：

（一）关于再审申请人的姓名

再审申请人护照上记载的姓名为“Michael Jeffrey Jordan”。再审申请人提交的由北京百嘉翻译服务有限公司出具的中文翻译中，将其翻译为“迈克尔·杰弗里·乔丹”。商标评审委员会及乔丹公司对此没有异议。因此，被诉裁定以及一、二审判决认定再审申请人的姓名为“迈克尔·乔丹（Michael Jordan）”有误，本院予以纠正。

（二）与再审申请人在本案中主张的运动形象有关的事实

《美国职篮画刊（中文国际版）》第26期（1998.1.15－2.15）刊登了一张再审申请人持球运动形象照片，该照片中再审申请人右手水平持球，左手向左下方伸展，双脚腾空离地，其运动形象的身体轮廓与涉案商标标识“”基本一致，但二者呈左右对称的镜像关系。

（三）与调查报告1、2有关的事实

再审申请人委托案外人零点公司，于2012年6月作出调查报告1、2。两份调查报告所附的问题B1为“给您看一张图片（出示‘乔丹人形LOGO’的卡片），您觉得这个图片上的人是谁”。两份调查报告的结论为：展示乔丹体育品牌的人形LOGO时，在不提示选项的情况下，分别有81%、60.8%的受访者认为是美国篮球运动员迈克尔·杰弗里·乔丹。两份调查报告中所涉人形LOGO与涉案商标标识“”基本一致。

本院认为，本案争议焦点为：（一）再审申请人在本案中主张的肖像权是否可以构成商标法第三十一条规定的“在先权利”；（二）涉案商标的注册是否损害再审申请人在本案中主张的肖像权。

（一）关于再审申请人在本案中主张的肖像权是否可以构成商标法第三十一条规定的“在先权利”

商标法第三十一条规定：“申请商标注册不得损害他人现有的在先权利。”本院认为，对于商标法已有特别规定的在先权利，应当根据商标法的特别规定予以保护。对于商标法虽无特别规定，但根据民法通则以及《中华人民共和国侵权责任法》（以下简称侵权责任法）和其他法律的规定应予保护，并且在争议商标申请日之前已由民事主体依法享有的民事权利或者民事权益，应当根据该概括性规定给予保护。对此，2017年3月1日起施行的《最高人民法院关于审理商标授权确权行政案件若干问题的规定》第十八条亦规定：“在先权利，包括当事人在诉争商标申请日之前享有的民事权利或者其他应予保护的合法权益。”

关于再审申请人在本案中主张的肖像权，民法通则第一百条规定：“公民享有肖像权，未经本人同意，不得以营利为目的使用公民的肖像。”侵权责任法第二条第二款规定：“本法所称民事权益，包括生命权、健康权、姓名权、名誉权、荣誉权、肖像权……等人身、财产权益。”根据上述规定，再审申请人在本案中主张的肖像权可以构成商标法第三十一条规定的“在先权利”。

（二）涉案商标的注册是否损害再审申请人在本案中主张的肖像权

再审申请人认为，涉案商标标识“”与照片中的再审申请人运动形象的身体轮廓基本一致，损害了再审申请人的肖像权。本院认为该申请再审理由不能成立，具体理由如下：

首先，根据民法通则以及侵权责任法的相关规定，肖像权是自然人享有的重要人身权利。保护自然人的肖像权，对于维护其人格尊严，保护其人格利益，均具有重要意义。肖像权所保护的“肖像”是对特定自然人体貌特征的视觉反映，社会公众通过“肖像”识别、指代其所对应的自然人，并能够据此将该自然人与他人相区分。本院认为，根据肖像权以及肖像的性质，肖像权所保护的“肖像”应当具有可识别性，其中应当包含足以使社会公众识别其所对应的权利主体，即特定自然人的个人特征，从而能够明确指代其所对应的权利主体。如果请求肖像权保护的标识不具有可识别性，不能明确指代特定自然人，则难以在该标识上形成依法应予保护，且归属于特定自然人的人格尊严或人格利益。

其次，从社会公众的认知习惯和特点来看，自然人的面部特征是其体貌特征中最为主要的个人特征，一般情况下，社会公众通过特定自然人的面部特征就足以对其进行识别和区分。如果当事人主张肖像权保护的标识并不具有足以识别的面部特征，则应当提供充分的证据，证明该标识包含了其他足以反映其所对应的自然人的个人特征，具有可识别性，使得社会公众能够认识到该标识能够明确指代该自然人。

再次，关于再审申请人在本案中主张的肖像权。照片中的再审申请人运动形象清晰反映了其面部特征、身体形态、球衣号码等个人特征，社会公众据此能够清楚无误地识别该照片中的自然人为再审申请人，故再审申请人就照片中的运动形象享有肖像权。而关于涉案商标标识“”，虽然该标识与照片中再审申请人运动形象的身体轮廓的镜像基本一致，但该标识仅仅是黑色人形剪影，除身体轮廓外，其中并未包含任何与再审申请人有关的个人特征。并且，再审申请人就该标识所对应的动作本身并不享有其他合法权利，其他自然人也可以作出相同或者类似的动作，该标识并不具有可识别性，不能明确指代再审申请人。因此，再审申请人不能就该标识享有肖像权，再审申请人有关涉案商标的注册损害其肖像权的主张不能成立。

最后，关于再审申请人提交的调查报告1、2。调查报告系由再审申请人单方委托零点公司完成，所附的问题以及相应的结论均具有一定程度的引导性和推测性，不能单独作为认定案件事实的依据。在缺乏其他客观证据佐证，且标识“”本身并不具有足以识别的再审申请人个人特征的情况下，两份调查报告并不足以证明再审申请人的主张成立。

综上，迈克尔·杰弗里·乔丹的再审申请不符合《中华人民共和国行政诉讼法》第九十一条规定的情形，依照《最高人民法院关于执行〈中华人民共和国行政诉讼法〉若干问题的解释》第七十四条之规定，本院裁定如下：

驳回迈克尔·杰弗里·乔丹的再审申请。

审　判　长　夏君丽

审　判　员　王艳芳

审　判　员　杜微科

二〇一七年十二月二十七日

书　记　员　包　硕

55. 使用行为的合法性影响商标知名度的判断

——再审申请人广州市希力电子科技有限公司、济南千贝信息科技有限公司与被申请人上海波克城市网络科技股份有限公司、二审被上诉人国家工商行政管理总局商标评审委员会商标异议复审行政纠纷案

【裁判要旨】

商标虽然具有在先使用行为，但违反行业监管制度、行政审批要求，上述情形对于判断在先使用行为是否产生了“一定影响”，具有消极作用。

【关键词】

商标　异议程序　一定影响　合法性

【案号】

最高人民法院（2016）最高法行再96号

【基本案情】

在再审申请人广州市希力电子科技有限公司（以下简称希力公司）、济南千贝信息科技有限公司（以下简称千贝公司）与被申请人上海波克城市网络科技股份有限公司（以下简称波克公司）、二审被上诉人国家工商行政管理总局商标评审委员会（以下简称商标评审委员会）商标异议复审行政纠纷案中，波克公司于2011年3月29日向国家工商行政管理总局商标局（以下简称商标局）提出第9274903号“捕鱼达人”商标（即被异议商标）的注册申请，指定使用在第42类“计算机软件设计、计算机软件更新、技术研究、包装设计、无形资产评估”等服务上，并于2012年1月6日获得初步审定并公告。希力公司和千贝公司向商标局提出异议，主张其在游戏软件上在先使用的“捕鱼达人”商标具有一定影响，波克公司的不正当抢注行为违反了2001年修正的商标法第三十一条规定。商标局裁定被异议商标予以核准注册。希力公司和千贝公司不服，提起异议复审。商标评审委员会作出第58749号裁定，裁定被异议商标在“计算机软件设计、更新”服务上不予核准注册，在“技术研究”等其他服务上予以核准注册。

波克公司不服，提起行政诉讼。北京市第一中级人民法院判决维持第58749号裁定。波克公司不服，提起上诉。北京市高级人民法院二审认为，即便不考虑希力公司在先使用商标的经营活动是否符合行政管理方面的有关规定，希力公司和千贝公司的证据也不足以证明在先使用商标具有一定知名度。据此判决撤销一审判决和第58749号裁定，责令商标评审委员会重新作出裁定。希力公司和千贝公司不服，向最高人民法院申请再审。最高人民法院裁定提审本案，在进一步查明事实的基础上，于2018年10月19日维持二审判决。

【裁判意见】

最高人民法院再审认为：希力公司的证据不足以证明其在先使用的“捕鱼达人”具有一定影响，理由如下：希力公司于2009年12月1日取得其开发的捕鱼达人游戏软件V1.0的计算机软件著作权登记证书，该证据尚不能证明希力公司在对外经营中将“捕鱼达人”作为商标使用；希力公司的“捕鱼达人”游戏产品虽然荣获2009年度中国游戏行业优秀游戏产品“金手指奖”，但是根据波克公司在再审程序中提交的证据7、8有关“金手指奖”的评选条件和希力公司提交的“捕鱼达人”游戏软件销售发票，销售时间为2009年的销售发票仅有一张，可见，希力公司的“捕鱼达人”游戏软件在评奖时尚不满足已经对外销售并产生较好的经济效益的要求，因此该“金手指奖”并不能直接证明希力公司使用的“捕鱼达人”在相关公众中的知名度；希力公司于2009年和2010年销售“捕鱼达人”游戏软件的增值税发票开具的对象共有九家，购买主体并不多，而且将近97%是开具给希力公司的子公司威康公司和另一家公司即金龙公司；《电子乐园·电玩风云》的内容不符合国家行政主管部门对该杂志的审批要求，《澳门国际电玩》本身属于我国澳门地区出版杂志，上述两本杂志的性质使其不同于在我国大陆地区出版且符合国家行政主管部门审批要求的杂志，不足以证明希力公司使用的“捕鱼达人”在相关公众中具有一定影响；希力公司提供的销售发票载明的货物名称虽然是“捕鱼达人”游戏软件，但其获奖的却是“捕鱼达人”游戏产品，其在提交的书面意见中也称其从2009年7月开始销售“捕鱼达人”游戏机，游戏机在我国受到严格的市场监管即实行市场准入制度，根据文化部相关通知要求，娱乐场所应当根据文化部文化市场司发布的《游戏游艺机市场准入机型机种指导目录》选择游戏产品，希力公司销售的“捕鱼达人”游戏机本身不在上述指导目录中，这也在相当程度上影响了相关公众对希力公司“捕鱼达人”游戏机的知悉程度。此外，“捕鱼达人”等捕鱼游戏是从日本世嘉公司引入我国的游戏，2009年年初在我国境内的娱乐场所已经有名称为“捕鱼达人”的游戏机，这也弱化了相关公众将“捕鱼达人”与希力公司进行联系的程度。综合考虑以上因素，希力公司提供的证据不足以证明其在被异议商标申请日即2011年3月29日之前使用的“捕鱼达人”已经具有一定影响。

中华人民共和国最高人民法院行政判决书

（2016）最高法行再96号

再审申请人（原审第三人）：广州市希力电子科技有限公司。住所地：广东省广州市天河区高普路1033、1035号第6层。

法定代表人：徐建林，该公司董事长。

委托诉讼代理人：庄伟燕，广东广信君达律师事务所律师。

委托诉讼代理人：陈樟宜，广东广信君达律师事务所律师。

再审申请人（原审第三人）：济南千贝信息科技有限公司。住所地：山东省济南市历下区工业南路100号枫润大厦A座1－406号。

法定代表人：刘廷民，该公司总经理。

委托诉讼代理人：王磊，山东乾慧律师事务所律师。

被申请人（一审原告、二审上诉人）：上海波克城市网络科技股份有限公司[原名为波克城市网络科技（上海）有限公司]。住所地：上海市普陀区金沙江路1628弄10号2201室。

法定代表人：徐仁彬，该公司总经理。

委托诉讼代理人：傅钢，上海市协力律师事务所律师。

委托诉讼代理人：尹腊梅，上海市协力律师事务所律师。

一审被告、二审被上诉人：国家工商行政管理总局商标评审委员会。住所地：北京市西城区茶马南街1号。

法定代表人：赵刚，该委员会主任。

委托诉讼代理人：李晓力，该委员会评审处处长。

委托诉讼代理人：闫洁，该委员会审查员。

再审申请人广州市希力电子科技有限公司（以下简称希力公司）、济南千贝信息科技有限公司（以下简称千贝公司）因与被申请人上海波克城市网络科技股份有限公司（以下简称波克公司）、二审被上诉人国家工商行政管理总局商标评审委员会（以下简称商标评审委员会）商标异议复审行政纠纷一案，不服北京市高级人民法院（2015）高行（知）终字第2075号行政判决，分别向本院申请再审。本院于2016年9月29日作出（2016）最高法行申596号和（2016）最高法行申1338号行政裁定，提审本案。本院依法组成合议庭于2016年11月25日公开开庭审理本案，希力公司的委托诉讼代理人庄伟燕、陈樟宜，千贝公司的委托诉讼代理人王磊，波克公司的委托诉讼代理人傅钢、尹腊梅，商标评审委员会的委托诉讼代理人李晓力、王凤（后变更为闫洁），到庭参加诉讼。本案现已审理终结。

北京市第一中级人民法院（以下简称一审法院）经审理查明：2011年3月29日，波克公司向国家工商行政管理总局商标局（以下简称商标局）提出第9274903号“捕鱼达人”商标（以下简称被异议商标）的注册申请，指定使用在第42类“计算机软件设计、计算机软件更新、技术研究、包装设计、室内装饰设计、服装设计、书画刻印艺术设计、无形资产评估、气象信息、质量体系认证”等服务上，并于2012年1月6日获得初步审定并公告。

在法定期限内，希力公司和千贝公司针对被异议商标的注册申请向商标局提出异议。2013年6月18日，商标局作出（2013）商标异字第17885号“捕鱼达人”商标异议裁定书（以下简称第17885号裁定），以希力公司和千贝公司提出的证据材料不足以证明其已经在先使用“捕鱼达人”商标并使之具有一定影响为由裁定被异议商标予以核准注册。

希力公司和千贝公司不服第17885号裁定，分别于2013年7月15日和2013年7月9日向商标评审委员会提起异议复审申请，主要理由为：希力公司和千贝公司在网络游戏领域具有较高的知名度和影响力，“捕鱼达人”游戏系由希力公司和千贝公司独创并在先使用，并且进行了著作权登记，在相关公众中具有较高的知名度。被异议商标的申请注册是对两公司在先使用并有一定影响的“捕鱼达人”商标的恶意抢注。

希力公司为证明在先使用“捕鱼达人”商标并具有一定影响，在商标评审阶段和诉讼阶段主要提交了如下证据材料：

证据1：国家版权局2009年12月1日颁发的计算机软件著作权登记证书，软件名称为希力捕鱼达人游戏软件V1.0，开发完成日期和首次发表日期均为2009年9月27日。

证据2：国家版权局2010年7月7日颁发的计算机软件著作权登记证书，软件名称为希力捕鱼达人Ⅱ游戏软件V1.0，开发完成日期为2010年4月24日，首次发表日期为2010年4月28日。

证据3：广东省经济和信息化委员会于2010年3月2日向希力公司颁发的关于希力捕鱼达人游戏软件V1.0的软件产品登记证书。

证据4：《捕鱼达人单机版使用说明书（2010）》。

证据5：广州市科技和信息化局等部门下发的《关于下达2010年度第三批广州市软件（动漫）产业发展资金项目经费的通知》，其中包括希力公司的“捕鱼达人”项目。

证据6：捕鱼达人销售明细表以及对应的增值税销售发票，发票显示的日期从2009年12月至2010年12月，其中2010年的销售数量和销售收入较大。

证据7：2010年《澳门国际电玩》杂志、2010年《视野动漫》杂志、2010年《电玩风云·电子乐园》杂志等对希力公司《捕鱼达人》游戏的宣传报道。

证据8：中国软件行业协会游戏软件分会于2009年12月1日向希力公司颁发的有关《捕鱼达人》荣获2009年度中国游戏行业优秀游戏产品“金手指奖”的荣誉证书。

证据9：2011（第二届）中国手机应用开发者大会组委会颁发的《捕鱼达人之深海狩猎》获得“最佳手机游戏奖”的证书。

千贝公司在商标评审阶段主要提交了软件著作权登记证书、网站“捕鱼达人”游戏各阶段信息发布报告、百度网对千贝公司2010年10月至2011年3月“17175捕鱼达人”游戏搜索次数及访问量的统计数据等证据材料。

波克公司在商标评审阶段和诉讼阶段主要提交了如下证据材料：

证据1：国家版权局2011年8月16日颁发的计算机软件著作权登记证书，软件名称为捕鱼达人网页版游戏系统软件V1.0，开发完成日期为2011年3月1日，首次发表日期为未发表。

证据2：上海市经济和信息化委员会于2011年11月10日向波克公司颁发的关于波克城市捕鱼达人web版软件V1.0的软件产品登记证书。

证据3：上海市卢湾公证处于2012年8月6日出具的（2012）沪卢证经字第2153号公证书，公证书附有波克城市官方网站中“捕鱼达人”游戏的页面。

证据4：波克公司获得的荣誉。

证据5：百度推广协议及广告发布合同。

商标评审委员会对希力公司和千贝公司提出的异议复审申请，予以并案审理，并于2014年4月15日作出商评字（2014）第58749号关于第9274903号“捕鱼达人”商标异议复审裁定书（以下简称第58749号裁定）。该裁定认为：波克公司取得计算机软件著作权登记证书的日期为2011年12月14日，千贝公司于2011年9月26日取得计算机软件著作权登记证书，希力公司于2009年12月1日取得计算机软件著作权登记证书。千贝公司和希力公司取得计算机软件著作权登记证书的时间和使用“捕鱼达人”日期均在波克公司之前，并且提供的服务费发票、推广合同及宣传图片等证据均可证明，在“计算机软件设计、计算机软件更新”（以下简称“计算机软件设计、更新”）服务项目上，在被异议商标申请注册之前，千贝公司和希力公司在与被异议商标指定使用的“计算机软件设计、更新”等相同或类似服务上在先使用了“捕鱼达人”商标并使之具有了一定知名度。因此，在“计算机软件设计、更新”服务项目上，被异议商标的注册申请构成2001年修正的《中华人民共和国商标法》（以下简称商标法）第三十一条所指的以不正当手段抢先注册他人已经使用并有一定影响的商标之情形。希力公司和千贝公司提供的证据不足以证明在被异议商标申请注册前，千贝公司和希力公司在与被异议商标指定使用的“技术研究、包装设计、室内装饰设计、服装设计、书画刻印艺术设计、无形资产评估、气象信息、质量体系认证”服务相同或类似服务上在先使用了“捕鱼达人”商标并使之具有了一定知名度。因此，在“技术研究、包装设计、室内装饰设计、服装设计、书画刻印艺术设计、无形资产评估、气象信息、质量体系认证”服务上，被异议商标的注册申请未构成商标法第三十一条所指的以不正当手段抢先注册他人已经使用并有一定影响的商标之情形。对被异议商标的注册损害他人在先著作权以及违反商标法第十条第一款第八项规定的异议复审理由，不予支持。综上，依据商标法第三十一条、第三十三条、第三十四条的规定，裁定：被异议商标在“技术研究、包装设计、室内装饰设计、服装设计、书画刻印艺术设计、无形资产评估、气象信息、质量体系认证”服务上予以核准注册；在“计算机软件设计、更新”服务上不予核准注册。

波克公司不服第58749号裁定，向一审法院提起诉讼，请求撤销第58749号裁定，并责令商标评审委员会重新作出裁定。

一审法院经审理认为：本案应适用2001年修正的商标法进行审理。希力公司提供的证据可以证明其从2009年开始在计算机软件等商品上实际使用“捕鱼达人”商标，在2009年即进行了计算机软件著作权登记，并且，自2009年开始大规模地销售“捕鱼达人”单机版游戏，相关行业杂志对希力公司的产品进行了宣传报道，使得希力公司的“捕鱼达人”商标在行业内具有了一定的知名度。千贝公司提供的证据材料亦可以证明其从2010年开始推广网页版的“捕鱼达人”游戏并具有了一定的知名度。因此，作为同行业经营者的波克公司应当知道希力公司和千贝公司对“捕鱼达人”商标的实际使用情况，波克公司在本案中提交的计算机软件著作权登记证书及相关使用证据均晚于希力公司和千贝公司的使用时间，在此情况下波克公司在“计算机软件设计、更新”等服务上申请注册“捕鱼达人”商标难谓正当。综上，商标评审委员会认定被异议商标的申请注册违反了商标法第三十一条后半段规定的认定正确，商标评审委员会作出第58749号裁定的主要证据充分，适用法律正确。依照1990年施行的《中华人民共和国行政诉讼法》第五十四条第一项之规定，一审法院于2014年12月22日作出（2014）一中行（知）初字第9065号行政判决：维持商标评审委员会作出的商评字（2014）第58749号关于第9274903号“捕鱼达人”商标异议复审裁定书。

波克公司不服一审判决，向北京市高级人民法院（以下简称二审法院）提起上诉，请求撤销一审判决及第58749号裁定并判令商标评审委员会重新作出裁定。主要理由为：（一）商标评审委员会作出第58749号裁定的主要证据不足，认定事实不清。（二）一审法院审理程序不合法，对于波克公司提交的23份证据，一审判决仅列举了5份证据，对于其他重要的18份证据毫无提及，属于程序违法。（三）波克公司申请注册被异议商标是其经营行为的自然延伸，不存在任何恶意，更无不正当手段。（四）希力公司和千贝公司未提交任何涉及在“计算机软件设计、更新”复审服务上在先使用“捕鱼达人”商标的证据，商标评审委员会和一审法院对被异议商标所述的类别、群组与希力公司、千贝公司所提供的使用证据之间的巨大差距未作区分。（五）希力公司和千贝公司提供的证据无法证明其所使用的“捕鱼达人”商标在被异议商标申请注册日前已成为有一定影响的商标。（六）多家企业在2010年前后同时开发、宣传并推广捕鱼达人这款游戏，且相关公众并未将“捕鱼达人”商标与某一特定主体产生联系，希力公司和千贝公司无权主张“捕鱼达人”商标为其已经使用并有一定影响的商标，在此情况下，应当根据先申请原则决定“捕鱼达人”商标的归属。

商标评审委员会、希力公司和千贝公司服从一审判决。

二审法院经审理查明：一审法院查明事实基本清楚，予以确认。二审期间，希力公司补充提交了广西壮族自治区桂林市公证处于2015年2月6日作出的（2015）桂桂证民字第1613号公证书，用于证明波克公司网站中有关捕鱼达人游戏的介绍情况。另查明以下事实：

（一）希力公司在一审诉讼期间提交了两册证据：

1. 希力公司向一审法院提交的第一册证据包括以下内容：

证据1：希力公司简介。

证据2：百度百科中关于希力公司的介绍。

证据3：桂林力港网络科技有限公司（以下简称力港公司）、清远市威康娱乐设备有限公司（以下简称威康公司）的工商查询信息打印件，用于证明力港公司、威康公司的唯一股东均为希力公司，上述公司为关联公司。

证据4：希力公司第6046167号“希力科技及图”商标在“计算机游戏软件”上荣获广州市著名商标的证书，证书有效期为2012.12—2015.12。

证据5：相关著作权登记证书和外观设计专利证书，相关证书中均有“捕鱼达人”字样。

证据6：《捕鱼达人（单机版）使用说明书（2010）》。

证据7：广州市科技和信息化局、广州市文化广电新闻出版局、广州市发展和改革委员会、广州市软件（动漫）产业发展领导小组办公室、广州市财政局2010年12月15日联合发布的穗科信字（2010）198号《关于下达2010年度第三批广州市软件（动漫）产业发展资金项目经费的通知》，其中涉及希力公司的“捕鱼达人”项目。

证据8：“捕鱼达人”游戏机外观图片。

证据9：希力捕鱼达人游戏软件V1.0的销售明细表及增值税发票，销售数量合计2067件，发票开票时间自2009年12月30日至2010年12月28日，价税合计10766500.01元，销售对象主要为威康公司、中山市金龙游乐设备有限公司（以下简称金龙公司），但也包括温州乐源动漫科技有限公司、山东巨源游乐设备制造有限公司、南京乐天娱乐设备销售中心、安徽金喜电子科技有限公司、杭州四海通利电脑有限公司、广州伟鑫动漫科技有限公司、神采飞扬电玩店。

证据10：“捕鱼达人”游戏机在《澳门国际电玩》2009年12月期、2010年5月期等杂志上的广告宣传。

证据11：互联网上关于“捕鱼达人”游戏机的相关搜索页面。

证据12：在上海市工商行政管理局网站上查询波克公司企业基本信息的打印件，显示该公司成立于2010年4月8日；波克公司对外招聘广告打印件。

证据13：波克公司申请注册的第9262824号、第9270048号、第9274646号、第 9274903 号“捕鱼达人”商标的商标档案。

2. 希力公司向一审法院提交的第二册证据包括以下内容：

证据 1：中国软件行业协会游戏软件分会 2009 年 12 月 1 日颁发给希力公司的荣誉证书，其内容为：“你单位《捕鱼达人》荣获 2009 年度中国游戏行业优秀游戏产品‘金手指奖’。特颁此证，予以表彰”。

证据 2：《中关村在线年度优秀产品奖》证书，载明：“兹证明：经专业编辑严格评审，捕鱼达人获得中关村在线（ZOL. COM. CN）2011 年度优秀产品奖”，所载日期为 2011 年 12 月 25 日。

证据 3—5：《捕鱼达人之深海狩猎》荣获 2011 年度或 2011—2012 年度相关荣誉的荣誉证书。

证据 6：中国软件行业协会游戏软件分会 2013 年 9 月 12 日出具的证明，该证据载明：“广州市希力电子科技有限公司是一家从事动漫游戏软件开发的企业，是国内同行业中最具发展和研发潜力的龙头企业之一，多次被评为‘中国游戏行业优秀企业’和‘中国游戏行业产品研发先进单位’。该公司首创开发的《捕鱼达人》游戏产品，创意新颖，设计精巧，受到消费者的普遍欢迎，该产品在商用游戏机市场和网络游戏市场的占有率长期居于全国同行业前列，在行业内享有盛誉，推动了游戏行业的发展。《捕鱼达人》游戏产品因此获得了 2009 年度中国游戏行业优秀产品‘金手指奖’。特此证明”。

证据 7：力港公司与广州杰众智能卡有限公司签订的 6 份《制卡协议》及相应的发票、记账凭证，但均未显示商标使用情况；印有“深海狩猎捕鱼达人网络版”或“网络版捕鱼达人深海狩猎”的游戏体验卡 4 张；广西壮族自治区桂林市公证处（2013）桂桂证民第 8574 号公证书，用于证明前述复印件与力港公司出示的原件相符；广州杰众智能卡有限公司 2013 年 8 月 27 日出具的证明，内容为该公司自 2010 年 8 月 25 日起，至 2010 年 12 月 31 日止，按力港公司的合同要求，共为力港公司制作了印刷有“捕鱼达人”标志的 400 克双铜双面不覆膜纸卡共计 27 万 5 千张。

证据 8：2010 年至 2011 年，力港公司与南宁市昭泰子隆彩印有限责任公司签订订制海报、POP、DM 宣传单页的 4 份合同及相应的发票、记账凭证、电汇凭证，但均未显示商标使用情况。

证据 9：桂林市新汇众网络科技有限公司 2013 年 9 月 2 日出具的《证明材料》和海报复印件，其中，《证明材料》的内容为：“桂林市新汇众网络科技有限公司是一家连锁网吧管理公司。桂林力港网络科技有限公司推出的网络游戏捕鱼达人网络版《深海狩猎》在2010年6月到11月期间举行的四次封测期和一次内测（2010年11月10日开始）中，在我公司旗下的‘新汇众’连锁网吧中张贴了广告、放置了X展架，派发了多种免费的‘老K体验卡’、各种面额的‘VIP体验卡’，并举办了包机活动和捕鱼大赛等推广活动，在网吧顾客群体中造成了巨大的反响。此证。”海报和体验卡中有“深海狩猎捕鱼达人网络版”等字样。桂林市港岛网络科技有限公司2013年9月3日也出具了类似内容的书面证明。

证据10：中国软件行业协会游戏软件分会组织机构清单，其中希力公司及其董事长在该分会中担任相关职务。

证据11：广西壮族自治区桂林市公证处（2013）桂桂证民第8580号公证书，用于证明《澳门国际电玩》2009年12月期的相关内容复印件与力港公司出示的原本相符，其中封面上的游戏机上印有“捕鱼达人”字样，第210页中亦在游戏机广告中有“捕鱼达人”和“50寸大显屏坐得更宽玩得更爽”字样。

证据12：广西壮族自治区桂林市公证处（2013）桂桂证民第8579号公证书，证明《电子乐园·电玩风云》2010年1月（中）期的相关内容复印件与力港公司出示的原本相符，其中第40页中有“捕鱼达人”的相关介绍，内容为“《捕鱼达人》是希力电子科技有限公司全新推出的重磅机台。四人卡位，超大机台，坐得更宽，全3D制作，逼真再现海底世界……”；第57页至第58页刊登了《2009年度中国游戏行业“金手指”奖获奖名单》，在“产品类”项目中，希力公司的《捕鱼达人》为“年度优秀游戏机产品”之一；第59页刊登了《新式机台缤纷亮相斩获年会产品大奖——中国游戏行业2009年度优秀游戏机产品奖》一文，其中介绍了希力公司的《捕鱼达人》产品；第104页刊登了《渔乐第一选择——希力科技〈捕鱼达人〉评测报告》一文，其中介绍“《捕鱼达人》由广州市希力电子科技有限公司开发研制，是一款以海洋捕鱼为游戏内容的机型”。

证据13—15：广西壮族自治区桂林市公证处（2013）桂桂证民第8578、8577、8576号公证书，用于证明《电子乐园·电玩风云》2010年1月（中）期、2010年2月（中）期、2010年4月（中）期的相关内容复印件与力港公司出示的原本相符，其内容亦均涉及《捕鱼达人》游戏机的相关内容。

证据16—17：广西壮族自治区桂林市公证处（2013）桂桂证民第8582、8581号公证书，用于证明《澳门国际电玩》2010年5月期、2010年9月期的相关内容复印件与力港公司出示的原本相符，其内容亦均涉及《捕鱼达人》游戏机的相关内容。

证据18：广西壮族自治区桂林市公证处（2013）桂桂证民第8575号公证书，用于证明《电子乐园·电玩风云》2010年10月期的相关内容复印件与力港公司出示的原本相符，其内容均为游戏机有关的内容。

证据19：广西壮族自治区桂林市公证处（2013）桂桂证民第8653号公证书，用于证明在腾讯网（www. qq. com）相关网页中载明，“十月测试网游玩量排行前十异军突起的《深海狩猎》排在了玩家试玩总量的第二，并且在日均试玩次数（试玩次数/开测天数）上占据第一，《深海狩猎》是由人气街机‘捕鱼达人’移植而来的一款休闲娱乐游戏，不同于常规网游的玩法与原街机的人气令其受到玩家的关注，可谓万花丛中一点绿”。

证据20：广西壮族自治区桂林市公证处（2013）桂桂证民第8655号公证书，用于证明力港公司至少从2010年9月2日至2011年1月25日期间，就“捕鱼达人”游戏在各网吧进行推广。

（二）千贝公司在商标评审期间提交了下列证据：

证据1：千贝公司企业简介。

证据2：千贝公司“17175游戏世界软件”计算机软件著作权登记证书。

证据3：千贝公司网站“捕鱼达人”游戏各进展阶段信息发布情况报告。

证据4：千贝公司“捕鱼达人”“捕鱼季”计算机软件著作权登记证书。

证据5：千贝公司2010年10月至2011年3月在百度知道、百度贴吧、新浪博客、网易博客、阿里巴巴博客、搜狐问答等网站中对“捕鱼达人”游戏的宣传及问题答复。

证据6：千贝公司QQ客服回答问题记录。

证据7：百度对千贝公司2010年10月至2011年3月“17175捕鱼达人”游戏搜索次数及独立访客量、日访问量的统计数据。

证据8：百度对千贝公司2011年1月14日至2011年3月31日“17175捕鱼达人”游戏访客数量、平均访问时长、跳出率及发展趋势的分析图表。

证据9：百度对千贝公司2011年1月14日至2011年3月31日“17175捕鱼达人”游戏搜索词数据统计。

证据10：波克公司网站介绍。

证据11：波克公司申请的相关商标的查询打印件。

千贝公司在诉讼期间未补充提交证据。

（三）波克公司在一审诉讼期间分两次提交了下列证据：

1. 波克公司第一次向一审法院提交的证据：

证据1：商评字（2914）第58749号裁定及邮寄凭证。

证据2：被异议商标初步审定并公告的信息。

证据3：波克公司简介。

证据4：计算机软件著作权登记证书。

证据5：百度推广服务合同，该合同中未体现商标使用情况。

证据6：上海市卢湾区公证处2012年8月6日作出的（2012）沪卢证经字第2153号公证书，用于证明波克公司使用“捕鱼达人”商标的情况，其中：在百度推广中设定的检索时间为“2010－07－01至2012－08－02”，在新浪网和太平洋游戏网中，有捕鱼达人《航海大冒险》游戏的相关介绍，提到“2009年8月《航海大冒险》网络版正式在波克城市平台登录”“捕鱼达人《航海大冒险》是由波克城市自主研发并运营的一款网络版街机捕鱼游戏，自2009年在波克平台上线以来就受到广大玩家的喜爱”。

证据7：波克公司2012年与他人签订的车体广告发布合同及使用图片。

证据8：北京市高级人民法院（2014）高行终字第1817号行政判决书。

证据9：商标局第17885号裁定。

证据10：2010年10月20日文化部文化市场司发布的《第二批游戏游艺机市场拟准入机型机种产品目录公示》，其中包括了希力公司的“海洋之星Ⅱ代4人平装版”“海洋之星Ⅱ代4人平装版”和“海洋之星Ⅱ代6人精装版”。

2. 波克公司第二次向一审法院提交的证据：

证据11：互联网上关于日本游艺机生产商世嘉公司推出的游艺机介绍。

证据12：上海长络信息技术有限公司（以下简称长络公司）招聘信息及获奖信息，其中载明：“2004年Gameplus团队成立上海长络信息技术有限公司，隶属于北京幻奇创世科技发展有限公司。专心致力于游戏产品研发，在行业内成功开发过多款网络休闲游戏、手机游戏及Flash游戏……2009年为幻奇创世科技发展公司研发的旗下产品——‘波克城市’受诸多投资商的关注，从最初单纯的研发公司顺利转型为研发、运营为一体的网络游戏公司”。

证据13：波克公司《捕鱼达人用户手册（2010）》。

证据14：波克公司与上海天擎信息技术有限公司2010年7月5日签订的《“捕鱼达人”游戏推广框架协议》。

证据15：上海卢湾区公证处2014年12月12日作出的（2014）沪卢证经字第4083号公证书，用于证明波克公司在第9类、第41类商品或服务上注册的“波克城市”商标被评为第19批上海市著名商标，以及波克公司与北京幻奇创世科技发展有限公司（以下简称幻奇公司）、长络公司是关联公司。

证据16：2010年10月29日幻奇公司与他人签订的《电梯媒体广告发布合同》，附件中显示有“捕鱼达人”字样。

证据17：波克公司获得的荣誉和资质情况，其中包括波克公司的“基于互联网Web平台——捕鱼达人网页版系统软件”项目获得上海市文化广播影视管理局科学技术进步奖贰等奖的证书，获奖时间为2012年12月27日。

证据18：上海市卢湾区公证处2014年12月11日作出的（2014）沪卢证经字第4009号公证书，用于证明希力公司提供的证据尚不足以证明希力公司使用的“捕鱼达人”在被异议商标申请日前已经形成有一定影响的商标，也无法证明被异议商标的申请注册行为存在恶意，其中：在国家新闻出版广电总局网站和中国知网上，均查询不到《澳门国际电玩》《视野动漫》《电子乐园·电玩风云》的相关信息，在百度网站上也查询不到“澳门国际电玩”的相关信息。

证据19：2012年9月12日桂林市工商行政管理局向力港公司出具的（桂林）登记内变字（2012）第05197号《准予变更登记通知书》，用于证明力港公司2012年9月12日才变为希力公司的子公司，因此，即使力港公司曾于2010年下半年印制过印有“捕鱼达人”字样的卡片，其指向的也并非希力公司，在多家企业几乎同时于2010年前后开发、宣传并推广捕鱼达人游戏的情况下，相关公众并未将涉案商标与某一特定主体产生联系，希力公司无权主张其拥有“已经使用并有一定影响的商标”。

证据20：最高人民法院（2013）行提字第11号行政判决书。

证据21：北京市高级人民法院（2008）高行终字第43号行政判决书。

证据22：北京市高级人民法院（2009）高行终字第228号行政判决书。

证据23：2011年至2012年期间，波克公司与他人签订的多份广告发布合同及发票，部分合同中有“捕鱼达人”字样。

（四）商标评审委员会在第58749号裁定中认为：“捕鱼达人OL游戏软件”“希力捕鱼达人游戏软件”及“希力捕鱼达人Ⅱ游戏软件”为申请计算机软件名称，“捕鱼达人”作为计算机软件名称的组成部分，不具备法律意义上作品的构成要素，不属于《中华人民共和国著作权法》第三条规定的“作品”的范围，不应脱离作品整体而单独受到著作权的保护。因此，商标评审委员会对希力公司、千贝公司关于著作权的主张不予支持。被异议商标文字所表示的内容并无任何贬义或其他消极含义，因此，被异议商标的申请注册不会有害于社会主义道德风尚或者产生其他不良影响，故希力公司、千贝公司有关被异议商标违反商标法第十条第一款第八项的理由缺乏事实依据，商标评审委员会不予支持。

（五）2015 年 5 月 18 日，经上海市工商行政管理局核准，波克公司的企业名称由“波克城市网络科技（上海）有限公司”变更为“上海波克城市网络科技股份有限公司”。

二审法院经审理认为：商标法第三十一条规定，“申请商标注册不得损害他人现有的在先权利，也不得以不正当手段抢先注册他人已经使用并有一定影响的商标”。根据上述法律规定，在具体案件中，判断诉争商标的注册申请是否属于“以不正当手段抢先注册他人已经使用并有一定影响的商标”的情形，既要考虑相关商标的使用情况及其知名度，也要考虑诉争商标是否是以通过不正当手段申请注册的。

就本案而言，虽然希力公司所提供的证据能够证明其《捕鱼达人》游戏产品在被异议商标申请注册日前进行了一定的使用，并曾获得中国软件行业协会游戏软件分会颁发的相关荣誉，希力捕鱼达人游戏软件在被异议商标申请注册日前有了一定规模的销售，与希力公司具有关联关系的力港公司也曾进行过相关游戏的宣传推广，包括《澳门国际电玩》等杂志上也曾有希力公司“捕鱼达人”游戏机的广告宣传，但是，首先，希力公司的上述证据主要涉及的是计算机软件产品及相关游戏机的销售情况，与被异议商标指定使用的“计算机软件设计、更新”服务存在明显区别；其次，希力公司相关游戏软件的销售对象除与其具有关联关系的威康公司外，主要是金龙公司，在其他地区的销售对象数量极为有限，而包括《澳门国际电玩》在内的相关杂志亦不属于中国大陆地区相关公众常见的刊物，在上述杂志上宣传报道不能作为相关商标在中国大陆地区进行使用并具有一定影响的证据；最后，即使不考虑与希力公司具有关联关系的力港公司从事相关游戏经营活动是否符合行政管理方面的有关规定，以及力港公司 2012 年 9 月才成为希力公司子公司的实际情况，仅从使用时间上看，其对“捕鱼达人”商标的使用也未明显地早于被异议商标的申请注册日，甚至晚于与波克公司具有关联关系的长络公司、幻奇公司使用“捕鱼达人”的时间，因此，综合以上证据，商标评审委员会和一审法院关于希力公司在与复审服务相同或者类似的商品或者服务上使用了“捕鱼达人”商标并具有一定知名度的认定缺乏充分的事实依据。

千贝公司提供的证据彼此之间缺乏紧密的联系，且其真实性难以认定，尚不足以证明千贝公司在被异议商标申请注册日前已在与复审服务相同或者类似的商品或者服务上使用了“捕鱼达人”商标并具有一定知名度。

波克公司与长络公司、幻奇公司之间具有关联关系，基于长络公司、幻奇公司之前对“捕鱼达人”商标的使用行为，波克公司就被异议商标提出注册申请，并不具有抢先注册他人在先使用并有一定影响的商标的主观故意，被异议商标的申请注册不属于以不正当手段抢注他人商标的行为，不属于商标法第三十一条规制的行为。

综上，一审判决的相关认定缺乏事实依据，法律适用亦有不妥，二审法院予以纠正。依照2014年修正的《中华人民共和国行政诉讼法》第八十九条第一款第二项、第三款之规定，二审法院于2015年9月11日作出（2015）高行（知）终字第2075号行政判决：一、撤销北京市第一中级人民法院（2014）一中行（知）初字第9065号行政判决；二、撤销商标评审委员会商评字（2014）第58749号关于第9274903号“捕鱼达人”商标异议复审裁定书；三、商标评审委员会就希力公司和千贝公司针对第9274903号“捕鱼达人”商标提出的异议复审申请重新作出裁定。

希力公司不服二审判决，向本院申请再审称：（一）被异议商标的申请注册违反了商标法第三十一条关于“不得以不正当手段抢先注册他人已经使用并有一定影响的商标”的规定。1. 希力公司在先使用“捕鱼达人”并使之具有一定影响。希力公司为宣传“捕鱼达人”产品，2010年先后在国内外公开发行的合法刊物即《电子乐园·电玩风云》《澳门国际电玩》《视野动漫》进行多期广告宣传。2009年下半年，希力公司研发出“捕鱼达人”产品后，开始向威康公司等九家公司销售希力捕鱼达人游戏软件V1.0版2067余件，2009年和2010年销售额高达1000余万元，基于先出货再付款的交易规则，希力公司提供的发票从2009年底开始。希力公司在2007年、2008年和2009年连续三年被评为中国游戏行业优秀企业和产品研发先进单位。希力公司研发的“捕鱼达人”游戏产品先后荣获2009年度中国游戏行业优秀产品“金手指奖”等奖。希力公司从2009年开始在计算机软件、计算机软件设计、更新服务、游戏机、（在计算机网络上）提供在线游戏、娱乐等商品和服务上使用“捕鱼达人”商标标识，被异议商标与希力公司在先使用的商标存在商品和服务类别相同、文字相同、消费对象相同。2. 波克公司申请被异议商标属于以不正当手段抢先注册。波克公司作为同行业的竞争者，应当知晓希力公司对“捕鱼达人”商标在先使用、并具有一定影响力的情况，仍然在2011年抢先予以注册，显然违背诚实信用原则。波克公司向二审法院提供的介绍其特色游戏的该公司简介中载明的游戏机图片与希力公司在《澳门国际电玩》2009年12月期宣传“捕鱼达人”游戏机的图片几乎完全一致，不能区分，这也充分证明波克公司对希力公司“捕鱼达人”游戏产品和商标是明知的。（二）被异议商标的申请注册违反了商标法第三十一条关于“申请商标注册不得损害他人现有的在先权利”的规定。希力公司于2009年8月6日创作完成“捕鱼达人”和“捕鱼达人系列美术作品图”作品，并于2009年9月27日在广东首次发表，其后又于2010年4月10日创作完成“捕鱼达人Ⅱ”作品并于2010年4月28日在广东首次发表，希力公司以法人作品著作权人身份依法取得对上述美术作品的著作权登记证书。希力公司于2009年9月27日开发完成并首次发表了“希力捕鱼达人游戏软件V1.0”，于2010年4月24日开发完成并于2010年4月28日首次发表“希力捕鱼达人Ⅱ游戏软件V1.0”，以上软件均取得计算机软件著作权登记证书。希力公司于2010年9月30日对其开发的“游戏机捕鱼达人4人精装版”“游戏机捕鱼达人6人豪华版”申请了外观设计专利，并取得“外观设计专利证书”。希力公司上述享有著作权的“捕鱼达人”美术作品、计算机软件作品以及享有外观设计专利权的“捕鱼达人”游戏机，均明显使用“捕鱼达人”四字，且均使用于计算机游戏软件和计算机软件设计、更新服务上，上述权利的申请、取得时间和希力公司使用“捕鱼达人”商标的时间均明显早于被异议商标申请日，希力公司对其独创使用的“捕鱼达人”商标享有合法的在先权利。（三）希力公司有新证据证明被异议商标在第42类“计算机软件设计、更新”服务的注册申请不应予以核准。波克公司在第28类“游戏机”商品类别上申请的“捕鱼达人”商标已经被北京市高级人民法院（2016）京行终3000号行政判决不予核准注册，其在第9类“计算机软件、光盘”商品及第41类“（在计算机网络上）提供在线游戏、娱乐”服务上申请的“捕鱼达人”商标也被北京知识产权法院（2016）京73行初1587号、1588号行政判决宣告无效。而本案被异议商标指定使用的第42类“计算机软件设计、更新”服务与上述计算机软件、游戏机、在线游戏属于同一类别。综上，请求撤销二审判决，维持一审判决。

千贝公司申请再审称：（一）千贝公司提供的证据足以证明其在被异议商标申请注册日前已经在与被异议商标指定使用的服务相同或者类似的商品或者服务

上使用了“捕鱼达人”商标并具有一定知名度。（二）二审判决关于“波克公司并不具有抢先注册他人在先使用并有一定影响的商标的主观故意，被异议商标的申请注册不属于以不正当手段抢注他人商标的行为”的认定错误。

波克公司答辩称：（一）被异议商标的申请注册不违反商标法第三十一条关于“不得以不正当手段抢先注册他人已经使用并有一定影响的商标”的规定。1. 商标法第三十一条所指的“在先使用”必须是不违反社会公共利益的合法使用，“一定影响”是指商标的知名度和良好声誉，而且该权益应当归属一个主体，在先使用人应当维持“一定影响”的时间维度。希力公司作为“捕鱼达人”的在先使用人，其非法使用和不再持续使用不能阻却他人基于合法目的取得商标专用权。况且希力公司、千贝公司分别主张在先权益，已经表明“捕鱼达人”并不能构成归属于某个主体的在先权益。2. 希力公司并无证据证明其对“捕鱼达人”商标的使用已具有一定知名度，其提交的使用证据，非但真实性存疑，更加不具备合法性。（1）市面上从未存在过合法销售的“捕鱼达人”游戏机。根据《娱乐场所管理条例》等有关规定，游艺娱乐场所一律禁止设置具有押分退分、退币等赌博功能的电子游戏设施、设备，游戏机不得有赌博功能。希力公司的“捕鱼达人”游戏机含有退币、退彩票等赌博功能，严重违法，因此也从未向文化部申请市场准入。希力公司提供的所谓推广或销售证据是虚假的，市面上并不存在“捕鱼达人”游戏机的实际销售，其对“捕鱼达人”并无以商标进行使用的意图和相关事实行为。即便希力公司销售了“捕鱼达人”游戏机，由于该游戏机是赌博机，不仅违法，也违背了商标法第十条的绝对禁止条款。（2）希力公司“捕鱼达人”游戏软件销售范围极其有限。这些虚假的销售发票中向威康公司即希力公司的全资子公司开具的部分占了80%以上的比重。一个具有较高知名度的商标应该在相关公众和使用、宣传与销售的地域范围上具有广泛性，希力公司提供的证据只能说明其销售范围极小，且局限在非法赌博场所。（3）希力公司提供的《电子乐园·电玩风云》为非法套刊或者根本不存在，《澳门国际电玩》为境外刊物，希力公司在上述刊物所做广告为非法广告或者境内公众无法接触到，不应受到保护。希力公司提供的《电子乐园·电玩风云》与波克公司通过公开渠道查询到的同期杂志完全不同，依据《期刊出版管理规定》第三十三条关于“一个国内统一连续出版物号只能对应出版一种期刊，不得用同一国内统一连续出版物号出版不同版本的期刊。出版不同版本的期刊，须按创办新期刊办理审批手续”的规定，希力公司提供的《电子乐园·电玩风云》为非法套刊或者根本不存在，相关公众在中国大陆通过公开的图书馆及互联网途径不能接触到，不仅不能认定其真实性，同时也无法证明在中国大陆境内使用并有一定影响。即便希力公司做过相关广告，由于是为违法产品做广告，也因其违法性而不能获得法律保护。（4）希力公司的“捕鱼达人”游戏产品于被异议商标申请日之前即2009年12月1日获得的“金手指”奖项的客观真实性存疑。希力公司提供的第一张销售发票是2009年12月31日，晚于“金手指奖”的获得时间，不符合该奖的申报条件，希力公司对此缺乏合理解释，加上希力公司董事长任职于颁发该奖项的协会副会长一职等客观事实，其真实性存疑且证明力极为有限。此外，由于希力公司的“捕鱼达人”游戏软件因其具有退币、退彩票等赌博功能而不具备合法性，该奖项的客观性就更加无法认可。希力公司提供的其他使用证据也不具备真实性。（5）即便假定希力公司曾经小范围销售过“捕鱼达人”游戏机，但在被异议商标申请日以前乃至今日，希力公司客观上并无实际使用、主观上也无使用意图的情况下，不应影响波克公司申请注册被异议商标。希力公司提供的销售发票截止于2010年10月28日，迄今未曾在其官方网站上实际推广或者销售“捕鱼达人”游戏机，力港公司在被异议商标申请日之前也未使用过“捕鱼达人”，在此之后的使用也是作为产品名称描述性地使用而非商标性使用。3. 希力公司所谓在先使用的“游戏机”具有国家明令取缔的退分、退币功能设置，实为赌博机，且希力公司主观上完全明知故犯，故意向赌博经营者提供，其产品的使用者已经被依法追究赌博罪的刑事责任，希力公司属于共犯。希力公司的产品是专用的赌博机工具，不是商标法意义上的商品，也不可能成为商标使用的对象，波克公司也不存在抢注具有犯罪恶名“商标”的可能性。如果将赌博机作为商标法意义上的商品对待，认可赌博机上的“商标使用”，进而由此产生对抗他人在正当商品、服务上注册商标的“权利”，不仅不符合商标法的本意，也违背了人民法院的基本理念和价值取向，性质严重。4. 计算机软件商品与第42类“计算机软件设计、更新”服务并不构成类似。游戏机生产商为客户提供的游戏软件及其更新包的服务，与第42类“计算机软件设计、更新”服务并非类似服务，前者是任何软件生产商为了保障其用户能够顺利接受其服务都会涉及的行为，属于其日常经营所需；后者则是面向不特定用户，针对计算机技术本身的创新和发展做出努力并通过其盈利的商业行为。二者在服务目的、内容、方式和对象方面均不相同。二审判决认定希力公司的证据主要涉及的是计算机软件产品及相关游戏机的销售情况，与被异议商标指定使用的计算机软件设计、更新服务存在明显区别，该认定正确。5. 商标法

第三十一条规定的“以不正当手段抢先注册”要求抢注人在申请注册时具有恶意，波克公司申请被异议商标并非恶意抢注，而是基于自身业务的自然延伸。在申请注册被异议商标之前，波克公司并不知晓第三人的商标使用及注册申请情况，且波克公司已经进行了大量的投入及推广。早在2009年8月，波克公司的前身长络公司便已经在其网络游戏平台“波克城市”上推出了测试版的“捕鱼达人”网络游戏。在波克公司成立前，主要由长络公司、幻奇公司进行运营和宣传，波克公司设立后这两家公司先后注销，主要由波克公司进行“捕鱼达人”网络游戏的运营和宣传。6. 千贝公司提供的证据亦无法证明其所使用的“捕鱼达人”在被异议商标申请日之前已经有一定影响。千贝公司提供的“17175游戏世界软件”著作权登记证书与本案无关，提供的“捕鱼达人OL游戏软件”“捕鱼季游戏软件”著作权登记证书中的登记时间晚于被异议商标申请日，其他数据类证据或者真实性难以认定，或者不能证明系千贝公司推广行为所形成，或者与本案无关，不能证明是在“计算机软件设计、更新”服务上进行了使用。（二）关于希力公司主张的在先权利问题。希力公司提供的作品登记证书和专利证书，只能证明其在申请登记当时持有以包含“捕鱼达人”一词作为名称的计算机软件作品或外观设计。计算机软件著作权保护的是计算机程序的代码，而并不是软件名称。“捕鱼达人”作为计算机软件名称的组成部分，不应脱离作品整体而单独受到著作权的保护。

商标评审委员会述称：商标评审委员会已经根据二审判决重新作出裁定。请求维持被诉裁定和一审判决，撤销二审判决。

对于波克公司提出的希力公司“捕鱼达人”游戏机实为赌博机的答辩意见，希力公司在其后提交的意见中称：希力公司的“捕鱼达人”游戏机不是非法赌博机，希力公司使用“捕鱼达人”商标的在先权利和积累的商誉应受法律保护。主要理由如下：(1）商标法没有对使用商标的商品及其功能作出任何限制性的规定，希力公司的“捕鱼达人”软件游戏功能也不违反法律规定。(2）“捕鱼达人”游戏机本身作为游戏娱乐商品，可用于娱乐、游戏；其退币、退彩票的附属功能的设置并不违法，虽然有可能被人利用从事赌博等非法经营，但该非法经营与游戏机的生产、销售以及商标的使用没有关联，不能因为商品可能被人非法经营而否定“捕鱼达人”商标权、著作权、外观设计专利的存在及保护。(3）希力公司从2009年开始销售“捕鱼达人”游戏机至今已经七年多时间，期间从未因“捕鱼达人”游戏机的销售或使用而受到行政处罚或被追究刑事责任。(4）文化部关于游戏游艺机市场准入机型机种指导目录，是指导性的目录，而非强制性目录。(5)《娱乐场所管理条例》等行政法规或部门规章的规定，其针对的对象均为游戏娱乐场所，不适用于本案主体。(6) 波克公司提供的所谓“捕鱼达人”游戏机违法犯罪或受行政处罚的案例，均未指向希力公司的“捕鱼达人”游戏机，波克公司一方面否认希力公司的在先使用行为，另一方面又将所有涉及“捕鱼达人”游戏机的违法犯罪或行政处罚归罪于希力公司，其说法本身就是自相矛盾的。

对于被异议商标是否应予核准注册，波克公司与希力公司、千贝公司存在很大争议，商标局、商标评审委员会、一审法院和二审法院对该争议的认定也存在不同结论，波克公司、希力公司、千贝公司在不同程序甚至同一程序的不同阶段根据诉讼需要多次提供数量繁多的补充证据，或者针对对方当事人新提交的证据又提出不同的反驳主张及相关证据。《最高人民法院关于行政诉讼证据若干问题的规定》第二条规定：“原告或者第三人提出其在行政程序中没有提出的反驳理由或者证据的，经人民法院准许，被告可以在第一审程序中补充相应的证据。”根据本案的具体情况和上述规定，为了依法公正裁判本案，本院将波克公司、希力公司、千贝公司在不同程序或者同一程序的不同阶段中分别提交的证据按照时间先后顺序列出，予以全面审查。鉴于本案证据数量繁多、内容庞杂且存在证明事项重复的情况，本院不逐一对每份证据予以认证，而是根据当事人的主张、据此支持相关主张的证据与本案的关联程度、证据的性质等采取不同的处理方式：对于一方当事人与其利害关系人签订的合同，或者与一方当事人有利害关系的证人出具的书面证明等证据，如果对方当事人不认可其真实性，又没有其他证据予以佐证或者形成完整的证据链，不予采纳；对于裁判文书或者书籍、文章等支持相关观点而非用于证明有关事实的材料，本身不属于证据，不予分析；对于当事人自身控制的网站出具的相关数据证据，因数据有可能更改，不予采纳；对与本案无关的主张和证据、显然不能支持当事人主张的相关证据、当事人无争议的主张和证据，不作过多分析，或者直接作出认定；对当事人争议较大的主张和证据、影响本案实体判决结果的证据，作重点分析、论证。为避免重复和阐述上的方便，本院将根据需要在证据审核、事实查明或者裁判说理中分别进行分析和论证。

在申请再审程序中，希力公司向本院提交了如下证据，用于证明其在先使用“捕鱼达人”商标并具有一定影响，其从 2009 年开始持续为用户提供计算机软件升级、更新服务。

证据1：其与力港公司于2010年10月8日就“捕鱼达人”美术作品、游戏软件和图标等著作权签订的使用许可合同，用于证明力港公司对“捕鱼达人”商标之使用系希力公司授权下的行为，构成希力公司对“捕鱼达人”商标的实际使用。波克公司的质证意见为不具备真实性、合法性和关联性，主要理由包括希力公司在此前程序中并未提交该证据，且无许可费支付凭证等证据予以佐证，是为了再审需要而提供的假证。

证据2：广西壮族自治区桂林市公证处（2015）桂桂证民字第18025号公证书，即关于希力公司游戏机在网上下载后的服务情况公证，用于证明希力公司对于“捕鱼达人”的使用包括了“计算机软件设计、更新”服务。

证据3—4：广西壮族自治区桂林市公证处（2015）桂桂证民字第562号公证书，即对通过国家新闻出版广电总局官网查询《电子乐园》期刊情况进行的公证，以及来源于百度百科的《电子乐园》信息，用于证明《电子乐园》具备合法的刊号及资质，在国内外公开发行，是中国大陆地区为公众所常见的刊物。经查，根据上述证据，能够查明《电子乐园》杂志的主办单位为广西金海湾电子音像出版社有限公司，刊号为45－1338/TP；百度百科的查询结果载明，《电子乐园》杂志是经国家新闻出版部门批准、广西金海湾电子音像出版社主办的优秀学术期刊。

证据5—6：中国软件行业协会游戏软件分会介绍及希力公司作为该分会会员的证明。

证据7：四家希力公司“捕鱼达人”游戏软件产品经销商即威康公司、金龙公司、山东巨源游乐设备制造有限公司、南京乐天娱乐设备销售中心于2016年1月10日出具的书面证明，内容包括四家公司截止到2010年12月分别从希力公司购买数量和金额不等的“捕鱼达人”游戏软件并组装成游艺游戏机后销售到全国各地的情况且由希力公司提供软件升级、更新等售后服务。波克公司对上述证据的真实性、合法性和关联性均不认可。

证据8：“捕鱼达人”在线网络游戏用户在http：/akk213. lht213. com网站2010年1月1日至2010年12月31日期间充值量统计（金额为4671300元）和力港公司对该“捕鱼达人”游戏用户充值量的说明，用于证明希力公司在先使用“捕鱼达人”商标，“捕鱼达人”游戏深受玩家喜爱，在公众中产生了一定影响力。波克公司的质证意见为：对该证据的真实性、合法性和关联性均不认可，该网站系希力公司控制的网站，数据可以更改，且该数据与《桂林日报》报道的力港公司2010年当年产值230万元相矛盾，力港公司的“捕鱼达人网页版”于2012年4月19日才获得文化部的批准，不可能在2010年有用户充值量。

证据9：北京市第一中级人民法院（2015）一中行（知）初字第1143号行政判决书。

证据10：商标评审委员会商评字（2016）第12006号、第12007号无效宣告请求裁定书。

证据11：广西壮族自治区桂林市中级人民法院（2014）桂市民三初字第1号民事判决书，用于证明该判决认定希力公司在中国大陆最早使用“捕鱼达人”命名其游戏产品，构成知名商品的特有名称。经查，广西壮族自治区高级人民法院于2017年7月19日作出（2016）桂民终305号民事裁定，裁定撤销上述判决，发回桂林市中级人民法院重审。

证据12：广西金海湾电子音像出版社有限公司于2016年7月11日出具的《证明》和《关于查证杂志的复函》，前者载明：“《电子乐园·电玩风云》和《电子乐园·轻松学电脑》均是我社出版的杂志，两本杂志分别推送不同的内容。”后者载明：“（希力公司）查证的《电子乐园·轻松学电脑》（2009年第5期）杂志，只有杂志封面，不是完整的全本杂志，我社无法根据封面确认该杂志是真实的、非盗版的杂志。”

在申请再审程序中，千贝公司向本院提交了如下证据：

证据1：千贝公司与运营商济南欢乐城科技发展有限公司签署的游戏运营协议以及后续运营权转移协议，“17175游戏世界”在文化部的备案查询，用于证明千贝公司在被异议商标申请日之前已进行了运营且有正当的游戏运营资质。波克公司的质证意见为，该证据不具备真实性，济南欢乐城科技发展有限公司在2012年2月才获得“17175游戏世界”在文化部的备案，在2010年并未开始运营“捕鱼达人”游戏，“17175游戏世界”的网站上无任何内容指向千贝公司，相关的商誉也不归属于千贝公司。

在申请再审程序中，波克公司向本院提交了如下证据：

证据1：北京市第一中级人民法院（2015）一中行（知）初字第1143号案庭审笔录，证明事项为：希力公司代理人当庭陈述，在2010年9月30日进行“捕鱼达人”游戏机外观设计专利的申请之前，未对游戏机机型进行过公开，所以不丧失新颖性，等于直接承认在此之前没有进行过该产品的销售。结合波克公司在二审中提交的证据18即（2014）沪卢证经字第4009号公证书及希力公司相关证据可知，希力公司提供的所谓推广或销售证据是虚假的，市面上并不存在“捕鱼达人”游戏机的实际销售，希力公司销售的都是“海洋之星”游戏机，其对“捕鱼达人”并无以商标进行使用的意图和事实行为。

证据2：上海市东方公证处（2016）沪东证经字第7421号公证书，涉及希力易购网站的备案时间、域名的注册时间、希力易购网站当前并无“捕鱼达人”产品销售、网站提供的捕鱼达人更新包与海洋之星更新包经MD5校验实际为同一文件等内容，用于证明希力公司提供的广西壮族自治区桂林市公证处（2015）桂桂证民字第18025号公证书不具备真实性、合法性与关联性，无法证明希力公司为“捕鱼达人”游戏软件提供下载、更新服务。希力公司对公证的内容和关联性有异议，主张希力公司在持续使用“捕鱼达人”。经查，根据第7421号公证书可知，希力易购网即http：//www. sealyego. com的备案时间是2015年10月12日，其域名www. sealyego. com于2012年11月29日注册，公证时该网站经搜索并无名称为“捕鱼达人”的游戏产品销售，但有名称为“捕鱼达人升级包”的升级补丁可供下载。

证据3：哈尔滨瑞利在线网络有限公司、大庆市让胡路区宝迪软件商行公司、芜湖市芜娱数码信息技术有限公司关于销售“捕鱼达人”点卡的证明，用于证明波克公司在2010年就推出了“捕鱼达人”网络游戏并进行了点卡销售等运营推广行为，波克公司在先使用该商标且并无抢注的前提。

证据4：上海市卢湾公证处（2016）沪卢证经字第2276号公证书，对波克平台游戏后台管理系统相关数据和《桂林日报》相关报道进行了公证，用于证明：（1）波克公司早在2009年8月就推出了“捕鱼达人”网络游戏，使用“捕鱼达人”作为商标进行了测试和推广；（2）《桂林日报》报道2010年力港公司总收入为230万元，希力公司申请再审证据8等为虚假证据；（3）波克公司后台管理系统域名为2008年4月注册，具有延续性。希力公司对公证的内容有异议。经查，2013年11月19日《桂林日报》有题为《力港科技：“捕鱼”开创动漫游戏新天地》的报道，该报道是记者在采访力港公司的基础上完成的，该报道称，“力港科技用实际数字展示了企业巨大的市场潜力，企业经过2009年的前期筹划和研发，产品从2010年10月开始运营，当年即实现产值230万元”。希力公司虽然对公证的内容有异议，但未提供反证，本院对上述报道本身的真实性予以认可。

证据5：北京知识产权法院（2016）京73行初字第1587、1588号行政案件受理通知书。

证据6：波克公司针对北京市第一中级人民法院（2015）一中行（知）初字第1143号行政判决提出的上诉状的邮寄凭证。

证据7："文化部关于改进和完善《游戏游艺机市场准入机型机种指导目录》使用管理工作的通知"及2009—2011年前三批准入机型机种指导目录，用于证明在文化部的准入机型机种指导目录中没有希力公司的"捕鱼达人"游戏机，故其在先的销售或宣传证据不具备真实性与合法性。希力公司的质证意见为：对真实性没有异议，对关联性有异议，文化部文化市场司于2009年4月发布第一批指导目录，希力公司"捕鱼达人"游戏机是于2009年7月推出，当然不在第一批目录中，根据上述通知，指导目录并非是强制性的。经查，前三批即2009年至2011年发布的准入机型机种指导目录中均没有希力公司的"捕鱼达人"产品，第二批指导目录中有希力公司的"海洋之星"产品。

证据8：《桂林力港网络科技股份有限公司公开转让说明书》（2015年8月）及在文化部所有的中国文化市场网对网络游戏产品"深海狩猎"和"捕鱼达人网页版"的查询结果网页，用于证明力港公司的"深海狩猎"和"捕鱼达人网页版"获得文化部批准的时间均晚于被异议商标申请日，故其在先的宣传或运营证据不具备真实性、关联性。希力公司的质证意见为：对转让说明书真实性没有异议，对查询结果网页的真实性、合法性和关联性均不认可，并主张根据转让说明书记载的"力港公司受让取得'希力捕鱼达人'软件著作权，经过研发改良后于2010年推出了网络版的深海捕鱼休闲游戏《深海狩猎之捕鱼达人》"等内容可以证明希力公司持续使用"捕鱼达人"。本院认为：希力公司虽然对查询结果网页的真实性不予认可，但未提交反证，本院认可查询结果网页的真实性，该证据可以证明，力港公司的"捕鱼达人网页版"于2012年4月19日获得文化部的备案，文号为文网游备字［2012］W－CSG006号。希力公司以转让说明书的相关内容主张希力公司持续使用"捕鱼达人"，鉴于上述转让说明书载明的内容为力港公司受让取得"希力捕鱼达人"软件著作权，在此情况下，力港公司对"捕鱼达人"的使用不能认为是希力公司将"捕鱼达人"作为商标使用。

证据9：百度百科关于《电子乐园》杂志的介绍及其在市场上买到的《电子乐园》2009年5月期的封面及目录等，用于证明希力公司提交的《电子乐园·电玩风云》系非法出版物，公开渠道无法获得。希力公司对该证据的真实性、合法性和关联性均不认可。

此外，波克公司还提交了一组涉及利用“捕鱼达人”游戏机从事赌博或者开设赌场的刑事判决或者行政判决及若干篇新闻报道，用于证明“捕鱼达人”游戏机具有赌博功能，其销售具有非法性。

对于波克公司提交的上述证据，千贝公司认为不能起到实质性的证明作用。商标评审委员会同意希力公司和千贝公司的质证意见。

在再审程序中，希力公司向本院提交了如下证据：

证据1—2：四期《电子乐园·电玩风云》杂志原本［分别为2010年1月（中）期、2010年2月（中）期、2010年3月（中）期、2010年4月（中）期］和广西金海湾电子音像出版社有限公司出具的证明上述杂志系其出版发行的证明材料、三期《澳门国际电玩》杂志原本（分别为2009年第12期、2010年第5期、2010年第9期），用于证明上述杂志中有关于希力公司“捕鱼达人”游戏产品的介绍，希力公司在先使用“捕鱼达人”并使之具有一定影响。千贝公司和商标评审委员会对上述证据没有意见。波克公司的质证意见为，上述四期《电子乐园·电玩风云》是非法套刊；三期《澳门国际电玩》不具备真实性、合法性和关联性，澳门的新闻登记官方机构没有该杂志，该杂志在我国澳门没有公开发行，在我国大陆地区更无法查询到，且其载满的全部都是赌博机的宣传。经查，三期《澳门国际电玩》中有很多对游戏机的彩页广告宣传，多处注明了“退币、退彩票模式”“押注”等内容。

证据3—5：北京知识产权法院（2016）京73行初字第1587、1588号行政判决书和北京市高级人民法院（2016）京行终字第3000号行政判决书，用于证明波克公司在第41类、第9类、第28类上申请的“捕鱼达人”商标已经被上述判决认定构成以不正当手段抢先注册希力公司在先使用并有一定影响的商标，并判决不予核准注册。

在再审程序中，千贝公司向本院提交了如下证据：

证据1：2003年7月1日起实施的《互联网文化管理暂行规定》和2011年4月1日起实施的《互联网文化管理暂行规定》，用于证明波克公司关于千贝公司没有运营资质的质疑不能成立。

证据2：济南市泉城公证处（2016）济泉城证经字第33963号公证书，结合千贝公司与运营商济南欢乐城科技发展有限公司签署的游戏运营协议以及后续运营权转移协议，用于证明通过文化部的“中国文化市场网”及“全国文化市场技术监管与服务平台”可以看到，“捕鱼达人”的运营平台“17175游戏世界”及其运营网址 http：//www. 17175. com 开发方系千贝公司。

证据 3：济南市泉城公证处（2016）济泉城证经字第 33962 号公证书，该公证书对公证处通过运营网址 http：//www. 17175. com 进入“捕鱼达人 17175 游戏世界”页面、“捕鱼达人新闻中心”页面截屏得到的相关页面进行了公证，用于证明千贝公司自 2010 年 10 月 12 日在“17175 游戏世界”发布“捕鱼达人 OL”的测试公告以来，持续更新游戏内容并大量使用“捕鱼达人”商标。

证据 4：济南市泉城公证处（2016）济泉城证经字第 33964 号公证书，用于证明第三方数据平台即“CNZZ 数据专家”相关数据表明，“17175”及“17175 捕鱼达人”在 2010 年 10 月至 2011 年 3 月期间有巨大点击量。

证据 5：济南市泉城公证处（2016）济泉城证经字第 33965 号公证书，用于证明第三方数据平台即百度推广平台统计的千贝公司的关键词“17175 捕鱼达人”在 2011 年 1 月至 3 月期间有巨大的点击量。

波克公司对上述证据的质证意见为：证据 1 不能证明千贝公司具有网络游戏经营资质；对证据 2 的真实性、合法性有异议；证据 3—5 即 3 份公证书公证时间均为 2016 年，对证明事项没有证明力，而且证据 5 是将“17175”或/和“捕鱼达人”的搜索结果全部纳入计算，并不单指千贝公司的网络游戏，还涉及很多使用“捕鱼达人”的经营者。希力公司和商标评审委员会对上述证据没有异议。经查，上述证据 4 和 5 经过公证，公证的数据属于第三方数据平台控制，本院予以采纳。

波克公司还针对千贝公司在商标评审期间提交的证据 1—11 发表了如下意见：千贝公司提交的证据 4 即捕鱼达人 OL 游戏软件著作权登记证书上载明开发完成日期为 2011 年 2 月 18 日，首次发表日期为 2011 年 3 月 5 日，但又主张其早于 2010 年就推出了“捕鱼达人”游戏，明显自相矛盾；此外，上述证据中有多处表明千贝公司运营的游戏名称为“捕鱼高手”。

在再审程序中，波克公司向本院提交了如下证据：

证据 1—6：包括日本 Sega（世嘉）公司的“ami－gyo”（捞鱼达人）产品官方网站介绍及翻译件、维基百科关于 ami－gyo 的介绍及翻译件、百度搜索“ami－gyo”结果（包括必应对 ami－gyo 翻译为“捞鱼达人”、台湾多家公司引进 ami－gyo 等，其中 2006 年一家公司引进的 ami－gyo 被称为捞鱼达人）、《捕鱼季——这个游戏玩起来觉得老杂劲，特别是打到鲨鱼》贴子、在中国版权保护中心网站搜索名称中包含“捕鱼”的计算机软件结果页面、湖北省宜昌市夷陵区人民法院

(2014) 鄂夷陵刑初字第9号刑事判决书。用于证明他人在此之前已经使用“捞鱼达人”“网鱼高手”“捕鱼达人”等与“捕鱼达人”相同或者高度相似的名称，“捕鱼达人”并非希力公司、千贝公司首创和特有。除了证据6即刑事判决书外，证据1—5均经过公证。千贝公司和商标评审委员会认为上述证据与本案无关。希力公司不认可上述证据的真实性、合法性和关联性，并提供了反驳证据1—4，其中反驳证据1—2是对上述日本Sega（世嘉）公司“ami－gyo”（捞鱼达人）产品官方网站介绍和维基百科关于ami－gyo的介绍的翻译件，用于证明“ami－gyo”的中文译文是捞鱼机（网鱼机），并非“捕鱼达人”；反驳证据3是必应词典网站的搜索页面情况，用于证明根据波克公司上述证据的搜索路径进行查询，必应对“捞鱼达人”的释义是依据其抓取的网页与词语的关联，而不是必然解释；反驳证据4是“捕鱼达人之海洋之星”出口日本的发票、报关单等资料，用于证明“捕鱼达人之海洋之星”在2011年曾出口日本，不存在波克公司所说的玩法相同或者名称相同的情况。经查，反驳证据4中并未出现“捕鱼达人”字样。

证据7—8：新浪报道《2009年游戏行业顶级大奖金手指奖开始申报》、178游戏网报道《软件行业协会2009中国游戏行业评优通知》，结合希力公司的“捕鱼达人”软件2009年12月才上市之事实，用于证明该产品参选“金手指奖”时不符合申报条件，其获奖原因令人质疑，获奖本身不具备客观性。希力公司则认为其公司的“捕鱼达人”游戏产品是否符合评奖条件是由颁奖单位规定的，其获得的“金手指奖”是真实合法的。千贝公司对上述证据无意见，商标评审委员会同意希力公司的意见。经查，《软件行业协会2009中国游戏行业评优通知》载明中国游戏行业第七届年会于2009年12月1日召开，优秀产品评选基本条件包括，被评选的产品已经对外销售或上网运营，并产生较好的经济效益，在业界有一定影响力；被评选的产品如果是需政府主管部门审批的产品，则须提供相关手续。

证据9—10：在广西工商行政管理局官网分别查询名称带有“新汇众”的企业与名称带有“港岛网络”“港岛网吧”的企业的结果，用于证明桂林市新汇众网络科技有限公司、力港公司为希力公司出具的证明不实。希力公司对该证据的真实性没有提出异议，但主张新汇众作为网络管理公司，通过加盟网吧进行宣传是合法的。千贝公司、商标评审委员会对该证据没有意见。

证据11—13：经过公证的澳门特别行政区政府新闻局网站刊物登记资料、百度搜索“澳门国际电玩”结果、www.macaujoy.com网站信息及翻译件，用于证明《澳门国际电玩》未在澳门新闻局登记，是非法出版物。希力公司对上述证据的真实性、合法性、关联性均有异议，其认为，波克公司登录的网站不能证明是官方网站，查询不到并不代表《澳门国际电玩》是非法出版物，查询不到是因为该刊物目前已经停刊。

证据14：希力公司提供的《电子乐园·电玩风云》杂志、波克公司在市场上购买到的同一出版社同一刊号的《电子乐园·轻松学电脑》2009年第5期与波克公司在百度百科查询到的《电子乐园》杂志介绍、在维普期刊网上查询到的同一出版社同一刊号的《电子乐园·轻松学电脑》2010年第1期的比较等情况，以及在中国期刊网和国家新闻出版广电总局官网查询《电子乐园》杂志的情况，用于证明中国期刊网上查询不到《电子乐园》期刊；国家新闻出版广电总局官网查询到的《电子乐园》的刊号为45－1338/TP，主办单位为广西金海湾电子音像出版社有限公司；希力公司提供的《电子乐园·电玩风云》杂志系非法套刊且未在大陆公开发行或者系虚假证据。希力公司认为，广西金海湾电子音像出版社有限公司出具的证明已经足以证明其提供的《电子乐园·电玩风云》是合法发行、正式出版的刊物，不存在波克公司认为是非法出版的问题。千贝公司对该证据没有意见。商标评审委员会则认为，如果刊物是真实发行的，希力公司不会注意到是套刊，出版社又出具了证明，相关公众能够接触到刊物，对知名度还是有一定影响的。

证据15—20：一组有关赌博机的报道和裁判文书，其中证据15—17为经过公证的人民网文章《合法游戏厅赌博行为何时了》、安徽省明光市人民法院（2011）明行初字第35号行政判决书、中国江苏网报道《捕鱼机可退币被指涉嫌变相赌博》，用于证明退彩票也是一种隐蔽的退币形式，退彩票机同样多次被执法机构认定为赌博机；证据18、19为陕县人民法院（2015）陕刑初字第63号叶某某等五人开设赌场罪刑事判决书和四川省安岳县人民法院（2014）安岳刑初字第224号江某某、江某开设赌场罪刑事判决书，用于证明希力公司售出的“捕鱼达人”游戏机被生效判决认定具有上分退币的赌博功能，属赌博机，该案被告人被认定构成开设赌场罪；证据20为5份认定“捕鱼达人”街机为赌博机的判决书，用于证明2011年4月之前上市的“捕鱼达人”街机就曾经多次被认定为赌博机。千贝公司对上述证据没有意见。商标评审委员会认为，利用捕鱼机进行赌博是网吧经营者的行为；如果机器本身就有赌博的功能，是不可能上市的；如果游戏机造出来不是为了市场正常的娱乐游戏使用，就是赌博使用，在游戏机上使用的商标不应当受到商标法的保护。希力公司认为上述证据不能证明波克公司的主张，而且相关案例中并没有认定“捕鱼达人”游戏机就是希力公司销售的。经查，证据18即陕县人民法院（2015）陕刑初字第63号刑事判决书载明：被告人叶某某抗辩称，查获的8台“捕鱼机”中有4台是2012年1月26日通过正当网购途径从广州希力电子科技有限公司购买的电子游戏机疯狂篮球，不属于赌博机；法院认为上述“捕鱼机”具有上分退币功能属赌博机，故该辩解、辩护意见，不予采纳。证据19即四川省安岳县人民法院（2014）安岳刑初字第224号刑事判决书载明：该案证据7即增值税发票，证实亚热带电玩城在2012年12月曾向希力软件公司购买动漫设备31台；证人于2013年12月12日在亚热带电玩城打捕鱼机，证人因赌博均被公安机关处500元罚款。

证据21：波克公司2012年以来的纳税情况证明材料及《国内网络游戏产值349亿元　用户突破1.2亿人》等互联网报道，用于证明希力公司提交的“捕鱼达人”游戏软件的销售量、营业额相对于整个网络游戏市场可以忽略不计。希力公司、千贝公司认为该证据与本案无关。

波克公司在再审庭审后又于2016年12月、2017年1月先后向本院提交若干证据，经征得其他当事人同意，本院向其他当事人送交了该证据，其他当事人向本院提交了书面质证意见。波克公司提交的证据及其他当事人的质证意见如下：

证据1—2：希力公司“捕鱼达人”游戏机研发资料和另案中希力公司请求法院调查取证的“捕鱼达人”游戏机照片，用于证明希力公司“捕鱼达人”游戏机具有退币退彩票功能，为赌博机；希力公司“捕鱼达人”游戏机是对日本世嘉公司推出的海洋捕鱼、捞金鱼游戏机的模仿，“捕鱼达人”并非希力公司所独创和特有。希力公司对真实性没有异议，但主张，没有有权机关认定希力公司的捕鱼机系赌博机；不法经营者利用游戏机非法经营，与希力公司无关；游戏机均为投币启动，希力公司的“捕鱼达人”游戏机也是通过投币启动，有正常的娱乐性功能，不属于赌博机；捕鱼达人游戏机内容是否原创与本案无关。

证据3：关于在百度搜索“捕鱼达人”游戏情况的公证书，用于证明早在2004年5月在9969小游戏网站就有一款名称为“快乐捕鱼达人”的游戏，“捕鱼达人”游戏并非希力公司所首创。希力公司对公证行为没有异议，但对公证的内容及与本案的关联性有异议，并主张其在比9969小游戏网站更为有名、规范合法的4399小游戏网站也找到了“快乐捕鱼达人”游戏，其创设日期为2014年1月15日，且该款游戏的商标标识与“捕鱼达人”商标明显不一样。经查，希力公司提交的4399小游戏网站中涉及“快乐捕鱼达人”游戏网页注明更新时间为2014年1月15日。

证据4：百度百科关于“达人”一词的解释和“中国达人秀”的介绍，用于证明“捕鱼达人”指擅长捕鱼的人，作为捕鱼类游戏的名称，直接描述了游戏的内容、特点和消费群体等，“捕鱼达人”标识本身在捕鱼类游戏上使用不具有显著性。希力公司对该证据的真实性、合法性和关联性均不予认可。

证据5：力港公司策划部所作的请示文件，用于证明力港公司将“捕鱼达人”“捕鱼牛人”“捕鱼神人”并列，用以描述捕鱼游戏高手的不同档次，是对捕鱼很厉害的人的简称，而非将其作为识别服务提供来源的标识。希力公司认可该证据的真实性，但主张该文件仅仅是力港公司内部的请示文件，不是对外宣传推广资料，希力公司早在2009年将“捕鱼达人”标识作为商标使用，力港公司经许可后也是以“捕鱼达人之深海狩猎”和“深海狩猎之捕鱼达人”进行母子商标、双品牌使用推广的。

证据6—8：“海洋之星”游戏机涉赌判决在无讼案例上的搜索结果和两份刑事判决书，用于证明希力公司生产的“海洋之星”街机被法院多次认定为赌博机，含有“海洋之星”的刑事判决书多达2166份，希力公司长期从事赌博工具的生产、销售等非法业务。希力公司不认可上述证据的真实性、合法性和关联性。

证据9：上海市卢湾公证处（2016）沪卢证经字第5961号公证书，公证内容是百度百科关于《电子乐园》的介绍、国家新闻出版广电总局官网查询《电子乐园》的结果、维普期刊资源整合服务平台查询《电子乐园》的结果等，用于证明希力公司提交的《电子乐园·电玩风云》并非该杂志出版社于国家新闻出版广电总局官网上备案的《电子乐园》。希力公司认为该证据系重复提交，对公证行为无异议，但对公证的内容及关联性有异议，认为无法证明其所登录的是国家新闻出版广电总局官网，中国期刊网上所载的内容也无法确认其真实性；希力公司提交的广西金海湾电子音像出版社有限公司出具的《证明》已经充分证明《电子乐园》的真实性和合法性，无论《电子乐园》以何种方式发行，公众从何种渠道获得该杂志，因《电子乐园》的发行而使“捕鱼达人”商品和商标产生影响的事实是客观存在的。

证据10：吴汉东著《论商誉权》一文，用于证明商誉必须是社会公众对企业的良好、积极性评价，希力公司在赌博机上使用“捕鱼达人”不应当受到保护。希力公司认为该证据与本案无关，本案应审查希力公司是否在先使用“捕鱼达人”并使之产生一定影响，而非“捕鱼达人”产生了多少商誉，影响与商誉是两回事。

证据11—14：包括叶某某书面证言及其身份证复印件、浙江省温州市中级人民法院（2013）浙温刑终字第100号刑事裁定书、希力公司向温州乐源动漫科技有限公司开具的货物名称为“希力捕鱼达人游戏软件V1.0”和“游戏电脑板(希力捕鱼达人)”的增值税专用发票，用于证明希力公司向温州乐源动漫科技有限公司销售、而温州乐源动漫科技有限公司向叶某某销售的“捕鱼达人”游戏机已经为上述生效刑事裁定书认定为赌博机，被告人叶某某因经营“捕鱼达人”游戏机已经被上述刑事裁定书以开设赌场罪追究刑事责任。希力公司对发票的真实性无异议，对关联性有异议；对其他证据的真实性、合法性、关联性均有异议。希力公司认为，叶某某应当出庭作证，上述裁定书中没有任何关于被告叶某某使用被指控为赌博机的“捕鱼达人”游戏机就是希力公司所生产且是从温州乐源动漫科技有限公司处购得的内容；根据发票，希力公司向温州乐源动漫科技有限公司出售的是游戏软件和电脑板，并非叶某某所说的游戏整机。

证据15：湖北公安厅官网新闻《湖北黄冈警方调200警力异地捣毁利用赌机涉赌网络》，用于证明黄冈市公安局于2016年9月25日查获了特大赌博机销售点及其操盘者“王胖子”，希力公司为其上家，警方已经掌握了部分线索，将希力公司纳入刑事侦查范围。希力公司对该证据的真实性、合法性、关联性均有异议。

证据16—17：举报人刘某某举报希力公司销售赌博机构成非法经营罪的举报书，用于证明警方已经将希力公司纳入刑事侦查范围。希力公司对其真实性、合法性、关联性均有异议，认为是波克公司制造的虚假证据。

证据18：温州乐源动漫科技有限公司书面证词，用于证明希力公司开具给温州乐源动漫科技有限公司的产品名称为游戏软件和电脑板的发票针对的产品实质为“捕鱼达人”游戏整机。希力公司对其真实性、合法性、关联性均有异议，认为发票上载明的产品是游戏软件和电脑板，并非游戏整机。

证据19—20：《保护工业产权巴黎公约解说》（专利文献出版社1984年版）和《保护工业产权巴黎公约指南》（中国人民大学出版社2003年版）节选，用于证明希力公司、商标评审委员会提出的“菜刀”理论以及“商品瑕疵不影响商标权益”的说法并不适用于本案“具有退分退币功能的赌博机”，理由在于，《巴黎公约》第四条之四关于“不得以专利产品的销售或依专利方法制造的产品的销售‘受到本国法院的限制或限定’为理由，而拒绝授予专利或使专利无效”的规定和第七条关于“使用商标的商品的性质绝不应成为该商标注册的障碍”的规定，根据解说，并不适用于违反公共利益的情形；解说反而指出：“在所有的情况，如果有关发明违反公共秩序或道德，那么拒绝授予专利或使专利无效仍然是可能的”，《巴黎公约》第七条之二还规定，各国应自行审定关于保护集体商标的特别条件，如果商标违反公共利益，可以拒绝给予保护。希力公司对上述证据的真实性没有异议，但认为解说中称《巴黎公约》第四条之四和第七条的“目的都在于使工业产权的保护不以这种保护所适用的商品在给予保护的国家是否可以出售为转移”，证明了“商品的性质与商标的使用无关”的观点是正确的。

针对上述证据，希力公司还综合发表了如下意见：(1) 上述证据的提交已经超过举证期限，不应作为本案证据使用，而且很多证据故意采用断章取义、曲解材料内容的方式，意图误导合议庭。(2) 本案争议的商品类别是第42类“计算机软件设计、更新”，而不是第28类“游戏机”，波克公司提出的游戏机的合法问题不属于本案审理范围。(3) 波克公司在本案评审阶段、一审、二审和再审阶段的诉讼策略和观点不断变化，上诉时主张希力公司的《电子乐园》等宣传杂志及奖项均是假的，再审时又提出希力公司的游戏机是赌博机的新观点，由此也反映出波克公司的不诚信。(4) 希力公司的“捕鱼达人”游戏机本质是为游戏目的而生产的游戏机，具有娱乐、休闲、游戏的合法功能，其设置的退币、退彩票功能仅用于鼓励玩家继续游戏，不是赌博机。(5)《最高人民法院关于审理商标授权确权行政案件若干问题的意见》第十八条对“一定影响”作了明确定义，并未对影响力的性质作出任何限定，波克公司故意将“一定影响”偷换成“商誉”，混淆视听，误导争议焦点。而且，希力公司在先使用的“捕鱼达人”商标所积累的影响在合法正规的游戏行业是正面和积极的，波克公司所称的负面影响均与希力公司无关。(6)“捕鱼达人”商标具有显著特征，符合商标的构成要求，不是通用名称。(7) 波克公司多处作假证、污蔑希力公司的“捕鱼达人”产品是赌博机，希力公司已经向公安部门报案进行维权。

千贝公司对波克公司提交的上述证据发表意见如下：已经远远超出了举证期限，且并未涉及新的内容，尤其是对本案正确处理有重大影响的内容，应当不予以采纳。

商标评审委员会对上述证据发表意见如下：上述证据未在异议复审阶段提交，不是商标评审委员会审理本案的依据；希力公司“捕鱼达人”游戏机不属于赌博机或赌博产品，被异议商标属于商标法第三十一条规定的以不正当手段抢先注册他人已经使用并有一定影响的商标；波克公司在再审期间有关“捕鱼达人”不具有显著性和不为希力公司原创等理由和证据，不属于本案行政阶段审理的范围，且“捕鱼达人”并非常见词汇，具有商标应有的显著性。

本院还于2017年3月3日收到希力公司寄来的以下证据材料：

证据1：希力公司就他人假冒其名义在网站宣传销售游戏机产品于2011年5月10日给广州市工商局的申诉书和于2011年7月18日提交的相关汇报、广州市工商局于2011年5月25日作出的回复函、希力公司于2010年5月10日委托他人代为处理此事的授权委托书。经查，上述材料中均未提及“捕鱼达人”。

证据2：希力公司于2011年5月26日针对假冒其名义的网站违法宣传并销售产品等侵权事宜向广东省通信管理局提交的信访材料及广东省通信管理局于2011年8月2日作出的处理意见书及所用信封。经查，上述材料中均未提及“捕鱼达人”。

证据3：广州市广州公证处（2011）粤穗广证内经字第99904号公证书，即希力公司于2011年8月18日对三家假冒其名义的网站进行的公证。

证据4：慧聪网、勤加缘网销售盗版“捕鱼达人（海洋之星）”游戏机的搜索结果，相关信息达6000多条，这些游戏机均与希力公司无关。

以上证据用于证明，市场上众多假冒希力公司名称的伪网站销售“捕鱼达人（海洋之星）”游戏机，不法经营者利用与山寨“捕鱼达人（海洋之星）”游戏而产生的犯罪行为与希力公司无关。

证据5：希力公司于2017年2月向百度公司、广东步步高电子工业有限公司等九家公司发送的提示这些公司与波克公司就“波克捕鱼”进行合作事宜的法律风险的律师函和两份于2017年2月作出的关于部分平台已经将波克公司的“捕鱼达人”产品作下架处理的公证书。

证据6：力港公司于2016年9月17日向腾讯公司发送的要求抵制波克公司侵权行为的法务函及波克公司游戏页面和官方公众号，证明腾讯公司已经要求并实际将波克公司使用的“捕鱼达人”改名为“猎鱼达人”或“波克捕鱼”。

证据7：一对父女在正规游戏厅玩游戏的视频，用于证明退币退彩票是游戏机很普通的功能。

证据8：4399游戏网站截图，用于证明波克公司主张的“快乐捕鱼达人”的发布日期是2014年1月15日，波克公司提供的9699网站上的“快乐捕鱼达人”游戏的数据有被修改的可能。经查，4399游戏网站截图网页上显示的是“更新时间：2014－01－15”。

证据9：希力公司2014年报案材料、授权委托书及报警回执，用于证明波克公司污蔑希力公司的捕鱼机为赌博机的行为已经严重损害其商业信誉、商品声誉，构成刑事犯罪，希力公司已向公安部门举报，且公安部门已经受理。

经审查，上述证据所要证明的事实均不是发生在被异议商标申请日前，或者未提及“捕鱼达人”的使用，与本案基本事实无关，本院不予采纳。

此外，波克公司还分别于2017年2月13日、3月28日、4月20日向本院提交了如下补充参考证据：相关专家就本案所写的关于商标法第三十二条（对应于2001年修改的商标法第三十一条）理解和适用以及赌博机的认定等意见和学术论文；四川省安岳县人民法院（2014）安岳刑初字第224号刑事判决书及该刑事判决中涉及的五位证人因赌博被罚款的行政处罚决定书、被告人江某某关于其在2012年曾经向希力软件公司购买动漫设备的书面证言、增值税发票等，用于证明波克公司在再审程序中向本院提交的证据19即四川省安岳县人民法院（2014）安岳刑初字第224号刑事判决书能够证明希力公司的“捕鱼达人”游戏机为赌博机；广东省文化厅关于捕鱼类游戏设备暂时停止进入国内市场销售的政府信息公开答复；关于赌博机的新闻宣传报道；广东省文化厅关于核查举报投诉事项的答复，内容为该厅从未审核过希力公司“捕鱼达人”游戏机及希力公司在该厅要求下已经将其官网所有经该厅审批通过的捕鱼类游戏游艺设备相关资料删除；关于从二手市场公证购买的带有希力公司标志的游戏机的公证书。波克公司将上述证据用于证明，具有退分退币功能的游戏机就是赌博机，希力公司主观上明知、客观上生产销售赌博机。波克公司还申请本院再次公开开庭审查上述证据。对于上述证据的处理，本院将在本院认为部分予以阐述。

此后，希力公司因在北京市高级人民法院开庭审理其与波克公司的关联案件中收到波克公司提供的上述江某某向“希力软件公司”购买动漫设备的增值税发票等证据，以增值税发票系伪造为由向本院申请追究波克公司等伪证行为的法律责任。波克公司主张该增值税发票来源于四川省安岳县人民法院（2014）安岳刑初字第224号案。经本院联系四川省安岳县人民法院调取并核实（2014）安岳刑初字第224号案中的增值税发票，波克公司提供的增值税发票与其相同，波克公司本身与该案无关，因此，希力公司关于波克公司存在伪证行为的主张不能成立。

本院经审理查明，一、二审法院查明的事实基本属实。另查明：

（一）关于希力公司在先使用“捕鱼达人”的情况

希力公司提交的其在先使用“捕鱼达人”商标的证据主要包括，国家版权局2009年12月1日针对希力捕鱼达人游戏软件V1.0颁发的计算机软件著作权登记证书，希力捕鱼达人游戏软件 V1.0 增值税销售发票，四期《电子乐园·电玩风云》杂志原本，三期《澳门国际电玩》杂志原本，中国软件行业协会游戏软件分会于2009年12月1日向希力公司颁发的有关《捕鱼达人》荣获2009年度中国游戏行业优秀游戏产品“金手指奖”的荣誉证书和希力公司在申请再审程序和再审程序中向本院提交的相关证据。波克公司认可著作权登记证书的真实性，对上述其他证据的真实性均不认可。

关于增值税发票，波克公司不认可其真实性，但未提供反驳证据，应当认定该发票的真实性。上述增值税发票能够证明希力公司于2009年至2010年销售了一定数额的“捕鱼达人”游戏软件，其中开票日期为2009年的只有一张，即销售给威康公司的一张发票，涉及5件希力捕鱼达人游戏软件 V1.0。结合希力公司向一审法院提交的证据9即增值税发票和希力公司在申请再审程序中向本院提交的证据7即四家经销商出具的书面证明，可以认定，威康公司从希力公司购买“捕鱼达人”游戏软件1381套，金额为7126275元，金龙公司从希力公司购买“捕鱼达人”游戏软件613套，金额为3287965元，两者金额占希力公司销售“捕鱼达人”游戏软件总金额即10766500.01元的96.73%。

希力公司向本院提交了四期《电子乐园·电玩风云》杂志及广西金海湾电子音像出版社有限公司出具的证明上述杂志系其出版发行的《证明》。经查，《电子乐园·电玩风云》2010年1月（中）期第56页刊登有《2009年度中国游戏行业年会现场报道》一文，该文称，“金手指奖，素来有游戏行业的‘奥斯卡’奖之称谓”。该文附有《2009年度中国游戏行业“金手指”奖获奖名单》，希力公司的《捕鱼达人》名列“年度优秀游戏机产品”。《电子乐园·电玩风云》2010年1月（中）期第59页还刊登有《新式机台缤纷亮相　斩获年会产品大奖——中国游戏行业2009年度优秀游戏机产品奖》一文，该文介绍了希力公司的《捕鱼达人》产品。《电子乐园·电玩风云》2010年3月（中）期第43页刊登的《希力科技：市场的强力竞争者——专访广州市希力电子科技有限公司总经理郑兵》介绍了希力公司及其2009年年度优秀游戏机产品《疯狂企鹅》《捕鱼达人》。《电子乐园·电玩风云》2010年4月（中）期第118页刊登的《搭起交流与沟通的桥梁——2010年度中国（武汉）动漫游戏研讨会》载明：希力公司“在2009年推出《捕鱼达人》后，在中国掀起了一阵捕鱼热潮”。根据文中信息，该研讨会由希力公司、威康公司、华海科技联合主办，中国软件行业协会游戏软件分会为指导单位，湖北武汉宝达商行承办，在湖北武汉举行。

波克公司认可广西金海湾电子音像出版社出具的《证明》本身的真实性，但对《电子乐园·电玩风云》杂志的真实性、合法性提出质疑并提供了反驳证据，即在再审程序中提交的证据14《电子乐园·电玩风云》与《电子乐园·轻松学电脑》比较情况等和在再审开庭后向本院提交的证据9，后者系对前者部分内容进行的公证。上述证据来自公开或者官方渠道，希力公司也未提供反驳证据，本院对上述证据的真实性予以认可。经查，希力公司提供的《电子乐园·电玩风云》的出版社为广西金海湾电子音像出版社，国内统一刊号为CN 45-1338/TP。广西金海湾电子音像出版社提供的《证明》明确认可希力公司提供的《电子乐园·电玩风云》杂志原本的真实性，并认可《电子乐园·电玩风云》《电子乐园·轻松学电脑》均系其出版的杂志。但是，根据波克公司在再审程序中提交的证据14和在再审开庭后向本院提交的证据9可知，希力公司提供的出版社为广西金海湾电子音像出版社、国内统一刊号为CN 45-1338/TP的《电子乐园·电玩风云》刊载的文章性质主要为行业报道、广告宣传等，而波克公司通过公开市场购买及维普期刊网上查询到的同一出版社、同一刊号的2009年第5期、2010年第1期《电子乐园·轻松学电脑》杂志主要刊载学术论文，二者的风格明显不同；此外，百度百科关于《电子乐园》杂志的介绍是，《电子乐园》杂志是经国家新闻出版部门批准、广西金海湾电子音像出版社主办的优秀学术期刊，本刊国内统一刊号CN 45-1338/TP，本刊主要刊载较高学术、技术水平和实用价值的研究课题、学术报告和综合评述等优秀学术论文；最后，通过维普期刊资源整合服务平台可以查询到广西金海湾电子音像出版社出版的、国内统一刊号为CN 45-1338/TP的《电子乐园·轻松学电脑》，但查询不到《电子乐园·电玩风云》。根据上述证据和事实可以认定，广西金海湾电子音像出版社出版的、国内统一刊号为CN 45-1338/TP的《电子乐园》杂志经过审批的刊物性质是学术期刊、刊载内容主要是学术论文，广西金海湾电子音像出版社在2009年和2010年使用国内统一刊号CN 45-1338/TP同时出版两种风格不同的刊物即《电子乐园·轻松学电脑》与《电子乐园·电玩风云》。根据《期刊出版管理规定》第三十三条关于“一个国内统一连续出版物号只能对应出版一种期刊，不得用同一国内统一连续出版物号出版不同版本的期刊。出版不同版本的期刊，须按创办新期刊办理审批手续”的规定，希力公司提交的《电子乐园·电玩风云》杂志不符合国家行政主管部门关于刊物性质和刊载内容的审批要求。虽然希力公司提交的《电子乐园·电玩风云》杂志可能客观流通于市场，但由于存在上述不符合审批要求的因素，在一定程度上将会影响其发行范围，在维普期刊资源整合服务平台查询不到《电子乐园·电玩风云》的事实对此也予以印证。

希力公司向本院提交了三期《澳门国际电玩》杂志（即2009年第12期、2010年第5期、2010年第9期）。经查，《澳门国际电玩》2009年第12期封面是“希力科技”和“威康娱乐”所作的“捕鱼达人”广告宣传。《澳门国际电玩》2010年第5期第118页也刊登有《电子乐园·电玩风云》2010年4月（中）期第118页刊登的《搭起交流与沟通的桥梁——2010年度中国（武汉）动漫游戏研讨会》一文。《澳门国际电玩》2010年第9期也有希力公司“捕鱼达人”游戏机的宣传文章。

关于中国软件行业协会游戏软件分会于2009年12月1日向希力公司颁发的有关《捕鱼达人》荣获2009年度中国游戏行业优秀游戏产品“金手指奖”的荣誉证书，波克公司虽然否认该证据的真实性并提出希力公司的董事长任职该协会副会长等质疑，但行业协会本身是由所在行业的企业组成，企业管理人员担任协会管理职务也属正常，因此，应当认定该荣誉证书的真实性，至于该证据能否证明希力公司使用的“捕鱼达人”达到一定影响，本院将在后文予以分析。

希力公司在一审程序中向一审法院提交的第一册证据中的证据7《关于下达2010年度第三批广州市软件（动漫）产业发展资金项目经费的通知》中虽然列明了希力公司的“捕鱼达人”项目，但并不属于商标性的使用。

此外，希力公司在一审程序向法院提交了希力公司是力港公司的唯一股东及希力公司、力港公司使用“捕鱼达人”的证据，包括向一审法院提交的第一册证据中的证据3力港公司工商信息查询打印件、向一审法院提交的第二册证据中的证据7《制卡协议》及其他、证据8订制海报合同及其他、证据9两个网络公司出具的关于在其网吧中张贴“捕鱼达人”网络游戏广告等情况的书面证明、证据19腾讯网关于“深海狩猎”游戏的介绍、证据20力港公司于2010年9月2日至2011年1月25日期间对“捕鱼达人”游戏的推广等。经审查上述证据，有的未显示商标使用情况；有的则属于与希力公司有利害关系的证人单方面出具的书面证言；证据9关于力港公司推出“捕鱼达人”网络版游戏的时间还与波克公司在再审程序中向本院提交的证据5中国版权保护中心搜索结果所显示的力港公司的“捕鱼达人网络版游戏软件”首次发表日期为2011年6月10日相矛盾；特别是，根据波克公司提供的反驳证据即其第二次向一审法院提交的证据19准予变更登记通知，力港公司于2012年9月12日才成为希力公司的子公司，力港公司在

2012 年 9 月 12 日之前对“捕鱼达人”的使用不能视为希力公司的使用；此外，证据 19 即腾讯网关于“深海狩猎”游戏的介绍主要是说明“深海狩猎”的知名度，提到了人气街机“捕鱼达人”，文中也未提及“捕鱼达人”与希力公司的关系。因此，上述证据不能证明希力公司在被异议商标申请日前在先使用了“捕鱼达人”。

为进一步证明其在先使用情况，希力公司在申请再审程序中向本院提交了证据 1 希力公司于 2010 年 10 月 8 日与力港公司签订的使用许可合同、证据 8 力港公司运营的“捕鱼达人”游戏用户充值量统计等用于证明力港公司作为其被许可人在先使用“捕鱼达人”的证据，基于以下理由，本院不予采信：1. 这些证据属于希力公司及其子公司力港公司单方面出具，统计数据来源的相关网站受希力公司控制，使用许可合同也没有支付凭证等其他证据予以佐证且与希力公司此前关于其与力港公司系关联关系的主张不一致；2. 对于波克公司提出的力港公司的“捕鱼达人网页版”于 2012 年 4 月 19 日才获得文化部的批文、力港公司不可能在此之前就运营“捕鱼达人”游戏、上述充值量数据与媒体报道的力港公司当年产值差距过大等异议，希力公司未提供合理解释；3. 根据波克公司在再审程序中向本院提交的证据 5 即经过公证的中国版权保护中心网站搜索名称中包含“捕鱼”的计算机软件结果页面，力港公司作为著作权人的“捕鱼达人单机版游戏软件”“捕鱼达人之深海狩猎单机版游戏软件”“捕鱼达人网络版游戏软件”“捕鱼达人网页版游戏软件”的首次发表日期均为 2011 年 6 月 10 日，可以推定力港公司于 2011 年 6 月 10 日才开始运营上述游戏软件并使用“捕鱼达人”名称，这与希力公司关于力港公司在被异议商标申请日即 2011 年 3 月 29 日前使用“捕鱼达人”的主张存在矛盾，希力公司也未提供合理解释。

综上，根据采信的证据可以查明希力公司在先使用“捕鱼达人”情况如下：希力公司于 2009 年 9 月 27 日开发完成并发表希力捕鱼达人游戏软件 V1.0，并于 2009 年 12 月 1 日取得国家版权局颁发的计算机软件著作权登记证书；希力公司的“捕鱼达人”游戏荣获 2009 年度中国游戏行业优秀游戏产品“金手指奖”；希力公司在 2009 年 12 月就开始销售希力捕鱼达人游戏软件 V1.0，2010 年销售数额较大，但未提供此后的销售证据；2009 年和 2010 年的《电子乐园 · 电玩风云》《澳门国际电玩》杂志对“捕鱼达人”游戏产品进行了宣传和介绍。

（二）关于千贝公司在先使用“捕鱼达人”的情况

千贝公司在商标评审阶段提交的证据 2、证据 4 可以证明其作为著作权人的“17175 游戏世界软件”“捕鱼达人 OL 游戏软件”分别于 2011 年 1 月 4 日、2011

年6月14日取得著作权登记证书。鉴于千贝公司在商标评审阶段提交的用于证明其运营“17175捕鱼达人”游戏的相关数据等证据未经公证、存在更新情况且希力公司不予认可，本院根据千贝公司在再审程序中进一步提交的补强证据查明相关事实。根据千贝公司在商标评审阶段提交的证据2、证据4和在再审程序中提交的证据2、证据4和证据5可以认定，千贝公司为“17175游戏世界软件”“捕鱼达人OL游戏软件”的开发者或者著作权人，在被异议商标申请日即2011年3月29日前，“17175捕鱼达人”在互联网上有一定程度的浏览量和点击量，可以认定千贝公司在被异议商标申请日之前在先使用“捕鱼达人”。

（三）关于波克公司最早使用“捕鱼达人”的情况

波克公司向一审法院提交了证据6上海市卢湾区公证处2012年8月6日作出的（2012）沪卢证经字第2153号公证书，用于证明波克公司早在2009年8月就开始使用“捕鱼达人”商标。其中所附最早的一篇宣传文章为2011年10月12日发表于新浪游戏网的《波克城市捕鱼达人现已加入百度应用》，该文称，“捕鱼达人《航海大冒险》是由波克城市自主研发并运营的一款休闲射击类捕鱼游戏”“波克城市《航海大冒险》于今年9月30日与百度牵手，成功登录百度应用平台，打造最强的捕鱼达人”“2009年8月《航海大冒险》网络版正式在波克城市平台登录”。另一篇于2011年10月18日发表于太平洋游戏网的《波克城市网页版捕鱼达人　强力出击》文章的导读载明，“捕鱼达人《航海大冒险》是由波克城市自主研发并运营的一款网络版街机捕鱼游戏，自2009年在波克平台上线以来就受到广大玩家的喜爱。现为了使更多的玩家能更快、更近距离地感受到捕鱼达人的乐趣，波克城市于8月特别推出《航海大冒险》网页版”。上述两篇文章发表时间均在2011年10月，虽然文章中使用了“捕鱼达人”，但结合两篇文章的上下文特别是其中的“2009年8月《航海大冒险》网络版正式在波克城市平台登录”等内容，让人能够信服的判断是，《航海大冒险》是当时波克公司对其捕鱼游戏的称呼，上述证据并不能证明波克公司早在2009年8月就开始使用“捕鱼达人”。波克公司向商标评审委员会和一审法院提交的其他用于证明其在被异议商标申请日前使用“捕鱼达人”的证据，因属于利害关系人单方面提供，又无其他证据予以佐证，不予采信。二审判决认定波克公司先于希力公司使用“捕鱼达人”错误，本院予以纠正。

（四）关于“捕鱼达人”游戏的起源及其他经营者使用“捕鱼达人”的情况

波克公司在再审程序中向本院提交的证据1—3用于证明“捕鱼达人”并非

希力公司首创，日本世嘉公司从2006年就推出了ami－gyo即“捞鱼达人”游戏。根据证据1日本Sega（世嘉）公司官方网站www. sega. jp介绍及其翻译件，该公司于2010年已经开始运营“捞鱼达人3”游戏；根据证据2维基百科关于“捞鱼达人”（ami－gyo）的介绍及其翻译件，捞鱼达人是2006年4月世嘉公司发售的一款投币游戏，游戏主要内容是，“机身中央有一个巨大屏幕。捕捉屏幕上游来游去的鱼，对捕获量进行累计，进行游戏”；捞鱼达人2是2007年7月世嘉公司发售的一款投币游戏，为捞鱼达人的续篇；捞鱼达人3是2010年7月世嘉公司发售的一款投币游戏，为捞鱼达人1、捞鱼达人2的续篇。根据证据3百度对ami－gyo的搜索结果及其翻译件，必应词典将“ami－gyo”翻译成“捞鱼达人”，台湾多家公司在2006年就引进了“ami－gyo”游戏机，并将其译作“捞鱼达人”“网鱼高手”。希力公司提交的反驳证据3用于证明必应对“捞鱼达人”的释义是依据其抓取的网页与词语的关联，而不是必然解释，其提供的反驳证据1—2将ami－gyo翻译成捞鱼机（网鱼机）。本院认为，根据希力公司的反驳证据3，波克公司的证据不足以证明ami－gyo的直译为捞鱼达人。但是，波克公司提供证据3即经过公证的百度搜索结果之一可以证明，2006年，台湾有公司登记的电子游戏机名称为“捞鱼达人”或者“网鱼高手”。

波克公司在再审庭审后向本院提交的证据1—2即希力公司“捕鱼达人”游戏机研发资料载明，希力公司的捕鱼机在研发前市场上有两款来自日本世嘉公司的同类型机台，分别叫“海洋捕鱼”和“捞金鱼”；捕鱼机游戏的内容就是捕鱼；希力公司开发的捕鱼机游戏系统含有退币系统，其“市场导向：针对一些喜欢带有赌性的退币机的玩家，经常以多个币争取大奖，大投入打收益的玩家，最基本也能满足只有几个币玩的散客。”

希力公司对湖北省宜昌市夷陵区人民法院（2014）鄂夷陵刑初字第9号刑事判决书的真实性不予认可，但未提交反证，本院认可该证据的真实性。该判决书载明：“2009年初，被告人张某某、金某、吴某某在宜昌市夷陵区小溪塔街道办事处三峡路1号开设乐洋洋电玩城，放置具有赌博功能的‘缺一门’赌博机1台、捕鱼达人赌博机3台供他人赌博从中渔利，并雇请被告人涂某某。”上述内容可以证明在2009年初就有名称为“捕鱼达人”的游戏机。

波克公司在再审程序中向本院提交的证据5即经过公证的中国版权保护中心网站搜索名称中包含“捕鱼”的计算机软件结果页面，希力公司对其真实性未提出异议。根据该证据，登记日期在被异议商标初步审定公告日即2012年1月6日之前、名称中有“捕鱼达人”的游戏软件的著作权人有齐乐互动（北京）科技有限公司、成都摩奇卡卡科技有限责任公司、广州史达泊雷网络科技有限公司、波克公司、陈鹏辉、力港公司、千贝公司。

（五）关于“捕鱼达人”游戏机涉及行政或者刑事处罚的情况

根据波克公司在再审程序中向本院提交的证据6、15—20和在再审庭审后向本院提交的证据11—14可以证明，2009年初在湖北省宜昌市、2011年9月在湖南湘潭市、2011年9月至2012年10月在湖南省南县、2011年4月在广西壮族自治区藤县、2011年4月在浙江省奉化市、2010年上半年至2011年4月在浙江省温州市等地均有案外人因经营名称为“捕鱼达人”的赌博机被追究刑事责任。

本院认为，本案应当适用2001年修改的商标法，本案的争议焦点为被异议商标的申请注册是否违反商标法第三十一条的规定。

（一）被异议商标的申请注册是否违反商标法第三十一条后半段关于申请商标注册“不得以不正当手段抢先注册他人已经使用并有一定影响的商标”的规定。

波克公司主张，希力公司在先使用“捕鱼达人”的游戏机是赌博机，未获得市场准入许可，不是商标法意义上的商品，在赌博机上使用不是商标法意义上的使用，商标法第三十一条规定的“一定影响”是指商标的良好声誉，违法使用不应当受到保护；千贝公司在先使用的“捕鱼达人”不具有一定影响。希力公司则主张，商品的性质与商标的使用无关，《最高人民法院关于审理商标授权确权行政案件若干问题的规定》第二十三条关于“一定影响”的规定并未限定影响的性质。

对于上述问题的判断，涉及对商标法第三十一条的正确理解与适用。《最高人民法院关于审理商标授权确权行政案件若干问题的规定》第三十一条规定：“本规定自2017年3月1日起施行。人民法院依据2001年修正的商标法审理的商标授权确权行政案件可参照适用本规定。”《最高人民法院关于审理商标授权确权行政案件若干问题的规定》第二十三条规定：“在先使用人主张商标申请人以不正当手段抢先注册其在先使用并有一定影响的商标的，如果在先使用商标已经有一定影响，而商标申请人明知或者应知该商标，即可推定其构成‘以不正当手段抢先注册’。但商标申请人举证证明其没有利用在先使用商标商誉的恶意的除外。在先使用人举证证明其在先商标有一定的持续使用时间、区域、销售量或者广告宣传的，人民法院可以认定为有一定影响。在先使用人主张商标申请人在与其不相类似的商品上申请注册其在先使用并有一定影响的商标，违反商标法第三十二条规定的，人民法院不予支持。”参照上述规定，被异议商标的申请注册构成以不正当手段抢先注册他人在先使用并有一定影响的商标，需要同时满足下列要件：一是在先使用商标具有一定影响；二是被异议商标构成以不正当手段抢先注册，即被异议商标申请人具有主观恶意，其明知或者应知在先使用并有一定影响的商标而予以抢注，但其举证证明没有利用在先使用商标商誉的除外；三是对在先使用并有一定影响的商标的保护限于相同或者类似商品或者服务。现结合上述要件对本案分析如下：

1. 希力公司、千贝公司在先使用的“捕鱼达人”是否具有一定影响

希力公司的证据不足以证明其在先使用的“捕鱼达人”具有一定影响，理由如下：希力公司于2009年12月1日取得其开发的捕鱼达人游戏软件V1.0的计算机软件著作权登记证书，该证据尚不能证明希力公司在对外经营中将“捕鱼达人”作为商标使用；希力公司的“捕鱼达人”游戏产品虽然荣获2009年度中国游戏行业优秀游戏产品“金手指奖”，但是根据波克公司在再审程序中提交的证据7—8有关“金手指奖”的评选条件和希力公司提交的“捕鱼达人”游戏软件销售发票，销售时间为2009年的销售发票仅有一张，可见，希力公司的“捕鱼达人”游戏软件在评奖时尚不满足已经对外销售并产生较好的经济效益的要求，因此该“金手指奖”并不能直接证明希力公司使用的“捕鱼达人”在相关公众中的知名度；希力公司于2009年和2010年销售“捕鱼达人”游戏软件的增值税发票开具的对象共有九家，购买主体并不多，而且将近97%是开具给希力公司的子公司威康公司和另一家公司金龙公司；《电子乐园·电玩风云》的内容不符合国家行政主管部门对该杂志的审批要求，《澳门国际电玩》本身属于我国澳门地区出版杂志，上述两本杂志的性质使其不同于在我国大陆地区出版且符合国家行政主管部门审批要求的杂志，不足以证明希力公司使用的“捕鱼达人”在相关公众中具有一定影响；希力公司提供的销售发票载明的货物名称虽然是“捕鱼达人”游戏软件，但其获奖的却是“捕鱼达人”游戏产品，其在提交给本院的书面意见中也称其从2009年7月开始销售“捕鱼达人”游戏机，游戏机在我国受到严格的市场监管即实行市场准入制度，根据文化部相关通知要求，娱乐场所应当根据文化部文化市场司发布的《游戏游艺机市场准入机型机种指导目录》选择游戏产品，希力公司销售的“捕鱼达人”游戏机本身不在上述指导目录中，这也在相当程度上影响了相关公众对希力公司“捕鱼达人”游戏机的知悉程度。此外，

"捕鱼达人"等捕鱼游戏是从日本世嘉公司引入我国的游戏，2009 年初在我国境内的娱乐场所已经有名称为"捕鱼达人"的游戏机，这也弱化了相关公众将"捕鱼达人"与希力公司进行联系的程度。综合考虑以上因素，希力公司提供的证据不足以证明其在被异议商标申请日即 2011 年 3 月 29 日之前使用的"捕鱼达人"已经具有一定影响。

千贝公司证明其在先使用的"捕鱼达人"具有一定影响的证据是其在再审程序中提交的补强证据即证据 4 和证据 5。根据证据 4 第三方数据平台即"CNZZ 数据专家"反映的点击量，在 2010 年 10 月 1 日至 2011 年 3 月 31 日期间，排名前 8 位的分别为 17175、17175 捕鱼达人、捕鱼达人单机游戏下载、捕鱼达人、深海狩猎、捕鱼达人网络版、老 K 深海狩猎、17175 捕鱼达人下载，来访次数从 65453 到 18255，全站来访次数为 465593。根据证据 5 第三方百度推广平台的关键词搜索流量统计，在 2011 年 1 月 13 日至 2011 年 3 月 31 日期间，排名前 8 位的分别 17175 捕鱼达人、捕鱼达人单机游戏下载、17175、捕鱼达人、深海狩猎、捕鱼达人网络版、老 K 深海狩猎、17175 捕鱼达人下载，浏览量从 61037 到 22308，占比从 12.02% 到 4.39%。本院认为，鉴于上述来访反映的是用户在相关搜索引擎上使用上述关键词进行搜索，根据搜索结果链接的网页，最后点击并访问千贝公司的情况，有的关键词甚至是其他经营者运营的游戏名称，因此，上述证据仅反映了千贝公司对其捕鱼游戏的宣传推广，并不能证明其使用的"捕鱼达人"已经具有一定影响。

2. 波克公司是否构成以不正当手段抢先注册"捕鱼达人"商标

希力公司主张，波克公司向一审法院提交的证据 3 即波克公司简介中包含的"捕鱼达人"游戏宣传图片与《澳门国际电玩》2009 年第 12 期封面的"捕鱼达人"游戏宣传图片几乎完全一致，足以证明波克公司申请"捕鱼达人"注册商标有恶意。波克公司对波克公司简介本身没有异议，但主张是其员工找了一张图片用于证明该游戏受到欢迎。经查，波克公司在其简介中以"特色游戏——捕鱼达人"为题目进行了介绍："最早一款的捕鱼类游戏是由日本世嘉游戏公司开发大型电玩游戏机，后经过东南亚众多游戏公司多次仿效、改良和完善，目前已经成为电玩市面上最热门的街机种类之一。在国内，街机捕鱼游戏种类多达数十款，机台年销售总量超过 50000 台，线下游戏爱好者超过 800 万。"之后对波克公司的捕鱼游戏进行了介绍，配合上述介绍文字使用的"捕鱼达人"游戏机图片与《澳门国际电玩》2009 年第 12 期封面刊登的希力公司的"捕鱼达人"游戏宣传图片实质性相似；该简介介绍了波克公司2009年至2011年在全国休闲棋牌平台的排名、活跃会员数量等情况。根据上述介绍，该简介应当形成于2012年。上述介绍中没有提及希力公司。

《最高人民法院关于审理商标授权确权行政案件若干问题的规定》第二十三条第一款规定，如果在先使用商标已经有一定影响，而商标申请人明知或者应知该商标，即可推定其构成“以不正当手段抢先注册”。本案中，一方面，希力公司、千贝公司在先使用的“捕鱼达人”商标不具有一定影响；另一方面，“捕鱼达人”游戏是对日本世嘉公司游戏的模仿，其游戏内容就是捕鱼，2006年台湾已经有公司推出“捞鱼达人”游戏机，2009年国内已经有娱乐场所经营名称为“捕鱼达人”的游戏机，“捕鱼达人”作为游戏名称本身在很大程度上是对游戏内容的描述。综合考虑上述因素，虽然2012年形成的波克公司简介使用了与希力公司在先使用的“捕鱼达人”游戏宣传图片实质性相似的图片，但尚不足以据此认定波克公司在申请被异议商标时明知或者应知希力公司在先使用“捕鱼达人”并具有一定影响，即不能认定波克公司申请注册被异议商标构成以不正当手段抢先注册。

3. 被异议商标指定使用的“计算机软件设计、更新”服务与计算机软件产品是否构成类似

人民法院审查判断商品或者服务是否类似，应当考虑商品的功能、用途、生产部门、销售渠道、消费群体等是否相同或者具有较大的关联性；服务的目的、内容、方式、对象等是否相同或者具有较大的关联性；商品和服务之间是否具有较大的关联性，是否容易使相关公众认为商品或者服务是同一主体提供的，或者其提供者之间存在特定联系。本案中，希力公司、千贝公司将“捕鱼达人”使用在游戏软件产品上，而被异议商标指定使用的服务是“计算机软件设计、更新”，二者存在较大的关联性，应当认定属于类似商品或者服务。二审判决对此认定错误，本院予以纠正。

4. 希力公司在先使用行为的合法性对在先使用商标保护的影响

本案中，波克公司主张希力公司是在赌博机上在先使用“捕鱼达人”，因此不应当受到保护，其用于证明该主张的证据主要包括：1. 希力公司的《捕鱼达人单机版使用说明书（2010）》和研发资料。其中，使用说明书载明，“可选择退币或退彩票模式”；研发资料载明，希力公司开发的捕鱼机游戏系统含有退币系统，市场导向是，针对一些喜欢带有赌性的退币机的玩家，经常以多个币争取大奖，

大投入打收益的玩家，最基本也能满足只有几个币玩的散客。2. 相关刑事判决书。波克公司在再审程序中向本院提交的证据18即陕县人民法院（2015）陕刑初字第63号刑事判决书载明：被告人叶建成抗辩称，查获的8台“捕鱼机”中有4台是2012年1月26日通过正当网购途径从广州希力电子科技有限公司购买的电子游戏机疯狂篮球，不属于赌博机；证据19即四川省安岳县人民法院（2014）安岳刑初字第224号刑事判决书载明，该案证据7即增值税发票，证实亚热带电玩城在2012年12月曾向希力软件公司购买动漫设备31台。波克公司在再审庭审后向本院提交了证据11—14，包括叶某某书面证言及其身份证复印件、浙江省温州市中级人民法院（2013）浙温刑终字第100号刑事裁定书、希力公司向温州乐源动漫科技有限公司开具的“希力捕鱼达人游戏软件V1.0”和“游戏电脑板（希力捕鱼达人)”增值税专用发票，用于证明希力公司向温州乐源动漫科技有限公司销售、而温州乐源动漫科技有限公司向叶某某销售的“捕鱼达人”游戏机已经为上述生效刑事裁定书认定为赌博机，被告人叶某某因经营“捕鱼达人”游戏机已经被上述刑事裁定书以开设赌场罪追究刑事责任。

波克公司提交的上述证据尚不足以证明希力公司销售的“捕鱼达人”游戏机属于赌博机，虽然波克公司在再审开庭后还向本院提交了相关专家关于赌博机认定的意见和学术论文、关于其从二手市场公证购买带有希力公司标志的游戏机情况的公证书等补充参考证据，并申请本院再次公开开庭对上述证据进行审查，但是考虑到如下因素，本院不再对上述证据进行审查：首先，上述证据的提交过分迟延，其中公证购买的二手游戏机并非来自公开市场。其次，根据《最高人民法院、最高人民检察院、公安部关于办理利用赌博机开设赌场案件适用法律若干问题的意见》第六条关于“对于涉案的赌博机，公安机关应当采取拍照、摄像等方式及时固定证据，并予以认定。对于是否属于赌博机难以确定的，司法机关可以委托地市级以及上公安机关出具检验报告”的规定，对于是否属于赌博机难以确定的，一般应当由专门机关进行检验。再次，根据《最高人民法院、最高人民检察院、公安部关于办理利用赌博机开设赌场案件适用法律若干问题的意见》第四条“关于生产、销售赌博机的定罪量刑标准”的规定，即“以提供给他人开设赌场为目的，违反国家规定，非法生产、销售具有退币、退分、退钢珠等赌博功能的电子游戏设施设备或者其专用软件，情节严重的，依照刑法第二百二十五条的规定，以非法经营罪定罪处罚”，生产销售具有退币功能的计算机游戏专用软件若构成非法经营罪还需要符合“以提供给他人开设赌场为目的”“情节严重”等构成要件。最后，本院已经认定希力公司在先使用的“捕鱼达人”不具有一定影响，希力公司的“捕鱼达人”游戏机是否属于赌博机这一情节不会改变本案的裁判结果。

但是，对于在专门用于赌博的具有赌博功能的游戏机即赌博机上在先使用的商标，本院认为不应当予以保护。

（二）被异议商标的申请注册是否违反商标法第三十一条前半段关于“申请商标注册不得损害他人现有的在先权利”的规定。

被异议商标显然并不侵犯希力公司主张的“捕鱼达人”美术作品著作权和外观设计专利权。“捕鱼达人”作为希力公司计算机软件名称的组成部分，不具备法律意义上作品的构成要素，不应脱离作品整体而单独作为作品受到著作权法的保护。因此，被异议商标的申请和注册不违反商标法第三十一条关于“申请商标注册不得损害他人现有的在先权利”的规定。

综上，二审判决关于希力公司使用“捕鱼达人”的时间晚于波克公司的关联公司的认定和被异议商标指定使用的“计算机软件设计、更新”服务与游戏软件产品不构成类似商品或者服务的认定存在错误，本院予以纠正。本院在进一步查明事实的基础上，维持二审判决结果。经本院审判委员会讨论决定，依照《中华人民共和国行政诉讼法》第七十条、第八十九条第一款和《最高人民法院关于适用〈中华人民共和国行政诉讼法〉的解释》第一百一十九条第一款规定，判决如下：

维持北京市高级人民法院（2015）高行（知）终字第 2075 号行政判决。

一、二审案件受理费共 200 元，由广州市希力电子科技有限公司、济南千贝信息科技有限公司共同负担。

本判决为终审判决。

审　判　长　夏君丽
审　判　员　郎贵梅
审　判　员　马秀荣
二〇一八年十月十九日
书　记　员　王沛泽

（二）商标近似的判断

56. 判断商标近似时对特定历史因素的考虑

——再审申请人侯勇与被申请人哈尔滨秋林集团股份有限公司、国家工商行政管理总局商标评审委员会商标行政纠纷案

【裁判要旨】

商标近似，是指两商标的文字的字形、读音、含义，图形的构图及颜色，或者其各要素组合后的整体结构相似，易使相关公众对商品的来源产生误认或者认为存在特定的联系。判断时，要以相关公众的一般注意力为标准，既要进行整体比对，又要进行主要部分的比对，而且应当考虑在先注册商标的显著性和知名度。

适用上述方法判断商标近似时，还可以结合特定历史关系及处在同一地域等因素，考虑两商标共存是否易使相关公众对商品的来源产生误认或者认为两者之间存在特定的联系。

【关键词】

商标近似　特定历史关系　同一地域

【案号】

最高人民法院（2009）知行字第15号

【基本案情】

在再审申请人侯勇与被申请人哈尔滨秋林集团股份有限公司（以下简称秋林集团公司）、国家工商行政管理总局商标评审委员会商标行政纠纷案中，1900年，俄国人伊万·雅阔列维奇·秋林（又简称为伊·雅·秋林）在哈尔滨成立商贸机构，名为“秋林洋行”。1953年，秋林洋行被我国政府接收，其下属公司均更改了字号，1984年恢复使用“秋林”字号。秋林食品厂（后更名为秋林食品公司）和秋林糖果厂（后更名为秋林糖果公司）均为秋林集团公司的关联企业。秋林食品厂主要生产面包、糕点、果酒等食品。1997年，秋林糖果厂开始恢复生产历史

上具有较高知名度的秋林红肠，由秋林集团公司和秋林食品公司经销。经过几年的经营，秋林红肠成为哈尔滨市的特产之一，在相关公众中具有一定知名度。秋林糖果公司于1999年4月21日获准注册第1266601号“秋林及图”引证商标，核定使用商品为第29类香肠等。2003年7月1日，秋林食品公司的法定代表人侯勇向中国商标局提出第3612653号“伊雅秋林”商标注册申请，经商标局审查后予以初步审定。在异议期内，秋林集团公司以第1266601号“秋林及图”为引证商标，向商标局提出异议申请。商标局认定被异议商标与引证商标未构成近似商标，被异议商标应予以注册。秋林集团公司不服向商标评审委员会申请复审。商标评审委员会经过审理作出第4378号裁定，准予被异议商标注册。秋林集团公司不服，提起诉讼。北京市第一中级人民法院一审认为，引证商标文字部分“秋林”为其显著部分，该部分对于消费者而言起到主要认知作用。被异议商标“伊雅秋林”中完全包含了引证商标中起重要识别作用的文字部分“秋林”，被异议商标“伊雅秋林”如果注册在肉罐头、香肠、风肠、猪肉食品、肉等与引证商标核定使用商品相类似的商品上，会造成消费者对于商品来源的混淆，不应准许被异议商标在上述商品上的注册。故判决撤销第4378号裁定，责令商标评审委员会重新作出异议复审裁定。侯勇不服，提出上诉。北京市高级人民法院经过审理维持一审判决。侯勇不服二审判决，向最高人民法院申请再审。最高人民法院于2009年12月15日裁定驳回其再审申请。

【裁判意见】

最高人民法院审查认为：本案中在先注册的引证商标为文字图形组合商标，由文字“秋林”和其他图形组合而成。对于相关公众而言，引证商标中的“秋林”文字部分具有天然的呼叫和认知优势。此外，本案中引证商标的权利人为秋林糖果公司，其字号为“秋林”，通过秋林糖果公司对引证商标的使用，引证商标在黑龙江省尤其是哈尔滨市等区域范围内已经拥有一定的市场知名度，为相关公众知悉，相关公众也已经习惯将其认知为“秋林”商标。被异议商标为“伊雅秋林”文字商标，其完全包含了引证商标中起重要识别作用的文字“秋林”。以相关公众的一般注意力为标准，结合考虑被异议商标由秋林食品公司授权侯勇以个人名义申请注册，该公司与引证商标所有人秋林糖果公司均为原秋林公司的下属企业，且均处在同一地域，如果被异议商标注册并使用在香肠等与引证商标核定使用商品相类似的商品上，易使相关公众对商品的来源产生误认或者认为两者之间存在特定的联系。因此，被异议商标和引证商标构成近似商标。“秋林”品牌的形成具有历史过程，秋林食品公司在其中也起到重要的作用。但是，根据查明的事实，侯勇所在的秋林食品公司长期生产的是面包、果酒等产品，而被异议商标和引证商标涉及的是第 29 类香肠等。在被异议商标申请注册之前，秋林食品公司从未生产过红肠等相关商品。相反，秋林糖果公司于 1997 年恢复生产红肠等产品，并恢复使用“秋林”商标。通过使用，“秋林”商标已经具有较高的知名度，该商誉应当归于秋林糖果公司。侯勇关于秋林食品公司传承“秋林食品”的传统因而有权注册和使用被异议商标的主张不能成立。

中华人民共和国最高人民法院驳回再审申请通知书

(2009) 知行字第 15 号

侯勇：

你因与哈尔滨秋林集团股份有限公司（简称秋林集团公司）、国家工商行政管理总局商标评审委员会（简称商标评审委员会）商标行政纠纷一案，不服北京市高级人民法院于 2009 年 5 月 19 日作出的（2009）高行终字第 120 号行政判决（简称二审判决），向本院申请再审。

你申请再审称：1. 按照《中华人民共和国商标法》（简称《商标法》）第二十八条规定，第 3612653 号“伊雅秋林”商标（简称被异议商标）与第 1266601 号“秋林及图”商标（简称引证商标）构成近似，才是驳回申请不予公告的条件。(2008) 一中行初字第 681 号行政判决（简称一审判决）未认定两商标构成近似而以会造成混淆为由撤销商标评审委员会作出的商评字〔2008〕第 4378 号《关于第 3612653 号“伊雅秋林”商标异议复审裁定书》（简称第 4378 号裁定），而二审判决仅仅认定被异议商标与引证商标构成相似，并未认定两者构成近似，而相似和近似不但在语义和程度上存在明显差别，在法律上则存在本质的区别，因此二审判决以错误的理由维持错误的一审判决，属于适用法律错误。2. 被异议商标和引证商标在整体视觉效果上存在明显区别，引证商标中的文字并不构成显著部分，且文字部分对比也并不近似，两者并不构成近似商标。被异议商标的注册使用不会造成消费者对商品来源的混淆或误认。哈尔滨秋林食品集团有限责任公司（简称秋林食品公司）真正传承了“秋林食品”的历史，有权使用与自己历史相关的“伊雅秋林”商标。哈尔滨秋林糖果厂有限责任公司（简称秋林糖果公司）自 1997 年才开始生产红肠产品，不能代表和传承“秋林食品”的历史，无权也没有道理超越法律垄断一切与“秋林”相关的文字和标识。引证商标未实际使用，被异议商标的注册不会造成消费者对商品来源的混淆或误认，相反，被异议商标的注册和使用只会使得相关公众更加容易识别商品的来源。3. 哈尔滨市政府及有关部门已将“秋林”商标确认为国有资产，哈尔滨市工商局也提出可允许原秋林系企业注册“伊雅秋林”等子商标，这些证据可能改变二审判决。综上，你请求本院撤销二审判决，改判驳回秋林集团公司的全部诉讼请求，维持第4378号裁定。

本院经审查查明，被异议商标为第3612653号“伊雅秋林”商标，指定使用商品为第29类香肠、风肠、猪肉食品、肉、水果罐头、蘑菇罐头、肉罐头、果酱、腌制蔬菜、牛奶、酸奶。该商标由你于2003年7月1日向国家工商行政管理总局商标局（简称商标局）提出注册申请，经商标局审查后予以初步审定。

在被异议商标初审公告后的异议期内，秋林集团公司向商标局提出异议申请，其在该申请中所使用的引证商标为第1266601号“秋林及图”商标。该商标于1999年4月21日获准注册，核定使用商品为第29类香肠、风干肠、火腿、腌腊肉、风肠、熏煮肠、猪肝肠、牛舌肠，商标注册人为秋林糖果公司。

针对该异议申请，商标局于2007年9月3日作出（2007）商标异字第04112号“伊雅秋林”商标异议裁定书，认定被异议商标与引证商标未构成近似商标，秋林集团公司所提异议理由不成立，被异议商标应予以注册。秋林集团公司不服该裁定，于2007年9月10日向商标评审委员会申请复审。商标评审委员会于2008年5月5日作出第4378号裁定，准予被异议商标注册。

秋林集团公司不服第4378号裁定，于法定期限内向北京市第一中级人民法院提起行政诉讼。北京市第一中级人民法院经过审理认为：引证商标为文字与图形的组合商标，考虑到文字的呼叫功能在商品流通中的重要作用，该商标的文字部分“秋林”为其显著部分，该部分对于消费者而言起到主要认知作用。鉴于被异议商标“伊雅秋林”中完全包含了引证商标中起重要识别作用的文字部分“秋林”，结合考虑被异议商标是秋林食品公司授权你以个人名义申请注册的，而该公司与引证商标所有人秋林糖果公司均为原秋林公司的下属企业，且均处在同一地域，故被异议商标“伊雅秋林”如果注册在肉罐头、香肠、风肠、猪肉食品、肉等与引证商标核定使用商品相类似的商品上，会造成消费者对于商品来源的混淆。据此，不应准许被异议商标在上述商品上的注册。因水果罐头、蘑菇罐头、果酱、腌制蔬菜、牛奶、酸奶等商品与引证商标的核定使用商品并不类似，故应准许被异议商标在上述商品上的注册。据此，一审法院于2008年10月10日作出

（2008）一中行初字第681号行政判决，撤销第4378号裁定并判决商标评审委员会重新作出异议复审裁定。

你不服一审判决，向北京市高级人民法院上诉。北京市高级人民法院二审认为：虽然引证商标为文字与图形的组合商标，被异议商标为文字商标，二者在整体视觉上具有一定的差别，但引证商标为中文“秋林”文字与图形的组合商标，其中文字部分对商标的呼叫以及实现商标的基本功能都具有重要作用，而被异议商标完全包含了引证商标中起重要识别作用的文字部分“秋林”，据此可以判定二者构成相似商标，如果将二者使用在相同或相似商品或服务上，容易造成消费者的混淆、误认。你二审提交的证据虽可表明秋林食品公司使用“秋林”商标具有一定的历史原因，但其并不是被异议商标的注册人，也不对“秋林”享有注册商标专用权，你申请注册被异议商标虽由其授权，但被异议商标使用在肉罐头、香肠、风肠、猪肉食品、肉等商品上时，与使用在香肠、风干肠、火腿、腌腊肉、风肠、熏煮肠、猪肝肠、牛舌肠等商品上的引证商标已经构成指定使用在相同或者类似商品上的相同或者近似商标。综上，二审法院判决驳回上诉，维持原判。

另查，1900年，俄国人伊万 · 雅阔列维奇 · 秋林（又简称为伊 · 雅 · 秋林）在哈尔滨成立商贸机构，名为“秋林洋行”。1953年我国政府接收。在“破四旧”过程中，其下属公司均更改了字号，直到1984年才恢复使用“秋林”字号。秋林公司1992年改制后，遗留下三个工厂，即秋林公司食品厂、秋林公司糖果厂、秋林公司服装厂。后秋林公司糖果厂变更名称为哈尔滨秋林糖果厂，后又变更为哈尔滨秋林糖果厂有限责任公司，即本案引证商标所有人；秋林公司食品厂变更名称为哈尔滨秋林食品厂，后又变更为哈尔滨秋林食品有限责任公司。

在改制之前，秋林食品厂和秋林糖果厂均为秋林集团公司的关联企业，秋林食品厂主要生产面包、糕点、果酒等食品。1997年秋林糖果厂开始恢复生产历史上具有较高知名度的秋林红肠，由秋林集团公司和秋林食品公司经销。经过几年的经营，秋林红肠成为哈尔滨市的特产之一，在相关公众中具有一定知名度。2003年你申请注册被异议商标，2006年秋林食品公司也开始生产红肠等产品，并标注“伊雅秋林”商标。

在申请再审过程中，你还提交了哈尔滨市工商行政管理局哈工商呈〔2009〕1号《关于“秋林”商标确权情况的报告》以及哈尔滨市人民政府国有资产监督管理委员会《关于秋林商标产权归属的界定意见》，主张“秋林”商标应属国有，而不应由秋林集团公司或秋林糖果公司持有。

本院经审查认为：

一、关于被异议商标与引证商标是否构成近似商标

按照《商标法》第二十八条的规定，申请注册的商标，同他人在同一种商品或者类似商品上已经注册的商标相同或者近似的，由商标局驳回申请，不予公告。**商标近似，是指两商标的文字的字形、读音、含义或者图形的构图及颜色，或者其各要素组合后的整体结构相似，易使相关公众对商品的来源产生误认或者认为存在特定的联系。判断时，要以相关公众的一般注意力为标准，既要进行整体比对，又要进行主要部分的比对，而且应当考虑在先注册商标的显著性和知名度。**

本案中，在先注册的引证商标为文字图形组合商标，由文字“秋林”和其他图形组合而成。对于相关公众而言，引证商标中的“秋林”文字部分具有天然的呼叫和认知优势，加上本案中，引证商标的权利人为秋林糖果公司，其字号为“秋林”，通过秋林糖果公司对引证商标的使用，引证商标在黑龙江省尤其是哈尔滨市等区域范围内已经拥有一定的市场知名度，为相关公众知悉，相关公众也已经习惯将其认知为“秋林”商标。被异议商标为“伊雅秋林”文字商标，其中完全包含了引证商标中起重要识别作用的文字“秋林”，以相关公众的一般注意力为标准，结合考虑被异议商标是秋林食品公司授权你以个人名义申请注册的，而该公司与引证商标所有人秋林糖果公司均为原秋林公司的下属企业，且均处在同一地域，如果被异议商标注册并使用在肉罐头、香肠、风肠、猪肉食品、肉等与引证商标核定使用商品相类似的商品上，易使相关公众对商品的来源产生误认或者认为两者之间存在特定的联系。因此被异议商标和引证商标构成近似商标。二审判决认定正确。

至于你提出二审判决适用法律错误的问题，本院认为，商标法意义上的商标近似是指足以导致市场混淆误认的近似，它是综合考虑商标标识之间的相似程度以及市场混淆误认的可能性后得出的判断。二审判决首先对被异议商标与引证商标标识之间的相似程度进行判断，在认定二者构成相似的情况下，又考虑市场混淆误认的可能性后，判定被异议商标与引证商标构成近似商标，其适用法律正确。你关于“相似”与“近似”存在差别，二审判决适用法律错误的主张不能成立。

二、关于你是否有权注册和使用被异议商标

你提出秋林食品公司传承了“秋林食品”的传统，有权注册和使用被异议商标，而秋林糖果公司无权垄断“秋林”文字的主张，本院认为，“秋林”品牌的形成具有历史过程，秋林食品公司在其中也起到重要的作用。但是，根据查明的

事实，你所在的秋林食品公司长期生产的是面包、果酒等产品，而被异议商标和引证商标涉及的是第29类香肠等，正如你也承认，在被异议商标申请注册之前，你所在秋林食品公司从未生产过红肠等相关商品，而是秋林糖果厂于1997年恢复生产红肠等产品，并恢复使用“秋林”商标，通过使用，已经具有较高的知名度，该商誉应当归于秋林糖果厂。因此，你关于传承“秋林食品”的传统因而有权注册和使用被异议商标的主张不能成立。

三、关于哈尔滨市相关部门的文件是否与本案有关

哈尔滨市工商行政管理局和国有资产管理委员会的文件，涉及的是“秋林”商标，而非本案争议的“伊雅秋林”商标，“秋林”商标归属如何确定，是另案问题，与被异议商标是否违反法律规定、能否注册之间没有必然关系。你关于这些新证据足以改变二审判决并据此要求再审的主张不能成立。

综上，本院认为，你的再审申请不符合《中华人民共和国行政诉讼法》第六十三条第二款和《最高人民法院关于执行〈中华人民共和国行政诉讼法〉若干问题的解释》第七十二条规定的再审条件。依照《最高人民法院关于执行〈中华人民共和国行政诉讼法〉若干问题的解释》第七十四条的规定，予以驳回。

特此通知。

二〇〇九年十二月十五日

57. 同一主体的不同注册商标的知名度在特定条件下可以辐射

——再审申请人博内特里塞文奥勒有限公司与被申请人中华人民共和国国家工商行政管理总局商标评审委员会、被申请人佛山市名仕实业有限公司商标争议行政纠纷案

【裁判要旨】

同一主体的不同注册商标的知名度在特定条件下可以辐射；在争议商标申请日前，争议商标的标识因同一主体对相近似商标的长期广泛使用已经具有较高知名度，而引证商标不具有知名度的，引证商标的排斥权范围应受到限制。

【关键词】

商标争议　知名度　辐射

【案号】

最高人民法院（2012）行提字第28号

【基本案情】

在再审申请人博内特里塞文奥勒有限公司（以下简称博内特里公司）与被申请人中华人民共和国国家工商行政管理总局商标评审委员会（以下简称商标评审委员会）、被申请人佛山市名仕实业有限公司（以下简称名仕公司）商标争议行政纠纷案中，博内特里公司于2002年3月20日向国家工商行政管理总局商标局（以下简称商标局）申请注册第3119295号“花图形”商标（即争议商标），2003年7月2日该商标被核准注册，指定使用在第25类：围兜（衣服）；婴儿睡衣；吊裤带；婴儿用鞋；皮带（服饰用）等商品上。名仕公司于1990年10月29日申请注册第572522号“花图形”商标（即引证商标），2001年11月20日该商标被核准注册，指定使用在第26类：裤带扣；女装裙扣；鞋花扣商品上。2005年8月8日，名仕公司针对博内特里公司的争议商标提出撤销申请。2009年8月3日，商标评审委员会作出商评字〔2009〕第20773号《关于第3119295号图形商标争议裁定书》（以下简称第20773号裁定）。商标评审委员会认为：争议商标指定使用的“皮带（服饰用）”与引证商标核定使用的“裤带扣”属于商品和配件关系，两商品功能用途联系紧密，属于类似商品。争议商标与引证商标构成相近商标，使用在上述商品上易使消费者对两商品来源产生混淆。据此裁定争议商标核定使用在“皮带（服饰用）”商品上的注册商标予以撤销，核定使用在其他商品上的注册商标予以维持。博内特里公司不服，提起行政诉讼。北京市第一中级人民法院一审判决维持第20773号裁定。博内特里公司不服，提出上诉。北京市高级人民法院二审判决驳回上诉，维持一审判决。博内特里公司不服，向最高人民法院申请再审。最高人民法院裁定提审本案，并于2013年12月13日判决撤销原一、二审判决及第20773号裁定，责令商标评审委员会重新作出裁定。

【裁判意见】

最高人民法院提审认为：争议商标与引证商标整体视觉效果近似；引证商标核定使用的“裤带扣”与争议商标核定使用的“服饰用皮带”在功能、用途、生产部门、销售渠道、消费对象等方面有一定交叉，相关公众一般会认为二者存在特定联系。但是，名仕公司在本案中未提交任何足以证明引证商标在争议商标申请日之前的使用证据，故引证商标在争议商标申请注册之前并不具备一定的知名度。博内特里公司最早于1977年8月11日在法国注册了国际注册号为第432096号的“花图形”商标。1985年8月19日，博内特里公司向商标局申请注册第253489号“MONTAGUT+花图形”组合商标，该商标于1986年6月30日被商标局核准注册，核定使用在第25类衣服等商品上。该商标中包含的“花图形”与争议商标的“花图形”基本无差别。自此，博内特里公司在中国开始大量使用含有“花图形”标志的商标。1991年12月30日，博内特里公司经商标局核准注册了第577537号“萝特嬌”文字商标，核定使用在第25类衣服等商品上。1994年2月21日，博内特里公司在中国申请注册第795657号“花图形”商标，该商标于1995年11月28日被核准注册在第25类的服装、鞋、帽、皮带服饰用、腰带、服装带等商品上。2004年11月29日，博内特里公司注册的“花图形”“MONTAGUT+花图形”“萝特嬌”商标被认定为使用在服装等商品上的驰名商标。从上述事实看，博内特里公司于1985年申请注册的“MONTAGUT+花图形”组合商标中就包含与争议商标基本相同的“花图形”标志，该“花图形”标志的申请注册时间早于引证商标的申请注册日。博内特里公司又于1994年将与争议商标基本相同的“花图形”商标申请注册在服饰用皮带等商品上。本案争议商标于2002年被申请，2003年被核准注册，博内特里公司包括“花图形”在内的三个系列商标于2004年就被认定为驰名商标。显然，其中被认定为驰名商标的“花图形”商标的知名度不是由刚核准注册一年的争议商标带来的，而是由于博内特里公司在申请注册争议商标之前就在中国长期、大量地使用带有“花图形”标志的“MONTAGUT+花图形”商标及1994年申请注册“花图形”商标，使“花图形”标志在相关公众中广为知晓，在服饰领域产生了较高的知名度。相关公众已经将“花图形”“MONTAGUT+花图形”“萝特嬌”商标与博内特里公司之间建立了特定的联系。博内特里公司于1994年申请注册的第795657号“花图形”商标与本案争议商标基本无差别且同样都注册在服饰用皮带上。尽管已被认定为驰名商标的“MONTAGUT+花图形”“花图形”商标与本案争议商标为不同的商标，本案争议商标又在引证商标之后申请注册，但争议商标的“花图形”标识早在其申请注册之前就已经过长期、广泛使用，“花图形”标志多年来在博内特里公司“MONTAGUT+花图形”“花图形”驰名商标上建立的商誉已经体现在争议商标“花图形”商标上，本案争议商标延续性地承载着在先“花图形”商标背后的巨大商誉。因此，虽然不同的注册商标专用权是相互独立的，但商标所承载的商誉是可以承继的，在后的争议商标会因为在先驰名商标商誉的存在而在较短的时间内具有了较高的知名度。因此，即便争议商标与引证商标在自然属性上构成近似，争议商标核定使用在“皮带（服饰用）”上的商品与引证商标核定使用在“裤带扣”的商品构成类似，但毕竟争议商标在第25类注册，引证商标在第26类注册，二者属于不同类别上注册的不同商品。而且，引证商标不具有一定的知名度，名仕公司对引证商标虽享有商标专用权，但其商标专用权的排斥力因其商标不具知名度而应受到一定的限制。相反，博内特里公司在先注册并大量使用的“花图形”标识的商誉已延续至争议商标，使得争议商标具有较高的知名度，已建立较高市场声誉和形成相关公众群体，相关公众已在客观上将博内特里公司的争议商标与名仕公司的引证商标区别开来。此时允许争议商标存在只是限制引证商标排斥权的范围，并不限制其商标专用权。从本案争议商标的特殊性考虑，认定争议商标的注册具有合法性，能维护已经形成和稳定的市场秩序。商标评审委员会及一、二审法院认定争议商标在“皮带服饰上”的注册违反商标法第二十八条的规定，失之偏颇。

中华人民共和国最高人民法院行政判决书

（2012）行提字第28号

再审申请人（一审原告、二审上诉人）：博内特里塞文奥勒有限公司（Bonneterie Cevenole SARL）。

法定代表人：皮埃尔·格罗，该公司董事长。

委托代理人：景灿，北京市集佳律师事务所律师。

委托代理人：桂庆凯，北京市集佳律师事务所律师。

被申请人（一审被告、二审被上诉人）：中华人民共和国国家工商行政管理总局商标评审委员会。

法定代表人：何训班，该委员会主任。

委托代理人：乔向辉，该委员会审查员。

被申请人（一审第三人、二审被上诉人）：佛山市名仕实业有限公司。

法定代表人：伦仲铭，该公司总经理。

委托代理人：严兵，广东一粤律师事务所律师。

委托代理人：谢路金，广东瑞迪安律师事务所律师。

再审申请人博内特里塞文奥勒有限公司（Bonneterie Cevenole SARL）（简称博内特里公司）因与被申请人中华人民共和国国家工商行政管理总局商标评审委员会（简称商标评审委员会）、被申请人佛山市名仕实业有限公司（简称名仕公司）商标行政纠纷一案，不服中华人民共和国北京市高级人民法院（2010）高行终字第1150号行政判决，向本院申请再审。本院于2012年10月15日作出（2012）知行字第46号行政裁定，提审本案。本院依法组成合议庭，于2012年11月23日公开开庭审理了本案。博内特里公司的委托代理人景灿、桂庆凯，名仕公司的法定代表人伦仲铭及委托代理人严兵、谢路金到庭参加诉讼，商标评审委员会提交了书面的答辩意见。本案现已审理终结。

中华人民共和国北京市第一中级人民法院一审查明：第3119295号“花图形”商标（简称争议商标，见图2）为博内特里公司于2002年3月20日申请注册，2003年7月2日核准注册，指定使用在第25类：围兜（衣服）；婴儿睡衣；吊裤带；婴儿用鞋；皮带（服饰用）等商品上，标识为“花图形”商标，申请注册号为3119295。

第572522号“花图形”商标（简称引证商标，见图1）为名仕公司于1990年10月29日申请注册，2001年11月20日核准注册，指定使用在第26类：裤带扣；女装裙扣；鞋花扣商品上，标识为“花图形”商标，申请注册号为572522。

2005年8月8日，名仕公司针对博内特里公司争议商标提出撤销申请，理由是争议商标与其杏花牌商标近似，且该商标指定使用的商品与其杏花牌商标核定使用的商品类似，争议商标属于《中华人民共和国商标法》（简称《商标法》）第二十八条规定情形，应予撤销。博内特里公司提出反驳意见认为两商标标识不近似，指定使用的商品也不类似，争议商标“花图形”与其“MONTANGUT”（见图3）、“萝特嬌”等标识于1985年即开始在中国申请注册，注册类别包括第25、26类商品，注册和使用均早于名仕公司的引证商标。在此博内特里公司承认其反驳意见中并未明确指出将第795657号“花图形”商标（见图4）作为反驳依据。

商标评审委员会注意到名仕公司引证商标中指定使用商品之一“裤带扣”在《类似商品与服务区分表》中并无此商品名称。名仕公司为此向商标评审委员会提交了1990年11月16日的《羊城晚报》、1990年11月25日的《信息时报》、1990年11月24日的《粤港信息报》、1990年11月25日、1990年12月29日的《广州日报》以及1990年12月7日的《南方日报》，用以证明其所称裤带扣系指皮带扣，其上均刊有名仕公司对其称之为“杏花”牌产品的宣传文章，其中多次提到其产品包括“真皮裤带及裤带扣”、“高档次镀金扣真皮皮带”、“男士系列产品真皮腰带”，《信息时报》：“杏花皮带媲美洋货……杏花牌皮带全部用真皮制造，裤带扣有镀金、镀黑铬共100多种款式，是时下皮件市场的俏销货……”《粤港信息报》：“小‘杏花’做出大文章……杏花牌裤带扣不断创新，目前有不同花式100多款，还有许多单位前往订购专门设计的裤带扣，作为礼品赠送。我们看到一种镌刻着保险公司标志的裤带扣，十分精致，工厂每年都生产十几万只，有些单位订购专门设计的裤带几千条，每条出厂价不到10元，该厂还生产各种金首饰、领带夹、表带和各种旅游纪念品。”针对上述证据，博内特里公司认为其不清楚裤带扣系属何物，它也不是《类似商品与服务区分表》中所有的商品，将其等同于皮带扣没有依据，其功能、用途、生产者、销售渠道、原料等与皮带商品无关且不同，故不能认定其与皮带属于类似商品。但博内特里公司认可裤带、腰带、皮带系指同一物。商标评审委员会表示由于《类似商品与服务区分表》中没有裤带扣这一商品名称，在此情况下，应当结合相关证据将该商品明确到恰当对应的商品上，上述证据能够证明名仕公司生产的产品包括裤带扣与皮带，裤带扣与皮带密切相关，裤带扣应当对应于皮带扣，只是当时当地人叫法不同而已。

博内特里公司认为1990年时，名仕公司尚未取得引证商标，上述报刊中所称“杏花”牌不是本案引证商标。且其所享有的与争议商标标识相同的第795657号“花图形”商标在1995年11月28日即获准注册，核准其使用的商品包括皮带（服饰用），而引证商标获准注册于裤带扣商品还在其第795657号“花图形”商标注册之后，商标管理机关能够准其第795657号“花图形”商标使用于皮带（服饰用）商品，却不准其争议商标使用于皮带（服饰用）商品，道理不通。另外，争议商标与引证商标标识也不近似，其提交的商评字（2009）第30412号异议复审裁定载明，商标评审委员会对其所享有的第795657号“花图形”商标注册与名仕公司带有本案引证商标图形部分的“名彩娇MINGCAIGUT及图”商标作出不近似的判定，本案也应当认定争议商标与引证商标不近似。

商标评审委员会称：1. 博内特里公司在评审时没有提出过这样的理由和证据。2. 商标评审实行个案审查原则，第795657号“花图形”商标不能作为本案定案依据。3. 商评字（2009）第30412号异议复审裁定涉及的“名彩娇MINGCAIGUT及图”商标与本案引证商标不同，引证商标没有文字部分，该裁定对两标识的近似性判断结论不同于本案是很正常的。

2009年8月3日，商标评审委员会针对博内特里公司申请注册的争议商标作出商评字［2009］第20773号《关于第3119295号图形商标争议裁定书》（简称第20773号裁定）。依照《商标法》第二十八条、第四十一条第三款、第四十三条、《中华人民共和国商标法实施条例》第二十九条及第四十一条之规定，商标评审委员会认为：争议商标指定使用的“皮带（服饰用）”与引证商标核定使用的“裤带扣”属于商品和配件关系，两商品功能用途联系紧密，故二者属于类似商品。争议商标与引证商标均为花朵图形，整体视觉效果相近，使用在上述商品上易使消费者对两商品来源产生混淆，故争议商标指定使用在“皮带（服饰用）”上与引证商标构成《商标法》第二十八条所指的使用在类似商品上的近似商标，争议商标其余指定使用商品与引证商标核定使用的商品不类似，两商标在其余商品上未构成类似商品上的近似商标。关于博内特里公司称名仕公司侵犯其在先著作权及恶意抢注引证商标问题，博内特里公司应依法对引证商标提起撤销申请。鉴于至本案审理时引证商标仍为合法有效的在先注册商标，其请求维持争议商标的主张商标评审委员会不予支持。裁定争议商标核定使用在“皮带（服饰用）”商品上的注册商标予以撤销，核定使用在其他商品上的注册商标予以维持。

博内特里公司不服第20773号裁定，起诉称：（一）争议商标指定使用的“皮带（服饰用）”商品与引证商标指定使用的“裤带扣”商品不构成类似商品，商标评审委员会认定两者构成类似的结论没有事实和法律依据。首先，历年的《类似商品与服务区分表》没有将“裤带扣”与“皮带（服饰用）”划分为类似商品。1988年该表第26类商品中并无“裤带扣”这一商品，只有“腰带扣”，而此与“皮带（服饰用）”按照该表划分并不构成类似商品。1998年和2002年的《类似商品与服务区分表》也没有“裤带扣”这一商品，并删除了“腰带扣”这一商品，增加了“皮带扣”。也未将“裤带扣”与“皮带（服饰用）”划分为类似商品。其次，二者在商品原料、功能、用途等方面存在较大差异。最后，商标评审委员会如认为“皮带（服饰用）”与“裤带扣”属于商品与配件关系，两商品功能、用途联系较为密切而属于类似商品，那么，“鞋扣”、“鞋钩”也应与“鞋”构成类似商品，而《类似商品与服务区分表》并未将它们划分为类似商品。（二）争议商标与引证商标标识并不近似。1. 两商标花图形的外形明显不同，花瓣及叶子数量均不同，消费者看到二者能够予以区别，不会产生混淆。2. 争议商标设计早于引证商标设计，争议商标在引证商标申请注册之前已经获得马德里国际注册。3. 2004 年第 11 期《中华商标》刊登了商标评审委员会认定的 11 件驰名商标，其中包括争议商标的前身第 795657 号“花图形”商标，已被核准使用在皮带（服饰用）商品上，应考虑争议商标在这一商品使用上的延续性。（三）争议商标的使用不会使消费者认为其是由名仕公司所有，不会使消费者产生混淆误认，争议商标已经获得极强的标识力，消费者必然将争议商标与博内特里公司紧密关联，而不会将争议商标与名仕公司或其他企业相关联。名仕公司也没有证据证明其引证商标已经投入商业使用，因此争议商标也不可能与引证商标构成混淆。综上，博内特里公司请求判令商标评审委员会撤销第 20773 号裁定，维持争议商标在“皮带（服饰用）”商品上的注册。

商标评审委员会坚持第 20773 号裁定中的意见，认为：争议商标与引证商标均为花朵图形，整体视觉效果近似。引证商标核定使用的裤带扣商品虽然不是《类似商品和服务区分表》中规范的商品名称，但根据名仕公司在评审期间提交的《羊城晚报》等证据可知，引证商标原注册人同时也生产皮带和裤带扣商品，由此推知引证商标注册时指定使用的裤带扣商品即为皮带扣商品。争议商标指定适用的皮带（服饰用）商品和引证商标和定使用的裤带扣（皮带扣）商品属于商品和配件关系，两商品在功能、用途方面联系较为紧密，属于类似商品，将争议商标与引证商标同时使用在上述类似商品上，易使消费者对商品来源产生混淆，故在皮带（服饰用）商品上两商标构成《商标法》第二十八条所指的使用在类似商品上的近似商标。在评审中，博内特里公司未以其在先注册的第 795657 号“花图形”商标为证据，作为请求维持争议商标的事实依据，即使当时提出过，依据商标评审适用个案审查原则也不予考虑。综上，该裁定认定事实清楚、适用法律正确，请求法院予以维持。

名仕公司陈述称：1. 争议商标与引证商标构成近似，如争议商标不予撤销，极易造成相关公众的混淆误认。2. 争议商标与引证商标指定使用的商品类似，会令相关公众认为存在特定关系，造成误认，争议商标核定使用在“皮带（服饰用）”商品上的注册商标应予撤销。3. 第 795657 号“花图形”已被认定为中国的驰名商标，并不能够当然成为争议商标即应予以核准注册的理由。综上，请求法院予以维持第 20773 号裁定。

中华人民共和国北京市第一中级人民法院审理认为：根据争议商标与引证商标标识情况可见，两商标均为花儿图形，且均体现为花朵与枝叶的简单构图方式，只在花瓣与枝叶数目上存在一片之差，叶形略有不同，属于细微差异，据此商标评审委员会判定两商标构成近似正确。就本案而言，他案裁判结果与本案无关，不是本案判定事实的法定依据。对于博内特里公司引据商评字（2009）第30412号异议复审裁定的主张，一审法院不予采纳。

关于争议商标指定使用的皮带（服饰用）是否与引证商标核定使用的裤带扣构成类似商品问题。由于商标评审委员会据以参照的《类似商品与服务区分表》中无此商品，引证商标作为既有的注册商标属于法定事实，可以作为评审争议商标的事实依据，在此情况下，商标评审委员会为使不能确定的商品事实得以确定，督促名仕公司明确主张，并以证据予以佐证，该审查行为合法有效。名仕公司明确其主张裤带扣系皮带扣，为此提供上述多份记述了相关情况报道的报刊予以佐证，上述报刊显示时间发生在1990年，众所周知，此时的广东省处在中国改革开放经济发展前沿，商品呈现多样性、新鲜性，使得商品称谓受到通俗习惯的影响，由此带来与日后标准性称谓的不一致，该情况符合客观常理，对此，商标评审委员会理当从实际出发，以便查明该商品可以恰当对应的现用商品。上述报刊内容可以证明，名仕公司当时作为金属制扣企业，从事皮带及其带扣的生产经营，该带扣曾被称为裤带扣、腰带扣，现称皮带扣，对该事实予以确认。鉴于博内特里公司一方面认可裤带、腰带、皮带系为同一种商品，另一方面却表示不知裤带扣所指何物，对此一审法院认为，1. 博内特里公司应当认可裤带扣系皮带扣，因此裤带扣与皮带（服饰用）属于近似商品；2. 如果其确系不知裤带扣属于何种商品，其则不知晓该商品在功能、用途、生产者、销售渠道、原料方面情况，那么其主张裤带扣与皮带（服饰用）商品在上述方面不相同因而不类似的观点则无法成立。对其主张一审法院不予支持。博内特里公司在一审期间称其第795657号“花图形”商标作为与本案争议商标相同标识，早已被核准使用在皮带（服饰用）商品上，争议商标注册使用于皮带（服饰用）上是其延续使用的需要，但博内特里公司未明确该主张与本诉讼有何关联。对此一审法院不予考虑。

综上所述，争议商标指定使用在皮带（服饰用）上构成与在先已有的引证商标核定使用在裤带扣上的类似商品上的近似商标，属于《商标法》第二十八条规定不应予以注册的商标。商标评审委员会作出的第20773号裁定认定事实清楚，适用法律正确，程序确当。依据《中华人民共和国行政诉讼法》第五十四条第（一）项、《最高人民法院关于〈中华人民共和国行政诉讼法〉若干问题的解释》

第四十九条之规定，判决如下：维持商标评审委员会第 20773 号裁定。一审案件受理费人民币一百元，由博内特里公司负担。

博内特里公司不服一审判决，向中华人民共和国北京市高级人民法院提出上诉，请求撤销一审判决及第 20773 号裁定。其主要上诉理由是：1. 争议商标与引证商标不构成类似商品上的近似商标，两商标在外观上显著不同，花瓣及叶子数量均不同，消费者看到二者能够予以区别，不会产生混淆。争议商标所代表的花图形早于引证商标设计，享有在先权利。2. 争议商标指定使用的“皮带（服饰用）”商品与引证商标核定使用的“裤带扣”商品不构成类似商品，商标评审委员会认定两者构成类似商品的结论没有事实和法律依据。3. 第 795657 号花图形商标已经被认定为驰名商标，争议商标是对其延续注册。4. 争议商标已经通过使用获得与引证商标相区分的能力。5. 引证商标并未投入使用，争议商标的使用不会造成混淆误认。商标评审委员会、名仕公司均服从一审判决。

中华人民共和国北京市高级人民法院查明：引证商标核准注册时间是 1991 年 11 月 20 日，一审法院查明的事实属实。

中华人民共和国北京市高级人民法院二审认为：《商标法》第二十八条规定，申请注册的商标，凡同他人在同一种商品或者类似商品上已经注册的或者初步审定的商标相同或者近似的，由中华人民共和国工商行政管理局总局商标局（简称商标局）驳回申请，不予公告。争议商标与引证商标均为花儿图形，且均体现为花朵与枝叶的简单构图方式，只在花瓣与枝叶数目上存在一片之差，叶形略有不同，属于细微差异，商标评审委员会认定争议商标与引证商标构成近似商标正确；争议商标核定使用的商品是“皮带（服饰用）”，而引证商标核定使用的商品为“裤带扣”，尽管《类似商品与服务区分表》中没有“裤带扣”这一商品名称，但是，名仕公司当时作为金属制扣企业，从事皮带及其带扣的生产经营，其生产的产品包括裤带扣与皮带，裤带扣与皮带密切相关，商标评审委员会认定争议商标核定使用的“皮带（服饰用）”与引证商标核定使用的“裤带扣”属于商品和配件关系，两商品功能用途联系紧密，二者属于类似商品正确。故争议商标指定使用在“皮带（服饰用）”上与引证商标构成使用在类似商品上的近似商标，容易使相关公众对商品的来源产生混淆误认，商标评审委员会据此裁定争议商标核定使用在“皮带（服饰用）”商品上的注册予以撤销正确。博内特里公司所称的其他在先商标注册情况，与本案具体情况不同，不属于本案审理范围。关于博内特里公司所称的引证商标并未投入使用，争议商标的使用不会造成混淆误认的问题，二审法院认为引证商标在本案审理时仍为合法有效的在先注册商标，所以，引证商标是否实际投入使用并不影响对争议商标的审查。依据《中华人民共和国行政诉讼法》第六十一条第（一）项的规定，判决：驳回上诉，维持一审判决。一审、二审案件受理费各人民币一百元，均由博内特里公司负担。

博内特里公司申请再审称：1. 博内特里公司历史悠久，其“花图形”系列商标已经在中国具有了极高的知名度。公司设立于1925年，是世界上著名的服装服饰生产企业之一，主要从事服装设计、制造和销售。自1985年起，其开始在中国大量申请商标。其中，1986年6月30日，博内特里公司的第253489号“MONTAGUT + 花图形”（图3）商标被核准注册，指定使用的商品为第25类的服装、鞋帽等；1995年11月28日，博内特里公司的第795657号“花图形”商标（图4）被核准注册，指定使用的商品为第25类的服装、皮带等。上述商标现均在有效期内。2004年起，商标评审委员会多次在商标争议裁定中认定“花图形”、“MONTAGUT + 花图形”、“萝特嬌”商标为驰名商标。2006年，中华人民共和国北京市高级人民法院在（2006）高行终字第30号等行政判决书中认定“花图形”、“MONTAGUT + 花图形”、“萝特嬌”商标为驰名商标。2006年4月26日，中华人民共和国湖南省长沙市中级人民法院在（2006）长中民三初字第0089号民事判决书中认定“MONTAGUT + 花图形”、“萝特嬌”商标为驰名商标。2008年4月24日，中华人民共和国上海市第二中级人民法院在（2007）沪二中民五（知）初字第290号民事判决书中再次认定在第25类的“花图形”、“MONTAGUT + 花图形”、“萝特嬌”商标为驰名商标。上述事实表明，争议商标已经多次被认定为驰名商标，客观上已经具有了极高的市场知名度。2. 博内特里公司注册争议商标没有主观恶意，是对自己已经注册商标权利的延续，并且经过长期使用，争议商标已经与其建立了固定的、唯一的联系，具有了极高的知名度，其商品的市场格局已经较为稳定。普通消费者针对争议商标的花图形已经周知，并不会与名仕公司的杏花图形商标产生关联，反而名仕公司注册杏花图形在第25类的皮带商品上会造成相关公众的混淆误认，也恰恰达到了名仕公司撤销争议商标的目的，来搭博内特里公司享有较高声誉的商标的便车。3. 一审、二审判决认为“皮带（服饰用）与裤带扣属于商品和配件的关系，两商品功能用途联系紧密，故二者属于类似商品……易使消费者对两商品来源产生混淆”属于认定错误。争议商标指定使用的商品为第25类的“皮带（服饰用）”与引证商标指定使用的商品为第26类的“裤带扣”不类似。判断争议商标与引证商标是否构成类似商品上的近似商标应当结合两商标的显著性和知名度，并且以是否导致相关公众混淆误作为最终的判断标准。两商标的构成要素近似，但争议商标设计时间较早，经过长期使用，具有较高的市场知名度，且争议商标的实际使用状态与引证商标具有较大的区别，因此两商标不构成近似商标。撤销争议商标，可能造成事实上的混乱。二审判决中认为“引证商标为佛山市名仕实业有限公司1990年申请注册”，该事实认定错误。引证商标最初并非由名仕公司申请注册，其通过欺骗商标局的非法手段受让了引证商标，名仕公司对引证商标的权利应当至始就不存在。第三，二审判决中认为“（报纸）上均刊登佛山市名仕实业有限公司对其杏花牌产品的文章”，该事实认定错误。请求撤销商标评审委员会第20773号裁定及一审、二审判决，判令商标评审委员会重新作出裁定。

商标评审委员会提交意见认为：1. 争议商标与引证商标均由花朵与枝叶组成，构图元素、整体视觉效果相近。引证商标核定使用的裤带扣商品虽然非《类似商品和服务区分表》中规范的商品名称，但根据名仕公司在争议期间提交的《羊城晚报》等报纸材料可知，引证商标原注册人作为金属制扣企业，同时生产皮带和裤带扣商品，由此推定引证商标注册时核定使用的裤带扣商品即为皮带扣商品。争议商标指定使用的皮带（服饰用）商品与引证商标核定使用的裤带扣（皮带扣）商品属于商品和配件关系，两商品在功能用途方面联系较为紧密，属于类似商品。将争议商标与引证商标同时使用于上述商品上，易使消费者对商品来源产生混淆，争议商标与引证商标构成近似商标。2.《羊城晚报》等报纸宣传的主体是“南海县南庄杏头金属制扣厂”，“南庄”指原注册人所在的南海县南庄镇，由此可知上述报纸宣传的主体是引证商标原注册人南海县杏头金属制扣厂。根据1990年11月25日《广州日报》可知，原注册人皮带、皮带扣产品行销上海、东北等地和国内市场，还远销欧美及香港地区。3. 引证商标的转让行为是否通过欺骗手段获得，不属于其审查范围。4. 博内特里公司在再审阶段提交的证据在行政争议阶段均未提交，不能作为评判被诉行政行为是否合法的依据。请求本院依法维持第20773号裁定，驳回博内特里公司的再审申请。

名仕公司提交意见认为：1. 引证商标与博内特里公司的争议商标构成近似商标。2. 引证商标核定使用的商品“裤带扣”与争议商标核定使用的商品“皮带（服饰用）”构成类似商品。3. 其引证商标具有一定知名度，其使用具有连续性，应当从1990年申请引证商标开始计算。博内特里公司在第25类上的第795657号商标申请时间是 1994 年，晚于引证商标申请时间，更不用说其驰名的时间。4. 若争议商标不予撤销会造成市场混乱及与名仕公司商标纠纷越来越复杂。5. 名仕公司是引证商标的所有权人，引证商标的所有权问题与争议商标在皮带（服饰用）商品上是否应被撤销是两个不同法律问题。博内特里公司在商标评审阶段和一审、二审诉讼阶段均未提出商标所有权问题，现以此作为理由，不符合新证据的规定。请求法院维持商标评审委员会的第 20773 号裁定以及一审、二审判决，驳回博内特里的公司再审申请。

本院再审查明：1990 年 7 月 20 日，南海县杏头金属制扣厂成立，法定代表人为伦仲铭。1990 年 10 月 29 日，南海县杏头金属制扣厂申请注册引证商标，1991 年 11 月 20 日被核准注册。1996 年 12 月 5 日，南海县杏头金属制扣厂更名为南海市杏头金属制扣厂。1998 年 7 月 28 日，南海市南庄名仕金属制品有限公司成立，法定代表人为伦仲铭。1998 年 8 月 22 日，南海市杏头金属制扣厂因集体企业转制及市场不景气，产品销售出现严重亏损等原因申请停产、注销牌照，该厂物资、债务由法定代表人伦仲铭承担，企业职工解散，该厂于 1998 年 9 月 30 日被核准注销，办理注销手续时送交的企业公章包括：南海市杏头金属制扣厂公章、南海市杏头金属制扣厂财务专用章、南海县杏头金属制扣厂业务专用章。2001 年 6 月 5 日，南海市南庄名仕金属制品有限公司更名为南海市南庄名仕实业有限公司。2003 年 5 月 14 日，南海县杏头金属制扣厂将引证商标转让给南海市南庄名仕实业有限公司，《转让注册商标申请书》上“转让人”处加盖了南海县杏头金属制扣厂的公章。2004 年 4 月 15 日，南海市南庄名仕实业有限公司更名为名仕公司。2008 年 10 月 14 日，名仕公司办理引证商标变更登记，变更后注册人为名仕公司。

1986 年 7 月 30 日，南海县南庄杏头金属制扣厂经商标局在第 52 类猪牛皮裤带商品上注册了第 257170 号“杏花牌文字及图”商标，有效期限为 1986 年 7 月 30 日至 1996 年 7 月 29 日，该商标因有效期满未续展已被商标局注销。在商标评审阶段，名仕公司提交了 1990 年 11 - 12 月的《羊城晚报》、《信息时报》、《粤港信息报》、《广州日报》及《南方日报》共六份，用以证明裤带扣系指皮带扣。从上述报刊的内容看，宣传的均为南海县南庄杏头金属制扣厂注册的第 257170 号“杏花牌及图”商标。

以上事实，有《企业法人营业执照》、《企业机读档案变更登记资料》、《转让注册商标申请书》、《核准转让注册商标证明》、《企业申请注销登记注册书》、

《商标注册证》复印件及1990年11－12月的《羊城晚报》、《信息时报》、《粤港信息报》、《广州日报》及《南方日报》的六份复印件等证据在案佐证。

二审期间，名仕公司提交了7张产品使用照片、2张参展照片、7份品牌宣传单、送货单及购销合同，用以证明引证商标的使用及知名度情况。经本院审查，7张产品使用照片有的为杏花牌皮带，有的为带有引证商标的裤带扣，均为实物图片，但未显示时间；2张参展照片中没有显示参展时间，也不能证明参展产品中包括引证商标；7份品牌宣传单均未显示时间；送货单及购销合同均为2007年以后形成。上述证据均不能证明引证商标在争议商标申请日之前的使用情况。

1977年8月11日，博内特里公司在法国注册了国际注册号为第432096号的“花图形”商标，指定使用在第25类袜子、衣服、鞋和拖鞋商标上，基础注册：法国，1976年7月23日，基础注册号：955140。

1985年8月19日，博内特里公司向商标局申请注册第253489号“MONTAGUT＋花图形”组合商标，商标形式见图3，即：字母“G”的上方有一“花图形”，该商标1986年6月30日被商标局核准注册，核定使用在第25类衣服、袜子、围巾、手套等商品上，经续展有效期至2016年6月29日。1991年12月30日，博内特里公司经商标局核准注册了第577537号“夢特嬌”文字商标，核定使用在第25类衣服、鞋、帽、头饰商品上，经续展有效期至2021年12月29日。1994年2月21日，博内特里公司在中国申请注册第795657号花图形商标，1995年11月28日，该商标被核准注册在第25类的服装、鞋、帽、皮带服饰用、腰带、服装带等商品上，经续展有效期至2015年11月27日。1999年11月14日，博内特里公司被核准注册第1333067号花图形商标，核准注册在皮带（非服饰用）、皮钱包、旅行箱、旅行袋、动物皮、兽皮、雨伞、阳伞、手杖、鞭子、马具等商品上，经续展有效期至2019年11月13日。商标评审委员会于2004年11月29日作出第6038、6040、6046、6048、6049、6050、6055、6061、6064号裁定，认定博内特里公司注册的“花图形”、“MONTAGUT＋花图形”、“夢特嬌”商标为使用在服装等商品上的驰名商标，中华人民共和国北京市高级人民法院于2006年3月20日作出的（2006）高行终字第12－17、19－21号行政判决认为：商标评审委员会依据各类宣传资料确认上述商标为驰名商标，符合《商标法》关于驰名商标认定的相关规定。

以上事实，有《国际注册公告》、《商标注册证明》、《核准续展注册证明》、中华人民共和国北京市高级人民法院作出的（2006）高行终字第12－17、19－21号行政判决等证据在案佐证。

另查明：商标评审委员会在第20773号裁定中认为，名仕公司主张争议商标的注册侵犯了其在先著作权，因博内特里公司早于引证商标最早注册时间已注册包含有争议商标图形的第253489号商标，名仕公司关于博内特里公司侵犯其在先著作权的理由不能成立。

1988年版《类似商品与服务区分表》中第26类第2604组中仅有“腰带扣”，无“皮带扣”；1998年版、2002年版的《类似商品与服务区分表》中第2603组的有“皮带扣”，无“腰带扣”。

本院认为，再审期间本案各方当事人的争议焦点为：名仕公司是否合法拥有本案引证商标、争议商标核定使用在“皮带（服饰用）”商品上的注册是否应予撤销。

一、关于名仕公司是否合法拥有本案引证商标的问题

根据本院再审查明的事实，南海县杏头金属制扣厂于1990年7月20日成立后申请注册了引证商标，该厂于1996年12月5日更名为南海市杏头金属制扣厂，但引证商标并未办理变更登记，此时仍在南海县杏头金属制扣厂名下。1998年8月22日，南海市杏头金属制扣厂申请停产、注销。在1998年9月30日办理注销手续时，该厂向工商行政管理部门上交了除“南海县杏头金属制扣厂”公章以外的其他三枚公章。因该厂注销后的物资、债务均由伦仲铭承担，未上交的“南海县杏头金属制扣厂”公章应由伦仲铭掌握，他同时也是名仕公司的前身南海市南庄名仕实业有限公司的法定代表人。2003年5月14日，伦仲铭利用手中掌控的引证商标原注册人“南海县杏头金属制扣厂”的公章，顺利将引证商标转让至南海市南庄名仕实业有限公司名下，后该公司更名为名仕公司。2008年10月14日，名仕公司办理引证商标变更登记，变更后商标注册人为名仕公司。从上述事实可以看出，本案引证商标转让过程中确存在不规范之处，即引证商标的原注册人在企业注销时未及时办理商标转让手续，而是擅自留下公章，直到近五年之后才将引证商标转让给法定代表人相同的另一家公司。鉴于上述企业的法定代表人均为伦仲铭，引证商标的转让系转让方与受让方之间的真实意思表示，且引证商标现已合法登记在名仕公司名下，故引证商标在办理转让手续中的瑕疵不影响转让行为的效力。况且，博内特里公司在商标评审阶段、本案一审、二审期间均未就引证商标转让的合法性提出过主张，其在再审期间提出名仕公司不享有引证商标权利的主张不成立，本院不予支持。

二、关于争议商标核定使用在“皮带（服饰用）”商品上的注册是否应予撤销的问题

关于争议商标与引证商标的近似性判断。争议商标与引证商标均为花图形，均体现为花朵与枝叶的简单构图方式，花瓣与枝叶数目上存在一片之差，争议商标的花瓣为五瓣，引证商标为六瓣；争议商标共有三片叶，左边一片、右边两片，引证商标仅有两片叶，左右各一片。争议商标与引证商标叶形略有不同，存在细微差异。两商标整体视觉效果近似。

关于争议商标与引证商标核定使用商品的类似性判断。引证商标于1990年申请注册，当时适用1988年版《类似商品与服务区分表》，该表中没有引证商标核定使用的“裤带扣”商品，在第26类第2604组中仅有“腰带扣”，无“皮带扣”；1998年版、2002年版的《类似商品与服务区分表》将1988年版中第2604组的“腰带扣”调整为第2603组的“皮带扣”，可以视为“皮带扣”商品就是原来的“腰带扣”商品。引证商标核准注册的“裤带扣”，从字面上理解，裤带的材质应包括皮质和非皮质，其用途应包括腰带及连接肩与裤的裤背带（或称肩带、吊带），裤带扣即为裤带上的金属扣。从名仕公司生产的产品看，该公司生产裤带扣与皮带。争议商标核定使用的商品为“皮带（服饰用）”。引证商标核定使用的裤带扣与争议商标核定使用的服饰用皮带，二者虽不同，但在功能、用途、生产部门、销售渠道、消费对象等方面有一定交叉，相关公众一般会认为二者存在特定联系。

关于引证商标的知名度。名仕公司为证明争议商标申请注册日之前引证商标的使用及知名度情况，提交了产品使用照片、参展照片、品牌宣传单、送货单及购销合同等证据，上述证据能证明名仕公司使用了其注册“杏花牌文字及图”商标，而非本案的引证商标；带有引证商标的裤带扣的实物图片不能证明使用时间；参展照片中也没有显示参展时间，不能证明参展产品中包括引证商标；品牌宣传单均未显示时间；送货单及购销合同均为2007年以后形成。上述证据均不能证明引证商标在争议商标申请日之前的使用情况。因此，引证商标在争议商标申请注册之前并不具备一定的知名度。

关于争议商标的知名度。博内特里公司最早于1977年8月11日在法国注册了国际注册号为第432096号的“花图形”商标。1985年8月19日，博内特里公司向商标局申请注册第253489号“MONTAGUT + 花图形”组合商标，该商标于1986年6月30日被商标局核准注册，核定使用在第25类衣服等商品上，商标形

式为图 3，即字母“G”的上方有一“花图形”，该商标中包含的“花图形”与争议商标的“花图形”基本无差别。自此，博内特里公司在中国开始大量使用含有“花图形”标志的商标。1991 年 12 月 30 日，博内特里公司经商标局核准注册了第 577537 号“夢特嬌”文字商标，核定使用在第 25 类衣服等商品上。1994 年 2 月 21 日，博内特里公司在中国申请注册第 795657 号“花图形”商标，该商标于 1995 年 11 月 28 日被核准注册在第 25 类的服装、鞋、帽、皮带服饰用、腰带、服装带等商品上。1999 年 11 月 14 日，博内特里公司被核准注册第 1333067 号“花图形”商标，核准注册在皮带（非服饰用）、皮钱包、旅行箱、旅行袋、动物皮、兽皮、雨伞、阳伞、手杖、鞭子、马具等商品上。2004 年 11 月 29 日起，博内特里公司注册的“花图形”、“MONTAGUT + 花图形”、“夢特嬌”商标被认定为使用在服装等商品上的驰名商标。从上述事实看，博内特里公司于 1985 年申请注册的“MONTAGUT + 花图形”组合商标中就包含有与争议商标基本相同的“花图形”标志，该“花图形”标志的申请注册时间早于引证商标的申请注册日。博内特里公司又于 1994 年将与争议商标基本相同的“花图形”商标（见图 4）申请注册在服饰用皮带等商品上。本案争议商标于 2002 年才申请、2003 年被核注注册，博内特里公司包括“花图形”在内的三个系列商标于 2004 年就被认定为驰名商标。显然，其中被认定为驰名商标的“花图形”商标的知名度不是由刚核准注册一年的争议商标带来的，而是由于博内特里公司在申请注册争议商标之前就在中国长期、大量地使用带有“花图形”标志的“MONTAGUT + 花图形”商标及 1994 年申请注册“花图形”商标，使“花图形”标志在相关公众中广为知晓，在服饰领域拥有较高的知名度，相关公众已经将“花图形”、“MONTAGUT + 花图形”、“夢特嬌”商标与博内特里公司之间建立了特定的联系。博内特里公司 1994 年申请注册的第 795657 号“花图形”商标与本案争议商标基本无差别且同样都注册在服饰用皮带上，由此可见，尽管本案争议商标与已被认定为驰名商标的“MONTAGUT + 花图形”、“花图形”商标与本案争议商标为不同的商标，本案争议商标又在引证商标之后申请注册，但争议商标的“花图形”标识早在其申请注册之前已经过长期、广泛使用，“花图形”标志多年来在博内特里公司“MONTAGUT + 花图形”、“花图形”驰名商标上建立的商誉已经体现在争议商标“花图形”商标上，本案争议商标延续性地承载着在先“花图形”商标背后的巨大商誉。因此，虽然不同的注册商标专用权是相互独立的，但商标所承载的商誉是可以承继的，在后的争议商标会因为在先驰名商标商誉的存在而在较短的时间内具有了较高的知名度。

关于争议商标注册的合法性判断。在判断争议商标的注册是否违反《商标法》第二十八条的规定、与引证商标构成使用在类似商品上的近似商标时，需要考虑相关商标的显著性和知名度、所使用商品的关联程度等因素，以是否容易导致混淆作为判断标准。即便争议商标与引证商标在自然属性上构成近似，争议商标核定使用在“皮带（服饰用）”上的商品与引证商标核定使用在“裤带扣”的商品构成类似，但毕竟争议商标在第25类注册，引证商标在第26类注册，二者属于不同类别上注册的不同商品，且引证商标不具有一定的知名度，尽管名仕公司对引证商标享有商标专用权，但其商标专用权的排斥力因其商标不具知名度而应受到一定的限制。相反，博内特里公司在先注册并大量使用的“花图形”标识的商誉已延续至争议商标，使得争议商标具有较高的知名度，已建立较高市场声誉和形成相关公众群体，相关公众已在客观上将博内特里公司的争议商标与名仕公司的引证商标区别开来，此时允许争议商标存在只是限制引证商标排斥权的范围，并不限制其商标专用权。从本案争议商标的特殊性考虑，认定争议商标的注册具有合法性能维护已经形成和稳定的市场秩序。因此，商标评审委员会、一审、二审法院认定争议商标在“皮带服饰上”的注册违反《商标法》第二十八条的规定有失偏颇，本院予以纠正。

综上，商标评审委员会的第20773号撤销争议商标的裁定及一审、二审法院的判决在认定事实和法律适用方面均存在错误，应予以纠正。依照《中华人民共和国行政诉讼法》第五十四条第（二）项、第六十一条第（三）项、《最高人民法院关于执行〈中华人民共和国行政诉讼法〉若干问题的解释》第七十六条第一款、第七十八条之规定，判决如下：

一、撤销中华人民共和国北京市高级人民法院（2010）高行终字第1150号行政判决及中华人民共和国北京市第一中级人民法院（2010）一中知行初字第1344号行政判决；

二、撤销中华人民共和国国家工商行政管理总局商标评审委员会商评字［2009］第20773号《关于第3119295号图形商标争议裁定书》，中华人民共和国国家工商行政管理总局商标评审委员会就佛山市名仕实业有限公司提出的撤销第3119295号图形商标的申请重新作出裁定。

本案一审、二审案件受理费共计200元，由中华人民共和国国家工商行政管理总局商标评审委员会负担。因博内特里塞文奥勒有限公司（Bonneterie Cevenole

SARL）已向原一审、二审法院分别交纳了上述案件受理费，中华人民共和国国家工商行政管理总局商标评审委员会应在本判决生效后十日内直接将上述案件受理费支付给博内特里塞文奥勒有限公司（Bonneterie Cevenole SARL）。

本判决为终审判决。

审 判 长 于晓白
审 判 员 王艳芳
代理审判员 李 嵘
二〇一三年十二月十三日
书 记 员 王 晨

58. 复杂历史因素下对商标法第二十八条的适用

——再审申请人苏州稻香村食品工业有限公司与被申请人国家工商行政管理总局商标评审委员会、一审第三人北京稻香村食品有限责任公司商标异议复审行政纠纷案

【裁判要旨】

通常情况下，依据商标法第二十八条的规定，被异议商标与引证商标构成使用在相同或者类似商品上的近似商标的，不应予以核准注册。但本案具有复杂的历史因素，当一方当事人主张被异议商标系对其在先字号及在先注册商标的延续时，判断其应否被核准注册，除依据商标法的规定外，亦应对历史、现实以及业已形成的市场秩序给予充分的尊重，在尽可能地划清有关商业标识之间界限的基础上，公平合理地作出裁判。

【关键词】

商标异议　商标近似　历史因素　市场秩序

【案号】

最高人民法院（2014）知行字第85号

【基本案情】

在再审申请人苏州稻香村食品工业有限公司（以下简称苏州稻香村公司）与

被申请人国家工商行政管理总局商标评审委员会（以下简称商标评审委员会）、一审第三人北京稻香村食品有限责任公司（以下简称北京稻香村公司）商标异议复审行政纠纷案中，苏州稻香村食品厂成立于1980年12月，曾获得“中华老字号”称号。2004年3月，苏州稻香村食品厂、河北保定稻香村新亚食品有限公司、北京新亚趣香食品有限公司共同设立苏州稻香村公司。保定市稻香村食品厂先后于1982年4月2日、1988年5月24日申请了分别核定使用于第30类“饼干”和“果子面包、糕点”商品上的“稻香村DXC及图”商标。上述商标曾被评为1995年河北省著名商标。2004年11月14日，两商标经核准转让给苏州稻香村公司。2006年7月18日，苏州稻香村公司提出第5485873号“稻香村及图”商标（以下简称被异议商标）的注册申请，指定使用商品为第30类的“面包、糕点”等食品。国家工商行政管理总局商标局（以下简称商标局）对被异议商标予以初步审定公告。北京稻香村公司的前身为北京东城区稻香村南味食品店，后于1984年变更为北京市稻香村南味食品店，1994年组建为北京稻香村食品集团，2005年10月改制后成立北京稻香村公司。第1011610号“稻香村”商标（以下简称引证商标一）由北京稻香村食品集团提出注册申请，并于1997年5月21日获准注册，核定使用商品为第30类的年糕、粽子等商品。2006年7月31日，引证商标一的注册人名义变更为北京稻香村公司。北京稻香村公司的“稻香村”商标多次荣获北京市著名商标称号。2009年7月2日，北京稻香村公司在法定期限内对被异议商标提出异议申请。商标局裁定异议理由不成立，被异议商标予以核准注册。北京稻香村公司不服，向商标评审委员会申请复审。2013年4月2日，商标评审委员会作出商评字（2013）第9277号《关于第5485873号“稻香村及图”商标异议复审裁定书》（以下简称第9277号裁定），对被异议商标不予核准注册。苏州稻香村公司不服第9277号裁定，提起行政诉讼。北京市第一中级人民法院、北京市高级人民法院一审、二审均判决维持第9277号裁定。苏州稻香村公司仍不服，向最高人民法院申请再审。最高人民法院于2014年12月19日裁定驳回苏州稻香村公司的再审申请。

【裁判意见】

最高人民法院审查认为：被异议商标与引证商标一构成使用在相同或者类似商品上的近似商标。通常情况下，依据商标法第二十八条的规定，被异议商标不应核准注册。但对因历史原因形成不同市场主体各自拥有相同字号或相同类似商品上的相同、近似商标，当其中一方主体以对在先字号及在先注册商标具有历史延续关系为由，提出新的商标注册申请时，对该商标是否应予核准注册的审查，除应当依据商标法的规定外，亦应尊重历史、现状以及业已形成的市场秩序，全面、审慎、客观地考量各种因素，以尽可能地划清商业标识之间的界限，公平合理地作出裁判。“稻香村”字号已经由苏州稻香村公司、北京稻香村公司及其关联企业分别使用多年，且两公司均拥有第30类商品上的在先商标权利。在此情形下，被异议商标的申请注册是否具有合理性，还应当考量两公司的发展历史、在先注册商标和引证商标一的实际使用状况、知名度，以及被异议商标与在先注册商标和引证商标一本身的近似程度等因素。综合上述因素，对被异议商标不予核准注册的结论并无不妥。特别是考虑到如果核准被异议商标的注册，一方面会破坏业已稳定的市场共存格局，导致“稻香村”标识之间的混淆或误认，从而损害消费者的利益；另一方面也不利于苏州稻香村公司和北京稻香村公司划清彼此商业标识之间的界限，不利于各自企业的发展壮大以及稻香村品牌知名度的进一步提升。在市场经济条件下，苏州稻香村公司和北京稻香村公司只有诚信经营，相互尊重，才能增强和提升各自企业的核心竞争力，焕发稻香村老字号的生命和活力，才能得到广大消费者的认同和赞誉，使“稻香村”老字号基业长青。而任何投机取巧、希望通过不诚信经营而获取他人商誉的行为都是短视的商业行为，不为法律所支持和保护，最终也会损害“稻香村”老字号的利益。

中华人民共和国最高人民法院行政裁定书

(2014) 知行字第85号

再审申请人（一审原告、二审上诉人）：苏州稻香村食品工业有限公司。住所地：江苏省苏州市苏州工业园区唯亭镇×路19号。

法定代表人：沈根富，该公司董事长。

委托代理人：马翔，北京天驰洪范律师事务所律师。

委托代理人：刘艳锋，北京天驰洪范律师事务所律师。

被申请人（一审被告、二审被上诉人）：国家工商行政管理总局商标评审委员会。住所地：北京市西城区×街1号。

法定代表人：何训班，该委员会主任。

委托代理人：何瑾瑜，该委员会审查员。

委托代理人：马君丽，该委员会审查员。

一审第三人：北京稻香村食品有限责任公司。住所地：北京市东城区×街19号。

法定代表人：毕国才，该公司总经理。

委托代理人：杨凯，北京市柳沈律师事务所律师。

委托代理人：郑鹏，北京市柳沈律师事务所律师助理。

再审申请人苏州稻香村食品工业有限公司（简称苏州稻香村公司）因与被申请人国家工商行政管理总局商标评审委员会（简称商标评审委员会）、一审第三人北京稻香村食品有限责任公司（简称北京稻香村公司）商标异议复审行政纠纷一案，不服北京市高级人民法院（2014）高行终字第1103号行政判决，向本院申请再审。本院依法组成合议庭对本案进行了审查，现已审查终结。

苏州稻香村公司申请再审称：1. 商标评审委员会、一、二审法院采信证据明显偏袒北京稻香村公司，造成不公和事实认定上无证推定、人为曲解，存在重大错误。2. 苏州稻香村公司与苏州稻香村食品厂系承继关系、行为一致人，在“稻香村”字号、商标及商誉上与苏州稻香村食品厂、保定市稻香村食品厂存在延续关系。3. 第5485873号“稻香村及图”商标（简称被异议商标，见附图一）系对第184905号“稻香村DXC及图”商标和第352997号“稻香村DXC及图”商标（简称两在先注册商标，见附图二）、“稻香村”字号及实际使用的“稻香村”文字商标的延续，且已经与苏州稻香村公司形成了紧密对应关系。4. 是否容易造成相关公众混淆误认，是否构成相同或类似商品上的相同或近似商标，应当以被异议商标与第1011610号“稻香村”商标（简称引证商标一，见附图三）及其核定使用商品为比对对象，不应是实际使用的商品和商标。北京稻香村公司没有充足证据证明引证商标一在被异议商标申请注册日前具有高知名度，北京稻香村公司在糕点上的使用行为是违法使用行为。5. 引证商标一核定使用的粽子等商品与被异议商标指定使用的糕点等商品，不是类似商品。一、二审判决认定在引证商标一申请注册时粽子等商品与糕点等商品不是类似商品，但在被异议商标申请时发生了变化，应当认定为类似商品，没有事实和证据支持。6. 商标评审委员会、一、二审判决违法扩大引证商标一的禁用权范围，损害了苏州稻香村公司在先注册商标专用权，与现行商标法相冲突。7. 被异议商标注册和使用不会造成消费者混淆。被异议商标与两在先注册商标及“稻香村”字号商誉具有延续性，经过苏州稻香村公司的广泛使用和宣传，已经与其形成了紧密对应关系。苏州稻香村公司长期在全国维权，维护并增加了被异议商标与苏州稻香村公司之间的紧密联系。北京稻香村公司的引证商标一主要在北京使用，实际使用“三禾”牌北京稻香村字样的商标，提醒消费者认证“三禾”商标，淡化了引证商标一、“稻香村”

与其之间的联系，苏州稻香村公司与北京稻香村公司已经形成明显区隔，客观上消费者已经将两者相区分。综上，请求本院依法撤销商标评审委员会商评字（2013）第9277号《关于第5485873号“稻香村及图”商标异议复审裁定书》（简称第9277号裁定）及一、二审判决，责令商标评审委员会重新作出裁定。

北京稻香村公司提交意见认为：1. 苏州稻香村公司对“稻香村”老字号不具有任何权利。苏州稻香村公司与苏州稻香村食品厂系相互独立的主体，两者不存在法律上的承继关系。在被认定为“中华老字号”的苏州稻香村食品厂目前仍正常经营的情况下，其在企业投资等行为中不应将字号作扩展使用，否则将误导相关公众，降低“中华老字号”的准入标准。此外，苏州稻香村食品厂非苏州稻香村公司的控股股东，到2009年股份只占到0.5%。苏州稻香村食品厂声誉并非来自“稻香村”字号，而是其“禾”注册商标。苏州稻香村公司未能提供关于苏州稻香村食品厂的生产经营能力、规模等证据，仅能提供历史文献中苏州稻香村的记载、老字号证明、少量新闻报道等资料，不足以证明解放后、尤其是改革开放以来苏州稻香村食品厂对“稻香村”字号进行使用以提升稻香村的声誉。2. 北京稻香村公司对“稻香村”字号及商标的承继关系是延续的、明确的，并且经过北京稻香村公司的长期使用、宣传，稻香村已经具有极高的知名度，与苏州稻香村公司的在先注册商标已经在市场上长期共存并为消费者所区分，形成了稳定的市场秩序。3. 被异议商标与引证商标一构成类似商品上的近似商标应不予注册。本案引证商标一及北京稻香村公司牌匾字号“稻香村”所用字样系时任全国人大常委会副委员长胡厥文同志所题写，属于美术作品。被异议商标与引证商标一整体外观高度近似，仅在字体上存在细微差别。被异议商标是对引证商标一的复制和摹仿。被异议商标与引证商标一指定使用的商品构成类似商品。4. 苏州稻香村公司违法使用被异议商标，已在市场上造成了实际混淆，破坏了业已形成的稳定的市场秩序，同时也证明苏州稻香村公司刻意摹仿北京稻香村公司的引证商标一，进行不正当竞争。5. 两在先注册商标在被异议商标申请日前并不具有较高知名度，被异议商标与该两在先注册商标差异较大，被异议商标不是对苏州稻香村公司两在先注册商标的延续，不能因此获得注册。6. 涉及老字号的商标授权确权案件，应充分考虑老字号的历史和现状，尊重历史，尊重业已形成的稳定的市场秩序。“稻香村”这一老字号品牌在全国所享有的声誉，是各地各店共同努力的结果，而不应把商誉简单归结为其中一家。北京稻香村公司对于改革开放后“稻香村”品牌的复兴、提升起到了至关重要的作用，在被异议商标申请日的2006年，北京稻香村公司“稻香村”产品的销售总额已高达 78644 万元、利润总额达到 11383 万元，远远超过苏州稻香村公司或保定稻香村公司。综上，请求本院依法驳回苏州稻香村公司的再审申请，维持二审判决。

商标评审委员会提交意见认为：被异议商标主要识别部分中文“稻香村”与北京稻香村公司引证商标一的文字构成相同、字体亦极为相近，双方商标属于近似商标。被异议商标指定使用的饼干、面包、糕点等商品与引证商标一核定使用的馅饼、元宵等商品在功能、用途、销售渠道、消费对象等方面关系密切，属于类似商品。双方商标若在上述类似商品上共存，易使消费者对商品来源产生混淆误认。苏州稻香村公司虽在饼干、糕点等商品上经受让取得两在先注册商标，但该两商标由“稻香村”文字、“DXC”字母及图形外框组合而成，与本案被异议商标在表现形式上差异较大。本案尤其考虑到，北京稻香村公司虽未在糕点等商品上注册“稻香村”商标，但其稻香村表现形式的商标已经长期使用，并已在相关公众中享有较高知名度，客观上双方不同表现形式的稻香村标识已经各自长期使用形成了各自的消费群体及市场认知，该种经长期使用而形成的市场划分及稳定的市场秩序理应得到尊重和保护。被异议商标由于文字表现形式与北京稻香村公司长期使用并有较高知名度的引证商标一更为接近，如允许其注册，将打破业已形成的市场秩序，增加市场及相关公众混淆的可能性。综上，商标评审委员会第 9277 号裁定程序合法，定性准确，适用法律得当，请求本院予以维持。

本院认为，本案争议焦点为：被异议商标的申请注册是否符合 2001 年修正的《中华人民共和国商标法》（简称商标法）第二十八条的规定，在审查判断被异议商标是否予以核准注册时应否考虑苏州稻香村公司受让的两在先注册商标等相关因素。

商标法第二十八条规定：“申请注册的商标，凡不符合本法有关规定或者同他人在同一种商品或者类似商品上已经注册的或者初步审定的商标相同或者近似的，由商标局驳回申请，不予公告。”

本案中，苏州稻香村公司于 2006 年 7 月 18 日申请注册被异议商标，由“稻香村”文字及扇形边框组成，指定使用的商品为第 30 类的糖果、饼干、面包、糕点、年糕、米果、冰淇淋、谷类制品、面粉制品、含淀粉食品商品。北京稻香村公司的引证商标一为“稻香村”文字商标，于 1997 年 5 月 21 日获准注册，核定使用的商品为第 30 类的馅饼、烘馅饼（意大利式）、饺子、小包子、春卷、炒饭、粥、年糕、粽子、元宵、煎饼、八宝饭、豆沙、醪糟、火烧、大饼、馒头、花卷、豆包、盒饭。

被异议商标为文字与扇形边框组成的组合商标，以相关公众的一般注意力观察，该扇形边框仅起到背景装饰作用，其主要识别部分为“稻香村”文字。被异议商标与引证商标一相比对，其文字、读音、含义相同，仅在字体上存在细微差别，属于近似标识。被异议商标指定使用的年糕，与引证商标一核定使用的年糕商品相同；被异议商标指定使用的谷类制品、面粉制品、含淀粉食品商品，与引证商标一核定使用的馅饼、烘馅饼（意大利式）、饺子、小包子、春卷、炒饭、粥、粽子、元宵、火烧、大饼、馒头、花卷、豆包、盒饭等，属于种与属的关系；而其他商品在功能、用途、生产部门、销售渠道、消费对象等方面密切关联，应当认定为类似商品。被异议商标与引证商标一构成使用在相同或者类似商品上的近似商标。

通常情况下，依据商标法第二十八条的规定，被异议商标与引证商标一构成使用在相同或者类似商品上的近似商标，应不予核准注册，但根据当事人的主张及原审查明的事实，本案有复杂的历史背景。对因历史原因形成不同市场主体各自拥有相同字号，以及在同一种或者类似商品上各自拥有相同或者近似商标的情形下，当其中一方主体主张其申请注册被异议商标系对其字号及在先注册商标的延续时，人民法院审查判断被异议商标是否应予核准注册，除应当依据商标法的规定，亦应尊重历史和现状，尊重业已形成的市场秩序，全面、审慎、客观地考量各种因素，以尽量划清商业标识之间的界限为指针，公平合理地作出裁判。

本案苏州稻香村公司和北京稻香村公司的“稻香村”字号，均已由各自的关联企业或在先公司使用多年，且在第 30 类商品上各自注册了两在先注册商标和引证商标一，这种状况已经持续多年。在此情形下，本院认为，被异议商标的申请注册是否具有合理性，还应当考量两公司的发展历史、两在先注册商标和引证商标一的实际使用状况、知名度以及被异议商标与引证商标一和两在先注册商标本身的近似程度等相关因素。

第一，关于苏州稻香村公司和北京稻香村公司的发展历史。

根据原审查明的事实，《苏州词典》、《中国历史文化名城词典》、《百年观前》等史料记载，稻香村茶食糖果店位于观前街，相传始创于清乾隆年间。1980 年 12 月，苏州稻香村食品厂成立。商务部曾经给苏州稻香村食品厂颁发“中华老字号”证书，认定苏州稻香村食品厂（注册商标“禾”）为中华老字号，证书编号为 10021。2004 年 3 月，苏州稻香村食品厂、保定稻香村新亚食品有限公司、北京新亚趣香食品有限公司投资成立苏州稻香村公司，注册资金 50 万元。2004

年 11 月 14 日，苏州稻香村公司受让两在先注册商标。2004 年 12 月 14 日，苏州稻香村公司许可苏州稻香村食品厂使用第 352997 号在先注册商标。2006 年 7 月 7 日，苏州稻香村公司与苏州稻香村食品厂签订《关于双方合作经营协议》约定：苏州稻香村食品厂对外一切经营活动统一由苏州稻香村公司负责，苏州稻香村食品厂保留现在一切手续，停止一切单独经营活动和对外合作事项。2009 年 6 月 30 日，双方续签了上述协议至 2012 年 12 月 31 日。

1895 年（清光绪二十一年），郭玉生在北京前门观音寺创建“稻香村南货店”，是京城生产经营南味食品的第一家店。此后，其在北京的经营规模逐步扩大。北京稻香村公司的前身为北京东城区稻香村南味食品店，由北京市东城区北新桥街道生产服务联社和北京市工商业联合会东城区办事处共同开办，于 1983 年 4 月 15 日由北京市工商行政管理局核发营业执照，经营范围包括“中西糕点、面包”等，并于 1984 年变更名称为北京市稻香村南味食品店。1994 年组建为北京稻香村食品集团，2005 年 10 月改制后成立北京稻香村公司，注册资本 18800 元。

根据本案事实，苏州稻香村公司的关联企业与北京稻香村公司的在先公司，均成立于 80 年代，在公司变迁或者改制的过程中，均保持了“稻香村”的字号。

第二，关于被异议商标申请日前，两在先注册商标和引证商标一的实际使用状况和知名度。

根据原审查明的事实，苏州稻香村公司受让的第 184905 号、第 352997 号两在先注册商标分别于 1983 年 7 月 5 日和 1989 年 6 月 30 日由保定市稻香村食品厂获准注册，核定使用商品分别为第 30 类的饼干、果子面包、糕点。该两商标标识相同，均由“稻香村 DXC 及图”组成。该两商标经续展，为有效注册商标。1996 年 1 月，该两商标被评为 1995 年河北省著名商标。2000 年 12 月 28 日，该两商标经核准转让于保定市稻香村食品工业总公司。2003 年 3 月 24 日，该两商标再次转让于保定稻香村新亚食品有限公司。苏州稻香村公司成立后，于 2004 年 11 月 14 日受让该两商标。2004 年，苏州稻香村公司生产的“稻香村”牌烘焙系列产品获中国质量万里行质量信誉跟踪品牌。

1993 年 10 月，北京稻香村南味食品店被原国内贸易部认证为中华老字号；2006 年，北京稻香村公司（注册商标“稻香村”）被商务部认定为中华老字号。1998 年、2002 年，北京稻香村公司“稻香村”商标（糕点、饼干等商品上）荣获第三届北京市著名商标、2001 年度北京市著名商标。2005 年，北京稻香村公司“稻香村”商标（饺子、年糕、粽子、元宵等商品上）荣获 2004 年度北京市著名商标。2004 年，北京稻香村公司被中国焙烤食品糖制品工业协会授予全国焙烤食品糖制品行业先进企业。2005 年 9 月 6 日，北京稻香村公司被中国焙烤食品糖制品工业协会评为“2005 年全国月饼生产企业 25 强”。2006 年，北京稻香村公司“稻香村”中式糕点被授予北京名牌产品。2006 年 9 月，北京稻香村公司被授予中国月饼行业优秀企业。

根据本案事实，两在先注册商标虽然早于引证商标一获准注册，由保定市稻香村食品厂在糕点等商品上使用，并于 1996 年被评为河北省著名商标，具有一定知名度，但自 1996 年以来尤其是 2000 年以来该两商标几经转让，直至 2004 年转让于苏州稻香村公司名下，在长达八年多时间里，该两商标并没有通过使用提升其知名度。苏州稻香村公司于 2004 年 11 月 14 受让该两商标后，虽然通过其使用在一定程度上提升了该两商标的知名度，但距被异议商标申请注册日仅有一年多时间。苏州稻香村公司提交的关于稻香村的获奖证书、广告、宣传证据大多发生在被异议商标申请日之后，不能证明该两在先注册商标在被异议商标申请日前已获得较高知名度。而北京稻香村公司以及前身自 1983 年成立以来，经过多年持续宣传和使用，北京稻香村公司的引证商标一在糕点、面包、年糕、粽子等商品上已具有较高知名度。

第三，关于被异议商标与两在先注册商标以及引证商标一标识本身的近似程度。

被异议商标由“稻香村”文字加仅有装饰功能的扇形边框组成，两在先注册商标由“稻香村”文字、“DXC”字母以及图形组成，引证商标一由“稻香村”文字组成。无论从整体视觉效果，还是从构成要素组合看，被异议商标与引证商标一更为近似，而与两在先注册商标有一定差异。以相关公众一般注意力观察，更会认为被异议商标系引证商标一的延续而非两在先注册商标标识的延续。

此外，在 2004 年苏州稻香村公司成立之前，苏州稻香村食品厂、保定市稻香村食品厂及其关联企业、北京稻香村公司的前身三家共同使用“稻香村”字号和各自商标，事实上各自形成了相对稳定的消费群体和市场格局。虽然苏州稻香村公司及其关联公司曾许可北京稻香村公司使用其受让的一个在先注册商标，但是根据原审法院查明的事实，并没有证据证明北京稻香村公司进行了使用。因此，对于相关公众而言，并没有形成新的事实从而改变了北京稻香村公司和苏州稻香村公司共同使用“稻香村”字号和各自所有稻香村商标的局面。

综上，考虑到苏州稻香村公司与北京稻香村公司各自的发展历史、现状以及业已形成的较为稳定的市场格局，两在先注册商标和引证商标一在被异议商标申请注册日之前的实际使用情况和知名度，被异议商标与引证商标一标识更为相似而与在先注册商标标识有一定差异等因素，原审法院认定被异议商标不应予以核准注册并无不妥。尤其考虑到如果予以注册被异议商标，一方面，将会破坏业已稳定的市场共存格局，导致稻香村标识之间的混淆或误认，最终损害消费者的利益；另一方面，也不利于苏州稻香村公司和北京稻香村公司划清彼此商标标识之间的界限，不利于各自企业的发展壮大以及稻香村品牌的进一步提升。在市场经济条件下，苏州稻香村公司和北京稻香村公司只有诚信经营，彼此互相尊重，才能增强和提升各自企业的核心竞争力，焕发稻香村老字号的生命和活力，才能得到广大消费者的认同和赞誉，使稻香村老字号基业长青。而任何投机取巧，希望通过不诚信经营而获取他人商誉的行为都是短视的商业行为，同时，也不为法律所支持和保护，最终也会损害稻香村老字号的利益。

关于商标评审委员会、一、二审法院证据采信是否明显偏袒北京稻香村公司的问题。本院认为，商标评审委员会、一、二审法院对苏州稻香村公司和北京稻香村公司提交的证据依法进行了审查和认定，并在此基础上依法作出裁判，不存在证据采信偏袒北京稻香村公司的情形。

关于苏州稻香村公司与苏州稻香村食品厂是否具有承继关系的问题。本案中，苏州稻香村公司主张苏州稻香村公司与苏州稻香村食品厂具有承继关系旨在证明申请注册被异议商标是对其在先注册商标及“稻香村”字号的承继、其申请注册被异议商标具有合理性。而本案中判断被异议商标是否应予核准注册，如前所述是多种因素考量的结果。虽然苏州稻香村公司与苏州稻香村食品厂在法律上系两个独立的法人主体，但在判断被异议商标是否应予核准注册时也考量了苏州稻香村食品厂的历史、苏州稻香村公司与苏州稻香村食品厂的投资关系、商标许可使用关系和经营合作关系等。

关于一、二审法院是否错误认定市场变化而判定被异议商标指定使用商品与引证商标一核定使用商品构成类似商品的问题。一审法院认为对是否构成类似商品的具体判断标准并非一成不变，而是应当随着社会发展、相关消费市场的逐渐演变、生活水平的提高而不断变化、调整，故在此前的裁定和判决中确立的评判标准和结论并不能对在后的案件产生必然的影响的认定并无不妥，本院予以确认。

综上，苏州稻香村公司的再审申请不符合《中华人民共和国行政诉讼法》第六十三条第二款和《最高人民法院关于执行〈中华人民共和国行政诉讼法〉若干问题的解释》第七十二条规定的再审条件。依照《最高人民法院关于执行〈中华人民共和国行政诉讼法〉若干问题的解释》第七十四条的规定，裁定如下：

驳回苏州稻香村食品工业有限公司的再审申请。

审判长　夏君丽
审判员　殷少平
审判员　钱小红
二〇一四年十二月十九日
书记员　曹佳音

59. 商标授权确权案件中在先商标权人同时拥有非类似商品上注册的驰名商标和类似商品上的在先注册商标时商标近似的判断

——再审申请人德士活有限公司与被申请人国家工商行政管理总局商标评审委员会、广东苹果实业有限公司商标撤销行政纠纷案

【裁判要旨】

在商标授权确权案件中，判断争议商标与引证商标是否近似时，如果在先商标权人同时拥有非类似商品上注册的驰名商标和类似商品上的在先注册商标，应当分别单独考虑还是综合考虑上述两个因素，有关法院对此存在不同的认识。在本案中，最高人民法院指出，当在先商标权人同时拥有非类似商品上注册的驰名商标和类似商品上的在先注册商标时，不仅应该将争议商标与类似商品上的在先注册商标进行比对，还应该考虑驰名商标保护的因素。该判决明确并统一了对上述问题的认识。

【关键词】

商标近似　驰名商标　非类似商品

【案号】

最高人民法院（2009）行提字第3号

【基本案情】

在再审申请人德士活有限公司（以下简称德士活公司）与被申请人国家工商行政管理总局商标评审委员会（以下简称商标评审委员会）、广东苹果实业有限公司（以下简称广东苹果公司）商标撤销行政纠纷案中，德士活公司于1981年7月15日经中国商标局核准注册了第148002号“萍果牌”商标，核定使用商品为第25类服装。1994年4月20日，该公司申请注册第813677号“texwood及苹果图”商标并于1996年2月7日被核准注册，核定使用商品为第25类服装、鞋、靴、帽等。该公司还于1994年4月20日申请、1996年1月7日被核准注册了第805564号“texwood及苹果图”商标（引证商标一），核定使用的商品为第14类钟表、钟表盒、袖扣、领带夹等；1996年1月11日申请、1997年6月21日被核准注册了第1032836号“苹果图形”商标（引证商标二），核定使用商品为第14类中的珠宝、钟表计时器及其零部件、钟表盒、袖扣、领带夹等。广东苹果公司（原名增城市苹果皮具有限公司）于1998年6月22日申请、2000年1月21日被核准注册了第1355455号“苹果图形”商标（以下简称争议商标），核定使用商品为第14类钟、表、手表带、表盒等。2000年10月23日，德士活公司请求商标评审委员会撤销争议商标，理由为争议商标与引证商标一、二构成类似商品上的近似商标，并恶意抄袭摹仿其在牛仔服装商品上的两个驰名商标。商标评审委员会于2004年10月10日作出商评字〔2004〕第5456号裁定，认定德士活公司的“萍果牌”和“texwood及苹果图”在牛仔服装商品上已成为驰名商标。争议商标与引证商标一、二均指定使用于钟、表及零部件等商品，争议商标与该两个引证商标外形近似，且指定使用于相同或类似商品，易使消费者混淆误认，均构成近似。遂裁定撤销争议商标注册。广东苹果公司不服该裁定提起行政诉讼。北京市第一中级人民法院一审认为，德士活公司在牛仔服装上注册的“萍果牌”和“texwood及苹果图”商标在争议商标申请注册之前已经成为驰名商标，但商标评审委员会第5456号裁定撤销争议商标的理由与该两商标是否驰名没有关系；引证商标一与争议商标不构成近似商标，引证商标二与争议商标构成类似商品上的近似商标，遂判决维持商标评审委员会第5456号裁定。广东苹果公司不服提起上诉。北京市高级人民法院二审查明，商标评审委员会在2000年11月作出的〔2000〕第2529号终局裁定和2001年7月作出的〔2001〕第2510号终局裁定中认定，广东苹果公司与本案争议商标图形相同的其他争议商标，与德士活公司在本案中的引证商标图形相同的其他引证商标，未构成近似。二审法院认为，鉴于商标评审委员会在其作出的上述终局裁定中认定与本案引证商标二和争议商标各自相同的图形不构成近似，为了保证执法标准的严肃和统一，应该认定引证商标二与争议商标不构成近似，争议商标应予维持。二审法院判决撤销一审判决及商标评审委员会裁定，对广东苹果公司的争议商标予以维持。德士活公司向最高人民法院申请再审。最高人民法院于2008年12月23日裁定提审本案，并于2009年11月11日作出再审判决，撤销二审判决，维持一审判决及商标评审委员会第5456号裁定。

【裁判意见】

最高人民法院再审认为：尽管商标评审委员会在本案中由于已经认定争议商标与引证商标一、二构成相同类似商品上的近似商标，应予撤销，因而没有必要再适用商标法第十三条第二款关于对驰名商标跨类保护的规定撤销争议商标，但这并不等于否定了德士活公司关于争议商标构成对其两个驰名商标的复制、摹仿的撤销理由。第25类服装与第14类钟、表、手表带、表盒，在销售渠道和消费群体等方面存在一定的关联性，不属于没有联系或联系很弱的非类似商品。在德士活公司同时拥有非类似商品上已注册的驰名商标和类似商品上的在先注册商标的情况下，不仅应该将争议商标与权利人在类似商品上在先注册的商标进行比对，还应该考虑驰名商标跨类保护的因素，而不应该出现在权利人除拥有驰名商标外，还拥有在相同或类似商品上在先注册商标的情况下，其所得到的保护反而弱于仅有在非类似商品上的驰名商标的情况。商标评审委员会裁定及一审判决认定争议商标与引证商标二已构成类似商品上的近似商标，争议商标应予撤销的结论正确，应予维持。

中华人民共和国最高人民法院行政判决书

（2009）行提字第3号

申诉人（一审原告、二审上诉人）：（香港）德士活有限公司，住所地：香港特别行政区九龙观塘巧明街6号。

法定代表人：谭翠华，该公司执行董事。

委托代理人：张保华，天阳（北京）律师事务所律师。

被申诉人（一审被告、二审被上诉人）：国家工商行政管理总局商标评审委员会，住所地：北京市西城区三里河东路8号。

法定代表人：许瑞表，该委员会主任。

委托代理人：何敏，该委员会干部。

被申诉人（一审第三人、二审被上诉人）：广东苹果实业有限公司，住所地：广东省广州市增城市石滩镇横岭开发区。

法定代表人：吴建洪，该公司董事长。

委托代理人：李静传，北京市中瑞律师事务所律师。

委托代理人：刘桂华，北京市中瑞律师事务所律师。

申诉人（香港）德士活有限公司（简称德士活公司）因与被申诉人国家工商行政管理总局商标评审委员会（简称商评委）、广东苹果实业有限公司（简称广东苹果公司）商标撤销行政纠纷一案，不服北京市高级人民法院（2005）高行终字第402号行政判决，向本院申请再审。本院于2008年12月23日裁定提审本案，于2009年5月26日对本案进行了公开开庭审理。德士活公司的代理人张保华、广东苹果公司的代理人李静传、刘桂华到庭参加诉讼，被申诉人商评委提交了书面答辩意见。本案现已审理终结。

广东苹果公司于1998年6月22日向国家工商行政管理局商标局（简称商标局）申请、2000年1月21日被核准注册了第1355455号“苹果图形”商标（简称争议商标），核定使用商品为第14类钟、表、手表带、表盒等。2000年10月23日，德士活公司请求商评委撤销争议商标。商评委于2004年10月10日作出商评字〔2004〕第5456号《关于第1355455号图形商标争议裁定书》（简称第5456号裁定），裁定撤销争议商标。广东苹果公司不服该裁定，向北京市第一中级人民法院提起行政诉讼。

一审法院经审理查明：德士活制衣厂有限公司1964年4月1日在香港成立，1973年7月23日更名为德士活公司。1979年7月5日，德士活公司向商标局申请注册“萍果牌”商标，并于1981年7月15日被核准注册，有效期已经续展至2011年7月14日，核定使用商品为第25类服装，注册号为148002。1994年4月20日，德士活公司申请注册“texwood及苹果图”商标，并于1996年2月7日被核准注册，注册号为813677，核定使用商品为第25类服装、鞋、靴、帽等。1994年4月20日，德士活公司还申请注册了第805564号“texwood及苹果图”商标（引证商标一），并于1996年1月7日被核准注册，核定使用的商品为第14类钟表、钟表盒、袖扣、领带夹等。1996年1月11日，德士活公司申请注册第1032836号“苹果图形”商标（引证商标二），该商标于1997年6月21日被核准注册，核定使用商品为第14类中的珠宝、首饰、宝石及贵重金属制纪念品、钟表计时器及其零部件、钟表盒、袖扣、领带夹、领带别针等。

商评委第5456号裁定认为，德士活公司的牛仔服装商品早于20世纪90年代初就进入中国大陆市场，“萍果牌”和“texwood及苹果图”是其在该产品上长期使用的商标。自1993年始，德士活公司通过特许经营的方式在全国大中城市广泛开设专营店销售牛仔服装产品，至90年代中期，“萍果牌”牛仔服装的销售网络已遍布全国，年销售额均达数亿港币。德士活公司采取多种方式对“萍果牌”、“texwood及苹果图”商标进行了长期持续的宣传，该两商标在牛仔服装商品上已为相关公众所熟知，已成为驰名商标。争议商标与引证商标一、二均指定使用于钟、表及零部件等商品。引证商标一由苹果轮廓图形与牛仔裤线图形组合而成，图形中部为商标文字“texwood”，争议商标为一单独的苹果轮廓图形，图形中没有文字或其他组成部分；争议商标以苹果轮廓外形为其主要识别特征，该轮廓外形与引证商标一外形近似，指定使用于相同或类似商品易使消费者混淆误认，两商标已构成近似。引证商标二为苹果轮廓线条图形，虽然争议商标与之在苹果顶部叶片和果柄的设计上略有差异，引证商标中还增加了一条横线，但上述细节不能使两商标在整体视觉效果上产生明显区别，使用于相同或类似商品易使消费者混淆，两商标已构成近似。因此，裁定撤销争议商标。

一审法院经审理认为，德士活公司向商评委就争议商标提出争议申请的时间发生于现行商标法实施之前，而商评委进行评审则在修改决定实施后，本案所涉及的驰名商标的认定应适用现行商标法的规定，而对于争议商标是否同他人在同一种商品或者类似商品上已经注册的商标相同或近似，则应适用修改前的商标法第十七条之规定。德士活公司在国内使用“萍果牌”和“texwood及苹果图”商标多年，特别是对“萍果牌”商标的使用已有20多年，自1986年以来先后在国内进行“萍果牌”和“texwood及苹果图”的推广活动，其商标和相关服装类产品已在国内消费者和同行业中具有了较高知名度，两商标在争议商标申请注册之前已经成为驰名商标。德士活公司在对“萍果牌”进行宣传时一般同时对“texwood及苹果图”进行宣传，消费者在看到单独“萍果牌”或者“texwood及苹果图”时，一般会联想到另一个商标。商评委在第5456号裁定中认定争议商标应予撤销的理由与德士活公司的商标是否驰名没有关系，商评委认定两商标在争议商标申请注册前已经成为驰名商标对撤销异议商标没有影响。引证商标一与争议商标相比差异比较显著，不易使消费者混淆误认，二者未构成近似商标。引证商标二与争议商标指定使用的是类似商品，两者在整体上均为苹果轮廓且图形在整体视觉效果上没有明显区别，在含义上均表示苹果，在呼叫上消费者易将二者称为苹果牌，使用于相同或类似商品上易使消费者混淆，争议商标和引证商标二已构成类似商品上的近似商标。一审法院于2005年6月28日作出（2004）一中行初字第973号行政判决，维持商评委第5456号裁定。

广东苹果公司不服一审判决，向北京市高级人民法院提起上诉称，一审法院和商评委认定驰名商标的证据未经质证，证据不足、程序不合法；一审判决认定争议商标与引证商标二相近似有误，在商评委此前作出的若干终局裁决中，均认定二者不相近似。

除一审法院查明的事实之外，二审法院查明：广东苹果公司原名增城市苹果皮具有限公司，于2000年9月15日改为现名。其法定代表人吴建洪等于1992年6月13日成立了增城市石滩雄威皮具厂（简称雄威皮具厂），该厂于1994年8月29日向商标局申请了第861645号“苹果图形”商标，该申请于1996年8月7日被核准注册，核定使用商品为第18类公文包、背包、公事包、钱包、手提包、手袋等。雄威皮具厂还于1996年2月14日经商标局核准注册了第815245号“APPLES”商标，核定使用商品为公文袋、背包、公事皮包、手提包、手袋、钱包等。1996年3月，吴建洪等又成立了增城市苹果皮具有限公司，并于1996年9月受让了雄威皮具厂的上述两个商标。1998年3月14日，增城市苹果皮具有限公司经商标局核准注册了第1158068号“苹果”商标，核定使用商品为第18类旅行袋等。另查明，商评委在2000年11月2日作出的〔2000〕第2529号终局裁定中认定，广东苹果公司的第1198622号商标为一苹果图形，德士活公司在先注册的第813677号“texwood及苹果图形”商标由一苹果图形和文字“texwood”组成，其图形部分由苹果轮廓结合的牛仔裤线构成，该商标图形和文字的特殊组合形式在实际使用中已为消费者熟知，第1198622号商标与德士活公司的商标图形整体外观存在明显区别，呼叫效果不同，二者未构成近似。第1198622号商标与德士活公司在先注册的第797769号图形商标虽均以苹果为表现对象，但第797769号商标图形中部以深色线段隔断，与第1198622号商标外观存在明显区别，二者未构成近似。商评委在2001年7月8日作出的〔2001〕第2510号终局裁定中认定，广东苹果公司的第1226544号商标为一苹果图形，德士活公司在先注册的第813677号和第582905号“texwood及苹果图形”由一苹果图形和文字“texwood”构成，其图形部分由苹果轮廓结合的牛仔裤线构成，该商标图形和文字的特殊组合形式在实际使用中已为消费者熟知。双方的商标图形整体外观存在区别，呼叫效果不同，未构成近似。广东苹果公司的第1226544号商标与德士活公司在先注册的第797769号图形商标虽均以苹果为表现对象，但德士活公司商标图形中部以深色线段隔断，与第1226544号商标外观存在明显区别，未构成近似。第1198622、1226544、1355455号商标均为广东苹果公司所有，其图形相同。第805564、813677号商标均为德士活公司所有，其图形相同；第797769、1032836号商标亦均为德士活公司所有，其图形相同。

二审法院认为，商评委在与本案相关联的其他案件中已将德士活公司提交的证明其商标为驰名商标的证据材料转交广东苹果公司，广东苹果公司亦发表了质证意见。本案中，商评委仅向广东苹果公司转交相同证据材料的目录页并无不妥，未损害广东苹果公司的权利，广东苹果公司关于商评委在本案中未经质证即认定证据、审查程序违法的主张不予支持。商评委认定第148002号“萍果牌”商标和第813677号“texwood及苹果图”商标为驰名商标，对于本案中争议商标是否被撤销并无影响，故本院对此不予审理。本案二审审理中各方当事人争议的焦点在于，德士活公司在第14类商品上在先注册的第1032836号“苹果图形”商标（即引证商标二）与争议商标是否构成近似。鉴于商评委作出的〔2000〕第2529号、〔2001〕第2510号终局裁定中，均认定与本案引证商标二和争议商标各自相同的图形不构成近似，为了保证执法标准的严肃和统一，应该认定引证商标二与争议商标不构成近似，争议商标应予维持。二审法院判决撤销一审判决及商评委裁定；对广东苹果公司的争议商标予以维持。

德士活公司申请再审称：1. 对争议商标与引证商标是否近似，法院应该依法进行独立审查、判断，而不应该以行政机关以前作出的裁定作为本案的判决依据。终审判决引用的商评委的两个裁决是在新商标法实施之前作出的，没有经过司法审查。如果人民法院将商评委在商标法修改前所做的裁定作为判案依据，则司法审查形同虚设。而且二审法院引用的商评委两个终局裁定所针对的案件事实与本案不同。商评委做出该两个裁定时，没有考虑“萍果牌”和“texwood苹果图”两个驰名商标的知名度；而在对本案争议商标进行审查时，考虑了这一因素，认定争议商标与引证商标近似，这恰恰表明商评委已经改变看法。2. 争议商标与引证商标一、引证商标二均为苹果轮廓外形，主要识别特征相同，均表现苹果含义，相关公众会将争议商标与引证商标均呼叫为苹果，呼叫完全相同，在类似商品上使用可能造成消费者混淆误认，商评委认定已经构成相同类似商品上的近似商标的结论正确。3. 德士活公司向商评委提交的争议申请中明确要求认定其“萍果牌”、“texwood及苹果图”商标为驰名商标，并确认争议商标注册构成对驰名商标权利人的损害。商评委认定了该两个商标为驰名商标，并认定德士活公司的撤销理由成立，应该已经考虑了驰名商标的因素。原审判决称商评委认定驰名商标对争议商标被撤销没有影响，但事实上商评委的裁定并无此种表述。争议商标与“texwood 及苹果图”商标近似，同时也构成了对“萍果牌”驰名商标的摹仿，足以误导公众，致使德士活公司的利益受到损害。根据商标法第十三条第二款的规定，争议商标也应予撤销。原审判决遗漏了本案以驰名商标为理由要求得到跨类保护这个重要的争点，影响案件公正裁判。此外，二审法院在针对广东苹果公司的“苹果男人”、“苹果女人”商标分别作出的（2005）高行终字第119号、第130号两个行政判决中认为，广东苹果公司虽然在1997年在第25类商品上注册了“苹果图形”、“APPLESMAN”等商标，但上述商标与争议商标相互独立，彼此之间并无法律上的必然联系，广东苹果公司不能依据已经注册的其他商标主张争议商标具有合法性。该两个判决维持了商评委撤销“苹果男人”、“苹果女人”商标的裁定。而在本案中，该院又根据广东苹果公司在先注册的商标来证明本案争议商标的合法性，显然是相互矛盾的。

商评委提交书面答辩意见称，服从二审判决。广东苹果公司认为，商标中的苹果元素不能被独占使用，德士活公司的商标独创性较差，显著性较弱。德士活公司申请再审的理由不成立，应予驳回。

本院再审查明，原一、二审判决认定事实清楚。

本院认为，德士活公司申请撤销争议商标的依据和理由既包括现行商标法第十三条第二款对驰名商标跨类保护的规定，又包括修改前商标法第十七条与类似商品上已经注册的商标近似的撤销理由。本案中，商评委因为已经认定争议商标与引证商标一、二构成相同类似商品上的近似商标，应予撤销，所以没有必要再适用商标法第十三条第二款关于对驰名商标跨类保护的规定撤销争议商标，但这并不等于否定了德士活公司关于争议商标构成对其服装商品上的两个驰名商标的复制、摹仿应予撤销的申请理由。德士活公司首先将苹果、苹果图形作为服装及钟表等商品上的商标予以注册和使用，并不存在显著性上的局限；第25类服装与第14类钟、表、手表带、表盒，在销售渠道和消费群体等方面存在一定的关联性，不属于没有联系或联系很弱的非类似商品。**在德士活公司同时拥有非类似商品上已注册的驰名商标和类似商品上的在先注册商标的情况下，不仅应该将争议商标与权利人在类似商品上在先注册的商标进行比对，还应该考虑驰名商标跨类保护的因素，而不应该出现权利人除了拥有驰名商标之外，还拥有在相同或类**

似商品上在先注册商标的情况下，所得到的保护反而弱于仅有在非类似商品上的驰名商标而没有在类似商品上在先注册商标的情况。二审法院放弃对行政行为的独立审查判断职责，未对争议商标与引证商标是否近似进行独立审查，而以商评委以前作出的未经司法审查的裁定作为依据，认定引证商标二与争议商标不构成近似，其做法确有不当，应予纠正。商评委裁定及一审判决认定争议商标和引证商标二已构成类似商品上的近似商标，据此得出争议商标应予撤销的结论正确，应予维持。德士活公司申请再审的主要理由成立，应予支持。

综上所述，本院认为，原二审判决确有错误，应予撤销，商评委第5456号裁定及一审判决结果正确，应予维持。依照《中华人民共和国行政诉讼法》第五十四条第（一）项、第六十一条第（二）项、第六十三条第二款、《最高人民法院关于执行〈中华人民共和国行政诉讼法〉若干问题的解释》第七十六条第一款、第七十八条之规定，判决如下：

一、撤销北京市高级人民法院（2005）高行终字第402号行政判决；

二、维持北京市第一中级人民法院（2004）一中行初字第973号行政判决及国家工商行政管理总局商标评审委员会商评字〔2004〕第5456号《关于第1355455号图形商标争议裁定书》。

本案一审案件受理费1000元、二审案件受理费1000元，共2000元，由广东苹果实业有限公司负担。因（香港）德士活有限公司已向二审法院交纳了二审案件受理费，广东苹果实业有限公司应在本判决生效后十日内直接将二审案件受理费支付给（香港）德士活有限公司。

本判决为终审判决。

审　判　长　夏君丽
审　判　员　殷少平
代理审判员　王艳芳
二〇〇九年十一月十一日
书　记　员　包　硕

60. 判断复制、摹仿驰名商标时对被异议人已有近似注册商标的考虑

——再审申请人（香港）德士活有限公司与被申请人国家工商行政管理总局商标评审委员会、广东苹果实业有限公司商标异议复审行政纠纷案

【裁判要旨】

在对被异议商标是否复制、摹仿驰名商标进行判断时，如果在申请注册被异议商标之前，被异议人在同类别商品上已经拥有近似的注册商标，法院应该比较被异议商标与被异议人自己的注册商标、他人的驰名商标之间的近似程度。被异议商标与被异议人已经在同类别商品上注册的商标近似程度较高，不宜认定被异议商标构成对他人驰名商标的复制、摹仿。

【关键词】

商标异议复审　商标近似

【案号】

最高人民法院（2009）行提字第 2 号

【基本案情】

在再审申请人（香港）德士活有限公司（以下简称德士活公司）与被申请人国家工商行政管理总局商标评审委员会（以下简称商标评审委员会）、广东苹果实业有限公司（以下简称广东苹果公司）商标异议复审行政纠纷案中，德士活制衣厂有限公司 1964 年在香港注册成立，于 1973 年更名为德士活公司。1979 年，德士活公司向国家工商行政管理总局商标局（以下简称商标局）申请了“萍果牌”商标，1981 年被核准注册，核定使用商品为第 25 类服装。1994 年 4 月，德士活公司向商标局申请了“texwood 及苹果图”商标，1996 年 2 月被核准注册，核定使用商品为第 25 类服装、鞋、靴、帽等。1994 年 4 月，德士活公司还向商标局申请了“tex-wood 及苹果图”商标，于 1996 年 3 月被核准注册，核定使用的商品为第 18 类手提包、公文包、钱包等。广东苹果公司成立于 1996 年 3 月，1996 年 9 月受让了案外人

于1996年被核准注册在第18类商品上的第861645号“苹果图形”商标、第815245号“APPLES”文字商标两个商标，两商标核定使用的商品均为公文包、背包、钱包、手提包等。1998年3月14日，广东苹果公司在第18类商品上经核准注册了第1158068号“苹果”文字商标，核定使用商品为旅行袋等。1998年4月20日，广东苹果公司申请注册第1303083号“苹果男人”商标（以下简称被异议商标），指定使用商品为第18类钱包、手提包、公文包、旅行箱等。经初步审定公告后，德士活公司在异议期内提出异议。商标局于2001年2月22日裁定维持被异议商标。德士活公司申请复审，商标评审委员会作出商评字［2004］第5484号裁定，该裁定认为，被异议商标注册未构成商标法第十三条第二款规定的不予注册并禁止使用的情形，与德士活公司在第18类皮具商品上在先注册的“texwood及苹果图”商标（以下简称引证商标）不构成同一种或类似商品上的近似商标。遂裁定被异议商标予以核准注册。德士活公司不服该裁定，提起行政诉讼。北京市第一中级人民法院一审认为，德士活公司的“萍果牌”和“texwood及苹果图”两商标在被异议商标申请注册之前已成为驰名商标。广东苹果公司自1997年以来一直将“APPLES”和“苹果图形”用于经营皮具商品，并进行广告宣传，且在1998年以来先后获得一些荣誉称号。广东苹果公司在申请注册被异议商标时，“APPLES”和“苹果图形”两个商标已经在皮具类商品上具有一定的影响和知名度。在一般情况下，消费者更容易将被异议商标与广东苹果公司在同类商品上具有一定影响的上述两商标产生联系，进而同“萍果牌”和“texwood及苹果图”两商标区别开来，而不会误认为该商品来源于德士活公司。因此，被异议商标的注册和使用不构成商标法第十三条第二款规定的不予注册并禁止使用的情形。被异议商标在字形、读音、含义上与德士活公司在第18类商品上在先注册的引证商标“texwood及苹果图”存在一定差异，而被异议商标和“APPLES”商标更易产生联系，在“APPLES”商标已经具有一定知名度的情况下，一般消费者不会将被异议商标与引证商标相混淆。因此，被异议商标的注册并未违反修改前的商标法第十七条之规定，遂判决维持了第5484号裁定。德士活公司不服，提起上诉，北京市高级人民法院以与一审判决基本相同的理由，判决驳回上诉，维持一审判决。德士活公司向最高人民法院申请再审称，商标评审委员会及原审法院认定广东苹果公司的商标在皮具类商品上具有一定的影响和知名度，均没有以被异议商标申请时的事实为依据，违背了商标审查的原则；广东苹果公司提供的大部分使用证据晚于1998年4月20日，其获得的有关荣誉证书全部晚于该日期，认定其商标具有一定知名度缺乏事实依据；第25类服装与第18类皮具经常联系在一起，即通常所称的“服饰”，存在一定的关联性，被异议商标的注册和使用可能误导公众，损害德士活公司的利益。最高人民法院裁定提审本案后于2010年9月10日作出再审判决，在纠正原审认定事实和判决理由的基础上，维持了原审判决。

【裁判意见】

最高人民法院再审认为：广东苹果公司所提交的其“苹果图形”“APPLES”商标使用宣传、市场占有率等证据，大部分形成时间确实晚于被异议商标申请日，其获得的荣誉证书的形成时间均晚于被异议商标申请日，据此不足以认定该两商标在被异议商标申请时已具有一定影响和知名度。德士活公司提出的该项再审理由成立，原审判决认定事实不当，应当予以纠正。本案中，要判断被异议商标是否构成商标法第十三条第二款规定的不予核准注册并禁止使用的情形，应该先确定被异议商标是否构成对驰名商标的摹仿、复制；在能够认定的情况下，才需要进一步判断其注册和使用是否会误导公众。被异议商标“苹果男人”整体上无特定含义，仍以“苹果”为主要表现对象和识别部分。由于被异议商标申请注册之前，广东苹果公司在同类别商品上不仅拥有“APPLES”“苹果图形”商标，还于1998年3月获准注册了“苹果”文字商标，被异议商标显然与广东苹果公司在同类别商品上已注册的商标比较近似，特别是与“苹果”文字商标更为接近。在此情况下，没有充分理由认定被异议商标构成对德士活公司驰名商标的复制、摹仿，因而德士活公司在服装商品上的驰名商标不能排斥被异议商标。商标评审委员会及原审法院已查明广东苹果公司1998年3月被核准注册“苹果”文字商标的事实，但均未充分阐述该事实对被异议商标是否应该准予注册的影响，对此应予纠正。虽然原审判决在部分事实的认定及裁判理由方面存在不当之处，但是根据原审法院已经查明的其他事实和所引用的法律规定，仍然应该认定被异议商标未构成商标法第十三条第二款规定的不予注册并禁止使用的情形。

中华人民共和国最高人民法院行政判决书

（2009）行提字第2号

申请再审人（一审原告、二审上诉人）：（香港）德士活有限公司，住所地：香港特别行政区九龙观塘巧明街6号。

法定代表人：谭翠华，该公司执行董事。

委托代理人：张保华，天阳（北京）律师事务所律师。

被申请人（一审被告、二审被上诉人）：国家工商行政管理总局商标评审委员会，住所地：北京市西城区三里河东路8号。

法定代表人：许瑞表，该委员会主任。

委托代理人：何敏，该委员会干部。

被申请人（一审第三人、二审被上诉人）：广东苹果实业有限公司，住所地：广东省广州市增城市石滩镇横岭开发区。

法定代表人：吴建洪，该公司董事长。

委托代理人：李静传，北京市中瑞律师事务所律师。

委托代理人：刘桂华，北京市中瑞律师事务所律师。

申请再审人（香港）德士活有限公司（简称德士活公司）因与被申请人国家工商行政管理总局商标评审委员会（简称商评委）、广东苹果实业有限公司（简称广东苹果公司）商标撤销行政纠纷一案，不服北京市高级人民法院（2005）高行终字第396号行政判决，向本院申请再审。本院于2008年12月23日以（2007）行监字第125－1号行政裁定书裁定提审本案，依法组成合议庭对本案进行了公开开庭审理。德士活公司的代理人张保华、广东苹果公司的代理人李静传、刘桂华到庭参加诉讼，商评委提交了书面答辩意见。本案现已审理终结。

1998年4月20日，广东苹果公司的前身增城市苹果皮具有限公司申请注册第1303083号“苹果男人”商标（简称被异议商标），指定商品为第18类钱包、手提包、公文包、旅行箱、牛皮、兽皮、伞、手杖、马毯、香肠肠衣等。经初步审定公告后，德士活公司提出异议，商标局于2001年2月22日裁定维持被异议商标。德士活公司向商评委申请复审，商评委于2004年10月10日作出商评字［2004］第5484号《关于第1303083号“苹果男人”商标异议复审裁定书》（简称第5484号裁定）。商评委第5484号裁定认为，德士活公司的牛仔服装商品早于20世纪90年代初就进入中国大陆市场，“萍果牌”和“texwood及苹果图”是其在该产品上长期使用的商标。德士活公司采取多种方式对“萍果牌”、“texwood及苹果图”商标进行了长期持续的宣传，该两商标已成为驰名商标。广东苹果公司受让“APPLES”和“苹果图形”商标后一直在皮具商品上使用，以“苹果APPLES”和苹果图形为商标的箱包等皮具商品自1998年后在国内多个大中城市广泛销售，经多年经营，广东苹果公司的“苹果APPLES”牌皮具产品在该类商品上产生了一定的影响，并为相关消费者所了解。德士活公司和广东苹果公司在市场上分别对使用于服装和箱包皮具商品上的商标进行了较大规模的宣传和销售，并已持续了较长时间，客观上在不同的经营领域形成了各自品牌的知名度。在皮具商品上，被异议商标更多地会与广东苹果公司在该类商品上具有一定影响的“苹果 APPLES”商标产生联系，而不致误导消费者。鉴于此，被异议商标注册使用在手提包、钱包、旅行箱、公文包等商品上未构成《商标法》第十三条第二款规定的不予注册并禁止使用的情形。被异议商标指定使用的牛皮、兽皮等商品，与服装商品在产品性质上相差较远，生产销售渠道和消费群体亦有明显区别，被异议商标在上述商品上使用，不易与德士活公司在服装商品上驰名的“萍果牌”商标产生混淆并对德士活公司的利益造成损害，亦未构成《商标法》第十三条第二款规定的不予注册并禁止使用的情形。德士活公司在第 18 类皮具商品上在先注册的“texwood 及苹果图”商标（简称引证商标）是其独特的图形标识，虽然在服装及相关商品上该商标经常使消费者联想到德士活公司的另一驰名商标“萍果牌”，但鉴于在皮具商品上广东苹果公司的“苹果 APPLES”商标已长期使用并具有了一定知名度，消费者已经能够区分，在市场上已不致产生混淆误认的情况下，被异议商标与引证商标不构成同一种或类似商品上的近似商标。据此，商评委裁定：德士活公司所提复审理由不成立，被异议商标予以核准注册。

德士活公司不服该裁定，向北京市第一中级人民法院提起行政诉讼。一审法院经审理查明，德士活制衣厂有限公司 1964 年 4 月 1 日在香港注册成立，于 1973 年 7 月 23 日更名为现名称。1979 年 7 月 5 日，德士活公司向商标局申请了“萍果牌”商标，1981 年 7 月 5 日被核准注册，核定使用商品为第 25 类服装。1994 年 4 月 20 日，德士活公司向商标局申请了“texwood 及苹果图”商标，1996 年 2 月 7 日被核准注册，核定使用商品为第 25 类服装、鞋、靴、帽等。1994 年 4 月 20 日，德士活公司还向商标局申请了第 823341 号“texwood 及苹果图”商标，于 1996 年 3 月 14 日被核准注册，核定使用的商品为第 18 类手提包、公文包、公事包、钱包、钥匙包（皮革制品）、包装用皮带等。

增城市苹果皮具有限公司成立于 1996 年 3 月 19 日，2000 年 9 月 15 日更名为广东苹果实业有限公司（以下均简称为广东苹果公司）。该公司的法定代表人吴建洪等人于 1992 年 6 月 13 日成立了增城市石滩雄威皮具厂（简称雄威皮具厂），雄威皮具厂于 1994 年 8 月 29 日向商标局申请了第 18 类商品上的第 861645 号“苹果图形”商标，该商标于 1996 年 8 月 7 日被核准注册，核定使用商品为公文包、背包、公事包、钱包、手提包、手袋等。雄威皮具厂还于 1996 年 2 月 14 日经商标局核准注册了第 18 类商品上的第 815245 号“APPLES”商标，核定使用商品为公文袋、背包、公事皮包、手提包、手袋、钱包等。广东苹果公司于1996年9月受让了雄威皮具厂的上述两个注册商标。1998年3月14日，广东苹果公司经商标局核准注册了第18类商品上的第1158068号“苹果”文字商标，核定使用商品为旅行袋等。

一审法院认为，德士活公司在国内使用“萍果牌”和“texwood及苹果图”商标多年，两商标在被异议商标申请注册之前已成为驰名商标。鉴于德士活公司在对“萍果牌”进行宣传时一般同时对“texwood及苹果图”进行宣传，故消费者在看到“萍果牌”商标或“texwood及苹果图”时一般会联想到另一商标。1997年以来，广东苹果公司一直将“APPLES”和“苹果图形”用于经营皮具商品，并通过电视广告、灯箱广告等形式在一些地区宣传其商标，且在1998年以来先后获得一些荣誉称号。广东苹果公司在申请注册被异议商标时，其受让获得的“APPLES”和“苹果图形”商标已经在皮具类商品上具有一定的影响和知名度。在皮具商品上，尽管在某些特定情况下，由于手提包、钱包、公文包与服装存在一定的联系，会使消费者在看到被异议商标时可能联想到“萍果牌”商标，但因被异议商标与“APPLES”商标更易产生联系，故在一般情况下，消费者更容易将其与广东苹果公司在该类商品上具有一定影响的“APPLES”商标和“苹果图形”商标产生联系，进而同“萍果牌”商标和“texwood及苹果图”商标区别开来，而不会误导消费者认为该商品来源于德士活公司。被异议商标指定使用的牛皮、兽皮等商品在性质上与服装相差较远，生产销售渠道以及消费群体存在明显不同，故被异议商标在上述商品上使用也不会与德士活公司在服装商品上驰名的“萍果牌”商标产生混淆。因此，被异议商标的注册和使用不构成商标法第十三条第二款规定的不予注册并禁止使用的情形。尽管德士活公司在第18类商品上注册的引证商标标识与其在服装类商品上的驰名商标“texwood及图”的标识基本一致，消费者看到在皮具类商品上注册的引证商标时可能会联想到德士活公司在服装类商品上的另一驰名商标“萍果牌”，但是鉴于德士活公司并未在皮具类商品上注册“萍果牌”商标，德士活公司不能以“萍果牌”商标依据修改前的商标法第十七条主张权利；德士活公司未提交其在皮具类商品上对引证商标进行宣传的证据；被异议商标在字形、读音、含义上与引证商标存在一定差异，而被异议商标和“APPLES”商标更易产生联系，在“APPLES”商标已经具有一定知名度的情况下，一般消费者不会将被异议商标与引证商标相混淆，因此，被异议商标的注册并未违反修改前的商标法第十七条之规定。一审判决维持了商评委第5484号裁定。

德士活公司不服一审判决，向北京市高级人民法院提起上诉称，一审判决认定被异议商标申请注册时皮具类商品上的“APPLES”和“苹果图形”商标已具有一定影响和知名度，缺乏事实依据；被异议商标与德士活公司在第18类上在先注册的引证商标构成类似商品上的近似商标，会使相关公众产生混淆误认；被异议商标是对德士活公司在服装商品上注册的两个驰名商标的摹仿和复制，其注册和使用足以误导公众，使德士活公司的利益受到损害。

二审法院认为，被异议商标确系对第148002号“苹果牌”商标的摹仿，但鉴于广东苹果公司在被异议商标申请注册之前，已经在第18类上成功注册并享有了第861645号“苹果图形”商标、第815245号“APPLES”商标和第1158068号“苹果”文字商标，并且上述商标自1996年即开始在皮具商品上实际使用，特别是1998年后，以“苹果图形”和“APPLES”为商标的箱包等皮具商品在全国许多大中城市广泛销售，其商品在同类商品中占有较高市场份额，两商标在同类商品中已经产生了较大影响，并被消费者所了解认知，故被异议商标的注册不会误导公众，也不会使德士活公司的利益受到损害，并未违反商标法第十三条第二款之规定。商评委和一审法院认定被异议商标申请注册之时“APPLES”商标和“苹果图形”商标在皮具类商品上已具有一定知名度并无不当。德士活公司在第18类商品上在先注册的“texwood及图”商标与被异议商标在外观、呼叫上均不相同或相似，虽二者均有可能使消费者联想到“苹果”，但由于广东苹果公司已在第18类商品上广泛使用“苹果图形”和“APPLES”商标并产生了一定影响和知名度，不致造成消费者混淆误认，故被异议商标与德士活公司在第18类商品上在先注册的“texwood及苹果图”不构成近似商标，被异议商标应当予以核准注册。二审法院判决驳回上诉，维持原判。

德士活公司申请再审称：1. 商评委及原审法院认定事实错误，认定广东苹果公司的商标在皮具类商品上具有一定的影响和知名度，均没有以被异议商标申请时的事实为依据，违背了商标审查的原则。广东苹果公司提供的大部分证据晚于1998年4月20日，其获得的有关荣誉证书全部晚于该日期，认定其商标具有一定知名度缺乏事实依据。被异议商标的注册和使用可能误导公众，损害德士活公司的利益。终审判决认定被异议商标与德士活公司在第18类商品上注册的引证商标不近似，也属于认定事实错误。尽管“texwood及苹果图”为图形商标，但是消费者在日常生活中也呼叫为苹果牌。鉴于在服装类商品上注册的驰名商标“texwood及苹果图”的知名度，消费者在看到被异议商标时很可能将其与德士活公司相联系。2. 终审判决适用法律错误。商标法第十三条第二款对已在中国注册的驰名商标，保护标准是可能误导公众、致使驰名商标注册人的利益可能受到损害；而该条第一款对未注册的驰名商标，保护标准才是混淆可能性。原判决混淆了“混淆”可能性和“误导”可能性，得出了错误的结论。第25类服装与第18类皮具经常联系在一起，即通常所称的“服饰”，存在一定的关联性。即使被异议商标用于牛皮、兽皮、手杖、香肠肠衣等商品上时，其误导公众、损害德士活公司利益的可能性仍然存在。3. 二审法院在不到半年的时间里，就广东苹果公司的苹果系列商标与德士活公司的“萍果牌”和“texwood及苹果图”商标是否构成近似、是否会误导公众作出了截然不同的判决，执法标准不统一。该院2005年11月针对广东苹果公司的第1293298号“苹果男人”商标作出的（2005）高行终字第119号行政判决，维持了商评委对该商标不予核准注册的复审决定，其理由包括：“苹果男人”与德士活公司的“萍果牌”商标构成近似，同时也构成了对“texwood及苹果图”商标的摹仿，该商标使用在相同或者类似商品上，足以造成消费者混淆；使用在不相同或者不相类似商品上，因“萍果牌”和“texwood及苹果图”系驰名商标，则足以误导公众，致使德士活公司的利益受到损害。按照同一审查原则及适用法律标准，本案被异议商标应该不予核准注册。请求撤销原审判决及商评委第5484号裁定，判令商评委重新作出裁定。

在本院再审审查期间，德士活公司提交了一份新证据，系中联知识产权调查中心2008年5月28日出具的市场调查报告。德士活公司称，调查报告显示，到2008年时，北京、广州、深圳三城市的公众仍然认为被异议商标与德士活公司的商标有关联，该证据可以进一步证明，被异议商标的注册使用足以使相关公众产生混淆或被误导。

商评委答辩称，德士活公司提交的新证据不是行政行为作出时的依据。商标法第十三条第二款规定的跨类保护是有一定条件和范围的，应视被异议商标是否构成对公众的误导，致使驰名商标注册人的利益可能受到损害。广东苹果公司在箱包皮具商品上已拥有苹果图形和“APPLES”商标，且其箱包皮具商品具有较长的销售历史和较大的销售规模，具有较高的市场占用率。被异议商标与广东苹果公司已注册并长期使用的苹果图形和“APPLES”商标具有密切联系，虽然德士活公司的“萍果牌”和“texwood及苹果图”商标已经构成服装商品上的驰名商标，但基于“苹果”本身独创性和显著性的局限性以及广东苹果公司在皮具商品上的注册及使用情况，认定被异议商标在皮具商品上易被误认为与德士活公司存在特定联系缺乏足够的事实依据。另外，被异议商标指定使用商品与服装在性能和用途上相差较远，销售渠道和消费群体亦有明显区别，不易产生混淆并对德士活公司的利益造成损害，未构成商标法第十三条第二款规定的不予注册并禁止使用的情形。广东苹果公司同意商评委的意见。

本院再审认为，德士活公司在本院再审过程中提交的调查报告，不是商标复审行政程序中提交的证据，与本案审查的商评委具体行政行为无关，本院不予审查。

由于德士活公司并没有提交充分证据证明其在第 18 类商品上在先注册的“texwood 及苹果图”商标的宣传使用情况、知名度及影响力，对该引证商标与被异议商标近似性的比较应该主要考虑商标标识本身的近似性，因此商评委及原审法院认定被异议商标与德士活公司在第 18 类类似商品上注册的“texwood 及苹果图”商标不构成近似，并无不当。本案商评委的裁定及原两审法院的判决均明确了其适用的是《商标法》第十三条第二款的规定，虽然在论述裁判理由时提到了消费者是否混淆的问题，但也对是否会误导公众的问题作出了明确判断，并不存在错误适用法律条款的问题。北京市高级人民法院 2005 年 11 月所作出的（2005）高行终字第 119 号行政判决，针对的是广东苹果公司第 1293298 号“苹果男人”商标，由于该案的被异议商标申请注册的商品类别是第 25 类，与德士活公司在服装商品上的两个驰名商标在同一个商品类别上，在此情况下应依据商标法对驰名商标给予较强的保护。因此该案情况与本案明显不同，北京市高级人民法院对该案作出与本案不同的判决，不属于执法标准不统一。德士活公司对上述问题提出的再审理由不能成立，本院不予支持。

广东苹果公司在商标异议复审程序中，所提交的其苹果图形商标、“APPLES”等商标使用宣传、生产销售情况、市场占有率、获表彰或奖励的证据，大部分证据的形成时间确实晚于被异议商标申请日，其获得的有关荣誉证书的形成时间均晚于被异议商标申请日，据此只能得出在商评委进行异议复审时广东苹果公司在皮具类商品上的苹果图形、“APPLES”等商标有一定影响和知名度，但不足以认定该两商标在被异议商标申请时已具有一定影响和知名度；广东苹果公司的第 1158068 号“苹果”文字商标注册日期为 1998 年 3 月 14 日，原二审判决认定该商标自 1996 年即开始在皮具商品上实际使用，没有证据支持。商评委的裁定及原审判决认定广东苹果公司在皮具类商品上的苹果图形、“APPLES”等商标有一定影响和知名度，并以该事实为主要依据，认定被异议商标未构成商标法第十三条第二款规定的不予注册并禁止使用的情形，该部分的事实认定证据不足。德士活公司提出的该项再审理由成立，对原审判决存在的认定事实不当问题，本院予以纠正。

本案中，**要判断被异议商标是否构成商标法第十三条第二款规定的不予核准注册并禁止使用的情形，首先应该确定被异议商标是否构成对驰名商标的摹仿、复制；在能够认定的情况下，才需要进一步判断其注册和使用是否会误导公众。**本案被异议商标"苹果男人"整体上无特定含义，仍以"苹果"为主要表现对象和识别部分，对此，德士活公司也是认可的。由于被异议商标申请注册的商品类别为第18类，该商标申请注册之前，广东苹果公司在第18类商品上不仅拥有"APPLES"、苹果图形商标，而且还于1998年3月14日获准注册了"苹果"文字商标，**被异议商标显然与广东苹果公司在同类别商品上已注册的商标比较近似，特别是与"苹果"文字商标更为接近。在此情况下，没有充分理由认定被异议商标构成对德士活公司驰名商标的复制、摹仿，因而德士活公司在服装商品上的驰名商标不能排斥广东苹果公司在皮具类商品上申请的被异议商标。**商评委及原审法院审理本案时，均已查明广东苹果公司1998年3月14日被核准注册"苹果"文字商标的事实，只是没有充分阐述该事实对被异议商标是否应该准予注册的影响，本院对此予以纠正。

综上所述，本院认为，虽然德士活公司提出的部分再审理由成立，原审判决在部分事实的认定及裁判理由方面存在不当之处，但是根据原审法院已经查明的其他事实和所引用的法律规定，仍然应该认定被异议商标未构成商标法第十三条第二款规定的不予注册并禁止使用的情形，因此，商评委第5484号裁定及原审判决的结果应予维持。依照《中华人民共和国行政诉讼法》第五十四条第（一）项、第六十一条第（一）项、第六十三条第二款、《最高人民法院关于执行〈中华人民共和国行政诉讼法〉若干问题的解释》第五十六条第（四）项、第七十六条第一款之规定，判决如下：

维持北京市高级人民法院（2005）高行终字第396号行政判决及北京市第一中级人民法院（2005）一中行初字第347号行政判决。

本判决为终审判决。

审　判　长　夏君丽
审　判　员　殷少平
代理审判员　王艳芳
二〇一〇年九月十日
书　记　员　包　硕

61. 在先商标具有较高显著性和知名度的情况下，在后申请人应负有更高的注意和避让义务

——再审申请人北京福联升鞋业有限公司与被申请人国家工商行政管理总局商标评审委员会、北京内联升鞋业有限公司商标异议复审行政纠纷案

【裁判要旨】

在引证商标具有较高的显著性和知名度的情况下，与其构成近似商标的范围较普通商标也应更宽，同业竞争者亦应具有更高的注意和避让义务。

【关键词】

商标　异议程序　显著性　知名度

【案号】

最高人民法院（2015）知行字第116号

【基本案情】

在再审申请人北京福联升鞋业有限公司（以下简称福联升公司）与被申请人国家工商行政管理总局商标评审委员会（以下简称商标评审委员会）、北京内联升鞋业有限公司（以下简称内联升公司）商标异议复审行政纠纷案中，内联升公司系在先申请注册的第7307621号“内联升”商标（即引证商标）的权利人，引证商标核定使用商品为第25类的“鞋”。福联升公司于2009年6月29日向国家工商行政管理总局商标局申请注册第7504400号“福联升 FULIANSHENG 及图”商标（即被异议商标），被异议商标指定使用在第25类的“服装、内衣、鞋”商品上。在法定异议期内，内联升公司对被异议商标提出异议申请，商标局裁定对被异议商标予以核准注册。内联升公司不服，向商标评审委员会提出复审申请。商标评审委员会于2013年12月2日作出的商评字（2013）第123029号《关于第7504400号“福联升 FULIANSHENG 及图”商标异议复审裁定》（以下简称第123029号裁定），以被异议商标违反商标法第二十八条规定为由，裁定对被异议商标不予核准注册。福联升公司不服，提起行政诉讼。北京市第一中级人民法院

一审认为，被异议商标与引证商标共存于市场，不会导致相关公众的混淆误认，被异议商标未违反商标法第二十八条规定。遂判决撤销第123029号裁定，并责令商标评审委员会重新作出复审裁定。商标评审委员会和内联升公司均不服，提起上诉。北京市高级人民法院二审认为，考虑到引证商标在被异议商标申请日前已经具有一定知名度，当二者同时使用在同一种或类似商品上时，相关公众容易误认为二者是同一市场主体提供的系列商标，或者误认为二者的提供者之间存在某种特定联系。遂判决撤销一审判决，维持第123029号裁定。福联升公司不服，向最高人民法院申请再审。最高人民法院于2015年11月18日裁定驳回福联升公司的再审申请。

【裁判意见】

最高人民法院审查认为："内联升"系中国驰名商标，先后被认定为中华老字号、国家非物质文化遗产，荣获"中国布鞋第一家"等荣誉称号，其销售的布鞋产品在相关公众中具有极高的美誉。在引证商标具有如此高的显著性和知名度的情况下，与其构成近似商标的范围较普通商标也应更宽，同业竞争者亦应具有更高的注意和避让义务。本案中，福联升公司作为同地域的同业竞争者，理应对内联升公司及其引证商标的知名度和显著性有相当程度的认识，在鞋类商品上注册、使用有关商标时，理应遵守诚实信用原则，而本案相关证据表明，福联升公司在注册、使用被异议商标时，存在攀附内联升公司与引证商标的明显恶意。虽然福联升公司经过一定时间和范围的使用，客观上形成了一定的市场规模，但被异议商标的使用行为大多是在申请日之后而尚未获准注册的情况下发生。且福联升公司在大规模使用被异议商标之前，理应认识到基于引证商标的知名度和显著性，存在被异议商标不被核准注册，乃至侵犯引证商标权利的法律风险。福联升公司未能尽到合理的注意和避让义务，仍然申请注册并大规模使用被异议商标，如果承认福联升公司此种行为所形成的所谓市场秩序或知名度，无异于鼓励同业竞争者违背诚实信用原则，罔顾他人合法在先权利，强行将其恶意申请的商标做大、做强。这样既不利于有效区分市场，亦不利于净化商标注册、使用环境，并终将严重损害在先商标权人的合法权益以及广大消费者的利益，违背诚实信用原则以及商标法的立法宗旨。

中华人民共和国最高人民法院行政裁定书

（2015）知行字第116号

再审申请人（二审被上诉人、一审原告）：北京福联升鞋业有限公司。住所地：北京市密云县隆源大厦A座3单元201。

法定代表人：王敬欣，该公司总经理。

委托代理人：吴新华，北京市炜衡律师事务所律师。

委托代理人：张 帆，北京市炜衡律师事务所律师。

被申请人（一审被告、二审上诉人）：国家工商总局商标评审委员会。住所地：北京市西城区茶马南街1号。

法定代表人：何训班，该委员会主任。

委托代理人：孙 莎，该委员会审查员。

被申请人（一审第三人、二审上诉人）：北京内联升鞋业有限公司。住所地：北京市西城区大栅栏街34号。

法定代表人：程来祥，该公司董事长。

委托代理人：商家泉，北京高文律师事务所律师。

再审申请人北京福联升鞋业有限公司（以下简称福联升公司）因与被申请人国家工商行政管理总局商标评审委员会（以下简称商标评审委员会）、北京内联升鞋业有限公司（以下简称内联升公司）商标异议复审行政纠纷一案，不服北京市高级人民法院于2014年12月8日作出的（2014）高行（知）终字第3252号行政判决，向本院申请再审。本院依法组成合议庭对本案进行审查。现已审查终结。

福联升公司申请再审称：（一）二审判决认定事实、适用法律错误。1. 二审判决认定被异议商标与引证商标构成近似商标，认定事实错误。被异议商标与引证商标在构成要素、整体外观上有明显区别，被异议商标为图文组合商标，由图形、汉语拼音“FULIANSHENG”及汉字“福联升”组合而成。其中，图形居于上部，视觉效果突出，显著性很强，汉字“福联升”居于下部，为美术字体。引证商标则为纯文字商标，“内联升”文字为书法字体，“联”“升”二字还是繁体字。二审判决仅将两商标的文字部分进行比较，进而得出片面、错误的结论。2. 在文字商标中，首个文字往往在呼叫、视觉、含义上起主要作用。如果首字或首字母不同，通常不认为是近似商标。本案中，被异议商标文字为“福联升”，引证商标文字为“内联升”，呼叫、含义明显不同，根据审查惯例，两商标不应被认定为近似商标。3. 二审判决称“‘联升’并非固定的词语组合，而是内联升公司所独创”，与事实不符。首先，“联升”文字并非北京内联升公司所独创，清朝乾隆年间就有一位名叫“联升”的人，其生卒年月远早于“内联升”的诞生时间。其次，在很多商品或服务类别上，很多行业里，均有使用“联升”文字作为商标、字号进行登记注册的情形。4. 二审判决未对再审申请人在评审及诉讼阶段提交的有关使用、宣传被异议商标的证据进行评述，导致得出错误结论。再审申请人成立于2006年9月13日，主要经营鞋帽、衣服和箱包等产品。再审申请人在成立之时就开始使用“福联升”作为字号、商标，取寓意为“福气联发升腾”。此后，又请专人设计公司VI视觉识别系统，聘请著名演员牛莉担任品牌形象代言人，并投入大量广告宣传费用，致力于推广老北京布鞋文化，创立拥有自主知识产权的知名品牌。截至目前，再审申请人已在全国三十多个省份开设了一千多家加盟店，产品畅销全国，广受消费者认可。二审判决在判断被异议商标与引证商标是否近似时，未对被异议商标的使用、宣传证据进行任何评述，进而得出片面、错误结论。（二）被异议商标经过再审申请人长期广泛的宣传和使用，已经具有了较高的知名度，并得到了广大消费者的普遍认可。由于再审申请人与被申请人在商标标识、门脸招牌、店面装潢、产品种类、市场定位、销售区域等方面均存在明显差异，被异议商标与引证商标共存于市场，从未导致相关公众的混淆误认。被异议商标使用时间较长，已建立起较高市场声誉和形成相关公众群体，根据《最高人民法院关于审理商标授权确权行政案件若干问题的意见》的规定，应当准确把握商标法有关保护在先商业标志权益与维护市场秩序相协调的立法精神，充分尊重相关公众已在客观上将相关商业标志区别开来的市场实际，注重维护已经形成和稳定的市场秩序，被异议商标理应获准注册。如果不予注册，将给再审申请人及其加盟商造成重大损失，从而产生不良社会影响，不利于社会稳定。

商标评审委员会提交答辩意见称服从二审判决。

内联升公司提交答辩意见称：（一）被异议商标与引证商标构成相同类别商品上的近似商标。避免来源混淆是商标近似判断时需要考虑的基本原则，应当以诚实信用原则具体把握是否构成近似问题。考虑到物理对比、知名度、固有显著性、再审申请人选用“联升”的意图等因素，应认定二者构成近似，具体理由如下：1. 两商标仅“福”及“内”不同。2. 从“内联升”的固有显著性看，在被申请人使用“联升”二字前，没有证据证明“联升”和“鞋”或“布鞋”之间存在指代关系或其他联系，再审申请人对于使用“福联升”没有合理解释。3. 从二者知名度差别看，引证商标系中国驰名商标、中华老字号、国家非物质文化遗产，荣获“中国布鞋第一家”称号，从党和国家领导人到明星再到普通公众，都熟知引证商标。而再审申请人注册、使用被异议商标的时间较短，没有知名度。4.“内联升”之所以被核准注册，并非仅因为其所使用的美术字体，故不能以被异议商标未使用引证商标的美术字体而认为二者不近似。相关公众亦不会因字体的不同，而将两个商标相区分。在市场环境下，相关公众极易对使用两商标的布鞋产品的来源产生误认，认为它们是同一厂家生产、销售，或认为二者存在某种联系。5. 两商标存在“混淆、误认”的可能性。两商标构成近似，使用商品相同，销售渠道相同，消费者群体相同，被申请人商标的固有显著性及知名度较高。6. 在考察再审申请人使用“联升”二字的意图时，应特别注意到以下事实：首先，再审申请人为石家庄企业，并实际在石家庄生产、经营，却在北京注册“北京福联升鞋业有限公司”，且在产品宣传上使用“老北京布鞋”字样。其次，其注册的“福联祥”商标，系将两个老字号“内联升”“瑞蚨祥”各取一个字，属于违反诚实信用、搭便车的行为。再次，“福联升”是将被申请人的引证商标“内联升”与第 4730603 号“福履”商标组合，注册“福联升”。最后，再审申请人还将被申请人的“内联升”与老字号企业驰名商标“瑞蚨祥”组合，注册了第 8467083 号“祥联升”商标，其攀附商誉的不正当竞争意图明显。(二) 再审申请人违反诚实信用原则，侵犯被申请人的在先字号权益和在先商标权。1. 在被异议商标注册前，被申请人商品在市场上获得了商誉和声誉，并以一些显著特征而知名。2. 再审申请人有意或无意地错误表达了与被申请人存在联系，并造成了消费者混淆、误认。3. 被申请人受到了损害，或可能具有受到损害的危险，如客户流失、商誉减损、商标显著性淡化等。(三) 再审申请人使用被异议商标的时间不长，本案并非历史因素导致商标并存，而是因不正当竞争行为导致的市场共存，基于保护在先权利及消费者利益，不应核准注册被异议商标。(四) 对于任何侵犯在先合法权利（权益）的使用行为，不能创设任何在后的合法权益。再审申请人无视引证商标的存在，在相同商品上注册及使用被异议商标，不能因此获得法律上的合法权利。再审申请人应认识到继续使用与“内联升”文字有关的商标可能导致的侵权责任或注册不能的后果，并停止使用相关商标。但再审申请人此后仍然继续注册、使用、宣传相关商标，由此造成的后果，应自行承担。(五)“福联升”具有虚假宣传行为。其宣传“福联升”为乾隆四十一年春开业，由纪晓岚赐名，并编排了一段与纪晓岚有关的故事。此宣传极易误导消费者，使消费者误认为该公司是中华老字号，具有悠久的历史，与其 2006 年成立的事实严重不符。

再审申请人向本院提交了 6 份证据，具体如下：1. 证据 1、2、6 为其在全国部分加盟店的营业执照、合同以及相关照片，其加盟店分布在28个省、自治区、直辖市，用于证明被异议商标经过长期、广泛的使用，建立了较高的市场声誉。相关加盟店的照片显示，其招牌标注“老北京布鞋”或“北京布鞋”“福联升”等字样，并标注有被异议商标图形部分。相关加盟合同书上记载的协议签约地点均为“石家庄市广安大街美东国际C座2305”。相关联系电话均为0311开头，但地址为“北京市密云开发区168号”。2. 证据3为“联升”百度词条，用于证明清代即有名为“联升”的自然人，引证商标中的“联升”不具有独创性。3. 证据4为含有“联升”文字的143项商标查询结果，用于证明“联升”不具有独创性，且普遍使用在各个商品及服务类别上。该证据显示，除被异议商标外，再审申请人还在鞋类等商品上申请了“祥联升”“步联升”“鑫联升”“尚品福联升”“爱尚福联升”等十余项包含“联升”文字的商标。4. 证据5为企业详细查询结果，用于证明通过企业信息查询，可查询到使用“联升”作为字号的企业55个（不完全统计）。对于上述证据能否实现再审申请人的证明目的，本院将在下文中结合本案焦点问题予以评述。

本院认为，本案焦点为被异议商标与引证商标是否构成近似商标，不符合2001年修订的《中华人民共和国商标法》（以下简称商标法）第二十八条的规定。

商标法第二十八条规定，申请注册的商标同他人在同一种或者类似商品上已经注册的商标相同或者近似的，不应予以核准注册。关于商标民事纠纷案件中商标相同或者近似的认定，《最高人民法院关于审理商标民事纠纷案件适用法律若干问题的解释》第十条规定：“人民法院认定商标相同或者近似按照以下原则进行：（一）以相关公众的一般注意力为标准；（二）既要进行对商标的整体比对，又要进行对商标主要部分的比对，比对应当在比对对象隔离的状态下分别进行；（三）判断商标是否近似，应当考虑请求保护注册商标的显著性和知名度。”根据商标法第二十八条的规定并参照上述司法解释的规定，本院认为被异议商标与引证商标近似，不符合商标法第二十八条的规定，具体理由如下：

首先，从两商标的音、形、义看，虽然被异议商标兼具文字和图形，但其文字部分“福联升”为商标的呼叫部分，起到主要的识别作用。将“福联升”与引证商标相比，二者仅首字不同，其余的“联升”两字完全相同，相关公众对两商标的称呼近似。而且，引证商标中的“联升”并非固定的词语组合。虽然再审申请人提交的证据3表明在清代存在名字中包含“联升”的自然人，以及另有其他商标或者企业名称中包含有“联升”，但该自然人并非知名人物，不为相关公众所熟悉。再审申请人也没有提交证据证明在引证商标申请日之前，另有他人在鞋类商品上曾使用“联升”。因此，二审判决认定“‘联升’并非固定的词语组合，而是内联升公司所独创”，并无不当。

其次，从引证商标的显著性和知名度看。根据一、二审判决以及本院审查查明的事实，“内联升”系中国驰名商标，先后被认定为中华老字号、国家非物质文化遗产，荣获“中国布鞋第一家”等荣誉称号，其销售的布鞋产品在相关公众中具有极高的美誉。在引证商标具有如此高的显著性和知名度的情况下，与其构成近似商标的范围较普通商标也应更宽，同业竞争者亦相应地应具有更高的注意和避让义务。

再次，关于被异议商标的知名度和使用情况。再审申请人提交证据 1、2、6，用于证明其在全国 28 个省、自治区、直辖市发展有若干加盟店，形成了一定的知名度。但所述证据仅能证明被异议商标在其各地的加盟店中使用，形成了一定的市场规模，但不足以证明被异议商标具有较高的知名度和显著性。在引证商标具有较高的知名度和显著性，并且被异议商标与引证商标标识近似的情况下，再审申请人提交的证据不足以证明被异议商标与引证商标形成了有效的市场区分。相关公众施以一般注意力，客观上仍然容易对引证商标和被异议商标的商品来源产生混淆误认，或者误认为被异议商标与引证商标所指代的商品存在特定联系。

最后，《中华人民共和国民法通则》第四条规定：“民事活动应当遵循……诚实信用的原则。”本案中再审申请人与被申请人均制造、销售布鞋产品，再审申请人作为同地域的同业竞争者，理应对被申请人及其引证商标的知名度和显著性有相当程度的认识。因此，再审申请人在鞋类商品上注册、使用有关商标时，理应遵守诚实信用原则，注意合理避让而不是恶意攀附被申请人及其引证商标的知名度和良好商誉，造成相关公众混淆误认。然而，本案相关证据表明，再审申请人在注册、使用被异议商标时存在攀附被申请人与引证商标的明显恶意。其一，再审申请人提交的加盟合同书上均记载签约地点为“石家庄市广安大街美东国际 C 座 2305”，相关联系电话的区号亦为 0311，表明其实际经营地为河北省石家庄市。但再审申请人却将企业注册在北京市密云县，并将企业名称注册为与被申请人企业名称仅有一字之差的“北京福联升鞋业有限公司”。由此可见，再审申请人从商标、注册地乃至企业名称上，都有意贴近被申请人及其引证商标。其二，如前所述，引证商标中的“联升”系由被申请人首次使用在布鞋类商品上，并且构成引证商标的主要呼叫部分和识别部分。再审申请人主张其使用“联升”的原因，在于取其“联发升腾”之义。但所谓“联发升腾”既非成语，亦非汉语中的既有词汇，故再审申请人有关其选用“联升”的理由明显有悖常理。其三，再审申请人不仅无正当理由注册具有“联升”字样的被异议商标，还围绕“联升”字样，在同类商品及其他类别商品上另行申请注册十余项包含有“联升”文字的其他商标，其主观恶意愈加明显。其四，虽然被异议商标经过一定时间和范围的使用，客观上形成了一定的市场规模，但是，有关被异议商标的使用行为大多是在被异议商标申请日之后，尚未核准注册的情况下发生的。再审申请人在其大规模使用被异议商标之前，理应认识到由于被异议商标与引证商标近似，并且引证商标具有较高的知名度和显著性，故存在被异议商标不被核准注册，乃至因使用被异议商标导致侵犯引证商标注册商标权的法律风险。再审申请人未能尽到合理的注意和避让义务，仍然申请注册并大规模使用被异议商标，由此带来的不利后果理应自行承担。相反，在再审申请人作为同业竞争者明知或者应知引证商标具有较高知名度和显著性，仍然恶意申请注册、使用与之近似的被异议商标的情形下，如果仍然承认再审申请人此种行为所形成的所谓市场秩序或知名度，无异于鼓励同业竞争者违背诚实信用原则，罔顾他人合法在先权利，强行将其恶意申请的商标做大、做强。这样既不利于有效区分市场，亦不利于净化商标注册、使用环境，并终将严重损害在先商标权人的合法权益以及广大消费者的利益，违背诚实信用原则以及商标法“保护商标专用权”“维护商标信誉”“保障消费者和生产、经营者的利益”等立法宗旨。因此，再审申请人有关被异议商标经过使用，已经形成一定的市场知名度，不会导致相关公众混淆的主张，缺乏事实和法律依据，本院不予支持。

综上，福联升公司的再审申请不符合《中华人民共和国行政诉讼法》第九十一条之规定，本院裁定如下：

驳回北京福联升鞋业有限公司的再审申请。

审　判　长　王艳芳

代理审判员　杜微科

代理审判员　佟　姝

二〇一五年十一月十八日

书　记　员　刘海珠

62. 商标近似性判断的考量因素

——再审申请人四川省宜宾五粮液集团有限公司与被申请人国家工商行政管理总局商标评审委员会、甘肃滨河食品工业（集团）有限责任公司商标异议复审行政纠纷案

【裁判要旨】

判断被异议商标与引证商标是否构成使用在相同或类似商品上的近似商标，应当综合考虑被异议商标和引证商标的构成要素、被异议商标的在先使用状况及知名度等因素，若不会导致相关公众的混淆误认，则应认定被异议商标与引证商标不构成近似。

【关键词】

商标　异议程序　商标近似　混淆误认

【案号】

最高人民法院（2014）知行字第37号

【基本案情】

在再审申请人四川省宜宾五粮液集团有限公司（以下简称五粮液公司）与被申请人国家工商行政管理总局商标评审委员会（以下简称商标评审委员会）、甘肃滨河食品工业（集团）有限责任公司（以下简称滨河公司）商标异议复审行政纠纷案中，滨河公司于2005年5月9日申请在第33类“酒（饮料）、烧酒”等商品上注册“滨河九粮液”商标（即被异议商标），五粮液公司以被异议商标与其在第33类商品上合法注册的“WULIANGYE五粮液及图”商标（即引证商标）构成使用在相同或类似商品上的近似商标为由，对被异议商标提出异议申请，国家工商行政管理总局商标局裁定被异议商标不予核准注册。滨河公司不服，向商标评审委员会申请异议复审，商标评审委员会于2012年7月30日作出商评字［2012］第32222号《关于第4646265号“滨河九粮液”商标异议复审裁定》（以下简称第32222号裁定），裁定被异议商标予以核准注册。五粮液公司不服，提起行政诉讼。北京市第一中级人民法院一审判决撤销被诉裁定，判令商标

评审委员会重新作出裁定。商标评审委员会及滨河公司不服，提起上诉。北京市高级人民法院二审判决撤销一审判决，维持第 32222 号裁定。五粮液公司不服，向最高人民法院申请再审，最高人民法院于 2017 年 6 月 30 日裁定驳回五粮液公司的再审申请。

【裁判意见】

最高人民法院审查认为：本案的引证商标为“五粮液及图”，被异议商标为“滨河九粮液”文字，二者相比对，标志本身存在一定程度的区别。虽然考虑到“五粮液”商标的知名度较高，相关公众容易将“五粮液”视作引证商标的主要识别部分，但是，根据二审法院查明的事实，滨河公司于 1987 年 7 月 21 日就申请注册了“滨河及图”商标，并于 1988 年 2 月 20 日被核准注册，该商标经过使用已经具有较高知名度，“滨河”作为该商标的主要识别部分，已经在相关公众中与滨河公司形成对应联系。在这种情况下，被异议商标在整体上与引证商标形成较大差异，白酒类商品的相关公众施以一般注意力可以将二者进行区分，不会造成混淆误认。此外，滨河公司主张其在被异议商标中使用“九粮”二字，源于其自主研发的“九粮九轮酿制工艺”，滨河公司已经将该酿制工艺向主管部门申报备案了“九粮香型白酒”生产企业标准；而且，根据现有证据，在被异议商标申请日前，滨河公司就于 1996 年将“滨河九粮液”项目在“第八届中国新技术新产品博览会”上展出，并获得该博览会颁发的金牌。综合考虑引证商标和被异议商标的构成要素、被异议商标的使用状况及知名度等情况，两商标共同使用在相同商品上不会导致相关公众混淆误认，不构成商标法第二十八条规定的相同或类似商品上的相同或近似商标。二审判决认定事实和适用法律并无不当，应当予以维持。

中华人民共和国最高人民法院行政裁定书

（2014）知行字第 37 号

再审申请人（一审原告、二审被上诉人）：四川省宜宾五粮液集团有限公司。住所地：四川省宜宾市岷江西路 150 号。

法定代表人：唐桥，该公司董事长。

委托诉讼代理人：谭君祥，北京市惠诚律师事务所律师。

委托诉讼代理人：唐有龙，男，1985 年 11 月 26 日出生，汉族，北京超凡知识产权代理有限公司职员，住山东省潍坊市××××。

被申请人（一审被告、二审上诉人）：国家工商行政管理总局商标评审委员会。住所地：北京市西城区茶马南街1号。

法定代表人：赵刚，该委员会主任。

委托诉讼代理人：尤丽丽，该委员会审查员。

被申请人（一审第三人、二审上诉人）：甘肃滨河食品工业（集团）有限责任公司。住所地：甘肃省民乐县城东门105号。

法定代表人：许福林，该公司董事长。

委托诉讼代理人：张发文，男，该公司副总经理。

委托诉讼代理人：王华，北京恒都（天津）律师事务所律师。

再审申请人四川省宜宾五粮液集团有限公司（以下简称五粮液公司）因与被申请人国家工商行政管理总局商标评审委员会（以下简称商标评审委员会）、甘肃滨河食品工业（集团）有限责任公司（以下简称滨河公司）商标异议复审行政纠纷一案，不服北京市高级人民法院（以下简称二审法院）（2013）高行终字第1718号行政判决，向本院申请再审。本院依法组成合议庭进行了审查，现已审查终结。

五粮液公司申请再审称，滨河公司2005年5月9日申请注册的第4646265号“滨河九粮液”商标与五粮液公司的第160922号“五粮液及图”商标构成使用在相同或者类似商品上的近似商标，应当不予核准注册。商标评审委员会裁定被异议商标予以核准注册以及二审法院判决维持该裁定，均属于认定事实不清、适用法律错误。具体理由如下：1. 滨河公司存在恶意注册行为，其在国内围绕五粮液公司的众多知名品牌商标进行了大量摹仿性注册，同时还在台湾地区申请注册过“九粮液”商标，其行为违反了2001年修正的《中华人民共和国商标法》（以下简称商标法）第十条第一款第八项及第四十一条第一款的规定，应当被法律所禁止。2. 滨河公司在产品瓶体及外包装上故意突出“九粮液”“九粮春”“九粮醇”“九粮王”等字样的行为，进一步印证了其“傍名牌”的主观恶意，上述行为极易导致消费者对商品来源产生混淆或误认，使消费者误认为其产品为五粮液公司提供，或者误认为其产品与五粮液公司具有关联性，损害五粮液公司与消费者的合法利益，违反了《中华人民共和国反不正当竞争法》第二条、第五条的规定，构成不正当竞争。3. 滨河公司在经营活动中并不是在提高产品质量、打造自身“滨河”著名商标方面下功夫，反而一味地宣传和推广与五粮液公司商标近似的“九粮液”“九粮春”“九粮王”“九粮醇”等商标，并在酒类专业营销网络或杂志上刊登招商广告，肆意销售侵权商品，其对五粮液公司“五粮”系列商标的摹仿存在不正当竞争的主观故意，违背了诚实信用原则，应当被法律所禁止。4. 被异议商标与五粮液公司具有极高知名度的“五粮液”驰名商标及2012年12月已经归属于五粮液公司的“九粮”商标构成相同或者类似商品上的近似商标，二者存在混淆的可能性，即使不发生直接的混淆，也容易淡化五粮液公司的“五粮液”驰名商标。被异议商标由文字“滨河九粮液”组成，其中“滨河”非常容易被理解为“九粮液”的修饰。引证商标中的“五粮液”文字为其主要识别部分，“九粮液”与“五粮液”仅一字不同，且该不同文字为表示数量的文字，使用在相同或类似商品上，相关公众容易误认为两商标的商品提供者之间存在某种关联，从而对商品的来源产生误认。因此，被异议商标与引证商标应当被认定构成近似商标，被异议商标的注册申请违反了商标法第二十八条及第十三条的规定，不应核准注册。综上，请求对本案进行再审，撤销二审判决，改判撤销商标评审委员会商评字（2012）第32222号《关于第4646265号“滨河九粮液”商标异议复审裁定》（以下简称第32222号裁定），判令其重新作出裁定。

商标评审委员会答辩称，坚持在第32222号裁定中的意见及在原两审程序中发表的意见。二审判决认定事实及适用法律正确，请求驳回五粮液公司的再审申请，维持二审判决。

滨河公司答辩称，1. 五粮液公司在商标评审和一、二审程序中已经明确，其诉讼主张仅限于基于商标法第二十八条规定所提出的复审及诉讼理由，明确放弃了基于商标法第十三条、第四十一条等其他条款规定所提出的主张，因此其以商标法第二十八条以外的第十三条等其他条款为依据提出权利主张或作为申请再审的理由，不符合法律规定。2. 商标法第十三条和第二十八条不能同时适用，在可以适用商标法第二十八条的情况下，不能再主张商标法第十三条的保护。3. 被异议商标与引证商标不构成近似，被异议商标在市场上经过了长达近二十年的长期使用，已经产生了较高的知名度，滨河公司在原审程序中提交了大量证据证明其使用“九粮”文字及“九粮液”商标并获得大量荣誉的事实。在使用过程中，与五粮液公司的产品并没有发生实际混淆，五粮液公司也没有提交存在实际混淆的证据。4. 滨河公司对“九粮”文字有在先权利，也有合理使用的依据。“滨河九粮液”属于“滨河”系列商标中的一种，同时也源于滨河公司自主研发的“九粮九轮”白酒酿造工艺，“九粮”还源自“九粮香型”，这种香型是滨河公司首创，并发展成为白酒的一种特定香型，滨河公司为了向市场推出“九粮液”产品，还向主管部门申报备案了“九粮香型”白酒生产的企业标准。此外，“九粮”文字也是对酿制白酒的九种粮食原料的客观描述。“九”体现了滨河公司的独特文化，除了“九粮”系列产品以外，滨河公司还开发了“九轮”“九天”“九坛”等系列品牌，“液”“醇”“春”等文字是白酒商品的惯常用字，与“九粮”文字一起使用并不能说明滨河公司存在主观恶意。5. 滨河公司2002年及2006年在酒类商品上申请的两个“滨河九粮液”文字商标均已获准注册并处于有效状态，五粮液公司对该两个商标也提出了异议，但是其最后服从了商标评审委员会的裁定，没有提起行政诉讼，本案被异议商标与前述两个商标文字完全相同，只是字体有差异，属于相似商标，依据前后一致的审查标准，也考虑到商标已经获得注册的稳定事实，本案的被异议商标也应当获得注册。6. 对于滨河公司在诉讼阶段提交的新证据，五粮液公司均已进行了质证，而且该公司在诉讼阶段也提交了新证据，因此其关于原审法院不应采信滨河公司新证据的主张不应支持。7. 被异议商标的申请不涉及对公共利益的损害，不符合商标法第十条第一款第八项规定的情形。请求驳回五粮液公司的再审申请，维持二审判决。

五粮液公司在本院于2014年5月19日进行的听证时陈述称，滨河公司在本案被异议商标之外的两个“滨河九粮液”商标的注册是否适当的问题，未经过司法审查程序，不能作为认定本案被异议商标是否应予核准注册的依据。此外，无论滨河公司是否使用“九粮九轮”的工艺酿造白酒，也不论其工艺如何，都与作为商标注册或使用没有关系，都不能损害五粮液公司在先注册的驰名商标的利益。

本院经审查认为，本案争议焦点为：被异议商标的注册是否违反商标法第二十八条的规定。

商标法第二十八条规定：“申请注册的商标，凡不符合本法有关规定或者同他人在同一种商品或者类似商品上已经注册的或者初步审定的商标相同或者近似的，由商标局驳回申请，不予公告。”

本案中，被异议商标指定使用的商品与引证商标核定使用的商品均为第33类白酒等，构成相同商品，因此本案主要争议在于被异议商标与引证商标是否构成相同或近似，二者同时使用在白酒商品上是否容易导致相关公众混淆误认。

本案的引证商标为“五粮液及图”，被异议商标为“滨河九粮液”文字，二者相比对，标志本身存在一定程度的区别。虽然考虑到“五粮液”商标的知名度较高，相关公众容易将“五粮液”视作引证商标的主要识别部分，但是，根据二审法院查明的事实，滨河公司于1987年7月21日就申请注册了“滨河及图”商标，并于1988年2月20日被核准注册，该商标经过使用已经具有较高知名度，“滨河”作为该商标的主要识别部分，已经在相关公众中与滨河公司形成对应联系。在这种情况下，被异议商标在整体上与引证商标形成较大差异，白酒类相关公众施以一般注意力可以将二者进行区分，不会造成混淆误认。

此外，滨河公司主张其在被异议商标中使用“九粮”二字，源于其自主研发的“九粮九轮酿制工艺”，滨河公司已经将该酿制工艺向主管部门申报备案了“九粮香型白酒”生产企业标准；而且，根据现有证据，在被异议商标申请日前，滨河公司就于1996年将“滨河九粮液”项目在“第八届中国新技术新产品博览会”上展出，并获得该博览会颁发的金牌。综合考虑引证商标和被异议商标的构成要素、被异议商标的使用状况及知名度等情况，两商标共同使用在相同商品上不会导致相关公众混淆误认，不构成商标法第二十八条规定的相同或类似商品上的相同或近似商标。二审判决认定事实和适用法律并无不当，应当予以维持。

依照《最高人民法院关于执行〈中华人民共和国行政诉讼法〉若干问题的解释》第七十四条之规定，裁定如下：

驳回四川省宜宾五粮液集团有限公司的再审申请。

审　判　长　夏君丽
审　判　员　郎贵梅
代理审判员　董晓敏
二〇一七年六月三十日
书　记　员　曹佳音

63. 中文商标与英文商标之间的近似性判断需要考虑的因素

——再审申请人高文新与被申请人戴比尔斯百年有限公司、中华人民共和国国家工商行政管理总局商标评审委员会商标争议行政纠纷案

【裁判要旨】

确定中文商标与英文商标之间的近似性，需要考虑相关公众对英文商标的认知水平和能力、中文商标与英文商标含义上的关联性或者对应性、引证商标自身的知名度和显著性、争议商标实际使用情况等因素。

【关键词】

商标争议　商标近似　知名度　显著性

【案号】

最高人民法院（2014）知行字第49号

【基本案情】

在再审申请人高文新与被申请人戴比尔斯百年有限公司（以下简称戴比尔斯公司）、中华人民共和国国家工商行政管理总局商标评审委员会（以下简称商标评审委员会）商标争议行政纠纷案中，高文新于2005年2月4日提出第4497942号“永恒印记”商标（以下简称争议商标）的注册申请，2008年4月14日获准注册，核定使用在第14类未加工或半加工贵重金属、宝石（珠宝）等商品上。戴比尔斯公司名下拥有国际注册第745654号“FOREVERMARK”商标（以下简称引证商标一）、第2018506号“FOREVER MARK及图”商标（以下简称引证商标二）。其中，引证商标一于2000年向中国提出领土延伸保护申请，后被核定使用于第14类宝石等商品上。引证商标二于2004年获准核定使用在第14类未加工或半加工贵重金属等商品上。2011年6月22日，戴比尔斯公司针对争议商标向商标评审委员会提出撤销申请。2012年12月10日，商标评审委员会作出商评字（2012）第49687号《关于第4497942号“永恒印记”商标争议裁定书》（以下简称第49687号裁定），裁定对争议商标予以维持。戴比尔斯公司不服，提起行政诉讼。北京市第一中级人民法院一审认为，“FOREVER”及“MARK”均为常见的英文单词，相关公众很容易将“FOREVERMARK”认读为“永恒印记”，争议商标与引证商标一、二分别构成使用在相同或类似商品上的近似商标。遂判决撤销第49687号裁定，责令商标评审委员会重新作出裁定。高文新不服，提出上诉。北京市高级人民法院二审判决驳回上诉、维持原判。高文新仍不服，向最高人民法院申请再审。最高人民法院于2014年11月28日裁定驳回了高文新的再审申请。

【裁判意见】

最高人民法院审查认为：判断争议商标与引证商标是否构成近似，关键在于判断“永恒印记”与“FOREVERMARK”是否构成近似。由于“永恒印记”与“FOREVERMARK”在音、形上不相同也不相近似，因此主要需从含义上确定两者近似与否。确定争议的中文商标与引证的英文商标的近似性，需要考虑如下因素：相关公众对英文商标的认知水平和能力、中文商标与英文商标含义上的关联性或者对应性、引证商标自身的知名度和显著性、争议商标实际使用情况等。第一，相关公众对英文商标的认知水平和能力。需要考虑我国相关公众对英文文字的认知水平和引证的英文商标词汇自身的常用程度。我国境内相关公众对于常用英文词汇具有一定的认知能力和水平。同时，“FOREVER”和“MARK”均为使用频度较高的常用英文单词。在我国境内相关公众对于引证商标的中文含义具有相当的理解力的情况下，容易将引证商标相对应的中文含义与引证商标联系起来。第二，引证的英文商标与争议的中文商标含义上的关联性或者对应性程度。这种对应性和关联性可以从英译中和中译英两个角度进行考量。“FOREVER”具有“永远、永恒、永久、常常、始终”等含义，“MARK”具有“标志、分数、痕迹、记号”等含义，且“MARK”在注册的中英文组合商标中常被译为“印记”，“FOREVERMARK”可译为“永恒印记”。同时，“永恒印记”翻译成英文，也可译为“FOREVER MARK”。由此可见，“永恒印记”与“FOREVERMARK”在含义上确实存在呼应关系，相关公众容易将二者对应起来。当争议商标和引证商标共同使用在相同或类似商品上时，相关公众施以一般注意力，容易误认为其商品来自同一主体或者两者之间存在特定联系。第三，引证商标的知名度。根据当事人提供的证据，戴比尔斯公司在争议商标申请日以前，曾在国内的报纸上采取有奖销售等形式宣传使用引证商标，引证商标具有一定的知名度。第四，争议商标的实际使用情况。高文新提交的证据不足以证明争议商标经过实际使用已经具有较高的市场声誉，更不能证明相关公众已在客观上将争议商标与引证商标区别开来。据此，争议商标与引证商标构成近似商标。

中华人民共和国最高人民法院行政裁定书

（2014）知行字第49号

再审申请人（一审第三人、二审上诉人）：高文新，住中华人民共和国广东省深圳市福田区×街1号××花园1栋9D。

委托代理人：夏志泽，北京市万慧达律师事务所律师。

委托代理人：黄义彪，北京市万慧达律师事务所律师。

被申请人：（一审原告、二审被上诉人）：戴比尔斯百年有限公司。住所地：瑞士联邦卢塞恩×街5号。

法定代表人：弗朗西斯卡·斯托克伯格，授权署名人。

委托代理人：胡刚，中国国际贸易促进委员会专利商标事务所商标代理人。

委托代理人：高慧，中国国际贸易促进委员会专利商标事务所商标代理人。

一审被告、二审上诉人：中华人民共和国国家工商行政管理总局商标评审委员会。住所地：中华人民共和国北京市西城区×街1号。

法定代表人：何训班，该委员会主任。

委托代理人：柴玲，该委员会审查员。

再审申请人高文新因与被申请人戴比尔斯百年有限公司（以下简称戴比尔斯公司）、中华人民共和国国家工商行政管理总局商标评审委员会（以下简称商标评审委员会）商标争议行政纠纷一案，不服中华人民共和国北京市高级人民法院（2013）高行终字第2374号行政判决，向本院申请再审。本院依法组成合议庭对本案进行了审查，现已审查终结。

高文新申请再审称：一、高文新注册使用争议商标（见附图）并无恶意。高文新为其经营企业的生产销售需要，注册争议商标“永恒印记”并实际投入使用，并无“搭便车”、“傍名牌”的主观恶意。二、争议商标“永恒印记”与引证商标一、二（见附图）不构成近似商标。（一）争议商标与引证商标整体视觉效果不近似。争议商标为中文文字商标，引证商标一为连串字母商标，引证商标二为连串字母加图形商标，就整体视觉效果而言不近似。（二）争议商标与引证商标含义不同。引证商标一、二“FOREVERMARK”是连串字母组合，其不等于“FOREVER MARK”或“FOR EVER MARK”，其也可能被拆分为“FOR EVERMARK”、“FORE VER MARK”等，其与争议商标不会产生任何联系。即便将引证商标认读为“FOREVER MARK”，“FOREVER”译为“永远、永恒、永久、常常、始终”，“MARK”译为“标志、分数、痕迹、记号”等含义，“FOREVERMARK”也只是翻译为“永久记号”、“永恒痕迹”等，其与争议商标也不构成近似。（三）争议商标与引证商标就相关公众的一般注意力而言不近似。争议商标为中文文字商标，易于中国相关公众识读。即便将引证商标一、二商标识读为“FOREVER MARK”，也必须具有一定英文基础的相关公众才能识读。原一、二审判决认定争议商标与引证商标构成近似商标，事实认定错误。三、认定争议商标与引证商标是否构成近似商标，应综合考虑知名度、显著性及使用情况等因素。（一）高文新提交证据证明争议商标“永恒印记”已经大量投入实际使用，经过长期使用和广泛宣传，争议商标已经具有一定知名度并能够区分商品来源，不会造成混淆误认。（二）争议商标的显著性较强。争议商标“永恒印记”具有极高的独创性和显著性，“印记”为非常用词汇，“永恒”与“印记”相结合使用具有独创性和显著性，应给予争议商标较强保护。（三）引证商标显著性较弱。即便将引证商标一、二认读为“FOREVER MARK”，两个单词均为固有英文单词，显著性较弱。并且，“FOREVER MARK”使用在象征爱情的“珠宝、首饰”等商品上显著性更弱，应给予较弱保护。（四）引证商标并无知名度。戴比尔斯公司提交的证据无法证明引证商标的知名度，且其明确放弃《中华人民共和国商标法》（2001年修正，以下简称商标法）第十三条第二款的诉讼理由。（五）戴比尔斯公司从未实际使用过“永恒印记”，且无有效在先商标“永恒印记”。（六）本案是商标争议案，为维护商标注册秩序的稳定性，认定商标是否构成近似应从严把握。综合考虑上述因素，争议商标与引证商标一、二不构成近似商标。四、原一、二审判决法律适用错误。原一、二审判决认定争议商标与引证商标一、二构成近似商标，并依据商标法第二十八条之规定撤销争议商标的注册申请，显属法律适用错误。本案为商标争议案件，应当适用商标法第四十一条第三款以及《中华人民共和国商标法实施条例》（2002年施行，以下简称商标法实施条例）第二十九条的规定。综上，原一、二审判决认定事实不清，适用法律确有错误，请求撤销原一、二审判决，维持商标评审委员会商评字（2012）第49687号《关于第4497942号“永恒印记”商标争议裁定书》（以下简称第49687号裁定）。

戴比尔斯公司答辩称：争议商标与引证商标构成使用在类似商品上的近似商标，应予撤销，原一、二审判决认定事实清楚，适用法律正确，应予维持。请求驳回高文新的再审申请。

商标评审委员会提交意见称：第49687号裁定认定事实清楚，适用法律正确，程序合法，请求维持第49687号裁定，判令戴比尔斯公司承担本案全部诉讼费用。

本院认为，根据当事人的申请再审理由与答辩意见，本案的争议焦点为：争议商标与引证商标是否构成近似商标；原一、二审判决适用法律是否错误。

一、关于争议商标与引证商标是否构成近似商标

判断争议商标与引证商标是否构成商标法意义上的近似商标，应以相关公众的一般注意力为标准来进行。既要考虑商标标识构成要素及其整体的近似程度，也要考虑相关商标的显著性和知名度、所使用商品的关联程度等因素，以是否容易导致混淆作为判断标准。争议商标“永恒印记”为单纯中文商标，引证商标一为“FOREVERMARK”，引证商标二为“FOREVERMARK及图”。判断争议商标与引证商标是否构成近似，关键在于判断“永恒印记”与“FOREVER-

MARK”是否构成近似。由于“永恒印记”与“FOREVERMARK”在音、形上不相同也不相近似，因此主要需从含义上确定两者近似与否。确定争议的中文商标与引证的英文商标的近似性，需要考虑如下因素：相关公众对英文商标的认知水平和能力、中文商标与英文商标含义上的关联性或者对应性、引证商标自身的知名度和显著性、争议商标实际使用情况等。

第一，相关公众对英文商标的认知水平和能力。这里涉及两个因素，一是我国相关公众对英文文字的认知水平，二是引证的英文商标词汇自身的常用性程度。众所周知，我国实行九年制义务教育已经多年，英语是我国九年制义务教育的重要课程之一，也是迄今为止我国高考的重要考试科目之一。我国境内相关公众对于常用英文词汇具有一定的认知能力和水平。按照通常拼读习惯，相关公众容易将“FOREVERMARK”识别为“FOREVER MARK”。同时，“FOREVER”和“MARK”均为使用频度较高的常用英文单词，小学生英汉字典中即已收录这两个单词。在我国境内相关公众对于引证商标的中文含义具有相当的理解力的情况下，容易将引证商标相对应的中文含义与引证商标联系起来。

第二，引证的英文商标与争议的中文商标含义上的关联性或者对应性程度。这种对应性和关联性可以从英译中和中译英两个角度进行考量。“FOREVER”具有“永远、永恒、永久、常常、始终”等含义，“MARK”具有“标志、分数、痕迹、记号”等含义，且“MARK”在注册的中英文组合商标中常被译为“印记”，“FOREVERMARK”可译为“永恒印记”。同时，“永恒印记”翻译成英文，也可译为“FOREVER MARK”。由此可见，“永恒印记”与“FOREVERMARK”含义上确实存在呼应关系，相关公众容易将二者对应起来。当争议商标和引证商标共同使用在相同或类似商品上时，相关公众施以一般注意力，容易误认为其商品来自同一主体或者两者之间存在特定联系。

第三，引证商标的知名度。根据当事人提供的证据，戴比尔斯公司在争议商标申请日以前，曾在国内的报纸上采取有奖销售等形式宣传使用引证商标，引证商标具有一定的知名度。

第四，争议商标的实际使用情况。高文新提交的证据主要涉及对争议商标作为企业名称及用于首饰加工服务广告的使用情况，在争议商标核定使用的商品类别上使用规模较小，不足以证明争议商标经过实际使用已经具有较高的市场声誉，更不能证明相关公众已在客观上将争议商标与引证商标区别开来。对于高文新所称争议商标通过多年使用，已具有一定的市场知名度并形成了稳定的市场秩序的主张，本院不予支持。

综上，原一、二审法院认定争议商标与引证商标构成近似商标并无不当，高文新关于争议商标与引证商标不构成近似商标的申请再审理由不能成立，本院不予支持。

二、原一、二审判决适用法律是否错误

商标法第二十八条规定："申请注册的商标，凡不符合本法有关规定或者同他人在同一种商品或者类似商品上已经注册的或者初步审定的商标相同或者近似的，由商标局驳回申请，不予公告。"商标法第四十一条第三款规定："除前两款规定的情形外，对已经注册的商标有争议的，可以自该商标经核准注册之日起五年内，向商标评审委员会申请裁定。"商标法实施条例第二十九条规定："商标法第四十一条第三款所称对已经注册的商标有争议，是指在先申请注册的商标注册人认为他人在后申请注册的商标与其在同一种或者类似商品上的注册商标相同或者近似。"根据上述规定可知，商标法第二十八条规定的商标注册实体法律标准与商标法第四十一条第三款及商标法实施条例第二十九条一致。商标法第二十八条适用于商标申请和异议程序，商标法第四十一条第三款适用于商标争议程序。本案属商标争议纠纷，裁判依据应为商标法第四十一条第三款及商标法实施条例第二十九条。原一、二审法院在对商标评审委员会基于商标法第二十八条所作出的第49687号裁定进行评判时，援引商标法第二十八条有所不当，本院予以纠正。但由于商标法第二十八条与第四十一条第三款的实体法律标准一致，上述错误并不影响本案裁判结果，本院对高文新此项再审申请理由不予支持。

综上，高文新的再审申请不符合《中华人民共和国行政诉讼法》第六十三条第二款和《最高人民法院关于执行〈中华人民共和国行政诉讼法〉若干问题的解释》第七十二条规定的再审条件。依照《最高人民法院关于执行〈中华人民共和国行政诉讼法〉若干问题的解释》第七十四条之规定，裁定如下：

驳回高文新的再审申请。

审　判　长　王艳芳
代理审判员　朱　理
代理审判员　佟　姝
二〇一四年十一月二十八日
书　记　员　刘海珠

64. 判断中外文商标是否构成近似应当考虑二者是否已经形成了稳定的对应关系

——再审申请人拉菲罗斯柴尔德酒庄与被申请人国家工商行政管理总局商标评审委员会、南京金色希望酒业有限公司商标争议行政纠纷案

【裁判要旨】

判断中文商标与外文商标是否构成近似，不仅要考虑商标构成要素及其整体的近似程度、相关商标的显著性和知名度、所使用商品的关联程度等因素，还应考虑二者是否已经在相关公众之间形成了稳定的对应关系。

【关键词】

商标　争议程序　商标近似　对应关系

【案号】

最高人民法院（2016）最高法行再34号

【基本案情】

在再审申请人拉菲罗斯柴尔德酒庄（以下简称拉菲酒庄）与被申请人国家工商行政管理总局商标评审委员会（以下简称商标评审委员会）、南京金色希望酒业有限公司（以下简称金色希望公司）商标争议行政纠纷案中，第4578349号“拉菲庄园”商标（即争议商标）的申请日为2005年4月1日，核定使用在第33类葡萄酒、酒（饮料）、果酒（含酒精）、蒸馏酒精饮料、苹果酒、含酒精液体、含水果的酒精饮料、米酒、青稞酒、料酒商品上，注册商标专用权人为金色希望公司。“LAFITE”商标（即引证商标）申请日为1996年10月10日，核定使用在第33类的含酒精饮料（啤酒除外）商品上，注册商标专用权人为拉菲酒庄。在法定期限内，拉菲酒庄以争议商标违反商标法（2001年修正）第二十八条等规定为由，向商标评审委员会提出争议申请。商标评审委员会于2013年9月2日作出商评字［2013］第55856号《关于第4578349号“拉菲庄园”商标争议裁定书》（以下简称第55856号裁定），以争议商标违反商标法（2001年修正）第二

十八条规定为由，对争议商标予以撤销。金色希望公司不服，提起行政诉讼。北京市第一中级人民法院一审判决维持第55856号裁定。金色希望公司不服，提起上诉。北京市高级人民法院二审认为，难以认定引证商标在争议商标申请日之前，已经在中国大陆地区具有市场知名度，相关公众已经能够将引证商标与“拉菲”进行对应性识别。争议商标的注册和使用长达十年之久，其已经形成稳定的市场秩序，从维护已经形成和稳定的市场秩序考虑，本案争议商标的注册应予维持。遂判决撤销一审判决及第55856号裁定。拉菲酒庄不服，向最高人民法院申请再审。经查明，中国经济网2014年2月12日《质检总局公布六款进口“拉菲”葡萄酒质量不合格》报道记载：“‘拉菲’葡萄酒一直让中国消费者对其趋之若骛……然而近日，国家质检总局公布六款洋拉菲酒质量不合格，让‘拉菲迷’们大跌眼镜。中国经济网了解到，六款不合格产品为：拉菲庄园2012干红葡萄酒……”2016年8月1日搜狐财经刊登图文消息“‘拉菲庄园’隆重登陆糖酒会 消费者不知其为山寨”。最高人民法院裁定提审本案，并于2016年12月23日判决撤销二审判决，维持一审判决及第55856号裁定。

【裁判意见】

最高人民法院提审认为：认定商标是否近似，既要考虑商标构成要素及其整体的近似程度，也要考虑相关商标的显著性和知名度、所使用商品的关联程度等因素，以是否容易导致混淆作为判断标准。争议商标由中文文字“拉菲庄园”构成，“庄园”用在葡萄酒类别上显著性较弱，“拉菲”系争议商标的主要部分，判断争议商标与引证商标是否构成近似，关键在于判断“拉菲”与“LAFITE”是否构成近似或者形成了较为稳定的对应关系。在争议商标申请日前，各类宣传报道中即有将引证商标“LAFITE”音译为“拉菲”的情况，且《新快报》《扬子晚报》《北京日报》等刊物属于消费者容易接触到的、受众面较大的宣传媒介。相关媒体所载文章均对“LAFITE”葡萄酒给予了极高评价，引证商标具有较高的知名度。此外，拉菲酒庄通过多年的商业经营活动，客观上在“拉菲”与“LAFITE”之间建立了稳固的联系，我国相关公众通常以“拉菲”指代“LAFITE”商标，争议商标与引证商标构成近似商标。此外，对于已经注册使用一段时间的商标，是否已经通过使用建立较高市场声誉和形成自身的相关公众群体，并非由使用时间决定，而是要看相关公众能否通过其使用行为，在客观上实现了与其他商标的区分。根据查明的事实，有关新闻报道所涉不合格产品，均系使用了争议商标的相关产品。从前述报道也可以看出，相关公众对争议商标与引证商标仍会混淆误认。因此，金色希望公司提交的证据未能证明其通过对争议商标的使用已经形成了相关公众群体，二审法院所作争议商标已经形成了稳定的市场秩序的结论并无事实依据，对此应予纠正。

中华人民共和国最高人民法院行政判决书

（2016）最高法行再34号

再审申请人（原审第三人）：拉菲罗斯柴尔德酒庄（CHATEAU LAFITE ROTHSCHILD）。住所地：法兰西共和国巴黎保玛路33号。

法定代表人：埃里克·德·罗斯柴尔德，该酒庄管理合伙人。

委托诉讼代理人：张亚洲，北京市集佳律师事务所律师。

委托诉讼代理人：侯玉静，北京市集佳律师事务所律师。

被申请人（一审被告、二审被上诉人）：国家工商行政管理总局商标评审委员会。住所地：中华人民共和国北京市西城区茶马南街1号。

法定代表人：赵刚，该委员会主任。

委托诉讼代理人：徐苗，该委员会审查员。

委托诉讼代理人：张谦，该委员会审查员。

被申请人（一审原告、二审上诉人）：南京金色希望酒业有限公司。住所地：中华人民共和国南京市玄武区珠江路88号A栋3312室。

法定代表人：龚建京，该公司董事长。

委托诉讼代理人：刘东海，北京市金沃律师事务所律师。

委托诉讼代理人：陈明涛，北京市兰台律师事务所律师。

再审申请人拉菲罗斯柴尔德酒庄（简称拉菲酒庄）因与被申请人国家工商行政管理总局商标评审委员会（简称商标评审委员会）、南京金色希望酒业有限公司（简称金色希望公司）商标争议行政纠纷一案，不服北京市高级人民法院（2014）高行（知）终字第3129号行政判决，向本院申请再审。本院于2016年1月7日作出（2015）知行字第230号行政裁定，提审本案。本院依法组成合议庭进行审查，于2016年8月2日公开开庭审理了本案，拉菲酒庄的委托诉讼代理人张亚洲、侯玉静，金色希望公司的委托诉讼代理人刘东海、陈明涛，商标评审委员会的委托诉讼代理人徐苗、张谦到庭参加诉讼，本案现已审查终结。

被申请人金色希望公司因商标争议行政纠纷一案，不服商标评审委员会于

2013年9月2日作出的商评字［2013］第55856号《关于第4578349号“拉菲庄园”商标争议裁定书》（简称第55856号裁定），于法定期限内向北京市第一中级人民法院提起诉讼。金色希望公司诉称：一、商标评审委员会认定争议商标与引证商标构成近似商标属于认定事实错误。二、中国法律不应当为外文商标在中国预留不特定的中文文字组合商标。争议商标与引证商标属于不同语种的文字，所以在发音上一般不会形成一一对应的关系，只有经过外文商标权利人主动性的、长期的、大量的使用，使得相关公众均认可外文与相应的中文形成一一对应关系时，才能以此禁止他人注册、使用相应的中文商标。三、争议商标经过金色希望公司长期大量的使用，已经建立较高市场声誉并形成相关公众群体，从维护稳定的市场秩序方面出发，商标评审委员会撤销争议商标显属错误。综上所述，商标评审委员会认定事实错误，请求人民法院判决撤销第55856号裁定。

商标评审委员会辩称：第55856号裁定认定事实清楚，适用法律正确，审理程序合法，请求人民法院判决予以维持。

第三人拉菲酒庄述称：同意商标评审委员会的意见，请求人民法院判决维持第55856号裁定。

一审法院经审理查明：第4578349号“拉菲庄园”商标（简称争议商标，见下图）的申请日为2005年4月1日，核定使用在第33类葡萄酒、酒（饮料）、果酒（含酒精）、蒸馏酒精饮料、苹果酒、含酒精液体、含水果的酒精饮料、米酒、青稞酒、料酒商品上，注册人为金色希望公司，专用期限至2017年11月13日。

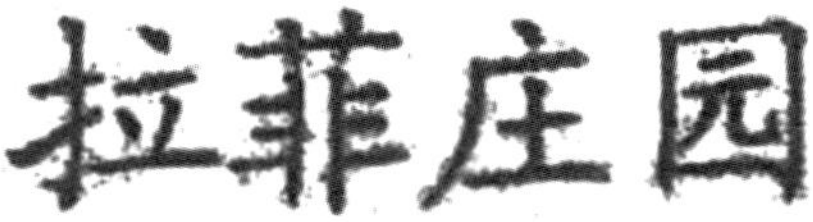

争议商标

第1122916号“LAFITE”商标（简称引证商标，见下图）的申请日为1996年10月10日，核定使用在第33类的含酒精饮料（啤酒除外）商品上，注册人为拉菲酒庄，专用期限至2017年10月27日。

引证商标

2011 年 8 月 24 日，拉菲酒庄针对争议商标向商标评审委员会提出争议申请，主要理由是：一、拉菲酒庄是世界知名的葡萄酒生产商。拉菲酒庄在中国市场上进行了长期广泛的销售，且早在 1996 年就申请并获准注册了引证商标，而“拉菲”是引证商标对应的中文翻译。请求依据《中华人民共和国商标法》（2001 年修正，简称商标法）第十四条的规定，认定引证商标及中文“拉菲”为驰名商标。二、争议商标与引证商标、“拉菲”构成类似商品上的近似商标。三、争议商标是对驰名的引证商标的翻译，对“拉菲”商标的抄袭和摹仿。四、争议商标侵犯了拉菲酒庄对“LAFITE”、“拉菲”享有的在先企业名称权。五、争议商标是以不正当手段恶意抢注拉菲酒庄在先使用并有一定影响的商标。六、争议商标的注册具有明显的恶意，且会产生不良的社会影响。请求依据商标法第九条、第十条第一款第（八）项、第十三条第一款、第二十八条、第二十一条、第四十一条第二款、第三款的规定，撤销争议商标的注册。

在商标评审过程中，拉菲酒庄向商标评审委员会提交了如下主要证据：

1. 拉菲酒庄官方网站介绍、1855 年列级酒庄目录、拉菲酒庄在法国在先注册的“LAFITE”、“CHATEAU LAFITE ROTHSCHILD”商标的注册证及续展文件、拉菲酒庄在世界范围内申请和注册带有“LAFITE”文字的商标列表及翻译、拉菲酒庄的“LAFITE”、拉菲产品宣传材料、产品照片。

2. 国家质量监督检验检疫总局于 2006 年 5 月 13 日、6 月 9 日颁发给美夏国际贸易（上海）有限公司（简称美夏公司）的进出口食品标签审核证书，证书上载明的品牌/品名为拉菲传奇系列葡萄酒。该证书所附标签载有对产品的中英文说明，记载：罗斯柴尔德家族酿造了此款令人愉悦的易于饮用的葡萄酒，此款拉菲传奇……文字，并记载原产国为法国。

3. 上海商检认证服务有限公司于 2008 年 1 月 28 日给美夏公司出具的进口食品标签咨询报告，报告上载明的品牌/品名为拉菲珍藏系列葡萄酒。该咨询报告所附的标签版式有对产品的中英文说明，记载有：拥有拉菲古堡的罗斯柴尔家族……文字，并记载原产国为法国。

4. 2008 年 9 月、2009 年 2 月 –5 月海关保税区进境货物备案清单及报关单，其中涉及的货物包括拉菲珍藏系列葡萄酒、拉菲传奇系列葡萄酒等。

5. 拉菲酒庄宣称的罗斯柴尔德拉菲集团给香港 OMTIS LTD 公司签订“LAFITE”产品在中国大陆、香港、澳门、越南的英文经销协议及 OMTIS LTD 公司出具的声明。

6. 2008年1月1日尚杜拉菲特罗兹施德民用公司与美夏公司签订的商标使用许可合同，其中包括引证商标。

7. 美夏公司与其他经销商于2007年、2009年签订经销合同，其中涉及拉菲系列葡萄酒。

8. 拉菲酒庄与上海名特国际贸易有限公司以及美夏公司之间的销售发票，发票上记载有“LAFITE”的标识，其中涉及的产品包括CHATEAU LAFITE ROTHSCHILD，时间为1999年–2002年、2004年–2007年。

9. 家乐福超市刊物刊登的促销日期为2006年4月15日–4月30日的小拉菲干红葡萄酒的产品销售图片；麦德龙国际葡萄酒节会刊上刊登的拉菲传奇葡萄酒的照片，该会刊上记载有整箱购买，50%特惠让利，有效期为2005年12月8日–2006年1月4日的字样。

10. 香格里拉酒店的红葡萄酒酒单，其中包括罗斯柴尔德拉菲；美夏公司与上海城市超市关于“LAFITE传说波尔多红酒”的促销计划；拉菲酒庄在香港的客户名单；拉菲酒庄总裁在上海访问时与申城名流品饮“LAFITE”葡萄酒的新闻报道；“悦”刊刊登的关于拉菲酒庄历史的介绍。

11. 《天下美食》、《艺术家》等杂志、报纸、期刊对“拉菲LAFITE”的宣传和介绍，“BEIJING TALK”报纸刊登的“LAFITE”葡萄酒的销售广告。

12. 1983年4月13日及8月10日出版的1983年第2期、第3期《酿酒科技》上刊登的《葡萄女王拉斐堡及纽约评酒会》（上）（下）的文章，其中提到拉斐（CHATEAU LAFITE）葡萄园，并记载1855年法国官方评定波尔多美多克的葡萄美酒，拉斐堡居四魁之首，以此奠定了在酒史上的崇高地位。……使拉斐美酒继续驰名世界。1949年（得20分，标价300美元）：60位与会品酒人士一致公认，此年份酒为品尝会最佳酒。拉斐美酒所有特性已是福杯满溢，虽然已有30年酒龄，却有新酒风味，可说是顶峰状态。1985年第3期《酿酒科技》“世界名酒”栏目中刊登了《酒中仙后——拉斐堡酒》一文，其中提到：拉斐堡（Chateau Lafite）是法国的一座产酒名城。1985年第4期《酿酒科技》中刊登的《酒之最》的文章，其中提到最贵的葡萄酒为1806年的CHATEAU LAFITE ROTHSCHILD，1979年5月24日以仅剩最后一瓶之故，以28000美元高价卖出。1995年第2期《酿酒科技》刊登的《世界发酵史概述》一文中提到：法国大庄园拉菲特（Lafite）于1797年开始使用这种方法酿制波尔多红葡萄酒，并逐渐推广到整个葡萄酒工业。

13. 2001年第3期《中外轻工科技》刊登的《如何分辨真伪葡萄酒》的文章，其中提到：例如1982年的拉斐（Lafite）等内容。1996年第9期《国际市场》中刊登的《魅力永存的法国红葡萄酒》，其中提到Lafite的酒陈放20年以后品尝，口感饱满，但不同于其他一般酒厂，即使陈放期短，饮用也一点不差。1999年5月《CHINA DRINKS》刊登的《葡萄酒与投资》一文中提到法国波尔多红葡萄酒包括拉菲特（Lafite），2002年第6期《中外葡萄与葡萄酒》刊登的《法国波尔多的葡萄与葡萄酒－酒庄的分类与等级》一文中提到Lafite，2002年第3期《法语学习》刊登的《法国葡萄酒简介》一文记载有CHATEAU LAFITE ROTHSCHILD拉菲特堡干红的内容。21食品商务网刊登的2004年5月25日《拉菲等巨头即将合力打造顶级精品酒庄》一文中提到法国最著名的五大酒庄之一——波尔多一级酒庄拉菲（Chateau Lafite）。

14. 2005年2月7日《民营经济报》刊登的《顶级葡萄酒的收藏与投资》一文中提到：典型的是法国拥有悠久历史的著名酒庄，如波尔多的伊甘酒庄，以及五大顶级酒庄拉菲、拉图、玛哥、木桐和奥比安，都是历史形成的名庄。2006年10月30日《21世纪经济报道》刊登的《红酒之最》一文中提到：36瓶1996年的Chateau Lafite Rothschild，每瓶700欧元。2007年4月23日《21世纪经济报道》刊登的《好酒是拿来分享的》一文提到Chateau Lafite Rothschild（拉菲·罗施尔德庄园）、一些电影中也是以Chateau Lafite Rothschild作为法国顶级红酒的代名词、比如1982年的拉菲，在过去已经卖了20多年，全世界现在不知道还剩下多少支等内容。2008年1月5日的《商务周刊》刊登的《作为收藏的葡萄酒》一文中提到Lafite。

15. 网络上关于拉菲LAFITE红酒的介绍文章。

16. 百度百科关于拉菲、Lafite的介绍；维基百科关于拉菲酒庄的介绍；百度新闻中关于拉菲LAFITE为关键词的搜索结果；（2013）长中民五初字第0518号民事判决书；波尔多葡萄酒行业协会出具的声明；涉及“拉斐”、“拉斐尔”商标争议的裁定等。

金色希望公司答辩的主要理由是：拉菲酒庄“LAFITE”商标的中文译法为“拉斐”和“拉斐堡”，其与争议商标不近似。争议商标的注册和使用时间早于拉菲酒庄的商标。拉菲酒庄对“拉菲”不拥有在先权益，其字号不应对争议商标构成在先权利。拉菲酒庄的证据不能支持其主张。争议商标的注册合法，未违反商标法有关规定。

金色希望公司在商标评审阶段提交了其公司及关联公司的营业执照复印件及商品检验报告。

2013 年 9 月 2 日，商标评审委员会作出第 55856 号裁定。该裁定认为：一、拉菲酒庄在案证据表明，在争议商标申请注册之前，国内刊物即已开始介绍拉菲酒庄及其生产的“LAFITE”葡萄酒，并将“LAFITE”译为“拉菲特”，或将“CHATEAU LAFITE”译为“拉斐堡”。经多年宣传，上述商标已形成对应关系且金色希望公司亦认同拉菲酒庄“LAFITE”商标的中文译法为“拉斐”和“拉斐堡”。此后，国内媒体又将“LAFITE”译为“拉菲”进行宣传报道，拉菲酒庄在销售活动中也将“拉菲”作为音译词使用，并且在葡萄酒市场上形成较高的知名度。作为经营葡萄酒商品的同行业竞争者，金色希望公司理应知晓拉菲酒庄及其商标的使用情况，应有合理避让，却仍在葡萄酒等类似商品上注册了与引证商标对应的中文译法“拉菲特”、“拉斐”、“拉菲”相近的争议商标，其行为难谓正当。因此，争议商标已经与引证商标构成类似商品上的近似商标，其注册使用易使消费者认为其所标示的产品来自拉菲酒庄或与拉菲酒庄存在某种关联的企业，违反了商标法第二十八条的规定。二、本案已无认定争议商标为驰名商标的必要，故不再适用商标法第十三条的规定审理本案，亦不再依据商标法第三十一条关于“不得以不正当手段抢先注册他人已经使用并有一定影响的商标”之规定进行评审。三、争议商标未违反商标法第三十一条有关“申请商标注册不得损害他人现有的在先权利”的规定。四、争议商标本身不至于产生有害于社会主义道德风尚或者其他不良社会影响的效果，即未违反商标法第十条第一款第（八）项的规定。另外，金色希望公司关于争议商标的注册和使用时间早于拉菲酒庄商标之主张缺乏证据佐证。综上，拉菲酒庄的撤销理由成立，依据商标法第二十八条、第四十一条第三款、第四十三条的规定，裁定：争议商标予以撤销。

在本案诉讼过程中，金色希望公司提交了如下证据：

1. 北京市第一中级人民法院（2011）一中知行初字第 2884 号行政判决书。

2. 7 份争议商标许可使用合同。

3. 关于争议商标商品销售方面的证据，包括附随单据、发票、部分进出口公司的证明、部分出入境检验检疫卫生证书、海关进口货物报关单、出入境检验检疫入境货物通关单。其中进出口公司出具的证明载明代理金色希望公司进口含有“拉菲庄园”商标的产品或者载明代理进口法国的原瓶酒进口业务。出入境检验检疫卫生证书载明的产地为法国，启运地包括法国、西班牙、品名为拉菲庄园系列葡萄酒、时间跨度在2011年至2013年。部分海关进口货物报关单记载的商品名称为拉菲庄园系列红葡萄酒（LAFEI MANOR）、产区为法国波尔多法定产区及朗格多克法定产区、原产国（地）为法国、酒庄名为拉菲庄园。

4. 关于争议商标商品销售范围的证据，包括部分销售发票、部分专卖店照片及证明材料。

5. 部分2007－2013年电视和网络广告、部分2005－2013年展会方面的证据、部分报纸及杂志广告、赞助活动广告合同、现场照片、拍品手册、宣传册、户外灯箱广告、车体广告、挂历照片。其中的部分照片显示“拉菲庄园”与“LAFEI MANOR”共同使用，并有“品位法国经典”、“法国原瓶进口”的字样。照片显示其现场广告牌上的葡萄酒有单独使用“LAFEI MANOR”的情形。部分广告材料上亦显示其酒瓶上有单独使用“LAFEI MANOR”的情况。有相当部分专卖店招牌上亦显示“拉菲庄园”与“LAFEI MANOR”共同使用，并有“法国原瓶进口”或者“法国原瓶原装进口”等字样。部分宣传材料显示产品为原瓶进口礼盒装，生产地址为法国波尔多，生产厂家为南京拉菲庄园酒业有限公司。部分宣传材料显示有“拉菲庄 LAFEI MANOR——岁月的沉淀法国原瓶进口”的字样。宣传册上记载有“拉菲庄园——世界关注的焦点、上帝偏爱的葡萄酒终于来到了中国。南京拉菲庄园酒业有限公司作为拉菲庄园法国原瓶进口葡萄酒的中国运营商，主要从事波尔多地区的葡萄酒销售以及葡萄酒文化推广事业”、“拉菲庄园葡萄酒采用法国波尔多珍贵葡萄品种，葡萄种植采用传统工艺，秉承严格的质量监督制度、遵从法律法规、关注气候、土壤、湿度等客观因素作用；通过波尔多特殊政策的扶持，不使用化学药物和肥料，细心的人工栽培，葡萄完全成熟后才采摘”等内容。宣传册上显示的葡萄酒单独使用“LAFEI MANOR”标识，产区包括：法国波尔多法定产区、法国超级波尔多、法国奥克产区。

6. 第八届、第九届东盟商务与投资峰会指定用酒证书、第十八届鲁台经贸洽谈会指定葡萄酒证书、2012年国际名酒饮品博览会暨国际竞赛（IBEC）金奖证书。

7. 争议商标部分产品照片及南京华夏葡萄酿酒有限公司照片。部分拉菲庄园葡萄酒包装盒或者酒瓶上显示有“Since 1992”、“1992”、“1994”、“1995”、“1996”等字样。

拉菲酒庄提交了如下证据：

1. 四川省成都市中级人民法院作出的（2012）成民终字第1149号、第1153号民事判决书。

2. 法国驻华大使馆经济处主任、公使衔参赞罗伟仁（Jean Leviol）给商标评审委员会主任的公函及法国律师出具的备忘录及6份附录和相关翻译。

3. 1855年波尔多列级庄委员会的《声明》。

一审法院认为：争议商标为“拉菲庄园”，其中的“庄园”二字使用在葡萄酒等商品上显著性较弱，“拉菲”二字为争议商标的主要部分。引证商标为“LAFITE”。根据拉菲酒庄提供的其与上海名特国际贸易有限公司以及美夏公司之间的销售发票，引证商标的商品早在1999年就进入中国市场。早在20世纪80年代，国内的相关刊物就开始介绍拉菲酒庄及其生产的“LAFITE”葡萄酒，并将“LAFITE”译为“拉斐”或者“拉菲特”，将“CHATEAU LAFITE”译为“拉斐堡”或者“拉菲特堡”。而在争议商标申请日之前，亦有相关的媒体将“LAFITE”译为“拉菲”，如21食品商务网刊登的2004年5月25日《拉菲等巨头即将合力打造顶级精品酒庄》以及2005年2月7日《民营经济报》刊登的《顶级葡萄酒的收藏与投资》等。无论是将“LAFITE”译为“拉斐”、“拉菲”或者“拉菲特”均系从音译的角度对该词进行的翻译，而音译系根据发音进行的语言转换。通过相关媒体的介绍，结合拉菲酒庄的“LAFITE”葡萄酒早在争议商标注册日之前就进入中国市场的情况，国内的相关公众能够了解到“LAFITE”葡萄酒属于名贵酒，亦了解到“LAFITE”呼叫为“拉斐”、“拉菲特”或者“拉菲”。此后，拉菲酒庄在销售活动中也将“拉菲”作为“LAFITE”对应的音译词使用，并具有较高的知名度。金色希望公司将与引证商标对应的音译“拉斐”、“拉菲”、“拉菲特”相同或者近似的文字“拉菲”作为主要部分申请注册争议商标，指定使用在与引证商标核定使用的商品相同或者类似的商品上，容易使相关公众认为这些商品具有相同的来源或者其来源之间具有密切的联系，从而对商品的来源产生误认。因此，争议商标与引证商标构成使用在相同或者类似商品上的近似商标，其注册违反了商标法第二十八条的规定，依法应当予以撤销。金色希望公司所述引证商标的含义为“小山丘”的情形不为相关公众所熟悉，相关公众难以从含义上区分两商标，故对金色希望公司的相关主张不予支持。

金色希望公司作为经营葡萄酒商品的同行业竞争者，理应知晓拉菲酒庄的引证商标及其音译情况，其在申请争议商标注册时应当合理避让，但仍然在葡萄酒等相同或类似商品上申请注册了与引证商标近似的争议商标，其行为难谓正当。另外，根据金色希望公司提交的相关证据，其在实际使用争议商标的过程中，广泛存在将争议商标与“LAFEI MANOR”一并使用的情况，并标示“法国原瓶进口”等字样，客观上使得相关公众更难以将争议商标与引证商标标识的商品之来源进行区分。因此，金色希望公司提交的证据尚难以证明争议商标经过使用，已经足以使相关公众将其标识的商品之来源与引证商标标识的商品之来源相区分。因此，金色希望公司的相关主张不能成立。其所述的其他案件的情况与本案情况不同，不能成为本案争议商标应当予以维持的依据。综上，一审法院依照《中华人民共和国行政诉讼法》第五十四条第（一）项之规定，判决：维持第 55856 号裁定。

金色希望公司不服一审判决，向二审法院提起上诉，请求撤销一审判决及第 55856 号裁定，责令商标评审委员会重新作出裁定。主要理由为：1. 争议商标与引证商标不构成近似商标；2. 争议商标授权信赖利益应当得到保护，长期大量使用所形成的稳定市场秩序应当得到维护。商标评审委员会、拉菲酒庄服从一审判决。

二审法院经审理查明：一审判决认定事实清楚，有争议商标的商标档案、引证商标的商标档案、商标评审委员会第 55856 号裁定、当事人提交的证据以及当事人陈述等在案佐证，二审法院予以确认。二审诉讼过程中，金色希望公司提交了以下证据：最高人民法院（2014）知行字第 33 号行政裁定书；北京市高级人民法院（2013）高行终字第 1606 号行政判决书；上海名特国际贸易有限公司工商档案；香港某公司开给金色希望公司的时间为 1995 年的销售发票；证明酒类产品进口到中国必须具有的中文材料，包括入境货物通关单、进口货物报关单、进口增值税专用缴款书、卫生证书；拉菲庄园产品产地为智利、阿根廷的产品照片。以上证据用以证明金色希望公司的上诉理由成立。

二审法院认为：《中华人民共和国行政诉讼法》第五条规定：“人民法院审理行政案件，对具体行政行为是否合法进行审查。”虽然 2013 年 8 月 30 日修改的商标法已于 2014 年 5 月 1 日起施行，但本案被诉的第 55856 号裁定由商标评审委员会于 2014 年 5 月 1 日前作出，因此，本案应当适用 2001 年 10 月 27 日修改的商标法。该商标法第二十八条规定：“申请注册的商标，凡不符合本法有关规定或者同他人在同一种商品或者类似商品上已经注册的或者初步审定的商标相同或者近似的，由商标局驳回申请，不予公告。”

认定商标是否近似，既要考虑商标标志构成要素及其整体的近似程度，也要考虑相关商标的显著性和知名度、所使用商品的关联程度等因素，以是否容易导致混淆作为判断标准。判断外文商标与中文标识是否近似，需考虑中国相关公众的认知情况和外文商标与中文标识之间是否形成对应关系等因素，且应以诉争商标申请注册日为判断的时间节点。具体到本案，争议商标由中文“拉菲庄园”构成，其显著识别部分为“拉菲”，引证商标由外文文字“LAFITE”构成，争议商标与引证商标的标识在字形、读音等方面存在较大差异。从拉菲酒庄提交的证据看，在争议商标申请日之前，仅有少量专业性报刊对引证商标以及“拉菲”等有所报道，且大部分报刊的专业性强，受众面较小，难以认定引证商标在争议商标申请日之前，已经在中国大陆地区具有市场知名度，相关公众已经能够将引证商标与“拉菲”进行对应性识别。拉菲酒庄提供的其与上海名特国际贸易有限公司以及美夏公司之间的销售发票系域外证据，无翻译、公证、认证手续。拉菲酒庄亦未提供进口酒类所需的其他单证，故一审判决关于“根据拉菲酒庄提供的其与上海名特国际贸易有限公司以及美夏公司之间的销售发票，引证商标的商品早在1999年就进入中国市场”的认定缺乏事实依据。综上，争议商标与引证商标不构成近似商标。争议商标的注册未违反商标法第二十八条的规定，一审判决及第55856号裁定对此认定错误，二审法院予以纠正。金色希望公司的相关上诉理由成立，二审法院予以支持。

对于使用时间较长，已建立较高市场声誉和形成相关公众群体的诉争商标，应当准确把握商标法有关保护在先商业标志权益与维护市场秩序相协调的立法精神，充分尊重相关公众已在客观上将相关商业标志区别开来的市场实际，注重维护已经形成和稳定的市场秩序。考虑到本案中，争议商标的注册和使用长达十年之久，其已经形成稳定的市场秩序，从维护已经形成和稳定的市场秩序考虑，本案争议商标的注册应予维持。综上，一审判决及第55856号裁定认定事实不清，适用法律错误，应予纠正。金色希望公司的上诉理由成立，对其上诉请求二审法院予以支持。依照《中华人民共和国行政诉讼法》第六十一条第（三）项、《最高人民法院关于执行〈中华人民共和国行政诉讼法〉若干问题的解释》第七十条之规定，判决：一、撤销北京市第一中级人民法院（2013）一中知行初字第3731号行政判决；二、撤销商标评审委员会第55856号裁定。

拉菲酒庄申请再审称，1. 在案证据足以证明在争议商标申请日前，引证商标已经在中国境内使用并具有较高知名度。2. 无论是拉菲酒庄主动将“LAFITE”翻译成“拉菲”并予以“主动使用”，还是报刊、杂志、书籍、影视等媒体及相关公众将“LAFITE”称呼为“拉菲”，只要拉菲酒庄与其产品之间以“拉菲”为媒介的特定联系已经建立，就可以阻止他人注册或使用“拉菲”。3. “拉菲”作为“LAFITE”的音译已经与“LAFITE”及拉菲酒庄建立起一种被公众广泛理解的、明确的、稳定的对应关系；“拉菲”、“拉菲特”、“拉斐”多种翻译形式的存在并不损害特定联系的建立和存续。4. 撤销争议商标的注册，不仅是维护再审申请人合法权益的需要，更是保护中国社会公共利益的需要。金色希望公司仿冒、搭便车的恶意非常明显，且在争议商标申请日之后，报刊、杂志、书籍、影视等媒体及社会公众，以及拉菲酒庄及其中国经销商，将“LAFITE”更加广泛地、稳定地翻译为“拉菲”，争议商标申请日之后的证据也应予以一并考虑；争议商标与引证商标的音译“拉菲”完全相同，相同商品上、高度近似的两个商标，必然造成混淆、误认。5. 长期共存的事实不能排除混淆、误认的可能性。即使争议商标“拉菲庄园”与引证商标“LAFITE”及其音译“拉菲”在市场上长期共存达十年之久，也并不必然排除相关公众对二者产生混淆的可能性，其市场声誉或许就是相关公众认为二者同属一家或存在特定关联关系而依附再审申请人产生、建立的。综上，二审法院认定事实和适用法律错误，请求撤销北京市高级人民法院（2014）高行（知）终字第3129号行政判决；维持北京市第一中级人民法院（2013）一中知行初字第3731号行政判决；维持商标评审委员会第55856号裁定。

商标评审委员会辩称，引证商标早期在中国大陆被公众翻译为“拉菲特”、“拉菲堡”，均指向再审申请人及其“LAFITE”商标，争议商标与其构成近似。本案争议焦点在于争议商标申请日前相关公众看到争议商标是否会联想到拉菲酒庄的引证商标，该事实的确定不在于拉菲酒庄对“拉菲”是主动使用还是被动使用，有时被动宣传更能够证明“拉菲”的知名度。本案还应考虑金色希望公司的销售模式以及金色希望公司注册争议商标的恶意情况，金色希望公司在再审程序中提交的大量关于争议商标使用的证据不足以证明其通过大量使用已经形成了较为稳定的市场秩序，金色希望公司至少将四件商标许可给“南京华夏葡萄酒酿酒有限公司”，且这四件商标差异显著。此外，除争议商标外，金色希望公司还申请注册了第8835643号图形商标，该商标整体表现为圆形，上下各有五个箭头，这一设计构思与再审申请人旗下的另一件著名图形商标（国际注册第764270号）高度近似，金色希望公司主观恶意明显。综上，争议商标与引证商标应当判定为近似商标，争议商标在中国大陆的注册和使用，极易引起相关公众对商品来源产生混淆误认，难以起到区分商品来源的作用，请求撤销二审判决，维持一审判决及商标评审委员会作出的商标争议裁定。

金色希望公司述称，1. 引证商标和争议商标在构成要素上不构成近似商标。2. 引证商标在争议商标申请日前未在中国市场使用，拉菲酒庄提交的证据缺乏证明力，不足以证明引证商标的使用事实。3. 争议商标的知名度和市场占有率远远超过拉菲酒庄，金色希望公司对争议商标的大量使用所形成的稳定市场秩序足以使争议商标与引证商标相区分。4. 争议商标申请日前，拉菲酒庄未与争议商标建立特定联系，拉菲酒庄在国外的商业活动不能与中国等同。5. 本案不存在公共利益保护之情形，金色希望公司未具有不当使用意图。6. 拉菲酒庄的再审申请已经超过诉讼时效。请求驳回拉菲酒庄的再审申请。

再审审查中，拉菲酒庄向本院提交以下证据：

第一组证据，拟证明拉菲酒庄享有“LAFITE”注册商标专用权：

证据1：第1122916号“LAFITE”商标注册证明、商标档案、商标注册证复印件等材料；

证据2：第G764270号“ ”商标注册证明、商标档案；

证据3：拉菲酒庄企业名称变更证明；

证据4：《商标使用许可合同》：再审申请人许可美夏国际贸易（上海）有限公司在中国境内使用上述两注册商标；

证据5：2006年5月31日签发的“拉菲传奇波尔多红葡萄酒”、“拉菲传奇梅多克红葡萄酒”等10种拉菲葡萄酒的进出口食品标签审核证书；

证据6：2008年1月28日签发的“拉菲珍藏波尔多白葡萄酒”等4种拉菲葡萄酒的进口食品标签咨询报告；

证据7：（LAFITE）“拉菲”产品宣传手册。

第二组证据，拟证明“LAFITE”注册商标具有极强的显著性和极高的知名度，“拉菲”葡萄酒已属中国市场的知名商品：

（一）再审申请人及“LAFITE/拉菲”商标在全球的声誉、地位

证据8：《波尔多1855年列级酒庄》：1855年法定分级体系确认了拉菲酒庄（也译为“拉斐酒庄”）一级酒庄之首的地位；

证据9：《波尔多葡萄酒行业协会声明》：CHATEAU LAFITE ROTHSCHILD译为“拉菲庄园”或“拉斐庄园”，总面积178公顷，其出产的葡萄酒闻名于世。“LAFITE”首次使用可以追溯到1234年；再审申请人在葡萄酒行业享有很高的声望；

证据10：《1855年波尔多列级庄委员会梅多克产区及苏玳产区声明》：1855

年波尔多列级庄委员会是负责和推广1855年波尔多葡萄酒分级体系的官方机构，再审申请人有权在其生产和行销的葡萄酒酒标上使用“PREMIER（1ST）GRAND CRU CLASS en 1855（顶级一等1855年列级酒庄）”。

（二）再审申请人注册商标及拉菲葡萄酒商品在中国市场的销售情况

证据11：《产品经销协议》：美夏国际贸易（上海）有限公司与上海、温州等酒类经销商签订的“LAFITE/拉菲”葡萄酒经销协议；

证据12：海关进口货物报关单：圣皮尔精品酒业（上海）有限公司2011年7月进口两批各5136瓶（701838欧元+533931欧元=1235769欧元，按照当时1：9的汇率，折合人民币11121921元）“LAFITE/拉菲”系列葡萄酒；

证据13：发票：2011年6月14日再审申请人开给圣皮尔精品酒业（上海）有限公司的总金额为1235769.6欧元的发票；

证据14：海关进口关税专用缴款书：

（1）再审申请人总代理圣皮尔精品酒业（上海）有限公司2011年7月7日为总额人民币11587569元（14%的进口关税）的“LAFITE/拉菲”系列葡萄酒缴纳总计1622259.66元进口关税的《海关进口关税专用缴款书》；

（2）再审申请人总代理圣皮尔精品酒业（上海）有限公司2011年7月7日为总额人民币14677587元（17%的进口增值税）的“LAFITE/拉菲”系列葡萄酒缴纳总计2495189.87元进口关税的《海关进口关税专用缴款书》；

（3）再审申请人总代理圣皮尔精品酒业（上海）有限公司2011年7月7日为总额人民币14677587元（10%的进口消费税）的“LAFITE/拉菲”系列葡萄酒缴纳总计1467758.75元进口关税的《海关进口关税专用缴款书》；

证据15：海关进口货物报关单：圣皮尔精品酒业（上海）有限公司2012年9月进口198瓶（总价约为26399.4欧元，按照当时1∶8的汇率，折合人民币211195元）“LAFITE/拉菲”系列葡萄酒；

证据16：发票：2012年8月23日再审申请人开给圣皮尔精品酒业（上海）有限公司的总金额为26399.4欧元的发票；

证据17：海关进口关税专用缴款书：

（1）再审申请人总代理圣皮尔精品酒业（上海）有限公司2012年9月1日为总额人民币209553元（14%的进口关税）的“LAFITE/拉菲”系列葡萄酒缴纳总计29337.5元进口关税的《海关进口关税专用缴款书》；

（2）再审申请人总代理圣皮尔精品酒业（上海）有限公司2012年9月1日

为总额人民币262720元（17%的进口增值税）的“LAFITE/拉菲”系列葡萄酒缴纳总计44662元进口关税的《海关进口关税专用缴款书》；

（3）再审申请人总代理圣皮尔精品酒业（上海）有限公司2012年9月1日为总额人民币262720元（10%的进口消费税）的“LAFITE/拉菲”系列葡萄酒缴纳总计26272元进口关税的《海关进口关税专用缴款书》；

证据18：海关进口货物报关单：圣皮尔精品酒业（上海）有限公司2013年8月进口3600瓶（总价为361620欧元，按照当时1∶8的汇率，折合人民币2892960元）“LAFITE/拉菲”系列葡萄酒；

证据19：发票：2013年8月1日再审申请人开给圣皮尔精品酒业（上海）有限公司的总金额为361620欧元的发票；

证据20：海关进口关税专用缴款书：

（1）再审申请人总代理圣皮尔精品酒业（上海）有限公司2013年8月23日为总额人民币2942246元（14%的进口关税）的“LAFITE/拉菲”系列葡萄酒缴纳总计411914.44元进口关税的《海关进口关税专用缴款书》；

（2）再审申请人总代理圣皮尔精品酒业（上海）有限公司2013年8月23日为总额人民币3726844元（17%的进口增值税）的“LAFITE/拉菲”系列葡萄酒缴纳总计633563.64元进口关税的《海关进口关税专用缴款书》；

（3）再审申请人总代理圣皮尔精品酒业（上海）有限公司2013年8月23日为总额人民币3726844元（10%的进口消费税）的“LAFITE/拉菲”系列葡萄酒缴纳总计372684.49元进口关税的《海关进口关税专用缴款书》；

证据21：（2012）京中信内经证字17969号公证书：再审申请人总代理圣皮尔精品酒业（上海）有限公司向上海城市国际企业发展有限公司、沃尔玛（中国）投资有限公司、Sam's Club、City Shop Time Square Store销售“LAFITE/拉菲”系列葡萄酒的发票，原件与复印件一致。

（三）再审申请人“LAFITE/拉菲”商标及再审申请人葡萄酒商品在中国市场的广告宣传

证据22：1983－2014年各期刊杂志中对LAFITE/拉菲的相关介绍及报道；

证据23：1995－2014年各报纸对LAFITE/拉菲的相关报道；

证据24：国家图书馆文献复制证明；

证据25：（2015）京中信内经证字第49543号公证书：国内外电影中关于lafite/拉菲的相关介绍；

证据26:(2014)京中信内经证字第41605号公证书:再审申请人代理人保全“LAFITE/拉菲”梅花网广告监测公证书。

(四)再审申请人注册商标作为具有较高知名度的商标、“拉菲”作为再审申请人知名商品特有名称受保护的记录

证据27:(2011)湘高法民三终字第55号民事判决书:原告商品“LAFITE”葡萄酒依法认定为知名商品,“拉菲”与原告的“LAFITE”葡萄酒商品已经形成事实上的唯一对应关系,具有区别商品来源的显著特征,“拉菲”为原告“LAFITE”葡萄酒的特有名称;“LAFITE FAMILY”及“LAFITE FAMILY及五支箭图形”侵犯原告注册商标专用权。本案入选最高人民法院2011知识产权保护十大典型案例并收录于《最高人民法院公报》2012年第七期;

证据28:(2012)成民终字第1149号民事判决书:“LAFITE”葡萄酒商品为“具有一定市场知名度、为相关公众所知悉”的知名商品,“拉菲”为原告“LAFITE”葡萄酒商品的特有名称,“拉菲帝国”仿冒了原告知名商品特有名称,构成不正当竞争;

证据29:(2012)成民终字第1153号民事判决书:“拉菲帝国”文字及图形侵犯了原告注册商标专用权;

证据30:(2014)济民三初字第879号民事判决书;

证据31:法国驻华大使馆经济处主任、公使衔参赞罗伟仁(Jean Leviol)给商标评审委员会何训班主任的公函及再审申请人法国律师出具的备忘录及6份附录,及英文翻译;

证据32:(2014)京中信内经证字03234号公证书,记载金色希望公司在淘宝商城中宣传称:“拉菲”(法文:Chateau Lafite Rothschild),拉菲庄园世界顶级红酒酒庄。……占地约一百公顷,面积之广居五个一等顶级酒庄之冠……;

证据33:《质检总局公布六款进口“拉菲”葡萄酒质量不合格》:2014年2月,国家质量监督检验检疫总局公布“拉菲庄园”6款不合格葡萄酒产品,该6款产品的进口商均为南京拉菲庄园酒业有限公司。但对此事件的新闻报道显示,媒体和相关消费者都误以为被申请人的“拉菲庄园”葡萄酒为再审申请人的法国“拉菲”葡萄酒;

证据34:法国酒商“吉娜斯酒庄”向中国大陆销售“LAFITE”葡萄酒的《证明》及有关发票;

证据35:法国酒商“红酒商公司”向中国大陆销售“LAFITE”葡萄酒的

《证明》及有关发票；

证据36：罗斯柴尔德男爵拉菲集团向中国大陆销售“LAFITE”葡萄酒的《证明》及有关发票；

证据37：法国酒商“汇斯酒业简化股份公司”L. D. VINS SAS向中国大陆销售“LAFITE”葡萄酒的《证明》及有关发票、酒鉴、酒标样式；

证据38：法国1855年波尔多列级庄委员会CONSEIL DES GRANDS CRUS CLASSES en 1855的《声明》及其保留的进口“LAFITE”葡萄酒的中国买家名单；

证据39：2003年圣皮尔精品酒业（上海）有限公司《优惠价格单》；

证据40：长沙海关法规室出具的《证明》及其从上海海关调取的2005年–2016年上海名特国际贸易有限公司、美夏国际贸易（上海）有限公司、圣皮尔精品酒业（上海）有限公司进口“拉菲”或“LAFITE”葡萄酒的报关单记录3391条。

（五）争议商标“拉菲庄园”容易造成消费者混淆误认，无法形成能够区别于引证商标“LAFITE”的客观、稳定的市场

证据41：根据2015年12月在北京、上海和广州进行的市场调查，北京零点市场调查有限公司做出的《某葡萄酒品牌市场调查报告》；

证据42：《法律意见书》；

证据43：关于红酒专家论证会的新闻报道；

证据44：商评字（2016）第5095号关于第8072863号“拉菲LAFEI”商标无效宣告请求裁定书；

证据45：商评字（2016）第5094号关于第8072867号“拉菲LAFEI”商标无效宣告请求裁定书；

证据46：商评字（2016）第50120号关于第10745418号“拉菲诗LAFEISHI”商标不予注册复审决定书；

证据47：进口葡萄酒相关术语翻译规范；

证据48：（2015）京中信内经证字第69321号公证书；

证据49：（2015）京中信内经证字第69322号公证书；

证据50：上海昊建实业有限公司官网截屏打印页；

证据51：武汉艾格利（埃格利）古堡酒行官网截屏打印；

证据52：拉菲庄园《每年1000万瓶梅多克葡萄酒进入中国》；

证据53：有关拉菲庄园宣传片录像截屏打印页；

证据54：CCTV－7关于拉菲庄园30秒广告截屏；

证据55：与再审申请人关联公司的相关信息；

证据56：质检总局公布六款进口“拉菲”葡萄酒质量不合格；

证据57：南京拉菲庄园酒业有限公司六款进口“拉菲”不合格；

证据58：中文葡萄酒背标的十个“必要”；

证据59：质检总局：237批次进口食品和化妆品上“黑榜”；

证据60：“拉菲庄园”隆重登陆糖酒会　消费者不知其为山寨。

（六）其他证据

证据61：（2014）高行（知）终字第3129号行政判决书的《送达回证》和《宣判笔录》；

证据62：编号为“EY699027630CN”的《国内特快专递邮件详情单》；

证据63：（1）圣皮尔葡萄酒（北京）有限公司营业执照，内容：该公司1996年1月31日成立，法定代表人圣皮尔；（2）圣皮尔葡萄酒（北京）有限公司《外商企业注销登记证明》，内容：该公司2010年12月30日注销；（3）北京圣皮尔金鹰葡萄酒销售有限公司《注销核准通知书》，内容：该公司2008年10月23日予以注销，但该公司存续期间的营业执照没有留存，网络查询显示该公司2000年10月19日成立；（4）圣皮尔精品葡萄酒（上海）有限公司营业执照，内容：法定代表人DONALD LEO ST PIERRE（注：ST PIERRE，该姓氏通常翻译为“圣皮尔”），该公司成立于2004年4月5日；（5）圣皮尔精品葡萄酒（上海）有限公司《准予注销登记通知书》，内容：该公司2011年4月21日准予注销；（6）圣皮尔精品酒业（上海）有限公司成立后第一份营业执照，内容：法定代表人DONALD LEO ST PIERRE（注：ST PIERRE，该姓氏通常翻译为“圣皮尔”），该公司成立于2008年9月27日；（7）圣皮尔精品酒业（上海）有限公司最新营业执照，内容：法定代表人变更为YUJI YAMAZAKI。

证据64：ASC：进口葡萄酒在中国；

证据65：激情岁月·圣皮尔 我与葡萄酒的这十年；

证据66：葡萄酒世界的驻华大使——访ASC圣皮尔精品酒业执行总裁沈品同（Don St. Pierre，Jr）先生；

证据67：同享美酒 共享人生—访ASC精品葡萄酒公司董事长圣皮尔先生；

证据68：上海名特国际贸易有限公司档案材料；

证据69：上海鸣特国际贸易有限公司档案材料。

金色希望公司质证认为，证据8的真实性无异议，但该书的出版日期在争议商标的申请日之后，且涉及的是“拉斐”，不是本案争议的“拉菲”；证据12－21均系争议商标申请日后的销售情况，与本案无关联；证据22中的6是在文章注释中，没有证明力；证据22中的7－9涉及的均是拉菲酒庄的企业名称非引证商标，与本案无关联；证据22中的11－16均是域外知识的介绍，不是引证商标的商标使用，18－21仅是域外知识的介绍与本案无关联，22对应文字是拉斐特非本案争议“拉菲”，23－48均系争议商标申请日之后的报道，与本案不具有关联性；证据23、24均是域外知识的介绍，与本案不具有关联性；证据25不是我国进口电影，并且只是里面的台词提到，不是商标使用；证据26是争议商标申请日之后的情况，与本案无关联；证据30是争议商标申请日之后的情况，与本案无关联；对证据34、35、36、37不认可真实性、合法性和关联性，对证据36的真实性不予认可，且涉及的是生产日期，不代表是进入中国市场的日期；对证据38真实性、客观性不予认可；对证据39真实性不予认可；对证据41与本案混淆判断不具有关联性；对证据42专家法律意见不予认可；对证据44－66，认为不应成为本案的证据，与本案没有关联性。对其他证据进行梳理归纳，总结出三方面的证据，进行笼统性质证，不针对一个个证据具体质证。再审申请人三方面证据，一是媒体报道，对其质证意见为单纯性媒体报道不构成商业使用；二是对于进入中国市场进行商业性使用的证据，认为相关发票属于形式发票，可以随便打印；三是关于被申请人是否有恶意的证据，被申请人认为其长期使用商标行为正当，不能简单把商业经营等同于恶意，再审申请人的指责没有依据。除此之外，对证据40认为该证据不完整，不能证明相关真实报关记录。

商标评审委员会发表质证意见称，关于双方当事人所提交相关证据，再审申请人在自己的相关杂志中有将中文拉菲和英文对应的宣传报道，同时在金色希望公司的宣传中，也出现了中文拉菲和英文的对应关系，鉴于双方都有对英文和中文标识的宣传报道，足以说明在消费者中，特别是在葡萄酒相关公众中，中文拉菲和英文LAFITE形成了一定的对应关系。本案中争议商标和引证商标虽然在文字构成上是不同的文字形式，但至少呼叫上是相似的，引证商标的形式是法文，对中国消费者来说，法文并不是主要语言文字，主要识别形式还是读音，因此二者构成近似商标。

金色希望公司向本院提交了以下五组证据，其中第一组证据为合法生产、销售、纳税证据：证据1－1，2014－2016年5月国内生产的“拉菲庄园”葡萄酒第三方检验报告（74份）；证据1－2，2014年－2016年5月进口散装葡萄酒海关专用缴款书、报关单、卫生证书；证据1－3，代理进口公司江苏舜天国际集团五金矿产有限公司证明及2015年散装葡萄酒进口量排名；证据1－4，“拉菲庄园”原瓶进口葡萄酒海关专用缴款书、报关单、卫生证书。

第二组证据为广告证据：证据2－1，2014年3月至2016年3月全国糖酒会“拉菲庄园”展位合同、设计稿、现场照片（用于全国糖酒会宣传的费用高达912万元）；证据2－2，“拉菲庄园”品牌荣誉证书；证据2－3，杂志广告。

第三组证据为覆盖面证据：证据3－1，“拉菲庄园”葡萄酒进驻商超系统的部分证明、发票、海报（13省、自治区、直辖市，近2000家分店）；证据3－2，2014－2016年5月“拉菲庄园”葡萄酒部分代理商、经销商销售发票（29省、自治区、直辖市）；证据3－3，2014－2016年5月“拉菲庄园”葡萄酒部分代理商、经销商销售合同。

第四组证据为不近似证据：证据4－1，最高人民法院（2014）知行字第32号裁定书；证据4－2，最高人民法院（2014）知行字第33号裁定书；证据4－3，6186990号“拉菲”商标注册信息；证据4－4，4578349号“拉菲庄园”商标公告信息。

第五组证据为“LAFITE”商标应被视为死亡商标的证据：证据5－1，法国最高法院1061 FS－P＋B号判决书及法国33类、34类商品上的95584581号商标信息（该商标仅剩下34类的注册）。

拉菲酒庄发表质证意见称，形式上，对所有证据的真实性、合法性、关联性不持异议，但不认可其证明目的。“形成稳定的市场秩序”的关键是相关公众对争议商标和引证商标能够互相区分，不会产生混淆、误认，并非仅关注争议商标使用时间长短和规模大小。被申请人再审中提交的所有使用证据，时间上主要是2014－2016年，判断是否“形成稳定的市场秩序”，采纳使用证据的时间点原则上是商标争议提起之时，即2011年8月以前。

商标评审委员会发表质证意见，同意再审申请人质证意见，并补充关于第一组证据，仅能证明产品质量问题，与本案没有关系。对第一、二、三组证据，不能作为争议商标使用的证据，从备案的许可合同看，许可商标至少有四件，不能反映争议商标的销售情况。关于第四组证据，与本案有明显不同，即标识不同，本案的争议商标与引证商标的近似度更高，同时两案争议商标的申请时间不同，能够采信证据有效时间点不一样。对最高人民法院之前作出的裁定保留不同意见，根据我国的传统阅读和写作习惯，不会把商标的英文和中文同时出现，通常只是单独出现，不能苛求两个商标同时出现在一篇文章，才能形成对应关系。再审申请人的受众人群是高端的，数量比较少，从报道的内容看，引证商标在葡萄酒领域中有极高地位，即便中文和英文单独出现，从文章的内容以及整体证据数量看，也可以反映引证商标的知名度情况。关于第五组证据，引证商标在法国有没有被撤销，与本案没有关联性。被申请人提交的所有使用证据都是在 2014 年到 2016 年，只能反映争议商标在两年内的使用情况，并且这些证据不是其作出被诉裁定的依据。

商标评审委员会提交了金色希望公司相关备案许可合同。再审申请人对该证据质证意见为予以认可，被申请人发表质证意见认为与本案没有关联性。

在本案审理过程中，金色希望公司还提出对再审申请人提交的证据 40 进一步查证的意见。再审申请人为证明证据 40 及其他与圣皮尔精品酒业公司、上海名特国际贸易公司相关证据的真实性，提交了圣皮尔精品酒业公司的总裁圣皮尔先生的相关专访及上海名特国际贸易公司工商登记档案、房屋租赁合同等证据，对上海鸣特国际贸易公司、圣皮尔酒业公司的相关企业登记变更、更名等情况进行了说明（见拉菲酒庄补充证据 64－69）。

本院经审查，证据 40 来源为长沙市中级人民法院在审理（2014）长中民五初字第 01581 号案件时，长沙海关根据长沙市中级人民法院调取公函经海关总署协调从上海海关调取。该证据内容为上海鸣特国际贸易公司、美夏国际贸易（上海）有限公司、圣皮尔精品酒业（上海）有限公司等 3 家公司，自 2005 年以来从上海海关进口“拉菲”或“LAFITE”葡萄酒的相关报关记录 3391 条。本院经与长沙市中级人民法院核实，该证据原件现存在该院卷宗内，再审申请人的代理律师在长沙市中级人民法院复印取得该证据。被申请人请求对该证据进行证据交换，因该证据涉及再审申请人相关商业经营方商业秘密，在本院要求相关当事人签署保密协议后，向被申请人交换。被申请人对该证据真实性提出异议，并于 2016 年 9 月 2 日提出了关于进一步查证 40 号证据完整性的请求，认为根据通常的报关经验，40 号证据最早的一批产品进口时间应该是 2005 年 9 月 1 日之前。经本院询问，被申请人并没有提出证据证明其主张，现根据其推测的通常报关经验即认为 40 号证据最早的一批产品进口时间应该是 2005 年 9 月 1 日之前，无事实和法律依据，本院对此不予支持。对于本案的其他证据，本院将结合各方当事人对证据的质证意见在事实认定及本院认为部分一并予以评述。

本案中，根据当事人提交的证据、商标评审委员会及一、二审法院对本案证据的审查认证并结合各方当事人对证据的质证意见，本院补充查明：2001 年第 3 期《中外轻工科技》刊登的《如何分辨真伪葡萄酒》的文章，其中提到：例如 1982 年的拉斐（Lafite）等内容。1996 年第 9 期《国际市场》中刊登的《魅力永存的法国红葡萄酒》，其中提到 Lafite 的酒陈放 20 年以后品尝，口感饱满，但不同于其他一般酒厂，即使陈放期短饮用也一点不差。1999 年 5 月《CHINA DRINKS》刊登的《葡萄酒与投资》一文中提到法国波尔多红葡萄酒包括拉菲特（Lafite）。2002 年第 6 期《中外葡萄与葡萄酒》刊登的《法国波尔多的葡萄与葡萄酒 – 酒庄的分类与等级》一文中提到 Lafite。2002 年第 3 期《法语学习》刊登的《法国葡萄酒简介》一文记载有 CHATEAU LAFITE ROTHSCHILD 拉菲特堡干红的内容。21 食品商务网刊登的 2004 年 5 月 25 日《拉菲等巨头即将合力打造顶级精品酒庄》一文中提到法国最著名的五大酒庄之一——波尔多一级酒庄拉菲（Chateau Lafite）。2005 年 2 月 7 日《民营经济报》刊登的《顶级葡萄酒的收藏与投资》一文中提到：典型的是法国拥有悠久历史的著名酒庄，如波尔多的伊甘酒庄，以及五大顶级酒庄拉菲、拉图、玛哥、木桐和奥比安，都是历史形成的名庄。2004 年 7 月《经理人》刊登的《麦建光：品味显赫人生》提到“1982 年全球顶级 5 大类红酒 – Lafite”；2003 年 11 期《财经文摘》刊登的《欧米茄：名流云集的辛普伦东方快车》提到“一款珍藏版的欧米茄表，如同 1982 年全球顶级红酒……Lafite……值得典藏”；2002 年 1 月 22 日《人民日报市场版》刊登的《万达干红的法兰西之源》一文中出现了“拉菲”字样；2003 年 8 月 29 日《北京晚报》刊登的《大商场专爱小超市》一文中出现“以年份和品质著称的拉菲葡萄酒”；2004 年 4 月 26 日《新快报》刊登的《葡萄美酒夜光杯》中出现“拉菲（Lafite）……目前世界上最贵一瓶葡萄酒的纪录保持者就是拉菲……拉菲酒有葡萄王国中的王后之称”；2004 年 7 月 11 日《扬子晚报》刊登的《闻香识雪茄辨色品红酒》一文出现了“全球发行 50 万瓶的拉菲红酒”字样；2004 年 11 月 3 日《信息日报》刊登的《收藏红酒既是投资也是文化》一文出现“法国拉菲红酒”；2004 年 11 月 11 日《北京日报》刊登的《法国葡萄酒专柜入驻赛特》一文出现“拉菲副牌”。（2015）京中信内经证字第 49543 号公证书记载了国内外多部电影中关于“lafite/拉菲”的相关介绍。

法国酒商“吉娜斯酒庄”于 2000 年 3 月 15 日、2001 年 3 月 19 日、2001 年 6

月25日向圣皮尔精品酒业（北京）公司销售“LAFITE”葡萄酒。法国酒商“红酒商公司”于2005年3月24日、5月31日、12月13日向中国大陆销售拉菲古堡、拉菲珍宝等红葡萄酒。罗斯柴尔德男爵拉菲集团自1999年至2005年向上海鸣特国际贸易公司、天津食品进出口公司、上海美夏国际贸易公司、中国免税店（集团）有限责任公司销售多批拉菲古堡、拉菲珍宝、SAGA、拉菲传奇、拉菲传说等葡萄酒。2016年5月9日，长沙海关法规司出具证明称：根据长沙市中级人民法院的证据调查公函，受海关总署办公厅指派，我关经与上海海关协调，调取了上海名特国际贸易公司、美夏国际贸易（上海）有限公司、圣皮尔精品酒业（上海）有限公司等3家公司，自2005年以来从上海海关进口“拉菲”或“LAFITE”葡萄酒的相关报关单记录3391条。具体内容见随表格打印件（共计345页，报关单编码221820051185537722至221820161186106146）。

2016年5月12日，圣皮尔精品酒业（上海）有限公司出具声明载明：圣皮尔酒业（ASC FINE WINES）于1996年由圣皮尔（DONALD LEO ST. PIERRE）家族创建，包括北京圣皮尔金鹰食品饮料有限公司（经营中可能被简称为“北京圣皮尔葡萄酒有限公司 | ASC FINE WINES BEIJING”）、圣皮尔精品葡萄酒（上海）有限公司（经营中可能被简称为“上海圣皮尔葡萄酒有限公司 | ASC FINE WINES SHANGHAI”）等企业。2008年9月圣皮尔酒业重组建立圣皮尔精品酒业（上海）有限公司。

圣皮尔酒业最晚在2000年时已经开始进口法国拉菲罗斯柴尔德酒庄CHATEAU LAFITE ROTHSCHILD（“CHATEAU”在价格单、发票等材料上有时简写为“CH.”）红葡萄酒。

2003年2月的《优惠价格单》显示，当时圣皮尔酒业已有不同年份的CHATEAU LAFITE ROTHSCHILD红葡萄酒在售。根据当时葡萄酒行业通常对“CHATEAU LAFITE ROTHSCHILD”的翻译惯例，圣皮尔酒业将其翻译为“莎都拉菲”或“莎都拉菲城堡”，其中的“莎都”是“CHATEAU”的对应音译，意为“酒庄、城堡、古堡”，“拉菲”是“LAFITE”的对应音译。

我公司在此证实，所附材料真实地反映了圣皮尔酒业最初进口并在中国大陆经销“拉菲”系列葡萄酒的情况。该声明附件《优惠价格单》载明自2003年2月10日起执行。

北京市工商行政管理局登记的注册号110000410112026企业法人营业执照记载圣皮尔葡萄酒（北京）有限公司营业期限自1996年1月31日至2046年1月

30 日。上海市工商行政管理总局浦东新区分局登记的注册号为 31015400146985 号（浦东）企业法人营业执照记载圣皮尔精品葡萄酒（上海）有限公司营业期限自二○○四年四月五日至二○二四年四月四日。上海市工商行政管理局自由贸易实验区分局登记的编号为 41000002201602001034 号营业执照载明圣皮尔精品酒业（上海）有限公司营业期限自 2008 年 9 月 27 日至 2038 年 9 月 26 日。

ASC FINE WINES 总经理 MR. DON ST. PIEERE JR 的署名文章《ASC：进口葡萄酒在中国》一文记载“我父亲和我于 1996 年创建了 ASC 精品葡萄酒公司。”

上海市工商行政管理局外国企业、外商投资企业名称登记核准通知书（96）工商企外合独准沪第 1777 号载明“经审查，企业名称定为上海鸣特国际贸易有限公司”。中华人民共和国外商投资企业批准证书外经贸沪外高独资字（1996）643 号载明企业名称中文为“上海鸣特国际贸易有限公司”。中华人民共和国企业法人营业执照注册号为企独沪浦总字第 311083 号载明“上海鸣特国际贸易公司”营业期限自“一九九六年十月十四日至二○一六年十月十三日”，总经理“郭洪章”。中国（上海）自由贸易实验区市场监督管理局档案室档案机读材料记载名称“上海名特国际贸易有限公司”，住所地“中国（上海）自由贸易实验区奥纳路 185 号 1 层 B 部位”，法定代表人“郭洪章”，营业期限“2001 年 3 月 23 日 –2021 年 3 月 22 日”。上海浦东物资总公司外高桥综合大厦房屋租赁合同记载承租方为“MONTROSE INTERNATIONAL CORP”，房屋坐落于上海市外高桥保税区奥纳路 185 号。租赁期限为 1996 年 9 月 1 日至 2006 年 12 月 31 日。上海市外高桥保税区房屋出租登记第 B2505 号登记的房屋租赁合同记载承租方“上海鸣特国际贸易有限公司”，房屋坐落于“上海市外高桥保税区奥纳路 185 号”。上海市自由贸易实验区市场监督管理局档案室 B10617 房屋租赁合同记载承租方“上海名特国际贸易有限公司”，房屋坐落于“上海市外高桥保税区奥纳路 185 号”。本案中金色希望公司对圣皮尔精品酒业公司、上海鸣（名）特国际贸易公司的相关登记信息提出异议，亦对法国相关酒商与圣皮尔精品酒业公司、上海鸣特国际贸易公司等相关经营销售“拉菲”、“LAFITE”提出异议。但根据前述证据，既有拉菲酒庄相关销售商出具的经公证认证的声明及销售发票，又有相关进口商的企业登记信息及存于市场管理机构的房屋租赁合同等互相印证，还有相关销售商在其他媒体上发表的文章佐证其经营时间，这些证据之间相互可以佐证，本院对其异议不予认可，对北京市第一中级人民法院已经认定的“拉菲酒庄自 1999 年开始，通过上海鸣特国际贸易公司、圣皮尔精品酒业（上海）有限公司等公司在中国销售了“LAFITE”相关系列葡萄酒”予以认定。

根据金色希望公司提交的其 2007 - 2013 年电视和网络广告、部分 2005 - 2013 年展会方面的证据、部分报纸及杂志广告、赞助活动广告合同、现场照片、拍品手册、宣传册、户外灯箱广告、车体广告、挂历照片，本院查明，其中部分照片显示“拉菲庄园”与“LAFEI MANOR”共同使用，并有“品位法国经典”、“法国原瓶进口”的字样。照片显示其现场广告牌上的葡萄酒有单独使用“LAFEI MANOR”的情形。部分广告材料上亦显示其酒瓶上有单独使用“LAFEI MANOR”的情况。有相当部分专卖店招牌上亦显示“拉菲庄园”与“LAFEI MANOR”共同使用，并有“法国原瓶进口”或者“法国原瓶原装进口”等字样。部分宣传材料显示产品为原瓶进口礼盒装，生产地址为法国波尔多，生产厂家为南京拉菲庄园酒业有限公司。部分宣传材料显示有“拉菲庄 LAFEI MANOR——岁月的沉淀法国原瓶进口”的字样。宣传册上记载有“拉菲庄园——世界关注的焦点、上帝偏爱的葡萄酒终于来到了中国。南京拉菲庄园酒业有限公司作为拉菲庄园法国原瓶进口葡萄酒的中国运营商，主要从事波尔多地区的葡萄酒销售以及葡萄酒文化推广事业”、“拉菲庄园葡萄酒采用法国波尔多珍贵葡萄品种，葡萄种植采用传统工艺，秉承严格的质量监督制度、遵从法律法规、关注气候、土壤、湿度等客观因素作用；通过波尔多特殊政策的扶持，不使用化学药物和肥料，细心的人工栽培，葡萄完全成熟后才采摘”等内容。宣传册上显示的葡萄酒单独使用“LAFEI MANOR”标识，产区包括：法国波尔多法定产区、法国超级波尔多、法国奥克产区。

金色希望公司提交的证据（见补充证据第五册第 1327 页）载明温州柏翠堡进出口贸易有限公司系其经销商，拉菲酒庄提供的证据 32（2014）京中信内经证字第 03234 号附件记载，该公司在淘宝商城开设的网店中宣传：“拉菲庄园，拉菲（法文：CHATEAU LAFITE ROTHSCHILD），拉菲庄园世界顶级红酒酒庄。拉菲庄园坐落在波亚克区北方尽是碎石的一个山丘上，气候土壤条件得天独厚。占地约一百公顷，面积之广居五个一等顶级酒庄之冠，也较绝大多数的二、三等级酒园规模大。”并附照片，该照片文字说明为“拉菲庄园董事长与法国酒窖庄主合影”、“拉菲庄园董事长与法国酒窖庄主进餐”。

金色希望公司提交的证据（见补充证据第五册第 1319 页）载明上海昊建实业有限公司系其经销商，拉菲酒庄提交的证据 50 载明该公司的网站上图片为 LAFEI MANOR 葡萄酒，其所附文字及说明为“CHATEAU LAFITE ROTHSCHILD

罗斯柴尔德拉菲堡”、“CHATEAU LAFITE ROTHSCHILD”、“拉菲酒庄”等。

中国经济网2014年2月12日《质检总局公布六款进口“拉菲”葡萄酒质量不合格》报道记载：“‘拉菲’葡萄酒一直让中国消费者对其趋之若骛，尤其著名女演员宋丹丹在微博上‘炮轰’潘石屹时一句调侃‘潘总，我请你喝拉菲，别再盖楼了！’，让国人对‘拉菲’的热衷持续走高。然而，近日，国家质检总局公布六款洋拉菲酒质量不合格，让‘拉菲迷’们大跌眼镜。中国经济网了解到，六款不合格产品为：拉菲庄园2012干红葡萄酒；拉菲庄园2011精选干红葡萄酒；拉菲庄园2011干红葡萄酒；拉菲庄园2011干红葡萄酒；拉菲庄园2012干红葡萄酒；拉菲庄园2008特酿干红葡萄酒。据国家质检总局公布的名单显示，此六款不合格葡萄酒的进口商是南京拉菲庄园酒业有限公司，制造商是法国DOMAINE DE LA GRANGETTE。质检总局提示广大消费者，此类产品不合格原因皆是包装不合格。”2016年8月1日搜狐财经刊登图文消息“‘拉菲庄园’隆重登陆糖酒会 消费者不知其为山寨”。

本院再审认为，本案的争议焦点问题是：争议商标与引证商标是否构成商标法第二十八条规定的近似商标。

商标法第二十八条规定，申请注册的商标，凡不符合本法有关规定或者同他人在同一种商品或者类似商品上已经注册的或者初步审定的商标相同或者近似的，由商标局驳回申请，不予公告。《最高人民法院关于审理商标民事纠纷案件适用法律若干问题的解释》第九条第二款规定，商标法第五十二条第（一）项规定的商标近似，是指被控侵权的商标与原告的注册商标相比较，其文字的字形、读音、含义或者图形的构图及颜色，或者其各要素组合后的整体结构相似，或者其立体形状、颜色组合近似，易使相关公众对商品的来源产生误认或者认为其来源与原告注册商标的商品有特定的联系。参照前述规定，人民法院认定商标是否近似，既要考虑商标构成要素及其整体的近似程度，也要考虑相关商标的显著性和知名度、所使用商品的关联程度等因素，以是否容易导致混淆作为判断标准。本案中，引证商标申请日为1996年10月10日，核准注册日为1997年10月28日，核定使用在第33类的含酒精饮料（啤酒除外）商品上，注册人为拉菲酒庄，由外文文字“LAFITE”构成。争议商标由中文文字“拉菲庄园”构成，“庄园”用在葡萄酒类别上显著性较弱，“拉菲”系争议商标的主要部分，判断争议商标与引证商标是否构成近似，关键在于判断“拉菲”与“LAFITE”是否构成近似或者形成了较为稳定的对应关系。

本案中，一审法院已经认定“根据拉菲酒庄提供的其与上海名特国际贸易有限公司以及美夏公司之间的销售发票，引证商标的商品早在1999年就进入中国市场”。对此事实，金色希望公司不予认可。本院已经审查查明，在本案诉讼中拉菲酒庄进一步提供了经公证认证的法国酒商“吉娜斯酒庄”向中国大陆销售“LAFITE”葡萄酒的《证明》及有关发票、法国酒商“红酒商公司”向中国大陆销售“LAFITE”葡萄酒的《证明》及有关发票、罗斯柴尔德男爵拉菲集团向中国大陆销售“LAFITE”葡萄酒的《证明》及有关发票，还提供了2003年圣皮尔公司的优惠价格单。上海海关出具了上海名特国际贸易公司、美夏国际贸易（上海）有限公司、圣皮尔精品酒业（上海）有限公司3家公司，自2005年以来从上海海关进口“拉菲”或“LAFITE”葡萄酒的相关报关单记录3391条。拉菲酒庄提供的上海鸣特国际贸易公司、上海名特国际贸易公司工商登记档案、房屋租赁合同等证据，并对上海鸣特国际贸易公司、上海名特国际贸易公司、圣皮尔酒业公司的相关企业登记变更、更名等情况进行了说明。本院认为，前述证据相互佐证，已经形成证据链，足以认定一审法院认定的前述事实，因此对金色希望公司此答辩意见不予支持。

根据商标评审委员会、原审法院及本院查明的事实，早在19世纪80年代，国内的相关刊物就开始介绍拉菲酒庄的“LAFITE”葡萄酒，并将“LAFITE”音译为“拉斐”、“拉菲特”、“拉菲”等，将“CHATEAU LAFITE ROTHSCHILD”译为“拉菲堡”、“拉斐堡”、“拉菲特堡”等。拉菲酒庄自1999年开始，通过上海鸣特国际贸易公司、圣皮尔精品酒业（上海）有限公司等公司在中国销售了“LAFITE”相关系列葡萄酒。此外，根据本案中查明的事实，在争议商标申请日即2005年4月1日之前，在中国大陆地区，与“LAFITE”有关的宣传报道中出现“拉菲”的有：1. 2001年第3期《中外轻工科技》刊登的《如何分辨真伪葡萄酒》一文出现“拉菲（Lafite）”字样；2. 2002年1月22日《人民日报市场版》刊登的《万达干红的法兰西之源》一文中出现了“拉菲”字样；3. 2003年8月29日《北京晚报》刊登的《大商场专爱小超市》一文中出现“以年份和品质著称的拉菲葡萄酒”；4. 2004年4月26日《新快报》刊登的《葡萄美酒夜光杯》中出现“拉菲（Lafite）……目前世界上最贵一瓶葡萄酒的纪录保持者就是拉菲……拉菲酒有葡萄王国中的王后之称”；5. 2004年5月25日21食品商务网刊登《拉菲等巨头即将合力打造顶级精品酒庄》一文；6. 2004年7月11日《扬子晚报》刊登的《闻香识雪茄辨色品红酒》一文出现了“全球发行50万瓶的拉菲红酒”

字样；7. 2004 年 11 月 3 日《信息日报》刊登的《收藏红酒既是投资也是文化》一文出现“法国拉菲红酒”；8. 2004 年 11 月 11 日《北京日报》刊登的《法国葡萄酒专柜入驻赛特》一文出现“拉菲副牌”；9. 2005 年 2 月 7 日《民营经济报》刊登的《顶级葡萄酒的收藏与投资》一文出现“拉菲”字样。此外，国内的相关刊物介绍拉菲酒庄的“LAFITE”葡萄酒的有：1996 年第 9 期《国际市场》、1997 年第 6 期《中国酒》、1998 年第 3 期《葡萄栽培与酿酒》、2002 年第 7 期《经理人》、2003 年第 11 期《财经文摘》等。由前述证据，本院认为在争议商标申请日前各类宣传报道中即有将引证商标“LAFITE”音译为“拉菲”的情况，且《新快报》、《扬子晚报》、《北京日报》等刊物属于消费者容易接触到的，受众面较大的宣传媒介。相关媒体所载文章均对“LAFITE”葡萄酒给予了极高评价，由此可见，引证商标具有较高的知名度。

此外，从拉菲酒庄及其相关销售商对“拉菲”这一中文名称的使用情况来看，至少在 2003 年起其已经在相关销售宣传单上以“拉菲”指代“LAFITE”。2006 年国家质量监督检验检疫总局《进出口食品标签审核证书》亦记载进口葡萄酒为“拉菲传奇”系列葡萄酒。此后在销售中沿用“拉菲”一词，并主动在宣传活动中将“拉菲”作为“LAFITE”对应的音译词使用，如 2008 年的《V - Life》、《天下美食》、《环球纪事》等杂志的宣传，在相关公众中具有较高的知名度。由此，拉菲酒庄通过多年的商业经营活动，客观上在“拉菲”与“LAFITE”之间建立了稳固的联系，商标评审委员会及一审法院对此认定正确，本院予以维持。

本案中，争议商标由中文文字“拉菲庄园”构成，“庄园”用在葡萄酒类别上显著性较弱，“拉菲”系争议商标的主要部分。本案现有证据足以证明“LAFITE”在诉争争议商标申请日前在我国具有较高的知名度、为相关公众所知悉，我国相关公众通常以“拉菲”指代再审申请人“LAFITE”商标，并且“拉菲”已经与再审申请人“LAFITE”商标之间形成了稳定的对应关系，由于拉菲已经成为“LAFITE”的音译并形成了稳固的联系，争议商标与引证商标构成近似商标。

金色希望公司与拉菲酒庄为同行业经营者，理应知晓拉菲酒庄的引证商标及其音译情况，其在申请争议商标注册时应当合理避让，但仍然在葡萄酒等相同或类似商品上申请注册了与引证商标近似的争议商标，其行为难谓正当。从金色希望公司对争议商标的使用情况来看，在红酒外包装上不但将争议商标与“LAFEI MANOR”结合使用，且在广告宣传中使用“法国原装进口”、“世界顶级红酒酒庄”、“世界关注的焦点”等字样。经其授权的相关经销商在淘宝商城中宣传金色希望公司“拉菲庄园”葡萄酒时同时宣称：“拉菲”（法文：Chateau Lafite Rothschild），拉菲庄园世界顶级红酒酒庄。……占地约一百公顷，面积之广居五个一等顶级酒庄之冠……在相关网站推广“拉菲庄园”葡萄酒，所附图片为 LAFEI MANOR 葡萄酒，但其所附文字为“CHATEAU LAFITE ROTHSCHILD 罗斯柴尔德拉菲堡”等。前述推广宣传中，明确使用拉菲酒庄的法文“Chateau Lafite Rothschild”或中文名称“罗斯柴尔德拉菲堡”等，具有明显与拉菲酒庄生产的葡萄酒相混淆的恶意，难以使相关公众识别两者的产品来源不同。

对于已经注册使用一段时间的商标，该商标是否已经通过使用建立较高市场声誉和形成自身的相关公众群体，并非由使用时间长久来决定，而是在客观上有无通过其使用行为使得相关公众能够将其与相关商标区分开来。金色希望公司辩称其争议商标的知名度和市场占有率远远超过拉菲酒庄，金色希望公司对争议商标的大量使用所形成的稳定市场秩序足以使争议商标与引证商标相区分。但根据本院查明的事实，中国经济网 2014 年 2 月 12 日《质检总局公布六款进口“拉菲”葡萄酒质量不合格》报道记载，“‘拉菲’葡萄酒一直让中国消费者对其趋之若鹜……然而近日，国家质检总局公布六款洋拉菲酒质量不合格，让‘拉菲迷’们大跌眼镜。中国经济网了解到，六款不合格产品为：拉菲庄园 2012 干红葡萄酒……”上述新闻报道所涉不合格产品均系争议商标的相关产品。2016 年 8 月 1 日搜狐财经刊登图文消息“‘拉菲庄园’隆重登陆糖酒会　消费者不知其为山寨”。从前述报道也可以看出，目前相关公众对争议商标与引证商标仍会混淆误认。因此，金色希望公司提交的证据未能证明其通过对争议商标的使用已经形成了自身的相关公众群体，相关公众不会将争议商标和引证商标混淆误认。二审法院认定“争议商标的注册和使用长达十年之久，其已经形成稳定的市场秩序，从维护已经形成和稳定的市场秩序考虑，本案争议商标的注册应予维持”无事实和法律依据，本院予以纠正。

综上，争议商标与引证商标构成近似商标，商标评审委员会第 55856 号裁定关于“作为经营葡萄酒商品的同行业竞争者，金色希望公司理应知晓拉菲酒庄及其商标的使用情况，应有合理避让，却仍在葡萄酒等类似商品上注册了引证商标对应的中文译法‘拉菲特’‘拉斐’‘拉菲’相近的争议商标，其行为难谓正当。因此，争议商标已经与引证商标构成类似商品上的近似商标，其注册使用易使消费者认为其所标示的产品来自拉菲酒庄或与拉菲酒庄存在某种关联的企业，违反了商标法第二十八条的规定”认定事实清楚，适用法律正确，一审判决对其予以维持适用法律正确，本院予以维持。二审法院认定争议商标不应予以撤销没有事实和法律依据，本院予以纠正。再审申请人的部分再审申请符合《中华人民共和国行政诉讼法》第九十一条规定的情形，本院予以支持。

依照《中华人民共和国商标法》第二十八条、《中华人民共和国行政诉讼法》第八十九条第二项和《最高人民法院关于执行〈中华人民共和国行政诉讼法〉若干问题的解释》第七十六条第一款和第七十八条第二款之规定，判决如下：

一、撤销北京市高级人民法院（2014）高行（知）终字第3129号行政判决；

二、维持北京市第一中级人民法院（2013）一中知行初字第3731号行政判决。

本案一审案件受理费100元，二审案件受理费100元，均由南京金色希望酒业有限公司负担。

本判决为终审判决。

审　判　长　王艳芳
审　判　员　钱小红
代理审判员　杜微科
二〇一六年十二月二十三日
书　记　员　刘海珠

65. 在后商标的知名度原则上不影响商标近似性的判断

——再审申请人六福集团有限公司与被申请人深圳市禧六福珠宝有限公司、国家工商行政管理总局商标评审委员会商标争议行政纠纷案

【裁判要旨】

商标近似性的判断，原则上不需要考虑在后申请争议商标的知名度。

【关键词】

商标　争议程序　商标近似　知名度

【案号】

最高人民法院（2018）最高法行再100号

【基本案情】

在再审申请人六福集团有限公司（以下简称六福集团）与被申请人深圳市禧六福珠宝有限公司（以下简称禧六福公司）、国家工商行政管理总局商标评审委员会（以下简称商标评审委员会）商标争议行政纠纷案中，争议商标系由禧六福公司申请注册的第6186035号“禧六福珠寶XI LIU FU JEWELLERY及图”商标，引证商标分别为艺术字六福、艺术字六福珠宝的汉字与图案。六福集团以争议商标与其在先注册的引证商标构成近似为由申请撤销。商标评审委员会作出第23426号裁定（以下简称被诉裁定），争议商标予以撤销。禧六福公司不服，提起行政诉讼。北京市第一中级人民法院判决驳回禧六福公司的诉讼请求。禧六福公司不服，提起上诉。北京市高级人民法院认为，争议商标与引证商标具有一定的区别，争议商标与引证商标经过各自的使用已经形成了各自的消费群体，广大消费者能够对争议商标与引证商标予以区分，能够识别提供商品的来源。故判决撤销一审判决和被诉裁定，责令商标评审委员会重新作出裁定。六福集团不服，向最高人民法院申请再审。最高人民法院裁定提审本案，并于2018年11月26日判决撤销二审判决，维持一审判决和被诉裁定。

【裁判意见】

最高人民法院再审认为：根据商标法及其司法解释关于判断商标是否近似的规定，原则上并不需要考虑在后申请的争议商标的知名度。最高人民法院在再审申请人北京福联升鞋业有限公司与被申请人商标评审委员会、北京内联升鞋业有限公司商标异议复审行政纠纷一案中作出的（2015）知行字第116号行政裁定也指出：“在再审申请人作为同业竞争者明知或者应知引证商标具有较高知名度和显著性，仍然恶意申请注册、使用与之近似的被异议商标的情形下，如果仍然承认再审申请人此种行为所形成的所谓市场秩序或知名度，无异于鼓励同业竞争者违背诚实信用原则，罔顾他人合法在先权利，强行将其恶意申请的商标做大、做强。这样既不利于有效区分市场，亦不利于净化商标注册、使用环境，并终将严重损害在先商标权人的合法权益以及广大消费者的利益，违背诚实信用原则以及商标法‘保护商标专用权’‘维护商标信誉’‘保障消费者和生产、经营者的利益’等立法宗旨。”况且，根据禧六福公司提交的争议商标使用、经营证据与六福集团提交的反驳证据，禧六福公司主张的185家加盟店是否全部正在经营中无法确定。而且，禧六福公司经营禧六福品牌的获利数额存在矛盾，即使采信其中最大数额，其与六福集团在争议商标申请日以及目前的营业额相比也无法相提并论，禧六福公司关于争议商标与引证商标形成有效区分的主张不能成立，二审判决关于广大消费者能够对争议商标与引证商标予以区分的认定与事实不符，予以纠正。

中华人民共和国最高人民法院行政裁定书

（2018）最高法行再100号

再审申请人（一审第三人）：六福集团有限公司。住所地：香港九龙佐敦庙街239号六福珠宝中心。

法定代表人：黄兰诗，该公司董事。

委托诉讼代理人：郭东科，北京市中里通律师事务所律师。

委托诉讼代理人：高薇，北京市中里通律师事务所律师。

被申请人（一审原告、二审上诉人）：深圳市禧六福珠宝有限公司。住所地：广东省深圳市罗湖区田贝四路85号广发综合楼403号。

法定代表人：张德清，该公司董事长。

委托诉讼代理人：谭雄雄，该公司员工。

被申请人（一审被告、二审被上诉人）：国家工商行政管理总局商标评审委员会。住所地：北京市西城区茶马南街1号。

法定代表人：赵刚，该委员会主任。

委托诉讼代理人：马君丽，该委员会审查员。

再审申请人六福集团有限公司（以下简称六福集团）与被申请人深圳市禧六福珠宝有限公司（以下简称禧六福公司）、国家工商行政管理总局商标评审委员会（以下简称商标评审委员会）商标争议行政纠纷一案，不服北京市高级人民法院（2016）京行终2167号行政判决，向本院申请再审。本院于2017年12月27日作出（2017）最高法行申7160号行政裁定，提审本案，本院依法组成合议庭并于2018年9月21日公开开庭审理本案，六福集团的委托诉讼代理人郭东科、高薇，禧六福公司的董事长张德清、委托诉讼代理人谭雄雄，商标评审委员会的委托诉讼代理人马君丽到庭参加诉讼，本案现已审理终结。

本案涉及的争议商标系由禧六福公司申请注册的第6186035号“禧六福珠寶XI LIU FU JEWELLERY及图”商标。六福集团2012年10月9日对争议商标申请撤销争议商标，主要理由为：第一，争议商标与六福集团在先注册的引证商标构成近似，应依法不予核准注册。第二，引证商标及其“六福”“六福珠宝”商标在国内外享有极高知名，经过长期的宣传和使用已经非常驰名，禧六福公司在明知引证商标知名度的情况下申请争议商标，具有主观恶意，依法不应当核准注册。商标评审委员会于 2014 年 3 月 3 日作出商评字［2014］第 23426 号关于第 6186035 号“禧六福珠賨 XI LIU FU JEWELLERY 及图”商标争议裁定（以下简称第 23426 号裁定）。该裁定经过了一审、二审和再审程序的审理，在本院再审审理程序中，双方当事人的争议焦点是：争议商标的注册是否违反了 2001 年修正的《中华人民共和国商标法》（以下简称商标法）第二十八条规定。对于争议程序和一、二审程序中的其他争议问题，当事人在本院再审审理程序中未提出异议，本院不再阐述。

第 23426 号裁定认定：本案中第 944398 号商标（以下简称引证商标一）、第 1616705 号商标（以下简称引证商标二）、第 3576754 号商标（以下简称引证商标三）、第 4514241 号商标（以下简称引证商标四）均为在先注册的有效商标。争议商标由汉字“禧六福珠宝 XILIUFU JEWELLERY”及图形构成，引证商标一由汉字“六福”构成，引证商标二由汉字“六福”及图形构成，引证商标三由汉字“六福珠宝 LUK FOOK JEWELLERY”及图形构成，引证商标四由汉字“六福珠宝 LUK FOOK JEWELLERY”及图形构成。争议商标与四引证商标文字构成、呼叫近似，构成近似标志。争议商标指定使用的铂（金属）、银饰品、翡翠、珠宝等商品与引证商标指定使用的贵重金属及合金、银饰品、翡翠等商品为同一种或类似商品。争议商标的注册已经构成了商标法第二十八条所指情形。商标评审委员会裁定争议商标予以撤销。

禧六福公司不服第 23426 号裁定，向北京市第一中级人民法院（以下简称一审法院）提起行政诉讼，其主要理由是：第一，争议商标与引证商标不构成相同或类似商品上的近似商标。争议商标是禧六福公司独创的商标，具有显著的识别性，与引证商标存在显著差异。从商标本身的音形义与商标的整体表现看，商标并不近似。作为购买珠宝的消费者而言，对珠宝首饰商品的品牌具有较之普通商品更高的注意和识别能力，根本不会导致消费者的混淆与误认。第二，争议商标是禧六福公司使用多年的注册商标，经过长期推广与宣传使用，已经建立了较高的知名度，形成了固定的消费者群。因此，考虑到争议商标与引证商标共存多年的事实，应当准许注册。

一审法院经审理查明：

引证商标一（图样见附图）的注册人为六福集团，申请日期为1995年4月26日，商标专用期经续展为2007年2月14日至2017年2月13日，指定使用在第14类“珍珠（宝石）；宝石；装饰品（珠宝）；象牙贵重金属餐具；厨房用贵重金属容器；家用贵重金属容器；贵重金属容器；仿金制品；镀金物品；电镀制品；贵重金属烟具；贵重金属马具配件”等商品上。

引证商标二（图样见附图）的注册人为六福集团，申请日期为2000年4月5日，商标专用期经续展为2011年8月14日至2021年8月13日止。商品指定使用在第14类“珍珠（宝石）；宝石；装饰品（珠宝）；象牙贵重金属餐具；厨房用贵重金属容器；家用贵重金属容器；贵重金属容器；仿金制品；镀金物品；电镀制品；贵重金属烟具；贵重金属马具配件”等商品上。

引证商标三（图样见附图）的注册人为六福集团，申请日期为2003年6月2日，经续展商标专用期限为2014年12月21日至2024年12月20日，其指定使用在第14类“未加工或半加工贵重金属；银饰品；手镯（珠宝）；小饰物（珠宝）；链（珠宝）；珍珠（珠宝）；重金属塑像；戒指（珠宝）；耳环”商品上。

引证商标四（图样见附图）的注册人为六福集团，注册日期为2005年2月25日，商标专用期限为2008年12月7日至2018年12月6日，其指定使用在第14类“未加工或半加工贵重金属、银饰品、小饰物（珠宝）、翡翠；贵重金属塑像；戒指（珠宝）；耳环；贵重金属锭；未加工的金或金箔；翡翠；手表”商品上。

争议商标申请人为禧六福公司，申请日期为2007年7月26日，商标专用期限为2010年1月28日至2020年1月27日，指定使用商品为第14类“钯；铂金属；银饰品；手镯（首饰）；宝石（首饰）；翡翠；胸针（首饰）；戒指（首饰）；珠宝（首饰）”商品。

六福集团向商标评审委员会提交了如下主要证据：1. 六福集团系列产品简介；2. 六福集团及其关联公司产品资质证明；3. 国内行业协会推荐驰名商标的推荐函；4. 六福集团及“六福珠宝”系列产品获奖单；5. 六福集团网站关于申请人2007、2008、2009年经营业绩的公告；6. 六福集团2008年部分销售合同复印件；7. 六福集团2009年部分销售合同复印件；8. 媒体对六福集团及其品牌产品的新闻报道；9. 六福集团赞助“美在花城”等活动并发布广告的证据；10. 六福集团连续多年赞助香港小姐活动的照片；11. 2004—2006年六福集团参加各类展览的照片复印件；12. 六福集团接待内地政府代表团等活动的新闻报道；

13. 2008—2011 年六福集团接待港澳各地首脑及访问活动的照片；14. 六福集团 2008 年部分广告合同复印件；15. 六福集团 2008 年部分广告复印件；16. 六福集团 2009 年部分广告合同复印件；17. 六福集团 2010 年部分广告合同复印件。

本案审理过程中，商标评审委员会向一审法院提交了以下证据：1. 争议商标与引证商标商标档案；2. 第三人在评审过程中提交的争议申请书与证据复印件；3. 答辩通知书复印件。

本案审理过程中，禧六福公司向一审法院提交了以下证据：1. 第 23426 号裁定书；2. 邮寄材料、注册商标变更证明；3. 争议商标商标档案；4. 引证商标商标档案；5. 含有“六福”两个汉字的商标汇总；6. 禧六福公司营业执照、组织机构代码证、税务登记证；7. 原告经营发票；8. 各类团体证书、认证证书证明、推荐函等；9. 广东省社会团体名称核准通知书、证书、会议纪要、资助对象名单及材料、资格证书；10. 央视广告发布合同及发票；11. 网站广告合同及网站广告截图；12. 报刊报道；13. 加盟合同；14. 加盟店营业执照、照片；15. 原告出版的书刊、宣传资料。

禧六福公司对商标评审委员会提交的证据质证认为，对商标档案的真实性、合法性与关联性予以认可；但是对于其余证据，由于没有收到答辩通知，没有进行答辩，真实性无法核实。其中的答辩通知书未向禧六福公司依法送达，不能作为证据使用。

商标评审委员会对禧六福公司提交的证据质证认为，证据没有原件核实，真实性无法确认；同时禧六福公司提交的证据，尚不足以证明争议商标的使用与知名度，以及能够与引证商标相区分。

六福集团认可商标评审委员会提交的全部证据的真实性、合法性与关联性。对禧六福公司提交的证据质证认为，商标审查是个案审查原则，其他商标中含有“六福”字样，与本案没有关系。其中团体的证书、获奖与荣誉的证书，真实性无法核实，网站与合同属于自制的证据，无法证明争议商标的使用情况与知名度。

以上事实有争议商标商标档案、引证商标商标档案、第 23426 号裁定、商标争议申请书、争议阶段提交的证据以及禧六福公司在诉讼阶段提交的证据、当事人陈述等在案佐证。

一审法院认为：商标法第二十八条规定，“申请注册的商标，凡不符合本法有关规定或者同他人在同一种商品或者类似商品上已经注册的或者初步审定的商标相同或者近似的，由商标局驳回申请，不予公告。”本案中争议商标与引证商标均注册在1401、1403两个群组，应当认定为属于类似商品。争议商标商标图案由中国结图案、禧六福珠宝与拼音 XI LIU FU JEWELLERY 共同组成，其中禧六福与对应拼音是商标的核心识别部分。引证商标分别为艺术字六福、艺术字六福珠宝的汉字与图案，其中显著识别部分为六福。争议商标明显与引证商标在商标整体上相似，在显著识别部分，包括文字、发音、含义等方面均具有较高的相似性。因此，商标评审委员会认定争议商标与引证商标符合商标法第二十八条规定情形，并无不当。依照2014年修正的《中华人民共和国行政诉讼法》第六十九条之规定，一审法院于2015年8月20日作出（2014）一中行（知）初字第7467号行政判决：驳回原告深圳市禧六福珠宝有限公司的诉讼请求。

禧六福公司不服一审判决，向北京市高级人民法院（以下简称二审法院）提起上诉，请求撤销一审判决，其主要上诉理由包括：争议商标是禧六福公司独创的商标，具有显著的识别性，与引证商标存在显著差异，不构成相同或类似商品上的近似商标。争议商标是禧六福公司使用多年的注册商标，经过长期推广与宣传使用，已经建立了较高的知名度，形成了固定的消费者群。考虑到争议商标与引证商标共存多年的事实，应当准许注册。商标评审委员会、六福集团均服从一审判决。

二审期间，禧六福公司提交了获奖证据、“禧六福”国图检索报告、广告合同及附件、相关发票及收据、部分特许加盟协议、网络平台销售合作合同、销售代理合同及发票、部分门店销售账目以及185家全国部分门店的具体情况等。

二审期间，六福集团提交了商标局2012年认定其“六福”商标为驰名商标的批复、中国社会组织网关于“中国国际名牌发展协会”的查询结果、民生曝光台网站中的有关报道等证据。

二审法院认为：商标近似，是指商标文字的字形、读音、含义或者图形的外观近似，或者文字与图形组合的整体排列组合方式、外观近似，使用在相同或者类似商品上易使相关公众对商品的来源产生误认。本案中，争议商标指定使用的银饰品、翡翠、珠宝等商品与引证商标指定使用的贵重金属及合金、银饰品、翡翠等商品为同一种或类似商品。争议商标由汉字“禧六福珠宝 XILIUFU JEWELLERY”及图形构成，引证商标一由汉字“六福”构成，引证商标二由汉字“六福”及图形构成，引证商标三由汉字“六福珠宝 LUK FOOK JEWELLERY”及图形构成，引证商标四由汉字“六福珠宝 LUK FOOK JEWELLERY”及图形构成。

尽管争议商标与四引证商标文字中都含有“六福”，但争议商标由中国结图案、禧六福珠宝与拼音 XI LIU FU JEWELLERY 共同组成，争议商标与引证商标具有一定的区别。并且，禧六福公司与六福集团分别都提交了争议商标与引证商标使用及有关知名度的证据，这些证据可以证明争议商标与引证商标经过各自的使用已经形成了各自的消费群体，广大消费者能够对争议商标与引证商标予以区分，能够识别提供商品的来源。故一审法院认定争议商标与引证商标构成相同或类似商品上的近似商标有误，应予纠正。禧六福公司的上诉主张成立，对其上诉请求予以支持。鉴于禧六福公司在诉讼中提交的证据对本案的事实认定有重大影响。依据 2014 年修正的《中华人民共和国行政诉讼法》第八十九条第一款第二项、第三款、第七十条之规定，判决如下：一、撤销北京市第一中级人民法院（2014）一中行（知）初字第 7467 号行政判决；二、撤销第 23426 号裁定；三、商标评审委员会就六福集团有限公司针对争议商标提出的争议申请重新作出裁定。

六福集团申请再审称：（一）争议商标与引证商标构成商标法第二十八条规定的相同或类似商品上的近似商标。1. 争议商标完整包含了引证商标的“六福珠宝”文字，争议商标中的“禧”主要是起修饰作用，二者在构成要素上属于近似商标。2. 禧六福公司在商标申请、使用中，多次摹仿六福集团的香港品牌背景，屡次注册与“六福”近似的商标以及与六福集团其他注册商标相近似的商标，在实际经营中也试图混淆“禧六福”与“六福”的商品来源，具有一贯的攀附“六福”珠宝声誉的恶意。3. 引证商标本身有极强的显著性，在争议商标申请日前已经具有了极高的知名度，禧六福公司理应知晓却仍然注册争议商标，难谓善意。“六福”品牌系列商标主要由中文“六福”“六福珠宝”和英文“LUKFOOK JEWELLERY”及六边形图形相互组合而成，“LUK”对应“六”字，“FOOK”对应“福”字，两单词既有呼应、又不完全相同，整体上简洁美观，便于消费者记忆、识别。六福集团的“六福珠宝”品牌是香港四大珠宝品牌之一，是香港及中国内地主要珠宝零售商之一，六福集团于 1991 年成立，于 1994 年开始进军内地市场，在争议商标申请日前已在中国大陆地区开设品牌店 270 家，知名度高。（二）二审判决认定争议商标与引证商标通过使用形成了有效区分，证据不足，适用法律错误，应予以纠正。1. 禧六福公司在二审程序中提交的证据存在重大瑕疵。禧六福公司提交的荣誉证据涉嫌伪造，且多与品牌无关联；提交的宣传证据曾经被行政机关认定为虚假宣传，其他大量证据与本案无关；提交的销售证据均为与加盟商的加盟协议，缺乏对应发票、加盟店经营照片和营业执照，且存在伪造证据的嫌疑，无法证明其实际市场规模。六福集团随机走访了加盟地址中提到的 107 处地方，其中 86 家均未发现有店铺销售“禧六福”商品，查询该所在地的工商登记信息，也没有珠宝店曾在此处注册登记过。禧六福公司提交的全部证据的形成时间均晚于争议商标申请日，对于在后产生的市场格局依据商标法不应予以认定。2. 二审判决以“争议商标与引证商标经过各自的使用已经形成了各自的消费群体”为由认定二者不近似，其所依据的市场格局论并非具有正式规范效力的司法解释作出的规定，不能作为裁判依据，而且，尊重已经客观形成的市场格局的前提条件包括两商标均具有较高知名度且相关商标的共存是特殊条件下形成的，本案不具有上述前提条件。（三）引证商标具有极强的显著性和知名度，大量他人申请与“六福”相近似商标的情况，恰恰证明了这一点。（四）禧六福公司在实际经营中存在大量违法行为，给“六福”品牌造成恶劣影响。综上，请求撤销二审判决，维持一审判决。

禧六福公司辩称：（一）争议商标与引证商标不构成近似商标。商标是否近似应当以是否容易导致混淆作为判断标准。争议商标与四引证商标的字数、呼叫、含义、拼音均不同，不构成近似商标。（二）争议商标已经具有广泛知名度。争议商标于 2007 年申请，当时引证商标并不属于驰名商标。禧六福公司在实际使用争议商标的经营活动中，广告投入大，加盟网点多，投资金额大，产品开发获得专利证书，而且出版了《中国福文化珠宝》等书籍，积极参加社会公益活动，行业认可度高，已经形成稳定消费群体。（三）六福集团关于禧六福公司开设店铺虚假的陈述不真实。（四）六福集团提交的使用和宣传证据存在不真实或者时间滞后等问题。（五）六福集团存在欺诈消费者、虚高标价、销售假货等经营行为。

商标评审委员会述称：禧六福公司在诉讼程序中提交的证据的真实性和关联性存疑，争议商标与引证商标构成相同或者类似商品上的近似商标，应当维持第 23426 号裁定。

六福集团向本院提交了如下证据：

证据 1—11：六福集团于 1994 年进入中国大陆至 2007 年争议商标申请注册之前的使用证据，包括 2005—2007 年公司年报，2005—2007 年间 270 家加盟店和 5 家自营店的店铺列表、加盟合同、授权书及部分租赁合同、发票，2000—2007 年间六福珠宝的报道宣传等。

证据 12—20：禧六福公司称其是香港禧六福集团旗下所属子公司等虚假宣传并被处罚的证据；对二审程序中禧六福公司提交的 185 家加盟店中的 10 家禧六福加盟店实地走访并进行公证保全以及对 28 家加盟店实地走访并拍摄照片的证据，证明上述店铺并不存在；禧六福公司法定代表人张德清复制、摹仿六福集团英文商标的相关证据等。

证据 21—27：禧六福公司 2007—2012 年公司年检报告书，显示每年净利润均为亏损；对禧六福公司在二审程序中提交的获奖证书、网络平台销售合作合同的反驳证据；各媒体对禧六福公司产品质量不合格的报道网页。

证据 28—30：本院审结的"福联升""乔丹""拉菲庄园"等商标行政纠纷判决书，用于证明上述判决明确了商标申请人的主观恶意以及实际混淆的证据可以作为判断混淆可能性的参考因素。

证据 31—45：《中国黄金珠宝》对六福珠宝的报道；六福集团的企业信用信息查询结果以及公司资料证明书；经过公证认证的六福集团作为香港上市公司在香港交易所向社会公开的 2005—2007 年公司年报；六福集团目前在国内开设的 1429 家店铺列表及发票，包括在深圳开设的 56 家店铺列表；经过公证认证的六福集团作为香港上市公司在香港交易所向社会公开的 2016 年公司年报及截至 2017 年 3 月 31 日公司业绩公告；六福集团的宣传广告证据、在中国大陆地区及全球其他地区获得的品牌荣誉、"六福"商标于 2012 年被商标局认定为驰名商标的证据；2006—2017 年在中国大陆地区维权打假的行政和司法案件证据。

禧六福公司发表质证意见如下：上述很多证据不真实、不全面或者与本案没有关联性，六福集团应当提供加盟店的店铺合同、授权书以及现场资料等证据。而且，禧六福公司对争议商标进行了广泛使用和经营推广，足以与引证商标相区分。

禧六福公司向本院提交了如下证据：

证据 1：行业协议或者慈善协会牌匾、捐款证书或者发票、赞助 2010 年和 2011 年中国小姐大赛活动材料等。

证据 2：禧六福品牌推广合同及发票、网络宣传材料、禧六福公司编撰的《中国福文化珠宝》《王牌营销》等书籍。

证据 3：禧六福产品设计及推广专利、产品检测合同及收据。

证据 4：禧六福珠宝新增店面加盟合同、授权书、装修合同等材料。

证据 5：2015 年、2016 年禧六福公司发票及购销合同、进货单及收据等。

上述证据用于证明，争议商标经过实际使用取得了很高的知名度，成为消费者公认的有诚信的大品牌、好品牌，销售业绩良好，使用规模大，市场影响力大，已经与引证商标相有效区分。

证据6：六福珠宝网络曝光文章；六福珠宝在内地的若干关联公司工商注册信息，均是在争议商标申请日后注册成立；禧六福公司与六福集团分别设立在河北廊坊市爱民路新朝阳商场的品牌店材料，用于证明不会产生混淆误认；江西鄱阳县及罗湖工商局行政处罚材料，用于证明上述处罚系六福集团举报而产生且举报在加盟协议签订之前；六福集团广告证据不真实、不合法的相关证据；含有“六福”汉字的商标列表等材料，用于证明存在大量与“六福”商标近似的商标，故争议商标与引证商标不近似。

六福集团发表质证意见如下：禧六福公司在同一时间与处于同一经营地点的赖小科、罗志焕分别签订了加盟协议，明显存在冲突，上述关于争议商标的使用证据不应采信。

商标评审委员会发表质证意见如下：禧六福公司提交的加盟店材料中有的加盟协议与授权书日期不同步，有的发票是连续开具给一家单位，但金额、日期均一致，真实性整体存疑，而且上述使用证据不足以证明争议商标通过使用已经与引证商标相抗衡、相区分。

禧六福公司在再审开庭后又向本院提交了其2011—2016年会计报表及审计报告等资料，用于证明其持续合法经营、商标使用推广合法合规。

本院经审查查明，一、二审判决查明的关于引证商标、争议商标的注册人、申请日期、指定使用商品类别、商标专用期限等事实属实，本院予以确认。另查明：

（一）关于引证商标使用和宣传的情况

根据六福集团提交的国图检索报告，《中国黄金珠宝》2007年第6期文章《20年奋进成就中兴辉煌》载明，中兴大厦开始吸引高端珠宝品牌入市，包括“被喻为香港四大品牌珠宝之一的香港六福珠宝”；《中国黄金珠宝》2007年第1期所载文章《第4届大溪地珍珠国际设计大赛作品欣赏》载明，该赛始于1999年，其中六福珠宝金行（香港）有限公司赞助的设计师作品获得珍珠串组冠军。《中国黄金珠宝》2005年第6期所载文章《冰与火的神化》载明，六福珠宝金行（香港）有限公司赞助的设计师作品获得2005年国际大溪地珍珠首饰设计比赛亚洲区选拔赛项链组冠军。《商场现代化》2007年第17期所载文章《跨文化交际中的商标翻译》载明，Lukfook（六福）珠宝首饰。经查，《中国黄金珠宝》是由中国黄金集团公司主管、由北京黄金经济发展研究中心、中国黄金协会、深圳市黄金珠宝首饰行业协会主办。

根据六福集团提交的公司注册资料，六福珠宝金行（香港）有限公司与六福集团是关联公司。

根据六福集团提交的相关宣传报道证据，人民日报市场版2007年6月27日报道《明确目标心仪货品慢慢淘》载明："珠宝首饰可以考虑到周大福、谢瑞麟、周生生以及六福等老字号去购买。"

根据六福集团提交的经过公证认证的其作为香港上市公司在香港交易所向社会公开的2007年年报，截至2007年3月31日，其在中国有超过270家品牌店，广泛遍布多达29个省及113个城市；截至2007年3月31日，其在中国大陆的营业额达3893.8万港元。根据六福集团提交的经过公证认证的其作为香港上市公司在香港交易所向社会公开的截至2017年3月31日年度全年业绩公告，其在中国内地以"六福"品牌经营的店铺总数达1429家，中国内地市场的零售收入达165939.1万港元。

（二）关于争议商标使用的情况

针对禧六福公司向二审法院提交的185家加盟店情况，六福集团对其中28家进行了实地走访核实及拍照，对其中10家进行了实地走访核实并进行公证保全，均未发现有"禧六福"品牌加盟店进行经营的情况。经过公证的经营场所包括广东省东莞市、珠海市、深圳市、浙江省宁波市象山县、江西省鄱阳县、河南省郑州市、漯河市、湖北省恩施市、辽宁省大连市、江苏省南京市等地的购物场所。六福集团据此主张禧六福公司提交的加盟店证据存在造假嫌疑。禧六福公司在再审开庭中表示有些店铺在二审审理中可能已经关闭。

针对禧六福公司在二审程序中提交的获奖证书，六福集团向本院提交了通过全国统一社会信用代码信息核查系统进行查询的结果，内容为颁奖单位中国品牌企业发展促进会、中国名牌企业联合发展推广委员会均没有找到符合条件的社会组织，中国国际名牌发展协会经查询为"山寨"社团。

根据禧六福公司提交的证据，可以证明禧六福公司于争议商标申请日后对争议商标进行了一定的使用和宣传。其中，最早的宣传是2007年11月16日《中国黄金报》的宣传报道即《禧六福：让信物见证婚庆爱恋》。禧六福公司的很多产品宣传或者媒体报道使用了"香港禧六福"字样。

根据六福集团提交的从深圳市工商行政管理局调取的禧六福公司2007—2012年每年度公司年检报告书，禧六福公司每年净利润均为负数，其中2011年度的净利润为负51万余元，2012年度的净利润为负7.6万元。根据禧六福公司于再审开庭后向本院提交的会计报表和审计报告等证据，经过审计的2012年度利润及利润分配表显示该年度净利润为1900余万元，该公司2013年度企业所得税汇算清缴鉴证报告所附2013年度企业所得税纳税申请表显示2013年度利润总额为-607555.44元，经过审计的2014年度利润表显示2014年度净利润为128万余元、年初未分配利润近11万元。禧六福公司提交的上述会计报表和审计报告存在明显的数据不一致或者矛盾之处，本院不予采信。

（三）关于禧六福公司的主观恶意

张德清于2012年1月7日在香港递交法团成立申请，公司名称为香港禧六福珠宝有限公司，该公司注册证书于2012年1月17日发出，但该公司于同日撤销。深圳市市场和质量监督管理委员会罗湖市场监督管理局于2016年1月5日作出深市质罗市监罚字〔2016〕2号行政处罚决定书，认定禧六福公司于2015年5月起在其自设官网“禧六福珠宝”宣传中含有的“深圳市禧六福珠宝有限公司是香港禧六福集团旗下所属子公司”的宣传内容构成虚假宣传，并对其作出处罚决定。

六福集团于1999年1月6日在中国大陆地区在第14类商品上申请了英文商标“LUKFOOK”，该英文也是六福集团英文名称中的字号。张德清于2015年4月1日在中国大陆地区在第14类商品上申请了第16618568号“HEILUKFOOK”商标、第16618691号“FOOK FOOKFOOK”商标，均已经被驳回。

鄱阳县工商行政管理局于2013年10月28日作出饶鄱工商广处字（2013）321号关于彭为民侵犯六福注册商标专用权一案行政处罚决定，该决定认定，彭为民于2013年6月9日与禧六福公司签订特许加盟协议以经营禧六福珠宝品牌，彭为民经营的鄱阳县禧六福金店在招牌及装修装潢中故意使用铜钱遮挡使消费者难以辨认是“禧”字、突出使用“六福金店”，侵犯了“六福”注册商标专有权。

本院认为，本案的争议焦点在于，争议商标的申请注册是否违反商标法第二十八条规定。

商标法第二十八条规定，“申请注册的商标，凡不符合本法有关规定或者同他人在同一种商品或者类似商品上已经注册的或者初步审定的商标相同或者近似的，由商标局驳回申请，不予公告。”《最高人民法院关于审理商标民事纠纷案件适用法律若干问题的解释》第九条第二款规定：“商标法第五十二条第（一）项规定的商标近似，是指被控侵权的商标与原告的注册商标相比较，其文字的字形、读音、含义或者图形的构图及颜色，或者其各要素组合后的整体结构相似，或者其立体形状、颜色组合近似，易使相关公众对商品的来源产生误认或者认为其来源与原告注册商标的商品有特定的联系。”第十条规定：“人民法院依据商标法第五十二条第（一）项的规定，认定商标相同或者近似按照以下原则进行：（一）以相关公众的一般注意力为标准；（二）既要进行对商标的整体比对，又要进行对商标主要部分的比对，比对应当在比对对象隔离的状态下分别进行；（三）判断商标是否近似，应当考虑请求保护注册商标的显著性和知名度。”判断本案争议商标与引证商标是否构成近似商标，应当参照上述司法解释的相应规定。

本案争议商标与引证商标均注册在第14类商品上，两者核定使用的商品属于相同或者类似商品，双方当事人对此也没有异议，本院予以确认。争议商标与引证商标是否属于近似商标，需要从以下方面进行考察：

首先，从商标构成要素上进行考察。争议商标由中国结图案、“禧六福珠宝”汉字及其拼音“XI LIU FU JEWELLERY”共同组成，其中禧六福与对应拼音是商标的主要识别部分。引证商标分别为艺术字六福、艺术字六福珠宝的汉字与图案，其中主要识别部分为六福。争议商标完整包含了引证商标的主要识别部分“六福”。两商标在构成要素上具有较高的近似程度。

其次，从引证商标在争议商标申请日前的知名度进行考察。根据本院查明的事实，中国黄金协会主办的杂志《中国黄金珠宝》的相关报道称香港六福珠宝是香港四大品牌珠宝之一；六福集团关联公司赞助的珍珠首饰在国际大赛上多次获得小组赛冠军；截至2007年3月31日，六福集团在中国有超过270家品牌店，广泛遍布多达29个省及113个城市。以上事实说明引证商标在中国大陆的使用比较广泛，获得了较高的知名度。

再次，从争议商标申请人的主观意图进行考察。根据查明的事实，禧六福集团本身并没有香港背景，但其在宣传中却称“深圳市禧六福珠宝有限公司是香港禧六福集团旗下所属子公司”并因此而被认定构成虚假宣传而受到行政处罚。禧六福公司提供的使用证据中大量存在突出使用“香港禧六福”字样的情形。此外，禧六福公司的法定代表人张德清还于2015年4月1日在第14类商品上申请注册“HEILUKFOOK”和“FOOK FOOKFOOK”商标，使用了六福公司注册商标“LUKFOOK”中的英文词汇以及本案引证商标四中的对应英文词汇。在六福集团的引证商标具有较高知名度而且禧六福公司地处毗连六福集团住所地香港的深圳市的情况下，上述事实足以证明禧六福公司有明显的攀附引证商标的意图。

最后，禧六福公司的授权经营商彭为民在其经营的鄱阳县禧六福金店的招牌及装修装潢中，故意使用铜钱遮挡“禧”字从而突出使用“六福金店”，该行为也表明争议商标在使用过程中容易导致与引证商标相混淆。

综上，应当认定争议商标与引证商标构成类似商品上的近似商标，其与引证商标共存容易引起相关公众混淆。

此外，禧六福公司主张争议商标经过使用已经具有很高的知名度，销售业绩良好，使用规模大，已经与引证商标形成有效区分。根据商标法及其司法解释关于判断商标是否近似的规定，原则上并不需要考虑在后申请的争议商标的知名度。本院在再审申请人北京福联升鞋业有限公司与被申请人商标评审委员会、北京内联升鞋业有限公司商标异议复审行政纠纷一案中作出的（2015）知行字第116号行政裁定也指出：“在再审申请人作为同业竞争者明知或者应知引证商标具有较高知名度和显著性，仍然恶意申请注册、使用与之近似的被异议商标的情形下，如果仍然承认再审申请人此种行为所形成的所谓市场秩序或知名度，无异于鼓励同业竞争者违背诚实信用原则，罔顾他人合法在先权利，强行将其恶意申请的商标做大、做强。这样既不利于有效区分市场，亦不利于净化商标注册、使用环境，并终将严重损害在先商标权人的合法权益以及广大消费者的利益，违背诚实信用原则以及商标法‘保护商标专用权’‘维护商标信誉’‘保障消费者和生产、经营者的利益’等立法宗旨。”况且，根据禧六福公司提交的争议商标使用、经营证据与六福公司提交的反驳证据，禧六福公司主张的185家加盟店是否全部正在经营中无法确定，而且，禧六福公司经营禧六福品牌的获利数额存在矛盾，即使采信其中最大数额，其与六福集团在争议商标申请日以及目前的营业额相比也无法相提并论，禧六福公司关于争议商标与引证商标形成有效区分的主张不能成立，二审判决关于广大消费者能够对争议商标与引证商标予以区分的认定与事实不符，本院予以纠正。

综上，第23426号裁定和一审判决认定事实清楚，法律适用正确，应予维持。二审判决认定事实不清，适用法律错误，本院予以纠正。依照《中华人民共和国行政诉讼法》第六十九条、第八十九条第一款第二项、《最高人民法院关于适用

〈中华人民共和国行政诉讼法〉的解释》第一百一十九条第一款、第一百二十二条规定，判决如下：

一、撤销北京市高级人民法院（2016）京行终2167号行政判决；

二、维持北京市第一中级人民法院（2014）一中行（知）初字第7467号行政判决；

三、维持国家工商行政管理总局商标评审委员会商评字［2014］第23426号关于第6186035号“禧六福珠寶 XI LIU FU JEWELLERY 及图”商标争议裁定。

一、二审案件受理费共二百元，均由深圳市禧六福珠宝有限公司负担。

本判决为终审判决。

审 判 长 夏君丽
审 判 员 郎贵梅
审 判 员 马秀荣
二〇一八年十一月二十六日
法官助理 李 丽
书 记 员 王沛泽

（三）商标共存的判断

66. 近似商标共存协议影响商标可注册性的审查判断

——再审申请人北京台联良子保健技术有限公司与被申请人山东良子自然健身研究院有限公司、一审被告、二审被上诉人国家工商行政管理总局商标评审委员会商标争议行政纠纷案

【裁判要旨】

当事人之间关于近似商标的共存协议影响商标可注册性的审查判断。

【关键词】

近似商标 共存协议

【案号】

最高人民法院（2011）知行字第50号

【基本案情】

在再审申请人北京台联良子保健技术有限公司（以下简称北京良子公司）与被申请人山东良子自然健身研究院有限公司（以下简称山东良子公司）、一审被告、二审被上诉人国家工商行政管理总局商标评审委员会（以下简称商标评审委员会）商标争议行政纠纷案中，史英建、朱国凡等七人在山东和北京合作开办、经营良子洗脚店，并于1997年9月23日签订良子集体发展决议，约定朱国凡以济南良子店名义申请注册良子商标，该商标由全体股东共同创立和拥有。但朱国凡却成立以自己为法定代表人的新疆良子公司，于1997年10月向国家工商行政管理总局商标局（以下简称商标局）提出第1235891号“良子及图”商标（即引证商标）的注册申请，核定使用服务为第42类按摩、推拿，类似群组为4204。1998年史英建、朱国凡等七人签订分家协议书后，史英建拥有的济南市历下区良子健身总店以恶意抢注为由对引证商标提出异议申请。2000年2月17日，史英建拥有的山东良子公司向商标局提出“良子”商标（即争议商标）的注册申请，2001年4月7日被核准注册，核定使用服务为第42类保健、理疗等。2001年8月27日，济南历下区良子健身总店与新疆良子公司在商标局的主持下签署协议书（即共存协议），其中第四条约定，本协议生效后，双方均不得再对对方其他带有“良子”字样的商标注册申请提出异议或注册不当申请。2002年12月31日，北京良子公司以争议商标的注册违反了商标法第二十八条的规定为由，向商标评审委员会提出撤销注册不当商标申请。商标评审委员会认为，争议商标与引证商标构成类似商品上的近似商标，违反商标法第二十八条规定，共存协议与本案没有关系，故裁定撤销争议商标。山东良子公司不服，提起行政诉讼。北京市第一中级人民法院一审认为，争议商标的撤销程序虽然由当事人申请启动，但争议商标是否应当被撤销是商标评审委员会在对相关事实、理由、请求进行评审的基础上依法作出的裁断。共存协议的约定不能排除商标法对商标可注册性的法定要求，争议商标违反商标法第二十八条规定。据此判决维持商标评审委员会的裁定。山东良子公司不服，提起上诉。北京市高级人民法院二审认为，共存协议体现了当事人的意思自治，亦不违反商标法第二十八条的立法本意。根据共存协议，北京良子公司不应对争议商标提出撤销注册不当商标申请，其行为违反诚实信用原则。争议商标经过山东良子公司的使用已经具有较高的知名度，如果在评审程序中被撤销，将无法通过其他法定程序获得救济。故判决撤销一审判决和商标评审委员会的裁定。北京良子公司不服，向最高人民法院申请再审。最高人民法院于2011年11月15日裁定驳回了北京良子公司的再审申请。

【裁判意见】

最高人民法院审查认为：本案纠纷的发生有着特定的历史过程，在处理时必须予以充分考虑，以作出公平、合理的裁决。根据查明的事实，“良子”商标为朱国凡、史英建等七人共同创立，按照集体发展协议，申请注册的“良子”商标本应为全体股东拥有。但朱国凡违反该协议的约定，将“良子”商标注册到自己成立的新疆良子公司名下，导致后续一系列纠纷的发生。为了解决纠纷，划定双方的商标权利，新疆良子公司与济南历下区良子健身总店签订共存协议，其中第四条约定双方均放弃对对方其他带有“良子”字样的商标提出异议或注册不当申请的权利。在共存协议签订时，本案的争议商标已经过初审公告后获准注册，作为协议签订一方的新疆良子公司理应知晓山东良子公司注册争议商标这一事实，在此基础上仍签订共存协议，应视为新疆良子公司同意山东良子公司注册争议商标，因此争议商标受到共存协议第四条的拘束。按照共存协议的约定，济南市历下区良子健身总店放弃了对新疆良子公司注册的引证商标的异议申请，引证商标从而获准注册。然而，新疆良子公司法定代表人朱国凡成立的北京良子公司却违反协议约定，向商标评审委员会提出撤销争议商标的申请，以致商标评审委员会撤销争议商标。北京良子公司的上述行为，违反了共存协议的约定和诚实信用原则，而撤销争议商标的结果，显然打破了共存协议约定的利益平衡和多年来形成的市场格局，对山东良子公司明显不公平。二审法院综合考虑上述因素，判决撤销一审判决和商标评审委员会的裁定并无不妥。

中华人民共和国最高人民法院行政裁定书

（2011）知行字第50号

申请再审人（一审第三人、二审被上诉人）：北京台联良子保健技术有限公司。住所地：北京市海淀区蓟门东里6号楼南侧1号办公楼。

法定代表人：朱国凡，该公司董事长。

委托代理人：庞涛，男，汉族，1972年9月21日出生，北京联合佳为知识产权代理有限公司职员，住北京市海淀区××11号楼2402号。

委托代理人：李居彩，女，汉族，1974年6月21日出生，北京联合佳为知识产权代理有限公司职员，住北京市朝阳区××路6号。

被申请人（一审原告、二审上诉人）：山东良子自然健身研究院有限公司。住所地：山东省济南市市中区玉函路6号。

法定代表人：史蕾，该公司董事长。

委托代理人：李侠，女，汉族，1970年12月15日出生，山东千惠知识产权代理有限公司职员，住山东省济南市历下区棋盘东街××号楼1单元303号。

委托代理人：赵冰，女，汉族，1976年10月5日出生，山东千惠知识产权代理有限公司职员，住山东省济南市市中区七里山路××号楼2单元402号。

一审被告、二审被上诉人：国家工商行政管理总局商标评审委员会。住所地：北京市西城区三里河东路8号。

法定代表人：何训班，该委员会主任。

委托代理人：刘佑启，该委员会干部。

北京台联良子保健技术有限公司（简称北京良子公司）与国家工商行政管理总局商标评审委员会（简称商标评审委员会）、山东良子自然健身研究院有限公司（简称山东良子公司）商标争议行政纠纷一案，北京市高级人民法院于2009年5月7日作出（2009）高行终字第141号行政判决，已经发生法律效力。北京良子公司不服该判决向本院申请再审。本院于2011年5月5日立案后，依法组成合议庭对本案进行了审查。现已审查完毕。

北京良子公司申请再审称：北京良子公司针对第1551944号“良子”商标（简称争议商标）提出撤销申请并未违反双方间的约定。2001年8月27日协议书（简称共存协议）签订的前提条件是保证北京良子公司在第4204群组服务项目上享有“良子”商标的所有权，山东良子公司拥有“华夏良子”商标。山东良子公司在类似的商品上注册争议商标不仅违反了《中华人民共和国商标法》（简称商标法）第二十八条的规定，而且违反了共存协议的精神和目的。虽然共存协议第四条的约定存在歧义，但按照协议的精神，第四条之“其他带有‘良子’字样的商标”不应该包括争议商标。如果允许山东良子公司既拥有“华夏良子”商标也拥有“良子”商标，显然对北京良子公司不公平。二审判决对共存协议断章取义，错误解读，与共存协议的签约目的背道而驰。综上，北京良子公司请求撤销二审判决，维持（2008）一中行初字第1178号行政判决和商评字

〔2008〕第6099号《关于第1551944号“良子”商标争议裁定书》（简称第6099号裁定）。

山东良子公司答辩称：本案的处理应当充分考虑历史发展过程。北京良子公司一再违反协议约定，恶意抢注第1235891号“良子及图”商标（简称引证商标）、恶意提出本案争议，其行为违反诚实信用原则，主观恶意明显。共存协议系当事人真实意思表示，当事人各方应严格遵守。共存协议签订时争议商标已经获准注册，北京良子公司应当知晓争议商标的存在，却在之后对争议商标提出撤销申请，北京良子公司的行为明显违反共存协议第四条的约定。争议商标与引证商标指定服务项目具有明显区别，并未违反商标法第二十八条规定。经过山东良子公司的经营，争议商标已经具有很高的知名度，如果撤销争议商标，显然对山东良子公司不公平。因此请求驳回北京良子公司的再审申请。

本院认为，**本案纠纷的发生有着特定的历史过程，在处理时必须予以充分考虑，以作出公平、合理的裁决**。根据查明的事实，“良子”商标为朱国凡、史英建等七人共同创立，按照1997年9月23日签订的集体发展协议，申请注册的“良子”商标本应为全体股东拥有。但朱国凡违反该协议的约定，将“良子”商标注册到自己成立的新疆良子公司名下，导致后续一系列纠纷的发生。为了解决纠纷，划定双方的商标权利，新疆良子公司与济南历下区良子健身总店签订共存协议，其中第四条约定双方均放弃对对方其他带有“良子”字样的商标提出异议或注册不当申请的权利。**在共存协议签订时，本案的争议商标已经过初审公告后获准注册，作为协议签订一方的新疆良子公司理应知晓山东良子公司注册争议商标这一事实，在此基础上仍签订共存协议，应视为新疆良子公司同意山东良子公司注册争议商标，因此争议商标受到共存协议第四条的拘束**。按照共存协议的约定，济南市历下区良子健身总店放弃了对新疆良子公司注册的引证商标的异议申请，引证商标从而获准注册，然而新疆良子公司法定代表人朱国凡成立的北京良子公司却违反协议约定，向商标评审委员会提出撤销争议商标的申请，以致商标评审委员会撤销争议商标。**北京良子公司的上述行为，违反了共存协议的约定和诚实信用原则，而撤销争议商标的结果，显然打破了共存协议约定的利益平衡和多年来形成的市场格局，对山东良子公司明显不公平**。二审判决综合考虑上述因素，判决撤销商标评审委员会作出的第6099号裁定并无不妥。北京良子公司关于共存协议第四条“其他带有‘良子’字样的商标”不包括争议商标、二审判决断章取义等主张没有事实和法律依据，不能成立。

综上，北京良子公司的再审申请不符合《中华人民共和国行政诉讼法》第六十三条第二款和《最高人民法院关于执行〈中华人民共和国行政诉讼法〉若干问题的解释》第七十二条规定的再审条件。依照《最高人民法院关于执行〈中华人民共和国行政诉讼法〉若干问题的解释》第七十四条之规定，裁定如下：

驳回北京台联良子保健技术有限公司的再审申请。

审　判　长　余红梅
代理审判员　钱小红
代理审判员　周云川
二〇一一年十一月十五日
书　记　员　曹佳音

67. 共存协议在2001年修正的商标法第二十八条适用过程中的作用

——再审申请人谷歌公司与被申请人国家工商行政管理总局商标评审委员会商标驳回复审行政纠纷案

【裁判要旨】

共存协议是认定申请商标是否违反商标法（2001年修正）第二十八条规定的重要考量因素。在共存协议没有损害国家利益、社会公共利益或者第三人合法权益的情况下，不应简单以损害消费者利益为由，对共存协议不予采信。

【关键词】

商标　复审程序　共存协议　消费者利益

【案号】

最高人民法院（2016）最高法行再103号

【基本案情】

在再审申请人谷歌公司与被申请人国家工商行政管理总局商标评审委员会（以下简称商标评审委员会）商标驳回复审行政纠纷案中，案外人株式会社岛野于1999年5月13日提出第1465863号“NEXUS”商标（即引证商标）的注册申请，核定使用在第9类“自行车用计算机”商品上，专用期限至2020年10月27日。谷歌公司于2012年11月7日提出第11709162号“NEXUS”商标（即申请商标）的注册申请，指定使用在第9类“手持式计算机、便携式计算机”商品上。2013年9月9日，国家工商行政管理总局商标局（以下简称商标局）以申请商标与引证商标构成近似，违反商标法（2001年修正）第二十八条规定为由，对申请商标予以驳回。谷歌公司不服，向商标评审委员会申请复审。商标评审委员会于2014年3月25日作出商评字［2014］第36493号《关于第11709162号“NEXUS”商标驳回复审决定》（以下简称第36493号决定），对申请商标予以驳回。谷歌公司不服，提起行政诉讼，并提交了引证商标的权利人株式会社岛野于2014年9月3日出具的“同意书”，其主要内容为同意谷歌公司在我国境内使用和注册包括申请商标在内的有关商标。北京市第一中级人民法院一审认为，申请商标与引证商标构成使用在类似商品上的近似商标。谷歌公司主张其与引证商标权利人签署了商标共存协议，故申请商标应予核准注册。但商标法的立法目的一方面在于保护商标权人的利益，另一方面在于保障消费者利益，防止市场混淆。因此，若两商标指定使用的商品相同或类似，标识相同或极为近似，出于维护正常市场秩序、防止混淆的目的，通常不应考虑相关的共存协议。一审法院据此判决维持第36493号决定。谷歌公司不服，提起上诉。北京市高级人民法院二审判决驳回上诉、维持原判。谷歌公司仍不服，向最高人民法院申请再审，最高人民法院裁定提审本案，并于2016年12月23日判决撤销第36493号决定和一审、二审判决，判令商标评审委员会针对申请商标重新作出复审决定。

【裁判意见】

最高人民法院提审认为：引证商标权利人在本案中出具的同意书，是认定申请商标的注册是否违反商标法（2001年修正）第二十八条规定的重要考虑因素。首先，引证商标权利人通过出具同意书，明确对争议商标的注册、使用予以认可，是引证商标权利人处分其合法权利的方式之一。在同意书没有损害国家利益、社会公共利益或者第三人合法权益的情况下，应当予以必要的尊重。其次，保障消费者的利益和生产、经营者的利益均是商标法的立法目的，二者不可偏废。虽然是否容易造成相关公众的混淆、误认是适用商标法（2001年修正）第二十八条的重要考虑因素，但也要考虑到相关公众对于近似商业标志具有一定的分辨能力，在现实生活中也难以完全、绝对地排除商业标志的混淆可能性。考虑到特定历史背景等因素，可能产生因不同生产、经营者善意注册、使用行为而出现的商业标志共存。本案中，相较于尚不确定是否受到损害的一般消费者的利益，申请商标的注册和使用对于引证商标权利人株式会社岛野利益的影响更为直接和现实。株式会社岛野出具同意书，同意谷歌公司的商标申请行为，表明其对申请商标的注册是否容易导致相关公众的混淆、误认持否定或者容忍态度。尤其是考虑到谷歌公司、株式会社岛野分别为相关领域的知名企业，本案中没有证据证明，谷歌公司申请或使用申请商标存在攀附株式会社岛野及引证商标知名度的恶意，也没有证据证明申请商标的注册会损害国家利益或者社会公共利益。最后，虽然商标的主要作用在于区分商品或者服务的来源，但除申请商标和引证商标外，谷歌公司的企业名称及字号、相关商品特有的包装装潢等其他商业标志也可以一并起到区分来源的作用。即使准予申请商标注册，如在实际使用过程中结合其他商业标志，也可以有效避免相关公众的混淆、误认。综合考虑申请商标与引证商标指定使用的商品的关联程度，以及株式会社岛野出具同意书等情形，应当认定申请商标的注册未违反商标法（2001 年修正）第二十八条的规定。

中华人民共和国最高人民法院行政判决书

（2016）最高法行再 103 号

再审申请人（一审原告、二审上诉人）：谷歌公司。住所地：美利坚合众国加利福尼亚山景城半圆剧场大道 1600 号。

法定代表人：克里斯汀·谢，该公司商标顾问。

委托诉讼代理人：张海若，北京市联德律师事务所律师。

委托诉讼代理人：李海娟，北京市联德律师事务所律师。

被申请人（一审被告、二审被上诉人）：国家工商行政管理总局商标评审委员会。住所地：中华人民共和国北京市西城区茶马南街 1 号。

法定代表人：赵刚，该委员会主任。

委托诉讼代理人：张鸿烨，该委员会审查员。

再审申请人谷歌公司因与被申请人国家工商行政管理总局商标评审委员会（以下简称商标评审委员会）商标申请驳回复审行政纠纷一案，不服北京市高级人民法院（2015）高行（知）终字第 3402 号行政判决，向本院申请再审。本院于 2016 年 9 月 27 日作出（2016）最高法行申 2099 号行政裁定，提审本案。本院依法组成合议庭审理了本案，现已审理终结。

本案申请商标为第11709162号“NEXUS”商标，由谷歌公司于2012年11月7日提出注册，指定使用商品为第9类“手持式计算机、便携式计算机”。本案引证商标为第1465863号“NEXUS”商标，由案外人株式会社岛野于1999年5月13日提出注册申请，核定使用商品为第9类自行车用计算机，专用期限至2020年10月27日。

2013年9月9日，国家工商行政管理总局商标局（以下简称商标局）作出商标驳回通知书，认为申请商标与在先申请的引证商标构成近似，不符合2001年修正的《中华人民共和国商标法》（以下简称商标法）第二十八条的规定，对申请商标予以驳回。谷歌公司不服该决定，向商标评审委员会申请复审。商标评审委员会于2014年3月25日作出商评字［2014］第36493号关于第11709162号“NEXUS”商标驳回复审决定（以下简称被诉决定）。该决定认定：申请商标与引证商标字母构成及呼叫完全相同。申请商标指定使用的便携式计算机等商品与引证商标核定使用的自行车用计算机商品构成类似商品，申请商标与引证商标构成使用在类似商品上的近似商标。综上，商标评审委员会根据商标法第二十八条的规定，决定申请商标予以驳回。

谷歌公司不服被诉决定，向北京市第一中级人民法院（以下简称一审法院）提起行政诉讼。

一审法院认为，申请商标与引证商标除字体及颜色外，二商标的字母构成、呼叫完全一致，构成近似商标。申请商标指定使用的手持式计算机、便携式计算机与引证商标核定使用的第9类自行车用计算机均为计算机类产品，相关公众容易认为其存在特定联系并造成混淆，故申请商标指定使用的商品与引证商标核定使用的商品构成类似商品。商标评审委员会作出的决定认定事实清楚，适用法律正确，审查程序合法、审查结论正确。商标审查具有个案性，其他商标获得初步审定或核准注册的情形并不能作为申请商标获准注册的必然依据。此外，谷歌公司还主张其与引证商标权利人签署了商标共存协议，因此申请商标应予核准注册。但商标法的立法目的一方面在于保护商标权人的利益，维护其商标信誉，保护生产、经营者的利益；另一方面在于保障消费者利益，防止市场混淆，促进社会主义市场经济的发展。因此，若诉争商标与在先商标指定使用的商品相同或类似，且诉争商标标识与在先商标标识相同或极为近似，出于维护正常市场秩序、防止混淆的目的，通常不应考虑相关的共存协议。鉴于本案中申请商标与引证商标相同，该主张缺乏事实及法律依据，故对其相关主张不予支持。一审法院据此判决：维持被诉决定。

谷歌公司不服一审判决，向二审法院提起上诉，请求撤销一审判决及被诉决定。

二审法院认为，商标法第二十八条规定：“申请注册的商标，凡不符合本法有关规定或者同他人在同一种商品或者类似商品上已经注册的或者初步审定的商标相同或者近似的，由商标局驳回申请，不予公告。”认定相关商品是否类似，应当考虑其功能、用途、生产部门、销售渠道、消费群体等是否相同或具有较大关联性，是否容易使相关公众认为商品是由同一主体提供的或主体间存在特定联系。本案中，申请商标指定使用的手持式计算机、便携式计算机与引证商标核定使用的自行车用计算机均为第9类计算机类商品，且二商标指定使用的商品在功能、用途、生产部门、销售渠道及消费群体等方面基本相同或存在较大关联，故构成类似商品。谷歌公司认为申请商标与引证商标指定使用的商品不构成类似商品的上诉理由不能成立，二审法院不予支持。申请商标与引证商标为相同类别上的近似商标，如共存则易使相关公众认为两者来源于同一主体或其提供者间具有特定联系，从而对商品来源产生混淆、误认。商标法的立法目的一方面在于保护商标权人利益，另一方面还应保障消费者利益，防止市场发生混淆。故该共存协议不予考虑。商标评审委员会被诉决定及一审判决对此认定正确，二审法院予以维持。商标授权确权案件应当根据案件的具体情况加以个案审查，其他商标的注册情况亦不是本案申请商标具有可注册性的当然理由。谷歌公司相关上诉理由不能成立，二审法院不予支持。据此判决：驳回上诉，维持原判。

谷歌公司不服二审判决，向本院申请再审称：（一）谷歌公司与引证商标所有人株式会社岛野在全球范围内达成了“NEXUS”商标共存协议。双方商标在美国同时共存并获准注册，对于以英语为母语的美国消费者而言，申请商标与引证商标的共存注册尚且不会导致消费者的混淆误认。两方商标的共存更不会导致我国消费者的混淆误认。共存协议应当作为判断申请商标可否获准注册的考量因素。二审判决对共存协议不予采信，认定事实不清，适用法律错误。（二）引证商标与申请商标不构成类似商品上的近似商标。引证商标指定使用的商品与申请商标指定使用的商品不类似。首先，谷歌公司与引证商标所有人株式会社岛野所属行业区别较大。株式会社岛野的主营业务为自行车，渔具和赛艇的生产销售。申请人谷歌公司是全球知名的科技企业，致力于互联网搜索、云计算、无人机、无人驾驶汽车、手机、电脑、智能眼镜、智能机器人等高科技产品领域。因此，再审申请人本身的业务领域与引证商标权利人的业务领域具有明显区别。其次，两方的产品也不构成类似商品。申请商标“NEXUS”是谷歌名下的一个重要品牌，已大量使用在“手机”和“平板电脑”上，具有了很强的知名度和显著性，形成了稳定的消费者群体和市场秩序。引证商标指定的“自行车用计算机”与申请商标指定的“手持式计算机、便携式计算机”具有诸多差异。“手持式计算机、便携式计算机”的功能要比自行车用计算机的功能要复杂及强大得多。再次，自行车用计算机是运动型自行车的配件，生产部门一般是自行车生产商。而“手持式计算机、便携式计算机”的生产商一般都是大型的高科技公司。复次，“自行车用计算机”是比较专业的运动型自行车用电子产品，这类产品大多出现在运动型自行车销售门店。在销售或使用前，一般都需要由厂家或专门的自行车销售门店预先安装，并进行调试。而申请商标指定的“手持式计算机、便携式计算机”一般都通过各类电脑品牌的专卖店或零售店出售给消费者。最后，关于相关公众。自行车用计算机面对的消费者群体是少数对专业自行车运动有兴趣的运动员或者骑行爱好者。申请商标指定的“手持式计算机、便携式计算机”已经成为人们日常工作和生活的必需品。申请商标指定商品与引证商标指定商品的消费者群体有较大差异。（三）二审判决对共存协议不予采信，认定事实不清，适用法律错误。共存协议是由引证商标权利人出具，其对是否可能产生混淆的判断更加符合市场实际。该同意书应当作为判断申请商标可否获准注册时予以考量之因素。（四）申请商标经过大规模的使用和宣传，已经获得了较高的知名度和显著性，与申请人建立起了稳定且唯一的对应关系，与引证商标之间形成了市场区分。

本院另查明，引证商标的权利人株式会社岛野于2014年9月3日出具“同意书”，其主要内容为同意谷歌公司在我国境内使用和注册包括申请商标在内的有关商标。

本院认为，本案争议焦点在于申请商标是否违反商标法第二十八条的规定。

商标法第二十八条规定：“申请注册的商标……同他人在同一种商品或者类似商品上已经注册的或者初步审定的商标相同或者近似的，由商标局驳回申请，不予公告。”关于“商标近似”，《最高人民法院关于审理商标民事纠纷案件适用法律若干问题的解释》第九条第二款规定：“……商标近似，是指被控侵权的商标与原告的注册商标相比较……易使相关公众对商品的来源产生误认或者认为其来源与原告注册商标的商品有特定的联系。”关于类似商品，该司法解释第十一条第一款规定："类似商品，是指在功能、用途、生产部门、销售渠道、消费对象等方面相同，或者相关公众一般认为其存在特定联系、容易造成混淆的商品。"参照适用上述司法解释的规定，是否容易造成相关公众的混淆、误认是认定申请商标是否违反商标法第二十八条规定时的重要考量因素。

首先，从商品类别来看。引证商标指定使用的商品为"自行车用计算机"，与自行车体育运动密切相关；而申请商标为"手持式计算机、便携式计算机"，属于消费电子领域。因此，虽然二者形式上都与"计算机"有关，但功能、用途、销售渠道、使用方式、消费对象等均存在一定差异。

其次，引证商标权利人出具的同意书是本院认定申请商标的注册是否违反商标法第二十八条规定的重要考虑因素，具体理由如下：其一，根据商标法第四十二条、第四十三条等规定，商标权人可以依法转让、许可其商标权，亦有权通过放弃、不再续展等方式处分其商标权。在商标评审委员会业已作出被诉决定，认定申请商标与引证商标构成类似商品上的近似商标的情况下，引证商标权利人通过出具同意书，明确对争议商标的注册、使用予以认可，实质上也是引证商标权利人处分其合法权利的方式之一。在该同意书没有损害国家利益、社会公共利益或者第三人合法权益的情况下，应当予以必要的尊重。其二，根据商标法第一条的规定，保障消费者的利益和生产、经营者的利益均是商标法的立法目的，二者不可偏废。虽然是否容易造成相关公众的混淆、误认是适用商标法第二十八条的重要考虑因素，但也要考虑到相关公众对于近似商业标志具有一定的分辨能力，在现实生活中也难以完全、绝对地排除商业标志的混淆可能性。尤其是在存在特定历史因素等特殊情形下，还可能存在不同生产、经营者善意注册、使用的特定商业标志的共存。本案中，相较于尚不确定是否受到损害的一般消费者的利益，申请商标的注册和使用对于引证商标权利人株式会社岛野的利益的影响更为直接和现实。株式会社岛野出具同意书，明确同意谷歌公司在我国申请和使用包括申请商标在内的有关商标权，表明株式会社岛野对申请商标的注册是否容易导致相关公众的混淆、误认持否定或者容忍态度。尤其是考虑到谷歌公司、株式会社岛野分别为相关领域的知名企业，本案中没有证据证明谷歌公司申请或使用申请商标时存在攀附株式会社岛野及引证商标知名度的恶意，也没有证据证明申请商标的注册会损害国家利益或者社会公共利益。在没有客观证据证明的情况下，不宜简单以尚不确定的"损害消费者利益"为由，否定引证商标权利人作为生产、经营者对其合法权益的判断和处分，对引证商标权利人出具的同意书不予考虑。其三，虽然商标的主要作用在于区分商品或者服务的来源，但除申请商标和引证商标外，包括谷歌公司的企业名称及字号、相关商品特有的包装装潢等其他商业标志也可以一并起到区分来源的作用。因此，即使准予申请商标注册，如在实际使用过程中结合其他商业标志，可以有效避免相关公众混淆、误认。

综上，综合考虑申请商标与引证商标标志的差异程度、指定使用的商品的关联程度，以及株式会社岛野出具同意书等情形，本院认定申请商标的注册未违反商标法第二十八条的规定。商标评审委员会被诉决定结论错误，应予撤销。一、二审判决未全面考虑引证商标权利人出具的同意书，错误维持被诉决定，亦应予撤销。依照2001年修正的《中华人民共和国商标法》第三十一条，参照《最高人民法院关于审理商标民事纠纷案件适用法律若干问题的解释》第九条第二款、第十一条第一款，以及依照《中华人民共和国行政诉讼法》第八十九条第一款第（二）项、《最高人民法院关于执行〈中华人民共和国行政诉讼法〉若干问题的解释》第七十六条第一款、第七十八条规定，判决如下：

一、撤销北京市第一中级人民法院（2014）一中行（知）初字第9012号行政判决；

二、撤销北京市高级人民法院（2015）高行（知）终字第3402号行政判决；

三、撤销国家工商行政管理总局商标评审委员会商评字［2014］第36493号关于第11709162号“NEXUS”商标驳回复审决定；

四、判令国家工商行政管理总局商标评审委员会对第11709162号“NEXUS”商标重新作出决定。

一审案件受理费100元，二审案件受理费100元，均由谷歌公司负担。

审 判 长 王艳芳

审 判 员 钱小红

代理审判员 杜微科

二〇一六年十二月二十三日

书 记 员 刘海珠

（四）类似商品的判断

68. 类似商品认定中对产品用途的考虑

——再审申请人湖南省长康实业有限责任公司与被申请人
长沙加加食品集团有限公司、原审被告国家工商行政
管理总局商标评审委员会商标异议复审行政纠纷案

【裁判要旨】

在类似商品判断中考虑商品的用途时，应以其主要用途为主，如果产品的不同用途面对的是不同的消费对象，一般情况下应该以注意程度较低的消费者为准。

【关键词】

类似商品　产品用途　商标异议复审

【案号】

最高人民法院（2011）知行字第7号

【基本案情】

在再审申请人湖南省长康实业有限责任公司（以下简称长康公司）与被申请人长沙加加食品集团有限公司（以下简称加加公司）、原审被告国家工商行政管理总局商标评审委员会（以下简称商标评审委员会）商标异议复审行政纠纷案中，案外人长沙巨龙实业有限公司于1996年1月31日申请注册“加加及图”商标（即引证商标一），1997年6月21日核准注册，注册号为第1035667号，核定使用在第30类酱油商品上。1998年6月28日，该商标经核准转让给加加酱业（长沙）有限公司（以下简称加加酱业公司）。加加酱业公司于1998年5月21日申请注册“加加”商标（即引证商标二）、“加加JIAJIA及图”商标（即引证商标三），均于1999年10月7日核准注册，注册号分别为第1321453号、第1321451号，核定使用在第30类酱油、醋、调味品、酱菜（调味品）、佐料（调味品）、味精、蚝油商品上。1999年7月9日，长康公司向国家工商行政管理总局商标局（以下简称商

标局）申请注册“加加 JIAJIA”商标（即被异议商标），商标局于 2000 年 8 月 28 日经初步审定，商标注册号为第 1482338 号，指定使用在第 29 类芝麻油商品上。加加酱业公司针对被异议商标提出异议申请，商标局于 2002 年 10 月 16 日裁定被异议商标核准注册。加加酱业公司不服，向商标评审委员会申请复审。加加酱业公司其后经两次更名，变更为本案加加公司。2009 年 12 月 7 日，商标评审委员会作出第 34098 号商标异议复审裁定（以下简称第 34098 号裁定），维持了商标局的裁定。加加公司不服，提起行政诉讼。北京市第一中级人民法院一审认为，芝麻油与酱油产品属于类似商品，被异议商标的注册不符合商标法第二十八条的规定，判决撤销第 34098 号裁定，责令商标评审委员会重新作出裁定。长康公司不服，提起上诉。北京市高级人民法院二审判决驳回上诉，维持一审判决。长康公司向最高人民法院申请再审。最高人民法院于 2011 年 8 月 31 日裁定驳回了长康公司的再审申请。

【裁判意见】

最高人民法院审查认为：根据《最高人民法院关于审理商标授权确权行政案件若干问题的意见》第十五条的规定，判断商品是否类似，应当考虑商品的功能、用途、生产部门、销售渠道、消费群体等是否相同或者具有较大的关联性，是否容易使相关公众认为是同一主体提供的，或者其提供者之间存在特定联系。根据查明的事实，芝麻香油是芝麻油主要面向普通消费者的产品形态，其可用作调味，而且其产品包装规格更类似于酱油、醋这样的调味品，即一般为小瓶包装，与其他食用油明显不同。芝麻油作为食用油脂更主要是作为食用调和油的原料，而不是独立的产品。关于芝麻油的其他用途，比如作为其他产品的生产原料等，一方面，对于产品用途的判断，应以其主要用途为主；另一方面，如果产品的不同用途面对的是不同的消费对象，一般情况下应该以注意程度较低的消费者为准。本案中，应以家庭烹饪用品的消费者作为相关公众，对于此类普通消费者来讲，其普遍的认知应该是芝麻油是调味品的一种。此外，判断商品是否类似除主要应考虑前述的功能、用途等因素外，相关商标的知名度对于判断是否容易引起相关公众混淆也会产生影响。本案中，相关证据可以证明引证商标在被异议商标申请注册时已在湖南省具有一定的知名度。因此，原审法院认定芝麻油与酱油等商品构成类似商品，从而撤销第 34098 号裁定是正确的。

中华人民共和国最高人民法院行政裁定书

（2011）知行字第7号

申诉人（一审第三人、二审上诉人）：湖南省长康实业有限责任公司，住所地：湖南省湘阴县长康粮站南路1号。

法定代表人：谭迪高，该公司董事长。

委托代理人：杨建华，上海协力（长沙）律师事务所律师。

委托代理人：刘琦，上海协力（长沙）律师事务所律师。

被申诉人（一审原告、二审被上诉人）：长沙加加食品集团有限公司，住所地：湖南省宁乡县经济开发区车站路。

法定代表人：杨振，该公司董事长。

委托代理人：安翔，中原信达知识产权代理有限责任公司商标代理人。

委托代理人：陈敏，中原信达知识产权代理有限责任公司商标代理人。

原审被告：国家工商行政管理总局商标评审委员会，住所地：北京市西城区三里河东路8号。

法定代表人：何训班，该委员会主任。

委托代理人：马岩岩，该委员会审查员。

申诉人湖南省长康实业有限责任公司（简称长康公司）因与中华人民共和国国家工商行政管理总局商标评审委员会（简称商标评审委员会）、长沙加加食品集团有限公司（简称加加公司）商标异议复审行政纠纷一案，不服北京市高级人民法院于2010年11月8日作出的（2010）高行终字第980号行政判决，向本院申请再审。本院依法组成合议庭对本案进行了审查，并于2011年7月27日进行了听证，长康公司的代理人杨建华、刘琦，加加公司的代理人安翔、陈敏到庭参加，商标评审委员会向本院表示不参加听证，本案现已审查终结。

长康公司申请再审称：一、芝麻油与酱油不属于类似商品，二者在商标注册用商品分类表中明确为不类似商品。芝麻油的生产归属于油脂企业，产品本身属性、所需的生产设备及工艺流程等与酱油截然不同，二者之间有本质区别，不存在竞争性与相互替代性，不会导致消费者产生误认。二审法院片面考虑功能、用途、销售渠道、消费群体有一定关联，而没有考虑产品的根本属性、生产部门、生产工艺、功能用途及销售渠道的多样性等，其认定二者为类似商品的理由是不客观的。二、审查在先商标的知名度应以被异议商标申请时为依据，而不应以其后知名度的发展变化为依据。加加公司成立于 1997 年 1 月，长康公司于 1999 年 7 月申请被异议商标，距加加公司成立仅两年半时间。加加公司提交的销售发票等证据不能说明被异议商标申请注册时其引证商标已经具有知名度，二审判决关于其具有一定知名度的认定是错误的。三、在被异议商标申请日前，加加公司没有生产过芝麻油商品，长康公司没有抢注商标的恶意。综上，请求撤销原一、二审判决，维持商标评审委员会第 34098 号裁定。

原一、二审法院经审查查明：长沙巨龙实业有限公司于 1996 年 1 月 31 日申请注册“加加及图”商标（即引证商标一），1997 年 6 月 21 日核准注册，注册号为第 1035667 号，核定使用在第 30 类酱油商品上，后经续展专用权期限至 2017 年 6 月 20 日。1998 年 6 月 28 日，该商标经核准转让予加加酱业（长沙）有限公司（简称加加酱业公司）。

引证商标一

加加酱业公司于 1998 年 5 月 21 日申请注册“加加”商标（即引证商标二），1999 年 10 月 7 日核准注册，注册号为第 1321453 号，核定使用在第 30 类酱油、醋、调味品、酱菜（调味品）、佐料（调味品）、味精、蚝油商品上，后经续展专用权期限至 2019 年 10 月 6 日。

引证商标二

加加酱业公司于 1998 年 5 月 21 日申请注册“加加 JIAJIA 及图”商标（即引证商标三），1999 年 10 月 7 日核准注册，商标注册号为第 1321451 号，核定使用在第 30 类酱油、醋、调味品、酱菜（调味品）、佐料（调味品）、味精、蚝油商品上，后经续展专用权期限至 2019 年 10 月 6 日。

引证商标三

1999年7月9日，长康公司向国家工商行政管理总局商标局（简称商标局）申请注册“加加JIAJIA”商标（即被异议商标），商标局于2000年8月28日经初步审定，被异议商标刊登在第749期《商标公告》，商标注册号为第1482338号，指定使用在第29类芝麻油商品上。

被异议商标

加加酱业公司在法定期限内针对被异议商标向商标局提出异议申请，商标局于2002年10月16日作出第1395号裁定，裁定被异议商标核准注册。

加加酱业公司不服，向商标评审委员会申请复审，理由为：长康公司以摹仿、抄袭的手段，将加加酱业公司注册并使用多年的“加加”商标抢先在芝麻油商品上申请注册，违反了《中华人民共和国商标法》（简称《商标法》）第三十一条，违反了《中华人民共和国民法通则》（简称《民法通则》）规定的诚实信用原则。长康公司与加加酱业公司同处一个行政区域，更容易使消费者造成混淆。加加酱业公司的企业字号“加加”是全国知名企业。加加酱业公司的“加加”商标已经构成驰名商标。加加酱业公司向商标评审委员会提交证据用以证明其商标的知名度。其中，在被异议商标申请日之前的证据有：1997年至1998年“加加”酱油的销售发票和记账单；1997年至1999年“加加”酱油产品标签、酱油瓶型、包装；1997年至1999年“加加”特制酱油产品质量检验报告书；部分经销商及产品用户调查表；“加加”酱油经销协议书；1998年1月8日“加加”牌酱油获得湖南省技术监督局颁发的产品质量监督免检资格证书；1998年12月“加加”牌酱油获得质量信得过产品荣誉证书；1997年、1998年“加加”酱油获得湖南省卫生防疫站颁发的“特别推荐产品”荣誉证书；1999年3月15

日加加酱业公司获得湖南省技术监督局颁发的“3·15产品质量信得过”称号荣誉证书；1997年至1999年宣传加加酱油的广告合同及广告费发票。此外，加加酱业公司还提供了“加加”商标于2001年12月被湖南省工商行政管理局认定为在“调味品、味精”商品上的湖南省著名商标等证据。

加加酱业公司于2006年7月13日经核准更名为加加集团（长沙）有限公司，于2007年12月11日经核准更名为长沙加加食品集团有限公司，即本案加加公司。

2009年12月7日，商标评审委员会作出第34098号裁定，认为：被异议商标指定使用的第29类芝麻油商品与三个引证商标核定使用的第30类酱油、醋等商品在生产原料、制作工艺、销售渠道等方面存在较大区别，不属于类似商品。被异议商标与加加公司的引证商标一般不易导致消费者混淆误认，未构成使用在类似商品上的近似商标。加加公司亦未提交证据证明其在被异议商标申请注册前在芝麻油等商品上使用“加加”商标的证据，不能认定被异议商标是对其在先使用并有一定影响的商标的抢注。加加公司提交的证据也不足以证明其使用在酱油等商品上的商标在被异议商标申请注册日前已经成为我国公众熟知的驰名商标，不能认定被异议商标违反了《商标法》第十三条的规定。此外，加加公司关于被异议商标注册违反了《民法通则》有关规定的主张不属于本案评审范围之内。综上，加加公司的异议复审理由不成立。据此，商标评审委员会依据《商标法》第三十三条、第三十四条，裁定被异议商标予以核准注册。

加加公司向北京市第一中级人民法院提起行政诉讼称，一、被异议商标指定使用的“芝麻油”商品与引证商标指定使用的“酱油、醋”等商品构成类似商品。二、加加公司的引证商标在被异议商标申请日之前已经使用并有一定影响，与被异议商标构成类似商品上的近似商标，长康公司明知引证商标仍然申请注册被异议商标主观上存在恶意。三、第34098号裁定未对加加公司主张的在先商号权进行审查，违反法律规定。四、加加公司的引证商标构成在“酱油”商品上的驰名商标，被异议商标违反《商标法》第十三条的规定。综上，请求法院撤销第34098号裁定。

北京市第一中级人民法院认为：被异议商标指定使用的“芝麻油”与三个引证商标核定使用的“酱油”、引证商标二和引证商标三核定使用的“醋、调味品、蚝油”等商品对比，其功能均为烹饪调味品，销售渠道、消费群体都无明显区别，应判定为类似商品。况且，商品类似的判断，应当结合商标知名度等因素，在整体上是否容易导致消费者对商品来源混淆误认的角度予以综合考虑。本案中，加加公司提供了大量的商标使用证据，包括销售发票、广告合同及广告费发票，获得的各项荣誉证书等，足以证明引证商标在被异议商标申请日前已经在湖南省取得了一定的知名度。被异议商标与三个引证商标的显著部分均为汉字“加加”，应判定为近似商标。因此，被异议商标与三个引证商标已经构成指定使用在类似商品上的近似商标，违反了《商标法》第二十八条的规定。商标评审委员会认定被异议商标指定使用的商品与三个引证商标核定使用的商品未构成类似商品，属认定事实错误，应予以撤销。

加加公司在异议复审申请中并未明确主张被异议商标侵犯其在先字号权，因此第34098号裁定未对此予以评述符合法律规定。加加公司提供的均为注册商标的使用证据，并未提供未注册商标的使用证据。第34098号裁定认定被异议商标未违反《商标法》第三十一条的规定，结论正确，予以确认。加加公司提供的证据多为在湖南地区使用宣传的证据，虽可证明该商标具有一定知名度，但地域范围有限，尚不足以证明在被异议商标申请日之前，其“加加”商标为相关公众广为知晓，已经构成驰名商标，其主张被异议商标违反了《商标法》第十三条的规定，无法律依据。因此，加加公司的上述主张，不予支持。

综上，北京市第一中级人民法院于2010年6月18日作出（2010）一中知行初字第931号行政判决，依照《中华人民共和国行政诉讼法》第五十四条第（二）项第1、2目之规定，判决撤销第34098号裁定并由商标评审委员会就加加公司针对被异议商标提出的异议复审申请重新作出裁定。

长康公司不服提起上诉。二审审理过程中，长康公司与加加公司均对被异议商标与三个引证商标的标识近似不持异议。北京市高级人民法院2010年11月8日作出（2010）高行终字第980号行政判决，驳回上诉，维持原判。

本院另查明：2007年9月1日起实施的“调味品分类国家标准”中将“芝麻油”列为调味品。2009年1月1日起实施的“芝麻油国家标准”中载明芝麻油分为“芝麻香油、芝麻原油、成品芝麻油”三类。长康公司在听证中陈述芝麻原油和成品芝麻油可作为药品企业、奶粉企业等的生产原料，芝麻香油主要面向普通消费者销售。其向本院提交的增值税发票显示其有“香油王”产品，产品规格为180mL、300mL等。其他产品如葵花调和油产品规格为5000mL和2000mL两种，酱油、白醋产品规格基本均为500mL。向药店、医院或其他企业等销售的芝麻油产品为散装或者50kg/桶、190kg/桶的规格。长康公司另提交其他品牌食用油的产品图片，均显示芝麻油（芝麻香油）为食用调和油的配料之一。长康公司并未使用被异议商标。

本院经审查认为：本案争议的焦点在于被异议商标与引证商标是否构成类似商品上的近似商标，即芝麻油商品与酱油、醋等商品是否构成类似商品，被异议商标使用在芝麻油商品上是否容易导致相关公众与使用在酱油等商品上的引证商标产生混淆。**根据《最高人民法院关于审理商标授权确权行政案件若干问题的意见》第15条的规定，判断商品是否类似，应当考虑商品的功能、用途、生产部门、销售渠道、消费群体等是否相同或者具有较大的关联性，是否容易使相关公众认为是同一主体提供的，或者其提供者之间存在特定联系。根据查明的事实，芝麻香油是芝麻油主要面向普通消费者的产品形态，其可用作调味，而且其产品包装规格更类似于酱油、醋这样的调味品，即一般为小瓶包装，与其他食用油明显不同。其作为食用油脂更主要是作为食用调和油的原料，而不是独立的产品。关于芝麻油的其他用途，比如作为其他产品的生产原料等，一方面，对于产品用途的判断，应以其主要用途为主；另一方面，如果产品的不同用途面对的是不同的消费对象，一般情况下应该以注意程度较低的消费者为准。本案中，应以家庭烹饪用品的消费者作为相关公众，对于此类普通消费者来讲，其普遍的认知应该是芝麻油是调味品的一种。**况且本案中被异议商标与引证商标文字均为“加加”，且加加公司提交关于其“加加”酱油1997年至1998年的销售发票、1998年湖南省产品质量监督免检资格证书、质量信得过产品荣誉证书、1999年湖南省技术监督局“3·15产品质量信得过”称号荣誉证书以及宣传广告合同等，可以证明在被异议商标申请之时，**加加公司使用在酱油等商品上的“加加”引证商标已经在湖南省取得了一定的知名度，普通消费者看到芝麻油商品上的被异议商标容易产生混淆，以为与标注了引证商标的酱油等产品均出自同一主体，或者出自有特定联系的主体。在此基础上，原一、二审法院认定芝麻油与酱油等商品构成类似商品，从而撤销第34098号裁定是正确的。**

长康公司在听证中另提出被异议商标与引证商标不相近似、二审法院未采信其提交的芝麻油、酱油等国家标准的证据不当以及关于引证商标知名度的证据存在矛盾等主张。被异议商标与引证商标文字部分均为“加加”，且文字均在其商标中占据显著位置，长康公司在二审期间未就此问题提出异议，向本院申请再审时亦未有此主张，其关于不构成近似商标的主张显然不成立，本院不予支持。关于其所提交的国家标准等证据问题，二审判决中明确说明上述证据不是第34098号裁定的依据，且不足以证明芝麻油与酱油并非类似商品，故未予采信，二审判决对证据的认定并无不当之处。关于引证商标知名度的问题，虽然判断商品是否类似主要应考虑前述的功能、用途等因素，但相关商标的知名度对于判断是否容易引起相关公众混淆会产生影响，本案中，相关证据可以证明引证商标在被异议商标申请注册时已在湖南省具有一定的知名度，长康公司对相关数据提出的质疑并不足以否认该事实，二审法院对此认定并无不妥。

综上，本院认为，长康公司的再审申请不符合《中华人民共和国行政诉讼法》第六十三条第二款和《最高人民法院关于执行〈中华人民共和国行政诉讼法〉若干问题的解释》第七十二条规定的再审条件。依照《最高人民法院关于执行〈中华人民共和国行政诉讼法〉若干问题的解释》第七十四条之规定，裁定如下：

驳回湖南省长康实业有限责任公司的再审申请。

审　判　长　夏君丽
代理审判员　董晓敏
代理审判员　周云川
二〇一一年八月三十一日
书　记　员　曹佳音

69. 关联商品可视情纳入类似商品范围

——再审申请人杭州啄木鸟鞋业有限公司与被申请人国家工商行政管理总局商标评审委员会、七好（集团）有限公司商标争议行政纠纷案

【裁判要旨】

避免来源混淆是商品类似关系判断时需坚持的基本原则，如果近似商标在具有一定关联性的商品上共存，容易使相关公众认为两商品是由同一主体提供或者其提供者之间存在特定联系，应认定两商品构成类似商品。

【关键词】

商标争议　关联商品　类似商品

【案号】

最高人民法院（2011）知行字第 37 号

【基本案情】

在再审申请人杭州啄木鸟鞋业有限公司（以下简称啄木鸟公司）与被申请人国家工商行政管理总局商标评审委员会（以下简称商标评审委员会）、七好（集团）有限公司（以下简称七好公司）商标争议行政纠纷案中，啄木鸟公司于 2000 年 5 月 26 日向国家工商行政管理总局商标局（以下简称商标局）申请注册第 1609312 号图形商标（即争议商标），指定使用在第 25 类 2507 群的鞋、靴商品，指定使用颜色为啄木鸟通体为黑色，嘴的下部为绿色。商标局于 2001 年 8 月 7 日核准该商标注册。2004 年 2 月 3 日，七好公司向商标评审委员会提出撤销争议商标注册申请，并援引四个商标为引证商标，其中引证商标一为七好公司于 1993 年 1 月 3 日在第 25 类服装商品上申请、1994 年 3 月 7 日核准注册的第 680928 号“鸟图形 + TUCANO”商标。商标评审委员会审查认为，争议商标指定使用的鞋、靴商品与各引证商标指定使用的服装、领带、皮包等商品所属的范围和领域不同，消费者获取上述商品的渠道有所区别，在《类似商品和服务区分表》中亦不属同一类似群组，不属于类似商品；争议商标与引证商标未构成使用在同一种或类似商品上的近似商标。据此，商标评审委员会作出商评字〔2009〕第 2577 号商标争议裁定书（以下简称第 2577 号裁定），维持争议商标注册。七好公司不服，提起行政诉讼。北京市第一中级人民法院一审认为，争议商标指定使用的鞋、靴商品与引证商标指定使用的服装、领带、皮包等商品不属于类似商品，争议商标与引证商标使用在非类似商品上，不会导致普通消费者对商品来源的混淆误认，故判决维持第 2577 号裁定。七好公司不服，提起上诉。北京市高级人民法院二审认为，争议商标与引证商标两者指定使用商品虽不为同一类似群组，但均为穿戴类商品，商品及生产商品的企业关联性极强，属于关联商品，其在市场上的共同使用易使消费者对其商品来源产生混淆、误认。遂判决撤销一审判决和第 2577 号裁定。啄木鸟公司不服，向最高人民法院申请再审。最高人民法院于 2011 年 7 月 12 日驳回了啄木鸟公司的再审申请。

【裁判意见】

最高人民法院审查认为：商标法设置商品类似关系，是因为商标主要是按商品类别进行注册、管理和保护的。在商标授权确权和侵权判定过程中，进行商标法意义上相关商品是否类似的判断，并非作相关商品物理属性的比较，而是主要考虑商标能否共存或者决定商标保护范围的大小。避免来源混淆是商品类似关系判断时要坚持的一项基本原则。本案中，争议商标指定使用的商品为鞋和靴，引证商标核定使用的商品是服装等。虽然两者在具体的原料、用途等方面具有一些差别，但是两者的消费对象是相同的，而且在目前的商业环境下，一个厂商同时生产服装和鞋类产品，服装和鞋通过同一渠道销售，比如同一专卖店、专柜销售的情形较为多见。同时，争议商标与引证商标中的“鸟图形”虽然在细部上略有差异，但两者基本形态相同，且根据查明的事实，引证商标通过使用具有较高的知名度。在这种情况下，如果两商标在服装和鞋类商品上共存，容易使相关公众认为两商品是同一主体提供的，或者其提供者之间存在特定联系。因此，争议商标与引证商标构成类似商品上的近似商标。

中华人民共和国最高人民法院驳回再审申请通知书

(2011) 知行字第37号

杭州啄木鸟鞋业有限公司：

你公司因与中华人民共和国国家工商行政管理总局商标评审委员会（简称商标评审委员会）、七好（集团）有限公司（简称七好公司）商标争议行政纠纷一案，不服北京市高级人民法院于2010年12月2日作出的（2010）高行终字第743号行政判决（简称二审判决），向本院申请再审。本院于2011年3月29日立案后，依法组成合议庭对本案进行了审查，并于2011年5月19日组织各方当事人进行听证。现已审查完毕。

你公司申请再审称：1. 二审判决认定第1609312号图形商标（简称争议商标）违反《中华人民共和国商标法》（简称《商标法》）第二十八条之规定，认定事实和适用法律错误。首先，《商标法》第二十八条适用的前提是商品类似，但二审判决并没有对争议商标和引证商标核定使用的“鞋”、“靴”商品和“服装”、“领带”、“皮包”商品是否类似进行认定，而是以核定使用商品均为穿戴类商品，是所谓的“关联商品”为由，认定争议商标与引证商标构成近似商标，进而认定争议商标违反《商标法》第二十八条之规定，适用法律错误。其次，服装等商品和鞋等商品在功能、用途、生产部门、销售渠道等方面均存在较大差异，不属于类似商品。对此，（2005）高行终字第27号判决书已经有明确的结论。而且在《类似商品和服务区分表》（简称《区分表》）中，鞋、靴和服装等商品被划分为非类似商品。《区分表》是我国商标管理机关进行商标管理的依据，也是广大生产服务提供者申请注册商标的规范类指引，应当保持其适用的稳定性和统一性。因此，在没有充分证据证明鞋、靴和服装等商品在原料、生产、销售、消费习惯等方面已具有普遍为相关公众接受的密切联系以及国际惯例尚未改变的情况下，不应突破《区分表》对上述商品之间的非类似关系的认定。再次，争议商标的图形和引证商标的图形在构图细节、设计风格上有明显的不同，争议商标主要采取的是涂抹、夸张并着色的绘画手法，不同于引证商标的以线条勾勒为主的绘画手法。最后，争议商标经多年使用，已为广大消费者所熟知，不会造成相关公众的误认。综上，争议商标和引证商标并无令相关公众产生混淆、误认的可能，不构成类似商品上的近似商标，二审判决在此问题上认定事实和适用法律确有错误。2. 二审判决认定争议商标违反《商标法》第四十一条第一款之规定，事实认定和法律适用明显错误。首先，二审判决认定在争议商标申请日前，引证商标有一定知名度缺乏证据支持。在商标评审程序中，七好公司并未能提交引证商标在争议商标申请日前在国内宣传、使用的证据资料。二审判决认定你公司对引证商标应当知晓纯属主观臆断，毫无事实和法律依据。同时，二审判决认定争议商标存在对引证商标的抄袭、模仿缺乏证据支持。其次，七好公司在商标评审程序中并未就争议商标违反《商标法》第四十一条第一款提出评审请求，商标评审委员会也未就此进行评审，二审判决直接适用此条款，超越了商标评审委员会的审理范围，剥夺了你公司的合法抗辩权利。最后，根据《最高人民法院关于审理商标授权确权行政案件若干问题的意见》（简称《意见》）的规定，《商标法》第四十一条第一款仅适用于绝对事由，不适用于相对事由。因此，即使假定二审判决所谓的抄袭、模仿行为存在，也并不属于“其他不正当手段”，二审判决适用法律错误。3. 你公司自注册争议商标以来，一直致力于“啄木鸟”皮鞋的品牌建设，对该品牌投入了大量的广告宣传、打假维权费用。经过你公司的大力推动，啄木鸟皮鞋已经成为国内的著名品牌。根据《意见》第一条的政策精神，对于争议商标这样注册使用时间长达十年，已经建立较高市场声誉、形成自身的相关公众群体并已经驰名的商标，人民法院应当尊重相关公众已在客观上将相关商标区别开来的市场实际，慎重撤销，以促进品牌培养，避免社会资源的浪费。二审判决却以似是而非的理由撤销争议商标，明显违背相关政策精神。综上，请求撤销二审判决，维持北京市第一中级人民法院（2009）一中行初字第1068号判决（简称一审判决）和商评字〔2009〕第2577号《关于第1609312号图形商标争议裁定书》（简称第2577号裁定）。

七好公司答辩称：1. 二审法院以“鞋”与“衣服”构成关联商品，适用《商标法》第二十八条，认定争议商标与引证商标构成近似商标是正确的。2. 七好公司提出撤销申请的理由包括抄袭引证商标构成不正当竞争，因此二审判决适用《商标法》第四十一条第一款并无不妥。另外，因为争议商标违反《商标法》第二十八条的规定，是否适用《商标法》第四十一条第一款不足以影响最终结果。3. 你公司提供的证据不足以证明争议商标的知名度，你公司经营规模很小，主要靠傍名牌进行经营，不宜给予保护。

商标评审委员会陈述意见称：1.《区分表》是我国商标主管机关以世界知识产权组织提供的《商标注册用商品和服务国际分类》为基础，总结我国长期的商标审查实践并结合我国国情而形成的判断商品和服务类似与否的专业规范文件，具有公开性、一致性和稳定性的特点。该表对类似商品的划分本身就是在综合考虑了商品的功能、用途、生产部门、销售渠道、销售对象等因素的基础上得出的。商标确权程序中需要维护类似商品判断标准的一致性。诚然，由于商品和服务的项目更新和市场交易情况变化，类似商品和服务的类似关系不会一成不变，但对《区分表》的修正应当通过一定的程序统一进行并予以公布，以确保判断标准的相对稳定和商标审查的公平有序，避免商标申请人在申请注册时无所适从，保证注册商标的权利稳定。就本案而言，争议商标指定使用的鞋、靴与引证商标核定使用的服装、领带等商品在制作材料、生产工艺、功能用途、销售渠道等方面有明显区别，未构成类似商品。因此争议商标和引证商标并未构成使用在同一种或者类似商品上的近似商标。2. 七好公司在行政程序中并未就争议商标违反《商标法》第四十一条第一款的规定提出评审请求，二审判决直接适用该条款并以此撤销第 2577 号裁定，超越了本案的审理范围。因此，请求撤销二审判决，维持第 2577 号裁定。

本院经审查查明，本案争议商标系你公司于 2000 年 5 月 26 日向中华人民共和国国家工商行政管理总局商标局（以下简称商标局）申请注册，指定使用在第 25 类 2507 群的鞋、靴商品，指定使用颜色为啄木鸟通体为黑色，嘴的下部为绿色（见下图）。商标局于 2001 年 8 月 7 日核准该商标注册，注册号为 1609312。

引证商标一为七好公司于 1993 年 1 月 3 日向商标局申请在第 25 类服装商品上注册的“鸟图形 + TUCANO”商标（见下图）。商标局于 1994 年 3 月 7 日予以核准注册，注册号为 680928。经续展，专用期限至 2014 年。

引证商标二系七好公司于 1999 年 9 月 13 日在第 25 类服装商品上向商标局申

请注册的“鸟图形”商标（见下图）。商标局于2000年12月21日核准注册，注册号为1493162。

引证商标三系七好公司于1999年10月21日在第25类2501群、2509－2512群的领带、围巾、皮带（服装用）等商品上申请注册的“鸟图形＋TUCANO”商标（见下图）。商标局于2001年3月21日核准注册，注册号为1541673。

引证商标四系七好公司于1997年3月5日在第18类的皮包、旅行袋、公文包等商品上申请注册的“鸟图形”商标（见下图）。商标局于1998年4月21日核准注册，注册号为1168550。

争议商标

引证商标一

引证商标二

引证商标三

引证商标四

2004年2月3日，七好公司向商标评审委员会提出了撤销争议商标注册申请。七好公司认为，该公司在第25类、第18类商品注册了“鸟图形＋TUCANO”及“鸟图形”等商标。经过使用，该商标已成为世界服装知名品牌，且曾经司法确认为驰名商标。争议商标属于抢注他人驰名商标的行为，侵害了七好公司的合法权益；争议商标与引证商标构成使用在类似商品上的近似商标，也侵犯了七好公司的著作权。综上，请求撤销争议商标。在评审期间，七好公司提交2001—2003年引证商标因被侵权，安徽、浙江、成都等地工商机关进行处罚的决定书等证据。

在评审期间，你公司提交了于2001年8月就“啄木鸟鞋业”签订的电视广告合同、就“啄木鸟”鞋商标被假冒于2002年11月15日在安徽消费者报发布的声明、2001—2004年在浙江省内因“啄木鸟鞋业”被侵权，当地工商机关出具的处罚决定等、2002年10—12月《江淮晨报》、《安徽市场报》、《福建经济快报》等媒体关于“啄木鸟鞋业”被侵权的报道、湖南省湘西土家族苗族自治州中级人民法院（2007）州民三初字第32号民事判决书及该判决书的生效证明，该判决书确认你公司的第1609312号“啄木鸟图形”商标（即争议商标）、第1525486号“啄木鸟”商标为中国驰名商标。

商标评审委员会经审查认为，争议商标指定使用的鞋、靴商品与各引证商标指定使用的服装、领带、皮包等商品所属的范围和领域不同，消费者获取上述商品的渠道有所区别，在《区分表》中亦不属同一类似群组，不属于类似商品。争议商标与引证商标未构成使用在同一种或类似商品上的近似商标。七好公司提交的证据不足以证明引证商标在争议商标申请注册前已驰名，因而争议商标的注册未构成《商标法》第十三条第二款所指之情形。七好公司的“鸟图形”商标为一常见的啄木鸟图案，独特性并非很强，而争议商标与引证商标的鸟图形在构图细节、设计风格上有一定差异，因而并无充分理由认定争议商标的注册构成侵犯他人著作权之情形。因此，商标评审委员会于2009年2月23日作出第2577号裁定，维持争议商标注册。

七好公司不服第2577号裁定，于法定期限内向北京市第一中级人民法院提起行政诉讼。北京市第一中级人民法院一审认为：争议商标指定使用的鞋、靴商品与引证商标指定使用的服装、领带、皮包等商品不属于类似商品，争议商标与引证商标使用在非类似商品上，不会导致普通消费者对商品来源的混淆误认。七好公司提交的证据不足以证明引证商标在争议商标申请日之前已成为驰名商标。争议商标与引证商标中的鸟图形在设计手法、表现形式上有所不同，争议商标未侵犯鸟图形的著作权。因此，一审法院于2009年12月31日作出一审判决，维持第2577号裁定。

七好公司不服一审判决，向北京市高级人民法院上诉。七好公司向二审法院补充提交了以下证据：一、该公司于1996年5月1日与浙江来去来有限公司（简称来去来公司）签订的合同，约定“授权来去来公司为啄木鸟品牌服饰的中国境内独家代理，授予啄木鸟品牌男士服饰生产权及鉴定权，可自行生产制作，而且允许使用啄木鸟注册商标的产品有恤衫、毛衣等”；二、来去来公司于1996年9月与浙江华盟股份有限公司签订的共同组建“浙江啄木鸟服饰有限公司”的合同书、营业执照内容、公司名称变更手续；三、中央电视台1997年春节联欢晚会节目单，其中广告插页之一为啄木鸟（中国）服饰有限公司对其啄木鸟系列服饰的广告宣传及该公司就啄木鸟服饰的宣传画册的复印件；四、你公司的注册登记信息、七好公司使用啄木鸟图形的商品；五、各类媒体就“啄木鸟”被摹仿和使用的报道、评论；六、近年各地工商机关就七好公司“鸟图形”等商标被侵权的调查函件。二审法院认为由于七好公司在提交上述证据时未申明其在评审阶段和一审期间未能提交的正当理由，故对上述证据不予接纳。

北京市高级人民法院二审认为：七好公司在行政程序和诉讼程序虽提出该公司旗下的“鸟图形”、“啄木鸟”汉字、“鸟图形+TUCANO”商标曾于2005年经司法确认为驰名商标，但该确认系争议商标申请日之后作出的，不能证明上述商标在争议商标申请日前已为驰名商标。但七好公司提交的相关证据，能够证明该公司旗下的引证商标经其在大陆的使用和宣传，在争议商标申请日前具有一定的知名度。由于引证商标的“鸟图形”是源于啄木鸟的固有图形，且引证商标的“鸟图形”系经转让取得，七好公司并非最初的设计者，七好公司没有提交证据证明其对引证商标的“鸟图形”享有著作权。故同意商标评审委员会及一审法院就此事由的确认。虽争议商标的“啄木鸟图形”与引证商标的“鸟图形”在局部设计上略有差异，但整体造型基本相同，因此在隔离比对的情况下，商标标识的整体外观近似。同时，争议商标与引证商标两者指定使用商品虽不为同一类似群组，但均为穿戴类商品，商品及生产商品的企业关联性极强，因此，二者指定使用的商品应为关联商品；其在市场上的共同使用易使消费者对其商品来源产生混淆、误认。故争议商标与引证商标构成近似商标。由于争议商标申请注册前，七好公司的引证商标已有一定知名度，加之两公司均为服装、鞋帽类商品的生产企业，两企业之间具有较强的关联性，故你公司对七好公司的引证商标应当知晓，由于七好公司的引证商标“鸟图形”使用在先，争议商标标识的设计与引证商标近似，存在对引证商标的抄袭、摹仿，属于《商标法》第四十一条第一款规定的采用不正当手段注册的情况。综上，第2577号裁定和一审判决关于上述事实的确认不符合《商标法》第二十八条和第四十一条第一款的规定，应予撤销。因此二审法院判决撤销一审判决和第2577号裁定。

另查明，根据你公司提交的证据可以看出，你公司在鞋类商品上不仅注册了争议商标等“鸟图形”商标，而且还于2000年和2001年分别注册了“TUCANO”和“啄木鸟”商标，使用时常将“鸟图形”、“TUCANO”和“啄木鸟”并列使用。通过经营，你公司产品和商标具有一定知名度。七好公司提交的证据证明引证商标经其在大陆的授权许可使用和广告宣传，在争议商标申请日前具有一定的知名度。之后，引证商标的使用规模进一步扩大，目前具有较高知名度。

再查，七好公司向商标评审委员会提出撤销争议商标申请时，主张争议商标系对引证商标鸟图形的抄袭摹仿侵犯了其著作权，还主张你公司以“啄木鸟”为字号，会引起进一步的混淆，属于不正当的竞争行为，但并未明确主张争议商标违反《商标法》第四十一条第一款的规定。七好公司不服第 2577 号裁定提起一审诉讼时也未主张商标评审委员会漏审或就此问题提出相关异议。

本院经审查认为：

一、关于《商标法》第四十一条第一款的适用

首先，商标争议为依请求启动的程序，争议理由一般限于当事人主张。与之相应的诉讼也仅限于行政裁决的审查，一般不能引入新的事由对商标注册合法性进行审查判断。从查明的事实看，七好公司在对争议商标提出撤销申请时，并未主张争议商标的注册违反《商标法》第四十一条第一款的规定，商标评审委员会也并未就此进行审理，七好公司提出一审诉讼和二审上诉时也并未就此提出异议。在申请人未主张，商标评审委员会未进行评审的情况下，二审法院直接认定争议商标存在对引证商标的抄袭、摹仿，进而认定争议商标属于《商标法》第四十一条第一款规定的采用不正当手段注册，缺乏法律依据。其次，《商标法》第四十一条第一款所规定的“不正当手段”属于欺骗手段以外的扰乱商标注册秩序、损害公共利益、不正当占用公共资源或者以其他方式谋取不正当利益的手段。对于只是损害特定民事权益的情形，则要适用《商标法》第四十一条第二款、第三款及《商标法》的其他相应规定进行审查判断。本案中，即使如二审法院认定，争议商标抄袭、摹仿引证商标，损害的也是七好公司的民事权益，并不属于扰乱商标注册秩序、损害公共利益、不正当占用公共资源或者以其他方式谋取不正当利益的行为，不构成《商标法》第四十一条第一款所规定的“不正当手段”。综上，二审法院认定争议商标违反《商标法》第四十一条第一款错误，本院予以纠正。

二、关于争议商标和引证商标是否构成类似商品上的近似商标

根据《商标法》的规定，申请注册的商标，同他人在同一种商品或者类似商品上已经注册的或者初步审定的商标相同或者近似的，由商标局驳回申请，不予公告。如果先申请注册的商标注册人认为他人在后申请注册的商标与其在同一种或者类似商品上的注册商标相同或者近似，可以自在后申请注册的商标核准注册之日起五年内，向商标评审委员会申请裁定。

商标的主要功能在于标识商品或者服务的来源，因此商标必须同具体的商品或者服务相结合。商标法设置商品类似关系，是因为商标主要是按商品类别进行注册、管理和保护。在商标授权确权和侵权判定过程中，进行商标法意义上相关商品是否类似的判断，并非作相关商品物理属性的比较，而主要考虑商标能否共

存或者决定商标保护范围的大小。避免来源混淆是商品类似关系判断时要坚持的一项基本原则。因此，人民法院在审理商标授权确权案件时，审查判断相关商品是否类似，应当考虑商品的功能、用途、生产部门、销售渠道、消费群体等是否相同或者具有较大的关联性，两个商标共存是否容易使相关公众认为商品或者服务是同一主体提供的，或者其提供者之间存在特定联系。

本案中，争议商标指定使用的商品为鞋和靴，引证商标核定使用的商品是服装等。虽然两者在具体的原料、用途等方面具有一些差别，但是两者的消费对象是相同的，而且在目前的商业环境下，一个厂商同时生产服装和鞋类产品，服装和鞋通过同一渠道销售，比如同一专卖店、专柜销售的情形较为多见。同时，争议商标与引证商标中的“鸟图形”虽然在细部上略有差异，但两者基本形态相同，且根据查明的事实，引证商标通过使用具有较高的知名度。在这种情况下，如果两商标在服装和鞋类商品上共存，容易使相关公众认为两商品是同一主体提供的，或者其提供者之间存在特定联系。因此，争议商标与引证商标构成类似商品上的近似商标。你公司关于争议商标与引证商标不近似，两者指定使用的商品不属于类似商品的主张不能成立。

《区分表》是我国商标主管机关以世界知识产权组织提供的《商标注册用商品和服务国际分类》为基础，总结我国长期的商标审查实践并结合我国国情而形成的判断商品和服务类似与否的规范性文件。该表对类似商品的划分就是在综合考虑了商品的功能、用途、生产部门、销售渠道、销售对象等因素的基础上确定的。因此《区分表》可以作为判断类似商品或者服务的参考。尤其商标注册申请审查，强调标准的客观性、一致性和易于操作性，为了保证执法的统一性和效率，商标行政主管机关以《区分表》为准进行类似商品划分并以此为基础进行商标注册和管理，是符合商标注册审查的内在规律的。但是，商品和服务的项目更新和市场交易情况不断变化，类似商品和服务的类似关系不是一成不变，而商标异议、争议是有别于商标注册申请审查的制度设置，承载不同的制度功能和价值取向，更多涉及特定民事权益的保护，强调个案性和实际情况，尤其是进入诉讼程序的案件，更强调司法对个案的救济性。在这些环节中，如果还立足于维护一致性和稳定性，而不考虑实际情况和个案因素，则背离了制度设置的目的和功能。因此在商标异议、争议和后续诉讼以及侵权诉讼中进行商品类似关系判断时，不能机械、简单地以《区分表》为依据或标准，而应当考虑更多实际要素，结合个案的情况进行认定。《区分表》的修订有其自身的规则和程序，无法解决

滞后性，也无法考虑个案情况。把个案中准确认定商品类似关系寄托在《区分表》的修订是不现实和不符合逻辑的，相反，个案的认定和突破才能及时反映商品关系变化，在必要时也可促进《区分表》的修正。因此对《区分表》的修正应当通过一定的程序统一进行并予以公布，否则不能突破的观点不能成立。事实上，商标评审委员会在一些评审案件中已经在考虑相关案情的基础上，在《区分表》类似商品判断划分外作出符合实际的裁决。因此你公司关于鞋和服装在《区分表》中被划分为非类似商品，不应突破的观点缺乏法律依据，本院不予支持。

需要强调的是，由于在商品类似判断时考虑了个案情况，相关商品是否类似并非绝对和一成不变的，基于不同的案情可能得出不同的结论。因此（2005）高行终字第27号判决中认定服装和鞋不属于类似商品并不意味着两者在特定案情下必然不构成类似，本案的认定与之并不矛盾。同时，**由于具体案件中关于商品类似关系的认定考虑了个案情况，具有个案性，因此，个案认定结论并不意味商标注册管理上的商品类似关系发生变化，也不必然影响《区分表》中对商品类似关系的确定和划分，商标申请人在申请注册时仍可以《区分表》为准进行申请。同样的，个案的认定一般也不会影响到已经注册商标的权利稳定性。**

此外，**关联商品往往是针对《区分表》中被划定为非类似，但实际上具有较强的关联性，相关商标共存容易导致混淆误认的商品而言的。对于这些商品，仍需置于类似商品框架下进行审查判断，只要容易使相关公众认为商品或者服务是同一主体提供的，或者其提供者之间存在特定联系，在法律上即构成类似商品。**本案中，二审判决认定服装和鞋为关联商品，并进而认定争议商标违反《商标法》第二十八条的规定，这种表述容易使人误解为在类似商品之外又创设另一种商品关系划分，为此，本院予以纠正。

三、关于实际使用与商标应否撤销之间的关系

商标的真正价值源于实际使用，保护通过实际使用建立的商标市场声誉是商标法的重要立法精神。因此，实际使用情况是商标授权确权案件中决定商标应否撤销的重要考虑因素之一。对于使用时间较长、已建立较高市场声誉和形成相关公众群体的商标，应当准确把握商标法有关保护在先商业标志权益与维护市场秩序相协调的立法精神，充分尊重相关公众已在客观上将相关商业标志区别开来的市场实际，注重维护已经形成和稳定的市场秩序。但是，商标授权确权程序的总体原则仍是遏制搭车抢注，保护他人在先商标，尽可能消除商业标志混淆的可能性。本案中，根据你公司提交的证据可以看出，你公司除了注册争议商标等与七

好公司引证商标近似的系列“鸟图形”商标外，还在鞋类商品上注册了“TUCANO”和“啄木鸟”等商标，并且在实际经营过程中，还常常将“鸟图形”与“TUCANO”、“啄木鸟”等共同使用，而“TUCANO”是引证商标一的组成部分，“啄木鸟”恰好也是七好公司在服装等商品上的在先注册和在先实际使用的并具有一定知名度的商标。这样的情况说明你公司从商标注册到实际使用均具有搭车摹仿的主观意图。虽然通过你公司的经营和对争议商标的实际使用，你公司的产品和商标也具有较高的知名度，但是由于你公司与七好公司在经营活动中均使用差别不大的“鸟图形”以及相同的“TUCANO”、“啄木鸟”等商标，显然对于不了解内情的相关公众而言，会认为两者提供主体同一，或者存在特定联系，容易造成来源混淆，因此本案客观上并未形成已将相关商业标志区别开来的市场实际。同时，虽然本案中引证商标权利人七好公司在《区分表》将服装与鞋划分为非类似商品的情况下，没有及时积极在鞋类商品上申请注册商标，在造成目前冲突的局面中也存在一定过失，但是，考虑到遏制搭车、避免混淆的基本原则以及你公司的主观意图和容易混淆误认的客观现实，加之你公司除争议商标外，还拥有其他实际使用的商标，撤销争议商标的注册并不会对你公司的经营造成实质性影响，你公司可以通过适当的方式延续多年经营所形成的商誉，并以此为契机创立自有品牌，尽量消除与七好公司商业标识的混淆可能性，故本院认为二审判决撤销争议商标的结论正确，应予维持。你公司关于争议商标已经大量使用，不应撤销的主张本院不予支持。

综上，本院认为，二审判决虽然在部分法律适用上存在不当之处，但结论正确，你公司的再审申请不符合《中华人民共和国行政诉讼法》第六十三条第二款和《最高人民法院关于执行〈中华人民共和国行政诉讼法〉若干问题的解释》第七十二条规定的再审条件。依照《最高人民法院关于执行〈中华人民共和国行政诉讼法〉若干问题的解释》第七十四条的规定，予以驳回。

特此通知。

二〇一一年七月十二日

70. 《类似商品和服务区分表》对类似商品认定的作用

——再审申请人杭州啄木鸟鞋业有限公司与被申请人国家工商行政管理总局商标评审委员会、七好（集团）有限公司商标争议行政纠纷案

【裁判要旨】

《类似商品和服务区分表》（以下简称《区分表》）可以作为判断类似商品或者服务的参考，但不能机械、简单地以《区分表》为依据或标准，而应当更多地考虑实际因素，结合个案的情况进行认定。

【关键词】

商标争议　《区分表》　类似商品

【案号】

最高人民法院（2011）知行字第37号

【基本案情】

在再审申请人杭州啄木鸟鞋业有限公司（以下简称啄木鸟公司）与被申请人国家工商行政管理总局商标评审委员会（以下简称商标评审委员会）、七好（集团）有限公司（以下简称七好公司）商标争议行政纠纷案中，啄木鸟公司于2000年5月26日向国家工商行政管理总局商标局（以下简称商标局）申请注册第1609312号图形商标（即争议商标），指定使用在第25类2507群的鞋、靴商品，指定使用颜色为啄木鸟通体为黑色，嘴的下部为绿色。商标局于2001年8月7日核准该商标注册。2004年2月3日，七好公司向商标评审委员会提出撤销争议商标注册申请，并援引四个商标为引证商标，其中引证商标一为七好公司于1993年1月3日在第25类服装商品上申请、1994年3月7日核准注册的第680928号“鸟图形+TUCANO”商标。商标评审委员会审查认为，争议商标指定使用的鞋、靴商品与各引证商标指定使用的服装、领带、皮包等商品所属的范围和领域不同，消费者获取上述商品的渠道有所区别，在《区分表》中亦不属同一类似群组，不属于类似商品；争议商标与引证商标未构成使用在同一种或类似商品上的近似商标。据此，商标评审委员会作出商评字〔2009〕第2577号商标争

议裁定书（以下简称第2577号裁定），维持争议商标注册。七好公司不服，提起行政诉讼。北京市第一中级人民法院一审认为，争议商标指定使用的鞋、靴商品与引证商标指定使用的服装、领带、皮包等商品不属于类似商品，争议商标与引证商标使用在非类似商品上，不会导致普通消费者对商品来源的混淆误认，故判决维持第2577号裁定。七好公司不服，提起上诉。北京市高级人民法院二审认为，争议商标与引证商标两者指定使用商品虽不为同一类似群组，但均为穿戴类商品，商品及生产商品的企业关联性极强，属于关联商品，其在市场上的共同使用易使消费者对其商品来源产生混淆、误认。遂判决撤销一审判决和第2577号裁定。啄木鸟公司不服，向最高人民法院申请再审。最高人民法院于2011年7月12日驳回了啄木鸟公司的再审申请。

【裁判意见】

最高人民法院审查认为：《区分表》是我国商标主管机关以世界知识产权组织提供的《商标注册用商品和服务国际分类》为基础，总结我国长期的商标审查实践并结合我国国情而形成的判断商品和服务类似与否的规范性文件。该表对类似商品的划分是在综合考虑了商品的功能、用途、生产部门、销售渠道、销售对象等因素的基础上确定的。因此，《区分表》可以作为判断类似商品或者服务的参考。商标注册申请审查强调标准的客观性、一致性和易于操作性，为了保证执法的统一性和效率，商标行政主管机关以《区分表》为准进行类似商品划分并以此为基础进行商标注册和管理，符合商标注册审查的内在规律。但是，商品和服务的项目更新和市场交易情况不断变化，类似商品和服务的类似关系不是一成不变的。商标异议、争议是有别于商标注册申请审查的制度设置，承载不同的制度功能和价值取向，更多涉及特定民事权益的保护，强调个案性和实际情况，尤其是进入诉讼程序的案件，更强调司法对个案的救济性。在这些环节中，如果还立足于维护一致性和稳定性，而不考虑实际情况和个案因素，则背离了制度设置的目的和功能。因此，在商标异议、争议和后续诉讼以及侵权诉讼中进行商品类似关系判断时，不能机械、简单地以《区分表》为依据或标准，而应当考虑更多实际要素，结合个案的情况进行认定。《区分表》的修订有其自身的规则和程序，无法解决滞后性的问题，也无法考虑个案情况。把个案中准确认定商品类似关系寄托在《区分表》的修订是不现实和不符合逻辑的，相反，个案的认定和突破才能及时反映商品关系变化，在必要时也可促进《区分表》的修正。因此，啄木鸟公司关于鞋和服装在《区分表》中被划分为非类似商品、不应突破的观点缺乏法律依据。

中华人民共和国最高人民法院驳回再审申请通知书

（2011）知行字第37号①

71. 类似商品的判断应考虑市场交易情况的客观变化

——再审申请人安迪士公司与被申请人国家工商行政管理总局商标评审委员会、原审第三人宁波市北仑博发美发用品用具有限公司商标异议复审行政纠纷案

【裁判要旨】

随着社会经济发展，市场交易状况不断发生变化，商品的类似关系也会相应发生变化。人民法院审查判断相关商品是否类似，应考虑市场交易的客观变化。

【关键词】

商标　异议程序　类似商品　市场实际

【案号】

最高人民法院（2018）最高法行再22号

【基本案情】

在再审申请人安迪士公司与被申请人国家工商行政管理总局商标评审委员会（以下简称商标评审委员会）、原审第三人宁波市北仑博发美发用品用具有限公司（以下简称北仑公司）商标异议复审行政纠纷案中，北仑公司于2009年6月24日向国家工商行政管理总局商标局（以下简称商标局）申请注册第7494974号“安迪仕 andis”商标（即被异议商标），指定使用商品为第7类的动物剪毛机、电动剪刀等；引证商标由大写字母“ANDIS”构成，是安迪士公司于1994年1月10日提出注册申请，1995年11月8日获准注册，核定使用商品为第8类的电动理发器、电动理发推子等。针对被异议商标，安迪士公司于2012年8月3日向商标评审委员会提出异议申请，主要理由为被异议商标与安迪士公司的引证商标构

① 参见案例69裁判文书。

成使用在类似商品上的近似商标。商标评审委员会认定，被异议商标指定使用的“洗衣机”等商品与引证商标指定使用的“电动理发器”等商品在消费群体、商品功能、用途等方面区别明显，不属于类似商品。遂裁定被异议商标予以核准注册。安迪士公司不服，提起行政诉讼。北京市第一中级人民法院一审认为，被异议商标指定使用的动物剪毛机是针对动物的电动清洁器和装置；电动剪刀是以电动机作为动力，通过传动机驱动工作头进行剪切作业的手持式电工工具，广泛用于园林、果园、茶园及服装行业。引证商标核定使用的电动理发器、电动理发推子，均是修剪头发的一种工具。在《类似商品与服务区分表》中，两商标指定使用的商品分别处于不同的类似群组，亦不存在交叉检索的情况，且在功能用途、销售渠道、消费对象等方面均存在较大差别，未构成类似商品。故被异议商标未构成2001年修正的商标法第二十八条所指情形。据此判决驳回安迪士公司的诉讼请求。安迪士公司不服，提起上诉。北京市高级人民法院二审判决驳回上诉，维持原判。安迪士公司不服，向最高人民法院申请再审。最高人民法院裁定提审本案，并于2018年10月31日判决撤销一审、二审判决和商标评审委员会复审裁定，商标评审委员会重新作出复审裁定。

【裁判意见】

最高人民法院再审认为：关于被异议商标指定使用的动物剪毛机、电动剪刀，是否与引证商标核定使用的电动理发器、电动理发推子构成类似商品。《类似商品与服务区分表》是我国商标主管部门为了商标检索、审查、管理工作的需要，在总结多年实践工作经验的基础上，把某些存在特定联系、容易造成误认的商品或服务组合到一起，编制而成。一方面，《类似商品与服务区分表》并未穷尽现有的所有类似商品和服务项目；另一方面，随着社会经济发展，市场交易状况不断发生变化，商品或服务的类似关系也不会固定不变。因此，人民法院审查判断相关商品是否类似，可以参考《类似商品与服务区分表》，但其不是判断的唯一标准，更不是根本标准。商标法领域中的“商品类似”概念，应与“商标近似”概念相结合，共同服务于商标标识商品来源的功能。某些商品因功能、用途、所用原料、销售渠道、消费对象等方面而具有一定的共同性，如果使用相同、近似的商标，易使相关公众误认为是同一企业生产的商品或认为存在特定联系。本案中，随着科学技术的发展，原本需要采用大型电动机以修剪动物毛发的动物剪毛机、电动剪刀，在实践中已经可以采用便携、轻便的电源装置，加之宠物已日渐成为人们日常生活的一部分，因此，被异议商标指定使用的动物剪毛机、电动剪刀商品，与引证商标核定使用的电动理发器、电动理发推子商品在功能用途、生产部门、销售渠道、消费群体等方面具有高度重合性，如果使用相同、近似的商标，易使相关公众误认为是同一企业生产的商品或认为存在特定联系。因此，被异议商标的申请注册违反了2001年修正的商标法第二十八条的规定。

中华人民共和国最高人民法院行政判决书

（2018）最高法行再22号

再审申请人（一审原告、二审上诉人）：安迪士公司。住所地：1800 RENAISSANCEBLVD，STURTEVANT，WI 53177 UNITED STATES OF AMERICA（美利坚合众国威斯康星州司徒瓦特复兴大道1800号）。

法定代表人：玛西亚·凯·安迪士，该公司市场开发高级副总裁。

委托诉讼代理人：谯荣德，北京市路盛律师事务所律师。

委托诉讼代理人：王惠，北京市路盛律师事务所律师。

被申请人（一审被告、二审被上诉人）：中华人民共和国国家工商行政管理总局商标评审委员会。住所地：中华人民共和国北京市西城区茶马南街1号。

法定代表人：赵刚，该委员会主任。

委托诉讼代理人：樊莉，该委员会评审审查员。

原审第三人：宁波市北仑博发美发用品用具有限公司。住所地：中华人民共和国浙江省宁波市北仑小港桥头严。

法定代表人：李秋香，该公司总经理。

委托诉讼代理人：曾赟，广东三环汇华律师事务所律师。

再审申请人安迪士公司因与被申请人中华人民共和国国家工商行政管理总局商标评审委员会（以下简称商标评审委员会）及原审第三人宁波市北仑博发美发用品用具有限公司（以下简称北仑公司）商标异议复审行政纠纷一案，不服中华人民共和国北京市高级人民法院（2016）京行终2280号行政判决，向本院申请再审。本院于2017年12月22日作出（2017）最高法行申79号行政裁定，提审本案。本院依法组成合议庭，公开开庭审理了本案。再审申请人安迪士公司的委托诉讼代理人谯荣德、王惠，原审第三人北仑公司的委托诉讼代理人曾赟到庭参加诉讼，被申请人商标评审委员会未到庭参加诉讼。本案现已审理终结。

安迪士公司申请再审称：（一）在第7494974号“安迪仕 andis”商标（即本

案被异议商标，以下简称被异议商标）申请日2009年6月24日之前，安迪士公司已经在动物剪毛器等商品上广泛使用了“andis”商标。北仑公司曾与安迪士公司进行业务磋商，知悉安迪士公司的“andis”商标，仍擅自抢注“安迪仕andis”商标，违反了《中华人民共和国商标法》（2001年修正，以下简称2001年商标法）第十五条的规定，被异议商标应当不予核准注册。（二）被异议商标的申请注册侵犯了安迪士公司的在先商号权，同时构成以不正当手段抢注安迪士公司在先使用并具有一定影响的商标，违反了2001年商标法第三十一条的规定，应当不予核准注册。（三）被异议商标与安迪士公司的第788620号“ANDIS”商标（即本案的引证商标，以下简称引证商标）构成使用在类似商品上的近似商标，依据2001年商标法第二十八条的规定，被异议商标应不予核准注册。（四）北仑公司具有一贯抢注他人商标的恶意行为，被异议商标如获准注册，将进一步助长其抢注行为，扰乱商标注册秩序，损害消费者的利益，根据2001年商标法第四十一条第一款以及第十条第一款第八项的规定，应不予核准注册。北仑公司抢注的商标包括美国美康雅公司的“CONAIR”商标，美国华尔推剪公司的“WAHL”商标，美国金乐彼公司的“LAUBE”商标等。上述公司在动物剪毛机、电动剪刀、剃须刀、理发推子、宠物电剪、宠物香波等产品上均享有很高的声誉。（五）安迪士公司在一审诉讼阶段提交的证据材料为商标评审委员会行政程序阶段提交证据的补强证据，一审、二审法院以该部分证据并非被诉裁定作出的依据为由不予采纳，与《最高人民法院关于行政诉讼证据若干问题的规定》第七条相违背。综上，安迪士公司请求本院撤销一审、二审判决，撤销商标评审委员会做出的商评字（2013）第125127号《关于第7494974号“安迪仕andis”商标异议复审裁定》（以下简称被诉裁定），并判令商标评审委员会对安迪士公司针对第7494974号“安迪仕andis”商标提出的异议复审请求重新做出异议复审裁定。

商标评审委员会提交书面意见辩称，被诉裁定认定事实清楚，适用法律正确，作出程序合法，安迪士公司的再审申请理由不能成立，请求本院予以驳回。

安迪士公司向中华人民共和国北京市第一中级人民法院起诉请求：撤销被诉裁定，判令商标评审委员会重新作出异议复审裁定。

一审法院认定事实：2009年6月24日，北仑公司向中华人民共和国国家工商行政管理总局商标局（以下简称商标局）申请注册第7494974号“安迪仕andis”商标，指定使用商品为第7类的动物剪毛机、非手工操作手工具、家用豆浆机、割草机和收割机、洗衣机、机器传动装置、风力发电设备、电动剪刀、机械化牲畜喂食机、非陆地车辆传动马达。

引证商标由大写字母“ANDIS”构成（图样见判决书附页），是安迪士公司于1994年1月10日提出注册申请，1995年11月8日获准注册，核定使用的商品为第8类的电动理发器、电动理发推子、电动剃须刀、电动卷发刷、电动烫发器、手持电动干发、梳理和烫发组合器。

针对被异议商标，安迪士公司于2012年8月3日向商标评审委员会提出异议申请，主要理由是：被异议商标与引证商标构成类似商品上的近似商标，两商标在市场上共存极易引起相关消费者的混淆和误认。安迪士公司是行业内知名的专业动物用美容工具生产和供应商，为“ANDIS”商标的真正权利人，其“ANDIS”及“安迪士”商标在世界上多个国家和地区得到注册。经过大量宣传和使用，其“ANDIS”商标具有很高的知名度。被异议商标是对安迪士公司商标的恶意抄袭和摹仿。北仑公司申请注册被异议商标的行为具有明显的主观恶意，是对安迪士公司知名商标的恶意抄袭、摹仿以及抢注。“ANDIS”为安迪士公司的英文商号，“安迪士”为安迪士公司根据其英文商号和商标音译的中文商号，已为广大消费者所熟知，而被异议商标与安迪士公司中、英文商号名称均构成混淆性近似，其注册和使用侵犯了安迪士公司的在先商号权。北仑公司申请注册被异议商标的行为具有主观恶意，是对安迪士公司已经使用并具有一定影响力的知名商标的抢注，将损害安迪士公司的利益，带来不良社会影响。北仑公司还恶意申请注册了多个与他人知名商标相同或近似的其他商标，其行为具有明显的不正当竞争的主观恶意。综上，安迪士公司请求商标评审委员会依据2001年商标法第十条第一款第八项、第十三条、第十五条、第二十八条、第三十一条、第四十一条第一款的规定，对被异议商标不予核准注册。

2013年12月2日，商标评审委员会作出被诉裁定，认为：1. 被异议商标指定使用的“洗衣机”等商品与引证商标指定使用的“电动理发器”等商品在消费群体、商品功能用途等方面区别明显，不属于类似商品。被异议商标与引证商标未构成2001年商标法第二十八条所指使用在类似商品上的近似商标。2. 被异议商标由“安迪仕 andis”组成，其文字本身并无有害于社会主义道德风尚或具有其他不良影响的情形，故被异议商标的注册未构成2001年商标法第十条第一款第八项规定之情形。3. 安迪士公司提交的证据并不能证明其与北仑公司之间明确形成代理关系，故被异议商标的注册不属于2001年商标法第十五条所指情形。4. 安迪士公司提交的在案证据尚不足以证明，在被异议商标申请日之前安迪士公司的商标在我国大陆地区的知名度达到了中国驰名商标的程度，故对其依据2001年商标法第十三条不予核准被异议商标注册的请求，不予支持。5. 安迪士公司未提交其在与被异议商标指定使用的“洗衣机”等相同或类似商品上在先使用“ANDIS”商标，并具有一定影响的证据，故其请求依据2001年商标法第三十一条后半段的规定不予核准被异议商标注册的主张缺乏事实依据，不能成立。6. 安迪士公司主张被异议商标侵害其商号权，但其提交的证据不足以证明其将“ANDIS”作为商号在先使用在“洗衣机”等商品上并具有一定知名度，故不能认定被异议商标侵害了其商号权。7. 2001年商标法第四十一条第一款涉及的是撤销商标注册的绝对事由，这些行为损害的是公共秩序和公共利益，或者是妨碍商标注册管理秩序的行为，而本案涉及的是撤销注册商标的相对事由，不适用该规定。综上，商标评审委员会裁定：被异议商标予以核准注册。

安迪士公司不服并提起行政诉讼，请求撤销被诉裁定。一审庭审中，安迪士公司提交了上海神宝工贸有限公司的证明函、相关媒体的宣传报道、产品销售单、产品介绍、商标注册证以及异议复审裁定书，以证明安迪士公司的经销商上海神宝工贸有限公司自2000年起开始在国内销售安迪士公司的“动物剪毛器”商品，其“ANDIS”商号在国内具有较高知名度；北仑公司与安迪士公司属同行业，被异议商标的申请注册具有明显恶意。

一审庭审中，北仑公司提交了品牌授权许可协议及照片，以证明北仑公司注册被异议商标具有合理用途和善意目的，且其指定使用的商品与安迪士公司引证商标核定使用的商品有明显区别。

一审庭审结束后，安迪士公司提交声明、录音光盘及公证书等证据材料，以此证明北仑公司申请注册被异议商标的行为违反了2001年商标法第十五条的规定，违反了诚实信用原则。商标评审委员会及北仑公司针对此证据提交书面意见称：该部分证据已经超过举证期限，均不予质证。

一审诉讼中，安迪士公司明确表示，针对2001年商标法第二十八条，其仅主张被异议商标中的“动物剪毛机、电动剪刀”两项商品与引证商标的“电动理发器、电动理发推子”构成类似商品；针对2001年商标法第三十一条，前半段主张商号权为中文“安迪士”及英文“ANDIS”，后半段主张未注册的被抢注商标为英文“ANDIS”在第7类“动物剪毛机、电动剪刀”商品上的在先使用。

一审法院认为，本案应适用2001年商标法进行审理。关于被异议商标的申请注册是否违反了2001年商标法第二十八条的规定。本案中，被异议商标指定使用的动物剪毛机是针对动物的电动清洁器和装置；电动剪刀是以电动机作为动力，通过传动机构驱动工作头进行剪切作业的手持式电工工具，广泛用于园林、果园、茶园及服装行业。引证商标核定使用的电动理发器、电动理发推子，均是修剪头发的一种工具。在《类似商品与服务区分表》中，两商标指定使用的商品分别处于不同的类似群组，亦不存在交叉检索的情况，且在功能用途、销售渠道、消费对象等方面均存在较大差别，未构成类似商品。故被异议商标未构成2001年商标法第二十八条所指情形。关于被异议商标的申请注册是否违反了2001年商标法第三十一条的规定。安迪士公司针对该条款前半段主张的在先权利为商号权，即中文“安迪士”及英文“ANDIS”，针对后半段主张的被抢注的商标亦为英文“ANDIS”。本案中，安迪士公司在商评阶段提交的该部分证据仅为该公司关于“ANDIS”商标的商标注册证以及相关域外证据；安迪士公司未提交“ANDIS”商标在“动物剪毛机、电动剪刀”等商品上的使用证据；且其公司所述商号以及被抢注的商标“ANDIS”所使用商品的类别与被异议商标指定使用的商品在功能用途、销售渠道等各方面差异较大，未构成相同或类似商品，故被异议商标未违反2001年商标法第三十一条所指情形。关于被异议商标的申请注册是否违反了2001年商标法第四十一条第一款的规定。该条款所指的情形是撤销商标注册的绝对事由，其损害的是公共利益和公共秩序，而本案被异议商标的申请注册未对公共利益造成损害。故被异议商标的申请注册未构成2001年商标法第四十一条第一款所指情形。此外，安迪士公司在诉讼中提交的证据，并非商标评审委员会作出被诉裁定的依据，不应予以采纳；即使予以考虑，鉴于前述两商标各自核定使用的商品均未构成类似商品，且与被异议商标是否应予核准无必然联系，故一审法院对该部分证据不予采纳。综上所述，商标评审委员会作出被诉裁定的主要证据充分，适用法律正确，依法应予维持。一审法院判决：驳回安迪士公司的诉讼请求。

安迪士公司不服一审判决，向北京市高级人民法院上诉，请求撤销一审判决和被诉裁定，判决商标评审委员会重新作出异议复审裁定。

二审法院对一审法院查明的事实予以确认。另查明：二审期间，安迪士公司补充提交如下证据：证据1，安迪士公司向武汉神宝宠物公司出具的授权书以及安迪士公司、武汉神宝宠物公司相关人员与北仑公司进行交涉声明，用以证明被异议商标的注册违反了2001年商标法第十五条的规定；证据2，北仑公司原法定代表人程莜径与武汉神宝宠物公司李磊的谈话录音，用以证明被异议商标的注册违反了2001年商标法第十五条的规定；证据3，北仑公司在第18届亚洲宠物展览会的宣传页，用以证明北仑公司违反了诚实信用原则；证据4，北仑公司在第18届亚洲宠物展览会的公证信息，用以证明北仑公司违反了诚实信用原则；证据5，安迪士公司产品图片，用以证明北仑公司违反了诚实信用原则；证据6，第18届亚洲宠物展览会会刊，用以证明北仑公司违反了诚实信用原则；证据7，WAHL华尔品牌介绍及WAHL和CONAIR品牌的合法权利人关于WAHL和CONAIR商标的申请列表，用以证明北仑公司违反了诚实信用原则；证据8，上海市青浦区西虹桥市场监督管理局所出具的情况说明，用以证明北仑公司的恶意；证据9，安迪士公司对上海神宝工贸公司的授权委托书，用以证明上海神宝工贸公司自2000年开始就已经销其产品。对于上诉证据，北仑公司及商标评审委员会均认为与待证事实缺乏关联性，不应采信。

二审法院认为，安迪士公司在二审诉讼中提交的证据与其主张的待证事实缺乏关联性，均不予采信。关于被异议商标的申请注册是否违反了2001年商标法第二十八条的规定。被异议商标指定使用的“动物剪毛机、电动剪刀”与引证商标核定使用的“电动理发器、电动理发推子”在《类似商品与服务区分表》分属第7类和第8类，且上述商品在功能、用途、销售渠道、消费群体等方面均存在较大差别，未构成类似商品。安迪士公司关于被异议商标的申请注册违反2001年商标法第二十八条规定的上诉理由缺乏依据，不予支持。关于被异议商标的申请注册是否违反了2001年商标法第三十一条的规定。本案中，安迪士公司未提交其在“动物剪毛机、电动剪刀”等商品上的使用证据，且安迪士公司主张的中文“安迪士”及英文“ANDIS”商号以及被抢注的商标“ANDIS”所使用商品的类别，与被异议商标指定使用的商品，在功能用途、销售渠道等各方面差异较大，未构成相同或类似商品，故被异议商标未违反2001年商标法第三十一条所指情形，安迪士公司所持相关上诉理由缺乏依据，不予支持。关于被异议商标的申请注册是否违反了2001年商标法第四十一条第一款的规定。本案中，安迪士公司提交的证据不足以证明被异议商标的申请注册对公共利益造成了损害，故安迪士公司该项上诉理由缺乏依据，不予支持。关于被异议商标的申请注册是否违反了2001年商标法第十五条的规定。本案中，安迪士公司提交的证据不能证明其与北仑公司之间明确形成代理关系，故被异议商标的注册不属于2001年商标法第十五条所指情形。安迪士公司该项上诉理由缺乏依据，不予支持。综上，二审法院认为，一审判决认定事实清楚，适用法律正确，依法应予维持，故判决：

驳回上诉，维持原判。

本院再审认为，关于被异议商标的申请注册是否违反了2001年商标法第二十八条的规定，各方当事人争议的焦点问题是：被异议商标指定使用的动物剪毛机、电动剪刀，是否与引证商标核定使用的电动理发器、电动理发推子构成类似商品。一审、二审法院均认为，由于在《类似商品与服务区分表》中，动物剪毛机、电动剪刀与电动理发器、电动理发推子分属于不同的类别，故两者不属于类似商品。本院认为，《类似商品与服务区分表》是我国商标主管部门为了商标检索、审查、管理工作的需要，在总结多年实践工作经验的基础上，把某些存在特定联系、容易造成误认的商品或服务组合到一起，编制而成。一方面，《类似商品与服务区分表》并未穷尽现有的所有类似商品和服务项目；另一方面，随着社会经济发展，市场交易状况不断发生变化，商品或服务的类似关系也不会固定不变。因此，人民法院审查判断相关商品是否类似，可以参考《类似商品与服务区分表》，但其不是判断的唯一标准，更不是根本标准。商标法领域中的“商品类似”概念，应与“商标近似”概念相结合，共同服务于商标标识商品来源的功能。某些商品因功能、用途、所用原料、销售渠道、消费对象等方面具有一定的共同性，如果使用相同、近似的商标，易使相关公众误认为是同一企业生产的商品或认为存在特定联系。本案中，随着科学技术的发展，原本需要采用大型电动机以修剪动物毛发的动物剪毛机、电动剪刀，在实践中已经可以采用便携、轻便的电源装置，加之宠物已日渐成为人们日常生活的一部分，因此，被异议商标指定使用的动物剪毛机、电动剪刀商品，与引证商标核定使用的电动理发器、电动理发推子商品在功能用途、生产部门、销售渠道、消费群体等方面具有高度重合性，如果使用相同、近似的商标，易使相关公众误认为是同一企业生产的商品或认为存在特定联系。因此，被异议商标的申请注册违反了2001年商标法第二十八条的规定，安迪士公司该项申请再审理由成立。

此外，关于被异议商标的申请注册是否违反了2001年商标法第十五条的规定。被诉裁定、二审判决均认为，安迪士公司提交的证据不能证明其与北仑公司之间明确形成代理关系，故被异议商标的申请注册不属于2001年商标法第十五条所指情形。对此，本院认为，不能简单地以代理关系“未形成”就认定不属于2001年商标法第十五条规定的情形。根据该条规定所体现的“申请商标注册应当遵循诚实信用原则”的立法精神，以及参照《最高人民法院关于审理商标授权确权行政案件若干问题的规定》第十五条第二款关于“磋商阶段”同样可以适用商标法第十五条的规定，被诉裁定与二审判决仅以“代理关系未形成”就认定被异议商标的申请注册不属于2001年商标法第十五条规定的情形，适用法律有误，安迪士公司该项申请再审理由成立。

综上，安迪士公司有关申请再审理由成立，商标评审委员会应当依据本判决，并结合安迪士公司在本案诉讼中提交的证据，对安迪士公司就被异议商标所提出的各项异议理由，包括2001年商标法第十五条、第二十八条、第三十一条、第四十一条第一款等，重新进行审查并作出异议复审裁定。依照《中华人民共和国行政诉讼法》第七十条、第八十九条第一款第二项、《最高人民法院关于适用〈中华人民共和国行政诉讼法〉的解释》第一百一十九条第一款、第一百二十二条的规定，判决如下：

一、撤销中华人民共和国北京市高级人民法院（2016）京行终2280号行政判决；

二、撤销中华人民共和国北京市第一中级人民法院（2014）一中知行初字第5641号行政判决；

三、撤销中华人民共和国国家工商行政管理总局商标评审委员会［2013］第125127号《关于第7494974号“安迪仕andis”商标异议复审裁定书》；

四、中华人民共和国国家工商行政管理总局商标评审委员会对安迪士公司针对第7494974号“安迪仕andis”商标提出的异议复审请求重新作出复审裁定。

本案一审案件受理费100元、二审案件受理费100元，共计200元，由中华人民共和国国家工商行政管理总局商标评审委员会负担。

本判决为终审判决。

审 判 长 朱 理
审 判 员 毛立华
审 判 员 佟 姝
二〇一八年十月三十一日
法官助理 何 鹏
书 记 员 刘方方

（五）驰名商标的认定

72. 曾被列入国家药品标准期间的商标使用情形能否纳入认定商标是否驰名的考量范围

——再审申请人江西巨元医药生物工程有限公司与被申请人国家工商行政管理总局商标评审委员会、原审第三人杭州民生药业有限公司商标行政纠纷案

【裁判要旨】

根据商标法第十四条的规定，对商标的任何宣传工作的持续时间、程度和地理范围应当作为认定该商标是否驰名时考虑的因素之一。司法实践中，对注册商标被列入国家药品标准的期间的商标使用行为是否影响对该注册商标知名度的判断有不同的认识。在本案中，最高人民法院认为，在特定历史条件下，有些药品名称曾被列入国家药品标准，在药品标准被修订而不再作为药品法定通用名称后，如果该名称事实上尚未构成通用名称，仍应当认定该名称具有识别商品来源的作用。据此，考虑该注册商标的知名度时，可以参考其被列入国家药品标准期间注册商标权利人对该商标的使用、宣传等因素。

【关键词】

驰名商标　药品标准　考量范围

【案号】

最高人民法院（2009）知行字第12号

【基本案情】

在再审申请人江西巨元医药生物工程有限公司（以下简称巨元公司）与被申请人国家工商行政管理总局商标评审委员会（以下简称商标评审委员会）、原审第三人杭州民生药业有限公司（以下简称民生公司）商标行政纠纷案中，杭州民生药厂系民生公司前身，于1987年1月20日向商标局申请了第297849号“21金维他”

文字商标，并于1987年8月30日被核准注册，使用商品为第5类西药。民生公司的“21金维他”产品于1989年、1997年分别被评为杭州市、浙江省著名商标，1998年被评为杭州市、浙江省名牌产品。1997年至2000年，民生公司对其“21金维他”商标进行了大量广告宣传，宣传媒体包括电视广告、广播广告、户外广告等，范围覆盖全国。南昌汇日保健制剂有限公司系巨元公司前身，于2000年12月21日向中国商标局申请了第1687032号“21金维他及图形”组合商标，并于2001年12月21日被核准注册，使用商品为第30类非医用营养液等。2002年8月8日，民生公司请求商标评审委员会撤销第1687032号注册商标。商标评审委员会于2004年6月30日作出〔2004〕第3021号裁定，认定民生公司的第279849号引证商标已构成驰名商标，应予跨类保护，撤销巨元公司的第1687032号商标。巨元公司不服该裁定，提起诉讼。北京市第一中级人民法院于2004年12月23日作出〔2004〕一中行初字第727号行政判决，撤销商标评审委员会〔2004〕第3021号裁定。民生公司不服，提出上诉。北京市高级人民法院于2005年12月1日作出〔2005〕高行终字第122号行政判决，撤销第727号一审行政判决及商标评审委员会〔2004〕第3021号裁定，由商标评审委员会重新作出裁定。商标评审委员会于2006年5月10日作出〔2004〕重第32号裁定，撤销巨元公司的第1687032号注册商标。巨元公司不服该裁定，再次提起诉讼。北京市第一中级人民法院经审理判决维持了商标评审委员会〔2004〕重第32号裁定。巨元公司不服，提出上诉。北京市高级人民法院经审理判决维持一审判决，驳回巨元公司的上诉。巨元公司不服该判决，以1984年至2000年7月1日期间民生公司的“21金维他”是商品通用名称，不能作为商标使用，原审判决认定民生公司引证商标为驰名商标属于认定事实错误等理由，向最高人民法院申诉。最高人民法院于2009年10月27日裁定驳回巨元公司的申诉。

【裁判意见】

最高人民法院审查认为：1984年至2000年7月1日，“21金维他”因列入国家药品标准而成为法定的通用名称，但在该引证商标未经法定程序撤销之前，民生公司对引证商标依法享有注册商标专用权，有权在核定使用的商品上使用该引证商标。综合考虑民生公司的该引证商标宣传及使用的持续时间、地理范围以及受保护记录等因素，该引证商标在本案争议商标申请注册时已达到驰名程度。2000国药标字XG－005号多维元素片（21）国家药品标准自2000年7月1日实施后，“21金维他”是商品通用名称还是注册商标的历史问题已经得到解决，现有证据不能证明“21金维他”已经成为多维元素片的通用名称。

中华人民共和国最高人民法院驳回再审申请通知书

(2009) 知行字第12号

江西巨元医药生物工程有限公司:

你公司与被申诉人国家工商行政管理总局商标评审委员会（简称商标评审委员会）、第三人杭州民生药业有限公司（简称民生公司）商标行政纠纷一案，北京市高级人民法院于2007年6月11日作出（2007）高行终字第202号行政判决，已经发生法律效力。2009年8月11日，你公司向本院申请再审。本院依法组成合议庭对本案进行了审查，现已审查终结。

你公司申诉称，在1984年至2000年7月1日期间，民生公司的“21金维他”是商品通用名称，不能作为商标使用，原审判决认定民生公司的第297849号“21金维他”文字商标（简称引证商标）为驰名商标属于认定事实错误；你公司的第1687032号“21金维他及图形”商标（简称争议商标）与引证商标在商标设计图案、核定使用商品类别、产品整体外观方面均有明显区别，不易被混淆，争议商标系你公司合法取得，不应被撤销。程序方面，民生公司在商标评审委员会审理阶段及原一、二审诉讼过程中均未出示相关证据的原件，原审法院剥夺了你公司质证的权利。请求本院撤销二审判决，重新审理本案并作出公正判决。

商标评审委员会答辩称，你公司称“21金维他”系商品通用名称的理由并未在商标评审阶段提出，并且该理由也不是争议商标应当维持注册的正当理由，民生公司在评审程序中提交的证据可以认定引证商标是驰名商标。原审判决认定事实清楚，证据充分，适用法律正确，应予维持。

民生公司答辩称，引证商标早在1984年就经合法手续注册，到2000年作为商标已经连续使用16年，且一直作为注册商标受到保护，民生公司在原审中提供的证据已足以证明引证商标在争议商标申请注册之前已经是驰名商标；2000年新的国家药品标准颁布后，“21金维他”是商品通用名称还是注册商标的历史问题已经得到解决，国家工商行政管理总局商标局（简称国家商标局）的批复、工商部门的处罚决定及相关法院的判决均确认未经许可将“21金维他”作为商品名或商标使用的行为均构成侵犯商标权行为；程序方面，原审中对所有证据的原件进行了核对及质证。你公司的申诉不符合法律规定，请求本院驳回你公司的申诉。

本院经审查查明，原审法院查明的事实基本属实。本院另查明，2000国药标字 XG－005 号多维元素片（21）国家药品标准自 2000 年 7 月 1 日开始实施。

关于“21 金维他”因列入国家药品标准而对引证商标驰名度影响的问题。本院认为，根据原审法院及本院查明的事实，1987 年 8 月 30 日，民生公司经国家商标局核准注册了引证商标。**虽然在 1984 年至 2000 年 7 月 1 日期间，“21 金维他”因列入国家药品标准而成为法定的通用名称，但在该引证商标未经法定程序撤销之前，民生公司对引证商标依法享有注册商标专用权，有权在核定使用的商品上使用该引证商标。在此基础上，原审法院根据本案查明的事实并综合考虑引证商标宣传及使用的持续时间、地理范围以及受保护记录等因素，判定民生公司的引证商标在本案争议商标申请注册时已达到驰名程度并无不当。**此外，2000 国药标字 XG－005 号多维元素片（21）国家药品标准自 2000 年 7 月 1 日实施后，“21 金维他”是商品通用名称还是注册商标的历史问题已经得到解决，现有证据亦不能证明“21 金维他”已经成为多维元素片的通用名称，因此你公司此申诉理由不能成立。

关于争议商标与引证商标是否为近似商标的问题。本院认为，引证商标在你公司争议商标申请注册时已达到驰名程度，你公司注册的争议商标的文字部分与引证商标的该文字部分完全相同，因此原审法院认定你公司争议商标构成对引证商标的摹仿并无不当。

关于本案的程序问题。在商标评审委员会重新评审本案过程中，你公司收到了民生公司补充提交的证据，但你公司并未要求核对证据原件。为充分保障当事人的诉讼权利，在原审的基础上，本院专门主持了相关证据的交换工作，充分尊重了你公司查阅相关证据原件的权利并充分听取了你公司的质证意见。经进一步查证，并未发现影响原审认定的情形。因此，原审法院认定商标评审委员会的审理程序合法并无不当，你公司此申诉理由亦不成立。

综上，你公司的再审申请不符合《中华人民共和国行政诉讼法》第六十三条第二款和《最高人民法院关于执行〈中华人民共和国行政诉讼法〉若干问题的解释》第七十二条规定的再审条件。依照《最高人民法院关于执行〈中华人民共和国行政诉讼法〉若干问题的解释》第七十四条的规定，予以驳回。

特此通知。

二〇〇九年十月二十七日

73. 认定商标驰名时对商标注册前的使用情况的考虑

——再审申请人北京中铁快运有限公司与被申请人国家工商行政管理总局商标评审委员会、原审第三人中铁快运股份有限公司商标行政纠纷案

【裁判要旨】

商标法第十四条规定，认定商标是否驰名应当考虑该商标的宣传和使用情况。根据《最高人民法院关于审理涉及驰名商标保护的民事纠纷案件应用法律若干问题的解释》第五条第二款的规定，商标使用的时间、范围、方式等也包括其核准注册前持续使用的情形。在本案中，最高人民法院认为，认定商标是否驰名，不仅应考虑商标注册后的使用情况，还应考虑该商标注册前持续使用的情况。

【关键词】

驰名商标　持续使用

【案号】

最高人民法院（2009）知行字第1号

【基本案情】

在再审申请人北京中铁快运有限公司（以下简称北京中铁公司）与被申请人国家工商行政管理总局商标评审委员会（以下简称商标评审委员会）、原审第三人中铁快运股份有限公司（以下简称中铁股份公司）商标行政纠纷案中，北京中铁公司于1997年8月28日提出争议商标“中铁”商标注册申请，并于1998年9月21日被核准注册，核定服务项目为第39类。北京中铁外服快运公司于1995年2月20日提出引证商标“CRE中铁快运”（“快运”不在专用范围内）商标注册申请，并于1997年1月14日被核准注册，核定服务项目为第39类传递服务（信息或商品）、包裹投递。1997年，中国铁路对外服务公司和北京中铁外服快运公司共同设立中铁快运有限公司后，该引证商标被核准转让给中铁快运有限公司（后更名为中铁股份公司）。2003年9月12日，中铁股份公司以争议商标的注册

违反商标法第十三条第二款、第二十八条、第三十一条的规定为由申请撤销争议商标的注册。2005年6月23日，商标评审委员会作出商评字〔2005〕第1804号裁定，认定引证商标为驰名商标，争议商标的注册属于违反商标法第十三条第二款的规定而应予撤销的情况，裁定撤销争议商标注册。北京中铁公司不服该裁定，起诉至北京市第一中级人民法院。北京市第一中级人民法院于2005年12月23日作出（2005）一中行初字第842号行政判决，判决撤销〔2005〕第1804号裁定。商标评审委员会及中铁股份公司不服，提出上诉。北京市高级人民法院于2006年7月21日作出（2006）高行终字第261号行政判决，驳回上诉，维持原审判决。商标评审委员会另行组成合议组，于2007年6月6日作出商评字〔2005〕重审第60号裁定。该裁定认定，中铁股份公司在规定的期限内提交的有效证据不足以证明中铁股份公司的引证商标在争议商标申请注册时已为驰名商标，故对北京中铁公司的争议商标予以维持。中铁股份公司不服该裁定，提起诉讼。北京市第一中级人民法院一审判决维持商标评审委员会〔2005〕第1804号重审第60号裁定。中铁股份公司不服，提出上诉。北京市高级人民法院二审认为，引证商标在争议商标申请注册前已经成为中国相关公众广为知晓的驰名商标，遂判决撤销一审判决和商标评审委员会商评字〔2005〕第1804号重审第60号裁定，责令商标评审委员会重新作出裁定。北京中铁公司不服该判决，向最高人民法院申诉。最高人民法院于2009年9月21日裁定驳回其申诉。

【裁判意见】

最高人民法院审查认为：认定商标是否驰名，不仅应考虑商标注册后的使用情况，也应考虑商标注册前持续使用的情况。根据查明的事实，中铁股份公司为铁道部直属企业，根据铁道部的有关规定，其前身中铁快运有限公司及中铁快运有限公司的母公司中国铁路对外服务公司专营中国铁路包裹快运业务。该业务自1993年开始在北京、上海、天津、广州、深圳、沈阳和郑州七个城市试办，1997年正式在全国办理。在此期间，中铁快运有限公司及其母公司中国铁路对外服务公司及该公司各分公司对引证商标进行了广泛的使用、宣传，在北京中铁公司申请注册争议商标之前，引证商标已经为相关公众广为知晓，应认定为驰名商标。

中华人民共和国最高人民法院驳回再审申请通知书

（2009）知行字第1号

北京中铁快运有限公司：

你公司与中铁快运股份有限公司（简称中铁股份公司）、国家工商行政管理总局商标评审委员会（简称商标评审委员会）商标行政纠纷一案，北京市高级人民法院于2008年6月19日作出（2008）高行终字第105号行政判决，已经发生法律效力。2009年7月10日，你公司不服该判决，向本院申诉。本院依法组成合议庭对本案进行了审查，现已审查终结。

你公司申诉的主要理由是，原审判决认定基本事实缺乏证据证明，中铁股份公司的第931545号“CRE中铁快运”商标（简称引证商标）申请时间晚于你公司的第1209991号“中铁”商标（简称争议商标）的使用时间，其注册侵犯了你公司的字号权；原审判决认定引证商标为驰名商标，证据不足且部分证据为伪证。原审判决适用2001年修订的商标法撤销1997年申请注册的商标属于适用法律错误。请求撤销原审判决，维持商标评审委员会商评字〔2005〕第1804号重审第60号《关于第1209991号“中铁”商标争议裁定书》。

中铁股份公司答辩称，其提交的快运提单等证据材料已经证明引证商标在争议商标申请注册前在全国范围内广泛使用，具有显著的知名度，足以认定为驰名商标。你公司申请注册争议商标具有明显恶意，侵犯了中铁股份公司的在先合法权利。原审判决认定事实清楚，适用法律正确。请求驳回你公司的申诉。

商标评审委员会答辩称，其服从原审判决，并于2008年11月14日依法执行原审判决，作出商评字〔2005〕第1804号重审第60号重审第161号《关于第1209991号“中铁”商标争议裁定书》。

本院经审查查明，你公司于1997年8月28日提出争议商标注册申请，并于1998年9月21日被核准注册，商标注册证号为第1209991号，核定服务项目为第39类运输经纪、运输、货运发送、搬运、商品打包、铁路运输、汽车运输、市内运输、货物贮存、船舶经纪。你公司的第1109385号“中铁及图”商标于1997年9月21日被核准注册，核定服务项目为第39类运输经纪等。中铁股份公司于1998年7月14日对此提出撤销申请，商标评审委员会于1999年9月20日作出商评字〔1999〕第2031号《中铁及图商标争议终局裁定书》，撤销第1109385号商标中的“中铁”文字，其余部分专用权予以保留。后经你公司申请，该商标被商标局注销。

北京中铁外服快运公司于1995年2月20日提出引证商标“CRE中铁快运”（“快运”不在专用范围内）商标注册申请，并于1997年1月14日被核准注册，商标注册证号为第931545号，核定服务项目为第39类传递服务（信息或商品）、包裹投递。1997 年，中国铁路对外服务公司和北京中铁外服快运公司共同设立了中铁快运有限公司。1997 年 6 月，该商标被核准转让给中铁快运有限公司。

另查明，铁道部铁〔1993〕321 号《关于试办铁路快运包裹的通知》记载，为完善铁路服务功能，经国家物价局批准，铁道部决定开办铁路包裹快运业务，由中国铁路对外服务公司（分公司）、各级客运主管部门等共同组织实施，自 1993 年 9 月 1 日开始试行。1993 年 8 月，中国铁路对外服务公司制定了《中铁快运货物包装办法》，该办法第五条详细记载了快运货物运输包装的货签及快运标记有关规定，其中对引证商标的制作、设计及图样进行了明确的规范。1994 年 11 月 25 日，铁道部运输局《关于增加快运包裹业务办理站的通知》记载，自 1993 年 9 月 1 日以来，为确保经营质量，首先在北京、上海、天津、广州、深圳、郑州、沈阳七个城市开展试办业务，待取得经验，完善经营网络以后再铺开。现该快运包裹业务，已取得初步经验。决定自 1994 年 12 月 15 日起，增加青岛、济南、哈尔滨、大连、南京、西安、兰州、成都八个城市。1995 年 8 月 10 日，铁道部下发的《关于在全路主要大站开办快运包裹业务的通知》决定，自 1995 年 10 月 1 日起在全路 43 个大站同时开办中铁快运业务，另增加烟台、洛阳、丹东三站。铁道部〔1997〕355 号《关于正式办理中国铁路包裹快运业务的通知》记载，中国铁路包裹快运业务自 1993 年试办以来，受到了社会各界的广泛欢迎，业务发展迅速，已初步形成了产业规模。铁道部决定将此项业务由试办转为正式办理，由中国铁路对外服务总公司所属的中铁快运有限公司及其分支机构专营或代理。2004 年 10 月 28 日，中铁快运有限公司经国家工商行政管理总局企业注册局核准，变更为中铁快运股份有限公司。中国铁路对外服务公司及其分公司、中铁快运有限公司在列车时刻表、《北京交通旅游图》、相关报纸、杂志等媒体上多次发布带有其引证商标的广告。

铁道部《关于“中铁及图”商标争议的函》记载，铁路系统以“中铁”冠名的单位，或是其直属事业单位或是经其批准成立、在国家工商局注册的全国性的大型企业。

2003 年 9 月 12 日，中铁股份公司以争议商标的注册违反商标法第十三条第二款、第二十八条、第三十一条的规定为由申请撤销争议商标的注册。2005 年 6 月 23 日，商标评审委员会作出商评字〔2005〕第 1804 号《关于第 1209991 号“中铁”商标争议裁定书》（简称第 1804 号裁定），认为中铁股份公司依据商标法第二十八条规定所提争议请求，已超出一年的法定期限，应予以驳回。中铁股份公司依据商标法第三十一条规定所提争议请求，由于中铁股份公司未就其享有何种在先权利予以明确，亦未提交相应证据予以证明，故不予支持。认定引证商标为驰名商标，争议商标的注册属于违反商标法第十三条第二款的规定而应予撤销的情况，裁定撤销争议商标注册。你公司不服该裁定，起诉至北京市第一中级人民法院，北京市第一中级人民法院于2005年12月23日作出（2005）一中行初字第842号行政判决，判决撤销第1804号裁定。商标评审委员会及中铁股份公司不服，上诉至北京市高级人民法院。2006年7月21日，北京市高级人民法院作出（2006）高行终字第261号行政判决，驳回其上诉，维持原审判决。

商标评审委员会另行组成合议组并于2007年6月6日作出的商评字〔2005〕第1804号重审第60号《关于第1209991号“中铁”商标争议裁定书》（简称第60号裁定），该裁定认定，中铁股份公司在规定的期限内提交的有效证据不足以证明中铁股份公司的引证商标在争议商标申请注册时已为驰名商标，故对你公司的争议商标予以维持。中铁股份公司不服该裁定，向北京市第一中级人民法院提起诉讼。北京市第一中级人民法院认为，本案系商标行政纠纷案件，仅限于审查商标评审委员会所作的第60号裁定的合法性，对中铁股份公司关于争议商标侵犯其在先权利及争议商标与引证商标属于类似服务项目的近似商标等理由不再予以审理。中铁股份公司提供的标注有引证商标的运单仅涉及6个城市，相关快运业务的媒体广告宣传也较少，无法证明全国大部分省市均已广泛开展小件货物快运业务，对其商标在北京中铁公司“中铁”商标申请注册时已为驰名商标的主张不予支持，并判决维持商标评审委员会第60号裁定。中铁股份公司不服原审判决，向北京市高级人民法院提起上诉。北京市高级人民法院经审理认为，引证商标在争议商标申请注册前已经成为中国相关公众广为知晓的驰名商标，原审判决和商标评审委员会第60号裁定关于现有证据不足以证明引证商标为驰名商标的认定属于认定事实错误，应当予以纠正，中铁股份公司关于其引证商标应认定为驰名商标的上诉理由成立，判决：1. 撤销北京市第一中级人民法院（2007）一中行初字第939号行政判决；2. 撤销国家工商行政管理总局商标评审委员会商评字〔2005〕第1804号重审第60号《关于第1209991号“中铁”商标争议裁定书》；3. 国家工商行政管理总局商标评审委员会就中铁快运股份有限公司提出的撤销第1209991号“中铁”商标的申请重新作出裁定。2008年11月14日，商标评审委员会根据原审判决，作出商评字〔2005〕第1804号重审第60号重审第161号《关于第1209991号“中铁”商标争议裁定书》，裁定撤销了第1209991号“中铁”商标。

本院认为，中铁股份公司以争议商标的注册违反商标法第十三条第二款、第二十八条、第三十一条的规定为由请求商标评审委员会撤销该商标，依照《最高人民法院关于审理商标案件有关管辖和法律适用范围问题的解释》第六条之规定，本案争议应当适用修改后的商标法的相关规定进行审查。你公司申诉称原审判决适用法律错误的主张不能成立。

认定商标是否驰名，不仅应考虑商标注册后的使用情况，也应考虑商标注册前持续使用的情形。根据查明的事实，中铁股份公司为铁道部直属企业，其前身中铁快运有限公司及中铁快运有限公司的母公司中国铁路对外服务公司，根据铁道部〔1993〕321 号《关于试办铁路快运包裹的通知》及铁道部〔1997〕355 号《关于正式办理中国铁路包裹快运业务的通知》，专营中国铁路包裹快运业务。该业务自 1993 年开始在北京、上海、天津、广州、深圳、沈阳和郑州七个城市试办，1997 年正式在全国办理。在此期间，中铁快运有限公司及其母公司中国铁路对外服务公司及该公司各分公司对引证商标进行了广泛的使用、宣传，在你公司申请注册争议商标之前，引证商标已经为相关公众广为知晓，因此原审法院认定其为驰名商标并无不当。

你公司称中铁快运公司成立于 1997 年 4 月 9 日，但却在日期为 1993 年 12 月 8 日、1994 年 12 月 1 日、1996 年 10 月 30 日的运单上加盖了“中铁快运有限公司天津分公司财务专用章”，主张该证据为伪造。在本院主持的听证中，中铁股份公司对此称相关运单的原件上并无公章，盖章是为了说明证据来源。经法庭询问，你公司当庭表示不要求看原件。据此，本院认为你公司关于原审判决以伪证认定引证商标为驰名商标的申诉理由不能成立。

关于引证商标是否侵害了你公司的“中铁”在先字号权的问题，因你公司并未以此作为撤销引证商标的理由提出申请，且原审判决对此也没有涉及，本院对此不予审查。

综上，本院认为，你公司的再审申请不符合《中华人民共和国行政诉讼法》第六十三条第二款和《最高人民法院关于执行〈中华人民共和国行政诉讼法〉若干问题的解释》第七十二条规定的再审条件。依照《最高人民法院关于执行〈中华人民共和国行政诉讼法〉若干问题的解释》第七十四条的规定，予以驳回。

特此通知。

二〇〇九年九月二十一日

74. 商标是否驰名应根据案件具体情况及所涉商品特点等进行综合判断

——再审申请人北京华夏长城高级润滑油有限责任公司与被申请人国家工商行政管理总局商标评审委员会、原审第三人日产自动车株式会社商标争议行政纠纷案

【裁判要旨】

商标是否驰名是对当事人提交的全部证据进行综合判断后得出的结论，不能孤立地看相关的证据，也不能机械地要求必须提供哪一类的证据，而需根据案件具体情况、所涉及的商品特点等进行具体分析判断。

【关键词】

驰名商标　商品特点　综合判断

【案号】

最高人民法院（2011）知行字第45号

【基本案情】

在再审申请人北京华夏长城高级润滑油有限责任公司（以下简称华夏长城公司）与被申请人国家工商行政管理总局商标评审委员会（以下简称商标评审委员会）、原审第三人日产自动车株式会社（以下简称日产株式会社）商标争议行政纠纷案中，1978年3月24日，日产株式会社申请注册“日产”商标（引证商标一），并于1979年11月28日获准注册，核定使用在第12类飞机、汽车等商品上。1993年9月8日，日产株式会社申请注册“NISSAN及图”商标（引证商标二），并于1995年4月14日获准注册，核定使用在第12类车辆等商品上。2000年3月23日，华夏长城公司提出“日产及图”（即争议商标）注册申请，并于2001年4月21日获准注册，核定使用在第4类润滑油等商品上。2005年4月18日，华夏长城公司许可案外人北京日产嘉禾润滑油有限公司（以下简称日产嘉禾公司）使用争议商标，该争议商标现已申请转让给日产嘉禾公司。2006年4月20日，日产株式会社以两引证商标为驰名商标、争议商标的注册违反商标法第十

三条的规定为由，向商标评审委员会提出撤销争议商标注册的申请，并提交了2003年《日产汽车公司简介》、2002年5月第41期《财富》杂志中文版《拯救日产的大师》《公司在行业里的排名》以及2003年5月第53期《财富》杂志中文版特别报道《各行各业的最佳公司》等报道、1972年至2003年日产株式会社在中国的大事记、日本汽车出口协会的出口汽车明细表复印件、郑州日产汽车有限公司的批准文件及简介、日产株式会社在中国各地的特约维修服务中心和零件特约店列表、部分宣传材料及相关媒体报道复印件等证据。商标评审委员会认定两引证商标构成汽车商品上的驰名商标，争议商标的注册违反了商标法第十三条第二款的规定，裁定撤销争议商标的注册。华夏长城公司不服，提起诉讼。北京市第一中级人民法院和北京市高级人民法院均判决维持商标评审委员会的裁定。华夏长城公司不服，向最高人民法院申请再审。最高人民法院于2011年11月30日裁定驳回了华夏长城公司的再审申请。

【裁判意见】

最高人民法院审查认为：华夏长城公司主要对于日产株式会社提交的证据能否证明其商标驰名提出质疑，主张本案两引证商标未在汽车商品上实际使用即不可能成为相关公众熟知的驰名商标。我国法律规定的驰名商标是指在我国境内为相关公众广为知晓的商标。由于其知名度高，其所承载的商誉也更高，相关公众看到与其相同或者近似的标识，更容易与其商标所有人产生联系，所以法律对驰名商标提供较普通注册商标更宽的保护。当事人为了在具体案件中达到受保护的目的，提供关于其商标知名度的证据，需要证明的是通过其使用、宣传等行为，相关公众对其商标有了广泛的认知。商标是否为相关公众广泛知晓是对所有的证据进行综合判断后得出的结论，不能孤立地看相关的证据，也不能机械地要求必须提供哪一类的证据。本案中两引证商标核定使用的商品为汽车，引证商标一“日产”同时为日产株式会社的企业字号，引证商标二中的“NISSAN”文字与日产具有对应关系，考虑到汽车商品的特殊性，消费者会特别关注生产厂商，所以，日产株式会社对其企业名称的使用、所生产各种车型的汽车的销售维修等情况，均有助于其引证商标知名度的提高。华夏长城公司过于机械地理解法律对于驰名商标的证据要求，对其主张不予支持。

中华人民共和国最高人民法院行政裁定书

（2011）知行字第45号

申请再审人（一审原告、二审上诉人）：北京市华夏长城高级润滑油有限责任公司，住所地：中华人民共和国北京市大兴区庞各庄镇工业开发区西区田园路22号。

法定代表人：王华江，该公司经理。

委托代理人：马翔，北京市天驰律师事务所律师。

委托代理人：宁光，北京市天驰律师事务所律师。

被申请人（一审被告、二审被上诉人）：中华人民共和国国家工商行政管理总局商标评审委员会，住所地：中华人民共和国北京市西城区三里河东路8号。

法定代表人：何训班，该委员会主任。

委托代理人：马静，该委员会干部。

原审第三人：日产自动车株式会社，住所地：日本国神奈川县横滨市神奈川区宝町2番地。

法定代表人：志贺俊之，董事长。

委托代理人：吕毅勇，北京市毅弘律师事务所律师。

委托代理人：续明，北京市毅弘律师事务所律师。

申请再审人北京华夏长城高级润滑油有限责任公司（简称华夏长城公司）因与被申请人中华人民共和国国家工商行政管理总局商标评审委员会（简称商标评审委员会）、原审第三人日产自动车株式会社（简称日产株式会社）商标争议行政纠纷一案，不服北京市高级人民法院（2010）高行终字第599号行政判决，向本院申请再审。本院依法组成合议庭对本案进行了审查，并于2011年6月23日进行了询问，华夏长城公司的代理人马翔、宁光，日产株式会社的代理人吕毅勇、续明到庭参加，商标评审委员会向本院表示不参加听证，本案现已审查终结。

华夏长城公司申请再审称：二审判决认定事实错误，日产株式会社所提交的证据不足以证明争议商标申请日前两引证商标已成为驰名商标。日产株式会社没有将两引证商标实际使用在汽车商品上，其宣传报道证据缺乏证明力，商标评审委员会及一、二审法院认定引证商标构成驰名商标缺乏事实依据和法律依据。而且日产株式会社所提交的证据存在重大瑕疵，几乎全部为自己形成的证据，在域外证据的公证认证及国内证据的公证问题上均存在重大瑕疵，不应被采信。日产株式会社主张两个引证商标构成驰名商标，应当分别举证证明，但其没有分别列开，一、二审法院同样把两个引证商标混同起来一起认定驰名商标，于法无据。如果随意降低驰名商标的认定标准，并以此给予扩大保护，撤销已经在市场上使用了10年的争议商标，不仅对华夏长城公司不公平，也使相关公众无所适从，起到不良的社会示范作用。争议商标在长期的使用中已经形成了自身的相关公众群体，不会与引证商标混淆，不应予以撤销。综上，请求撤销一、二审判决及商评字［2009］第11726号《关于第1556379号“日产嘉禾及图”商标争议裁定书》，由商标评审委员会重新作出裁定。

商标评审委员会未提交答辩意见。

日产株式会社提交意见称，两引证商标在争议商标申请日前已经成为驰名商标，商标评审委员会及一、二审法院对此认定正确，日产株式会社提交了充分的证据予以证明。关于使用方面，汽车制造商在汽车产品上使用企业的商标（如“日产”），同时标明车型（如“赛芙罗”），此为一般常识。“日产”企业名称的使用视同引证商标一的使用，“日产”中文与“NISSAN”英文在商标的使用上形成了直接的对应关系，NISSAN环状标识与引证商标二仅存在细微差异，其使用也应视同于引证商标二的使用。另外，争议商标构成对两引证商标的摹仿，其指定使用的润滑油等商品与引证商标使用的汽车商品具有较强的关联性，使用争议商标的产品中包含了大量的汽车（轿车）用润滑油产品，华夏长城公司、日产嘉禾公司注册、使用争议商标具有主观恶意，容易误导相关公众，对日产株式会社的利益造成了损害，原审判决应予维持。况且，华夏长城公司申请再审的内容均是其一审、二审过程中同样观点的重复，其恶意利用现行司法制度的相关程序，达到其获取不正当利益的目的十分明显。请求驳回再审申请。

本院认为，本案中，商标评审委员会及一、二审法院均认定日产株式会社注册在汽车等商品上的两引证商标（分别见附图）构成驰名商标，华夏长城公司注册在润滑油商品上的争议商标（见附图）构成对两引证商标的复制和摹仿，容易误导公众，致使日产株式会社的利益可能受到损害，应予撤销注册。

日产

引证商标一

NISSAN

引证商标二

争议商标

华夏长城公司主要对于日产株式会社提交的证明其商标驰名的证据提出质疑，本院结合其主张分别论述如下。

一、关于证据的真实性以及公证认证、公证书形式问题。日产株式会社在商标评审阶段未提供相关证据原件或公证认证件，但在诉讼程序中补充了证据的原件或相应的公证认证手续，虽然华夏长城公司对公证书的形式提出异议，但仅此并不足以否定上述证据的真实性，一、二审判决对此予以认定并无不当。

二、关于日产株式会社自己提供的证据的认定问题。日产株式会社提供了公司介绍、在中国的合资公司情况、销售数据等证据，商标评审委员会及一、二审法院基于上述证据查明一些事实，比如日产株式会社成立于1933年，1972年向中国出口第一台公爵车，以及在香港设立日产汽车（中国）有限公司，在国内设立合资公司郑州日产汽车有限公司等。公司对自己的发展历程出具说明具有合理性，亦有大量第三方报道佐证，且没有相反证据，华夏长城公司主张仅由于是当事人自己出具的证据即一概不应采信没有依据。关于日产株式会社向中国出口产品数量的证据，一审法院的论述并无不当，即如果其是单独的证据，证明力较无关联第三方出具的证据弱，但与本案其他证据一起可以作为证明引证商标是否驰名的证据。

三、关于能否证明两引证商标为驰名商标问题。华夏长城公司主张本案两引证商标未在汽车商品上实际使用即不可能成为相关公众熟知的驰名商标。**根据《中华人民共和国商标法实施条例》第三条的规定，商标的使用，包括将商标用于商品、商品包装或者容器以及商品交易文书上，或者将商标用于广告宣传、展览以及其他商业活动中。可见，商标使用的概念十分广泛，只要是在生产、经营活动中将商标用于与其指定使用商品相关联的场合，使相关公众能够认识到其是该商品的商标即可。**故华夏长城公司上述主张缺乏法律依据，本院不予支持。

本案中，**引证商标一“日产”同时是日产株式会社企业名称中的字号，而且由于汽车商品的特殊性，通常会同时使用公司的名称（商标）和具体车型名称**

(可能也是商标)，对于日产株式会社生产的各种汽车而言，“日产汽车”是其统一的称谓，这一点在日产株式会社所提交宣传广告或者媒体报道中均可得到证实，故引证商标一“日产”作为日产株式会社的字号和汽车品牌，得到广泛的使用，“日产汽车”的使用方式具有提高注册商标知名度的作用，商标评审委员会及一、二审法院根据相关证据认定其成为相关公众广泛知晓的驰名商标并无不当。

关于引证商标二，日产株式会社提交的证据表明，在宣传报道中，引证商标二经常与“日产汽车”一起使用，由于引证商标二中的“NISSAN”文字实际上是日文中“日产”对应的英文字母表现形式，二者存在对应关系。而且，华夏长城公司所称日产株式会社实际使用的 NISSAN 及图环状标识（见附图），其与引证商标二显著特征基本一致，结合其在汽车这种特定商品上的使用方式，原一、二审法院认定该标识的使用所带来的知名度会及于引证商标二的论述并无明显不当。综合本案证据，商标评审委员会及一、二审法院认定引证商标二亦构成驰名商标的结论并无不当。

NISSAN 及图环状标识

我国法律规定的驰名商标是指在我国境内为相关公众广为知晓的商标。由于其知名度高，其所承载的商誉也更高，相关公众看到与其相同或者近似的标识，更容易与其商标所有人产生联系，所以法律对驰名商标提供较普通注册商标更宽的保护。当事人为了在具体案件中达到受保护的目的，提供关于其商标知名度的证据，需要证明的是通过其使用、宣传等行为，相关公众对其商标有了广泛的认知。而商标是否为相关公众广泛知晓是对所有的证据进行综合判断后得出的结论，不能孤立地看相关的证据，也不能机械地要求必须提供哪一类的证据。本案中两引证商标核定使用的商品为汽车，引证商标一“日产”同时为日产株式会社的企业字号，引证商标二中的“NISSAN”文字与日产具有对应关系，考虑到汽车商品的特殊性，消费者会特别关注生产厂商，所以，日产株式会社对其企业名称的使用、所生产各种车型的汽车的销售维修等情况，均有助于其引证商标知名度的提高。华夏长城公司过于机械地理解法律对于驰名商标的证据要求，其主张本院不予支持。

华夏长城公司另主张争议商标已经使用多年，消费者不会混淆，不应轻易撤销。本院《关于审理商标授权确权行政案件若干问题的意见》指出："对于使用时间较长、已建立较高市场声誉和形成相关公众群体的诉争商标，应当准确把握商标法有关保护在先商业标志权益与维护市场秩序相协调的立法精神，充分尊重相关公众已在客观上将相关商业标志区别开来的市场实际，注重维护已经形成和稳定的市场秩序。"**争议商标的使用情况确实是应当考虑的因素，但这种使用应该是在遵守诚实信用原则基础上的使用，且对其使用状况有较高的证据要求。本案中，华夏长城公司提交的证据尚不足以达到其已经形成自身的相关公众群体的程度，而且从其实际使用状况明显看出其仍然在刻意造成与日产株式会社的联系，而不是通过使用消除这种联系，形成自身商标的区别力，故对其该项主张本院不予支持。**

综上，本院认为，华夏长城公司的再审申请不符合《中华人民共和国行政诉讼法》第六十三条第二款和《最高人民法院关于执行〈中华人民共和国行政诉讼法〉若干问题的解释》第七十二条规定的再审条件。依照《最高人民法院关于执行〈中华人民共和国行政诉讼法〉若干问题的解释》第七十四条之规定，裁定如下：

驳回北京市华夏长城高级润滑油有限责任公司的再审申请。

审　判　长　夏君丽
审　判　员　殷少平
代理审判员　周云川
二〇一一年十一月三十日
书　记　员　曹佳音

75. 驰名商标按需认定原则在商标授权确权行政案件中的适用

——再审申请人巨化集团公司与被申请人国家工商行政管理总局商标评审委员会、第三人胡金云商标异议复审行政纠纷案

【裁判要旨】

人民法院审理涉及驰名商标保护的商标授权确权行政案件，亦应遵循驰名商标的按需认定原则。如果被异议商标并未构成对引证商标的复制、摹仿或者翻译，或者被

异议商标获准注册并不会导致误导公众并可能损害引证商标权利人利益的结果，即无需对引证商标是否构成驰名的问题作出审查和认定。

【关键词】

商标　异议程序　驰名商标　按需认定

【案号】

最高人民法院（2014）知行字第112号

【基本案情】

在再审申请人巨化集团公司（以下简称巨化公司）与被申请人国家工商行政管理总局商标评审委员会（以下简称商标评审委员会）、第三人胡金云商标异议复审行政纠纷案中，巨化公司在先于第1类液氯、电石、甲醇、烧碱等商品上获准注册第143726号“巨化牌JH”商标（即引证商标）。第5894566号“巨化”商标（即被异议商标）由胡金云于2007年2月7日向国家工商行政管理总局商标局（以下简称商标局）提出注册申请，指定使用商品为第11类灯、灯罩、车灯、煤气热水器等。巨化集团在法定异议期内对被异议商标提出异议申请。2011年9月7日，商标局裁定对被异议商标予以核准注册。巨化集团不服，向商标评审委员会提出复审申请。商标评审委员会于2013年11月11日作出商评字[2013]第101103号《关于第5894566号“巨化”商标异议复审裁定》（以下简称101103号裁定）认定：巨化公司提交的证据不足以证明引证商标在被异议商标申请日之前在第1类商品上已构成驰名商标，即使引证商标已构成驰名商标，其赖以驰名的第1类烧碱等商品与被异议商标指定使用的第11类灯等商品区别较大，被异议商标的注册使用不会引起消费者的混淆、误认，被异议商标未违反商标法第十三条的规定。此外，被异议商标亦未违反商标法第三十一条的规定。据此，商标评审委员会对被异议商标予以核准注册。巨化公司不服，提起行政诉讼。北京市第一中级人民法院一审认为，根据驰名商标按需认定的原则，由于被异议商标指定使用的第11类灯、灯罩、龙头商品与引证商标指定使用的第1类烧碱、液氯、电石等商品区别较大，即便引证商标可以被认定为驰名商标，亦无法予以跨类保护，被异议商标的申请注册未违反商标法第十三条第二款的规定。此外，被异议商标亦未违反商标法第三十一条的规定，遂判决维持第101103号裁定。巨化公司不服，提起上诉。北京市高级人民法院于2014年9月9日判决驳回上诉、维持原判。巨化公司仍不服，向最高人民法院申请再审，其再审申请理由之一为：一审、二审法院及商标评审委员会漏审引证商标是否构成驰名商标的事实，被异议商标是对已注册驰名商标（即引证商标）的恶意复制和摹仿，违反了商标法第十三条第二款的规定。最高人民法院于2015年8月7日裁定驳回巨化公司的再审申请。

【裁判意见】

最高人民法院审查认为：在先商标为已经在中国注册的驰名商标，被异议商标构成对该驰名商标的复制、摹仿或者翻译，以及被异议商标的申请注册将容易导致消费者混淆或者误导公众，进而损害驰名商标注册人的利益，是在本案中适用商标法第十三条第二款规定的三个基本条件。在案件审理过程中，固然要对异议申请人请求予以保护的引证商标所具有的知名度予以考量，但并不意味着必须将其作为适用商标法第十三条第二款的前提条件，即首先对引证商标是否构成驰名商标的问题进行审查和认定。我国商标法律框架之下驰名商标法律保护制度的立法本义，在于给予具有较高知名度的商标与其显著性和知名度相适应的保护范围和保护强度，并非授予一项荣誉称号。《最高人民法院关于审理涉及驰名商标保护的民事纠纷案件应用法律若干问题的解释》第二条第一款第（一）项明确了驰名商标的按需认定原则，人民法院审理涉及驰名商标保护的商标授权确权行政案件，亦应遵循驰名商标的按需认定原则。如果被异议商标并没有构成对引证商标的复制、摹仿或者翻译，或者被异议商标获准注册并不会导致误导公众，并可能损害引证商标权利人利益的结果，即无需对引证商标是否构成驰名的问题作出审查和认定。引证商标核定使用的“烧碱、甲醇”等化工产品与被异议商标指定使用的“灯、煤气热水器”等家用电器商品，无论是从功能、用途，还是商品的销售渠道、消费者群体等方面看，均具有较大的差异性，虽然引证商标在化工产品上积累了一定的市场知名度，但巨化公司未能证明该种知名度已经于被异议商标申请日之前，辐射到了被异议商标指定使用的商品，或类似商品或具有关联性的商品之上，不足以证明因引证商标的在先知名度，被异议商标的核准注册将产生误导公众，并损害引证商标权利人利益的结果。一审、二审法院认定被异议商标的注册并未违反商标法第十三条第二款规定的结论正确。且在引证商标不符合给予其特殊保护条件的情况下，一审、二审法院对其是否构成驰名商标的问题不予评述的做法亦符合法律规定。

中华人民共和国最高人民法院行政裁定书

（2014）知行字第112号

再审申请人（一审原告、二审上诉人）：巨化集团公司。住所地：浙江省杭州市上城区江城路849号。

法定代表人：胡仲明，该公司董事长。

委托代理人：王华，北京恒都律师事务所律师。

被申请人（一审被告、二审被上诉人）：国家工商行政管理总局商标评审委员会。住所地：北京市西城区茶马南街1号。

法定代表人：何训班，该委员会主任。

委托代理人：姚志秀，该委员会审查员。

原审第三人：胡金云，住浙江省衢州市柯城区新新街道上妙村×号。

再审申请人巨化集团公司（简称巨化集团）因与被申请人国家工商行政管理总局商标评审委员会（简称商标评审委员会）、第三人胡金云商标异议复审行政纠纷一案，不服北京市高级人民法院（2014）高行（知）终字第2229号行政判决，向本院申请再审。本院依法组成合议庭对本案进行了审查，并于2015年7月1日对本案进行了询问。巨化集团的委托代理人王华到庭参加了庭审。被申请人商标评审委员会、原审第三人胡金云经本院合法传唤，未到庭参加询问。本案现已审查终结。

巨化集团向本院申请再审称：第一，一审、二审法院及商标评审委员会漏审引证商标是否构成驰名商标的事实，损害了巨化集团的实体权利，商评字〔2013〕第101103号《关于第5894566号“巨化”商标异议复审裁定》（以下简称101103号裁定）及一审、二审判决均应予以撤销；第二，根据现行司法解释的规定，曾被认定为驰名商标且被告对该事实不持异议的，人民法院应当对商标构成驰名的事实予以认定，该规定同样适用于商标行政案件。本案中，第三人并未否定引证商标构成驰名的事实，一审、二审法院未予确认的做法不当；第三，被异议商标是对已注册驰名商标（即引证商标）的恶意复制和摹仿，构成《中华人民共和国商标法》（以下简称商标法）第十三条第二款所涉情形。首先，引证商标的知名度和影响力极高，已经达到驰名状态。其次，引证商标具有较高的显著性，第三人的住所地与巨化集团相邻，被异议商标显然是对驰名商标的复制摹仿。最后，驰名商标的保护要求商品之间存在关联性的目的在于认定混淆，本案中，被异议商标与引证商标文字相同，对于基本相同的商标，并不必然要考虑混淆要件。且在驰名商标的保护中，商品关联性仅是判断混淆的要件之一，如果客观事实表明混淆已不可避免，对于商品的关联性不应过于苛刻。第四，商标法对于驰名商标的保护，并不仅仅因为混淆而保护，同时也要避免驰名商标的显著性被淡化，这一保护内涵亦是一审、二审法院及第101103号裁定未予考虑的事实，对此应予纠正。第五，被异议商标在全部指定商品上的注册均侵犯了巨化集团的在先商号权，违反了商标法第三十一条的规定，不应予以核准注册。综上，巨化集团请求本院依法撤销第101103号裁定及一审、二审判决，并判令商标评审委员会就被异议商标重新做出复审裁定。

商标评审委员会辩称：坚持第101103号裁定中的意见，该裁定及一审、二审判决认定事实清楚，适用法律正确，请求本院驳回巨化集团的再审申请。

胡金云陈述意见称：第一，引证商标只是在化工产品上具有知名度，巨化集团不能将该种知名度推而广之地延及其他不具有关联性的商品之上。被异议商标与引证商标使用的商品在功能、用途、原材料、销售渠道等方面区别明显，不存在任何关联性。第二，引证商标被认定为驰名商标的时间为2009年4月，被异议商标申请于2007年2月，即被异议商标在提出注册申请时，引证商标并非驰名商标，亦不能影响到被异议商标的注册。综上，胡金云请求本院驳回巨化集团的再审申请。

本院经审查查明，一审、二审法院查明的事实属实，本院予以确认。

本院补充查明如下事实：巨化集团在本院审查期间，分两次先后提交了七组共70份证据，具体内容为：第一组证据共计18份，主要包括巨化集团自身及其关联公司的营业执照、工商档案，以及巨化集团与案外人签订的销售合同、销售发票底单等，为证明被异议商标指定商品与巨化集团主营产品、巨化集团及其关联企业的经营范围具有极大的关联性；第二组证据共计22份，主要包括巨化集团及其引证商标获得的相关荣誉证书，为证明巨化集团及引证商标在被异议商标申请日之前获得各种荣誉的情况；第三组证据共计3份，主要包括徐州市中级人民法院、杭州市中级人民法院的两份刑事判决书及衢州市市场监督管理局的维权告知函，为证明巨化集团进行企业维权的情况；第四组证据共计9份，主要包括第三人胡金云的部分关联公司的工商信息、商标注册信息及其受到质量技术监督管理部分处罚的相关情况，为证明被异议商标的注册具有恶意；第五组证据包含

1 份，主要包括巨化集团以“巨化”二字为关键词检索到的2007年之前的有关文献内容，为证明“巨化”字号、商标、产品具有极高的知名度以及被异议商标的注册具有恶意；第六组证据包括7份，主要内容为《氯碱工业》《江苏氯碱》等文献资料内容，为证明被异议商标指定商品与巨化公司主营产品具有极大的关联性；第七组证据包括8份，主要内容为本院与北京市高级人民法院作出的部分生效裁判文书，为证明本案应以上述裁判的内容为参考。

本院认为，根据各方当事人的诉辩主张，并结合本案事实，本案的争议焦点问题是：一、被异议商标的注册是否构成了商标法第十三条第二款所称的误导公众、致使驰名商标注册人的利益可能受到损害的情形；二、被异议商标的注册是否构成了商标法第三十一条所称的损害他人在先权利的情形。本院对此评述如下：

一、被异议商标是否违反了商标法第十三条第二款的规定。根据商标法第十三条第二款的规定，就不相同或者不相类似商品申请注册的商标是复制、摹仿或者翻译他人已经在中国注册的驰名商标，误导公众，致使该驰名商标注册人的利益可能受到损害的，不予注册并禁止使用。由此可知，异议申请人的商标为已经在中国注册的驰名商标、被异议商标构成对该驰名商标的复制、摹仿或者翻译，以及被异议商标的申请注册将容易导致消费者混淆或者误导公众，进而损害异议申请人的利益是在商标异议复审行政案件中适用商标法第十三条第二款规定的三个基本条件。在案件审理过程中，固然要对异议申请人请求予以保护的引证商标所具有的知名度予以考量，但并不意味着必须将其作为适用商标法第十三条第二款的前提条件，即首先对引证商标是否构成驰名商标的问题进行审查和认定。我国商标法律框架之下所规定的驰名商标法律保护制度的立法本义在于给予具有较高知名度的商标与其显著性和知名度相适应的保护范围和保护强度，并非授予一项荣誉称号。《最高人民法院关于审理涉及驰名商标保护的民事纠纷案件应用法律若干问题的解释》（以下简称驰名商标司法解释）第二条第一款第（一）项明确了驰名商标的按需认定原则，即在当事人以违反商标法第十三条规定为由提起的侵犯商标权诉讼中，当事人以商标驰名作为事实根据，人民法院根据案件具体情况，在确有必要的情况下对所涉商标是否驰名作出认定。根据《最高人民法院关于审理商标授权确权行政案件若干问题的意见》第十条的规定，人民法院审理涉及驰名商标保护的商标授权确权行政案件，可以参照上述驰名商标司法解释的相关规定。这意味着，在商标授权确权行政案件的审理过程中，亦应遵循驰名商标的按需认定原则。换言之，如果被异议商标并没有构成对引证商标的复制、摹仿或者翻译，或者被异议商标获准注册的结果并不会导致误导公众并可能损害引证商标权利人利益的结果，即无需对引证商标是否构成驰名的问题作出审查和认定。具体到本案而言，引证商标核定使用于第1类的“烧碱、甲醇”等化工产品之上，被异议商标指定使用于第11类的“灯、煤气热水器”等家用电器商品上，二者无论是从功能、用途，还是商品的销售渠道、消费者群体等方面看，均具有较大的差异性，虽然引证商标在第1类化工产品上积累了一定的市场知名度，但并未能证明该种知名度已经于被异议商标申请日之前辐射到了被异议商标指定使用的商品或类似商品或具有关联性商品的范围之上，即不足以证明因引证商标的在先知名度，被异议商标的核准注册将产生误导公众并损害引证商标权利人利益的结果。巨化集团以被异议商标指定使用的商品在生产过程中需要使用引证商标核定使用的商品为由，所提二者具有较强的商品关联关系的主张过于牵强，本院不予支持。据此，一审、二审法院认定被异议商标的注册并未违反商标法第十三条第二款规定的结论正确，且如前所述，在被异议商标不符合给予其特殊保护条件的情况下，一审、二审法院对其是否构成驰名商标的问题不予评述的做法亦符合法律规定。

二、被异议商标是否违反了商标法第三十一条的规定。商标法第三十一条规定，申请商标注册不得损害他人现有的在先权利。本案中，巨化集团主张作为在先权利予以保护的是其“巨化”商号权。对此本院认为，在被异议商标申请日之前，具有一定的市场知名度、为相关公众所知悉的企业名称中的字号，可以作为商标法第三十一条所规定的“在先权利”予以保护。根据本案查明的事实，巨化集团并无证据表明，其在被异议商标申请日之前已经将“巨化”商号用于第11类商品或与之类似商品的生产经营活动之中，并因该种实际使用行为而使“巨化”商号在相关商品之上产生了一定的知名度，从而具备了禁止被异议商标获准注册的条件。据此，一审、二审法院认定被异议商标未构成商标法第三十一条所述情形的结论正确，本院予以支持。

关于本案的其他问题。如前所述，巨化集团在再审审查阶段向本院补充提交了70份证据材料，对于这部分证据是否应予采信以及是否足以推翻一审、二审法院相关认定的问题，本院认为，首先，从证据的提交时间上看，巨化集团提交的上述证据或由巨化集团自身所掌握，或可通过公开渠道查询获得，完全有条件在商标评审或一审、二审诉讼程序中提交。巨化集团在本院询问当日及询问后多日大量提交证据的做法，有违诉讼诚信的原则，亦不为本院所倡导和鼓励。其次，从证据内容上看，巨化公司提交的与其字号或商标知名度有关的证据内容，仍仅能证明其在化工领域具有的知名度和影响力，对该事实，本院及一审、二审法院并未予以否定。但本院需要强调的是，只有巨化集团能够证明其在被异议商标申请日之前，已经在被异议商标指定使用的商品或类似商品或具有关联性的商品上，通过实际使用行为使引证商标产生了足以获得法律保护的知名度时，才能够使本院推翻一审、二审法院的相关认定。显然，巨化集团在本案中并没有完成与此有关的举证责任。而对于巨化集团提交的部分生效裁判的内容对本案是否具有参照意义的问题，本院认为，本案涉及的商品类似性或关联关系的判断问题具有较强的个案性，巨化集团提交的部分生效裁判的内容虽然有一定的参考意义，但并不影响本院根据本案当中的具体情况，包括引证商标的知名度、引证商标核定使用的商品与被异议商标指定使用的商品类别、功能、用途等因素，对被异议商标是否应予核准注册的问题作出独立的审查和判断。一审、二审法院以被异议商标与引证商标所涉商品类别区别较大为由，所作不能对引证商标在本案中给予跨类保护的认定并无不妥，本院予以维持。

综上，巨化集团的再审申请不符合《中华人民共和国行政诉讼法》第九十一条第（二）、（四）、（六）项规定的情形，依照《最高人民法院关于执行〈中华人民共和国行政诉讼法〉若干问题的解释》第七十四条之规定，本院裁定如下：

驳回巨化集团的再审申请。

审　判　长　王艳芳
代理审判员　佟　姝
代理审判员　杜微科
二〇一五年八月七日
书　记　员　刘海珠

76. 驰名商标认定的证据审查标准

——再审申请人苹果公司与被申请人国家工商行政管理总局商标评审委员会、一审第三人新通天地科技（北京）有限公司商标异议复审行政纠纷案

【裁判要旨】

在判断相关证据能否证明引证商标驰名与否时，应当注意：公司的经营历史及知名度与引证商标的宣传、使用历史及知名度并不必然等同；一般性的消息报道，而非针对引证商标的广告宣传，不足以作为认定特定商标已在中国经广泛商业宣传达到驰名程度的事实依据。

【关键词】

商标　异议程序　驰名商标　证据认定

【案号】

最高人民法院（2016）最高法行申3386号

【基本案情】

在再审申请人苹果公司与被申请人国家工商行政管理总局商标评审委员会（以下简称商标评审委员会）、一审第三人新通天地科技（北京）有限公司（以下简称新通天地公司）商标异议复审行政纠纷案中，苹果公司在先申请并注册了第3339849号“IPHONE”商标和第4073735号“i－phone”文字及图商标（即引证商标），分别核定使用在国际分类第9类计算机硬件、计算机软件（已录制）等商品以及第9类电话机、手提电话等商品上。新通天地公司于2007年9月29日向国家工商行政管理总局商标局（以下简称商标局）提出第6304198号“IPHONE”商标（即被异议商标）的注册申请，指定使用在第18类“仿皮、牛皮、钱包、小皮夹、皮制绳索”等商品上。在法定异议期内，苹果公司对被异议商标提出异议申请。商标局裁定对被异议商标予以核准注册。苹果公司不服，向商标评审委员会提出复审申请。2013年12月16日，商标评审委员会作出商评字［2013］第135654号关于第6304198号“IPHONE”商标异议复审裁定（以下简

称第135654号裁定)，对被异议商标予以核准注册。苹果公司不服，提起行政诉讼。北京市第一中级人民法院一审判决驳回苹果公司的诉讼请求。苹果公司不服，提起上诉。北京市高级人民法院二审判决驳回上诉、维持原判。苹果公司仍不服，以被异议商标构成对已驰名的引证商标的复制、摹仿为由，向最高人民法院申请再审。苹果公司同时提交了《2007年7月智能手机市场关注度及价格报告》等证据，欲证明在被异议商标申请日之前，引证商标受到中国消费者持续关注，应被认定为驰名商标。最高人民法院于2016年12月27日裁定驳回苹果公司的再审申请。

【裁判意见】

最高人民法院审查认为：引证商标在被异议商标申请日之前是否已达到驰名商标的程度，是其能否合法阻止被异议商标在不相类似商品上获得注册的关键事实。苹果公司主张，引证商标随着IPHONE手机概念的公布及在美国首次销售的信息在全球传播，已瞬间成为驰名商标。对此最高人民法院认为，苹果公司在商标异议复审、一审、二审及再审申请阶段，分别提交了相关证据。上述证据中，部分内容仅涉及引证商标在被异议商标申请日后的实际使用及知名度的事实，与本案的关键事实并无直接关联性。其他证据，如关于苹果公司于1993年开始在北京设立办事处、于2007年1月公布IPHONE手机概念、于2007年6月29日在美国上市第一代IPHONE手机，以及“中关村在线”网站等媒体报道或网站信息，其证明的相关事实虽早于被异议商标申请日发生，但仍不足以证明引证商标在被异议商标申请日之前已达到驰名程度，主要理由在于：1. 苹果公司派驻代表机构在中国开展商务活动之初，尚不存在任何关于宣传和使用IPHONE商业标志的事实，苹果公司的经营历史及知名度与引证商标的宣传、使用历史及知名度并不必然等同；2. 苹果公司正式向中国市场销售IPHONE手机的时间为2009年10月，自IPHONE手机概念公布至2009年10月的逾两年内，苹果公司并未在中国市场销售IPHONE手机，相关公众在中国市场无法通过正规销售渠道购得IPHONE手机，中国相关公众缺乏通过购买、使用IPHONE手机熟悉并高度认同IPHONE商标的有效渠道；3. “中关村在线”网站发布的《2007年7月智能手机市场关注度及价格报告》等证据亦显示，在被异议商标申请日前通过非正规销售渠道流入中国市场的IPHONE手机，在当时的中国智能手机市场中并未占有较高份额；4. 在被异议商标申请日之前，与IPHONE手机有关的信息内容主要集中在对苹果公司下一代产品及经营策略的新闻报道、分析预测性文章，传播载体集中于《程序员》《软件世界》《环球》《经济论丛》等专业性较强的报刊，鲜有面向中国相关公众（尤其是广大消费者）的 IPHONE 手机商业广告。相反的是，苹果公司的部分证据反映了以下特点：1. IPHONE 手机概念公布至被异议商标申请日期间，IPHONE 手机是部分媒体关注的对象，但并非中国主要媒体商业广告的对象，也未成为中国市场广大消费者熟悉并认可的知名品牌；2. IPHONE 手机概念公布至苹果公司正式向中国市场销售 IPHONE 手机的逾两年内，苹果公司基于其经营策略，未实施向中国市场投放 IPHONE 品牌广告、销售 IPHONE 手机商品等经营行为，IPHONE 商标至少在被异议商标申请日之前缺乏在中国驰名的客观条件。因此，苹果公司的证据尚未有效证明在被异议商标申请日前，引证商标为中国相关公众所熟知并已达到驰名程度的事实。苹果公司主张引证商标随着 IPHONE 手机概念的公布及在美国首次销售的信息在全球传播而瞬间成为驰名商标的理由，既不符合 2007 年互联网在中国的实际状况，也不符合引证商标当时在中国的使用状况。苹果公司主张引证商标在被异议商标申请日之前已在中国驰名的理由无事实根据。

中华人民共和国最高人民法院行政裁定书
（2016）最高法行申 3386 号

再审申请人（一审原告、二审上诉人）：苹果公司（Apple Inc.）。住所地：美利坚合众国加利福尼亚州库佩蒂诺市因芬蒂环道 1 号（1 Infinite Loop，Cupertino，CA 95014，Unites States of America）。

法定代表人：汤玛士·拉伯尔（Thomas La Perle），该公司助理秘书。

委托诉讼代理人：王珊珊，北京市正见永申律师事务所律师。

委托诉讼代理人：王寒梅，北京市正见永申律师事务所律师。

被申请人（一审被告、二审被上诉人）：国家工商行政管理总局商标评审委员会。住所地：中华人民共和国北京市西城区茶马南街 1 号。

法定代表人：赵刚，该委员会主任。

委托诉讼代理人：张玲，该委员会评审审查员。

一审第三人：新通天地科技（北京）有限公司。住所地：中华人民共和国北京市朝阳区西大望路甲 12 号 2 号楼（国家广告产业园区孵化器 27220 号）。

法定代表人：周少石，该公司总经理。

委托诉讼代理人：熊智，北京市北斗鼎铭律师事务所律师。

委托诉讼代理人：赵乃义，北京市北斗鼎铭律师事务所律师。

再审申请人苹果公司因与被申请人国家工商行政管理总局商标评审委员会（简称商标评审委员会）、一审第三人新通天地科技（北京）有限公司（简称新通天地公司）商标异议复审行政纠纷一案，不服北京市高级人民法院（2016）京行终1630号行政判决，向本院申请再审。本院依法组成合议庭进行了审查，现已审查终结。

苹果公司申请再审称：商评字［2013］第135654号《关于第6304198号“IPHONE”商标异议复审裁定书》（简称被诉裁定）和一审、二审判决在事实认定、法律适用和审理程序上均存在错误。1. 商标评审委员会、一审、二审法院均漏审苹果公司提出的关于2001年修正的《中华人民共和国商标法》（以下简称《商标法》）第四十一条第一款的复审理由，违反法定程序，苹果公司的证据足以证明第6304198号商标“IPHONE”（简称被异议商标）的申请注册违反《商标法》第四十一条第一款的规定。2. 被异议商标是对苹果公司引证驰名商标的复制和模仿，商标评审委员会、一审、二审法院拒绝适用《商标法》第十三条第二款的规定驳回被异议商标的注册申请是错误的。3. 新通天地公司具有抢注、复制和抄袭苹果公司驰名商标的一贯恶意，商标评审委员会、一审、二审法院认为《商标法》第十条第一款第（八）项不适用于本案是错误的。请求：提审本案，撤销一审、二审判决和被诉裁定，判令商标评审委员会重新作出决定。

商标评审委员会提交书面意见称，二审判决事实清楚，适用法律正确，符合法律程序，应予维持。

新通天地公司提交书面意见称，二审判决认定事实清楚，适用法律正确，应驳回苹果公司的再审申请。主要理由是：1. 诉讼请求与诉讼理由是不同概念，苹果公司在一审期间明确表示认可本案涉及的实体法律依据仅限于《商标法》第十三条第二款、第十条第一款第（八）项，一审判决并未遗漏苹果公司的诉讼请求，且《商标法》第四十一条第一款适用于已注册商标的争议，不适用于本案对未获准注册的商标提出异议的情形。2. 苹果公司的证据不足以证明其引证注册商标“IPHONE”在被异议商标申请日（即2007年9月29日）之前已达到驰名程度。3. 被异议商标无害于社会主义道德风尚，亦无其他不良影响。

再审申请阶段，苹果公司提交了六组证据。第一组（证据1至证据15），包括（2015）商标异字第0000059426号《第9905210号“IPHONEACCESSORIES”商标不予注册的决定》等，拟证明新通天地公司及其关联公司具有故意攀附苹果公司驰名商标、谋取不正当利益的意图，依据《商标法》第四十一条第一款的规定，被异议商标应不予核准注册。第二组证据（证据16至证据18），包括《2007年7月智能手机市场关注度及价格报告》等，拟证明在被异议商标申请日之前，苹果公司主张的引证商标（即第3339849号商标、第4073735号商标）受到中国消费者持续关注，应被认定为驰名商标。第三组证据（证据19），包括商标局做出的17份商标异议裁定书，拟证明在上述商标异议裁定中，商标局认定“IPHONE”商标具有较高知名度，从而根据《商标法》第十条第一款第（八）项的规定驳回商标的注册申请。第四组证据（证据20至证据22），包括（2016）京中信内经证字95311号公证书等，拟证明新通天地公司及其关联公司具有故意攀附苹果公司驰名商标、谋取不正当利益的意图，依据《商标法》第四十一条第一款和第十条第一款第（八）项的规定，被异议商标应不予核准注册。第五组证据（证据23至证据38），包括苹果公司员工汤玛士·拉伯尔出具的宣誓词等，拟证明苹果公司主张的引证商标“IPHONE”已被中国相关公众熟知，具有极高的显著性和知名度，应被认定为驰名商标。第六组证据（证据39），包括北京务实知识产权发展中心出具的《IPHONE商标行政纠纷专家研讨会法律意见书》，拟证明被异议商标的注册违反《商标法》第十三条第二款的规定，《商标法》第四十一条第一款应作为本案的审查依据。

本院经审查认为，根据一审、二审判决及苹果公司的申请再审理由，本案的主要争议焦点为：1.《商标法》第四十一条第一款的规定是否适用于本案；2.在被异议商标申请日之前，苹果公司主张的引证商标是否已达到驰名商标的程度；3.被异议商标是否属于《商标法》第十条第一款第（八）项的情形。

一、关于《商标法》第四十一条第一款的规定是否适用于本案的问题

《商标法》第四十一条第一款规定：“已经注册的商标，违反本法第十条、第十一条、第十二条规定的，或者是以欺骗手段或者其他不正当手段取得注册的，由商标局撤销该注册商标；其他单位或者个人可以请求商标评审委员会裁定撤销该注册商标。”上述法律条款的规定表明，其适用前提是争议商标已经注册。本案的被异议商标尚未注册，故上述法律条款不适用于本案纠纷。此外，苹果公司针对被异议商标的异议复审申请，并非依据《商标法》第四十一条第一款的规定提出。因此，苹果公司主张商标评审委员会、一审、二审法院漏审依据《商标法》第四十一条第一款提出的复审理由，缺乏事实根据和法律依据，本院不予支持。苹果公司为证明被异议商标违反《商标法》第四十一条第一款规定而提交的证据，与本案是否应予再审无关，本院不予评判。

二、关于引证商标在被异议商标申请日前是否已达到驰名程度的问题

《商标法》第十三条第二款规定：“就不相同或者不相类似商品申请注册的商标是复制、摹仿或者翻译他人已经在中国注册的驰名商标，误导公众，致使该驰名商标注册人的利益可能受到损害的，不予注册并禁止使用。”根据上述法律条款的规定，第9类商品上的引证商标在第18类商品上的被异议商标申请日之前是否已达到驰名商标的程度，是引证商标能否合法阻止被异议商标在不相类似商品上申请注册的关键事实。为证明上述事实，苹果公司在商标异议复审、一审、二审及再审申请阶段，分别提交了相关证据。上述证据中，部分内容仅涉及引证商标在被异议商标申请日后的实际使用及知名度的事实，与本案的关键事实并无直接关联性。其余证据，如关于苹果公司于1993年开始在北京设立办事处、苹果公司于2007年1月公布IPHONE手机概念、第一代IPHONE手机于2007年6月29日在美国上市、“中关村在线”网站发布的《2007年7月智能手机市场关注度及价格报告》等媒体报道或网站信息，其证明的相关事实虽早于被异议商标申请日发生，但仍不足以证明引证商标在被异议商标申请日之前已达到驰名程度的关键事实，该部分证据缺乏证明力，主要体现在以下几方面：1. 苹果公司派驻代表机构在中国开展商务活动之初，尚不存在任何关于宣传和使用IPHONE商业标志的事实，苹果公司的经营历史及知名度与引证商标的宣传、使用历史及知名度并不必然等同；2. 苹果公司正式向中国市场销售IPHONE手机的时间为2009年10月，自IPHONE手机概念公布至2009年10月的逾两年内，苹果公司并未在中国市场销售IPHONE手机，相关公众在中国市场无法通过正规销售渠道购得IPHONE手机，中国相关公众缺乏通过购买、使用IPHONE手机熟悉并高度认同IPHONE商标的有效渠道；3. “中关村在线”网站发布的《2007年7月智能手机市场关注度及价格报告》等证据亦显示，在被异议商标申请日前通过非正规销售渠道流入中国市场的IPHONE手机，在当时的中国智能手机市场中并未占有较高份额；4. 在被异议商标申请日之前，与IPHONE手机有关的信息内容主要集中在对苹果公司下一代产品及经营策略的新闻报道、分析预测性文章，传播载体集中于《程序员》、《软件世界》、《环球》、《经济论丛》等专业性较强的报刊，鲜有面向中国相关公众（尤其是广大消费者）的IPHONE手机商业广告。相反的是，苹果公司的部分证据恰恰反映了以下特点：1. IPHONE手机概念公布至被异议商标申请日期间，IPHONE手机是部分媒体关注的对象，但并非中国主要媒体商业广告的对象，也未成为中国市场广大消费者熟悉并认可的知名品牌；2. IPHONE

手机概念公布至苹果公司正式向中国市场销售 IPHONE 手机的逾两年内，苹果公司基于其经营策略，未实施向中国市场投放 IPHONE 品牌广告、销售 IPHONE 手机商品等经营行为，IPHONE 商标至少在被异议商标申请日之前缺乏在中国驰名的客观条件。因此，苹果公司的证据尚未有效证明在被异议商标申请日前，引证商标为中国相关公众所熟知并已达到驰名程度的事实。苹果公司主张引证商标随着 IPHONE 手机概念的公布及在美国首次销售的信息在全球传播而瞬间成为驰名商标的理由，既不符合 2007 年互联网在中国的实际状况，也不符合引证商标当时在中国的使用状况。苹果公司主张引证商标在被异议商标申请日之前已在中国驰名的理由无事实根据，本院不予支持。

三、关于被异议商标是否属于《商标法》第十条第一款第（八）项情形的问题

《商标法》第十条第一款第（八）项规定不得作为商标使用的标志是指有害于社会主义道德风尚或者有其他不良影响的标志。上述规定所指的有其他不良影响的标志，主要是指对于中国政治、经济、文化、宗教、民族等社会公共利益和公共秩序产生消极、负面影响的标志。本院认为，本案被异议商标的申请注册未对中国的社会公共利益和公共秩序产生消极、负面影响，不属于《商标法》第十条第一款第（八）项规定的情形。

综上，苹果公司的再审申请不符合《中华人民共和国行政诉讼法》第九十一条规定的再审情形。本院依照《最高人民法院关于执行〈中华人民共和国行政诉讼法〉若干问题的解释》第七十四条之规定，裁定如下：

驳回苹果公司的再审申请。

审　判　长　骆　电
代理审判员　李培民
代理审判员　马秀荣
二〇一六年十二月二十七日
书　记　员　王　晨

（六）商标显著性的判断

77. 含有描述性外国文字的商标的显著性的审查判断

——再审申请人佳选企业服务公司与被申请人国家工商行政管理总局商标评审委员会商标驳回复审行政纠纷案

【裁判要旨】

在审理商标授权确权行政案件时，应当根据诉争商标指定使用商品的相关公众的通常认识，从整体上对商标是否具有显著特征进行审查判断；如果商标标识中含有的描述性要素不影响商标整体上具有显著特征，相关公众能够以其识别商品来源的，应当认定其具有显著特征。

【关键词】

商标　显著性　描述性要素

【案号】

最高人民法院（2011）行提字第9号

【基本案情】

在再审申请人佳选企业服务公司（以下简称佳选公司）与被申请人国家工商行政管理总局商标评审委员会（以下简称商标评审委员会）商标驳回复审行政纠纷案中，2004年2月12日，佳选公司申请在第35类推销（替他人）、进出口代理等服务项目上注册第3909917号“BEST BUY及图”商标（即申请商标）。申请商标由英文单词“BEST”“BUY”以及一方框图形构成，其中两个英文单词上下排列，方框图形的底色为黄色。国家工商行政管理总局商标局（以下简称商标局）认为申请商标以该文字作为商标用在指定使用服务上，仅仅直接表示了服务的品质和特点，决定驳回注册申请。佳选公司向商标评审委员会提出复审申请。2008年5月28日，商标评审委员会作出第05222号商标驳回复审决定（以下简称第5222号决定），以与商标局基本相同理由对申请商标予以驳回。佳选公司不服，提起行政诉讼，并提交了申请商标实际使用的大量证据，以证明其商标因使用获得显著特征。北京市第一中级人民法院以与商标评审委员会相同的理由判决维持第5222号决定。佳选公司不服，提起上诉。北京市高级人民法院二审判决驳回上诉，维持原判。佳选公司不服，向最高人民法院申请再审。最高人民法院裁定提审本案，并于2011年10月28日判决撤销第5222号决定和一、二审判决，责令商标评审委员会重新作出复审决定。

【裁判意见】

最高人民法院再审认为：人民法院在审理商标授权确权行政案件时，应当根据诉争商标指定使用商品的相关公众的通常认识，从整体上对商标是否具有显著特征进行审查判断。标志中含有的描述性要素不影响商标整体上具有显著特征，相关公众能够以其识别商品来源的，应当认定其具有显著特征。本案中，申请商标由英文单词“BEST”“BUY”以及黄色的标签方框构成，虽然其中的“BEST”和“BUY”对于指定使用的服务具有一定描述性，但是加上标签图形和鲜艳的颜色，整体上具有显著特征，便于识别。同时，根据新查明的事实，申请商标在国际上有较高知名度，且申请商标在我国已经实际使用，经过使用也具有了一定的知名度。综合上述因素，申请商标能够起到识别服务来源的功能，相关公众能够以其识别服务来源。商标评审委员会和一、二审法院对申请商标的显著性没有进行整体判断，同时未考虑佳选公司新提交的证据，认定申请商标不具有显著性的结论错误，应予纠正。

中华人民共和国最高人民法院行政判决书

（2011）行提字第9号

申请再审人（一审原告、二审上诉人）：佳选企业服务公司。住所地：美利坚合众国明尼苏达州里菲尔德宾街南路7601号。

法定代表人：托德·哈特曼，该公司副总裁。

委托代理人：高岩，北京市铸成律师事务所律师。

委托代理人：王亭入，北京市铸成律师事务所实习律师。

被申请人（一审被告、二审被上诉人）：中华人民共和国国家工商行政管理总局商标评审委员会。住所地：中华人民共和国北京市西城区三里河东路8号。

法定代表人：何训班，该委员会主任。

委托代理人：戴艳，该委员会审查员。

委托代理人：张宁，该委员会审查员。

佳选企业服务公司（简称佳选公司）与中华人民共和国国家工商行政管理总局商标评审委员会（简称商标评审委员会）商标驳回复审行政纠纷一案，北京市高级人民法院于2010年11月23日作出（2010）高行终字第861号行政判决，已经发生法律效力。佳选公司不服该判决向本院申请再审。本院于2011年5月19日作出（2011）知行字第6号行政裁定提审本案，并依法组成合议庭，于2011年6月29日公开开庭进行审理。佳选公司的委托代理人高岩、王亭入，商标评审委员会的委托代理人戴艳、张宁到庭参加诉讼。本案现已审理终结。

北京市第一中级人民法院一审查明：2004年2月12日，佳选公司向中华人民共和国国家工商行政管理总局商标局（简称商标局）提出在第35类推销（替他人）、进出口代理等服务项目上注册第3909917号“BEST BUY及图”商标（简称申请商标）。申请商标由英文单词“BEST”、“BUY”以及一方框图形构成，其中两个英文单词上下排列，方框图形的底色为黄色（详见下图）。

申请商标

2006年2月28日，商标局认为申请商标以该文字作为商标用在指定使用服务上，仅仅直接表示了服务的品质和特点，决定驳回注册申请。2006年3月17日，佳选公司向商标评审委员会提出复审申请，主张申请商标在外观设计、文字构成以及含义等方面均具有较强的独创性，符合商标申请注册的显著性要件；申请商标经过长期、持续使用，已具备了商标注册的显著性。并于同年6月16日提交了该公司在美国的旧金山以及加利福尼亚开设零售店分布的情况，以及在其他国家或地区注册申请商标的情况；在其网站上对申请商标进行宣传的情况以及有关咨询公司对中国大陆地区登录佳选公司网站的统计数据等证据材料，作为支持其提出的该商标经使用获得显著性的证据。

2008年5月28日，商标评审委员会作出商评字［2008］第05222号《关于第3909917号“BEST BUY及图”商标驳回复审决定》（简称第5222号决定）。该决定认为，申请商标中“BEST”含义为最好的、最优秀的、最有利的等，

“BUY”含义为买、买卖、交易等，“BEST BUY”可以翻译为最好的交易或者最好的买卖，使用在指定服务项目上，仅仅直接表示了服务的品质和特点，且缺乏作为商标应有的显著特征。依据《中华人民共和国商标法》（简称商标法）第十一条第一款第（二）、（三）项和第二十八条的规定，对申请商标予以驳回。

佳选公司不服第5222号决定，向北京市第一中级人民法院提起行政诉讼。北京市第一中级人民法院一审认为：商标法第十一条第一款是针对缺乏显著特征的标识不得作为商标注册的情形所作的规定。商标评审委员会基于申请商标缺乏显著性的认定，根据商标法第十一条第一款第（二）项、第（三）项的规定，驳回佳选公司的商标注册申请。该驳回理由并非一个新的驳回理由，不属于变更或增加驳回理由的情形。佳选公司认为商标评审委员会改变驳回理由，却未给予其陈述申辩的机会，所作第5222号决定程序违法的诉讼主张不能成立。申请商标由英文单词“BEST”、“BUY”以及底色为黄色的一方框图形构成的图文组合商标。其中的图形部分构图简单，文字部分使用两个较为常用的英文单词上下单独排列的方式构成。相对于图形部分，文字部分更易为消费者所关注，是该商标的显著识别部分。且“BEST”、“BUY”属于英文中较常用的词汇，中国消费者对于上述单词含义的认知度较高，而“BEST”、“BUY”组合在一起，并未形成其他新的含义。根据中国消费者对外文商标的认读习惯，易以外文单词的含义来识别、记忆。当消费者看到使用在推销（替他人）、商业辅助管理服务上的申请商标时，易识别为“最好的买卖”或“最好的交易”。而该含义直接描述了指定使用服务项目的特点，不具有区别服务来源的功能，缺乏商标应有的显著性。商标评审委员会认定申请商标属于商标法第十一条第一款第（三）项规定的不得作为商标注册情形并决定驳回该商标的注册申请正确，应予支持。佳选公司关于申请商标具有显著性的诉讼理由，依据不足，不予采信。综上，北京市第一中级人民法院于2010年1月6日作出（2009）一中行初字第388号行政判决，维持第5222号决定。

佳选公司不服一审判决，向北京市高级人民法院提起上诉。北京市高级人民法院二审认为：商标局依据商标法第十一条第一款第（二）项，以“BEST BUY”作为商标用在所申请的服务上，仅仅直接表示了服务的品质和特点为由，驳回了注册申请。佳选公司不服上述决定，向商标评审委员会提出复审时，不仅针对上述决定陈述了理由，同时还提出该公司经过对申请商标的长期、持续使用，已具备商标注册的显著性要件等理由及证据。商标评审委员会针对商标局决定的理由以及佳选公司提出的复审理由，进行了全面复审，并依据商标法第十一条第一款第（二）、（三）项作出第5222号决定正确，并未违反法定程序。从申请商标的整体视觉效果来看，“BEST BUY”的文字属于其显著部分，“BEST”和“BUY”作为两个具有实际含义且被中国消费者认知度较高的英文单词，前者的中文含义为“最好的”，后者含义为“买卖、交易”，使用于指定服务项目，确系直接表示了服务的品质和特点。同时，佳选公司提交的证据，即该公司在美国的旧金山以及加利福尼亚开设零售店分布的情况、在其他国家或地区注册申请商标的情况、在其网站上对申请商标进行宣传的情况以及有关咨询公司对中国大陆地区登录该公司网站的统计数据等证据材料，并不足以证明申请商标在中国境内使用获得了显著性，因此，商标评审委员会认为缺乏足够证据支持，且申请商标缺乏显著性正确。综上，北京市高级人民法院于2010年11月23日作出（2010）高行终字第861号行政判决，驳回上诉维持原判。

佳选公司申请再审称：1. 申请商标自身具备显著性。申请商标是一个极具特色的组合商标，由标签图形“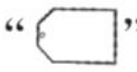”、鲜亮的黄色和“BEST”、“BUY”文字组合而成。其中黄色的标签图形，为佳选公司所独创，是申请商标中最具独创性的部分，已在包括第35类在内的多个类别上在中国获准作为商标注册。申请商标在已获注册的黄色的标签图形的基础上，加上了“BEST”与“BUY”文字，构成了包含图形、色彩、文字三要素浑然一体的组合商标，在整体上具有显著性，能够区分商品或服务的来源，已在众多英语国家都获得了注册。中国是以汉语为母语的国家，绝大多数消费者对英文的认知和注意程度远不如图形，所以“BEST”、“BUY”文字在组合商标中居于辅助和次要的地位。既然单独的黄色标签图形都能获准注册，在黄色标签图形基础上加入佳选公司商号“BEST BUY”文字的申请商标更应该获准注册。第5222号决定和一、二审判决对申请商标中的极具独创性的图形和颜色部分没有整体考虑，认定申请商标没有显著性，属认定事实不清，也与《最高人民法院关于审理商标授权确权行政案件若干问题的意见》关于整体判断、外文商标显著性判断原则等相抵触。2. 通过在中国的大量使用，申请商标增加了显著性，完全能够区分服务来源，应当被核准注册。佳选公司在诉讼程序中提交的长达531页的补充证据充分说明了申请商标通过在中国的使用和商业宣传已形成特定的市场含义，成为相关公众识别佳选公司提供服务的唯一标志，并具有较高的知名度和美誉度，完全应当获准注册。原审法院对于佳选公司的上述证据不予采纳，理由是上述证据“为诉讼中提交的新证据，且无正当理由”。佳选公司认为，由于在商标评审程序中商标评审委员会的程序违法，剥夺了佳选公司的举证权和申辩权，使得佳选公司无法在行政程序中提交上述证据。佳选公司在诉讼中提交新证据有合理的理由，并且不属于在行政程序中应当提供而拒不提供的。原审法院对佳选公司的上述证据不予采纳是错误的。3. 商标评审委员会在商标局的驳回理由之外增加商标法第十一条第一款第（三）项这一新的驳回理由，但未依法通知佳选公司陈述申辩，违反了法定程序，剥夺了佳选公司申辩、举证的权利，导致佳选公司未能提交本可以在商标驳回复审中提交的证据，使得佳选公司依法应享有的程序权利和实体权利都被剥夺，严重侵害了佳选公司的法定权利，也使得商标评审委员会未能依据评审时的事实状态进行评审，适用法律错误。4. 商标法第十一条第一款第（一）项、第（二）项和第（三）项只能分别适用，而不能同时适用第（二）项及第（三）项。本案中，商标评审委员会同时适用商标法第十一条第一款第（二）项和第（三）项，属于明显的法律适用错误。原审判决对于佳选公司关于商标评审委员会适用法律错误的主张未进行评述，属严重遗漏审理佳选公司的诉讼理由。综上，佳选公司请求撤销一、二审判决和第5222号决定，核准申请商标注册。

商标评审委员会答辩称：1. 申请商标中文字“BEST BUY”为其显著部分，“BEST”和“BUY”作为两个具有实际含义且被中国消费者认知较高的英文单词，其组合易被识别为“最好的交易”或者“最好的买卖”，将其使用在指定服务项目上，直接表示了服务的品质和特点，不具有区别服务来源的功能，缺乏商标应有的显著性。佳选公司在评审阶段提交的证据不足以证明申请商标经过长期、持续的使用，已经具备可以作为商标注册的显著特征。2. 第5222号决定不属于增加新驳回理由，并未违反法定程序，亦未剥夺佳选公司举证和申辩的权利。3. 商标评审委员会适用法律正确。综上，请求驳回再审申请，维持二审判决。

本院再审查明，一、二审法院认定的事实属实，本院予以确认。另查明，在一审期间，佳选公司向法院提交了佳选公司在中国大陆使用申请商标从事商业活动以及与之有关的报刊报道等证据75份。一审法院认为这些证据均为诉讼中提交的新证据，且无正当理由，故不予采纳。经查，佳选公司为世界500强企业，在北美家电零售排名第一。2007年1月，佳选公司在我国的第一家门店在上海市开业经营，引发媒体的广泛报道和业界的关注。佳选公司在经营活动和广告宣传中使用申请商标。

本院再审认为：**在作出不利裁决之前，给予当事人陈述意见和提交证据的机会，是正当程序的基本要求，也是商标评审程序应当遵循的原则。在针对商标局驳回决定的复审程序中，如果商标评审委员会在商标局驳回决定所适用法律之外，欲引入新的理由驳回商标注册申请的，应当给予商标申请人就新的理由陈述意见和提交证据的机会。**本案中，商标局依据商标法第十一条第一款第（二）项，以“BEST BUY”作为商标用在所申请的服务上，仅仅直接表示了服务的品质和特点为由，驳回了佳选公司的注册申请。佳选公司向商标评审委员会提出复审时，不仅针对商标局作出的驳回决定陈述了理由，还就申请商标具有较强的独创性，符合商标申请注册的显著性要件以及申请商标经过长期、持续使用，已具备了商标注册的显著性等问题陈述了意见，并提交了相关证据。商标评审委员会在商标局法律适用的基础上，虽然增加适用商标法第十一条第一款第（三）项，但是该条款与商标局适用条款均属商标显著性问题。如前所述，佳选公司已经就相关问题陈述了意见并提交了相关证据，商标评审委员会没有必要通知佳选公司另行专门就第（三）项的适用发表陈述。商标评审委员会在此基础上适用商标法第十一条第一款第（二）、（三）项作出第5222号决定，未严重损害佳选公司的权利，没有剥夺佳选公司申辩、举证的权利，因此佳选公司关于商标评审委员会评审程序违法的主张不能成立。

商标驳回复审案件中，申请商标的注册程序尚未完成，评审时包括诉讼过程中的事实状态都是决定是否驳回商标注册需要考虑的。本案中，佳选公司在一审诉讼过程中提交了申请商标实际使用的大量证据，这些证据所反映的事实影响申请商标显著性的判断，如果不予考虑，佳选公司将失去救济机会，因此在判断申请商标是否具有显著特征时，应当考虑这些证据。一审法院以这些证据为诉讼中提交的新证据，且无正当理由，对上述证据不予采纳的做法不妥。

商标的主要功能在于识别商品或者服务的来源。要实现该功能，申请注册的商标必须具有显著特征，相关公众会将其视为商标，并以其识别商品或者服务的来源。仅有本商品的通用名称、图形、型号的，或者仅仅直接表示商品的质量、主要原料、功能、用途、重量、数量及其他特点的，以及缺乏显著特征的标志不得作为商标注册。**人民法院在审理商标授权确权行政案件时，应当根据诉争商标指定使用商品的相关公众的通常认识，从整体上对商标是否具有显著特征进行审查判断。标志中含有的描述性要素不影响商标整体上具有显著特征，相关公众能够以其识别商品来源的，应当认定其具有显著特征。**本案中，申请商标由英文单

词“BEST”、“BUY”以及黄色的标签方框构成，虽然其中的“BEST”和“BUY”对于指定使用的服务具有一定描述性，但是加上标签图形和鲜艳的颜色，整体上具有显著特征，便于识别。同时，根据新查明的事实，申请商标在国际上有较高知名度，且申请商标在我国已经实际使用，经过使用也具有了一定的知名度。综合上述因素，申请商标能够起到识别服务来源的功能，相关公众能够以其识别服务来源。商标评审委员会和一、二审法院对申请商标的显著性没有进行整体判断，同时未考虑佳选公司新提交的证据，认定申请商标不具有显著性的结论错误，本院予以纠正。

综上，佳选公司的部分再审理由成立，第5222号决定和一、二审判决认定事实不清，适用法律错误，应予撤销。商标评审委员会应当重新作出复审决定。依照《中华人民共和国行政诉讼法》第五十四条第（二）项、第六十一条第（三）项、第六十三条第二款、《最高人民法院关于执行〈中华人民共和国行政诉讼法〉若干问题的解释》第七十六条第一款、第七十八条之规定，判决如下：

一、撤销北京市高级人民法院（2010）高行终字第861号行政判决及北京市第一中级人民法院（2009）一中行初字第388号行政判决；

二、撤销中华人民共和国国家工商行政管理总局商标评审委员会商评字［2008］第05222号《关于第3909917号“BEST BUY及图”商标驳回复审决定》；

三、中华人民共和国国家工商行政管理总局商标评审委员会重新作出复审决定。

一审案件受理费一百元、二审案件受理费一百元，共二百元，由中华人民共和国国家工商行政管理总局商标评审委员会负担。

本判决为终审判决。

审 判 长 夏君丽
审 判 员 殷少平
代理审判员 周云川
二〇一一年十月二十八日
书 记 员 曹佳音

78. 含有描述性要素的商标显著性的审查判断

——再审申请人长沙沩山茶业有限公司与被申请人国家工商行政管理总局商标评审委员会、湖南宁乡沩山湘沩名茶厂等商标行政纠纷案

【裁判要旨】

含有描述性要素的商标的显著性的判定，应当根据争议商标指定使用商品的相关公众的通常认识，从整体上对商标是否具有显著特征进行判断，不能因为商标含有描述性文字就认为其整体缺乏显著性；对于使用时间较长，已经建立一定的市场声誉，相关公众能够以其识别商品来源，并不仅仅直接表示商品特点的商标，应认为其具有显著特征。

【关键词】

商标　显著性　描述性要素

【案号】

最高人民法院（2011）行提字第7号

【基本案情】

在再审申请人长沙沩山茶业有限公司（以下简称沩山茶业公司）与被申请人国家工商行政管理总局商标评审委员会（以下简称商标评审委员会）、湖南宁乡沩山湘沩名茶厂（以下简称湘沩名茶厂）等商标行政纠纷案中，案外人湖南省宁乡县茶叶公司于1990年5月11日向国家工商行政管理总局商标局（以下简称商标局）申请注册"沩山牌及图"商标（即争议商标）。商标局于1991年5月20日核准争议商标注册，后争议商标被转让给沩山茶业公司。争议商标经长期使用，于2002年被认定为湖南省著名商标。2004年6月14日，湘沩名茶厂等六公司以"沩山毛尖"为茶叶商品的通用名称，争议商标的注册违反了商标法第十一条第一款、第四十一条第一款的规定为由，向商标评审委员会申请撤销争议商标。商标评审委员会审查认为，"沩山茶"是一个历史悠久的茶叶品种，在市场上享有较高的声誉。茶叶是一种地域性很强的商品，茶叶产地的名称同时也表明了此种茶叶突出的、区别于其他产地的茶叶商品的品质特点。依据一般消费习惯，消费者通常将文字部分作为商标的主要识别和呼叫对象，争议商标的文字部

分“沩山”缺乏显著特征，图形部分亦无法使其整体产生显著性。争议商标的拼音与其文字部分是对应的，文字部分缺乏显著特征，拼音部分亦无法使其产生显著特征。遂裁定撤销争议商标的注册。沩山茶业公司不服，提起行政诉讼。北京市第一中级人民法院一审认为，本案现有证据能够证明湖南省宁乡县沩山乡自古产茶，沩山乡独特的地理和自然环境决定了沩山茶的品质特点，争议商标由沩山牌文字及图组成，一般消费者会将文字部分作为商品的主要识别部分和呼叫对象，故其整体亦不具有显著性。遂判决维持商标评审委员会的裁定。沩山茶业公司不服，提起上诉。北京市高级人民法院二审判决驳回上诉，维持一审判决。沩山茶业公司不服，向最高人民法院申请再审。最高人民法院经审查后提审本案，并于2011年6月29日作出提审判决，撤销一、二审判决及商标评审委员会的裁定，维持争议商标的注册。

【裁判意见】

最高人民法院再审认为：根据商标法第十一条第一款第（二）、（三）项之规定，“仅仅直接表示商品的质量、主要原料、功能、用途、重量、数量及其他特点的”、“缺乏显著特征的”的标志不得作为商标注册。判断争议商标是否应当依据上述法律规定予以撤销时，应当根据争议商标指定使用商品的相关公众的通常认识，从整体上对商标是否具有显著特征进行判断，不能因为争议商标含有描述性文字就认为其整体缺乏显著性。本案争议商标由沩山牌文字、拼音及相关图形组成，并非仅由沩山文字及其拼音组成，其商标组成部分中的图形亦属该商标的重要组成部分。此外，根据原审法院查明的事实，争议商标自1991年5月20日核准注册，已经经过了近二十年的使用，且在2002年被评为湖南省著名商标。鉴于本案争议商标使用时间较长，已经建立一定的市场声誉，相关公众能够以其识别商品来源，并不仅仅直接表示商品的质量、主要原料、功能、用途、重量、数量及其他特点，商标评审委员会、原审法院以争议商标含有沩山文字就认为其整体缺乏显著性，属于认定事实错误，应予纠正。

中华人民共和国最高人民法院行政判决书

（2011）行提字第7号

申请再审人（一审原告、二审上诉人）：长沙沩山茶业有限公司，住所地：湖南省宁乡县沩山密印寺。

法定代表人：黄雪钦，该公司董事长。

委托代理人：赵建梅，该公司顾问。

被申请人（一审被告、二审被上诉人）：国家工商行政管理总局商标评审委员会，住所地：北京市西城区三里河东路8号。

法定代表人：何训班，该委主任。

委托代理人：王超，该委审查员。

被申请人（一审第三人、二审被上诉人）：湖南宁乡沩山湘沩名茶厂，住所地：湖南省宁乡县沩山乡集镇。

法定代表人：李锡财，该厂厂长。

被申请人（一审第三人、二审被上诉人）：湖南沩山名茶厂，住所地：湖南省宁乡县沩山乡密印寺。

法定代表人：周伴军，该厂厂长。

被申请人（一审第三人、二审被上诉人）：宁乡县沩山乡茶叶协会，住所地：湖南省宁乡县沩山乡集镇。

法定代表人：李锡才，该协会会长。

被申请人（一审第三人、二审被上诉人）：湖南宁乡沩山军民茶叶实业有限公司，住所地：湖南省宁乡县沩山乡集镇。

法定代表人：周伴军，该公司总经理。

被申请人（一审第三人、二审被上诉人）：长沙市沩峰茶厂，住所地：湖南省宁乡县沩山乡金城村。

法定代表人：姜胜标，该厂厂长。

被申请人（一审第三人、二审被上诉人）：湖南省宁乡县沩山密印茶厂，住所地：湖南省宁乡县沩山乡密印寺。

法定代表人：高命军，该厂厂长。

以上六被申请人的共同委托代理人：周宏，湖南省正邦商标事务所所长。

以上六被申请人的共同委托代理人：吴炼，北京市赵湘宁律师事务所长沙分所律师。

长沙沩山茶业有限公司（简称沩山茶业公司）与国家工商行政管理总局商标评审委员会（简称商标评审委员会）、湖南宁乡沩山湘沩名茶厂（简称湘沩名茶厂）等商标行政纠纷一案，北京市高级人民法院于2007年12月19日作出（2007）高行终字第583号行政判决，已经发生法律效力，沩山茶业公司不服该判决向本院申诉。本院依法组成合议庭，公开开庭审理本案，并于2011年3月

17 日作出（2011）知行字第 3 号行政裁定，对本案进行提审，现已审理终结。

沩山茶业公司申请再审称，商标评审委员会依职权擅自转换本案适用的法律条款，程序违法，二审法院判决认定商标评审委员会作出的商评字（2007）第 265 号《关于第 552102 号“沩山牌及图”商标争议裁定书》（简称第 265 号裁定）程序合法无事实和法律依据；沩山茶业公司第 552102 号“沩山牌及图”注册商标具有固有的和获得的显著特征，不属于仅仅直接表示指定使用商品的品质特点的标识，商标评审委员会滥用缺乏显著性的概念，裁定撤销该商标违法。争议商标在湘沩名茶厂等六被申请人成立之前已经核准注册，商标评审委员会认定争议商标损害公共利益缺乏事实依据。请求撤销二审法院判决及商标评审委员会第 265 号裁定。

商标评审委员会答辩称，商标评审委员会作出的第 265 号裁定认定事实清楚，适用法律正确，二审法院维持该裁定正确。请求驳回沩山茶业公司的再审申请，维持二审法院判决。

湘沩名茶厂等六被申请人答辩称，商标评审委员会是国家商标行政部门，其行使职能时是根据当事人所争议的事实决定适用的法律，其作出的第 265 号裁定不存在程序违法；沩山茶为历史名茶，具有典型的产地意义，应视为公共资源，他人不得作为商标垄断使用。请求驳回沩山茶业公司的再审申请，维持二审法院判决。

北京市第一中级人民法院审理查明，争议商标原系湖南省宁乡县茶叶公司于 1990 年 5 月 11 日向国家工商行政管理总局商标局（简称商标局）提出的注册申请，商标局于 1991 年 5 月 20 日经核准注册，注册号为 552102。2002 年 2 月，该商标经核准转让给湖南省宁乡县八溪茶厂，2002 年 6 月 6 日转让给沩山茶业公司。2004 年 6 月 14 日，湘沩名茶厂等六公司以“沩山毛尖”为茶叶商品的通用名称，争议商标以茶叶商品的通用名称注册违反了商标法第十一条第一款、第四十一条第一款的规定为由，向商标评审委员会申请撤销争议商标，同时提交了相应证据。2005 年 5 月 9 日，宁乡县沩山乡茶叶协会向商标评审委员会提交了“关于对‘沩山’争议商标答辩的补充意见”，认为“沩山毛尖”、“沩山茶叶”出名的关键因素乃其独特的自然环境造就了其独特的上等品质。商标评审委员会于 2006 年 11 月 30 日向沩山茶业公司发出通知，指出“以上商标注册在指定使用商品上，仅仅直接表示了指定使用商品的品质特点，缺乏显著特征，违反了商标法第十一条第一款第（二）、（三）项的规定”，并要求沩山茶业公司在收到该通知之日三十天内作出书面答辩。沩山茶业公司针对该通知进行了答辩并提交了该商标于2002年被认定为湖南省著名商标等证据。

商标评审委员会经审查认为，“沩山茶”作为一个历史悠久的茶叶品种，多年来以其稳定、独特的品质，广受好评，在市场上享有较高的声誉，并已得到了公众的认可。沩山乡现在有许多家茶叶生产厂家，这些生产厂家均对其产品进行了广泛的市场宣传，并获得了相应的国际认证资格证书及荣誉称号。沩山茶之所以能够获得如此高的知名度，有地理和人文两方面的原因，尤其要得益于当地独特的地理、自然环境。从《中国名茶志》中对于“沩山毛尖”的记载可以看出，沩山毛尖优良的品质是沩山地区独特的自然环境造成的。沩山乡现在有数家茶叶生产企业，这些企业中一部分还申请注册了商标，如“宁沩”、“湘沩”等，所有这些企业都应合理享用这些自然资源和社会资源，并且要在合理的限度内，不能妨碍其他人的正当使用。沩山茶业公司在获得了争议商标等三件“沩山”商标的专用权后，试图禁止其他沩山茶农在茶叶类商品上使用“沩山”字样，其在茶叶类商品上独占“沩山”这一公共资源的意图十分明显，已经妨碍了其他沩山茶农的正当权益。茶叶是一种地域性很强的商品，不同产地的茶叶，其品质、特点完全不同。茶叶产地的名称同时也表明了此种茶叶突出的、区别于其他产地的茶叶商品的品质特点。争议商标虽然还有图形部分，但依据一般消费习惯，消费者会将文字部分作为商标的主要识别和呼叫对象，争议商标的图形部分无法使其整体产生显著性。争议商标的拼音与其文字部分的“沩山”是对应的，文字部分缺乏显著特征，拼音部分亦无法使其产生显著特征。虽然争议商标与沩山茶业公司的字号一致，但这种一致与判断争议商标是否具备显著特征并无直接关系，争议商标并不能因此而具备显著性。依据商标法第十一条第一款第（二）项、第（三）项；第四十一条第一款、第四十三条的规定于2007年2月28日作出第265号裁定，对沩山茶业公司注册的“沩山牌及图”商标予以撤销。

沩山茶业公司不服该裁定，向北京市第一中级人民法院提起行政诉讼。

北京市第一中级人民法院经审理认为，根据本案现有证据，能够证明湖南省宁乡县沩山乡自古产茶，并且沩山乡独特的地理和自然环境决定了沩山茶的品质特点。争议商标由沩山牌文字及图组成，一般消费者会将文字部分作为商品的主要识别部分和呼叫对象，故其整体亦不具有显著性。商标评审委员会第265号裁定认定争议商标已构成直接表示指定使用商品的品质特点、缺乏显著特征的行为，并无不妥。商标法第十一条第一款规定了三项关于商标不具有显著性的不同情形。湘沩名茶厂等六公司认为争议商标违反了商标法第十一条第一款第（一）项向商标评审委员会提出申请撤销争议商标，商标评审委员会针对湘沩名茶厂等六公司提出的撤销理由进行审理，认为争议商标违反了商标法第十一条第一款第（二）、（三）项的规定，并通知沩山茶业公司进行答辩，虽然商标评审委员会变更了湘沩名茶厂等六公司提出申请引用的法律条款，但是该变更行为并没有导致当事人答辩理由以及证据的根本改变，而且商标评审委员会给予了沩山茶业公司陈述意见的机会，故对沩山茶业公司关于商标评审委员会违反法定程序的诉讼理由不予支持。第265号裁定认定事实清楚、结论正确，沩山茶业公司要求撤销第265号裁定的诉讼请求，缺乏事实及法律依据，不予支持。依照《最高人民法院关于执行〈中华人民共和国行政诉讼法〉若干问题的解释》第五十六条第（四）项，判决驳回沩山茶业公司的诉讼请求。

沩山茶业公司不服该判决，向北京市高级人民法院提出上诉。

北京市高级人民法院经审理认为，《商标评审规则》第二十九条规定，商标评审委员会审理请求撤销注册商标的案件，应当针对当事人申请和答辩的事实、理由及请求进行评审。根据该规定，商标评审委员会审理撤销注册商标案件应在当事人提出的事实理由及请求的基础上进行审查。商标评审委员会在就湘沩名茶厂等六公司申请撤销争议商标的事实进行的审查中，在湘沩名茶厂等六公司提交事实的基础上，认为争议商标不具有显著性，属于商标法第十一条第（二）、（三）项规定的不予注册的情形，未超出当事人提交证据的范围，同时，商标评审委员会通知沩山茶业公司就该事实进行答辩，未影响当事人的合法权益。

关于“沩山牌及图”商标的显著性问题。根据湘沩名茶厂等六公司提交的证据，能够确认“沩山毛尖”为一茶叶品种，该品种的命名是由沩山地区特定的山、水等自然环境以及特定的工艺所形成的品质、特色等所决定；且该品种的命名也使“沩山毛尖”成为该地区具有特色的自然资源；因此，“沩山”文字已经具有表示产品质量的含义，缺乏显著性。争议商标虽不仅包含“沩山”文字，但因拼音部分与文字中的“沩山”相对应，故该商标的文字和拼音应为主要部分，对该商标的呼叫应为消费者认知该商标的主要方式。据此，该商标属缺乏显著性的商标，属于商标法第十一条第（三）项不予注册的情形。依据《中华人民共和国行政诉讼法》第六十一条第（一）项的规定，判决驳回沩山茶业公司上诉，维持一审判决。

本院审查查明，原审法院查明的事实基本属实，予以确认。

本院认为，根据当事人申请再审理由及答辩意见，本案争议焦点主要为：

（一）关于商标评审委员会第265号裁定是否违反法定程序的问题

根据《商标法》第四十一条第一款规定，商标评审委员会撤销已经注册的商标，须由有关单位或者个人提出请求。《商标评审规则》第二十九条规定，商标评审委员会审理请求撤销注册商标的案件，应当针对当事人申请和答辩的事实、理由及请求进行评审。本案中，原审第三人湘沩名茶厂等六公司于2004年6月14日，以“沩山毛尖”为茶叶商品的通用名称，争议商标的注册违反了商标法第十一条第一款、第四十一条第一款的规定为由，向商标评审委员会申请撤销争议商标并提供了相应的证据。2005年5月9日，宁乡县沩山乡茶叶协会等又向商标评审委员会提交了“关于对‘沩山’争议商标答辩的补充意见”，认为“沩山毛尖”、“沩山茶叶”出名的关键因素乃其独特的自然环境造就了其独特的上等品质。商标评审委员会于2006年11月30日向沩山茶业公司发出通知，指出“以上商标注册在指定使用商品上，仅仅直接表示了指定使用商品的品质特点，缺乏显著特征，违反了商标法第十一条第一款第（二）、（三）项的规定”，要求沩山茶业公司在收到该通知之日起三十天内作出书面答辩。沩山茶业公司针对该通知进行了答辩。根据以上事实可以认定，在本案的审理过程中，虽然商标评审委员会在此次通知中将当事人的请求仅明确为“争议商标仅仅直接表示了指定使用商品的品质特点，缺乏显著特征，违反了商标法第十一条第一款第（二）、（三）项的规定”，但其是根据湘沩名茶厂及宁乡县沩山乡茶叶协会的申请撤销理由、补充意见及其提交的证据，对当事人提出的申请撤销理由进行的相应归纳，并非依职权擅自转换本案适用的法律条款，且商标评审委员会在审理过程中也给予了沩山茶业公司等陈述意见并提供相关证据的机会，没有剥夺其合法权利。鉴此，本院认为原审法院认定商标评审委员会第265号裁定未超出当事人提交证据的范围，不违反法定程序并无不当。

（二）关于争议商标的注册是否违反了商标法第十一条第一款第（二）、（三）项之规定的问题

根据商标法第十一条第一款第（二）、（三）项之规定，“仅仅直接表示商品的质量、主要原料、功能、用途、重量、数量及其他特点的”、“缺乏显著特征的”的标志不得作为商标注册。**判断争议商标是否应当依据上述法律规定予以撤销时，应当根据争议商标指定使用商品的相关公众的通常认识，从整体上对商标是否具有显著特征进行判断，不能因为争议商标含有描述性文字就认为其整体缺乏显著性。本案争议商标由沩山牌文字、拼音及相关图形组成，并非仅由沩山文**

字及其拼音组成，其商标组成部分中的图形亦属该商标的重要组成部分。此外，**根据原审法院查明的事实，争议商标1991年5月20日核准注册，已经经过了近二十年的使用，且在2002年被评为湖南省著名商标。鉴于以上事实，本院认为本案争议商标使用时间较长，已经建立一定的市场声誉，相关公众能够以其识别商品来源，并不仅仅直接表示商品的质量、主要原料、功能、用途、重量、数量及其他特点，商标评审委员会、原审法院以争议商标含有沩山文字就认为其整体缺乏显著性，属于认定事实错误，应予纠正。**沩山茶业公司申请再审的此项再审理由成立，应予支持。

综上，本院认为，争议商标的注册没有违反商标法第十一条第一款的相关规定，商标评审委员会第265号裁定及原审判决确有错误，应予撤销。依照《中华人民共和国行政诉讼法》第五十四条第（二）项第2目、第六十三条第二款、《最高人民法院关于执行〈中华人民共和国行政诉讼法〉若干问题的解释》第七十六条第一款之规定，判决如下：

一、撤销北京市高级人民法院（2007）高行终字第583号行政判决及北京市第一中级人民法院（2007）一中行初字第647号行政判决；

二、撤销国家工商行政管理总局商标评审委员会商评字（2007）第265号《关于第552102号“沩山牌及图”商标争议裁定书》。

本案一审案件受理费100元、二审案件受理费100元，共200元，由国家工商行政管理总局商标评审委员会负担。

本判决为终审判决。

审　判　长　于晓白
代理审判员　骆　电
代理审判员　王艳芳
二〇一一年六月二十九日
书　记　员　崔丽娜

79. 以商品部分外观申请立体商标的显著性的审查判断

——再审申请人意大利爱马仕公司（HERMES ITALIE S. P. A.）与被申请人国家工商行政管理总局商标评审委员会商标驳回复审行政纠纷案

【裁判要旨】

以商品部分外观的三维形状申请商标注册时，由于这种三维形状通常不能够脱离商品本身而单独使用，相关公众更容易将其视为商品的组成部分而非商标，除非该商品外观本身具有区别于同类商品外观的显著特征，或者申请人能够证明已经通过使用行为而使相关公众足以将该商品外观与特定的商品提供者联系起来，否则其注册申请应予驳回。

【关键词】

立体商标　商品外观　显著性

【案号】

最高人民法院（2012）知行字第68号

【基本案情】

在再审申请人意大利爱马仕公司（以下简称爱马仕公司）与被申请人国家工商行政管理总局商标评审委员会（以下简称商标评审委员会）商标驳回复审行政纠纷案中，国际注册第798099号“立体图形”商标（申请商标）于2003年2月6日获得国际注册，注册号为G798099。2003年3月27日，爱马仕公司就申请商标向我国提出领土延伸保护申请。申请商标指定使用于第18类“皮革及人造皮革皮具（专用盒、手套和腰带除外）、包，如手提包、旅行包、背包、小皮钱包、证件套（钞票夹）、皮革钥匙包、文件夹、箱子、行李、小口袋”等商品上。申请商标是一个三维立体标识，由包体上的翻盖、由包背面穿出的两条平行皮带及开关挂锁组成。国家工商行政管理总局商标局（以下简称商标局）认为申请商标缺乏显著特征，驳回注册申请。爱马仕公司向商标评审委员会提出复审申请。商标评审委员会作出第5961号商标驳回复审决定（以下简称第5961号决定），以与商标局基本相同的理由对申请商标予以驳回。爱马仕公司不服，提起行政诉讼。北京市第一中级人民法院认为，申请商标缺乏商标应有的显著性，不足以使相关公众区分商品来源，爱马仕公司也未提交充足证据证明申请商标在中国境内经过长期使用已经取得了显著特征。据此判决维持第5961号决定。爱马仕公司不服，提起上诉。北京市高级人民法院二审判决驳回上诉，维持原判。爱马仕公司不服，向最高人民法院申请再审。最高人民法院于2012年12月3日裁定驳回其再审申请。

【裁判意见】

最高人民法院审查认为：对于申请商标是否具有显著性，应当结合指定使用商品的相关公众的通常认识，从整体上进行判断。申请商标是以商品部分外观的三维形状申请商标注册的情形，在通常情况下，这种三维形状不能脱离商品本身而单独使用，故相关公众更易将其视为商品的组成部分。除非这种三维形状的商品外观自身具有区别于同类商品外观的显著特征，或者有充分的证据证明，通过使用，相关公众已经能够将这种商品外观与特定的商品提供者联系起来。申请商标指定使用的商品主要为包类，结合此类商品相关公众的通常认识，申请商标所包含的经过一定变形的皮包翻盖、皮带和金属部件均是包类商品上运用较多的设计元素，将这几种设计元素组合在一起的设计方式并未使其产生明显区别于同类其他商品外观的显著特征。故仅从该三维标识本身来看，申请商标并不具有内在显著性。此外，爱马仕公司在诉讼过程中提交的证据也难以证明申请商标已经通过使用而获得了显著性。据此，爱马仕公司既未能证明申请商标具有内在显著性，也未能证明申请商标通过使用而获得了显著性，原审判决及第5961号决定正确。

中华人民共和国最高人民法院行政裁定书

（2012）知行字第68号

申请再审人（一审原告、二审上诉人）：意大利爱马仕公司（HERMES ITALIE S. P. A.）。住所地：意大利共和国（米兰省）米兰市塞尔贝罗尼·加布里奥大街1号。

法定代表人：弗兰切斯卡·卡罗比奥·迪·卡罗比奥（Francesca Carrobio di Carrobio），该公司常务董事。

委托代理人：陈晓玲，北京市万慧达律师事务所律师。

委托代理人：张涵，北京市万慧达律师事务所实习律师。

被申请人（一审被告、二审被上诉人）：中华人民共和国国家工商行政管理总局商标评审委员会。住所地：中华人民共和国北京市西城区三里河东路8号。

法定代表人：何训班，该委员会主任。

委托代理人：尤丽丽，该委员会干部。

意大利爱马仕公司（简称爱马仕公司）与中华人民共和国国家工商行政管理总局商标评审委员会（简称商标评审委员会）商标驳回复审行政纠纷一案，北京市高级人民法院于2010年6月9日作出（2009）高行终字第635号行政判决（简称二审判决），已经发生法律效力。爱马仕公司不服该判决向本院申请再审。本院于2012年8月7日立案后，依法组成合议庭对本案进行了审查，现已审查终结。

爱马仕公司申请再审称：一、商评字［2007］第5961号《关于国际注册第798099号“立体图形”商标驳回复审决定书》（简称第5961号决定）及（2008）一中行初字第323号行政判决（简称一审判决）对国际注册第798099号“立体图形”商标（简称申请商标）的注册范围认定错误，系认定事实不清。一审判决认定“申请商标主要由包体、包体上的开关部分及提手部分构成”，实际上，包体的轮廓并非申请商标的组成部分，且指定使用的商品还包括了证件套、皮革钥匙包等，该立体标志并非上述商品的常见外形。二审法院在正确认定申请商标注册范围的情形下，直接对所新确定的商标注册范围进行显著性审查判断，无异于采用了“一审终审”的裁判方式，严重违反法定程序，应予撤销。二、申请商标具备极强的显著性。体现在：翻盖、两条平行皮带、可扭转金属环、挂锁等位置。其中，扣带部分的设计复杂、层层相扣，具备极高的独创性，与现有的任何一款皮包设计均不相同，在相关公众中具有很高的识别性。申请商标经过爱马仕公司长期和极其广泛的使用，已为广大公众所熟知，其显著性随着知名度的不断扩大而得到了进一步强化。此外，申请商标上述特征中开关部分的立体形状，爱马仕公司已经获得了商标注册。三、申请商标已经在很多国家获得了注册保护。综上，一、二审法院认定事实不清，适用法律错误。请求撤销一、二审判决及第5961号决定。

商标评审委员会提交意见认为：爱马仕公司的再审申请缺乏事实与法律依据，请求予以驳回。

本院认为，根据已经查明的事实，申请商标由包体上的翻盖、由包背面穿出的两条平行皮带及开关挂锁组成，商标评审委员会和一审法院将包体和提手部分也认定为申请商标请求保护的范围之中，属于认定事实错误，二审法院对此已予以纠正。一审判决虽然将包体和提手部分列入了申请商标的保护范围，但对申请商标实际组成部分的内容进行了事实查明，并对上述内容是否具有显著性的问题给予了评述。因此，二审判决并非是对一审法院没有查明和评述过的事实进行了直接审查。在对一审判决认定不当的部分事实予以纠正的基础上，基于判决结果的正确性，二审判决对一审判决予以维持的做法并无不当之处，亦未违反法定程序。

本院认为，对于申请商标是否具有显著性，应当结合指定使用商品的相关公众的通常认识，从整体上进行判断。申请商标是以商品部分外观的三维形状申请注册的情形，在通常情况下，这种三维形状不能脱离商品本身而单独使用，故相关公众更易将其视为商品的组成部分。除非这种三维形状的商品外观作为商标，其自身具有区别于同类商品外观的显著特征，或者有充分的证据证明，通过使用，相关公众已经能够将这种商品外观与特定的商品提供者联系起来。具体到本案而言，关于申请商标是否具有区别于其他同类商品的显著特征问题，本院认为，申请商标由包体上的翻盖、由包背面穿出的两条平行皮带及开关挂锁组成。其中，包体上的翻盖部分为三个呈平行排列的倒梯形，两条皮带分别从翻盖部分的左右两侧并在翻盖部分的上方向中心部位汇集，并最终在翻盖的中心部分由一搭扣和锁头组成的金属部件予以固定。由于申请商标指定使用的商品主要为包类，如背包、旅行包、手包等，结合此类商品相关公众的通常认识，申请商标所包含的经过一定变形的皮包翻盖、皮带和金属部件均是包类商品上运用较多的设计元素，将这几种设计元素组合在一起的设计方式并未使其产生明显区别于同类其他商品外观的显著特征。仅从该三维标识本身来看，申请商标并不具有内在显著性。关于申请商标是否通过使用获得显著性的问题，本院认为，爱马仕公司在诉讼过程中提交的证据难以证明申请商标通过使用而获得显著性。首先，涉及在中国大陆地区宣传使用的证据较少，且其中的大部分宣传资料指向的是爱马仕公司的历史发展、经营状况等，与申请商标的宣传使用无关。爱马仕公司所提交的在世界其他国家的宣传资料也未涉及申请商标的相关内容。其次，即使考虑到这些证据当中部分与申请商标所依附的商品有关的宣传资料，也未能证明作为商品组成部分的申请商标，通过爱马仕公司对商品的宣传而使申请商标具有了区分商品来源的作用。本案中，尽管爱马仕公司提交了调查公司关于包含申请商标组成部分的手提包立体商标认知情况的调查研究报告，但该报告并未在商标评审程序及一、二审诉讼过程中提交，且该调查报告的结论即使能够证明申请商标所使用的商品或者作为商品外观一部分的申请商标对于消费者具有吸引力，也未能证明相关公众凭借申请商标足以区分不同的商品提供者。再次，虽然申请商标已经在其他国家获得了注册，但基于知识产权的独立保护和地域保护原则，上述事实仅是审查的参考因素，其对按照《中华人民共和国商标法》的相关规定进行的商标审查行为并不产生直接的影响。最后，对于爱马仕公司其他已经获准注册的商标一节，由于其标识构成和指定使用商品均与本案情况不同，且未进入司法审查程序，故其是否被核准注册的事实与本案的审理并无直接的关联性。据此，因爱马仕公司既未能证明申请商标具有内在显著性，也未能证明申请商标通过使用而获得了显著性，故二审法院对第5961号决定予以维持的做法是正确的。

综上，爱马仕公司的再审申请不符合《中华人民共和国行政诉讼法》第六十三条第二款和《最高人民法院关于执行〈中华人民共和国行政诉讼法〉若干问题的解释》第七十二条规定的再审条件。依照《最高人民法院关于执行〈中华人民共和国行政诉讼法〉若干问题的解释》第七十四条之规定，裁定如下：

驳回意大利爱马仕公司（HERMES ITALIE S. P. A.）的再审申请。

审 判 长　夏君丽
代理审判员　周云川
代理审判员　董晓敏
二〇一二年十二月十三日
书 记 员　曹佳音

80. 作为商品包装的立体商标的显著性判断

——再审申请人雀巢产品有限公司与被申请人开平味事达调味品有限公司、中华人民共和国国家工商行政管理总局商标评审委员会商标争议行政纠纷案

【裁判要旨】

对于以商品包装形式体现的三维标志，设计上的独特性不当然地等同于商标的显著性，而仍应当以其能否区分商品来源作为固有显著性的判断标准。同业经营者的使用情况对通过使用获得显著性的认定具有影响，当现有证据不足以克服相关公众对三维标志仅为商品包装这一认知的情况下，不能认定该三维标志通过使用获得了显著性。

【关键词】

商标争议　三维标志　商品包装　显著性

【案号】

最高人民法院（2014）知行字第 21 号

【基本案情】

在再审申请人雀巢产品有限公司（以下简称雀巢公司）与被申请人开平味事达调味品有限公司（以下简称味事达公司）、中华人民共和国国家工商行政管理总局商标评审委员会（以下简称商标评审委员会）商标争议行政纠纷案中，国际注册第 640537 号三维标志商标（以下简称争议商标），于 2002 年 3 月 14 日在中国提出注册申请，核定使用在第 30 类“食用调味品”商品上，指定颜色为棕色、黄色，权利人为雀巢公司。在争议期内，味事达公司针对争议商标向商标评审委员会提出撤销申请。商标评审委员会作出商评字（2010）第 15921 号《关于国际注册第 640537 号“三维标志”商标争议裁定书》（以下简称第 15921 号裁定），对争议商标的注册予以维持。味事达公司不服，提起行政诉讼。北京市第一中级人民法院以违反法定程序为由，撤销第 15921 号裁定。商标评审委员会对审理程序进行补正后，重新作出商评字（2010）第 15921 号重审第 00789 号《关于国际注册第 640537 号“三维标志”商标争议裁定书》（以下简称重审第 789 号裁定），认定指定使用在

食用调味品商品上的争议商标已具备显著特征，对争议商标的注册予以维持。味事达公司不服，提起行政诉讼。北京市第一中级人民法院一审认为，争议商标不具有固有显著性，亦无证据证明通过使用获得了显著性，争议商标的注册不符合商标法第十一条的规定。据此判决撤销重审第789号裁定。雀巢公司不服，提起上诉。北京市高级人民法院二审判决驳回上诉、维持原判。雀巢公司不服，向最高人民法院申请再审。最高人民法院于2014年10月24日裁定驳回了雀巢公司的再审申请。

【裁判意见】

最高人民法院审查认为：作为商品包装的三维标志，由于其具有实用因素，在设计上具有一定的独特性并不当然表明其具有作为商标所需的显著性，而仍应当以相关公众的一般认识，判断其是否能够区别商品的来源。争议商标指定使用的“调味品”是普通消费者熟悉的日常用品，在争议商标申请领土延伸保护之前，市场上已存在与争议商标瓶型近似的同类商品包装，且由于2001年修改前的商标法并无三维标志可注册商标的规定，相关公众不会将其作为区分不同商品来源的标志，故争议商标不具有固有显著性。味事达公司及其关联公司至迟于1983年即开始使用与争议商标近似的棕色方形瓶作为产品的包装，持续使用多年并进行了大量广告宣传，使用该包装的“味极鲜”酱油具有很高的市场占有率。此外，在争议商标申请日之前，多项他人申请的外观设计专利中亦显示了与争议商标近似的包装瓶，多家知名的调味品生产企业亦使用了与争议商标近似的棕色（或透明）方形瓶作为液体调味产品的容器和外包装，而雀巢公司在中国大陆的最早使用时间为1997年，晚于味事达公司等企业的使用时间。大量同行业企业使用近似的瓶型作为调味品包装这一事实，进一步强化了争议商标瓶型仅是商品包装这一认知，在现有证据不足以克服相关公众上述认知的情况下，雀巢公司同样未能证明争议商标已经通过使用获得了显著性。

中华人民共和国最高人民法院行政裁定书

（2014）知行字第21号

再审申请人（一审第三人、二审上诉人）：雀巢产品有限公司，住所地：瑞士联邦沃韦·安德列·多·维尔·德佩尔斯大厦。

法定代表人：梅德·让－皮埃尔。

委托代理人：付振坤，北京康隆律师事务所律师。

委托代理人：项春晖，北京康隆律师事务所律师。

被申请人（一审原告、二审被上诉人）：开平味事达调味品有限公司，住所地：中华人民共和国广东省开平市三埠区新昌立新南路8号。

法定代表人：邹彤，该公司董事长。

委托代理人：左玉国，北京市联德律师事务所律师。

委托代理人：田龙，北京市联德律师事务所律师。

被申请人（一审被告）：中华人民共和国国家工商行政管理总局商标评审委员会。住所地：中华人民共和国北京市西城区茶马南街1号。

法定代表人：何训班，该委员会主任。

委托代理人：许建明，该委员会干部。

再审申请人雀巢产品有限公司（简称雀巢公司）因与被申请人开平味事达调味品有限公司（简称味事达公司）、中华人民共和国国家工商行政管理总局商标评审委员会（简称商标评审委员会）商标争议行政纠纷一案，不服北京市高级人民法院（2012）高行终字第1750号行政判决，向本院申请再审。本院立案后，依法组成合议庭对本案进行了审查，现已审查终结。

雀巢公司申请再审称：一、争议商标（见附图）为数种要素相结合，包括特殊的瓶型与特定颜色，区别于常用瓶型，具有当然的显著性，二审判决对此认定事实错误。雀巢公司非常重视争议商标的注册，在中国商标法2001年修改允许注册立体商标后，即于2002年3月向中国申请领土延伸保护。在此之前确有少部分企业使用与争议商标相近似的瓶型，但均属于抄袭、模仿雀巢公司产品瓶型，不应成为阻碍雀巢公司商标注册的因素。雀巢公司100多年来在世界各地，包括中国大陆，在调味品产品上均唯一使用争议商标瓶型，为广大消费者所熟悉。争议商标瓶型并非市场上调味品常用瓶型，相反，由于其造价成本较高、运输不便，许多生产商并不选择此种瓶型作为包装。争议商标的注册不会损害任何公众利益。二审判决认定使用涉案瓶型相近似包装的“主体众多、数量庞大”，没有证据支持。二审判决认为：“即使雀巢公司在争议商标注册前后对争议商标进行了实际使用，也难以通过该使用行为使争议商标获得注册所需要的显著特征。”该认定实际上排除了雀巢公司通过使用获得显著性的可能性，缺乏法律依据。二、雀巢公司在二审期间提交了多达77份证据以证明争议商标经使用后，显著性被进一步强化，与雀巢公司形成了稳定的对应关系和特定的识别联系。上述证据经过二审法庭调查和质证，在判决中却未作任何评论，违反相关法律规定。

三、争议商标本身具有作为商标获得注册的显著性，通过长期大量的使用，已经与雀巢公司形成了稳定的对应关系，二审判决认定其没有显著性属于适用法律错误。综上，请求撤销二审判决，维持商标评审委员会［2010］第15921号重审第00789号《关于国际注册第640537号“三维标志”商标争议裁定书》。

争议商标

味事达公司提交答辩意见认为：一、争议商标本身无法起到区分商品来源的作用，二审判决认定事实清楚。根据中国相关公众的认知习惯，商品包装类三维标志的固有含义是商品的包装，而不是商标来源的标志。故包装即使是新的包装，相关公众也仅会认为该包装较为“新颖”而已，并不会因此而马上将其作为商标来认知。如果按照雀巢公司所主张，只要是独创设计的商品包装本身就具有作为商标保护的显著性，都可以作为立体商标注册，这样立体商标制度就完全取代了外观设计制度，显然颠覆了现有的知识产权制度体系，背离了知识产权制度通过一定期限的保护来鼓励创新的初衷。二、争议商标并未通过使用获得区分商品来源的显著性，二审判决对此的认定有事实根据。味事达公司自1983年即开始在中国大陆使用涉案瓶型，上个世纪90年代中国大陆众多企业使用涉案瓶型，雀巢公司1997年之后才在中国大陆使用涉案瓶型。可见，味事达公司和其他使用涉案瓶型的企业并不侵犯雀巢公司任何合法权利，雀巢公司称为“抄袭、模仿”无事实和法律依据。商标指定使用商品所属行业的实际使用情况是判断商标显著性的重要因素，众多企业的长期合法使用，已经使涉案瓶型成为中高端酱油的常用包装，这一事实进一步强化了相关公众对争议商标所涉瓶型为包装物的固有含义的认知。雀巢公司的少量使用证据不足以证明中国广大消费者已将涉案瓶型与雀巢公司建立起了特定的对应识别联系，不能证明通过使用获得显著性。三、雀巢公司在二审中提交的证据并非商标评审委员会作出具体行政行为的依据，且本案历经多个程序，雀巢公司有足够的时间搜集和提交证据，其怠于履行举证义务，迟至重审二审行政诉讼程序中提交证据且没有任何正当理由，二审法院理应不予采信。且二审庭审调查充分表明雀巢公司二审所提交的证据对于本案判断不产生实质性影响。综上，请求驳回雀巢公司的再审申请。

商标评审委员会提交答辩意见认为：本案一审、二审判决认定事实清楚，适用法律正确，应予维持。

本院经审查认为，根据雀巢公司的申请再审理由，本案争议焦点在于争议商标的注册是否符合《中华人民共和国商标法》（2001 年修正）第十一条的规定，即争议商标是否具有作为商标注册的固有显著性或者经过使用获得了显著性。

关于争议商标是否具有固有显著性的问题。雀巢公司认为涉案瓶型经过特殊设计，且有指定颜色，是雀巢公司独创，已使用 100 多年，具有当然的显著性。作为商品包装的三维标志，由于其具有实用因素，其在设计上具有一定的独特性并不当然表明其具有作为商标所需的显著性，应当以相关公众的一般认识，判断其是否能区别产品的来源。本案中，争议商标指定使用的“调味品”是普通消费者熟悉的日常用品，在争议商标申请领土延伸保护之前，市场上已存在与争议商标瓶型近似的同类商品的包装，且由于 2001 年修改前的商标法并未有三维标志可申请注册商标的相关规定，故相关公众不会将其作为区分不同商品来源的标志，一、二审法院认为争议商标不具有固有的显著性是正确的。

关于争议商标是否通过使用获得了显著性的问题。一、二审法院查明的事实表明，味事达公司及其关联公司至迟于 1983 年即开始使用与争议商标近似的“棕色方形瓶”作为产品的包装，持续使用多年并进行大量广告宣传，使用该包装的“味极鲜”酱油有很高的市场占有率。在争议商标申请日（2000 年 3 月）之前，有不同主体的外观设计专利中亦显示了与争议商标近似的包装瓶。国内多家知名的调味品生产企业使用与争议商标近似的棕色（或透明）方形瓶作为液体调味产品的容器和外包装。雀巢公司提交的证据显示其产品最早在中国大陆地区进行销售是 1997 年，晚于味事达公司及其他同行业企业。雀巢公司称“在先的使用均属对其争议商标瓶型的抄袭、模仿”，缺乏事实和法律依据。雀巢公司称其争议商标瓶型已使用 100 多年，但在其他国家和地区的使用不能使得该标志在中国大陆消费者心目中产生可以成为商标的显著性。一、二审法院关于“大量同行业企业使用近似的瓶型作为调味品包装这一事实进一步强化了争议商标瓶型仅是商品包装这一认知”的认定正确。在此基础上，一、二审法院认为雀巢公司所提交的证据不足以克服相关公众的上述认知，从而不足以获得注册商标所需的显著性正确。本案为行政诉讼，雀巢公司在二审提交证据，二审法院不予采信并无不当。况且，在证据中能够体现争议商标瓶型的雀巢公司广告中，其所展示的均为附加了"Maggi 美极鲜味汁"标志的产品，并未单独显示争议商标所涉瓶型或者以其他方式向消费者说明该瓶型本身亦为指示商品来源的标志，相关公众难以将所涉瓶型单独认知为商标。雀巢公司另主张涉案瓶型造价成本高、运输不便，并不特别适宜作为产品包装，但并未进行相关举证，不影响对争议商标是否通过使用获得显著性的判断，本院对该主张不予支持。

综上，雀巢公司的再审申请不符合《中华人民共和国行政诉讼法》第六十三条第二款和《最高人民法院关于执行〈中华人民共和国行政诉讼法〉若干问题的解释》第七十二条规定的再审条件。依照《最高人民法院关于执行〈中华人民共和国行政诉讼法〉若干问题的解释》第七十四条之规定，裁定如下：

驳回雀巢产品有限公司的再审申请。

审 判 长　夏君丽
审 判 员　钱小红
代理审判员　董晓敏
二〇一四年十月二十四日
书 记 员　曹佳音

81. 包含通用名称的商标显著性的认定

——再审申请人上海避风塘美食有限公司与被申请人国家工商行政管理总局商标评审委员会及一审第三人、二审被上诉人上海磐石意舟餐饮管理有限公司商标争议行政纠纷案

【裁判要旨】

商标中虽然包含通用名称等不具有显著性的部分，但其他具有显著性的图案或者文字具有突出的识别效果，仍可认定商标整体具备显著性。

【关键词】

商标争议　通用名称　显著性　识别效果

【案号】

最高人民法院（2013）行提字第 8 号

【基本案情】

在再审申请人上海避风塘美食有限公司（以下简称上海避风塘公司）与被申请人国家工商行政管理总局商标评审委员会（以下简称商标评审委员会）及一审第三人、二审被上诉人上海磐石意舟餐饮管理有限公司（以下简称磐石意舟公司）商标争议行政纠纷案中，第1427895号“竹家庄避风塘及图”商标（即争议商标）由上海竹家庄美食有限公司（以下简称竹家庄公司）于1999年4月28日提出注册申请，使用于第42类“餐馆；酒吧”等服务上。2010年12月27日，争议商标转让至磐石意舟公司。第1055861号“避风塘BFT”商标（以下简称“避风塘BFT”商标）由成都市武侯区避风塘海鲜大排档于1996年1月29日提出注册申请，指定使用在第42类“餐馆”等服务上。1999年8月1日，竹家庄公司针对“避风塘BFT”商标向商标评审委员会提出撤销申请。2000年2月，商标评审委员会于2000年2月作出（2000）第11号终局裁定，以“避风塘”为一种风味料理名称、不应由一家独占为由，撤销“避风塘BFT”商标。2003年11月11日，上海避风塘公司针对争议商标向商标评审委员会提出撤销申请。2008年12月29日，商标评审委员会作出商评字（2008）第30896号《关于第1427895号“竹家庄避风塘及图”商标争议裁定书》（以下简称第30896号裁定），对争议商标予以维持。商标评审委员会认为，争议商标除“避风塘”文字外还包括具有显著特征的图形部分，不能认定其整体缺乏显著特征；由于争议商标的注册情况属于公开信息，竹家庄公司申请撤销他人“避风塘BFT”商标的行为，不属于以欺骗手段取得注册的情形，争议商标未违反商标法第四十一条第一款的规定。上海避风塘公司不服，提起行政诉讼。北京市第一中级人民法院、北京市高级人民法院先后判决维持第30896号裁定。上海避风塘公司仍不服，向最高人民法院申请再审，最高人民法院裁定提审本案，并于2015年1月8日判决维持二审判决。

【裁判意见】

最高人民法院提审认为：“避风塘”一名源于香港，最初是指香港渔民躲避台风的港湾。后渔民在港湾附近打捞鱼虾并以简单的烹饪方法（油盐水、艇仔粥）进行加工并销售给游客，这种料理因保留了鱼虾等食材的原味而广受欢迎，“避风塘”一词遂由地理名词逐渐发展成为一种特别的风味料理或者烹饪方法的通用名称。从20世纪70年代起，香港已有多家经营避风塘料理的餐饮店。20世纪80年代，我国大陆地区开始出现经营避风塘料理的餐馆。目前，全国范围内经营避风塘菜品的店铺已有一百多家。这些店铺的菜单以及有关烹饪的书籍，均载有“避风塘炒蟹”“避风塘炒虾”“避风塘茄子”等菜肴名称。因此，“避风塘”一词除具有渔民躲避台风的港湾这一含义外，还具有指称一种特别的风味料理或者菜肴烹饪方法的含义。争议商标由竹子图案与“竹家庄避风塘”文字组成，不仅仅是“避风塘”文字，故争议商标具有显著性。

中华人民共和国最高人民法院行政判决书
（2013）行提字第8号

再审申请人（一审原告、二审上诉人）：上海避风塘美食有限公司。住所地：上海市×路175号。

法定代表人：叶锡铭，该公司董事长。

委托代理人：俞棣，北京英特普罗知识产权代理有限公司商标代理人，住北京市石景山区×区5栋6门1202号。

委托代理人：牛丽杰，北京英特普罗知识产权代理有限公司商标代理人，住北京市平谷区夏各庄镇×巷162号。

被申请人（一审被告、二审被上诉人）：国家工商行政管理总局商标评审委员会。住所地：北京市西城区×街1号。

法定代表人：何训班，该委员会主任。

委托代理人：覃莎莎，该委员会审查员。

一审第三人、二审被上诉人：上海磐石意舟餐饮管理有限公司。住所地：上海市虹口区×路559号A楼466室。

法定代表人：陈韦兴，该公司董事长。

委托代理人：罗正红，北京罗杰律师事务所律师。

委托代理人：江鸿荣，北京中北知识产权代理有限公司职员，住北京市海淀区北洼路×村6楼1门109号。

再审申请人上海避风塘美食有限公司（以下简称上海避风塘公司）因与被申请人国家工商行政管理总局商标评审委员会（以下简称商标评审委员会）及一审第三人、二审被上诉人上海磐石意舟餐饮管理有限公司（以下简称磐石意舟公司）商标争议行政纠纷一案，不服北京市高级人民法院（2010）高行终字第630号行政判决，向本院申请再审。本院于2013年1月22日作出（2011）知行字第

46号行政裁定提审本案。提审后，本院依法组成合议庭，于2013年10月16日公开开庭进行审理，上海避风塘公司委托代理人俞棣、牛丽杰，磐石意舟公司委托代理人罗正红、江鸿荣到庭参加诉讼，商标评审委员会向本院提交了书面的不出庭声明，未到庭参加诉讼。本案现已审理终结。

北京市第一中级人民法院一审查明：第1427895号“竹家庄避风塘及图”商标（以下简称争议商标）由上海竹家庄美食有限公司（以下简称竹家庄公司）于1999年4月28日向国家工商行政管理总局商标局（以下简称商标局）提出注册申请，商标局于2000年7月28日予以核准注册，指定使用在国际分类第42类“餐馆；酒吧；餐厅；自助餐馆；快餐馆；流动饮食供应”服务上。争议商标由竹子图案及汉字“竹家庄避风塘”组成。2006年6月9日，经商标局核准，争议商标转让给陈镇宁。

1996年1月29日，成都市武侯区避风塘海鲜大排档（以下简称避风塘大排档）向商标局提出注册申请，并于1997年7月14日被核准注册，注册商标由中文“避风塘”加英文“BFT”组成，注册号为1055861，指定使用在国际分类第42类“餐馆；备办宴席；鸡尾酒会服务”服务上。1999年8月1日，竹家庄公司针对第1055861号“避风塘BFT”商标向商标评审委员会提出撤销申请。2000年2月，商标评审委员会作出商评字（2000）第11号《“避风塘BFT”商标注册不当案终局裁定书》［以下简称商评字（2000）第11号终局裁］），该裁定认定，“避风塘”作为一种风味料理的名称，不应由一家独占，其不宜作为商标在餐馆等服务上注册。商标评审委员会依据《中华人民共和国商标法》（1993年修正，以下简称1993年商标法）第八条、第二十七条的规定，裁定撤销第1055861号商标。2000年4月，避风塘大排档向商标评审委员会提出重新评审申请。2001年2月7日，商标评审委员会作出商评字（2001）第187号《“避风塘BFT”商标撤销注册不当案重新评审终局裁定书》［以下简称商评字（2001）第187号终局裁定］，维持了原终局裁定书。

2003年11月11日，上海避风塘公司向商标评审委员会提出针对争议商标的撤销申请，其理由主要为：1. 1999年4月28日，竹家庄公司向商标局提出争议商标的注册申请后，于1999年8月1日以“避风塘”一词是“菜肴名称”为由，向商标评审委员会申请撤销第1055861号“避风塘BFT”商标，经过商标评审委员会的两次评审，第1055861号商标被撤销。竹家庄公司既然认为“避风塘”不能作为商标注册，却又将“避风塘”作为争议商标的一部分申请注册，其撤销第1055861号商标的目的是恶意清除争议商标的注册障碍。同时，竹家庄公司在撤销他人商标的评审和再评审程序中，隐瞒了其申请争议商标并获准注册这一事实，争议商标的注册系其以不正当手段和欺骗手段获得的。2. 上海避风塘公司成立于1998年9月15日，经过努力已成为上海餐饮业的知名品牌，还曾经被许可使用并受让第1055861号“避风塘 BFT”商标。竹家庄公司撤销第1055861号商标、注册争议商标的目的都是搭上海避风塘公司的顺风车。3. 在商标评审委员会作出商评字（2001）第187号终局裁定的过程中，有许多重要证据评审专家们未见到，在这种情况下第1055861号商标被撤销并导致争议商标得以核准注册，是极不公平的。综上，上海避风塘公司依据《中华人民共和国商标法》（2001年修正，以下简称2001年商标法）第四十一条第一款、第二款的规定请求撤销争议商标，并向商标评审委员会提交了相关证据材料。

2008年12月29日，商标评审委员会作出商评字（2008）第30896号《关于第1427895号“竹家庄避风塘及图”商标争议裁定书》（以下简称第30896号裁定），对争议商标予以维持。商标评审委员会在该裁定中认为：对于第1055861号“避风塘 BFT”商标应否准予注册的问题，已经商评字（2000）第11号终局裁定和商评字（2001）第187号终局裁定，该问题不属于本案的评审范围；争议商标的文字为“竹家庄避风塘”，而非仅仅为“避风塘”，并且争议商标还包括具有显著特征的图形部分，因此，尽管相关裁定认定“避风塘”为一类特色风味菜肴的名称，使用在餐馆等服务上缺乏商标应有的显著性，但是由于争议商标还包含有“竹家庄”文字和图形部分，故仍然不能认定争议商标整体缺乏显著特征从而予以撤销；关于上海避风塘公司所称，竹家庄公司在撤销他人注册商标的同时隐瞒了自己向商标局申请注册争议商标的事实，构成恶意的问题，商标评审委员会认为，由于每一件商标在获准注册前都要经过三个月的初步审定公告期，所以争议商标的注册申请属于公开信息，不能被隐瞒。同时，本案争议商标的注册并不能得出第1055861号商标应予以维持注册的必然结论。因此，不能认为竹家庄公司是以隐瞒事实的欺骗手段获得争议商标的注册。上海避风塘公司在本案中也未能举证证明争议商标的注册是以其他不正当手段进行的，仅凭在案证据不能认定争议商标的注册属于2001年商标法第四十一条第一款规定的情形。

上海避风塘公司不服第30896号裁定，向北京市第一中级人民法院（以下简称一审法院）提起行政诉讼，请求法院判决撤销第30896号裁定，并判令商标评审委员会重新作出裁定。上海避风塘公司的主要理由为：1. 争议商标申请人存在主观恶意，属于以欺骗或者其他不正当竞争手段取得注册，商标评审委员会认定上海避风塘公司未能举证属于认定事实错误。2. 竹家庄公司与上海避风塘公司位于同一地域且处于同一行业，其注册争议商标侵害了上海避风塘公司的在先企业名称权，构成不正当竞争。3. 第 30896 号裁定关于“争议商标获准注册并不能得出第 1055861 号商标应予以维持注册的结论”的认定，属于认定事实与适用法律错误。

商标评审委员会答辩称：1. 虽然竹家庄公司申请注册争议商标时，1993 年商标法第八条第一款第（五）项规定“商标不得使用本商品的通用名称和图形”，但是在商标审查的实践中，采用“商标显著部分”加“通用名称”形式获得注册的商标比比皆是。这一审查标准既使得商标使用人得以整体注册其商标标识，实践中也不会导致消费者混淆误认，并且符合商标审查的国际惯例，因此被 2001 年商标法所采纳，1993 年商标法第八条第一款第（五）项于是变化为 2001 年商标法第十一条第一款第（一）项。竹家庄公司完全可以根据当时的审查实践，在认为“避风塘”为通用名称的同时，提出其“竹家庄避风塘及图”的商标注册申请。2. 上海避风塘公司称争议商标侵害其在先企业名称权，该理由在评审阶段未提出。3. 商标评审委员会依据《商标评审规则》（2005 年修订）第五十九条的规定，对争议商标适用 2001 年商标法的有关规定进行评审，适用法律正确。综上，商标评审委员会认为，第 30896 号裁定认定事实清楚，适用法律正确，请求法院判决维持。

陈镇宁述称：1. 争议商标的申请不存在主观恶意，未使用欺骗或者其他不正当手段取得注册。2. 争议商标的注册未侵害上海避风塘公司的企业名称权，更未构成不正当竞争。3. 上海避风塘公司如何将通用名称登记为企业字号，他人不得而知，亦不属于本案审理范围。上海避风塘公司虽然享有企业名称权，但是如果他人在餐饮行业内正当使用，企业名称权人无权禁止。4. “避风塘”菜系及餐饮文化并非由上海避风塘公司开创与发扬光大，没有理由禁止他人正当使用。综上，请求法院判决维持第 30896 号裁定。

一审期间，上海避风塘公司向法院提交了《注册不当商标撤销裁定再评审申请综合意见书》和我国台湾地区电视台制作的关于上海避风塘公司的报道截图。商标评审委员会向法院提交了以下证据：争议商标档案；上海避风塘公司在商标争议阶段提交的争议申请书、证据及补充理由；答辩通知书。争议商标的商标权人陈镇宁没有向法院提交证据。

一审法院对上述证据进行审查，认为商标评审委员会提交的证据为行政程序中的有效证据，能够作为认定本案事实的证据，予以确认。上海避风塘公司提交的证据在行政程序中没有向商标评审委员会提交，并且与被诉的第30896号裁定的合法性审查不具有关联性，不予采纳。

一审法院经审理认为：商评字（2000）第11号终局裁定所涉及的第1055861号“避风塘BFT”商标是否应予撤销，不是本案的审查范围，也不是争议商标是否应予撤销的法定条件。争议商标由竹子图案与“竹家庄避风塘”文字组成，其中竹子图案占据该商标绝大部分面积，处于该商标的显著位置，且“避风塘”文字前还有文字“竹家庄”，因此，即使“避风塘”文字没有显著性，也不能认定争议商标缺乏显著性而予以撤销。上海避风塘公司还主张争议商标的注册侵害其企业名称权。由于上海避风塘公司在争议申请书中并未明确提出该理由，故该项主张缺乏事实依据，不予支持。上海避风塘公司并主张本案应当适用1993年商标法第八条第一款第（五）项的规定进行审查。对此，一审法院认为，《商标评审规则》（2005年修订）第五十九条第一款规定：“对商标法修改决定于2001年12月1日施行前发生，属于修改后商标法……第十一条……所列举的情形，商标评审委员会在商标法修改决定施行后进行评审的，依据修改后商标法的相应规定进行评审……”根据上述规定，争议商标虽然于2000年7月28日获准注册，但是商标评审委员会审查本案时1993年商标法已经修改，由于本案涉及2001年商标法第十一条的有关内容，因此商标评审委员会应当适用2001年商标法的有关规定对本案进行审查。根据以上理由，一审法院依据《中华人民共和国行政诉讼法》（以下简称行政诉讼法）第五十四条第（一）项之规定，判决：维持商标评审委员会作出的第30896号裁定。

上海避风塘公司不服一审判决，向北京市高级人民法院（以下简称二审法院）提起上诉，请求撤销一审判决，撤销商标评审委员会作出的第30896号裁定。其主要上诉理由为：争议商标申请人存在主观恶意，其行为构成以其他不正当手段取得争议商标的注册，争议商标应予以撤销；第1055861号“避风塘BFT”商标是否应予撤销，与本案有密切联系，商标评审委员会认定其与本案无关，掩盖了商标评审委员会对争议商标和第1055861号“避风塘BFT”商标采用不同的审查标准，进而损害了上海避风塘公司合法权益的事实；认定争议商标的申请人是否具有恶意以及争议商标是否应予撤销，应当适用1993年商标法的有关规定；争议商标的注册侵害了上海避风塘公司的企业名称权，并且构成不正当竞争。

商标评审委员会答辩称：一审判决认定事实清楚，适用法律正确，上海避风塘公司的上诉请求和理由不能成立，请求二审法院判决维持一审判决。

陈镇宁答辩称："避风塘"在起源地香港及大陆的广东沿海一带，均为餐饮行业的通用名称，争议商标的注册不违反法律规定，商标评审委员会作出的第30896号裁定和一审法院作出的判决是正确的，应当予以维持。

二审期间，上海避风塘公司向法院提交了以下证据：1. 2000年至2001年间形成的各种咨询回复意见、笔录等7份；2. 商标局颁发的第2024253号商标注册证；3. 最高人民法院作出的（2007）民三监字第21－1号民事裁定书。陈镇宁向法院提交了以下证据：1. "避风塘"为通用名称的证据7份；2. "竹家庄避风塘"字号的起源、发展及知名度证据12份；3. 上海避风塘公司恶意注册企业名称、恶意受让商标的证据5份。

经二审法院庭审质证，对于上海避风塘公司提交的证据，商标评审委员会、陈镇宁认为：2000年至2001年间形成的各种咨询回复意见、笔录等不属于新的证据；第2024253号商标注册证与（2007）民三监字第21－1号民事裁定书虽然属于新的证据，但与本案没有关联。对于陈镇宁提交的证据，商标评审委员会、上海避风塘公司认为，陈镇宁提交的证据不属于新的证据。

经审查，二审法院认为，上海避风塘公司提交的2000年至2001年间形成的各种咨询回复意见、笔录等证据与商标局颁发的第2024253号商标注册证，以及陈镇宁提交的证据均不符合《最高人民法院关于行政诉讼证据若干问题的规定》第五十二条的规定，不属于新的证据，不予采信；上海避风塘公司提交的（2007）民三监字第21－1号民事裁定书的裁判日期为2009年12月31日，在本案一审判决之后，属于新的证据，且该民事裁定的相关内容与本案具有关联性，故予以采信。

二审法院经审理认为，本案中，商标评审委员会主要对争议商标是否属于以欺骗手段或者其他不正当手段取得注册进行评审，还包括"避风塘"是否属于上海避风塘公司已经使用并有一定影响的商标。上海避风塘公司在诉讼中提出，其撤销争议商标的理由还包括争议商标的注册侵害其企业名称权，但是并没有证据证明其已经明确提出该理由，因此，商标评审委员会针对争议商标是否是以欺骗手段或者其他不正当手段取得注册进行评审是正确的。

上海避风塘公司认为争议商标的注册存在恶意，违反了2001年商标法第四十一条的规定。对此，二审法院认为，商标评审委员会2000年2月作出的商评字（2000）第11号终局裁定，与2001年2月作出的商评字（2001）第187号终局裁定，已经发生法律效力，第1055861号“避风塘BFT”商标是否应予撤销，不能成为争议商标是否应予撤销的法定条件。竹家庄公司提出撤销第1055861号“避风塘BFT”商标的行为是行使法律赋予的权利，不能以此认定其申请注册争议商标具有主观恶意。另外，争议商标由竹子图案与“竹家庄避风塘”文字组成，其中竹子图案占据该商标绝大部分面积，处于该商标的显著位置，且“避风塘”文字前还有文字“竹家庄”，因此商标评审委员会认定争议商标具有显著性也是正确的。

上海避风塘公司上诉认为，由于最高人民法院在（2007）民三监字第21－1号民事裁定书中认定，“避风塘”一词在上海地区也是上海避风塘公司提供的知名餐饮服务的特有名称，故该认定能够证明“避风塘”是上海避风塘公司已经使用并具有一定影响的商标。二审法院认为，（2007）民三监字第21－1号民事裁定书并没有明确“避风塘”成为上海避风塘公司已经使用并具有一定影响的商标的具体时间，因此，仅凭该裁定，尚不足以认定在争议商标申请日前“避风塘”属于上海避风塘公司已经使用并具有一定影响的商标，不足以证明争议商标的注册属于以不正当手段抢先注册上海避风塘公司已经使用并有一定影响的商标。

二审法院并认为，商标评审委员会适用2001年商标法的有关规定对本案进行审查是正确的。

综上，二审法院认为，商标评审委员会作出的第30896号裁定认定事实清楚，适用法律正确，审查程序合法；一审判决维持商标评审委员会作出的第30896号裁定正确。上海避风塘公司的上诉请求缺乏事实及法律依据，不予支持。二审法院判决：驳回上诉，维持一审判决。

上海避风塘公司不服二审判决，向本院申请再审称：（一）“避风塘”一词不是一种风味料理或者菜肴烹饪方法的通用名称，而是上海避风塘公司自1998年创立并持续使用至今的主营品牌及企业字号。在上海地区将“避风塘”使用于餐饮服务行业是上海避风塘公司首创，经过上海避风塘公司十余年的不懈努力经营，“避风塘”品牌与上海避风塘公司之间已经建立起了稳固的、唯一的指向关系，在中国大陆至少是在上海地区积聚了较高的知名度和影响力。（二）本案引证商标“避风塘BFT”与争议商标“竹家庄避风塘及图”之间有着密切的关联性，商标评审委员会与一、二审法院关于“引证商标是否应予撤销并不是本案的审查范围，也不是争议商标是否应予撤销的法定条件”的认定错误。1. 引证商标与争议商标构成在相同或类似服务上的近似商标。引证商标系于1997年7月14日被核准注册，于2001年2月7日被撤销；争议商标系于2000年7月28日被核准注册。亦即争议商标核准注册时，引证商标仍为注册商标，但引证商标却没有构成争议商标获准注册的在先权利障碍，这是审查失误。2. 商标评审委员会在引证商标与争议商标是否应予核准注册的问题上，采用了不一致的商标审查标准。商标评审委员会一直认定“避风塘”是一种风味料理或者特色风味菜肴的通用名称，并以此为依据撤销了引证商标。但是，争议商标同样包含了“避风塘”一词，商标评审委员会却准予注册。（三）争议商标是以欺骗手段或者其他不正当手段取得注册的商标。争议商标的申请人在申请注册争议商标时，向商标注册的审查机关隐瞒了两项事实：引证商标是争议商标应不予核准注册的在先权利障碍；“避风塘”一词被认定为菜肴的通用名称。（四）争议商标的注册侵害了上海避风塘公司在先的企业名称权。1998年9月15日，上海避风塘公司在上海正式成立，由于经营管理得当，服务、产品质量优良，很快就得到了上海地区消费者的认可。短短两年时间，上海避风塘公司便开设多家分店，其“避风塘”品牌也成为媒体争相报道的主题。这些事实说明上海避风塘公司的企业名称在争议商标注册前就享有一定的知名度。竹家庄公司与上海避风塘公司处于同一城市、同一行业，其申请注册争议商标是为了搭上海避风塘公司的便车，侵害了上海避风塘公司的企业名称权。（五）争议商标注册后已经历四次转让，且被多次授权许可使用，引发侵权纠纷，若继续维持争议商标注册，将会造成上海地区消费者的混淆与误认，影响上海地区餐饮服务业的市场秩序，不利于上海地区餐饮行业的发展。综上，上海避风塘公司请求本院撤销一、二审判决及商标评审委员会作出的第30896号裁定，并判决商标评审委员会依法重新作出裁定。

商标评审委员会提交意见称：二审判决认定事实清楚，适用法律正确，请求本院维持二审判决。

在本案再审审查阶段，陈镇宁提交意见称：（一）“避风塘”为餐饮行业的通用名称。“避风塘”一名起源于1862年的香港，是香港渔民躲避台风的港湾。后因渔民在避风塘用自制的调味品在船上烹饪食物销售给游客，渐渐形成一种特殊的风味菜肴，被人们称为避风塘料理。香港上世纪七十年代，经营避风塘的餐饮蜂拥而起，发展至今，在香港的街道上随处可见避风塘饮食店，发展规模较大的有竹家庄避风塘、喜记避风塘等两三家。上世纪八十年代，避风塘菜馆开始登陆与香港比邻的广东沿海地区，后来扩展到内地各省市地区。据不完全统计，全国范围内经营避风塘菜系的店铺共有125家，这些餐饮店铺的名称绝大部分均由“字号＋避风塘”组成。无论是工商企业登记机关，还是餐饮行业，均将“避风塘”作为餐饮行业通用名称看待，就像“重庆火锅”一样，不能为一家企业所独占。（二）关于双方商标争端的历史背景。从“竹家庄避风塘”品牌的历史沿革与发展来看，竹家庄美食企业是最早将避风塘菜品从香港传播到广东沿海并在上海予以发扬光大的开创者。上世纪八十年代，陈镇宁供职于在香港以房地产和酒店为主营产业的邓氏家族企业，该企业先后在香港油麻地、庙街、铜锣湾等地开设了六家经营避风塘菜品的“竹家庄避风塘”餐厅。1992年，陈镇宁在邓崇泰的带领下，在珠海成立了“珠海竹家庄美食有限公司”；1996年，在上海成立了“上海竹家庄美食有限公司”，并在南京东路的皇府饭店开设了上海第一家“竹家庄避风塘海鲜美食”。其后，邓崇泰在上海共开设7家“竹家庄避风塘”餐厅。目前，“竹家庄避风塘”品牌在全国共有31家加盟店。上世纪九十年代，现为上海避风塘公司法定代表人的叶锡铭，当时任职于邓氏家族控股公司在上海设立的一家物业管理公司。1997年，竹家庄公司董事长邓崇泰买下上海银河宾馆潮港城潮州酒楼的外方股权时，叶锡铭以个人名义参股。后经竹家庄公司授权，叶锡铭在上海锦江饭店创办分店经营避风塘菜品。竹家庄公司后来进行调整，将上海长乐路175号的潮港城店股权转让给了叶锡铭。叶锡铭于是以该店为基础登记了“上海避风塘美食有限公司”，并从案外人处受让取得“避风塘BFT”商标。上海避风塘公司为抢占市场份额、垄断经营，不顾“避风塘”为同行业共有的客观历史事实，直接将“避风塘”作为商号进行企业名称登记，并以其受让的“避风塘BFT”商标对竹家庄公司提出商标侵权投诉。竹家庄公司迫不得已对“避风塘BFT”商标提出撤销申请，并正式提出本案争议商标“竹家庄避风塘及图”的申请。（三）争议商标的注册不违反法律规定，商标评审委员会的裁定及一、二审判决正确。1.“避风塘BFT”商标已被商标评审委员会裁定撤销，其终局裁定正确；并且，“避风塘BFT”商标的撤销与本案没有关联。“避风塘BFT”商标的撤销日为2000年2月2日，而非上海避风塘公司主张的2001年2月7日，故在本案争议商标注册日2000年7月28日之前。商标评审委员会于2001年2月7日作出的商评字（2001）第187号终局裁定，维持了其2000年2月2日作出的商评字（2000）第11号终局裁定，因此，“避风塘BFT”商标的撤销日应为原终局裁定作出之日，即2000年2月2日。从实体来看，由于“避风塘”为餐饮行业通用名称，而“避风塘BFT”商标的主要部分即为“避风塘”，故“避风塘BFT”商标因缺乏显著性应予撤销。但是，本案争议商标“竹家庄避风塘及图”当中，竹家庄公司的商号“竹家庄”与竹子图形，均可标识出是竹家庄公司提供的避风塘菜品，故争议商标具有显著性，与“避风塘 BFT”商标是否撤销没有关联。2. 争议商标的注册不违反法律规定。首先，由于“避风塘 BFT”商标已经在争议商标注册前被撤销，故争议商标的注册不存在在先障碍的问题。争议商标的注册经过初审、公示等程序，竹家庄公司未隐瞒、欺骗任何人。其次，争议商标包含有“竹家庄”文字和竹子图形，具有商标法规定的显著性。再次，从历史来看，竹家庄公司一直持续使用“竹家庄避风塘”商标，使用时间远比上海避风塘公司早，知名度也比上海避风塘公司大。上海避风塘公司提交的关于其知名度的证据都在争议商标的申请日 1999 年 4 月 28 日以后，因此，争议商标的注册不违反商标法第三十一条关于“恶意抢注他人已经使用并有一定影响的商标”的规定。最后，争议商标的注册不违反商标法第三十一条关于商标注册不得侵害他人在先权利的规定。一方面，上海避风塘公司在商标争议程序中并没有提出该主张，故该主张不属于本案的审理范围。另一方面，争议商标由“竹家庄公司商号 + 菜品名称 + 图形”组成，故未侵害上海避风塘公司的企业名称权。至于上海避风塘公司主张“‘避风塘’是其知名服务特有名称”的另案，由于该案是通过和解协议解决，故和解协议应当只对该案的双方当事人有效。并且，即使最高人民法院在裁定书中对相关事实予以确认，其时间也是 2009 年，远在争议商标的申请日 1999 年 4 月 28 日之后，故不能作为撤销争议商标的依据。(四) 关于争议商标的转让等问题。尽管该问题与本案审理没有关联，但鉴于上海避风塘公司申请再审专门提及此点，故作一陈述。竹家庄公司目前已对“竹家庄避风塘”品牌重新作出规划，重点将该品牌在全国范围内进行推广，同时进军国际餐饮市场，准备在美国、加拿大、欧洲等地渐次开业。竹家庄公司已与国际著名餐饮企业巴贝拉集团合作，共同成立上海巴贝拉意舟餐饮有限公司，争议商标亦由陈镇宁名下转让到新公司名下。综上，争议商标的注册不存在主观恶意，亦未使用欺骗或其他不正当手段；争议商标的注册未侵害上海避风塘公司的企业名称权，未构成不正当竞争；争议商标的注册合法。请求维持商标评审委员会作出的商标争议裁定和一、二审判决，驳回上海避风塘公司的再审申请。

本院提审本案后，磐石意舟公司提交意见称：(一)“避风塘”是一种风味料理的通用名称，而争议商标“竹家庄避风塘及图”整体上具有显著性。(二) 引证商标“避风塘 BFT”与争议商标“竹家庄避风塘及图”存在明显差异，故争议商标的注册与引证商标的撤销不存在关联性。(三) 争议商标系通过合法程序取得注册，不存在以欺骗手段或者其他不正当手段取得注册的情形。(四) 上海避风塘公司对“避风塘”不享有在先企业名称权和在先商标使用权，并且，上海避风塘公司在商标争议程序中未主张企业名称权，故该主张不应纳入本案的审理范围。(五)“避风塘”并非上海避风塘公司知名服务的特有名称，并且，上海避风塘公司在商标争议程序中未主张知名服务特有名称权，故该主张不应纳入本案的审理范围。最高人民法院作出的（2007）民三监字第21－1号准予撤回申诉的裁定，不应作为“避风塘”构成上海避风塘公司知名服务特有名称的依据。上海避风塘公司在商标争议程序中未提交（2007）民三监字第21－1号裁定，故法院不应采信该证据。(六) 争议商标注册已有十余年，经长期使用，已凝聚了较高的商誉和商业价值，其合法权益应受法律保护，当前的法律状态和稳定性应得到尊重。

本院审理查明，一、二审法院查明的事实属实，本院予以确认。

本院另查明：

(一)《注册商标争议裁定申请书》的有关情况

上海避风塘公司向商标评审委员会提交的《注册商标争议裁定申请书》包括以下主要内容：1.“评审请求”部分记载，“依照商标法第四十一条第一款和第二款之规定，请求商标评审委员会撤销争议商标注册。”2.“事实与理由”部分首先陈述，“争议商标是被申请人以不正当手段所获得的注册，依法应予以撤销，具体事实和理由如下”。然后，申请书从四个方面阐述了“具体事实和理由”：被申请人申请撤销他人“避风塘BFT”商标及注册争议商标的事实经过；争议商标属于注册不当商标，是违法注册的结果；争议商标是被申请人从事不正当竞争行为的产物；第1055861号“避风塘BFT”商标被裁定撤销不应成为争议商标注册的铺路石。最后，申请书概括陈述，“综上所述，争议商标注册属于被申请人通过不正当手段所取得，依据商标法第四十一条第一款及第二款之规定，争议商标应予以撤销。”

(二) 关于“避风塘”一词的含义

《香港词典》(北京语言学院出版社1996年7月出版) 一书刊载有“避风塘”的词条，该词条记载：“海港重要设施之一。港府在香港各地开辟了若干避风塘，供小型船只和驳船躲避台风袭击，它们多半位于距离闹市不远的浅海。无风时节，避风塘就成了水上街市，晚上有一些小船做生意，提供小吃、听曲、住宿。目前最大的避风塘是设于九龙半岛西的油麻地避风塘，可供数百艘小船和驳船停泊。”

《四川烹饪》（2001 年第 1 期）刊载有“揭开‘避风塘’神秘的面纱——漫谈避风塘菜肴的演化”一文，该文记载：“近年来餐饮市场上流行的避风塘菜肴，如避风塘炒蟹、避风塘炒虾等，都是从香港传入内地的……避风塘菜肴起源于香港铜锣湾避风塘，那里是当地渔民在飓风季节躲避飓风的一个渔港，始建于 1862 年。在昔日的铜锣湾避风塘，每当夜幕降临之时，当地渔民们便驾驶着一只只小艇来此兜揽生意。这些小艇张灯结彩，艇上经营些海鲜、粥粉、面食等，有些小艇上还有歌女演唱和乐师伴奏。香港市民们则纷纷来到小艇上饮食和娱乐。避风塘因此成了港人夜生活的一个胜地，更成了香港美食家经常光顾的一个饮食好去处。如此一来，便形成了香港独有的饮食人文景观，并由此产生了风味独特的艇子粥和艇子菜，避风塘炒蟹就是其中的一道绚丽风景。”

《中外菜肴调味宝典》（四川科学技术出版社 2004 年 1 月出版）一书介绍了“避风塘家常味”、“避风塘陈皮味”、“避风塘孜然味”、“避风塘飘香味”等四类避风塘菜肴的特色，并详细记载了“避风家常味蒸茄”、“避风家常味鱼片”、“避风陈皮蟹”、“避风孜然味大虾”、“避风飘香豆腐”等十余种避风塘菜肴的原料与制作方法。

2006 年 12 月 4 日广州日报刊载“香港避风塘炒蟹登陆广州”一文，该文记载：“香港避风塘菜系起源于上世纪四五十年代，在当时的香港避风塘聚集了来自越南、菲律宾、马来西亚、新加坡、中国大陆等地的渔民，不同国家的人民聚居带来了饮食文化交流，逐渐形成了特色鲜明的避风塘菜系。广州番禺的四海一家，以四海美食集一家的特色著称，这次与香港‘喜记’合作，推出避风塘菜系，体现了美食文化的交流和融合，广州食客可真是有口福了。”

《中国名菜词典》（山西科学技术出版社 2008 年 1 月出版）一书记载有“避风塘炒膏蟹”、“避风塘炒蟹”两道菜的原料与制作方法。

（三）争议商标权属变更的情况

2010 年 10 月 20 日，争议商标从陈镇宁名下转让至上海磐石餐饮管理有限公司。2010 年 12 月 27 日，争议商标从上海磐石餐饮管理有限公司名下转让至磐石意舟公司。

（四）其他有关事实

1987 年 10 月 20 日，竹家庄美食有限公司在香港成立，经营避风塘菜品，公司董事为李思蒨、邓崇骥。1992 年 8 月 18 日，珠海竹家庄美食酒家在珠海成立，董事长为邓崇正，副董事长与总经理为邓崇泰。1996 年 3 月 28 日，竹家庄公司（上海竹家庄美食有限公司）在上海成立，经营避风塘菜品，董事长为黄光辉，总经理为陈镇宁，公司在上海有七家直营店，在全国有十九家加盟店。上海避风塘公司的法定代表人叶锡铭曾供职于竹家庄公司，并曾代表竹家庄公司从事避风塘美食的经营活动。1998 年 9 月 15 日，上海避风塘公司在上海成立，法定代表人为叶锡铭。

2010 年 7 月，广州、杭州、洛阳等地餐饮行业协会就本案出具书面意见，其主要内容为：近两年，上海避风塘公司以“避风塘”字号或“避风塘”商标受到侵害为由，在国内向数家经营避风塘料理的企业提起侵权赔偿诉讼，我会认为这是恶意的垄断行为，“避风塘”作为餐饮业的一种风味系列特色，不应该由上海避风塘公司一家独享。

2011 年 10 月 14 日，本院法官走访上海市餐饮行业协会，该协会秘书长介绍情况：在上海，字号、商标中包含“避风塘”字样的企业有四五家，其中上海避风塘公司的规模最大，竹家庄公司的规模稍小，可能有六七家店；上海避风塘公司和竹家庄公司原本是一家，后来分开，二者共存是历史形成的；对于这些企业，消费者一般可以区分。

本院认为，本案再审的焦点问题有四：其一，引证商标“避风塘 BFT”的撤销与争议商标“竹家庄避风塘及图”的注册是否具有关联性；其二，“避风塘”是否属于一种风味料理或者菜肴烹饪方法的通用名称；其三，争议商标是否属于以欺骗手段或者其他不正当手段取得注册的商标；其四，上海避风塘公司在商标争议行政程序中是否主张了企业名称权，争议商标的注册是否侵害了上海避风塘公司的企业名称权。

（一）引证商标“避风塘 BFT”的撤销与争议商标“竹家庄避风塘及图”的注册是否具有关联性

由于商标评审委员会于 2001 年 2 月 7 日作出商评字（2001）第 187 号终局裁定，维持其 2000 年 2 月 2 日作出的商评字（2000）第 11 号终局裁定，故引证商标“避风塘 BFT”的撤销日为原终局裁定作出之日，即 2000 年 2 月 2 日。因此，在本案争议商标于 2000 年 7 月 28 日获准注册之前，引证商标已被撤销。上海避风塘公司关于“引证商标构成争议商标获准注册的在先权利障碍”的主张不能成立。此外，由于争议商标由竹子图案与“竹家庄避风塘”文字组成，其中竹子图案占据商标的大部分面积，处于商标的显著位置，且在“避风塘”文字前还有文字“竹家庄”，因此，争议商标与引证商标相比差异明显，不能因为争议商标与引证商标均包含“避风塘”字样，就认为商标评审委员会对两商标采取了不一致的审查标准。上海避风塘公司关于“商标评审委员会在引证商标与争议商标是否应予核准注册的问题上采取了不一致的审查标准”的主张不能成立。综上，引证商标的撤销与争议商标的注册不具有关联性。

（二）“避风塘”是否属于一种风味料理或者菜肴烹饪方法的通用名称

根据本院查明的事实，“避风塘”一名源于香港，最初是指香港渔民躲避台风的港湾。后来，渔民在港湾附近打捞鱼虾并以简单的烹饪方法（油盐水、艇仔粥）进行加工并销售给游客，这种料理因保留了鱼虾等食材的原味和鲜美而广受欢迎，“避风塘”一词遂由地理名词逐渐发展成为一种特别的风味料理或者烹饪方法的通用名称。从上世纪七十年代起，香港已有多家经营避风塘料理的餐饮店。上世纪八十年代，我国大陆地区开始出现经营避风塘料理的餐馆。目前，全国范围内经营避风塘菜品的店铺已有一百多家。这些店铺的菜单以及有关烹饪的书籍，均载有“避风塘炒蟹”、“避风塘炒虾”、“避风塘茄子”等菜肴名称。因此，本院认为，“避风塘”一词除具有渔民躲避台风的港湾这一含义外，还具有指称一种特别的风味料理或者菜肴烹饪方法的含义。

（三）争议商标是否属于以欺骗手段或者其他不正当手段取得注册的商标

上海避风塘公司申请再审称，争议商标的申请人在申请注册争议商标时，向商标审查机关隐瞒了两项事实：其一，引证商标是争议商标应不予核准注册的在先权利障碍；其二，“避风塘”一词已被商标评审委员会认定为菜肴的通用名称。对此，本院认为，判断引证商标是否构成争议商标获准注册的在先权利障碍，这属于商标行政主管部门的职权范围，争议商标的申请人不承担此项义务；并且，前已述及，引证商标亦不构成争议商标获准注册的在先权利障碍。关于避风塘已被商标评审委员会认定为菜肴的通用名称一节，由于争议商标由竹子图案与“竹家庄避风塘”文字组成，不仅仅是“避风塘”文字，故争议商标具有显著性。并且，避风塘为菜肴的通用名称这一事实，本身即是由商标评审委员会在前案中予以认定，本案争议商标的申请人无法隐瞒。因此，争议商标不属于以欺骗手段或者其他不正当手段取得注册的商标。

（四）上海避风塘公司在商标争议行政程序中是否主张了企业名称权，争议商标的注册是否侵害了上海避风塘公司的企业名称权

首先，关于上海避风塘公司在商标争议行政程序中是否主张了企业名称权。

根据本院查明的事实，在上海避风塘公司提交给商标评审委员会的《注册商标争议裁定申请书》中，尽管上海避风塘公司为支持其请求引用了商标法第四十一条第一款与第二款，但该两款包含对违反商标法第十条、第十一条、第十二条、第十三条、第十五条、第十六条、第三十一条的处理规定，结合《注册商标争议裁定申请书》中“事实与理由”部分的记载，可以认定上海避风塘公司并未依据商标法第三十一条提出争议商标侵害其企业名称权的主张。

其次，关于争议商标的注册是否侵害了上海避风塘公司的企业名称权。由于“避风塘”一词不仅仅是上海避风塘公司的字号，还具有“躲避台风的港湾”和“一种风味料理或者菜肴烹饪方法”的含义，因此，只要不会造成相关公众的混淆、误认，上海避风塘公司就不能以其企业名称权禁止他人在“躲避台风的港湾”和“一种风味料理或者菜肴烹饪方法”的含义上正当使用“避风塘”一词。本案争议商标由竹子图案与“竹家庄避风塘”文字组成，其中竹子图案占据商标的大部分面积，且处于商标的显著位置。对于餐饮行业相关公众而言，“避风塘”一词因具有“一种风味料理或者菜肴烹饪方法”的含义，故争议商标中的“竹家庄”文字与竹子图案更具有标识商品或服务来源的作用，因此，争议商标的注册、使用不会造成相关公众的混淆、误认，未侵害上海避风塘公司的企业名称权。

综上，上海避风塘公司的各项申请再审理由均不能成立，第 30896 号裁定与一、二审判决认定事实清楚，适用法律正确，应予维持。依据《中华人民共和国行政诉讼法》第六十一条第一项，《最高人民法院关于执行〈中华人民共和国行政诉讼法〉若干问题的解释》第七十六条第一款之规定，判决如下：

一、维持北京市高级人民法院（2010）高行终字第 630 号行政判决；

二、驳回上海避风塘美食有限公司的再审请求。

本判决为终审判决。

审 判 长 王 闯

审 判 员 王艳芳

代理审判员 何 鹏

二〇一五年一月八日

书 记 员 刘海珠

82. 证明商标显著性的认定

——再审申请人布鲁特斯SIG有限公司与被申请人国家工商行政管理总局商标评审委员会商标驳回复审行政纠纷案

【裁判要旨】

商标法虽对证明商标的申请主体、使用主体及基本功能作出了专门规定，但商标法关于注册商标应当具备显著特征的要求，同样适用于证明商标。

【关键词】

商标　复审程序　证明商标　显著性

【案号】

最高人民法院（2016）最高法行申2159号

【基本案情】

在再审申请人布鲁特斯SIG有限公司（以下简称布鲁特斯公司）与被申请人国家工商行政管理总局商标评审委员会（以下简称商标评审委员会）商标驳回复审行政纠纷案中，第5918201号证明商标“蓝牙”（即申请商标），由布鲁特斯公司于2007年2月14日向国家工商行政管理总局商标局（以下简称商标局）提出注册申请，指定使用在第42类“计算机编程；与数据、声音、影像及照明的录制、传送及复制有关的计算机硬件及软件咨询”等服务上。商标局以申请商标违反了商标法（2001年修正）第十一条第一款第（二）项和第二十八条规定为由，对申请商标予以驳回。布鲁特斯公司不服，向商标评审委员会提出复审申请。商标评审委员会于2013年12月9日作出商评字［2013］第129452号《关于第5918201号“蓝牙”（证明商标）商标驳回复审决定》（以下简称第129452号决定），对申请商标不予核准注册。布鲁特斯公司不服，提起行政诉讼。北京市第一中级人民法院一审认为，“蓝牙”作为商标使用在指定服务上，直接表示了指定服务的服务内容和服务方式等，缺乏商标应有的显著性。遂判决维持第129452号决定。布鲁特斯公司不服，提起上诉。北京市高级人民法院二审判决驳回上诉，维持原判。布鲁特斯公司仍不服，以证明商标与普通商标在区分功能、权利主体、使用主体等方面具有明显区别，证明商标要求的表征特定品质不同于商标法第十一条第一款第（二）项规定的“显著性”标准，原审判决适用法律错误为由，向最高人民法院申请再审。最高人民法院于2016年7月26日裁定驳回布鲁特斯公司的再审申请。

【裁判意见】

最高人民法院审查认为：显著性是商标发挥识别不同商品或者服务功能的基础。虽然商标法对证明商标的申请主体、使用主体及基本功能作出了专门规定，但证明商标作为注册商标的一种类型，仍然应当符合注册商标的一般性规定，即具有显著性。虽然“蓝牙”最初是作为“Bluetooth”的中文翻译进入我国并为中国消费者所认识，而“Bluetooth”也已作为商标在中国被核准注册。但自20世纪90年代蓝牙技术产生后，布鲁特斯公司及电子通信领域的公司长期将“蓝牙”作为“一种近距离无线通信技术”使用在音箱、耳机、打印机、手机、鼠标等产品上，并开展相关标准化活动，蓝牙技术、蓝牙产品已迅速普及并被广大消费者所接受，相关公众普遍认为“蓝牙”是一种能在移动电话、PDA、无线耳机、笔记本电脑、相关外设等众多设备之间进行无线信息交换的短距离无线通信技术，蓝牙产品就是包含短距离无线通信技术的产品。而且，布鲁特斯公司在诉讼过程中也曾称“申请商标一直都是仅使用在符合特定技术标准和要求的商品和服务上，与特定技术标准联系更为紧密”。因此，申请商标“蓝牙”使用在指定服务上，直接表示了服务的技术特点，缺乏商标应有的显著特征，不符合商标法第十一条第一款第（二）项的规定。

中华人民共和国最高人民法院行政裁定书

（2016）最高法行申2159号

再审申请人（一审原告、二审上诉人）：布鲁特斯SIG有限公司。住所地：美利坚合众国华盛顿州柯克兰350号套房，华盛顿湖大道5209号。

法定代表人：马克·鲍威尔，该公司执行董事。

委托诉讼代理人：汪正，北京市东权律师事务所律师。

委托诉讼代理人：邓天媚，北京市东权律师事务所律师。

被申请人（一审被告、二审被上诉人）：国家工商行政管理总局商标评审委员会。住所地：中华人民共和国北京市西城区茶马南街1号。

法定代表人：赵刚，该委员会主任。

委托诉讼代理人：闫洁，该委员会审查员。

再审申请人布鲁特斯SIG有限公司（以下简称布鲁特斯公司）因与被申请人国家工商行政管理总局商标评审委员会（以下简称商标评审委员会）商标驳回复审行政纠纷一案，不服北京市高级人民法院（2015）高行（知）终字第1927号行政判决，向本院申请再审。本院依法组成合议庭进行了审查，现已审查终结。

布鲁特斯公司申请再审称，（一）依据2001年修正的《中华人民共和国商标法》（以下简称商标法）第三条第三款规定，证明商标是用以表征商品或服务特定品质的标志，区别于普通商标（商品商标、服务商标）。证明商标与普通商标在区分功能、权利主体、使用主体等方面具有明显区别。证明商标要求的表征特定品质不同于商标法第十一条第一款第（二）项规定的“显著性”标准。原审判决适用法律错误。（二）依据商标法第三条第四款及《集体商标、证明商标注册和管理办法》第五条规定，表明其（证明商标申请人）具有监督该证明商标所证明的特定商品品质的能力。对证明商标注册申请的审查，主要包括申请人主体资格的审查与证明商标使用管理规则的审查。原审判决对此并无异议。布鲁特斯公司提交的证据证明申请商标完全符合上述要求。原审判决并未对再审申请人提交的证据和事实进行评述，属于事实认定错误，适用法律错误。（三）“Bluetooth”及其对应的中文翻译“蓝牙”均由布鲁特斯公司的创始成员爱立信公司独创，文字本身与申请商标指定使用的商品和服务并无固有的联系。申请商标具有极强的内在显著性，并不属于商标法第十一条第一款第（二）项规定的直接表示了指定商品、服务的技术特点的情形。原审判决事实认定错误，适用法律错误。（四）布鲁特斯公司的在先商标“Bluetooth”和“Bluetooth及图”已经被中国商标局核准注册。申请商标“蓝牙”系英文注册商标“Bluetooth”的中文直译和延续。根据审理标准一致及商誉延续原则，申请商标理应获得注册。（五）布鲁特斯公司的“Bluetooth”商标及“蓝牙”商标一直都是仅使用在符合特定技术标准和要求的商品和服务上；且申请商标经过相关主体的长期使用以及再审申请人的有效监督和管理，具有较高的知名度，与特定技术标准联系更为紧密。（六）法律并未禁止当事人在诉讼程序中提交新证据。同时，布鲁特斯公司在诉讼程序中提交的证据均属对评审程序证据的补强，是为了进一步证明布鲁特斯公司的相应主张。原审判决未考虑一审诉讼程序期间提交的证据，违反了法律规定。综上，布鲁特斯公司请求本院撤销一、二审判决及商评字［2013］第129452号《关于第5918201号“蓝牙”（证明商标）商标驳回复审决定书》（以下简称第129452号决定），判令商标评审委员会重新作出决定。

商标评审委员会提交意见称，第129452号决定认定事实清楚、适用法律正确、作出程序合法，请求本院予以维持。

在再审诉讼阶段，布鲁特斯公司提交了证明申请商标使用和知名度的文章，其中包括下列证据：

1. 1999年12月13日《计算机世界》D12版《“蓝牙”技术》一文记载，“蓝牙是由瑞典爱立信等5家公司开展标准化活动而提出的近距离无线(2.4GHZ)数据通信技术。1998年5月，爱立信、IBM、英特尔、诺基亚、东芝等5家公司开始进行近距离无线通信技术的标准化活动”。

2. 1999年8月2日、2002年9月9日《计算机世界》先后刊登了与“Bluetooth”有关的文章2篇，在所述文章中均记载，“Bluetooth是一种短程无线电技术”、“Bluetooth是当前最新的无线通信技术之一”。

3. 2002年6月10日、2005年4月4日《计算机世界》先后刊登了有关蓝牙标准的文章2篇，其中提到“蓝牙（IEEE 802.15）是一项最新标准”、“蓝牙技术联盟（Bluetooth SIG）宣布将Bluetooth V1.2、V2.0 EDR提供给中国信息产业部邮电工业标准化所通信标准化推进中心，以支持中国国家蓝牙技术标准的开发”。

4. 2001年4月9日—2006年10月30日的《计算机世界》先后刊登了有关“蓝牙无线技术”或者“蓝牙模块”产品的文章13篇，其中提到“爱立信蓝牙GPRS手机T39”、“蓝牙PC卡”、“蓝牙网卡”、“Nokia公司发布了三款蓝牙无线网络设备”、“WindowsXP明年长蓝牙”、“3Com推出蓝牙无线打印套件”、“东芝PDA硬盘支持蓝牙”、“Aplix与Rococo合作开发Java－蓝牙平台”、“蓝牙移动电话”、“微星推出蓝牙笔记本电脑”、“捷波朗新型蓝牙耳机”、“三星推出一款内建蓝牙模块的产品”、“捷波朗BT320s立体声蓝牙耳机”。

5. 2003年11月25日—2006年6月10日的《微电脑世界》先后刊登了有关采用蓝牙模块产品的文章3篇。其中提到“采用蓝牙模块的耳机、手机、PDA、打印机、笔记本电脑等数字产品已在市场上频频显现身影”、“据蓝牙SIG组织的执行技术主管Michael Foley说，如今每周有大约300万件蓝牙设备上市，包括了从蓝牙键盘、鼠标、到手机用的蓝牙耳机”、“Kodak推出配备蓝牙无线通信模块的数码相机”。

商标评审委员会质证认为对上述证据的真实性、合法性不持异议，但对其关联性不予认可。本院认为，上述证据系布鲁特斯公司对其相关主张的补充证明，本院予以采信，并结合争议焦点予以评述。

本院另查明，布鲁特斯公司在商标驳回复审阶段提交了“Bluetooth”或“蓝牙”的部分辞典含义，有如下具体表述：

1.《麦克米伦高阶英汉双解词典》2005 年 10 月版，将“Bluetooth”解释为“（商标）一种可在移动电话、网络及电脑间进行电子通讯的电信技术。”

2.《新牛津英汉双解大词典》2007 年 1 月版，将“Bluetooth”解释为“（商标）蓝牙（移动电话、计算机以及其他电子设备的短程无线互联标准）。”

3.《高阶英汉双解词典》2007 年 1 月版，将“Bluetooth”解释为“（商标）蓝牙技术。”

4.《外研社柯林斯英汉汉英词典》2007 年 1 月版，将“蓝牙”解释为“Bluetooth”。

本院经审查认为，本案的争议焦点是申请商标是否违反了商标法第十一条第一款第（二）项的规定。

商标法第三条第一款规定：“经商标局核准注册的商标为注册商标，包括商品商标、服务商标和集体商标、证明商标。”第三款规定：“本法所称证明商标，是指由对某种商品或者服务具有监督能力的组织所控制，而由该组织以外的单位或者个人使用于其商品或者服务，用以证明该商品或者服务的原产地、原料、制造方法、质量或者其他特定品质的标志。”商标法第十一条第一款规定：“下列标志不得作为商标注册：（一）仅有本商品的通用名称、图形、型号的；（二）仅直接表示商品的质量、主要原料、功能、用途、重量、数量及其他特点的；（三）缺乏显著特征的。”

显著性是商标发挥识别不同商品或者服务功能的基础。虽然商标法第三条第三款对证明商标的申请主体、使用主体及基本功能作出了规定，但其作为注册商标的一种类型，应当符合注册商标的一般性规定，具有显著性，便于识别，符合商标法第十一条的规定。

根据原审法院查明的事实，申请商标第 5918201 号“蓝牙”商标，由布鲁特斯公司于 2007 年 2 月 14 日向国家工商行政管理总局商标局提出注册申请，指定使用在国际分类第 42 类“计算机编程；与数据、声音、影像及照明的录制、传送及复制有关的计算机硬件及软件咨询”等服务上。

布鲁特斯公司在商标评审阶段提交的《麦克米伦高阶英汉双解词典》、《新牛津英汉双解大词典》等词典，虽然特别明确将“Bluetooth”解释为“蓝牙”（商标），但同时，也具有“一种可在移动电话、网络及电脑间进行电子通讯的电信技术”、“移动电话、计算机以及其他电子设备的短程无线互联标准”、“蓝牙技术”的相关技术性表述。布鲁特斯公司向本院提交的《计算机世界》上涉及蓝牙的文章，通常将“蓝牙”描述成“一种近距离无线数据通信技术”、“一项技术标准”。并且《计算机世界》、《微电脑世界》上记载了采用蓝牙技术或者蓝牙模块的蓝牙手机、蓝牙 PC 卡、蓝牙网卡、蓝牙打印机、蓝牙笔记本电脑、蓝牙耳机、蓝牙键盘、蓝牙鼠标、蓝牙数码相机等产品。

虽然“蓝牙”最初是作为“Bluetooth”的中文翻译为中国消费者所认识，“Bluetooth”亦作为在先商标在中国核准注册，核定使用在“计算机编程、与数据、声音、影像及照明的录制、传送及复制有关的计算机硬件及软件咨询”等服务上。但相关证据表明，由于布鲁特斯公司及电子通信领域的公司长期将“蓝牙”作为“一种近距离无线通信技术”使用在音箱、耳机、打印机、手机、鼠标等产品上，并开展相关标准化活动，蓝牙技术、蓝牙产品已迅速普及并被广大消费者所接受，相关公众普遍认为蓝牙是一种能在移动电话、PDA、无线耳机、笔记本电脑、相关外设等众多设备之间进行无线信息交换的短距离无线通信技术，蓝牙产品就是包含短距离无线通信技术的产品。布鲁特斯公司在再审阶段曾称“申请商标一直都是仅使用在符合特定技术标准和要求的商品和服务上，与特定技术标准联系更为紧密。”因此，蓝牙作为一种短距离无线通讯技术，注册使用在“计算机编程、与数据、声音、影像及照明的录制、传送及复制有关的计算机硬件及软件咨询”等服务上，直接表示了指定服务的技术特点，缺乏商标应有的显著特征，属于商标法第十一条第一款第（二）项所指情形。布鲁特斯公司在再审阶段提交的其关于申请商标使用和知名度的相关证据，不足以证明其“蓝牙”商标未直接表示指定服务的技术特点，已具备注册商标应有的显著性。一审、二审法院关于申请商标不符合商标法第十一条第一款第（二）项的相关认定并无不当，本院予以维持。在申请商标违反商标法第十一条第一款第（二）项规定的基础上，二审法院未对布鲁特斯公司提交的申请人主体资格和证明商标使用管理规则等证据和事实进行评述，并无不当。布鲁特斯公司的相关再审理由，本院不予支持。

由于商标授权确权行政案件遵循个案审查原则，其他商标获准注册的情形亦不能成为申请商标予以初步审定的当然依据。

此外，布鲁特斯公司还主张一审法院未考虑其在一审诉讼程序期间提交的证据，违反了法律规定。对此，一审判决明确指出，即便采纳布鲁特斯公司在一审阶段提交的证据，也不足以证明申请商标符合商标法第十一条第一款第（二）项和第三条等相关规定。因此，布鲁特斯公司的相关再审主张没有事实和法律依据，本院不予支持。

依照《最高人民法院关于执行〈中华人民共和国行政诉讼法〉若干问题的解释》第七十四条之规定，裁定如下：

驳回布鲁特斯 SIG 有限公司的再审申请。

审　判　长　夏君丽
审　判　员　曹　刚
代理审判员　傅　蕾
二〇一六年十二月二十七日
书　记　员　崔心驰

（七）对关于外国国名标志申请注册商标的判断

83. 对含有国名的标志申请注册为商标的审查判断

——再审申请人国家工商行政管理总局商标评审委员会与被申请人劲牌有限公司商标驳回复审行政纠纷案

【裁判要旨】

商标法第十条第一款第（一）项所称同中华人民共和国的国家名称相同或者近似，是指该标志作为整体同我国国家名称相同或者近似；如果该标志含有与我国国家名称相同或者近似的文字，但其与其他要素相结合，作为一个整体已不再与我国国家名称构成相同或者近似的，则不宜认定为同中华人民共和国国家名称相同或者近似的标志。

【关键词】

商标　申请注册　国家名称　驳回复审

【案号】

最高人民法院（2010）行提字第4号

【基本案情】

在再审申请人国家工商行政管理总局商标评审委员会（以下简称商标评审委员会）与被申请人劲牌有限公司商标驳回复审行政纠纷案中，2005年，劲牌有限公司向国家工商行政管理总局商标局（以下简称商标局）申请在第33类果酒（含酒精）等商品上注册第4953206号“中国劲酒”商标（以下简称申请商标）。2008年2月26日，商标局认为申请商标内含我国国名，根据商标法第十条第一款第（一）项的规定，驳回申请商标的注册申请。劲牌有限公司不服该驳回决定，向商标评审委员会申请复审。2008年11月24日，商标评审委员会作出商评字［2008］第28028号决定，认为申请商标中的“中国”为我国国家名称，属于商标法第十条第一款第（一）项明确规定的不得作为商标使用的标志，因此驳回申请商标的注册申请。劲牌有限公司不服第28028号决定，提起行政诉讼称，申请商标虽含有我国国名，但申请商标与我国国名并不相同也不近似，商标评审委员会适用商标法第十条第一款第（一）项错误，请求撤销第28028号决定。北京市第一中级人民法院一审认为：申请商标为“中国劲酒”文字及方章图形共同构成的组合商标，方章图案中的“中国酒”三字，字体明显有别于“劲”字，虽然包含有中国国名，但该国名部分更容易使消费者理解为商标申请人的所属国。第28028号决定仅以申请商标中的“中国”为我国国家名称为由，即认定申请商标属于商标法第十条第一款第（一）项规定的不得作为商标使用的标志，主要证据不足。遂判决撤销第28028号决定。商标评审委员会不服一审判决，提起上诉。北京市高级人民法院二审认为：商标法第十条第一款第（一）项规定表明，在一般情况下禁止将与我国国名相同或者近似的标志作为商标使用，但申请商标所含我国国名与其他具备显著特征的标志相互独立，国名仅起表示申请人所属国作用的除外。本案申请商标虽包含有中国国名，但该国名部分更容易使消费者理解为仅起商标申请人所属国的作用。因此，第28028号决定认定事实不清，主要证据不足，一审法院判决予以撤销正确，应予维持。遂判决维持一审判决。商标评审委员会不服，向最高人民法院申请再审。最高人民法院提审本案后认为，一、二审判决理由不当，应予纠正，但其撤销第28028号决定的结论正确，遂于2010年12月24日判决维持二审判决，并判令商标评审委员会重新作出复审决定。

【裁判意见】

最高人民法院再审认为：商标是用以区别不同生产经营者所提供的商品或者服务的标志。本案中，申请商标可清晰识别为“中国”“劲”“酒”三部分，虽然其中含有我国国家名称“中国”，但其整体上并未与我国国家名称相同或者近似，因此申请商标并未构成同中华人民共和国国家名称相同或者近似的标志，商标评审委员会关于申请商标属于商标法第十条第一款第（一）项规定的同我国国家名称相近似的标志，据此驳回申请商标的注册申请不妥。但是，国家名称是国家的象征，如果允许随意将其作为商标的组成要素予以注册并作商业使用，将导致国家名称的滥用，损害国家尊严，也可能对社会公共利益和公共秩序产生其他消极、负面影响。因此，对于上述含有与我国国家名称相同或者近似的文字的标志，虽然对其注册申请不宜根据商标法第十条第一款第（一）项进行审查，但并不意味着属于可以注册使用的商标，而仍应当根据商标法其他相关规定予以审查。例如，此类标志若具有不良影响，仍可以按照商标法相关规定认定为不得使用和注册的商标。一、二审判决理由不当，应予纠正，但其撤销第28028号决定的结论正确，应予以维持。商标评审委员会仍需就申请商标是否违反商标法其他相关规定进行审查，故需判决商标评审委员会重新作出复审决定。

中华人民共和国最高人民法院行政判决书

（2010）行提字第4号

申诉人（一审被告、二审上诉人）：国家工商行政管理总局商标评审委员会，住所地：北京市西城区三里河东路8号。

法定代表人：许瑞表，该委员会主任。

委托代理人：苗贵娟，国家工商行政管理总局商标评审委员会审查员。

委托代理人：乔向辉，国家工商行政管理总局商标评审委员会审查员。

被申诉人（一审原告、二审被上诉人）：劲牌有限公司，住所地：湖北省大冶市大冶大道169号。

法定代表人：吴少勋，该公司董事长。

委托代理人：王新霞，北京汇智达知识产权代理有限公司商标代理人。

委托代理人：孙克志，劲牌有限公司知识产权主管。

国家工商行政管理总局商标评审委员会（以下简称商标评审委员会）因与劲牌有限公司商标驳回复审行政纠纷一案，不服北京市高级人民法院于2009年8月19日作出（2009）高行终字第829号行政判决，向本院申请再审。本院经审查，于2010年8月6日作出（2010）知行字第29号行政裁定，决定提审本案。本院依法组成合议庭，于2010年9月27日公开开庭审理了本案。商标评审委员会的委托代理人苗贵娟、乔向辉，劲牌有限公司的委托代理人王新霞到庭参加了诉讼。本案现已审理终结。

北京市第一中级人民法院、北京市高级人民法院经审理查明：2005年10月20日，劲牌有限公司向国家工商行政管理总局商标局（简称商标局）申请在第33类果酒（含酒精）、开胃酒、蒸馏饮料、葡萄酒、酒（饮料）、米酒、含酒精液体、酒精饮料（啤酒除外）、黄酒、食用酒精等商品上注册第4953206号“中国劲酒”商标（简称申请商标）。2008年2月26日，商标局作出ZC4953206BH1号商标驳回通知书，认为申请商标内含我国国名，不得作为商标使用，不宜注册，根据《中华人民共和国商标法》（简称《商标法》）第十条第一款第（一）项、第二十八条的规定，驳回申请商标的注册申请。劲牌有限公司不服该驳回决定，向商标评审委员会申请复审认为：申请商标中的主体“劲”是劲牌有限公司已经注册的商标，具有很高的知名度，已经被认定为驰名商标。申请商标中的“中国”与“劲”字的字体、表现形式均不相同，“中国”在申请商标中仅仅起到表示申请人所属国的作用。根据《商标审查及审理标准》，申请商标不在禁止注册的范围之列，劲牌有限公司请求商标评审委员会给予申请商标初步审定。2008年11月24日，商标评审委员会作出商评字［2008］第28028号《关于第4953206号“中国劲酒”商标驳回复审决定书》（简称第28028号决定），认为：申请商标中的“中国”为我国国家名称，属于《商标法》第十条第一款第（一）项明确规定不得作为商标使用的标志，依法应予驳回。劲牌有限公司关于在其较有知名度的商标中加入“中国”就可当然获准注册的主张缺乏法律依据。因此，商标评审委员会决定驳回申请商标的注册申请。

劲牌有限公司不服第28028号决定，向北京市第一中级人民法院提起行政诉讼称：申请商标虽含有我国国名，但申请商标与我国国名并不相同也不近似，商标评审委员会适用《商标法》第十条第一款第（一）项错误，请求撤销第28028号决定。北京市第一中级人民法院一审认为：申请商标为“中国劲酒”文字及方章图形共同构成的组合商标，其中文字“劲”字体为行书体，与其他三字字体不同，字形苍劲有力，明显突出于方章左侧，且明显大于其他三字，是申请商标的显著识别部分。方章图案中的“中国酒”三字，字体明显有别于“劲”字，虽然包含有中国国名，但该国名部分更容易使消费者理解为商标申请人的所属国。商标评审委员会作出的第28028号决定仅以申请商标中的“中国”为我国国家名称为由，即认定申请商标属于《商标法》第十条第一款第（一）项规定的不得作为商标使用的标志，主要证据不足。北京市第一中级人民法院于2009年4月7日作出（2009）一中行初字第441号行政判决，依据《中华人民共和国行政诉讼法》第五十四条第（二）项第1目之规定，判决撤销第28028号决定。案件受理费100元，由商标评审委员会负担。

商标评审委员会不服一审判决，向北京市高级人民法院提起上诉。北京市高级人民法院二审认为：《商标法》第十条第一款第（一）项规定，同中华人民共和国的国家名称相同或者近似的标志不得作为商标使用。上述法律规定表明，在一般情况下禁止将与我国国名相同或者近似的标志作为商标使用，但申请商标所含我国国名与其他具备显著特征的标志相互独立，国名仅起表示申请人所属国作用的除外。本案申请商标为“中国劲酒”文字及方章图形共同构成的组合商标。其中文字“劲”字字体为行书体，与其他三字字体不同，字形苍劲有力，明显突出于方章左侧，且明显大于其他三个字，是申请商标的显著识别部分。方章图案中的“中国酒”三字，字体明显有别于“劲”字，虽然包含有中国国名，但该国名部分更容易使消费者理解为仅起商标申请人所属国的作用。因此，商标评审委员会作出的第28028号决定认定事实不清，主要证据不足，一审法院判决予以撤销正确，应予维持。北京市高级人民法院于2009年8月19日作出（2009）高行终字第829号行政判决，维持一审判决，二审案件受理费100元，由商标评审委员会负担。

商标评审委员会申请再审称：《商标法》第十条第一款第（一）项规定，同中华人民共和国的国家名称相同或者近似的标志不得作为商标使用。《商标审查及审理标准》明确商标含有与我国国家名称相同或者近似的文字的，应判定为与我国国家名称相同或者近似的情况。《商标审查及审理标准》规定了三种例外情形，除此之外，包含我国国家名称的商标一律不予注册并禁止使用。之所以对包含中国国名的商标可注册性作出严格规定，是由于：首先，《商标法》关于商标注册管理的规定，不仅要保护商标注册人的利益，还要承担维护国家尊严、保护消费者权益、维护社会公共利益以及社会主义市场经济秩序的责任。中华人民共和国的国家名称（包括简称）与国旗、国徽等同为国家标志，与国家尊严紧密相联，为保证市场主体合理、正当地使用国家名称，避免可能出现的在商业使用中滥用国家标志的情况，历来对含有国名的商标进行严格审查，原则上禁止带有国名的商标注册已成为审查惯例。其次，“中国”和具有显著特征的其他标志的组合易被作为企业名称简称识别，而我国企业名称登记管理规定对企业名称中带有“中国”二字有严格的条件限制。在商标可注册性的审查中，亦应考虑企业名称法律法规中的限制性规定，避免不符合登记条件的企业名称以商标形式出现。本案中，申请商标含有“中国”二字，且在视觉效果上已形成一个整体，“中国”二字成为商标中密不可分的组成部分，不属于《商标审查及审理标准》中所指的与其他显著特征相对独立，仅起表示申请人所属国作用的情况，而本案申请商标注册申请人企业名称为“劲牌有限公司”，并不属于能够使用“中国”字样的公司，在商标标志中将“中国”与企业字号合用，已构成对我国国家名称的不当使用。原审法院未慎重考虑带有我国国家名称商标的特殊性，所作出的判决结果可能导致不同类别的市场主体对我国国家名称不加限制的注册和使用。为避免可能出现的大量带有“中国”的商标注册造成对我国国家名称的滥用，维护良好的商标注册管理秩序，商标评审委员会请求撤销一、二审判决，维持商标评审委员会作出的第28028号决定。

劲牌有限公司答辩称：《商标法》并未将企业名称登记管理规定作为规范商标注册的法律依据，也未对注册商标的申请主体给予不同类别的划分，商标评审委员会允许部分主体注册含有“中国”的商标，限制其他主体注册，这种区别对待的做法违反了平等、法制统一的原则。申请商标虽含有国名，但商标整体与我国国名并不相同也不近似，不能因为申请商标包含国名即认定其与国名近似，实践中也有许多含有“中国”的商标获准注册。《商标审查及审理标准》中明确规定“我国申请人申请商标所含我国国名与其他具备显著特征的标志相互独立，国名仅起表示申请人所属国作用的”，允许注册。申请商标中，具备显著特征的是草体“劲”，“中国”与“酒”字为普遍表现形式，国名与具备显著特征的标志相互独立，国名仅起表示申请人所属国作用。因此申请商标完全符合《商标审查及审理标准》的规定，应予注册。申请商标经过多年使用，获得多项荣誉，得到消费者认可，没有证据证明其有损于国家主权和尊严。综上，劲牌有限公司请求维持（2009）高行终字第829号行政判决。

本院再审查明，原审法院认定事实属实，本院予以确认。在再审中，劲牌有限公司提交了海关出口货物报关单、销售合同、广告视频、劲酒外观设计专利证书、“中国劲酒”荣获湖北省1999－2000年度和2001－2002年度消费者满意商品称号的荣誉证书等证据，欲证明劲牌有限公司已经大量使用申请商标，获得多项荣誉，得到消费者的认可。此外，劲牌有限公司还提交了凤凰科技集团有限公司第5654179号“中国凤凰”商标的注册信息等证据，证明企业名称中不含有“中国”的主体可以注册含有“中国”文字的商标。

本院再审认为，商标是用以区别不同生产经营者所提供的商品或者服务的标志。《商标法》第十条第一款第（一）项规定，同中华人民共和国的国家名称相同或者近似的标志不得作为商标使用。**此处所称同中华人民共和国的国家名称相同或者近似，是指该标志作为整体同我国国家名称相同或者近似。如果该标志含有与我国国家名称相同或者近似的文字，且其与其他要素相结合，作为一个整体已不再与我国国家名称构成相同或者近似的，则不宜认定为同中华人民共和国国家名称相同或者近似的标志。**本案中，申请商标可清晰识别为“中国”、“劲”、“酒”三部分，虽然其中含有我国国家名称“中国”，但其整体上并未与我国国家名称相同或者近似，因此申请商标并未构成同中华人民共和国国家名称相同或者近似的标志，商标评审委员会关于申请商标属于《商标法》第十条第一款第（一）项规定的同我国国家名称相近似的标志，据此驳回申请商标的注册申请不妥，本院予以纠正，其相关申诉理由本院亦不予支持。

但是，国家名称是国家的象征，如果允许随意将其作为商标的组成要素予以注册并作商业使用，将导致国家名称的滥用，损害国家尊严，也可能对社会公共利益和公共秩序产生其他消极、负面影响。因此，对于上述含有与我国国家名称相同或者近似的文字的标志，虽然对其注册申请不宜根据《商标法》第十条第一款第（一）项进行审查，但并不意味着属于可以注册使用的商标，而仍应当根据《商标法》其他相关规定予以审查。例如，此类标志若具有不良影响，仍可以按照《商标法》相关规定认定为不得使用和注册的商标。据此，就本案而言，北京市第一中级人民法院和北京市高级人民法院一、二审判决理由不当，应予纠正，但其撤销第28028号决定的结论正确，应予以维持。本案中，商标评审委员会仍需就申请商标是否违反《商标法》其他相关规定进行审查，故需判决商标评审委员会重新作出复审决定。

综上，依照《中华人民共和国行政诉讼法》第五十四条第（二）项第2目、第六十三条第二款、《最高人民法院关于执行〈中华人民共和国行政诉讼法〉若干问题的解释》第七十六条第一款之规定，判决如下：

一、维持北京市高级人民法院（2009）高行终字第829号行政判决；

二、国家工商行政管理总局商标评审委员会重新作出复审决定。

本案一审案件受理费100元、二审案件受理费100元，共200元，由国家工商行政管理总局商标评审委员会负担。

本判决为终审判决。

审　判　长　夏君丽
代理审判员　王艳芳
代理审判员　周云川
二〇一〇年十二月二十四日
书　记　员　张　博

84. 对包含外文文字的申请商标是否构成禁止注册的外国国家名称，应基于相关公众的知识水平和认知能力作出判断

——再审申请人耐克国际有限公司与被申请人国家工商行政管理总局商标评审委员会商标驳回复审行政纠纷案

【裁判要旨】

相关公众基于其知识水平和认知能力，不会认为申请商标整体上与外国国家名称相同或近似的，应认定申请商标未违反商标法第十条第一款第（二）项的规定。

【关键词】

商标　驳回复审程序　国家名称　外文商标

【案号】

最高人民法院（2015）知行字第80号

【基本案情】

在再审申请人耐克国际有限公司（以下简称耐克公司）与被申请人国家工商行政管理总局商标评审委员会（以下简称商标评审委员会）商标驳回复审行政纠纷案中，耐克公司于2009年10月13日申请注册第7752573号“JORDAN”商标（即申请

商标)，指定使用商品为第28类篮球、球类专用袋等。2010年10月12日，国家工商行政管理总局商标局以申请商标“JORDAN”的中文可译为“约旦”，为不得作为商标使用的外国国家名称，以及申请商标违反商标法第二十八条规定为由，决定对申请商标予以驳回。商标评审委员会维持商标局的驳回决定。耐克公司不服，提起行政诉讼。北京市第一中级人民法院一审判决驳回耐克公司的诉讼请求。耐克公司不服，提起上诉。北京市高级人民法院二审判决驳回上诉、维持原判。耐克公司仍不服，向最高人民法院申请再审。最高人民法院于2015年12月2日裁定驳回耐克公司的再审申请。

【裁判意见】

最高人民法院审查认为：与外国国家名称相同或近似的标志不得作为商标注册的立法目的，在于尊重外国的国家主权。在认定申请商标是否违反上述法律规定时，应当以相关公众作为判断主体，将申请商标标识整体与外国国家名称进行比较。相关公众基于其知识水平和认知能力，认定申请商标整体上与外国国家名称不相同也不近似的，应当认定申请商标未违反商标法第十条第一款第（二）项的规定。本案中，申请商标为组合商标，由上方的“”图形和下方的“JORDAN”文字共同组成。其中文字部分“Jordan”除构成约旦国（全称约旦哈希姆王国）英文国家名称“The Hashemite Kingdom of Jordan”的重要组成部分外，还具有人名、地名等其他含义。而且，申请商标的文字部分与图形部分“”紧密结合，整体上与“JORDAN”形成了一定的差异。由于地理差距、语言差异等因素，我国境内的相关公众对“JORDAN”为约旦国家英文名称重要组成部分的了解程度相对有限，相关公众基于其知识水平和认知能力，一般不会将申请商标中的“JORDAN”与约旦国联系在一起，更不会认为申请商标整体上与约旦的国家名相同或者近似，申请商标未违反商标法第十条第一款第（二）项的规定。

中华人民共和国最高人民法院行政裁定书

（2015）知行字第80号

再审申请人（一审原告、二审上诉人）：耐克国际有限公司。住所地：美利坚合众国俄勒冈州比弗顿鲍尔曼道1号。

法定代表人：马格·福勒，助理秘书。

法定代表人：艾文·S. 雷诺德，助理秘书。

委托代理人：王珊珊，北京市正见永申律师事务所律师。

委托代理人：范旭，北京市正见永申律师事务所律师。

被申请人（一审被告、二审被上诉人）：国家工商行政管理总局商标评审委员会。住所地：中华人民共和国北京市西城区茶马南街1号。

法定代表人：何训班，该委员会主任。

委托代理人：洪强，该委员会审查员。

再审申请人耐克国际有限公司（以下简称耐克公司）因与被申请人国家工商行政管理总局商标评审委员会（以下简称商标评审委员会）商标申请驳回复审行政纠纷一案，不服北京市高级人民法院于2014年11月14日作出的（2014）高行终字第1960号行政判决，向本院申请再审。本院依法组成合议庭对本案进行了审查。现已审查终结。

耐克公司申请再审称：（一）申请号为7752573的申请商标（以下简称申请商标）中的“JORDAN”除指代约旦国家名称外，还具有其他多种含义，不会造成相关公众误认。1.《商标审查及审理标准》中规定，适用《中华人民共和国商标法》（以下简称商标法）第十条第一款第（二）项规定时有如下例外：“但下列情形之一的除外；……具有明确的其他含义且不会造成公共误认的。”申请商标中的“JORDAN”一词并非唯一对应于约旦国家名称。除国家名称外，“JORDAN”一词还具有如下多种含义：（1）国家名：约旦（阿拉伯北部的王国）；（2）河流名：约旦河；（3）英国方言：室内用便器；尿壶；（4）人名：［英格兰人姓氏］乔丹来源于希伯来语教名，取自约旦河（Jordan），含义是“往下流”（to go down, descend）；（5）地名：［美国］乔丹；［亚细亚洲］约旦；［菲律宾］霍尔丹等。2. 约旦国的全称为约旦哈姆斯王国，是位于中东的阿拉伯国家，其在中国的知名度远远不及欧美等发达国家。从相关公众的认知能力来说，由于英语并非母语，相关公众难以将约旦国与“JORDAN”对应。相比国家名称，“JORDAN”一词作为姓氏，尤其是著名NBA球星迈克尔·乔丹的姓氏，在中国享有更高的知名度和更强的显著性，不会误导公众。3. 申请商标含有知名度极高的商标“”，其与“JORDAN”组合后，对迈克尔·乔丹的指向性更为明显和直接。图形元素“”的加入，使申请商标整体上具有极强的显著特征，足以使相关公众将申请商标与约旦国家名称相区别，不会误导公众。被申请人以及一审、二审法院未从申请商标的整体构成上进行比对，忽视了“JORDAN”与“”组合后，使得申请商标具有显著特征，认定事实错误。4. 被诉决定及一审、二审判决关于“申请商标中英文‘JORDAN’，中文可译为‘约旦’，与外国国名相同，不得作为商标注册使用”的认定，与商标审查实践以及法院有关生效判决矛盾。请求本院：1. 裁定对本案进行提审；2. 裁定中止执行二审判决；3. 判决撤销一、二审判决；4. 判决撤销商标评审委员会［2012］第26251号《关于第7752573号“JORDAN”商标驳回复审决定书》（以下简称被诉决定），判令商标评审委员会就申请商标重新作出决定。

商标评审委员会提交意见答辩认为，被诉决定认定事实清楚、适用法律正确，请求维持。

本院审查查明，约旦为位于阿拉伯半岛的亚洲国家，全称为约旦哈希姆王国，其英文国家名称为“The Hashemite Kingdom of Jordan”。申请商标中的“Jordan”为约旦英文国家名称的重要组成部分，并具有人名、地名等其他含义。

本院另查明，本案中，商标局驳回申请商标，以及商标评审委员会驳回再审申请人复审申请的理由包括两个方面，一是申请商标与第3225273号图形商标（以下简称引证商标）构成使用在相同或类似商品上的近似商标，不符合商标法第二十八条的规定。二是认定申请商标中的“JORDAN”可译为“约旦”，为外国国名，不得作为商标注册使用，不符合商标法第十条第一款第（二）项的规定。在提起本案一审诉讼时，再审申请人认为被诉决定中有关申请商标不符合商标法第十条第一款第（二）项规定的认定错误，对被诉决定中有关申请商标不符合商标法第二十八条的规定的认定，再审申请人在起诉时未提出异议。一审判决驳回再审申请人的诉讼请求后，再审申请人的上诉理由中亦未涉及有关商标法第二十八条的认定。

本院认为，本案争议焦点为被诉决定以及一、二审判决有关申请商标不符合商标法第十条第一款第（二）项规定的认定是否正确。

商标法第十条第一款规定：“下列标志不得作为商标使用：……（二）同外国的国家名称、国旗、国徽、军旗相同或者近似的，但该国政府同意的除外……”本院认为，上述规定的主要目的，在于尊重外国的国家主权，并避免相关公众误认为有关商品或者服务来源于外国，或者与外国有特定联系。在认定申请商标是否符合上述法律规定时，应当以相关公众作为判断主体，将申请商标标识整体与外国的国家名称进行比较。相关公众基于其知识水平和认知能力，认定申请商标整体上与外国的国家名称不相同也不近似的，应当认定申请商标未违反商标法第十条第一款第（二）项的规定。

本案中，申请商标为组合商标，由上方的“”图形和下方的“JORDAN”文字共同组成。其中文字部分“Jordan”除了构成约旦国（全称约旦哈希姆王国）英文国家名称“The Hashemite Kingdom of Jordan”的重要组成部分外，还具有人名、地名等其他含义。而且，申请商标的文字部分与图形部分“”紧密结合，整体上与“Jordan”形成了一定的差异。由于地理差距、语言差异等因素，我国境内的相关公众对“JORDAN”为约旦国家英文名称重要组成部分的了解程度相对有限，相关公众基于其知识水平和认知能力，一般不会将申请商标中的“JORDAN”与约旦国联系在一起，更不会认为申请商标整体上与约旦的国家名相同或者近似。因此，一、二审判决以及被诉决定有关申请商标不符合商标法第十条第一款第（二）项规定的认定错误，本院予以纠正。

经本院查明，对于商标局驳回通知书以及被诉决定中有关申请商标不符合商标法第二十八条规定的认定，再审申请人在申请商标复审、提起行政诉讼以及上诉时均未提出异议。因此，被诉决定以商标法第二十八条为法律依据之一，作出“申请商标予以驳回”的结论正确，应予维持。一审判决有关申请商标不符合商标法第十条第一款第（二）项规定的认定虽有错误，但其驳回再审申请人关于“撤销被诉决定”的诉讼请求正确。二审判决驳回再审申请人有关撤销被诉决定和一审判决，判令商标评审委员会重新作出决定上诉请求的结论亦正确，为提高审判效率，本院予以维持。

综上，耐克公司的再审申请不符合《中华人民共和国行政诉讼法》第九十一条之规定，本院裁定如下：

驳回耐克国际有限公司的再审申请。

审 判 长 王艳芳

代理审判员 杜微科

代理审判员 佟 姝

二〇一五年十二月二日

书 记 员 孙思逸

（八）“撤三”制度中的商标使用

85. 商标法第四十四条规定的责令限期改正的管理手段的适用及其第（四）项规定中“使用”的含义

——再审申请人云南滇虹药业集团股份有限公司与被申请人汕头市康王精细化工实业有限公司、原审被告国家工商行政管理总局商标评审委员会商标行政纠纷案

【裁判要旨】

商标法第四十四条第（四）项规定的“使用”，应该是在商业活动中对商标进行公开、真实、合法的使用，并指出判断商标使用行为合法与否的法律依据，不限于商标法及其配套法规。经营者在违反法律法规强制性、禁止性规定的经营活动中使用商标的行为，不能认定为商标法规定的使用行为；商标法第四十四条规定的责令限期改正的处理办法，不适用于第（四）项规定的连续3年停止使用行为，他人向商标局申请撤销该注册商标后，如果注册人没有使用的证据材料或者证据材料无效，并且没有不使用的正当理由的，应该撤销其注册商标。*

【关键词】

商标　使用　责令限期改正

【案号】

最高人民法院（2007）行监字第184－1号

【基本案情】

在再审申请人云南滇虹药业集团股份有限公司（以下简称滇虹公司）与被申

---

* 说明：这种理解是基于本案的具体情况作出的，由于实践中商标使用的情况比较复杂，这一问题还有待进一步研究和探索，最高人民法院也将在时机成熟时对此问题予以明确。

请人汕头市康王精细化工实业有限公司（以下简称康王公司）、原审被告国家工商行政管理总局商标评审委员会（以下简称商标评审委员会）商标行政纠纷案中，案外人北京康丽雅公司1995年4月7日被核准在第3类（化妆品）上注册第738354号“康王”文字商标（即复审商标）。康丽雅公司最后一次参加企业年检的时间是1997年3月20日，自1998年起就未办理工商年检，2001年6月该公司营业执照被吊销。2002年10月18日，康王公司以连续三年停止使用为由，向商标局申请撤销复审商标。商标局于2003年12月17日作出《关于撤销第738354号“康王”商标的决定》，决定撤销复审商标。滇虹公司作为复审商标的受让人，于2004年1月9日向商标评审委员会申请复审。2006年7月26日，商标评审委员会作出商评字〔2006〕第2432号《关于第738354号“康王”商标撤销复审决定书》（以下简称第2432号决定），决定对第738354号“康王”商标的注册予以维持。康王公司不服第2432号决定，向北京市第一中级人民法院提起行政诉讼。一审法院认为，滇虹公司提交的证据无法证明复审商标在1999年10月18日至2002年10月17日已被真实、合法使用，商标评审委员会认定滇虹公司存在真实的使用行为，认定事实错误。一审法院判决撤销商评字（2006）第2432号决定，并判令商标评审委员会于判决生效之日起三个月内重新作出复审决定。商标评审委员会和滇虹公司不服一审判决，向北京市高级人民法院提起上诉。二审法院判决驳回上诉，维持原判。滇虹公司向最高人民法院申请再审，最高人民法院于2008年12月25日通知驳回其再审申请。

【裁判意见】

最高人民法院认为：商标法第四十四条第（四）项规定的“使用”，应该是在商业活动中对商标进行公开、真实、合法的使用。从商标法第四十五条的规定来看，判断商标使用行为合法与否的法律依据，并不限于商标法及其配套法规。对于违反法律法规强制性、禁止性规定的生产经营活动中的商标使用行为，如果认定其法律效力，则可能鼓励、纵容违法行为，与商标法有关商标使用行为规定的本意不符。从商标法实施条例第三十九条第二款的规定来看，有商标法第四十四条第（四）项规定的连续3年停止使用行为的，他人向商标局申请撤销该注册商标后，如果注册人没有使用的证据材料或者证据材料无效，并且没有不使用的正当理由的，由商标局撤销其注册商标，并不适用责令限期改正的处理办法。

中华人民共和国最高人民法院驳回再审申请通知书

(2007) 行监字第184-1号

云南滇虹药业集团股份有限公司：

你公司因与再审被申请人汕头市康王精细化工实业有限公司（以下简称康王公司）、原审被告国家工商行政管理总局商标评审委员会（以下简称商标评审委员会）商标撤销行政纠纷一案，不服北京市高级人民法院（2007）高行终字第78号行政判决，向本院申请再审。本院依法组成合议庭对你公司的再审申请进行了审查，并于2008年5月22日、6月10日两次组织各方当事人进行听证。你公司代理人蒋洪义、刘春田，商标评审委员会代理人臧宝清，康王公司代理人马翔、邵宇力参加了听证。本案现已审查完毕。

你公司申请再审的理由是：（一）终审判决对商标法规定的“商标使用行为”合法性的理解错误。评判商标使用行为合法与否的法律依据，应当是商标法及其配套法规，即使使用商标的产品的生产行为不符合其他法律法规的规定，其法律后果也仅限于其他主管部门依据相关法律规定来处理其违法生产行为，而不应该导致商标主管部门也以商品生产销售违法为由来处理该商品上的商标使用行为。终审判决混淆商标使用行为与商品生产行为之间的界限，以商品生产行为的违法性来否定商标使用行为的合法性，缺乏法律依据和法理依据。（二）即使按照终审判决所采用的评判标准，在证据3和证据5中“康王”商标（注册号为第738354号，以下简称复审商标）的使用仍然属于合法使用。尽管《化妆品卫生监督条例》和《工业产品生产许可证管理条例》规定，只有取得化妆品的生产许可证和卫生许可证后，才能生产、销售化妆品，但是，上述行政法规并未禁止企业在取得相关许可证之前先行生产化妆品的包装容器。（三）如果以违反许可证管理制度为由否定再审申请人对复审商标有合法使用行为，则连续3年未使用也是因为政府政策性限制造成的，属于有正当理由不使用。（四）终审判决不仅违背了商标法关于撤销3年不使用的注册商标制度的立法宗旨，而且在客观上助长了不正当竞争行为。商标法第四十四条设立撤销连续3年不使用的注册商标制度的目的，在于清理因注册人没有使用意愿等自身原因导致商标长期被搁置不用的“死亡”商标，避免商标资源的浪费。对于按照注册人的真实意愿被使用着的商标，即使其使用行为存在瑕疵，亦不应该成为撤销对象。本案中的复审商标在所争议的三年期间按照商标法规定的方式被客观使用着，使用行为一直延续至今，而且实际使用人昆明滇虹公司已在2003年取得了化妆品的相关许可证，解决了生产合法性问题。经过多年的使用，复审商标已经在消费者中形成了良好的声誉和较高的知名度。再审申请人目前已经拥有注册在第三类、第五类、第十类等多个类别上的共计十五枚带中文“康王”字样的商标，并申请了几十枚防御性的“康王”类似商标。其中第五类上的“康王”商标还被认定为驰名商标。复审商标不仅是“活”着的商标，而且与再审申请人所拥有的其他康王商标一起，构成了“康王”品牌整体战略的有机组成部分。按照商标法的宗旨，这样的商标不应该撤销。

再审被申请人康王公司答辩称：（一）再审请求缺乏事实依据。再审申请人没有有效证据证明与康丽雅公司之间存在真实的商标使用许可关系；再审申请人没有提交与化妆品有关的生产记录、销售凭据、广告宣传等方面的证据，没有有效证据证明再审申请人真实、合法使用了复审商标。（二）再审申请理由没有法律依据。按照商标法实施条例第三条的规定，商标法所称商标的使用，应当是公开、真实、合法的使用。再审申请人提交的复审商标使用证据不仅真实性无法确定，而且不具有使用的合法性。再审申请人关于商标使用行为与商品生产行为是两个不同的法律问题、应分别适用不同的法律评判、商标主管部门只能依据商标法对商标使用行为作出判断和处理的主张不能成立。再审申请人关于三年不使用复审商标是因为政府政策限制造成的、不使用有正当理由的观点更不能成立。因为日化行业并非进入门槛很高的行业，以再审申请人的条件办妥生产许可手续是轻而易举的事情。此外，在行政诉讼再审审查程序中，商标评审委员会及再审申请人收集和提交的新证据都不能作为认定被诉具体行政行为合法的依据。再审申请的理由均不能成立，应当驳回。商标评审委员会认为，其作出的商评字〔2006〕第2432号决定认定事实和适用法律是正确的。

本院经调卷、听证审查查明：案外人北京康丽雅公司1995年4月7日被核准在第3类（化妆品）上注册第738354号“康王”文字商标（即复审商标）。康丽雅公司最后一次参加企业年检的时间是1997年3月20日，自1998年起就未办理工商年检，2001年6月该公司营业执照被吊销。2002年10月18日，康王公司以连续三年停止使用为由，向商标局申请撤销复审商标。商标局于2003年12月17日作出《关于撤销第738354号“康王”商标的决定》，决定撤销复审商标。你公司作为复审商标的受让人，于2004年1月9日向商标评审委员会申请复审。2006年7月26日，商标评审委员会作出商评字〔2006〕第2432号《关于第738354号

"康王"商标撤销复审决定书》(简称第 2432 号决定),决定对第 738354 号"康王"商标的注册予以维持。康王公司不服第 2432 号决定,向北京市第一中级人民法院提起行政诉讼。

一审法院查明:在商标评审程序中,你公司提交了与康丽雅公司签订的商标使用许可合同,该合同上标明的签订日期为 2001 年 4 月 25 日,证明你公司被许可从 2001 年 4 月 30 日起至 2003 年 10 月 30 日止使用复审商标。你公司还提交了与康丽雅公司签订的商标转让协议,该协议标明的签订日期为 2003 年 5 月 15 日,商标局于 2003 年 9 月 8 日核准复审商标转让给你公司。商标评审委员会在第 2432 号决定中,对你公司提交的证据 3、5、6、17 予以采信。其中证据 3 为"康王"牌防裂护肤霜外包装盒实物两个,显示的生产日期分别为 2001 年 8 月 14 日和 2002 年 9 月 17 日,生产厂家为你公司的子公司昆明滇虹公司,该包装盒上未标注生产许可证及卫生许可证。证据 5 为昆明滇虹公司与昆明西山时代亨利彩印厂于 2002 年 8 月 5 日签署的《供需合同》,该合同显示昆明滇虹公司委托亨利彩印厂加工 20g"康王"牌护肤霜小盒 10 万只、20g"康王"牌护肤霜中盒 1 万只及 20g"康王"牌护肤霜说明书 10 万张,交货期限为 2002 年 9 月 15 日之前。证据 6 为亨利彩印厂出具的书面证明,证明该厂于 2000 年至 2002 年为昆明滇虹公司生产"康王"牌防裂护肤霜的配套材料;该证明中无法定代表人签章。证据 17 为昆明滇虹公司生产的"康王洗剂"外包装盒、昆明友立实业公司(简称友立公司)的证明、友立公司的化妆品生产《卫生许可证》及《生产许可证》;其中,友立公司的证明称,其于 2001 年下半年受托为昆明滇虹公司加工过化妆品康王洗剂产品;包装盒上所载明的生产批号为 010801;卫生许可证与生产许可证中所载明的许可证号与证据 17 包装盒中所显示的生产许可证及卫生许可证号一致,上述两个许可证均为友立公司所有,但其中生产许可证的颁证日期为 2003 年 5 月 9 日。你公司称友立公司获得该生产许可证的时间并非 2003 年,该许可证上的时间仅是换证时间,但未提交证据证明。一审法院认为,你公司提交的证据无法证明复审商标在 1999 年 10 月 18 日至 2002 年 10 月 17 日之间已被真实、合法使用,商标评审委员会认定你公司存在真实的使用行为,认定事实错误。一审法院判决撤销商评字(2006)第 2432 号决定,并判令商标评审委员会于判决生效之日起三个月重新作出复审决定。

商标评审委员会、你公司不服一审判决,向北京市高级人民法院提起上诉。二审法院经审理认为,现有证据均不足以证明你公司及昆明滇虹公司在复审商标被申请撤销前有实际使用该商标的行为。二审法院判决驳回上诉，维持原判。

本院认为：商标法第四十四条第（四）项规定的“使用”，应该是在商业活动中对商标进行公开、真实、合法的使用。从商标法第四十五条的规定来看，判断商标使用行为合法与否的法律依据，并不限于商标法及其配套法规。对于违反法律法规强制性、禁止性规定的生产经营活动中的商标使用行为，如果认定其法律效力，则可能鼓励、纵容违法行为，与商标法有关商标使用行为规定的本意不符。

商标评审委员会在第2432号决定中采信的你公司证据3、5、6、17，由于没有相关的化妆品销售合同、销售发票、广告宣传资料等公开使用证据予以印证，不能证明你公司按照商标法的规定实际使用了复审商标。由于2002年10月18日之前，你公司及昆明滇虹公司均没有生产、销售化妆品所必需的生产许可证和卫生许可证，不能认定你公司在争议期内合法使用了复审商标。你公司没有提交在撤销申请提出前已经向有关主管机关申报申请材料的证据，无法认定你公司有不使用的正当理由。

从商标法实施条例第三十九条第二款的规定来看，有商标法第四十四条第（四）项规定的连续3年停止使用行为的，他人向商标局申请撤销该注册商标后，如果注册人没有使用的证据材料或者证据材料无效，并且没有不使用的正当理由的，由商标局撤销其注册商标，并不适用责令限期改正的处理办法。因此，你公司关于终审判决违背商标法第四十四条立法宗旨的主张，在现行法律法规中没有依据。

对于你公司在本院审查过程中提交的新证据，由于这些证据不是作出行政裁决所依据的证据，本院不予审查。

综上所述，本院认为，一、二审法院的判决认定事实清楚，适用法律正确。你公司的再审申请不符合《中华人民共和国行政诉讼法》第六十三条第二款、《最高人民法院关于执行〈中华人民共和国行政诉讼法〉若干问题的解释》第七十二条规定的再审条件，依据《最高人民法院关于执行〈中华人民共和国行政诉讼法〉若干问题的解释》第七十四条的规定，予以驳回。

特此通知。

二〇〇八年十二月二十五日

86. 注册商标连续三年停止使用撤销制度中商业使用和合法使用的判断标准

——再审申请人法国卡斯特兄弟股份有限公司与被申请人国家工商行政管理总局商标评审委员会、李道之商标撤销复审行政纠纷案

【裁判要旨】

只要在商业活动中公开、真实地使用了注册商标，且注册商标的使用行为本身没有违反商标法律规定，注册商标权利人就已经尽到了法律规定的使用义务；有关注册商标使用的其他经营活动中是否违反进口、销售等方面的法律规定，并非商标法第四十四条第（四）项所要规范和调整的问题。

【关键词】

商标　撤销复审　真实使用

【案号】

最高人民法院（2010）知行字第55号

【基本案情】

在再审申请人法国卡斯特兄弟股份有限公司（以下简称卡斯特公司）与被申请人国家工商行政管理总局商标评审委员会（以下简称商标评审委员会）、李道之商标撤销复审行政纠纷案中，“卡斯特”商标（即争议商标）系1998年9月7日申请、2000年3月7日被核准注册，指定使用在第33类“果酒（含酒精）”等商品上，商标权人为李道之。2005年7月，卡斯特公司以连续三年停止使用为由，向商标局申请撤销争议商标。国家工商行政管理总局商标局（以下简称商标局）以李道之未在法定期间内提交其使用争议商标的证据材料为由，决定撤销争议商标。李道之不服，向商标评审委员会申请复审，并提交了商标使用许可合同和被许可人上海班提酒业有限公司（以下简称班提公司）销售卡斯特干红葡萄酒的增值税发票2张等使用证据。商标评审委员会经审查认为，争议商标的前述使用事实符合商标法实施条例第三条及第三十九条第三款关于商标使用的规定，不

符合商标法第四十四条所指的连续三年停止使用应予撤销的情形，遂维持争议商标的注册。卡斯特公司不服，提起行政诉讼。北京市第一中级人民法院和北京市高级人民法院先后维持了商标评审委员会的决定。卡斯特公司不服，向最高人民法院申请再审，认为争议商标仅有形式使用、象征性使用，而且违反了葡萄酒商品进口、销售等方面的法律法规，属于违法使用，应予撤销。最高人民法院于2011年12月17日裁定驳回了卡斯特公司的再审申请。

【裁判意见】

最高人民法院审查认为：注册商标长期搁置不用，不仅不能发挥商标的功能和作用，而且还会妨碍他人注册、使用，从而影响商标制度的良好运转。因此，商标法第四十四条第（四）项规定，注册商标连续三年停止使用的，由商标局责令限期改正或者撤销其注册商标。应当注意的是，该条款的立法目的在于激活商标资源，清理闲置商标，撤销只是手段，而不是目的。因此，只要在商业活动中公开、真实地使用了注册商标，且注册商标的使用行为本身没有违反商标法律规定，则注册商标权利人已经尽到法律规定的使用义务，不宜认定注册商标违反该项规定。本案中，李道之在评审程序中提交了其许可班提公司使用争议商标的合同和班提公司销售卡斯特干红葡萄酒的增值税发票，在申请再审审查期间又补充提交了30余张销售发票和进口卡斯特干红葡萄酒的相关材料。综合上述证据，可以证明班提公司在商业活动中对争议商标进行公开、真实的使用，争议商标不属于商标法第四十四条第（四）项规定连续三年停止使用、应由商标局责令限期改正或者撤销的情形。至于班提公司在使用争议商标有关的其他经营活动中是否违反进口、销售等方面的法律规定，并非商标法第四十四条第（四）项所要规范和调整的问题。卡斯特公司的相关申请再审理由缺乏法律依据。

中华人民共和国最高人民法院行政裁定书

（2010）知行字第55号

申请再审人（一审原告、二审上诉人）：法国卡斯特兄弟股份有限公司。住所地：法国布朗克福市乔治古内梅街24号（24 Rue Georges Guynemer 33290 Blanquefort France）。

法定代表人：阿兰·卡斯特（Mr. Alain Castel），该公司董事总经理。

委托代理人：董箫，北京市兰台律师事务所律师。

委托代理人：陈明涛，北京市兰台律师事务所律师。

被申请人（一审被告、二审被上诉人）：中华人民共和国国家工商行政管理总局商标评审委员会。住所地：中华人民共和国北京市西城区三里河东路8号。

法定代表人：何训班，该委员会主任。

委托代理人：张世莉，该委员会审查员。

被申请人（一审第三人、二审被上诉人）：李道之，男，1972年3月30日出生，西班牙公民，住西班牙28027马德里罗贝兹·阿兰达街×号。

委托代理人：王国强，北京市京泽律师事务所律师。

委托代理人：刘东海，北京市京泽律师事务所律师。

法国卡斯特兄弟股份有限公司（简称卡斯特公司）与中华人民共和国国家工商行政管理总局商标评审委员会（简称商标评审委员会）、李道之商标撤销复审行政纠纷一案，北京市高级人民法院于2008年11月14日作出（2008）高行终字第509号行政判决（简称二审判决），已经发生法律效力。2010年10月26日，卡斯特公司向本院申请再审。本院于2010年11月18日立案后，依法组成合议庭对本案进行了审查，并于2010年12月16日组织双方当事人进行听证。现已审查完毕。

卡斯特公司申请再审称：1. “3年不使用”中的商标使用不是指“形式上使用”，而是指“实际使用”。商标注册人应当具有真实的使用意图，并且商标实际使用具有标识来源的功能。本案中，李道之仅仅提供了上海班提酒业有限公司（简称班提公司）进口“卡斯特”葡萄酒的两张发票和商标许可使用合同。仅凭以上证据，无法证明其销售事实的真实性，也无法证明其具有使用争议商标的真实意图，相反，属于为了规避其商标因“连续3年不使用”被撤销故意而为的象征性使用行为。李道之和班提酒业不仅抢注了大量有关卡斯特葡萄酒商标，而且试图向卡斯特公司索要高额转让费，具有明显的抢注恶意，并没有使用“卡斯特”商标的真实意图。李道之对“卡斯特”的使用是一种商品名称的使用，不是作为商标的使用，也不具有标明来源的功能。2. “3年不使用”中的商标使用仅指“合法使用”，而不包括“违法使用”。《中华人民共和国进出口商品检验法》等对进口、销售葡萄酒产品作了强制性、禁止性规定。根据这些规定，班提公司如果要在国内进口并销售葡萄酒，必须经过必要的检验和审核程序，并取得相关证书。李道之并未提供任何证据证明班提公司具有合法进口及销售的资格，并未提供任何证据证明其进口的葡萄酒取得了上海市相关行政部门出具的批发和零售许可证，并未提供任何证据证明其销售的葡萄酒的质量合格。非法销售过程中产生的发票显然不能作为争议商标合法使用的证据。综上，一、二审法院不仅将商标使用限定为形式意义上使用，更是将合法要件的要求排除在商标使用认定范围之外，法律适用错误。因此，卡斯特公司请求撤销一、二审判决和商标评审委员会作出的商评字［2007］第8357号《关于第1372099号“卡斯特”商标撤销复审决定》(简称第8357号决定)，判令商标评审委员会重新作出复审决定。

商标评审委员会答辩称：1. 本案中李道之提供了被许可方班提公司在2002年12月9日和2004年2月9日的两张销售葡萄酒的发票，上面明确标明了“卡斯特”商标，上述发票经过公证，虽然证据不多，但这证据可以证明商标所有人面向公众在商业交易中使用了“卡斯特”商标。从证据形式和内容上已足以证明被许可人在指定的时间内结合核定的商品公开使用注册商标的事实，注册商标应予以维持。2. 由于《中华人民共和国商标法》(简称商标法)第四十四条第(四)项的规定是对当事人物权的处置，且一旦违反即“立即死亡”，因此对其适用应该慎之又慎。如果争议商标的使用确有瑕疵，相关职能部门可依相关的法律法规或者部门规章对其进行相应处罚，而不至于使得注册商标面临“立即死亡”的严重法律后果。商标评审委员会只有权依据商标法及其配套法规对商标是否进行了商标法意义上的“合法使用”进行审查，至于商标使用人在有关生产许可证、卫生许可证、进出口许可证等方面的瑕疵，与商标使用是不同的法律关系，应适用不同的法律规定，由不同的部门管理和认定，商标评审委员会无职权在“商标撤销及复审”案件中对其直接予以认定和制裁。因此，商标评审委员会请求维持一、二审判决和第8357号决定。

李道之答辩称：1. 卡斯特公司与行政程序中的商标撤销申请人不是同一主体，无权行使诉讼权利。行政程序中的商标撤销申请人是卡斯代尔・弗雷尔股份有限公司，组织形式为股份有限公司，1959年11月14日设立，2007年3月26日注销。而本案一、二审的当事人和再审申请人卡斯特公司于2005年5月19日设立，2006年10月4日开始经营，组织形式为简化股份有限公司。两家公司是完全不同的民事主体，卡斯特公司无权行使诉讼权利。2. 卡斯特公司主张争议商标“非法使用”没有法律依据。首先，“非法”中的“法”仅限于法律和行政法规。卡斯特公司引用的部门规章等与本案无关。其次，争议商标的使用行为完全符合法律规定。再次，撤销注册商标涉及对已取得的权利的剥夺，应当慎重，即使商标使用存在不规范，也应当有相关行政执法机关加以管理，并不必然导致商标使用行为自始不存在。最后，班提公司对争议商标的使用完全是一种公开、合法的商业使用。3. 李道之自 1998 年开始，就持续使用争议商标，目前争议商标具有较高知名度。李道之在此类案件中仅承担证明“使用”的义务，即只需要证明已经使用已经足够，而没有证明使用“多少”，如何大量使用的义务。为了证明真实的使用意图和使用事实，李道之又提交了 2001—2005 年销售“卡斯特”葡萄酒、涉及多个月份的发票 34 张。李道之还大力宣传争议商标。目前，加盟“卡斯特”的经销商已达 100 家。4. 卡斯特公司意图抢夺李道之争议商标，逃避侵权责任。因此，卡斯特公司的再审申请没有事实和法律依据，应予驳回。

北京市第一中级人民法院查明，争议商标“卡斯特”原系温州五金交电化工（集团）公司酒类分公司于 1998 年 9 月 7 日申请、2000 年 3 月 7 日被核准注册，指定使用在第 33 类“果酒（含酒精）”等商品上，商标注册号为 1372099。2002 年 4 月 25 日经核准转让给李道之。

2005 年 7 月，卡斯代尔·弗雷尔股份有限公司以连续 3 年停止使用为由，向商标局申请撤销争议商标。商标局以李道之未在法定期间内提交其使用争议商标的证据材料为由，决定撤销争议商标。李道之不服商标局决定，向商标评审委员会申请复审，请求维持争议商标，并提交证据，其中包括：李道之与班提公司于 2002 年 6 月 1 日签订的商标使用许可合同，该合同授权班提公司在中国境内在第 33 类葡萄酒产品上使用争议商标，授权使用时间自 2002 年 6 月 1 日至 2008 年 12 月 31 日止；班提公司于 2002 年 12 月 9 日、2004 年 2 月 9 日销售卡斯特干红葡萄酒的增值税发票等。商标评审委员会经审查认为，根据李道之提交的证据，李道之自 2002 年 6 月 1 日起许可班提公司在葡萄酒商品上使用“卡斯特”商标，许可期限至 2008 年 12 月 31 日止。2002 年 12 月 9 日及 2004 年 2 月 9 日，班提公司分别在其销售葡萄酒的增值税专用发票上使用了争议商标。用以证明以上事实的《商标使用许可合同》及两份发票均已经过公证，卡斯特公司虽对其真实性提出异议，但无相反证据予以佐证。卡斯特公司关于班提公司系将“卡斯特”作为商品名称（而非商标）使用的理由亦不成立。争议商标的前述使用事实符合商标法实施条例第三条及第三十九条第三款关于商标使用的规定，未构成商标法第四十四条所指的连续 3 年停止使用应予撤销的情形。因此，商标评审委员会作出了撤销商标局决定、争议商标予以维持的第 8357 号决定。

卡斯特公司不服第 8357 号决定，向北京市第一中级人民法院提起行政诉讼。北京市第一中级人民法院一审认为：李道之向商标评审委员会提交的证据，已经证明李道之自 2002 年 6 月 1 日起许可班提公司在葡萄酒商品上使用争议商标，许可期限至2008年12月31日止。2002年12月9日及2004年2月9日，班提公司分别在其销售的葡萄酒的增值税发票上使用了争议商标。班提公司对争议商标的使用事实，符合上述法律、法规及其他商标规范性文件的规定，争议商标未构成商标法第四十四条所指的连续3年停止使用应予撤销的情形。商标法设置撤销3年不使用商标规范的立法目的是鼓励商标的正当使用，在促进市场主体之间公平竞争的同时，清除“商标注册簿”中确实闲置不用的“死亡商标”，防止“商标囤积”、“商标抢注”等现象，为具有真实善意使用商标意图的市场主体依法申请注册和使用商标扫清障碍。由于撤销注册商标，是对当事人已依法取得的权利的处置，所以在商标法第六章商标使用的管理中关于“3年不使用”问题的第四十四条第（四）项与该章其他意在规范商标使用行为的条款的功能不同，第四十四条第（四）项所要解决的根本问题是商标“是否在使用”，而不是“如何使用”。如果商标使用人在生产许可、卫生许可、进口许可等方面存在问题，则应适用不同的法律规范，由其他执法机关管理和查处。商标评审委员会无权在审查争议商标是否“3年不使用”的过程中，适用其他行政管理领域的规范性文件对班提公司销售卡斯特葡萄酒的行为是否违法违规直接予以认定并加以制裁。综上，一审法院判决维持被诉决定。

卡斯特公司不服一审判决，向北京市高级人民法院提起上诉。北京市高级人民法院二审认为：李道之在商标复审程序中提交了《商标使用许可合同》及增值税发票，也提交了有关部门在此期间为班提公司核发的“卡斯特”干红葡萄酒中文标签的证书，均可证明班提公司在上述期间内在葡萄酒销售活动中使用了争议商标。故，商标评审委员会认定争议商标的前述使用的事实符合商标法实施条例第三条、第三十九条第三款的规定事实依据充分。由于本案的争议商标为注册商标，故对其使用的审查应以商标法实施条例第三条的规定为法律依据，商标的使用符合该条规定的，应视为商标法意义上的使用。卡斯特公司提出的班提公司销售“卡斯特”干红葡萄酒时尚未取得《进出口食品标签审核证书》的问题，属对进口商品销售管理的问题，与商标的使用及合法使用无关，应由进口商品管理的相关法律、法规给予调整。综上，二审法院判决驳回上诉，维持一审判决。

本院审查查明，原审法院认定的事实属实。另查明，2005年7月向商标局申请撤销争议商标的申请人为卡斯代尔·弗雷尔股份有限公司，注册日期为1959年11月14日，对应的企业名称为CASTEL FRERES SA，注册号为459 202 875。

CONFRERIE DES RECOLTANTS 成立于2005年5月19日，注册号为482 283 694。2006年9月14日，根据股东大会批准的资产入股合同，注册号为459 202 875的CASTEL FRERES SA将其葡萄酒和烈酒业务，包括其旗下的商标等转移到注册号为651 621 013的SOCIETE DES VINS DE FRANCE（简称SVF）。同日，SVF又将上述权利和义务转移给注册号为482 283 694的CONFRERIE DES RECOLTANTS。2006年12月18日股东大会决定，CASTEL FRERES SA在与注册号为402 468 763的AQUITAINE合并后进行清算解散。同日，CONFRERIE DES RECOLTANTS根据股东大会的决议，改名为CASTEL FRERES SAS。

在本案再审审查过程中，李道之提交了班提公司2001年至2005年销售卡斯特葡萄酒的发票30余张，这些发票上大多在品名处标明卡斯特干红。李道之还提交了温州进出口食品卫生监督检验局颁发的卫生证书复印件，该证书载明日期是1998年8月28日，受货人为深圳班提贸易公司，货物名称为卡斯特干红葡萄酒，数量为17.808T，结论为该批西班牙产卡斯特干红葡萄酒经卫生监督检验，符合中华人民共和国食品卫生标准，贴上卫检防伪标志后同意销售。2008年3月温州市出入境检验检疫局确认了该卫生证书复印件与原件一致。2010年12月15日，温州市出入境检验检疫局函复李道之，认可了上述证书所载事实的真实性，并说明《进出口食品标签管理办法》2000年4月1日起施行，此前检验检疫部门未办理进出口食品标签审核证书业务。

本院认为，根据《中华人民共和国行政诉讼法》的规定，有权提起诉讼的法人或者其他组织终止，承受其权利的法人或者其他组织可以提起诉讼。根据查明的事实，提起撤销申请和参加复审程序的CASTEL FRERES SA已经清算解散，在之前将其葡萄酒和烈酒业务，包括其旗下的商标等转移到SVF，SVF又将上述权利和义务转移给CONFRERIE DES RECOLTANTS，该公司后又更名为CASTEL FRERES SAS，即本案申请再审人。商标评审委员会作出第8357号决定后，作为承继CASTEL FRERES SA葡萄酒和烈酒业务，包括其旗下的商标等相关权利和义务的CASTEL FRERES SAS，提起一审诉讼、提出上诉和申请再审符合法律规定。李道之关于卡斯特公司与行政程序中的商标撤销申请人不是同一主体，无权行使诉讼权利的主张不能成立。

注册商标长期搁置不用，该商标不仅不会发挥商标功能和作用，而且还会妨碍他人注册、使用，从而影响商标制度的良好运转。因此商标法第四十四条第（四）项规定，注册商标连续3年停止使用的，由商标局责令限期改正或者撤销

其注册商标。应当注意的是，该条款的立法目的在于激活商标资源，清理闲置商标，撤销只是手段，而不是目的。因此只要在商业活动中公开、真实地使用了注册商标，且注册商标的使用行为本身没有违反商标法律规定，则注册商标权利人已经尽到法律规定的使用义务，不宜认定注册商标违反该项规定。本案中，李道之在评审程序中提交了李道之许可班提公司使用争议商标的合同和班提公司销售卡斯特干红葡萄酒的增值税发票，在申请再审审查期间又补充提交了30余张销售发票和进口卡斯特干红葡萄酒的相关材料。**综合上述证据，可以证明班提公司在商业活动中对争议商标进行公开、真实的使用，争议商标不属于商标法第四十四条第（四）项规定连续3年停止使用、应由商标局责令限期改正或者撤销的情形。至于班提公司使用争议商标有关的其他经营活动中是否违反进口、销售等方面的法律规定，并非商标法第四十四条第（四）项所要规范和调整的问题。卡斯特公司关于班提公司违反了《中华人民共和国进出口商品检验法》等法律规定，由此争议商标违反商标法第四十四条第（四）项规定，应予以撤销的主张没有法律依据。**

综上，卡斯特公司的再审申请不符合《中华人民共和国行政诉讼法》第六十三条第二款和《最高人民法院关于执行〈中华人民共和国行政诉讼法〉若干问题的解释》第七十二条规定的再审条件。依照《最高人民法院关于执行〈中华人民共和国行政诉讼法〉若干问题的解释》第七十四条之规定，裁定如下：

驳回法国卡斯特兄弟股份有限公司的再审申请。

审　判　长　夏君丽
审　判　员　殷少平
代理审判员　周云川
二〇一一年十二月十七日
书　记　员　曹佳音

87. 注册商标连续三年停止使用制度中的“使用”行为，应以核定使用的商品为限

——再审申请人宁波市青华漆业有限公司与被申请人国家工商行政管理总局商标评审委员会、一审第三人上海市方达（北京）律师事务所商标撤销复审行政纠纷案

【裁判要旨】

在注册商标连续三年停止使用予以撤销制度中，复审商标的使用行为应以核定使用的商品为限。

【关键词】

商标　撤销复审程序　使用　核定商品

【案号】

最高人民法院（2015）知行字第255号

【基本案情】

在再审申请人宁波市青华漆业有限公司（以下简称青华公司）与被申请人国家工商行政管理总局商标评审委员会（以下简称商标评审委员会）、一审第三人上海市方达（北京）律师事务所（以下简称方达事务所）商标撤销复审行政纠纷案中，青华公司系第1688809号“B及图”商标（即复审商标）的权利人。复审商标于2001年12月28日被核准注册，核定使用在国际分类第2类的油漆、漆、铝涂料、银涂料等商品上，专用期限经续展至2021年12月27日止。2010年6月11日，方达事务所以连续三年停止使用为由，对复审商标提出撤销请求。国家工商行政管理总局商标局（以下简称商标局）以青华公司提供的使用证据有效为由，维持复审商标继续有效。方达事务所不服，提出复审请求。商标评审委员会以青华公司未能提供证据证明复审商标在核定使用商品上进行了真实有效的商业使用为由，以商评字（2014）第97239号《关于第1688809号“B及图”商标撤销复审决定书》（以下简称第97239号决定）对复审商标予以撤销。青华公司不服，提起行政诉讼。北京知识产权法院一审认为，批墙膏与油漆、涂料等商品

属于同类商品，青华公司在批墙膏等商品上对复审商标的使用应视为在核定使用商品上的使用。据此，判决撤销第97239号决定，并责令商标评审委员会重新作出复审决定。商标评审委员会不服，提起上诉。北京市高级人民法院二审认为，复审商标在批墙膏商品上的使用，不应视为在核定商品上的使用。遂判决撤销一审判决，维持第97239号决定。青华公司不服，向最高人民法院申请再审。最高人民法院于2015年11月23日裁定驳回青华公司的再审申请。

【裁判意见】

最高人民法院审查认为：商标法第四十四条第（四）项的规定旨在督促商标权人积极使用核准注册的商标，避免商标资源闲置。该条规定中所称的注册商标连续三年停止使用中的“使用”行为，应当理解为在核定类别商品上的使用。虽然青华公司提供的经销协议、增值税发票、广告合同、制作单及门店招牌等证据，可以证明青华公司在批墙膏商品上使用了复审商标，但批墙膏不包括在复审商标核定使用的第2类商品中的油漆、漆、铝涂料、银涂料等商品范围之中，且与该类商品在功能、用途等方面存在一定的差异。因此，复审商标在批墙膏商品上的使用，不应视为在核定商品上的使用，复审商标应当予以撤销。

中华人民共和国最高人民法院行政裁定书

（2015）知行字第255号

再审申请人（一审原告、二审被上诉人）：宁波市青华漆业有限公司。住所地：浙江省宁波市江东区美化油漆涂料市场42、43号。

法定代表人：陈青华，该公司总经理。

委托代理人：胡维朗，浙江三港律师事务所律师。

委托代理人：陆斐，浙江三港律师事务所律师。

被申请人（一审被告、二审上诉人）：国家工商行政管理总局商标评审委员会。住所地：北京市西城区茶马南街1号。

法定代表人：何训班，该委员会主任。

一审第三人：上海市方达（北京）律师事务所。住所地：北京市朝阳区建国门外大街1号国贸大厦21层。

负责人：康明，该所合伙人。

再审申请人宁波市青华漆业有限公司（以下简称青华公司）因与被申请人国家工商行政管理总局商标评审委员会（以下简称商标评审委员会）、一审第三人上海市方达（北京）律师事务所商标撤销复审行政纠纷案一案，不服北京市高级人民法院（2015）高行（知）终字第3267号行政判决，向本院申请再审。本院依法组成合议庭对本案进行了审查，现已审查终结。

青华公司申请再审称：1. 二审判决所依据的证据不足。《类似商品和服务区分表》中的第2类第0205商品包括油漆、铝涂料、银涂料、刷墙用白浆、刷墙粉、涂层（油漆）、油漆用粘合剂、底漆、漆等。而批墙膏的功能用途、生产部门、销售渠道、消费对象与上述商品基本相同。因此，批墙膏应当属于上述同类商品。二审判决认为批墙膏不属第2类商品明显缺乏证据。2. 二审判决缺乏法律依据。二审判决认为批墙膏不属于复审商标核定商品所属的第2类商品，但没有提供明确的法律依据。《类似商品和服务区分表》列举了三十四大类商品，批墙膏不在其列。《类似商品和服务区分表》不可能穷尽市场中的全部商品，人民法院在类似案件审理中，不能机械地照搬《类似商品和服务区分表》，而将诸多商品排除在商标之外。3. 对商标撤销案件中的商标权人应当给予适度宽容。人民法院在审理商标撤销复审案件中，不仅应对商标权人的所举证据适度宽容，而且应当对商标权人的创新商品以及商品市场名称给予宽容。只要该商品的功能、用途、所用原料、销售渠道、消费对象等方面与现有商品具有一定程度的相似性，即应认定属于同类商品。另外，按照法律规定，商标的使用还包括将商标用于商品包装、容器、商品交易文书或者广告宣传、展览以及其他商业活动中，二审判决明显遗漏了对青华公司在这方面商标使用情形的审查和认定，将商标使用仅限定在用于商品上。故请求撤销二审判决，维持一审判决。

本院认为，2001年10月27日修正的《中华人民共和国商标法》第四十四条第（四）项的规定旨在督促商标权人积极使用核定的商标，避免商标资源闲置，该条所称“连续三年不使用”中的“使用”，应当理解为在核定类别商品上的使用，不应将在类似商品上的使用视为该条所称的“使用”。虽然青华公司提交的批墙膏经销协议、增值税发票、广告合同、制作单及门店招牌等证据可以证明青华公司将复审商标使用于批墙膏商品上，但批墙膏并不属于复审商标核定的第2类商品，且在功能、用途等方面存在一定差异。因此，复审商标在批墙膏商品上的使用，不应视为在核定商品上的使用，复审商标应当予以撤销，二审判决并无不当。

鉴于青华公司认可《类似商品和服务区分表》中不存在批墙膏商品，故二审法院认定批墙膏不属于复审商标核定商品所属的第2类商品并无不当，青华公司的此项再审申请理由不能成立。

青华公司并未提交证据证明将复审商标用于核定类别商品的包装、容器、商品交易文书或者广告宣传、展览以及其他商业活动中，故青华公司有关二审法院漏审的再审申请理由不能成立。另，青华公司主张的创新商品以及适度宽容，于法无据，本院不予支持。

综上，宁波市青华漆业有限公司的再审申请不符合《中华人民共和国行政诉讼法》第九十一条规定的情形。依照《最高人民法院关于执行〈中华人民共和国行政诉讼法〉若干问题的解释》第七十四条之规定，裁定如下：

驳回宁波市青华漆业有限公司的再审申请。

审 判 长 李 剑
审 判 员 秦元明
代理审判员 徐红妮
二〇一五年十一月二十三日
书 记 员 王 晨

88. 象征性使用不构成商标的实际使用行为

——再审申请人成超与被申请人通用磨坊食品亚洲有限公司、一审被告国家工商行政管理总局商标评审委员会商标撤销复审行政纠纷案

【裁判要旨】

在注册商标连续三年停止使用的复审案件中，判断复审商标是否进行了实际使用，需要考察商标注册人是否具有真实的使用意图和使用行为。仅为维持复审商标存在而进行的象征性使用，不构成商标的实际使用行为。

【关键词】

商标　撤销复审程序　象征性使用　实际使用

【案号】

最高人民法院（2015）知行字第181号

【基本案情】

在再审申请人成超与被申请人通用磨坊食品亚洲有限公司（以下简称通用磨坊公司）、一审被告国家工商行政管理总局商标评审委员会（以下简称商标评审委员会）商标撤销复审行政纠纷案中，第1591629号“湾仔码头”商标（即复审商标）由中山市南区百鸟归巢火锅美食店于2000年3月31日提出注册申请，核定使用在第42类的咖啡馆、自助食堂、餐厅等服务上。2009年8月13日，复审商标经核准转让予成超。2009年8月21日，通用磨坊公司以复审商标连续三年停止使用为由，向国家工商行政管理总局商标局（以下简称商标局）提出撤销申请。后商标局以成超提供的使用证据无效为由，决定对复审商标予以撤销。成超不服，向商标评审委员会提出复审申请。商标评审委员会于2013年6月2日作出商评字［2013］第18947号《关于第1591629号“湾仔码头”商标撤销复审决定书》（以下简称第18947号决定），对复审商标予以撤销。成超不服，提起行政诉讼。北京市第一中级人民法院一审认为，成超在指定期限内对复审商标进行了真实的商业使用，遂判决撤销第18947号决定，并责令商标评审委员会重新作出复审决定。通用磨坊公司不服，向北京市高级人民法院提起上诉。北京市高级人民法院二审认为，成超提供的使用证据多为意在维持复审商标注册的单次、象征性使用，商标评审委员会所作复审商标在指定期间并无真实商业使用行为的结论正确，遂判决撤销一审判决，维持第18947号决定。成超不服，向最高人民法院申请再审。最高人民法院于2015年12月2日裁定驳回成超的再审申请。

【裁判意见】

最高人民法院审查认为：商标的价值在于识别商品或者服务的来源，商标法第四十四条规定连续三年停止使用予以撤销的制度目的，在于促使商标的实际使用，发挥商标的实际效用，防止商标资源浪费。商标的使用，不仅包括商标权人自用，也包括许可他人使用以及其他不违背商标权人意志的使用。没有实际使用注册商标，仅有转让、许可行为，或商标注册信息的公布以及享有注册商标专用权的声明等，不能认定为商标使用。判断商标是否实际使用，需要判断商标注册人是否有真实的使用意图和实际的使用行为，仅为维持注册商标的存在而进行的象征性使用，不构成商标的实际使用。本案中，成超主张复审商标在指定期间内以广告宣传和许可他人使用的方式进行了使用，但其提交的湾仔码头小吃部的招商广告、《广告代理合同》《广告协议》《湾仔码头商标合作合同》《商标许可使用合同》等证据，或无相关证据予以佐证，或发生时间晚于商标局指定期间，均不能证明其对复审商标进行了实际使用。此外，二审法院参考成超申请注册 50 余件与他人知名商标相同或近似商标的情况，认定其并无对复审商标进行真实使用的意图，该结论并无不当。

中华人民共和国最高人民法院行政裁定书

（2015）知行字第 181 号

再审申请人（一审原告、二审被上诉人）：成超，住江苏省盐城市亭湖区解放南路 × 号。

委托代理人：杨梅，北京天驰洪范律师事务所律师。

被申请人（一审第三人、二审上诉人）：通用磨坊食品亚洲有限公司。住所地：香港特别行政区九龙九龙湾宏照道 38 号企业广场 5 期 1 座 21 层。

法定代表人：区秀文，该公司董事。

委托代理人：明星楠，北京市万慧达律师事务所律师。

委托代理人：鲁雪，北京市万慧达律师事务所律师。

一审被告：国家工商行政管理总局商标评审委员会。住所地：北京市西城区茶马南街 1 号。

法定代表人：何训班，该委员会副主任。

委托代理人：刘聪，该委员会审查员。

再审申请人成超因与被申请人通用磨坊食品亚洲有限公司（以下简称通用磨坊公司）、一审被告国家工商行政管理总局商标评审委员会（以下简称商标评审委员会）商标撤销复审行政纠纷一案，不服北京市高级人民法院（2014）高行终字第 1934 号行政判决，向本院申请再审。本院依法组成合议庭对本案进行了审查，现已审查终结。

成超申请再审称：（一）复审商标“湾仔码头”在法定期间内进行了广告宣传和许可他人使用方式的真实性的商业使用，二审判决认为“复审商标的使用证据亦多为意在维持复审商标注册的单次、象征性使用”属于认定事实错误。（二）二审判决对成超提交的商标使用证据进行割裂审查并赋予成超不合理的举证义务，且对成超的使用证据进行了违反逻辑的评判。在商标撤销复审案件中，应当结合复审商标使用行业以及使用人的客观现实情况判断商标是否进行了真实的商业使用。(三) 成超与通用磨坊公司提交的证据并无矛盾之处，二审判决对成超提交的证据采取否定的先入为主的态度，对成超的合理解释置之不理，却在没有证据的情况下直接采纳通用磨坊公司明显不合常理的质疑观点，属于认定事实错误。(四) 二审判决以成超注册申请其他商标的情况作为本案的审理标准，不符合法律规定。综上，请求本院撤销二审判决和商评字〔2013〕第18947号《关于第1591629号“湾仔码头”商标撤销复审决定书》，并判令商标评审委员会重新作出行政决定。

通用磨坊公司提交意见称：复审商标的使用证据多为伪证，不能证明复审商标存在真实、公开、合法的使用情况。成超作为专业的商标抢注者，曾试图向通用磨坊公司高价出售复审商标，足见其并无真实的使用意图。成超的申请再审理由均不能成立，应依法予以驳回。

商标评审委员会提交意见称：成超在评审阶段提交的证据均不能证明其在2006年8月21日至2009年8月20日对复审商标在咖啡馆、餐厅等服务上进行了真实的商业使用。二审判决认定事实清楚，适用法律正确，请求本院依法予以维持。

本院认为：本案争议问题是，复审商标在2006年8月21日至2009年8月20日的指定期间是否进行了实际使用。

商标标识的价值在于能够识别商品或者服务的来源，2001年修正的《中华人民共和国商标法》第四十四条规定撤销不使用商标的目的在于促使商标的实际使用，发挥商标的实际效用，防止浪费商标资源。2002年修订的《中华人民共和国商标法实施条例》第三条规定，商标的使用，包括将商标用于商品、商品包装或者容器以及商品交易文书上，或者将商标用于广告宣传、展览以及其他商业活动中。商标的使用，不仅包括商标权人自用，也包括许可他人使用以及其他不违背商标权人意志的使用。没有实际使用注册商标，仅有转让、许可行为，或者仅有商标注册信息的公布或者对其注册商标享有专有权的声明等，不能认定为商标使用。判断商标是否实际使用，需要判断商标注册人是否有真实的使用意图和实际的使用行为，仅为维持注册商标的存在而进行的象征性使用，不构成商标的实际使用。

本案中，成超主张复审商标在法定期间内以广告宣传和许可他人使用的方式进行了真实的商业使用，但从其提交的相关证据来看，并不能佐证其主张。成超提交的其与苏州吴越春秋文化传媒有限公司签订的《广告代理合同》《广告协议》及用于佐证履行情况的发票、《姑苏晚报》有关湾仔码头小吃部的招商广告，不能证明复审商标在核定使用服务上进行了实际使用；成超与苏州凌琳日化有限公司食堂签订的《湾仔码头商标合作合同》以及与宁波海曙天一湾仔码头茶餐厅签订的《商标合作协议》，均没有有效证据佐证其实际履行情况，故上述证据不能证明复审商标在核定使用的服务上进行了实际使用；成超虽与苏州市吴中区金庭西湾农家乐饭店签订了《商标许可使用合同》，但无有效证据证明复审商标的实际使用情况，成超提交的《城市商报》中缝刊登的苏州市吴中区金庭西湾农家乐饭店“畅游太湖 品位农家”广告，不仅晚于复审商标的指定期间，且该证据亦不能佐证复审商标的实际使用。综上，成超所提交的上述证据均不能佐证复审商标在指定期间进行了实际使用，成超关于二审法院认定事实错误的申请再审理由不能成立，本院不予支持。

此外，二审法院将成超申请注册50余件与他人知名商标相同或近似商标的情况，作为其对本案复审商标是否具有真实使用意图的参考，并无不妥，成超关于二审法院这一审理标准不符合法律规定的申请再审理由不能成立，本院不予支持。

综上，成超的再审申请不符合《中华人民共和国行政诉讼法》第九十一条规定的情形。依照《最高人民法院关于执行〈中华人民共和国行政诉讼法〉若干问题的解释》第七十四条的规定，裁定如下：

驳回成超的再审申请。

审 判 长 李 剑
审 判 员 朱 理
代理审判员 宋淑华
二〇一五年十二月二日
书 记 员 周睿隽

（九）“一事不再理”原则的适用

89. “一事不再理”原则的判断和适用标准

——再审申请人佛山市圣芳（联合）有限公司与被申请人中华人民共和国国家工商行政管理总局商标评审委员会、原审第三人强生公司商标撤销行政纠纷案

【裁判要旨】

根据商标法实施条例第三十五条的规定，商标评审委员会对商标评审申请已经作出裁定或者决定的，任何人不得以相同的事实和理由再次提出评审申请。此即所谓的“一事不再理”原则。在本案中，最高人民法院明确了“一事不再理”原则的判断和适用标准。

【关键词】

商标　一事不再理

【案号】

最高人民法院（2008）行提字第2号

【基本案情】

在再审申请人佛山市圣芳（联合）有限公司（以下简称圣芳公司）与被申请人中华人民共和国国家工商行政管理总局商标评审委员会（以下简称商标评审委员会）、原审第三人强生公司商标行政纠纷案中，1993年1月30日，强生公司经核准注册了第627498号手写繁体“采樂”文字商标（即引证商标），核定使用商品为第5类“人用局部抗菌剂”。1994年7月以后，案外人西安杨森制药有限公司经强生公司许可，在治疗头皮脂溢性皮炎和头皮康疹的“酮康唑洗剂”药品上使用该引证商标。争议商标为圣芳公司持有的第1214187号“采乐CAILE”商标，申请日为1997年8月6日，1998年10月14日被核准注册，核定使用商品为第3类香皂、清洁制剂、洗发香波、护发素、洗面奶、浴液、牙膏、化妆品等。

1998年11月、2000年7月，强生公司曾两次向商标评审委员会提出撤销争议商标注册的申请，商标评审委员会分别于1999年12月、2001年9月作出终局裁定，认定强生公司所提争议理由不能成立，维持争议商标注册。2002年8月20日，强生公司第三次向商标评审委员会提出撤销争议商标的申请，理由为争议商标与引证商标构成类似商品上的近似商标，争议商标是对其驰名商标的恶意抄袭摹仿，争议商标注册违反了现行商标法第十三条、第二十八条、第三十一条、第四十一条的规定。2005年6月23日，商标评审委员会作出商评字〔2005〕第1801号裁定，认定引证商标为驰名商标，并认为争议商标的注册构成在非类似商品上复制、摹仿他人的驰名商标，误导公众的情形，裁定撤销争议商标的注册。圣芳公司不服该裁定，提起诉讼。北京市第一中级人民法院一审认为，强生公司在本次评审申请中提交了新的证据，不属于以相同的事实和理由再次提出评审申请，商标评审委员会受理本次争议申请没有违反法定程序，故判决维持商标评审委员会第1801号裁定。圣芳公司不服，提起上诉。北京市高级人民法院二审认为，强生公司本次申请依据修改后的商标法第十三条第二款的规定，并且提交了新的证据增加了新的事实，商标评审委员会没有违反“一事不再理”原则，故判决维持一审判决。圣芳公司不服二审判决，向最高人民法院申请再审。最高人民法院裁定提审该案，并于2009年10月22日作出再审判决，撤销了原审判决及商标评审委员会第1801号裁定。

【裁判意见】

最高人民法院再审认为：强生公司在前两次提出评审申请时，均援引了修改前的商标法第十七条、第二十七条和商标法实施细则第二十五条第（二）项等规定，特别是有关公众熟知的商标或驰名商标的规定，以争议商标是对驰名商标的恶意抄袭和仿冒，争议商标与引证商标构成类似商品上的近似商标，容易引起混淆等理由，请求撤销争议商标，已经穷尽了当时可以主张的相关法律事由和法律依据。商标评审委员会已经就相关事实和理由进行了实质审理，并两次裁定维持争议商标注册。强生公司援引修改后的商标法，仍以商标驰名为主要理由，申请撤销争议商标，商标评审委员会再行受理并作出撤销争议商标的裁定，违反了“一事不再理”原则。即使按照修改后的商标法及其实施条例的规定审查，商标评审委员会本次评审裁定也没有合法依据。按照现行商标法实施条例第三十五条的规定，对已决的商标争议案件，商标评审委员会如果要受理新的评审申请，必须以有新的事实或理由为前提。新的事实应该是以新证据证明的事实，而新证据应该是在裁定或者决定之后新发现的证据，或者确实是在原行政程序中因客观原因无法取得或在规定的期限内不能提供的证据。如果将本可以在以前的行政程序中提交的证据作为新证据接受，就会使法律对启动行政程序事由的限制形同虚设，不利于形成稳定的法律秩序。强生公司在本次评审申请中提交的证明争议商标申请日之前其引证商标驰名的证据，均不属于法律意义上的新证据。行政裁定作出之后法律有所修改，也不能成为新的理由。

中华人民共和国最高人民法院行政判决书

(2008) 行提字第2号

申诉人（一审原告、二审上诉人）：佛山市圣芳（联合）有限公司，住所地：广东省佛山市禅城区南庄镇新源二路51号。

法定代表人：谭兆槐，该公司董事长。

委托代理人：吴晨，北京市东易律师事务所律师。

委托代理人：谢子奇，广东群立弘律师事务所律师。

被申诉人（一审被告、二审被上诉人）：中华人民共和国国家工商行政管理总局商标评审委员会，住所地：北京市西城区三里河东路8号。

法定代表人：许瑞表，该委员会主任。

委托代理人：何敏，该委员会干部。

原审第三人：强生公司，住所地：美利坚合众国新泽西州新布伦斯威克市强生广场1号。

法定代表人：理查德.F. 比瑞鲍尔，助理秘书。

委托代理人：蒋洪义，北京市立方律师事务所律师。

委托代理人：刘元月，北京刘元和君知识产权代理有限公司职员。

申诉人佛山市圣芳（联合）有限公司（简称圣芳公司）因与被申诉人中华人民共和国国家工商行政管理总局商标评审委员会（简称商评委）、原审第三人强生公司商标撤销行政纠纷一案，不服北京市高级人民法院（2007）高行终字第404号行政判决，向本院申请再审。本院于2008年5月30日以（2008）行监字第40-1号行政裁定提审本案，依法组成合议庭公开开庭审理了本案。圣芳公司的委托代理人吴晨、谢子奇，商评委的委托代理人何敏，强生公司的委托代理人蒋洪义、刘元月到庭参加了诉讼。本案现已审理终结。

2002年8月20日，强生公司向商评委提出撤销圣芳公司已注册的第1214187号“采乐CAILE”商标（简称争议商标）的申请，2005年6月23日，商评委作出商评字〔2005〕第1801号《关于第1214187号“采乐CAILE”商标争议裁定书》（简称第1801号裁定），裁定撤销第1214187号注册商标。

圣芳公司不服商评委第1801号裁定，向北京市第一中级人民法院提起行政诉讼称：（一）商评委在已两次终局裁定维持争议商标注册的情况下，第三次受理强生公司以相同的事实和理由提出的撤销争议商标申请，作出与前两次终局裁定相反的裁定，严重违反法定程序；强生公司本次评审时提交的证据并非法律意义上的新证据。强生公司申请认定其商标至本次申请时驰名，商评委认定引证商标在1997年以前驰名，违反了请求原则。商评委还存在对证据采取双重标准、主管领导单方会见强生公司副总裁讨论本案争议商标问题等程序不公正问题。圣芳公司在评审阶段请求公开评审、公开质证，对有关证据进行司法鉴定，商评委未予支持，亦未予答复，导致圣芳公司未能充分陈述意见。（二）引证商标不构成驰名商标。强生公司以及西安杨森公司从未使用引证商标，而是以未注册的简体采乐图文组合商标冒充注册商标非法使用，非法使用的商标不应认定驰名商标；强生公司提交的证明引证商标驰名的证据不具有真实性，也不足以证明引证商标驰名。商评委认定“采樂”为驰名商标违反了法律规定。（三）争议商标注册未违反商标法第十三条第二款的规定。争议商标与引证商标不相同，核定使用的商品类别不同、商品不类似，且争议商标经过长期宣传使用已被认定为驰名商标，应当予以保护；早在1987年就有国内企业在其他商品上注册了“采乐”商标，商评委认定争议商标是复制摹仿强生公司的“采樂”商标没有事实依据。

北京市第一中级人民法院一审查明，第627498号手写繁体“采樂”文字商标（即引证商标）由强生公司于1992年2月向中国国家工商行政管理局商标局（简称国家商标局）提出注册申请，1993年1月30日被核准注册，核定使用商品为第5类“人用局部抗菌剂”；1994年，强生公司许可案外人西安杨森制药有限公司（简称西安杨森公司）在其生产的治疗头皮脂溢性皮炎和头皮康疹的“酮康唑洗剂”药品上使用引证商标。争议商标由南海市梦美思化妆品有限公司于1997年8月6日向国家商标局提出注册申请，1998年10月14日被核准注册，核定使用商品为第3类香皂、清洁制剂、洗发香波、护发素、洗面奶、浴液、牙膏、香料、皮革保护剂（打光）、化妆品。2002年6月20日，争议商标经国家商标局核准转让给圣芳公司。

1998 年 11 月 13 日，强生公司向商评委提出请求撤销争议商标注册的申请，其主要理由为：强生公司对“采樂”文字享有专用权，争议商标与引证商标构成近似，且两商标指定商品类似；引证商标具有较高知名度，争议商标与引证商标共存极易产生混淆。因此，争议商标注册违反了修改前商标法第十七条、第二十七条、修改前商标法实施细则第二十四条、第二十五条第（2）项及巴黎公约第六条之二关于保护驰名商标的规定。1999 年 12 月 2 日商评委作出终局裁定，认定引证商标所具有的知名度和所具有的独创性的局限，尚不能在非类似商品上排斥争议商标的使用和注册，故裁定强生公司所提争议理由不能成立，对争议商标注册予以维持。

2000 年 7 月 3 日，强生公司向商评委再次提出撤销争议商标注册的申请，主要理由为：强生公司对“采乐”文字享有专用权，争议商标与引证商标构成近似，且两商标指定商品类似；争议商标申请注册前，引证商标已为消费者熟知，争议商标是对引证商标这一驰名商标的恶意抄袭和仿冒。因此，争议商标注册违反了修改前商标法第十七条、第二十七条、修改前商标法实施细则第二十五条第（2）项以及巴黎公约第六条之二的规定。2001 年 9 月 12 日，商评委第二次作出终局裁定，认定强生公司未提供足够证据证明通过宣传使用“采乐”商标已为普通化妆品的消费者熟知，亦缺乏足够证据证明争议商标的注册使用已使消费者产生误认；同时，“采乐”并非强生公司独创的文字组合，缺乏足够证据证明争议商标系对强生公司商标的恶意抄袭摹仿，裁定强生公司所提撤销注册不当商标的理由不能成立，维持争议商标注册。

2002 年 8 月 20 日，强生公司第三次向商评委提出撤销争议商标的申请，主要理由为：争议商标与引证商标构成近似，且指定商品类似；争议商标的注册和使用易使消费者产生误认；争议商标是对引证商标这一驰名商标的恶意抄袭摹仿。因此，争议商标注册违反了现行商标法第十三条、第二十八条、第三十一条、第四十一条以及巴黎公约第六条之二和 Trips 协议第十六条的规定。

强生公司在本次评审程序中提交的证明引证商标使用情况的证据，包括以下 12 项：

1. “采乐”洗剂包装过程控制记录、产品质量证书、检验报告、产品外包装及说明书复印件等；

2. 1994 年 - 1999 年销售“采乐”洗剂的增值税发票复印件；

3. 1994—1999 年“采乐洗剂”部分销货合同单复印件；

4. “采乐”产品在全国的分销医院列表；

5. 1994 年 11 月 12 日《西安杨森通讯》第 4 期复印件；

6. “采乐”产品部分报纸广告复印件；

7. 西安康胜有限责任会计师事务所（简称西安康胜会计师事务所）出具的“采乐”洗剂 1994 至 1996 年度的销售量及广告费的审计报告（西康胜会审字〔2004〕1－062 号和 1－063 号审计报告）；

8. 陕西省医药总公司出具的杨森公司“采乐”洗剂 1994 年至 1996 年年销量证明；

9. 西安康胜会计师事务所出具的“采乐”洗剂 1997 年至 2002 年销售量及广告费的审计报告（西康胜会审字〔2003〕128 号和 128－1 号审计报告）；

10. AC 尼尔森公司出具的广告监测数据总结；

11. 西安杨森公司出具的《关于 AC Nielsen 广告监测数据与会计师事务所广告费用审计数据差异的说明》；

12. 部分电视台的广告播出证明及收费通知单复印件，载明的品牌名称或广告内容为“采乐洗发水”或“采乐洗发剂”字样。

上述证据均为西安杨森公司使用引证商标的证据，证据显示其使用的均为简体“采乐”商标；上述证据中，证据 7－12 是强生公司在前两次争议请求中未提交的证据。商评委第 1801 号裁定以证据 2－3 及证据 5－12 认定引证商标为驰名商标，并认为争议商标的注册构成商标法第十三条第二款规定的在不相同或不相类似的商品上复制、摹仿他人的驰名商标，误导公众，致使该驰名商标注册人的利益可能受到损害的情形，据此，裁定撤销争议商标的注册。

北京市第一中级人民法院一审认为，强生公司在本次商标争议申请中提供了用以证明其使用“采乐”商标的产品的销量、广告费用等前两次争议申请中未提交的证据，故其在本次商标争议申请中主张的事实与前两次争议申请中主张的事实不完全相同，不属于以相同的事实和理由再次提出评审申请，商评委受理本次争议申请没有违反法定程序；商评委根据商标法第十三条第二款的规定判断争议商标是否违法需要考虑的因素，未违反请求原则；虽然强生公司并无使用和宣传引证商标的证据，但其实际使用的“采乐”商标与引证商标仅存在“乐”与“樂”的繁简体差异，作为纯文字商标，其主要识别特征一般不会因文字的简体和繁体的变化产生本质区别，强生公司使用并宣传“采乐”商标的行为，可以认定为是对引证商标的使用与宣传；圣芳公司在评审程序中对强生公司相关证据的真实性并未提出异议，在诉讼程序中虽然提出了异议，但没有提供反证，也没有提出合理质疑，因此其对这些证据真实性提出的异议不能成立。商评委认定引证商标构成驰名商标，争议商标是对引证商标的复制摹仿，足以误导公众，裁定撤销该商标注册有事实和法律依据，应予维持。一审法院于 2007 年 5 月 11 日作出（2005）一中行初字第 793 号判决，维持商评委第 1801 号裁定。

圣芳公司向北京市高级人民法院提起上诉称，在已有两次终局裁定的情况下，商评委第三次受理以相同事实和理由提出的评审申请并作出与以前相反的裁定，违反了一事不再理原则；一审法院将强生公司注册的手写体“采樂”商标与实际使用的商标认定为同一商标，认定事实错误；商评委和一审法院适用法律错误，本案应该适用修改前商标法的规定，新法不应溯及既往。

北京市高级人民法院二审认为，强生公司注册的“采樂”商标与实际使用的“采乐”商标仅存在简繁体区别，但二者实际是同一商标，使用简体“采乐”商标并未改变引证商标的显著性；强生公司第三次申请依据新商标法第十三条第二款的规定，并且提交了新的证据增加了新的事实、理由和请求，商评委没有违反一事不再理原则。2007 年 12 月 18 日，二审法院作出（2007）高行终字第 404 号行政判决，驳回上诉，维持一审判决。

圣芳公司申请再审称：（一）商评委对争议商标经过两次终局裁定维持注册，该商标已成为不可争议商标。商评委本次受理和裁定违反一事不再理原则，严重破坏法律的确定性。一审判决以强生公司本次评审中提交的部分证据在前两次申请中未提交过为由，认定其本次申请中主张的事实与前两次不完全相同，这种看法是完全错误的。第一，新证据与新事实显然是两个不同的概念；第二，强生公司在本次评审中新提交的证据，其证明事项均发生在 1997 年 8 月之前，在前两次申请时并不存在提交的客观障碍，也不是前两次申请后新发现的证据，不属于法律意义上的新证据；第三，这些证据是强生公司在提出本次评审申请后过了两年才提交的，商评委受理本次评审申请时没有新的事实和理由。（二）在本次评审申请提出两年以后，商评委接受强生公司改变评审请求的补充申请及新提交的证据，并以此作为主要依据作出裁定，严重违反评审规则，评审不公正。强生公司在其申请中请求认定引证商标到 2002 年已成为驰名商标，在 2004 年 10 月 18 日之前，强生公司提交的证明引证商标驰名的证据也主要是 1998 年至 2002 年的使用证据。强生公司在 2004 年 10 月 18 日才提交了西安杨森公司 1997 年以前的产品销售量、广告费审计报告，2004 年 11 月 10 日，强生公司补充提交了 AC 尼尔森公司出具的西安杨森公司 1997 年前的广告监测数据等证据，并将评审请求改变为要求认定引证商标在争议商标申请注册之前已经驰名。（三）商评委的裁定及原审判决认定事实和适用法律错误。修改后的商标法不具有溯及力，不应适用于已经有终局裁定的案件。强生公司提交的证据都不是使用引证商标的证据，违法使用的商标不能认定为驰名商标；强生公司自行委托中介机构出具的审计报告和广告监测报告的数据存在明显矛盾或不合情理之处，不具有真实性，存在重大瑕疵并有伪造数据的重大嫌疑，不应该采信。在圣芳公司已提交证据证明强生公司有伪造证据的行为的情况下，商评委仍然拒绝对本案进行公开质证和公开评审，对强生公司提交的审计报告、广告监测报告等证据不经质证直接认定，评审不公正。强生公司没有持续使用引证商标的证明，没有相关公众知晓的证据，没有作为驰名商标受保护的证据，销售量和广告费的证据不真实，根本不应该认定为驰名商标。商评委在裁定中称圣芳公司未对强生公司提交证据的真实性提出异议，与事实不符。（四）圣芳公司因为信赖行政机关的终局裁定，对争议商标进行了持续大规模的宣传使用，2005 年 6 月争议商标已被司法认定为驰名商标，应受到保护。圣芳公司的洗发水产品与西安杨森公司的酮康唑洗剂药品两种商品销售渠道、消费群体完全不同，洗发水包装与药品包装外观上极易区分，不会发生混淆误认的问题。强生公司在药品上的商标利益并没有受到损害，其要求撤销圣芳公司在化妆品上的采乐商标，目的在于夺取洗发水市场的巨大利益。强生公司为达到目的，居然制造并提供伪证，应该受到制裁。请求撤销原审判决及商评委第 1801 号裁定。

对强生公司提交的证据，圣芳公司认为主要存在以下问题：

1. 强生公司自行委托中介机构出具的审计报告没有说明分析过程，没有附会计报表，形式上就明显不符合要求。强生公司提交的 1994 – 1996 年度的销售量、广告费审计报告显示，西安杨森公司采乐酮康唑洗剂 1994 – 1996 年度的销售量分别为 751000 盒、1692000 盒和 2578000 盒；1994 – 1996 年度的广告费分别为 9800000 元、13285000 元和 24785000 元，六个审计数字千位以后都是零，明显不合情理；而该数据与西安杨森公司提供的销量数据完全一致，说明审计报告不是根据原始账册、凭证等财务会计资料真正进行审计后得出的结论，而是直接采用西安杨森公司提供的数据，不是真实的审计报告。在强生公司提交的〔2003〕128 – 1 号审计报告中已明确指出，“由于 1997 年度至 2000 年度贵公司发生的广告费未按具体商品区分核算，贵公司委托的广告代理机构盛世长城国际广告有限公司向我们提供了贵公司1997－2000年度用于采乐酮康唑洗剂的广告投放量统计表，这些资料的真实性和准确性由该广告公司负责。”这一情况说明，该审计报告直接将西安杨森公司的广告代理商提供的数据作为审计结论使用，不具有审计报告的证明效力。

2. 强生公司在前两次申请中没有提交过AC尼尔森公司的广告监测数据，在其第二次申请时，强生公司提交的1997年至2000年的广告数据是由Zenith公司提供的，在2002年8月20日强生公司随本次评审申请书提交的1997年至2000年“采乐”广告费数据，依然是前述Zenith公司提供的数据。可见2002年8月之前，AC尼尔森公司并没有为西安杨森公司提供广告监测服务，还不存在AC尼尔森公司的广告监测数据。因此2004年突然冒出来AC尼尔森公司提供的从1995年到2004年的完整广告监测数据这一事实本身，足以令人质疑其真实性。广告监测报告没有说明分析过程，形式上也不符合要求。

3. 将强生公司提交的广告费审计报告与广告监测报告数据对比可以发现，〔2004〕1－063号审计报告反映的1995年的广告费为13285000元，而广告费监测数据为30894366元，审计报告反映的实际支出仅为监测数据的40%多；〔2003〕128－1号审计报告反映1997年的广告费为25407897元，而监测广告费数据为19326903元，即实际支出比监测数据还多出600多万元。不仅这两种数据之间存在明显矛盾，而且与证据11中西安杨森公司的说明也自相矛盾。上述情况说明，广告费审计报告与广告监测报告存在伪造数据的重大嫌疑。

4. 强生公司为了证明混淆，提交的消费者和经销商来函、网络文章、报刊文章这三类证据都是伪造的。强生公司在提交消费者和经销商来函证据时，特别注明“如需要原件，请告知”，圣芳公司在发现了强生公司伪造经销商来函的证据并提交给商评委后，要求对强生公司提交的证据进行公开质证并要求进行司法鉴定，强生公司对其提交的消费者和经销商来函均不敢提交原件质证。强生公司提交的两篇网络文章和美容报的一篇文章，主要内容一模一样，虽然三篇文章的作者不明，但明显出自一人之手，应该是强生公司请人所作。这种来源不明、作者不明的文章，不能作为消费者混淆的证据。唯一的一篇出处、作者明确的报刊文章，是重庆青年报刊登的《两个采乐谁真谁假》一文，重庆青年报社已证明其刊登该文章是根据西安杨森公司的报料及采访其安排的调查对象所写。也就是说，强生公司并没有真实有效的证据证明消费者发生了混淆。

商评委答辩称，强生公司前两次申请都是依据修改前的商标法第二十七条及其实施细则第二十五条的规定，第三次申请依据的是修改后商标法第十三条、十四条及四十一条的规定，并非是以相同的理由；第三次申请的证据种类、证明力上与前两次有明显区别，因此第三次受理符合法律规定。2004 年强生公司提交的审计报告不是新的证据，而是对销量和广告投入的补强证据。第 1801 号裁定没有违反请求原则，也不存在适用法律错误的问题。

强生公司同意商评委的答辩意见，并认为，修改前的商标法实施细则第二十五条第（2）项来源于巴黎公约，没有驰名商标跨类保护的规定；修改后商标法第十三条第二款的规定来源于 Trips 协议，增加了对驰名商标跨类保护的规定，而且强调只要是误导公众就可以给予跨类保护，并不以实际发生混淆为条件，降低了驰名商标跨类保护的门槛和要求，因此，第三次申请与第二次的法律依据是有区别的。强生公司在本次申请中提交的证据与前两次也不同。圣芳公司关于有关证据为伪证的说法都是推测，没有证据证明。2002 年修改的商标评审规则对于审计报告并没有明确的要求，圣芳公司称审计报告不符合评审规则没有依据；几个审计报告之间的精确度差别是因为审计深度不同，不能因此否认其科学性。

本院再审查明，原审法院认定的强生公司三次申请的有关情况及提交证据的情况属实，本院予以确认。本院另查明：

西安杨森公司是强生公司控股的中外合资经营企业，该公司于 1994 年 7 月开始生产销售治疗头皮脂溢性皮炎和头皮康疹的“酮康唑洗剂”产品。强生公司提交的西安杨森公司 2000 年以前的报纸广告宣传证据显示，该药品的瓶贴及外包装盒上，实际使用的商标有两个，一个是英文“TRIATOP”商标，字体较大并置于明显位置，另一个是“采乐 2% 及图”图文组合商标，商标图案为封闭圆形图案，在实心的圆形图案内部，上面有反白的简体“采乐”二字，下面有反白的“2%”符号，在圆形图案外的右上方有商标注册标志。国家商标局在 2000 年 3 月 3 日给陕西省工商局的批复中，认为西安杨森公司使用“采乐 2% 及图”图文组合商标的行为属于 1993 年商标法第三十条第（一）项规定的“自行改变注册商标的文字、图形或者其组合的”违法使用行为。在西安杨森公司的广告宣传文字中，强调头皮屑是由真菌感染引起、药物去头屑更有效，强调“2% 的药物浓度能更好地保证治疗的效果与安全性”，并注明“请按医生处方使用和购买”、“只在医院、药店有售”。

南海市梦美思化妆品有限公司许可圣芳公司从 1998 年 10 月至 2008 年 10 月

使用“采乐 CAILE”商标，使用许可合同于 2000 年 10 月在国家商标局备案；2002 年 6 月 20 日，争议商标经商标局核准转让给圣芳公司。1999 年起，圣芳公司开始在其洗发水、护肤品、香皂等产品上使用争议商标；2002 年 4 月起，圣芳公司聘请香港影视明星黎明作为洗发水产品广告代言人，进行了持续的、大规模的广告宣传，其洗发水产品及争议商标已经有较高的知名度，销售量也较大。

强生公司在 2002 年 11 月 6 日提交的补正材料中明确指出，通过自 1998 年到 2002 年近 5 年的大量广告投入，依靠优异的产品质量，强生公司的采乐商标已成为驰名商标。

2003 年 4 月 28 日，商评委向强生公司发出了证据交换通知书，要求其在收到通知后一个月内一次性提交证据。强生公司 2003 年 5 月 30 日提交了质证意见，并补充提交了网络文章、报刊文章及消费者投诉书等证据。2004 年 4 月 12 日，商评委向强生公司发出补充证据通知书，强生公司于 2004 年 5 月 14 日补充提交了以下证据：1994 年 11 月 2 日《西安杨森通讯》第 4 期，AC 尼尔森公司出具的广告监测数据总结（1995 ~ 2004 年）；西安康胜会计师事务所出具的（2003）128 号《审计报告》（1997 – 2002 年销售量审计）和（2003）128 – 1 号《审计报告》（1997 – 2002 年广告费审计）；陕西省医药总公司出具的西安杨森公司采乐洗剂 1994 年 – 1996 年销量证明。

2004 年 10 月 18 日，强生公司提交了西安康胜会计师事务所出具的（2004）1 – 062 号《审计报告》（1994 – 1996 年销售量审计）和（2004）1 – 063 号《审计报告》（1994 – 1996 年广告费审计）。

2004 年 11 月 10 日，强生公司提交了评审申请的补充理由，要求认定引证商标在 1997 年争议商标申请注册以前已经驰名，并补充提交了 1994 年西安杨森公司的部分销售发票、1995 年部分报纸广告发票及广告样本，1994 年至 1995 年部分地方电视台广告播出证明，以及 AC 尼尔森公司出具的 1997 年前广告监测数据等。

2004 年 11 月 19 日，圣芳公司在给商评委的书面意见中指出，“申请人本次提交的审计报告、广告监测数据等均是间接证据，这些证据在未经质证之前不具有证明力”，“有关本争议所有证据的我方质证意见将会在公开评审时发表并以该质证意见为准。”2005 年 1 月 18 日，圣芳公司向商评委提交了《请求司法鉴定申请书》和《请求公开质证和公开评审申请书》。2005 年 2 月 4 日，圣芳公司在提交给商评委的《对证据进行质证和辩论的申请》中，除要求核对强生公司提交的证据原件之外，还要求商评委主持就证据来源和证明对象进行公开辩论。2005年3月7日，商评委组织圣芳公司和强生公司的代理人进行了部分证据复印件与原件的核对；圣芳公司的代理人对原件是否真实存在发表了意见，未对证据内容的真实性、证明力发表意见。

本院再审认为，强生公司在1998年和2000年两次提出评审申请时，均援引了修改前商标法第十七条、第二十七条、商标法实施细则第二十五条第（2）项以及巴黎公约的有关规定，特别是有关公众熟知的商标或驰名商标的规定，以其商标具有较高知名度、争议商标是对引证商标这一驰名商标的恶意抄袭和仿冒，争议商标与引证商标构成近似、两商标指定商品类似，容易引起混淆等为主要理由，请求撤销争议商标。强生公司在前两次评审申请中，已经穷尽了当时可以主张的相关法律事由和法律依据；商评委在前两次评审中已经就强生公司提出的全部事实和理由进行了实质审理，并分别于1999年12月、2001年9月作出驳回其申请、维持争议商标注册的裁定。按照当时商标法的规定，商评委的裁定是终局裁定，一经作出即发生法律效力，对商评委自身及商标争议当事人均有拘束力，并形成相应的商标法律秩序。在已有两次终局裁定之后，强生公司援引2001年修改后的商标法，仍以商标驰名为主要理由，申请撤销争议商标的注册，商评委再行受理并作出撤销争议商标的裁定，违反了一事不再理原则。

2001年修改后的商标法，不能溯及该法修改前已受终局裁定拘束的商标争议。《最高人民法院关于审理商标案件有关管辖和法律适用范围问题的解释》（法释〔2002〕1号）应该在这个前提下加以理解和适用。**该司法解释第五条的规定，是对修改前与修改后商标法衔接时期的商标评审行政案件的法律适用问题所作的特殊规定，其中规定部分修改前商标法适用时期的事项按照修改后商标法相关规定审查，适用的前提是在修改前商标法适用时期未解决的争议，商评委在修改后商标法施行以后作出复审决定或者裁定，当事人不服向人民法院起诉的情形。**本案涉及的商标争议在修改后的商标法施行前已经有过终局裁定，不属于前述司法解释第五条规定的情形，不应该适用该司法解释的规定。**由于修改前的商标法对商标评审采取行政终局制度，对于当时已经行政终局裁决的争议事项，只能尊重和维护当时的法律制度，不能再以修改后的法律有新规定为理由对已决事项重新启动程序，否则，会冲击已经形成的法律秩序，打乱在当事人之间已经依法形成的利益格局，使当事人无所适从，也有损生效裁定的权威性和公信力。在行政终局制度下，终局裁定形成了秩序并产生信赖利益。当事人可以据此形成确**

定的预期，实施相应的市场行为。圣芳公司在终局裁定后对商标进行的大规模使用和宣传以及因此建立的商业信誉，应该受到法律保护。强生公司要求根据修改后的商标法溯及既往的主张，没有法律依据，不应予以支持。商评委及原审法院以强生公司引用了修改后的商标法为由，认定其提出本次评审申请有新的理由，并以商标法第十三条第二款的规定为依据认定争议商标应该撤销，适用法律错误。

即使按照修改后的商标法及商标法实施条例的规定审查，商评委对本次评审申请的受理和裁决行为也没有合法依据。商标法实施条例第三十五条规定，“商标评审委员会对商标评审申请已经作出裁定或者决定的，任何人不得以相同的事实和理由再次提出评审申请”，对已决的商标争议案件，商评委如果要受理新的评审申请，必须以有新的事实或理由为前提。**新的事实应该是以新证据证明的事实，而新证据应该是在裁定或者决定之后新发现的证据，或者确实是在原行政程序中因客观原因无法取得或在规定的期限内不能提供的证据。如果将本可以在以前的行政程序中提交的证据作为新证据接受，就会使法律对启动行政程序事由的限制形同虚设，不利于形成稳定的法律秩序。**强生公司在本次评审申请中提交的证明争议商标申请日之前其引证商标驰名的证据，均不属于法律意义上的新证据。行政裁定或者决定作出之后法律发生了修改，也不能作为新的理由。对比强生公司的三次申请书所列的事实和理由，本案涉及的第三次评审申请所主张的驰名商标、混淆误认并非新的事实，在前两次申请中均已提出，所提出的理由及法律依据与前两次实质上是相同的。由于强生公司提出本次评审申请并无新的事实和理由，商评委再行受理强生公司本次提出的评审申请于法无据。

就强生公司本次评审提交的证据而言，还不足以认定其引证商标在 1997 年 8 月争议商标申请日之前已经驰名，也不足以推翻前两次终局裁定认定的事实。在强生公司本次申请提交的 12 项商标使用证据中，证据 1、证据 4 因无法与原件核对，商评委第 1801 号裁定未予采信，证据 11 并非证明案件事实的证据；证据 8 实际上是西安杨森公司提供的 1994—1996 年销量数据，由陕西省医药总公司予以证实，由于陕西省医药总公司是西安杨森公司的股东，该证据的证明力不强，第 1801 号裁定中也没有引用该证据。证据 2、3、5、6、12 能证明西安杨森公司的采乐洗剂 1994 年 7 月后开始进入市场，从 1994 年至 1999 年有持续的销售、广告宣传，但因为这些证据反映的 1997 年 8 月以前的销售数量和广告支出较为有限，尚不能证明引证商标在 1997 年 8 月之前达到了驰名的程度。商评委第 1801 号裁定认定强生公司引证商标驰名的关键证据是证据 7、9、10，即西安杨森公司采乐酮康唑洗剂1994年至1997年的销售量及广告费的审计报告和广告监测数据。经本院审查，强生公司提交这三份证据的时间是在其提出本次评审申请两年之后，圣芳公司对这些证据所指出的问题和疑点确实存在，而且直到本院再审时，商评委和强生公司也没有作出合理解释。从强生公司提交的证据来看，在2000年之前西安杨森公司实际使用的是“采乐2%及图”图文组合商标，不是被核准注册的繁体“采樂”文字商标，也不仅仅是文字繁简体的变化。国家商标局在2000年的批复中已有明确意见认为这是违法使用行为，这些证据不宜作为认定引证商标驰名的证据。从本院查明的事实来看，商评委在裁定中称圣芳公司未对强生公司上述证据的真实性提出异议，与事实不符。证据材料的充分与确实是确定证据效力的重要基础，对于上述有疑点的审计报告、广告监测数据，商评委予以采信并作为主要依据认定引证商标驰名，证据采信与认定事实亦属不当。

由于强生公司自身并未在中国市场使用过引证商标，实际使用人西安杨森公司的采乐酮康唑洗剂作为药品只在医院、药店出售，与普通洗发水在产品性质、生产和销售渠道等方面有着明确的区别，圣芳公司的洗发水产品不可能进入医药流通领域，消费者可以辨别。因此，圣芳公司在洗发水等日化用品上注册使用争议商标，不足以误导公众，不足以损害强生公司在药品商标上的利益，两个商标在药品和日化品的各自相关市场中可以共存。强生公司虽然在药品类别上注册了引证商标，但是其在洗发水等日化品市场并没有合法的在先利益，法律也不会为强生公司在药品上的商标预留化妆品市场。因此，在商评委已有两次终局裁定维持圣芳公司的争议商标注册的情况下，商评委再裁定撤销争议商标没有充分的理由。

综上所述，本院认为，商评委第1801号裁定及原审判决认定事实和适用法律均存在错误，应予撤销。依照《中华人民共和国行政诉讼法》第五十四条第（二）项、第六十一条第（三）项、第六十三条第二款、《最高人民法院关于执行〈中华人民共和国行政诉讼法〉若干问题的解释》第七十六条第一款、第七十八条之规定，判决如下：

一、撤销北京市高级人民法院（2007）高行终字第404号行政判决及北京市第一中级人民法院（2005）一中行初字第793号行政判决；

二、撤销国家工商行政管理总局商标评审委员会商评字〔2005〕第1801号《关于第1214187号“采乐CAILE”商标争议裁定书》。

本案一审案件受理费1000元、二审案件受理费100元，共1100元，由国家工商行政管理总局商标评审委员会负担。因佛山市圣芳（联合）有限公司已向原

一、二审法院分别交纳了上述案件受理费，国家工商行政管理总局商标评审委员会应在本判决生效后十日内直接将上述案件受理费支付给佛山市圣芳（联合）有限公司。

本判决为终审判决。

审　判　长　于晓白
审　判　员　夏君丽
审　判　员　殷少平
二〇〇九年十月二十二日
书　记　员　包　硕

90. 商标驳回复审程序和商标异议复审程序之间一事不再理原则的适用

——再审申请人河南省养生殿酒业有限公司与被申请人国家工商行政管理总局商标评审委员会、一审第三人安徽高炉酒厂商标异议复审行政纠纷案

【裁判要旨】

商标驳回复审程序和商标异议复审程序在启动主体和救济目的方面均不相同，不能在两个程序之间机械适用一事不再理原则，剥夺引证商标权利人在异议阶段提出异议的权利。

【关键词】

一事不再理　不同程序

【案号】

最高人民法院（2011）知行字第53号

【基本案情】

在再审申请人河南省养生殿酒业有限公司（以下简称养生殿公司）与被申请人国家工商行政管理总局商标评审委员会（以下简称商标评审委员会）、一审第

三人安徽高炉酒厂（以下简称高炉酒厂）商标异议复审行政纠纷案中，2002年1月30日，养生殿公司在第33类米酒等商品上提出第3084432号“六味地”商标（即涉案商标）注册申请。国家工商行政管理总局商标局（以下简称商标局）以涉案商标与高炉酒厂1996年11月21日申请、1998年5月6日获准注册、核定使用在第33类白酒上的第1173132号“六味池LIUWEICHI及图”商标（即引证商标）近似为由予以驳回。养生殿公司不服，向商标评审委员会申请复审。2004年8月30日，商标评审委员会作出第4556号商标驳回复审决定（以下简称第4556号决定），认定涉案商标“六味地”与引证商标“六味池”未构成类似商品上的近似商标，故决定初步审定并公告涉案商标。高炉酒厂在异议期内向商标局提出商标异议申请。商标局以涉案商标与引证商标未构成近似商标为由，裁定涉案商标予以核准注册。高炉酒厂不服，提出异议复审申请。2010年1月11日，商标评审委员会作出第38086号商标异议复审裁定（以下简称第38086号裁定），认为涉案商标与引证商标已构成使用于同一种或类似商品上的近似商标，裁定涉案商标不予核准注册。养生殿公司不服，提起行政诉讼。北京市第一中级人民法院一审判决维持第38086号裁定。养生殿公司不服，提起上诉，主张商标评审委员会的行为违反商标法实施条例第三十五条规定的“一事不再理”原则。北京市高级人民法院二审认为，涉案商标与引证商标已构成使用于同一种或者类似商品上的近似商标。商标法实施条例第三十五条的规定属于在同一个评审程序中对于申请人提出的评审申请进行审查的依据，而不应扩展适用到两个不同评审程序中，不同的申请主体提出评审申请的情形。涉案第38086号裁定与第4556号决定的评审程序不同，且评审程序中的当事人亦有区别，商标评审委员会受理高炉酒厂的复审申请进行评审程序符合相关法律规定。据此判决驳回上诉，维持原判。养生殿公司不服，以商标评审委员会的行为违反“一事不再理”原则等为由，向最高人民法院申请再审。最高人民法院于2011年9月29日裁定驳回了养生殿公司的再审申请。

【裁判意见】

最高人民法院审查认为：商标评审委员会确曾在涉及被异议商标的驳回复审程序中认定被异议商标与引证商标不构成类似商品上的近似商标。但是，驳回复审程序是依被异议商标申请人的请求而启动，在该程序中，由于引证商标权利人不是评审当事人，无从知晓被异议商标申请人的主张，没有机会对被异议商标与引证商标是否近似这一问题陈述意见和提供反驳证据，也无法就对其不利的驳回复审决定向人民法院提起诉讼。被异议商标初审公告后，引证商标权利人认为被异议商标与其在先注册的引证商标构成冲突，损害其在先权利的，只能通过后续的异议或者争议程序予以解决。因此，如果引证商标权利人按照法律规定对被异议商标提出异议和后续的异议复审申请，商标局和商标评审委员会应当受理并依法进行审理，不能因为存在在先的驳回复审决定而剥夺引证商标权利人异议的权利，否则将严重损害引证商标权利人的权益。商标法实施条例第三十五条关于“商标评审委员会对商标评审申请已经作出裁定或者决定的，任何人不得以相同的事实和理由再次提出评审申请”的规定不适用于本案的情形。

中华人民共和国最高人民法院行政裁定书

（2011）知行字第53号

申诉人（一审原告、二审上诉人）：河南省养生殿酒业有限公司。住所地：河南省西峡县县城莲花北路110号。

法定代表人：刘保明，该公司董事长。

委托代理人：刘道臣，北京市汉鼎联合律师事务所律师。

委托代理人：谢兆敏，北京市汉鼎联合律师事务所律师。

被申诉人（一审被告、二审被上诉人）：国家工商行政管理总局商标评审委员会。住所地：北京市西城区三里河东路8号。

法定代表人：何训班，该委员会主任。

委托代理人：孙萍，该委员会审查员。

一审第三人：安徽高炉酒厂。住所地：安徽省亳州市涡阳县高炉镇。

法定代表人：李书颂，该厂厂长。

委托代理人：项勇，安徽和源律师事务所律师。

委托代理人：卜永新，安徽和源律师事务所律师。

河南省养生殿酒业有限公司（简称养生殿公司）与国家工商行政管理总局商标评审委员会（简称商标评审委员会）、安徽高炉酒厂商标异议复审行政纠纷一案，北京市高级人民法院于2010年11月16日作出（2010）高行终字第1050号行政判决，已经发生法律效力。养生殿公司不服该判决向本院申请再审。本院于2011年5月20日立案后，依法组成合议庭对本案进行了审查。现已审查完毕。

养生殿公司申诉称：1. 第3084432号“六味地”商标（简称被异议商标）

与第1173132号“六味池 LIUWEICHI 及图”商标（简称引证商标）是否近似的问题，商标评审委员会曾于2004年8月30日作出商评字［2004］第4556号《关于第3084432号“六味地”商标驳回复审决定书》（简称第4556号决定），认定二者未构成类似商品上的近似商标。然而商标评审委员会基于相同的事实及理由，在时隔6年后又作出结论完全相反的商评字［2009］第38086号《关于第3084432号六味地商标异议复审裁定书》（简称第38086号裁定），认定被异议商标与引证商标构成同一种或类似商品上的近似商标，商标评审委员会的上述行为违反了《中华人民共和国商标法实施条例》（简称商标法实施条例）第三十五条规定的“一事不再理”原则及《中华人民共和国行政许可法》（简称行政许可法）第八条所确定的“信赖保护”原则。养生殿公司申请商标注册后即开始使用，在商标评审委员会核准被异议商标初审公告后，更加大资金投入广为宣传推广，至今已近9年，形成了稳定的客户群，并已成为本领域的知名品牌。商标评审委员会在法律标准不变，没有新的事实和理由的情况下，作出内容完全相反的行政裁定，此举严重损害了养生殿公司的合法权益。这种行为不仅是对行政相对人受法律保护的信赖利益的损害，更损害了法律的威严和行政机关的威信，破坏了正常的社会管理秩序。二审判决认为商标法实施条例第三十五条的规定属于在同一个评审程序中对于申请人提出的评审申请进行审查的依据，而不应扩展适用到两个不同评审程序中，不同的申请主体提出评审申请的情形，该解释缩小了规定的适用范围，与立法本意背道而驰。2. 被异议商标与引证商标虽都包含“六味”，但被异议商标为纯文字商标，字形简单活泼，清楚有力，便于识别。而引证商标则是文字图形组合商标，整体呈圆形，在深色背景圆形图内有白色镂空的较为醒目的“六味池”及汉语拼音“liuweichi”，并装饰有三段白色条纹，整体风格较为复杂，二者外观相差甚远，分别营造出了两种截然不同的视觉印象，从而会给消费者产生不同的识别效果。被异议商标经过使用已经具有知名度，客观上也未有任何混淆的情形发生。相关公众已在客观上将被异议商标与引证商标区别开来。因此被异议商标与引证商标不构成近似商标，一、二审判决认定两商标近似属事实错误。综上，养生殿公司请求撤销一、二审判决和第38086号裁定，判令核准被异议商标注册。

商标评审委员会提交意见认为，第4556号决定与第38086号裁定系由不同的主体，以不同的事实理由提起评审请求，商标评审委员会未违反“一事不再理原则”。商标评审委员会作出的第38086号裁定并非一种行政许可行为，因此行政许可法不适用于本案。被异议商标与引证商标构成同一种或者类似商品上的近似商标，二审判决正确，请求驳回养生殿公司的再审申请。

安徽高炉酒厂提交意见认为，商标评审委员会受理安徽高炉酒厂的复审申请并没有违反“一事不再理原则”。被异议商标与引证商标属于近似商标，引证商标具有一定知名度，养生殿公司不正当利用引证商标的知名度，不应被保护。养生殿公司的申诉不能成立，应予以驳回。

本院认为，本案中，**商标评审委员会确曾在涉及被异议商标的驳回复审程序中作出第4556号决定，认定被异议商标与引证商标不构成类似商品上的近似商标。但是，驳回复审程序是依被异议商标申请人的请求而启动，在该程序中，由于引证商标权利人不是评审当事人，无从知晓被异议商标申请人的主张，没有机会对被异议商标与引证商标是否近似这一问题陈述意见和提供反驳证据，也无法就对其不利的驳回复审决定向人民法院提起诉讼。被异议商标初审公告后，引证商标权利人认为被异议商标与其在先注册的引证商标构成冲突，损害其在先权利的，只能通过后续的异议或者争议程序予以解决，因此如果引证商标权利人按照法律规定对被异议商标提出异议和后续的异议复审申请，商标局和商标评审委员会应当受理并依法进行审理；不能因为存在在先的驳回复审决定而剥夺引证商标权利人异议的权利，否则将严重损害引证商标权利人的权益。商标法实施条例第三十五条关于“商标评审委员会对商标评审申请已经作出裁定或者决定的，任何人不得以相同的事实和理由再次提出评审申请”的规定不适用于本案的情形。商标评审委员会受理高炉酒厂的异议复审申请进行评审审查符合相关法律规定。**养生殿公司关于商标评审委员会违反商标法实施条例第三十五条规定的主张不能成立。

被异议商标指定使用的商品和引证商标核定使用的商品属于类似商品。被异议商标为文字“六味地”，引证商标虽然除了文字“六味池”以外，还有其他要素，但文字是其中主要认知部分。由于“池”和“地”字体相近，相关公众施以一般注意力容易混同，被异议商标与引证商标共同使用在类似商品上，容易导致相关公众对商品来源产生混淆误认，因此商标评审委员会和一、二审法院关于被异议商标与引证商标构成类似商品上的近似商标的认定正确。

养生殿公司还主张商标评审委员会的行为违反了行政许可法第八条确定的“信赖保护”原则。对此，本院认为，**首先，商标评审委员会在先作出的商标驳回复审决定并非行政许可，故行政许可法不适用于本案。**其次，**商标法上明确设置了异议和争议等制度，商标初审公告并不意味着被异议商标肯定能获得注册拥**

有商标专用权，商标申请人本身就要承担被异议和争议的制度风险。最后，从养生殿公司提交的证据看，被异议商标使用范围有限，且产品上标注的是“养生殿”商标和“六味地黄酒”字样，被异议商标并未真正发挥商标的功能，尚未建立起相应的商业信誉和形成稳定的法律秩序，并产生应受到法律保护的信赖利益。故养生殿公司的上述主张不能成立。

综上，养生殿公司的再审申请不符合《中华人民共和国行政诉讼法》第六十三条第二款和《最高人民法院关于执行〈中华人民共和国行政诉讼法〉若干问题的解释》第七十二条规定的再审条件。依照《最高人民法院关于执行〈中华人民共和国行政诉讼法〉若干问题的解释》第七十四条之规定，裁定如下：

驳回河南省养生殿酒业有限公司的再审申请。

审　判　长　夏君丽
审　判　员　殷少平
代理审判员　周云川
二〇一一年九月二十九日
书　记　员　曹佳音

（十）商标行政诉讼中对新证据的审查认定

91. 商标驳回复审行政诉讼程序中应否考虑阻碍申请商标注册的事实发生的新变化

——再审申请人艾德文特软件有限公司与被申请人国家工商行政管理总局商标评审委员会商标驳回复审行政纠纷案

【裁判要旨】

在商标驳回复审行政纠纷案件中，如果引证商标在诉讼程序中因连续三年停止使用而被撤销，鉴于申请商标尚未完成注册，人民法院应根据情势变更原则，依据变化了的事实依法作出裁决。

【关键词】

商标　驳回复审　情势变更

【案号】

最高人民法院（2011）行提字第14号

【基本案情】

在再审申请人艾德文特软件有限公司（以下简称艾德文特公司）与被申请人国家工商行政管理总局商标评审委员会（以下简称商标评审委员会）商标驳回复审行政纠纷案中，2002年5月21日，案外人佛山市顺德区海得曼电器有限公司向国家工商行政管理总局商标局（以下简称商标局）申请注册“Advent 海得曼”（即引证商标），于2004年12月14日被核准注册，核定使用在第9类的计算机、晶片（锗片）等商品上。2005年10月20日，艾德文特公司向商标局申请注册“ADVENT”商标（即申请商标），指定使用在第9类的“计算机软件（已录制）；计算机程序（可下载软件）；已录制的计算机程序；与计算机软件一同销售的使用手册（软件）”商品上。2008年5月21日，商标局以申请商标与引证商标构成在相同或类似商品上的近似商标为由，依据商标法第二十八条的规定，驳回了申请商标的注册申请。艾德文特公司不服，向商标评审委员会申请复审。商标评审委员会作出第12733号决定，以与商标局相同的理由将申请商标予以驳回。艾德文特公司不服，提起行政诉讼。北京市第一中级人民法院判决维持商标评审委员会的驳回复审决定。艾德文特公司不服，提起上诉。在二审阶段，引证商标因连续三年停止使用被商标局予以撤销。北京市高级人民法院二审认为，商标评审委员会作出复审决定和一审法院作出判决时，引证商标仍为有效，故判决维持商标评审委员会的复审决定和一审判决。艾德文特公司不服，向最高人民法院申请再审。最高人民法院裁定提审本案，并于2011年11月24日作出再审判决，撤销商标评审委员会复审决定及原审判决，责令商标评审委员会重新作出复审决定。

【裁判意见】

最高人民法院再审认为：本案在二审过程中，引证商标因连续三年停止使用而被商标局予以撤销，引证商标已丧失商标专用权。依据商标法第二十八条的规定，引证商标已不构成申请商标注册的在先权利障碍。在商标评审委员会作出第12733号决定的事实依据已经发生了变化的情形下，如一味考虑在行政诉讼中，人民法院仅针对行政机关的具体行政行为进行合法性审查，而忽视已经发生变化了的客观事实，判决维持商标评审委员会的上述决定，显然对商标申请人不公平，也不符合商标权利是一种民事权利的属性，以及商标法保护商标权人利益的立法宗旨。商标驳回复审案件本身具有特殊性，在商标驳回复审后续的诉讼期间，商标的注册程序并未完成。因此，在商标驳回复审行政纠纷案件中，如果引证商标在诉讼程序中因连续3年停止使用而被商标局予以撤销，鉴于申请商标尚未完成注册，人民法院应根据情势变更原则，依据变化了的事实依法作出裁决。在艾德文特公司明确主张引证商标权利已经消失、其申请商标应予注册的情况下，二审法院没有考虑相应的事实依据已经发生变化的情形，维持商标评审委员会的第12733号决定以及一审判决显属不当，应予纠正。

中华人民共和国最高人民法院行政判决书

（2011）行提字第14号

申请再审人（一审原告、二审上诉人）：艾德文特软件有限公司（ADVENT SOFTWARE，INC.）。住所地：美利坚合众国加利福尼亚州旧金山市汤森德大街600号5层。

法定代表人：兰德尔·库克（Randall Cook），该公司副总裁。

委托代理人：马建，北京市嘉和律师事务所律师。

委托代理人：许卓萍，北京市嘉和律师事务所律师。

被申请人（一审被告、二审被上诉人）：中华人民共和国国家工商行政管理总局商标评审委员会。住所地：中华人民共和国北京市西城区三里河东路8号。

法定代表人：何训班，该委员会主任。

委托代理人：严正，该委员会审查员。

艾德文特软件有限公司（简称艾德文特公司）因与中华人民共和国国家工商行政管理总局商标评审委员会（简称商标评审委员会）商标驳回复审行政纠纷一案，不服北京市高级人民法院于2010年12月9日作出的（2010）高行终字第769号行政判决，向本院申请再审。本院经审查，于2011年9月22日作出（2011）知行字第65号行政裁定，决定提审本案。本院依法组成合议庭，于2011年11月3日公开开庭审理了本案。艾德文特公司的委托代理人马建、商标评审委员会的委托代理人严正到庭参加了诉讼。本案现已审理终结。

北京市第一中级人民法院经审理查明：2002年5月21日，案外人佛山市顺德区海得曼电器有限公司向国家工商行政管理总局商标局（简称商标局）申请注册“Advent 海得曼”（简称引证商标，见下图），于 2004 年 12 月 14 日被核准注册，注册号为第 3183570 号，核定使用在第 9 类的计算机、晶片（锗片）等商品上。

引证商标

2005 年 10 月 20 日，艾德文特公司向商标局申请注册“ADVENT”商标（简称申请商标，见下图），申请号为第 4953637 号，指定使用在第 9 类的“计算机软件（已录制）；计算机程序（可下载软件）；已录制的计算机程序；与计算机软件一同销售的使用手册（软件）”商品上。

申请商标

2008 年 5 月 21 日，商标局以申请商标与引证商标构成在相同或类似商品上的近似商标为由，依据《中华人民共和国商标法》（简称商标法）第二十八条的规定，驳回了申请商标的注册申请。艾德文特公司不服，向商标评审委员会申请复审。

商标评审委员会于 2009 年 5 月 18 日作出商评字〔2009〕第 12733 号《关于第 4953637 号“ADVENT”商标驳回复审决定书》（简称第 12733 号决定），认为：申请商标与引证商标的主要识别部分之一“Advent”字母构成、读音相同，易被消费者认为两者来源于同一生产者，申请商标指定使用的计算机软件（已录制）等商品与引证商标核定使用的计算机商品在功能、用途等方面相同，属于类似商品，两商标共存于市场上，容易导致消费者的混淆和误认，已构成类似商品上的近似商标。据此，商标评审委员会依据商标法第二十八条的规定，作出决定：申请商标予以驳回。

艾德文特公司不服第 12733 号决定，向北京市第一中级人民法院提起行政诉讼。

北京市第一中级人民法院一审认为：申请商标指定使用的计算机软件（已录

制）等商品与引证商标核定使用的计算机商品，在《类似商品和服务区分表》中属于相同的类似群组，且其消费群体相同，属于相同或类似商品。

将申请商标与引证商标进行比对，申请商标仅由外文“ADVENT”构成，引证商标由汉字“海得曼”及外文“Advent”商标构成，申请商标“ADVENT”与引证商标的外文部分“Advent”的字母构成相同，排列顺序一致，字体相同，两者的区别仅在于文字大小写的不同。由于引证商标的“Advent”为其主要识别部分，因此容易导致消费者的混淆和误认。

商标评审委员会依职权对不应核准的商标注册申请予以驳回，可以有效地保护在先申请商标权利人的合法权利，有利于消费者识别商品的来源，并且有明确的法律根据。艾德文特公司提出应由在先申请商标权利人通过异议等程序解决的诉讼主张，缺乏法律依据，不予支持。综上，北京市第一中级人民法院依据《中华人民共和国行政诉讼法》第五十四条第（一）项的规定判决：维持第12733号决定。

艾德文特公司不服一审判决，向北京市高级人民法院提起上诉。

北京市高级人民法院经审理另查明：艾德文特公司于2009年6月10日，以连续三年停止使用为由向商标局提出撤销引证商标的申请，商标局于2010年6月28日作出撤2000902137号《关于第3183570号“ADVENT海得曼”注册商标连续三年停止使用撤销申请的决定》，决定撤销引证商标在“计算机”商品上的注册。

艾德文特公司于2009年6月12日再次申请注册“ADVENT”商标，指定使用在“计算机软件（已录制）；计算机程序（可下载软件）；已录制的计算机程序；与计算机软件一同销售的使用手册（软件）”商品上。该商标于2010年10年20日经商标局初步审定并公告，初步审定号为第7465537号，目前尚未核准注册。

北京市高级人民法院二审认为：《商标评审规则》第二十七条规定，商标评审委员会审理不服商标局驳回商标注册申请决定和复审案件，除应当适用商标法第十条、第十一条、第十二条和第十六条第一款规定外，应当针对商标局的驳回决定和申请人申请复审的事实、理由、请求以及评审时的事实状态进行评审。

商标局于2010年6月28日作出《关于第3183570号“ADVENT海得曼”注册商标连续三年停止使用撤销申请的决定》，故引证商标在计算机商品上的商标专用权自2010年6月28日终止。因此，商标评审委员会作出第12733号决定时，核定使用在计算机商品上的引证商标仍然处于有效状态，且艾德文特公司已经于2010年6月12日另行申请注册了“ADVENT”商标，并经初步审定予以公告，故商标评审委员会及一审法院以核定使用在计算机商品上的引证商标作为评判申请商标是否违反商标法第二十八条的依据并无不妥。

商标法第二十八条规定：申请注册的商标，凡不符合本法有关规定或者同他人在同一种商品或者类似商品上已经注册的或者初步审定的商标相同或者近似的，由商标局驳回申请，不予公告。申请商标指定使用在第9类“计算机软件（已录制）；计算机程序（可下载软件）；已录制的计算机程序；与计算机软件一同销售的使用手册（软件）”商品上，上述商品与引证商标核定使用的计算机商品在商品的用途、性质、销售渠道、消费群体等方面具有较高的关联性或一致性，因此，申请商标指定使用的商品与引证商标核定使用的商品构成类似商品。第12733号决定及一审判决对此认定正确。艾德文特公司主张上述商品因性质、功能、用途、原料、生产部门、销售渠道等方面存在区别而不构成类似商品，缺乏依据。

申请商标是由字母“ADVENT”构成的文字商标，而引证商标是由中文“海得曼”和外文“Advent”组成的文字商标，申请商标的英文字母的构成、排列均与引证商标的字母部分一致，申请商标完全被引证商标所包含，故申请商标与引证商标的标识相似。因此，申请商标与引证商标共同使用在类似商品上容易引起相关公众的混淆误认。第12733号决定及一审判决对此认定正确。综上，北京市高级人民法院依据《中华人民共和国行政诉讼法》第六十一条第（一）项之规定，判决驳回上诉，维持一审判决。

艾德文特公司申请再审称：在本案二审过程中，商标评审委员会用以驳回本案申请商标的引证商标已经被商标局以三年未使用为由予以撤销。据此，商标评审委员会作出决定的基础已经不存在，鉴于引证商标被撤销，它不再影响申请商标的注册，申请商标注册的障碍已经消失。二审法院在明知引证商标已经被撤销的情况下，继续维持驳回复审决定显然有悖商标法的基本法理。虽然其在2009年6月12日再次在第9类提交了申请注册“ADVENT”商标的第7465537号申请，但该申请在2011年1月20日已被他人提出异议。该异议人的商标申请日晚于本案申请商标申请日，因此本案申请商标是否能通过再审被获准注册对于其商标权利至关重要。依据《中华人民共和国行政诉讼法》第六十二条之规定，请求撤销二审判决和商标评审委员会第12733号决定，判令商标评审委员会重新作出复审决定，本案的一、二审诉讼费由商标评审委员会负担。

商标评审委员会提交意见认为：在作出第12733号决定时，引证商标为有效的在先注册商标。艾德文特公司之后在相同的商品上又申请了相同的第7465537号“ADVENT”商标，且已经初步审定公告，虽然其申请日较晚，但本案申请商标的申请注册过程仍然是艾德文特公司使用“ADVENT”商标的参考依据。在这种情况下，应维持第12733号决定的稳定性，驳回艾德文特公司的再审申请。

本院再审查明：一、二审法院查明的事实属实。另查明：《关于第3183570号“ADVENT海得曼”注册商标连续三年停止使用撤销申请的决定》已经生效。

本院再审认为：艾德文特公司申请商标因与引证商标构成类似商品上的近似商标而被商标评审委员会以第12733号决定驳回，商标评审委员会根据当时的事实状态依法作出上述决定未有不妥。但**本案在二审过程中，引证商标因连续三年不使用而被商标局予以撤销，引证商标已丧失商标专用权。依据商标法第二十八条“申请注册的商标，凡不符合本法有关规定或者同他人在同一种商品或者类似商品上已经注册的或者初步审定的商标相同或者近似的，由商标局驳回申请，不予公告”之规定，引证商标已不构成申请商标注册的在先权利障碍。在商标评审委员会作出第12733号决定的事实依据已经发生了变化的情形下，如一味考虑在行政诉讼中，人民法院仅针对行政机关的具体行政行为进行合法性审查，而忽视已经发生变化了的客观事实，判决维持商标评审委员会的上述决定，显然对商标申请人不公平，也不符合商标权利是一种民事权利的属性，以及商标法保护商标权人利益的立法宗旨。且商标驳回复审案件本身又具有特殊性，在商标驳回复审后续的诉讼期间，商标的注册程序并未完成。因此，在商标驳回复审行政纠纷案件中，如果引证商标在诉讼程序中因三年连续不使用而被商标局予以撤销，鉴于申请商标尚未完成注册，人民法院应根据情势变更原则，依据变化了的事实依法作出裁决。**故本案在艾德文特公司明确主张引证商标权利已经消失、其申请商标应予注册的情况下，二审法院没有考虑相应的事实依据已经发生变化的情形，维持商标评审委员会的第12733号决定以及一审判决显属不当，本院予以纠正。此外，艾德文特公司在同一种商品上再次申请“ADVENT”商标系另一法律关系，不属于本案审理范围，且该申请商标仍在商标局异议过程中，故商标评审委员会主张艾德文特公司再次在同一种商品上提出“ADVENT”商标申请且已初步审定公告、其商标权利已得到保障、应维持第12733号决定的理由不成立，本院不予采纳。

综上，**商标评审委员会的第12733号决定虽未有不妥，但在引证商标已经被**

商标局撤销的情况下，仍需就申请商标是否违反商标法的相关规定重新进行审查。二审判决认定事实清楚，但适用法律不当，本院予以撤销。依照《中华人民共和国行政诉讼法》第五十四条第（二）项、第六十一条第（二）项、第六十三条第二款、《最高人民法院关于执行〈中华人民共和国行政诉讼法〉若干问题的解释》第七十六条第一款、第七十八条之规定，判决如下：

一、撤销中华人民共和国国家工商行政管理总局商标评审委员会商评字〔2009〕第12733号《关于第4953637号“ADVENT”商标驳回复审决定书》、北京市第一中级人民法院（2009）一中知行初字第2318号行政判决、北京市高级人民法院（2010）高行终字第769号行政判决；

二、中华人民共和国国家工商行政管理总局商标评审委员会重新作出复审决定。

本案一审案件受理费100元、二审案件受理费100元，共计200元，由艾德文特软件有限公司负担。

本判决为终审判决。

审　判　长　夏君丽
代理审判员　钱小红
代理审判员　周云川
二〇一一年十一月二十四日
书　记　员　曹佳音

92. 商标驳回复审行政诉讼程序中应否考虑证明申请商标使用情况的新证据

——再审申请人佳选企业服务公司与被申请人国家工商行政管理总局商标评审委员会商标驳回复审行政纠纷案

【裁判要旨】

在商标驳回复审行政诉讼中，对于当事人提交的关于申请商标使用情况的新证据应当予以考虑。

【关键词】

商标驳回复审 新证据

【案号】

最高人民法院（2011）行提字第9号

【基本案情】

在再审申请人佳选企业服务公司（以下简称佳选公司）与被申请人国家工商行政管理总局商标评审委员会（以下简称商标评审委员会）商标驳回复审行政纠纷案中，2004年2月12日，佳选公司申请在第35类推销（替他人）、进出口代理等服务项目上注册第3909917号“BEST BUY及图”商标（即申请商标）。申请商标由英文单词“BEST”“BUY”以及一方框图形构成，其中两个英文单词上下排列，方框图形的底色为黄色。国家工商行政管理总局商标局（以下简称商标局）认为申请商标以该文字作为商标用在指定使用服务上，仅仅直接表示了服务的品质和特点，决定驳回注册申请。佳选公司向商标评审委员会提出复审申请。2008年5月28日，商标评审委员会作出第05222号商标驳回复审决定（以下简称第5222号决定），以与商标局基本相同理由对申请商标予以驳回。佳选公司不服，提起行政诉讼，并提交了申请商标实际使用的大量证据，以证明其商标因使用获得显著特征。北京市第一中级人民法院以与商标评审委员会相同的理由判决维持第5222号决定。佳选公司不服，提起上诉。北京市高级人民法院二审判决驳回上诉，维持原判。佳选公司不服，向最高人民法院申请再审。最高人民法院裁定提审本案，并于2011年10月28日判决撤销第5222号决定和一、二审判决，责令商标评审委员会重新作出复审决定。

【裁判意见】

最高人民法院再审认为：商标驳回复审案件中，申请商标的注册程序尚未完成，评审时包括诉讼过程中的事实状态都是决定是否驳回商标注册需要考虑的。本案中，佳选公司在一审诉讼过程中提交了申请商标实际使用的大量证据，这些证据所反映的事实影响申请商标显著性的判断，如果不予考虑，佳选公司将失去救济机会，因此在判断申请商标是否具有显著特征时，应当考虑这些证据。一审法院以这些证据为诉讼中提交的新证据，无正当理由即对上述证据不予采纳的做法不妥。

中华人民共和国最高人民法院行政判决书

（2011）行提字第9号①

93. 商标行政诉讼程序中对当事人提交的新证据的处理及类似商品的认定

——再审申请人吴树填与被申请人佛山市富士宝电器科技股份有限公司、一审被告、二审被上诉人国家工商行政管理总局商标评审委员会商标行政纠纷案

【裁判要旨】

人民法院对于当事人在行政诉讼程序中提交的新证据并非一概不予采纳；人民法院可以根据案件具体情形，考虑新证据对当事人合法权益的影响及行政诉讼的救济价值，判令商标评审委员会在综合原有证据及新证据的基础上重新作出裁定。

【关键词】

商标　行政诉讼　新证据

【案号】

最高人民法院（2011）知行字第9号

【基本案情】

在再审申请人吴树填与被申请人佛山市富士宝电器科技股份有限公司（以下简称富士宝公司）、一审被告（二审被上诉人）国家工商行政管理总局商标评审委员会（以下简称商标评审委员会）商标行政纠纷案中，富士宝公司是第621975号“富士寶FUSHIBAO及图”商标（即引证商标一）、第1091355号“Fushibao及图”商标（即引证商标二）的商标权人。前述两引证商标分别于1991年、1997年被核准注册，核定使用在第11类“电热水器”等商品上。2000年6月6日，顺德市桂洲镇顺宝燃气具厂（以下简称顺宝厂）在第11类“空气冷却装置、

---

① 参见案例77裁判文书。

空气加热器、空气干燥器、空气调节器、风扇（空气调节）、厨房用抽油烟机、个人用电风扇、排气风扇、消毒碗柜、饮水机”商品上向商标局申请注册“富士寶 FUSHIBAO 及图”（即争议商标）。2002 年 2 月 2 日，争议商标获准注册，并于 2004 年 5 月 17 日转让给吴树填。2002 年 6 月 10 日，富士宝公司前身南海富士宝公司认为争议商标的注册侵犯了其在先权利、争议商标核定使用的商品与引证商标核定使用的商品构成类似商品，向商标评审委员会提出撤销申请，并提交了主要产品销量表等证据，以证明在争议商标申请注册日之前，其生产销售的“富士宝”牌空调扇等具有一定知名度。商标评审委员会审理认为，争议商标指定使用商品中仅饮水机一项与两引证商标指定使用的商品类似，争议商标指定使用的风扇（空气调节）、消毒碗柜等其他商品与两引证商标指定使用的商品均不属于类似商品；南海富士宝公司提交的证据不足以证明其“富士宝”标识在争议商标申请注册前，已通过在风扇（空气调节）、消毒碗柜等商品上的使用在相关公众中具有一定影响，南海富士宝公司申请撤销争议商标的理由不能成立，遂作出第 06284 号商标争议裁定，裁定撤销争议商标在饮水机商品上的注册，维持争议商标在风扇（空气调节）、消毒碗柜等商品上的注册。富士宝公司不服，提起行政诉讼。北京市第一中级人民法院一审判决维持商标评审委员会的裁定。富士宝公司不服，提起上诉，并提交了北京市高级人民法院（1999）高知初字第 75 号民事判决和最高人民法院（2003）民三终字第 2 号民事调解书，以补充证明在争议商标申请注册日之前，其生产销售的“富士宝”牌空调扇等已经具有一定知名度。北京市高级人民法院二审认为，在争议商标申请注册日之前，“富士宝”牌空调扇的产销量已经达到一定规模，“富士宝”牌空调扇具有一定的知名度。商标评审委员会以争议商标与富士宝公司的企业名称差别较大为由，不支持其关于争议商标注册损害其企业名称权的决定理由不充分。富士宝公司的引证商标一指定使用的商品“煮水器、电热水器”与引证商标二指定使用的商品“电热开水器”与争议商标核定使用“消毒碗柜”均为厨房用电器，易使相关消费者对上述商品的来源产生混淆误认。商标评审委员会认定争议商标在“消毒碗柜”商品上的注册未构成与引证商标一、引证商标二使用在类似商品上的近似商标，理由不充分。富士宝公司在诉讼阶段提交的相关证据与本案争议焦点问题有较强关联性，如果不予考虑，会对双方当事人的合法权益造成较大影响，本案应当由商标评审委员会在综合原有证据以及当事人在诉讼过程中提交的证据的基础上，重新对本案争议商标作出裁定。遂判决撤销一审判决和商标评审委员会的裁定，责令商标评审委员会重新作出裁定。吴树填不服，向最高人民法院申请再审。最高人民法院于2011年4月12日驳回其再审申请。

【裁判意见】

最高人民法院审查认为：根据《最高人民法院关于行政诉讼证据若干问题的规定》第二条的规定，原告可以提出其在行政程序中没有提出过的反驳理由或者证据。该司法解释第五十九条同时规定，被告在行政程序中依照法定程序要求原告提供证据，原告依法应当提供而拒不提供，在诉讼程序中提供的证据，人民法院一般不予采纳。据此，人民法院对在行政诉讼中提交的新证据不予采纳的限定条件是原告依法应当提供而拒不提供，不提供的后果是人民法院一般不予采纳，并非一概不予采纳。本案中，二审法院考虑本案的具体情形并同时考虑行政诉讼救济价值，对于当事人未能在行政程序中提供有效证明自己主张的证据，判令商标评审委员会在综合原有证据以及当事人在诉讼过程中提交的证据的基础上，重新对本案争议商标作出裁定并无不当。

人民法院审查判断相关商品或者服务是否类似，应当考虑商品的功能、用途、生产部门、销售渠道、消费群体等是否相同或具有较大的关联性。《商标注册用商品和服务国际分类表》《类似商品和服务区分表》可以作为判断类似商品或者服务的参考。本案中，富士宝公司的引证商标一、引证商标二指定使用的商品“煮水器、电热水器”“电热开水器”与争议商标核定使用的“消毒碗柜”均为厨房用电器，其销售渠道、消费群体具有较大的关联性，且相关证据已证明南海富士宝公司的引证商标一、二于争议商标申请日前在珠江三角洲一带已有一定知名度。在此情况下，因争议商标与引证商标一、引证商标二核定使用的商品之间存在较大关联性，容易使相关公众造成混淆。鉴此，二审法院关于商标评审委员会第06284号裁定“争议商标在消毒碗柜商品上的注册未构成与引证商标一、引证商标二使用在类似商品上的近似商标的理由不够充分”的认定是正确的。

中华人民共和国最高人民法院驳回再审申请通知书

（2011）知行字第9号

吴树填：

你与国家工商行政管理总局商标评审委员会（简称商标评审委员会）、佛山市富士宝电器科技股份有限公司（简称富士宝公司）商标行政纠纷一案，北京市高级人民法院于2010年4月26日作出（2009）高行终字第1345号行政判决，已经发生法律效力。2011 年 1 月，你不服该判决向本院申诉。本院依法组成合议庭对本案进行了审查，现已审查终结。

你申请再审称，原审判决依据富士宝公司在行政程序中未提交的证据，认定“在争议商标申请注册日之前，富士宝公司的富士宝空调扇的产销量已经达到一定规模，具有一定的知名度”，属于认定事实错误，且违反了《最高人民法院关于行政诉讼证据若干问题的规定》第六十条第（三）项之规定；原审判决认定“电热开水器”与“消毒碗柜”属于类似商品认定事实错误。其在风扇、消毒碗柜等产品上注册的第 1718310 号“富士賨 FUSHIBAO 及图”商标没有违反商标法第三十一条的规定，且与富士宝公司在先注册的引证商标核定使用的商品不属于类似商品，不应被撤销。请求本院撤销原审判决，维持一审判决及商标评审委员会作出的商评字〔2008〕第 06284 号《关于第 1718310 号“富士賨 FUSHIBAO 及图”商标争议裁定书》（简称第 06284 号裁定）。

商标评审委员会答辩称，富士宝公司在诉讼阶段新提交的证据并非在该委裁定作出后基于新的事实形成的证据，其在行政程序阶段未向商标评审委员会提交上述证据并非不能。这些证据不是该委作出裁定的依据，不应作为判断该委裁定是否合法的依据，应由富士宝公司承担怠于举证的法律后果。该委第 06284 号裁定认定事实清楚，适用法律正确，请求撤销二审判决，维持一审判决。

富士宝公司答辩称，1. 其用以证明并且二审法院予以认定的“在争议商标申请注册日之前，富士宝空调扇的产销量已经达到一定规模”的事实的证据并非只有二审阶段提交的北京市高级人民法院（1999）高知初字第 75 号民事判决书这一孤证。在本案商标评审阶段和一审诉讼中，富士宝公司已经提供了一系列能够相互印证的证据证明其在空调扇等产品使用的商标有一定的影响，其在二审阶段提交的北京市高级人民法院（1999）高知初字第 75 号判决书不是独立的新证据，应作为对其在一审提交的最高人民法院（2003）民三终字第 2 号民事调解书的一个补充材料，仅以其在行政程序中未提交就将其排除在诉讼程序中，会对当事人的权利产生重大影响，不利于司法公正。2. 电热开水器和消毒碗柜均属于厨房用电器，有紧密的联系，两者属于类似商品。《商标注册用商品和服务国际分类表》、《类似商品和服务区分表》可以作为判断类似商品或服务的参考，但并不是判断类似商品或服务的唯一依据。二审判决认定事实清楚，适用法律正确，请求本院驳回吴树填的再审申请。

北京市第一中级人民法院审理查明，1991 年 6 月 8 日，广东省台山县四九镇电热器具装配厂在第 11 类“煮水器、电热水器”商品上向国家工商行政管理总局商标局（简称商标局）申请注册第 621975 号“富士寶 FUSHIBAO 及图”商标（简称引证商标一）。1992 年 12 月 10 日，引证商标一获准注册。1996 年该商标转让给南海市富士宝家用电器有限公司（简称南海富士宝公司）。2004 年 12 月 2 日，该商标的注册人变更为佛山市富士宝电器科技有限公司，该公司企业名称于 2008 年 11 月 14 日变更为佛山市富士宝电器科技股份有限公司，即富士宝公司。1996 年 8 月 21 日，南海富士宝公司在第 11 类“电热开水器”商品上向商标局申请注册第 1091355 号“Fushibao 及图”商标（简称引证商标二）。1997 年 8 月 28 日，引证商标二获准注册。2003 年 6 月 23 日，引证商标二转让给南海富士宝电器科技有限公司。2004 年 12 月 2 日，引证商标二注册人变更为佛山市富士宝电器科技有限公司，该公司企业名称于 2008 年 11 月 14 日变更为佛山市富士宝电器科技股份有限公司，即富士宝公司。

2000 年 6 月 6 日，顺德市桂洲镇顺宝燃气具厂（简称顺宝厂）在第 11 类“空气冷却装置、空气加热器、空气干燥器、空气调节器、风扇（空气调节）、厨房用抽油烟机、个人用电风扇、排气风扇、消毒碗柜、饮水机”商品上向商标局申请注册争议商标。2002 年 2 月 2 日，争议商标获准注册，2004 年 5 月 17 日，争议商标转让给吴树填。

2002 年 6 月 10 日，南海富士宝公司针对争议商标向商标评审委员会提出撤销申请。在商标评审阶段，南海富士宝公司提交了如下主要证据：1. 主要产品销量表、国内外销售网络统计表、产品出口统计表、出口销售点统计表等自行统计的数表；2. 2002 年至 2005 年国家统计局中国行业企业信息发布中心的统计信息认证证明，载明南海富士宝公司在生产的富士宝牌电磁炉荣列 2001 年度及 2002 年度全国市场同类产品销量第一名，2003 年度及 2004 年度为第二名；3. 在争议商标申请日前，义乌市精致家用电器有限公司销售富士宝牌空调扇产品的浙江增值税专用发票，包括：（1）1998 年 11 月 7 日第 00741237 号发票，数量为 5 台；（2）1999 年 7 月 20 日第 00150734 号发票，数量为 30 台；（3）1999 年 8 月 22 日第 00200695 号发票，数量为 5 台；（4）1999 年 9 月 15 日第 00990681 号发票，数量为 20 台；4. 1999 年 2 月 27 日及 2000 年 1 月 16 日南海万家宝家用电器有限公司与广州市元井广告有限公司签订的空调扇、电风扇包装设计、制版打样合同；5. 记载为南海万家宝家用电器有限公司、南海市富士宝公司等的广告费发票，从中无法看出涉及的产品及品牌；6. 其他在争议商标申请日后的发票和合同，其中涉及的大部分产品为电磁炉；7. 富士宝公司争议商标申请日之后获得的荣誉证书；8. 产品包装图片复印件，该包装显示在豪华台扇、空调扇商品上使用了第1091355号“Fushibao及图”注册商标；9. 相关报纸关于富士宝电磁炉的报道及广告；10. 民事诉讼材料及（2000）佛中法知初字第42号判决和（2001）粤高法知终字第26号判决复印件，其中载明的原告为南海富士宝公司，被告包括顺宝厂和吴树填，南海富士宝公司主张权利的注册商标为引证商标一和引证商标二，被诉侵权商标为“富士浦FUSHIPU”商标。

2008年7月9日，商标评审委员会作出第06284号裁定，该裁定认为，本案的焦点问题一是争议商标与引证商标是否构成使用在类似商品上的近似商标；二是争议商标的注册是否违反了《中华人民共和国商标法》（简称商标法）第三十一条关于保护他人在先商号权或在先使用未注册商标的规定。关于焦点一，判定商标是否近似应以商品是否类似为基本前提。争议商标指定使用商品中仅饮水机一项与引证商标一、二指定使用的商品类似，争议商标指定使用的风扇（空气调节）、消毒碗柜等其他商品与引证商标一、二指定使用的商品均不属于类似商品。就双方类似的这一项商品而言，争议商标与引证商标一均由汉字“富士宝”、拼音“FUSHIBAO”、图形三部分组合构成，两商标的汉字部分、拼音部分基本相同，在整体上给相关公众的整体印象容易混淆，构成近似商标。引证商标二虽仅由拼音与图形组合构成，但作为南海富士宝公司的系列商标，其拼音部分易被识别为“富士宝”的对应拼音，争议商标与引证商标二亦构成近似商标。关于焦点二，对他人在先商号权或在先使用的未注册商标予以保护，应以他人商号或未注册商标在争议商标申请注册前已通过使用在相关公众中具有一定的知名度为基本事实依据，同时保护范围原则上应以实际使用商品或类似商品为限。就本案而言，鉴于在与饮水机类似的煮水器等商品上，引证商标已获准注册，因此本案的审查重点应是考察在风扇（空气调节）、消毒碗柜等争议商标指定使用的其他商品上，“富士宝”能否作为南海富士宝公司商号或在先使用的未注册商标获得保护。南海富士宝公司关于其“富士宝”标识使用情况提交的证据中，可以反映出形成时间早于争议商标注册申请时间且使用商品为风扇（空气调节）或类似商品的仅包括：（1）1997－2001年主要产品销量表，该证据为南海富士宝公司自行提供，没有任何佐证；（2）涉及空调扇销售情况的发票4张，销售量共计60台，销售范围仅限浙江、江苏；（3）涉及空调扇商品的包装设计合同2份。南海富士宝公司其他证据或者形成于争议商标申请时间之后，或者不能体现使用在风扇

（空气调节）或类似商品上，特别是南海富士宝公司证据中大量销量统计、荣誉证书、报刊报道、报刊广告等证据明确标明使用商品为电磁炉，与本案事实缺乏直接关联。南海富士宝公司基于双方当事人曾经发生侵权纠纷认为吴树填申请注册争议商标具有恶意，双方侵权纠纷的涉案商标“富士浦”并非本案争议商标。因此，南海富士宝公司所提供的证据与本案事实缺乏直接关联，并且已有法院生效判决认定吴树填“富士浦”商标对南海富士宝公司引证商标不构成侵权。南海富士宝公司还称吴树填曾经销售过其空调扇，因此吴树填明知“富士宝”为南海富士宝公司的标识，但南海富士宝公司未就此提供相关证据。而在双方侵权纠纷中，法院生效判决查明的事实表明吴树填经销的是顺宝厂“富士浦”空调扇。南海富士宝公司认为吴树填具有恶意的理由，缺乏事实依据。综上，南海富士宝公司证据不足以证明其“富士宝”标识在争议商标申请注册前，已通过在风扇（空气调节）、消毒碗柜等商品上的使用在相关公众中具有一定影响。因此，南海富士宝公司认为争议商标在这些商品上的注册损害了其商号权或在先使用未注册商标权的理由不能成立。依据商标法第四十一条第三款、第四十三条、《中华人民共和国商标法实施条例》（简称商标法实施条例）第二十九条、第四十一条的规定，商标评审委员会裁定：1. 争议商标在饮水机商品上的注册予以撤销；2. 争议商标在风扇（空气调节）、消毒碗柜等商品上的注册予以维持。

富士宝公司不服该裁定，向北京市第一中级人民法院提起诉讼。

北京市第一中级人民法院经审理认为，首先，广东省佛山市中级人民法院（2000）佛中法知初字第 42 号判决（简称佛山市中级人民法院第 42 号判决）已经被广东省高级人民法院（2001）粤高法知终字第 26 号判决（简称广东省高级人民法院第 26 号判决）撤销，其并非生效的判决。其次，佛山市中级人民法院第 42 号判决及广东省高级人民法院第 26 号判决均未认定富士宝公司在空调扇、电风扇商品上使用未注册的“富士宝”商标并有一定的知名度。故富士宝公司以此主张其在空调扇上在先使用“富士宝”商标并有一定的知名度不能成立。另外，富士宝公司提交的销售统计等材料系自行统计所得，没有其他证据佐证，其内容的真实性无法得到证实，商标评审委员会对此不予认可并无不当。富士宝公司提交的荣誉证书不能显示其在空调扇、电风扇上使用了未注册的“富士宝”商标并有一定的知名度，商标评审委员会没有认定并无不当。富士宝公司提交统计信息认证证明、报刊报道及报刊广告等标明使用的商品为电磁炉，商标评审委员会认定与本案事实缺乏直接关联并无不当。富士宝公司提交的广告费发票无法看出涉及的产品及品牌，与本案缺乏关联性。综上，富士宝公司在本案诉讼中提交的证据无法显示其在空调扇、电风扇等商品上使用了未注册的“富士宝”商标，与本案缺乏关联性，对此不予采信。

富士宝公司提交的在争议商标申请日前在空调扇、电风扇商品或类似商品上使用“富士宝”商标的证据仅包括四张发票和两份合同，载明的空调扇销售量为60台，无法证明该商标在争议商标申请日前已经在空调扇、电风扇商品上具有一定的影响。因此，富士宝公司主张吴树填申请注册争议商标的行为构成以不正当手段抢先注册其已经使用并有一定影响的商标缺乏事实依据。关于富士宝公司主张的在先企业名称权，由于争议商标与富士宝公司的企业名称差别较大，富士宝公司仅凭其拥有企业名称的事实不足以证明争议商标的注册损害了其在先的企业名称权。依照《中华人民共和国行政诉讼法》第五十四条第（一）项之规定，判决：维持商标评审委员会作出的第06284号裁定。

富士宝公司不服一审判决，向北京市高级人民法院提起上诉。

北京市高级人民法院经审理查明，一审法院查明的事实基本属实，予以确认。另查明，根据南海富士宝公司向商标评审委员会提供的佛山市中级人民法院（2000）佛中法知初字第42号案件的诉讼材料，南海富士宝公司向佛山市中级人民法院起诉顺宝厂、吴树填侵犯其引证商标专用权的时间是2000年4月19日。佛山市中级人民法院于2000年5月20日作出（2000）佛中法知初字第42-2号民事裁定，对顺宝厂的财产予以保全，该裁定于2000年5月24日在顺宝厂所在地执行。2000年6月1日，顺宝厂向佛山市中级人民法院提交了答辩书，而本案争议商标是顺宝厂在2000年6月6日提出注册申请。佛山市中级人民法院第42号判决认定，南海富士宝公司的引证商标一、二在珠江三角洲一带有一定知名度。广东省高级人民法院第26号判决对佛山市中级人民法院第42号判决中所查明的事实予以确认，但以顺宝厂所用涉诉商标与富士宝公司的注册商标指定使用的商品不构成类似商品、商标不构成近似商标为由予以改判。在本案二审期间，富士宝公司提交的北京市高级人民法院（1999）高知初字第75号民事判决中，南海富士宝公司将被诉侵权产品称为“我公司生产的空调扇”。该判决查明，南海富士宝公司1999年3—7月生产销售“富士宝”牌空调扇FB901型41000台，FB903型78600台。该判决认为，南海富士宝公司制造、销售FB901型、FB903型空调扇的行为侵犯了蔡镜波、佛山市斓石镇银星电器厂的合法权益，判决南海富士宝公司立即停止制造、销售涉案空调扇、公开赔礼道歉、赔偿损失1089.4万元及合理调查费用9656元。富士宝公司在一审诉讼中提交的最高人民法院（2003）民三终字第2号民事调解书载明，蔡镜波、佛山市澜石镇银星电器厂同意将本案所涉的第97208750.8号实用新型专利许可给佛山市南海基宏家用电器有限公司使用至专利权终止，佛山市南海基宏家用电器有限公司同意向蔡镜波支付专利许可使用费260万元整。2003年3月21日，南海富士宝公司的企业名称变更为佛山市南海基宏家用电器有限公司。

北京市高级人民法院认为，南海富士宝公司与顺宝厂同处广东省。南海富士宝公司在评审阶段提供的销售发票可以认定在争议商标申请注册日之前，该公司已经有“富士宝”牌空调扇销售。顺宝厂于2000年5月24日因被南海富士宝公司起诉其生产空调扇等商品的行为侵犯引证商标专用权而被法院裁定对其予以财产保全，其于不到一个月后的2000年6月6日，在空调扇等商品上提出与引证商标一、二主要元素一致的争议商标的注册申请，其抢先注册他人已经使用的商标的意图显而易见。除上述南海富士宝公司提供的销售发票外，北京市高级人民法院（1999）高知初字第75号民事判决也查明，南海富士宝公司在1999年3—7月生产销售“富士宝”牌空调扇FB901型41000台，FB903型78600台。最高人民法院（2003）民三终字第2号民事调解书并未否定北京市高级人民法院（1999）高知初字第75号民事判决认定的事实。故可以认定，在争议商标申请注册日之前，“富士宝”牌空调扇的产销量已经达到一定规模，“富士宝”牌空调扇具有一定的知名度。商标评审委员会以争议商标与富士宝公司的企业名称差别较大为由，不支持其关于争议商标注册损害其企业名称权的决定理由不充分。

广东省高级人民法院第26号判决虽对佛山市中级人民法院（2000）佛中法知初字第42号判决予以改判，但改判的理由是被诉侵权商标与富士宝公司的商标指定使用的商品不构成类似，商标本身不构成近似。因此，佛山市中级人民法院第42号判决的内容亦可以作为本案事实认定的依据。富士宝公司的引证商标一指定使用的商品“煮水器、电热水器”与引证商标二指定使用的商品“电热开水器”与争议商标核定使用“消毒碗柜”均为厨房用电器，易使相关消费者对上述商品的来源产生混淆误认。商标评审委员会第06284号裁定关于争议商标在“消毒碗柜”商品上的注册未构成与引证商标一、引证商标二使用在类似商品上的近似商标的理由不充分。

富士宝公司在诉讼阶段提交的北京市高级人民法院（1999）高知初字第75号民事判决、最高人民法院（2003）民三终字第2号民事调解书虽然不是商标评审委员会作出第06284号裁定的依据，但上述法律文书的内容与本案争议焦点问题有较强关联性，如果不予考虑，会对双方当事人的合法权益造成较大影响，本案应当由商标评审委员会在综合原有证据以及当事人在诉讼过程中提交的证据的基础上，重新对本案争议商标作出裁定。商标评审委员会第06284号裁定及北京市第一中级人民法院（2008）一中行初字的1238号行政判决认定事实不清，适用法律不当，应予纠正。依照《中华人民共和国行政诉讼法》第六十一条第（三）项，《最高人民法院关于执行〈中华人民共和国行政诉讼法〉若干问题的解释》第七十条之规定，判决：1. 撤销北京市第一中级人民法院（2008）一中行初字第1238号行政判决；2. 撤销商标评审委员会第06284号裁定；3. 商标评审委员会重新就第1718310号“富士宝FUSHIBAO及图”商标争议作出裁定。

本院认为，本案争议焦点为：一、在争议商标注册申请日之前，富士宝公司在空调扇等产品上使用“富士宝”标识是否在先使用，并有一定影响；二、争议商标核定使用的“消毒碗柜”商品与引证商标核定使用的商品是否为类似商品。

一、关于在争议商标申请日之前，富士宝公司在空调扇等产品上使用“富士宝”标识是否在先使用，并有一定影响的问题

根据商标评审委员会及原审法院查明的事实，在争议商标申请日之前，富士宝公司已经销售了“富士宝”牌空调扇。关于其是否有一定影响的问题，商标评审委员会以现有证据能证明的富士宝公司销售的空调扇仅有60台，对其提供的1997—2001年主要产品销量表以南海富士宝公司自行提供，没有任何佐证为由不予采信。根据本案富士宝公司在二审诉讼中提交的北京市高级人民法院（1999）高知初字第75号判决查明的事实，富士宝公司在1999年3—7月生产销售“富士宝”牌空调扇FB901型41000台，FB903型78600台。虽然该案上诉后经最高人民法院调解结案，但最高人民法院对北京市高级人民法院（1999）高知初字第75号判决认定的事实并未否定。在此情况下，结合富士宝公司在商标行政程序中提交的证据，应当认定富士宝公司在空调扇产品上使用的富士宝标识具有一定的影响。此外，根据二审法院查明的事实，吴树填于2000年5月24日与顺宝厂作为共同被告被南海富士宝公司起诉其生产空调扇等商品的行为侵犯其商标专用权而被法院裁定对其予以财产保全，其于不到一个月后的2000年6月6日，在空调扇等商品上提出与引证商标一、二主要元素一致的争议商标的注册申请。二审法院据此认定其抢先注册他人已经使用的商标的意图显而易见，并无不当。此外，**根据《最高人民法院关于行政诉讼证据若干问题的规定》第二条“原告或者第三**

人提出其在行政程序中没有提出的反驳理由或者证据的，经人民法院准许，被告可以在第一审程序中补充相应的证据”的规定，原告可以提出其在行政程序中没有提出过的反驳理由或者证据。该司法解释第五十九条规定了“被告在行政程序中依照法定程序要求原告提供证据，原告依法应当提供而拒不提供，在诉讼程序中提供的证据，人民法院一般不予采纳”。据此，人民法院对提交的新证据不予采纳的限定条件是原告依法应当提供而拒不提供，不提供的后果是人民法院一般不予采纳，并非一概不予采纳。本案中，二审法院考虑本案的具体情形并同时考虑行政诉讼救济价值，对于当事人未能在行政程序中提供有效证明自己主张的证据，判令商标评审委员会在综合原有证据以及当事人在诉讼过程中提交的证据的基础上，重新对本案争议商标作出裁定亦无不当。

二、关于争议商标核定使用“消毒碗柜”商品与引证商标核定使用的商品是否为类似商品的问题

《最高人民法院关于审理商标授权确权行政案件若干问题的意见》第十五条规定，人民法院审查判断相关商品或者服务是否类似，应当考虑商品的功能、用途、生产部门、销售渠道、消费群体等是否相同或具有较大的关联性。《商标注册用商品和服务国际分类表》、《类似商品和服务区分表》可以作为判断类似商品或者服务的参考。本案中，**富士宝公司的引证商标一、引证商标二指定使用的商品为“煮水器、电热水器”、“电热开水器”与争议商标核定使用的“消毒碗柜”均为厨房用电器，其销售渠道、消费群体具有较大的关联性，且相关证据已证明南海富士宝公司的引证商标一、二于争议商标申请日前在珠江三角洲一带已有一定知名度。在此情况下，因争议商标与引证商标一、引证商标二核定使用的商品之间存在较大关联性，容易使相关公众造成混淆。**鉴此，二审法院关于商标评审委员会第06284号裁定“争议商标在消毒碗柜商品上的注册未构成与引证商标一、引证商标二使用在类似商品上的近似商标的理由不够充分”的认定是正确的。

综上，吴树填的再审申请不符合《中华人民共和国行政诉讼法》第六十三条第二款和《最高人民法院关于执行〈中华人民共和国行政诉讼法〉若干问题的解释》第七十二条规定的再审条件。依照《最高人民法院关于执行〈中华人民共和国行政诉讼法〉若干问题的解释》第七十四条的规定，予以驳回。

二〇一一年四月十二日

（十一）商标法第十条第一款第（八）项“有其他不良影响”的认定

94. 将去世的知名人物姓名注册为商标可否认定具有其他不良影响

——再审申请人贵州美酒河酿酒有限公司与被申请人国家工商行政管理总局商标评审委员会、原审第三人李长寿商标争议行政纠纷案

【裁判要旨】

将在相关行业具有一定影响力的知名人物姓名作为商标注册在该行业相关商品上，易使相关消费者将该商品的品质特点与该行业相关知名商品生产工艺相联系，从而误导消费者的，可以认定为具有其他不良影响。

【关键词】

商标　知名人物　不良影响

【案号】

最高人民法院（2012）知行字第11号

【基本案情】

在再审申请人贵州美酒河酿酒有限公司（以下简称贵州美酒河公司）与被申请人国家工商行政管理总局商标评审委员会（以下简称商标评审委员会）、原审第三人李长寿商标争议行政纠纷案中，2003年12月23日，贵州美酒河公司提出“李兴发及图”商标（即争议商标）注册申请，于2005年10月14日被核准注册，核定使用商品为第33类的酒精饮料（啤酒除外）。2006年11月15日，李兴发之子李长寿以争议商标侵犯其父姓名权并造成不良影响为由，向商标评审委员会提出撤销申请。商标评审委员会于2010年3月29日作出商评字［2010］第3390号《关于第3858717号“李兴发 LIXINGFA 及图”商标争议裁定书》（以下

简称第3390号裁定)，裁定撤销争议商标的注册。该裁定认为，他人的姓名权中的“他人”是指在世的自然人，因李兴发已死亡，李长寿主张争议商标的注册损害李长寿在先姓名权的主张缺乏事实依据。根据查明的事实，李兴发原为茅台酒厂的副厂长，其因在1964年带领科研小组摸索出茅台酒三种典型体，从而使茅台酒的传统工艺得到进一步的认识和完善，勾兑方法更科学，受到贵州省政府、轻工厅的奖励，并在1984年至1992年期间获得了多项荣誉，为茅台酒的酿造工艺做出一定贡献。基于茅台酒的知名度和影响力及本案证据，能够证明李兴发在酒行业内具有一定的知名度和影响力，将其姓名作为商标注册在“酒精饮料（啤酒除外)”商品上，易使相关消费者将商品的品质特点与李兴发本人或茅台酒的生产工艺相联系，从而误导消费者，并造成不良影响。贵州美酒河公司不服，提起行政诉讼。北京市第一中级人民法院一审判决维持第3390号裁定。贵州美酒河公司不服，提起上诉。北京市高级人民法院二审判决驳回上诉，维持原判。贵州美酒河公司向最高人民法院申请再审。最高人民法院于2012年3月26日裁定驳回其再审申请。

【裁判意见】

最高人民法院审查认为：人民法院在审查判断有关标志是否构成具有其他不良影响的情形时，应当考虑该标志或者其构成要素是否可能对我国政治、经济、文化、宗教、民族等社会公共利益和公共秩序产生消极、负面影响。本案中，争议商标由“李兴发”文字及图组成，根据商标评审委员会及原审法院查明的事实，李兴发生前系茅台酒厂的副厂长，曾经研究完善茅台酒的传统工艺并获得多项奖励和荣誉，为茅台酒的酿造工艺做出过一定贡献，在酒行业内具有一定的知名度和影响力，将其姓名作为商标注册在“酒精饮料（啤酒除外)”商品上，易使相关消费者将商品的品质特点与李兴发本人或茅台酒的生产工艺相联系，从而误导消费者，并造成不良影响。鉴此，原审法院认定争议商标的注册违反了商标法第十条第一款第（八）项的规定，并无不当。

中华人民共和国最高人民法院行政裁定书

（2012）知行字第11号

申请再审人（一审原告、二审上诉人)：贵州美酒河酿酒有限公司。住所地：贵州省遵义市汇川区董公寺镇（火车站旁)。

法定代表人：蔡波，该公司董事长。

委托代理人：蔡丽萍，北京蔡丽萍律师事务所律师。

被申请人（一审被告、二审被上诉人）：国家工商行政管理总局商标评审委员会。住所地：北京市西城区三里河东路8号。

法定代表人：何训班，该委员会主任。

委托代理人：李娇娜，该委员会审查员。

原审第三人：李长寿，男，汉族，1974年5月19日出生，住贵州省仁怀市茅台镇河滨中路×号。

申请再审人贵州美酒河酿酒有限公司（以下简称贵州美酒河公司）与被申请人国家工商行政管理总局商标评审委员会（以下简称商标评审委员会）、原审第三人李长寿商标争议行政纠纷一案，北京市高级人民法院于2011年2月9日作出（2010）高行终字第1503号行政判决，已经发生法律效力，贵州美酒河公司不服该判决，向本院申请再审。本院依法组成合议庭对本案进行了审查，现已审查终结。

贵州美酒河公司申请再审称，商标评审委员会没有充分证据证明李兴发在酒行业具有一定知名度和影响；没有证据证明争议商标注册在“酒精饮料（啤酒除外）”商品上，会使相关消费者将商品的品质特点与李兴发本人或者茅台酒的工艺相联系。一审、二审判决认定事实不清，适用法律错误，请求本院依法撤销一审、二审判决。

商标评审委员会提交意见认为，根据李长寿在评审阶段提交的证据显示，李兴发先生带头摸索提出茅台酒三种香型酒勾兑，对茅台酒质量作出了贡献，其在1980年至1992年期间多次受到贵州省政府、贵州省轻工厅、国务院、政协贵州省委员会等单位对其特殊贡献给予的表彰和奖励，同时基于茅台酒具有较高的知名度和影响力，能够证明李兴发先生在酒行业具有一定的知名度和影响力，将“李兴发”作为商标使用在“酒精饮料”商品上，易使相关消费者将商品的品质特点与李兴发本人或茅台酒的生产工艺相联系，从而误导消费者，并造成不良影响。因此，争议商标已构成商标法第十条第一款第（八）项所规定的情形。一审、二审判决认定事实清楚，适用法律正确，程序合法，争议商标应予撤销。

李长寿未提交书面意见。

本院审查查明，2003年12月23日，贵州美酒河公司提出争议商标（见下图）注册申请，并于2005年10月14日被核准注册，核定使用商品为第33类的“酒精饮料（啤酒除外）”，专用期限至2015年10月13日。

争议商标

2006年11月15日，李长寿针对争议商标向商标评审委员会提出撤销注册申请，其主要理由为：李长寿的父亲李兴发先生在酿酒行业具有很高的知名度，尤其是在茅台酒加工工艺上极具权威。争议商标是以李兴发先生的名字为内容设计的，侵犯了李兴发先生的姓名权，并对其声誉造成了不良影响，也使消费者利益受损。贵州美酒河公司作为贵州本省的酿酒公司，不可能不知道李兴发先生在酿酒行业享有的知名度，其注册与李兴发先生姓名相同的争议商标是想借助李兴发先生在全国酿酒行业中的知名度和权威性，提高自己商品的知名度，主观恶意明显。

2010年3月29日，商标评审委员会作出第3390号裁定。该裁定认为：一、争议商标的注册是否构成《中华人民共和国商标法》（简称商标法）第三十一条所指“申请商标注册不得损害他人现有的在先权利”的情形。“他人现有的在先权利”是指他人享有的除商标权以外的其他在先权利，包括姓名权。但“他人”是指“在世的自然人”，根据李长寿提供的证据，该姓名权所指向的自然人李兴发已死亡，因此，李长寿主张争议商标的注册损害了其在先姓名权的主张，缺乏事实依据，不予支持。二、争议商标的注册是否构成商标法第四十一条第一款所指“已经注册的商标，违反本法第十条、第十一条、第十二条规定的，或者是以欺骗手段或者其他不正当手段取得注册的，由商标局撤销该注册商标；其他单位或者个人可以请求商标评审委员会裁定撤销该注册商标”的情形。商标法第十条第一款第（八）项所指的具有其他不良影响，是指商标的文字、图形或者其他构成要素对我国政治、经济、文化、宗教、民族等社会公共利益和公共秩序产生消极的、负面的影响。不良影响的判定应综合考虑社会背景、历史背景、文化传统等因素，并应考虑指定的商品或服务。争议商标本身的文字内容和商标的图文组合虽不致产生有害于社会主义道德风尚的后果或者具有其他不良社会影响，但根据李长寿提交的证据和商标评审委员会查明的事实，李兴发为茅台酒厂的一名副厂长，其因在1964年带领科研小组摸索出茅台酒三种典型体，从而使茅台酒的传统工艺得到进一步的认识和完善，勾兑方法更科学，受到贵州省政府、轻工厅的奖励，并在1984年至1992年期间获得了多项荣誉，为茅台酒的酿造工艺做出一定贡献。基于茅台酒的知名度和影响力，以及上述授予李兴发个人的获奖证书和其多次被其他单位聘请为顾问等证据，能够证明李兴发先生在酒行业内具有一定的知名度和影响力，将其姓名作为商标注册在“酒精饮料（啤酒除外）”商品上，易使相关消费者将商品的品质特点与李兴发本人或茅台酒的生产工艺相联系，从而误导消费者，并造成不良影响。综上，争议商标的注册已构成商标法第十条第一款第（八）项规定的禁止使用的情形。依据商标法第十条第一款第（八）项、第四十一条第一款、第四十三条的规定，裁定：争议商标予以撤销。

贵州美酒河公司不服第3390号裁定，向北京市第一中级人民法院提起诉讼。

北京市第一中级人民法院认为，李长寿在商标评审委员会审理期间提交的证据足以认定李兴发生前系茅台酒厂的副厂长，且因其在1964年带领科研小组摸索出茅台酒三种典型体，从而使茅台酒的传统工艺得到进一步的认识和完善，勾兑方法更科学，从而受到贵州省政府、轻工厅的奖励，并在1984年至1992年期间获得了多项荣誉，为茅台酒的酿造工艺做出一定贡献。基于茅台酒的知名度和影响力，以及上述授予李兴发个人的获奖证书和其多次被其他单位聘请为顾问等证据，足以证明李兴发在酒行业内具有一定的知名度和影响力，将其姓名作为商标注册在“酒精饮料（啤酒除外）”商品上，易使相关消费者将商品的品质特点与李兴发本人或茅台酒的生产工艺相联系，从而误导消费者，并造成不良影响。商标评审委员会作出的第3390号裁定认定事实清楚，证据充分，适用法律正确，程序合法，应予维持。判决：维持商标评审委员会第3390号裁定。

贵州美酒河公司不服一审判决，向北京市高级人民法院提起上诉。

北京市高级人民法院经审理认为，商标法第十条第一款第（八）项规定，有害于社会主义道德风尚或者有其他不良影响的标志，不得作为商标使用。该项所指的具有其他不良影响是指商标的文字、图形或者其他构成要素对我国政治、经济、文化、宗教、民族等社会公共利益和公共秩序产生消极的、负面的影响。

根据李长寿向商标评审委员会提交的证据可以认定：李长寿的父亲李兴发生前系茅台酒厂的副厂长。李兴发在1964年带领科研小组摸索出茅台酒三种典型体，使茅台酒的传统工艺得到进一步的认识和完善，勾兑方法更科学，受到贵州省政府、轻工厅的奖励，并在1984年至1992年期间获得了多项荣誉，为茅台酒的酿造工艺做出一定贡献。基于上述证据可以证明李兴发在酒行业内具有一定的知名度和影响力，将其姓名作为商标注册在“酒精饮料（啤酒除外）”商品上，易使相关消费者将商品的品质特点与李兴发本人或茅台酒的生产工艺相联系，从而误导消费者，并造成不良影响。贵州美酒河公司关于争议商标与李兴发、茅台酒厂不存在任何联系、不具有不良影响的上诉理由缺乏依据，不予支持。依照《中华人民共和国行政诉讼法》第六十一条第（一）项之规定，判决：驳回上诉，维持原判。

本院认为，争议商标的注册是否违反了商标法第十条第一款第（八）项是本案的争议焦点。根据《最高人民法院关于审理商标授权确权行政案件若干问题的意见》第3条的规定，人民法院在审查判断有关标志是否构成具有其他不良影响的情形时，应当考虑该标志或者其构成要素是否可能对我国政治、经济、文化、宗教、民族等社会公共利益和公共秩序产生消极、负面影响。本案中，争议商标由“李兴发”文字及图组成，根据商标评审委员会及一审、二审法院查明的事实，李兴发生前系茅台酒厂的副厂长，李兴发在1964年带领科研小组摸索出茅台酒三种典型体，使茅台酒的传统工艺得到进一步的认识和完善，勾兑方法更科学，受到贵州省政府、轻工厅的奖励，并在1984年至1992年期间获得了多项荣誉，为茅台酒的酿造工艺做出一定贡献，在酒行业内具有一定的知名度和影响力，将其姓名作为商标注册在“酒精饮料（啤酒除外）”商品上，易使相关消费者将商品的品质特点与李兴发本人或茅台酒的生产工艺相联系，从而误导消费者，并造成不良影响。鉴此，一审、二审法院认定争议商标的注册违反了商标法第十条第一款第（八）项之规定，并无不当。

综上，本院认为，贵州美酒河酿酒有限公司的再审申请不符合《中华人民共和国行政诉讼法》第六十三条第二款和《最高人民法院关于执行〈中华人民共和国行政诉讼法〉若干问题的解释》第七十二条规定的再审条件。依照《最高人民法院关于执行〈中华人民共和国行政诉讼法〉若干问题的解释》第七十四条的规定，予以驳回。

审 判 长　于晓白
审 判 员　骆　电
代理审判员　王艳芳
二〇一二年三月二十六日
书 记 员　王　晨

95. 伤害宗教感情的标志可以认定为“有其他不良影响”

——再审申请人泰山石膏股份有限公司与被申请人山东万佳建材有限公司、一审被告、二审被上诉人国家工商行政管理总局商标评审委员会商标争议行政纠纷案

【裁判要旨】

对具有宗教含义的商标，一般可以该商标的注册有害于宗教感情、宗教信仰或者民间信仰为由，认定其具有“其他不良影响”。判断商标是否具有宗教含义，应当结合当事人提交的证据、宗教人士的认知以及该宗教的历史渊源和社会现实综合予以认定。

【关键词】

商标　争议程序　不良影响　宗教含义

【案号】

最高人民法院（2016）最高法行再21号

【基本案情】

在再审申请人泰山石膏股份有限公司（以下简称泰山石膏公司）与被申请人山东万佳建材有限公司（以下简称万佳公司）、一审被告（二审被上诉人）国家工商行政管理总局商标评审委员会（以下简称商标评审委员会）商标争议行政纠纷案中，第3011175号“泰山大帝”商标（即争议商标）由泰安泰山元帅纸面石膏板厂于2001年11月5日提出注册申请，2003年3月21日被核准注册，核定使用在第19类“石膏板”商品上。2010年4月14日，争议商标经核准转让予万佳公司。2013年5月17日，泰山石膏公司向商标评审委员会提出争议申请，商标评审委员会于2014年4月14日作出商评字［2014］第051795号《关于第3011175号“泰山大帝”商标争议裁定书》（以下简称第51795号裁定），以争议商标容易伤害宗教人士的感情、容易产生社会不良影响为由，对争议商标予以撤销。万佳公司不服，提起行政诉讼。北京市第一中级人民法院一审认为，“泰山大帝”为道教众神之一，万佳公司将“泰山大帝”申请注册为商标并进行使用，

容易伤害宗教人士、道教信众的宗教感情，已构成商标法（2001 年修正）第十条第一款第（八）项规定的情形，遂判决维持第 51795 号裁定。万佳公司不服，提起上诉。北京市高级人民法院二审认为，一审法院认定“泰山大帝”为道教山东泰山地区独有的神灵名称缺乏依据，故判决撤销一审判决及第 51795 号裁定，判令商标评审委员会针对争议商标重新作出裁定。泰山石膏公司不服，向最高人民法院申请再审，并提交了泰安市道教协会出具的《关于“泰山大帝”信仰情况的说明》、泰安市人民政府出具的《关于“泰山大帝”民俗和信仰情况的说明》等证据，用以证明“泰山大帝”系日常使用的道教神灵称谓。最高人民法院裁定提审本案，并于 2016 年 5 月 11 日判决撤销二审判决，维持一审判决。

【裁判意见】

最高人民法院提审认为：判断有关标志是否构成具有其他不良影响的情形时，应当考虑该标志或者其构成要素是否可能对我国政治、经济、文化、宗教、民族等社会公共利益和公共秩序产生消极、负面的影响。如果某标志具有宗教含义，不论相关公众是否能够普遍认知、该标志是否已经使用并具有一定知名度，通常可以认为该标志的注册有害于宗教感情、宗教信仰或者民间信仰，具有不良影响。本案中，判断“泰山大帝”是否系道教神灵的称谓，是否具有宗教含义，不仅需考量本案当事人所提交的相关证据，也需考量相关宗教机构人士的认知以及道教在中国民间信众广泛的历史渊源和社会现实。首先，虽然当事人提交的大部分证据，也即二审法院认定的官方记载未将“东岳大帝”或“泰山神”称为“泰山大帝”，但有部分书籍、新闻报道和论文中将“东岳大帝”或“泰山神”称为“泰山大帝”。其次，泰安市民族与宗教事务局、泰安市道教协会也出具说明证明“泰山大帝”系道教神灵的称谓，他们的认知本身即相关宗教机构人士的认知。最后，道教是我国具有悠久历史传统的一种宗教，在漫长的历史过程中，道教信众广泛，有关记载道教的书籍、杂志、报道众多，因此，关于道教神灵的称谓也难言仅限于国家官方记载。故即便官方文献未记载“泰山大帝”为“泰山神”或“东岳大帝”，“泰山大帝”不是“东岳大帝”或“泰山神”称谓的唯一对应，但相关证据和宗教界机构人士的认知表明，“泰山大帝”均指向“泰山神”或“东岳大帝”，而不是指向其他道教神灵，“泰山大帝”的称谓系客观存在，具有宗教含义。万佳公司以及争议商标原申请注册人将“泰山大帝”作为商标加以注册和使用，可能对宗教信仰、宗教感情或者民间信仰造成伤害，从而造成不良影响。因此，争议商标的注册属于商标法第十条第一款第（八）项规定的情形，应予撤销。

中华人民共和国最高人民法院行政判决书

（2016）最高法行再21号

再审申请人（一审第三人）：泰山石膏股份有限公司。住所地：山东省泰安市岱岳区大汶口。

法定代表人：贾同春，该公司董事长。

委托代理人：王华，北京恒都（天津）律师事务所律师。

被申请人（一审原告、二审上诉人）：山东万佳建材有限公司。住所地：山东省临沂市平邑县保太镇万庄村。

法定代表人：管国磊，该公司经理。

委托代理人：杨凯，北京市柳沈律师事务所律师。

委托代理人：郑鹏，北京市柳沈律师事务所实习律师。

一审被告、二审被上诉人：国家工商行政管理总局商标评审委员会。住所地：北京市西城区茶马南街1号。

法定代表人：何训班，该委员会主任。

委托代理人：张娜娜，该委员会审查员。

再审申请人泰山石膏股份有限公司（简称泰山石膏公司）因与被申请人山东万佳建材有限公司（简称万佳公司）、一审被告、二审被上诉人国家工商行政管理总局商标评审委员会（简称商标评审委员会）商标争议行政纠纷一案，不服北京市高级人民法院（2014）高行（知）终字第3390号行政判决，向本院申请再审。本院经审查，于2015年12月8日作出（2015）知行字第62号行政裁定，决定提审本案。本院依法组成合议庭对本案进行了审理，现已审理终结。

北京市第一中级人民法院经审理查明：第3011175号“泰山大帝”商标（即争议商标）由泰安泰山元帅纸面石膏板厂于2001年11月5日申请注册，2003年3月21日核准注册，核定使用在第19类石膏板商品上。2008年7月2日，该商标经核准转让予山东北新建材有限公司。2010年4月14日，该商标经核准转让予万佳公司。

泰山石膏公司于2013年5月17日向商标评审委员会提出争议申请，其主要理由为：争议商标有害于宗教信仰、宗教感情或者民间信仰，容易使公众对商品的质量等特点或者提供者的资质产生误认，加之万佳公司具有极强的主观恶意，万佳公司的行为严重扰乱我国正常的商标管理秩序和市场经济秩序，并损害相关公众的合法利益。根据2001年修正的《中华人民共和国商标法》（以下简称商标法）第十条第一款第（八）项的规定，争议商标应予以撤销。

泰山石膏公司向商标评审委员会提交了如下主要证据：泰安市民族与宗教事务局出具的说明、关于泰山大帝的网络报道、万佳公司恶意申请的商标、企业国有产权进场交易书、“泰山及图”驰名商标的证据等。

万佳公司答辩称：争议商标依法使用，不构成对宗教信仰、宗教感情或者民间信仰的危害。请求商标评审委员会维持争议商标注册。

万佳公司向商标评审委员会提交了如下主要证据：“泰山大帝”、“东岳大帝”的网络搜索、撤销“泰山大帝”争议材料、万佳公司荣誉证书、争议裁定书、商标使用证据等。

2014年4月14日，商标评审委员会作出商评字［2014］第051795号《关于第3011175号“泰山大帝”商标争议裁定书》（简称第051795号裁定）。

该裁定认定：泰山石膏公司提交的证据证明，“泰山大帝”也被称为“东岳泰山大帝”、“泰山神”，全称为“东岳泰山天齐仁圣大帝”，为道教众神之一，是道教山东泰山地区独有的神灵名称，作为商标使用，容易伤害宗教人士的感情，从而产生不良影响。且万佳公司也位于山东境内，应当知晓“泰山大帝”的宗教意义以及其注册为商标易产生的不良社会影响，故争议商标已构成商标法第十条第一款第（八）项规定的情形。据此，商标评审委员会依据商标法第十条第一款第（八）项、第四十三条的规定，裁定撤销争议商标的注册。

万佳公司不服第051795号裁定，向北京市第一中级人民法院起诉称：争议商标依法使用，并不构成对宗教信仰、宗教感情或者民间信仰的危害。商标评审委员会仅仅根据泰安市民族与宗教事务局出具的证明，就认定“泰山大帝”作为商标使用容易伤害宗教人士感情，产生不良社会影响，明显不符合客观事实和法律规定。争议商标已经注册使用十多年，没有伤害过宗教感情或者产生不良社会影响，相反取得了良好的社会效益和公众的积极评价。请求法院依法撤销第051795号裁定。

一审诉讼过程中，万佳公司提交了其在商标评审中未提交的关于道教的书籍资料以及“泰山大帝”商标注册信息。泰山石膏公司提交了其在商标评审中未提交的中国知网上的文章和论文、商标转让公告、万佳公司及山东北新建材有限公司的工商档案查询。

北京市第一中级人民法院认为：

一、关于本案的法律适用

2013 年 8 月 30 日修正的《中华人民共和国商标法》已于 2014 年 5 月 1 日施行，鉴于本案第 051795 号裁定的作出时间处于 2001 年商标法施行期间，因此，依据《中华人民共和国立法法》（2001 年施行）第八十四条的规定，本案应适用 2001 年商标法进行审理。

二、争议商标是否违反商标法第十条第一款第（八）项的规定

商标法第十条第一款第（八）项规定，有害于社会主义道德风尚或者有其他不良影响的标志，不得作为商标使用。该条款涉及的标志是指对我国社会公共利益或者公共秩序产生消极、负面影响的标志，而判断争议商标是否能够注册应具体考量我国的历史文化传统及社会背景等因素。

本案中，由在案证据可知，五岳大帝是指东岳泰山大帝、南岳衡山大帝、西岳华山大帝、北岳恒山大帝和中岳嵩山大帝。其信仰源于中国古代的山川崇拜，表现了人们对于高俊雄伟、神秘莫测的山峦的恐惧和敬畏。其中，"东岳泰山大帝"又称为"泰山大帝"，为道教众神之一，其不但被历代帝王封禅或诏封，同时在民间百姓和道教信众中长期受到供奉和膜拜，具有极高的宗教地位。万佳公司及争议商标原申请注册人均位于山东，应当知晓"泰山大帝"的宗教意义，其将"泰山大帝"申请注册为商标并进行使用，容易伤害宗教人士、道教信众的宗教感情，从而产生不良影响。因此，争议商标已构成商标法第十条第一款第（八）项规定的情形。商标评审委员会据此裁定争议商标予以撤销的结论正确，应予支持。对于万佳公司认为争议商标已经注册多年，通过长期宣传和使用未造成不良影响的诉讼主张，一审法院认为，商标法第十条第一款第（八）项的规定为绝对禁止条款，其并未规定具有不良影响的商标通过使用能够获得注册的除外情形，因此，万佳公司的上述诉讼主张缺乏法律依据。

北京市第一中级人民法院依照修正前的《中华人民共和国行政诉讼法》第五十四条第（一）项之规定，判决维持第 051795 号裁定。一审案件受理费 100 元，由万佳公司负担（已交纳）。

万佳公司不服一审判决，向北京市高级人民法院提起上诉，请求撤销一审判决及第 051795 号裁定，判令商标评审委员会重新作出裁定。其主要理由为：（一）争议商标并非宗教名词，道教中的神为"东岳大帝"或者"泰山神"，没有证据证明"泰山大帝"即为"东岳大帝"，商标评审委员会及一审法院相关认定错误。（二）争议商标的使用并未产生不良影响，争议商标已经注册使用十多

年，没有伤害宗教感情或者产生不良社会影响，相反，争议商标经使用已经建立较高的市场声誉，取得了良好的社会效益和社会公众的积极评价。（三）泰山石膏公司曾以争议商标与“泰山及图”商标构成近似商标为由提起过争议申请，该申请未得到商标评审委员会的支持，泰山石膏公司又借用商标法的公共利益条款为自己谋私利，借机打击市场上的竞争对手，明显具有恶意。

商标评审委员会、泰山石膏公司服从一审判决。

北京市高级人民法院二审查明的事实与一审查明的事实基本一致。

二审诉讼过程中，万佳公司提交了《泰安市志》、《泰安地区志》、《中国神怪大辞典》、《泰山信仰与中国社会》、《泰山岱庙考》、《道家文化》等刊物书籍的摘页，用以证明在泰安市官方记载及与宗教有关的书籍中，均未出现“泰山大帝”的宗教神灵称谓，争议商标的注册和使用并未产生不良影响。泰山石膏公司对上述证据的真实性认可，但认为与本案缺乏关联性。

另查明，泰山石膏公司于2008年12月8日以争议商标的注册违反商标法第十三条第二款、第二十八条为由，向商标评审委员会提出撤销注册申请，商标评审委员会作出商评字［2010］第10872号争议裁定书，裁定对争议商标予以撤销。万佳公司不服，提起行政诉讼。在诉讼期间，商标评审委员会向北京市第一中级人民法院提交了裁定错误的说明，万佳公司申请撤回起诉，北京市第一中级人民法院裁定准许。2011年9月5日，商标评审委员会作出商评字［2011］第20788号争议裁定书，以泰山石膏公司提出撤销申请超过五年期限且相关争议理由缺乏依据为由，裁定对争议商标予以维持注册。该裁定已生效。

北京市高级人民法院认为：

本案适用2001年修正的商标法进行审理。根据当事人的诉辩主张，本案焦点问题为争议商标的注册是否属于商标法第十条第一款第（八）项规定的“不良影响”情形。

商标法第十条第一款第（八）项规定，有害于社会主义道德风尚或者有其他不良影响的标志，不得作为商标使用。其中，“有其他不良影响”的标志是指商标的文字、图形或者其他构成要素对我国政治、经济、文化、宗教、民族等社会公共利益和公共秩序产生消极、负面的影响。

有害于宗教信仰、宗教情感或者民间信仰的标志一般不得作为商标使用。判断上述标志是否有害，应考虑该标志是否真实、确定地在宗教领域为信仰者或崇拜者使用或直接关联，客观上对宗教信仰、宗教情感或者民间信仰等社会公共利益产生影响。根据查明的事实，在山东省当地宗教信仰中确有“东岳大帝”或“泰山神”称谓，并无正式确定将“泰山大帝”作为神灵称谓的国家官方记载。泰山石膏公司提交的说明、网络报道等证据缺乏历史考证，且上述报道主要系文学杜撰，无其他证据印证。同时，万佳公司提交了泰山石膏公司真实性认可的《泰安市志》、《泰安地区志》等涉宗教书籍，在对“东岳大帝”或“泰山神”记载介绍中，均未提及“泰山大帝”，至少可以证明“泰山大帝”与上述神灵称谓并非唯一对应或客观存在。综合考虑在案证据，尚不足以证明“泰山大帝”真实、确定地在宗教领域为信仰者或崇拜者使用或直接关联。一审法院及商标评审委员会认定“泰山大帝”即为道教山东泰山地区独有的神灵名称，缺乏依据，应予纠正。

泰山石膏公司曾在2008年12月8日以争议商标的注册违反商标法第十三条第二款、第二十八条规定为由，提出撤销注册申请，商标评审委员会作出裁定，维持了争议商标的注册。该申请及已生效裁定并未提及商标法规定的“不良影响”事由。在此情况下，泰山石膏公司又以商标法规定的“不良影响”为依据提起争议申请，意图通过维护社会公共利益实现对其特定民事权益的保护。万佳公司提交的证据可以证明争议商标经使用已产生较高的知名度，取得了良好的社会效益和积极评价。为维护已经形成和稳定的市场秩序，结合上述对争议商标标志本身的认定，应当认定争议商标的注册未违反商标法第十条第一款第（八）项的规定，一审法院及商标评审委员会对此认定错误，予以纠正。万佳公司的相关上诉主张成立，予以支持。

北京市高级人民法院依照修正前的《中华人民共和国行政诉讼法》第六十一条第（三）项、《最高人民法院关于执行〈中华人民共和国行政诉讼法〉若干问题的解释》第七十条之规定，判决撤销一审判决及第051795号裁定，商标评审委员会针对争议商标重新作出裁定。

泰山石膏公司申请再审称：（一）争议商标的注册违反商标法第十条第一款第（八）项的规定。二审判决认定事实和适用法律均有错误，应予撤销。1. 二审判决对于“有害宗教信仰、宗教感情或者民间信仰的标志”的法律理解与适用并未形成对应性。一方面，二审判决认为，判断是否构成“有害宗教信仰、宗教感情或者民间信仰的标志”的公众群体为“宗教领域的信仰者或崇拜者”，表现形式为“使用”或会有“直接关联”。另一方面，二审判决认为“泰山大帝”未正式被“国家官方记载”，另外认为《泰安市志》、《泰安地区志》未提及“泰山大帝”，进而否认了“泰山大帝”是神灵称谓的事实。这些认定所涉及的群体并非“宗教领域的信仰者或崇拜者”。对于“使用”的论证，其所提交的证据已证明“泰山大帝”是神灵称谓，二审法院认为缺乏历史考证故未予采信。但依据前述理解，“使用行为”能否成立的标准是“使用行为”是否客观存在，无需“历史考证”。2.“泰山大帝”是否是神灵的“唯一称谓”不是判断“不良影响”的要件，不能仅仅依据并非唯一对应的称谓而否定这一称谓的存在。且关于“其他不良影响”，相关法律规定中亦未要求标识与宗教标志必须唯一对应。3.“泰山大帝”是道教神灵称谓。第一，从称谓的文字含义看，“东岳”与“泰山”具有唯一对应性。通过百度以“东岳大帝”作为关键字进行搜索，搜索结果包含大量“泰山大帝”。第二，从泰山地区的官方机构认知上看，“泰山大帝”是日常使用的道教神灵称谓。泰安市民族与宗教事务局、泰安市泰山风景名胜区管理委员会均出具函件，证明“泰山大帝”是宗教偶像信俗，是人们顶礼膜拜的对象。第三，从社会学者、相关专家、普通公众认知来看，“泰山大帝”均被认知为道教神灵的称谓。《人民日报》等报刊上，均记载“泰山大帝”系道教神灵称谓，与“泰山神”、“东岳大帝”、“天齐仁圣大帝”并称。除山东省外，江苏、福建、山西、浙江、北京、广东、陕西、辽宁等地均使用“泰山大帝”指代山东泰山独有的道教众神之一。第四，万佳公司亦认可“泰山大帝”系道教神灵称谓的事实。在第9044267号“泰山大帝”商标异议复审答辩书中，万佳公司认可“泰山大帝”是道教神灵的称谓。第五，“大帝”一词起源于道教，词语本身即与道教相关联。（二）二审法院对于其提起争议的意图及法律适用解读错误。1. 二审判决认为其“意图通过维护社会公共利益实现对其特定民事权益的保护”，并将该事项作为争议商标注册未违反“不良影响”规定的理由，属于适用法律错误。2. 从争议商标的注册渊源上看，争议商标存在损害正常的注册秩序以及泰山石膏公司权益的多重法律后果，是明显的不正当注册行为。除本案争议商标外，万佳公司还申请了“泰山北新”、“泰山帝”、“东岳泰山”、“泰山佳美”、“五岳之尊泰山”、“北新之星泰山”等一系列与石膏板行业驰名的“泰山”、“北新”商标高度近似的商标；同时还申请了“普陀山”、“黄浦江”、“外滩”、“花果山”等与知名景点相同的商标。万佳公司大量的申请行为显然不是基于企业的生产经营需要。3. 在第9044267号“泰山大帝”商标异议复审行政纠纷案件中，已经认定“泰山大帝”与泰山石膏公司的“泰山”等商标构成类似商品上的近似商标，本案争议商标与第9044267号商标标识相同，亦属对其权利的侵害，从实体权益上考虑，亦应撤销注册。（三）在本案评审、一审、二审程序中，万佳公司均未能提供相应证据证明其使用情况，二审判决认定“争议商标经使用已产生较高知名度”属认定事实错误。此外，商标法第十条第一款第（八）项作为一项绝对禁止注册的条款，适用时不应当也不需要考虑商标的实际使用情况。请求本院依法撤销二审判决，维持第051795号裁定和一审判决，由万佳公司承担本案诉讼费用。

商标评审委员会提交意见称：泰山石膏公司提交的证据证明，“泰山大帝”也被称为“东岳泰山大帝”、“泰山神”，全称为“东岳泰山天齐仁圣大帝”，为道教众神之一，是道教山东泰山地区独有的神灵名称，作为商标使用，容易伤害宗教人士的感情，从而产生不良影响。且万佳公司也位于山东境内，应当知晓“泰山大帝”的宗教意义以及其注册为商标易产生的不良社会影响，故争议商标已构成商标法第十条第一款第（八）项规定的情形。第051795号裁定依据充分，认定事实清楚，适用法律正确，符合法定程序，请求本院依法撤销二审判决，维持第051795号裁定和一审判决。

万佳公司提交意见称：（一）“泰山大帝”并非道教神灵的称谓，二审判决认定事实清楚。1. 道教中确实存在泰山地区独有的神灵，但对于该神灵的官方称谓，从古至今均称呼为“东岳大帝”、“泰山神”，或称呼其全称为“东岳泰山天齐仁圣大帝”。其在二审中提交的书籍和地方志，包括《泰安市志》、《泰安地区志》、《中国神怪大辞典》、《泰山信仰与中国社会》、《泰山岱庙考》、《道教文化》等，均将泰山的神灵称为“东岳大帝”、“泰山神”，无一处使用“泰山大帝”。这些出版物均为正式出版物，可信度极高。同时，在中国道教协会以及各地道教协会（包括北京、山东地区）的官方网站上，使用的也均是“东岳大帝”而非“泰山大帝”的称谓。衡量某词汇是否是宗教词汇，最根本的标准是宗教界人士以及信徒的认知，而各地道教协会及东岳庙均未使用“泰山大帝”，可见“泰山大帝”本身并非宗教词汇。“泰山大帝”是其臆造的词汇，与道教中的“东岳大帝”不是唯一指代的关系。2. 泰山石膏公司提交的证据不足以证明“泰山大帝”是道教神灵的称谓。泰山石膏公司以“泰山”和“东岳”具有唯一性而认为“泰山大帝”等同于“东岳大帝”依据不足。宗教对于神灵的称谓是极为神圣的，“东岳大帝”已经成为千百年来道教信徒信奉的神灵，该称谓已经固定化，仅仅因为泰山是东岳，就把“东岳大帝”称为“泰山大帝”不妥。（二）争议商标经过长期宣传和使用，已经形成稳定的市场秩序，并未产生不良影响。如果撤销争议商标，对万佳公司极为不公平，也不利于保护广大消费者的利益。“东岳大帝”是早已固定的道教神灵的称谓，普通消费者看到“泰山大帝”一词，并不会将其与“东岳大帝”联系起来从而产生宗教上的联想，不会造成对宗教感情的影响。此外，商标是否具有不良影响也与其注册的商品有密切联系，争议商标注册使用在石膏等建筑材料上，不会使“泰山大帝”产生玷污、丑化的后果，不会损害相关公众宗教感情。（三）泰山石膏公司提起商标争议，实属借公共利益之名而行打击竞争对手之实。泰山石膏公司曾以“泰山及图”与争议商标构成相同或者类似商品上的近似商标为由提起商标争议申请，未得到商标评审委员会的支持，才转而以“不良影响”为由提起商标争议，表明其申请争议的意图不正当，同时也反映其也不认为“泰山大帝”有损宗教感情和民间信仰，产生不良影响。（四）泰山石膏公司所谓的“争议商标系不当注册”，与本案事实和法律适用无关。其注册争议商标是否属于抢注、争议商标是否与“泰山及图”商标构成近似商标以及其申请注册一系列商标均不属于本案审理范围。综上，二审判决认定事实清楚、适用法律正确，请求本院依法予以维持。

本院再审审查中，泰山石膏公司提交了以下证据：1. 第一组证据，包括泰安市泰山风景名胜区管理委员会出具的《关于泰山景区民俗宗教信仰活动的说明》、百度网上关于泰山的解释、国家图书馆检索报告、百度网上关于五岳大帝、东岳泰山天奇仁圣大帝以及大帝网上的解释，旨在证明“泰山大帝”为宗教偶像称谓。2. 第二组证据，第 9044267 号“泰山大帝”商标异议复审答辩书，旨在证明万佳公司亦明知“泰山大帝”系道教神灵的称谓。3. 第三组证据，包括有关法院判决书、劳动争议仲裁委员会裁决书、处理决定、调查报告等，旨在证明万佳公司具有不正当注册行为。后又补充提交了二十八份证据，包括泰安市道教协会出具的《关于“泰山大帝”信仰情况的说明》、泰安市人民政府出具的《关于“泰山大帝”民俗和信仰情况的说明》、山东人民出版社出版的《泰山文化谱新篇》、上海人民出版社出版的《道教常识问答》、中国道教协会网站、河北省道教协会网站、龙虎山道教协会网站、中国道学论坛、中国民族宗教网、中国妈祖网等网站和报纸对五岳大帝的介绍，旨在证明“泰山大帝”系日常使用的道教神灵称谓。

万佳公司对上述证据发表意见认为，泰安市泰山风景名胜区管理委员会的说明以及国家图书馆的检索报告，证据证明力较弱。泰安市泰山风景名胜区管理委员会非宗教管理部门，其对于宗教词汇的认知不如宗教人士和信徒，难免出现偏差，且该委员会与泰山石膏公司位于泰安市，该份说明的真实性、合法性和关联性存疑。国家图书馆关于“泰山大帝”的检索报道，共包括 34 篇报纸、期刊文章，这些文章中绝大部分是关于社会、民俗、旅游方面的新闻报道，甚至是理财文章，专业性不强，作者大多并非宗教人士或文史专家，对于“泰山大帝”与“东岳大帝”称谓之间的区别并无太多了解，存在误以为“泰山大帝”是“东岳大帝”别称的可能。更何况，检索文献的时间从1991年到2014年，长达20年时间，包含“泰山大帝”的文章只有34篇。因此，从检索报道看，使用“泰山大帝”一词的群体大多并非宗教界人士或信徒、使用的数量较少、覆盖程度也不广，即使现实中存在使用“泰山大帝”指代道教神灵的情形，也只能证明是少部分人的行为，不足以证明“泰山大帝”称谓已经为道教教徒广泛接受、已经成为道教神灵的称谓。泰安市道教协会出具的说明，属于证人证言，证人应当出庭，在缺乏当事人出庭作证的情形下其证明力较弱。而且该说明仅仅陈述了“泰山大帝”信仰情况，并未说明将“泰山大帝”作为商标使用有何不良影响。泰安市人民政府出具的情况说明，多次将“泰山大帝”和“东岳大帝”并列使用，在具体描述中使用的主要仍然是“泰山神”、“东岳大帝”。且列入国家级非物质文化遗产名录和列入山东省人民政府公布的第三批世界非物质文化遗产名录中的名称是“东岳庙会”、“东岳大帝”，而没有使用“泰山大帝”，足以证明即使存在“泰山大帝”称谓，也并非神灵的正式称谓。其中6份证据虽然提到“泰山大帝”称谓，但仅能说明现实中存在部分将“东岳泰山大帝”或“东岳大帝”简称为“泰山大帝”的情形，不足以证明“泰山大帝”已经为道教教徒广泛接受、已经成为道教神灵的称谓。其中20份证据都使用“东岳泰山大帝”和“东岳大帝”，而没有单独使用“泰山大帝”。“东岳泰山大帝”是固定化的神灵称谓，不宜简略为“泰山大帝”，亦不能证明“泰山大帝”是道教神灵称谓，更不能证明其作为商标申请和使用具有不良影响。

商标评审委员会同意泰山石膏公司的意见。

万佳公司提交了四份证据，包括中国道教协会、各地道教协会以及东岳庙网站的网页打印件、泰安市民族与宗教事务局网页部分打印件、两份行政判决书，旨在证明“泰山大帝”非道教神灵称谓，以及仅涉及损害特定民事权益的，不宜认定为商标法第十条第一款第（八）项规定的情形。

泰山石膏公司对上述证据发表质证意见认为，万佳公司提交的证据具有片面性，道教协会的网站中也出现“泰山大帝”，而“泰山大帝”是道教神灵称谓。商标法第十条第一款第（八）项规定的“不良影响”，只要求可能造成不良影响，而不是实际造成不良影响。

商标评审委员会同意泰山石膏公司的意见。

本院认为，根据泰山石膏公司的申请再审事由、万佳公司和商标评审委员会的答辩意见以及查明的事实，本案争议焦点为：争议商标的注册是否属于商标法第十条第一款第（八）项规定的“其他不良影响”的情形。

商标法第十条第一款第（八）项规定，有害于社会主义道德风尚或者其他不良影响的标志不得作为商标使用。判断有关标志是否构成具有其他不良影响的情形时，应当考虑该标志或者其构成要素是否可能对我国政治、经济、文化、宗教、民族等社会公共利益和公共秩序产生消极、负面影响。本案中，万佳公司提交的《泰安市志》、《泰安地区志》、《中国神怪大辞典》等书籍及中国道家协会网站等网站中记载：东岳泰山大帝为道教众神之一，又有“东岳大帝”、“泰山神”、“东岳仁圣天齐王”、“泰山府君”等称谓，是道教的山神、阴间的统治者，其不但被历代帝王封禅，同时在民间百姓和道教信众中长期受到供奉和膜拜，具有极高的宗教地位。在有关“东岳大帝”或“泰山神”的介绍中，均未提及“泰山大帝”。泰山石膏公司提交的《泰山文化谱新篇》、《道教常识问答》等较少书籍以及新闻报道和论文中，提及了“泰山大帝”是道教神灵的称谓。本院认为，判断“泰山大帝”是否系道教神灵的称谓，是否具有宗教含义，不仅需考量本案当事人所提交的相关证据，也需考量相关宗教机构人士的认知以及道教在中国民间信众广泛的历史渊源和社会现实。首先，虽然当事人提交的大部分证据，也即二审法院认定的官方记载未记载“东岳大帝”或“泰山神”称为“泰山大帝”，但有部分书籍、新闻报道和论文中提及“东岳大帝”或“泰山神”称为“泰山大帝”。其次，泰安市民族与宗教事务局、泰安市道教协会也出具说明证明“泰山大帝”系道教神灵的称谓，他们的认知本身即相关宗教机构人士的认知。最后，道教是我国具有悠久历史传统的一种宗教，在漫长的历史过程中，道教信众广泛，有关记载道教的书籍、杂志、报道众多，因此，关于道教神灵的称谓也难言仅限于国家官方记载。故，即便二审认定的官方记载未记载“泰山大帝”为“泰山神”或“东岳大帝”，“泰山大帝”不是“东岳大帝”或“泰山神”称谓的唯一对应，但相关证据和宗教界机构人士的认知表明，“泰山大帝”均指向“泰山神”或“东岳大帝”，而不是指向其他道教神灵，“泰山大帝”的称谓系客观存在，具有宗教含义。万佳公司以及争议商标原申请注册人将“泰山大帝”作为商标加以注册和使用，可能对宗教信仰、宗教感情或者民间信仰造成伤害，从而造成不良影响。因此，争议商标的注册属于商标法第十条第一款第（八）项规定的情形，应予撤销。

综上，商标评审委员会第051795号裁定和一审判决正确，应予维持。二审判决认定事实基本清楚，但适用法律错误，应予撤销。依据2001年修正的《中华人民共和国商标法》第十条第一款第（八）项、《中华人民共和国行政诉讼法》第八十九条第一款第二项、第三款、《最高人民法院关于执行〈中华人民共和国行政诉讼法〉若干问题的解释》第七十六条第一款，判决如下：

一、撤销北京市高级人民法院（2014）高行终字第3390号行政判决；

二、维持北京市第一中级人民法院（2014）一中知行初字第6325号行政判决。

本案一审案件受理费100元、二审案件受理费100元，共计200元，由山东万佳建材有限公司负担。

本判决为终审判决。

审　判　长　王艳芳
审　判　员　钱小红
代理审判员　杜微科
二〇一六年五月十一日
书　记　员　胡　凯

（十二）商标法第十五条的适用

96. 商标法第十五条规定的代理人或者代表人身份的推定

——再审申请人新东阳企业（集团）有限公司与被申请人新东阳股份有限公司、原审被告国家工商行政管理总局商标评审委员会商标异议复审行政纠纷案

【裁判要旨】

与代理人或者代表人有串通合谋抢注商标行为的人，可以视为代理人或者代表人；判断是否构成串通合谋抢注行为，可以视情根据该人与代理人或者代表人的特定身份关系进行推定。

【关键词】

商标　异议复审　代理代表　串通合谋

【案号】

最高人民法院（2013）知行字第97号

【基本案情】

在再审申请人新东阳企业（集团）有限公司（以下简称新东阳企业公司）与被申请人新东阳股份有限公司（以下简称新东阳股份公司）、原审被告国家工商行政管理总局商标评审委员会（以下简称商标评审委员会）商标异议复审行政纠纷案中，2000年11月23日，新东阳企业公司向国家工商行政管理总局商标局（以下简称商标局）提出第1691098号“新东阳及图”（即被异议商标）的注册申请。在法定异议期内，新东阳股份公司向商标局提出异议，商标局审查后裁定被异议商标予以核准注册。新东阳股份公司不服，向商标评审委员会申请复审。2010年10月12日，商标评审委员会作出商评字〔2010〕第26528号《关于第1691098号“新东阳及图”商标异议复审裁定书》（以下简称第26528号裁定），裁定被异议商标予以核准注册。新东阳股份公司不服，提起行政诉讼。北京市第一中级人民法院一审认为，新东阳企业公司申请注册“新东阳”商标并未违反商标法第十五条的规定，遂判决维持商标评审委员会第26528号裁定。新东阳股份公司不服，提出上诉。北京市高级人民法院二审认为，由于麦石来曾为新东阳股份公司的副董事长，现在仍为其董事、股东，并且曾担任由新东阳股份公司投资的上海新东阳食品有限公司的负责人，因此能够认定麦石来与新东阳股份公司形成代表关系。同时，新东阳企业公司系麦石来所设立，其行为与麦石来具有主观的合谋，新东阳企业公司的行为应视为麦石来的行为，其商标注册行为违反了商标法第十五条的规定，故被异议商标不应当予以核准注册。遂判决撤销一审判决及第26528号裁定。新东阳企业公司不服，向最高人民法院申请再审。最高人民法院于2013年12月20日裁定驳回新东阳企业公司的再审申请。

【裁判意见】

最高人民法院审查认为：根据商标法第十五条的规定，未经授权，代理人或者代表人以自己的名义将被代理人或者被代表人的商标进行注册，被代理人或者被代表人提出异议的，不予注册并禁止使用。《最高人民法院关于审理商标授权确权行政案件若干问题的意见》第十二条规定，与代理人或者代表人有串通合谋抢注行为的商标注册申请人，可以视其为代理人或者代表人。至于串通合谋抢注行为，可以视情况根据商标注册申请人与上述代理人或者代表人之间的特定身份关系等进行推定。本案中，新东阳股份公司在争议商标申请日前在我国台湾地区注册有多个“新东阳”商标。麦石来于1978年至1993年历任新东阳股份公司要职，并曾以企业副董事长身份被董事会委任全权负责大陆市场业务，至今仍为新东阳股份公司董事之一。新东阳企业公司在申请再审时提交的上海新东阳食品有限公司2013年6月28日的说明也证明了“麦石来先生受新东阳股份有限公司董事会委任全权负责中国大陆市场业务”这一事实。据此可以认定，麦石来受新东阳股份公司董事会委任全权负责中国大陆市场业务，其是新东阳股份公司在中国大陆的代表人，未经新东阳股份公司许可，其无权以自己的名义将新东阳股份公司的“新东阳”商标在中国大陆申请注册。现麦石来通过其任法定代表人的新东阳企业公司的名义申请注册该商标，新东阳企业公司可以视为商标法第十五条所称的代理人或者代表人。因此，二审法院认定新东阳企业公司在未经授权的情况下，擅自在我国大陆地区申请注册“新东阳”系列商标，违反了商标法第十五条的规定，并无不妥。

中华人民共和国最高人民法院行政裁定书

（2013）知行字第97号

再审申请人（原审第三人）：新东阳企业（集团）有限公司。

法定代表人：麦石来，该公司董事长。

委托代理人：左玉国，北京市联德律师事务所律师。

委托代理人：田龙，北京市联德律师事务所律师。

被申请人（一审原告、二审上诉人）：新东阳股份有限公司。

法定代表人：麦宽成，该公司董事长。

委托代理人：赖文平，该公司法律顾问。

委托代理人：孙晓青，北京市国府闻佳律师事务所律师。

原审被告：国家工商行政管理总局商标评审委员会。

法定代表人：何训班，该委员会主任。

委托代理人：王训陶，该委员会干部。

再审申请人新东阳企业（集团）有限公司（简称新东阳企业公司）因与被申请人新东阳股份有限公司（简称新东阳股份公司）、原审被告国家工商行政管理总局商标评审委员会（简称商标评审委员会）商标异议复审行政纠纷一案，不服北京市高级人民法院（2012）高行终字第1193号行政判决，向本院申请再审。本院依法组成合议庭对本案进行了审查，现已审理终结。

北京市第一中级人民法院一审查明：2000年11月23日，新东阳企业公司向国家工商行政管理总局商标局（简称商标局）提出第1691098号“新东阳及图”（简称被异议商标）的注册申请。在法定异议期内，新东阳股份公司向商标局提出异议，商标局经审查后作出（2005）商标异字第00764号《“新东阳及图”商标异议裁定书》（简称第764号裁定），被异议商标予以核准注册。新东阳股份公司不服该裁定，向商标评审委员会申请复审。2010年10月12日，商标评审委员会作出商评字（2010）第26528号《关于第1691098号“新东阳及图”商标异议复审裁定书》（简称第26528号裁定），被异议商标予以核准注册。

北京市第一中级人民法院认为：新东阳股份公司原为麦幸夫、麦宽成、麦石来、麦李淑婉等家族成员共同创立的家族企业，家族成员所占股份达93.35%。从占股比例上看，新东阳股份公司仍是具有家族企业性质的股份公司。此外，虽然被异议商标于2000年申请注册，但早在1994年，麦石来就已将其在我国大陆地区注册的其他类别“新东阳”商标许可给新东阳股份公司在我国大陆地区的企业使用。麦石来虽在新东阳股份公司担任职务，“新东阳”商标在我国台湾地区也为新东阳股份公司注册使用，但在美利坚合众国（简称美国）等地该品牌实际由家族成员麦李淑婉占有。综合新东阳股份公司的占股比例、商标许可以及“新东阳”商标在他国的实际注册情况看，新东阳企业公司关于“新东阳”商标并非由新东阳股份公司独占，有关家族成员均有权自行申请注册使用“新东阳”系列商标的主张具有事实依据，新东阳企业公司申请注册“新东阳”商标并未违反《中华人民共和国商标法》（简称商标法）第十五条的规定。该院依照《中华人民共和国行政诉讼法》第五十四条第（一）项之规定，判决：维持商标评审委员会作出的第26528号裁定。

新东阳股份公司不服该一审判决，向北京市高级人民法院提起上诉，请求撤销一审判决及第26528号裁定，由商标评审委员会重新作出裁定。商标评审委员会、新东阳企业公司服从一审判决。

北京市高级人民法院经审理查明：被异议商标由新东阳企业公司于2000年11月23日向商标局提出注册申请，指定使用在第30类谷类制品等商品上，经商标局审查后予以初步审定并公告。新东阳股份公司在被异议商标申请日前在我国台湾地区注册有与被异议商标指定使用商品类似的酱醋等商品上的“新东阳”商标。在法定期限内，新东阳股份公司就被异议商标向商标局提出异议。商标局经过审查后作出第764号裁定，认为新东阳股份公司提出的异议理由不成立，被异议商标予以核准注册。新东阳股份公司不服上述裁定，于2005年5月27日向商标评审委员会提出异议复审申请。

2010年10月12日，商标评审委员会作出第26528号裁定，认定：商标法第九条为原则性条款，结合双方当事人的事实和理由，本案焦点问题为：被异议商标的申请注册是否违反了商标法第十五条和第三十一条的规定。新东阳股份公司原为麦幸夫、麦宽成、麦石来、麦李淑婉等家族成员共同创立的家族企业，虽然新东阳企业公司的负责人麦石来担任新东阳股份公司企业职务，“新东阳”商标在我国台湾地区也为新东阳股份公司注册使用，但在美国等地该品牌实际由家族成员麦李淑婉占有，对此有新东阳企业公司提交的“新东阳”系列商标在美国注册情况的查询资料打印件为证，因此，新东阳企业公司关于“新东阳”商标并非由新东阳股份公司独占，有关家族成员均有权自行申请注册使用“新东阳”系列商标的主张具有事实依据，新东阳企业公司申请注册被异议商标并未违反商标法第十五条的规定。

新东阳股份公司虽然在我国台湾地区与被异议商标指定使用商品相类似的商品上在先注册有“新东阳”商标，但在我国大陆地区并未将其“新东阳”商标在先注册在“谷类制品”等商品上。新东阳股份公司认为被异议商标系新东阳企业公司对其“新东阳”商标的抢注，但其未能提供充分证据证明在被异议商标申请日前已在我国大陆地区将其“新东阳”商标在先使用在“谷类制品”等商品上并在相关公众中产生一定的影响，因此，被异议商标的申请注册亦未构成商标法第三十一条规定的情形。新东阳股份公司所提异议复审理由不成立。商标评审委员会依据商标法第三十三条、第三十四条的规定，裁定被异议商标予以核准注册。

在一审庭审过程中，新东阳股份公司明确表示其仅坚持关于商标法第十五条的诉讼理由。此外，新东阳股份公司确认，麦石来在其他类别注册的“新东阳”商标早在1994年就许可新东阳股份公司使用，以及其家族成员所占公司股份达93.35%。

在北京市高级人民法院庭审中，新东阳企业公司认可麦李淑婉系通过美国新东阳公司转让而取得的“新东阳”商标在美国的注册权，而非自行申请注册的，但认为此过程并不能代表新东阳股份公司对麦李淑婉存在授权行为；认可麦石来曾在新东阳股份公司担任过副董事长、董事等职务，并且目前仍为该公司董事、股东，同时新东阳企业公司系麦石来所设立，具有关联关系，上海新东阳食品有限公司亦系麦石来所掌管、控制。

北京市高级人民法院认为：商标法第十五条规定，未经授权，代理人或者代表人以自己的名义将被代理人或者被代表人的商标进行注册，被代理人或者被代表人提出异议的，不予注册并禁止使用。商标代理人、代表人或者经销、代理等销售代理关系意义上的代理人、代表人未经授权，以自己的名义将被代理人或者被代表人商标进行注册的，应当认定属于代理人、代表人抢注被代理人、被代表人商标的行为。与上述代理人或者代表人有串通合谋抢注行为的商标注册申请人，可以视其为代理人或者代表人。虽然新东阳股份公司原为麦幸夫、麦宽成、麦石来、麦李淑婉等家族成员共同创立，其成员所占股份达 93. 35%，但相关家族成员从法律关系上应为公司股东，故一审法院及第 26528 号裁定关于家族企业的认定并非法律上的确定主体，缺乏法律依据，北京市高级人民法院予以纠正。由于麦石来曾为新东阳股份公司的副董事长，现在仍为其董事、股东，并且曾担任由新东阳股份公司投资的上海新东阳食品有限公司的负责人，因此能够认定麦石来与新东阳股份公司形成代表关系，存在关联关系。同时，新东阳企业公司系麦石来所设立，其行为与麦石来具有主观的合谋，新东阳企业公司的行为应视为麦石来的行为。因新东阳股份公司在我国台湾地区在先使用了与被异议商标所指定使用商品或服务相类似的商品或服务，故麦石来在未经授权的情况下，擅自在我国大陆地区申请注册“新东阳”系列商标已经违反了商标法第十五条的规定，基于前述新东阳企业公司与麦石来存在关联关系的认定，故上述企业的商标注册行为亦违反了商标法第十五条的规定，故被异议商标不应当予以核准注册。一审判决及第 26528 号裁定相关认定错误，北京市高级人民法院予以纠正。

由于新东阳股份公司系在我国台湾地区成立的公司法人，具有独立的权利能力和行为能力，而且“新东阳”商标在我国台湾地区系注册在其名下，在没有其他证据证明的情况下，“新东阳”商标应为新东阳股份公司的合法财产。麦李淑婉在美国拥有“新东阳”商标的行为与本案缺乏关联性，并且其亦是经过美国新东阳公司转让而取得，故不能得出一审判决及第 26528 号裁定关于“新东阳”商标并非由新东阳股份公司所独占，其家族成员均有权自行申请注册使用“新东阳”系列商标的结论，故北京市高级人民法院对此予以纠正。新东阳股份公司的部分上诉理由具有事实及法律依据，其上诉请求予以支持。一审判决及第 26528

号裁定认定事实不清，适用法律错误，应予撤销。依照《中华人民共和国行政诉讼法》第六十一条第（三）项、《最高人民法院关于执行〈中华人民共和国行政诉讼法〉若干问题的解释》第七十条之规定，判决：1. 撤销北京市第一中级人民法院（2011）一中知行初字第1167号行政判决；2. 撤销商标评审委员会于2010年10月12日作出的商评字（2010）第26528号《关于第1691098号“新东阳”商标异议复审裁定书》；3. 商标评审委员会就新东阳股份公司针对第1691098号“新东阳”商标提出的异议复审请求重新作出裁定。

新东阳企业公司不服该判决，向本院申请再审称：申请人不是被申请人的代理人或代表人，系争“新东阳”商标的申请注册并未违反商标法第十五条的规定，二审判决的认定严重违背事实、适用法律错误，依法应予撤销。特依法向贵院申请再审，主要理由为：1. 二审判决关于“在没有其他证据证明的情况下，‘新东阳’商标应为新东阳股份公司的合法财产”的认定与事实不符。在系争商标申请注册时，“新东阳”商标在中国大陆并不是新东阳股份公司的财产。2. 申请人与被申请人为不同法律主体，不存在代理关系或代表关系，系争商标的申请注册并非“未经授权的擅自恶意注册”，二审判决适用法律显属错误。且系争商标也已于2013年4月无偿转让给了新东阳股份公司当初全资设立且目前仍在持股的上海新东阳食品有限公司，系争商标的注册亦不属于商标法第十五条禁止的情形，依法应予维持。请求本院：1. 撤销北京市高级人民法院作出的（2012）高行终字第1193号行政判决；2. 维持北京市第一中级人民法院作出的（2011）一中知行初字第1167号行政判决和商标评审委员会作出的商评字（2010）第26528号商标异议复审裁定书。

新东阳股份公司提交意见称：1. 其自创立之日起，即以与企业名称相同的名称“新东阳”作为产品商标，其分别于1969年和1988年起在中国台湾和中国大陆分别陆续创用并注册了“新东阳及太阳图形”、“新东阳24及图”、“新东阳HSIN TUNG YANG”等多个品牌，并均得到了同业和广大消费者的认可。无论被申请人是家族公司还是家族控股公司，公司的整体利益与某一股东的个人私利也是无法画等号的。“新东阳”系列商标为被申请人公司财产，任何人未经公司授权都无权擅自据为己有，任何人包括股东在内没有经过公司的授权都无权将公司财产据为己有，否则就侵犯了其他股东的利益，侵犯了公司的利益。2. 麦石来为被申请人公司大股东之一，长期担任公司高管职务，并曾以被申请人企业副董事长的身份被董事会委任全权负责中国大陆市场业务多年。麦石来及其设立控制的公司未经被申请人授权擅自申请注册涉案商标的行为严重违反了商标法第十五条规定，依法不应核准注册。申请人关于被申请人原为家族企业，目前仍是具有家族企业性质的股份公司，有关家族成员均有权自行申请注册使用“新东阳”系列商标的认定在法律以及事实上都是错误的。3. 麦李淑婉在美国等地占有“新东阳”商标的事实，不能成为申请人抢注“新东阳”系列商标的理由。4. 申请人将其在中国大陆地区注册的“新东阳”商标许可给被申请人在大陆的关联企业使用以及其在终审判决之后将其抢注的商标转让给该企业的事实无法更改相关“新东阳”商标系其抢注取得的本质。请求本院驳回新东阳企业公司的再审申请。

本院经审查查明：原审法院查明的事实基本属实，本院予以确认。本院另查明：在本案诉讼过程中，新东阳企业公司提交了2013年6月28日上海新东阳食品有限公司出具的说明。该说明记载：上海新东阳食品有限公司，原为台湾新东阳股份有限公司委托新加坡麦罗国际有限公司在中国大陆转投资设立的企业，其原持有我司百分之百的股份。麦石来先生受新东阳股份公司董事会委任全权负责中国大陆市场业务。麦石来先生根据中国大陆市场发展需要，1993年、1994年、1995年、2000年在中国大量先后注册了692083号、809049号、999588号、1639720号“新东阳”商标，上述商标虽由麦石来先生持有，但始终无偿许可我司使用，未损害我司利益。作为我司的母公司，新东阳股份公司当时对上述事实是知晓并认可的，所以，1995年4月，我司经办人向新东阳股份公司监察人林启苗报批上述大陆商标的申请注册费用时，林启苗代表新东阳股份公司签署请款单明确列大陆新东阳集团公司账，故新东阳股份公司已确认与大陆“新东阳”商标相关的权利、义务均属于我司大陆新东阳经营实体。2013年4月，我司经与麦石来协商，将其代持的上述商标无偿移转到我司名下，已向商标局提出商标转让申请并被受理。同时，由我司的关联企业新东阳（企业）集团有限公司申请的2015658号、1691098号“新东阳”商标，福建新东阳体育娱乐有限公司申请的1749372号“新东阳”商标，也一并移转到我司名下。

本院认为，根据当事人再审申请理由及答辩意见，本案争议焦点问题为：诉争商标的注册是否违反了商标法第十五条的规定。商标法第十五条规定：“未经授权，代理人或者代表人以自己的名义将被代理人或者被代表人的商标进行注册，被代理人或者被代表人提出异议的，不予注册并禁止使用。”本案中，根据二审法院查明的事实，新东阳股份公司在争议商标申请日前在我国台湾地区注册有多个“新东阳”商标。麦石来自1978年至1993年间历任新东阳股份公司要职多年，并曾以企业副董事长身份被董事会委任全权负责大陆市场业务，至今仍为新东阳股份公司董事之一。新东阳企业公司在向本院申请再审时提交的上海新东阳食品有限公司 2013 年 6 月 28 日的说明也证明了“麦石来先生受新东阳股份有限公司董事会委任全权负责中国大陆市场业务”这一事实。根据以上事实，本院认为，麦石来受新东阳股份公司董事会委任全权负责中国大陆市场业务，其是新东阳股份公司在中国大陆的代表人，未经新东阳股份公司许可，其无权以自己的名义将新东阳股份公司的“新东阳”商标在中国大陆申请注册。现麦石来通过其任法定代表人的新东阳企业公司的名义申请注册，根据本院《关于审理商标授权确权行政案件若干问题的意见》第十二条“与代理人或者代表人有串通合谋抢注行为的商标注册申请人，可以视其为代理人或者代表人。至于串通合谋抢注行为，可以视情况根据商标注册申请人与上述代理人或者代表人之间的特定身份关系进行推定”的规定，新东阳企业公司可以视为商标法第十五条所称的代理人或者代表人。因此，二审法院认定新东阳企业公司在未经授权的情况下，擅自在我国大陆地区申请注册“新东阳”系列商标违反了商标法第十五条的规定，并无不妥。

关于新东阳企业公司以麦李淑婉在美国拥有新东阳商标的事实，认为其家族成员均有权自行申请注册使用新东阳系列商标的再审理由。本院认为，麦李淑婉取得该商标有其相应的事实和法律基础，与本案并非同一法律关系。该事实并不能证明“新东阳”相关商标不是新东阳股份公司的财产，亦不能得出其家族成员均有权自行申请注册使用新东阳系列商标的结论，更不能以该事实为基础来否定麦石来作为新东阳股份公司代表人以自己为法定代表人公司的名义将公司商标注册的非法性。因此，再审申请人此再审理由不能成立，本院不予支持。

关于新东阳股份公司是否已经确认与大陆地区的“新东阳”商标相关的权利、义务均应归属于大陆地区的新东阳经营实体的再审理由是否成立的问题。再审申请人以 1995 年 4 月曾向新东阳股份公司监察人林启苗报批上述大陆地区商标的申请注册费用，林启苗代表新东阳股份公司签署请款单明确列大陆地区新东阳集团公司账为由，认为其诉争商标的注册并非未经授权的擅自恶意注册。本院认为，现有证据仅有请款单，并无相关的任何文字记录，该请款单仅能证明该笔费用系由大陆地区新东阳集团公司承担，并不能证明新东阳股份公司知晓诉争商标的注册主体，更不能证明新东阳股份公司认可麦石来以自己名义注册“新东阳”系列商标的事实。相反，该请款单从另一个角度证明了该商标系新东阳股份公司的财产，因此相关费用的支出需经该公司批准并列支。再审申请人此再审理由亦不能成立，本院不予支持。

关于诉争系列“新东阳”商标已经移转至上海新东阳食品有限公司的事实是否影响本案的裁判结果的问题。本院认为，虽然上海新东阳食品有限公司曾经是新东阳股份公司百分之百投资的子公司，现在新东阳股份公司仍然通过新加坡麦罗国际有限公司对其持有一定的股份，但其和新东阳股份公司仍然属于不同的主体。在新东阳股份公司不予认可的情况下，诉争系列“新东阳”商标已经移转至上海新东阳食品有限公司的事实并不影响本案的裁判结果。

综上，新东阳企业公司的再审申请理由均不能成立，其再审申请不符合《中华人民共和国行政诉讼法》第六十三条第二款和《最高人民法院关于执行〈中华人民共和国行政诉讼法〉若干问题的解释》第七十二条规定的再审条件。依照《最高人民法院关于执行〈中华人民共和国行政诉讼法〉若干问题的解释》第七十四条的规定，裁定如下：

驳回新东阳企业（集团）有限公司的再审申请。

审 判 长　王　闯
审 判 员　王艳芳
代理审判员　佟　姝
二〇一三年十二月二十日
书 记 员　刘海珠

97. 代表人或者代理人抢注被代表人或者被代理人商标的适用条件

——再审申请人香港雷博有限公司（LehmanBrown Limited）与被申请人中华人民共和国国家工商行政管理总局商标评审委员会、家园有限公司商标争议行政纠纷案

【裁判要旨】

商标法第十五条系针对代理或者代表关系这种特殊法律关系，基于诚实信用原则而设立的对被代理人或者被代表人的商标予以特殊保护的制度，并不一概要求该商标

已经在先使用；只要特定商标应归于被代理人或者被代表人，代理人或者代表人即应善尽忠诚和勤勉义务，不得擅自以自己名义进行注册。

【关键词】

商标争议　代理代表关系　诚实信用　特殊保护

【案号】

最高人民法院（2014）行提字第3号

【基本案情】

在再审申请人香港雷博有限公司（以下简称雷博公司）与被申请人中华人民共和国国家工商行政管理总局商标评审委员会（以下简称商标评审委员会）、家园有限公司（以下简称家园公司）商标争议行政纠纷案中，2001年8月，雷博公司的两个实际创始人爱德华·雷门和博杨曾就创办新公司进行过磋商。双方就共同创建未来的公司达成了基本一致的意见，只是对未来公司的部分细节问题没有形成明确的一致意见。双方曾谈及公司名称使用“LehmanBrown”，并形成了未来公司主要面向中国大陆开展会计、咨询等业务，以及要将公司品牌申请注册为商标的共识。博杨还专门设计了“LehmanBrown”标志样式及含有该标志的信头纸。2001年11月7日，爱德华·雷门提出第3013120号“LehmanBrown”商标（以下简称争议商标）的注册申请，申请注册的商品类别为第35类：税务咨询、会计、审计等服务。经双方交涉，爱德华·雷门于2001年11月16日出具承诺函，认可其以自己名义申请了争议商标，并不可撤回地同意，一旦上述商标获得注册，会将该商标转让给新公司。后爱德华·雷门单方将争议商标转让给家园公司。雷博公司以争议商标申请违反商标法第十五条规定为由，向商标评审委员会提出撤销注册申请。商标评审委员会于2010年3月1日作出商评字（2010）第04597号《关于第3013120号“LehmanBrown”商标争议裁定》（以下简称第4597号裁定），维持争议商标的注册。雷博公司不服，提起行政诉讼。北京市第一中级人民法院一审认为，雷博公司提交的证据不能证明在本案争议商标注册申请日之前，该公司已经实际商业使用了与争议商标相同或近似的标志，且使用范围与争议商标核定使用服务相同或者类似。据此判决维持第4597号裁定。雷博公司不服，提出上诉。北京市高级人民法院二审认为，雷博公司不能证明对争议商标享有任何在先权利，遂判决驳回上诉、维持原判。雷博公司不服，向最高人民法院申请再审。最高人民法院裁定提审本案，并于2014年9月16日判决撤销一审、二审判决，责令商标评审委员会重新作出裁定。

【裁判意见】

最高人民法院提审认为：适用商标法第十五条关于代理人或者代表人以自己的名义注册被代理人或者被代表人商标的规定，需要具备如下条件：商标申请人与异议人之间构成代表或者代理关系；争议商标系被代理人或者被代表人的商标；争议商标核定使用的商品或者服务与被代理人或者被代表人提供的商品或者服务类似；代表人或者代理人违反诚信原则，未经授权擅自以自己名义将争议商标进行注册。代理或者代表关系是一种具有信赖性的特殊法律关系。基于这种特殊的法律关系，代理人或者代表人对于被代理人或者被代表人负有特殊的忠诚和勤勉义务，必须恪尽职守，秉承有利于被代理人或者被代表人的最大利益之原则行事。商标法第十五条系针对代理或者代表关系这种特殊法律关系，基于诚实信用原则而设立的对被代理人或者被代表人的商标予以特殊保护制度，并不一概要求该商标已经在先使用。只要特定商标应归于被代理人或者被代表人，代理人或者代表人即应善尽忠诚和勤勉义务，不得擅自以自己的名义进行注册。被代理人或者被代表人是否已经将该商标投入商业使用，并非商标法第十五条的适用条件。作为正在创建中的雷博公司的代表人，爱德华·雷门对雷博公司负有善尽忠诚和勤勉义务，应该最大限度地维护雷博公司的利益。爱德华·雷门在其与博杨就筹建中的雷博公司的名称、商号以及将公司品牌申请商标等事宜已经达成一致，雷博公司将使用“LehmanBrown”作为名称和商号的情况下，依然将争议商标以个人名义进行注册，违反了代表人的忠诚和勤勉义务，损害了正在筹建中的雷博公司的利益。爱德华·雷门在此过程中还一直存在隐瞒事实的行为，且争议商标的转让进一步增大了危及雷博公司利益的可能性。争议商标属于商标法第十五条规定的不予注册的情形。一审、二审法院关于商标法第十五条的适用应以被代理人或者被代表人在先使用与争议商标相同或近似的标志为条件的认定，适用法律错误。

中华人民共和国最高人民法院行政判决书

（2014）行提字第3号

再审申请人（一审原告、二审上诉人）：香港雷博有限公司（LehmanBrown Limited）。住所地：中华人民共和国香港特别行政区铜锣湾勿地臣街1号时代广场二期36楼。

法定代表人：拉塞尔·博杨（RUSSEL BROWN），该公司董事会主席。

委托代理人：朱玉子，北京市浩天信和律师事务所律师。

委托代理人：王安忆，北京市浩天信和律师事务所律师。

被申请人（一审被告、二审被上诉人）：中华人民共和国国家工商行政管理总局商标评审委员会。住所地：中华人民共和国北京市西城区茶马南街1号。

法定代表人：何训班，该委员会主任。

委托代理人：孙明娟，该委员会审查员。

被申请人（一审第三人）：家园有限公司。住所地：英属维尔京群岛托托拉岛罗德城3321号信箱。

法定代表人：卡罗琳娜·西卡（KAROLINA SIEREK）。

委托代理人：王海燕，上海雷曼（北京）律师事务所律师。

委托代理人：李冬云，上海雷曼（北京）律师事务所律师。

再审申请人香港雷博有限公司（LehmanBrown Limited）（以下简称雷博公司）因与被申请人中华人民共和国国家工商行政管理总局商标评审委员会（以下简称商标评审委员会）、家园有限公司（以下简称家园公司）商标争议行政纠纷一案，不服中华人民共和国北京市高级人民法院（2012）高行终字第690号行政判决，向本院申请再审。本院于2013年12月7日作出（2013）知行字第79号行政裁定，裁定提审本案。本院依法组成合议庭，于2014年2月26日公开开庭审理了本案。再审申请人雷博公司委托代理人朱玉子、王安忆，被申请人家园公司委托代理人王海燕、李冬云到庭参加了诉讼。被申请人商标评审委员会提交了书面意见。本案现已审理终结。

雷博公司向中华人民共和国北京市第一中级人民法院（以下简称北京市第一中级人民法院）起诉称：第3013120号“LehmanBrown”商标（即争议商标）是雷博公司的两位创始人爱德华·雷门（Edward E Lehman）和博杨（Russell Brown）姓氏的组合。两位创始人曾就创办雷博公司进行过磋商，在争议商标注册申请日前就已经确定将“LehmanBrown”作为雷博公司商标和商号使用。但爱德华·雷门却单方抢先注册了争议商标，违反了《中华人民共和国商标法》（2001年修正，以下简称商标法）第十五条的规定。此外，爱德华·雷门单方注册争议商标的行为违反诚实信用原则，属于商标法第四十一条第一款的不当注册情形。商标评审委员会商评字（2010）第04597号《关于第3013120号“LehmanBrown”商标争议裁定》（以下简称第04597号裁定）认定事实和适用法律均有错误，请求法院撤销第04597号裁定。

商标评审委员会辩称：雷博公司在商标评审过程中并未主张在先商号权，我委坚持在第04597号裁定中的意见。该裁定认定事实清楚、适用法律正确，雷博公司的诉讼理由和请求不能成立，请求法院维持第04597号裁定。

第三人家园公司称：商标评审委员会第04597号裁定认定事实清楚，适用法律正确，请求法院予以维持。

北京市第一中级人民法院一审查明：2001年11月7日，爱德华·雷门向中华人民共和国国家工商行政管理总局商标局（简称商标局）提出第3013120号"LehmanBrown"争议商标的注册申请，申请注册的商品类别为第35类：税务咨询、会计、审计等服务。在商标申请阶段，申请人变更为家园公司，即本案第三人。该注册商标专用权期限经续展至2013年4月13日。

2001年8月，爱德华·雷门和博杨曾就创办新公司进行过磋商。双方曾谈到公司名称使用"LehmanBrown"，以及公司业务开展、成本费用等问题。2001年11月16日，爱德华·雷门致函美凯投资有限公司称："我，爱德华·雷门用我自己的名义去申请了'LehmanBrown'商标，该商标目前仍未被核准注册。本人同意，一旦上述商标获得注册，本人会将该商标转让给美凯投资有限公司或其指定的当事人，该承诺为不可撤回之承诺。"

雷博公司没有提交在本案争议商标注册申请日前曾在争议商标核定使用的相同或类似服务上使用争议商标开展商业服务的证据。

针对争议商标，雷博公司向商标评审委员会提出撤销注册申请。商标评审委员会于2010年3月1日作出第04597号裁定。该裁定认定如下：爱德华·雷门是否违反承诺不当转让了争议商标的纠纷不属于本案的审理范围，雷博公司应另行提出民事诉讼。因此，对雷博公司提交的与上述事实相关的证据，不予评述。本案的焦点应为争议商标的注册是否构成商标法第十五条所指的代表人未经授权擅自注册被代表人商标之情形。根据雷博公司提交的证据2、5和7可知，爱德华·雷门曾经是雷博公司的创建者和决策者之一，因此本案关键问题在于爱德华·雷门是否未经授权擅自注册了本属于雷博公司的商标。首先，从雷博公司提交的证据7可知，爱德华·雷门与雷博公司另一创始人博杨曾就雷博公司名称、业务等问题进行过讨论，但并未达成一致意见。同时，根据雷博公司提交的证据6显示，爱德华·雷门签署转让承诺函的时间为2001年11月16日（晚于争议商标注册申请日），在该承诺函中雷博公司的名称仍然是美凯投资有限公司（Max Hope Investments Limited）。因此，雷博公司提交的证据不能证明在争议商标注册申请日前，“LehmanBrown”已经是雷博公司的商标。其次，雷博公司在质证意见中称爱德华·雷门之所以签署转让承诺函是因为其不端行为被发现，但这一主张缺乏证据支持，从而不能认定爱德华·雷门的注册行为存在不当。综上，雷博公司提交的证据不足以证明争议商标的注册违反了商标法第十五条的规定。此外，雷博公司认为争议商标的注册违反了商标法第四十一条第一款的规定，但其提交的证据不足以证明该主张。综上，雷博公司的撤销理由不成立。依据商标法第四十三条的规定，裁定争议商标的注册予以维持。

雷博公司在一审诉讼程序中补充提交了17份证据，用以证明爱德华·雷门和博杨曾就创办雷博公司进行过磋商，在争议商标注册申请日前就已经确定将“LehmanBrown”作为雷博公司商标和商号使用。爱德华·雷门单方注册争议商标的行为违反诚实信用原则。

北京市第一中级人民法院一审认为：基于查明的事实，雷博公司提交的证据不能证明在本案争议商标注册申请日之前，该公司已经实际商业使用了与争议商标相同或近似的标志，且使用范围与争议商标核定使用服务相同或者类似。此外，即便爱德华·雷门和博杨曾就创办新公司进行过磋商，双方曾谈到公司名称使用“LehmanBrown”，但雷博公司并没有提交双方就新公司成立达成协议的进一步证据。因此，不能证明双方已经确立了商标代理、代表、经销或代销法律关系。争议商标的注册并未违反商标法第十五条的规定。本案双方当事人的争议仅限于为新公司成立而磋商的过程中，其中一方是否有权单独注册争议商标的问题，并不涉及扰乱商标注册秩序、损害社会公共利益的情形。因此争议商标的注册并不违反商标法第四十一条第一款的规定。综上，依照《中华人民共和国行政诉讼法》第五十四条第（一）项之规定，一审法院判决如下：维持商标评审委员会作出的第04597号裁定。案件受理费一百元，由雷博公司负担（已交纳）。

雷博公司不服一审判决，向北京市高级人民法院提出上诉，请求撤销一审判决及第04597号裁定，并判令商标评审委员会重新作出裁定。其主要上诉理由为：雷博公司以充分证据向一审法院证明了爱德华·雷门违反诚实信用原则注册争议商标的基本事实，一审判决忽略该事实属于认定事实严重不清，爱德华·雷门的行为已经明显违反商标法第四十一条之规定，依法应予撤销；爱德华·雷门曾经是雷博公司的创建者和决策者之一，其在申请注册争议商标时，并没有取得雷博公司的任何授权或许可，擅自注册了本属于雷博公司的商标，而且还采用了欺骗的手段，故争议商标的注册同时违反了商标法第十五条的规定，依法应予撤销。

商标评审委员会、家园公司服从一审判决。

北京市高级人民法院二审认为：根据雷博公司在商标评审阶段提交的证据，美凯投资有限公司于 2001 年 12 月 28 日变更名称为 LEHMANBROWN LIMITED，该日期在争议商标注册申请日之后。虽然根据雷博公司提交的证据表明，爱德华·雷门和博杨曾就创办新公司进行过磋商，双方谈到公司名称使用“Lehman-Brown”，但雷博公司的证据尚不足以证明在本案争议商标注册申请日之前，该公司已经实际商业使用了与争议商标相同或近似的标志，且使用范围与争议商标核定使用服务相同或者类似，因此雷博公司不能证明对争议商标享有任何在先权利。爱德华·雷门承诺争议商标获得注册后转让给雷博公司，应视为雷博公司对其申请行为的认可。爱德华·雷门未履行转让承诺的行为属于违约行为，不存在恶意抢注情形。因此，雷博公司主张争议商标的注册违反了商标法第十五条的规定缺乏事实和法律依据，一审判决及第 04597 号裁定认定争议商标的注册并未违反商标法第十五条的规定是正确的，予以支持。此外，商标法第四十一条第一款规定，已经注册的商标，违反本法第十条、第十一条、第十二条规定的，或者是以欺骗手段或者其他不正当手段取得注册的，由商标局撤销该注册商标，其他单位或者个人可以请求商标评审委员会裁定撤销该注册商标。该款涉及的行为应当是指申请人妨碍商标局行使职权、扰乱商标注册秩序或者损害公共利益的情形。本案的争议仅限于双方当事人之间的商标权归属问题，并不涉及扰乱商标注册秩序、损害社会公共利益的情形。因此，一审判决及第 04597 号裁定认定争议商标的注册不违反商标法第四十一条第一款的规定是正确的，予以支持。综上所述，雷博公司的上诉理由缺乏事实和法律依据，不能成立，其上诉请求不予支持。一审判决及商标评审委员会第 04597 号裁定认定事实清楚，适用法律正确，程序合法，应予维持。依照《中华人民共和国行政诉讼法》第六十一条第（一）项之规定，判决如下：驳回上诉，维持原判。一、二审案件受理费各一百元，均由雷博公司负担（均已交纳）。

雷博公司不服原审判决，向本院申请再审称：商标评审委员会第 04597 号裁定及一、二审判决认定事实不清、证据不足，适用法律不当，违反法定程序，且有新证据足以推翻一、二审判决。其主要理由为：（一）争议商标申请人爱德华·雷门是雷博公司的创建者和决策者之一，一度是雷博公司的实际股东，其申请本案争议商标时，是雷博公司的代表人和代理人。1. 爱德华·雷门与雷博公司构成代表关系。爱德华·雷门作为雷博公司的创始人、实际发起人和实际股东，其与雷博公司构成商标法意义上的代表关系。2. 爱德华·雷门与雷博公司构成商标代理关系。爱德华·雷门在中国从事多年商标代理事务，雷博公司及博杨基于对爱德华·雷门专业背景的信任，委托爱德华·雷门控制的“Lehman, Lee &Xu”事务所（以下简称LLX事务所）申请商标，爱德华·雷门与雷博公司同时构成商标法意义上的代理关系。一审判决认定雷博公司提交的证据不能证明其与爱德华·雷门已经确立了商标代理、代表等法律关系，认定事实错误。二审判决对上述事实认定错误未予纠正。(二)“LehmanBrown”是雷博公司的商标。1. 第04597号裁定及原审判决将在先实际商业使用作为适用商标法第十五条的前提条件，适用法律错误。2. 雷博公司提交的证据可以证明，在争议商标注册申请日前，“LehmanBrown”是雷博公司的商标。在争议商标注册申请日前，雷博公司发起人及雷博公司已将争议商标从公有领域选取出来，并为使用该标志作了各项商业准备，事实上也在先使用了该标志。（三）爱德华·雷门未经授权在相同、类似服务上注册了争议商标，具有明显恶意，应予禁止。1. 争议商标与雷博公司的商标相同，其指定使用的服务项目与雷博公司的经营范围以及服务项目相同、类似。2. 爱德华·雷门违反了诚实信用原则，实施了商标法第十五条所禁止的恶意抢注行为。原审判决认定爱德华·雷门不存在恶意抢注情形，认定事实不清。3. 家园公司的唯一股东系爱德华·雷门的妻子，家园公司与爱德华·雷门恶意串通转让商标，具有共同故意。(四) 二审法院认定爱德华·雷门于2001年11月16日作出的承诺函是雷博公司对爱德华·雷门申请注册商标行为的认可，认定事实错误。(五) 雷博公司在一审和二审程序中提交的证据，部分是补强在行政程序中提交的证据，部分是新发现的证据，上述证据对于认定爱德华·雷门与雷博公司的代表及代理关系具有重要意义，应作为认定事实的依据。一、二审法院对上述证据未予评述，也未作为认定本案事实的依据，违反法律规定，导致认定事实不清。(六) 爱德华·雷门的行为违反诚实信用原则，采用欺骗手段及其他不正当手段取得注册，应依据商标法第四十一条第一款的规定予以撤销。综上，请求法院依法撤销一、二审判决及第04597号裁定，判令商标评审委员会重新作出裁定。

商标评审委员会提交意见认为：（一）在争议商标注册申请日前，雷博公司并未确定将“LehmanBrown”作为自己的商标，且其亦未提交证据证明其在相关服务上已在先使用了该商标，故雷博公司对该标志不享有任何权利，不存在抢注的基础。(二) 雷博公司称曾委托LLX事务所在中国大陆申请注册“LehmanBrown”商标缺乏证据支持。（三）争议商标是否不当转让不属于本案的审理范围。（四）本案仅涉及特定相对人的利益，不符合商标法第四十一条第一款的适用条件。（五）雷博公司在诉讼阶段提交的大量证据并非第04597号裁定作出的依据。综上，请求法院驳回雷博公司的再审申请。

家园公司答辩称：（一）争议商标的注册不违反商标法第十五条的规定。1. 爱德华·雷门不是商标法意义上的代表人或者代理人，其与雷博公司不构成代表或者代理关系。爱德华·雷门与博杨之间并未就申请注册争议商标达成合意，博杨在得知爱德华·雷门以自己的名义注册争议商标后，在长达7年多的时间里没有提出任何反对或者异议。2. 争议商标不是雷博公司的商标。申请争议商标注册时，雷博公司尚不存在。雷博公司是通过博杨购买美凯投资有限公司而成立的，购买行为和更名行为均发生在争议商标注册申请日之后。争议商标是文字商标，字体设计十分简单，不具有独创性和可识别性，不能仅凭字体设计图来确定商标归属。3. 商标法第十五条的适用以在先使用争议商标为条件，在争议商标注册申请日前，雷博公司及其美凯投资有限公司均未使用过争议商标。4. 2001年11月16日的承诺函不具有真实性和证明力。该承诺函仅反映了关于商标转让的意向，不涉及商标的权属关系，不能视为双方对商标权属问题的认定，也不能作为推断爱德华·雷门申请商标注册行为时具有恶意的依据。（二）本案不属于商标法第四十一条规定的“以欺骗手段或者其他不正当手段取得注册的”情形。争议商标的关键部分“Lehman”是爱德华·雷门的家族姓氏，爱德华·雷门已经在先将其使用于商业用途，并已经产生了一定的商誉和价值。爱德华·雷门申请、持有及转让争议商标均具有正当性，不存在恶意。（三）一、二审判决对雷博公司所谓新证据的评述和采信均不存在不当或者违法之处。（四）争议商标由爱德华·雷门和博杨两人的姓氏组合而成，且爱德华·雷门的姓氏“Lehman”在前。爱德华·雷门拥有系列含有“Lehman”字样的商标，“Lehman”这一商标或者商号在服务市场已经获得了广泛的知名度。争议商标的价值在于“Lehman”部分，如果雷博公司拥有争议商标，会造成消费者误认为雷博公司及在大陆的子公司与其他含有“Lehman”字号的服务提供者存在关联关系。鉴于双方之间的合作已经结束，雷博继续使用包含“Lehman”字号的商标、商号，缺乏合理基础。综上，雷博公司的申请再审理由不能成立，请求法院驳回雷博公司的全部诉讼请求，维持一、二审判决及第04597号裁定。

本案中，再审申请人雷博公司提交了如下证据：1. 2001年8月21日和8月

22日博杨与爱德华·雷门之间的邮件〔北京市方圆公证处（2008）京方圆港（澳）证字第0372号公证书〕，用以证明爱德华·雷门与博杨商讨并将争议商标作为雷博公司名称和商号使用。2. 北京市方圆公证处〔2011〕京方圆内经证字第01521号公证书，用以证明雷博公司最早使用“LehmanBrown”商标的时间。3. 2001年10月至11月期间，雷博公司执行董事博杨与LLX事务所代理人等的往来邮件〔北京市方圆公证处（2011）京方圆内经证字第01519号公证书〕。4. 2010年3月30日爱德华·雷门发给博杨的邮件〔北京市方圆公证处（2011）京方圆内经证字第28938号公证书〕。该两份证据用以证明：（1）雷博公司在争议商标注册申请日前就已确定使用争议商标，并开始使用；（2）雷博公司指示LLX事务所申请争议商标，雷博公司与爱德华·雷门构成代理关系；（3）争议商标被爱德华·雷门抢注；（4）爱德华·雷门承认其为雷博公司股东的身份，并承认其为雷博公司利益注册并持有争议商标。5. 2001年11月16日爱德华·雷门的承诺函〔北京市方圆公证处（2008）京方圆内经证字第22667号公证书〕。6. 2004年3月30日邮件〔北京市方圆公证处（2012）京方圆内民证字第9800号公证书〕。该两份证据用以证明爱德华·雷门未经雷博公司同意擅自申请注册争议商标，并同意在争议商标注册后返还雷博公司。7. 博杨与LLX事务所代理人于2003年6月3日和11月11日的往来邮件〔北京市方圆公证处（2011）京方圆内经证字第01520号公证书〕，用以证明博杨一直追问争议商标注册进展情况，要求将争议商标尽快返还雷博公司，而爱德华·雷门却隐瞒情况，借故拖延。8. 爱德华·雷门在香港特别行政区高等法院的宣誓书。9. LLX事务所官方网站介绍打印页。该两份证据用以证明爱德华·雷门系雷博公司股东，具有中国知识产权法的专业优势，且承认争议商标是雷博公司商标。10. 香港特别行政区高等法院HCCW 377/2010和HCCW 383/2010号案件判决书及其中文译文。11. 香港特别行政区上诉法庭CACV 272/2011号案件判决书及其中文译文。12. 香港特别行政区终审法院FAMV36/2013号案件终审裁定及中文译文。上述三份证据用以证明爱德华·雷门是雷博公司股东，与雷博公司构成代理、代表关系，爱德华·雷门挪用、侵犯雷博公司的本案争议商标，家园公司由爱德华·雷门之妻设立。13. 2008年7月10日爱德华·雷门要求召开股东会的函件及快递信封，用以补充证明2001年11月16日爱德华·雷门承诺函的真实性。同时，雷博公司申请证人周晗出庭作证，周晗对2001年11月16日爱德华·雷门承诺函以及2008年7月10日爱德华·雷门要求召开股东会的函件的签署和取得过程作了说明。周晗作证称："2008 年 7 月 10 日爱德华·雷门要求召开股东会的函件是我亲自签收的，由 LLX 事务所通过敦豪快递（DHL）送过来。2001 年 11 月 16 日爱德华·雷门承诺函是博杨交给我的，博杨说爱德华·雷门申请下来商标之后才能转让，所以签署了这个承诺函。"上述证据中，证据 1、5、13 系雷博公司在商标评审阶段提交，其中证据 1 在商标评审阶段提交了打印件和摘译，一审中又补充提交了公证件及翻译件，证据 13 中的快递信封系本案再审阶段提交；证据 3、7、8 系雷博公司在一审时提交，其中证据 7 中的公证书系二审提交，证据 8 的部分内容系二审时补充提交；证据 2、4、6、9、10 系二审提交；证据 11、12 系在本院再审审查及再审阶段提交。

本案再审庭审结束后，雷博公司又补充提交了两份证据：1. 博杨对 2001 年 11 月 16 日爱德华·雷门承诺函出具过程的说明及其中文译文，用以证明该承诺函的真实性。2. 博杨的护照，用以证明博杨于 2001 年 9 月 29 日进入中国大陆境内，于 2001 年 12 月 16 日出境。

对于雷博公司提交的上述证据及周晗的证言，家园公司发表了如下质证意见：认可证据 1 和证据 7 的真实性，但认为其不能实现雷博公司的证明目的。不认可证据 2 和证据 5 的真实性，并认为其不能实现雷博公司的证明目的。对证据 3 和证据 4 的真实性未表示异议，但认为其不能实现雷博公司的证明目的。对证据 6 的真实性未表示异议，但认为该证据未进行公证，形式上不合法，且其不能实现雷博公司的证明目的。对证据 8 的真实性未表示异议，但认为该证据未履行相关证明手续，形式上不合法，且其不能实现雷博公司的证明目的。对证据 9 的真实性未表示异议，但认为爱德华·雷门是否具有中国知识产权法的专业优势与其是否属于争议商标的代表人或者代理人之间不存在必然联系。对证据 10－12 的真实性未提出异议，但认为证据 12 是雷博公司当庭提交的，超出举证期限，不应采纳；同时香港各级法院的判决书不能直接在中国大陆获得承认和执行，且雷博公司没有全面提交相关的所有判决书。证据 13 系雷博公司当庭提交，超出举证期限，不应采纳。对证人周晗证言的真实性不予认可。对于雷博公司庭后提交的补充证据，家园公司认为两份证据超出举证期限，且博杨本人并未出庭，不应采纳。

被申请人家园公司提交了如下证据：1. 争议商标注册证，用以证明争议商标属于文字商标，字体没有特别设计，争议商标核定使用的服务与雷博公司的经营范围不一致，不属于相同或者类似的服务，家园公司是争议商标的合法所有人。

2. 争议商标转让申请书。3. 争议商标档案信息。4. 争议商标转让核准证明。上述三份证据用以证明争议商标转让申请的提交日为2003年1月10日，该转让基于家园公司的内部管理需要，不存在所谓恶意转让。5. 147个“Lehman”系列商标信息列表及部分商标注册档案信息。6. “Lehman”系列商标注册证、转让申请书。上述两份证据用以证明Lehman系列商标申请注册日在本案争议商标注册申请日之前，该系列商标于2003年1月10日转让给家园公司，本案争议商标转让不存在恶意。7. 2000年7月和8月LLX事务所发给客户的4封电子邮件〔北京市长安公证处（2014）京长安内经证字第2170号公证书〕，用以证明在先使用“Lehman”系列商标并产生了一定的商誉。8. 爱德华・雷门的护照，用以证明爱德华・雷门于2001年11月16日离开中国大陆。9. 爱德华・雷门于2010年3月19日致博杨的函件〔北京市长安公证处（2014）京长安内经证字第2172号公证书〕，用以证明爱德华・雷门与博杨初识背景。10. “Accuruitment”、“LuHua”、“律华LuHua”等商标注册信息，用以证明爱德华・雷门申请注册争议商标不存在恶意。11. 2002年8月30日博杨发给Jenny Lee（Jennifer）的电子邮件〔北京市长安公证处（2014）京长安内经证字第2171号公证书〕，用以证明博杨以其控制的公司的名义注册了“Effiscient”商标且没有告知爱德华・雷门，说明双方各持一个商标是公平的。12. 雷博公司网站页面打印件〔北京市长安公证处（2014）京长安内经证字第2164号公证书〕，证明Dickson Leung（梁德信）是雷博公司高级合伙人。13. 2008年的新闻〔北京市长安公证处（2014）京长安内经证字第2682号公证书〕，用以证明争议商标的商业价值在于“Lehman”部分。14. 国家工商行政管理总局颁布的《关于外国企业常驻代表机构登记管理暂行办法》、《关于外国（地区）企业在中国境内从事生产经营活动登记管理办法》、《关于加强对会证师事务所登记和监督管理的通知》以及司法部颁布的《律师事务所管理办法》，用以证明雷博公司不可能在中国大陆从事法律、会计服务。15. 雷博公司北京代表处工商登记信息。16. 雷博财务管理咨询（北京）有限公司的工商登记信息。上述两份证据用以证明雷博公司不可能在争议商标注册申请日前在中国大陆从事法律、会计服务。17. 香港特别行政区高等法院上诉法庭CACV 272/2011号案件法院命令，用以证明香港法院并未对争议商标的权利归属进行判定。同时，家园公司申请证人爱德华・雷门出庭作证，爱德华・雷门就其与博杨的相识过程、争议商标的申请过程、承诺函上其签名和印章的真实性等问题作了说明。爱德华・雷门作证称：“我从未向雷博公司或者美凯投资有限公司签署过关于转让争议商标的承诺函。我在2001年8月时认识博杨先生，并开始与其讨论在中国大陆合作成立会计师事务所的事。博杨先生来到我工作的律师事务所，谈及向中国的会计部门出售会计软件的想法，但我提出成立会计师事务所，并提到了在多个城市成立公司的可能性。博杨先生说由于他没有资金、客户、经验，所以提出持有30%的股份，但我为了合作成功，提出他持有50%的股份。我们就成立的公司名称进行讨论。认识博杨先生之前，我已在自己的业务中使用我的家庭姓氏‘Lehman’，并凭借这一品牌积累了很多客户。博杨先生也知道我在大陆的业务开展良好，并拥有一定的市场占有率。我想继承利用我的姓氏的商业信誉与客户资源，因此提出利用‘LehmanBrown’作为会计师事务所的名称。博杨先生更倾向于使用另外的名称Efficient，因为这个名称个人色彩不太浓厚。我们没有就采用哪个商标达成一致性的意见，也没有讨论谁是商标的所有人。在2001年11月7日申请商标之前，我已告诉博杨先生我将以个人名义申请注册商标。博杨先生从未要求过我或委托我进行商标注册业务。我这样做是为了保护我的家庭姓氏，也为了将其许可给我们的会计师事务所使用。我以个人名义申请商标一事，博杨先生完全知情，在2008年之前，他从未对此提出任何异议。在与博杨先生的合作中，我支付了启动资金、员工的薪水，并将客户介绍给我们的合作业务。博杨先生则控制公司的财务、业务活动及合作业务的管理工作。我控制我们业务的唯一途径是持有商标的所有权。2001年11月16日的承诺函，我不能确定真实性，因为我不记得签署过该份文件。这封函件是写给‘Max Hope Investments Limited’公司的主席，据我所知，香港没有这家公司。而且，这份文件不是母语为英语的人写的，存在多处文字和标点使用错误。同时，该份文件的落款包含我的中间名‘Eugene’，我通常不是这样使用，最多用中间名的首字母‘E’。2001年11月16日我在珠海，然后到澳门，后来又回到珠海，第二天去了香港。我从未与博杨或周晗女士到过澳门或珠海。2008年文件的签名与我的真实签名相似，但我不能确认其真实性。我记得在2008年时，我好像不使用印章。”

本案再审庭审结束后，家园公司又补充提交三份证据：1. 韩筱青（Helen Han）出具的情况说明。2. 杨惠娟（Lilian Yang）出具的情况说明。3. 杨惠娟（Lilian Yang）向周晗报告工作的4封邮件及中文译文。上述证据用以证明周晗在2002年下半年至2004年期间管理LLX事务所的所有财务和主要行政工作，韩筱青和樊双庆（Annie Fan）均为LLX事务所商标部的职员，因职务原因可以接触到包括商标证书在内的全部文件。

对于家园公司提交的上述证据及爱德华·雷门的证言，雷博公司发表了如下质证意见：对证据1–4的真实性、合法性无异议，但认为上述证据不能证明家园公司是合法的商标权人，却能够证明家园公司恶意获得商标权。对证据5–6的真实性、合法性有异议，认为该两份证据来源不明，家园公司亦未提交原件核对，真实性难以确定，且与本案不具有关联性。对证据7的真实性和合法性无异议，但对其与本案的关联性有异议，认为其不能证明爱德华·雷门在先使用过“Lehman”系列商标。对于证据8的真实性和合法性没有异议，但对其与本案的关联性有异议，认为尽管该证据显示爱德华·雷门于2001年11月16日离开珠海，但是签署承诺函不需要一整天的时间，该证据不能证明爱德华·雷门没有签署承诺函。对证据9的真实性和合法性有异议，认为该证据原文为英文，没有经过法院认可的翻译公司的翻译，不具有真实性和合法性，且与本案不具有关联性。对证据10–12的真实性和合法性没有异议，但对其关联性有异议，认为其不能实现家园公司的证明目的。对于证据13的合法性有异议，认为该证据的原文为英文，没有经过法院认可的翻译公司的翻译，对其合法性不予认可，且其不能实现家园公司的证明目的。对证据14–16的真实性、合法性没有异议，但认为其不能实现家园公司的证明目的。对证据17的真实性、合法性有异议，认为雷博公司从未收到该份法庭命令，且该份法庭命令与雷博公司已经提交的香港特别行政区高等法院上诉法庭CACV 272/2011号案件的判决不同；即使认可其真实性和合法性，该份证据与本案亦不具有关联性。关于爱德华·雷门的证言，雷博公司对爱德华·雷门证言中有关承诺函部分的真实性不予认可，并认为雷博公司已经补充提交了2008年7月10日爱德华·雷门要求召开股东会的函件，该函件的签名与印章与承诺函一致，已经证明了承诺函的真实性；对爱德华·雷门证言中关于其与博杨没有就采用哪个商标达成一致意见、没有确定谁是商标所有人、博杨对爱德华·雷门以个人名义申请商标一事完全知情却未提出异议等证言部分的真实性不予认可。对于家园公司庭后提交的补充证据，雷博公司认为，补充证据在举证期限届满后提交，不应采纳；同时，补充证据1和2属于证人证言，证人未出庭作证，不具备真实性和合法性；补充证据3的来源不明，不具备真实性和合法性，且不能实现家园公司的证明目的。

本院对上述证据审查认定如下：（一）关于雷博公司提交的证据及证人周晗的证言。证据1和证据7均经公证机关以公证方式取得和固定，当事人对其真实性无异议，且与本案有关联，本院予以采纳。证据2亦经公证机关以公证方式取得和固定，虽然家园公司对其真实性提出异议，但是并未提供充分的理由及证据否定其真实性，其真实性可予确认，且该证据与本案有关联，予以采纳。证据3、4、6均经公证机关以公证方式取得和固定，当事人对其真实性未提出异议，其真实性可以确认，且与本案有关联，予以采纳。证据8系爱德华·雷门在香港特别行政区高等法院原诉法庭的宣誓书，该证据虽系在香港特别行政区境内形成的证据，原则上需办理公证认证手续，但是办理公证认证手续的目的主要在于便利对证据真实性的审查认定，并不排斥以其他方式认定相关证据的真实性。在有原件可供核对且当事人对证据8的真实性未提出异议的情况下，未办理公证认证手续本身并不必然影响其证据效力。由于该证据原件的真实性可以确认，且没有相反证据足以推翻其真实性，并与本案有关联，予以采纳。证据9系LLX事务所官方网站介绍打印页，当事人对其真实性未提出异议，该证据可以反映爱德华·雷门与LLX事务所的关系，予以采纳。证据10－12系香港特别行政区有关法院对雷博公司清盘案的相关判决，该判决认定的事实和判决结果反映了爱德华·雷门和博杨以及各自控制的公司之间就雷博公司清盘案的争议过程，与本案具有关联性，且系新证据，予以采纳。补充证据1系博杨对2001年11月16日爱德华·雷门承诺函的签署过程的说明，本质上属于证人证言，因博杨本人无正当理由未出庭作证，不予采纳。补充证据2系博杨的护照信息，与本案不具有直接关联性，不予采纳。由于证据5、13以及证人周晗和爱德华·雷门的证言相互关联，本院将在分析各方当事人提交的其他证据后对之进行综合分析判断。（二）关于家园公司提交的证据及证人爱德华·雷门的证言。证据1－4系关于争议商标的注册、转让等信息，与本案具有关联性，且当事人对其真实性无异议，应予采纳。证据5－6系“Lehman”系列商标的注册、转让等信息，与本案不具有直接关联性，不予采纳。证据7系LLX事务所发给客户的电子邮件，当事人虽对其真实性和合法性均无异议，但其与本案不具有直接关联性，不予采纳。证据8系爱德华·雷门的护照，当事人对其真实性和合法性无异议，且与雷博公司提交的证据5具有一定关联性，予以采纳。证据9系爱德华·雷门发给博杨的电子邮件，该证据与本案争议商标无直接关联性，不予采纳。证据10系与本案争议商标无关的其他商标的注册信息，与本案不具有关联性，不予采纳。证据11系博杨发给他人的电子邮件，其中涉及博杨与爱德华·雷门商谈合作时提及的“Effiscient”商标，且当事人对其真实性无异议，予以采纳。证据12和13分别为雷博公司网站打印页及2008年的相关新闻，其内容与本案无直接关联性，不予采纳。证据14系国家工商行政管理总局和司法部颁布的有关行政规章和通知，上述证据与本案不具有直接关联性，不予采纳。证据 15－16 系雷博公司及雷博财务管理咨询（北京）有限公司的工商登记信息，与雷博公司的经营范围有一定关联性，当事人对其真实性无异议，予以采纳。证据 17 系香港特别行政区有关法院对雷博公司清盘案的相关法庭命令，该证据与雷博公司提交的相关裁判文书相互印证，且系新证据，予以采纳。家园公司提交的补充证据 1－2 实际上是证人证言，因证人无正当理由未出庭作证，不予采纳。补充证据 3 系杨惠娟与周晗之间的往来邮件，与本案不具有直接关联性，不予采纳。（三）关于雷博公司提交的证据 5、13 以及证人周晗和爱德华·雷门的证言。1. 关于证据 13 的真实性与证明力。首先，是否应允许雷博公司超出举证期限提交证据 13。该证据系用于补强证明证据 5 的真实性。在当事人对于特定证据的真实性与证明力发生争议的情况下，一方当事人为进一步佐证该证据的真实性和证明力，补充提交相关证据，具有正当性。当然，对于补充提交的证据，应给予对方当事人相应的质证和答辩期间。本案中，证据 13 系雷博公司当庭提交之原件，且是补充证明在举证期限内已提交证据的真实性与证明力，本院予以准许。同时，本院在庭审结束后也给予了家园公司以充分的时间提交质证和答辩意见。因此，对于雷博公司在举证期限届满后当庭补充提交该证据，予以准许。其次，关于证据 13 的真实性与证明力的认定。证据 13 由爱德华·雷门要求召开股东会的函件及快递信封组成，均有原件可供核对。快递信封显示，该份函件系 LLX 事务所通过敦豪快递（DHL）寄给雷博公司的博杨，收件人于 2008 年 7 月 14 日签收。证人周晗关于该函件收到过程的证言与快递信封显示信息吻合，相互佐证，予以采信。爱德华·雷门要求召开股东会的函件上有爱德华·雷门的签名与印章，结合该函件的寄送过程，可以确认其真实性。爱德华·雷门认可该函件上的签名与其真实签名相似，但陈述其不能确认该函件的真实性，且提出其在 2008 年时不使用印章。对此，本院认为，该份函件由 LLX 事务所通过敦豪快递（DHL）寄给雷博公司的博杨，其来源清晰，证明力较强，爱德华·雷门关于其在 2008 年时不使用印章等陈述缺乏相应证据佐证，且与函件本身存在矛盾。对爱德华·雷门关于证据 13 的证言，不予采信。2. 关于证据 5 的真实性和证明力。首先，雷博公司提交了证据 5 的原件，该证据上爱德华·雷门的签名及印章清晰可辨，与证据 13 上爱德华·雷门的签名及印章几乎完全相同。其次，本院注意到，该承诺函上爱德华·雷门的签名与其在本院庭审笔录上的签名几乎完全一致。最后，关于爱德华·雷门的陈述及家园公司的质证意见。爱德华·雷门陈述其未签署过该承诺函，该承诺函上存在错误以及不符合英文表达习惯之处，且其在2001年11月16日当天从珠海去澳门，后又返回珠海，当天没有与博杨或者周晗见过面。家园公司亦以上述理由质疑证据5的真实性。对此，本院认为，由于证据5与证据13上爱德华·雷门的签名及印章几乎完全相同，加之证据5上的爱德华·雷门的签名与其在本院庭审笔录上的签名几乎完全一致，证据5上爱德华·雷门的签名及印章的真实性已经高度可信。证据5上除爱德华·雷门的签名及印章外，其余文字系打印形成，不排除由他人起草的可能性且打印文字的拼写错误不影响其表达的含义。因此，证据5的承诺函上存在打印错误以及不符合英文表达习惯之处不足以否定该函的真实性。同时，考虑到签署该函不需要一整天的时间，爱德华·雷门的护照显示的信息亦不足以否定该函的真实性。因此，对于爱德华·雷门关于其不记得签署过证据5等证言，不予采信。

结合上述证据，本院另查明如下事实：

（一）关于爱德华·雷门与博杨商议成立雷博公司及争议商标注册与转让的事实

雷博公司在商标评审阶段提交了爱德华·雷门与博杨之间在2001年8月期间的往来邮件。上述邮件显示：2001年8月21日，博杨发给爱德华·雷门一封主题为“会计公司”的邮件，其中提及如下内容：“昨天我们之间的商讨该如何合作的会谈令人十分愉快。我对你的提议非常感兴趣，并且我已经产生了很多使这些提议付诸实际的想法。……我的目标是组建一家与众不同的会计公司，这家公司不再具有通常的会计形象，而是动力十足、潜力无限，可以同时充当财务人员与管理人员。该公司将会提供通常的会计服务，还会新增一些填补市场缺口的其他服务，那些属于会计事务所和管理咨询事务所之间缺口的服务，以及属于五大会计事务所和一些地方会计事务所之间缺口的服务。这些服务会特别定制，目的是使信息的产生和传递以及商业服务更加高效。……因此，商标名称需要凝结所有这些，同时要吸引眼球，令人难忘，朗朗上口且全球适用。我个人还认为这个商标不能仅局限于个人。‘Effiscient’的名称正是基于该理念构思，‘Effi’意味着‘高效’，‘Scient’是希腊语中的‘知识’——即‘知识的高效运用’。我不反对使用‘Lehman & Brown’这样的名称，这个看起来也还不错，问题在于我们想要如何在市场中展现和定位公司，而哪一个名称能更好地实现这一点。我们可以用其中一个公司名主要针对低端业务，而用另一个代表高端服务。……另外，您是否能给我一份有关于‘Effiscient’商标注册的授权委托书呢?”2001年8月

22日，爱德华·雷门回复上述邮件称："我认为我们可以在统筹兼顾我们双方利益的基础上开展此项工作。可以采取拆分为两种品牌经营的方式。LehmanBrown& Co China Chartered Accountants 主要负责所有种类（低端）的工作，而 Effiscient 主要负责（高端）会计系统的咨询公司。也可能采用两个法律实体的模式。我们会将这些品牌注册为可进行交叉销售的商标，我们会向多个城市进军（北京、上海)，并可与律师事务所共用办公地点。"

雷博公司在一审阶段提交了博杨与他人在2001年10-11月期间的往来邮件。上述邮件显示：2001年10月16日，LLX事务所的 Christine Hu 律师给博杨先生发送邮件，其中提到："依据上周我们关于组建一家香港公司的讨论，请参看由我方秘书服务提供的报价单。……请比对你方得到的报价，如果你方认为这份报价较妥当，那么请通知我，以便我依据此报价展开工作。"该邮件抄送爱德华·雷门。2001年10月25日，博杨发送邮件给 Wendy Tsang，其中提到："经过周二的讨论以后，我们希望组建的公司如下：名称（Name)：LehmanBrown Limited；商标（Trading as)：LehmanBrown。起初，我们商量重新建立一家全新的公司，但是我有一个想法，就是购买一个现成的公司并更改其名称，因为我认为这样会快很多。如果您能告诉我您拥有的公司，我们就可以从中选择一个，最好是有一年以上历史的，因为这能加快我们在北京的代表处许可证的获批程序。'Effiscient Limited'将会成为占50%股份的股东，剩余的50%股份由另一家公司持有。我已将这份邮件抄送 Christine Hu，她将会告诉您详细信息。"2001年11月8日，博杨发送邮件给 Christine Hu，主题为"商标注册"，内容为："想确认下申请是否已经提交，请告知。"2001年11月12日，Christine Hu 向博杨回复邮件称："我肯定我公司的商标代理已根据雷门先生的指示以雷门先生为申请人进行商标申请。"

雷博公司二审期间提交的（2011）京方圆内经证字第1521号公证书显示，2001年9月，博杨在标题为"LehmanBrown - questions for accounting firms"的文件下记载了如下内容："与 LehmanBrown 的关系。LehmanBrown 注册英文名，当地公司使用的中国名字以及 LehmanBrown 中文名字的更名。LehmanBrown 的经营范围，例如对内地公司的审计及相关行业等。LehmanBrown 向当地公司提供商务咨询工作。LehmanBrown 向当地公司提供培训和教育，当地公司和 LehmanBrown 能够相互提供中国会计立法变化及美国现行会计准则。"2001年9月和10月，博杨在标题为"LehmanBrown letterhead design"和"LehmanBrown logo design"的文件中完成了 **LEHMANBROWN** 标志样式及信头纸的设计。在关于标志样式的文件中，对该标志的格式、风格、颜色、线条、高度和宽度等均作了规定。

雷博公司注册文件显示，该公司于2000年10月20日在香港成立，成立时名称为美凯投资有限公司（MAXHOPE INVESTMENT LIMITED），于2001年12月28日更改为现名称。

家园公司注册文件显示，该公司成立于1997年2月20日，其法定代表人及唯一董事为卡罗琳娜·西卡（KAROLINA SIEREK）。家园公司提交的证据显示：2003年1月10日，爱德华·雷门提出争议商标转让申请，受让人为家园公司；2003年4月14日，争议商标获准注册；2003年5月14日，商标局出具了核准转让争议商标的证明。

（二）关于博杨与爱德华·雷门就争议商标进行交涉的事实

雷博公司向商标评审委员会提交了2001年11月16日爱德华·雷门出具的承诺函，内容为："致：主席（Chairman）；美凯投资有限公司（Max Hope Investments Limited）；香港。关于LehmanBrown商标：我，爱德华·雷门，以自己的名义申请了'LehmanBrown'商标，该申请目前仍未被核准注册。本人不可撤回地同意，一旦上述商标获得注册，本人会将该商标转让给美凯投资有限公司或其指定的当事人。"该承诺函上有"Edward E·Lehman"字样的签字并加盖有"雷门之印"的名章。

雷博公司一审期间补充提交的证据证明了如下事实：2003年6月3日，博杨向LLX事务所Jenny Lee发送邮件，其中提及如下内容："请您告知一下我方有关以下商标注册情况：LehmanBrown、Effiscient、Lu Hua、Accruitment。"Jenny Lee当日回复邮件称："这些商标还在审核当中，没有任何新的进展。"2003年11月11日，博杨先生发送邮件给Hellen Han（hhan@ leimingip. com），其中提及如下内容："您能否告诉我，我们是否已经收到一些有关下列商标的情况呢：LehmanBrown、Lu Hua、Effiscient、Accruitment、Lei Bo。"Hellen Han当日回复称："我们发现除了最后一个商标——'Lei Bo'，其他所有的商标都已申请注册，然而，至今还没有一个商标获批。……商标LehmanBrown的申请人为爱德华·雷门先生，而其余三个商标是以LehmanBrown的名义申请的。"该邮件抄送afan@ leimingip. com。博杨先生再次回复邮件称："我们一旦收到LehmanBrown的商标，就要立即转让给香港雷博公司。"

雷博公司二审期间提交的证据证明了如下事实：2004年3月30日，雷博公司的周晗发送邮件给afan@ lehmanlaw. com，其中提及如下内容："我已收到两份

'LehmanBrown'商标注册证书，多谢。请你告诉我将所有权变更到雷博公司，我们需要准备哪些文件?"该邮件抄送博杨。2010 年 3 月 30 日，爱德华·雷门发送邮件给博杨，其中提及如下内容："关于商标一事，是的，我们已在中国商标局备案，我方持有商标。在 LehmanBrown 能够被以公司利益为重而非贪图私利的客观、专业的管理者领导之前，我们将负责保管该商标。我们从未滥用过商标，也从未就商标登记备案获得过补偿。……我们允许 LB（雷博）使用此商标，从未对其采取行动，因为我们希望和平解决该问题。我们只能采用此类制衡机制，确保在公司中拥有一定的话语权。"LLX 事务所网站显示爱德华·雷门系该事务所外籍专家顾问。

（三）关于雷博公司香港清盘案的相关事实雷博公司在商标评审阶段提交了爱德华·雷门给博杨的关于召开董事会的信函。该信函提及如下内容："关于另行召开董事会的请求：……作为雷博公司享有 50% 股份的股东之一，我请求另行召开一次董事会……"该承诺函上有"Edward E Lehman"字样的签字并加盖有"雷门之印"的名章。雷博公司在再审阶段提交了快递公司寄送上述信函的快递信封。该快递信封显示，该份函件系 LLX 事务所通过敦豪快递（DHL）寄给雷博公司的博杨，收件人于 2008 年 7 月 14 日签收。

LEHMAN & CO. MANAGEMENT LIMITED（简称雷曼管理公司）与 Effiscient Limited 以及雷博公司之间在香港特别行政区就雷博公司清盘案展开诉讼。雷博公司在一审阶段提交了爱德华·雷门向香港特别行政区高等法院原诉法庭所作的宣誓书。该宣誓书由爱德华·雷门于 2010 年 10 月 8 日作出。爱德华·雷门在该宣誓书中称："雷曼管理公司是持有雷博公司 50% 股份的股东。本人之妻 Karolina Maria Lehman 系雷曼管理公司的受益所有人。……雷博公司由博杨先生和本人于 2001 年创立，因此取名 LehmanBrown Limited。创建该公司主要是为在香港及中国大陆开展税务、会计和咨询服务。2001 年 11 月前后，我本人在中国大陆申请注册'LehmanBrown'商标（以及商标'Effiscient'以及许多其他商标和服务标志），旨在保护公司的服务商标。……尽管我有意将该商标转让给公司，但我本人与博杨之间未就商标归公司所有一事达成一致。……我在提起保护商标时，我本人和博杨都不确定公司是否会采用'LehmanBrown'商标。"

雷博公司在二审阶段提交了香港特别行政区高等法院原诉法庭关于雷博公司清盘案件的判决书。该判决书显示，2011 年 11 月 15 日，香港特别行政区高等法院原诉法庭作出 2010 年第 377 号以及第 383 号判决。夏利士（Harris）法官在判决书中提及如下内容："本诉讼涉及雷博公司。雷博公司在香港成立，在内地开展业务。公司是一家全方位服务的会计师事务所，提供审计服务和企业咨询服务。雷博公司有两个股东，各拥有公司50%股份。股东之一是 Effiscient Limited（简称 Effiscient 公司），由博杨先生和他的妻子拥有，另一股东为雷曼管理公司，由卡罗丽娜·雷门实益拥有，但是，她的丈夫雷门先生行使对其事务的实际控制权，至少在涉及公司的事务中是这样……雷门先生是内地一家名为 LLX 的律师事务所的创始合伙人……他（爱德华·雷门）不熟悉证据，而是给出他认为对他的案子有利的答案而不是进行诚实的回答……在我看来，雷门先生显然不是诚实的证人……博杨先生给雷门先生的免责书'意于在2001年任命 Mllion Strong 作为呈请人，存在固有的缺陷'……免责书由雷门签署，加盖了印章，姓名正确。该文件的唯一明智的解释是，标题中和页面底部打印的名称中有一个印刷错误。"该原诉法庭判决雷曼管理公司应将其在雷博公司中的50%股权出售给 Effiscient 公司，价格待法院确定，并应向 Effiscient 公司支付损害赔偿金，金额待法院评定。

雷博公司在申请再审和再审阶段提交了香港特别行政区高等法院上诉法庭和香港特别行政区终审法院关于雷博公司清盘案的裁判文书，家园公司提交了香港特别行政区高等法院上诉法庭关于雷博公司清盘案的一份法庭命令。上述裁判文书证明了如下事实：2013年3月13日，香港特别行政区高等法院上诉法庭就原诉法庭2010年第377号以及第383号公司清盘案件的上诉案件作出 CACV 272/2011号判决。该判决以原诉法庭不具有管辖权为由撤销了原诉法庭判决中关于损害赔偿的部分。雷曼管理公司向香港特别行政区终审法院提出上诉申请。2014年1月28日，该院作出 FAMV36/2013号终审裁定，驳回了雷曼管理公司的上诉申请。

（四）关于争议商标核定使用的服务以及雷博公司的经营范围争议商标核定使用的服务项目为第35类的"税款准备；商业专业咨询；税务咨询；贸易业务的专业咨询；商业管理辅助；商业研究；会计；绘制账单、账目报表；审计；商业信息代理"等。家园公司提交了雷博公司北京代表处以及雷博公司的全资子公司雷博财务管理咨询（北京）有限公司的工商登记信息。上述信息显示：雷博公司北京代表处的驻在时间为2002年6月25日至2005年6月18日，2005年10月28日注销，许可经营项目为：有关企业管理及商务咨询方面的市场调研和业务联络。雷博财务管理咨询（北京）有限公司于2003年9月2日成立，经营项目为：财务管理咨询；投资咨询；管理信息和技术咨询、市场策划；企业管理咨询；国际会计和国际税务咨询；代理记账。

本院认为，结合当事人的申请再审事由、答辩及本案案情，本案在再审阶段的争议焦点为：爱德华 · 雷门以个人名义注册争议商标是否违反商标法第十五条的规定；争议商标的注册是否违反商标法第四十一条第一款的规定；一、二审判决对雷博公司在行政诉讼阶段补充提交的证据未予评述是否正确。

（一）爱德华 · 雷门以个人名义注册争议商标是否违反商标法第十五条的规定

商标法第十五条规定："未经授权，代理人或者代表人以自己的名义将被代理人或者被代表人的商标进行注册，被代理人或者被代表人提出异议的，不予注册并禁止使用。"根据上述规定，本院认为，适用该条需要具备如下条件：商标申请人与异议人之间构成代表或者代理关系；争议商标系被代理人或者被代表人的商标；争议商标核定使用的商品或者服务与被代理人或者被代表人提供的商品或者服务类似；代表人或者代理人违反诚信原则，未经授权擅自以自己名义将争议商标进行注册。根据上述要件，结合本案事实，分析如下：第一，爱德华 · 雷门是否为雷博公司的代表人。本案证据表明，爱德华 · 雷门曾经是雷博公司的创建者和决策者之一，其与博杨共同创建了雷博公司。爱德华 · 雷门与博杨分别通过雷曼管理公司和 Effiscient 公司分别持有雷博公司 50% 的股份，爱德华 · 雷门曾有以股东身份要求召开董事会等行为，其是雷博公司事实上的股东。在争议商标注册申请日前的 2001 年 8 月至 10 月期间，爱德华 · 雷门与博杨已经就共同创建未来的公司达成了基本一致的意见，只是对未来公司的部分细节问题没有形成明确的一致意见。作为仅有的两名创建者和股东之一，爱德华 · 雷门为未来公司所实施的行为均应认为是代表公司所为的行为。因此，应该认为，在爱德华 · 雷门与博杨就共同创建未来的公司达成基本一致后，在为未来公司利益所实施的行为方面，爱德华 · 雷门系正在创建中的雷博公司的代表人。

第二，争议商标"LehmanBrown"是否属于雷博公司的商标。本案中，判断争议商标"LehmanBrown"是否属于雷博公司的商标，应当结合案件全部证据进行综合分析。首先，尽管爱德华 · 雷门和博杨在 2001 年 8 月期间的往来邮件中确实提到"Effiscient"和"LehmanBrown"两个名称，并且有划分高端和低端业务的设想，但是该往来邮件已经明确形成了未来公司主要面向中国大陆开展会计、咨询等业务，以及要将公司品牌申请注册为商标的共识。其次，结合博杨与他人在 2001 年 10 月至 11 月期间的往来邮件以及博杨在 2001 年 9 月至 10 月期间形成的电脑文档，可以确认爱德华 · 雷门和博杨已经就未来公司的名称（LehmanBrown Limited）以及商号（LehmanBrown）达成一致。为此，博杨还专门设计了

LEHMANBROWN标志样式及含有该标志的信头纸。再次，2001 年 11 月间博杨与 Christine Hu 的往来邮件进一步印证了爱德华·雷门和博杨之间存在将相关标志申请商标注册的共识。复次，由 2001 年 10 月 25 日博杨发送给 Wendy Tsang 的邮件可知，筹建中的公司将采取购买现成公司并改名的方式。最后，雷博公司在爱德华·雷门和博杨的合意下很快成立并确实以“LehmanBrown”为商标和商号从事相关的经营活动。综合考量上述事实和证据，可以合理推知，在争议商标注册申请日前，爱德华·雷门和博杨已经就正在创建中的雷博公司使用“LehmanBrown”名称和商号达成一致，并有将该标志作为筹建中的雷博公司申请商标的共识。可见，虽然在争议商标注册申请日前，雷博公司尚处于筹建之中，但是两名创建人已经就该公司的未来名称、商号以及将公司品牌申请商标的事宜达成一致。因此，应当认为，在争议商标注册申请日前，争议商标“LehmanBrown”已经是正在筹建中的雷博公司的商标。

第三，争议商标核定使用的商品或者服务与雷博公司提供的商品或者服务是否构成类似。根据本院查明的事实，雷博公司在香港和大陆面向企业提供税务、审计和企业咨询服务，其北京代表处提供有关企业管理及商务咨询方面的市场调研和业务联络服务，其全资子公司提供财务管理咨询、投资咨询、管理信息和技术咨询、市场策划、企业管理咨询、国际会计和国际税务咨询、代理记账等服务。争议商标核准注册的服务类别为税务咨询、会计、审计等服务。显而易见，争议商标核定使用的服务与雷博公司提供的服务属于相同或者类似的服务。

第四，爱德华·雷门是否违反诚信原则，未经授权擅自以自己名义将争议商标进行注册。首先，关于商标法第十五条的立法目的。代理或者代表关系是一种具有信赖性的特殊法律关系。基于这种特殊的法律关系，代理人或者代表人对于被代理人或者被代表人负有特殊的忠诚和勤勉义务，必须恪尽职守，秉承最大限度有利于被代理人或者被代表人的利益之原则行事。商标法第十五条系针对代理或者代表关系这种特殊法律关系，基于诚实信用原则而设立的对被代理人或者被代表人的商标予以特殊保护制度，并不一概要求该商标已经在先使用。只要特定商标应归于被代理人或者被代表人，代理人或者代表人即应善尽忠诚和勤勉义务，不得擅自以自己名义进行注册。被代理人或者被代表人是否已经将该商标投入商业使用，并非商标法第十五条的适用条件。其次，爱德华·雷门的行为是否违反代表人的诚信义务。作为正在创建中的雷博公司的代表人，爱德华·雷门对雷博公司负有善尽忠诚和勤勉义务，应该最大限度地维护雷博公司的利益。爱德华·雷门在其与博杨就筹建中的雷博公司的名称、商号以及将公司品牌申请商标等事宜已经达成一致，雷博公司将使用“LehmanBrown”作为名称和商号的情况下，依然将争议商标以个人名义进行注册，违反了代表人的忠诚和勤勉义务，损害了正在筹建中的雷博公司的利益。最后，爱德华·雷门与博杨关于争议商标的交涉情况可以进一步印证爱德华·雷门违反诚信义务。从双方就争议商标的交涉情况看，爱德华·雷门于2001年11月7日提出争议商标注册申请，博杨于次日即发邮件询问LLX事务所的相关人员关于争议商标的注册情况，并于11月12日得知爱德华·雷门以其本人名义申请的事实，爱德华·雷门于11月16日即承诺争议商标获得注册后将转让给美凯投资有限公司或者其指定的当事人。2003年期间，博杨继续询问商标注册的进展情况，再次强调一旦争议商标获准注册就要转让给雷博公司。争议商标于2003年4月获得注册，在此之前已被转让给爱德华·雷门的妻子作为法定代表人的家园公司。而博杨于当年6月、11月期间询问商标注册进展情况时，得到的答复却是争议商标没有获准注册。2004年3月，雷博公司从LLX事务所收到争议商标的注册证时，仍在询问相关人员将争议商标所有权变更为雷博公司需要准备的材料。可见，爱德华·雷门在此过程中一直存在隐瞒事实的行为，且争议商标的转让进一步增大了危及雷博公司利益的可能性。

第五，二审法院关于2001年11月16日爱德华·雷门出具的承诺函的认定是否正确。该承诺函的主要内容为，爱德华·雷门不可撤回地同意，一旦上述商标获得注册，其会将该商标转让给美凯投资有限公司或其指定的当事人。该承诺函系爱德华·雷门针对雷博公司的前身美凯投资有限公司单方作出，与雷博公司是否认可爱德华·雷门申请注册争议商标的行为并无关联性。二审法院认为爱德华·雷门承诺争议商标获得注册后转让给雷博公司，应视为雷博公司对其申请行为的认可，认定事实错误，本院予以纠正。

综上，商标评审委员会以争议商标注册申请日时爱德华·雷门和博杨尚未就公司名称达成一致意见，且雷博公司尚未成立为由，认定不能证明争议商标“LehmanBrown”是雷博公司的商标，与事实不符。一、二审法院以相同理由肯定商标评审委员会的上述认定，认定事实错误。一、二审法院关于商标法第十五条的适用应以被代理人或者被代表人在先使用与争议商标相同或近似的标志为条件的认定，适用法律错误。雷博公司的相应申请再审理由成立，本院予以支持。

（二）争议商标的注册是否违反商标法第四十一条第一款的规定

商标法第四十一条第一款规定：“已经注册的商标，违反本法第十条、第十一条、第十二条规定的，或者是以欺骗手段或者其他不正当手段取得注册的，由商标局撤销该注册商标；其他单位或者个人可以请求商标评审委员会裁定撤销该注册商标。”该条第二款规定：“已经注册的商标，违反本法第十三条、第十五条、第十六条、第三十一条规定的，自商标注册之日起五年内，商标所有人或者利害关系人可以请求商标评审委员会裁定撤销该注册商标……”关于本案争议商标的注册是否违反商标法第四十一条第一款的规定，分析如下：首先，商标法第四十一条第一款所规范的行为通常是扰乱商标注册秩序、损害公共利益、不正当占用公共资源或者以不正当手段取得注册等行为。本案系作为被代表人的雷博公司与作为代表人的爱德华·雷门之间就爱德华·雷门以个人名义注册争议商标产生的争议，不属于扰乱商标注册秩序、损害社会公共利益的情形。其次，关于代理人或者代表人以个人名义注册被代理人或者被代表人商标的情形，商标法第四十一条第二款已经有明确规定。因此，商标评审委员会及一、二审法院认定争议商标注册不违反商标法第四十一条第一款的规定，并无不当。雷博公司的相应申请再审理由不能成立，本院不予支持。

（三）一、二审判决对雷博公司在行政诉讼阶段补充提交的证据未予评述是否正确

根据《最高人民法院关于行政诉讼证据若干问题的规定》第二条的规定，原告可以提出其在行政程序中没有提出过的反驳理由或者证据。该司法解释第五十九条规定，被告在行政程序中依照法定程序要求原告提供证据，原告依法应当提供而拒不提供，在诉讼程序中提供的证据，人民法院一般不予采纳。据此，人民法院对在行政诉讼中提交的新证据不予采纳的限定条件是原告依法应当提供而拒不提供，不提供的后果是人民法院一般不予采纳，并非一概不予采纳。在行政诉讼程序中，对于当事人提交的新的证据，应当在考虑当事人未在行政程序中提交该证据的原因及过错程度、该证据对双方当事人合法权益的影响以及行政诉讼的救济价值基础上，进行综合审查评判。本案中，雷博公司为证明其主张，在一审及二审阶段均提交了部分在商标评审阶段未曾提交过的证据。例如，本案中的证据 3、7、8 系雷博公司在一审时提交，其中证据 7 中的公证书系二审提交，证据 8 的部分内容系二审时补充提交；证据 2、4、6、9、10 系二审时提交。在上述证据中，证据 3 系进一步补充证明博杨与爱德华·雷门之间关于筹建雷博公司及公司使用名称等事实；证据 7 系进一步补充证明博杨与爱德华·雷门之间关于争议商标的交涉情况；证据 8 系商标评审阶段结束后新形成的证据，并可进一步补充证明博杨与爱

德华·雷门之间关于筹建雷博公司及公司使用名称等事实；证据 2、4、6、9、10 亦系进一步补充证明博杨与爱德华·雷门之间关于筹建雷博公司及争议商标交涉情况等事实。可见，雷博公司在本案行政诉讼阶段提交的证据大多是补强证据及新形成的证据，并非有意迟延提交的证据，且上述证据可以进一步补充证明与本案有关的重要事实，应根据实际情况予以采纳。一、二审判决对于上述相关证据未予评述，有所不当。雷博公司的相应申请再审理由成立，本院予以支持。应予说明的是，因雷博公司补充提交的上述证据并非商标评审委员会第 04597 号裁定的作出依据，且对本案诉讼结果有实质影响，故应负担本案一、二审诉讼费用。

综上，本院认为，商标评审委员会及一、二审法院认定雷博公司不能证明争议商标“LehmanBrown”系该公司的商标，认定事实有误；一、二审判决关于商标法第十五条的适用应以被代理人或者被代表人在先使用与争议商标相同或近似的标志为条件的认定，适用法律错误；一、二审判决对雷博公司补充提交的证据未予评述，有所不当。雷博公司的相应申请再审理由成立，本院予以支持。依照《中华人民共和国行政诉讼法》第五十四条第（二）项、第六十一条第（三）项、《最高人民法院关于执行〈中华人民共和国行政诉讼法〉若干问题的解释》第七十六条第一款、第七十八条之规定，判决如下：

一、撤销中华人民共和国北京市高级人民法院（2012）高行终字第 690 号行政判决和中华人民共和国北京市第一中级人民法院（2011）一中知行初字第 365 号行政判决；

二、撤销中华人民共和国国家工商行政管理总局商标评审委员会商评字（2010）第 04597 号《关于第 3013120 号“LehmanBrown”商标争议裁定》；

三、中华人民共和国国家工商行政管理总局商标评审委员会就香港雷博有限公司提出的关于第 3013120 号“LehmanBrown”商标的撤销注册申请重新作出裁定。

本案一、二审案件受理费各一百元，由香港雷博有限公司负担。

本判决为终审判决。

审　判　长　王艳芳
代理审判员　朱　理
代理审判员　佟　姝
二〇一四年九月十六日
书　记　员　刘海珠

98. 商标法第十五条既适用于未注册商标，也适用于已注册商标

——再审申请人特多瓦公司与被申请人北京龟博士汽车清洗连锁有限公司及一审被告、二审被上诉人国家工商行政管理总局商标评审委员会、一审第三人、二审被上诉人北京半隆贸易中心商标异议复审行政纠纷案

【裁判要旨】

商标法第十五条规定的代理人或者代表人不得申请注册的商标标志，不仅包括与被代理人或者被代表人商标相同的标志，而且包括相近似的标志；不得申请注册的商品既包括与被代理人或者被代表人商标所使用的商品相同的商品，也包括类似的商品。

【关键词】

商标　异议程序　代理代表

【案号】

最高人民法院（2015）行提字第3号

【基本案情】

在再审申请人特多瓦公司与被申请人北京龟博士汽车清洗连锁有限公司（以下简称龟博士公司）及一审被告、二审被上诉人国家工商行政管理总局商标评审委员会（以下简称商标评审委员会），一审第三人、二审被上诉人北京半隆贸易中心（以下简称半隆中心）商标异议复审行政纠纷案中，特多瓦公司在先于第3类“汽车上光蜡、清洗液”商品上获准注册第908487号“龟博士”商标（即引证商标）。长沙大地公司于2002年5月8日向国家工商行政管理总局商标局（简称商标局）提出第3167289号“龟博士”商标（即被异议商标）的注册申请，核定使用在“车辆加润滑油；车辆维修”服务上。2010年7月，被异议商标经核准转让给龟博士公司。在法定异议期内，特多瓦公司、半隆中心对被异议商标提出异议申请，商标局裁定对被异议商标予以核准注册。特多瓦公司、半隆中心不服，向商标评审委员会申请复审。商标评审委员会作出商评字（2010）第38951

号《关于第3167289号“龟博士”商标异议复审裁定书》（以下简称第38951号裁定）认为，被异议商标违反商标法第十五条、第二十八条的规定，被异议商标不予核准注册。龟博士公司不服，提起行政诉讼。北京市第一中级人民法院一审认为，被异议商标违反了商标法第二十八条的规定，但商标评审委员会认定被异议商标违反商标法第十五条的规定有误，故判决驳回龟博士公司的诉讼请求。龟博士公司、特多瓦公司均不服，提起上诉。北京市高级人民法院二审认为，商标法第十五条规定不适用于本案。但鉴于龟博士公司在汽车维修等服务上使用的“龟博士”商标已有一定知名度，被异议商标和引证商标已分别建立各自的消费群体，应认定两商标不构成近似商标。二审法院遂撤销一审判决，并责令商标评审委员会重新作出裁定。特多瓦公司不服，向最高人民法院申请再审。最高人民法院裁定提审本案，并于2015年11月18日判决撤销二审判决，并在对法律适用问题予以纠正的前提下对一审判决予以维持。

【裁判意见】

最高人民法院审查认为：半隆中心与特多瓦公司提交的证据可以证明特多瓦公司授权半隆中心有权直接或者通过指定分销商进口、经销和销售标有“龟博士”商标的产品，半隆中心与特多瓦公司提交的证据（“龟博士”系列产品湖南总代理协议）可以证明长沙龟博士公司的前身湖南长沙大地专业汽车有限公司在申请注册被异议商标之前曾与半隆中心签订协议书，半隆中心授权长沙龟博士公司为“龟博士”系列汽车用品的独家湖南总代理。半隆中心与长沙龟博士公司之间构成我国商标法第十五条所指的代理关系。代理人或者代表人不得申请注册的商标标志，不仅包括与被代理人或者被代表人商标相同的标志，而且包括相近似的标志；不得申请注册的商品既包括与被代理人或者被代表人商标所使用的商品相同的商品，也包括类似的商品。长沙龟博士公司作为半隆中心的代理人，不得在相同或者类似商品上申请注册与其被代理人商标相同或者近似的商标。“车辆加润滑油、车辆维修”服务与“汽车上光蜡、清洗液”商品属于类似商品或服务，因此，长沙龟博士公司在与汽车用品密切关联的类似服务上申请注册与“龟博士”商标相同的被异议商标，违反了商标法第十五条的规定，商标评审委员会此项认定并无不妥。一、二审法院关于“只有在代理人或代表人申请商标注册前被代表人或被代理人的商标系尚未提出注册商标申请的情况下，代理人或代表人的申请注册行为才可能构成抢注行为，且如果被代理人或被代表人已将其商标申请注册，则其对于该商标所享有的合法权益在商标注册层面亦并未被代理人或代表人损害，故商标法第十五条应不适用于被代理人或被代表人已将其商标提出注册申请或该商标已被注册的情形”的认定，不当地限缩了商标法第十五条的适用范围，应予纠正。

中华人民共和国最高人民法院行政判决书

（2015）行提字第3号

再审申请人（一审第三人、二审上诉人）：特多瓦公司（TURTLE WAX，INC.）。住所地：美利坚合众国伊利诺伊州威洛布鲁克市威洛布鲁克中心大街625号。

法定代表人：皮特·M. 伯格，该公司首席财务官。

委托代理人：王寒梅，北京市正见永申律师事务所律师。

委托代理人：范旭，北京市正见永申律师事务所律师。

被申请人（一审原告、二审上诉人）：北京龟博士汽车清洗连锁有限公司。住所地：中华人民共和国北京市通州区通胡大街78号7010室。

法定代表人：王福全，该公司总经理。

委托代理人：梁民生，北京市尚格律师事务所律师。

一审被告、二审被上诉人：中华人民共和国国家工商行政管理总局商标评审委员会。住所地：中华人民共和国北京市西城区茶马南街1号。

法定代表人：何训班，该委员会主任。

委托代理人：杨建平，该委员会审查员。

一审第三人、二审被上诉人：北京半隆贸易中心。住所地：中华人民共和国北京市西城区德胜门外新风街2号天成科技大厦B座5层5001、5002室（德胜园区）。

法定代表人：关忠，该公司经理。

委托代理人：王寒梅，北京市正见永申律师事务所律师。

委托代理人：范旭，北京市正见永申律师事务所律师。

再审申请人特多瓦公司（TURTLE WAX，INC.）因与被申请人北京龟博士汽车清洗连锁有限公司（以下简称龟博士公司）及一审被告、二审被上诉人中华人民共和国国家工商行政管理总局商标评审委员会（以下简称商标评审委员会），一审第三人、二审被上诉人北京半隆贸易中心（以下简称半隆中心）商标异议复审行政纠纷一案，不服中华人民共和国北京市高级人民法院（2012）高行终字第887号行政判决，向本院申请再审。本院于2014年11月17日作出（2014）知行字第20号行政裁定，提审本案。本院依法组成合议庭进行审理。本案现已审理终结。

北京市第一中级人民法院一审查明：被异议商标为第3167289号“龟博士”商标（见下图），其由长沙大地专业汽车用品服务有限公司于2002年5月8日向国家工商行政管理总局商标局（简称商标局）提出注册申请，指定使用服务为第37类：车辆保养和修理；汽车清洗（小）；车辆加润滑油；车辆上光；车辆抛光；车辆保养；车辆维修；车辆清洗（清洁）；车辆防锈处理；车辆服务站。商标局对该注册申请予以初步审定并公告。2010年8月，被异议商标指定使用服务项目经商标局核准删减了8项，现被异议商标申请指定的服务项目为：车辆加润滑油；车辆维修。2010年5月，被异议商标所有人名义经商标局核准变更为长沙龟博士汽车服务有限公司（简称长沙龟博士公司）。2010年7月，被异议商标经商标局核准转让给龟博士公司（即被申请人）。

龟博士

被异议商标

在法定异议期内，半隆中心与特多瓦公司向商标局提出异议申请，商标局经审理作出（2008）商标异字第01927号“龟博士”商标异议裁定书，对被异议商标予以核准注册。

半隆中心与特多瓦公司不服，于法定期限内向商标评审委员会申请异议复审。其主要理由为：1. 被异议商标指定使用的服务与半隆中心及特多瓦公司在先注册的引证商标核定使用的商品虽然不在同一类别，但均与车辆有关，应属于类似商品。2. 被异议商标原申请人长沙龟博士公司曾经是“龟博士”系列汽车用品的代理经销商，如果其在第37类注册“龟博士”商标，势必造成相关公众的混淆。根据《中华人民共和国商标法》（2001年修正，简称商标法）第十五条规定，被异议商标应不予注册。3. 根据商标法第十三条规定，半隆中心与特多瓦公司请求以驰名商标给予跨类保护。

经查，引证商标为第908487号“龟博士”商标（见下页图），其原注册商标专用权人为索乔汽车配件北京有限公司，注册申请日为1995年3月9日，于1998年转让至特多瓦公司名下，核定使用商品为第3类：汽车上光蜡；清洗液。该商标注册商标专用权期限至2016年12月6日。

龟博士

引证商标

另查，1998年，半隆中心作为“亀博士”系列汽车用品独家中国总代理，与长沙大地专业汽车用品服务有限公司（即被异议商标原申请人）签订“‘亀博士’系列产品湖南总代理协议”，授权长沙大地专业汽车用品服务有限公司为以上产品的独家湖南总代理。在上述协议执行过程中，双方又签订了“延期付款协议书”。

2010年，特多瓦公司的副总裁出具声明称，特多瓦公司授权索泰尔公司及其关联公司半隆中心自1994年开始有权直接或者通过指定分销商进口、经销和销售标有“TURTLE”“DR. TURTLE”“亀博士”“亀图形”商标的产品。

针对半隆中心及特多瓦公司的复审申请，商标评审委员会于2010年12月27日作出第38951号裁定，对被异议商标不予核准注册。

一审庭审中，半隆中心及特多瓦公司明确指出，其针对商标法第十五条、第二十八条适用的引证商标均为已注册的第908487号“亀博士”商标。

上述事实有第38951号裁定、被异议商标与引证商标的商标档案、（2008）商标异字第01927号《“亀博士”商标异议裁定书》、半隆中心及特多瓦公司提交的相关证据及庭审笔录在案佐证。

北京市第一中级人民法院经审理认为：实践中“车辆维修”服务提供者在提供服务时亦可能会使用“汽车上光蜡、清洗液”等商品，故如在上述商品或服务上均使用“亀博士”商标，则将可能使相关公众误认为二者系由同一主体提供或提供者之间具有特定联系，从而产生混淆误认。因此，“车辆维修”服务及“汽车上光蜡、清洗液”商品属于类似商品或服务，被异议商标在“车辆维修”服务上的注册违反了商标法第二十八条的规定，不应予以注册。

鉴于第三人认为被异议商标的注册不符合商标法第十五条规定所引证的商标为第908487号“亀博士”注册商标，因此，无论第三人与被异议商标的原注册人之间是否具有代表或代理关系，被异议商标均不适用于商标法第十五条的规定。据此，商标评审委员会认为被异议商标的注册不符合商标法第十五条规定的认定有误，应依法予以纠正。

综上，一审法院依照《最高人民法院关于执行〈中华人民共和国行政诉讼法〉若干问题的解释》第五十六条第（四）项之规定，判决：驳回北京亀博士汽车清洗连锁有限公司的诉讼请求。

亀博士公司、特多瓦公司均不服北京市第一中级人民法院（2011）一中知行初字第1083号行政判决，向北京市高级人民法院提起上诉。亀博士公司请求撤销一审判决及第38951号裁定，其主要理由为：一、被异议商标指定使用的“车辆维修”服务与引证商标核定使用的“汽车上光蜡、清洗液”商品未构成类似商品或服务，二者所对应的销售渠道和消费对象也不一样，相关公众不会产生混淆，不应被认定为近似商标，被异议商标在“车辆维修”上的注册未违反商标法第二十八条的规定。二、在被异议商标申请注册之前，龟博士公司已在先大量使用被异议商标，被异议商标已成为全国知名品牌，而半隆中心和特多瓦公司并没有实际使用引证商标，一审判决用驰名商标的保护标准保护未实际使用的商标，适用法律严重不公。特多瓦公司请求维持一审判决结论部分，纠正有关被异议商标是否违反商标法第十五条规定之评判内容，其主要理由为：一、一审判决没有考虑引证商标与被异议商标所涉及的商品和服务按照《商品和服务区分表》在类别上存在的既有差异，据此限制甚至剥夺特多瓦公司依据商标法第十五条规定寻求法律救济的权利。二、长沙龟博士公司作为特多瓦公司“龟博士”系列汽车产品的销售代理商，其以自己的名义将“龟博士”商标申请注册在与其代理的汽车养护产品类似且具有密切关联的车辆维修等服务上，被异议商标的注册属于商标法第十五条规定的不应予以核准注册的情形。商标评审委员会、半隆中心服从原一审判决。

北京市高级人民法院经审理查明：一审法院查明事实清楚，且有第38951号裁定、被异议商标与引证商标的商标档案、（2008）商标异字第01927号《“龟博士”商标异议裁定书》、半隆中心及特多瓦公司提交的相关证据及庭审笔录在案佐证，对一审法院查明的事实予以确认。

另查明，半隆中心作为“龟博士”系列汽车用品独家中国总代理，与长沙大地专业汽车用品服务有限公司（即被异议商标原申请人）签订“‘龟博士’系列产品湖南总代理协议”中，约定合同期限为三年，但该协议无签订日期。在上述协议执行过程中，双方又签订了“延期付款协议书”，故双方认可总代理协议的签订时间为1998年。

半隆中心于2010年2月20日向商标评审委员会提交的《异议复审证据交换理由书》理由五载明：龟博士公司申请注册被异议商标的行为构成商标法第十五条规定的代理人、代表人恶意抢注行为的依据主要是2010年2月16日特多瓦公司的副总裁菲利普·J．扎迭克出具的授权半隆中心等进口、经销有“TURTLE”、“龟博士”以及“龟图形”商标产品的授权书（简称授权书证据10）。一审庭审中，商标评审委员会陈述其针对商标法第十五条规定评审的主要证据是半隆中心与湖南长沙大地专业汽车用品有限公司签订的《“龟博士”系列产品湖南总代理协议》（简称总代理协议证据1）、授权书证据10，对此半隆中心及特多瓦公司表示认可。

龟博士公司向一审法院提交了30份证据，除证据5、6、15外，其余证据均在商标评审程序中提交，对此，商标评审委员会、半隆中心及特多瓦公司均表示认可。龟博士公司提交的上述证据主要用以证明：1. 在被异议商标申请注册前、后，龟博士公司在汽车维修服务上持续使用“龟博士”商标的情况，如龟博士公司及关联公司与案外人签订的加盟协议书等。2. 在汽车服务上持续宣传、使用“龟博士”商标并有一定声誉的情况：2002年7月中国市场质量诚信监查委员会授予“质量信誉双保障示范单位”；2008年、2009年、2010年被北京汽车维修行业协会授予“诚信企业”；2009年在“全国村歌大赛”颁奖晚会上的广告宣传；2011年4月中国汽车维修行业协会出具“证明”称龟博士公司在全国汽车装饰美容快修行业中具有较高的品牌知名度；2010年在CCTV7主办的汽车美容装饰技能大比拼中获月、周冠军队、优秀团队奖；中国汽车工程学会等颁发的“中国汽车服务业十大领导品牌”等。

二审法院审理中，龟博士公司还提交了如下证据，用以进一步证明其在汽车服务上使用“龟博士”商标并有一定声誉的情况：2011年中国连锁经营协会给该公司颁发的“2010年中国特许经营连锁120强证书”；2009年12月中华商标理事会颁发的该公司为《中华商标》理事会副理事长的证书；2011年3月中国汽车用品联合会出具的“证明”称龟博士公司在全国汽车用品行业中品牌影响力位居前列。

对于龟博士公司提交的上述证据材料，特多瓦公司和半隆中心认为除证据17外，其余证据的形成时间均在被异议商标申请注册之后，不能作为被异议商标合法注册的证据。

北京市高级人民法院认为：首先，商标法第十五条规定，未经授权，代理人或者代表人以自己的名义将被代理人或者被代表人的商标进行注册，被代理人或者被代表人提出异议的，不予注册并禁止使用。该法律规定旨在避免被代理人或者被代表人的商标被其代理人或者代表人恶意抢注，目的在于在商标注册层面对被代理人或被代表人的权益提供一种救济。因此只有在代理人或代表人申请商标注册前被代表人或被代理人的商标系尚未提出注册商标申请的情况下，代理人或代表人的申请注册行为才可能构成抢注行为，且如果被代理人或被代表人已将其商标申请注册，则其对于该商标所享有的合法权益在商标注册层面亦并未被代理人或代表人损害，故商标法第十五条应不适用于被代理人或被代表人已将其商标提出注册申请或该商标已被注册的情形。其次，商标评审委员会审理不服商标局异议裁定的复审案件，应当针对当事人复审申请和答辩的事实、理由及请求进行评审。由于龟博士公司申请注册被异议商标的行为构成商标法第十五条规定的代理人、代表人恶意抢注行为的依据主要是2010年2月16日特多瓦公司的副总裁菲利普·J. 扎迭克出具的授权半隆中心等进口、经销有“TURTLE”、“龟博士”以及“龟图形”商标产品的授权书，且在一审诉讼中半隆中心及特多瓦公司明确指出，其针对商标法第十五条适用的引证商标均为已注册的第908487号“龟博士”商标，即半隆中心及特多瓦公司并未明确提出“龟博士”的使用范围不仅涵盖汽车养护产品，同时也使用在汽车养护服务上，并以此作为构成商标法第十五条规定的代理人、代表人恶意抢注行为的理由，故一审判决鉴于半隆中心及特多瓦公司认为被异议商标的注册不符合商标法第十五条规定所引证的商标为第908487号“龟博士”注册商标，因此无论半隆中心及特多瓦公司与被异议商标的原注册人之间是否具有代表或代理关系，被异议商标均不适用于商标法第十五条规定的认定并无不当。半隆中心及特多瓦公司所提相关上诉理由不能成立，该院不予支持。

商标法第二十八条规定，申请注册的商标不得同他人在同一种商品或者类似商品上已经注册的或者初步审定的商标相同或者近似。类似商品或服务，是指在功能、用途、生产部门、销售渠道、消费对象等方面相同，或者相关公众一般认为其存在特定联系、容易造成混淆的商品或服务。商品与服务类似，是指商品和服务之间存在特定联系，容易使相关公众混淆。认定商品或者服务是否类似，应当以相关公众对商品或者服务的一般认识综合判断，《商标注册用商品和服务国际分类表》《类似商品和服务区分表》可以作为判断类似商品或者服务的参考。

商标异议复审案件中，评审时和诉讼程序中的事实状态都是决定被异议商标是否应予维持或撤销注册时需要考虑的。本案中，龟博士公司在评审程序和诉讼程序中提交了被异议商标实际使用的大量证据，这些证据所反映的事实影响到了被异议商标是否具有知名度的判断，如果不予考虑，龟博士公司将失去救济机会，因此在判断被异议商标是否具有知名度时，应当考虑这些证据。商标评审委员会和一审法院对上述证据未予以考虑的做法不妥，二审法院予以纠正。根据龟博士公司提交的证据，表明其在汽车维修上大量使用“龟博士”商标，并获得一定的荣誉，因此可以证明龟博士公司在汽车维修上使用“龟博士”商标已有一定知名度。

鉴于被异议商标经商标局初步审定并公告，又经商标局异议裁定核准注册后，龟博士公司在“车辆维修”服务上大量使用了“龟博士”商标，且在2002年之后多次获得荣誉证书，即龟博士公司在汽车维修上使用“龟博士”商标已有一定知名度，同时，被异议商标指定使用在“车辆维修”服务上，引证商标核定使用在“汽车上光蜡、清洗液”等商品上，前者的服务对象、服务场所、服务方式与后者商品的功能、用途、生产部门、销售渠道、消费群体亦有所不同；考虑到半隆中心及特多瓦公司使用在“汽车上光蜡、清洗液”商品上的“龟博士”商标与龟博士公司在“车辆维修”服务上使用的“龟博士”商标已分别建立了各自的消费群体的实际情况，应认定两商标不构成近似商标。一审判决认定被异议商标在“车辆维修”服务上的注册违反了商标法第二十八条的规定不当，二审法院应予纠正。龟博士公司所持商标不应被认定为近似商标，被异议商标在“车辆维修”上的注册未违反商标法第二十八条规定的上诉理由成立，二审法院予以支持。

综上，龟博士公司的上诉理由成立，其上诉请求二审法院予以支持。特多瓦公司的上诉理由不能成立，其上诉请求二审法院不予支持。二审法院依照《中华人民共和国行政诉讼法》（修正前）第六十一条第（三）项，《最高人民法院关于执行〈中华人民共和国行政诉讼法〉若干问题的解释》第七十条之规定，判决：一、撤销中华人民共和国北京市第一中级人民法院（2011）一中知行初字第1083号行政判决；二、撤销中华人民共和国国家工商行政管理总局商标评审委员会作出的商评字（2010）第38951号《关于第3167289号“龟博士”商标异议复审裁定书》；三、由中华人民共和国国家工商行政管理总局商标评审委员会就第3167289号“龟博士”商标重新作出裁定。

特多瓦公司不服二审判决，向本院申请再审称：（一）关于是否应当考虑被异议商标申请日之后的商标实际使用情况以及何种情况下构成共存的问题，虽然在特殊情况下也应允许构成要素近似的商标之间的适当共存，但这种包容发展应当限于极其特殊的例外情况，通常属于因复杂历史因素导致的共存，或者其他因客观因素导致的善意共存。（二）龟博士公司提交的知名度证据，均是在1997年10月8日与半隆中心签订了“龟博士”系列产品湖南总代理协议之后。特多瓦公司在商标评审阶段及一、二审庭审过程中，均明确表示对其真实性、合法性及关联性存在质疑，该等证据不应采信。（三）被异议商标的原申请人长沙龟博士公司作为特多瓦公司“龟博士”汽车产品的代理人，明知“龟博士”为特多瓦公司在先使用商标，却在未经权利人授权的情形下，在与汽车产品密切关联的类似服务上申请注册与“龟博士”商标完全相同的被异议商标，其行为符合商标法第十五条的规定，被异议商标的注册申请应不予核准。二审判决第 11 页存在明显事实认定和法律适用错误，应予纠正。（四）被异议商标指定使用的服务项目，即“车辆加润滑油；车辆维修”与引证商标，即第 908487 号“龟博士”商标核定使用的“汽车上光蜡、清洗液”等构成类似商品及服务，根据商标法第二十八条规定，应不予核准注册，二审判决认定错误，应予纠正。综上，请求本院对本案进行提审，撤销北京市高级人民法院作出的（2012）高行终字第 887 号行政判决，维持北京市第一中级人民法院作出的（2011）一中知行初字第 1083 号《行政判决书》中判决结论部分，但纠正其有关被异议商标是否违反《商标法》第十五条规定之判决评述内容，维持商标评审委员会作出的商评字［2010］第 38950 号及商评字［2010］第 38951 号关于第 3167289 号“龟博士”商标异议复审裁定书。

龟博士公司提交答辩意见称：（一）被异议商标与引证商标不构成近似商标。被异议商标与引证商标类别截然不同；被异议商标指定的服务内容为“车辆加润滑油”和“车辆维修”，这些服务是由汽车维修店来提供，服务场所在维修店内，消费对象是车主或车辆使用人，针对的是普通的消费者。引证商标指定的商品为“汽车上光蜡”和“清洗液”，销售这些商品的主体是商品生产单位或批发单位，销售的场所是专业的批发市场或汽配城，购买对象是汽车美容服务店等单位，而不是普通的消费者；汽车维修的专业性和技术性比较强，从事汽车维修需要办理行政许可，有较高的准入门槛，它对应的行业协会为汽车维修行业协会。而汽车美容及用品行业重视汽车的美容，它对应的行业协会为汽车用品联合会，二者分属不同的行业协会，也说明其对应的商标不近似。综上，被异议商标与引证商标不属于同一类别，销售渠道和消费对象也不一样，不会使相关公众相混淆，因此二者不构成近似商标。（二）本案中的引证商标是注册商标，商标已注册便不存在代理人或代表人恶意抢注的情形，因此本案不应适用商标法第十五条。（三）被异议商标的原申请人已在先使用被异议商标，龟博士公司长期以来也一直在大量使用被异议商标，在龟博士公司的经营下“龟博士”已成为全国知名品牌，在行业内也有巨大影响力，拥有强大的消费群体。（四）被异议商标的注册申请符合法律规定的事实再次被确认，商标局已向龟博士公司颁发了商标注册证。综上，北京市高级人民法院作出的（2012）高行终字第887号判决认定事实清楚，适用法律正确，应当维持。特多瓦公司的申请没有法律和事实依据，请求本院依法驳回其再审申请。

本院审理查明，原一、二审法院查明的事实基本属实，本院予以确认。

本院认为，根据已查明的案件事实，结合各方当事人的诉辩主张，本案的争议焦点在于：被异议商标申请注册的服务与引证商标核定使用的商品是否为商标法意义上的类似商品或服务，其注册是否违反商标法第二十八条、第十五条之规定。

（一）关于被异议商标申请注册的服务与引证商标核定使用的商品是否为商标法意义上的类似商品或服务，其注册是否违反了商标法第二十八条规定的问题

商标法第二十八条规定，申请注册的商标不得同他人在同一种商品或者类似商品上已经注册的或者初步审定的商标相同或者近似。类似商品或服务，是指在功能、用途、生产部门、销售渠道、消费对象等方面相同，或者相关公众一般认为其存在特定联系、容易造成混淆的商品或服务。认定商品或者服务是否类似，应当以相关公众对商品或者服务的一般认识综合判断，《商标注册用商品和服务国际分类表》《类似商品和服务区分表》可以作为判断类似商品或者服务的参考。关于何种情况下相关公众会认为不同的商品或服务之间存在特定联系或容易造成混淆的问题，本院认为，通常情况下，如果同一商标分别使用在不同的商品或服务上，会使相关公众认为上述不同的商品或服务系由同一主体提供，或其提供者之间存在特定联系，则可以认定不同的商品或服务之间存在特定联系，或容易造成混淆。具体到本案，判断被异议商标的“车辆加润滑油、车辆维修”服务与引证商标的“汽车上光蜡、清洗液”商品是否类似，亦应看涉案“龟博士”商标如果同时使用在上述商品或服务上是否会使相关公众认为其系由同一主体提供或提供主体之间具有特定联系。本院认为，实践中“车辆加润滑油、车辆维修”服务和“汽车上光蜡、清洗液”商品均属车辆维修、保养范畴，因“车辆加润滑油、车辆维修”服务提供者在提供服务时亦可能会使用“汽车上光蜡、清洗液”等商品，二者的服务场所或销售场所、消费对象存在同一性可能，故如在上述商品或服务上均使用“龟博士”商标，以相关公众的一般交易观念和通常认识而言，则可能使相关公众误认为二者系由同一主体提供或提供者之间具有特定联系，从而

产生混淆误认。因此，“车辆加润滑油、车辆维修”服务及“汽车上光蜡、清洗液”商品属于类似商品或服务，被异议商标在“车辆维修”服务上的注册违反了商标法第二十八条的规定，不应予以注册。

此外，允许商标之间的适当共存需存在特殊历史原因、存在历史延续等特殊情形，且需考虑在先权利人意愿以及客观上是否形成了市场区分等因素。根据本案证据，本案不存在特殊历史原因等情况，被异议商标注册时间晚于引证商标注册时间，在先权利人并未同意共存且现有证据亦不足以证明龟博士公司在“车辆维修”服务上使用的“龟博士”商标已和引证商标分别建立了各自的消费群体，客观上形成了市场区分。二审法院关于被异议商标注册未违反商标法第二十八条的认定错误，本院予以纠正。

（二）关于被异议商标的注册是否违反了商标法第十五条规定的问题

商标法第十五条规定，未经授权，代理人或者代表人以自己的名义将被代理人或者被代表人的商标进行注册，被代理人或者被代表人提出异议的，不予注册并禁止使用。

本案中，半隆中心与特多瓦公司提交的证据可以证明特多瓦公司授权半隆中心有权直接或者通过指定分销商进口、经销和销售标有“龟博士”商标的产品，半隆中心与特多瓦公司提交的证据（“龟博士”系列产品湖南总代理协议）可以证明长沙龟博士公司的前身湖南长沙大地专业汽车有限公司在申请注册被异议商标之前曾与半隆中心签订协议书，半隆中心授权长沙龟博士公司为“龟博士”系列汽车用品的独家湖南总代理。半隆中心与长沙龟博士公司之间构成我国商标法第十五条所指的代理关系。

本院认为，代理人或者代表人不得申请注册的商标标志，不仅包括与被代理人或者被代表人商标相同的标志，也包括相近似的标志；不得申请注册的商品既包括与被代理人或者被代表人商标所使用的商品相同的商品，也包括类似的商品。长沙龟博士公司作为半隆中心的代理人，不得在相同或者类似商品上申请注册与其被代理人商标相同或者近似的商标。如前所述，本院已经认定“车辆加润滑油、车辆维修”服务与“汽车上光蜡、清洗液”商品属于类似商品或服务，因此，长沙龟博士公司在与汽车用品密切关联的类似服务上申请注册与“龟博士”商标相同的被异议商标，违反了商标法第十五条的规定，商标评审委员会此项认定并无不妥，本院予以维持。一、二审法院关于“只有在代理人或代表人申请商标注册前被代表人或被代理人的商标系尚未提出注册商标申请的情况下，代理人或代表人的申请注册行为才可能构成抢注行为，且如果被代理人或被代表人已将其商标申请注册，则其对于该商标所享有的合法权益在商标注册层面亦并未被代理人或代表人损害，故商标法第十五条应不适用于被代理人或被代表人已将其商标提出注册申请或该商标已被注册的情形”的认定，不当地限缩了商标法第十五条的适用范围，本院予以纠正。

综上，本院认为，被异议商标的注册违反了商标法第十五条和第二十八条的规定，商标评审委员会第38951号裁定对其不予核准注册，并无不当。特多瓦公司的部分申请再审理由成立，虽然一审判决关于商标法第十五条法律适用不当，但其维持商标评审委员会第38951号裁定的判决结论正确；为提高审判效率，本院在纠正其法律适用不当的前提下对其予以维持。二审判决适用法律不当，应予撤销。依据《中华人民共和国商标法》（2001年修正）第十五条、第二十八条和《中华人民共和国行政诉讼法》（2014年修正）第八十九条第一款第（二）项、《最高人民法院关于执行〈中华人民共和国行政诉讼法〉若干问题的解释》第七十六条第一款、第七十八条之规定，判决如下：

一、撤销北京市高级人民法院（2012）高行终字第887号行政判决书；

二、维持北京市第一中级人民法院（2011）一中知行初字第1083号行政判决书。

一、二审案件受理费各人民币一百元，均由北京龟博士汽车清洗连锁有限公司承担。

本判决为终审判决。

审　判　长　王艳芳
代理审判员　佟　姝
代理审判员　杜微科
二〇一五年十一月十八日
书　记　员　刘海珠

（十三）商品通用名称的判断

99. 商品通用名称的审查判断

——再审申请人西南药业股份有限公司与被申请人国家工商行政管理总局商标评审委员会、原审第三人拜耳消费者护理股份有限公司商标行政纠纷案

【裁判要旨】

通用名称包括法定的通用名称和约定俗成的通用名称，被列入地方药品标准的名称原则上应认定为通用名称，但如该国家药品标准修改后则不宜仍将其认定为法定的通用名称；判定其是否是通用名称的标准应当是其是否已为同行业经营者约定俗成、普遍使用的表示某类商品的名词；关于通用名称的判断时间点，应当以评审时的事实状态予以判断。

【关键词】

通用名称　药品标准

【案号】

最高人民法院（2007）行监字第111－1号

【基本案情】

在再审申请人西南药业股份有限公司（以下简称西南药业公司）与被申请人国家工商行政管理总局商标评审委员会（以下简称商标评审委员会）、原审第三人拜耳消费者护理股份有限公司商标行政纠纷申请再审案中，豪夫迈—罗须控股公司（以下简称罗须公司）经国家商标局核准于2000年10月14日注册了第1456508号“散利痛”商标。2001年4月16日，西南药业公司以“散利痛”系药品通用名称为由，请求商标评审委员会撤销该商标。商标评审委员会经审查于2005年4月26日作出（2005）第0676号《关于第1456508号“散利痛”商标争议裁定书》，维持罗须公司第1456508号注册商标。西南药业公司不服商标评审

委员会的裁定，向北京市第一中级人民法院提起诉讼。北京市第一中级人民法院经审理认为，西南药业公司主张“散利痛”商标不符合《商标法》有关不得将仅仅直接表示商品的用途的标志注册为商标的规定与事实不符，不予采信。判决维持商标评审委员会（2005）第0676号裁定。西南药业公司不服一审判决，向北京市高级人民法院提起上诉。北京市高级人民法院认为，判决驳回上诉，维持原判。西南药业公司不服该判决，向北京市高级人民法院申请再审。北京市高级人民法院经申请通知书驳回了西南药业公司的再审申请。西南药业公司向最高人民法院申请再审，最高人民法院通知驳回其再审申请。

【裁判意见】

最高人民法院审查认为：“散利痛”虽因列入四川、上海地方药品标准而成为该药品的通用名称，但2001年10月31日以后，其因相关国家药品标准的修订而不再是法定的通用名称，商标评审委员会根据作出评审裁定前同行业对该名称的实际使用情况等事实，认定“散利痛”具有显著性并维持其注册的裁定并无不当，原审法院维持其裁定的裁判结果正确。

中华人民共和国最高人民法院驳回再审申请通知书

（2007）行监字第111－1号

西南药业股份有限公司：

你公司因与再审被申请人中华人民共和国国家工商行政管理总局商标评审委员会（以下简称商标评审委员会）、第三人拜耳消费者护理股份有限公司（以下简称拜耳公司）因商标行政纠纷一案，不服北京市高级人民法院（2006）高行终字第248号行政判决及北京市高级人民法院（2007）高行监字第291号驳回再审申请通知，向本院提起再审申请。

你公司申请再审的理由主要是：判断“散利痛”商标是否应予撤销或维持，应当以该商标申请注册时的事实状态和法律规定为基础，原审判决认定事实和适用法律都存在错误。1. 认定事实方面，在“散利痛”商标申请注册前后的长时间内，豪夫迈—罗须控股公司（以下简称罗须公司）并未将“散利痛”作为商标使用，也明确认可其已经成为药品通用名称的事实；“散利痛”现在不再是药品的通用名称恰恰说明其曾经是通用名称的事实。2. 本案应适用1993年商标法。3. “散利痛”是药品的通用名称且直接描述商品的功能，应当被撤销。请求本院撤销原审判决。

经审查查明：罗须公司经国家商标局核准于2000年10月14日注册了第1456508号“散利痛”商标。2001年4月16日，你公司以“散利痛”系药品通用名称为由，请求商标评审委员会撤销该商标。商标评审委员会经审查于2005年4月26日作出（2005）第0676号《关于第1456508号“散利痛”商标争议裁定书》，维持罗须公司第1456508号注册商标。你公司不服商标评审委员会的裁定，向北京市第一中级人民法院提起诉讼。

北京市第一中级人民法院经审理认为，商品通用名称是指本行业内通用或公众约定俗成的产品名称。判断“散利痛片”是否属于商品通用名称，应以医药行业内是否普遍使用该名称为准，政府机关制定的药品标准不是判定该药品名称是否属于商品通用名称的唯一依据。虽然罗须公司在1996年申请注册“散利痛”商标时，“散利痛片”被收进《四川省药品标准》和《上海市药品标准》，但西南药业公司要证明“散利痛片”属于商品通用名称，仍需提供相关行业在此药品上普遍使用“散利痛片”名称的证据。而上述两药品标准属于地方政府机关出于维持药品管理公共秩序目的制定的标准，其本身不足以证明“散利痛片”为药品的通用名称，西南药业公司主张“散利痛片”属于商品通用名称，不予支持。商标评审委员会作出有关“散利痛片”不属于现行《商标法》第十一条第一款第（一）项规定的不得作为商标注册的本商品的通用名称的认定并无不当。“散利痛”中虽含有“痛”字，但作为文字组合商标，其特性在于组合，将三字组合后并不显示如你公司所诉的仅仅说明药品功能的含义，因此，你公司主张“散利痛”商标不符合《商标法》有关不得将仅仅直接表示商品的用途的标志注册为商标的规定与事实不符，不予采信。判决维持商标评审委员会（2005）第0676号裁定。你公司不服一审判决，向北京市高级人民法院提起上诉。

北京市高级人民法院认为，商品通用名称是指本行业内通用或公众约定俗成的产品名称。“散利痛片”虽被作为药品名称于1988年和1995年收入《四川省药品标准》和《上海市药品标准》，但上述地方标准已于2001年停止使用，并为统一的国家标准所纠正和取代，其药品名称“散利痛片”已重新命名为“复方对乙酰氨基酚片（Ⅱ）”，而且“散利痛片”本质上仅系药品商品名称，而非药品的法定通用名称。在“散利痛”文字多年的使用过程中，仅有西南药业公司和上海罗氏制药有限公司生产经营散利痛片，并无其他药品经营者将“散利痛片”文字作为药品通用名称使用。“散利痛”文字在客观上起到了区分商品来源的作用，并未构成西药商品的通用名称，应当准许作为商标注册。此外，西南药业公司与上海罗氏制药有限公司2001年3月共同致函国家药典委员会，要求以“复方对乙酰氨基酚片（Ⅱ）”为“散利痛片”的通用名称，也表明西南药业公司明知或已经承认“散利痛”文字并非药品法定通用名称。商标评审委员会（2005）第0676号裁定和一审判决认定事实清楚，适用法律正确，审理程序合法，判决驳回上诉，维持原判。

你公司不服该判决向北京市高级人民法院申请再审。北京市高级人民法院经审理认为你公司再审申请理由不能成立，以（2007）高行监字第291号驳回再审申请通知书驳回了你公司的再审申请。

本院另查明，原二审判决后，拜耳公司依法受让了“散利痛”商标并向本院提交了参加本案再审诉讼的声明。罗须公司也向本院申请不再以自己的名义参加再审诉讼，并同意拜耳公司承继罗须公司在该案中的全部诉讼权利和义务。

本院经审查认为，你公司于2001年4月16日以“散利痛”系药品通用名称为由，请求商标评审委员会撤销该商标，该理由属于修订后的商标法第十一条规定的情形，依照《最高人民法院关于审理商标案件有关管辖和法律适用范围问题的解释》第五条之规定，本案争议应当适用修改后的商标法的相关规定进行审查。你公司申请再审称本案应适用1993年商标法的主张不能成立。

“散利痛”虽因列入四川、上海地方药品标准而成为该药品的通用名称，但2001年10月31日以后，因相关国家药品标准的修订不再是法定的通用名称，商标评审委员会根据作出评审裁定前同行业对该名称的实际使用情况等事实，认定“散利痛”具有显著性并维持其注册的裁定并无不当，原审法院维持其裁定的裁判结果正确。

本院认为，你公司的再审申请不符合《中华人民共和国行政诉讼法》第六十三条第二款和《最高人民法院关于执行〈中华人民共和国行政诉讼法〉若干问题的解释》第七十二条规定的再审条件。依照《最高人民法院关于执行〈中华人民共和国行政诉讼法〉若干问题的解释》第七十四条的规定，予以驳回。

特此通知。

二〇〇九年一月十三日

（十四）其他

100. 商标法第四十一条第一款规定的“其他不正当手段”的认定

——再审申请人李隆丰与被申请人中华人民共和国国家工商行政管理总局商标评审委员会、一审第三人三亚市海棠湾管理委员会商标争议行政纠纷案

【裁判要旨】

商标法第四十一条第一款规定的“以其他不正当手段取得注册”，是指以欺骗手段以外的扰乱商标注册秩序、损害公共利益、不正当占用公共资源或者以其他方式谋取不正当利益的手段取得注册；民事主体申请注册商标，应该有使用的真实意图，其申请注册商标行为应具有合理性或正当性。

【关键词】

商标争议　不正当手段

【案号】

最高人民法院（2013）知行字第41、42号

【基本案情】

在再审申请人李隆丰与被申请人中华人民共和国国家工商行政管理总局商标评审委员会（以下简称商标评审委员会）、一审第三人三亚市海棠湾管理委员会（以下简称海棠湾管委会）商标争议行政纠纷案中，2005年6月8日，李隆丰在第36类的不动产出租、不动产管理、住所（公寓）等服务上注册了第4706493号“海棠湾”商标，在第43类住所（旅馆、供膳寄宿处）、旅游房屋出租、饭店、餐馆等服务上注册了第4706970号“海棠湾”商标（即两争议商标）。海棠湾管委会依据商标法第三十一条、第四十一条第一款、第十条规定向商标评审委员会申请撤销上述两争议商标。商标评审委员会分别作出商评字〔2011〕第

13255号《关于第4706493号“海棠湾”商标争议裁定书》（以下简称第13255号裁定）和〔2011〕第12545号《关于第4706970号“海棠湾”商标争议裁定书》（以下简称第12545号裁定），裁定撤销上述两个“海棠湾”商标。李隆丰不服，分别提起行政诉讼。北京市第一中级人民法院一审分别判决撤销第13255号裁定和第12545号裁定。商标评审委员会和海棠湾管委会不服，提出上诉。北京市高级人民法院二审分别判决撤销一审判决，维持第13255号裁定和第12545号裁定。李隆丰不服，向最高人民法院申请再审。最高人民法院于2013年8月12日分别裁定驳回李隆丰的再审申请。

【裁判意见】

最高人民法院审查认为：根据商标法第四十一条第一款的规定，已经注册的商标是以欺骗手段或者其他不正当手段取得注册的，其他单位或者个人可以请求商标评审委员会裁定撤销。审查判断诉争商标是否属于该条款规定的“以其他不正当手段取得注册”的情形，要考虑其是否属于欺骗手段以外的扰乱商标注册秩序、损害公共利益、不正当占用公共资源或者以其他方式谋取不正当利益的手段。商标法第四条规定，自然人、法人或者其他组织对其生产、制造、加工、拣选或者经销的商品或者提供的服务，需要取得商标专用权的，应当向商标局申请商标注册。从该条规定的精神来看，民事主体申请注册商标，应该有使用的真实意图，以满足自己的商标使用需求为目的，其申请注册商标行为应具有合理性或正当性。根据商标评审委员会及原审法院查明的事实，在李隆丰申请注册争议商标之前，“海棠湾”标志经过海南省相关政府机构的宣传推广，已经成为公众知晓的三亚市旅游度假区的地名和政府规划的大型综合开发项目的名称，其含义和指向明确。李隆丰自己在接受媒体采访时也承认是在看到报纸报道香港著名企业家将参与开发海棠湾的消息后，认为该标志会非常知名，作为商标会具有较高的价值，因而才将其申请注册为商标。李隆丰作为个人，不仅在第36类的不动产出租、不动产管理、住所（公寓）等服务上和第43类的住所（旅馆、供膳寄宿处）、旅游房屋出租、饭店、餐馆等服务上注册了本案争议商标，还在其他商品或服务类别上申请注册了“海棠湾”商标。此外，李隆丰在多个类别的商品或服务上还注册了“香水湾”“椰林湾”等30余件商标，其中不少与公众知晓的海南岛的地名、景点名称有关。李隆丰利用政府部门宣传推广海棠湾休闲度假区及其开发项目所产生的巨大影响力，抢先申请注册多个“海棠湾”商标的行为，以及没有合理理由大量注册囤积其他商标的行为，并无真实使用意图，不具备注册商标应有的正当性，属于不正当占用公共资源、扰乱商标注册秩序的情形。

中华人民共和国最高人民法院行政裁定书

（2013）知行字第41号

再审申请人（一审原告、二审被上诉人）：李隆丰，中华人民共和国香港特别行政区居民。

被申请人（一审被告、二审上诉人）：中华人民共和国国家工商行政管理总局商标评审委员会。

法定代表人：何训班，该委员会主任。

委托代理人：刘胤颖，该委员会干部。

被申请人（一审第三人、二审上诉人）：三亚市海棠湾管理委员会。

法定代表人：邓忠，该委员会主任。

委托代理人：张晓辉，海南中邦律师事务所律师。

委托代理人：李金良，海南中邦律师事务所律师。

再审申请人李隆丰因与被申请人中华人民共和国国家工商行政管理总局商标评审委员会（简称商标评审委员会）、三亚市海棠湾管理委员会（简称海棠湾管委会）商标争议行政纠纷一案，不服北京市高级人民法院（2012）高行终字第582号行政判决，向本院申请再审。本院依法组成合议庭进行了审查，本案现已审查终结。

李隆丰申请再审称：（一）商标评审委员会作出的商评字［2011］第13255号《关于第4706493号“海棠湾”商标争议裁定书》（简称第13255号裁定）裁定撤销涉案的“海棠湾”商标（简称争议商标），认定事实不清，证据不足。争议商标从申请到核准注册的过程均是合法的，不存在以不正当手段抢注等事实。李隆丰2001年被海南省的一家公司聘任为总策划，于2002年5月完成了《南国黎寨》旅游项目的创意策划书，海棠湾是该项目的选址地之一，从当时直到2005年6月8日争议商标申请注册之时，海棠湾还属于未开发的处女地，没有任何以“海棠湾”命名的酒店或住宅区。李隆丰为保护自己的创意成果，先后依法将“南国黎寨”及“海棠湾”申请注册为商标，未违反《中华人民共和国商标法》（简称商标法）的规定，理应受法律保护，争议商标不应被撤销。海棠湾管委会称李隆丰多次与其联系，希望以高价向其转让“海棠湾”商标牟利，并称李隆丰为职业抢注人，注册了多个商标并转让商标非法牟利，既没有证据证明，也与客观事实不符。李隆丰从未与海棠湾管委会或其他政府机构商谈过“海棠湾”商标的转让事宜，迄今为止也未正式转让过任何商标。而且正常的商标转让也是商标使用的范围，并不违法。海棠湾管委会称李隆丰的多个商标有转让记录，该事实的实际情况是：2009年7月，当时李隆丰授权的合作人周泽文，在李隆丰不知情的情况下，采用欺骗手段将李隆丰名下的14个商标（包括“海棠湾”商标）不健康地转让给海南的一家公司，李隆丰知悉后，立即赴北京请求商标局制止了转让。（二）商标评审委员会适用法律错误。1. 李隆丰2005年6月申请注册争议商标在先，海棠湾管委会是在2007年9月以后才成立，因此其不可能“在先使用”该商标并有一定影响。海棠湾管委会提交的三亚市政府和其自己所做的海棠湾项目规划、招商引资以及媒体报道等证据材料中，“海棠湾”均是作为地名使用，并非商标意义的使用。因此，商标评审委员会认定李隆丰抢注他人使用在先的商标，没有事实依据，其适用商标法第三十一条错误。2. “海棠湾”是三亚市所属县级以下行政区划名称及地名，商标法并不禁止将此类标志作为商标注册，而且其作为商标并不是特指海南岛的海棠湾，已经不再有地名的含义。李隆丰将“海棠湾”申请注册成商标，不会影响他人作为地名正常使用。“海棠湾”标志不属于商标法禁止注册和使用的有害于社会道德风尚或者有其他不良影响的情形。商标评审委员会以商标法第十条第一款第（八）项为依据撤销该商标，适用法律错误。3. 商标法并未限制注册商标的数量，李隆丰十几年来从事创意策划工作，为保护自己的创意成果，必然涉及申请注册众多的商标，其获准注册的多个商标，都与自己的创意策划相关联，不属于以不正当手段取得注册。商标评审委员会以商标法第四十一条第一款作为依据撤销争议商标，适用法律错误。（三）二审法院判决维持商标评审委员会的错误裁定，同样属于认定事实和适用法律错误。综上，请求对本案进行再审，撤销二审判决及商标评审委员会第13255号裁定，维持争议商标注册。

海棠湾管委会提交书面答辩意见称：二审判决认定事实和适用法律正确，李隆丰的再审申请不符合法律规定的再审条件，请求驳回其再审申请。（一）李隆丰恶意抢注“海棠湾”商标的行为违反了商标法第三十一条的规定，侵犯了在先权利，海棠湾管委会有权对争议商标主张权利。在争议商标申请注册之前，海南省政府、三亚市政府已经将“海棠湾”作为商业标识，应用在与海棠湾区域开发建设有关的商业活动中，如以海棠湾作为项目名称进行商业推广、洽谈商业开发合作，在各种媒体上进行广告宣传，使“海棠湾”标志具有了巨大的影响力。海南省人民政府2001年6月就批准设立了海棠湾镇人民政府，三亚市政府、海棠湾镇政府对“海棠湾”地区的开发建设做出了总体规划设计，对海棠湾地区做了大量的宣传推广和前期开发建设工作，并多次在国内外进行了招商。2005年5月，三亚市政府就海棠湾区域的开发建设在香港招商，并与著名企业家李嘉诚父子等商界知名人士商洽合作开发事宜，被海内外媒体广泛报道，使“海棠湾”在李隆丰申请注册争议商标前已经具有了较高知名度。李隆丰在知悉该标志的巨大商业价值之后，抢注了争议商标，其抢注行为损害了运作“海棠湾”项目的三亚市政府、海棠湾镇政府等利益相关人的在先权利，违反了商标法第三十一条的规定。为了加快海棠湾区域开发建设进程，2007年9月三亚市政府决定设立区县级的直属管理机构海棠湾管委会，作为海棠湾整体开发的总负责机构。海棠湾管委会成立后，不仅统一行使海棠湾开发建设的行政管理职权，而且也承继了此前有关政府机构对海棠湾开发建设的投入所产生的成果及形成的包括民事权益在内的一切相关权益，因此海棠湾管委会当然有权依照商标法第三十一条的规定对“海棠湾”商标主张在先权利。（二）李隆丰以不正当手段取得争议商标注册，其牟取不正当利益的目的明显。由于海南省政府和三亚市政府、海棠湾镇政府投入大量的人力、财力，对海棠湾项目及该地区的海滩、风景等进行了大力宣传和商业推广，“海棠湾”不仅仅具有地理信息的意义，而且已经成为三亚市的海棠湾这一区别于其他海湾休闲项目的特定标志，并且被国务院列为海南国际旅游岛的战略规划的组成部分和标志，“海棠湾”标志在社会公众中具有特定的指向和意义。李隆丰没有以海棠湾标志作为建设酒店、地产开发项目的任何使用行为、广告宣传，他自己也承认是在看到报纸报道后认识到“海棠湾”标志的巨大商业价值，才去申请注册，说明其行为是典型的“搭便车”，试图坐享他人投入带来的巨大商业利益，抢注商标意图高价转卖获利，其手段和目的的不正当性是明显的，属于商标法第四十一条第一款规定的以其他不正当手段取得注册的情形。（三）李隆丰抢注争议商标，阻碍了海棠湾项目及海南国际旅游岛建设，属于商标法第十条规定的“有其他不良影响”的情形。开发海棠湾是国务院制定的建设国际旅游岛战略的组成部分，在2010年6月国家发展和改革委员会正式批复的《海南国际旅游岛建设发展规划纲要》中，明确提出“三亚海棠湾‘国家海岸’休闲度假区”，其规划目标是建成世界级的滨海度假区。因此，“海棠湾”这一标志已经是规划建设的国家旅游休闲项目的总体名称和对外宣传对象，体现了国家意志和社会公共利益。李隆丰为了谋求个人的不正当利益，将“海棠湾”作为商标注册，会对国家战略等社会公共利益和公共秩序产生消极、负面影响，争议商标的注册属于商标法第十条规定的“有其他不良影响的情形”。

本院认为：根据商标法第四十一条第一款的规定，已经注册的商标是以欺骗手段或者其他不正当手段取得注册的，其他单位或者个人可以请求商标评审委员会裁定撤销。审查判断诉争商标是否属于该条款规定的“以其他不正当手段取得注册”的情形，要考虑其是否属于欺骗手段以外的扰乱商标注册秩序、损害公共利益、不正当占用公共资源或者以其他方式谋取不正当利益的手段。商标法第四条规定，自然人、法人或者其他组织对其生产、制造、加工、拣选或者经销的商品、或者其提供的服务，需要取得商标专用权的，应当向商标局申请商标注册。从该条规定的精神来看，民事主体申请注册商标，应该有使用的真实意图，以满足自己的商标使用需求为目的，其申请注册商标的行为应具有合理性或正当性。根据商标评审委员会及原审法院查明的事实，在李隆丰申请注册争议商标之前，“海棠湾”标志经过海南省相关政府机构的宣传推广，已经成为公众知晓的三亚市旅游度假区的地名和政府规划的大型综合开发项目的名称，其含义和指向明确；李隆丰自己在接受媒体采访时也承认是在看到报纸报道香港著名企业家将参与开发海棠湾的消息后，认为该标志会非常知名、作为商标会具有较高的价值，因而才将它申请注册为商标的；李隆丰作为个人，不仅在第36类的不动产出租、不动产管理、住所（公寓）等服务上注册了本案的争议商标，还在其他商品或服务类别上申请注册了“海棠湾”商标。此外，李隆丰在多个类别的商品或服务上还注册了“香水湾”、“椰林湾”等30余件商标，其中不少与公众知晓的海南岛的地名、景点名称有关。李隆丰利用政府部门宣传推广海棠湾休闲度假区及其开发项目所产生的巨大影响力，抢先申请注册多个“海棠湾”商标的行为，以及没有合理理由大量注册囤积其他商标的行为，并无真实使用意图，不具备注册商标应有的正当性，属于不正当占用公共资源、扰乱商标注册秩序的情形。商标评审委员会及二审法院综合考虑本案的事实，认定争议商标注册属于商标法第四十一条第一款规定的以“不正当手段取得注册”的情形，裁判撤销该争议商标，相关事实的认定及法律适用并无不当。李隆丰关于其申请注册多个商标是为了保护其创意策划成果的主张，不符合商标法的规定，本院不予支持。

商标法第十条第一款第八项规定，有害于社会主义道德风尚或者有其他不良影响的标志，不得作为商标使用。在审查判断有关标志是否构成“有其他不良影响”的情形时，应当考虑该标志或者其构成要素是否可能对我国政治、经济、文化、宗教、民族等社会公共利益和公共秩序产生消极、负面影响。“海棠湾”标志本身并不具有不良含义，本案争议商标的注册是否会对海棠湾项目及海南国际旅游岛建设产生消极影响，不属于商标法第十条第一款第八项规定所指的“有其他不良影响”的考虑因素。海棠湾管委会在本案中提交的证据还不足以证明在争议商标申请注册日之前“海棠湾”在商标意义上的使用已经具有了一定影响，因此，商标评审委员会及二审法院认定本案争议商标注册构成商标法第十条第一款第八项所指“有其他不良影响”的情形和第三十一条所指“以不正当手段抢先注册他人已经使用并有一定影响的商标”的情形，没有充分的事实和法律依据，其适用商标法第十条第一款第八项、第三十一条的规定不当。但是，鉴于争议商标注册违反了商标法第四十一条第一款的规定应予撤销，因此，商标评审委员会的裁定及二审判决的裁判结果正确，应予维持。

综上所述，李隆丰的再审申请不符合《中华人民共和国行政诉讼法》第六十三条第二款、《最高人民法院关于执行〈中华人民共和国行政诉讼法〉若干问题的解释》第七十二条规定的再审条件，依据《最高人民法院关于执行〈中华人民共和国行政诉讼法〉若干问题的解释》第七十四条的规定，裁定如下：

驳回李隆丰的再审申请。

审　判　长　夏君丽
审　判　员　殷少平
代理审判员　董晓敏
二〇一三年八月十二日
书　记　员　曹佳音

中华人民共和国最高人民法院行政裁定书

（2013）知行字第42号

再审申请人（一审原告、二审被上诉人）：李隆丰，男，1948年11月22日出生，中华人民共和国香港特别行政区居民。

被申请人（一审被告、二审上诉人）：中华人民共和国国家工商行政管理总局商标评审委员会。住所地：北京市西城区茶马南街1号。

法定代表人：何训班，该委员会主任。

委托代理人：刘胤颖，该委员会干部。

被申请人（一审第三人、二审上诉人）：三亚市海棠湾管理委员会。住所地：海南省三亚市海棠湾镇人民政府院内。

法定代表人：邓忠，该委员会主任。

委托代理人：张晓辉，海南中邦律师事务所律师。

委托代理人：李金良，海南中邦律师事务所律师。

再审申请人李隆丰因与被申请人中华人民共和国国家工商行政管理总局商标评审委员会（简称商标评审委员会）、三亚市海棠湾管理委员会（简称海棠湾管委会）商标争议行政纠纷一案，不服北京市高级人民法院（2012）高行终字第583号行政判决，向本院申请再审。本院依法组成合议庭进行了审查，本案现已审查终结。

李隆丰申请再审称：（一）商标评审委员会作出的商评字［2011］第12545号《关于第4706970号“海棠湾”商标争议裁定书》（简称第12545号裁定）裁定撤销涉案的“海棠湾”商标（简称争议商标），认定事实不清，证据不足。争议商标从申请到核准注册的过程均是合法的，不存在以不正当手段抢注等事实。李隆丰2001年被海南省的一家公司聘任为总策划，于2002年5月完成了《南国黎寨》旅游项目的创意策划书，海棠湾是该项目的选址地之一，从当时直到2005年6月8日争议商标申请注册之时，海棠湾还属于未开发的处女地，没有任何以“海棠湾”命名的酒店或住宅区。李隆丰为保护自己的创意成果，先后依法将“南国黎寨”及“海棠湾”申请注册为商标，未违反《中华人民共和国商标法》（简称商标法）的规定，理应受法律保护，争议商标不应被撤销。海棠湾管委会称李隆丰多次与其联系，希望以高价向其转让“海棠湾”商标牟利，并称李隆丰为职业抢注人，注册了多个商标并转让商标非法牟利，既没有证据证明，也与客观事实不符。李隆丰从未与海棠湾管委会或其他政府机构商谈过“海棠湾”商标的转让事宜，迄今为止也未正式转让过任何商标。而且正常的商标转让也是商标使用的范围，并不违法。海棠湾管委会称李隆丰的多个商标有转让记录，该事实的实际情况是：2009年7月，当时李隆丰授权的合作人周泽文，在李隆丰不知情的情况下，采用欺骗手段将李隆丰名下的14个商标（包括“海棠湾”商标）不健康地转让给海南的一家公司，李隆丰知悉后，立即赴北京请求商标局制止了转让。（二）商标评审委员会适用法律错误。1. 李隆丰2005年6月申请注册争议商标在先，海棠湾管委会是在2007年9月以后才成立，因此其不可能“在先使用”该商标并有一定影响。海棠湾管委会提交的三亚市政府和其自己所做的海棠湾项目规划、招商引资以及媒体报道等证据材料中，“海棠湾”均是作为地名使用，并非商标意义的使用。因此，商标评审委员会认定李隆丰抢注他人使用在先的商标，没有事实依据，其适用商标法第三十一条错误。2. “海棠湾”是三亚市所属县级以下行政区划名称及地名，商标法并不禁止将此类标志作为商标注册，而且其作为商标并不是特指海南岛的海棠湾，已经不再有地名的含义。李隆丰将“海棠湾”申请注册成商标，不会影响他人作为地名正常使用。“海棠湾”标志不属于商标法禁止注册和使用的有害于社会道德风尚或者有其他不良影响的情形。商标评审委员会以商标法第十条第一款第八项为依据撤销该商标，适用法律错误。3. 商标法并未限制注册商标的数量，李隆丰十几年来从事创意策划工作，为保护自己的创意成果，必然涉及申请注册众多的商标，其获准注册的多个商标，都与自己的创意策划相关联，不属于以不正当手段取得注册。商标评审委员会以商标法第四十一条第一款作为依据撤销争议商标，适用法律错误。（三）二审法院判决维持商标评审委员会的错误裁定，同样属于认定事实和适用法律错误。综上，请求对本案进行再审，撤销二审判决及商标评审委员会第12545号裁定，维持争议商标注册。

海棠湾管委会提交书面答辩意见称：二审判决认定事实和适用法律正确，李隆丰的再审申请不符合法律规定的再审条件，请求驳回其再审申请。（一）李隆丰恶意抢注“海棠湾”商标的行为违反了商标法第三十一条的规定，侵犯了在先权利，海棠湾管委会有权对争议商标主张权利。在争议商标申请注册之前，海南省政府、三亚市政府已经将“海棠湾”作为商业标识，应用在与海棠湾区域开发建设有关的商业活动中，如以海棠湾作为项目名称进行商业推广、洽谈商业开发合作，在各种媒体上进行广告宣传，使“海棠湾”标志具有巨大的影响力。海南省人民政府2001年6月就批准设立了海棠湾镇人民政府，三亚市政府、海棠湾镇政府对“海棠湾”地区的开发建设做出了总体规划设计，对海棠湾地区做了大量的宣传推广和前期开发建设工作，并多次在国内外进行了招商。2005年5月，三亚市政府就海棠湾区域的开发建设在香港招商，并与著名企业家李嘉诚父子等商界知名人士商洽合作开发事宜，被海内外媒体广泛报道，使“海棠湾”在李隆丰申请注册争议商标前已经具有较高知名度。李隆丰在知悉该标志的巨大商业价值之后，抢注了争议商标，其抢注行为损害了运作“海棠湾”项目的三亚市政府、海棠湾镇政府等利益相关人的在先权利，违反了商标法第三十一条的规定。为了加快海棠湾区域开发建设进程，2007 年 9 月三亚市政府决定设立区县级的直属管理机构海棠湾管委会，作为海棠湾整体开发的总负责机构。海棠湾管委会成立后，不仅统一行使海棠湾开发建设的行政管理职权，而且也承继了此前有关政府机构对海棠湾开发建设的投入所产生的成果及形成的包括民事权益在内的一切相关权益，因此海棠湾管委会当然有权依照商标法第三十一条的规定对“海棠湾”商标主张在先权利。（二）李隆丰以不正当手段取得争议商标注册，其牟取不正当利益的目的明显。由于海南省政府和三亚市政府、海棠湾镇政府投入大量的人力、财力，对海棠湾项目及该地区的海滩、风景等进行了大力宣传和商业推广，“海棠湾”不仅仅具有地理信息的意义，而且已经成为三亚市的海棠湾这一区别于其他海湾休闲项目的特定标志，并且被国务院列为海南国际旅游岛的战略规划的组成部分和标志，“海棠湾”标志在社会公众中具有特定的指向和意义。李隆丰没有以海棠湾标志作为住所、饭店、餐馆等服务项目的任何使用行为、广告宣传，他自己也承认是在看到报纸报道后认识到“海棠湾”标志的巨大商业价值，才去申请注册，说明其行为是典型的“搭便车”，试图坐享他人投入带来的巨大商业利益，抢注商标意图高价转卖获利，其手段和目的的不正当性是明显的，属于商标法第四十一条第一款规定的以其他不正当手段取得注册的情形。（三）李隆丰抢注争议商标，阻碍了海棠湾项目及海南国际旅游岛建设，属于商标法第十条规定的“有其他不良影响”的情形。开发海棠湾是国务院制定的建设国际旅游岛重要战略的组成部分，在 2010 年 6 月国家发展和改革委员会正式批复的《海南国际旅游岛建设发展规划纲要》中，明确提出“三亚海棠湾‘国家海岸’休闲度假区”，其规划目标是建成世界级的滨海度假区。因此，“海棠湾”这一标志已经是规划建设的国家旅游休闲项目的总体名称和对外宣传对象，体现了国家意志和社会公共利益。李隆丰为了谋求个人的不正当利益，将“海棠湾”作为商标注册，会对国家战略等社会公共利益和公共秩序产生消极、负面影响，争议商标的注册属于商标法第十条规定的“有其他不良影响的情形”。

本院认为：根据商标法第四十一条第一款的规定，已经注册的商标是以欺骗手段或者其他不正当手段取得注册的，其他单位或者个人可以请求商标评审委员会裁定撤销。审查判断诉争商标是否属于该条款规定的“以其他不正当手段取得注册”的情形，要考虑其是否属于欺骗手段以外的扰乱商标注册秩序、损害公共利益、不正当占用公共资源或者以其他方式谋取不正当利益的手段。商标法第四条规定，自然人、法人或者其他组织对其生产、制造、加工、拣选或者经销的商品、或者其提供的服务，需要取得商标专用权的，应当向商标局申请商标注册。从该条规定的精神来看，民事主体申请注册商标，应该有使用的真实意图，以满足自己的商标使用需求为目的，其申请注册商标的行为应具有合理性或正当性。根据商标评审委员会及原审法院查明的事实，在李隆丰申请注册争议商标之前，“海棠湾”标志经过海南省相关政府机构的宣传推广，已经成为公众知晓的三亚市旅游度假区的地名和政府规划的大型综合开发项目的名称，其含义和指向明确；李隆丰自己在接受媒体采访时也承认是在看到报纸报道香港著名企业家将参与开发海棠湾的消息后，认为该标志会非常知名、作为商标会具有较高的价值，因而才将它申请注册为商标的；李隆丰作为个人，不仅在第43类的住所（旅馆、供膳寄宿处）、旅游房屋出租、饭店、餐馆等服务上注册了本案的争议商标，还在其他商品或服务类别上申请注册了“海棠湾”商标。此外，李隆丰在多个类别的商品或服务上还注册了“香水湾”、“椰林湾”等30余件商标，其中不少与公众知晓的海南岛的地名、景点名称有关。李隆丰利用政府部门宣传推广海棠湾休闲度假区及其开发项目所产生的巨大影响力，抢先申请注册多个“海棠湾”商标的行为，以及没有合理理由大量注册囤积其他商标的行为，并无真实使用意图，不具备注册商标应有的正当性，属于不正当占用公共资源、扰乱商标注册秩序的情形。商标评审委员会及二审法院综合考虑本案的事实，认定争议商标注册属于商标法第四十一条第一款规定的以“不正当手段取得注册”的情形，裁判撤销该争议商标，相关事实的认定及法律适用并无不当。李隆丰关于其申请注册多个商标是为了保护其创意策划成果的主张，不符合商标法的规定，本院不予支持。

商标法第十条第一款第八项规定，有害于社会主义道德风尚或者有其他不良影响的标志，不得作为商标使用。在审查判断有关标志是否构成“有其他不良影响”的情形时，应当考虑该标志或者其构成要素是否可能对我国政治、经济、文化、宗教、民族等社会公共利益和公共秩序产生消极、负面影响。“海棠湾”标志本身并不具有不良含义，本案争议商标的注册是否会对海棠湾项目及海南国际旅游岛建设产生消极影响，不属于商标法第十条第一款第八项规定所指的“有其他不良影响”的考虑因素。海棠湾管委会在本案中提交的证据还不足以证明在争议商标申请注册日之前“海棠湾”在商标意义上的使用已经具有了一定影响，因此，商标评审委员会及二审法院认定本案争议商标注册构成商标法第十条第一款第八项所指“有其他不良影响”的情形和第三十一条所指“以不正当手段抢先注册他人已经使用并有一定影响的商标”的情形，没有充分的事实和法律依据，其适用商标法第十条第一款第八项、第三十一条的规定不当。但是，鉴于争议商标注册违反了商标法第四十一条第一款的规定应予撤销，因此，商标评审委员会的裁定及二审判决的裁判结果正确，应予维持。

综上所述，李隆丰的再审申请不符合《中华人民共和国行政诉讼法》第六十三条第二款、《最高人民法院关于执行〈中华人民共和国行政诉讼法〉若干问题的解释》第七十二条规定的再审条件，依据《最高人民法院关于执行〈中华人民共和国行政诉讼法〉若干问题的解释》第七十四条的规定，裁定如下：

驳回李隆丰的再审申请。

审　判　长　夏君丽
审　判　员　殷少平
代理审判员　董晓敏
二〇一三年八月十二日
书　记　员　曹佳音

101. 商标法（2001年修正）对该法施行前已有行政终局裁定的商标争议的溯及力

——再审申请人佛山市圣芳（联合）有限公司与被申请人中华人民共和国国家工商行政管理总局商标评审委员会、原审第三人强生公司商标撤销行政纠纷案

【裁判要旨】

在本案中，最高人民法院阐明了商标法（2001年修正）对该法施行前已有行政终局裁定的商标争议的溯及力问题。最高人民法院基于信赖保护原则认为，2001年修改后的商标法对于该法修改前已受终局裁定拘束的商标争议不具有追溯力。

【关键词】

商标争议　溯及力

【案号】

最高人民法院（2008）行提字第2号

【基本案情】

在再审申请人佛山市圣芳（联合）有限公司（以下简称圣芳公司）与被申请人中华人民共和国国家工商行政管理总局商标评审委员会（以下简称商标评审委员会）、原审第三人强生公司商标行政纠纷案中，1993年1月30日，强生公司经核准注册了第627498号手写繁体“采樂”文字商标（即引证商标），核定使用商品为第5类“人用局部抗菌剂”。1994年7月以后，案外人西安杨森制药有限公司经强生公司许可，在治疗头皮脂溢性皮炎和头皮康疹的“酮康唑洗剂”药品上使用该引证商标。争议商标为圣芳公司持有的第1214187号“采乐CAILE”商标，申请日为1997年8月6日，1998年10月14日被核准注册，核定使用商品为第3类香皂、清洁制剂、洗发香波、护发素、洗面奶、浴液、牙膏、化妆品等。1998年11月、2000年7月，强生公司曾两次向商标评审委员会提出撤销争议商标注册的申请，商标评审委员会分别于1999年12月、2001年9月作出终局裁定，认定强生公司所提争议理由不能成立，维持争议商标注册。2002年8月20日，强生公司第三次向商标评审委员会提出撤销争议商标的申请，理由为争议商标与引证商标构成类似商品上的近似商标，争议商标是对其驰名商标的恶意抄袭摹仿，争议商标注册违反了现行商标法第十三条、第二十八条、第三十一条、第四十一条的规定。2005年6月23日，商标评审委员会作出商评字〔2005〕第1801号裁定，认定引证商标为驰名商标，并认为争议商标的注册构成在非类似商品上复制摹仿他人的驰名商标，误导公众的情形，裁定撤销争议商标的注册。圣芳公司不服该裁定，提起诉讼。北京市第一中级人民法院一审认为，强生公司在本次评审申请中提交了新的证据，不属于以相同的事实和理由再次提出评审申请，商标评审委员会受理本次争议申请没有违反法定程序，故判决维持商标评审委员会第1801号裁定。圣芳公司不服，提起上诉。北京市高级人民法院二审认为，强生公司本次申请依据修改后的商标法第十三条第二款的规定，并且提交了新的证据增加了新的事实，商标评审委员会没有违反“一事不再理”原则，故判决维持一审判决。圣芳公司不服二审判决，向最高人民法院申请再审。最高人民法院裁定提审该案，并于2009年10月22日作出再审判决，撤销了原审判决及商标评审委员会第1801号裁定。

【裁判意见】

最高人民法院再审认为：涉案商标争议在商标法（2001年修正）施行前已

经有过终局裁定，不属于《最高人民法院关于审理商标案件有关管辖和法律适用范围问题的解释》第五条规定的情形，不应适用该司法解释的规定。由于修改前的商标法对商标评审采取行政终局制度，对于当时已有终局裁决的争议事项，只能尊重和维护当时的法律制度，不能再以修改后的法律有新规定为理由对已决事项重新启动程序。在行政终局制度下，终局裁定形成了稳定的秩序并产生信赖利益。圣芳公司在终局裁定后对商标进行的大规模使用和宣传以及因此建立的商业信誉，应该受到法律保护。商标评审委员会及原审法院以强生公司引用了修改后的商标法为由，认定其提出本次评审申请有新的理由，并以修改后的商标法第十三条第二款的规定为依据撤销争议商标，属于适用法律错误。

中华人民共和国最高人民法院行政判决书

（2008）行提字第2号①

102. 已注册商标是否已经形成稳定的市场秩序的判断

——再审申请人拉菲罗斯柴尔德酒庄与被申请人国家工商行政管理总局商标评审委员会、南京金色希望酒业有限公司商标争议行政纠纷案

【裁判要旨】

对于已经注册使用的商标，是否已经通过使用建立较高市场声誉，并形成了相关公众群体，应当以相关公众能否在客观上实现市场区分并避免混淆误认的结果为判断标准。

【关键词】

商标　争议程序　市场区分　混淆

【案号】

最高人民法院（2016）最高法行再34号

【基本案情】

在再审申请人拉菲罗斯柴尔德酒庄（以下简称拉菲酒庄）与被申请人国家工

---

① 参见案例89裁判文书。

商行政管理总局商标评审委员会（以下简称商标评审委员会）、南京金色希望酒业有限公司（以下简称金色希望公司）商标争议行政纠纷案中，第4578349号“拉菲庄园”商标（即争议商标）的申请日为2005年4月1日，核定使用在第33类葡萄酒、酒（饮料）、果酒（含酒精）、蒸馏酒精饮料、苹果酒、含酒精液体、含水果的酒精饮料、米酒、青稞酒、料酒商品上，注册商标专用权人为金色希望公司。“LAFITE”商标（即引证商标）申请日为1996年10月10日，核定使用在第33类的含酒精饮料（啤酒除外）商品上，注册商标专用权人为拉菲酒庄。在法定期限内，拉菲酒庄以争议商标违反商标法（2001年修正）第二十八条等规定为由，向商标评审委员会提出争议申请。商标评审委员会于2013年9月2日作出商评字［2013］第55856号《关于第4578349号“拉菲庄园”商标争议裁定书》（以下简称第55856号裁定），以争议商标违反商标法（2001年修正）第二十八条规定为由，对争议商标予以撤销。金色希望公司不服，提起行政诉讼。北京市第一中级人民法院一审判决维持第55856号裁定。金色希望公司不服，提起上诉。北京市高级人民法院二审认为，难以认定引证商标在争议商标申请日之前，已经在中国大陆地区具有市场知名度，相关公众已经能够将引证商标与“拉菲”进行对应性识别。争议商标的注册和使用长达十年之久，其已经形成稳定的市场秩序，从维护已经形成和稳定的市场秩序考虑，本案争议商标的注册应予维持。遂判决撤销一审判决及第55856号裁定。拉菲酒庄不服，向最高人民法院申请再审。经查明，中国经济网2014年2月12日《质检总局公布六款进口“拉菲”葡萄酒质量不合格》报道记载：“‘拉菲’葡萄酒一直让中国消费者对其趋之若骛……然而近日，国家质检总局公布六款洋拉菲酒质量不合格，让‘拉菲迷’们大跌眼镜。中国经济网了解到，六款不合格产品为：拉菲庄园2012干红葡萄酒……”2016年8月1日搜狐财经刊登图文消息“‘拉菲庄园’隆重登陆糖酒会　消费者不知其为山寨”。最高人民法院裁定提审本案，并于2016年12月23日判决撤销二审判决，维持一审判决及第55856号裁定。

【裁判意见】

最高人民法院提审认为：对于已经注册使用一段时间的商标，是否已经通过使用建立较高市场声誉和形成自身的相关公众群体，并非由使用时间的长短决定，而是要看相关公众能否通过其使用行为，在客观上实现了市场区分。金色希望公司主张，争议商标的知名度和市场占有率远远超过拉菲酒庄，其对争议商标的大量使用所形成的稳定市场秩序足以使争议商标与引证商标相区分。但根据查明的事实，有关新闻报道所涉不合格产品，均系使用了争议商标的相关产品。从前述报道也可以看出，相关公众对争议商标与引证商标仍会混淆误认。金色希望公司提交的证据未能证明其通过对争议商标的使用已经形成了自身的相关公众群体，相关公众不会将争议商标和引证商标混淆误认。二审法院认定“争议商标的注册和使用长达十年之久，其已经形成稳定的市场秩序，从维护已经形成和稳定的市场秩序考虑，本案争议商标的注册应予维持”的结论并无事实和法律依据，对此予以纠正。

中华人民共和国最高人民法院行政判决书

（2016）最高法行再34号①

103. 非以诚信经营为前提的商业成功与市场秩序不是维持商标注册的正当理由

——再审申请人迈克尔·杰弗里·乔丹与被申请人国家工商行政管理总局商标评审委员会、一审第三人乔丹体育股份有限公司商标争议行政纠纷案

【裁判要旨】

商标权人主张的市场秩序或者商业成功并不完全是诚信经营的合法成果，而是一定程度上建立于相关公众误认的基础之上。维护此种市场秩序或者商业成功，不仅不利于保护姓名权人的合法权益，而且不利于保障消费者的利益，更不利于净化商标注册和使用环境。

【关键词】

商标　争议程序　诚实信用　市场秩序

【案号】

最高人民法院（2016）最高法行再27号

---

① 参见案例64裁判文书。

【基本案情】

在再审申请人迈克尔・杰弗里・乔丹（以下简称乔丹）与被申请人国家工商行政管理总局商标评审委员会（以下简称商标评审委员会）、一审第三人乔丹体育股份有限公司（以下简称乔丹公司）商标争议行政纠纷案中，第6020569号“乔丹”商标（以下简称争议商标）由乔丹公司于2007年4月26日提出注册申请，核定使用在国际分类第28类的“体育活动器械、游泳池（娱乐用）、旱冰鞋、圣诞树装饰品（灯饰和糖果除外）”商品上，专用权期限为2012年3月28日至2022年3月27日。2012年10月31日，乔丹以争议商标的注册损害了其在先权利等为由，提出撤销申请。2014年4月14日，商标评审委员会作出商评字〔2014〕第052058号《关于第6020569号“乔丹”商标争议裁定》（以下简称第52058号裁定），对争议商标的注册予以维持。乔丹不服，提起行政诉讼。北京市第一中级人民法院一审认为，本案证据尚不足以证明单独的“乔丹”明确指向乔丹。此外，争议商标指定使用的商品与乔丹具有影响力的篮球运动领域差别较大，相关公众不易将争议商标与乔丹相联系，现有证据不足以证明争议商标的注册与使用不当利用了乔丹的知名度，或可能对乔丹的姓名权造成其他影响。争议商标的注册未损害乔丹的姓名权。一审法院遂判决维持第52058号裁定。乔丹不服，提起上诉。北京市高级人民法院二审判决驳回上诉、维持原判。乔丹仍不服，向最高人民法院申请再审。最高人民法院裁定提审本案，并于2016年12月30日判决撤销第52058号裁定和一审、二审判决，判令商标评审委员会对争议商标重新作出裁定。

【裁判意见】

最高人民法院提审认为：乔丹公司的经营状况以及乔丹公司对其企业名称、有关商标的宣传、使用、获奖、被保护等情况，均不足以使争议商标的注册具有合法性。其一，从权利的性质以及损害在先姓名权的构成要件来看，姓名被用于指代、称呼、区分特定的自然人，姓名权是自然人对其姓名享有的人身权。而商标的主要作用在于区分商品或者服务来源，属于财产权，是与姓名权性质不同的权利。在认定争议商标的注册是否损害他人在先姓名权时，关键在于是否容易导致相关公众误认为标记有争议商标的商品或者服务与姓名权人之间存在代言、许可等特定联系，其构成要件与侵害商标权的认定不同。因此，即使乔丹公司经过多年的经营、宣传和使用，使得乔丹公司及其“乔丹”商标在特定商品类别上具有较高知名度，相关公众能够认识到标记有“乔丹”商标的商品来源于乔丹公司，也不足以据此认定相关公众不容易误认为标记有“乔丹”商标的商品与乔丹之间存在代言、许可等特定联系。其二，乔丹公司恶意申请注册争议商标，损害乔丹的在先姓名权，明显有悖于诚实信用原则。商标评审委员会、乔丹公司主张的市场秩序或者商业成功并不完全是乔丹公司诚信经营的合法成果，而是在一定程度上建立于相关公众误认的基础之上。维护此种市场秩序或者商业成功，不仅不利于保护姓名权人的合法权益，而且不利于保障消费者的利益，更不利于净化商标注册和使用环境。

中华人民共和国最高人民法院行政判决书

（2016）最高法行再27号①

104. 商标申请或注册人信息不属于著作权法规定的表明作者身份的署名行为

——再审申请人格里高利登山用品有限公司与被申请人鹤山三丽雅工艺制品有限公司、一审被告、二审被上诉人国家工商行政管理总局商标评审委员会商标异议复审行政纠纷案

【裁判要旨】

商标申请人及商标注册人信息仅能证明注册商标权的归属，不属于著作权法规定的表明作品创作者身份的署名行为。

【关键词】

商标　异议程序　注册信息　署名

【案号】

最高人民法院（2016）最高法行申2154号

【基本案情】

在再审申请人格里高利登山用品有限公司（以下简称格里高利公司）与被申请人鹤山三丽雅工艺制品有限公司（以下简称三丽雅公司）、一审被告（二审被

① 参见案例51裁判文书。

上诉人）国家工商行政管理总局商标评审委员会（以下简称商标评审委员会）商标异议复审行政纠纷案中，被异议商标系第5636685号“GREGORY及图”商标，于2006年9月28日向国家工商行政管理总局商标局（以下简称商标局）提出注册申请，指定使用在第9类“计算器袋（套）、时钟、量具、假币检测器、传真机、电话机、光学品、麦克风、教学投影灯、教学仪器”等商品上。初步审定公告后，格里高利公司在法定期限内以被异议商标损害其在先著作权为由，提出异议申请。商标局裁定对被异议商标予以核准注册。格里高利公司不服，向商标评审委员会提出复审申请。各方当事人对被异议商标与格里高利公司主张在先著作权的“GREGORY山形图案”构成实质性近似这一事实并无异议。商标评审委员会于2013年10月28日作出商评字［2013］第94808号《关于第5636685号“GREGORY及图”商标异议复审裁定书》（以下简称第94808号裁定）认为：格里高利公司所述的“GREGORY山形图案”标识属于我国著作权法保护的美术作品，其创作完成时间早于被异议商标申请注册日，格里高利公司对该作品享有在先著作权。三丽雅公司将格里高利公司在先享有著作权的作品作为被异议商标申请注册，构成对格里高利公司享有的在先著作权之损害，遂裁定对被异议商标不予核准注册。三丽雅公司不服，提起行政诉讼。北京市第一中级人民法院一审判决维持第94808号裁定。三丽雅公司不服，提起上诉。北京市高级人民法院二审认为，虽然格里高利公司主张其著作权最初来源于边奇公司的授权，并提供了边奇公司在美国申请注册相关商标的证据，但上述证据未经翻译和公证认证。此外，仅有商标申请注册文件不足以证明涉案作品的著作权归属。因此，格里高利公司提交的证据尚不足以证明其对涉案作品享有著作权。二审法院遂判决撤销一审判决及第94808号裁定，判令商标评审委员会重新作出复审裁定。格里高利公司不服，向最高人民法院申请再审。最高人民法院于2016年9月21日裁定驳回格里高利公司的再审申请。

【裁判意见】

最高人民法院审查认为：本案的关键问题是判断“GREGORY山形图案”的著作权是否归格里高利公司享有。格里高利公司主张涉案“GREGORY山形图案”的著作权归其享有的主要理由是：Pamela Beverly创作了“GREGORY山形图案”，边奇公司享有该图形的著作权，边奇公司将该图形的著作权转让给原格里高利公司前身，原格里高利公司前身更名为原格里高利公司，原格里高利公司与珠穆朗玛联合Ⅱ有限公司合并成立格里高利公司，格里高利公司继受了原格里高利公司的所有知识产权，故格里高利公司对“GREGORY 山形图案”享有在先的著作权。格里高利公司为此提交了边奇公司于 1992 年 11 月 16 日向美国专利及商标局申请注册“GREGORY 山形图案”商标、1994 年 5 月 17 日获准注册的证据以证明其享有“GREGORY 山形图案”的在先著作权。首先，著作权法规定，在作品上署名的公民、法人或者其他组织为作者。商标申请人及商标注册人信息仅仅能证明注册商标权的归属，不属于著作权法规定的表明作品创作者身份的署名行为。因此，边奇公司在美国申请并核准注册“GREGORY 山形图案”商标的证据不足以证明该涉案作品的著作权最早归边奇公司享有。其次，格里高利公司字号最早的使用时间晚于被异议商标申请日，且“GREGORY 山形图案”中英文文字“GREGORY”是整个图案的组成部分，“GREGORY”系常见男子名，故格里高利公司商标注册证上显示的“GREGORY”不能视为格里高利公司的署名行为。最后，商标具有地域性，持有美国的商标注册证，仅能证明商标注册人从著作权人处获得了在美国申请注册该图形商标的权利，不能据此证明其当然享有在中国行使著作权的权利。

中华人民共和国最高人民法院行政裁定书

（2016）最高法行申 2154 号①

105. 商标国际申请进入中国国家阶段的审查程序与法律适用标准

——再审申请人克里斯蒂昂迪奥尔香料公司与被申请人国家工商行政管理总局商标评审委员会商标申请驳回复审行政纠纷案

【裁判要旨】

商标国际注册申请人已经根据马德里协定及其议定书的规定，完成了申请商标的国际注册程序以及商标法实施条例第十三条规定的声明与说明义务，应当属于申请手续基本齐备的情形。在申请材料仅欠缺商标法实施条例规定的部分视图等形式要件的

① 参见案例 43 裁判文书。

情况下，商标行政机关应当秉承积极履行国际公约义务的精神，给予申请人合理的补正机会。

【关键词】

商标　驳回复审程序　国际注册　三维标志

【案号】

最高人民法院（2018）最高法行再26号

【基本案情】

在再审申请人克里斯蒂昂迪奥尔香料公司（以下简称迪奥尔公司）与被申请人国家工商行政管理总局商标评审委员会（以下简称商标评审委员会）商标申请驳回复审行政纠纷案中，涉案申请商标为国际注册第1221382号商标，申请人为迪奥尔公司，指定使用在香水等商品上。申请商标经国际注册后，根据《商标国际注册马德里协定》《商标国际注册马德里协定有关议定书》的相关规定，迪奥尔公司通过世界知识产权组织国际局（以下简称国际局），向澳大利亚、丹麦、芬兰、英国、中国等提出领土延伸保护申请。2015年7月13日，国家工商行政管理总局商标局向国际局发出申请商标的驳回通知书，以申请商标缺乏显著性为由，驳回全部指定商品在中国的领土延伸保护申请。迪奥尔公司不服，向商标评审委员会提出复审申请，但并未得到商标评审委员会的支持。迪奥尔公司遂提起行政诉讼，其主要理由为，迪奥尔公司已经在国际注册程序中明确，申请商标为指定颜色的三维立体商标，而非商标行政机关作为审查基础的普通商标，故被诉决定作出的审查基础明显有误。此外，申请商标设计独特并已在中国市场进行了广泛的宣传、使用，也在多个国家获得商标注册，故其在中国的领土延伸保护申请应当获得核准。一审、二审法院均未支持迪奥尔公司的主张。迪奥尔公司不服二审判决，向最高人民法院申请再审。最高人民法院裁定提审本案后，于2018年4月26日改判撤销一审、二审判决及第13584号决定，并判令商标评审委员会重新作出复审决定。

【裁判意见】

最高人民法院提审认为：马德里协定及其议定书制定的主要目的是通过建立国际合作机制，确立和完善商标国际注册程序，减少和简化注册手续，便利申请人以最低成本在所需国家获得商标保护。结合本案事实，申请商标作为指定中国的马德里商标国际注册申请，有关申请材料应当以国际局向商标局转送的内容为准。现有证据可以合理推定，迪奥尔公司已经在商标国际注册程序中对申请商标为三维立体商标这一事实作出声明，说明了申请商标的具体使用方式并提供了申请商标的一面视图。基于上述事实，迪奥尔公司已经根据马德里协定及其议定书的规定，完成了申请商标的国际注册程序，以及商标法实施条例第十三条规定的声明与说明义务，应当属于申请手续基本齐备的情形。在申请材料仅欠缺商标法实施条例规定的部分视图等形式要件的情况下，商标行政机关应当秉承积极履行国际公约义务的精神，给予申请人合理的补正机会。具体而言，首先，商标局应当根据迪奥尔公司在国际注册程序中作出声明与说明的内容，将申请商标的类型如实记载为“三维标志”。其次，在迪奥尔公司已经对申请商标的类型予以明确，而仅欠缺部分视图等申请材料的形式要件的情况下，商标局应当充分考虑到商标国际注册程序的特殊性，参照商标法实施条例第四十条第二款的规定，给予迪奥尔公司补正申请材料的机会，以平等、充分保障包括迪奥尔公司在内的国际注册申请人的合法利益。本案中，商标局并未如实记载迪奥尔公司在国际注册程序中对商标类型作出的声明，且在未给予迪奥尔公司合理补正机会，并欠缺当事人请求与事实依据的情况下，径行将申请商标类型变更为普通商标并作出不利于迪奥尔公司的审查结论，商标评审委员会对此未予纠正的做法，均缺乏事实与法律依据，且可能损害行政相对人合理的期待利益，对此应予纠正。

中华人民共和国最高人民法院行政判决书

(2018) 最高法行再26号

再审申请人（一审原告、二审上诉人）：克里斯蒂昂迪奥尔香料公司（PARFUMS CHRISTIAN DIOR）。住所地：法兰西共和国巴黎奥什大街33号（33 Avenue Hoche 75008 Paris France）。

授权代表人：路德维克·巴勒（Ludovic BAYLE），该公司知识产权和打击仿冒经理。

委托诉讼代理人：李凤仙，北京市永新智财律师事务所律师。

委托诉讼代理人：庞涛，北京市永新智财律师事务所律师。

被申请人（一审被告、二审被上诉人）：国家工商行政管理总局商标评审委员会。住所地：中华人民共和国北京市西城区茶马南街1号。

法定代表人：赵刚，该委员会主任。

委托诉讼代理人：孙明娟，该委员会审查员。

委托诉讼代理人：卓慧，该委员会审查员。

再审申请人克里斯蒂昂迪奥尔香料公司（以下简称迪奥尔公司）因与被申请人国家工商行政管理总局商标评审委员会（以下简称商标评审委员会）商标申请驳回复审行政纠纷一案，不服北京市高级人民法院（以下简称二审法院）（2017）京行终744号行政判决，向本院申请再审。经审查，本院于2017年12月29日作出（2017）最高法行申7969号行政裁定，提审本案。提审后，本院依法组成合议庭，于2018年4月26日公开开庭审理了本案。再审申请人迪奥尔公司的委托诉讼代理人李凤仙、庞涛，被申请人商标评审委员会的委托诉讼代理人孙明娟、卓慧到庭参加诉讼。本案现已审理终结。

2015年8月30日，迪奥尔公司向商标评审委员会提出复审申请，请求商标评审委员会核准国际注册第1221382号商标（以下简称申请商标）在第3类全部指定商品上的领土延伸保护申请。迪奥尔公司申请复审的主要理由为：（一）申请商标系为真我香水专门定制的艺术作品，独创性和显著性较强，使用在指定商品上完全具有显著识别作用。（二）申请商标经过大量宣传和使用，完全可以起到区分商品和服务来源的作用，其指定中国的领土延伸保护申请应予准许。（三）申请商标已经在新西兰等国家和地区获准注册，该情形可以成为在中国获准注册的参考。

2016年2月22日，商标评审委员会作出商评字〔2016〕第13584号关于国际注册第1221382号图形商标驳回复审决定书（以下简称第13584号决定），决定对申请商标指定使用在第3类复审商品上在中国的领土延伸保护申请予以驳回。

迪奥尔公司不服第13584号决定，向北京知识产权法院（以下简称一审法院）提起行政诉讼，请求撤销第13584号决定并责令商标评审委员会重新作出决定。其主要理由为：（一）申请商标为指定颜色的三维立体商标，迪奥尔公司已在驳回复审程序中向商标评审委员会补交了该立体商标的三面视图，但其未予评述，属于漏审。（二）申请商标设计独特，具有较强的显著性，并非指定使用商品的通用或常用包装物，特别是申请商标中含有显著的文字部分“j’adore”，使用在指定商品上完全可以区分商品来源，不会造成相关公众的混淆误认。（三）申请商标通过迪奥尔公司长期和广泛的推广和使用，在实际使用中也已经获得了更强的显著性。

一审法院审理查明如下事实：

申请商标为国际注册第1221382号图形商标（见下图），申请人为迪奥尔公司，申请日为2014年4月16日，指定使用商品（第3类，类似群0301；0305—

0306）：香料制品、芳香淋浴凝胶、肥皂、香水、浓香水、花露水、香水精、身体芳香乳液、身体用芳香洗剂和油等。

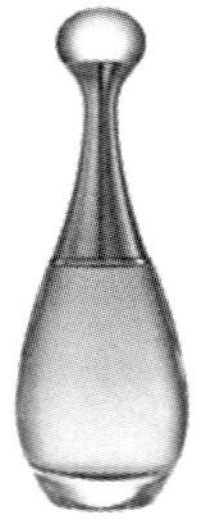

申请商标

2015 年 7 月 13 日，国家工商行政管理总局商标局（以下简称商标局）作出驳回通知书，根据《中华人民共和国商标法》（以下简称商标法）第十一条的规定，驳回申请商标全部指定商品在中国的领土延伸保护申请。

在法定期限内，迪奥尔公司向商标评审委员会提出复审申请。

2016 年 2 月 22 日，商标评审委员会作出第 13584 号决定，认定：申请商标是一个由瓶子构成的图形，易被识别为指定商品的常用容器，以此作商标指定使用在第 3 类香水等商品上，消费者不易将其作为商标识别，难以起到区别商品来源的作用，缺乏商标应有的显著性。商标评审采用个案审查原则，迪奥尔公司所提类似商标已获准注册的理由不能成为本案申请商标获准注册的当然理由。在案证据不足以证明申请商标经过宣传、使用与迪奥尔公司形成唯一对应关系，具备商标应有的显著特征。依据商标法第十一条第一款第三项、第三十条和第三十四条的规定，商标评审委员会决定：对申请商标指定使用在第 3 类复审商品上在中国的领土延伸保护申请予以驳回。

迪奥尔公司不服第 13584 号决定，向一审法院提起行政诉讼。

一审庭审中，迪奥尔公司主张申请商标为三维立体和指定颜色的商标，商标局和商标评审委员会在商标档案中错误地将申请商标记录为未指定颜色的普通商标，属于重要事实漏审。此外，迪奥尔公司主张第 13584 号决定未对其在复审阶段提交的申请商标使用证据进行评述，属于程序错误，存在漏审。

一审法院另查明，在迪奥尔公司提交的驳回商标注册申请复审申请书中，并未明确将商标局忽略申请商标为三维立体和指定颜色商标这一重要事实作为复审申请理由。

一审法院认为：

本案中，申请商标大体为呈圆锥形的香水瓶，瓶颈部分缠绕有金色丝线。虽然申请商标的瓶体造型及外观装饰组合方式具有一定的特点，但是相关公众一般会将申请商标视为商品的容器，不会将该瓶体作为商标进行识别。因此申请商标不具有商标标志所应具有的显著特征，缺乏注册为商标所应具备的固有显著性。迪奥尔公司提交的证据不能证明申请商标经使用已经具有区分商品来源的显著性。

根据2014年5月1日施行的《中华人民共和国商标法实施条例》（以下简称商标法实施条例）第十三条和第四十三条的规定，是否以三维标志申请注册商标，迪奥尔公司负有主动向商标局予以说明的义务，但是迪奥尔公司在向商标局递交的申请书中对此事实未予说明；其次，商标局和商标评审委员会在商标档案中录入申请商标信息是否存在错误之处，并非本案的审理范围，迪奥尔公司可通过其他途径寻求救济；再次，迪奥尔公司在复审程序中亦未明确将申请商标档案信息录入错误这一事实作为复审理由之一；最后，即使考虑到申请商标为三维立体标志和指定颜色的商标这一事实，基于前述分析，申请商标仍不具备显著性。另外，迪奥尔公司主张第13584号决定未对其在复审阶段提交的申请商标使用证据进行评述，属于程序错误，存在漏审。但商标评审委员会对迪奥尔公司提交的证据进行了综合性评述，并未遗漏审查，迪奥尔公司的该项主张没有事实和法律依据。

综上，一审法院依照《中华人民共和国行政诉讼法》第六十九条之规定，判决：驳回迪奥尔公司的诉讼请求。

迪奥尔公司不服一审判决，向二审法院提起上诉，请求撤销一审判决及第13584号决定并判令商标评审委员会重新作出决定。其主要上诉理由为：（一）申请商标为指定颜色的三维立体商标，迪奥尔公司已在行政程序中向商标评审委员会补交了该立体商标的三面视图，但商标评审委员会未予评述，属于漏审。（二）申请商标设计独特，具有较强的显著性，并非指定使用商品的通常包装，且含有显著文字部分“j'adore”，申请商标在指定使用商品上可以区分商品来源，不会造成消费者混淆误认。（三）申请商标通过迪奥尔公司长期广泛的宣传推广，在实际使用中获得了更强的显著性。

商标评审委员会服从一审判决。

二审法院经审理查明：一审法院查明事实属实，且有申请商标的商标档案、商标驳回通知书、第13584号决定、各方当事人在商标评审程序及原审诉讼中提交的证据材料及当事人陈述等在案佐证。

本案二审期间，迪奥尔公司补充提交了下列证据：

1. j'adore 真我香水在北京、上海、广州、深圳等主要城市的销售协议、发票及送货清单（2012—2017）；

2. j'adore 真我香水海关报关单及税费缴款书；

3. j'adore 真我香水在《ELLE 世界时装之苑》《MarieClaire 嘉人》《Self 悦己》《Harper'sBazaar 时尚芭莎》《LifeStyle 精品购物指南》等 20 多个知名杂志/画报的广告宣传（2012—2016）；

4. j'adore 真我香水广告花费清单及广告投放情况举例（2011—2016，电视、纸媒、数字等多种广告形式），广告订单及发票（2012—2016）；

5. 国家图书馆出具的加盖“国家图书馆科技查新中心专用章”的检索报告、文献打印件清单、相关文献及相关新闻媒体报道（编号：2017 - NLC - JSZM - 0109）；

6. j'adore 真我香水销量排名（女士香水所有渠道总价值第一）证明文件（2011—2016 年中期）；

7. j'adore 真我香水销量排名表格（2013—2016 年第三季度）；

8. j'adore 真我香水所获荣誉（2012—2016）。

商标评审委员会对上述证据的真实性予以认可，对关联性和证明目的不予认可。

二审法院另查明，迪奥尔公司在《驳回商标注册申请复审申请书》第 13 页写明“申请人指出，本案申请商标即申请人自行设计并专门使用在其 j'adore（真我）香水上的三维立体商标”。迪奥尔公司在 2015 年 11 月 30 日向商标评审委员会提交的《有关第 3 类第 G1221382 号“图形”商标驳回复审补充理由》（简称第一次补充理由书）中，第一点理由为“申请商标为指定颜色的三维立体商标，申请人依法向钧会补交该立体商标的三面视图”，并附有申请商标的三面视图。

二审法院认为：

《最高人民法院关于商标法修改决定施行后商标案件管辖和法律适用问题的解释》第五条第一款规定：“对于在商标法修改决定施行前提出的商标注册及续展申请，商标局于决定施行后作出对该商标申请不予受理或者不予续展的决定，当事人提起行政诉讼的，人民法院审查时适用修改后的商标法。”本案申请商标的申请日为 2014 年 4 月 16 日，商标局作出商标驳回通知书的日期为 2015 年 7 月 13 日，因此本案应适用2013 年 8 月 30 日修正的商标法及2014 年商标法实施条例进行审理。

商标法实施条例第十三条第三款规定："以三维标志申请商标注册的，应当在申请书中予以声明，说明商标的使用方式，并提交能够确定三维形状的图样，提交的商标图样应当至少包含三面视图。"第四十三条规定："指定中国的领土延伸申请人，要求将三维标志、颜色组合、声音标志作为商标保护或者要求保护集体商标、证明商标的，自该商标在国际局国际注册簿登记之日起 3 个月内，应当通过依法设立的商标代理机构，向商标局提交本条例第十三条规定的相关材料。未在上述期限内提交相关材料的，商标局驳回该领土延伸申请。"

本案中，迪奥尔公司并未在国际局国际注册簿登记之日起 3 个月内向商标局声明申请商标为三维标志并提交至少包含三面视图的商标图样，而是直至驳回复审阶段在第一次补充理由书中才明确提出申请商标为三维标志并提交三面视图。在迪奥尔公司未声明申请商标为三维标志并提交相关文件的情况下，商标局将申请商标作为普通图形商标进行审查，并无不当。商标局在商标档案中对申请商标指定颜色、商标形式等信息是否存在登记错误，并非本案的审理范围，迪奥尔公司可通过其他途径寻求救济。

商标法实施条例第五十二条第一款规定："商标评审委员会审理不服商标局驳回商标注册申请决定的复审案件，应当针对商标局的驳回决定和申请人申请复审的事实、理由、请求及评审时的事实状态进行审理。"本案中，迪奥尔公司在向商标评审委员会提出复审申请时并未明确提出申请商标为三维标志的主张，商标局亦未将申请商标作为三维标志加以审查，因此，商标评审委员会基于商标局登记的商标档案，对申请商标按照普通图形商标进行审理并无不当。迪奥尔公司关于商标评审委员会未对申请商标为指定颜色的三维标志的事实予以评述的漏审理由不能成立，不予支持。

商标法第十一条规定："下列标志不得作为商标注册：（一）仅有本商品的通用名称、图形、型号的；（二）仅直接表示商品的质量、主要原料、功能、用途、重量、数量及其他特点的；（三）其他缺乏显著特征的。前款所列标志经过使用取得显著特征，并便于识别的，可以作为商标注册。"判断申请商标是否具有显著特征，应当综合考虑商标标志本身、商标指定使用商品、相关公众的认知习惯以及商标指定使用商品所属行业的实际使用情况等因素。本案中，申请商标是由圆锥形香水瓶图案构成的图形商标，虽然该图案在瓶体造型和装饰上具有一定特点，但作为图形商标指定使用在香水、香料制品等商品上，根据一般消费者的识别能力，易将其作为商品包装或装饰图样进行识别，难以起到区分商品来源的作用。申请商标缺乏固有显著特征，属于商标法第十一条第一款第三项规定的不得作为商标注册的情形。迪奥尔公司关于申请商标设计独特、具有较强显著性的上诉理由不能成立，不予支持。

在申请商标标志本身缺乏显著特征的情形下，应当结合相关证据判断该标志是否属于通过实际使用取得显著特征并便于识别的情形。本案中，迪奥尔公司提交的证据虽然能够证明该公司 j'adore 真我香水系列商品在中国市场上进行了较为广泛的销售，但尚不足以证明在申请商标作为普通图形商标的情况下，相关公众能够在该商标指定使用的香水、香料制品等商品上将其作为标示商品来源的标志进行识别从而获得显著特征。因此，迪奥尔公司关于申请商标经过长期广泛的使用已获得显著性的上诉理由不能成立，不予支持。

综上，二审法院依照《中华人民共和国行政诉讼法》第八十九条第一款第一项之规定，判决：驳回上诉，维持原判。

迪奥尔公司不服二审判决，向本院申请再审称，（一）商标评审委员会违反法定程序，遗漏审查本案重要事实。迪奥尔公司已在行政程序中多次强调申请商标为指定颜色的三维立体商标，并向商标评审委员会提交了该立体商标的三面视图，但商标评审委员会审理本案时依据的商标局档案却将申请商标列为普通商标。因此，第 13584 号决定依据的审查基础事实明显有误，亦未就商标局对申请商标性质的错误认定予以评述，违反法定程序，漏审重要事实。具体而言，由于申请商标为国际注册，按照国际注册申请中国领土延伸保护的审查流程，该国际注册商标由世界知识产权组织国际局（以下简称国际局）直接将相关材料转至商标局进行审查，而非由商标申请人向商标局提交。本案商标国际注册档案已清晰载明：申请商标是指定颜色为金色的三维立体商标。国际注册商标的申请人难以了解商标局对立体商标申请的特殊规定，亦从未收到商标局要求补充三面视图的补正通知，迪奥尔公司没有机会和渠道向商标局提交申请书及图样进行说明。迪奥尔公司在得知申请商标被商标局驳回后，已经在驳回复审程序中及时递交了申请商标的三面视图并多次强调申请商标为三维立体商标。据此，商标评审委员会未正确认定申请商标为三维立体商标，其在普通商标基础上作出的第 13584 号决定违反法定程序。（二）申请商标设计独特，具有固有显著性。申请商标是著名香水品牌 j'adore 的三维立体商标，对应中文品牌为“真我”，由法国艺术家尚－米歇尔－欧托尼耶（Jean－Michel Othoniel）等为“真我”（j'adore）香水量身定制，瓶身细节精美，玻璃与金属拉丝完美结合，表现出高贵干练而又率真自信的女性形象，并非普通或者常用的产品包装形式，也不是通用的香水瓶设计，已成为个性化的符号，完全能够作为立体商标起到识别商品来源的作用。此外，迪奥尔公司拥有的、与申请商标完全相同的第 7505828 号（指定颜色）图形商标已经获准注册。可见，申请商标具有固有显著性，应予核准注册。（三）申请商标通过持续、广泛、大量的使用及宣传推广，获得了极高的知名度与显著性。真我香水自 1999 年进入中国市场以来，一直统一使用本案申请商标的设计，迪奥尔公司为真我系列香水投入各种广告宣传费用过亿元。自 2001 年起，真我香水即已被中国媒体广泛报道，并为相关公众所知悉、认可。综上，迪奥尔公司请求本院撤销一审、二审判决和第 13584 号决定，并判令商标评审委员会重新作出复审决定。

商标评审委员会提交意见称，（一）申请商标为国际注册并指定中国进行领土延伸保护的商标，国际局于 2014 年 11 月 6 日将申请材料移交至商标局，同时在国际注册簿中进行登记。迪奥尔公司应在此后 3 个月内向商标局提交商标法实施条例第十三条规定的材料，由于迪奥尔公司并未在期限内向商标局补充材料，商标局将申请商标作为普通商标进行审查并无不当。（二）商标局已经对申请商标是否为立体商标和是否缺乏显著性等问题进行了全面审查。（三）迪奥尔公司并未在复审程序中将申请商标档案信息录入错误这一事实作为复审理由之一，商标评审委员会并未违反法定程序。综上，商标评审委员会请求本院驳回迪奥尔公司的再审申请。

在本院再审期间，迪奥尔公司为支持其再审主张，向本院提交了两份证据。本院结合商标评审委员会的质证意见，分别作如下认证：

证据 1 为申请商标的国际注册信息及中文译文，证据来源为世界知识产权组织官方网站。主要内容为：国际注册号为 G1221382 号商标（即申请商标）的原属国为法国，基础注册日期为 2014 年 4 月 16 日，国际注册日期为 2014 年 8 月 8 日，国际注册所有人名义为迪奥尔公司，指定商标类型为三维立体商标。其中将商标描述为：商标如同精致拉长的数字“8”，上部是一个小的圆球，底部为椭圆形状。瓶身装饰为金色。该注册信息中同时附有申请商标的一面视图。证据 2 为商标状态信息页，证据来源为商标评审委员会。其中将商标类型记载为“普通”。商标评审委员会认可上述证据的真实性、合法性，但认为不足以证明申请商标已经通过使用获得了显著性。

对于迪奥尔公司提交的上述证据，本院审查认定如下：证据 1 和证据 2 为商标注册信息打印件，或可通过公开渠道获取和核实，或来源于商标评审委员会，且其真实性与合法性均得到商标评审委员会的认可，故本院对其真实性、合法性予以确认。同时，上述证据反映的申请商标信息与本案具有关联性，故本院对此予以采信。

结合现有证据，本院补充查明如下事实：

申请商标的原属国为法国，核准注册时间为 2014 年 4 月 16 日，国际注册日期为 2014 年 8 月 8 日，国际注册所有人为迪奥尔公司。国际注册指定的商标类型为“三维立体商标”，商标具体形态被描述为：如同精致拉长的数字“8”，上部是一个小的圆球，底部为椭圆形状。瓶身装饰为金色。申请商标指定使用在第 3 类的香水、浓香水等商品上。申请商标经国际注册后，根据《商标国际注册马德里协定》（以下简称马德里协定）《商标国际注册马德里协定有关议定书》（以下简称议定书）的相关规定，迪奥尔公司通过国际局，向澳大利亚、丹麦、芬兰、英国、中国等国家提出领土延伸保护申请。2015 年 7 月 13 日，商标局向国际局发出申请商标的驳回通知书，以申请商标缺乏显著性为由，驳回全部指定商品在中国的领土延伸保护申请。

2015 年 8 月 30 日，因不服商标局上述驳回通知书，迪奥尔公司向商标评审委员会提出复审申请。在迪奥尔公司于 2015 年 11 月 30 日提交的补充理由中有如下文字记载：申请商标为指定颜色的三维立体商标，申请人（迪奥尔公司）依法补交该立体商标的三面视图。如迪奥尔公司在复审理由中所述，申请商标是迪奥尔公司自行创作设计并使用在其著名品牌 j’adore 香水的三维立体商标。根据商标法的相关规定，三维立体商标须提交至少三面视图，说明使用方式。由于申请商标为国际注册，未能在申请书中向中国商标局进行说明，而其后又未收到官方的补正通知。因此，迪奥尔公司一直未获得补正机会。迪奥尔公司在该理由书中同时贴附了申请商标的三面视图。

另查明，第 7505828 号图形商标的注册人为迪奥尔公司，指定使用在国际分类第 3 类的肥皂、洗发液、香精油、香料、化妆品等商品上，该商标已于 2011 年 8 月 7 日被商标局核准注册。

本院再审认为，根据迪奥尔公司的再审申请理由和商标评审委员会的答辩意见，结合相关证据和事实，本案再审阶段的争议焦点集中在两个方面：一、第 13584 号决定是否违反法定程序；二、申请商标是否具备显著性。对此，本院逐一分析如下：

一、第 13584 号决定是否违反法定程序

（一）关于第 13584 号决定依据的事实基础

迪奥尔公司主张，根据申请商标的国际注册信息，申请商标为“三维立体商标”，而非商标局档案信息中记载的“普通商标”。因此，第 13584 号决定作出的事实依据明显有误。本院认为，首先，根据商标状态信息、第 13584 号决定中关于“国际注册第 1221382 号图形商标”的文字记载以及商标评审委员会的答辩意见，商标局驳回通知书及第 13584 号决定均将申请商标作为图形商标进行审查。其次，根据双方无争议的事实，申请商标国际注册信息中明确记载，申请商标指定的商标类型为“三维立体商标”，且其三维形式被具体地描述为：商标如同精致拉长的数字“8”，上部是一个小的圆球，底部为椭圆形状。瓶身装饰为金色。商标评审委员会对上述事实予以认可。在无相反证据的情况下，申请商标国际注册信息中关于商标具体类型的记载，应当视为迪奥尔公司关于申请商标为三维标志的声明形式。也可合理推定，在申请商标指定中国进行领土延伸保护的过程中，国际局向商标局转送的申请信息与之相符，商标局应知晓上述信息。因国际注册商标的申请人无需在指定国家再次提出注册申请，故由国际局向商标局转送的申请商标信息，应当是商标局据以审查、决定申请商标指定中国的领土延伸保护申请能否获得支持的事实依据。根据现有证据，申请商标请求在中国获得注册的商标类型为“三维立体商标”，而非记载于商标局档案并作为商标局、商标评审委员会审查基础的“普通商标”。一审法院关于迪奥尔公司向商标局递交的申请书中未就申请商标为三维标志的事实作出说明的认定，与商标国际注册程序不符，且缺乏事实依据，本院予以纠正。据此，商标局驳回通知书及第 13584 号决定认定的商标类型与迪奥尔公司请求保护的商标类型明显不符，决定依据的事实基础有误，本院对此予以纠正。

（二）关于第 13584 号决定是否违反法定程序

商标法实施条例第五十二条第一款规定，商标评审委员会审理不服商标局驳回商标注册申请决定的复审案件，应当针对商标局的驳回决定和申请人申请复审的事实、理由、请求及评审时的事实状态进行审理。迪奥尔公司认为，其已经在评审程序中提出申请商标为指定颜色的三维立体商标并补充了三面视图，商标评审委员会遗漏迪奥尔公司该主张，并以“普通商标”为基础作出决定的行为违反法定程序。本院认为，根据本院补充查明的事实，迪奥尔公司在商标评审程序中提交的复审理由书曾明确提出：申请商标为指定颜色的三维立体商标，因申请商

标为国际注册，迪奥尔公司无法就此向商标局作出说明，也未能获得补正机会。迪奥尔公司同时于评审程序中向商标评审委员会提交了申请商标的三面视图。根据上述事实，迪奥尔公司已经在评审程序中明确了申请商标的具体类型为三维立体商标，并通过补充三面视图的方式提出了补正要求。对此，商标评审委员会既未在第 13584 号决定中予以如实记载，也未针对迪奥尔公司提出的上述主张，对商标局驳回决定依据的相关事实是否有误予以核实，而仍将申请商标作为“图形商标”进行审查并径行驳回迪奥尔公司复审申请的做法，违反法定程序，并可能损及行政相对人的合法利益，本院予以纠正。作为商标局的复审机关，在迪奥尔公司已经明确提出复审理由并提供了佐证其主张的相关证据的情况下，商标评审委员会应当依据申请商标的真实状态，纠正商标局对申请商标类型作出的错误认定。在此基础上，商标局、商标评审委员会应当根据复审程序的规定，以三维立体商标为基础，重新对申请商标是否具备显著特征等问题予以审查。因申请商标的具体类型是第 13584 号决定作出的事实依据，一审、二审法院关于与此有关的信息是否记载错误并非本案审理范围，并认为迪奥尔公司未在评审程序中对此提出异议的结论，缺乏事实与法律依据，本院予以纠正。

商标评审委员会在答辩意见中还提出，由于迪奥尔公司未按照商标法实施条例第四十三条的要求，在规定期限内向商标局补充材料，故商标局将申请商标作为图形商标予以审查的做法并无不当。根据商标法实施条例的相关规定，结合商标评审委员会的答辩理由，本院认为，马德里协定及其议定书制定的主要目的是通过建立国际合作机制，确立和完善商标国际注册程序，减少和简化注册手续，便利申请人以最低成本在所需国家获得商标保护。结合本案事实，申请商标作为指定中国的马德里商标国际注册申请，有关申请材料应当以国际局向商标局转送的内容为准。现有证据可以合理推定，迪奥尔公司已经在商标国际注册程序中对申请商标为三维立体商标这一事实作出声明，说明了申请商标的具体使用方式并提供了申请商标的一面视图。基于上述事实，迪奥尔公司已经根据马德里协定及其议定书的规定，完成了申请商标的国际注册程序，以及商标法实施条例第十三条规定的声明与说明义务，应当属于申请手续基本齐备的情形。在申请材料仅欠缺商标法实施条例规定的部分视图等形式要件的情况下，商标行政机关应当秉承积极履行国际公约义务的精神，给予申请人合理的补正机会。具体而言，首先，商标局应当根据迪奥尔公司在国际注册程序中作出声明与说明的内容，将申请商标的类型如实记载为“三维标志”。其次，在迪奥尔公司已经对申请商标的类型予以明确，而仅欠缺部分视图等申请材料的形式要件的情况下，商标局应当充分考虑到商标国际注册程序的特殊性，参照商标法实施条例第四十条第二款的规定，给予迪奥尔公司补正申请材料的机会，以平等、充分保障包括迪奥尔公司在内的国际注册申请人的合法利益。本案中，商标局并未如实记载迪奥尔公司在国际注册程序中对商标类型作出的声明，且在未给予迪奥尔公司合理补正机会，并欠缺当事人请求与事实依据的情况下，径行将申请商标类型变更为普通商标并作出不利于迪奥尔公司的审查结论，商标评审委员会对此未予纠正的做法，均缺乏事实与法律依据，且可能损害行政相对人合理的期待利益，本院对此予以纠正。对商标评审委员会与此有关的抗辩主张，本院不予支持。

综上，商标局针对申请商标作出的驳回决定所依据的事实基础明显有误，在迪奥尔公司明确将此作为复审理由的情况下，商标评审委员会对此未予审查与置评的做法违反商标法实施条例第五十二条的规定，有违行政程序正当性的原则。一审、二审法院对第 13584 号决定予以维持的做法不当，本院一并予以纠正。

二、申请商标是否具备显著特征

如前所述，由于迪奥尔公司在国际注册程序中已将申请商标类型明确为三维立体商标，商标局将申请商标作为图形商标并对其显著性予以评判的做法，缺乏事实依据。因此，商标评审委员会应当基于迪奥尔公司在复审程序中提出的与商标类型有关的复审理由，纠正商标局的不当认定，并根据三维标志是否具备显著特征的评判标准，对申请商标指定中国的领土延伸保护申请是否应予准许的问题重新进行审查。本院认为，商标局、商标评审委员会在重新审查认定中应重点考量如下因素：一是申请商标的显著性与经过使用取得的显著性，特别是申请商标进入中国市场的时间，在案证据能够证明的实际使用与宣传推广的情况，以及申请商标因此而产生识别商品来源功能的可能性；二是审查标准一致性的原则。商标评审及司法审查程序虽然要考虑个案情况，但审查的基本依据均为商标法及其相关行政法规规定，不能以个案审查为由忽视执法标准的统一性问题。

综上所述，本院认为，第 13584 号决定、一审、二审判决认定事实和适用法律均有错误，应予撤销。依照《中华人民共和国行政诉讼法》第七十条、第八十九条第一款第二项，《最高人民法院关于适用〈中华人民共和国行政诉讼法〉的解释》第一百一十九条第一款、第一百二十二条的规定，判决如下：

一、撤销北京市高级人民法院（2017）京行终 744 号行政判决；

二、撤销北京知识产权法院（2016）京 73 行初 3047 号行政判决；

三、撤销国家工商行政管理总局商标评审委员会商评字［2016］第13584号关于国际注册第1221382号图形商标驳回复审决定书；

四、判令国家工商行政管理总局商标评审委员会对国际注册第1221382号商标重新作出复审决定。

一审案件受理费100元，二审案件受理费100元，均由国家工商行政管理总局商标评审委员会负担。

本判决为终审判决。

审 判 长 陶凯元

审 判 员 王 闯

审 判 员 佟 姝

二〇一八年四月二十六日

法官助理 张 博

书 记 员 包 硕

图书在版编目（CIP）数据

最高人民法院知识产权要案典丛．商标卷／最高人民法院知识产权审判庭编．—北京：中国法制出版社，2020.7

ISBN 978－7－5216－0965－3

Ⅰ.①最… Ⅱ.①最… Ⅲ.①商标法－审判－案例－中国 Ⅳ.①D923.405

中国版本图书馆 CIP 数据核字（2020）第 043014 号

策划编辑　李小草　谢　雯

责任编辑　谢　雯　赵律玮　　　　封面设计　李　宁

最高人民法院知识产权要案典丛·商标卷

ZUIGAO RENMIN FAYUAN ZHISHI CHANQUAN YAOAN DIANCONG · SHANGBIAOJUAN

编者/最高人民法院知识产权审判庭

经销/新华书店

印刷/三河市国英印务有限公司

开本/730 毫米×1030 毫米　16 开　　（上下册）总印张/69　字数/1062 千

版次/2020 年 7 月第 1 版　　2020 年 7 月第 1 次印刷

中国法制出版社出版

书号 ISBN 978－7－5216－0965－3　　（上下册）总定价：239.00 元

北京西单横二条 2 号

邮政编码 100031　　传真：010－66031119

网址：http：//www.zgfzs.com　　**编辑部电话：010－66010493**

市场营销部电话：010－66033393　　**邮购部电话：010－66033288**

（如有印装质量问题，请与本社印务部联系调换。电话：010－66032926）